Dr. Helmut Eichmann
Prof. Dr. Annette Kur [Hrsg.]

Designrecht

Praxishandbuch

2. Auflage

Dr. Helmut Eichmann, Rechtsanwalt, München | **Anja Franke,** LL.M., Rechtsanwältin, Fachanwältin für Gewerblichen Rechtsschutz, München | **Professor Dr. Dr. h.c. Annette Kur,** Max-Planck-Institut für Innovation und Wettbewerb, München | **Dr. Andreas Lubberger,** Rechtsanwalt, Berlin | **Thorsten Rehmann,** Dipl.-Ing., LL.M., Patentanwalt, European Patent Attorney, European Trademark & Design Attorney, Braunschweig | **Dr. Gernot Schulze,** Rechtsanwalt, Fachanwalt für Urheber- und Medienrecht, München | **Dr. Oliver Wolff-Rojczyk,** Rechtsanwalt, Frankfurt am Main

Die Deutsche Nationalbibliothek verzeichnet diese Publikation in
der Deutschen Nationalbibliografie; detaillierte bibliografische
Daten sind im Internet über http://dnb.d-nb.de abrufbar.

ISBN 978-3-8487-1769-9

2. Auflage 2016
© Nomos Verlagsgesellschaft, Baden-Baden 2016. Printed in Germany. Alle Rechte, auch die des Nachdrucks von Auszügen, der photomechanischen Wiedergabe und der Übersetzung, vorbehalten.

Vorwort zur 2. Auflage

Das Praxishandbuch zum *Designrecht* garantiert den schnellstmöglichen Zugriff auf alle Gebiete des Designrechts in einem einzigen Erläuterungs- und Nachschlagewerk und tritt damit neben die Kommentare und Monografien zum eingetragenen Design und zum Gemeinschaftsgeschmacksmuster sowie zum Markenrecht, Urheberrecht, Patent- und Gebrauchsmusterrecht und zum UWG-Schutz. Entsprechend der Bedeutung für die Praxis enthält das Werk besondere Abschnitte für die Verfahren zur Eintragung von Designschutzrechten sowie zur Nichtigerklärung bzw. Löschung und des Widerspruchs, der Verwertung und der Durchsetzung von Designschutzrechten, dem Designschutz im Ausland und im internationalen Recht, für den Schutz durch das Strafrecht und für das Designerpersönlichkeitsrecht.

Dass nach dem Erscheinen der 1. Auflage das Designgesetz an die Stelle des Geschmacksmustergesetzes getreten ist, hat nicht nur Neuerungen in Grundbegriffen, sondern auch die Einführung eines amtlichen Nichtigkeitsverfahrens und spezielle Regelungen für das gerichtliche Verletzungsverfahren mit sich gebracht. In den meisten Rechtsgebieten sind durch richtungweisende Entscheidungen des Europäischen Gerichtshofs und des Bundesgerichtshofs Neuorientierungen eingeleitet worden. In der 2. Auflage werden alle Neuerungen mit der gebotenen Ausführlichkeit dargestellt und in ihren Auswirkungen auf die Praxis analysiert.

Weil das Designrecht wie kaum ein anderes Rechtsgebiet mit optischen Wirkungen befasst ist, werden viele Texte durch anschauliche Abbildungen mit Leben erfüllt. Die ausführlichen Sachinformationen sind durch Praxishinweise und Beispiele vervollständigt. In der Darstellungsweise wird sowohl den Ansprüchen von Spezialisten Rechnung getragen als auch das Verständnis von Designern, Designunternehmern und anwaltlichen Einsteigern gefördert.

München, im September 2015

Helmut Eichmann   Annette Kur

Inhaltsverzeichnis

Vorwort zur 2. Auflage 5
Bearbeiterverzeichnis 11
Abkürzungsverzeichnis 13
Allgemeines Literaturverzeichnis 21

§ 1 Grundlagen des Designschutzes 23
    A. Möglichkeiten des Schutzes 23
    B. Inhalt des Schutzes 24
    C. Schutzbegründung durch Registrierung 24
    D. Schutzentstehung durch Benutzung 24
    E. Rechtserwerb 25
    F. Territorialitätsgrundsatz 25

§ 2 Eingetragene Designs und Gemeinschaftsgeschmacksmuster 27
    A. Allgemeines 30
    B. Schutzfähigkeit 32
    C. Beurteilung durch den informierten Benutzer 54
    D. Schutzvoraussetzungen 57
    E. Vorbekannter Formenschatz 62
    F. Schutzausschließungsgründe 66
    G. Inhaberschaft 70
    H. Schutzbeginn und Schutzdauer 75
    I. Nichtigkeit und Löschung 75
    J. Schutzgegenstand 78
    K. Eingriff in den Schutzumfang 80
    L. Schutzbeschränkungen 92
    M. Nicht eingetragene Gemeinschaftsgeschmacksmuster 95
    N. Verhältnis zu anderen Schutzmöglichkeiten 101

§ 3 Markenrecht 103
    A. Designs als Marke 104
    B. Der Markenschutz nach deutschem und europäischem Recht . 106

§ 4 Urheberrecht 167
    A. Urheberrechtsschutz von Design 168
    B. Werke der angewandten Kunst 168
    C. Lichtbildwerke, Lichtbilder 199

§ 5 Technische Schutzrechte 205
    A. Allgemeines 205
    B. Geschichtliche Entwicklung 205
    C. Schutzmöglichkeiten 206
    D. Patentkategorien 206
    E. Schutzvoraussetzungen 206

	F. Ästhetische Formschöpfungen	208
	G. Beispiel: Stühle und Sessel	209
§ 6	**Der wettbewerbsrechtliche Nachahmungsschutz**	221
	A. Einführung	223
	B. Grundlagen	236
	C. ABC des Nachahmungsschutzes	250
	D. Konkurrenzen, Verhältnis zu anderen Vorschriften	268
§ 7	**Eintragungsverfahren**	271
	A. Designs	271
	B. Marken	300
§ 8	**Nichtigkeits-, Löschungs- und Widerspruchsverfahren**	331
	A. Designs	331
	B. Marken	340
§ 9	**Designerpersönlichkeitsrecht**	357
	A. Wesen	357
	B. Schutzgegenstand	357
	C. Beginn und Ende	358
	D. Grundlagen im Urheberrecht	358
	E. Grundlagen für eingetragene Designs und Gemeinschaftgeschmacksmuster	359
	F. Veröffentlichungsrecht	360
	G. Anerkennungsrecht	361
	H. Benennungsrecht	362
	I. Anspruch auf Quellenangabe	363
	J. Zugangsrecht	364
	K. Änderungs- und Entstellungsverbot	364
	L. Rückrufsrecht	366
§ 10	**Verwertung von Designschutzrechten**	367
	A. Allgemeines	368
	B. Übertragung	373
	C. Lizenz	379
	D. Wertbestimmung	401
§ 11	**Durchsetzung von Designschutzrechten**	403
	A. Überblick	404
	B. Zivilrechtliche Ansprüche	405
	C. Einwendungen; Einreden	409
	D. Anspruchsbeteiligte	411
	E. Rechtsverletzung	413
	F. Streitgegenstand	418
	G. Streitwert	419
	H. Außergerichtliche Streitbeilegung	421

I.	Klagearten	424
J.	Einstweilige Verfügung	425
K.	Gerichtszuständigkeit	427
L.	Antragsformulierung	430
M.	Vermutung der Rechtsgültigkeit	431
N.	Kosten	436
O.	Maßnahmen der Zollbehörde	437
P.	Strafverfahren	437

§ 12 Strafbestimmungen ... 439

- A. Einführung ... 439
- B. Strafbare Tathandlungen ... 441
- C. Ziele eines strafrechtlichen Vorgehens ... 443
- D. Einleitung und Durchführung des Strafverfahrens ... 444

§ 13 Designschutz im Ausland und im internationalen Recht ... 453

- A. Überblick ... 454
- B. Länderberichte ... 454
- C. Materieller Designschutz im internationalen Recht (unter Einschluss des Formmarkenschutzes) ... 467

Abbildungsnachweise und Danksagungen ... 475

Stichwortverzeichnis ... 479

Bearbeiterverzeichnis

hat bearbeitet:

Dr. Helmut Eichmann
Rechtsanwalt, München; Vorsitzender des Fachausschusses für Designrecht der Deutschen Vereinigung für gewerblichen Rechtsschutz und Urheberrecht

§§ 1, 2, 5; § 9 Rn 1, 2, 3, 6, 8, 10, 13, 15, 20, 21; §§ 10, 11

Anja Franke (LL.M.)
Rechtsanwältin und Fachanwältin für Gewerblichen Rechtsschutz, München

§ 8

Prof. Dr. Dr. h.c. Annette Kur
Max-Planck-Institut für Innovation und Wettbewerb, Wissenschaftliche Referentin, Forschungsgruppenleiterin, München

§§ 3, 13

Dr. Andreas Lubberger
Rechtsanwalt, Berlin; Lehrbeauftragter an der Humboldt-Universität zu Berlin

§ 6

Thorsten Rehmann (Dipl.-Ing., LL.M.)
Patentanwalt, European Patent Attorney, European Trademark & Design Attorney, Braunschweig; Vorsitzender des Designrechtsausschusses bei der Patentanwaltskammer; Lehrbeauftragter an der Hochschule für Bildende Künste, Braunschweig

§ 7

Dr. Gernot Schulze
Rechtsanwalt, Fachanwalt für Urheber- und Medienrecht, München

§ 4; § 9 Rn 4, 5, 7, 9, 11, 12, 14, 16, 17, 18, 19

Dr. Oliver Wolff-Rojczyk
Rechtsanwalt, Frankfurt am Main

§ 12

Abkürzungsverzeichnis

aA	anderer Ansicht
aaO	am angegebenen Ort
Abb.	Abbildung
abl.	ablehnend
ABl. EG	Amtsblatt der Europäischen Gemeinschaften
ABl. EU	Amtsblatt der Europäischen Union
Abs.	Absatz
Abschn.	Abschnitt
abw.	abweichend
aE	am Ende
aF	alte Fassung
AfP	Archiv für Presserecht (Zeitschrift)
AG	Amtsgericht; Aktiengesellschaft; Ausführungsgesetz; Die Aktiengesellschaft (Zeitschrift)
AIPPI	Association Internationale pour la Protection de la propriété Intellectuelle
allg.	allgemein
allgA	allgemeine Ansicht
allgM	allgemeine Meinung
aM	anderer Meinung
Anh.	Anhang
Anm.	Anmerkung
AO	Ausführungsordnung
Art.	Artikel
Aufl.	Auflage
ausdr.	ausdrücklich
ausf.	ausführlich
Az	Aktenzeichen
BayObLG	Bayerisches Oberstes Landesgericht
BB	Der Betriebs-Berater (Zeitschrift)
Bd.	Band
BeckEuRS	Beck online Rechtsprechung des EuGH, EuG und EuGöD
BeckRS	Beck Rechtsprechungsservice
Begr.	Begründung
Bek.	Bekanntmachung
ber.	berichtigt
bes.	besonders
Beschl.	Beschluss
bespr.	besprochen
bestr.	bestritten
bez.	bezüglich
BG	Bundesgericht (Schweiz)
BGB	Bürgerliches Gesetzbuch
BGBl.	Bundesgesetzblatt
BGH	Bundesgerichtshof
BGHSt	Entscheidungen des Bundesgerichtshofs in Strafsachen
BK	Beschwerdekammer
Bl.	Blatt
BlfPMZ	Blatt für Patent-, Muster- und Zeichenwesen (Zeitschrift)

BLZ	Bankleitzahl
BPatG	Bundespatentgericht
BPatGE	Entscheidungen des Bundespatentgerichts (Band, Seite)
bspw	beispielsweise
Buchst.	Buchstabe
BuW	Betrieb und Wirtschaft (Zeitschrift)
BVerfG	Bundesverfassungsgericht
bzgl	bezüglich
bzw	beziehungsweise
C.C.P.A.	Court of Customs and Patent Appeals (USA)
CA	Court of Appeals (UK)
CAD	Computer Aided Design
CAM	Computer Aided Manufacturing
CDPA	Copyright, Design and Patents Act
CH	Schweiz (Confoederatio Helvetica)
Cir.	Bezirk – 9thCir. = Bundesgericht für den 9. Bezirk (USA)
CR	Computer und Recht (Zeitschrift)
ders.	derselbe
DesG	Designgesetz (Schweiz)
DesignG	Designgesetz
dh	das heißt
dies.	dieselbe
DIN	Deutsche Industrienorm
Diss.	Dissertation
DMCA	Digital Millenium Copyright Act
Dok.	Dokument
DPA	Deutsches Patentamt (seit 1.11.1998: DPMA)
DPMA	Deutsches Patent- und Markenamt
DPMAV	Verordnung über das Deutsche Patent- und Markenamt
Drucks.	Drucksache
DVO	Durchführungsverordnung
E.	Entwurf
e.V.	eingetragener Verein
ebd	ebenda
EG	Europäische Gemeinschaft; Einführungsgesetz; Vertrag zur Gründung der Europäischen Gemeinschaft
EGV	Vertrag zur Gründung der Europäischen Gemeinschaft
Einf.	Einführung
eingetr.	eingetragen
Einl.	Einleitung
einschl.	einschließlich
einschr.	einschränkend
EIPR	European Intellectual Property Review
Entsch.	Entscheidung
entspr.	entsprechend
Entw.	Entwurf
EPA	Europäisches Patentamt
EPÜ	Europäisches Patentübereinkommen
EPÜ-AO	EPÜ-Ausführungsordnung

Erkl.	Erklärung
Erl.	Erlass; Erläuterung
etc.	et cetera
EU	Europäische Union
EuG	Gericht der Europäischen Union
EuGH	Gerichtshof der Europäischen Union
EuGVVO	Verordnung (EG) Nr. 44/2001 des Rates über die gerichtliche Zuständigkeit und die Anerkennung und Vollstreckung von Entscheidungen in Zivil- und Handelssachen vom 22.12.2000
EUV	Vertrag über die Europäische Union
evtl	eventuell
EWCA	England and Wales Court of Appeal
EWG	Europäische Wirtschaftsgemeinschaft
EWHC	High Court of England and Wales
EWR	Europäischer Wirtschaftsraum
EWS	Europäisches Wirtschafts- und Steuerrecht (Zeitschrift)
f, ff	folgende, fortfolgende
F.2 d	Federal Reporter, Second Series (USA, Entscheidungssammlung)
F.S.R.	Fleet Street Reports (UK)
Fa.	Firma
FGG	Gesetz über die Angelegenheiten der freiwilligen Gerichtsbarkeit
FLF	Finanzierung, Leasing, Factoring (Zeitschrift)
Fn	Fußnote
GA	Goltdammer's Archiv für Strafrecht (Zeitschrift)
GATT	General Agreement on Tariffs and Trade (Allgemeines Zoll- und Handelsabkommen)
GAusfO	Gemeinsame Ausführungsordnung zum Madrider Abkommen über die internationale Registrierung von Marken und zum Protokoll zu diesem Abkommen
geänd.	geändert
GebrMG	Gebrauchsmustergesetz
gem.	gemäß
GeschmM	Geschmacksmuster
GeschmMG	Geschmacksmustergesetz
GeschmMV	Verordnung zur Ausführung des Geschmacksmustergesetzes (Geschmacksmusterverordnung)
GfK	Gesellschaft für Konsumforschung
GG	Grundgesetz
GGDV	Verordnung (EG) Nr. 2245/2002 der Kommission vom 21. Oktober 2002 zur Durchführung der Verordnung (EG) Nr. 6/2002 des Rates über das Gemeinschaftsgeschmacksmuster
ggf	gegebenenfalls
GGM	Gemeinschaftsgeschmacksmuster
GGV	Verordnung (EG) Nr. 6/2002 des Rates vom 12. Dezember 2001 über das Gemeinschaftsgeschmacksmuster (Gemeinschaftsgeschmacksmusterverordnung)
GKG	Gerichtskostengesetz
GM	Gemeinschaftsmarke
GmbH	Gesellschaft mit beschränkter Haftung

GMDV	Verordnung (EG) Nr. 2868/95 der Kommission vom 13. Dezember 1995 zur Durchführung der Verordnung (EG) Nr. 40/94 des Rates über die Gemeinschaftsmarke
GMGebV	Verordnung (EG) Nr. 2869/95 der Kommission vom 13.12.1995 über die an das Harmonisierungsamt für den Binnenmarkt (Marken, Muster und Modelle) zu entrichtenden Gebühren (geändert durch VO [EG] Nr. 781/2004 vom 26.4.2004 und durch VO [EG] Nr. 1042/2005 vom 29.6.2005)
GRL	Richtlinie 98/71/EG des Europäischen Parlaments und des Rates vom 13.10.1998 über den rechtlichen Schutz von Mustern und Modellen (Geschmacksmusterrichtlinie)
GMV	Verordnung (EG) Nr. 40/94 über die Gemeinschaftsmarke (Gemeinschaftsmarkenverordnung)
GMV-DVO	Durchführungsverordnung zur GMV (EG Nr. 2868/95)
GPÜ	Übereinkommen über das europäische Patent für den Gemeinsamen Markt vom 15.12.1975
grds.	grundsätzlich
GRUR	Gewerblicher Rechtsschutz und Urheberrecht (Zeitschrift)
GRUR Int.	GRUR, Internationaler Teil (Zeitschrift)
GRUR-RR	GRUR, Rechtsprechungs-Report (Zeitschrift)
GRUR-Prax	GRUR, Praxis im Immaterialgüter- und Wettbewerbsrecht (Zeitschrift)
GVO	Gruppenfreistellungsverordnung
GWB	Gesetz gegen Wettbewerbsbeschränkungen
H.R.	House of Representatives (USA; Gesetzesvorlage, eingebracht beim H.R.)
hA	herrschende Auffassung
HABM	Harmonisierungsamt für den Binnenmarkt
HABM-BK	HABM-Beschwerdekammer
Hdb	Handbuch
HG	Handelsgericht (Schweiz)
HK	Heidelberger Kommentar
hL	herrschende Lehre
hM	herrschende Meinung
HMA	Haager Abkommen über die internationale Hinterlegung gewerblicher Muster und Modelle – Haager Musterschutzabkommen
Hrsg.	Herausgeber
hrsg.	herausgegeben
Hs	Halbsatz
iA	im Auftrag
ICD	(Declaration of) Invalidity (of a registered) Community Design
idF	in der Fassung
idR	in der Regel
idS	in diesem Sinne
iE	im Ergebnis
ieS	im engeren Sinne
iHv	in Höhe von
inkl.	inklusive
insb.	insbesondere
insg.	insgesamt
InsO	Insolvenzordnung

InstGE	Entscheidungen der Instanzgerichte zum Recht des geistigen Eigentums (Zeitschrift)
IR	Internationale Registrierung
IR-Marken	International registrierte Marken
iS	im Sinne
iSd	im Sinne des
iSv	im Sinne von
iÜ	im Übrigen
iVm	in Verbindung mit
iwS	im weiteren Sinne
J.	Journal (J. Copyright Soc'y U.S.A. = Journal of the Copyright Society of the U.S.A.)
jap.	japanisch
JPO	Japanese Patent Office (Japanisches Patentamt)
JurBüro	Das juristische Büro (Zeitschrift)
K&R	Kommunikation & Recht (Zeitschrift)
Kap.	Kapitel
KG	Kammergericht; Kommanditgesellschaft
KK	Karlsruher Kommentar
krit.	kritisch
L.J.	Law Journal
LG	Landgericht
lit.	littera (Buchstabe)
Lit.	Literatur
LS	Leitsatz
lSp	linke Spalte
m.Anm.	mit Anmerkung
MA	Der Markenartikel (Zeitschrift)
Markenanmeldungs-RL	DPMA-Richtlinie zur Prüfung von Markenanmeldungen
MarkenG	Markengesetz
MarkenR	Zeitschrift für deutsches, europäisches und internationales Kennzeichenrecht
MarkenV	Verordnung zur Ausführung des Markengesetzes (Markenverordnung)
MB	Megabyte
MDR	Monatsschrift für Deutsches Recht (Zeitschrift)
mE	meines Erachtens
mind.	mindestens
Mitt.	Mitteilung(en); Mitteilungen der Deutschen Patentanwälte (Zeitschrift)
MMA	Madrider Abkommen über die internationale Registrierung von Marken (Madrider Markenabkommen)
MMR	MultiMedia und Recht (Zeitschrift)
mN	mit Nachweisen
MPI	Max Planck Institut
MRRL	Erste Richtlinie 89/104/EWG des Rates vom 21. Dezember 1988 zur Angleichung der Rechtsvorschriften der Mitgliedstaaten über die Marken (Markenrichtlinie)
MüKo	Münchener Kommentar
MuR	Medien und Recht (Zeitschrift)
mwN	mit weiteren Nachweisen

mWv	mit Wirkung von
mzN	mit zahlreichen Nachweisen
n.r.	nicht rechtskräftig
n.v.	nicht veröffentlicht
Nachw.	Nachweise
nF	neue Fassung
NJOZ	Neue Juristische Online-Zeitschrift
NJW	Neue Juristische Wochenschrift
NJWE-WettbR	NJW-Entscheidungsdienst Wettbewerbsrecht
NJW-RR	NJW-Rechtsprechungs-Report
Nov.	Novelle
Nr.	Nummer
NStZ	Neue Zeitschrift für Strafrecht
NStZ-RR	NStZ-Rechtsprechungsreport
NZI	Neue Zeitschrift für Insolvenz- und Sanierungsrecht
o.a.	oben angegeben/angeführt
o.Ä.	oder Ähnliches
o.g.	oben genannt
OG	Obergericht (Schweiz)
OGH	Oberster Gerichtshof (Österreich)
OLG	Oberlandesgericht
OLGR	OLG-Report: Zivilrechtsprechung der Oberlandesgerichte
OLGZ	Entscheidungen der Oberlandesgerichte in Zivilsachen
OMPI	Organisation Mondiale de la Propriété Intellectuelle (= WIPO)
OÖGH	Österreichischer Oberster Gerichtshof
OR	Obligationenrecht (Schweiz)
PatG	Patentgesetz
PatKostG	Gesetz über die Kosten des Deutschen Patent- und Markenamts und des Bundespatentgerichts (Patentkostengesetz)
PatKostZV	Patentkostenzahlungsverordnung
PCT	Patent Cooperation Treaty
PKW	Personenkraftwagen
PMMA	Protokoll zum Madrider Abkommen über die internationale Registrierung von Marken
PMZ	Blatt für Patent-, Muster- und Zeichenwesen (Zeitschrift)
ProdHaftG	Produkthaftungsgesetz
PVÜ	Pariser Verbandsübereinkunft vom 20.3.1883 zum Schutze des gewerblichen Eigentums in der Stockholmer Fassung vom 14.7.1967
RBÜ	(Revidierte) Berner Übereinkunft zum Schutze von Werken der Literatur und Kunst
RegE	Regierungsentwurf
resp.	respektive
RG	Reichsgericht
RGSt	Entscheidungen des RG in Strafsachen
RGZ	Entscheidungen des RG in Zivilsachen
RL	Richtlinie
Rn	Randnummer
Rs.	Rechtssache
rSp	rechte Spalte

Rspr	Rechtsprechung
RVG	Rechtsanwaltsvergütungsgesetz
RzU	Rechtsprechung zum Urheberrecht (Losebl.-Entscheidungssammlung mit Anm., hrsg. von E. Schulze und M. Schulze, Stand: April 2006)
S.	Satz/Seite
s.	siehe
s.a.	siehe auch
s.o.	siehe oben
S.R.I.S.	Science Reference and Information Service, national library for patents (UK, Teil der British Library)
s.u.	siehe unten
SchwBG	Schweizer Bundesgericht
Sec.	Section
sfr	Schweizer Franken
sic!	Zeitschrift für Immaterialgüter-, Informations- und Wettbewerbsrecht
Slg	Sammlung
Soc'y	J. Copyright Soc'y U.S.A. = Journal of the Copyright Society of the U.S.A.
sog.	sogenannt
StGB	Strafgesetzbuch
StPO	Strafprozessordnung
str.	streitig/strittig
T.T.A.B.	(Patent Office) Trademark Trial and Appeal Board (USA)
TKG	Telekommunikationsgesetz
TM	Trademark
TRIPS(-Abkommen)	Agreement on Trade-Related Aspects of Intellectual Property Rights (Abkommen über handelsbezogene Aspekte des geistigen Eigentums vom 14.4.1994)
TT-GVO	Verordnung (EG) Nr. 772/2004 über die Anwendung von Art. 81 Abs. 3 EG-Vertrag auf Gruppen von Technologietransfer-Vereinbarungen
Tz	Textzahl
u.a.	unter anderem
u.a.m.	und anderes mehr
U.S.	Supreme Court Reports (USA, Entscheidungssammlung)
U.S.C.	United States Code
U.S.P.Q.2 d	United States Patents Quarterly, Second Series (USA, Zeitschrift)
uä	und ähnlich
uÄ	und Ähnliches
uE	unseres Erachtens
UFITA	Archiv für Urheber-, Film-, Funk- und Theaterrecht (Band, Seite)
UGP-Richtlinie	Richtlinie 2005/29/EG über unlautere Geschäftspraktiken im binnenmarktinternen Geschäftsverkehr zwischen Unternehmen und Verbrauchern vom 11.5.2005
UK	United Kingdom (Vereinigtes Königreich)
umstr.	umstritten
unstr.	unstreitig
Unterabs.	Unterabsatz
UrhG	Urheberrechtsgesetz

UrhR	Urheberrecht
Urt.	Urteil
USPTO	US Patent and Trademark Office
usw	und so weiter
uU	unter Umständen
uVm	und Vieles mehr
UWG	Gesetz gegen den unlauteren Wettbewerb
v.	von/vom
v.l.n.r.	von links nach rechts
Verf.	Verfasser(in)
VersR	Versicherungsrecht (Zeitschrift)
vgl	vergleiche
VHDPA	Vessel Hull Design Protection Act
VO	Verordnung
vorl.	vorläufig
VV	Vergütungsverzeichnis
W.L.R.	Weekly Law Reports (UK)
WCT	WIPO Copyright Treaty (WIPO-Urheberrechtsvertrag)
WIPO	World Intellectual Property Organization (Weltorganisation für Geistiges Eigentum)
wistra	Zeitschrift für Wirtschafts- und Steuerrecht
WM	Wertpapier-Mitteilungen (Zeitschrift)
wN	weitere Nachweise
WPPT	WIPO Phonograms and Performance Treaty (WIPO-Vertrag über Darbietungen und Tonträger)
WRP	Wettbewerb in Recht und Praxis (Zeitschrift)
WTO	World Trade Organization (Welthandelsorganisation)
WZG	Warenzeichengesetz
zB	zum Beispiel
ZEuP	Zeitschrift für Europäisches Privatrecht
Ziff.	Ziffer
ZIP	Zeitschrift für Wirtschaftsrecht
zit.	zitiert
ZPO	Zivilprozessordnung
ZRP	Zeitschrift für Rechtspolitik
zT	zum Teil
ZUM	Zeitschrift für Urheber- und Medienrecht
ZUM-RD	ZUM-Rechtsprechungsdienst
zust.	zustimmend
zutr.	zutreffend
zVv	zur Veröffentlichung vorgesehen
zw.	zweifelhaft
zzgl	zuzüglich

Allgemeines Literaturverzeichnis

zitiert:

Benkard, Europäisches Patentübereinkommen, Kommentar, 2. Auflage 2012	Bearbeiter, in: Benkard
Benkard, Patentgesetz, Kommentar, 10. Auflage 2006	Bearbeiter, in: Benkard
Bühring, Gebrauchsmustergesetz, Kommentar, 8. Auflage 2011	Bühring
Bulling/Langöhrig/Hellwig, Geschmacksmuster, 3. Auflage 2011	Bulling/Langöhrig/Hellwig
Büscher/Dittmer/Schiwy, Gewerblicher Rechtsschutz, Urheberrecht, Medienrecht, Kommentar, 3. Auflage 2015	Bearbeiter, in: Büscher/Dittmer/Schiwy
Busse/Keukenschrijver, Patentgesetz, Kommentar, 7. Auflage 2013	Bearbeiter, in: Busse/Keukenschrijver
Dreier/Schulze, Urheberrechtsgesetz, Kommentar, 5. Auflage 2015	Bearbeiter, in: Dreier/Schulze
Eichmann/von Falkenstein/Kühne, Designgesetz, Kommentar, 5. Auflage 2015	Bearbeiter, in: Eichmann/von Falkenstein/Kühne
Eisenführ/Schennen, Gemeinschaftsmarkenverordnung, Kommentar, 4. Auflage 2014	Bearbeiter, in: Eisenführ/Schennen
Fezer, Handbuch der Markenpraxis, 2. Auflage 2012	Bearbeiter, in: Fezer, Hdb. Markenpraxis
Fezer, Lauterkeitsrecht: UWG, Kommentar, 2 Bde., 2. Auflage 2010	Bearbeiter, in: Fezer, UWG
Fezer, Markenrecht, Kommentar, 4. Auflage 2009	Fezer
Gloy/Loschelder/Erdmann, Handbuch des Wettbewerbsrechts, 4. Auflage 2010	Bearbeiter, in: Gloy/Loschelder/Erdmann
Götting/Meyer/Vormbrock, Gewerblicher Rechtsschutz und Wettbewerbsrecht, Praxishandbuch, 2011	Bearbeiter, in: Götting/Meyer/Vormbrock
Götting/Nordemann, UWG, Kommentar, 2. Auflage 2013	Bearbeiter, in: Götting/Nordemann
Günther/Beyerlein, Kommentar zum Geschmacksmustergesetz, 2. Auflage 2012	Bearbeiter, in: Günther/Beyerlein
Harte-Bavendamm/Henning-Bodewig, Gesetz gegen den unlauteren Wettbewerb (UWG), Kommentar, 3. Auflage 2013	Bearbeiter, in: Harte-Bavendamm/Henning-Bodewig
Heidelberger Kommentar zum Markenrecht, hrsg. von Ekey/Bender/Fuchs-Wissemann, Bd. 1: Markengesetz, 3. Auflage 2014	HK-MarkenR/Bearbeiter
Heidelberger Kommentar zum Urheberrecht, hrsg. von Dreyer/Kotthoff/Meckel, 3. Auflage 2013	HK-UrhR/Bearbeiter
Hoffmann/Kleespies, Formular-Kommentar Designrecht, 2015	Bearbeiter, in: Hoffmann/Kleespies

Ingerl/Rohnke, Markengesetz, Kommentar, 3. Auflage 2010 — Ingerl/Rohnke

Köhler/Bornkamm, Gesetz gegen den unlauteren Wettbewerb: UWG, Kommentar, 33. Auflage 2015 — Bearbeiter, in: Köhler/Bornkamm

Mes, Patentgesetz, Gebrauchsmustergesetz, Kommentar, 4. Auflage 2015 — Mes

Möhring/Nicolini, Urheberrecht, Kommentar, 3. Auflage 2014 — Bearbeiter, in: Möhring/Nicolini

Münchener Kommentar zum Lauterkeitsrecht, hrsg. von Heermann/Schlingloff, 2 Bde., 2. Auflage 2014 — MüKo-UWG/Bearbeiter

Nirk/Kurtze, Geschmacksmustergesetz, Kommentar, 2. Auflage 1997 — Nirk/Kurtze

Ohly/Sosnitza, Gesetz gegen den unlauteren Wettbewerb: UWG, Kommentar, 6. Auflage 2014 — Bearbeiter, in: Ohly/Sosnitza

Palandt, Bürgerliches Gesetzbuch, Kommentar, 74. Auflage 2015 — Bearbeiter, in: Palandt

Rehmann, Designrecht, 2. Auflage 2014 — Rehmann

Ruhl, Gemeinschaftsgeschmacksmuster, Kommentar, 2. Auflage 2010 — Ruhl

Schack, Urheber- und Urhebervertragsrecht, 6. Auflage 2013 — Schack

Schricker/Loewenheim, Urheberrecht, Kommentar, 4. Auflage 2010 — Bearbeiter, in: Schricker/Loewenheim

Schulte, Patentgesetz mit EPÜ, 9. Auflage 2014 — Bearbeiter, in: Schulte

Singer/Stauder, Europäisches Patentübereinkommen, Kommentar, 6. Auflage 2013 — Bearbeiter, in: Singer/Stauder

Ströbele/Hacker, Markengesetz, Kommentar, 11. Auflage 2015 — Bearbeiter, in: Ströbele/Hacker

Ullmann, UWG, juris Praxiskommentar, 3. Auflage 2013 — Bearbeiter, in: Ullmann

Wandtke/Bullinger, Praxiskommentar zum Urheberrecht, 4. Auflage 2014 — Bearbeiter, in: Wandtke/Bullinger

Zentek, Designschutz – Fallsammlung zum Schutz kreativer Leistungen, 2. Auflage 2008 — Zentek

§ 1 Grundlagen des Designschutzes

A. Möglichkeiten des Schutzes 1
B. Inhalt des Schutzes 5
C. Schutzbegründung durch Registrierung 6
D. Schutzentstehung durch Benutzung 9
E. Rechtserwerb 13
F. Territorialitätsgrundsatz 15

A. Möglichkeiten des Schutzes

Zu den vielfältigen Bereichen des Designs hält die Gesetzgebung nur für die wichtigsten Funktionen Schutzmöglichkeiten parat. Für den Schutz von **ästhetisch** wirkenden Gestaltungen ist in erster Linie das **eingetragene Design** und das **Gemeinschaftsgeschmacksmuster** konzipiert. Dabei ist „ästhetisch" nicht im Sinne von schön oder geschmackvoll gemeint, sondern jede Art der geschmacklichen Wirkung. Derselbe Schutz kann sich aus dem **Urheberrecht** ergeben. Das Verhältnis des Urheberrechts zu Geschmacksmustern wird jedoch in einzelstaatlichen Rechtsordnungen sehr unterschiedlich gehandhabt. Der Schutz der **Gebrauchsfunktion** eines Designs ist den technischen Schutzrechten zugeordnet. Dabei besteht zwar eine klare Abgrenzung zu den Schutzmöglichkeiten für die ästhetische Funktion insoweit, als diese „als solche" nicht durch **Patente** und durch **Gebrauchsmuster** schützbar ist. Aber einerseits kann eine technische Funktion mit einer ästhetisch ansprechenden Gestaltung einhergehen, andererseits ist der Schutz durch eingetragene Designs und Gemeinschaftsgeschmacksmuster auch für die Erzeugnisse bestimmt, die in erster Linie wegen ihrer Gebrauchsfunktion gekauft werden. Die Herkunftsfunktion eines Designs kann durch **Marken** und durch **Gemeinschaftsmarken** geschützt werden. Dabei ist allerdings das Verhältnis zu den Schutzmöglichkeiten für die ästhetische Funktion nicht spannungsfrei, wenn es um den Schutz von dreidimensionalen Erzeugnissen geht. 1

Durch eingetragene Designs, Gemeinschaftsgeschmacksmuster, Patente, Gebrauchsmuster und Urheberrechte werden **Innovationen** geschützt. Diese **Schutzrechte** haben daher zur Voraussetzung, dass die geschützte Innovation das Erfordernis der **Neuheit** erfüllt, also in dieser konkreten Ausgestaltung vorher noch nicht bekannt war. Jedes Schutzrecht ist ein **Monopolrecht**, das vom Staat verliehen und bei Missachtung vom Staat geschützt wird. Ein Entgelt muss für das Monopolrecht nicht entrichtet werden; Gebühren entstehen nur für das Verwaltungshandeln. Damit Weiterentwicklungen nicht auf Dauer blockiert werden, ist die Schutzdauer von Schutzrechten **zeitlich limitiert**. Marken sind zum Schutz der Herkunftsfunktion gegen die **Gefahr von Verwechslungen** bestimmt; ihre Schutzdauer kann daher ohne zeitliche Beschränkung verlängert werden. 2

Schutzrechten und Marken gemeinsam ist, dass sie unkörperlicher Natur sind. Es handelt sich daher um **Immaterialgüterrechte**, also um **geistiges Eigentum** im deutschen Sprachgebrauch bzw. *intellectual property* im englischen Sprachgebrauch. Bei einem „geistigen Diebstahl" wird dementsprechend kein Schutzrecht entwendet, sondern ohne Einwilligung des Berechtigten die **Innovationslehre** benutzt, die in dem Schutzrecht ihren Niederschlag gefunden hat. Wie das Eigentumsrecht an Sachen ist auch das geistige Eigentum ein **Grundrecht**, das verfassungsrechtlichen Schutz genießt.[1] 3

Kein Immaterialgüterrecht, sondern eine spezifische Ausformung der Gesetzgebung gegen unlauteren Wettbewerb ist der **wettbewerbsrechtliche Nachahmungsschutz**. Die Schutzvoraussetzung der wettbewerblichen Eigenart erinnert an geschützte Designs; das Erfordernis der Verwechslungsgefahr unterscheidet sich kaum von der Verwechslungsgefahr des Markenrechts. In den designspezifischen Schutzwirkungen stehen der Markenschutz und der wettbewerbsrechtliche Nachahmungsschutz den Charakteristika von Schutzrechten so nahe, dass sie zur sprachlichen Vereinfachung ebenfalls als **Designschutzrechte** bezeichnet werden. 4

---

1 Vgl. mwN, Eichmann, in: Eichmann/von Falckenstein/Kühne, Allg. Rn 14.

B. Inhalt des Schutzes

5 Die wichtigste Funktion der Immaterialgüterrechte zum Schutz des Designs ist das **Verbietungsrecht**. Wenn ein Immaterialgüterrecht verletzt wird, kann der Rechtsinhaber weiteren Verletzungen Einhalt gebieten. Zu Einzelheiten der Durchsetzung von Designschutzrechten vgl § 11. In der Praxis unauffälliger ist das **Benutzungsrecht**, das dem Rechtsinhaber zusteht. Dieses Recht kann nicht nur als Abwehrrecht gegenüber später entstandenen Rechten wirken (vgl hierzu § 11 Rn 17 f), sondern im Wege der Lizenzvergabe bzw der Einräumung von Nutzungsrechten Dritten zur Ausübung zur Verfügung gestellt werden. Zu Einzelheiten der Verwertung von Designschutzrechten vgl § 10. Ergänzt werden diese materiellen Berechtigungen durch das **Designerpersönlichkeitsrecht**, das dem Schutz der ideellen Bindungen dient, die zwischen dem Designer und dem von ihm geschaffenen Design bestehen.[2]

C. Schutzbegründung durch Registrierung

6 Die Eintragung von Immaterialgüterrechten in spezifische Register hat den Vorzug der **amtlichen Prüfung** und der Bekanntgabe an die Allgemeinheit durch die **Veröffentlichung** der Eintragung. Die Prüfung ist bei eingetragenen Designs, bei Gemeinschaftsgeschmacksmustern und bei Gebrauchsmustern auf die gesetzlich vorgeschriebenen Formalien beschränkt. Bei Marken und bei Patenten wird zusätzlich geprüft, ob die gesetzlich vorgeschriebenen Anforderungen an die Schutzgewährung erfüllt sind und ob keiner der gesetzlich festgelegten Gründe einem Schutz entgegensteht. Bei keinem Schutzrecht wird geprüft, ob ältere Rechte Dritter einem Schutz entgegenstehen. Hier bleibt es der Initiative der Inhaber von älteren Rechten überlassen, ob sie Maßnahmen zur Schutzentziehung ergreifen.

7 Die Möglichkeit der Eintragung von Immaterialgüterrechten ist zwar schon vor weit über hundert Jahren geschaffen worden. Trotzdem wird diese Art der Schutzbegründung immer modern bleiben, weil nur auf diese Weise **Nachforschungen** darüber durchgeführt werden können, ob einer beabsichtigten Markteinführung ein eingetragenes Immaterialgüterrecht entgegenstehen könnte. Die Möglichkeiten sowohl für **Sachrecherchen** als auch für **Namensrecherchen** sind längst schon so verfeinert, dass mit zuverlässigen Ergebnissen gerechnet werden kann. Die Recherchierbarkeit von eingetragenen Immaterialgüterrechten ist die Grundlage für die absolute Schutzwirkung dieser Rechte. Für die Verbotswirkung spielt es daher keine Rolle, ob der Anspruchsgegner von dem Schutzrecht Kenntnis gehabt hat. Wenn sich der Anspruchsgegner keine Kenntnis von einem eingetragenen Schutzrecht verschafft hat, geht das allein zu seinen Lasten.

8 Schmerzhafte Kollisionen im Marktgeschehen können vermieden werden, wenn im **Vorfeld** der Registereintragungen geklärt wird, ob ein eingetragenes Immaterialgüterrecht mit einem anderen Immaterialgüterrecht so kollidiert, dass es – ganz oder teilweise – diesem weichen muss. Im Markenrecht findet diese Konfliktlösung vor allem im **Widerspruchsverfahren** statt. Bei geschützten Designs ist es das **Nichtigkeitsverfahren**, in dem eine Klärung der Schutzfähigkeit erfolgen kann. Bei Patenten kann durch einen **Einspruch** ermittelt werden, ob eine Erfindung schützenswert ist oder ob ältere Rechte einem Schutz entgegenstehen.

D. Schutzentstehung durch Benutzung

9 Schon durch die bloße Benutzung eines Designs kann ein Schutz als **nicht eingetragenes Gemeinschaftsgeschmacksmuster** entstehen. Voraussetzung hierfür ist, dass die erstmalige Benutzung im Gebiet der Europäischen Union erfolgt. Es genügt jedoch nicht, dass das Design nur in einem entlegenen Winkel oder nur von einigen wenigen Personen gesehen werden kann. Weitere Voraussetzung für das Entstehen eines nicht eingetragenen Gemeinschaftsgeschmacksmusters ist vielmehr, dass es von solchen Personen zur Kenntnis genommen werden konnte, die man als Fachkreis der Branche bezeichnen kann, der das Design zuzurechnen ist.

---

2 Zu Einzelheiten § 9.

Das Entstehen des **Urheberrechtsschutzes** geschieht auf denkbar einfachste Weise: Wenn der Designer sein Designobjekt gestaltet hat, ist der Schutz auch schon entstanden. Wie der Schaffensprozess abgelaufen ist, spielt keine Rolle, weil das Urheberrecht nicht nur an fertigen Werken, sondern auch an Entwürfen entstehen kann. Der Urheber muss allerdings in der Lage sein, einen Nachweis für das Entstehen des Werks bzw Entwurfs und ggf auch für den Zeitpunkt des Entstehens zu erbringen.

Durch Benutzungshandlungen kann zwar auch **Markenschutz** entstehen. Hier müssen jedoch die Benutzungshandlungen so auffällig und so ausgiebig gewesen sein, dass den als Abnehmern in Betracht kommenden Personen der Anbieter auch dann bekannt ist, wenn sein Name nicht zur Verfügung steht. Die damit angesprochene Verkehrsgeltung muss also bei beteiligten Verkehrskreisen bestehen.[3] Die Benutzung, die dem **wettbewerbsrechtlichen Nachahmungsschutz** zugrundeliegt, muss dagegen nur eine gewisse Bekanntheit zur Folge haben.

Jede der Schutzmöglichkeiten, die auf der bloßen Benutzung eines Designs gründen, hat zur Voraussetzung, dass eine **Nachahmungsabsicht** feststellbar ist. Der Nachweis für diese subjektive Komponente des Schutzes ist häufig allerdings nicht allzu schwierig zu führen, weil deutlich ausgeprägte Übereinstimmungen oder Ähnlichkeiten eine Vermutung dafür begründen, dass das Original als Vorlage für die Kopie gedient hat.

E. Rechtserwerb

Die **Berechtigung** an einem Designschutzrecht steht dessen Inhaber zu. Bei einem durch das Urheberrecht geschützten Werk ist das der **Schöpfer** dieses Werks, bei einem nicht eingetragenen Gemeinschaftsgeschmacksmuster ist es der **Entwerfer**. Rechtsinhaber von eingetragenen Designschutzrechten ist die natürliche oder juristische Person, die als **Anmelder** benannt worden ist. Weil es beim wettbewerbsrechtlichen Nachahmungsschutz um eine bloße Marktposition geht, steht die Berechtigung grundsätzlich dem **Marktteilnehmer** zu, der diese Marktposition geschaffen hat. Die Zuordnung von Leistungsergebnissen, die von **Arbeitnehmern** geschaffen worden sind, ist gesetzlich meistens so geregelt, dass ein Rechtserwerb beim Arbeitgeber stattfindet. Weil für Leistungsergebnisse, die in einem **Auftragsverhältnis** entstehen, Zuordnungen nicht spezifisch geregelt sind, sollte frühzeitig eine vertragliche Regelung erfolgen.

Eine **Übertragung** von eingetragenen Designschutzrechten und von nicht eingetragenen Gemeinschaftsgeschmacksmustern ist ohne Weiteres möglich. Im Gegensatz hierzu dient es dem Schutz von wirtschaftlichen Interessen der Schöpfer bei urheberrechtlich geschützten Werken, dass die Rechtsinhaberschaft nicht übertragbar ist. Weil für den wettbewerbsrechtlichen Nachahmungsschutz die Marktposition maßgeblich ist, geht mit einer Übertragung der Vertriebsbefugnis auch die Aktivlegitimation über. Bei jedem Immaterialgüterrecht kann der Inhaber seine Position beibehalten, Dritten jedoch eine **Nutzungsberechtigung** einräumen.

F. Territorialitätsgrundsatz

Die Wirkungen von Immaterialgüterrechten sind grundsätzlich auf das Territorium des Landes beschränkt, in dem sie begründet worden sind. Die rechtliche Beurteilung richtet sich daher nach der Rechtslage, die in dem jeweiligen **Einzelstaat** maßgeblich ist.[4] **Benutzungshandlungen außerhalb des Schutzterritoriums** unterfallen zwar nicht dem Recht dieses Territoriums, aber dem Gefährdungspotenzial von Inlandsbezügen wird häufig dadurch Rechnung getragen, dass auch die Einfuhr und die Ausfuhr dem Ausschließlichkeitsrecht des Rechtsinhabers unterliegen.

Wenn für mehrere Einzelstaaten ein Schutz begründet werden soll, kann das durch die **internationale Eintragung** von Designs und durch die **internationale Registrierung** von Marken für eine große

---

3 Wie groß der Prozentsatz der potenziellen Abnehmer sein muss, die mit einem Design eine unternehmensbezogene Herkunftsvorstellung verbinden, wird von der Rechtspraxis von Fall zu Fall festgelegt.
4 Vgl BGH GRUR 2007, 871, Tz 24 – Wagenfeldleuchte; GRUR 2009, 840 Tz 17 – Le Corbusier-Möbel II; GRUR 2012, 1263, Tz 17, 23 – Clinique happy.

Zahl von Staaten geschehen. Bei einem vergleichsweise geringen Aufwand an bürokratischen Erfordernissen und Kosten steht hierdurch das gleiche Ergebnis wie bei Anmeldungen in Einzelstaaten zur Verfügung. Die Schutzwirkungen von **Gemeinschaftsgeschmacksmustern** und **Gemeinschaftsmarken** erstrecken sich auf das Territorium der Europäischen Union, also auf sämtliche Mitgliedstaaten dieser Gemeinschaft. Bei einer Verletzung dieser Gemeinschaftsrechte hängt es von den jeweiligen spezifischen Regelungen ab, ob ein Schutz für das gesamte Gebiet der Europäischen Union oder nur für das Gebiet des Mitgliedstaates in Anspruch genommen werden kann, in dem eine Verletzungshandlung stattgefunden hat. Im **Patentrecht** kann zwischen einzelstaatlichen Patenten und internationalen Patentanmeldungen gewählt werden. **Urheberrechte** genießen in erster Linie in dem Staat Schutz, in dem der Schöpfer ansässig ist. Ob ein Schutz auch in anderen Staaten besteht, ergibt sich aus den gesetzlichen Regeln der einzelnen Staaten und aus internationalen Verträgen.

17 Schon früh hat sich die Erkenntnis durchgesetzt, dass im Bereich der Immaterialgüterrechte durch **internationale Verträge** Mindeststandards für eine möglichst große Anzahl von Einzelstaaten festgelegt werden sollten.[5] Für das Designrecht am wichtigsten ist die Möglichkeit, den Anmeldetag eines Immaterialgüterrechts durch eine sog. **Prioritätsbeanspruchung** auf spätere Anmeldungen in anderen Territorien zu übertragen. Von spezifischer Bedeutung ist im Urheberrecht und im Wettbewerbsrecht der Grundsatz der **Inländerbehandlung** für ausländische Staatsangehörige.

---

5 Zu Einzelheiten § 13 Rn 55 ff.

§ 2 Eingetragene Designs und Gemeinschaftsgeschmacksmuster

A. Allgemeines	1
I. Geschichtliche Entwicklung	1
II. Schutzzweck	3
III. Auslegungsgrundsätze	4
IV. Keine Benutzungsobliegenheit	5
B. Schutzfähigkeit	6
I. Begriffe	6
II. Erzeugnis	8
III. Gegenstand	9
IV. Erscheinungsform	10
V. Sichtbarkeit	12
VI. Tastsinn	13
VII. Einheitlichkeit	14
VIII. Wiederholbarkeit	16
IX. Warenklassen	17
X. Einzelfälle	18
XI. Anmeldestrategien	47
1. Naturalistische oder schematische Darstellung	48
2. Darstellung in Farbe oder in Schwarz-Weiß	49
3. Vollständiges Erzeugnis oder Teil eines Erzeugnisses	50
4. Vorrats- und Defensiveintragungen	51
5. Mehrfachstrategien	52
6. Schutzterritorium	53
7. Schutzrechtsarten	54
C. Beurteilung durch den informierten Benutzer	55
I. Systematik	55
II. Typologie	56
III. Kenntnisstand	59
IV. Grad der Aufmerksamkeit	60
V. Aktualisierungsbezug	61
D. Schutzvoraussetzungen	62
I. Allgemeines	62
II. Neuheit	64
1. Regelungstechnik	64
2. Gestaltungsübertragungen	65
III. Eigenart	67
1. Systematik	67
2. Unterschiedlichkeit	68
3. Grad der Unterschiedlichkeit	70
4. Vergleichsmethode	71
5. Grad der Gestaltungsfreiheit	72
IV. Schonfrist	74
V. Prioritäten	76
E. Vorbekannter Formenschatz	77
I. Systematik	77
II. Offenbarungshandlungen	78
III. Offenbarungsgebiet	79
IV. Fachkreise	80
V. Betreffender Sektor bzw Wirtschaftszweig	81
VI. Normaler Geschäftsverlauf	82
VII. Keine Möglichkeit des Bekanntseins	83
F. Schutzausschließungsgründe	84
I. Technische Bedingtheit	84
1. Regelungszweck	84
2. Technische Funktion	85
3. Gestaltungsalternativen	86
4. Ausschließlichkeit	88
II. Funktionelle Bedingtheit	89
III. Verbindungsmerkmale	91
IV. Bauelemente von komplexen Erzeugnissen	92
V. Reparaturklausel	94
VI. Verstoß gegen die öffentliche Ordnung	95
VII. Zeichen von öffentlichem Interesse	96
G. Inhaberschaft	97
I. Recht auf das eingetragene Design bzw Gemeinschaftsgeschmacksmuster	97
II. Entwerfer	98
III. Mitentwerfer	99
IV. Bearbeitung	100
V. Werkverbindung	101
VI. Gesamthandsgemeinschaft oder Bruchteilsgemeinschaft?	102
VII. Arbeitnehmerdesign	103
VIII. Auftragnehmerdesign	104
IX. Rechtsnachfolge	105
X. Vermutung der Rechtsinhaberschaft	106
XI. Parallelentwürfe	107
XII. Eintragung auf den Namen eines Nichtberechtigten	108
H. Schutzbeginn und Schutzdauer	109
I. Eintragung	109
II. Aufschiebung der Bekanntmachung	110
I. Nichtigkeit und Löschung	111
I. Systematik	111
II. Absolute Nichtigkeitsgründe	112
III. Relative Nichtigkeitsgründe	113
1. Urheberrechtsschutz	113
2. Älteres eingetragenes Design oder Gemeinschaftsgeschmacksmuster	114
3. Zeichen mit Unterscheidungskraft	115
IV. Verfahren	116
1. Möglickeiten der Geltendmachung	116
2. Antragsbefugnis	117
3. Rückwirkung	118
4. Teilweise Aufrechterhaltung	119
5. Löschung	120
J. Schutzgegenstand	121
I. Grundsatz	121
II. Erscheinungsform	122
III. Möglichkeit der Auslegung	123
1. Beschreibung	124
2. Erzeugnisangabe	125
K. Eingriff in den Schutzumfang	126
I. Beurteilungsgrundlagen	126
1. Sperrwirkung	126
2. Reichweite des Verbietungsrechts	127
3. Gesamteindruck	128
4. Beurteilung durch den informierten Benutzer	129
5. Vergleichsmethode	130
6. Grad der Gestaltungsfreiheit	131
a) Geringe Designdichte	132
b) Hohe Designdichte	133
c) Technische Bedingtheit	134
d) Funktionelle Bedingtheit	135
e) Designtendenzen	136
f) Rechtsvorschriften	137
g) Beurteilungszeitpunkt	138
7. Merkmalensbetrachtung	139
a) Merkmalsgewichtung	140
b) Merkmalsgliederung	141
c) Merkmalsgegenüberstellung	142
II. Reichweite des Schutzumfangs	143
1. Grundsatz	143
2. Designdichte	144
3. Abstand zum Formenschatz	146

III. Einzelfragen des Schutzumfangs 151
   1. Schwarz-Weiß-Eintragungen 151
   2. Farbeintragungen 152
   3. Teilschutz 153
      a) Originärer Teilschutz 153
      b) Abgeleiteter Teilschutz 156
L. Schutzbeschränkungen 157
   I. Systematik 157
   II. Privater Bereich 158
   III. Versuche 160
   IV. Veranschaulichung und Unterricht 161
   V. Internationales Transportwesen 164
   VI. Informationsvermittlung 165
   VII. Bestimmungshinweise 166
M. Nicht eingetragene Gemeinschaftsgeschmacksmuster 167
   I. Entwicklung 167
   II. Schutzvoraussetzungen 168
   III. Schutzbegründung 169
   1. Öffentliches Zugänglichmachen 169
   2. Offenbarungshandlungen 170
   3. Offenbarungsgebiet 171
   4. Fachkreise des betreffenden Wirtschaftszweigs 172
   5. Möglichkeiten der Bekanntheit 173
IV. Rechtsinhaber 174
V. Beginn des Schutzes 175
VI. Ende des Schutzes 176
VII. Schutzwirkungen 177
   1. Eingriff in den Schutzumfang 177
   2. Fehlende Kenntnis der Vorlage 178
   3. Erfordernis der Nachahmung 179
   4. Ergebnis eines selbständigen Entwurfs 180
N. Verhältnis zu anderen Schutzmöglichkeiten 181
   I. Grundsatz 181
   II. Markenschutz 182
   III. Urheberrecht 184
   IV. Wettbewerbsrechtlicher Nachahmungsschutz 185
   V. Technische Schutzrechte 186

Literatur:

Kommentare und Monografien: *Bulling/Langöhrig/Hellwig*,Geschmacksmuster, 3. Auflage 2011; *Eck*, Neue Wege zum Schutz der Formgebung, 1993; *Eichmann/von Falckenstein/Kühne*, Designgesetz, Kommentar, 5. Auflage 2015; *Eichmann*, Geschmacksmusterrecht, in: Mes (Hrsg.), Münchener Prozessformularbuch, Gewerblicher Rechtsschutz, Urheberrecht und Presserecht, 4. Auflage 2014, S. 831; *Gielen/von Bomhard*, Concise European Trade Mark and Disign Law, 2011; *Günther/Beyerlein*, Geschmacksmustergesetz, 2. Auflage 2012; *Heinrich*, DesG/HMA, 2. Auflage 2014; *Kahlenberg*, Ein europäisches Geschmacksmusterrecht – Baustein im System des europäischen gewerblichen Rechtsschutzes, 1997; *Kohler*, Geschmacks- und Gebrauchsmusterrecht, 1909; *Lorenzen*, Designschutz im europäischen und internationalen Recht, 2002; *Maier/Schlötelburg*, Leitfaden Gemeinschaftsgeschmacksmuster, 2003; *Meyer*, Der designrechtliche Schutz von Ersatzteilen, 2005; *Nirk/Kurtze*, Geschmacksmustergesetz, Kommentar, 2. Auflage 1997; *Peifer*, Urheberrecht für Designer – Einführung in das Designrecht, 2008; *Peukert*, Die Gemeinfreiheit, 2012; *Rehmann*, Designrecht, 2. Auflage 2014; *Ruhl*, Gemeinschaftsgeschmacksmuster, 2. Auflage 2010; *Schramm*, Der europaweite Schutz des Produktdesigns, 2005; *Stelzenmüller*, Von der Eigentümlichkeit zur Eigenart – Paradigmenwechsel im Geschmacksmusterrecht? 2007; *Stöckel*, Handbuch Marken- und Designrecht, 3. Auflage 2013; *Stolz*, Geschmacksmuster- und markenrechtlicher Designschutz, 2002; *Veit*, Die Durchsetzung des Gemeinschaftsgeschmacksmusters im Verletzungsverfahren und Nichtigkeitsverfahren, 2007; *von Gamm*, Geschmackmustergesetz, 2. Auflage 1989; *Zentek*, Designschutz, 2. Auflage 2008; *Zwanzger*, Das Gemeinschaftsgeschmacksmuster zwischen Gemeinschaftsrecht und nationalem Recht, 2010.

Beiträge in Zeitschriften, Festschriften und Sammelwerken: *Becker*, Wem „gehört" das nicht eingetragene Gemeinschaftsgeschmacksmuster? GRUR Int. 2010, 484; *Becker*, Gestaltungsübertragungen im Geschmacksmusterrecht – zur Bedeutung der Produktart beim geschmacksmusterrechtlichen Schutz von Design, GRUR Int. 2012, 312; *Becker*, PepsiCo und die Folgewirkungen des market approach im europäischen Geschmacksmusterrecht, GRUR Int. 2012, 610; *Becker*, Zum informierten Benutzer verärgerter Männchen, GRUR Int. 2013, 214; *Becker*, Europäische Rechtsprechung zum Gemeinschaftsgeschmacksmusterrecht, WRP 2014, 785; *Beyerlein*, Aktuelle Entwicklungen im Designrecht 2013/2014, Mitt. 2014, 114; *Beyerlein*, Aktuelle Entwicklungen im Designecht 2014/2015, Mitt. 2015, 210; *Bomba*, Gemeinschaftsgeschmacksmusterstreitsachen = Handelssachen? GRUR-Prax 2014, 452; *Buchmiller*, Das nicht eingetragene Gemeinschaftsgeschmacksmuster, GRUR 2015, 629; *Bulling*, Zur Wirkung international eingetragener Muster und zur Nichtigkeit/Löschungseinwilligung bei deutschen Geschmacksmustern, Mitt. 2007, 59; *Drexl/Hilty/Kur*, Vorschlag für eine Richtlinie über die Maßnahmen und Verfahren zum Schutz der Rechte am geistigen Eigentum – Eine erste Würdigung, GRUR Int. 2003, 605; *Drexl/Hilty/Kur*, Designschutz für Ersatzteile – Der Kommissionsvorschlag zur Einführung einer Reparaturklausel, GRUR Int. 2005, 449; *Eck*, Rechtswirkungen von sogenannten Setanmeldungen im gegenwärtigen und künftigen Recht, GRUR 1998, 977; *Eichmann*, Der Schutzumfang von Geschmacksmustern, GRUR 1982, 651; *Eichmann*, Geschmacksmusterrecht und EWG-Vertrag, GRUR Int. 1990, 121; *Eichmann*, Das Verhältnis von Mustern zu Marken, in: Bruchhausen u.a. (Hrsg.), Festschrift für Rudolf Nirk zum 70. Geburtstag, 1992, S. 165; *Eichmann*, Geschmacksmusterschutz für Modeerzeugnisse, Mitt. 1995, 370; *Eichmann*, Mode und Recht, in: Krieger u.a. (Hrsg.), Gewerblicher Rechtsschutz und Urheberrecht in internationaler Sicht: Festschrift für Friedrich-Karl Beier zum 70. Geburtstag, 1996, S. 459; *Eichmann*, Das europäische Geschmacksmusterrecht auf Abwegen?, GRUR Int. 1996, 859; *Eichmann*, Kein Geschmacksmusterschutz für must-match-Teile?, GRUR Int. 1997, 595; *Eichmann*, Schutz von industriellem Design: Stand der europäischen Rechtsentwicklung, Mitt. 1998, 252; *Eichmann*, Technizität von Erfindungen – Technische Bedingtheit von Marken und Mustern, GRUR 2000, 751; *Eichmann*, Gemeinschaftsgeschmacksmuster und Gemeinschaftsmarken: Eine Abgrenzung, MarkenR 2003, 10; *Eichmann*, Neues aus dem Geschmacksmustrrecht, GRUR-Prax 2011, 279; *Engel*, Formenanalyse im Geschmacksmuster-Verletzungsprozess, in: Ahrens u.a. (Hrsg.), Festschrift für Willi Erdmann zum 65. Geburtstag, 2002, S. 89 = Mitt. 2005, 221; *E. Gottschalk/S. Gottschalk*, Das nicht eingetragene Gemeinschaftsgeschmacksmuster: eine Wunderwaffe des Designschutzes?, GRUR Int. 2006, 461; *Günther/Beyerlein*, Kann ein Plagiat dem Original die Neuheit nehmen?, WRP 2003, 1422; *Haberl*, Die Gemeinschaftsgeschmacksmuster-Verordnung (EG) Nr. 6/2002 des Rates vom 12.12.2001, WRP 2002, 905; *Hartwig*, Das Prizip der Reziprozität im Geschmacksmusterrecht, GRUR-RR 2009, 201; *Hartwig*, Formenschatz und Schutzumfang, GRUR 2012, 769; *Hartwig*, Rot-Grün, Schwarz-Gelb oder nur Lila? Das Merkmal der Farbe bei Anmeldung und Durchsetzung von Geschmacksmustern, Mitt. 2008, 317; *Hartwig*, Reciprocity in design law: another brick in the wall, GRUR Int. 2015, 514; *Hoffmann*, Der schmale Gra(d)t der Gestaltungsfreiheit, Mitt. 2012, 10; *Hoffmann*, Das Vorbenutzungsrecht an Einzelmerkmalen eines eingetragenen Designs als Rückfall in die Mosaikbetrachtung?, Mitt. 2014, 393; *Jänich*, „Automobilplagiate" – Zum Schutz des Designs von Kraftfahrzeugen vor Nachahmung, GRUR 2008, 873; *Jestaedt*, Der Schutzbereich des eingetragenen Geschmacksmusters nach dem neuen Geschmacksmustergesetz, GRUR 2008, 19; *Kappl*, Vom Geschmacksmuster zum eingetragenen Design, GRUR 2014, 326; *Kieschke*, Die Abbildung von Hoheitszeichen auf Geschmacksmustern und die öffentliche Ordnung, WRP 2004, 563; *Klawitter*, Die Ersatzteilfrage in der EG-Geschmacksmusterrichtlinie, EWS 2001, 157; *Klawitter*, Schutz nicht eingetragener Geschmacksmuster nach der EU-Gemeinschaftsgeschmacksmusterverordnung, EWS 2002, 357; *Klawitter*, „Wunderwaffe" Geschmacksmusterr, GRU-Prax 2011, 337; *Klawitter*, Das Geschmacksmuster: Vom Aschenputtel zum Superstar, FS 50 Jahre BPatG, 2011; *Klawitter*, Anmeldestrategien nach der BGH-Entscheidung „Weinkaraffe", GRUR-Prax 2013, 53; *Kur*, Zum Vorschlag einer Verordnung über das Gemeinschaftsgeschmacksmuster, GRUR Int. 1994, 514; *Kur*, Gedanken zur Systemkonfrontation einer Sonderregelung für must-match-Ersatzteile im künftigen europäischen Geschmacksmusterrecht, GRUR Int. 1996, 876; *Kur*, Die Auswirkungen des neuen Geschmacksmusterrechts auf die Praxis, GRUR 2002, 661; *Levin*, Die Zukunft des Designschutzes in Europa aus der Sicht des Rechts der nordischen Staaten, GRUR Int. 1998, 371; *Levin/Richman*, A Survey of Industrial Design Protection in the European Union and the United States, EIPR 2003, 111; *Lewalter/Schrader*, Das Gemeinschaftsgeschmacksmuster – Aufweichung des Markenrechts oder zweite Chance für gescheiterte Marken?, Mitt. 2004, 202; *Massa/Strowel*, Community Design - Cinderella Revamped, EIPR 2003, 68; *Mittelstaedt*, Kommt es für die Feststellung der Geschmacksmusterverletzung auf die Unterschiede oder auf die Gemeinsamkeiten an?, WRP 2007, 1161; *Müller-Broich*, Das Sichtbarkeitserfordernis bei bestimmungsgemäßer Benutzung im Geschmacksmusterrecht, Mitt. 2008, 201; *Musker*, Hidden Meaning? UK Perspectives on Invisible in "Use" Designs, EIPR 2003, 450; *Ohly*, Die Europäisierung des Designrechts, ZEuP 2004, 296; *Ohly*, Designschutz im Spannungsfeld von Geschmacksmuster-, Kennzeichen- und Lauterkeitsrecht, GRUR 2007, 731; *Ohly*, Areas of Overlap Between Trademark Rights, Copyright and Design Rights in German Law, GRUR Int. 2007, 704; *Oldekop*, Das nichteingetragene Gemeinschaftsgeschmacksmuster – Eine Chance für Designer?, WRP 2006, 801; *Ortner*, Zum gewerblichen Rechtsschutz bei Nachahmung von Modeerzeugnissen, WRP 2006, 189; *Osterrieth, Chr.*, Der Nachahmungsschutz beim nicht eingetragenen Gemeinschaftsgeschmacksmuster und beim wettbewerbsrechtlichen Leistungsschutz, in: Keller u.a. (Hrsg.), Festschrift für Winfried Tilmann zum 65. Geburtstag, 2003, S. 221; *Otero-Lastres*, Gedanken zur Richtlinie 98/71/EG über den Rechtsschutz von Mustern und Modellen, GRUR Int. 2000, 408; *Pagenkopf*, 125 Jahre Geschmacksmustergesetz – Ein Rückblick in die Geschichte und ein Ausblick in die Zukunft, Mitt. 2002, 206; *Pentheroudakis*, Die Umsetzung der Richtlinie 98/771/EG über den rechtlichen Schutz von Mustern und Modellen, GRUR Int. 2002, 668; *Posner*, The Community Design, Mitt. 1993, 219; *Rahlf/E. Gottschalk*, Neuland: Das nicht eingetragene Gemeinschaftsgeschmacksmuster, GRUR Int. 2004, 821; *Rehmann*, Das Geschmacksmustergesetz wird modernisiert, GRUR-Prax 2013, 215; *Rother*, Die prozessuale Durchsetzung des nicht eingetragenen Gemeinschaftsgeschmacksmusters, in: Spintig u.a. (Hrsg.), Festschrift für Günther Eisenführ zum 70. Geburtstag, 2003, S. 85; *Ruhl*, Fragen des Schutzumfangs im Geschmacksmusterrecht, GRUR 2010, 289; *Ruhl*, Anmerkungen zur geschmacksmusterrechtlichen Entschedigung des BGH „Verlängerte Limousinen", GRUR 2010, 692; *Sander*, Der Schutz von Geschäftsraumgestaltungen durch das Immaterialgüter- und Wettbewerbsrechtrecht im deutschen und amerikanischen Recht, GRUR Int. 2014, 215; *Sáez*, The Unregistered Community Design, EIPR 2002, 585; *Schabenberger*, Zur Eigenart und Erschöpfung des Gemeinschaftsgeschmacksmusters, WRP 2010, 992; *Schennen*, Das Gemeinschaftsgeschmacksmuster – Neuland für Alicante, in: Spintig u.a. (Hrsg.), Festschrift für Günther Eisenführ zum 70. Geburtstag, 2003, S. 99; *Schicker/Haug*, Grundzüge des Designgesetzes, NJW 2014, 726; *Schlötelburg*, Das neue Europäische Geschmacksmusterrecht, Mitt. 2002, 70; *Schlötelburg*, Die Prüfungsrichtlinien für Gemeinschaftsgeschmacksmuster, Mitt. 2003, 100; *Schlötelburg*, Musterschutz an Zeichen, GRUR 2005, 123; 143; *Schönbohm*, Anmerkung zur Vermutung der Rechtsgültigkeit eines nicht eingetragenen Gemeinschaftsgeschmacksmusters, GRUR 2004, 41; *Straus*, Ende des Geschmacksmusterschutzes für Ersatzteile in Europa? Vorgeschlagene Änderungen des EU Richtlinie: Das Mandat der Kommission und seine zweifelhafte Ausführung, GRUR Int. 2005, 965; *Wandtke/Ohst*, Zur Reform des deutschen Geschmacksmustergesetzes, GRUR Int. 2005, 91; *Weber*, Entscheidungspraxis des HABM zur Nichtigkeit von Gemeinschaftsgeschmacksmustern, GRUR 2008, 115; *Zech*, Die Ersatzteil- und Zubehörproblematik im gewerblichen Rechtsschutz, Mitt. 2000, 195; *Zentek*, Präsentationsschutz, WRP 2007, 507; *Zentek*, Auswirkungen technischer Schutzrechte und Merkmale im Nachahmungsschutz des Wettbewerbs-, Formmarken-, Design- und Urheberrechts, WRP 2014, 1289.

A. Allgemeines

I. Geschichtliche Entwicklung

1 Schon in der **älteren Neuzeit** hat es in Flandern, Burgund, Lyon und Oberitalien Dekrete, Edikte und andere Gesetze zum Schutz von Tapisserien, Gobelins, Brokat- und Seidenmustern etc. gegeben. Zu Beginn der **jüngeren Neuzeit** ist 1806 in Frankreich die erste Regelung entstanden, bei der Grundlage des Schutzes die amtliche Hinterlegung eines Musters war. Dieses Schutzsystem ist in anderen Ländern aufgegriffen worden, zB 1839/1842 in England, 1858 in Österreich und 1868 in Italien. In **Deutschland** sind in dieser Zeit zwar von Interessengruppen mehrere Entwürfe mit gleicher Zielrichtung vorgelegt worden. Aber erst als Misserfolge der deutschen Industrie 1873 auf der Wiener Weltausstellung auf das Fehlen eines Gesetzes zum Musterschutz zurückgeführt wurden, ist 1875 ein Regierungsentwurf für ein Gesetz zum Schutz von Mustern und Modellen ausgearbeitet worden. Dieses Gesetz ist sodann am 11.1.1876 erlassen worden. Für die Registrierung von Mustern waren die Amtsgerichte zuständig. Erst mit der Teilnovelle vom 18.12.1986 ist die **Zentralisierung** der Anmeldungen beim Deutschen Patentamt und die **Bekanntmachung** der Eintragungen im Geschmacksmusterblatt eingeführt worden.

2 Durch zwei Urteile[1] des EuGH zu Vorabentscheidungsfragen zum Schutz von Austauschteilen für Automobilkarosserien ist offensichtlich geworden, dass auch im Geschmacksmusterrecht eine **Rechtsvereinheitlichung** geboten ist. Auf der Grundlage des 1990 von einem Max-Planck-Institut[2] veröffentlichten Diskussionsentwurfs für eine Verordnung zum Schutz von Gemeinschaftsgeschmacksmustern[3] hat sodann die Kommission 1991 in einem **Grünbuch**[4] einen Vorentwurf für eine Harmonisierungsrichtlinie (= Richtlinien-Vorentwurf) und einen Vorentwurf für eine Verordnung zum Schutz von Gemeinschaftsgeschmacksmustern (= Verordnungs-Vorentwurf) vorgelegt. Nach weiteren Entwürfen[5] ist die Richtlinie 98/71/EG über den rechtlichen Schutz von Mustern und Modellen vom 13.10.1998 – kurz: **Geschmacksmusterrichtlinie** (GRL) – veröffentlicht worden.[6] Diese Richtlinie war in weiten Teilen Grundlage für die **Verordnung (EG) Nr. 6/2002 über das Gemeinschaftsgeschmacksmuster** (GGV). Die Umsetzung der GRL in nationales Recht ist in Deutschland durch das **Geschmacksmustergesetz** (GeschmMG) vom 12.3.2004 erfolgt.[7] Das **Designgesetz** (DesignG) vom 10.10.2013 hat neben einer teminologischen Neuausrichtung die Einführung eines Nichtigkeitsverfahrens vor dem DPMA und Neuregelungen zur Geltendmachung der Rechtsungültigkeit gebracht.[8]

---

1 Urteile v. 5.10.1988, Rs. 53/87, Slg 1988, 6039 = GRUR Int. 1990, 140 – CIRACA & Maxicar/Renault; Rs. 238/87, Slg 1988, 6211 = GRUR Int. 1990, 141 – Volvo/Veng.
2 Damals mit der Bezeichnung „Max-Planck-Institut für ausländisches und internationales Patent-, Urheber- und Wettbewerbsrecht", inzwischen „Max-Planck-Institut für Innovation und Wettbewerbsrecht".
3 Abgedruckt in GRUR Int. 1990, 556; im Folgenden kurz: MPI-Entwurf. Ausführlich hierzu Ritscher, GRUR Int. 1990, 559 ff; Eck, S. 31 f.
4 Titel: „Grünbuch über den rechtlichen Schutz gewerblicher Muster und Modelle". Dieses „Arbeitsdokument der Dienststellen der Kommission" vom Juni 1991 – III/F/5131/91 – ist nur als geheftete Broschüre verbreitet worden. Das Original war in englischer Sprache abgefasst. Die deutschsprachige Ausgabe hat 171 Seiten umfasst.
5 Richtlinienvorschlag v. 3.12.1993 (= Richtlinienvorschlag 1993); Verordnungsvorschlag v. 3.12.1993 (= Verordnungsvorschlag 1993); Richtlinienvorschlag v. 14.3.1996 (= Richtlinienvorschlag 1996); Einzelheiten bei Eichmann, in: Eichmann/von Falckenstein/Kühne, Allg Rn 5–7.
6 Abgedruckt u.a. in ABl. EG Nr. L 289 S. 28 v. 28.10.1998 und GRUR Int. 1998, 959. Ausführlich zur Entwicklungsgeschichte Kur, GRUR Int. 1998, 353 ff; Eichmann, Mitt. 1998, 252 ff.
7 Soweit kein Umsetzungsbedarf bestand, wurden Regelungen der Gesetze von 1867 und 1986 fortgeführt und aus der GGV einige Anleihen genommen, um insgesamt ein vollständiges Gesetzeswerk für den rechtlichen Schutz von Mustern und Modellen zu schaffen.
8 Überblick bei Rehmann, GRUR-Prax 2013, 215; Schicker/Haug, NJW 2014, 726; Beyerlein, Mitt. 2014, 114; Kappl, GRUR 2014, 326.

II. Schutzzweck

Der Schutz von Design soll zur **Innovation** und zur Entwicklung neuer Erzeugnisse sowie zu **Investitionen** für ihre Herstellung ermutigen.[9] Dem liegt zugrunde, dass nur durch einen angemessenen Schutz für die Rechte des geistigen Eigentums eine angemessene Vergütung der Rechtsinhaber gewährleistet und ein zufriedenstellender Ertrag der erforderlichen Investitionen sichergestellt werden kann.[10] Gesetzgebungspolitische Motivation des Schutzes für eingetragene Designs und für Gemeinschaftsgeschmacksmuster ist daher, einen wirtschaftlichen Anreiz für Innovationen der Entwerfer und für Investitionen der Produzenten von Erzeugnissen zu schaffen, die die Erfordernisse der Neuheit und der Eigenart erfüllen.

III. Auslegungsgrundsätze

Die Auslegung der Bestimmungen für **Gemeinschaftsgeschmacksmuster** richtet sich nach den für das Unionsrecht maßgeblichen Grundsätzen. Die wichtigsten Bestimmungen für **eingetragene Designs** sind überwiegend aus der Umsetzung der GRL entstanden; bei einer Reihe von weiteren Regelungen hat die GGV als Vorbild gedient. Die Auslegung der Bestimmungen des DesignG, mit denen Unionsrecht umgesetzt worden ist, erfolgt daher nach den Grundsätzen der richtlinienkonformen Auslegung.[11] Im Vordergrund steht dabei die Auslegung der GRL. Bei den der GGV nachgebildeten Bestimmungen muss im Sinne einer einheitlichen Rechtsordnung bei der Auslegung des DesignG dieser Vorlage Rechnung getragen werden. Bei der Auslegung von **Gemeinschaftsvorschriften** kommt es nicht nur auf den Wortlaut, sondern auch auf den Regelungszusammenhang und auf den Regelungszweck an.[12] Um das Ziel einer Gemeinschaftsnorm zu erreichen, muss die Auslegung nationalen Rechts innerhalb der durch das Unionsrecht gesetzten Grenzen erfolgen.[13] Ausfüllende Bedeutung haben insbesondere die Erwägungsgründe und die Entstehungsgeschichte. Für das Verständnis des Wortlauts können sich Hinweise aus den in anderen Sprachen ausgefertigten Fassungen und insbesondere aus der ursprünglichen Sprachfassung ergeben. Weil der Wortlaut sowohl der GGV als auch der GRL in englischer Sprache formuliert worden ist, haben die englischsprachigen Fassungen der GGV und der GRL für die Auslegung der deutschen **Sprachfassungen** ganz besonderes Gewicht. Ergänzend kann auf Grundsätze der Richtlinie zum Urheberrecht in der Informationsgesellschaft[14] zurückgegriffen werden, nämlich das Erfordernis eines hohen Schutzniveaus,[15] das Bestreben um eine angemessene Vergütung für schöpferisch tätige Personen und um einen angemessenen Ertrag für Investitionen[16] sowie Großzügigkeit gegenüber Vervielfältigungshandlungen ohne eigenen wirtschaftlichen Wert.[17] Nicht nur die Gesetzgebung, sondern auch die Gesetzesanwendung ist in erster Linie von einem **Interessenausgleich**[18] geprägt, um zu einer angemessenen Berücksichtigung sowohl des Ausschließlichkeitsrechts des Rechtsinhabers als auch des Freihaltebedürfnisses zugunsten der Wettbewerber und damit letztlich auch zugunsten der Allgemeinheit zu gelangen.

---

9 Erwägungsgrund 7 zur GGV; ausführlich hierzu Eck, S. 105; Kahlenberg, S. 112.
10 Erwägungsgrund 10 zur Richtlinie 2001/29/EG vom 22.5.2001 zur Harmonisierung bestimmter Aspekte des Urheberrechts und der verwandten Schutzrechte in der Informationsgesellschaft, ABl. L 167/10 vom 22.6.2001.
11 Vgl hierzu die Nachw. bei Eichmann, in: Eichmann/von Falckenstein/Kühne, Allg. Rn 17 sowie Roth, EWS 2005, 385 ff; Auer, NJW 2007, 1106 ff.
12 EuGH, Rs. C-223/98, Slg 1999-I 7081, Rn 63 – Adidas = GRUR Int. 2000, 163.
13 EuGH, Rs. C-060/02, GRUR 2004, 501, Rn 59 – Rolex-Hilfinger.
14 Richtlinie 2001/29/EG vom 22.5.2001 zur Harmonisierung bestimmter Aspekte des Urheberrechts und der verwandten Schutzrechte in der Informationsgesellschaft, ABl. EG L 167/10 v. 22.6.2001.
15 Vgl die Erwägungsgründe 4 und 9.
16 Vgl Erwägungsgrund 10.
17 Vgl Erwägungsgrund 33.
18 Eichmann, in: Eichmann/von Falckenstein/Kühne, Allg. Rn 11.

IV. Keine Benutzungsobliegenheit

5 Wenn ein eingetragenes Design oder ein Gemeinschaftsgeschmacksmuster nicht benutzt wird, kann das **keinen Verfall** wegen Nichtbenutzung zur Folge haben, weil sich die Mitgliedstaaten der PVÜ verpflichtet haben, keinen Benutzungszwang einzuführen.[19] Eine rechtserhaltende Benutzung, wie sie im Markenrecht erforderlich sein kann,[20] spielt daher für eingetragene Designs und für Gemeinschaftsgeschmacksmuster weder in quantitativer Hinsicht noch in qualitativer Hinsicht eine Rolle. Die Nutzung des Schutzes nicht zur eigenen Benutzung, sondern nur als Verbietungsrecht gegenüber Dritten kann ebenso wenig wie bei technischen Schutzrechten beanstandet werden. Auch die Eintragung von Vorratsmustern und von Defensivmustern ist legitim.[21] Wenn eine Benutzung stattfindet, ist es unerheblich, ob Erzeugnisse mit dem Gegenstand des Schutzrechts übereinstimmen. Nur wenn sich der Rechtsinhaber auf sein positives Benutzungsrecht beruft, kann eine Abweichung der Benutzungsform von dem Gegenstand der Eintragung Bedeutung erlangen.[22]

B. Schutzfähigkeit

I. Begriffe

6 In dem traditionellen Begriffspaar „**Muster und Modell**" findet Muster für ein zweidimensionales Erzeugnis und Modell für ein dreidimensionales Erzeugnis Verwendung. In den romanischen Sprachfassungen der Unionsgesetzgebung wird dieses Begriffspaar weiterhin verwendet, nämlich *dessin ou modèle* in der französischen, *disegno o modello* in der italienischen, *dibujo o modelo* in der spanischen, *desenho ou modelo* in der portugiesischen Fassung. In der deutschen Gesetzessprache wurde dieses **Begriffspaar** in früheren Fassungen des „Gesetz betreffend das Urheberrecht an Mustern und Modellen" benutzt.[23] Weil schon bald der umständliche Titel des Gesetzes inoffiziell durch „Geschmacksmustergesetz" ersetzt wurde, hat sich „**Muster**" als **einheitlicher Begriff** durchgesetzt,[24] der sowohl dreidimensionale Modelle als auch flächige Muster umfasst. Ein wesentliches Element der „Modernisierung des Geschmacksmustergesetzes"[25] war, dass „**Design**" an die Stelle von „Muster" getreten ist.

7 In der deutschen Fassung der **GGV** findet „**Geschmacksmuster**" anstelle von „**Muster**" Verwendung.[26] Die Entwicklung in der Gesetzgebung zeigt, dass es sich dabei um eine **Unschärfe in der Übersetzung** handelt: Im Grünbuch hatte die Kommission „Muster" als zentralen Begriff verwendet. Das hat übereinstimmend Eingang in die ersten Entwürfe für eine Richtlinie[27] und für eine Verordnung[28] gefunden. Diese Handhabung ist in den Verordnungsentwürfen der Jahre 1993,[29] 1999[30] sowie 2000[31] unverändert geblieben. Erstmals am 30.11.2001 wurde in einem Ratsdokument die Terminologie benutzt, die sodann in die am 12.12.2001 veröffentlichte GGV Eingang gefunden hat. Das ist offensichtlich das Ergebnis einer Übersetzung der englischsprachigen Aus-

---

19 Art. 5 B PVÜ; vgl hierzu OLG Saarbrücken BeckRS 2005, 08060 – Radfelge.
20 Vgl § 26 MarkenG; Art. 15, 43 Abs. 2 GGV.
21 Eichmann, in: Eichmann/von Falckenstein/Kühne, § 38 Rn 7.
22 Vgl § 11 Rn 17.
23 Damit war anfänglich auch eine gesetzestechnische Differenzierung verbunden, weil durch § 6 Nr. 2 GeschmMG 1876 sowohl die Nachbildung von Mustern durch Modelle als auch die Nachbildung von Modellen durch Muster gesetzlich gestattet war.
24 Vgl § 1 Nr. 1 GeschmMG 2004.
25 Das ist der offizielle Titel des Gesetzes vom 10.10.2013.
26 Art. 3 Buchst. a, Art. 7 und Art. 10 GGV.
27 Art. 1 Buchst. a, Art. 3 Abs. 3 und Art. 5 des GRL-Vorentwurfs 1991.
28 Art. 3 Buchst. a, Art. 4 Abs. 2 und Art. 7 Abs. 1 S. 1 des Verordnungsvorentwurfs 1991.
29 Art. 3 Buchst. a, Art. 8 und Art. 11 Abs. 1 des Verordnungsvorschlags vom 3.12.1993.
30 Art. 3 Buchst. a, Art. 8 und Art. 11 Abs. 1 des Verordnungsvorschlags vom 21.6.1999.
31 Art. 4 Buchst. a, Art. 8 und Art. 11 Abs. 1 des Verordnungsvorschlags vom 20.10.2000 sowie Art. 3 Buchst. a, Art. 8 und Art. 11 des Verordnungsvorschlags vom 23.11.2000. Den Entwürfen der Jahre 1999 und 2000 war die Veröffentlichung der GRL am 28.10.1998 vorausgegangen.

gangsfassung der Kommission mit dem Begriff *design* in das französischsprachige Ratsdokument mit dem Begriff *dessin ou modèle* und im Anschluss hieran in Übersetzungen in andere Sprachen.[32]

II. Erzeugnis

Grundlage des Schutzes ist ein „Erzeugnis" (englisch: *product*). Mit diesem Begriff wird jeder Gegenstand bezeichnet, der industriell oder handwerklich hergestellt werden kann.[33] Ob es sich dabei um **industrielle Massenherstellung** oder um **handwerkliche Einzelanfertigung** handelt, ist unerheblich. Ein schutzfähiger Gegenstand muss daher lediglich das **Ergebnis menschlicher Tätigkeit** sein.[34] Aus der Zusammenfassung der gesetzlichen Begriffsbestimmungen ergibt sich, dass ein Erzeugnis ein industriell oder handwerklich herstellbarer Gegenstand ist, dessen Erscheinungsform sich insbesondere aus den **gesetzlich aufgeführten Merkmalen** von Linien, Konturen, Farben, der Gestalt, Oberflächenstrukturen und/oder der Werkstoffe des Erzeugnisses ergibt. Während es sich bei diesen Merkmalen um anschauliche Beispiele handelt, ist von großer praktischer Bedeutung, dass auch ein **Teil** eines Erzeugnisses Gegenstand des Schutzes sein kann. Die **Verzierung** (englisch = *ornamentation*) eines Erzeugnisses wird nur deswegen erwähnt, weil sie bei Gemeinschaftsgeschmacksmustern die Voraussetzung dafür ist, dass eine Sammelanmeldung ausnahmsweise mehrere Klassen umfassen darf.[35]

8

III. Gegenstand

Der Definition für „Erzeugnis" liegt ein (industrieller oder handwerklicher) „Gegenstand" (englisch: *item*) zugrunde,[36] wobei durch die Aufführung von einigen Beispielen ein **breiter Anwendungsbereich** eröffnet wird. Genannt sind Verpackung, Ausstattung, grafische Symbole und typographische Schriftzeichen. Dass nach der Gesetzgebung **Computerprogramme** nicht als Erzeugnisse gelten, hat nur klarstellende Bedeutung. Umsetzungsergebnisse von Computerprogrammen können die für einen Schutz erforderliche Gegenständlichkeit aufweisen. Die zusätzliche Erwähnung von **Einzelteilen**, die zu einem komplexen Erzeugnis zusammengebaut werden sollen, bildet die Grundlage für eine spezielle Definition,[37] die Eingang in eine Schutzbeschränkung für Bauelemente findet.[38]

9

IV. Erscheinungsform

Die Begriffe „Erzeugnis" und „Gegenstand" sind Vorstufen für das letztlich allein maßgebliche Kriterium der „Erscheinungsform" (englisch: *appearance*). Weil Schutzgegenstand nicht ein konkretes Erzeugnis, sondern dessen Erscheinungsform ist,[39] gibt es **keinen Produktschutz**.[40] Anknüpfungspunkt für den Schutz ist die aus der Wiedergabe ersichtliche immaterielle plastische oder flächige

10

---

32 Dass es sich bei dem Begriff „Geschmacksmuster" in der GGV um eine Ungenauigkeit der Übersetzung handelt, ist auch daraus ersichtlich, dass vielfach anstelle von „Geschmacksmuster" von „Muster" die Rede ist (vgl Art. 15 Abs. 3, Art. 19 Abs. 1, Art. 19 Abs. 2, Art. 22 Abs. 2, Art. 41 Abs. 1, Art. 51 Abs. 3, Art. 67 Abs. 6, Art. 96 Abs. 2, Art. 110 Abs. 1 GGV; Erwägungsgrund 13 zur GGV; Art. 4 Abs. 2, Art. 5 Abs. 1, Art. 10 Abs. 1 Buchst. a und Abs. 6 S. 2 GGVD), obwohl es für „Muster" keine Begriffsbestimmung gibt.
33 § 1 Nr. 2 DesignG; Art. 3 Buchst. b GGV.
34 Grünbuch 5.6.1.1. Eine weite Auslegung ergibt sich daraus, dass in der englischen Ausgangsfassung des Gesetzestextes *product* für „Erzeugnis" und *item* für „Gegenstand" verwendet wird.
35 Art. 37 Abs. 1 S. 2 GGV.
36 § 1 Nr. 2 DesignG; Art. 3 Buchst. b GGV.
37 § 1 Nr. 2 DesignG; Art. 3 Buchst. c GGV.
38 § 4 DesignG; Art. 4 Abs. 2 GGV.
39 Vgl Schlötelburg, GRUR 2005, 123, 124.
40 Vgl Eck, GRUR 1998, 687, 693; Kur, GRUR Int. 2002, 661, 662.

Form,[41] dh die Verkörperung einer gestalterischen Vorstellung.[42] Diese Verkörperung muss geeignet sein, als Vorbild für die Fertigung körperlicher Erzeugnisse zu dienen.[43] Der hohe Abstraktionsgrad dieser Begriffsbildungen trägt allerdings dem „design approach"[44] des neueren Rechts wenig Rechnung. Mit der **schutzbegründenden Funktion**[45] der bloßen Erscheinungsform ist dagegen nur eine geringe Abstraktion verbunden.

11 Eine konkrete Verbindung der Erscheinungsform mit der realen Warenwelt wird zwar durch das Erfordernis der **Erzeugnisangabe** hergestellt. Aber unabhängig davon, ob sich zB diese Angabe auf einen Ball, auf eine Munition, eine Portion Eis etc. bezieht, ist als Erscheinungsform immer nur eine Kugel maßgeblich. Nur auf die Erscheinungsform kommt es daher an, wenn ermittelt wird, ob die Erfordernisse der Neuheit und der Eigenart erfüllt sind. Auf den **Verwendungszweck** und auf die Art der Umsetzung einer gestalterischen Vorstellung kommt es daher nicht an, wenn dabei keine neue Erscheinungsform entsteht.[46] Die Erscheinungsform ist die **Gesamtheit** aller optisch, ggf zusätzlich auch haptisch wahrnehmbaren Bestandteile eines Erzeugnisses.[47] Von „**Erscheinungsmerkmalen**" ist die Rede, wenn bei einem Schutzausschluss[48] davon ausgegangen wird, dass nur einzelne Bestandteile von Gesamterzeugnissen erfasst werden.

V. Sichtbarkeit

12 Das Erfordernis der Sichtbarkeit ergibt sich als **ungeschriebenes Kriterium** daraus, dass die Erscheinungsform (englisch: *appearance*) von Gegenständen den Kern der gesetzlichen Begriffsbestimmungen bildet. Die Eintragung von eingetragenen Designs und Gemeinschaftsgeschmacksmustern hat dementsprechend zur Voraussetzung, dass mit der Anmeldung eine zur Bekanntmachung geeignete Wiedergabe eingereicht worden ist.[49] Für eingetragene Designs ist gesetzlich klargestellt, dass der Schutz nur für diejenigen Merkmale der Erscheinungsform begründet wird, die in der Anmeldung sichtbar wiedergegeben sind.[50] Das gilt als Selbstverständlichkeit auch für Gemeinschaftsgeschmacksmuster.[51] Eine Sonderregelung für Bauelemente von komplexen Erzeugnissen besagt zwar, dass ein Schutz nur bestehen kann, wenn ein Bauelement bei bestimmungsgemäßer Verwendung sichtbar bleibt.[52] Außerhalb dieser Sonderregelung muss jedoch die Erscheinungsform nur in der **Wiedergabe** einer Eintragung sichtbar sein. Wie es sich mit der Sichtbarkeit im **tatsächlichen Gebrauch** verhält, ist dagegen unerheblich. Wenn ein Erzeugnis bei seinem bestimmungsgemäßen Gebrauch für Beobachter nicht sichtbar ist, steht das einem Schutz nicht entgegen.[53] Das gilt auch

---

41 BGH GRUR 2011, 1112 Tz 49 – Schreibgeräte. Dem entspricht im schweizerischen Schrifttum der „abstrakte Formenschutz" für die immaterielle Form im Gegensatz zum „konkreten Formenschutz" für das Erzeugnis als solchem.
42 BGH GRUR 1974, 406, 409 – Elektroschalter; GRUR 1979, 705, 706 – Notizklötze; GRUR 1981, 269, 271 – Haushaltsschneidemaschine II.
43 BGH GRUR 2011, 1112 Tz 49 – Schreibgeräte.
44 Vgl hierzu u.a. Kur, EIPR 1993, 374, 376; GRUR 2002, 661, 662; Ritscher, GRUR Int.1990, 559, 560; Eck, S. 138; Stolz, S. 47 ff; Schramm, S. 92; Becker, GRUR Int. 2012, 312, 313.
45 Vgl OGH ÖBl 2007, 115 Mini – Berner; GRUR 2008, 523, 524 – Febreze.
46 BGH GRUR 1962, 144, 146 – Buntstreifensatin I; GRUR 2011, 1112 Tz 49 – Schreibgeräte. Bei dem vielfach diskutierten (zB Ruijsenaars, GRUR Int.1997, 687 ff; Kur, GRUR Int. 1998, 353, 355; Stolz S. 46 ff) Ferrari-Frisierstuhl hat zwar die Verwendung des Erscheinungsbilds eines Spielzeug-Tretautos für einen Kinder-Frisierstuhl eine neue Gebrauchsfunktion ergeben (so die Feststellung des Hoge Raad GRUR Int. 1997, 756 – Ferrari-Frisierstuhl), aber die Erscheinungsform ist dabei im Wesentlichen unverändert geblieben.
47 Gustatorische Wirkungen, olfaktorische Wirkungen und auditive Wirkungen gehören nicht zur Erscheinungsform von Erzeugnissen.
48 § 3 Abs. 1 Nr. 1, Abs. 1 Nr. 2 und Abs. 2 DesignG; Art. 8 Abs. 1 und Abs. 2, Art. 25 Abs. 1 Buchst. a GGV.
49 § 11 Abs. 2 Nr. 3 DesignG; Art. 36 Abs. 1 Buchst. c GGV.
50 § 37 Abs. 1 DesignG.
51 BGH GRUR 2012, 1139 Tz 16 – Weinkaraffe.
52 § 4 DesignG; Art. 4 Abs. 2 Buchst. a GGV.
53 ZB bei Drahtgittermatten, die als Bewehrungsmittel in Stahlbetonbauteilen nach dem Einbetonieren nicht mehr sichtbar sind (vgl HABM-Nichtigkeitsabteilung ICD 3218, ICD 3226, ICD 3234, ICD 3242 v. 16.2.2007), bei

für Erzeugnisse, die zum Einbau in Gesamtprodukte bestimmt sind; denn bis zum Einbau kann ihre ästhetische Wirkung Einfluss auf die Kaufentscheidung haben.[54]

VI. Tastsinn

Das Erfordernis der Sichtbarkeit schließt es nicht aus, dass **zusätzlich** der Tastsinn ein Kriterium ist, das für einen Schutz Bedeutung erlangen kann. Das ergibt sich zwangsläufig daraus, dass in den gesetzlichen Begriffsbestimmungen **Oberflächenstrukturen**[55] und **Werkstoffe**[56] als Beispiele aufgeführt sind. **Taktile Wahrnehmungen** können allerdings nur bei nicht eingetragenen Gemeinschaftsgeschmacksmustern und bei flächenmäßigen Musterabschnitten bzw (flächigen) Proben stattfinden.[57] Bei grafischen und fotografischen Wiedergaben können sich zwar Offenbarungsdefizite für Wahrnehmungen über den Tastsinn ergeben; durch eine Erläuterung von sichtbaren Erscheinungsmerkmalen in der **Beschreibung** können Offenbarungsdefizite jedoch reduziert werden (vgl Rn 124).

13

VII. Einheitlichkeit

Bei allen Registerschutzrechten, zB bei Patenten,[58] bei Marken[59] sowie bei Gemeinschaftsgeschmacksmustern und eingetragenen Designs[60] trägt das Erfordernis der Einheitlichkeit der **Rechtsklarheit** und damit der Rechtssicherheit Rechnung. **Mehrere Darstellungen**[61] in einer Wiedergabe müssen daher ein und **dieselbe Erscheinungsform** zeigen. Die **Übereinstimmung der Ansichten** muss die Farbgebung umfassen[62]. Gegenstand der Eintragung ist zwar die Erscheinungsform **eines Erzeugnisses**.[63] Weder allein aus dieser Formulierung noch aus dem Gebühreninteresse der Registerbehörde[64] kann jedoch gefolgert werden, dass es nicht statthaft ist, **unterschiedliche Erzeugnisse** in ein geschütztes Design aufzunehmen. Eintragbar sind daher auch unterschiedliche Erzeugnisse, wenn sie so aufeinander abgestimmt sind, dass sie als gestalterisch **zueinander gehörig** empfunden werden.

14

Dem Urteil „Weinkaraffe" lag ein Gemeinschaftsgeschmacksmuster zugrunde, bei dem die Wiedergabe eine Karaffe in sieben Ansichten zeigt (Abb. 1 a bis 1 g). Auf vier Ansichten ist die **Karaffe zusammen mit einem Sockel** in Form eines flachen Quaders dargestellt. Auf drei weiteren Ansichten ist **allein die Karaffe** zu sehen, die aus einem kugelförmigen Korpus und aus einem röhrenartigen Hals besteht. Weil die Einzelgegenstände ästhetisch **aufeinander abgestimmt** waren und in **funktionalem Zusammenhang** standen, konnte nach der Verkehrsauffassung die Karaffe mit dem Sockel ein **Kombinationserzeugnis** bilden und damit ein **einheitliches Erzeugnis** sein.[65]

15

Abwasserrohren, die unter der Erdoberfläche verlegt werden (vgl Heinrich, Art. 1 DesG Rn 11) oder bei einem By-Pass (aA Koschtial, GRUR Int. 2003, 973, 981).
54 BGH GRUR 2008, 790 Rn 25 und 28 – Baugruppe I; Eichmann, GRUR Int. 1996, 859, 875.
55 Oberflächenstrukturen können zwar optisch erfasst werden, ihre spezifische Charakteristik erschließt sich jedoch häufig erst durch die Zuhilfenahme des Tastsinns.
56 Auch Werkstoffe können haptische Empfindungen auslösen, vgl Rn 124.
57 Vgl § 11 Abs. 2 DesignG; Art. 36 Abs. 1 Buchst. c S. 2 GGV.
58 Vgl § 34 Abs. 5 PatG.
59 Vgl Fezer, § 3 MarkenG Rn 216.
60 Eichmann, in: Eichmann/von Falckenstein/Kühne, § 1 Rn 28.
61 Vgl § 7 Abs. 1 S. 2 DesignV; Art. 4 Abs. 2 S. 1 GGVD.
62 Vgl Abschnitt 5.2.5 der HABM-Prüfungsrichtlinien Gemeinschaftsgeschmacksmuster.
63 § 11 Abs. 2 Nr. 3 iVm § 1 Nr. 1 DesignG; Art. 36 Abs. 1 Buchst. c iVm Art. 3 Buchst. a GGV.
64 Vgl Schäfers, in: Benkard, § 34 PatG Rn 94 a.
65 Vgl BGH GRUR 2012, 1130 Tz 32 – Weinkaraffe. Der BGH hat zwar allgemeine Auslegungsgrundsätze formuliert (Tz 23 und 24) und angewandt (Tz 31 und 32), sich dabei aber nicht mit der Erzeugnisangabe „Bottiglie" (Sprache der Anmeldung) bzw „Bottles" (Zweite Sprache) auseindergesetzt, die ein Hinweis darauf gewesen sein könnte, dass der Sockel nur als erläuterndes Beiwerk in die Wiedergabe aufgenommen worden ist.

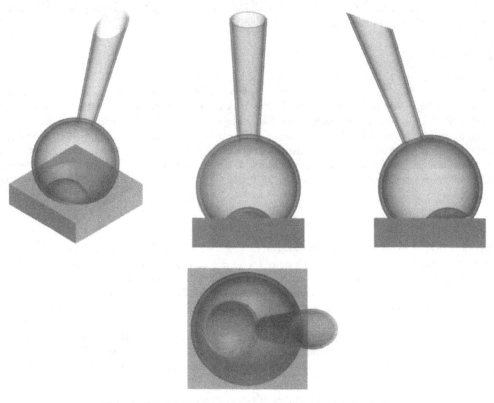

Abb. 1 a bis 1 d: GGM 000383757-0001 (Ansichten 1–4)

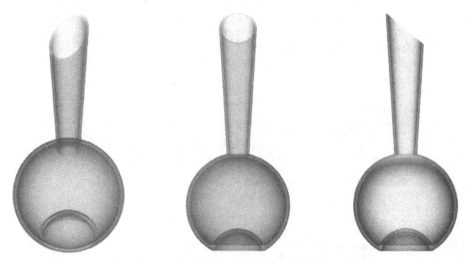

Abb. 1 e bis 1 g: GGM 000383757-0001 (Ansichten 5–7)

VIII. Wiederholbarkeit

Im Geltungsbereich des GeschmMG aF ist gefordert worden, dass es möglich sein muss, **weitere Exemplare** herzustellen, die mit der Vorlage übereinstimmen. Das Reichsgericht war der Ansicht, dass ein Verfahrensschutz zu befürchten ist, wenn die Wiederholbarkeit von Produktionsergebnissen nicht gewährleistet ist.[66] Weil es keine Benutzungsobliegenheit gibt, liegt es jedoch im Belieben des Rechtsinhabers, ob überhaupt **Erzeugnisse** in den Verkehr gebracht werden und ob diese Erzeugnisse ggf **von dem Gegenstand der Eintragung abweichen** (vgl Rn 5). Es widerspricht daher einem essenziellen Grundsatz, wenn der Bestand des Schutzes von dem Ergebnis eines Vergleichs mit Erzeugnissen abhängig gemacht wird, die der Rechtsinhaber in den Verkehr gebracht hat. Gegenüber dieser rechtssystematischen Folgerung tritt die praktische Erwägung in den Hintergrund, dass im Hinblick auf die Möglichkeiten der **automatisierten Produktion** das Kriterium der Wiederholbarkeit schon seit langem auch ohne praktische Bedeutung ist.[67]

16

IX. Warenklassen

Die Einordnung von eingetragenen Designs und von Gemeinschaftsgeschmacksmustern in Warenklassen ist bei ihrer Eintragung vorgeschrieben.[68] Die insgesamt **31 Warenklassen** geben einen Überblick über die **Arten von Erzeugnissen**, für die ein Schutz in Betracht kommt[69] und dienen der Klarheit bei der Registrierung und damit der Transparenz bei Recherchen. Die Klassenzuordnung hat daher keinen Einfluss auf den Schutzumfang.[70]

17

X. Einzelfälle

Im allgemeinen Sprachgebrauch umfasst der Begriff des Designs viele Ergebnisse der menschlichen Gestaltungskreativität, für die ein Schutz zugunsten des Entwerfers wünschenswert sein kann. Bei einem **Registerschutz** ergeben sich jedoch **Einschränkungen** dadurch, dass für die Art der Veranschaulichung – mit Ausnahme von flächenmäßigen Designabschnitten bzw (flächigen) Proben – nur grafische oder fotografische Wiedergaben des Schutzgegenstandes in Betracht kommen. Weitere Einschränkungen können sich aus dem – ungeschriebenen – Wesen von geschützten Designs und aus rechtssystematischen Erwägungen für das Verhältnis dieses Schutzes zu anderen Schutzrechtsarten ergeben.

18

- **Anbauteile** eines Möbelprogramms bestehen zwar aus mehreren eigenständigen Erzeugnissen, aber der BGH hat die Designfähigkeit mit der Begründung bejaht,[71] die einzelnen Teile seien in Höhe, Proportionen und Erscheinungsbild sowie in der Konstruktion auf eine gemeinsame Verwendung angelegt und dabei so aufeinander abgestimmt, dass die geschmackliche Wirkung in der Aneinanderreihung der Anbauteile zur Geltung kommt.
- **Anleitungen** als Anweisungen an den menschlichen Geist iSd patentrechtlichen Doktrin[72] sind keine Gegenstände, sondern Beschreibungen für → Verfahren.

19

---

66 RGZ 61, 44, 49 – Filzstoffmuster. Dem hat zugrunde gelegen, dass das hinterlegte *Originalmuster* mit weiteren Erzeugnissen aus der Produktion des Rechtsinhabers verglichen werden konnte. Ein derartiger Vergleich kann bei eingetragenen Designs und bei Gemeinschaftsgeschmacksmustern nicht stattfinden, weil nur *grafische und fotografische Wiedergaben* zugelassen sind. Bei Abbildungen sind jedoch die Besonderheiten, die Zweifel an der *Möglichkeit einer Vervielfältigung* auslösen könnten, idR nicht feststellbar. So ist es zB bei der Abbildung eines Rosenstiels mit einer neuartigen Blütenform kaum erkennbar, ob es sich um eine natürliche Pflanze oder um ein Erzeugnis aus künstlichen Materialien handelt.
67 Eichmann, in: Eichmann/von Falckenstein, 2. Aufl., § 1 Rn 9.
68 § 19 Abs. 2 DesignG; Art. 3 Abs. 2 GGDV.
69 ZB Bekleidung (Klasse 2), Wohnungsausstattungen (Klasse 6), Haushaltsartikel (Klasse 7), Uhren (Klasse 10), Werbeausrüstungen (Klasse 20), Beleuchtungsapparate (Klasse 26) der Locarno-Klassifikation. Spezifizierungen ergeben sich aus Unterklassen, zB Klasse 10-2 „Taschen- und Armbanduhren".
70 § 11 Abs. 6 DesignG; Art. 36 Abs. 6 GGV.
71 BGH GRUR 1975, 383, 385 – Möbelprogramm; bestätigt durch BGH GRUR 1982, 305, 306 – Büromöbelprogramm; GRUR 1986, 673, 675 – Beschlagprogramm.
72 Vgl zB BGH GRUR 1975, 549 – Buchungsblatt.

§ 2 Eingetragene Designs und Gemeinschaftsgeschmacksmuster

- **Anordnungen** von eigenständigen Erzeugnissen können insbesondere bei → Anbauteilen für → Inneneinrichtungen musterfähig sein, wenn sie das Erfordernis der Einheitlichkeit (vgl Rn 14) erfüllen.[73]

20 - **Anorganische Naturprodukte** (zB Gesteine, Edelsteine, Salze etc.) sind in ihrer Erscheinungsform das Ergebnis von erdgeschichtlichen Entwicklungsvorgängen. Jede Art der handwerklichen oder industriellen Bearbeitung hat jedoch Desigfähigkeit zur Folge.[74]

- **Ausstattungen**[75] (vgl Abb. 2 bis 5) sind in erster Linie Aufmachungen als zusätzliche Erscheinungsmerkmale von Waren, zB Bastumhüllungen von Chiantiflaschen, Verschnürungen, Anhänger etc. Wie die Beispiele (grafische Symbole, Schriftzeichen) in den gesetzlichen Definitionen zeigen, muss nicht unbedingt eine Verbindung mit einem Gegenstand (im deutschen Sprachsinn) oder einer Verpackung bestehen. Außerhalb des juristischen Sprachgebrauchs sind Ausstattungen ohnehin mehr auf Innenausstattungen von Räumlichkeiten und Fahrzeuge bezogen. Einer Beschränkung auf Erscheinungsformen iSd früheren Ausstattungsrechts bedarf es daher nicht.

Abb. 2: GGM 00054994-0001.1   Abb. 3: GGM 000958624-0005   Abb. 4: GGM 000903307-0001.1

Abb. 5: GGM 00077615-0001

21 - **Bauelemente** sind zwar als → Teile ohne Weiteres designfähig. Eine besondere Bedeutung ergibt sich jedoch daraus, dass Bauelemente als Bestandteile von → komplexen Erzeugnissen vom Schutz ausgeschlossen bzw in den Schutzwirkungen beschränkt sein können. Teile von Erzeugnissen sind jedoch keine Bauelemente im Sinne der Ausnahmeregelung, wenn kein Auseinander- und Wiederzusammenbauen erfolgt. Das ist beispielsweise der Fall bei Druckerpatronen (vgl

---

73 In einer Zwischenphase der Gesetzgebung sind „bestimmte Anordnungen von Gegenständen" in die Definition des Erzeugnisses aufgenommen worden. Anlass für diesen Regelungsvorschlag war, dass bei Sammelanmeldungen für derartige Anordnungen das Erfordernis der Zugehörigkeit zu einer Unterklasse entfallen sollte (Art. 40 Abs. 1 S. 2 des Verordnungsvorschlags 1993). In den nächsten Regelungsvorschlag (Art. 1 Buchst. b des GRL-Vorschlags 1996) sind Anordnungen offensichtlich deswegen nicht aufgenommen worden, weil beabsichtigt war, bei Bestandteilen von Sammelanmeldungen die Zugehörigkeit zu einer Klasse ausreichen zu lassen.
74 Einzelheiten bei Eichmann, in: Eichmann/von Falckenstein/Kühne, § 1 Rn 24.
75 § 1 Nr. 2 DesignG; Art. 3 Buchst. b GGV.

Rn 93), Innenfächern eines Koffers[76] Schränken, und KfZ-Zubehör wie zB Warndreiecke, Radios, CD-Wechsler, eingebaute Skisäcke.[77]

- **Bauwerke** (vgl Abb. 6 bis 8) sind nicht nur → Gebäude, sondern auch zB Brücken, Unterführungen, Tunnels, Mauern.

22

Abb. 6: GGM 000785498-0001.1   Abb. 7: GGM 000714159-0002

Abb. 8: GGM 000952510-0001.1

- **Bewegungsdarstellungen**, wie sie zB in → Filmen gezeigt werden, sind keine Wiedergaben von Erzeugnissen, sondern von Abläufen. Wenn jedoch wechselnde Positionen eines Erscheinungsmerkmals oder entfernbare Teile einer Erscheinungsform in gesonderten Ansichten dargestellt werden, kann eine Eintragung erfolgen.[78]
- **Bildschirmdarstellungen** (vgl Abb. 9 bis 11) können trotz ihrer unkörperlichen Natur als Gegenstände behandelt werden, weil auch grafische Symbole und Schriftzeichen unkörperlicher Art sind. Dass ein Computerprogramm nicht als Erzeugnis gilt (vgl Rn 9), steht der Designfähigkeit von Erscheinungsformen, die mithilfe von Computerprogrammen erzeugt werden, nicht entgegen. Die Darstellung kann durch grafische oder fotografische Wiedergaben (vgl zB § 7 Rn 10, 14, 57, 58 und 61) erfolgen. Designfähig sind daher Benutzeroberflächen,[79] Icons und Menüs[80] sowie andere Arten grafischer Elemente eines Programms und damit auch Homepages und Websites.[81]

---

76 Vgl die Begründung zu Art. 1 Buchst. a des GRL-Vorschlags 1996.
77 Eichmann, in: Eichmann/von Falckenstein/Kühne, § 1 Rn 38.
78 Abschnitt 3.3.2 der HABM-Prüfungsrichtlinien Gemeinschaftsgeschmacksmuster. Computeranimierte geschmacksmustergenerierende 3D-Bewegungssimulationen werden vom HABM nicht akzeptiert; CD-Roms und andere Datenträger werden daher nicht angenommen, Abschnitt 3.3.1 der HABM-Prüfungsrichtlinien Gemeinschaftsgeschmacksmuster.
79 Wandtke/Ohst, GRUR Int. 2005, 91, 94.
80 Vgl die Begründung zu Art. 4 des Verordnungsvorschlags 1993; Kur, GRUR 2002, 661, 663.
81 Eichmann, in: Eichmann/von Falckenstein/Kühne, § 1 Rn 26. Die Eintragung von Bildschirmsymbolen und Bildschirmanzeigegeräten erfolgt in Klasse 14-04, vgl Abschnitt 4.1.3 der der HABM-Prüfungsrichtlinien Gemeinschaftsgeschmacksmuster.

  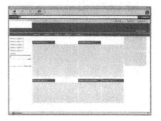

Abb. 9: GGM 000967427-0001 Abb. 10: GGM 000453527-0004 Abb. 11: GGM 000409321-0014

23
- **Blaupausen** müssen als Sonderformen von → Plänen ebenso wie diese je nach der Art der Darstellung beurteilt werden.
- **Buchstaben und Buchstabenfolgen** müssen differenziert beurteilt werden. Für Buchstaben als solche kommt nur dann ein Schutz in Betracht, wenn sie als → typografische Schriftzeichen eingetragen sind. Die Darstellung von Buchstaben und Buchstabenfolgen in einer Standardschrift ist keine Erscheinungsform eines Erzeugnisses.[82] Besonderheiten in der Ausgestaltung, zB Farbgebung, grafische Verzierung, besondere Schriftart etc. können jedoch die Designfähigkeit begründen.[83] Wenn auf einer Ware ein Buchstabe oder eine Buchstabenfolge wiedergegeben ist, wird die Designfähigkeit bereits durch die Gegenständlichkeit der Ware begründet.

24
- **Cremes** weisen zwar keine konkrete Gestalt auf, aber insbesondere durch ihre Farbgebung können sie eine schutzfähige Erscheinungsform erzeugen. Diese Erscheinungsform kann zB in transparenten oder offenen Behältnissen zum Tragen kommen. Bei ausreichender Festigkeit können auch Farbkombinationen Bedeutung erlangen, zumal es für die Beurteilung der Designfähigkeit nur auf das Erscheinungsbild ankommt, das aus der grafischen oder fotografischen Wiedergabe ersichtlich ist.
- **Darstellungstechniken**, zB → Fotografie, → Grafik etc. sind Möglichkeiten für die Veranschaulichung der Erscheinungsform eines Erzeugnisses, designfähig sind jedoch nur die Erscheinungsformen als solche.[84]
- **Farben** können zwar Erscheinungsmerkmale von Erzeugnissen sein. Die grafische oder fotografische Wiedergabe einer Farbe als solcher ergibt jedoch kein Erzeugnis iSd Begriffsbestimmungen. Dasselbe gilt für Glanzwirkungen[85] und für Farbkombinationen. Wenn anhand der Konturen der Wiedergabe eine Zuordnung zu einem Erzeugnis wie zB „Logo" oder „graphisches Symbol" möglich ist, kann jedoch eine Eintragung erfolgen.[86] Aber auch „Farbmusterkarte" oder „Tapetenmuster" o.Ä. kann als Erzeugnisangabe in Betracht kommen.

25
- **Filme** iSv Laufbildern (vgl § 95 UrhG) sind zwar keine Gegenstände, aber man kann sie sich aus → Fotografien zusammengesetzt vorstellen. Bei einem digital geführten Register könnte zB

---

82 Abschnitt 4.1.4 der HABM-Prüfungsrichtlinien Gemeinschaftsgeschmacksmuster.
83 Es kann sich dann um ein „Logo", ein „graphisches Symbol" oder um eine „Verzierungswiedergabe" handeln, vgl Abschnitt 4.1.4 der HABM-Prüfungsrichtlinien Gemeinschaftsgeschmacksmuster.
84 Unscharf: Heinrich, Art. 1 DesG Rn 84 zu Zeichnungen, Ölbildern und Fotografien.
85 Vgl hierzu Rehmann, Rn 50.
86 Abschnitt 4.1.2 der HABM-Prüfungsrichtlninien Gemeinschaftsgeschmacksmuster. Wenn dieselben Erscheinungsmerkmale in verschiedenen Farben dargestellt sind, ist das Erfordernis der Einheitlichkeit nicht erfüllt; eine Ausnahme kann die Veranschaulichung von Farbänderungen zu verschiedenen Zeitpunkten sein, Abschnitt 5.2.5 der HABM-Prüfungsrichtlinienen Gemeinschaftsgeschmacksmuster. Mit dem Erfordernis der Einheitlichkeit ist es auch nicht vereinbar, wenn eine Anmeldung sowohl Farbansichten als auch Schwarz-Weiß-Ansichten enthält, Abschnitt 5.2.5 der HABM-Prüfungsrichtlinienen Gemeinschaftsgeschmacksmuster.

für einen sog. Bildschirmschoner mit bewegten Bildern eine ausreichend konkrete Veranschaulichung erfolgen.
- **Flüssigkeiten** weisen zwar keine konkrete Form auf, aber wenn sie in einem transparenten Behältnis enthalten sind, kann zB die Farbgebung ein besonderes Erscheinungsbild aufweisen. Eine Erscheinungsform iSd Begriffsbestimmungen kann sich auch daraus ergeben, dass feste Stoffe hinzugefügt werden, zB dünne Goldplättchen beim „Danziger Goldwasser".
- **Fotografien** sind einerseits → Darstellungstechniken für die Wiedergabe von Erscheinungsformen, andererseits aber auch Waren, die veräußert, in Ausstellungen präsentiert oder als Erinnerungsstücke aufbewahrt werden können. In dieser zweiten Funktion handelt es sich um Erzeugnisse iSd Begriffsbestimmungen.[87] Bei einer Verwendung als Gestaltungselement eines Erzeugnisses, zB einer Fototapete, ergibt sich die Designfähigkeit ohne Weiteres aus der Designfähigkeit des Gesamterzeugnisses.
- **Gartengestaltungen** (vgl Abb. 12 a und 12 b) können ebenso wie → Bauwerke designfähig sein.[88] Ob es sich dabei um die Gestaltung von Privatgärten, von öffentlichen Gartenanlagen, von Golfplätzen oder um Landschaftsgestaltungen handelt, ist für die grundsätzliche Beurteilung unerheblich. Dass dabei lebende → Pflanzen verwendet werden, steht der Designfähigkeit nicht entgegen, weil es nicht um den Schutz der Pflanzen, sondern um deren Anordnung und/oder Bearbeitung geht, zB bei einer Blumenrabatte oder bei einem Labyrinth aus Hecken.

26

   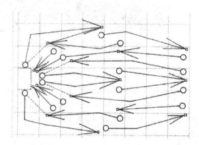

Abb. 12 a: GGM 000744453-0001.1   Abb. 12 b: GGM 000744453-0001.2

- **Gebäude** (vgl Abb. 13 bis 16) sind Erzeugnisse, die als besondere Arten von → Bauwerken zum Wohnen oder zur Aufbewahrung von Sachen bestimmt sind.[89]

Abb. 13: GGM 000958244-0003.1   Abb. 14: GGM 000797709-0001.1

---

87 Die Eintragung kann u.a. mit der Erzeugnisangabe „Karten für Schriftwechsel" (Klasse 19-01) oder „andere Drucksachen", „Fotografien" (Klasse 19-08) erfolgen, Abschnitt 4.1.6 der HABM-Prüfungsrichtlinienen Gemeinschaftsgeschmacksmuster.
88 Zweifelnd: Kur, GRUR 2002, 661, 663.
89 Es muss jedoch bedacht werden, dass wesentliche Bestandteile von Gebäuden von den Ansprüchen auf Vernichtung und Überlassung ausgenommen sind (vgl § 43 Abs. 5 DesignG). Daraus wird zu folgern sein, dass die Ansprüche auf Vernichtung und Überlassung gegen Gebäude als solche erst recht nicht durchgesetzt werden können.

Abb. 15: GGM 000995402-0001.1   Abb. 16: GGM 000969555-0001.5

27 ■ **Gemenge von Feststoffen** weisen zwar als Granulate keine konkrete Gestalt auf, aber sowohl die Farbgebung als auch die Formgebung können designfähige Erscheinungsformen, insbesondere bei einer Anordnung innerhalb von transparenten Behältnissen, ergeben. Das kann zB bei verschiedenfarbigen Teigwaren und bei Pfefferkörnern unterschiedlicher Sorten, aber auch bei einfacher geformten Granulaten und bei Sanden der Fall sein.[90]
■ **Gerüche** haben keine Erscheinungsform.[91] Sog. Riechmuster können als körperliche Veranschauungsmittel designfähig sein.
■ **Geschmacksmerkmale** spielen zwar für die Beurteilung von vielen Erzeugnissen eine Rolle, aber der Geschmack als solcher hat keine Erscheinungsform. Sog. Schmeckmerkmale sind daher nicht designfähig.[92]

28 ■ **Getränke** (vgl Abb. 17 und 18) können als → Flüssigkeiten, die zum Verzehr bestimmt sind, designfähige Erscheinungsformen aufweisen. Eine designfähige Erscheinungsform kann sich aus der Zusammenfügung von farbigen Getränken ergeben, die sich nicht vermischen, zB Cocktails in Nationalfarben.

---

[90] Eichmann, in: Eichmann/von Falckenstein/Kühne, § 1 Rn 29.
[91] Ebenso Ruhl, Art. 3 Rn 112.
[92] Ebenso Ruhl, Art. 3 Rn 112.

Abb. 17: GGM 000497631-0008.1　　　Abb. 18: GGM 000497631-0023
(Schichten von oben: rot/gelb/rot)　　(Schichten von oben: weiß/grün/rot)

- **Grafikdesign** ist einer der bedeutsamsten Anwendungsbereiche des Schutzes. Designfähig sind jedoch nicht → Darstellungstechniken, sondern nur Erzeugnisse, die einer Erzeugnisangabe zugeordnet werden können.
- **Grafische Symbole**[93] (vgl Abb. 19) sind zwar keine Gegenstände im sprachüblichen Sinn, aber vielfach für die Praxis so bedeutsame Gestaltungsergebnisse, dass durch eine erweiternde Begriffsbildung eine Schutzmöglichkeit eröffnet worden ist. Es handelt sich um bildliche Zeichen, durch die meistens ein Bedeutungsinhalt dargestellt wird, zB Embleme, Wappen, Piktogramme, Tierkreiszeichen, Monogramme, Logos (vgl Abb. 20, 21).

Abb. 19: GGM 000918073-0001

Abb. 20: GGM 000982517-0002　　　Abb. 21: GGM 0002365-0001

- **Inneneinrichtungen** (vgl Abb. 22 und 23) war als → Kombinationen von Erzeugnissen wegen des Erfordernisses der Einheitlichkeit die Designfähigkeit abgesprochen worden.[94] Bei einer sachgemäßen Handhabung dieses Kriteriums kann jedoch die Einheitlichkeit des Gesamteindrucks auch eine Einheitlichkeit der Erscheinungsform zur Folge haben. Innenausstattungen von Wohnungen, Geschäften, Restaurants, Fahrzeugen uÄ können daher designfähig sein.[95]

93　§ 1 Nr. 2 DesignG; Art. 3 Buchst. b GGV.
94　OLG Frankfurt/M. GRUR 1955, 210, 211.
95　Vgl auch schon Kur, GRUR 2002, 661, 663.

Abb. 22: GGM 000675467-0002   Abb. 23: IR-Muster D 47 912/001.1

- **Kombinationen von Erzeugnissen** kann zwar die erforderliche Einheitlichkeit fehlen. Aber wenn ein einheitlicher Gesamteindruck besteht, kann das auch die Einheitlichkeit eines Erscheinungsbildes zur Folge haben (vgl Rn 14). Das kann insbesondere bei → Anbauteilen, → Anordnungen, → Inneneinrichtungen und → Sätzen von Erzeugnissen der Fall sein.

30
- **Komplexe Erzeugnisse** sind als Erzeugnisse definiert,[96] die aus mehreren → Bauelementen bestehen, wobei diese sich so ersetzen lassen, dass das Erzeugnis auseinandergebaut und wieder zusammengebaut werden kann.[97] Mindestens eine Ansicht muss das komplexe Erzeugnis in seiner zusammengebauten Form zeigen.[98]

31
- **Kunstwerke** werden zwar weder handwerklich noch industriell geschaffen, sie können aber sowohl handwerklich als auch industriell vervielfältigt werden. Werke der angewandten Kunst und sogar Werke der sog. reinen Kunst sind daher designfähig.[99]
- **Landschaftsgestaltungen** können wie → Gartengestaltungen designfähig sein.
- **Lichtwirkungen** sind designfähig, wenn sie eine konkrete Erscheinungsform aufweisen. Das ist nicht der Fall bei Feuerwerken,[100] Laserstrahlen, künstlichen Flammen uÄ. Gleichbleibende Illuminationen von Gebäuden und Projektionen von Lichtstrahlen haben dagegen erzeugnishaften Charakter und können in ihrer konkreten Erscheinungsform durch Abbildungen veranschaulicht werden.

32
- **Linien, Konturen, Gestalt** (englisch = *lines, contoures, shape*) sind in den Begriffsbestimmungen als Beispiele für Erscheinungsmerkmale aufgeführt.[101]
- **Logos** können aus → grafischen Symbolen, Buchstaben, Ziffern und phantasievollen Kombinationen hieraus bestehen.
- **Marken** (vgl Abb. 24 und 25) sind als → Zeichen mit Unterscheidungskraft[102] designfähig, wenn sie ein grafisches Element aufweisen.

---

96 § 1 Nr. 3 DesignG; Art. 3 Buchst. c GGV.
97 Zwar legen die Tätigkeiten des Auseinanderbauens und des Zusammenbauens eine Vorgehensweise nahe, bei der ohne Substanzeinwirkung mechanische Verbindungen gelöst und wieder hergestellt werden können, zB mit Schrauben, Rastelementen etc. Aus der allgemeineren Formulierung *disassembly* and *re-assembly* in der englischen Ausgangsfassung folgt jedoch, dass auch Verbindungen erfasst werden sollen, deren Beseitigung eine Substanzeinwirkung zur Folge hat, zB Verschweißen, Verkleben und Verkneten.
98 Abschnitt 5.2.1 der HABM-Prüfungsrichtlinien Gemeinschaftsgeschmacksmuster. Die einzelnen Bauelemente können isoliert dargestellt oder in einer Sprengzeichnung („auseinandergezogene Ansicht") zusammengefasst sein, Abschnitt 5.1 der HABM-Prüfungsrichtlinien Gemeinschaftsgeschmacksmuster.
99 AA Heinrich, Art. 1 DesG Rn 22. Dass ein Urheberrechtsschutz besteht oder bestanden hat, ändert nichts an der allein maßgeblichen Möglichkeit der Vervielfältigung.
100 AA Ruhl, Art. 3 Rn 68.
101 Vgl § 1 Nr. 1 DesignG; Art. 3 Buchst. a GGV.
102 Vgl § 34 S. 1 Nr. 1 DesignG; Art. 25 Abs. 1 Buchst. e GGV.

Abb. 24: GGM 0001015309-0013   Abb. 25: GGM 00047089-0002

- **Menschliche Körper** sind keine Gegenstände. Bestandteile des menschlichen Körpers sind daher keine Teile von Erzeugnissen iSd Begriffsbestimmung. Nicht desigfähig sind zB Frisuren und Tätowierungen.[103] Handwerklich oder industriell herstellbar sind jedoch Erzeugnisse, die für den menschlichen Körper bestimmt sind, zB Perücken (vgl Abb. 26) und vorgefertigte Masken.[104]

Abb. 26: GGM 000823653-0002.1

- **Musik** ist ebenso wie → Töne und Geräusche nicht designfähig.
- **Nachbildungen** aller Art sind allein schon deswegen desigfähig, weil sie stets handwerklich oder industriell hergestellt werden. Designfähig sind daher nicht nur Nachbildungen von Blumen,[105] und Früchten,[106] sondern auch zB Wiedergaben eines Granitmusters auf Linoleum[107] und eines Ledermusters auf geprägter Pappe.[108] Ebenfalls designfähig sind Nachbildungen von Erzeugnissen, zB von Landfahrzeugen,[109] Luftfahrzeugen und Schiffen als Spielwaren oder als Verkleinerungen im Modellbau. Ob Nachbildungen stilisiert oder sonst wie verfremdet sind, ist keine Frage der Designfähigkeit,[110] sondern der Eigenart.
- **Oberflächenstrukturen** (englisch = *texture*) sind in den Begriffsbestimmungen als weitere Beispiele für Erscheinungsformen aufgeführt.[111] Sie bezeichnen dreidimensional ausgestaltete

33

34

---

103 Vgl Nirk/Kurtze, § 1 Rn 86.
104 Vgl Eichmann, in: Eichmann/von Falckenstein/Kühne, § 1 Rn 31.
105 GRUR 1932, 751, 753 – Künstliche Kranzblumen. Wie schnell ein Blumenstrauß welkt, ist für eine Wiedergabe und damit für die Designfähigkeit unerheblich (unzutr. daher Heinrich, Art. 1 DesG Rn 25).
106 RGZ 72, 162, 164 – Kirschenmuster.
107 Die Designfähigkeit wurde zunächst in RGZ 45, 59, 61 – Linoleum-Granitmuster – verneint, später jedoch in RGZ 61, 44, 46 – Filzstoffmuster – bejaht.
108 Verneinend: RGZ 49, 179, 180 – Lederpunzarbeit-Imitation; bejahend: OLG Köln GRUR 1932, 1126.
109 ZB BGH GRUR 1996, 57 – Spielzeugautos.
110 AA Ruhl, Art. 3 Rn 31 und 78.
111 Vgl § 1 Nr. 1 DesignG; Art. 3 Buchst. a GGV.

Oberflächen von Erzeugnissen, die ihrerseits sowohl eine dreidimensionale Form als auch eine zweidimensionale Form aufweisen können.[112]

35 ■ **Pflanzen** sind keine Erzeugnisse aus industrieller oder handwerklicher Herstellung, sondern Erzeugnisse aus der Urproduktion. Ausschließlichkeitsrechte an Erscheinungsformen von Pflanzen können daher nur auf der Grundlage von spezialgesetzlichen Regelungen begründet werden.[113] Weder lebende noch tote Pflanzen sind daher designfähig.[114] Abbildungen lassen zwar nicht ohne Weiteres erkennen, ob ein Naturprodukt oder eine → Nachbildung dargestellt ist.[115] Im Rahmen einer handwerklichen oder sogar industriellen Verarbeitung liegt es, wenn → Kombinationen von Naturerzeugnissen stattfinden, zB bei Blumensträußen, Pflanzenkränzen und Arrangements von Früchten (vgl Abb. 27 und 28).

Abb. 27: GGM 000724-0004.1   Abb. 28: GGM 000859764-0004.5

■ **Piktogramme** (vgl Abb. 29 und 30) sind als Sonderformen von → grafischen Symbolen zur Übermittlung von Informationen durch bildliche Darstellungen bestimmt.

Abb. 29: GGM 000908785-0001   Abb. 30: GGM 000128905-0002

36 ■ **Pläne** sind → Anleitungen, durch die mit grafischen Mitteln Hinweise zur Herstellung von Erzeugnissen gegeben werden. Architektonische Pläne für → Gebäude, → Inneneinrichtungen und → Gartengestaltungen gelten als Erzeugnisse, wenn sie als „Drucksachen" angemeldet wer-

---

112 Die Besonderheit der Oberflächenstrukturen ist, dass sie sowohl optisch als auch haptisch wirken und deswegen auch den Tastsinn (vgl Rn 13) ansprechen. Bei nicht eingetragenen Gemeinschaftsgeschmacksmustern und bei flächenmäßigen Designabschnitten bzw (flächenmäßigen) Proben ist die haptische Wirkung sinnlich wahrnehmbar. Bei grafischen und fotografischen Wiedergaben hängt die Wahrnehmbarkeit von dreidimensionalen Strukturmerkmalen sowohl von der Abbildungsqualität als auch vom Vorstellungsvermögen des Betrachters ab. Hierzu können sich aus Beschreibungen Hilfestellungen ergeben (vgl Rn 13).
113 Vgl Eichmann, in: Eichmann/von Falckenstein/Kühne, § 1 Rn 35.
114 Der Ausschluss vom Designschutz hat auch zur Folge, dass Erscheinungsformen von Naturprodukten nicht in den Schutzbereich von geschützten Designs fallen.
115 Wenn aus der Erzeugnisangabe hervorgeht, dass es sich um ein künstliches Erzeugnis handelt, kann eine Eintragung insb. in Klasse 11-04 erfolgen, Abschnitt 4.1.7 der HABM-Prüfungsrichtlinien Gemeinschaftsgeschmacksmuster.

den.[116] Grafische oder fotografische Darstellungen von Gebäuden, Gartengestaltungen und Inneneinrichtungen sind dagegen eintragungsfähige Designwiedergaben.

- **Projektionen** unterscheiden sich von Lichtstrahlen durch die Erkennbarkeit der projizierten Darstellung. Trotz ihrer unkörperlichen Natur sind daher Projektionswirkungen ebenso wie → Bildschirmdarstellungen designfähig.
- **Rezepte** sind als → Anleitungen nicht designfähig, zB Kochrezepte,[117] aber auch Rezepturen anderer Art.
- **Sätze von Gegenständen** (vgl Abb. 31 bis 36) erfüllen nur dann das Erfordernis der Einheitlichkeit (vgl Rn 14), wenn sie so eng miteinander in Beziehung stehen, dass es sich nach der Verkehrsauffassung um ein **einheitliches Gesamterzeugnis** handelt. Das kann zB der Fall sein, wenn es bei Gabel, Löffel und Messer die Gemeinsamkeit von Merkmalen rechtfertigt,[118] diese als Besteck zusammenzufassen. Die Kombinationswirkung muss zumindest aus einer Darstellung des Satzes von Gegenständen ersichtlich sein.[119] Bei der Bestimmung des Schutzumfangs kann allerdings eine Übereinstimmung im Gesamteindruck (vgl Rn 128) schwer feststellbar sein, wenn die beanstandeten Erzeugnisse eine geringere Anzahl aufweisen oder wenn einzelne Erzeugnisse gegenüber dem geschützten Design eine deutlich unterschiedliche Erscheinungsform aufweisen. Deswegen kann es zweckmäßig sein, für einzelne Erscheinungsformen aus Sätzen von Gegenständen separate Anmeldungen vorzunehmen oder im Rahmen einer Sammelanmeldung der Darstellung des Satzes von Gegenständen hinzuzufügen.

Abb. 31: GGM 000737846-0001.1

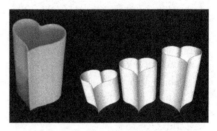
Abb. 32: GGM 000955059-0001

Abb. 33 bis 36: v.l.n.r. GGM 000779178-0005, -0008.1, -0006.1 und -0007.1

- **Sets** können wie → Sätze von Gegenständen das Erfordernis der Einheitlichkeit erfüllen und unter dieser Voraussetzung designfähig sein (vgl auch Rn 37). „Unechte Sets"[120] sind als → Anordnungen designfähig, wenn sie dem Erfordernis der Einheitlichkeit Rechnung tragen.

---

116 Abschnitt 4.1.1 der HABM-Prüfungsrichtlinien Gemeinschaftsgeschmacksmuster.
117 Vgl BPatGE 1, 224.
118 Abschnitt 5.2.3 der HABM-Prüfungsrichtlinien Gemeinschaftsgeschmacksmuster. Bei Variationen eines Designs, die verschiedene Ausführungsformen ein und desselben Konzepts zeigen, ist das Erfordernis der Einheitlichkeit nicht erfüllt, Abschnitt 5.2.3 der HABM-Prüfungsrichtlinien Gemeinschaftsgeschmacksmuster.
119 Abschnitt 5.2.3 der HABM-Prüfungsrichtlinien Gemeinschaftsgeschmacksmuster.
120 Vgl Eck, GRUR 1998, 977, 980.

- **Speisen** (vgl Abb. 37 und 38) fehlt nicht schon deswegen die Designfähigkeit, weil es sich um Lebensmittel handelt.[121] Für die Designfähigkeit kommt es nur darauf an, ob eine ausreichend konkrete Form ersichtlich ist und dem Erfordernis der Einheitlichkeit Rechnung getragen wird. Die Form muss, zB bei Speiseeis,[122] nicht dauerhaft sein. Die Anordnung von Speisen auf einem Teller kann zwar das Ergebnis einer Dienstleistung sein, aber das steht der Designfähigkeit nicht entgegen,[123] weil eine Erscheinungsform mit menschlicher Tätigkeit geschaffen worden ist.

Abb. 37: GGM 000150602-0003.1   Abb. 38: GGM 000519657-0003

- **Tastmuster** sprechen zwar den Tastsinn (vgl Rn 13) an, ihre Designfähigkeit verdanken sie jedoch dem optischen Erscheinungsbild (vgl Rn 12). Haptische Wirkungen können sich auf den Gesamteindruck (vgl Rn 128) auswirken.
- **Teile von Erzeugnissen** (zB Abb. 39 bis 42) können Gegenstand von eigenständigen Eintragungen sein.[124] Wiedergaben von Teilen können eigenständig dargestellt (vgl Abb. 42) oder bei Gesamterzeugnissen durch Identifikationsmerkmale[125] konkretisiert werden. Ausführlich zum Teilschutz Rn 153.

Abb. 39: GGM 000969019-0002.1   Abb. 40: GGM 000969019-0004.1

---

121 Vgl BPatGE 1, 225; aA Kohler, S. 78.
122 Eichmann, in: Eichmann/von Falckenstein/Kühne, § 1 Rn 29.
123 AA Heinrich, Art. 1 DesG Rn 25.
124 § 1 Nr. 1 DesignG; Art. 3 Buchst. a GGV.
125 In Betracht kommen Abgrenzungen um die zu schützenden Teile sowie gestrichelte Linien, Farbschattierungen und Verwischungen (vgl Abb. 40 und 41) für die Erscheinungsmerkmale, die nicht Schutzgegenstand sein sollen (vgl Abschnitte 5.3.2, 5.3.3 und 5.3.1 der HABM-Prüfungsrichtlinien Gemeinschaftsgeschmacksmuster).

Abb. 41: GGM 000980701-0001.1   Abb. 42: GGM 000980701-0002.1

- **Texte** sind Aneinanderfügungen von → Wörtern. Die Designfähigkeit muss ebenso differenziert wie bei → Buchstabenfolgen beurteilt werden. Mit grafischen Symbolen und Verzierungen können Texte nicht gleichgesetzt werden.[126] Für den Aussagegehalt von Texten kommt nur der urheberrechtliche Schutz für Sprachwerke[127] in Betracht.
- **Tiere** werden ebenso wie → Pflanzen als Erzeugnisse der Urproduktion weder handwerklich noch industriell hergestellt (auch wenn Zuchtbetriebe industrieähnlich ausgestaltet sein können). Dabei wird nicht zwischen lebenden und toten Tieren unterschieden, zumal Abbildungen hierzu nicht immer aussagekräftig wären. Designfähig sind jedoch → Nachbildungen von Tieren. Teile von toten Tieren können durch handwerkliche oder industrielle Bearbeitung designfähig werden, zB Leder aus Tierhäuten, Knöpfe aus Geweihen sowie Korallen oder Muschelperlen durch die Anfertigung von Ketten.[128]
- **Töne und Geräusche** haben als Einwirkungen von Schallwellen auf das Gehör keine Erscheinungsform iSd gesetzlichen Begriffsbestimmungen und sind deswegen nicht designfähig.[129] Grafische Wiedergaben von Tönen können jedoch als „andere Drucksachen" (Klasse 19.08) oder als „graphische Symbole" (Klasse 32) designfähig sein.[130] Das führt jedoch nur zu einem Schutz für das in der Wiedergabe erkennbare Erscheinungsbild, nicht jedoch zum Schutz von Tönen, Tonfolgen, Kompositionen und anderen Werken der Musik.
- **Typografische Schriftzeichen** (vgl das Beispiel in § 7 Rn 15) sind zwar keine Gegenstände im sprachüblichen Sinn, sie werden jedoch in den gesetzlichen Begriffsbestimmungen als Gegenstände aufgeführt.[131]

40

41

---

126 AA Ruhl, Art. 3 Rn 92; damit steht nicht im Zusammenhang, dass Texte die Rolle von → Verzierungen einnehmen können.
127 § 2 Abs. 1 Nr. 1 UrhG.
128 Eichmann, in: Eichmann/von Falckenstein/Kühne, § 1 Rn 32.
129 Ebenso Ruhl, Art. 3 Rn 77 und 112.
130 Vgl Abschnitt 4.1.5 der HABM-Prüfungsrichtlinien Gemeinschaftsgeschmacksmuster.
131 § 1 Nr. 2 DesignG; Art. 3 Buchst. b GGV. Die Wiedergabe muss alle Buchstaben des Alphabets, alle arabischen Ziffern und einen Text von fünf Zeilen enthalten (Einzelheiten hierzu in § 7 Rn 15 und Rn 59). Wenn für Gemeinschaftsgeschmacksmuster von typografischen Schriftbildern die Rede ist, handelt es sich nur um eine unscharfe Übersetzung von *typographic typefaces* in der englischen Ausgangsfassung, nicht jedoch um eine bewusste Wortwahl zur Verdeutlichung des Schutzgegenstands (aA Ruhl, Art. 3 Rn 46).

42 ■ **Verfahren** sind weder als Herstellungsverfahren noch als Arbeitsverfahren Gegenstände iSd gesetzlichen Begriffsbestimmungen Als Grundlage für einen Verfahrensschutz kommen nur technische Schutzrechte in Betracht (vgl § 5 Rn 4).
■ **Verpackungen**[132] (vgl Abb. 43 und 44) können Schutz für den Inhalt sein oder den Inhalt zu einer einfach handelbaren Ware machen. Oberflächen von Verpackungen werden häufig zur Vermittlung von Informationen und auch zur Produktwerbung genutzt.

Abb. 43: GGM 000835855-0005   Abb. 44: GGM 0001004931-0004

■ **Verwendungszwecke** spielen für den Schutz idR keine Rolle.[133] Wenn eine Verdeutlichung des Verwendungszwecks durch Bestandteile einer Wiedergabe erfolgt, die dem Schutzgegenstand nicht zugehörig sind, kann es sich um eine statthafte Veranschaulichung handeln.[134]

43 ■ **Verzierungen** finden als Bestandteile von Erzeugnissen Verwendung. In den Begriffsbestimmungen der GGV ist die Verzierung eines Erzeugnisses ausdrücklich aufgeführt, weil eine Sammelanmeldung ausnahmsweise mehrere Warenklassen umfassen darf, wenn eine Verzierung das gemeinsame Merkmal aller Waren darstellt.[135] Verzierung kann jedes Erscheinungsmerkmal sein, das flächig oder reliefartig auf der Oberfläche eines Erzeugnisses angebracht oder in die Oberfläche so eingearbeitet ist, dass die Konturen des Erzeugnisses keine wesentliche Veränderung erfahren.[136] Charakteristische Beispiele sind Oberflächendekorationen von Textilien oder Tapeten[137] sowie Dekore auf einer Serie unterschiedlicher Haushaltsartikel (zB Porzellan, Gläser, Besteck).[138]

44 ■ **Werbemittel** aller Art sind als industriell oder handwerklich herstellbare Gegenstände designfähig.[139] Es kann sich um eigenständige Erzeugnisse handeln (zB Werbeschilder), aber auch um Teile von Gesamterzeugnissen (zB Werbeanzeigen in Zeitungen und Zeitschriften). Auch Etiket-

---

132 § 1 Nr. 2 DesignG; § 3 Buchst. b GGV.
133 Der Verwendungszweck kann nur Bedeutung erlangen, wenn ein Bauelement in ein komplexes Erzeugnis eingefügt wird (§ 4 DesignG; Art. 4 Abs. 2 Buchst. a GGV) oder zur Reparatur eines komplexen Erzeugnisses bestimmt ist (§ 73 Abs. 1 DesignG; Art. 110 Abs. 1 GGV) oder wenn ein Verstoß gegen die öffentliche Ordnung bzw gegen die guten Sitten in Betracht kommt (§ 3 Abs. 1 Nr. 3 DesignG; Art. 9 GGV).
134 Abschnitt 5.2.6 der HABM-Prüfungsrichtlinien Gemeinschaftsgeschmacksmuster. Eine Beanstandung, dass der Hintergrund nicht neutral sei, kommt dann nicht in Betracht.
135 Art. 37 Abs. 1 GGV.
136 Differenzierend Ruhl, Art. 3 Rn 51 f. Bloße Übereinstimmungen in allgemeinen Erscheinungsmerkmalen wie zB der Art von Werkstoffen oder der Farbgebung sind keine zusätzlichen dekorativen Elemente, die es rechtfertigen, eine Sammelanmeldung auf mehrere Warenklassen zu erstrecken.
137 Grünbuch, 5.4.4.2.
138 Vgl die Begründung zu Art. 40 des Verordnungsvorschlags 1993.
139 Eichmann, FS Nirk, 1992, S. 165, 168.

ten sind Gegenstände; ihre Zweckbestimmung als Bestandteile von eigenständig verkehrsfähigen Erzeugnissen[140] ist unerheblich.

- **Werkstoffe** (englisch = *materials*) sind in den Begriffsbestimmungen als Beispiele für Erscheinungsmerkmale aufgeführt.[141] Von Werkstoffen kann wie von → Oberflächenstrukturen sowohl eine optische Wirkung (zB Glanzeffekte von Moiree-Stoffen und irisierenden Stoffen[142] oder Seidenglanz von Satin-Gewebe)[143] als auch eine haptische Wirkung ausgehen, zB bei einer Einlage aus Holz in einem Metall-Türdrücker[144] oder bei einer Sitzfläche aus Polystyrol-Partikelschaumstoff.[145] Ein Werkstoff kann sogar ein wesentliches Element für die Schutzfähigkeit eines Designs sein.[146] Eigenschaften von Werkstoffen können zwar auch **Gewicht** und **Biegsamkeit** sein, aber das sind keine für geschützte Designs relevante Erscheinungsformen.[147]

- **Worte** sind → Buchstabenfolgen, mit denen eine gedankliche Aussage zum Ausdruck gebracht wird. Für die Designfähigkeit ergeben sich daraus keine Unterschiede gegenüber der Beurteilung von → Buchstabenfolgen. 45

- **Zeichen** des Markenrechts sind designfähig,[148] wenn es sich um → grafische Symbole handelt oder wenn bildliche Gestaltungselemente zumindest mitenthalten sind.[149] Reine Wortzeichen sind dagegen als → Buchstaben bzw Buchstabenfolgen bzw als → Worte keine Erzeugnisse. Dasselbe gilt für Zeichen, bei denen → Ziffern und Zahlen, auch in Kombination mit Buchstaben und Buchstabenfolgen, in einer Standardschrift ausgeführt sind. Ein gedanklicher Inhalt[150] und eine klangliche Eigenschaft[151] von Worten, Buchstaben, Ziffern und Zahlen finden jedoch keine Berücksichtigung, wenn es um die Beurteilung der Eigenart und des Schutzumfangs geht.

- **Ziergegenstände** (vgl Abb. 45) sind ebenso wie → Kunstwerke handwerklich oder industriell herstellbar und deswegen uneingeschränkt designfähig.[152] 46

---

140 Eichmann, Mitt. 1989, 191, 195.
141 § 1 Nr. 1 DesignG; Art. 3 Buchst. a GGV.
142 RGZ 61, 44, 49 – Filzstoffmuster.
143 BGH GRUR 1962, 144, 146 – Bundstreifensatin I.
144 Eichmann, in: Eichmann/von Falckenstein/Kühne, § 1 Rn 34.
145 Eichmann, in: Eichmann/von Falckenstein/Kühne, § 37 Rn 14.
146 Begründung zu Art. 3 des Verordnungsvorschlags 1993.
147 AA Maier/Schlötelburg, S. 3; Beyerlein, in: Günther/Beyerlein, § 1 Rn 17 bis Rn 19 sowie auch schon die Begründung zu Art. 3 des Verordnungsvorschlags 1993. *Gewicht* und *Biegsamkeit* sind physikalische Eigenschaften, die dem Bereich der Technizität zugehörig sind und aufgrund ihrer technischen Wirkungen nur im Rahmen von technischen Schutzrechten Bedeutung erlangen können. Bei der Bemessung des Schutzumfangs darf es daher weder auf Übereinstimmungen noch auf Unterschiede in diesen physikalischen Eigenschaften ankommen. Ebenso ist es für die Bestimmung der Neuheit und der Eigenart ohne Bedeutung, ob sich die physikalischen Eigenschaften eines geschützten Designs von den physikalischen Eigenschaften von Designs aus dem vorbekannten Formenschatz unterscheiden.
148 Eichmann, FS Nirk 1992, S. 165, 166 ff; ders., MarkenR 2003, 10 ff; Schlötelburg, GRUR 2005, 123 ff; E. Gottschalk/S. Gottschalk, GRUR Int. 2006, 461, 462.
149 Bildliche Gestaltungselemente können sich auch aus Farben ergeben.
150 Vgl Eichmann, MarkenR 2003, 10, 12.
151 Vgl Schlötelburg, GRUR 2005, 123, 126.
152 AA Heinrich, Art. 1 DesG Rn 22.

§ 2 Eingetragene Designs und Gemeinschaftsgeschmacksmuster

Abb. 45: GGM 0001002679-0001.1

- **Ziffern und Zahlen** sind das Pendant zu → Buchstaben und Buchstabenfolgen. Zahlen können Schutz genießen, wenn sie als → typografische Schriftzeichen eingetragen sind. Wenn eine Zahl auf einer Ware oder auf einer Verpackung wiedergegeben ist, führt bereits die Gegenständlichkeit dieser Erzeugnisse zur Designfähigkeit. Ob mit einer Zahl eine Aussage verbunden wird und ob eine Zahl als Marke wiedererkannt wird, zB bei „4711" oder „501", spielt keine Rolle. Für die Verletzungsprüfung ist die Zahl als solche ohne Bedeutung.
- **Zwischenfabrikate** sind Erzeugnisse der (meist) industriellen Herstellung oder (seltener) handwerklichen Herstellung. Ob Zwischenfabrikate geeignet sind, auf das ästhetische Empfinden des Betrachters zu wirken, war zwar eine Überlegung in der früheren Rechtsprechung des BGH,[153] aber diese Überlegung wäre schon damals eine Frage der Eigenart gewesen.[154]

XI. Anmeldestrategien

47 Es kann zwar ausreichen, Anmeldungen für die Produkte einzureichen, deren **Benutzung bevorsteht**. Weil die Kosten gegenüber anderen Designschutzrechten vergleichsweise gering sind und weil keine Benutzungsobliegenheit besteht, können aber auch Anmeldungen mit **breiter angelegtem Umfang** in Betracht kommen. Bei der Absicherung des **Prioritätsrechts** und des Benutzungsrechts geht es um die bevorstehenden Verwendungen. Aber auch das **Verbietungsrecht** wird häufig einbezogen.

1. Naturalistische oder schematische Darstellung

48 Ob eine Erscheinungsform naturalistisch (zB durch eine Fotografie) oder in schematischer Vereinfachung dargestellt wird, ist das Ergebnis einer ersten strategischen Überlegung. Bei einer naturalistischen Darstellung ist es für den Verletzer einfacher, mit Abweichungen in Details einen anderen Gesamteindruck anzustreben. Bei einer schematischen Darstellung kann es für den Rechtsinhaber schwieriger sein, einen übereinstimmenden Gesamteindruck im Vergleich mit einem konkreten Erzeugnis zu begründen. Ebenso wie im Markenrecht kann die Abwägung der Vor- und Nachteile von der Art des Erzeugnisses abhängen.

2. Darstellung in Farbe oder in Schwarz-Weiß

49 Bei Bekleidungsstücken, Heimtextilien, Spielwaren und vielen anderen auf die Wirkungen der Farbe ausgerichteten Produkten ist eine Darstellung in Farbe naheliegend. Aber auch bei dieser Art der naturalistischen Darstellung muss vorausbedacht werden, ob ein anderer Gesamteindruck entsteht,

---

153 BGH GRUR 1976, 261, 262 – Gemäldewand; BGH GRUR 1987, 518, 519 – Kotflügel.
154 Eichmann, in: Eichmann/von Falckenstein/Kühne, § 1 Rn 37.

wenn der Verletzer eine abweichende Farbgebung verwendet. Auch hier kann in gleicher Weise wie im Markenrecht die **Abwägung** der **Vor- und Nachteile** von der Art des Erzeugnisses abhängen.[155]

3. Vollständiges Erzeugnis oder Teil eines Erzeugnisses

Bei manchen Erzeugnissen kann es ein Gestaltungsdetail sein, das als Hauptursache für den erwarteten Markterfolg in Betracht kommt. Unschätzbarer Vorteil bei der Eintragung derartiger Gestaltungsdetails ist, dass im Verletzungsstreit bei der Prüfung des **Gesamteindrucks** nur die Erscheinungsform des eingetragenen Erzeugnisteils mit dem entsprechenden Teil der Verletzungsform verglichen wird (vgl Rn 155). Wenn für einen Kugelschreiber mit einer spiralartigen Feder für die Schreib- und Ruhefunktion nur das Gesamterzeugnis zur Eintragung gebracht worden wäre, hätte auf dieser Grundlage kaum ein übereinstimmender Gesamteindruck mit einer nur ähnlichen Verletzungsform begründet werden können.[156]

50

4. Vorrats- und Defensiveintragungen

Ein Vorteil von Vorratseintragungen ist, dass sich ihre Schutzfähigkeit nach dem aktuellen Formenschatz richtet. Das verringert das Risiko, dass später entstehende Schutzrechte einem späteren Markteintritt entgegenstehen können. Defensiveintragungen können sowohl gezielt konkurrenzbezogen als auch allgmein zur Absicherung eines konfliktlosen Umfelds erfolgen.

51

5. Mehrfachstrategien

Es ist eine altbekannte Vorgehensweise, die potenziellen Vorteile aller Darstellungsalternativen nicht ungenutzt zu lassen. Ein und dasselbe Erzeugnis kann daher naturalistisch und schematisch, in Farbe und in Schwarz-Weiß dargestellt und zusätzlich in schützenswerte Einzelteile aufgelöst werden. Je höher der wirtschaftliche Nutzen eines Designs eingeschätzt wird, desto mehr kommt eine **Strategie** in Betracht, durch die einerseits die konkrete Erscheinungsform und andererseits deren charakteristische Basismerkmale unter Schutz gestellt werden. Wenn Produktpiraterie und ähnlich krassen Formen des Plagiats entgegengewirkt werden soll, geschieht das durch die Darstellung der konkreten Erscheinungsform; denn bei der sog. **Grenzbeschlagnahme** finden keine kenntnisreichen Abwägungen zu einem Schutzumfang statt, der über den unmittelbaren Offenbarungsgehalt der eingetragenen Darstellung hinausgeht. Quantitativ ist es meistens möglich, alle wünschenswerten Darstellungsalternativen in einer Sammelanmeldung unterzubringen und auch noch – äußerlich nicht unterscheidbare – Vorrats- und Defensivdarstellungen hinzuzufügen. Aus der Sicht eines späteren Verletzungsprozesses könnte manchmal allerdings eine **Aufteilung** in mehrere Schutzrechte vorteilhaft gewesen sein.[157]

52

6. Schutzterritorium

Die geografische Definition des erstrebten Schutzes ergibt sich idR aus dem **Vertriebsgebiet** des Anmelders. Nationale Schutzrechte sind zwar nur auf ein kleines Schutzterritorium ausgerichtet. Die geringen Kosten und die Einfacheit der Handhabung können jedoch Grundlage dafür sein, zunächst durch eine **Prioritätsbegründung** alle Möglichkeiten für weitere Anmeldungen im Ausland offen zu halten. Wenn außerhalb des Vertriebsgebiets Plagiatoren bekannt oder erwartbar sind, kann versucht werden, eine Unterbindung am **Ort der Produktion** vorzubereiten.

53

---

155 Eine Kombination von Farbansichten und Schwarz-Weiß-Ansichten in einer Anmeldung wäre mit dem Erfordernis der Einheitlichkeit (vgl Rn 14) nicht vereinbar, Abschnitt 5.2.5 der HABM-Prüfungsrichtlinien Gemeinschaftsgeschmacksmuster.
156 Vgl BGH GRUR 2011, 1112 – Schreibgerät.
157 Es kann nicht ausgeschlossen werden, dass ein Gericht zurückhaltend reagiert, wenn der Eindruck einer *Übersicherung* entsteht. Bei dieser Einschätzung kann versucht werden, einem derartigen Eindruck dadurch entgegenzuwirken, dass eine Aufteilung auf unterschiedliche Schutzrechtskategorien oder auf verschiedene Warenklassen erfolgt. Auch eine Aufteilung auf *mehrere Anmelder*, zB Produktionsgesellschaft, Muttergesellschaft, Holdinggesellschaft, Tochter- oder Schwesterunternehmen, Unternehmensinhaber kann in Betracht kommen.

7. Schutzrechtsarten

54 Wenn alle wünschenswerten Schutzmodaltäten ermittelt sind, steht die Grundlage für eine **Kostenkalkulation** zur Verfügung. Dabei sollte frühzeitig geklärt werden, ob in erster Linie oder zusätzlich zur Anmeldung eines Designschutzrechts ein Markenschutz oder ein Schutz durch ein technisches Schutzrecht in Betracht kommt (vgl hierzu Rn 182 f und Rn 186). Bei allen Schutzrechtsanmeldungen können zunächst durch die Anmeldung eines nationalen Schutzrechts die Kosten gering gehalten werden.

C. Beurteilung durch den informierten Benutzer

I. Systematik

55 Bei der Beurteilung der **Eigenart** kommt es darauf an, ob sich der Gesamteindruck, den ein Design bzw Muster beim informierten Benutzer hervorruft, von dem Gesamteindruck unterscheidet, den ein vorbekanntes Design bzw Muster bei diesem hervorruft.[158] Der **Schutzumfang** erstreckt sich auf jedes Design bzw Muster, das beim informierten Benutzer keinen anderen Gesamteindruck hervorruft.[159] Die Beurteilungsebene für die beiden Grundsäulen des Schutzes von eingetragenen Designs und Gemeinschaftsgeschmacksmustern ist daher die Sicht des informierten Benutzers. Diesem Beurteilungshorizont kommt deswegen dieselbe grundlegende Bedeutung zu wie dem Durchschnittsverbraucher im Wettbewerbsrecht und Markenrecht sowie dem Durchschnittsfachmann im Patentrecht. Anders als in diesen Rechtsgebieten ist für den informierten Benutzer jedoch noch nicht alles geklärt, was für die praktische Befassung Bedeutung erlangen kann.

II. Typologie

56 Den Materialien der Gesetzgebung kann lediglich entnommen werden, dass nicht auf „Designexperten" abgestellt werden soll.[160] Zur Beurteilung des Schutzumfangs hat die Kommission darauf hingewiesen, dass sich der bei einem informierten Benutzer hervorgerufene Gesamteindruck von demjenigen eines gewöhnlichen Verbrauchers insofern unterscheiden kann,[161] als der informierte Benutzer Unterschiede festzustellen mag, die der Aufmerksamkeit eines gewöhnlichen Verbrauchers völlig entgehen würden. Das Profil des informierten Benutzers ist daher gegenüber dem Profil des Durchschnittsverbrauchers aus dem Markenrecht und dem Wettbewerbsrecht wesensverschieden.[162] Der EuGH geht von einem **„Zwischenbegriff"** aus,[163] wonach der informierte Benutzer zwischen dem im Markenrecht anwendbaren Begriff des **Durchschnittsverbrauchers** und dem des **Fachmanns** als Sachkundigen mit profunden technischen Fertigkeiten liege.[164] Der BGH hat das aufgegriffen.[165]

---

158 § 2 Abs. 3 S. 1 DesignG; Art. 6 Abs. 1 S. 1 GGV.
159 § 38 Abs. 2 S. 1 DesignG; Art. 12 Abs. 1 GGV.
160 Begründung zu Art. 6 Abs. 1 Verordnungsvorschlag 1993.
161 Begründung zu Art. 11 Abs. 1 Verordnungsvorschlag 1993.
162 Eichmann, in: Eichmann/von FalckensteinKühne, § 2 Rn 29; Schramm, S. 201 ff; aA Haberl, WRP 2002, 661, 668; Koschtial, GRUR Int. 2003, 973, 975; Jestaedt, GRUR 2008, 19, 20.
163 EuGH GRUR 2012, 506 Rn 54 – PepsiCO.
164 EuGH GRUR 2012, 506 Rn 53 – PepsiCO. Warum auf „technische" Fertigkeiten abgestellt wurde, kann dem Urteil nicht unmittelbar entnommen werden. Auf eine Zwischenposition hatte allerdings bereits der Generalanwalt Bezug genommen und dabei ausgeführt, dass es sich bei dem informierten Benutzer nicht um die branchenkundige Person handle, auf die bei der Bewertung des erfinderischen Charakters eines Patents abgestellt wird (vgl Rn 43 der Schlussanträge des Generalanwalts Mengozzi v. 12.5.2011).
165 BGH GRUR 13, 285 Tz 55 – Kinderwagen II.

Bei sog. *rappers*, die hauptsächlich für Kinder bestimmt sind, soll als informierter Benutzer sowohl 57 ein **5- bis 10-jähriges Kind** als auch ein **Marketingmanager** für derartige Erzeugnisse in Betracht kommen, bei denen die *rappers* als Werbeartikel verwendet werden.[166]

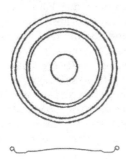

Abb. 46 a, 46 b: GGM 000074463-0001
(Ansichten 2 und 3 von dreien)

Abb. 47 a, 47 b: GGM 000053186-0001

Der herausragenden Rolle, die dem informierten Benutzer bei der Beurteilung des Gesamteindrucks zukommt, wird eine **Wortauslegung** nicht gerecht, die sich nur an dem Begriff des Benutzers im Sinne eines **Verwenders** orientiert. Es muss nämlich zugleich ermittelt werden, wie es sich mit dem Kriterium der **Informiertheit** des Benutzers verhält. Der informierte Benutzer ist daher eine Fachperson, die mit dem **maßgeblichen Wirtschaftszweig vertraut** ist. Dem kommt das EuG bei den sog. *rappers* ansatzweise mit der Formulierung immerhin nahe,[167] dass die maßgeblichen Personengruppen „das Phänomen der *rappers* kennen müssen".

Die Person des informierten Benutzers soll auch maßgeblich sein, wenn es darum geht, ob Erscheinungsmerkmale eines Designs bzw Musters **technisch bedingt** sind. Bei Tischgeräten für Konferenzen, die mit Mikrofon und Lautsprecher ausgestattet waren, hat das EuG auf die Personen abgestellt, die derartige Produkte für den vorgesehen Zweck benutzen. Diese Benutzer seien jedoch nicht in der Lage, die durch die technische Funktion gebotenen Aspekte von gewillkürten Aspekten zu unterscheiden.[168] Weil eine technische Funktion eine Wirkungsweise ist, für die ein Schutz durch ein technisches Schutzrecht in Betracht kommt (vgl Rn 85), ist eine Beurteilung durch eine **technische Fachperson** erforderlich.[169] 58

III. Kenntnisstand

Gesetzlich nicht festgelegt ist, über welchen Kenntnisstand der informierte Benutzer verfügt. 59 EuGH,[170] BGH[171] und EuG[172] gehen davon aus, dass der informierte Benutzer verschiedene Muster (iSv Designs) kennt, die es in dem betroffenen Warenbereich gibt, und gewisse Kenntnisse in Bezug auf die Elemente besitzt, die diese Muster für gewöhnlich aufweisen.[173] Die Formulierung,

---

166 EuGH GRUR 2012, 506 Rn 54 – PepsiCO – in Übereinstimmung mit EuG GRUR-RR 2010, 189 Rn 65 – Grupo Promer. Die kreisrunden Metallblättchen konnten mit wechselnden Motiven bedruckt und in hohlzylindrische Verpackungen mit runden Krackers eingelegt werden.
167 EuG GRUR-RR 2010, 189 Rn 65 – Grupo Promer.
168 EuG GRUR-RR 2010, 425 Rn 47 – Konferenzeinheit.
169 Ob Erscheinungsmerkmale technisch notwendig sind, muss daher erforderlichenfalls durch einen – ggf gerichtlich bestellten – Technik-Sachverständigen geklärt werden, BGH GRUR 2008, 790 Tz 22 – Baugruppe I.
170 EuGH GRUR 2012, 506 Rn 59 – PepsiCo.
171 BGH GRUR 2013, 285 Tz 55 – Kinderwagen II.
172 EuG GRUR Int. 2011, 55 Rn 46 – Fernmeldegeräte; GRUR Int. 2013, 383 Rn 37 – Termosiphons.
173 Hierzu verschaffe sich der informierte Benutzer Informationen aus Zeitschriften, Katalogen, Fachgeschäften und dem Internet, EuG GRUR Int. 2013, 383 Rn 41 – Termosiphons; T-339/12 Rn 13 v. 4.2.2014 – Lehnsessel.

dass der informierte Benutzer „gewisse Kenntnisse" habe, geht auf die Begründung[174] zu einem **frühen Definitionsversuch** für die Eigenart zurück, in dem die Muster aufgeführt wurden, von denen sich das zu schützende Muster unterscheiden sollte.[175] Erst in einer **späteren Phase** wurde in einer gesonderten Bestimmung festgelegt, welche Muster als vorbekannter Formenschatz berücksichtigungsfähig sind.[176] Seitdem ist der vorbekannte Formenschatz übereinstimmend in der GRL[177] und in der GGV durch eine detaillierte **gesetzliche Definition der Offenbarung** so festgelegt, dass allein auf den Kenntnisstand der **relevanten Fachkreise** abgestellt wird. Welche Muster dem vorbekannten Formenschatz zugehörig sind, richtet sich daher in gleicher Weise für Gemeinschaftsgeschmacksmuster (vgl Art. 7 Abs. 1 GGV) wie für eingetragene Designs (vgl § 5 Abs. 1 DesignG) ausschließlich nach dem Kenntnisstand der relevanten Fachkreise. Dem informierten Benutzer steht demnach der **gesamte vorbekannte Formenschatz** zur Verfügung, wenn die gesetzlichen Voraussetzungen für die Offenbarung der einzelnen Muster bzw Designs erfüllt sind. Durch den **Beibringungsgrundsatz** ergibt sich allerdings eine Einschränkung daraus, dass nur der Vortrag der Verfahrensparteien Berücksichtigung findet.[178]

IV. Grad der Aufmerksamkeit

60 Die Beurteilung durch den informierten Benutzer erfolgt nach Ansicht des EuGH mit vergleichsweise **großer Aufmerksamkeit**.[179] Dem hat sich der BGH angeschlossen.[180] Wegen der weitreichenden Bedeutung der Beurteilung durch den informierten Benutzer setzt die gebotene Sorgfalt höchste Aufmerksamkeit voraus. Dazu gehört, dass die Beurteilung in einem direkten Vergleich erfolgt (vgl Rn 130). Zwar wird davon ausgegangen, dass der informierte Benutzer minimale **Unterschiede** nicht im Detail feststellen kann, die zwischen einander gegenüberstehenden Mustern bestehen können.[181] Zutreffender ist jedoch, dass der informierte Benutzer zur Feststellung auch von äußerst geringfügigen Unterschieden befähigt ist, derartigen Unterschieden jedoch häufig für den Gesamteindruck nur eine untergeordnete Bedeutung beimisst.

V. Aktualisierungsbezug

61 Für den Rechtsinhaber kann es sich vorteilhaft auswirken, wenn der maßgebliche vorbekannte Formenschatz eine Einengung erfährt. In diese Richtung weist die Ansicht, dass für den informierten Benutzer nur relevant sei, was auf dem **Markt** zum Prioritätstag des eingetragenen Designs bzw Gemeinschaftsgeschmacksmusters **präsent** ist oder zuvor präsent gewesen war. Bei der Bestimmung des Schutzumfangs komme es demnach für die Gewichtung von Erscheinungsmerkmalen darauf an, ob sie überhaupt marktgängig gewesen sind und gegebenenfalls in besonderem Maße marktgängig waren.[182] In einer Zwischenphase ist zwar vorgeschlagen worden, dass ein Muster bei der Prüfung der Eigenart nur in Betracht gezogen werden soll, wenn es am maßgeblichen Stichtag ent-

---

174 Begründung zu Art. 6 Abs. 1 des Verordnungsvorschlags 1993.
175 Art. 6 Abs. 2 des Verordnungsvorschlags 1993: Maßgeblich sollte sein, ob sich das Muster von einem Muster unterscheidet, das am Anmelde- oder Prioritätstag vermarktet wird oder als eingetragenes Designschutzrecht Bestand hat.
176 Art. 6 Abs. 1 des Richtlinienvoschlags 1996. Dieser Vorschlag wurde in Art. 6 Abs. 1 GRL unverändert beibehalten.
177 Art. 6 Abs. 1 GRL.
178 Vgl OLG Hamburg Hartwig DesignE 3, 369 – Schuhferse. Entscheidungsrelevant sind daher stets nur die vorbekannten Muster bzw Designs, die entsprechend den jeweiligen Vorschriften ordnungsgemäß in das Verfahren eingeführt worden sind.
179 EuGH GRUR 2012, 506 Rn 59 – PepsiCO.
180 BGH GRUR 2013, 285 Tz 55 – Kinderwagen II.
181 EuGH GRUR 2012, 506 Rn 59 – PepsiCO.
182 Ruhl, GRUR 2010, 289, 295.

weder im Markt erhältlich oder nach Eintragung veröffentlicht und nicht erloschen ist.[183] Dieses **Aktualitätserfordernis** ist jedoch aus gutem Grund **nicht beibehalten** worden.[184]

D. Schutzvoraussetzungen

I. Allgemeines

Für eingetragene Designs und Gemeinschaftsgeschmacksmuster ist übereinstimmend festgelegt, dass – nur – solche Designs bzw Muster geschützt werden können, die neu sind und Eigenart haben.[185] Das **Begriffspaar** der **Neuheit** und der **Eigenart** geht auf eine alte Tradition zurück. In Deutschland war bereits in dem ersten Gesetz von 1876 geregelt, dass Geschmacksmuster neu und eigentümlich sein müssen.[186] In anderen Ländern ist zwar nur auf die **Neuheit** von Mustern abgestellt worden. Damit verbunden war jedoch die Erwartung, dass sich die Muster durch eine ausreichende Eigenart[187] bzw **Originalität**[188] von gleichartigen Erzeugnissen abheben. Die Grundlage des materiellen Rechts aller europäischen Rechtssysteme war übereinstimmend, dass es für einen Schutz nicht ausreicht, wenn ein Design bzw Muster neu ist. Als zusätzliches – und für die Praxis wesentlich wichtigeres – Kriterium musste ein **Mindestmaß** an **gestalterischer Besonderheit** erfüllt sein.

62

Ob ein Design bzw Muster die Voraussetzungen der Neuheit und der Eigenart erfüllt, ergibt sich aus einer **Gegenüberstellung** mit Designs bzw Mustern aus dem **vorbekannten Formenschatz** (vgl hierzu Rn 59). Weil der Schutzgegenstand eines eingetragenen Schutzrechts durch die mit der Anmeldung eingereichten **Wiedergaben** festgelegt wird (vgl Rn 128), werden nur die in der Anmeldung sichtbar gemachten Erscheinungsmerkmale (vgl Rn 12) der Erscheinungsform zum Gegenstand des Vergleichs gemacht.

63

II. Neuheit

1. Regelungstechnik

Zwar wird zunächst auf eine **Identität** mit einem (vorbekannten) Design bzw Muster abgestellt.[189] Dem wird jedoch hinzugefügt, dass Designs bzw Muster (auch dann) als identisch gelten, wenn sie sich nur in **unwesentlichen Einzelheiten** unterscheiden.[190] Ob die zu schützende Erscheinungsform mit einem vorbekannten Design bzw Muster völlig oder weitgehend übereinstimmt, kann nur im Rahmen einer **Gegenüberstellung** ermittelt werden. Dabei wird ein sog. **Einzelvergleich**[191] durchgeführt, also eine Gegenüberstellung jeweils nur mit einem einzigen Design bzw Muster. Die meisten Erscheinungsformen ergeben sich aus einer **Kombinationswirkung** von mehreren Erscheinungsmerkmalen. In diesem Fall ist neuheitsschädlich ein Design bzw Muster nur unter der Voraussetzung, dass es **alle** für den Gesamteindruck **wesentlichen Erscheinungsmerkmale** ebenfalls aufweist[192] und dass auch in der Anordnung dieser Merkmale kein erheblicher Unterschied besteht.

64

Weil die Erfordernisse der Neuheit und der Eigenart kumulativ erfüllt sein müssen, bietet das Kriterium der Eigenart den sachgerechteren Prüfungsmaßstab, wenn es zweifelhaft ist, ob ein Unter-

---

183 Art. 5 Abs. 2 des Richtlinienvorschlags 1993.
184 Kur, GRUR Int. 1998, 353, 356.
185 § 2 Abs. 1 DesignG; Art. 4 Abs. 1 GGV.
186 § 1 Abs. 2 des Gesetzes v. 11.1.1876.
187 Art. 2 Abs. 1 des französischen Gesetzes v. 14.7.1909.
188 Vgl Pentheroudakis, GRUR Int. 2002, 667, 674 sowie zur schweizerischen Rechtspraxis SchwBG GRUR Int. 1998, 437, 438 – Tonkopfmodell; GRUR Int. 1991, 314 – Kotflügel.
189 § 2 Abs. 2 S. 1 DesignG; Art. 5 Abs. 1 GGV.
190 Vgl § 2 Abs. 2 S. 2 DesignG; Art. 5 Abs. 2 GGV.
191 ZB BGH GRUR 1960, 256, 157 – Chérie; BGH GRUR 1996, 767, 769 – Holzstühle.
192 Vgl BGH GRUR 1975, 81, 83 – Kombinationsschalter; GRUR 1980, 235, 236 – Play-family.

schied als unwesentlich bezeichnet werden kann. In der **Rechtspraxis** hat daher die Neuheitsprüfung nur **geringe Bedeutung**.[193]

2. Gestaltungsübertragungen

65 Die Übertragung der Erscheinungsform einer bereits vorhandenen Erzeugnisgattung auf eine **andere Erzeugnisgattung** kann zur Bereicherung des Formenschatzes beitragen, zB wenn ein Spielzeugauto das Aussehen eines individuellen Automobils erhält. Das könnte zwar dafür sprechen, die Neuheit der Ergebnisse von Gestaltungsübertragungen zu bejahen. Aber es muss jedoch bedacht werden, ob für die Schutzvoraussetzungen nur auf Designs bzw Muster aus derselben Branche (und ggf auch aus benachbarten Branchen) abgestellt wird. Schon der Gesetzestext lässt erkennen, dass die **Branchenzuordnung** von Designs bzw Mustern **unmaßgeblich** ist (vgl Rn 81).[194] Bei dieser Vorgehensweise kann Ergebnissen von Gestaltungsübertragungen eine Neuheit im Rechtssinn nicht attestiert werden.[195] Wenn sich bei einer Verkleinerung eines Sportfahrzeugs auf die Abmessungen eines Spielzeugautos Detailunterschiede ergeben, fehlt diesem jedenfalls die Eigenart (vgl Abb. 48 und 49).[196]

Abb. 48: Ferrari F2001
<www.supercars.net>

Abb. 49: GGM 00037593-0001

66 Dass durch eine Gestaltungsübertragung ein neues und möglicherweise sogar neuartiges Erzeugnis entstanden ist, muss unberücksichtigt bleiben, weil nicht Erzeugnisse die Grundlage des Schutzes bilden, sondern deren **Erscheinungsform** (vgl Rn 10 und Rn 122). Das ist zB bei **Massagebällen** mit igelartigen Noppen zum Tragen gekommen, die in Großbritannien seit 2002 auf dem Markt waren (Abb. 50). Erzeugnisse mit dieser Ausgestaltung sind als sog. **Wäschekugeln** auch zur Auflockerung von Textilien in elektrischen Wäschetrocknern geeignet. Ein Gemeinschaftsgeschmacksmuster, das 2004 u.a. für „washing, cleaning and drying equipment" angemeldet worden war (Abb. 51), ist mit

---

193 Vgl Eichmann, in: Eichmann/von Falckenstein/Kühne, § 2 Rn 11. Das Handelsgericht des Kantons Aargau (GRUR Int. 2015, 742 Rn 6.2.1.2 – Rollmatte) hält eine separate Neuheitsprüfung für obsolet, weil es sich bei der Prüfung der Eigenart um eine erweiterte bzw relativierte Neuheitsprüfung handle.
194 Vgl Eichmann, in: Eichmann/von Falckenstein/Kühne, § 2 Rn 11.
Hinzu kommt, dass der Begründung von Verbietungsrechten gegenüber den als Vorlagen für Gestaltungsübertragungen herangezogenen Erzeugnissen nur dadurch entgegengewirkt werden kann, dass auch andere Branchen, so fernliegend sie sein mögen, in den vorbekannten Formenschatz einbezogen werden (vgl Rn 81). Weil das Monopolrecht jede Art von Waren umfasst, muss auch jede Art von Waren der Neuheit entgegengehalten werden können (vgl die Entscheidung des Supreme Court (London) EWCA Civ 358 v. 23.4.2008).
195 Eck, S. 197; Stolz, S. 125.
196 HABM-NA ICD 842 v. 13.11.2006,– Spielzeugautos. Der BGH hat bei einer vergleichbaren Situation einen Eingriff in den Schutzumfang eines eingetragenen Designs für das Modell „BMW 3" verneint. Dabei hat der BGH im Wesentlichen darauf abgestellt, dass das Spielzeugauto der Rennsportversion „BMW M3" mit einem Heckspoiler und mit verbreiterten Kotflügeln nachgebildet war sowie Vergrößerungen und Größenunterschiede gegenüber dem „BMW 3" feststellbar waren (BGH GRUR 1996, 57, 59 – Spielzeugautos). Diese Beurteilung dürfte aus der Sicht des informierten Benutzers nicht mehr zutreffen.

der Begründung für nichtig erklärt worden, dass die vorbekannten Massagebälle neuheitsschädlich sind.[197] Mit den Wäschekugeln kann zwar ein **neuer Verwendungszweck** entdeckt worden sein, aber es ist **keine neue Erscheinungsform** entstanden.

Abb. 50: Massagekugel

Abb. 51: GGM 000217187-0003.1

III. Eigenart

1. Systematik

Zusätzlich zu dem Erfordernis der Neuheit muss ein Design bzw Muster das Erfordernis der Eigenart erfüllen. Dass dieses Kriterium an die Stelle der **Eigentümlichkeit** getreten ist, bedeutet weit mehr als nur einen sprachlichen Unterschied. Für die Eigentümlichkeit musste auf der Grundlage eines Gesamtvergleichs[198] mit sämtlichen vorbekannten Gestaltungen eine überdurchschnittliche Gestaltungshöhe festgestellt werden. Dieser Vergleich wird zwar immer noch durchgeführt, aber erst bei der Bestimmung des Schutzumfangs. Weil die Auseinandersetzung mit dem vorbekannten Formenschatz im Wesentlichen bei der Verletzungsprüfung erfolgt, hat die Prüfung der Schutzfähigkeit nur noch **geringe praktische Bedeutung**.

67

2. Unterschiedlichkeit

Weil sich ein Design bzw Muster von einem vorbekannten Design bzw Muster im Gesamteindruck unterscheiden muss,[199] ist das maßgebliche Kriterium für die Ermittlung der Eigenart die **Unterschiedlichkeit** der Designs bzw Muster.[200] Hierfür muss in einem sog. **Einzelvergleich** mit jedem einzelnen vorbekannten Design bzw Muster ermittelt werden, ob die erforderliche Unterschiedlichkeit besteht.[201]

68

---

197 Entscheidungen des High Court (London) v. 19.7.2007, [2007] EWHC 1712 (Pat) und des Supreme Court (London) EWCA Civ 358 v. 23.4.2008.
198 ZB BGH GRUR 1988, 369, 370 – Messergriff; GRUR 1998, 379, 382 – Lynette; GRUR 2001, 503, 506 – Sitz-Liegemöbel; GRUR 2008, 153 Rn 25 – Dacheindeckungsplatten; GRUR 2008, 790 Rn 22 – Baugruppe.
199 § 2 Abs. 3 S. 1 DesignG; Art. 6 Abs. 1 GGV. Auf das Kriterium der Unterschiedlichkeit wird bereits in den Musterschutzgesetzen abgestellt, die in den Jahren 1970 und 1971 in Dänemark, Finnland, Norwegen und Schweden in Kraft getreten sind, (vgl Lewin, GRUR Int., 1985, 713, 720; dies., GRUR Int. 1988, 371). Der dänische Staatsangehörige *Bernhard Posner* (vgl dessen Beitrag „The Community Design" in Mitt. 1993, 219 ff) war als stellvertretender Leiter der Abteilung Gewerblicher Rechtsschutz in der Generaldirektion Binnenmarkt und Finanzdienstleistungen der Kommission verantwortlich für das Grünbuch und für die nachfolgenden Entwürfe.
200 BGH GRUR 2010, 718, Tz 32 – Verlängerte Limousinen; ausführlich zu diesem Urteil: Ruhl, GRUR 2010, 692; Schabenberger, WRP 2010, 992.
201 EuGH GRUR 2014, 774 Rn 35 – KMF/Dunnes; BGH GRUR 2010, 718, Tz 33 – Verlängerte Limousinen; GRUR 2011, 490 Tz 14 – Untersetzer; GRUR 2011, 1112 Tz 32 – Schreibgeräte. Der Gesamteindruck der meisten Designs bzw Muster ergibt sich aus einer Kombinationswirkung von mehreren Erscheinungsmerkmalen. Bei einem Einzelvergleich mit einem vorbekannten Design kann für ein Kombinationsmuster die Eigenart nur verneint werden, wenn ein anderes Muster dieselbe Kombination von Erscheinungsmerkmalen aufweist. Der Eigenart eines Designs bzw Musters kann daher nicht entgegengehalten werden, dass einzelne Merkmale aus einem Design bzw Muster, weitere Merkmale aus einem zweiten Muster etc. vorbekannt sind.

Praxisrelevanz: Wenn sich der Gegenstand eines eingetragenen Designs oder eines Gemeinschaftsgeschmacksmusters auch nur einigermaßen von jedem einzelnen vorbekannten Design bzw Muster unterscheidet, kann ihm die Eigenart nicht abgesprochen werden.

69 Für die Feststellung der Unterschiedlichkeit genügt die Gegenüberstellung mit dem vorbekannten Design bzw Muster, das dem eingetragenen Design oder Gemeinschaftsgeschmacksmuster **am nächsten kommt**.[202] Weiter entfernte Designs bzw Muster finden Eingang in die Prüfung, wie es sich mit dem Grad der Gestaltungsfreiheit verhält. **Vergleichsmaßstab** sind nur vorbekannte Designs bzw Muster (vgl hierzu Rn 77).

Hinweis: Bei Ausführungen zur Eigenart genügt es idR, die wesentlichen Unterschiede gegenüber dem am nächsten kommenden Design bzw Muster aus dem vorbekannten Formenschatz aufzuzeigen. Wenn an der Eigenart des Klageschutzrechts bzw Verfügungsschutzrechts keine ernsthaften Zweifel bestehen, kann es ausreichen, die Vermutung der Rechtsgültigkeit in Anspruch zu nehmen.

3. Grad der Unterschiedlichkeit

70 In den gesetzlichen Erwägungsgründen[203] wird es als maßgeblich bezeichnet, inwieweit sich der Gesamteindruck des Musters „**deutlich**" von dem Gesamteindruck unterscheidet, den ein vorbekanntes Muster hervorruft. Aber das ist nur ein Hinweis darauf, dass Eigenart nicht durch jede Nuance von Unterschiedlichkeit begründbar sein soll.[204] Das in einer Zwischenphase der Gesetzgebung vorgesehene Erfordernis einer „**wesentlichen**" Unterscheidung ist nämlich wieder aufgegeben worden.[205] Über eine sprachorientierte Auslegung kann daher der erforderliche Grad an Unterschiedlichkeit nicht konkretisiert werden. Erörterungen dazu, ob von einer hohen oder einer niedrigen **Schutzschwelle** auszugehen ist,[206] sind im Hinblick darauf entbehrlich, dass es immer nur auf die Unterschiedlichkeit des Schutzgegenstands gegenüber dem nächstliegenden Design bzw Muster aus dem vorbekannten Formenschatz ankommt. Das gilt für alle Erzeugnisgattungen in gleicher Weise.[207]

4. Vergleichsmethode

71 Der EuGH geht zwar davon aus, dass der informierte Benutzer einen **direkten Vergleich** vornimmt; es könne aber nicht ausgeschlossen werden, dass ein solcher Vergleich **undurchführbar** ist.[208] Diese Einschränkung geht auf die Schlussanträge des Generalanwalts zurück,[209] wonach zB bei **Schiffen** oder bei **großen Industrieanlagen** ein direkter Vergleich nicht möglich sein soll. Diese Überlegungen sind **unvereinbar** mit den **Gegebenheiten**, die einer Entscheidung über die Eigenart zugrundeliegen: Weil das Design bzw Muster, um dessen Eigenart es geht, sich gesetzesnotwendig aus einer **Wiedergabe** ergibt,[210] scheiden reale Erzeugnisse für eine Gegenüberstellung von vornherein aus.[211]

---

202 ZB KG ZUM 2005, 231, 232 – Natursalz; OLG Hamm InstGE 8, 233, 237 – Kaminöfen.
203 Vgl den 14. Erwägungsgrund zur GGV und den 13. Erwägungsgrund zur GRL.
204 Eichmann, in: Eichmann/von Falckenstein/Kühne, § 2 Rn 18.
205 Begründung zu Art. 5 Abs. 1 des geänderten Richtlinienvorschlags 1996.
206 ZB Posner, Mitt. 1993, 219; Kur, GRUR Int. 1998, 353, 355; dies., GRUR Int. 1998, 977, 979; dies., GRUR 2002, 661, 665; Kahlenberg, S. 129, S. 135 ff; Schramm, S. 155 ff, S. 200 ff; Koschtial, GRUR Int. 2003, 973, 976; Jestaedt, GRUR 2008, 19, 20.
207 Es ist daher entgegen Ruhl, Art. 6 Rn 119; OGH v. 13.2.2007 – 4 Ob 246/06i – Mini-Berner Würstel, nicht gerechtfertigt, zB für die Eigenart von Verpackungen einen strengen Maßstab anzulegen. Zwar steht für Käufer der Verpackungsinhalt im Vordergrund des Interesses, aber gestalterisch können Verpackungen weitaus anspruchsvoller als ihr Inhalt sein (zB bei Zigaretten und den meisten Lebens- und Genussmitteln).
208 EuGH GRUR 2012, 506 Tz 55 – PepsiCo.
209 Rn 51 der Schlussanträge des Generalanwalts Mengozzi v. 12.5.2011.
210 Abesehen von dem kaum praxisrelevaten Sonderfall der aufgeschobenen Bildbekanntmachung.
211 Diese ständige Rspr im Anwendungsbereich des GeschmMG aF, zB BGH GRUR 1977, 602, 604 – Trockenrasierer; GRUR 2008, 153 Tz. 22 – Dacheindeckungsplatten – und wurde beibehalten, zB OLG Hamburg NJOZ

5. Grad der Gestaltungsfreiheit

Die gesetzliche Definition wird durch die Anweisung ergänzt, dass bei der Beurteilung der Eigenart der Grad der Gestaltungsfreiheit des Entwerfers bei der Entwicklung des Designs bzw Musters berücksichtigt werden muss.[212] Es besteht eine **Wechselwirkung** zwischen Gestaltungsspielraum und Gesamteindruck.[213] Bei Manikürscheren können aufgrund eines **geringen Gestaltungsspielraums** Ähnlichkeiten von essentiellen Gestaltungsmerkmalen im Gesamteindruck zurücktreten und dadurch der Eigenart nicht entgegenstehen (vgl Abb. 52 und 53).[214]

72

Abb. 52: Dt. GeschmM 40107009.3   Abb. 53: GGM 000107396-0001

Weil bei einem Aufhänger zur Luftverbesserung die Form nicht vorgegeben ist, besteht ein **großer Gestaltungsspielraum**. Wenn die vorbekannte Form eines Tännchens lediglich in Details variiert worden sind, hat das einen übereinstimmenden Gesamteindruck zur Folge (vgl Abb. 54 und 55).[215]

73

Abb. 54: IR-Marke 328915   Abb. 55: GGM 000413661-0001.1

IV. Schonfrist

Bei der Prüfung der Neuheit und der Eigenart bleibt eine Offenbarung unberücksichtigt, die von dem Entwerfer während der **zwölf Monate** vor dem Anmeldetag erfolgt ist.[216] Durch die Schonfrist sollen Anmelder davor geschützt werden, dass sie den Gegenstand der Anmeldung in dem vor der

74

2007, 3055, 3059 – Handydesign. Die Größe von Originalerzeugnissen und der übliche Abstand der Betrachtung können demnach keine Rolle spielen.
212 § 2 Abs. 2 S. 2 DesignG; Art. 6 Abs. 2 GGV.
213 BGH GRUR 2011, 142 Tz 17 – Untersetzer; GRUR 2011, 1112 Tz 32 – Schreibgeräte.
214 HABM-NA ICD 2630 v. 14.6.2005 – Manikürscheren.
215 HABM-NA ICD 3630 v. 7.11.2007– Wunderbaum. Gegenstand der Entscheidung war auch noch eine ältere Gemeinschaftsmarke; auf das Ergebnis hat sich das jedoch nicht ausgewirkt.
216 § 6 S. 1 DesignG; Art. 7 Abs. 2 GGV. Die Gesetzesüberschrift „Neuheitsschonfrist" zu § 6 DesignG folgt zwar einer unter anderem durch § 7 Buchst. a GeschmMG aF begründeten Tradition, aber privilegierte Offenbarungshandlungen bleiben auch bei der Prüfung der Eigenart unberücksichtigt. Für nicht eingetragene Gemeinschaftsgeschmacksmuster gibt es keine Schonfrist (vgl Rn 175). Die daraus resultierende Schutzlücke kann der Rechtsinhaber durch einen Antrag auf Eintragung eines formellen Schutzrechts schließen, wenn der Antrag innerhalb der Schonfrist gestellt wird, BGH GRUR 2009, 79 Rn 19 – Gebäckpresse I.

Anmeldung liegenden Jahr – bewusst oder unbedacht – in der Öffentlichkeit gezeigt haben. Entsprechend diesem Schutzzweck bleiben auch Offenbarungen von **Rechtsnachfolgern** und von solchen Personen unberücksichtigt, die **Informationen** des Entwerfers verwertet haben. Der Rechtsinhaber soll sich während der zwölfmonatigen Schonfrist auch solche Offenbarungen nicht entgegenhalten lassen müssen, die Folge einer **missbräuchlichen Handlung** sind.[217] Damit sind insbesondere Fälle der widerrechtlichen Entnahme und sonstige Offenbarungen gemeint, die entgegen dem Willen des Berechtigten erfolgen.

> **Hinweis:** Vorveröffentlichungen des Inhabers, die mehr als zwölf Monate vor dem Prioritätszeitpunkt stattgefunden haben, können der Neuheit oder der Eigenart entgegenstehen. Deshalb kann es zweckmäßig sein, nach Vorveröffentlichungen aller Art (auch älteren geschützten Designs) zu recherchieren (bei einer Vertretung des Anspruchsgegners) bzw zu fragen (bei einer Vertretung des Anspruchstellers).

75 Die Schonfrist führt zu **keiner Vorverlagerung** des Schutzes. Dritten ist es daher nicht untersagt, offenbarte Designs bzw Muster des Anmelders als Anregungen zu benutzen. Derart inspirierte Gestaltungen finden Eingang in den vorbekannten Formenschatz und können daher das Schutzrecht des Entwerfers zu Fall bringen. Je länger die Schonfrist in Anspruch genommen wird, desto größer wird das Risiko, dass Offenbarungshandlungen Dritter den Schutz vereiteln. Für etwaige Folgeanmeldungen im Ausland muss bedacht werden, dass außerhalb der Europäischen Union in den meisten Staaten **keine Schonfrist** in Anspruch genommen werden kann. Designs sollten daher erst offenbart werden, nachdem eine Anmeldung erfolgt ist und ausgeschlossen werden kann, dass Mängel zu einer Verschiebung des Anmeldetages führen.

V. Prioritäten

76 Wenn eine sog. **Auslandspriorität** in Anspruch genommen wird,[218] hat das zur Folge, dass der Prioritätstag der **Auslandsanmeldung** an die Stelle des Anmeldetags tritt (ausführlich § 7 Rn 28, 29, 68–71).[219] Eine **Ausstellungspriorität** kann daraus hergeleitet werden, dass ein Design auf einer **geschützten Ausstellung** zur Schau gestellt worden ist (ausführlich § 7 Rn 30, 31, 72).[220] Werden in dem sog. **Prioritätsintervall** von sechs Monaten **Erscheinungsformen von Dritten** offenbart, finden sie **keinen Eingang** in den berücksichtigungsfähigen **vorbekannten Formenschatz**. Eine Vorverlagerung des Schutzes erfolgt nicht, weil für den **Schutzbeginn** das Datum der **Eintragung** maßgeblich bleibt.

E. Vorbekannter Formenschatz

I. Systematik

77 Sowohl für die Neuheit als auch für die Eigenart kommt es darauf an, ob sich ein Design bzw Muster ausreichend vom vorbekannten Formenschatz abhebt. Wie dieser Formenschatz ermittelt wird, ist Gegenstand einer **spezifischen gesetzlichen Regelung** für die **Offenbarung**,[221] aus der sich ergibt, welche Voraussetzungen dafür erfüllt sein müssen, dass ein Design bzw Muster der **Öffentlichkeit zugänglich gemacht** worden ist.[222] Berücksichtigungsfähig sind nur **Muster** iSd gesetzlichen Bestim-

---

217 § 6 S. 2 DesignG; Art. 7 Abs. 3 GGV. Unzutreffend Günther/Beyerlein, WRP 2003, 1422, 1424, wonach im Anwendungsbereich von Art. 7 Abs. 3 GGV keine zeitliche Beschränkung bestehen soll.
218 § 14 Abs. 1 S. 1 DesignG; Art. 41 Abs. 1 GGV.
219 § 13 Abs. 2 DesignG; Art. 43 GGV.
220 § 15 DesignG; Art. 44 GGV. Wenn innerhalb einer Frist von sechs Monaten ab dem Datum der ersten Zurschaustellung eine Anmeldung eingereicht wird, kann ein Prioritätsrecht für diesen Tag in Anspruch genommen werden.
221 § 5 DesignG; Art. 7 Abs. 1 GGV.
222 Dieses Konzept ist bereits in den nordischen Musterschutzgesetzen realisiert worden, die in den Jahren 1970 und 1971 in Kraft getreten sind, zB § 2 Abs. 2 des dänischen Gesetzes vom 27.5.1970 und § 2 Abs. 2 des schwedischen Gesetzes vom 29.6.1970. Als Begriff hat der vorbekannte Formenschatz nur mittelbar durch Erwähnung

mungen.[223] Weil Naturerzeugnisse, zB anorganische Naturprodukte (vgl Rn 19), Pflanzen (vgl Rn 35), Tiere (vgl Rn 40) keine Muster sind, finden sie bei der Beurteilung der Neuheit und der Eigenart von **Naturnachbildungen** (vgl hierzu Rn 33) keine Berücksichtigung. **Freie Formen** (zB Stilelemente des Barock)[224] und einzelne **Gestaltungselemente** sind keine Erzeugnisse und deswegen keine Designs bzw Muster iSd gesetzlichen Begriffsbestimmungen. Wenn Designs bzw Muster im **Original** gesehen werden konnten, ist nur das Original maßgeblich. Haben vor dem Anmelde- bzw Prioritätstag nur **Abbildungen** zur Verfügung gestanden, dürfen später verbreitete Originale nicht berücksichtigt werden.[225] Ohne Belang ist, in welchem Medium das Design offenbart worden ist, zB in einem Kinofilm,[226] in einem Videofilm auf einer Internet-Plattform[227] oder als Ornament auf einer Hauswand.[228] Eine Offenbarung bleibt unberücksichtigt, wenn sie unter der **Bedingung der Vertraulichkeit** gemacht wurde.[229] Die **Darlegungs- und Beweislast** dafür, dass eine Erscheinungsform zum vorbekannten Formenschatz gehört, hat der Antragsgegner.[230] In Verletzungsverfahren greifen jedoch spezielle gesetzliche Regelungen ein.[231]

II. Offenbarungshandlungen

Die **Bekanntmachung** eines Designs bzw Musters ist die Veröffentlichung in einem **Publikationsorgan** für Schutzrechte. Die auf diese Weise entstandenen Offenbarungen werden am häufigsten genutzt, weil sie mit einer **Recherche** ohne Schwierigkeit ermittelt werden können und weil Zeitpunkt und Erscheinungsform zuverlässig dokumentierbar sind. In Betracht kommen Veröffentlichungen von eingetragenen Designs, von Gemeinschaftsgeschmacksmustern, von internationalen Eintragungen, von Markeneintragungen[232] und von technischen Schutzrechten. Bekanntmachungen von **ausländischen** Schutzrechten genügen für eine Offenbarung, wenn sie den in der Union tätigen Fachkreisen zugänglich sind. Das war zB der Fall bei US-Design-Patentschriften, bei einem chinesischen Designschutzrecht[233] und bei japanischen Geschmacksmustern.[234] Es genügt, dass von der amtlichen Bekanntmachung des Schutzrechts Kenntnis genommen werden konnte.[235] Das **Austellen** entspricht dem für den Schutzeingriff maßgeblichen Begriff; die **Verwendung im Verkehr** ist umfassender als das Inverkehrbringen, weil es diesem auch nachgelagert sein kann. Weil das Zugänglichmachen in **sonstiger Weise** ein umfassender Auffangtatbestand ist, bedarf es keiner begrifflichen Abgrenzungen. Sonstige Offenbarungen sind insbesondere **Abbildungen** in Medien aller Art, zB

---

in den Erwägungsgründen Eingang in die Gesetzgebung gefunden (vgl Rn 13 der Erwägungsgründe zur GRL; Rn 14 der Erwägungsgründe zur GGV). In der deutschen Rechtspraxis ist schon früh ohne unmittelbare Gesetzesgrundlage auf den vorbekannten Formenschatz als Gesamtheit aller vorbekannten Gestaltungen abgestellt worden (vgl zB BGH GRUR 1958, 509, 510 – Schlafzimmermodell; GRUR 1961, 640, 642 – Straßenleuchte).

223 Vgl § 1 Nr. 1 bis 3 DesignG; Art. 3 Buchst. a bis c GGV.
224 Vgl BGH GRUR 1960, 256, 258 – Chérie.
225 Abweichungen im Offenbarungsgehalt zwischen der vorbekannten Erscheinungsform und der in das Verfahren eingeführten Erscheinungsform gehen zu Lasten der Partei, der die Darlegungs- und Beweislast für die Zugehörigkeit des Designs bzw Musters zum vorbekannten Formenschatz obliegt.
226 Vgl OLG Düsseldorf GRUR-RR 2012, 200, 205 – Tablet PC.
227 Vgl HABM-NA ICD 8846 v. 21.11.2012.
228 Vgl HABM-NA ICD 8698 v. 3.10.2012.
229 Vgl § 5 S. 2 DesignG; Art. 7 Abs. 1 S. 2 GGV. Ein audrücklicher Vorbehalt der Vertraulichkeit kann zB im Wortlaut einer Einladung zu einer Veranstaltung, in einem Hinweis in der Veranstaltung oder auf einer Warenprobe enthalten sein. Ein stillschweigender Vorbehalt kann sich – bei allerding problematischer Beweislage – aus konkludentem Verhalten oder aus den Gesamtumständen der Information ergeben.
230 BGH GRUR 2001, 503, 506 – Sitz-Liegemöbel; GRUR 2004, 939, 941 – Klemmhebel; aA OLG Frankfurt/M. GRUR-RR 2004, 320, 321 – Kanton-Messe.
231 Vgl § 11 Rn 74 ff.
232 Vgl HABM-NA ICD 230, ICD 248 und ICD 255 v. 23.5.2005.
233 Vgl BGH GRUR 2012, 512 Tz 28 – Kinderwagen I.
234 Vgl HABM-NA ICD 420 v. 30.6.2005, ICD 438 und ICD 446 v. 20.6.2005.
235 BGH GRUR 2009, 79 Tz 23 – Gebäckpresse I.

Zeitungen, Zeitschriften, Büchern, Katalogen, Broschüren, aber auch in elektronischen Medien, zB Fernsehen, Internet.[236]

III. Offenbarungsgebiet

79 Nicht gesetzlich geregelt ist, welches Territorium für eine Offenbarung in Betracht kommt. Die Schutzfähigkeit wird daher auf **weltweiter Ebene** beurteilt.[237] Auch aus Offenbarungshandlungen in Drittstaaten kann sich die Möglichkeit der Kenntnisnahme von einem Erzeugnis ergeben, wenn den Fachkreisen das Erzeugnis unmittelbar, zB auf einer Ausstellung, oder mittelbar, zB durch Berichterstattung oder durch Werbung, zugänglich geworden ist. Für das Warengebiet der Computergehäuse war zB der taiwanesische Markt in Betracht zu ziehen.[238] Das Umfeld einer chinesischen Fachmesse konnte für Leuchten zur Zimmerdekoration berücksichtigungsfähig sein.[239] Für Fitness-Geräte sind Maßnahmen des Vertriebs und der Fernsehwerbung in den USA herangezogen worden.[240]

IV. Fachkreise

80 Ob ein Design bzw Muster Eingang in den vorbekannten Formenschatz gefunden hat, richtet sich nach der Kenntnis der Fachkreise. Die Fachkreise müssen zwar in der **Gemeinschaft** tätig sein, also ihre Berufstätigkeit im Gebiet der EU ausüben, ihre Kenntnisse können sie aber auch aus Drittstaaten beziehen. Weil auch für die Offenbarung von nicht eingetragenen Gemeinschaftageschmacksmustern auf die Fachkreise abgestellt wird, besteht kein Unterschied zwischen den für eine Schutzbegründung maßgeblichen Personenkreis und dem für die Schutzverhinderung maßgeblichen Personenkreis. In Betracht kommen **Händler** aller Formen und aller Stufen sowie **Hersteller** und herstellergleiche Anbieter. Weil nicht nur auf einzelne Fachleute abgestellt wird, muss die Offenbarung gegenüber einem **breiter angelegten Kreis** erfolgt sein.[241] Zahlenmäßige Quantifizierungen sind nicht möglich, weil es auf die Gesamtzahl der Fachpersonen des betreffenden Wirtschaftszweigs ankommt.[242]

V. Betreffender Sektor bzw Wirtschaftszweig

81 Durch die einleitende Referenz „im Sinne der Artikel 4 und 5" in Art. 7 Abs. 1 S. 1 GGV erfolgt für Gemeinschaftsgeschmacksmuster eine **Zuweisung zur Ermittlung der Neuheit und der Eigenart**. Sprachlich noch deutlicher ergibt sich das durch die einleitenden Worte *„for the purpose of applying articles ..."* in der englischen Sprachfassung. Weil inhaltlich dieselbe Zuweisung in dem umsetzungspflichtigen Art. 6 GRL erfolgt, gilt dasselbe für eingetragene Designs. Es muss daher ermittelt werden, ob eine Erscheinungsform den Fachkreisen nicht bekannt sein konnte, in denen das Design bzw Muster **üblicherweise vermarktet** wird.[243] In Verbindung mit dem Kriterium des normalen Geschäftsverlaufs ergibt sich, dass die in der **Branche** geschäftstätigen Personen gemeint sind, in

---

236 Bei Recherchen im Internet nach vorbekannten Erzeugnissen kann zwar idR nur die aktuelle Angebotslage ermittelt werden. Aber mit Hilfe von speziellen Suchmaschinen ist es möglich, auch Altversionen von Homepages, Websites etc. zu dokumentieren, zB <www.waybackmachine.com> und <www.archive.org/web/web.php>.
237 Auch Offenbarungshandlungen außerhalb der EU können daher neuheitsschädlich sein, BGH GRUR 2009, 79 Tz 22 – Gebäckpresse I.
238 BGH GRUR 2004, 427, 428 – Computergehäuse.
239 OLG Frankfurt/M. GRUR-RR 2004, 320, 321 – Kanton-Messe.
240 LG Frankfurt/M. GRUR-RR 2005, 4,5 – Swing-Hometrainer.
241 BGH GRUR 2012, 1253 Tz 27 – Gartenpavillon. Auf die Vorlagefrage des BGH hat der EuGH geantwortet, dass es eine Tatsachenfrage des jeweiligen Einzelfalls ist, ob die Lieferung eines Designs an ein einziges Unternehmen in der EU und die Ausstellung in einem Ausstellungsraum außerhalb der EU ausreichend waren, EuGH GRUR 2014, 368 Rn 34-36 – Gautzsch/Duna.
242 Beispielsweise ist bei Schienenfahrzeugen die Gesamtzahl der Fachpersonen sehr gering, bei Erzeugnissen des täglichen Bedarfs ist sie dagegen meistens sehr groß.
243 Vgl Ruhl, Art. 7 Rn 11; aA Becker, GRUR Int. 2012, 312, 316.

der das Design bzw Muster **offenbart** worden ist. Für Kunststoffkugeln mit igelartigen Noppen, die zur Verwendung in elektrischen Wäschetrocknern bestimmt sind, war es daher entscheidend, dass Massagekugeln mit ebenfalls igelartigen Noppen den in der Branche für Heilberufe tätigen Fachleuten bekannt waren.[244]

VI. Normaler Geschäftsverlauf

Maßgeblich ist der **gewöhnliche Geschäftsverlauf** der Fachkreise.[245] Dazu gehören insbesondere Maßnahmen der **Marktbeobachtung**.[246] Häufig ist versucht worden, die Neuheit eines geschützten Designs mit der Behauptung zu widerlegen, dass der Verletzungsgegenstand bereits vor dem Prioritätstag in einer Ausstellung oder Hausmesse des Verletzers **im fernen Osten** zu sehen gewesen sei. Der BGH hat entschieden, dass es nicht zum gewöhnlichen Geschäftsverlauf der Fachkreise für Gartenpavillons gehört, sich in Ausstellungsräumen eines Anbieters über dessen Warenangebot zu informieren, wenn diese sich in einem Ort abseits der großen Städte Chinas befinden.[247] Der EuGH hat vorsichtig reagiert und von einer Tatsachenfrage des jeweiligen Einzelfalls gesprochen.[248] Wünschenswert wäre, dass eine **angemessene Anzahl** von Händlern aus der EU von einer derartigen Informationsmöglichkeit Gebrauch gemacht hat. Bei Präsentationsständen in Hotels, die in China den Räumlichkeiten einer angesehenen Messe benachbart waren, konnte von einem ausreichenden Besucherinteresse ausgegangen werden.[249]

82

VII. Keine Möglichkeit des Bekanntseins

Bei einer vorveröffentlichten Erscheinungsform kann kaum ausgeschlossen werden, dass sie den Fachkreisen nicht bekannt sein konnte. Eine **Relativierung** ergibt sich jedoch daraus, dass nach mehreren Sprachfassungen das Muster bzw Design zB *reasoably – raisonnablement – razonablemente – ragionevolmente – redelijkerwijs,* also vernünftigerweise nicht bekannt sein konnte.[250] Ob tatsächlich Kenntnis genommen wurde und ob eine Beobachtung zumutbar war, spielt dagegen keine Rolle und muss daher nicht belegbar sein.[251] Auf eine Vorlagefrage des BGH hat der EuGH geantwortet, das es eine Tatsachenfrage des jeweiligen Einzelfalls ist, ob die Ausstellung in einem Ausstellungsraum außerhalb der EU und die Lieferung eines Designs an ein einziges Unternehmen in der EU nicht bekannt sein konnte.[252]

83

---

244 High Court (London) vv 19. 7. 2007, [2007] EWHC 1712 (Pat); Supreme Court (London) v. 23. 4. 2008, EWCA Civ 358. In Deutschland ist allerdings ein vorveröffentlichtes eingetragenes Design für ein Räuchermännchen in Heizofenform gegenüber einem eingetragenen Design für einen nahezu formgleichen Kaminofen nicht als neuheitsschädlich anerkannt worden (vgl OLG Hamburg BeckRS 2010, 24928 – Kaminöfen, LS in WRP 2010, 1416).
245 BGH GRUR 2012, 1253 Tz 28 – Gartenpavillon.
246 BGH GRUR 2012, 1253 Tz 21 – Gartenpavillon.
247 BGH GRUR 2012, 1253 Tz 28 – Gartenpavillon.
248 EuGH GRUR 2014, 368 Rn 34 – Gautzsch/Duna.
249 OLG Frankfurt/M. GRUR-RR 2004, 320, 321 – Kanton-Messe.
250 Im Sinne einer zweckorientierten Auslegung muss eine nach den Umständen realistische Chance zur Kenntnisnahme bestanden haben; eine Offenbarung bleibt daher unberücksichtigt, wenn sie allenfalls durch Zufall hätte ermittelt werden können, OLG Frankfurt/M. GRUR-RR 2004, 320, 321 – Kanton-Messe.
251 OLG Düsseldorf GRUR-RR 2012, 200, 206 – Tablet PC. Unzulänglichkeiten bei einer Recherche eines Verfahrensbeteiligten rechtfertigen daher keinen Rückschluss auf die Möglichkeit der Kenntnisnahme durch andere Mitglieder der Fachkreise, OLG Düsseldorf aaO.
252 EuGH GRUR 2014, 368 Rn 34-36 – Gautzsch/Duna.

F. Schutzausschließungsgründe

I. Technische Bedingtheit

1. Regelungszweck

84 Vom Schutz ausgeschlossen sind Erscheinungsmerkmale eines Erzeugnisses, die ausschließlich durch dessen technische Funktion bedingt sind.[253] Dem liegt die gesetzgeberische Intention zugrunde, dass **technologische Innovationen** nicht durch einen Schutz für ausschließlich technisch bedingte Merkmalen behindert werden dürfen.[254] Technische Lösungen sollen nach Ablauf der Schutzdauer von technischen Schutzrechten im **Interesse der Allgemeinheit** für alle Wirtschaftsteilnehmer frei verwendbar sein.[255] Die **Monopolisierung** von technisch bedingten Merkmalen durch nicht technische Schutzrechte soll daher **ausgeschlossen** sein.[256]

2. Technische Funktion

85 Erscheinungsmerkmale von Erzeugnissen haben eine technische Funktion, wenn für ihre **Wirkungsweise** ein Schutz durch ein **technisches Schutzrecht** in Betracht kommt.[257] Bei Interdentalzahnbürsten (Abb. 56 und 57) ist die **L-Grundform** technisch bedingt, weil sie für die Reinigung im Bereich der Backenzähne erforderlich ist. Bei einer Gegenüberstellung berücksichtigt der informierte Benutzer daher nur die übrigen Erscheinungsmerkmale.

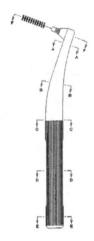 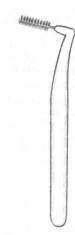

Abb. 56: Jap. GeschmM 1052169 (Ausschnitt)   Abb. 57: GGM 00085311-0001.1 (hochkant gespiegelt)

---

253 § 3 Abs. 1 Nr. 1 DesignG; Art. 8 Abs. 1 GGV.
254 Erwägungsgrund 10 zur GGV; Erwägungsgrund 14 zur GRL.
255 EuGH GRUR 2010, 1008 Rn 46 – Lego; BGH GRUR 2012, 58 Tz 21 – Seilzirkus.
256 BGH GRUR 2010, 718 Tz 45 – Verlängerte Limousinen; GRUR 2012, 58 Tz 21 – Seilzirkus.
257 Court of Appeal (Großbritannien) GRUR Int. 2000, 439, 446 – Rasierapparatkopf II; Eichmann, Mitt. 1998, 252, 254; ders., GRUR 2000, 751, 758; ders., MarkenR 2003, 10, 17; Otero Lastres, GRUR Int. 2000, 408, 415.

3. Gestaltungsalternativen

Die Diskussion, ob keine technische Bedingtheit besteht, wenn Gestaltungsalternativen zur Verfügung stehen[258] oder ob das nicht der Fall ist,[259] hat der EuGH in seiner Entscheidung zur markenrechtlichen Schutzfähigkeit der **Lego-Bausteine** obsolet werden lassen. Dabei hat es der EuGH als **übergreifendes System** der Rechte des geistigen Eigentums bezeichnet, dass **technische Lösungen** nur für **begrenzte Zeit** schutzfähig sind.[260] Es soll daher nicht möglich sein, durch die Kumulierung von Eintragungen von verschiedenartigen, ausschließlich durch die technische Funktion bedingter Warenformen andere Unternehmen daran zu hindern, gleiche oder auch nur ähnliche Waren mit einer bestimmten technischen Funktion herzustellen und zu vertreiben[261] und dadurch in einfacher Weise ein **technisches Monopol** herbeizuführen.[262]

Bei dem ersten **Freischwinger** waren die sog. Federbügel als *Halbkreisbögen* ausgebildet. Die gleiche technische Funktion der **federnden Wirkung** konnte jedoch auch durch geradlinige Federbügel ermöglicht werden, die in zwei *Viertelkreisbögen* übergehen. Diese Formgebung war ebenfalls rein technischer Natur und deswegen patentrechtlich äquivalent (vgl § 5 Rn 15). Die durch ein Patent (vgl Abb. 14 in § 5 Rn 14) bestätigte Technizität der halbkreisförmigen Federbügel konnte selbstverständlich nicht dadurch beseitigt werden, dass als Gestaltungsalternative für eine technische Gleichwirkung zwei Viertelkreisbögen hinzugekommen sind.

4. Ausschließlichkeit

Weil Erscheinungsmerkmale nur insoweit vom Schutz ausgeschlossen sind, als sie **ausschließlich** durch ihre **technische Funktion** bedingt sind, ist die **geschmackliche Wirkung** von diesem Schutzausschluss nicht betroffen.[263] Die meisten Erscheinungsmerkmale, die eine technische Funktion haben, sprechen auch das geschmackliche Empfinden des Betrachters an. Dem **Dualismus** von technischer Funktion und geschmacklicher Wirkung kann mit Begrifflichkeiten nicht Rechnung getragen werden. Es kommt daher nicht darauf an, ob eine Formgebung „ausschließlich" oder „im wesentlichen"[264] eine technische Funktion hat. Für **Technizität** gibt es **keine Abstufungen**.

II. Funktionelle Bedingtheit

Das TRIPS-Übereinkommen bestimmt in Art. 25 Abs. 1 S. 3, dass Muster und Modelle auch dann vom Schutz ausgeschlossen werden können, wenn sie im Wesentlichen aufgrund **funktionaler Überlegungen** vorgegeben sind. Regelungen dieses Inhalts enthalten das DesignG und die GGV zwar nicht. Aber der **informierte Benutzer** erkennt, dass Erscheinungsmerkmale nicht Gegenstand einer für die Eigenart eines Erzeugnisses maßgeblichen Gestaltungstätigkeit sein können, soweit sie funktionell bedingt sind. Wenn technische Lösungen gemeinfrei sind oder gemeinfrei werden, können sie zu Gattungsmerkmalen werden.[265] Das EuG hat das so formuliert: Wenn sich Vorgaben aus der technischen Funktion eines Erzeugnisses oder eines seiner Bestandteile ergeben, kann das eine Stan-

---

258 OLG Düsseldorf GRUR-RR 2012, 200, 205 – Tablet PC; SchwBG sic! 2007, 546, 550 – Schmuckschatulle; Otero Lastres, GRUR Int. 2000, 408, 416; Kur, GRUR 2002, 661, 664; Koschtial, GRUR Int. 2003, 973, 979; Ruhl, Art. 8 Rn 18.
259 Eichmann Mitt. 1998, 252, 254; ders., GRUR 2000, 751, 758; ders., MarkenR 2003, 10, 17.
260 EuGH GRUR 2010, 1008 Rn 46 – Lego. Ausführlich hierzu § 3 Rn 53 ff.
261 EuGH GRUR 2010, 1008 Rn 54 – 57 – Lego.
262 HABM-BK R 690/2007 Rn 30 – Chaff cutters – zu verschiedenartigen Anordnungen von Schneidmessern auf einem Rotor für Recycling-Schretter.
263 Dem entspricht, dass ästhetische Formschöpfungen bei technischen Schutzrechten zwar als solche vom Schutz ausgeschlossen sind (vgl § 1 Abs. 3 iVm § 1 Abs. 2 Nr. 2 PatG und GebrMG), trotzdem aber aufgrund von technischen Erfindungen entstanden sein können (ausführlicher § 5 Rn 10).
264 Vgl Art. 25 Abs. 1 S. 2 TRIPS; EuGH GRUR 2002, 804 Rn 83 – Philips/Remington. Wenn in § 3 Abs. 2 Nr. 3 MarkenG und Art. 7 Abs. 1 Buchst. f GMV „im wesentlichen" Verwendung findet, kann der Fokus auf die Gesamtform gerichtet sein.
265 Eichmann, GRUR 2000, 751, 758 f.

dardisierung durch **gemeinsame Merkmale** einer Produktgattung führen.²⁶⁶ Das war zB bei den hinterbeinlosen Stahlrohrstühlen der Fall, die anfänglich patentgeschützt waren, später jedoch als sog. **Freischwinger** (vgl Rn 87) zu einer Untergattung von Stühlen und Sesseln geworden sind.²⁶⁷

90 Weil funktionsbedingte Vorgaben auch nicht-technischer Natur sein können, geht es ganz allgemein um das Freihaltebedürfnis für **gattungsspezifische Erscheinungsmerkmale**.²⁶⁸ Teilungen auf dem Zifferblatt und Zeiger einer **Analoguhr** sind durch die Funktion vorgegeben.²⁶⁹ Diese Erscheinungsmerkmale haben keine technische Wirkung, sondern sind durch die Konvention der Zeiteinteilung festgelegt.²⁷⁰

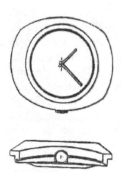

Abb. 58: CH-Markenanmeldung

Weitere Beispiele für funktionsbedingte Erscheinungsmerkmale sind Toilettenbrillen,²⁷¹ der Seitenbereich eines flachzylindrischen Käselaibs mit bogenförmigen Rundungen,²⁷² die menschliche Gestalt von kleinen Spielzeugfiguren.²⁷³

Ebenso wie bei technisch bedingten Merkmalen können auch bei funktionsbedingten Merkmalen **geschmacklich wirkende Komponenten** vorhanden und schützbar sein.²⁷⁴

III. Verbindungsmerkmale

91 Vom Schutz ausgeschlossen sind Verbindungsmerkmale von Erzeugnissen, wenn diese Merkmale für einen **wieder lösbaren Zusammenbau** bestimmt sind.²⁷⁵ Mit dieser sog. **Must-Fit-Ausnahme** soll

---

266 EuG GRUR-RR 2010, 189 Rn 67 – Grupo Promer; GRUR Int. 2012, 66 Rn 32 – Kwang Yang Motor (Verbrennungsmotor); GRUR Int. 2013, 383 Rn 42 – Antrax (Thermosiphons).
267 Vgl § 5 Rn 14; Eichmann, Mitt. 1998, 252, 255; ders. MarkenR 2003, 10, 17 (dort Fn 117).
268 Eichmann, in: Eichmann/von Falckenstein/Kühne, § 3 Rn 9. Bei der funktionellen Bedingtheit geht es um dasselbe Freihaltebedürfnis, das dem markenrechtlichen Ausschlussgrund für Merkmale zugrunde liegt, die durch die Art der Ware bedingt sind (vgl § 3 Abs. Nr. 1 MarkenG).
269 EuG GRUR Int. 2011, 746 Rn 68 – Sphere Time; SchwBG GRUR Int. 1995, 738, 739 – The Original (zu einer schweizerischen Markenanmeldung).
270 SchwBG GRUR Int. 1995, 738, 739 – The Original.
271 Die Grundform ist weitgehend durch die anatomischen Gegebenheiten und durch die Zweckbestimmung festgelegt, einen Sitz mit größtmöglicher Anpassung an diese Gegebenheiten zu schaffen, BGH GRUR 1982, 371, 373 – Scandinavia.
272 Wenn diese Rundungen in gleichen Abständen so angeordnet sind, dass die daraus entstehenden Einkerbungen als Portionierungshilfen benutzt werden können, BGH GRUR 2008, 1000 Tz 20 – Käse in Blütenform II; BPatG GRUR 2010, 435, 436 – Käse in Blütenform III.
273 Je näher sich die Gestaltung an die naturgegebenen Formen anlehnt, desto mehr gibt es einen weiten Bereich von Formen, die jedem Entwerfer frei zugänglich bleiben müssen, BGH GRUR 1980, 235 236 – Play-family.
274 EuG GRUR Int. 2011, 55 Rn 53, 54 – Shenzhen Taiden (Konferenzeinheit); GRUR Int. 2011, 746 Rn 69 – Sphere Time.
275 § 3 Abs. 1 Nr. 2 DesignG; Art. 8 Abs. 2 GGV.

die **Interoperabilität** und damit die Konkurrenz auf dem Ersatzteilmarkt sichergestellt werden.[276] Eine **Ausnahme** wurde für sog. **modulare Systeme** geschaffen.[277] Diese Regelung setzt eine Vielzahl von untereinander austauschbaren Teilen eines Bauteilesystems voraus, die zum Zusammenbau oder zu sonstigen Verbindungen geeignet und bestimmt sind. Das ist insbesondere bei sog. **Klemmbausteinen** der Fall (sog. *Lego*-Klausel).

IV. Bauelemente von komplexen Erzeugnissen

Durch eine verklausulierte Bestimmung sollen Bauelemente von komplexen Erzeugnissen vom Schutz ausgeschlossen sein, die bei bestimmungsgemäßer Verwendung durch den Endbenutzer nicht sichtbar sind.[278] Ziel der Sonderregelung ist es, **Reparaturen** von komplexen Erzeugnissen durch den **Austausch von Bauelementen** zu ermöglichen. Dieses Ziel soll auf dem Umweg erreicht werden, dass ein als Bauelement eines komplexen Erzeugnisses eingesetztes Design bzw Muster nur dann als neu gilt und nur dann Eigenart hat, wenn das Bauelement, das in das komplexe Erzeugnis eingefügt ist, bei dessen bestimmungsgemäßer Verwendung **sichtbar** bleibt.[279]

92

Gegenstand der Regelung ist, dass ein – nicht mehr brauchbares – Bauelement durch ein – neues – Bauelement ersetzt werden soll und dass hierfür bei dem komplexen Erzeugnis ein Auseinanderbauen und ein Wiederzusammenbauen stattfindet. Dieser Vorgang findet nicht statt, wenn Behältnisse mit zum Verbrauch bestimmtem Inhalt ausgetauscht werden, zB Kartuschen für Druckfarben in Druckern und Kopiergeräten, Tintenpatronen in Füllfederhaltern. Diese Behältnisse sind keine Bauelemente iSd § 1 Nr. 3 DesignG, sondern Verbrauchsgegenstände, die iSv § 1 Nr. 4 DesignG bestimmungsgemäß verwendet werden.[280] Im Übrigen ist die Sonderregelung für den Austausch von Bauelementen **systemwidrig** und **grundrechtswidrig**.[281]

93

V. Reparaturklausel

Die sog. Reparaturklausel ist für Gemeinschaftsgeschmacksmuster und für eingetragene Designs unterschiedlich. Für **Gemeinschaftsgeschmacksmuster** besteht bis zum Inkrafttreten von Änderungen der GGV kein Schutz für ein Muster, das als Bauelement eines komplexen Erzeugnisses verwendet wird, um die Reparatur dieses komplexen Erzeugnisses zu ermöglichen, damit dessen ursprüngliches Erscheinungsbild wiederhergestellt wird.[282] Diese Formulierung ist missverständlich, weil diese Bauteile nicht vom Schutz ausgeschlossen sind.[283] Durch die sog. Must-Match-Klausel soll vielmehr die freie Verwendung eines Bauteils mit dem Ziel einer wiederherstellenden Reparatur gewährleistet werden.[284] Für **eingetragene Designs** hat die Reparaturklausel[285] zum Inhalt, dass Rechte gegenüber Handlungen nicht geltend gemacht werden können, die die Benutzung eines Bauelements zur Reparatur eines komplexen Erzeugnisses im Hinblick auf die Wiederherstellung von dessen ursprünglicher Erscheinungsform betreffen, wenn diese Handlungen nach

94

---

276 Beispielsweise sollen die Abmessungen der Verbindungsmuffen eines Auspuffrohrs vom Schutz ausgeschlossen sein, damit Auspuffrohre auch von Drittherstellern in das Kraftfahrzeug eingebaut werden können.
277 § 3 Abs. 2 DesignG; Art. 8 Abs. 3 GGV.
278 § 4 DesignG; Art. 4 Abs. 2 und Abs. 3 GGV.
279 Dem ist gesetzlich die Selbstverständlichkeit hinzugefügt, dass diese sichtbaren Merkmale des Bauelements selbst die Voraussetzungen der Neuheit und Eigenart erfüllen müssen. Eine weitere Definition bezieht sich auf die „bestimmungsgemäße Verwendung", wonach die Verwendung durch den *Endbenutzer* gemeint ist und dass dabei Maßnahmen der Instandhaltung, Wartung und Reparatur nicht erfasst werden.
280 Vgl Designs Practice Note 1/03 des IPO des United Kingdom.
281 Vgl, mwN, Eichmann, in: Eichmann/von Falckenstein/Kühne, § 4 Rn 7.
282 Art. 110 Abs. 1 GGV.
283 Schlötelburg, Mitt. 2002, 70, 73.
284 Ruhl, Art. 110 Rn 34.
285 § 73 Abs. 1 DesignG.

dem GeschmMG aF nicht verhindert werden konnten. Mit diesem Schachtelsatz hat Deutschland von dem ersten Teil der als **„freeze plus"** bezeichneten Lösung[286] Gebrauch gemacht.[287]

VI. Verstoß gegen die öffentliche Ordnung

95 Der Schutzausschluss für Designs bzw Muster, die gegen die öffentliche Ordnung oder gegen die guten Sitten verstoßen,[288] entspricht der Regelung in vielen anderen Rechtsgebieten. Ein Verstoß gegen die **öffentliche Ordnung** setzt voraus, dass durch ein Design bzw Muster die Grundlagen des staatlichen oder wirtschaftlichen Lebens oder die tragenden Grundsätze der Rechtsordnung infrage gestellt werden.[289] Bei dekorativen Abbildungen von gesetzlichen Zahlungsmitteln,[290] bei Abwandlungen von Verkehrszeichen[291] und bei der Verwendung von Original-Postwertzeichen für sog. Ersttagssammelblätter[292] war das nicht der Fall.[293] Die Annahme ines **Sittenverstoßes** setzt voraus, dass das sittliche Empfinden eines beachtlichen Teils der Bevölkerung verletzt ist.[294] Das ist bei Vibratoren[295] in Form einer Schlange und eines Wurms und bei einer Flasche[296] in Form eines Spermiums verneint, bei einer Trillerpfeife[297] in Form eines erigierten Penis bejaht worden.

VII. Zeichen von öffentlichem Interesse

96 Dem Schutzausschluss für Zeichen von öffentlichem Interesse[298] unterliegen insbesondere **staatliche Souveränitätssymbole**. Abwandlungen von geschützten Zeichen sind nicht ohne Weiteres vom Schutz ausgeschlossen (vgl Rn 95).

G. Inhaberschaft

I. Recht auf das eingetragene Design bzw Gemeinschaftsgeschmacksmuster

97 Das Recht auf das eingetragene Design bzw Gemeinschaftsgeschmacksmuster steht dem Entwerfer oder seinem Rechtsnachfolger zu.[299] Grundlage der gesetzlichen Regelungen ist das **Ergebnis einer Entwerfertätigkeit**, das für eine Schutzrechtsanmeldung Betracht kommt. In dieser Geschehensphase besteht ein **Anwartschaftsrecht** des Entwerfers auf die Vornahme einer Anmeldung;[300] mit

---

286 Vgl hierzu Kur, GRUR Int. 1998, 977, 979; dies., GRUR 2002, 661, 669; Klawitter, EWS 2001, 157, 158; Wandtke/Ohst, GRUR Int. 2005, 91, 98.
287 Art. 14 GRL bestimmt, dass die Mitgliedstaaten ihre bestehenden Rechtsvorschriften für den Bereich der Must-Match-Teile zunächst beibehalten. Diese Teile sind daher nach wie vor geschützt, wenn sie für sich betrachtet die Schutzvoraussetzungen erfüllen. Die Zulässigkeit von Reparaturmaßnahmen, bei denen ein Austausch von Must-Match-Teilen stattfindet, richtet sich nach den Bestimmungen des GeschmMG aF. Am 14.9.2004 hat die Europäische Kommission einen Vorschlag zur Neufassung von Art. 14 GRL veröffentlicht. Nach diesem Vorschlag soll generell kein Schutz für ein Muster bestehen, das als Bauelement eines komplexen Erzeugnisses verwendet wird, um durch Reparatur diesem Erzeugnis wieder sein ursprüngliches Erscheinungsbild zu verleihen.
288 § 3 Abs. 1 Nr. 3 DesignG; Art. 9 GGV.
289 Möglichkeiten eines Missbrauchs dürfen nicht theoretisierend, sondern nur auf der Grundlage des Gesamteindrucks des jeweiligen Designs bzw Musters beurteilt werden, BPatG Mitt. 2004, 42, 43 – Polizei-Teddybär; Schildberg, GRUR 2003, 498, 499; Kieschke, WRP 2004, 563, 566.
290 BGH GRUR 2003, 705 – Euro-Billy; BGH GRUR 2003, 707 – DM-Tassen.
291 BGH GRUR 2003, 708, 709 – Schlüsselanhänger.
292 BGH GRUR 2004, 770 – Abgewandelte Verkehrszeichen; GRUR 2004, 271 – Ersttagssammelblätter.
293 Vgl BPatG Mitt. 2004, 42, 43 – Polizei-Teddybär – sowie Schildberg, GRUR 2003, 498, 499; Kieschke, WRP 2004, 563, 566.
294 Kühne, in: Eichmann/von Falckenstein/Kühne, § 3 Rn 18.
295 BPatG GRUR 2004, 160, 161 – Vibratoren.
296 BPatG 10 W (pat) 713/02 v. 3.3.2005.
297 BPatG GRUR 2000, 1026, 1027 – Penistrillerpfeife.
298 § 3 Abs. 1 Nr. 4 DesignG.
299 § 7 Abs. 1 S. 1 DesignG; Art. 14 Abs. 1 GGV.
300 BGH WRP 1998, 609, 610 – Stoffmuster.

deren Vornahme erstarkt das Anwartschaftsrecht zum Vollrecht.[301] Bis zur Anmeldung besteht ein unvollkommenes, aber bereits absolutes Immaterialgüterrecht,[302] das als **sonstiges Recht** iSd § 823 Abs. 1 BGB Schutz genießt[303] und einen öffentlich-rechtlichen Anspruch auf Gewährung eines formalen Schutzrechts begründet[304] sowie Schutz gegenüber Handlungen Dritter gewährt, durch die das Entstehen des Vollrechts vereitelt werden kann.[305] Das Anwartschaftsrecht kann nach den gleichen Regeln wie das Vollrecht übertragen (vgl § 10 Rn 11) und deswegen auch von einem ein Insolvenzverfahren erfasst werden.[306]

II. Entwerfer

Wer Entwerfer ist, ergibt aus dem Wesen des Designs bzw Musters als der optisch wahrnehmbaren Erscheinungsform eines Erzeugnisses (vgl Rn 8, 10 und 12). Diese Erscheinungsform entsteht durch die **Materialisierung** einer **Gestaltungsvorstellung** des Entwerfers.[307] Diese Materialisierung ist ebenso wie die erfinderische Tätigkeit[308] und die urheberrechtliche Werkschöpfung[309] ein **Realakt**. Die Umsetzung einer Gestaltungsvorstellung in eine Erscheinungsform kann nur durch eine natürliche Person erfolgen.[310] Die Person des Entwerfers muss keine besonderen rechtlichen Voraussetzungen erfüllen. Geschäftsfähigkeit ist daher nicht erforderlich. Ob der **Entwurf** im Inland oder im Ausland entstanden ist, spielt ebenso wenig wie die Nationalität des Entwerfers eine Rolle. Auf welche Weise die Materialisierung der Gestaltungsvorstellung erfolgt, ist dem Entwerfer freigestellt.[311] Unerheblich ist auch, ob und in welchem Umfang Gehilfen und technische Hilfsmittel hinzugezogen werden.[312]

98

III. Mitentwerfer

Mehreren Personen steht das **Recht auf das eingetragene Design bzw Gemeinschaftsgeschmacksmuster** gemeinschaftlich bzw gemeinsam zu, wenn sie ein Design bzw Muster **gemeinsam entworfen** haben.[313] Grundlage der Mitentwerferschaft ist, dass die an dem Entstehen eines Entwurfs beteiligten Personen bei der Materialisierung der Gestaltungsvorstellung **zusammengewirkt** haben. Jeder Beteiligte muss dabei einen schöpferischen Beitrag leisten.[314] Dieser Beitrag muss in das gemeinsame Arbeitsergebnis einfließen; das kann auch bei einem **stufenweise** entstehenden Werk im Rahmen einer Unterordnung unter eine gemeinsame Gesamtidee der Fall sein.[315] Der Beitrag

99

---

301 Dem (Anwartschafts-)Recht auf das eingetragene Design bzw Gemeinschaftsgeschmacksmuster entspricht das Recht auf das Patent (§ 6 S. 1 PatG), das Recht auf das Gebrauchsmuster (§ 22 Abs. 1 GebrMG) und das Recht auf die Marke (§ 33 Abs. 2 MarkenG).
302 RG GRUR 1933, 226; 1938, 256, 258.
303 LG Düsseldorf GRUR 1966, 157.
304 BGH GRUR 1970, 601, 602 – Fungizid (Patentrecht).
305 RGZ 83, 39, 42; BGH GRUR 1958, 351, 352 – Deutschlanddecke; LG Düsseldorf GRUR 1966, 157.
306 BGH WRP 1998, 609, 610 – Stoffmuster.
307 Eichmann, in: Eichmann/von Falckenstein/Kühne, § 7 Rn 4 und 5.
308 BGH GRUR 1979, 145, 148 – Aufwärmvorrichtung.
309 Ahlberg, in: Möhring/Nikolini, § 7 UrhG Rn 2.
310 Juristische Personen des Privatrechts und des öffentlichen Rechts können daher nicht Entwerfer sein.
311 Der Entwurf kann in natürlicher Größe oder in Verkleinerung oder in Vergrößerung und in jedem Werkstoff ausgeführt sein, der beliebig andersartig als das Enderzeugnis sein kann. Als gleichwertige Alternative steht eine zeichnerische Darstellung zur Verfügung.
312 Wenn ein *Computerprogramm* benutzt wird, ist Entwerfer die Person, die dem System den für das Entstehen der Erscheinungsform maßgeblichen Befehl gegeben hat.
313 § 7 Abs. 1 S. 2 DesignG; Art. 14 Abs. 2 GGV.
314 Vgl zum Patentrecht BGH GRUR 1969, 133, 135 – Luftfilter; GRUR 2001, 2026, 2027 – Rollenantriebseinheit; GRUR 2004, 50, 51 – Verkranzungsverfahren.
315 BGH GRUR 1994, 39, 40 – Buchhaltungsprogramm. Anders als im Urheberrecht (vgl § 8 Abs. 1 UrhG) ist es unerheblich, ob sich die von den Beteiligten beigesteuerten Anteile gesondert verwerten lassen.

muss sich auf Erscheinungsmerkmale beziehen, aus denen sich die Eigenart des Musters ergibt.[316] Wenn ein Entwurfsergebnis in mehrere Einzelanmeldungen oder in mehrere Bestandteile einer **Sammelanmeldung** aufgeteilt wird, muss jedem einzelnen Design bzw Muster eine gemeinsame Entwurfstätigkeit zugrunde gelegen haben.

IV. Bearbeitung

100 Wenn eine Erscheinungsform daraus resultiert, dass die von einem Dritten geschaffene Erscheinungsform **überarbeitet** oder **fortgeführt** worden ist, findet ebenso wie im Urheberrecht[317] eine Bearbeitung statt. Das Ergebnis der Bearbeitung kann **selbstständig schutzfähig** sein.[318] Liegt der nachfolgenden Entwurfstätigkeit keine gemeinsam festgelegte Vorgehensweise zugrunde, besteht zwischen dem ersten Entwerfer und dem zweiten Entwerfer eine bloße **Entwerfermehrheit**. Ob eine rechtsverletzende Abhängigkeit zugrunde liegt[319] oder ob die Bearbeitung (zB aufgrund einer Einwilligung oder eines Rechtserwerbs) rechtmäßig war, spielt nur für die Verwertungsbefugnis eine Rolle.

V. Werkverbindung

101 Wenn **eigenständige Gestaltungsergebnisse** zu einer gemeinsamen Verwertung zusammengefügt werden, ergibt das – ebenso wie im Urheberrecht[320] – eine Werkverbindung.[321] Das ist zB bei einem **Damenkleid** der Fall, wenn von einem Entwerfer der **Schnitt** und von einem anderen Entwerfer das **Stoffmuster** stammt. Das **Ergebnis** der Zusammenfügung dieser Elemente kann ebenfalls Eigenart aufweisen. Bei einer Zusammenarbeit entsteht eine **Verwertungsgemeinschaft** mit gesellschaftsrechtlicher Struktur (vgl hierzu Rn 109). Wenn die Zusammenfügung nicht das Ergebnis einer gemeinsam festgelegten Vorgehensweise ist, wird eine bloße **Entwerfermehrheit** begründet (vgl Rn 109).

VI. Gesamthandsgemeinschaft oder Bruchteilsgemeinschaft?

102 Die Rechtsgrundsätze für **mehrere** an einem Entwurf **Beteiligte** können sich aus den gesetzlichen Bestimmungen entweder über die Gesellschaft[322] oder über die Bruchteilsgemeinschaft[323] ergeben. Zugunsten der **Bruchteilsgemeinschaft** (§§ 741 ff BGB) wird auf die Rechtspraxis des BGH im

---

316 *Keine Mitentwerfer* sind daher: Personen mit weisungsgebundenem Handeln (vgl zum Patentrecht BGH GRUR 1966, 558, 559 – Spanplatten; GRUR 1978, 583, 585 – Motorkettensäge; GRUR 2004, 50, 51 – Verkranzungsverfahren), insb. Gehilfen (zum Urheberrecht BGH GRUR 2003, 231, 233 – Staatsbibliothek) sowie Personen, die nur Ideen oder Anregungen, aber keinen konkreten Gestaltungsvorschlag beisteuern (zum Urheberrecht BGH GRUR 1995, 47, 48 – Rosaroter Elefant).
317 Vgl § 3 UrhG.
318 LG München I GRUR-RR 2007, 266, 267 – Doppelkegel. Das ist zB der Fall, wenn bei einer Straßenbahn das von einem Erstentwerfer geschaffene Design von einem Zweitentwerfer modifiziert wird (vgl BGH GRUR 2002, 799, 800 – Stadtbahnfahrzeug) oder wenn bei einer Stehlampe anstelle von schwer und warm wirkendem Schnurbandstoff in leicht und kühl erscheinender Kunststoffkarton verwendet wird (vgl BGH GRUR 1967, 375, 378 – Kronleuchter).
319 Die Rechtsfigur der Abhängigkeit weist keinen Zusammenhang damit auf, ob ein Teilschutz in Anspruch genommen werden kann; unzutreffend insoweit Jestaedt, GRUR 2008, 19, 23.
320 Vgl § 9 UrhG.
321 Es besteht kein Unterschied dazu, dass der Gegenstand eines Patents häufig aus eigenständigen Beiträgen besteht, zB BGH GRUR 1979, 540, 541 – Biedermeiermanschetten; GRUR 2001, 226, 228 – Rollenantriebseinheit; GRUR 2004, 50, 52 – Verkranzungsverfahren.
322 In einer *Gesamthands*gemeinschaft sind die Beteiligungsverhältnisse nicht übertragbar (§ 717 Abs. 1 S. 1 BGB) und von einer freien Verfügung mit der Folge ausgeschlossen, dass eine Teilung nicht verlangt werden kann.
323 Bei einer *Bruchteils*gemeinschaft kann jeder Teilhaber über seinen Anteil frei verfügen (§ 747 S. 1 BGB), ihn also veräußern und jederzeit die Aufhebung (§ 749 Abs. 1 BGB) der Gemeinschaft mit der Folge verlangen, dass ein Verkauf des Gemeinschaftsrechts nach den Grundsätzen des Pfandverkaufs (§ 753 Abs. 1 S. 1 BGB) zu erfolgen hat.

Patentrecht verwiesen.[324] Bei eingetragenen Designs und Gemeinschaftsgeschmacksmustern spricht für die **Gesamthandsgemeinschaft** (§§ 705 BGB) das Erfordernis der Gemeinsamkeit bei der Entwurfstätigkeit.[325] Die für das **Urheberrecht** angeordnete Gesamthandsgemeinschaft[326] ist auch für geschützte Designs interessengerecht, zumal bei einem gleichzeitigen Schutz unterschiedliche Regeln nicht praktikabel wären. Für bloße **Entwerfermehrheiten** sind die Regeln der Bruchteilsgemeinschaft angemessen.

Hinweis: Solange die rechtliche Einordnung nicht geklärt ist, sollte frühestmöglich durch eine **vertragliche Vereinbarung** Klarheit geschaffen werden.

VII. Arbeitnehmerdesign

Wenn ein Design bzw Muster von einem Arbeitnehmer entworfen worden ist, steht das Recht auf das eingetragene Design bzw Gemeinschaftsgeschmacksmuster dem **Arbeitgeber** zu.[327] Der **Rechtserwerb** des Arbeitgebers entsteht **originär** im Augenblick der Fertigstellung des Entwurfs. Aus der arbeitsvertraglichen Treuepflicht ergibt sich eine **Meldepflicht**.[328] Weil **abweichende Vereinbarungen** gestattet sind, kann zB vereinbart werden, dass dem Arbeitgeber die Rechte auch aus sog. freien Entwürfen übertragen werden oder dass umgekehrt der Arbeitnehmer selbst zur Schutzrechtsanmeldung berechtigt ist.

103

VIII. Auftragnehmerdesign

Für Entwürfe von Austragnehmern greift der **gesetzliche Grundsatz** ein, dass das Recht auf das eingetragene Design bzw Gemeinschaftsgeschmacksmuster dem **Entwerfer** zusteht (vgl Rn 97). Wenn ein Design bzw Muster als Gestaltungsergebnis eines **Beauftragten** (das kann auch ein **freier Mitarbeiter** sein) dem Auftraggeber zur Verfügung gestellt wird, besteht häufig die Vorstellung, dass der Auftraggeber auch zur Schutzrechtsanmeldung berechtigt ist. Die gesetzliche Regelung (vgl Rn 103) für Arbeitnehmerdesigns ist jedoch eine Sonderregelung und deswegen auf Auftragsdesigns nicht anwendbar.[329] Unerheblich ist, ob der Entwurf zur Erfüllung eines Auftrags gefertigt wurde, ob für den Entwurf eine Vergütung vereinbart worden ist und ob der Auftraggeber einen Anspruch auf Übertragung des Auftragsergebnisses hat. Befugnisse des Auftraggebers zu **Schutzrechtsanmeldungen** können sich stets nur aus einer ausdrücklichen **Vereinbarung** ergeben. Für ein Auftragsverhältnis spricht, wenn Rechnungen über erbrachte Leistungen erstellt wurden.[330]

104

Hinweis: Weil vielfach unterschiedliche Vorstellungen des Auftraggebers und des Auftragnehmers darüber bestehen, wem das Recht auf ein geschütztes Design und die Befugnis zu Schutzrechtsanmeldungen zusteht, sollte eine **Vereinbarung** abgeschlossen werden, schon bevor erste Entwurfergebnisse vorliegen.

---

324 Ruhl, Art. 14 Rn 11. Dieser Rechtspraxis liegt insb. zugrunde, dass unterschiedliche Beteiligungen in verschiedenen Patentansprüchen ihren Niederschlag finden können (zB BGH GRUR 1979, 540, 541 – Biedermeiermanschetten; GRUR 2001, 226 – Rollenantriebseinheit; GRUR 2004, 50, 52 – Verkranzungsverfahren), dass eine Aufhebung der Gemeinschaft (vgl BGH GRUR 2005, 663, 664 – Gummielastische Masse II) verlangt werden kann und ein Ausgleich für die Nutzung der Erfindung (vgl BGH GRUR 2005, 663, 664 – Gummielastische Masse II; GRUR 2006, 401, 402 – Zylinderrohr) erleichtert wird.
325 Besonders deutlich kommt das bei dem Benennungsrecht für Gemeinschaftsgeschmacksmuster zum Ausdruck, weil für das Ergebnis einer „Gemeinschaftsarbeit" die Nennung eines „Entwerferteams" erfolgen kann (Art. 18 S. 2 GGV).
326 Vgl § 8 Abs. 2 S. 1 UrhG.
327 § 7 Abs. 2 DesignG, Art. 14 Abs. 3 GGV. Voraussetzung für diese Berechtigung des Arbeitgebers ist, dass der Arbeitnehmer den Entwurf entweder in Ausübung seiner Aufgaben oder nach den Weisungen seines Arbeitgebers erstellt hat. Ausführlich zu Arbeitnehmerdesigns § 7 Rn 6 und Rn 45.
328 Kühne, in: Eichmann/von Falckenstein/Kühne, § 7 Rn 23.
329 EuGH GRUR 2009, 867 Rn 46, 51, 55 – FEIA/Cul de Sac.
330 OLG Frankfurt/M. BeckRS 2012, 10682 – Paintball-Shirt.

IX. Rechtsnachfolge

105 Rechtsnachfolge ergibt sich aus der **Übertragung** (vgl § 10 Rn 11) oder aus dem **Übergang** (vgl § 10 Rn 11) des Vollrechts und auch schon des Anwartschaftsrechts vom Entwerfer auf eine andere Person. Weil die Übertragung das Ergebnis eines **Rechtsgeschäfts** ist (vgl § 10 Rn 12), müssen beide Vertragsparteien geschäftsfähig sein oder über einen Vertreter handeln. Rechtsnachfolger kann auch eine juristische Person sein.[331]

X. Vermutung der Rechtsinhaberschaft

106 Eine materiellrechtliche Vermutung ergibt sich für eingetragene Designs daraus, dass als Rechtsinhaber der in das **Register eingetragene Inhaber** gilt.[332] Bei Gemeinschaftsgeschmacksmustern kann der Rechtnachfolger erst nach der Eintragung des Rechtsübergangs in das Register Rechte geltend machen.[333] Für eingetragene Designs begründet die Registereintragung zwar eine **widerlegliche Vermutung**.[334] In **Verletzungsverfahren** sollten sich jedoch die Gerichte nur dann mit der Rechtsinhaberschaft befassen, wenn diese Frage Streitgegenstand ist.[335]

XI. Parallelentwürfe

107 Wenn völlig oder nahezu identische Designs bzw Muster von Designern stammen, die bei ihrer Entwurfstätigkeit in **keinerlei Verbindung** gestanden haben, ergibt sich dieselbe Problematik wie bei Doppelerfindungen im Patent- und Gebrauchsmusterrecht und bei Parallelschöpfungen im Urheberrecht. Weil hierfür keine gesetzlichen Regelungen vorgesehen sind,[336] findet der **Prioritätsgrundsatz** mit der Folge Anwendung, dass sich bei kollidierenden Schutzrechten die Berechtigung danach richtet, wer zuerst die rechtsbegründenden Maßnahmen vorgenommen hat.[337] Ein Schutzrecht für einen unabhängig entstandenen Parallelentwurf kann daher für **nichtig erklärt** werden, wenn es in den Schutzumfang eines früher angemeldeten Schutzrechts fällt..[338]

XII. Eintragung auf den Namen eines Nichtberechtigten

108 Wenn ein **eingetragenes Design** auf den Namen eines Nichtberechtigten eingetragen ist, kann der Berechtigte entweder dessen Übertragung oder die Einwilligung in die Löschung verlangen.[339] Bei einem **eingetragenen Gemeinschaftsgeschmacksmuster** kann der Berechtigte verlangen, dass er als rechtmäßiger Inhaber anerkannt wird.[340] Mehrere Berechtigte haben einen Anspruch auf Anerken-

---

331 Wenn eine juristische Person im Register als Rechtsinhaber eingetragen ist, muss sie entweder das Vollrecht oder das Anwartschaftsrecht vom Entwerfer vertraglich oder als Arbeitgeber erworben haben.
332 § 1 Nr. 5 DesignG. Die Position des Rechtsinhabers ist insb. dafür von Bedeutung, wer zur Lizenzerteilung, zur Verzichtserklärung und zur Geltendmachung der Ansprüche auf Unterlassung, Vernichtung und Auskunft berechtigt ist.
333 Art. 28 Buchst. b GGV.
334 Eichmann, in: Eichmann/von Falckenstein/Kühne, § 1 Rn 40; aA Kazemi, MarkenR 2007, 149, 153; differenzierend Beyerlein, WRP 2004, 676, 681. Bei der Geltendmachung von Ansprüchen gegen *Nichtberechtigte* ergibt es sich auch dem Normzweck, dass die auf der Registereintragung basierende Vermutung keine Anwendung findet, vgl Ruhl, Art. 17 Rn 10; Beyerlein, in: Günther/Beyerlein, § 8 Rn 4.
335 Das kann in einem Klageverfahren zB dadurch geschehen, dass in einem ersten Antrag die Übertragung des eingetragene Designs beantragt wird und in weitern Anträgen die Ansprüche auf Unterlassung etc. geltend gemacht werden.
336 Die anfänglich geplanten spezifischen Gesetzesbestimmungen (vgl die Nachw. bei Eichmann, in: Eichmann/von Falckenstein/Kühne, § 7 Rn 11) sind im weitern Verlauf nicht realisiert worden.
337 Vgl Amtliche Begründung zu § 34 S. 1 Nr. 3 GeschmMG aF. Das ist auch dann der Fall, wenn das ältere Schutzrecht erst nach dem Anmeldetag des später angemeldeten Schutzrechts offenbart worden ist (§ 34 S. 1 Nr. 3 DesignG; Art. 25 Abs. 1 Buchst. d GGV). Bei *gleichem Zeitrang* sind die Rechte gleichrangig; die Rechtsinhaber haben gegeneinander keine Ansprüche (für Marken ist das in § 6 Abs. 4 MarkenG klargestellt).
338 § 33 Abs. 2 Nr. 2 DesignG; Art. 25 Abs. 1 Buchst. d GGV.
339 § 9 Abs. 1 S. 1 DesignG.
340 Art. 15 Abs. 1 GGV.

nung bzw Einräumung einer **Mitinhaberschaft**.[341] Wird der Berechtigte anstelle des Nichtberechtigten in das Register eingetragen, bleibt für einen **Lizenznehmer** ein **Verwertungsrecht** bestehen, wenn er schon vor dem Wechsel das Schutzrecht verwertet oder dazu tatsächliche und ernsthafte Anstalten getroffen hat.[342]

H. Schutzbeginn und Schutzdauer

I. Eintragung

Der Schutz für eingetragene Designs und eingetragene Gemeinschaftsgeschmacksmuster entsteht mit der **Eintragung** in das Register.[343] Die Schutzdauer von zunächst fünf Jahren kann bis zu einer Gesamtlaufzeit von 25 Jahren **verlängert** werden.[344] Wenn Ansprüche aus einem eingetragenen Schutzrecht geltend gemacht werden, das vor mehr als fünf Jahren angemeldet worden ist, muss vorgetragen und ggf nachgewiesen werden, dass die Schutzdauer ordnungsgemäß verlängert worden ist.

109

II. Aufschiebung der Bekanntmachung

Bei einem Antrag auf Aufschiebung der Bekanntmachung beträgt die Schutzdauer zunächst 30 Monate,[345] dh mit zweieinhalb Jahren die Hälfte der ansonsten üblichen Schutzdauer von fünf Jahren. Eine **Erstreckung** auf die fünfjährige Schutzdauer ist jedoch möglich, wenn der Rechtsinhaber innerhalb der Aufschiebungsfrist die vorgesehene Erstreckungsgebühr bezahlt und eine Wiedergabe nachreicht.[346] Wird von dieser Möglichkeit kein Gebrauch gemacht, endet die Schutzdauer mit dem Ablauf der Aufschiebungsfrist.[347]

110

I. Nichtigkeit und Löschung

I. Systematik

Weil eingetragene Designs und Gemeinschaftsgeschmacksmuster **ohne Prüfung** auf Neuheit und Eigenart sowie ohne Berücksichtigung älterer Rechte eingetragen werden, muss die Möglichkeit bestehen, die **Eintragung nachträglich zu beseitigen**. Das kann insbesondere durch die Herbeiführung der Nichtigkeit geschehen. Wenn es um die Schutzvoraussetzungen geht, handelt es sich um **absolute Nichtigkeitsgründe**,[348] weil die Eintragung des Schutzrechts sachlich nicht gerechtfertigt war. Die Geltendmachung von älteren Rechten führt dagegen zu **relativen Nichtigkeitsgründen**,[349] weil nur der Inhaber des älteren Rechts zur Geltendmachung des Nichtigkeitsgrunds befugt ist.

111

---

341 § 9 Abs. 1 S. 2 DesignG; Art. 15 Abs. 2 GGV.
342 § 9 Abs. 3 S. 2 DesignG; Art. 16 Abs. 2 S. 1 GGV. Hierzu muss innerhalb der kurzen Frist von nur einem Monat bei dem neuen Rechtsinhaber eine nicht ausschließliche Lizenz beantragt werden. Die Lizenz muss für einen angemessenen Zeitraum und zu angemessenen Bedingungen gewährt werden, vgl § 9 Abs. 3 S. 3 DesignG; Art. 16 Abs. 2 S. 2 GGV. Dieselben Möglichkeiten zur Fortsetzung einer begonnenen oder vorbereiteten Verwertung sind auch für den *früheren Inhaber* des Schutzrechts vorgesehen.
343 § 27 Abs. 1 DesignG; Art. 12 S. 1 GGV.
344 § 27 Abs. 2, § 28 Abs. 1 DesignG; Art. 12 S. 2 GGV.
345 § 21 Abs. 1 DesignG; Art. 50 Abs. 1 GGV.
346 Art. 21 Abs. 2 S. 1 DesignG; Art. 50 Abs. 4 S. 1 GGV.
347 § 21 Abs. 3 S. 1 DesignG. Wird für ein eingetragenes Gemeinschaftsgeschmacksmuster die Erstreckung auf die fünfjährige Schutzdauer nicht herbeigeführt, bestimmt Art. 50 Abs. 4 S. 2 GGV, dass es so behandelt werde, als habe es die in der GGV festgelegten Wirkungen von Anfang an nicht gehabt. Das Gemeinschaftsgeschmacksmuster ergibt daher keine Grundlage für Verbietungsrechte und findet keinen Eingang in den vorbekannten Formenschatz. Das positive Benutzungsrecht sollte jedoch als Abwehrrecht für die Dauer der Eintragung von der Rückwirkung nicht erfasst werden.
348 Vgl die Terminologie in der amtlichen Überschrift zu Art. 51 GMV.
349 Vgl die Terminologie in der amtlichen Überschrift zu Art. 52 GMV.

II. Absolute Nichtigkeitsgründe

112 Ein absoluter Nichtigkeitsgrund liegt vor, wenn die Erscheinungsform des Erzeugnisses als Schutzgegenstand **kein Design** bzw **Muster** ist, das Design bzw Muster **nicht neu** ist oder **keine Eigenart** hat oder wenn das Design bzw Muster **vom Schutz ausgeschlossen** ist. Im DesignG sind diese Nichtigkeitsgründe anschaulich zusammengefasst,[350] in der GGV wird derselbe Inhalt durch Verweisungen zum Ausdruck gebracht.[351] In all diesen Fällen geht es um die **Beseitigung von Scheinrechten**.

III. Relative Nichtigkeitsgründe

1. Urheberrechtsschutz

113 Ob Urheberrechtsschutz besteht und ob eine unerlaubte Werknutzung erfolgt, richtet sich nach dem **Recht des Schutzlands**.[352] Bei eingetragenen Designs muss eine unberechtigte Werknutzung nach deutschem Recht erfolgen. Bei einem Gemeinschaftsgeschmacksmuster muss eine unberechtigte Werknutzung nach dem Recht eines der Mitgliedstaaten feststellbar sein. Eine unerlaubte Benutzung kann bei einer Überschneidung im Schutzumfang, aber auch ohne eine derartige Überschneidung eintreten. Ob das geschützte Werk dem Designschutz zugänglich ist, spielt keine Rolle. Eine unerlaubte Werknutzung konnte zB darin liegen, dass ein älteres Rillenmuster auf einer Kaffeetasse und einer Untertasse Verwendung gefunden hat[353] oder dass wesentliche Elemente eines Stoffmusters übernommen wurden.[354]

2. Älteres eingetragenes Design oder Gemeinschaftsgeschmacksmuster

114 Weil die Offenbarung eines älteren Schutzrechts die Nichtigkeit eines jüngern Schutzrechts zur Folge haben kann, ist Gegenstand der gesetzlichen Regelung nur ein Schutzrecht, das zwar **prioritätsälter** ist, aber erst **nach** dem **Prioritätstag** des jüngeren Schutzrechts der **Öffentlichkeit zugänglich** gemacht wurde. Nichtigkeit besteht, wenn das jüngere Schutzrecht mit dem älteren Schutzrecht kollidiert,[355] dh in dessen Schutzumfang fällt.[356] Das setzt voraus, dass das jüngere Schutzrecht keinen anderen Gesamteindruck erweckt als das ältere Schutzrecht.[357]

3. Zeichen mit Unterscheidungskraft

115 Sämtliche **Marken** und sonstige **Kennzeichen** kommen als Zeichen mit Unterscheidungskraft in Betracht. Nichtigkeit besteht, wenn der Inhaber des Zeichens berechtigt ist, die Verwendung des Zeichens in einem geschützten Design zu untersagen. Bei einem **eingetragenen Design** muss ein Untersagungsanspruch nach deutschem Recht bestehen. Bei einem **Gemeinschaftsgeschmacksmuster** muss es sich um einen Untersagungsanspruch nach dem Recht eines der Mitgliedstaaten handeln. Ein Untersagungsanspruch setzt voraus, dass das geschützte Design die **Gefahr von Verwechslungen** begründet. Erforderlich ist daher eine **umfassende Beurteilung** der Verwechslungsgefahr,[358] wobei **jede gesetzlich geregelte Art** der Verwechlungsgefahr ausreichen kann. Ein Nichtigkeitsantrag aufgrund einer u.a. für Bekleidungsstücke eingetragenen Bildmarke gegen ein u.a. für Verzierungen für T-Shirts (Abb. 59 und 60) eingetragenen Gemeinschaftsgeschmacksmuster wurde mit der

---

350 § 33 Abs. 1 DesignG.
351 Art. 25 Abs. 1 Buchst. a und Buchst. b GGV.
352 EUG GRUR Int. 2014, 488 Rn 4, 52 – Viejo Valle (Tasse mit Untertasse).
353 EUG GRUR Int. 2014, 488 Rn 4, 52 – Viejo Valle (Tasse mit Untertasse).
354 HABM-NA ICD 7085 – 7099 v. 8.12.2010.
355 Vgl Art. 25 Abs. 1 Buchst. d GGV.
356 Vgl § 33 Abs. 2 Nr. 2 DesignG.
357 EuG GRUR-RR 2010, 189 Rn 52 – Grupo Promer.
358 EuG GRUR-RR 2010, 326 Rn 53, 99 – Beifa.

Begründung zurückgewiesen, dass wegen des unterschiedlichen Gesichtsausdrucks ein unterschiedlicher Gesamteindruck bestehe.³⁵⁹

Abb. 59: GGM 000426895-0002

Abb. 60: GM 001078260

IV. Verfahren

1. Möglickeiten der Geltendmachung

Nichtigkeitsverfahren können vor dem DPMA gegen eingetragene Designs und vor dem HABM gegen Gemeinschaftsgemacksmuster durchgeführt werden (vgl § 8 Rn 3 ff, Rn 27 ff). Vor den ordentlichen Gerichten besteht nur die Möglichkeit, in einem bereits anhängigen Verletzungsverfahren gegen das Klageschutzrecht eine Nichtigkeitswiderklage zu erheben (vgl § 8 Rn 12 ff; § 11 Rn 76 und Rn 81).

2. Antragsbefugnis

Zur Stellung des Antrags wegen eines **absoluten Nichtigkeitsgrunds** ist jedermann befugt.³⁶⁰ Ein Antrag wegen eines **relativen Nichtigkeitsgrunds** kann nur von dem Inhaber des betroffenen Rechts gestellt werden,³⁶¹ weil mit der Geltendmachung eines relativen Nichtigkeitsgrunds ein Individualinteresse verfolgt wird. Der Rechtsinhaber kann jedoch einen von dem Erfolg eines Antrags unmittelbar betroffenen Dritten zur Antragstellung ermächtigen.³⁶²

3. Rückwirkung

Die Nichtigkeit eines geschützten Designs entfaltet Rückwirkung,³⁶³ wenn die hierzu ergangene Entscheidung rechtskräftig bzw bestandskräftig ist.³⁶⁴ Für Gemeinschaftsgeschmacksmuster ist eine **Erklärung** der Nichtigkeit vorgesehen;³⁶⁵ diese Erklärung ist für eingetragene Designs nur vorgese-

---

359 EuGH GRUR 2013, 178 Rn 61 – Baena Grupo. Der EuGH hat sich ausführlich damit auseinandergesetzt, welchen Gesamteindruck die als informierte Benutzer bezeichneten Kinder und Jugendlichen den Darstellungen entnehmen und welche Kriterien für diese Person eine Rolle spielen. Dass die für die Beurteilung der Verwechslungsgefahr maßgeblichen Verkehrskreise nur in einer Randbemerkung erwähnt wurden, hatte seinen Grund darin, dass das die Nichtigkeitsabteilung zwar aufgrund von Art. 25 Abs. 1 Buchst. e GGV (Zeichen mit Unterscheidungskraft), die Beschwerdekammer jedoch aufgrund von Art. 25 Abs. 1 Buchst. b GGV (keine Eigenart) dem Antrag stattgegeben hatte.
360 § 34 S. 1 DesignG; Gegenschluß aus Art. 25 Abs. 2 – 4 GGV. Weil die Geltendmachung von absoluten Nichtigkeitsgründen im Allgemeininteresse liegt, soll jedes Mitglied der Allgemeinheit zur Antragstellung und damit zur Beseitigung eines Scheinrechts befugt sein.
361 § 34 S. 2 DesignG; Art. 25 Abs. 2–4 GGV.
362 Das kann u.a. zweckmässig sein, wenn der Rechtsinhaber seinen Firmensitz oder Wohnsitz im Ausland hat und/oder wenn für mehrere Schutzrechte Nutzungsberechtigungen oder Lizenzen erteilt worden sind; weitere Einzelh bei Eichmann, in: Eichmann/von Falckenstein/Kühne, § 34 Rn 3.
363 Art. 26 Abs. 1 GGV.
364 § 33 Abs. 4 DesignG.
365 Art. 24 Abs. 1; Art 25 Abs. 1 GGV.

hen, wenn ein relativer Nichtigkeitsgrund vorliegt. Bei einem abslouten Nichtigkeitsgrund erfolgt für eingetragene Designs die **Feststellung** der Nichtigkeit. Ein sachlicher Unterschied besteht nicht, weil für beide Modaltäten Rückwirkung angeordnet ist.[366] Die **Folgen** der Rückwirkung sind für Gemeinschaftsgeschmacksmuster detailiert,[367] aber nicht vollständig[368] geregelt; für eingetragene Designs kommt eine entsprechende Anwendung in Betracht.[369] Wenn **nach dem Erlöschen** der Eintragung die Nichtigkeit festgestellt werden soll,[370] muss ein besonderes Rechtsschutzbedürfnis bestehen.[371]

4. Teilweise Aufrechterhaltung

119 Wenn bei einem geschützten Design der Nichtigkeitsgrund nur eine **Teilgestaltung** erfasst, würde eine vollständige Vernichtung mehr Schaden als erforderlich anrichten. Dem trägt die Möglichkeit Rechnung, das geschützte Design in **geänderter Form** beizubehalten.[372] Weil die Eintragung einheitlich und unteilbar ist, kann die teilnichtige Gestaltung nur durch eine rechtsrelevante **Erklärung** des Rechtsinhabers oder durch eine **Entscheidung** „neutralisiert" werden.[373]

5. Löschung

120 Registertechnisch erfolgt die **Beiseitigung einer Eintragung** durch deren Löschung.[374] Die Eintragung eines geschützten Designs wird gelöscht, wenn die Schutzdauer abgelaufen ist oder wenn ein Verzicht bzw eine Einwilligung in die Löschung erklärt worden ist.[375] Nach einem **Nichtigkeitsverfahren** setzt die Löschung ein rechtskräftiges Urteil oder einen unanfechtbaren Beschluss voraus.[376]

J. Schutzgegenstand

I. Grundsatz

121 **Grundlage der Verletzungsprüfung** ist die Festellung, was den Gegenstand des Schutzes eines eingetragenen Designs oder Gemeinschaftsgeschmacksmusters ausmacht. Für das deutsche Recht ist klargestellt,[377] dass der Schutz für diejenigen Merkmale der Erscheinungsform eines eingetragenen Designs begründet wird, die in der **Anmeldung sichtbar** wiedergegeben sind. Diese Aussage ist so selbstverständlich, dass sie auch für eingetragene Gemeinschaftsgeschmacksmuster Anwendung findet.[378] Maßgeblich für den Offenbarungsgehalt ist, welcher **Gesamteindruck** in der Wiedergabe des Designs bzw Musters erkennbar ist.[379]

---

366 Ausführlich Eichmann, in: Eichmann/von Falckenstein/Kühne, § 33 Rn 17.
367 Art. 26 Abs. 2 GGV.
368 Ausführlich Eichmann, in: Eichmann/von Falckenstein/Kühne, § 33 Rn 19.
369 Eichmann, in: Eichmann/von Falckenstein/Kühne, § 33 Rn 19.
370 § 33 Abs. 5 DesignG; Art. 24 Abs. 2 GGV.
371 Eichmann, in: Eichmann/von Falckenstein/Kühne, § 33 Rn 20.
372 § 35 Abs. 1 DesignG; Art. 25 Abs. 6 GGV.
373 Mit der Einheitlichkeit und Unteilbarkeit der Eintragung schwer vereinbar ist, dass eine Wiedergabe des Designs in geänderter Form bei DPMA eingereicht werden muss (§ 35 Abs. 2 DesignG).
374 Die Löschung ist kein faktischer Vorgang, sondern ein verbaler Eintrag in das Register, aus dem sich ergibt, dass das Schutzrecht nicht mehr besteht.
375 Vgl § 36 Abs. 1 Nr. 1 bis Nr. 4 DesignG.
376 § 36 Abs. 1 Nr. 5 DesignG.
377 § 37 Abs. 1 DesignG.
378 BGH GRUR 2012, 1139 Tz 16 – Weinkaraffe.
379 Vgl BGH GRUR 1996, 767, 769 – Holzstühle; GRUR 2001, 503, 505 – Sitz-Liegemöbel.

II. Erscheinungsform

Mit der gesetzlich vorgeschriebenen Erzeugnisangabe erfolgt zwar eine Ausrichtung auf die Welt des Warenverkehrs. Dennoch ist Gegenstand des Schutzes nicht ein **Erzeugnis** als solches,[380] sondern dessen **Erscheinungsform**.[381] Der Schutz knüpft an die immaterielle plastische oder flächige Form an, die geeignet ist, als Vorbild für die Fertigung körperlicher Erzeugnisse zu dienen.[382] Der **hohe Abstraktionsgrad** dieser Begriffsbildung trägt allerdings dem „design approach"[383] des modernen Rechts nicht Rechnung. Bei dem nur **geringen Abstraktionsgrad**, der dem Begriff der Erscheinungsform zugrunde liegt, verbleibt es dagegen bei den in der Anmeldung **sichtbar** wiedergegeben Merkmalen der Erscheinungsform.

122

III. Möglichkeit der Auslegung

Die Anmeldung eines eingetragenen Designs und eines Gemeinschaftsgeschmacksmusters ist sowohl **Verfahrenshandlung** als auch **Willenserklärung**.[384] Das mit dieser Erklärung zum Ausdruck gebrachte Schutzbegehren, das zunächst an die Eintragungsbehörde und ab der Eintragung in das Register an die Allgemeinheit gerichtet ist, unterliegt der Auslegung. Nach § 133 BGB ist der **wirkliche Wille** zu erforschen; dabei muss auf den Empfängerhorizont der **Fachkreise des betreffenden Sektors** abgestellt werden.[385]

123

1. Beschreibung

Als Bestandteil der Anmeldung kann eine Beschreibung „zur **Erläuterung der Wiedergabe**" eingerecht werden.[386] Eine Erläuterung hat zB darin bestanden, dass die gestalterische Wirkung eines gläsernen Lampenschafts ihren Grund in der **Beleuchtung** durch die **Glühbirnen** hat, die im Inneren dieses Lampenschafts angeordnet waren.[387] **Oberflächenstrukturen** und **Werkstoffe** können zwar wesentliche Merkmale einer Erscheinungsform sein,[388] in einer Wiedergabe sind jedoch ihre spezifischen Merkmale häufig nicht erkennbar. Weil es eine Entscheidung des Gesetzgebers war, die Einreichung von **Originaldesigns** nicht mehr zu gestatten, muss es dem Anmelder gestattet sein, durch eine Beschreibung die in einer Wiedergabe erkennbaren Erscheinungsmerkmale einer Konkretisierung zuzuführen.[389] Nach früherer Praxis konnte in einer Beschreibung eine **Schutzbeschränkung** zum Ausdruck gebracht werden.[390] Ein derartiger Teilverzicht ist jedoch eine Willenserklärung mit materiellrechtlichem Gehalt und hat deswegen eine andersartige rechtliche Qualität als eine rein

124

---

380 Es kann vorkommen, dass ein- und dieselbe Erscheinungsform *verschiedenen Waren* zugehörig ist; zB kann ein kugelförmiges Aussehen sowohl mit einem Spielball als auch mit einer Geschützkugel oder mit einer Bowlingkugel in Verbindung gebracht werden. Bei dem vielfach diskutierten (vgl Kur, EIPR 1993, 374, 376; dies., GRUR 2002, 661, 662; Ritscher, GRUR Int. 1990, 559, 560; Eck, S. 138; Stolz, S. 47 ff; Schramm, S. 92) *Ferrari*-Frisierstuhl hat zwar die Verwendung des Erscheinungsbilds eines Sportwagens für einen Kinder-Frisierstuhl eine neue Gebrauchsfunktion ergeben (vgl Ruijsenaars, GRUR Int. 1997, 687 ff; Kur, GRUR Int. 1998, 353, 355; Stolz, S. 46 ff), aber die Erscheinungsform ist dabei im Wesentlichen unverändert geblieben.
381 § 2 Abs. 1 iVm § 1 Nr. 1 DesignG; Art. 4 Abs. 1 iVm Art. 3 Buchst. a GGV; OGH GRUR Int. 2008, 523, 524 – Febreze. Schutzgrundlage ist daher nicht das in der Wiedergabe erkennbare Produkt, sondern die Summe der Erscheinungsmerkmale seiner Erscheinungsform, die aus der Wiedergabe ersichtlich sind.
382 BGH GRUR 2011, 1112 Tz. 49 – Schreibgeräte.
383 Vgl hierzu insbes Kur, EIPR 1993, 374, 376; dies., GRUR 2002, 661, 662; Ritscher, GRUR Int. 1990, 559, 560; Eck, S. 138; Stolz, S. 47 ff; Schramm, S. 92.
384 Vgl BGH GRUR 2012, 1139 Tz 23 – Weinkaraffe.
385 Vgl BGH GRUR 2012, 1139 Tz 23 – Weinkaraffe.
386 § 11 Abs. 5 Nr. 1 DesignG; Art. 36 Abs. 3 Buchst. a GGV.
387 BGH GRUR 1974, 337, 339 – Stehlampe.
388 § 1 Nr. 1 DesignG; Art. 3 Buchst. a GGV.
389 Wird zB erläutert, dass eine Sitzfläche aus Polystyrol-Partikelschaumstoff besteht, kann daraus gefolgert werden, dass beim Sitzen das Gefühl der Wärme entsteht.
390 BGH GRUR 1963, 328, 329 – Fahrradschutzbleche; GRUR 1962, 144, 146 – Buntstreifensatin I.

deskriptive Erläuterung der Wiedergabe.³⁹¹ Bei einem **Disclaimer** wird dagegen das Schutzbegehren konkretisiet, um Kollisionen zu vermeiden.³⁹²

Bei einer **Aufschiebung der Bekanntmachung** sind die spezifischen Merkmale von Oberflächenstrukturen und Werkstoffen nur während der Dauer der Aufschiebung erkennbar. Wenn der Schutz auf die volle Schutzdauer erstreckt werden soll, muss eine Wiedergabe eingereicht werden.³⁹³ Obwohl die Einreichung einer Beschreibung nur als Bestandteil der Anmeldung vorgesehen ist, sollte bei einer nachträglichen Einreichung einer Wiedergabe auch eine **nachträgliche Einreichung** einer Beschreibung gestattet sein. Andernfalls müssten für zwei Phasen ein und desselben Schutzrechts unterschiedliche Offenbarungsgehalte in Kauf genommen werden.

2. Erzeugnisangabe

125 Bei schematisierenden Darstellungen kann sich aus einer Erzeugnisangabe eine **Konkretisierung** für den Schutzumfang ergeben,³⁹⁴ zB „Bauelement" für eine quaderförmige Erscheinungsform. Wenn eine Wiedergabe Beiwerk oder Nebensächichkeiten enthält, obwohl das nicht der Fall sein sollte,³⁹⁵ kann sich ebenfalls eine Konkretisierung aus der Erzeugnisangabe ergeben. Bei der Darstellung eines Kleiderständers mit diversen Bekleidungsstücken könnte aus der Erzeugnisangabe „Kleiderständer" gefolgert werden, dass die Gesamtdarstellung ein **Anwendungsbeispiel** zeigt, bei dem die zusätzlich erkennbaren Bekleidungsstücke für die Bestimmung des Schutzgegenstands keine Bedeutung haben sollen. Wenn eine Erzeugnisangabe nicht ausreichend konkret ist, kann umgekehrt die **Erscheinungsform** in den Vordergrund treten.³⁹⁶

K. Eingriff in den Schutzumfang

I. Beurteilungsgrundlagen

1. Sperrwirkung

126 Der Umfang des Verbietungsrechts ist **unabhängig** von den **subjektiven Umständen** des Verletzers.³⁹⁷ Für die wichtigsten Verbietungsansprüche spielt es daher keine Rolle, ob der Anspruchsgegner Kenntnis von dem verletzten Schutzrecht gehabt hat. Diese **absolute** Sperrwirkung ist ebenso rigoros wie zB im Markenrecht und im Patentrecht. Der Sperrwirkung kann als **Ausnahme** nur ein Vorbenutzungsrecht oder ein positives Benutzungsrecht entgegengehalten werden.

2. Reichweite des Verbietungsrechts

127 Sowohl eingetragene Designs³⁹⁸ als auch eingetragene Gemeinschaftsgeschmacksmuster³⁹⁹ gewähren dem Rechtsinhaber das **ausschließliche Recht**, Dritten zu verbieten, das Schutzrecht ohne seine Zustimmung zu benutzen. Worauf sich das Verbietungsrecht bezieht, ergibt sich aus der Regelung, dass sich der Schutz auf jedes Design bzw Muster erstreckt, das **keinen anderen Gesamteindruck**

---

391 Einer Verzichtswirkung steht auch entgegen, dass bei Gemeinschaftsgeschmacksmustern der Schutzumfang durch eine Beschreibung nicht beeinträchtigt werden kann (vgl Art. 36 Abs. 6 GGV) und Beschreibungen nicht veröffentlicht werden (vgl Art. 14 Abs. 2 Buchst. d GGV).
392 In Prüfungsländern kann es auch darum gehen, einer Beanstandung des Prüfers keine Grundlage zu geben.
393 § 21 Abs. 2 S. 2 DesignG.
394 Vgl BGH GRUR 2012, 1139 Tz 25 – Weinkaraffe.
395 Vgl § 7 Abs. 3 S. 1 DesignV; Art. 4 Abs. 1 Buchst. e S. 1 GGVD.
396 EuG GRUR-RR 2010, 189 Rn 56 – Grupo Promer.
397 EuGH GRUR 2012, 510 Rn 55 – Cegasa/PROIN. Nur wenn es um den Schutz während der Dauer einer Aufschiebung (vgl § 38 Abs. 3 DesignG; Art. 19 Abs. 3 GGV) oder um den Schutz von nicht eingetragenen Gemeinschaftsgeschmacksmustern (vgl Art. 19 Abs. 2 S. 1 GGV) geht, kommt es auf einen subjektiven Nachbildungstatbestand an, wie er im GeschmMG aF Voraussetzung für den Verbietungsanspruch war.
398 Vgl § 38 Abs. 1 S. 1 DesignG.
399 Vgl Art. 19 Abs. 1 S. 1 GGV.

erweckt.⁴⁰⁰ Dieses Design bzw Muster muss zwar Eingang in ein Erzeungis gefunden haben.⁴⁰¹ Weil jedoch weitere Voraussetzungen nicht erfüllt sein müssen, ist das **Verbietungsrecht allumfassend**.⁴⁰²

3. Gesamteindruck

Für den sog. Verletzungsgegenstand wird die **konkrete Verletzungsform herangezogen**. Am deutlichsten sind bei einem **Original** alle Mermale der Verletzungsform erkennbar; es kann aber ausreichen, den Gesamteindruck der Verletzungsform aufgrund von **Fotografien** zu beurteilen.⁴⁰³ Die Prüfung, ob die Verletzungsform keinen anderen Gesamteindruck als das **geschützte Design** erweckt, setzt voraus, dass auch der Gesamteindruck des geschützten Designs ermittelt wird. Hierfür maßgeblich ist nur die in der **Anmeldung** sichtbar gemachte Erscheinungsform, aber **kein reales Erzeugnis** des Rechtsinhabers (vgl Rn 130).

128

4. Beurteilung durch den informierten Benutzer

Ob der sog. Verletzungsgegenstand gegenüber dem geschützten Design keinen anderen Gesamteindruck erweckt, richtet sich nach dem Urteil des informierten Benutzers.⁴⁰⁴ Durch die sachkundigen Beurteilungen aus der Sicht des informierten Benutzers soll gewährleistet werden, dass ein Eingriff in den Schutzumfang nicht vorschnell aufgrund von **einfachen Abweichungen** verneint oder aufgrund von **vordergründigen Übereinstimmungen** bejaht wird. Der informierte Benutzer ist zB in der Lage, Unterschiede festzustellen, die der Aufmerksamkeit eines gewöhnlichen Verbrauchers völlig entgehen würden.⁴⁰⁵ Dem informierten Benutzer ist auch bekannt, welche Vorgaben sich in welcher Weise auf die **Gestaltungsfreiheit** des Entwerfers auswirken können.

129

5. Vergleichsmethode

Der EuGH hat zwar entschieden, dass es nicht falsch gewesen sei, bei der Beurteilung des Gesamteindrucks **tatsächlich vertriebene Erzeugnisse** heranzuziehen.⁴⁰⁶ Das trägt der Gesetzeslage nicht Rechnung (vgl Rn 128). Dass nach Ansicht des EuGH auf eine **unvollkommene Erinnerung** an den zu vergleichenden Gestaltungen abgestellt werden konnte, hatte eine Kollision mit einer **Bildmarke** zur Grundlage.⁴⁰⁷ Wenn ein **älteres Zeichen mit Unterscheidungskraft** als Nichtigkeitsgrund geltend gemacht wird, macht das Feststellungen zwar zur Verwechslungsgefahr erforderlich (vgl Rn 115). Aber nur bei diesem relativen Nichtigkeitsgrund mag es angebracht sein, auf ein unvollkommenes Erinnerungsbild abzustellen.

130

> **Hinweis:** Wenn zusätzlich Ansprüche aus wettbewerbsrechtlichem Nachahmungsschutz geltend gemacht werden, kann auf die Vorlage von Erzeugnissen des Rechtsinhabers kaum verzichtet werden. Häufig dient die **Vorlage von Erzeugnissen** des Rechtsinhabers jedoch taktischen Zwecken. Richter können zwar den aus der Betrachtung eines realen Erzeugnisses gewonnenen Ein-

---

400 Vgl § 38 Abs. 2 DesignG; Art. 10 Abs. 1 GGV.
401 Vgl § 38 Abs. 1 S. 2 DesignG; Art. 19 Abs. 1 S. 2 GGV.
402 Vgl die Entscheidung des High Court (London) [2007] EWHC 1712 (Pat) v. 19.7.2007, Rn 79: „... the right gives a monopoly over any kind of goods." Aus einem für Kraftfahrzeuge eingetragenen Design kann daher ein Verbietungsrecht gegen Spielzeugautos bestehen, BGH GRUR 1996, 57, 59 – Spielzeugautos (schon für das GeschmMG aF).
403 Vgl OLG München GRUR-RR 2010, 166, 170 – Geländewagen.
404 § 38 Abs. 2 S. 1 DesignG; Art. 10 Abs. 1 GGV.
405 Vgl Begründung Art. 11 Abs. 1 VO-Vorschlag 1993; OLG Hamburg NJOZ 2007, 3055 – Handydesign; LG Köln 33 O 20/07 v. 20.5.2008.
406 EuGH GRUR 2012, 506 Rn 73 – PepsiCo. Ein allgemeiner Grundsatz wurde damit nicht zum Ausdruck gebracht, weil der Vergleich der tatsächlich vertriebenen Erzeugnisse nur zur Bestätigung von bereits getroffenen Schlussfolgerungen vorgenommen worden sei. Es ging um den Wölbungsgrad von runden Scheiben, die als „pogs" bzw „rappers" bzw „tazos" in den Verkehr gebracht wurden (vgl EuG GRUR-RR 2010, 189 Rn 83 – Grupo Promer).
407 EuGH GRUR 2013, 178 Rn 57 – Baena Grupo.

druck nicht aus ihrem Gedächtnis verbannen, aber dennoch muss versucht werden, der Entscheidung nur den Offenbarungsgehalt zugrundezulegen, der sich aus dem Register ergibt.

6. Grad der Gestaltungsfreiheit

131 Bei der Beurteilung des Schutzumfangs muss der Grad der Gestaltungsfreiheit berücksichtigt werden.[408] Der Schutzumfang wird durch die **Ausnutzung des Gestaltungsspielraums** durch den Enwerfer und den dadurch erreichten Abstand vom Formenschatz bestimmt.[409] Zwischen dem Gestaltungsspielraum und dem Schutzumfang besteht eine **Wechselwirkung**.[410] Durch Erzeugnisse mit gleicher Gebrauchsfunktion kann veranschaulicht werden, welcher Grad an Gestaltungsfreiheit dem Entwerfer zur Verfügung gestanden hat.[411] Der Gestaltungsspielraum kann von einer Reihe von Gegebenheiten abhängig sein.

a) Geringe Designdichte

132 Eine geringe Designdichte hat zur Folge, dass der Entwerfer über einen **großen Gestaltungsspielraum** verfügt.[412] Ein hoher Grad an Gestaltungsfreiheit stand zur Verfügung für Kinderwägen,[413] Sohlen von Freizeitschuhen,[414] Tischuntersetzer aus unregelmäßig angeordneten Stäben,[415] Paintball-Shirts,[416] henkellose Tassen für Heißgetränke,[417] Wodkaflaschen in Form eines Totenkopfs,[418] Konferenzeinheiten mit Mikrofon,[419] für die Oberseite eines für Rasenmäher bestimmten Verbrennungsmotors.[420]

b) Hohe Designdichte

133 Eine hohe Designdichte stellt nur einen **kleinen Gestaltungsspielraum** zur Verfügung.[421] Gebiete mit hoher Designdichte sind zB Schreibgeräte,[422] Pkw-Räder,[423] Schmuckwaren,[424] Kaminöfen,[425] Damenblusen,[426] Küchenmöbel.[427] Bei Weinkaraffen ist der Gestaltungsspielraum als nicht beson-

---

408 § 38 Abs. 2 S. 2 DesignG; Art. 10 Abs. 2 GGV.
409 BGH GRUR 2013, 285 Tz 31 – Kinderwagen II.
410 BGH GRUR 2011, 142 Tz 17 – Untersetzer; GRUR 2011, 1112 Tz 42 – Schreibgeräte; GRUR 2012, 512 Tz 24 – Kinderwagen I; GRUR 2013, 285 Tz 31 – Kinderwagen II.
411 BGH GRUR 2013, 285 Tz 46 – Kinderwagen II; EuG GRUR Int. 2011, 55 Rn 59 – Shenzhen Taiden (Konferenzeinheit); GRUR Int. 2012, 66 Rn 36 – Kwang Yang Motor; GRUR Int. 2014, 494 Rn 37 – El Hogar Perfecto (Korkenzieher); OLG Hamburg GRUR-RR 2013, 138, 141.
412 BGH GRUR 2011, 142 Tz 17 – Untersetzer; GRUR 2011, 1112 Tz 42 – Schreibgeräte; GRUR 2012, 512 Tz 4 – Kinderwagen I; GRUR 2013, 285 Tz 31 – Kinderwagen II; OGH GRUR Int. 2008, 523, 525 – Febreze.
413 BGH GRUR 2012, 512 Tz 4 – Kinderwagen I; GRUR 2013, 285 Tz 31 – Kinderwagen II.
414 BGH GRUR-RR 2012, 27 Tz 21, 22 – Milla.
415 OLG Frankfurt/M. GRUR-RR 2009, 16, 18 – Plastikuntersetzer (Vorinst LG FfM InstGE 8, 166 – Blow up), zustimmend BGH GRUR 2011, 142 Tz 19 – Untersetzer.
416 OLG Frankfurt/M. BeckRS 2012, 10682 – Paintball-Shirts.
417 OLG Frankfurt/M. GRUR-RR 2013, 251, 252 – Henkellose Tasse.
418 OLG Hamburg GRUR-RR 2013, 138, 141 – Totenkopfflasche.
419 EuG GRUR Int. 2011, 55 Rn 62 – Shenzhen Taiden.
420 EuG GRUR Int. 2012, 66 Rn 36 – Kwang Yang Motor (Verbrennungsmotor).
421 BGH GRUR 2011, 142 Tz 17- Untersetzer, GRUR 2011, 1117 Tz 35 – Schreibgeräte; GRUR 2012, 512 Tz 24 – Kinderwagen I; GRUR 2013, 285 Tz 31 – Kinderwagen II.
422 BGH GRUR 2011, 1112 Tz 33 – Schreibgeräte.
423 OLG Frankfurt/M. GRUR 1995, 116; OLG Düsseldorf BeckRS 2007, 11285.
424 SchwBG sic! 2008, 445, 448 – Bagues.
425 OLG Hamm InstGE 8, 233, 242; LG Frankfurt/M. InstGE 6, 265, 266.
426 LG München I InstGE 1, 121, 125.
427 LG München I InstGE 1, 225, 233; HABM-NA ICD 3853 v. 31.1.2008.

ders groß eingeschätzt worden.⁴²⁸ Designvielfalt ist allerdings nicht gleichzusetzen mit Designdichte, sondern kann Ausdruck eines weiten Gestaltungsspielraums sein.⁴²⁹

c) Technische Bedingtheit

Die **Nichtberücksichtigung** von technisch bedingten Merkmalen bei der Festlegung des Schutzumfangs kann gewährleisten, dass sich jeder Entwerfer der Formgestaltung bedienen kann, die dem Nützlichkeitszweck des Erzeugnisses am besten Rechnung trägt.⁴³⁰ **Ähnlichkeiten** in Merkmalen, die durch eine technische Funktion bedingt sind, haben für den informierten Benutzer daher allenfalls geringe Bedeutung. Es kann jedoch nicht allgemein davon ausgegangen werden, dass auch **Unterschieden** in Merkmalen, die eine technische Funktion erfüllen, vom informierten Benutzer für den Gesamteindruck nur eine geringe Bedeutung beigemessen wird.⁴³¹

134

d) Funktionelle Bedingtheit

Gebrauchsbedingte Gestaltungsnotwendigkeiten können den Grad der **Gestaltungsfreiheit** erheblich **einengen**.⁴³² Das war zB der Fall bei einer Spielfigur, die wie eine kleine Puppe Verwendung finden sollte und deswegen an naturgegebene Formen angelehnt war,⁴³³ bei der Handhabe eines Türgriffs,⁴³⁴ bei einem Fahrradschutzblech,⁴³⁵ wohl aber kaum bei einer Flasche in Totenkopfform.⁴³⁶

135

e) Designtendenzen

Ob eine Erscheinungsform einer allgemeinen Designtendenz folgt, kann sich zwar auf den wirtschaftlichen Erfolg eines Erzeugnisses auswirken.⁴³⁷ Designrechtlich spielt das jedoch keine Rolle, weil es nur darauf ankommt, ob sich der Gesamteindruck der Verletzungsform von dem Gesamteindruck des geschützten Designs unterscheidet. Weil lediglich **konkrete Vorgestaltungen** Berücksichtigung finden,⁴³⁸ können ältere Erscheinungsformen Bedeutung nur erlangen, wenn sie konkret belegt sind.⁴³⁹

136

f) Rechtsvorschriften

Rechtliche Zwänge können sich auf die Gestaltungsfreiheit des Entwerfers auswirken.⁴⁴⁰ Bei runden Metallscheiben, die für Kinder bestimmten Snackartikeln beigefügt wurden, konnten Sicherheitsnormen für Kinder die Gestaltungsfreiheit des Entwerfers beschränken.⁴⁴¹ Keine Gestaltungs-

137

---

428 OLG Frankfurt/M. GRUR-RR 2008, 333, 334 – Weinkaraffe.
429 BGH GRUR-RR 2012, 277 Tz 22 – Milla.
430 SchwBG GRUR Int. 88, 437, 438 – Tonkopfmodell.
431 BGH GRUR 2013, 285 Tz 60 – Kinderwagen II.
432 EuG GRUR-RR 2010, 189 Rn 67, 72 – Grupo Promer; OLG Frankfurt M. WRP 2015, 238 – Fahrradschutzblech.
433 BGH GRUR 1980, 235, 236 – Play-family.
434 LG Köln 33 O 20/07 v. 20.5.2008.
435 OLG Frankfurt M. WRP 2015, 238 – Fahrradschutzblech.
436 So jedoch OLG Hamburg GRUR-RR 2013, 138, 141 – Totenkopfflasche.
437 EuG GRUR Int. 2011, 55 Rn 58 – Shenzhen Taiden (Konferenzeinheit); T-357/12 Rn 24 v. 4.2.2014 – Lehnsessel mit Polster.
438 BGH GRUR 2011, 142 Tz 21 – Untersetzer.
439 EuG GRUR Int. 2011, 55 Rn 59 – Shenzhen Taiden (Konferenzeinheit).
440 EuG GRUR Int. 2013, 383 Rn 43, 49 – Antrax (Thermosiphons); T-339/12 Rn 17 v. 4.2.2014 – Lehnsessel; T-357/12 Rn 23 v. 4.2.2014 – Lehnsessel mit Polster. Einschränkungen der Gestaltungsfreiheit können sich sowohl aus offiziellen Normen als auch aus offiziösen Normen ergeben, BGH GRUR 1975, 81, 83 – Dreifachkombinationsschalter; OLG Hamburg ZUM-RD 2000, 289, 290.
441 Diese Sicherheitsnormen konnten zur Folge haben, dass die Ränder der Metallscheiben umbördelt werden mussten, damit sie keinen scharfen Rand aufwiesen, EuG GRUR-RR 2010, 189 Rn 70, 78 – Grupo Promer.

freiheit für die Farbgebung besteht zB, wenn für Pictogrammleuchten als Hinweis auf einen Notausgang die Farbe Grün in einer festgelegten RAL-Nuance vorgeschrieben ist.[442]

g) Beurteilungszeitpunkt

138 Als der für die Beurteilung des Schutzumfangs maßgebliche Zeitpunkt wird vom BGH der Zeitpunkt der **Anmeldung** des Schutzrechts bezeichnet.[443] In der vergleichbaren Situation des Nichtigkeitsverfahrens wurde dagegen auf die Gestaltungsfreiheit im Prioritätszeitpunkt des angegriffenen Gemeinschaftsgeschmacksmusters abgestellt.[444] Das statisch ausgerichtete Postulat, dass der Schutzumfang bereits am Prioritätstag feststehen müsse,[445] findet im Gesetzeswortlaut keine Stütze, in dem auf die Entwicklung „seines" Musters abgestellt wird.[446] Auch weil Einengungen der Gestaltungsfreiheit u.a. aus rechtlichen Vorgaben resultieren können (vgl Rn 137), sollten die Gegebenheiten beim **Entwurf des Verletzungsgegenstands** maßgeblich sein. Eine Schmälerung des Schutzumfangs ist damit nicht verbunden, weil Schutzgrundlage die Eigenart des geschützten Designs und damit dessen Abstand zu dem am **Prioritätstag** maßgeblichen Formenschatz ist.[447]

7. Merkmalensbetrachtung

139 Bei der Bestimmung des Schutzumfangs kommt es zwar auf den Gesamteindruck des geschützten Designs und des Verletzungsgegenstands an. Wenn ein Gesamteindruck mit einem anderen Gesamteindruck verglichen wird, kann es jedoch förderlich sein, eine **Erscheinungsform** in einzelne **Erscheinungsmerkmale** aufzulösen. Diese im Patentrecht entwickelte Methode wird zunehmend auch bei eingetragenen Designs und Gemeinschaftsgeschmacksmustern genutzt.

a) Merkmalsgewichtung

140 Aufschluss darüber, ob **einzelne Erscheinungsmerkmale** für den Gesamteindruck von vorrangiger Bedeutung sind oder in den Hintergrund treten, ergibt eine Merkmalsgewichtung. Die Gewichtung kann ergeben, dass einzelne Merkmale für den Gesamteindruck überdurchschnittliche und andere Merkmale nur durchschnittliche Bedeutung haben.[448] **Gängige Gestaltungen** haben im Gesamteindruck der sich gegenüberstehenden Muster für den informiertren Benutzer allenfalls geringe Bedeutung.[449] Häufig steht das Erscheinungsbild im Vordergrund, das bei der **Benutzung** besondere Beachtung findet, zB Draufsicht bei einem Tischuntersetzer,[450] Draufsicht und Schrägsicht bei einem PC,[451] Sitzfläche und Lehne bei einem Barstuhl.[452]

---

442 HABM-NA ICD 8831 v. 24.10.2012.
443 Vgl BGH GRUR 2011, 142 Tz 18 – Untersetzer; krit. Hoffmann, Mitt. 2012, 10, 12. Für die Beurteilung des Schutzumfangs soll es demnach nicht auf den Zeitpunkt ankommen, in dem das beanstandete Design bzw Muster entworfen worden ist.
444 EuG GRUR-RR 2010, 189, Tz 69, 70 – Grupo Promer.
445 Ruhl, Art. 10 Rn 8, 35; Hartwig, GRUR-RR 2009, 201, 203; Becker, GRUR Int. 2012, 312, 324.
446 Eine inhaltlich identische Wiederholung der in § 2 Abs. 3 S. 2 DesignG für die Ermittlung der Eigenart maßgeblichen Vorschrift, in der auf die Gestaltungsfreiheit des Entwerfers bei der Entwicklung „des" Designs abgestellt wird, kann wegen des unterschiedlichen Wortlauts nicht beabsichtigt gewesen sein. Die Formulierung in § 38 Abs. 2 S. 2 DesignG legt nahe, dass es auf die Gegebenheiten ankommt, die der „Zweitentwerfer" im Zeitpunkt „seiner" Entwurfstätigkeit zu beachten hatte.
447 Wenn vom informierten Benutzer auf dieser Grundlage der Gesamteindruck des Verletzungsgegenstands mit dem Gesamteindruck des geschützten Designs verglichen wird, müssen sich spätere Entwicklungen nicht zum Nachteil des Entwerfers auswirken. Der informierte Benutzer wird allerdings stets auch im Auge behalten, wie es mit der Gestaltungsfreiheit bei dem geschützten Design bestellt war. Wenn bereits beim Entwurf des geschützten Designs die Gestaltungsfreiheit eingeengt war, ist das idR auch beim Entwurf des beanstandeten Erzeugnisses der Fall.
448 ZB BGH GRUR 13, 285 Tz 71 – Kinderwagen II.
449 BGH GRUR 1960, 224, 245 – Simili-Schmuck; GRUR 2013, 285 Tz 62, 68 – Kinderwagen II.
450 Vgl OLG Frankfurt/ M. GRUR-RR 2009, 16, 18 – Plastik-Untersetzer.
451 Vgl LG Düsseldorf GRUR-RR 2011, 361, 367 – Tablet-PC II.
452 Vgl HABM-NA Mitt. 2004, 323 – Barhocker mit Lehne.

b) Merkmalsgliederung

Die einzelnen Erscheinungsmerkmale eines geschützten Desings können in einer Merkmalsgliederung **aufgelistet** werden. Das kann speziell bei komplexen Erscheinungsformen zweckmäßig sein.[453] Durch die Benennung mit „Merkmal 1", „Merkmal 2" etc. ergeben sich **Kurzbezeichnungen**, mit denen in sprachlicher Kurzfassung eine Abgrenzung gegenüber Merkmalen von anderen Erscheinungsformen erfolgen kann. Weil es nicht erforderlich ist, sämtliche Einzelheiten akribisch zu erfassen, müssen nur die für den Gesamteindruck **wesentlichen Merkmale** aufgeführt werden. Der Vervollständigung kann dienen, dass auch ein übergeordneter Eindruck festgestellt wird;[454] denn der Gesamteindruck ist mehr als die Summe von einzelnen Erscheinungsmerkmalen.

141

c) Merkmalsgegenüberstellung

Der **Vergleich** des geschützten Desings mit dem Verletzungsgegenstand kann mit einer Merkmalsgegenüberstellung **konkretisiert** werden.[455] Erfasst werden sowohl Übereinstimmungen als auch Abweichungen sowie schutzunfähige Erscheinungsmerkmale; das macht eine differenzierende Bewertung erforderlich. Gegenstand des Vergleichs ist allein das geschützte Design und die beanstandete Gestaltung im Original oder in möglichst naturalistischer Darstellung. Die Merkmalsgegenüberstellung ist ein **Hilfsmittel**,[456] dem sich eine Gewichtung der für den jeweiligen Gesamteindruck maßgeblichen Erscheinungsmerkmale anschließen sollte.

142

II. Reichweite des Schutzumfangs

1. Grundsatz

Ausgangspunkt ist, dass sich der Schutz auf jedes Design bzw Muster erstreckt, das keinen abweichenden Gesamteindruck erweckt.[457] Weil die Eigenart aufgrund eines Einzelvergleichs mit jeder einzelnen vorbekannten Gestaltung ermittelt wird und dabei jeweils verschiedene Merkmale dafür maßgeblich sein können, ob und wieweit ein Unterschied im Gesamteindruck besteht, muss für die Bestimmung des Schutzumfangs der **Abstand zum vorbekannten Formenschatz** herangezogen werden.[458] Maßgeblich ist der jeweilige **Gesamteindruck**, aus dem es sich ergibt, wie groß die Ähnlichkeit des Klageschutzrechts mit dem vorbekannten Formenschatz ist.[459] Hierzu muss eine Gegenüberstellung des Klageschutzrechts (Abb. 61) mit **jedem einzelnen** Design bzw Muster aus dem vorbekannten Formenschatz vorgenommen werden (Abb. 62 bis 70).[460]

143

---

453 ZB BGH GRUR 2010, 718 Tz 34 – Verlängerte Limousinen; GRUR 2011, 112 Tz 34 – Schreibgeräte; GRUR 2012, 512 Tz 25 – Kinderwagen I; GRUR 2013, 285 Tz 33 – Kinderwagen II. Die Aufteilung einer Erscheinungsform in ihre einzelnen Gestaltungsmerkmale gewährleistet die vollständige Erfassung des Gesamteindrucks und erleichtert die anaytische Befassung mit dem Schutzgegenstand.
454 ZB dass der Eindruck einer langgestreckten Limousine mit aberundeten Formen und kräftigem Erscheinungsbild entsteht (vgl BGH GRUR 2010, 718 Tz 34 – Verlängerte Limousinen) oder dass ein harmonischer und gleichmäßiger Verlauf erzielt wird (vgl BGH GRUR 2011, 112 Tz 34 – Schreibgeräte).
455 Ausführlich Engel, FS Erdmann 2002, 89; U. Krieger FS Vieregge 1995, 497.
456 Vgl BGH GRUR 2000, 1023, 1025 – 3-Speichen-Felgenrad; GRUR 2001, 503, 505 – Sitz-Liegemöbel.
457 § 38 Abs. 2 S. 1 DesignG; Art. 10 Abs. 1 GGV.
458 BGH GRUR 2011, 142 Tz 17 – Untersetzer; GRUR 2011, 1112 Tz 42 – Schreibgeräte; GRUR 2011, 1117 Tz 35 – ICE; GRUR 2013, 285 Tz 32 – Kinderwagen II.
459 BGH GRUR 2011, 142 Tz 17 – Untersetzer; GRUR 2012, 512 Tz 27 ff – Kinderwagen I; GRUR 2013, 285 Tz 36 ff – Kinderwagen II.
460 BGH GRUR 2012, 512 Tz 27 ff – Kinderwagen I; GRUR 2013, 285 Tz 36 ff – Kinderwagen II.

Abb. 61: GGM 000049655-0003
(Klagegeschmacksmuster, Ansicht 1 von vieren, BGH, 28.9.2011 – I ZR 23/10)

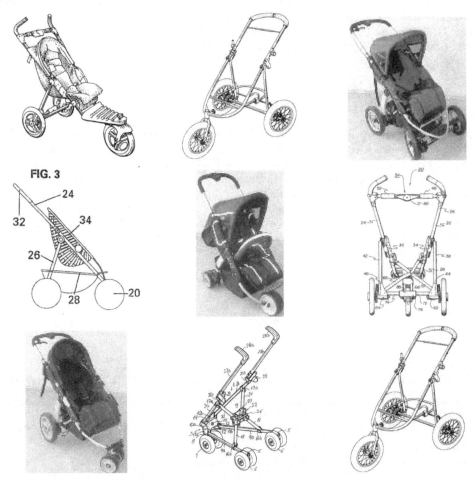

Abb. 62 bis 70: Vorbekannter Formenschatz, Auswahl
(BGH, 28.9.2011 – I ZR 23/10)

Im Rahmen eines Vergleichs wird zunächst das Ausmaß der Übereinstimmungen und der Abweichungen festgestellt; sodann werden deren Auswirkungen auf den Gesamteindruck gegeneinander abgewogen.[461]

Hinweis: Weil an das Erfordernis der Eigenart geringe Anforderungen gestellt werden, kommt im Verletzungsstreit der Bestimmung des Schutzumfangs die größte Bedeutung zu. Die Folge davon ist, dass der **vorbekannte Formenschatz** bei der Prüfung der Eigenart nur punktuell und erst bei der Bestimmung des Schutzumfangs **umfassend** gewürdigt wird.

2. Designdichte

Der Einfluss der Designdichte auf den Gestaltungsspielraum hat unmittelbare Auswirkungen auf den Schutzumfang. Aus geringer Designdichte (vgl Rn 132) kann sich ein **weiter Schutzumfang** mit der Folge ergeben, dass selbst größere Gestaltungsunterschiede möglicherweise keinen anderen Gesamteindruck erwecken.[462] Wurde kein entgegenstehendes Design in das Verfahren eingeführt, kann das Gericht von einem weiten Schutzumfang ausgehen.[463] Wenn bei einer Erzeugnisgattung erstmals eine neue **Grundform** Gegenstand des Schutzes ist, führt das zu einem weiten Schutzumfang, so dass Abweichungen als Variationen desselben Designs wirken können. Das war zB bei einer Mischarmatur mit einem mittig aufsitzenden Bedienhebel und einem schräg angesetzten Auslaufrohr der Fall.[464] Bei einer anderen Mischarmatur war es die gestalterische Dominanz eines tellerartigen Aufsatzes, die Detailunterschiede völlig überdeckt hat (vgl Abb. 71 und 72).[465]

Abb. 71: Dt. GeschmM 40200259.8   Abb. 72: GGM 000433644-0002.4

Ein **enger Schutzumfang** besteht bei hoher Designdichte; schon geringe Gestaltungsunterschiede können dann einen anderen Gesamteindruck erwecken.[466] Bei engem Schutzumfang unterliegen dem Verbietungsrecht nur Gestaltungen, die besonders stark ausgeprägte Übereinstimmungen mit dem geschützten Design aufweisen; das kann zur Folge haben, dass nur **identische oder fast identische Gestaltungen** vom Verbietungsrecht erfasst werden.[467]

---

461 Vgl BGH GRUR 1963, 640, 641 – Plastikkorb.
462 BGH GRUR 2011, 142 Tz 17 – Untersetzer; GRUR 2011, 1112 Tz 42 – Schreibgeräte; GRUR 2012, 512 Tz 4 – Kinderwagen I; GRUR 2013, 285 Tz 31 – Kinderwagen II.
463 OLG Düsseldorf BeckRS 2009, 05455 – Leuchte; OLG Frankfurt/M. GRUR-RR 2011, 66 – Stiefelette.
464 OLG Düsseldorf Mitt. 2007, 562, 565 – Einhebel-Mischer.
465 HABM-NA ICD 2889 v. 29.9.2006.
466 BGH GRUR 2011, 142 Tz 17 – Untersetzer; GRUR 2011, 1112 Tz 42 – Schreibgeräte; GRUR 2011, 1117 Tz 35 – ICE; BGH GRUR 2013, 285 Tz 31 – Kinderwagen II; EuG GRUR-RR 2010, 189 Rn 72 – Grupo Promer.
467 BGH GRUR 1988, 369, 370 – Messergriff.

3. Abstand zum Formenschatz

146 Neben dem Grad der Musterdichte bestimmt der Abstand zum vorbekannten Formenschatz den Schutzumfang.[468] Es kommt daher darauf an, inwieweit der Entwerfer den ihm zur Verfügung stehenden **Gestaltungsspielraum genutzt** hat.[469] Auch hierfür muss eine Gegenüberstellung mit jedem einzelnen Design aus dem vorbekannten Formenschatz erfolgen.[470] Durch den Grad der Musterdichte wird das allgemeine Gestaltungsumfeld für die Betätigung von Entwerfern veranschaulicht. Eine Konkretisierung des Schutzumfangs ergibt sich daraus, welchen Abstand zum vorbekannten Formenschatz ein individueller Entwurf aufweist und damit der jeweils zur Verfügung stehende Gestaltungsspielraum genutzt wurde.

147 Wie schwierig es sein kann, trotz gesicherter Beurteilungsgrundlagen das Ergebnis einer gerichtlichen Verletzungsprüfung zu prognostizieren, zeigt der Kampf, den die weltweiten Topunternehmen *Procter & Gamble*[471] und *Reckitt Beckinser*[472] vor mehreren Gerichten um das Design von Sprühdosen ausgetragen haben.

148 *Procter & Gamble* hatte für einen Lufterfrischer der Marke „**Febreze**" u.a. das Gemeinschaftsgeschmacksmuster Nr. 97969-0001 eintragen lassen (siehe Abb. 73 a bis 73 f). Auf der Grundlage dieses Gemeinschaftsgeschmacksmusters ist *Procter & Gamble* gegen *Reckitt Benkiser* wegen des Designs eines Raumsprays der Marke „**Airwick**" vorgegangen (Abb. 75).

Abb. 73 a: GGM 00097969-0001.2

Abb. 73 b: GGM 00097969-0001.3

Abb. 73 c: GGM 00097969-0001.4

Abb. 73 d: GGM 00097969-0001.5

Abb. 73 e: GGM 00097969-0001.1

Abb. 73 f: GGM 00097969-0001.6

---

468 BGH GRUR 2011, 142 Tz 17 – Untersetzer; GRUR 2011, 1112 Tz 42 – Schreibgeräte; GRUR 2011, 1117 Tz 35 – ICE; GRUR 2012, 512 Tz 4 – Kinderwagen I; GRUR 2013, 285 Tz 32 – Kinderwagen II.
469 BGH GRUR 13, 285 Tz 32 – Kinderwagen II.
470 BGH GRUR 12, 512 Tz 28 ff – Kinderwagen I; GRUR 13, 285 Tz 42 ff – Kinderwagen II.
471 Marken von *Procter & Gamble* sind neben *Febreze* u.a.: *Ariel, Braun, Duracell, Gilette, Head & Shoulders, Lenor, Oral-B, Pampers, Pantene, Wick-Vaporoup, Wella.*
472 Marken von *Reckitt Beckinser* sind neben *Airwick* u.a.: *Calgon, Calgonit, Clearasil, Dobendan, Hoffmanns, Kukident, Liasan, Nurofen, Sagrotan, Woolite.*

K. Eingriff in den Schutzumfang 2

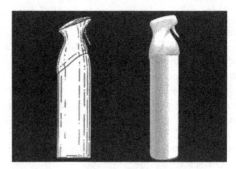

Abb. 74: „Febreze"
(Produktbeispiel)

Abb. 75: „Airwick"
(Produktbeispiel)

Abb. 76: Gegenüberstellung (Seitenansicht) „Febreze" und „Airwick"

Die Gerichte erster Instanz in Brüssel, Evry (einem Städtchen südlich von Paris), London,[473] Mailand, Paris und Wien[474] hatten einstweilige Verfügungen gegen *Reckitt Beckinser* erlassen. Das Gericht zweiter Instanz in Paris[475] hat die Entscheidung des Erstgerichts bestätigt, die Gerichte zweiter Instanz in London[476] und Wien[477] haben die Ersturteile aufgehoben.

Grundlage der Entscheidung des Supreme Court in London war eine Gegenüberstellung des Klageschutzrechts mit einem neutralisierten Zerstäuber aus mehreren Perspektiven (Abb. 76). In sämtlichen Entscheidungen ist die **Eigenart** des Klageschutzrechts bejaht worden. Der vorbekannte Formenschatz hat wohl keine wesentliche Einengung des Schutzumfangs zur Folge gehabt (vgl Abb. 77 bis 79).

149

150

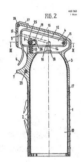

Abb. 77: CH-Patent 612363

Abb. 78: Chinesisches Haarshampoo

Abb. 79: GB-Patentanmeldung 2244522

III. Einzelfragen des Schutzumfangs

1. Schwarz-Weiß-Eintragungen

Wenn einer Schwarz-Weiß-Eintragung eine graphische Darstellung zugrunde liegt, wird Schutz für eine Gestaltung **unabhängig** von einer **konkreten Farbgebung** beansprucht.[478] Bei der Verletzungsprüfung ist daher die angegriffene Form grundsätzlich von der farblichen Gestaltung zu abstrahie-

151

---

473 Entscheidung des High Court [2006] EWHC 3154 (Ch) v. 19.7.2007.
474 Entscheidung des Handelsgerichts Wien 39 Cg 54/06 v. 30.8.2006.
475 Entscheidung der Cour d'Appel de Paris 06/07360 v. 17.1.2007.
476 Entscheidung des Supreme Court [2007] EWCA Civ 936 v. 10.10.2007.
477 Entscheidung des Oberlandesgerichts Wien 5 R 195/06 v. 6.12.2006. Der Oberste Gerichtshof hat die Entscheidung des Oberlandesgerichts Wien bestätigt, GRUR Int. 2008, 523 – Febreze.
478 BGH GRUR 2011, 112 Tz 52 – Schreibgeräte.

ren.⁴⁷⁹ Schnittzeichnungen und Umrisszeichnungen nach Art von technischen **Zeichnungen** sind meist in schwarzer Farbe ausgeführt; sie dienen dadurch idR der Veranschaulichung von dreidimensionalen Formen, deren farbliche Ausgestaltung nicht festgelegt sein soll. Bei Schwarz-Weiß-Fotografien und bei graphischen Darstellungen, die nicht nach Art von technischen Zeichnungen ausgeführt sind, werden Erscheinungsformen von Erzeugnissen in **Grautönen** mit unterschiedlicher Abstufung wiedergegeben. Schutzgegenstand ist bei diesen Eintragungen eine den Grauwerten entsprechende abgestufte Tönung, nicht jedoch eine Kombination beliebiger Farben.⁴⁸⁰ Es gibt allerdings auch Schwarz-Weiß-Eintragungen, die keine Grautöne, sondern Schwarz und Weiß als Kontrastfarben enthalten, zB bei einem Zebra-Design oder der Tastatur eines Klaviers. Hier ist der Schutzgegenstand durch den Kontrast von Schwarz und Weiß und durch die sonstigen Merkmale der Erscheinungsform festgelegt.

2. Farbeintragungen

152 Wenn eine Erscheinungsform in einer farbigen Wiedergabe in das Register eingetragen ist, wird der Schutzgegenstand durch die **Wiedergabe** festgelegt, ohne dass es hierzu einer besonderen Erklärung bedarf.⁴⁸¹ Ob sich aus der Farbgebung eines beanstandeten Erzeugnisses gegenüber einer Farbeintragung ein unterschiedlicher Gesamteindruck ergibt, kann entscheidend davon abhängen, welche Bedeutung die Farbgebung für das **konkrete Erzeugnis** hat. Je mehr zB bei einem dreidimensionalen Erzeugnis die Formgebung die Aufmerksamkeit auf sich lenkt (z B bei einem Sportcabriolet), desto mehr tritt die Farbe in den Hintergrund des Interesses.⁴⁸² Umgekehrt kann es bei einem in Nationalfarben ausgeführten T-Shirt oder bei dem bunten Fantasiemuster einer Tapete in erster Linie die Farbgebung sein, die ins Auge fällt.⁴⁸³

3. Teilschutz
a) Originärer Teilschutz

153 Voraussetzung für einen originären Teilschutz ist, dass eine **Eintragung** für die Erscheinungsform eines Teils⁴⁸⁴ eines Erzeugnisses erfolgt ist. Auch ohne ausdrückliche Regelung sind schon im Geltungsbereich des GeschmMG aF Teile von Erzeugnissen eingetragen worden (Abb. 80 bis 82).⁴⁸⁵

Abb. 80: IR-Muster D 47117-007.1 v. 31.5.1999   Abb. 81: IR-Muster D 47720-003 v. 30.7.1999   Abb. 82: IR-Muster D 47720-006.1 v. 30.7.1999

---

479 BGH GRUR 2011, 1112 Tz 52 – Schreibgeräte.
480 BPatG GRUR 2003, 521, 525 – Farbige Arzneimittelkapsel (zum Markenrecht).
481 BPatG GRUR 2003, 521, 525 – Farbige Arzneimittelkapsel.
482 Trotz unterschiedlicher Farbgebung kann daher Übereinstimmung im Gesamteindruck bestehen, LG Düsseldorf Hartwig DesignE 3, 363 – Becher.
483 Nur wenn der Fachkenntnis und das Einfühlungsvermögen des informierten Benutzers in die Beurteilung einbezogen werden, kann Klarheit darüber gewonnen werden, ob die Farbgebung eine den Gesamteindruck bestimmende Besonderheit oder eine gegenüber weiteren Erscheinungsmerkmalen unbedeutende Nebensächlichkeit ist.
484 Vgl § 1 Nr. 1 DesignG; Art. 3 Buchst. a GGV.
485 Originärer Teilschutz hat im Geltungsbereich des GeschmMG aF mannigfach bestanden, u.a. für für einen Fahrradkettenschützer, für ein Fahrradschutzblech und für eine Fahrradfelge (vgl BGH GRUR 1963, 328 – Fahrradschutzbleche) und für 36 Karosserieteile eines PKW (vgl BGH GRUR 1987, 518 – Kotflügel).

K. Eingriff in den Schutzumfang 2

Neben der Eintragung ist weitere Schutzvoraussetzung nach wie vor, dass die Voraussetzungen der 154
Neuheit und der **Eigenart** erfüllt sind.[486] Auf sonstige Kriterien kommt es nicht an.[487] Teile von Gesamterzeugnissen können lösbar angeordnet sein, zB Deckel von Kaffee- oder Teekannen. Möglich ist aber auch eine feste Verbindung, zB bei Henkeln von Krügen, Kannen, Tassen. Sogar eine Integration in ein Gesamterzeugnis kann erfolgen,[488] zB einer teilweise nach oben gezogenen Schuhsohle eines Freizeitschuhs,[489] bei einer Verzierung,[490] bei Teilen einer Automobilkarosserie[491] oder bei einem Zwischenstück eines Schreibgeräts (Abb. 83 und 84).[492]

Abb. 83: Klagegeschmacksmuster
(BGH, 24.3.2011 – I ZR 211/08)

Abb. 84: Verletzungsform, Auswahl
(BGH, 24.3.2011 – I ZR 211/08)

Im Verletzungsstreit wird bei der Prüfung des Gesamteindrucks die Erscheinungsform des eingetragenen Erzeugnisteils nur mit dem **entsprechenden Teil der Verletzungsform** verglichen.[493] Bei einer Eintragung für ein Zwischenstück eines Schreibgeräts durfte daher ein bei dem beanstandeten Kugelschreiber ausgebildeter Clip nicht in die Beurteilung einbezogen werden.[494] Für Anmeldungen im Ausland muss bedacht werden, dass in einigen Staaten Eintragungen für Teile von Erzeugnissen nicht oder nur beschränkt möglich sind. 155

b) Abgeleiteter Teilschutz

Im Anwendungsbereich des GeschmMG aF konnte die Anerkennung eines abgeleiteten Teilschutzes 156
daraus entwickelt werden, dass auch von dem Recht die Rede war, ein gewerbliches Muster oder Modell „teilweise nachzubilden". Dem Wortlaut des DesignG und der GGV lässt sich dagegen ein Anhaltspunkt für die Möglichkeit eines abgeleiteten Teilschutzes nicht entnehmen.[495]

---

486 BGH GRUR 1987, 518, 519 – Kotflügel.
487 Dass ein Zusammenbau zu einem komplexen Erzeugnis möglich sein muss, spielt nur für den Sonderfall der Ausnahmeregelung für Bauelemente von komplexen Erzeugnissen eine Rolle (vgl § 4 DesignG; Art. 4 Abs. 2 GGV).
488 Das Erfordernis, dass für einen Teil eines Gesamterzeugnisses ein Schutz nur in Betracht kommt, wenn das Teilelement in sich geschlossen und geeignet ist, für sich in besonderer Weise gestaltet zu werden, ist zum abgeleiteten Teilschutz entwickelt worden (vgl zB BGH GRUR 1998, 379, 381 – Lunette). Eine Übertragung dieses Kriteriums auf den originären Teilschutz ist zwar befürwortet worden (vgl OLG Köln GRUR 1985, 438, 440 – Autokotflügel). Der BGH hat das jedoch abgelehnt (BGH GRUR 1987, 518, 519 – Kotflügel).
489 Vgl OLG Frankfurt/M. GRUR-RR 2011, 165 – Milla.
490 Vgl Ruhl, Art. 3 Rn 153.
491 Vgl das Beispiel in § 7 Rn 22.
492 Vgl BGH GRUR 2011, 1112 – Schreibgerät.
493 BGH GRUR 2011, 1112 Tz 56 – Schreibgerät.
494 BGH GRUR 2011, 1112 Tz 56 – Schreibgerät. Nach Zurückverweisung hat das OLG München der Klage in vollem Umfang stattgegeben.
495 BGH GRUR 2012, 1130 Tz 40 – Weinkaraffe. Im Interesse der Rechtssicherheit sollen nur die Erscheinungsformen von Teilen eines Erzeugnisses einen Schutz genießen, die als solche eingetragen sind. Nur hierdurch kann aufgrund einer Recherche zuverlässig festgestellt werden, was Gegenstand eines Schutzes ist, BGH aaO.

L. Schutzbeschränkungen

I. Systematik

157 Als **geistiges Eigentum** unterliegen eingetragene Designs und Gemeinschaftsgeschmacksmuster ebenso wie das Eigentum an Sachen und ebenso wie jede andere Erscheinungsform des geistigen Eigentums einer **Sozialbindung**. Hierdurch werden dem Monopolrecht des Rechtsinhabers **Schranken zugunsten der Allgemeinheit** gezogen. Weil die einander gegenüberstehenden Individualinteressen des Rechtsinhabers und die Interessen des Gemeinwohls völlig diametral sind, muss der Gesetzgeber regelnd eingreifen.[496] Die gesetzlichen Regelungen erfassen allerdings nicht alle Situationen, in denen die Sozialbindung des Eigentums Anspruchsbeschränkungen zur Folge haben kann.

II. Privater Bereich

158 Die Freistellung von Handlungen, die im privaten Bereich zu nicht gewerblichen Zwecken vorgenommen werden,[497] ist wortidentisch mit einer Ausnahmeregelung des Patentrechts.[498] In einem **privaten Bereich** können nur natürliche Personen handeln. Handlungen von juristischen Personen des Privatrechts und des öffentlichen Rechts sowie von Personengesellschaften sind daher nicht freigestellt. Zur Absicherung des engen Anwendungsbereichs darf **nicht zu gewerblichen Zwecken** gehandelt werden.

> **Beispiel:** Töpferarbeiten im Keller eines eigengenutzten Einfamilienhauses finden zwar im privaten Bereich statt. Wenn jedoch eine derart hergestellte Vase von dem Hausbewohner in einem Blumengeschäft benutzt wird, ist das gewerbliches Handeln.

159 Inhaltlich besteht kein Unterschied zu den Handlungen im **geschäftlichen Verkehr**.des Markenrechts[499] Durch Handeln im geschäftlichen Verkehr werden auch Privatpersonen zu Unternehmen.[500] Bei Angeboten über **Internetplattformen** können sich Indizien für ein Handeln im geschäftlichen Verkehr ergeben, wenn Anbieter häufig als Versteigerer auftreten,[501] wenn wiederholt mit gleichartigen, insbesondere auch neuen Gegenständen gehandelt wird,[502] wenn neue Waren angeboten werden,[503] wenn eine große Anzahl von Angeboten[504] bzw von Kauf- und Verkaufsaktionen[505] feststellbar ist oder wenn gar ein sog. Powerseller auftritt.

---

496 Für eingetragene Designs ist das in § 40 DesignG geschehen; für Gemeinschaftsgeschmacksmuster besteht eine weitgehend wortgleiche Regelung in Art. 20 GGV. Ein Unterschied besteht darin, dass es für Transportmittel bei eingetragenen Designs auf die Zulassung im Ausland (vgl § 40 Nr. 4 DesignG) und bei Gemeinschaftsgeschmacksmustern auf die Zulassung in einem Drittstaat (vgl Art. 20 Abs. 2 Buchst. a GGV) ankommt. Lediglich redaktionell ergibt sich ein Unterschied daraus, dass in Art. 20 Abs. 2 Buchst. b GGV die Einfuhr und in Art. 20 Abs. 2 Buchst. c GGV die Reparatur getrennt geregelt sind, während in § 40 Nr. 5 DesignG diese beiden Benutzungshandlungen in einer Bestimmung zusammengefasst sind.
497 § 40 Nr. 1 DesignG; Art. 20 Abs. 1 Buchst. a GGV.
498 Art. 31 Buchst. a GPÜ 1975; § 11 Nr. 1 PatG.
499 § 14 Abs. 2 MarkenG; Art. 9 Abs. 1 GMV.
500 § 14 BGB; § 2 Abs. 1 Nr. 3 UWG. Die Tatsache, dass der Anbieter ansonsten gewerblich tätig ist, deutet auf eine geschäftliche Tätigkeit hin. Gewerbliche Zwecke werden verfolgt, wenn eine Handlung im geschäftlichen Verkehr stattfindet und auf einen wirtschaftlichen Vorteil ausgerichtet ist (OLG Frankfurt/M. GRUR-RR 2005, 239, 240 – Cartier-Uhr). Die Verfolgung eines Erwerbszwecks und die Absicht der Gewinnerzielung sind nicht erforderlich (OLG Frankfurt/M. GRUR-RR 2005, 239, 240 – Cartier-Uhr; GRUR-RR 2005, 317, 318 – Cartierschmuck II). Wer Gegenstände erwirbt, um sie anschließend weiter zu veräußern, handelt im geschäftlichen Verkehr (BGH GRUR 2004, 860, 863 – Internet-Versteigerung I; GRUR 2007, 708 Rn 23 – Internet-Versteigerung II). Maßgeblich ist die erkennbar nach außen tretende Zielrichtung des Handelnden (vgl BGH GRUR 2002, 622, 620 – shell.de). Kriterien, die für ein Handeln im privaten Bereich sprechen, müssen daher für die Angebotsempfänger erkennbar sein (vgl OLG Frankfurt/M. GRUR-RR 2005, 319, 320 – Standarderklärung). Die bloße Angabe, dass von Privat verkauft werde, kann ungenügend sein (vgl OLG Frankfurt/M. GRUR-RR 2005, 239, 240 – Cartier-Uhr).
501 BGH GRUR 2004, 860, 863 – Internet-Versteigerung I.
502 BGH GRUR 2007, 708 Rn 23 – Internet-Versteigerung II.
503 OLG Frankfurt/M. GRUR-RR 2005, 317, 318 – Cartierschmuck II; LG Berlin MMR 2007, 701.
504 OLG Frankfurt/M. GRUR-RR 2005, 239, 240 – Cartier-Uhr.
505 LG Berlin GRUR-RR 2004, 16, 17.

III. Versuche

Die Bestimmungen, durch die Handlungen zu Versuchszwecken vom Verbietungsrecht ausgenommen werden,[506] haben ihren Ursprung im Patentrecht.[507] Das patentrechtliche Versuchsprivileg soll die **Forschung** und die **Fortentwicklung** von Wissenschaft und Technik gewährleisten.[508] Für die Entwicklung von Designgestaltungen ist eine vergleichbare Zweckbestimmung schwer erkennbar,[509] weil technische bedingte Erscheinungsmerkmale vom Schutz ausgeschlossen sind.[510] Privilegiert ist der Versuch nicht als Beginn der Tatbestandsverwirklichung, sondern als Maßnahme zur **Gewinnung von Erkenntnissen**.[511] Diese Erkenntnisse müssen sich auf den Gegenstand des benutzten Schutzrechts beziehen.[512]

160

IV. Veranschaulichung und Unterricht

Der Freistellung von Wiedergaben zum Zweck der Veranschaulichung und des Unterrichts liegt zugrunde, dass die **Wiedergabe** eines eingetragenen Designschutzrechts eine dem Rechtsinhaber vorbehaltene Benutzungshandlung ist.[513] Der Begriff der **Zitierung** in den deutschen Sprachfassungen[514] entspricht „citation", „cita" und „citazione" in der englischen, spanischen bzw italienischen Sprachfassung. Durch „illustration" in der französischen Sprachfassung kommt der Regelungszweck deutlicher zum Ausdruck;[515] dem entspricht „illustratie" in der niederländischen Sprachfassung. Zur **Auslegung** greift der BGH auf die Regelung des urheberrechtlichen Zitatrechts zurück.[516] Die Wiedergabe der Frontseite eines ICE in einem Ausstellerkatalog einer Einrichtung für angewandte Forschung hat demnach der Werbung für das eigene Leistungsangebot, aber nicht dem Beleg eigener Ausführungen gedient.[517] Den Vorzug verdient eine autonome Auslegung.[518] Im Hinblick auf die Unterschiede der Sprachfassungen sollte eine **erläuternde Veranschaulichung** maßgeblich sein. Die Wiedergabe in einem Ausstellungskatalog[519] oder in einem Versteigerungskatalog[520] kann daher Veranschaulichung auch ohne geistige Auseinandersetzung sein. Eine Illustration iSv Bebilderung genügt jedoch nicht.[521]

161

Mit dem Begriff der **Lehre** ist nicht nur die akademische Lehre, sondern Unterricht aller Art gemeint. Das ergibt sich aus anderen Sprachfassungen, insbesondere aus „onderricht" in der niederländischen Fassung. Auch Wiedergaben im Unterricht setzen eine erläuternde Befassung voraus.

162

---

506 § 40 Nr. 2 DesignG; Art. 20 Abs. 1 Buchst. b GGV.
507 Art. 31 Buchst. b GPÜ 1975; § 11 Nr. 2 PatG.
508 BVerfG GRUR 2001, 43, 44 – Klinische Versuche.
509 AA Ruhl, Art. 20 Rn 10.
510 § 3 Abs. 1 S. 1 DesignG; Art. 8 Abs. 1 GGV.
511 Vgl BGH GRUR 1996, 101, 112 – Klinische Versuche I (zum Patentrecht).
512 Für das Patentrecht ist das in Art. 31 Buchst. b GPÜ 1975 und § 11 Nr. 2 PatG durch den Zusatz klargestellt, dass sich die privilegierten Handlungen „auf den Gegenstand der patentierten Erfindung beziehen" müssen. Die Freistellung bezieht sich daher entgegen Ruhl, Art. 20 Rn 10, nicht auf Maßnahmen vor der Entscheidung über eine Kommerzialisierung.
513 BGH GRUR 2011, 1117 Tz 45 – ICE.
514 § 40 Nr. 3 DesignG; Art. 20 Abs. 1 Buchst. c GGV.
515 Begr. § 40 GeschmMG aF.
516 Vgl § 51 UrhG, wobei das Bildzitat mit der Wiedergabe eines eingetragenen Designs vergleichbar ist. Zulässigkeitsvoraussetzung ist demnach eine innere Verbindung zwischen dem wiedergegebenen Design und eigenen Gedanken des Zitierenden in der Weise, dass die Wiedergabe als Belegstelle oder als Erörterungsgrundlage dient (BGH GRUR 2011, 1117 Tz 46 – ICE).
517 BGH GRUR 2011, 1117 Tz 48 – ICE.
518 Weil Art. 20 Abs. 1 Buchst. c GGV eine übereinstimmende Regelung enthält und durch § 40 DesignG eine obligatorische Vorgabe der GRL umgesetzt wird, muss der Grundsatz (vgl Rn 4) Beachtung finden, dass für Begriffe des Unionsrechts ist eine autonome und einheitliche Auslegung verpflichtet ist (vgl auch Klawitter GRUR-Prax 2012, 1, 2).
519 Vgl BGH GRUR 1994, 801, 802 – Museumskatalog.
520 Vgl BGH GRUR 1993, 822, 823 – Katalogbild.
521 Darstellungen lediglich zum Schmuck oder zur Verzierung sind daher nicht freigestellt.

Die anfängliche Formulierung „Design-Ausbildung"[522] ist aufgegeben worden; als allgemeiner Regelungszweck ist „Ausbildung" verblieben.[523] Erfasst werden daher alle Designabbildungen, mit denen ein **Ausbildungszweck** verfolgt wird.[524]

163 Die Freistellung steht unter dem Vorbehalt, dass die Wiedergabe mit den **Gepflogenheiten des redlichen Geschäftsverkehrs** vereinbar ist und die normale Verwertung des Schutzrechts nicht über Gebühr beeinträchtigt. Das macht eine umfassende Abwägung der beiderseitigen Interessen[525] erforderlich. Eine Rechtsverletzung tritt daher erst ein, wenn die Verwertung eines geschützten Designs unangemessen beeinträchtigt wird. Das kann insbesondere der Fall sein, wenn der Rechtsinhaber oder ein Lizenznehmer Abbildungen von designgemäßen Erzeugnissen geschäftsmäßig verbreitet und diese Verbreitungsmaßnahmen durch Wiedergabehandlungen Dritter beeinträchtigt oder gestört werden. Die **Quellenangabe** dient der Information über die gestalterische und betriebliche Herkunft des Gegenstands der Wiedergabe. Quelle ist die für die Erscheinungsform maßgebliche Herkunft.[526]

V. Internationales Transportwesen

164 Vorbild der Ausnahmeregelung für Einrichtungen[527] in **Schiffen** und in **Luftfahrzeugen** ist eine internationale Ausnahmeregelung des Patentrechts;[528] anders als im Patentrecht sind jedoch **Landfahrzeuge** nicht freigestellt. Schutzzweck ist die Freiheit des grenzüberschreitenden Verkehrs.[529] Das Design von Einrichtungen hat für diesen Schutzzweck keine nennenswerte Bedeutung.

VI. Informatiomsvermittlung

165 Wenn bei einem **Bildinterview** Einrichtungsgegenstände (zB Möbel, Leuchten, Blumenvasen) oder sonstige Bestandteile der Einrichtung (zB Tapeten) zu sehen sind, werden Designobjekte nicht um ihrer selbst Willen, sondern im Rahmen einer Bildberichterstattung über ein allgemein interessierendes Thema wiedergegeben. Eine entsprechende Anwendung der einschlägigen **Schrankenregelungen des Urheberrechts** wird sowohl befürwortet[530] als auch abgelehnt.[531] Einer entsprechenden Anwendung der urheberrechtlichen Schrankenregelungen steht entgegen, dass beim verfassungsrechtlichen Schutz des Eigentums nicht nur der Inhalt, sondern auch die Schranken durch ein **Gesetz** bestimmt werden müssen.[532] Aber aus dem Verfassungsrang des Grundrechts der **Medienfreiheit** folgt, dass dem Rechtsinhaber insoweit eine Beschränkung des Eigentums auferlegt ist.[533] Bei der Abwägung zwischen den Interessen des Rechtsinhabers und dem Interesse an einer ungehinderten Berichterstattung muss auch Berücksichtigung finden, dass die Einholung einer Gestattung völlig inpraktikabel wäre. Keiner entsprechenden Anwendung der urheberrechtlichen Schran-

---

522 Art. 20 Abs. 1 Buchst. c des Verordnungsvorentwurfs 1991.
523 Vgl die Begründung zu Art. 22 Abs. 1 des Verordnungsvorschlags 1993.
524 Im Vordergrund steht zwar die Ausbildung von Designern, aber auch für andere Ausbildungszwecke – zB handwerklicher oder technischer Art – kann die Wiedergabefreiheit in Anspruch genommen werden.
525 Weil eine umfassende Interessenabwägung erforderlich ist, kann nicht als Regel zugrundegelegt werden, dass Schrankenbestimmungen des Urheberrechts eng auszulegen seien (vgl BVerfG GRUR 2012, 389 Tz 17 – Kunstausstellung im Online-Archiv).
526 Als Quelle ist daher der Hersteller oder der Verbreiter (wenn der Hersteller nicht bekannt ist) anzugeben. Anzugeben ist der Name bzw die Firma in individuell üblicher Weise und in angemessener Form.
527 § 41 Nr. 4 DesignG; Art. 20 Abs. 2 Buchst. a GGV.
528 Art. 5ter Nr. 2 PVÜ; Art. 31Buchst. d, Art. 31Buchst. e GPÜ 1975.
529 OLG Hamburg GRUR Int. 1988, 781, 782 – Pflanzen-Transportwagen.
530 Amtliche Begründung zu § 40 GeschmMG unter Bezugnahme auf Nirk/Kurtze, § 6 Rn 17 zu § 6 Nr. 2 GeschmMG aF; Rehmann, Rn 208; Schulze, FS Ullmann 2006, S. 93, 110.
531 Eichmann, in: Eichmann/von Falckenstein, 4. Aufl., § 40 Rn 1 iVm § 38 Rn 32.
532 Eichmann, in: Eichmann/von Falckenstein/Kühne, § 40 Rn 9.
533 Eichmann, in: Eichmann/von Falckenstein/Kühne, § 40 Rn 9. Weil sich derartige Berichte idR förderlich auf den geschäftlichen Erfolg auswirken (vgl BGH GRUR1983, 28, 30 – Presseberichterstattung und Kunstwerkwiedergabe II), kann nicht von einer spürbaren Beeinträchtigung des Verwertungsrechts des Rechtsinhabers ausgegangen werden.

kenregelungen bedarf es, wenn für ein Erzeugnis Schutz sowohl durch ein Designschutzrecht als auch durch das Urheberrecht besteht.[534]

VII. Bestimmungshinweise

Die Eignung einer Ware als **Zubehör, Ersatzteil, Ersatzware** oder **Ergänzungsware** für eine andere (Haupt-)Ware kann durch eine hinweisende Bezugnahme auf die Hauptware besonders deutlich dargestellt werden. Bei einer Werbung für Aluminiumräder, die für einen speziellen Sportfahrzeugtyp der Marke Porsche angeboten wurden, hat Anerkennung gefunden, dass nur in einer Gesamtbetrachtung des kompletten Fahrzeugs der ästhetische Eindruck der Aluminiumräder vollständig vermittelt werden konnte.[535] Eine Bezugnahme kann daher gerechtfertigt sein, wenn sie für eine verständliche und vollständige **Information der Öffentlichkeit** erforderlich ist.[536] Dieser Situation wird im Markenrecht Rechnung getragen.[537] Weil das Verbietungsrecht nur übliche Verwertungshandlungen umfasst,[538] kann auch der Inhaber eines Designschutzrechts nicht gegen Handlungen vorgehen, die außerhalb des ihm vorbehaltenen Bereichs liegen.[539]

166

M. Nicht eingetragene Gemeinschaftsgeschmacksmuster

I. Entwicklung

Am Anfang der Entwicklung hat gestanden, dass in Großbritannien Schutz auch für ein *unregistered design* in Anspruch genommen werden konnte.[540] Die Möglichkeit des formlosen Schutzes ist in Art. 11 des MPI-Entwurfs aufgegriffen worden. Dieser Vorschlag hat sodann Eingang in die GGV gefunden. Die Möglichkeit des Schutzes für nicht eingetragene Gemeinschaftsgeschmacksmuster trägt insbesondere dem Umstand Rechnung, dass in einigen Wirtschaftszweigen Erzeugnisse in den Verkehr gebracht werden, die häufig nur eine kurze Lebensdauer im Markt haben.[541] Das ist insbesondere in der Textilbranche der Fall.[542] Die Schutzvoraussetzungen sind jedoch so allgemein geregelt, dass sie auf **alle Erzeugnisse** Anwendung finden. Obwohl von Anfang an geplant war,

167

---

534 Die urheberrechtliche Schrankenregelung wird durch das DesignG und die GGV nicht außer Kraft gesetzt. Das Interesse der Allgemeinheit an einer informativen Bildberichterstattung ist bei dieser Konstellation auch dann gewährleistet, wenn der Rechtsinhaber Ansprüche nur auf das DesignG und nicht auch auf das UrhG stützt. Dabei kann die ungewöhnliche Situation eintreten, dass es nicht der Anspruchsinhaber, sondern der Anspruchsgegner ist, der sich darauf beruft, dass es sich bei dem abgebildeten Erzeugnis um ein Werk der angewandten Kunst handelt. Das ist jedoch dem Anspruchsgegner nicht verwehrt, weil die Schrankenregelungen nicht den Interessen des Urhebers, sondern den Interessen der Allgemeinheit Rechnung tragen. Eine Rechtsverletzung nach den Regeln des Urheberrechts muss jedoch nicht festgestellt werden. Bei einem abgeleiteten Recht braucht daher nicht geklärt zu werden, ob ein wirksamer Rechtserwerb stattgefunden hat.
535 BGH GRUR 2005, 163, 164 – Aluminiumräder. Ausführlich hierzu § 3 Rn 173.
536 EuGH GRUR 2005, 509 Rn 39 – Gilette.
537 Vgl § 23 Nr. 3 MarkenG, wonach der Inhaber einer Marke nicht das Recht hat, Hinweise auf die Bestimmung einer Ware zu untersagen; Zubehör und Ersatzteile sind dabei als Beispiele aufgeführt. Ob diese Bestimmung auf eingetragene Designs entsprechend anwendbar ist, hat der BGH bisher offen gelassen (BGH GRUR 2011, 1117 Tz 53 – ICE).
538 Eichmann, in Eichmann/von Falckenstein/Kühne, § 38 Rn 48.
539 Wenn lediglich die funktionelle Zugehörigkeit eines Sekundärprodukts veranschaulicht wird, kann daher der Inhaber eines geschützten Designs einen Hinweis auf das von ihm stammende Primärprodukt nicht untersagen. Ähnlich wie im Markenrecht, wo den berechtigten Interessen des Rechtsinhabers nicht in unlauterer Weise zuwider gehandelt werden darf (EuGH GRUR 2005, 509 Rn 41 – LA-Laboratories), muss jedoch das eigene Verwertungsinteresse des Berechtigten gebührend berücksichtigt werden. Allein der Umstand, dass der Rechtsinhaber Waren gleicher Art anbietet, hat allerdings keine unangemessene Beeinträchtigung zur Folge (BGH GRUR 2005, 163, 164 – Aluminiumräder).
540 Vgl Cornish GRUR Int. 1998, 368, 370; E. Gottschalk/S. Gottschalk GRUR Int. 2006, 461 (Fn 6).
541 Vgl Erwägungsgrund 16 zur GGV.
542 Vgl Posner Mitt. 1993, 219, 224.

II. Schutzvoraussetzungen

168 Aus dem 1. Abschnitt der GGV ergibt sich, dass das Muster die Voraussetzungen der **Schutzfähigkeit**, der **Neuheit** und der **Eigenart** erfüllen muss und dass es keinem der Schutzausschließungsgründe unterliegen darf. Während es für die Neuheit und die Eigenart von eingetragenen Gemeinschaftsgeschmacksmustern auf den **Formenschatz** ankommt, der vor dem Anmeldetag bzw Prioritätstag der Öffentlichkeit zugänglich gemacht worden ist, ergibt sich für nicht eingetragene Gemeinschaftsgeschmacksmuster der hierfür maßgebliche Stichtag aus dem **Tag der Schutzbegründung**. Ansonsten sind für nicht eingetragene Gemeinschaftsgeschmacksmuster und für eingetragene Gemeinschaftsgeschmacksmuster die Schutzvoraussetzungen in jeder Hinsicht völlig identisch.

III. Schutzbegründung

1. Öffentliches Zugänglichmachen

169 Grundvoraussetzung für den Schutz ist, dass der **Öffentlichkeit** ein Muster **zugänglich gemacht** wird. Der als Grundvoraussetzung für eine Schutzbegründung in Art. 11 Abs. 1 GGV aufgeführte Begriff der Öffentlichkeit erfährt durch die Definition in Art. 11 Abs. 2 S. 1 GGV eine **erhebliche Einengung**. Maßgeblich ist demnach, dass das Muster den **Fachkreisen** des betreffenden Wirtschaftszweigs bekannt sein konnte; es kommt daher auf die Branche an, der das Muster zugehörig ist.[544]

2. Offenbarungshandlungen

170 Die Voraussetzungen für das Zugänglichmachen sind in Art. 11 Abs. 2 S. 1 GGV weitgehend wortidentisch mit den Voraussetzungen für das Zugänglichmachen, die in Art. 7 Abs. 1 S. 1 GGV für den vorbekannten Formenschatz geregelt sind.[545] Das Muster muss demnach **bekannt gemacht**, **ausgestellt**, **im Verkehr verwendet** oder in sonstiger Weise so offenbart worden sein, dass es für die maßgeblichen Fachkreise optisch wahrnehmbar war. Häufig wird ein formloser Schutz durch die **Vermarktung** eines Musters begründet. Das kann zB durch die Präsentation auf einer Fachmesse[546] oder durch unentgeltliche Abgabe in größerer Anzahl an Fachkunden[547] geschehen.[548]

> **Hinweis:** Die Präsentation auf einer **Ausstellung** hat den Vorteil, dass die Möglichkeit der Kenntnisnahme durch die Fachkreise (vgl Rn 172) wesensbedingt sichergestellt ist. Bei geschütz-

---

543 Art. 11 GGV enthält unter der Überschrift „Schutzdauer" Bestimmungen nicht nur über die Schutzdauer, sondern auch über die Schutzvoraussetzungen und über die Schutzbegründung. Die Schutzvoraussetzungen werden in Art. 11 Abs. 1 GGV durch eine Verweisung auf den 1. Abschnitt der GGV festgelegt. Bestimmungen über die Inhaberschaft finden sich in Art. 14 und Art. 15 GGV. Die Schutzwirkungen sind in Art. 19 Abs. 2 GGV geregelt. Die Herbeiführung eines Registerschutzes kommt nur in Betracht, wenn innerhalb der sog. Schonfrist (vgl Art. 7 Abs. 2 GGV; § 6 DesignG) ein Antrag auf Eintragung eines eingetragenen Gemeinschaftsgeschmacksmusters oder eines eingetragenen Designs gestellt wird.

544 Branchenübergreifende Feststellungen sind nur bei der Ermittlung des vorbekannten Formenschatzes eröffnet (vgl Rn 65 und Rn 81). Bei den weiteren Kriterien, wonach das Zugänglichmachen im normalen Geschäftsverlauf erfolgen muss und die Kenntnis der in der Gemeinschaft tätigen Fachkreise maßgeblich ist, bestehen dagegen keine Unterschiede zu den Festlegungen für den vorbekannten Formenschatz (vgl Rn 80, 82 und 83).

545 Die für eine Offenbarung maßgeblichen Handlungen unterscheiden sich daher nicht von den Handlungen, die für die Festlegungen zum vorbekannten Formenschatz maßgeblich sind.

546 LG Braunschweig BeckRS 2008, 19527 – Dekorationsgirlande; LG Mannheim BeckRS 2009, 88824 – Perlschmuck.

547 LG Mannheim BeckRS 2009, 88824 – Perlschmuck.

548 Ein formloser Schutz kann sich auch daraus ergeben, dass die Anmeldung oder die Eintragung eines Schutzrechts in einer Weise bekannt gemacht wird, aus der sich die Erscheinungsform eines schutzfähigen Musters ergibt. Das kann sowohl bei einem eingetragenen Design als auch bei einem eingetragenen Gemeinschaftsgeschmacksmuster, einem international registrierten Muster oder Modell, aber auch bei einer Marke und bei einem technischen Schutzrecht der Fall sein.

ten Ausstellungen (vgl Rn 76) wird zugleich die Chance begründet, innerhalb von sechs Monaten einen Registerschutz mit Ausstellungspriorität herbeizuführen.

3. Offenbarungsgebiet

Das Offenbarungsgebiet ist verwirrend geregelt. Aus Art. 11 Abs. 1 GGV kann zwar gefolgert werden, dass die schutzbegründende Offenbarung auf dem **Territorium der Gemeinschaft** stattgefunden haben muss. Nach der Definition in Art. 11 Abs. 2 S. 1 GGV könnte jedoch eine Offenbarung außerhalb der Gemeinschaft ausreichen, zB bei der Ausstellung eines Automobils auf einer internationalen Fachmesse zB in den USA oder in der Schweiz. Differierenden Auslegungen wurde durch eine nachträgliche Änderung der GGV ein Riegel durch die Bestimmung[549] vorgeschoben, dass ein **nicht in der Gemeinschaft** öffentlich zugänglich gemachtes Muster **keinen Schutz** als nicht eingetragenes Gemeinschaftsgeschmacksmuster genießt. Diese Formulierung ist zwar eindeutig,[550] aber unscharf.[551]

171

4. Fachkreise des betreffenden Wirtschaftszweigs

Fachkreise des betreffenden Wirtschaftszweigs sind **Fachpersonen**, die in dem betreffenden Wirtschaftszweig **geschäftstätig** sind. Das sind insbesondere alle Stufen und alle Formen des Handels, nicht jedoch Letztverbraucher. Betreffender Wirtschaftszweig ist daher die **Branche**, in der das **offenbarte Muster** üblicherweise vermarktet wird.[552] Die Versendung von 300 Exemplaren eines Werbeblatts mit der Abbildung eines Gartenmöbels an gewichtige Handelspartner mit Sitz in der EU konnte daher ausreichen.[553]

172

5. Möglichkeiten der Bekanntheit

Die Möglichkeit des Bekanntseins des Musters ist ein Erfordernis, mit dem das öffentliche Zugänglichmachen konkretisiert wird. Das Entstehen eines formlosen Geschmacksmusterschutzes setzt voraus, dass das Muster den relevanten Fachkreisen **bekannt** sein konnte.[554] Für die Festlegungen zum vorbekannten Formenschatz kommt es dagegen darauf an, ob das Muster den relevanten Fachkreisen **nicht bekannt** sein konnte.[555] Das ist mehr als ein semantischer Unterschied. Während für das Nichtbestehen eines Geschmacksmusterschutzes auf die Wahrscheinlichkeit eines Nichtkennens abgestellt wird, ist für die Begründung des formlosen Geschmacksmusterschutzes die **Wahrscheinlichkeit einer positiven Kenntnisnahme** erforderlich. Es kommt daher nicht darauf an, ob die Offenbarung nicht bekannt sein konnte.[556]

173

Im Verletzungsstreit kann sich eine weitere Einengung des Erfordernisses der Öffentlichkeit aus der Beschränkung der Schutzwirkung auf einen Nachahmungsschutz ergeben.[557] Das Gericht muss demnach davon überzeugt sein, dass **speziell der Anspruchsgegner** Kenntnis von dem Muster haben

---

549 Art. 110a Abs. 5 S. 2 GGV.
550 BGH GRUR 2009, 79 Tz 18 – Gebäckpresse I mwN.
551 Gemeint ist das erste Zugänglichmachen in der Gemeinschaft. Ob die erste Offenbarung in einem internationalen Medium (zB im Internet) ausreicht, hängt von den Umständen des Einzelfalls ab. Wenn die erste Offenbarung außerhalb der Gemeinschaft erfolgt ist, kann das der Neuheit oder der Eigenart einer nachfolgenden Schutzrechtsanmeldung entgegenstehen, vgl BGH GRUR 2009, 79 Tz 18 – Gebäckpresse I.
552 Durch die Referenz in der Einleitung „Im Sinne des Absatzes 1" in Art. 11 Abs. 2 S. 1 GGV wird eine Verbindung zu der Schutzvoraussetzung hergestellt, dass das Muster zugänglich gemacht wurde Für die Schutzvoraussetzungen der Neuheit und der Eigenart wird demgegenüber durch die Bezugnahme in Art. 7 Abs. S. 1 GGV auf die Art. 5 und 6 GGV darauf abgestellt, ob ein älteres Muster den Fachkreisen der Branche nicht bekannt sein konnte, der das ältere Muster zugehörig ist.
553 BGH GRUR 2012, 1253 Tz 21 – Gartenpavillon; EuGH GRUR 2014, 368 Rn 30 – Gautsch/Duna.
554 Art. 11 Abs. 2 S. 1 GGV.
555 Art. 7 Abs. 1 S. 1 GGV.
556 Beurteilungsgrundlage ist nämlich nicht Art. 7 Abs. 1 GGV, sondern Art. 11 Abs. 2 S. 1 GGV. Unzutreffend daher OLG Hamburg NJOZ 2002, 459, 466 – Gebäckpresse I; Rahlf/E. Gottschalk, GRUR Int. 2004, 821, 823.
557 Es besteht daher die Möglichkeit, dass zwar ein formloser Schutz entstanden ist, die Schutzwirkungen jedoch nicht den Anspruchsgegner erfassen, weil dieser das Muster nicht gekannt hat.

konnte. Eine rein individuelle Möglichkeit der Kenntnisnahme würde allerdings nicht ausreichen, vielmehr muss der Anspruchsgegner als **Teil der relevanten Fachkreise** diese Möglichkeit gehabt haben.

IV. Rechtsinhaber

174 Der allgemeine Grundsatz,[558] dass das Recht auf das Gemeinschaftsgeschmacksmuster dem **Entwerfer** (oder seinem Rechtsnachfolger) zusteht, gilt auch für den formosen Schutz. Die Rechtsinhaberschaft des Entwerfers besteht demnach unabhängig davon, von wem das Muster der Öffentlichkeit innerhalb der EU erstmalig zugänglich gemacht worden ist.[559] Rechtsinhaber kann **jedes Rechtssubjekt** sein, das rechtswirksam auch die Eintragung eines Gemeinschaftsgeschmacksmusters beantragen könnte. Der Schutz kann daher nicht nur von Unionsangehörigen, sondern auch von allen rechtsfähigen Rechtssubjekten aus Drittstaaten in Anspruch genommen werden. Die Darlegungs- und Beweislast für die Rechtsinhaberschaft trägt die Partei, die Rechte aus einem nicht eingetragenen Gemeinschaftsgeschmacksmuster geltend macht.[560] Entwerfer kann auch ein **Auftragnehmer** sein.[561] Bei einem **Arbeitnehmermuster** steht das Recht auf das Gemeinschaftsgeschmacksmuster grundsätzlich dem Arbeitgeber zu.[562]

> **Hinweis:** Bei einem Arbeitnehmermuster müssen für eine Beschlussverfügung die Voraussetzungen für den Rechtserwerb des Arbeitgebers vor der Entscheidung glaubhaft gemacht sein.

V. Beginn des Schutzes

175 Der Schutz beginnt an dem Tag, an dem das Muster **erstmals der Öffentlichkeit zugänglich gemacht** worden ist.[563] Für dieses Datum hat der Anspruchsteller die **Darlegungs- und Beweislast**,[564] weil unmittelbar der für die Ermittlung des vorbekannten Formenschatzes maßgebliche Stichtag und mittelbar das Ende der Schutzdauer festgelegt werden. Das Zugänglichmachen ist ein **rein tatsächlicher Vorgang**, dem weder die Vorstellung noch die Absicht einer Schutzbegründung zugrunde liegen muss. Eine Inanspruchnahme von *Prioritäten* kommt nicht in Betracht, weil diese Möglichkeiten nur bei eingetragenen Gemeinschaftsgeschmacksmustern bestehen.[565] Auch eine Berufung auf die sog. *Neuheitsschonfrist* ist nur bei eingetragenen Gemeinschaftsgeschmacksmustern möglich.[566] Weil das erstmalige Zugänglichmachen für den Schutzbeginn maßgeblich ist, hat der Rechtsbegründer nicht die Möglichkeit, **nachfolgenden Handlungen** den Vorzug zu geben. Ist zB dem Inverkehrbringen von Originalerzeugnissen eine Einführungswerbung mit Produktabbildungen vorausgegangen, wird durch diese Werbung sowohl der Schutzbeginn als auch der **Offenbarungsgehalt** festgelegt, wenn die Abbildung ein schutzfähiges Muster erkennen lässt.[567]

---

558 Art. 14 Abs. 1 GGV.
559 BGH GRUR 2013, 831 Tz 15 – Bolerojäckchen. Die Offenbarungshandlung kann von jedem beliebigen Dritten erfolgen, zB von einem Händler, der den Gegenstand des nicht eingetragenen Gemeinschaftsgeschmacksmuster in sein Sortiment aufnimmt. Die Offenbarungshandlung erlaubt daher keinen Rückschluss auf die Rechtsinhaberschaft, BGH aaO.
560 BGH GRUR 2013, 831 Tz 14 – Bolerojäckchen.
561 EuGH GRUR 2009, 867 Rn 51, 55 – FEIA/Cul de Sac. Die Sonderregelung in Art. 14 Abs. 3 GGV betrifft nur das Verhältnis zwischen Arbeitnehmern und Arbeitgebern, EuGH aaO.
562 Art. 14 Abs. 3 GGV. Wenn ein Arbeitgeber Rechte aus einem nicht eingetragenen Gemeinschaftsgeschmacksmuster geltend macht, das von einem Arbeitnehmer stammt, muss der Arbeitgeber seine Berechtigung darlegen.
563 Art. 11 Abs. 1 GGV. Maßgeblich hierfür ist nicht der Tag der ersten Verbreitung, sondern der Tag der ersten Möglichkeit der Kenntnisnahme durch die in der Union tätigen Fachkreise. Wenn nur eine Zeitspanne für das erste öffentliche Zugänglichmachen nachgewiesen wurde, ist der für den Anspruchsteller ungünstigste Zeitpunkt maßgeblich, vgl OLG Düsseldorf v. 5.8.2008, I-20 U 175/07; Ruhl, Art. 11 Rn 36.
564 OLG Düsseldorf v. 5.8.2008, I-20 U 175/07; Rahlf/E. Gottschalk, GRUR Int. 2004, 821, 824.
565 Vgl Art. 41 Abs. 1 GGV für die Auslandspriorität und Art. 44 Abs. 1 GGV für die Ausstellungspriorität.
566 Vgl Art. 7 Abs. 2 und 3 GGV.
567 Wenn beispielsweise die Produktabbildung nur in Schwarz-Weiß erfolgt ist oder das Produkt nur von einer Seite zu sehen war, kann für die Bestimmung des Schutzumfangs nur hierauf zurückgegriffen werden.

VI. Ende des Schutzes

Der Schutz endet **drei Jahre** nach der Schutzbegründung. Zwar können auch bei einem nicht eingetragenen Gemeinschaftsgeschmacksmuster Klageanträge ohne zeitliche Beschränkung gestellt werden.[568] Wenn jedoch das **Schutzrecht** im Verlauf des Verletzungsprozesses **erlischt**, muss der Kläger sein Begehren auf den Zeitraum bis zum Erlöschen **beschränken**.[569] Das betrifft insbesondere den Schadensersatzanspruch, den hierauf basierenden Anspruch auf vorbereitende Auskunft und Rechnungslegung[570] und den Anspruch auf Drittauskunft.[571] Bei dem in die Zukunft gerichteten Unterlassungsanspruch tritt mit dem letzten Tag der Schutzdauer die Erledigung der Hauptsache ein.[572] Dasselbe gilt für den Vernichtungsanspruch und den Anspruch auf Beschlagnahme als Sicherungsmaßnahme für den Vernichtungsanspruch. Wenn auf den wettbewerbsrechtlichen Nachahmungsschutz umgestellt werden soll, muss beachtet werden, dass es sich um einen eigenständigen Streitgegenstand handelt (vgl § 11 Rn 38).

Hinweis: Bei einer Klage aus einem nicht eingetragenen Gemeinschaftsgeschmacksmuster ist es meistens nicht absehbar, ob das Verfahren vor dem Ende der Schutzwirkung rechtskräftig abgeschlossen sein wird. Damit gegebenenfalls eine Umstellung auf wettbewerbsrechtliche Ansprüche nicht am Verspätungseinwand und/oder an einer engen Definition des Streitgegenstands scheitert, kann es – bei geeigneten Voraussetzungen – zweckmäßig sein, Argumente für einen wettbewerbsrechtlichen Nachahmungsschutz möglichst früh in das Verfahren einzuführen.[573]

VII. Schutzwirkungen

1. Eingriff in den Schutzumfang

Die allgemein Regelung, dass sich der Schutzumfang auf jedes Muster erstreckt, das **keinen anderen Gesamteindruck** erweckt,[574] gilt auch für den formlosen Schutz. Das weitere Erfordernis, dass es sich um eine **Nachahmung** des geschützten Musters handeln muss,[575] ist **stufenweise** aufgebaut, wobei in den gesetzlichen Definitionen die erste Stufe die letzte Stelle einnimmt.

2. Fehlende Kenntnis der Vorlage

Vorab muss ermittelt werden, ob von dem Entwerfer berechtigterweise angenommen werden kann, dass er den Gegenstand des nicht eingetragenen Gemeinschaftsgeschmacksmusters **nicht gekannt** hat.[576] Durch das Kriterium „berechtigterweise" wird zum Ausdruck gebracht, dass nicht jede theoretische Möglichkeit der Kenntnisnahme ausreicht, sondern eine nach der Lebenserfahrung **realistische Möglichkeit** der Kenntnisnahme bestanden haben muss. Maßgeblich ist, ob im **Zeitpunkt** der Schaffung des beanstandeten Erzeugnisses dem Entwerfer das geschützte Muster

---

568 Eine unbefristete Verurteilung ist für alle Schutzrechte zulässig, solange das Schutzrecht besteht, vgl BGH GRUR 2010, 996 Tz 16 – Bordakao.
569 Vgl BGH GRUR 2010, 996 Tz 16 – Bordakao.
570 BGH GRUR 2009, 79 Tz 13, 14 – Gebäckpresse I. Dem muss durch eine – ohne weiteres sachdienliche (§ 263 ZPO) – Änderung in der Antragsfassung Rechnung getragen werden.
571 Auf der Grundlage des Anspruchs auf Drittauskunft können zwar nach dem Erlöschen des Schutzrechts gegenüber Lieferanten und Abnehmern keine Unterlassungsansprüche geltend gemacht werden, Schadensersatzansprüche bleiben jedoch bestehen; Vorgänge bis zum Erlöschen des Schutzrechts unterliegen daher der Auskunftspflicht.
572 BGH GRUR 2010, 996 Tz 16 – Bordakao; OLG Hamburg NJOZ 2007, 459, 460 – Gebäckpresse I; OLG Düsseldorf v. 5.8.2008, I-20 U 175/07.
573 Wird in erster Instanz dem Antrag auf der Grundlage des nicht eingetragenen Gemeinschaftsgeschmacksmusters stattgegeben und zum wettbewerbsrechtlichen Nachahmungsschutz nichts ausgeführt, kann das Berufungsgericht über den UWG-Anspruch nur entscheiden, wenn der Anspruchsteller selbst Berufung oder Anschlussberufung eingelegt hat (vgl OLG Düsseldorf v. 5.8.2008, I-20 U 175/07; Berneke, WRP 2007, 579, 585).
574 Art. 10 Abs. 1 GGV.
575 Art. 19 Abs. 2 GGV.
576 Art. 19 Abs. 2 Hs 2 GGV. Es kommt nur auf die Kenntnis des Entwerfers an, nicht jedoch eines Rechtsnachfolgers, Herstellers oder Abnehmers, LG Düsseldorf Hartwig DesignE 3, 360 – Stoffdesign.

bekannt war.[577] Weil der Anspruchsteller das Muster der Öffentlichkeit zugänglich gemacht hat, obliegt ihm die **Darlegungs- und Beweislast** dafür, dass von dem Entwerfer des beanstandeten Erzeugnisses berechtigterweise angenommen werden kann, er habe das geschützte Muster gekannt.[578] Der Anspruchsteller muss daher **Tatsachen** vortragen, aus denen gefolgert werden kann, dass der Anspruchsgegner das geschützte Muster kennen konnte.[579] Es reicht aus, dass der Entwerfer das Muster **unbewusst** in sein Formengedächtnis aufgenommen hat.[580] Wenn keine (auch inkorrekte) Möglichkeit ausgeschlossen werden kann, dass der Anspruchsgegner das geschützte Muster gekannt hat, ist Raum für weitere Untersuchungen zum subjektiven Nachahmungstatbestand.

3. Erfordernis der Nachahmung

179   Die „angefochtene Benutzung", also das beanstandete Erzeugnis, muss das **Ergebnis einer Nachahmung** sein.[581] Wenn für den Rechtsinhaber eine Beweisführung für die Nachahmung praktisch unmöglich oder übermäßig erschwert ist, kann eine **Erleichterung der Darlegungs- und Beweislast** in Anspruch genommen werden.[582] Für den Nachbildungswillen des Entwerfers spricht daher als Beweis des ersten Anscheins eine **Vermutung**, wenn zwischen dem beanstandeten Erzeugnis und dem geschützten Muster **weitgehende Übereinstimmungen** bestehen.[583]

4. Ergebnis eines selbständigen Entwurfs

180   Die **Vermutung** für das Vorliegen einer Nachahmung kann **entkräftet** werden, wenn das beanstandete Erzeugnis das Ergebnis eines **selbstständigen Entwurfs** der Person ist, die das Erzeugnis entworfen hat.[584] Für die Selbstständigkeit einer Entwurfstätigkeit obliegt die **Darlegungs- und Beweislast** dem Anspruchsgegner.[585] Der Verletzer muss daher Umstände darlegen und erforderlichenfalls beweisen, die gegenüber dem Beweis des ersten Anscheins einen **abweichenden Geschehensablauf** ergeben.[586] Um Schutzbehauptungen entgegenzuwirken, muss konkreter Beweisantritt für **Einzelheiten einer eigenständigen Entwurfstätigkeit** erfolgen.[587]

---

577 BGH GRUR 2008, 1115 Tz 24 – ICON (zum UWG-Schutz). Nachfolgende Kenntnis, zB durch Verwarnung oder Berechtigungsanfrage, genügt nicht.
578 EuGH GRUR 2014, 368 Rn 41 – Gautzsch/Duna; BGH GRUR 2012, 1253 Tz 36 – Gartenpavillon.
579 EuGH GRUR 2014, 368 Rn 41, 43 – Gautsch/Duna. Das ist zB der Fall, wenn eine geschützte Straßenleuchte am Wohnsitz des Entwerfers installiert war (vgl BGH GRUR 1961, 640, 643 – Straßenleuchte) oder wenn der Entwerfer ein Exemplar eines Musters auf einer Fachmesse sehen konnte (vgl BGH GRUR 1975, 383, 386 – Möbelprogramm). Die Kenntnis des Entwerfers aus Skizzen (vgl BGH GRUR 1958, 509, 511 – Schlafzimmermodell), Abbildungen (vgl BGH GRUR 1975, 383, 386 – Möbelprogramm) und durch sonstige den Anblick ersetzende Informationen (vgl BGH GRUR 1961, 640, 643 – Straßenleuchte) reicht aus.
580 BGH GRUR 1981, 273, 276 – Leuchtenglas. Es braucht daher Beweisantritten nicht nachgegangen zu werden, der Entwerfer habe nach eigenen Gesichtspunkten (vgl BGH GRUR 1958, 509, 511 – Schlafzimmermodell) oder nach früheren Arbeiten (vgl BGH GRUR 1981, 269, 272 – Haushaltsschneidemaschine II) gearbeitet.
581 Art. 19 Abs. 2 S. 1 GGV.
582 EuGH GRUR 2014, 368 Rn 44 – Gautzsch/Duna.
583 BGH GRUR 12, 1253 Tz 37 – Gartenpavillion; OLG Düsseldof BeckRS 2011, 22570 – Herrenhemden; LG Braunschw 9 O 1097/07 v. 22.2.2008 – String-Tanga; High Court (GB) Rn 21 ff //2008// EWHC 346 (Ch) v. 16.1.2008. Dabei kann es nicht nur auf Übereinstimmungen oder Ähnlichkeiten in gestalterischen Erscheinungsmerkmalen, sondern auch auf Übereinstimmungen in Abmessungen und sonstigen Gestaltungsmerkmalen ankommen.
584 Art. 19 Abs. 2 S. 2 Hs 1 GGV.
585 EuGH GRUR 2014, 368 Rn 41 – Gautzsch/Duna; BGH GRUR 2012, 1253 Tz 37 – Gartenpavillon; LG Düsseldorf DesignE 3, 360 – Stoffdesign; BeckRS 2011, 27079 – Gartensitzmöbel; LG Mannheim BeckRS 2009, 88824; High Court (GB) Rn 21 ff //2008// EWHC 346 (Ch) v. 16.1.2008.
586 BGH GRUR 2012, 1253 Tz 37 – Gartenpavillion.
587 Vgl BGH GRUR 2008, 1115 Tz 28 – ICON (zum UWG – Schutz). Wenn im Zeitpunkt der Entwurfstätigkeit das geschützte Muster weder auf dem Markt war noch dem Entwerfer auf andere Weise bekannt geworden ist, kann die Vernehmung von Zeugen und die Vorlage von datierten Zeichnungen einer Zulieferfirma zum Ergebnis haben, dass das Gericht von einer unabhängigen Gestaltungstätigkeit überzeugt ist, BGH aaO.

N. Verhältnis zu anderen Schutzmöglichkeiten

I. Grundsatz

Für Gemeinschaftsgeschmacksmuster ist klargestellt,[588] dass **andere Vorschriften** u.a. über Kennzeichen, Patente und Gebrauchsmuster sowie über unlauteren Wettbewerb unberührt bleiben. Weil diese Rechtslage in Deutschland dem traditionellen Verständnis zu **unterschiedlichen Schutzmöglichkeiten** entspricht, wurde nur in allgemeiner Form bestimmt, dass Ansprüche aus anderen gesetzlichen Vorschriften unberührt bleiben.[589]

II. Markenschutz

Für alle Gestaltungen, denen **keine Erscheinungsform** eines Erzeugnisses zugrundeliegt, kommt ein Schutz nur durch eine Marke in Betracht, zB für Wörter, Buchstaben, Zahlen, Ziffern, Farben, Gerüche, Geschmäcker, Geräusche. Ein breiter Bereich des Nebeneinanders von Marken und geschützten Designs besteht bei **zweidimensionalen Darstellungen.** Die für geschützte Designs erforderliche **Neuheit** und **Eigenart** steht nur kuze Zeit zur Verfügung (Schonfrist!). Die für Marken erforderliche **Unterscheidungskraft** ist dagegen an keine zeitlichen Grenzen gebunden.

Hinweis: Wenn es für die Anmeldung eines geschützten Designs zu spät ist, kann ein Markenschutz in Betracht kommen. Bei rechtzeitiger Anmeldung kann für wichtige Designs durch eine **Doppelstrategie** der Schutz optimiert werden.

Für das Verhältnis von **dreidimensionalen Marken** zu geschützten Designs hat eine grundlegende **Neuorientierung** eingesetzt. Dass Zeichen vom Markenschutz ausgeschlossen sind, die ausschließlich aus einer Form bestehen, die der Ware einen **wesentlichen Wert** verleiht, war lange Zeit hindurch kein Hinderungsgrund für die Eintragung von Marken für rein geschmacklich ausgerichtete Erscheinungsformen.[590] Die Entscheidung „Hauck/Stokke" des EuGH[591] zum Markenschutz für den sog. **Tripp-Trapp-Kinderhochstuhl** hat dieser Praxis ein Ende gesetzt und außerdem den Anwendungsbereich einer durch die **Art der Ware** bedingten Form weit gefasst.[592] Wenn diese Schutzausschließungsgründe eingreifen, müssen die Anmelder auf den Bereich der geschützten Designs ausweichen und mit einer maximalen **Schutzdauer** von **25 Jahren** vorlieb nehmen.

III. Urheberrecht

Eingetragene Designs finden inzwischen als eigenständige gewerbliche Schutzrechte mit der Folge Anerkennung, dass für den Schutz von **Werken der angewandten Kunst** keine anderen Anforderungen als für den Schutz von **Werken der freien Kunst** gestellt werden dürfen.[593] Es genügt daher, dass Werke der angewandten Kunst eine Gestaltungshöhe erreichen, die es nach Auffassung der für Kunst empfänglichen und mit Kunstanschauungen einigermaßen vertrauten Kreise rechtfertigt, von einer „künstlerischen" Leistung zu sprechen.[594] In einer Zwischenphase war dieses Kriterium zugunsten der Forderung in den Hintergrund getreten, dass gegenüber einem geschützten Design ein noch weiterer Abstand, dh ein noch **deutlicheres Überragen** der Durchschnittsgestaltung vorhanden sein muss.[595] Dieses Erfordernis ist zwar aufgegeben worden. Aber die Rückkehr zu dem Erfordernis einer „künstlerischen" Leistung trägt dem Wesen der angewandten Kunst nicht Rechnung, weil ein Erzeugnis sogar überwiegend wegen seines **Gebrauchsnutzens** erworben werden

---

588 Art. 96 Abs. 1 GGV.
589 § 50 DesignG.
590 Vgl die Kritik in Voraufl. § 2 Rn 221.
591 EuGH C-205/13 GRUR 2014, 1097 – Hauck/Stokke ua. Ausführlich hierzu § 3 Rn 65 ff.
592 Vgl Kur, GRUR 2014, 1099 (Urteilsanm.).
593 BGH GRUR 2014, 175 Tz 35, 40 – Geburtstagszug.
594 BGH GRUR 2014, 175 Tz 26 – Geburtstagszug; hierzu Obergfell GRUR 2014, 621; Rauer/Ettig WRP 2014, 135; Schulze NJW 2014, 475; Szalai ZUM 2014, 231; krit. Barudi UFITA 14/I, 49, 68; Klawitter GRUR-Prax 2014, 30.
595 BGH GRUR 1995, 581, 582 – Silberdistel.

kann.⁵⁹⁶ Es sollte daher ausreichen, dass sich eine auf praktischen Gebrauch ausgerichtete Designgestaltung **deutlich vom gestalterischen Durchschnitt abhebt**.

IV. Wettbewerbsrechtlicher Nachahmungsschutz

185 Seitdem der BGH entschieden hat, dass der **zeitlich befristete** Schutz für nicht eingetragene Gemeinschaftsgeschmacksmuster unabhängig von dem **zeitlich nicht von vornherein befristeten** Anspruch wegen vermeidbarer Herkunftstäuschung besteht,⁵⁹⁷ ergeben sich keine Einwendungen, wenn beide Anspruchsgrundlagen nebeneinander geltend gemacht werden. Es muss lediglich darauf geachtet werden, dass Ansprüche aus §§ 3, 4 Nr. 9 UWG und aus geschützten Designs gesonderte Streitgegenstände bilden.⁵⁹⁸ Zwar wird darauf hingewiesen, dass wegen der beschränkten Schutzdauer und wegen der Ergänzungsfunktion des Schutzes aus § 4 Nr. 9 UWG die Prüfung von Ansprüchen aus einem geschützten Design Vorrang hat;⁵⁹⁹ je nach Sachverhaltsgestaltung kann jedoch der Antragsteller die Reihenfolge abweichend akzentuieren.

V. Technische Schutzrechte

186 Bei technischen Schutzrechten sind „**ästhetische Formschöpfungen**" gesetzlich vom Schutz ausgeschlossen.⁶⁰⁰ Dieser Schutzausschluss besteht jedoch nur insoweit, als für ästhetische Formschöpfungen **als solche** Schutz begehrt wird.⁶⁰¹ Technische Schutzrechte und geschützte Designs schließen sich daher nicht aus, sondern können einander ergänzen. Viele Erzeugnisse, insbesondere aus dem Bereich des Industrial Design, sind in ihren **ästhetischen Wirkungen** durch geschützte Designs und in ihren **technischen Eigenschaften** durch technische Schutzrechte geschützt bzw schützbar. Für den weltweit ersten **Freischwinger** konnte daher ein **Patent** erteilt und in der Beschreibung hervorgehoben werden, dass er gegenüber einem Gartensessel aus dem Stand der Technik ein „**gefälligeres Aussehen**" aufweist (Einzelheiten sowie Abbildungen hierzu in § 5 Rn 14).

> **Hinweis:** Wenn für ein und dasselbe Erzeugnis sowohl ein geschütztes Design als auch ein technisches Schutzrecht angemeldet wird, sollte dem Eindruck eines „Doppelschutzes" entgegengewirkt werden. Dem trägt in der **Darstellungsweise** Rechnung, dass für das technische Schutzrecht Zeichnungen als „Sprache des Technikers" und für das geschützte Design grafische oder fotografische Darstellungen in Farbe oder in unterschiedlichen Grautönen verwendet werden.

---

596 Vgl BGH GRUR 1987, 903, 904 – Le Corbusier-Möbel mwN.
597 BGH GRUR 2006, 79 Tz 18 – Jeans I; GRUR 2006, 346 Tz 7 – Jeans II. Nachahmungsschutz ist u.a. auch nach Ablauf der Schutzfrist eines Gebrauchsmusters zugesprochen worden, BGH GRUR 2012, 1155 – Sandmalkasten.
598 Vgl hierzu § 11 Rn 38.
599 Eichmann, in: Eichmann/von Falckenstein/Kühne, Allg Rn 53.
600 Vgl § 1 Abs. 2 Nr. 2 PatG; Art. 52 Abs. 2 Buchst. b EPÜ; § 1 Abs. 3 GebrMG.
601 § 1 Abs. 3 PatG; Art. 52 Abs. 3 EPÜ; § 1 Abs. 3 GebrMG.

§ 3 Markenrecht

A. Designs als Marke 1
   I. Wirkung und rechtliche Besonderheiten 1
   II. Eigener Ansatz 7
   III. Terminologie 9
B. Der Markenschutz nach deutschem und europäischem Recht 10
   I. Rechtsentwicklung 10
      1. Die Rechtslage vor Inkrafttreten des Markengesetzes 10
      2. Nationales und Unionsrecht 15
         a) Rechtsgrundlagen 15
         b) Die Reform des Markenrechts 16
         c) Institutionelle Aspekte; Ämter und Gerichte 18
   II. Voraussetzungen des Markenschutzes 20
      1. Entstehungstatbestände im nationalen und Unionsrecht 20
      2. Markenfähigkeit 24
         a) Abstrakte Unterscheidungseignung ... 24
         b) Bestimmtheitserfordernis 28
         c) Grafische Darstellbarkeit 30
         d) Besondere Ausschlussgründe für Formmarken 34
           aa) Allgemeine Voraussetzungen 34
           bb) Die Ausschlussgründe im Einzelnen 44
              (1) Wesensbedingte Formgebungen ... 44
              (2) Technisch bedingte Formgebungen 53
              (3) Wertverleihende Formgebungen ... 62
              (4) Gesamtbewertung 68
           cc) Fazit. Praktische Konsequenzen ... 69
      3. Absolute Schutzhindernisse 72
         a) Systematischer Überblick 72
         b) (Grafische) Darstellbarkeit 75
         c) Fehlende Unterscheidungskraft, Beschreibungseignung und Verkehrsüblichkeit 77
           aa) Inhalt und Systematik der Vorschriften: Zur Stellung der Wettbewerberinteressen im System der Schutzhindernisse 77
           bb) Der Schutzmaßstab bei Formmarken 82
              (1) Die Vorgaben der EuGH-Rechtsprechung 82
              (2) Konsequenzen und Probleme der Umsetzung 88
           cc) Die Beurteilung in der Praxis 94
              (1) Allgemeine Grundsätze und Tendenzen 94
              (2) Einzelfälle: Nationales Recht 95
                 (a) Warenformmarken 95
                 (b) Verpackungen und Behältnisse 100
              (3) Einzelfälle: Gemeinschaftsmarken ... 102
                 (a) Warenformen 102
                 (b) Verpackungen 107
           dd) Andere „designaffine" Markenformen 108
              (1) Bildmarken 108
              (2) Positionsmarken 111
              (3) Oberflächenstrukturen 115
         d) Sonstige Schutzhindernisse; insbesondere: bösgläubige Anmeldung... 116
         e) Verkehrsdurchsetzung 123
           aa) Beurteilungsgrundsätze 123
           bb) Insbesondere: Verkehrsdurchsetzung bei Gemeinschaftsmarken 128
   III. Rechtsschutz gegen Dritte 130
      1. Widerspruch 130
      2. Allgemeine Voraussetzungen der Verletzung von Markenrechten 131
         a) Vorbemerkung: Struktur des Verletzungstatbestandes nach der EuGH-Rechtsprechung 131
         b) Benutzung im geschäftlichen Verkehr 133
         c) Benutzung für Waren oder Dienstleistungen 136
         d) „Doppelidentität" (§ 14 Abs. 2 Nr. 1 MarkenG) 140
         e) Verwechslungsgefahr (§ 14 Abs. 2 Nr. 2 MarkenG) 144
         f) Rufausnutzung und Rufbeeinträchtigung 157
   IV. Schranken 163
      1. Überblick 163
      2. Lautere Benutzung geschützter Zeichen 165
         a) Beschreibende Angaben 165
         b) Nicht unterscheidungskräftige Zeichen 168
         c) Referierende Benutzung; insbesondere Ersatzteilgeschäft 172
      3. Erschöpfung 174
      4. Benutzungszwang 176
   V. Sonstige markenrechtliche Regelungen 180

Literatur:

Bauer, R., Die Ware als Marke – Gedanken zur BGH-Entscheidung Füllkörper, GRUR 1996, 319; *Berlit*, Die graphisch nicht darstellbare abstrakte Farbmarke als Benutzungsmarke i.S. von § 4 Nr. 2 MarkenG – Anmerkung zu OLG Köln, GRUR-RR 2007, 100, GRUR-RR 2007, 97; *Bodenhausen*, Die Pariser Verbandsübereinkunft zum Schutz des gewerblichen Eigentums, 1971; *Bodewig/Ruijsenaars*, Designschutz qua Markenrecht? Das „Burberrys"-Urteil des Benelux-Gerechtshof im Rechtsvergleich, GRUR Int. 1990, 821; *Eichmann*, Das Verhältnis von Mustern zu Marken, in: Bruchhausen (Hrsg.), Festschrift für Rudolf Nirk zum 70. Geburtstag, 1992, S. 162; *Eichmann*, Die dreidimensionale Marke im Verfahren vor dem DPMA und dem BPatG, GRUR 1995, 181; *Eichmann*, Die dreidimensionale Marke, in: Baur (Hrsg.), Festschrift für Ralf Vieregge zum 70. Geburtstag, 1995, S. 125; *Eichmann*, Schutzvoraussetzungen und Schutzwirkungen von Abbildungsmarken, GRUR Int. 2000, 483; *Eichmann*, Technizität von Erfindungen – Technische Bedingtheit von Marken und Mustern, GRUR 2000, 751; *Eichmann*, Gemeinschaftsgeschmacksmuster und Gemeinschaftsmarken: Eine Abgrenzung, MarkenR 2003, 10; *Eisenführ/Schennen*, Gemeinschaftsmarkenverordnung, Kommentar, 4. Auflage 2014; *von Falckenstein*, Markenrecht versus Geschmacksmusterrecht – Zur ausreichenden Offenbarung dreidimensionaler Marken, GRUR 1999, 881; *Fezer*, Entwicklungslinien und Prinzipien des Markenrechts in

Europa – Auf dem Weg zur Marke als einem immaterialgüterrechtlichen Kommunikationszeichen, GRUR 2003, 457; *Fezer*, Markenrecht, Kommentar, 4. Auflage 2009; *Fezer*, Die Kollision komplexer Kennzeichen im Markenverletzungsrecht, GRUR 2013, 209; *Grabrucker*, Aktuelle Rechtsprechung zu den Warenformmarken, Mitt. 2005, 2; *Grabrucker*, Neue Markenformen, MarkenR 2001, 95; *Grabrucker*, Zur Schutzfähigkeit von Produktformen als Marke, Mitt. 2004, 106; *Grabrucker/Fink*, Aus der Rechtsprechung des Bundespatentgerichts im Jahre 2003 – Teil I: Markenrecht, GRUR 2004, 273; *Grabrucker/Fink*, Aus der Rechtsprechung des Bundespatentgerichts im Jahre 2004 – Teil I: Markenrecht, GRUR 2005, 289; ... im Jahre 2005 – Teil I: Markenrecht, GRUR 2006, 265; ... im Jahre 2006 – Teil I: Markenrecht, GRUR 2007, 267; ... im Jahre 2007 – Teil I: Markenrecht, GRUR 2008, 371; ... im Jahre 2008 – Teil I: Markenrecht, GRUR 2009, 429; *Hacker*, Eintragungsvoraussetzungen und Schutzumfang von nicht-konventionellen Marken, GRUR Int. 2004, 215; *Hager*, Verletzung von Formmarken, GRUR 2002, 566; *Hartwig/Kutschke* Häschen in der Grube – Kennzeichnungskraft und Verwechslungsgefahr dreidimensionaler Marken, zugleich Anmerkung zu OLG Frankfurt a.M. (GRUR-RR 2008, 191 – Goldhase II), GRUR-RR 2008, 185; *Henning-Bodewig/Ruijsenaars*, Designschutz qua Markenrecht? – Das „Burberrys"-Urteil des Benelux-Gerichtshof im Rechtsvergleich, GRUR Int. 1990, 821; *Ingerl*, Zum Prüfungsmaßstab bei Formmarken, MarkenR 2001, 199; *Ingerl/Rohnke*, Markengesetz, Kommentar, 3. Auflage 2010; *Jehle*, Die Warenformmarke – ungeliebtes Stiefkind des Markenrechts?, WRP 2014, 1279; *Kiethe/Gröschke*, Der Designschutz dreidimensionaler Marken nach dem Markengesetz, WRP 1998, 541; *Klaka*, Schutzfähigkeit der dreidimensionalen Benutzungsmarke nach § 4 Nr. 2 MarkenG, GRUR 1996, 613; *Klein*, Marlene Dietrich – die Totengräberin der Positionsmarke? GRUR 2013, 456; *Knaak/Kur/v. Mühlendahl*, Die Studie des Max-Planck-Instituts für Immaterialgüter- und Wettbewerbsrecht zum Funktionieren des europäischen Markensystems, GRUR Int. 2012, 197; *Körner/Gründig-Schnelle*, Markenrecht und Produktschutz durch die dreidimensionale Marke, GRUR 1999, 535; *Koschtial*, Das Freihaltebedürfnis wegen besonderer Form im europäischen und deutschen Markenrecht, GRUR Int. 2004, 106; *Koschtial*, Die Einordnung des Designschutzes in das Geschmacksmuster-, Urheber-, Marken- und Patentrecht, 2003; *Kopacek/Grabrucker*, Aus der Rechtsprechung des Bundespatentgerichts im Jahre 2009 – Teil I: Markenrecht, GRUR 2010, 369; *Kopacek/Kortge*, Aus der Rechtsprechung des Bundespatentgerichts im Jahre 2010 – Teil I: Markenrecht, GRUR 2011, 273; ... im Jahre 2011 – Teil I: Markenrecht, GRUR 2012, 440; ... im Jahre 2012 – Teil I: Markenrecht, GRUR 2013, 336; ... im Jahre 2013 – Teil I: Markenrecht, GRUR 2014, 311; *Krüger*, Produktformmarken im Verletzungsprozess, in: Ahrens (Hrsg.), Festschrift für Willi Erdmann zum 65. Geburtstag, 2002, S. 357; *Kur*, Alles oder Nichts im Formmarkenschutz?, GRUR Int. 2004, 755; *Kur*, Formalschutz dreidimensionaler Marken – neue Aufgaben für die Markenabteilung des deutschen Patentamtes, in: Deutsches Patentamt u.a. (Hrsg.), DPA: 100 Jahre Marken-Amt, Festschrift, 1994, S. 175; *Ohly*, Designschutz im Spannungsfeld von Geschmacksmuster-, Kennzeichen- und Lauterkeitsrecht, GRUR 2007, 731; *Rohnke*, Der Prüfungsmaßstab bei Formmarken, MarkenR 2001, 199; *Sambuc*, Das Freihaltebedürfnis an beschreibenden Angaben und der Ware selbst nach dem Markengesetz, GRUR 1997, 403; *Sambuc*, Designschutz mit Markenrecht? GRUR 2009, 333; *Schramm*, Demoskopische Befunde als Beweismittel in Warenzeichensachen, MA 1973, 87; *Schricker/Stauder* (Hrsg.) Handbuch des Ausstattungsrechts, 1985; *Seibt*, Die dreidimensionale Marke unter besonderer Berücksichtigung der Abgrenzung zu den Produktschutzrechten, 2001; *Steinbeck*, Abstrakte Farbmarken haben es (zu) schwer, WRP 2014, 1003; *Ströbele*, Absolute Eintragungshindernisse im Markenrecht – Gegenwärtige Probleme und künftige Entwicklungen, GRUR 2001, 658; *Ströbele*, Die Eintragungsfähigkeit neuer Markenformen, GRUR 1999, 1041; *Ströbele*, Probleme bei der Eintragung dreidimensionaler Marken, in: von Bomhard (Hrsg.), Harmonisierung des Markenrechts, Festschrift für Alexander von Mühlendahl zum 65. Geburtstag, 2005, S. 235; *Ströbele/Hacker*, Markengesetz, Kommentar, 11. Auflage 2014; *Szalai*, Begriffsverwirrung und Reformbedarf im Markenrecht, MarkenR 2012, 8; *Thewes*, Der Schutz der dreidimensionalen Marke nach dem Markengesetz, 1999; *Ullmann*, Die Form einer Ware als Marke – Illusion oder Chance?, NJW Sonderheft: 100 Jahre Markenverband, 2003, 83; *Winkel*, Formalschutz dreidimensionaler Marken, 1979; *Würtenberger*, Waren als Marken – Die Eintragungspraxis des DPMA und die Rechtsprechung des BPatG im Lichte der Rechtsprechung des EuGH, GRUR 2003, 912; *Zentek*, Designschutz, 2. Auflage 2008; *Zöllner*, Wann wird eine dreidimensionale Marke markenmäßig verwendet, wenn sie selbst das Produkt ist? Überlegungen zu einem blauen Schaf, GRUR-Prax 2010, 144.

A. Designs als Marke

I. Wirkung und rechtliche Besonderheiten

1 Designs entfalten nicht allein durch ihre ästhetische Wirkung Attraktionskraft im geschäftlichen Verkehr. Ihre Wertschätzung kann auch darin begründet sein, dass die Verwendung des Designs von den Abnehmern als **Signal für die Herkunft** der Ware aus einer bestimmten Quelle aufgefasst wird. Signalfunktion in diesem Sinne kann Warenformen – etwa der Kaffeekanne von *Alessi* – sowie Verpackungen – etwa der *Coca Cola*-Flasche – zukommen. Während in den genannten Fällen das Signal – das „Kennzeichen" – mit der Ware oder ihrer Verpackung physisch verschmilzt, können Designs auch in akzessorischer Form Kennzeichnungswirkung entfalten, wie etwa die Kühlerfigur „Spirit of Ecstasy" des *Rolls Royce*, oder zweidimensionale Designs, die als Bildmarken oder Logos Verwendung finden.

Die an zweiter Stelle genannten Fälle, in denen das Design eine akzessorische Stellung gegenüber der gekennzeichneten Ware oder Dienstleistung einnimmt, sind markenrechtlich unproblematisch; dasselbe gilt für **Grafikdesign**, das in Form von Bildmarken oder Logos Verwendung findet. Für solche Zeichen gelten uneingeschränkt die allgemeinen Grundsätze des Markenrechts, die im Folgenden nicht vertieft behandelt werden können. Soweit jedoch Schutz für die Ware oder ihre Verpackung als Ganzes beansprucht wird, wirft die Anwendung des Markenrechts besondere Fragen auf. Diese stehen im Mittelpunkt der folgenden Darstellung.

Der Grund für die besondere Aufmerksamkeit, die dem Schutz von Waren- oder Verpackungsformen als Marke zuteil wird, ist folgender:[1] Anders als im Fall des Urheber-, Patent- und Designrechts ist es nicht Ziel des Markenschutzes, dem Rechtsinhaber eine ausschließliche Marktposition für ein konkretes Erzeugnis zu verschaffen. Dem Grundsatz nach bleibt die **Wettbewerbsfreiheit** auf dem Produktmarkt vollständig erhalten, dh prinzipiell wird niemand daran gehindert, genau das gleiche Produkt anzubieten wie der Markeninhaber, unter der Voraussetzung, dass er seine eigene Marke an der Ware anbringt.[2] Das Fehlen eines wettbewerbsbeschränkenden Effekts auf dem Produktmarkt bildet zugleich den Grund dafür, dass das Markenrecht im Gegensatz zu anderen Schutzrechten keiner zeitlichen Begrenzung unterliegt: Während die Schutzgegenstände des Patent-, Urheber- und Geschmacksmusterrechts nach Ablauf bestimmter Fristen der Allgemeinheit zur Verfügung gestellt werden müssen, besteht dieses Bedürfnis im Fall der Marken nicht, da die eigentlich geschützte Leistung – das betriebliche Angebot, auf das die Marke hinweist – als solche ohnehin keine Exklusivität genießt.

Diesen Annahmen läuft die Vorstellung, dass eine Ware (oder, wenn auch in geringerem Maße, ihre Verpackung) selbst zur Marke werden können, grundsätzlich zuwider. Exklusivität des Kennzeichens bedeutet in diesem Fall zugleich Exklusivität des Produkts und führt damit zu einer Einschränkung des Wettbewerbs auf dem Produktmarkt, die **zeitlich unbegrenzt** aufrechterhalten werden kann. Die Zurückhaltung gegenüber dem Schutz solcher Marken, die sich – in unterschiedlicher Form und Intensität – in praktisch allen Rechtsordnungen und zu allen Zeiten feststellen lässt, hat hier ihre Ursache.

Auf der anderen Seite lässt sich feststellen, dass eine prinzipielle Schutzverweigerung für die Kennzeichnungswirkung der Form einer Ware oder ihrer Verpackung unnötig und praktisch undurchführbar wäre. Sie wäre für das Allgemeininteresse sogar schädlich, da sie zu erheblichen **Täuschungen der Abnehmer** führen könnte. Im Regelfall gilt die durch den Markenschutz eintretende Einschränkung auf dem Produktmarkt daher auch als unproblematisch, soweit Wettbewerber auf genügend **Alternativen** ausweichen können. Die potenziell unbegrenzte Dauer des Schutzes wird dabei ebenfalls nicht als Problem betrachtet, da Waren üblicherweise ohnehin nur für begrenzte Zeit in ein und derselben Formgebung am Markt erscheinen und die Ausnutzung des Markenrechts im Sinne einer reinen „Sperrwirkung", dh die Behinderung von Mitbewerbern ohne eigene aktive Nutzung der Form, durch den Benutzungszwang (§ 25 MarkenG; Art. 15 GMV) verhindert wird.

Insofern lässt sich der Markenschutz von Formen durchaus mit dem System des Immaterialgüterrechts vereinbaren. Die zuvor angestellten Überlegungen bleiben dennoch bedeutsam: Sie zeigen, dass diese spezielle Markenform in besonderem Maße auf den **Wettbewerb** einwirkt und dabei tendenziell über dasjenige hinausgeht, was nach Sinn und Zweck des Markenrechts dem Inhaber an wettbewerbsrelevanten Vorteilen zugewiesen werden soll.[3] Durch die Berücksichtigung der Wettbewerberinteressen bei Entscheidungen über die Zuerkennung des Rechts und den ihm zuzubilligenden Umfang muss daher ein angemessener Ausgleich geschaffen werden.

---

1 Siehe dazu bereits Kur, FS DPA: 100 Jahre Marken-Amt, 1995, S. 175, 178 f; Körner/Gründig-Schnelle, GRUR 1999, 535, Würtenberger, GRUR 2003, 912 ff.
2 Zur unterschiedlichen Interessenlage im Bereich der „Produktschutzrechte" und des Markenrechts eingehend Seibt, Die dreidimensionale Marke, S. 1 ff.
3 Die vom Schutz von Formmarken ausgehenden Gefährdungen für den freien Wettbewerb betont Würtenberger, GRUR 2003, 912 ff.

II. Eigener Ansatz

7 Der dieser Darstellung zugrunde liegende Ansatz will diesen Besonderheiten Rechnung tragen. Er lässt sich folgendermaßen umreißen: Es wird davon ausgegangen, dass dem Markenrecht eine **Interessen-Trias** zugrunde liegt: Zu berücksichtigen und miteinander in Ausgleich zu bringen sind jeweils die Interessen des Anmelders/Markeninhabers, der Abnehmer und der Wettbewerber. Dies schließt nicht aus, dass einem dieser Interessen im Einzelfall Vorrang vor den anderen gewährt wird. Wichtig ist lediglich, dass das tripolare Schema durchgängig eingehalten wird, dh, keines der beteiligten Interessen darf bei der Beurteilung einer markenrechtlich relevanten Frage völlig vernachlässigt werden.

8 Soweit man bei Zugrundelegung dieses Ansatzes zu Ergebnissen gelangt, die von denjenigen der herrschenden Auffassung abweichen, wird dies im Text kenntlich gemacht und erläutert. Ungeachtet solcher im Einzelfall abweichenden Positionen wird die herrschende Auffassung jeweils ausführlich dargestellt und gewürdigt.

III. Terminologie

9 Im Folgenden wird der Begriff „dreidimensionale Marke" als Oberbegriff verwendet, der sowohl akzessorische dreidimensionale Marken wie auch Waren- und Verpackungsformen umfasst. Waren- und Verpackungsformen werden hingegen mit dem dem Begriff „**Formmarke**" bezeichnet. Soweit zwischen den verschiedenen Arten von Formmarken differenziert werden soll, finden die Begriffe „**Warenformmarke**" und „**Verpackungsmarke**" Verwendung.

B. Der Markenschutz nach deutschem und europäischem Recht

I. Rechtsentwicklung

1. Die Rechtslage vor Inkrafttreten des Markengesetzes

10 Nach dem bis zum 1.1.1995 in Deutschland geltenden Warenzeichengesetz (WZG) war die Eintragung dreidimensionaler Kennzeichen nicht möglich. Soweit solche Kennzeichen allerdings von den beteiligten Verkehrskreisen als Hinweis auf die Herkunft einer Ware aus einem bestimmten Betrieb erkannt wurden, wurden sie nach § 25 WZG als sog. **Ausstattungen** geschützt. Der Schutz richtete sich gegen die im geschäftlichen Verkehr zu Kennzeichnungszwecken erfolgende Benutzung von identischen oder verwechselbar ähnlichen Ausstattungen durch Dritte und kam damit einem Markenschutz relativ nahe.[4]

11 Voraussetzung für den Ausstattungsschutz war der Erwerb eines gewissen Grades von Verkehrsbekanntheit, der **Verkehrsgeltung**.[5] Exakte Angaben über die insoweit bestehenden Mindestanforderungen ließen sich nicht machen, da die Nennung konkreter Werte von der Rechtsprechung grundsätzlich abgelehnt wurde. In der Literatur wurde jedoch überwiegend angenommen, dass nicht weniger als 25 % der beteiligten Verkehrskreise – dh derjenigen, die als Abnehmer entsprechender Waren in Betracht kommen – die Ausstattung als Hinweis auf ein bestimmtes Unternehmen auffassen müssen.[6]

12 Im Übrigen wurde davon ausgegangen, dass die Anforderungen an die Höhe der Verkehrsgeltung zunehmen, je mehr das Interesse der Wettbewerber an einer Freihaltung der Formgebung für den allgemeinen Gebrauch Schutz verdient („**Freihaltebedürfnis**"). Dies konnte dazu führen, dass der

---

[4] Zum Ausstattungsschutz nach dem WZG s. Götting, in: Schricker/Stauder, Handbuch des Ausstattungsrechts, S. 211 ff, 246.
[5] Zu den Anforderungen an die Verkehrsgeltung und ihre Feststellung unter dem WZG s. Chrocziel, in: Schricker/Stauder, Handbuch des Ausstattungsrechts, S. 246 ff.
[6] So die hM im Anschluss an Schramm, MA 1973, 87, 93. Die Rechtsprechung hat sich in dieser Hinsicht nie festgelegt; s. aber zB BGH GRUR 1960, 130, 132 – Sunpearl II: 19 % reichen nicht aus; BGH GRUR 1969, 681, 682 – Kochendwassergerät: 36,7 % sind (mehr als) ausreichend.

Schutz auch bei überdurchschnittlich starker Verkehrsgeltung verweigert wurde.[7] Unabhängig von der Stärke der Verkehrsgeltung war ein Schutz von Warenformen immer dann dem Grunde nach ausgeschlossen, wenn sich die Form aus dem „Wesen der Ware" selbst ergab. Dies wurde danach beurteilt, ob es sich bei der Ausstattung lediglich um eine „äußere Zutat zur Ware" handelte,[8] dh ob eine (zumindest) begriffliche Trennung von Ware und Formgebung möglich war.[9]

In der Literatur wurde die systematische Begründung dieser Rechtsprechung zwar überwiegend als zutreffend beurteilt; die Entscheidungen stießen im Einzelnen jedoch häufig auf Kritik, da und soweit sie als unklar und inkonsistent im Vergleich mit früheren Urteilen erschienen.[10] So wurde die **Ausstattungsfähigkeit** der besonderen Formgebung einer Vase abgelehnt,[11] während die Form einer Teekanne als ausstattungsfähig anerkannt wurde;[12] als ausstattungsfähig wurde eine Drei-Streifen-Kennzeichnung auf Fußballstiefeln angesehen,[13] nicht jedoch auf einem Trainingsanzug.[14]

Spätestens seit den 1970er Jahren mehrte sich zudem die generelle Kritik an dem Verbot der Eintragung dreidimensionaler Marken,[15] zumal in anderen Ländern innerhalb und außerhalb Europas entsprechende Regelungen kaum noch zu finden waren.[16] Die für das Eintragungsverbot historisch vorgebrachten Begründungen wurden als obsolet bezeichnet. Als sich daher im Zusammenhang mit der **Harmonisierung** des Markenrechts in Europa abzeichnete, dass Formen von Waren und ihrer Verpackung künftig zwingend zu den als Marke schutzfähigen Kennzeichen zählen würden, stieß diese Entwicklung auf praktisch einhellige Zustimmung.

2. Nationales und Unionsrecht

a) Rechtsgrundlagen

Der Schutz von Marken auf nationaler Ebene richtet sich seit dem 1.1.1995 nach dem Markengesetz (MarkenG). Es beruht in wesentlichen Teilen[17] auf der europäischen **Markenrichtlinie** (95/2008/EG; MRRL)[18] durch die das materielle Recht in den Mitgliedsländern der EU weitgehend vereinheitlicht worden ist. Darüber hinaus besteht die Möglichkeit, einen gemeinschaftsweiten Schutz nach den Vorschriften der **Gemeinschaftsmarkenverordnung** (VO (EG) Nr. 207/2009; GMV)[19] zu erwerben. Die materiellen Regelungen der GMV über den Schutzerwerb sowie die inhaltliche Reichweite des Schutzrechts stimmen mit der MRRL und daher auch mit dem nationalen Recht überein.[20] Im Folgenden wird daher grundsätzlich keine Trennung vorgenommen; die Ausführungen gelten für das nationale und das Gemeinschaftsrecht gleichermaßen, soweit nichts anderes gesagt wird.

---

7 Grundlegend: BGH GRUR 1960, 83 – Nährbier (für Beschaffenheitsangaben); s.a. BGH GRUR 1962, 409, 410 – Wandsteckdose; BGH GRUR 1969, 541, 543 – Grüne Vierkantflasche.
8 So bereits RGZ 40, 65, 67 – Briefordner.
9 Grundlegend: BGH GRUR 1952, 516, 518 – Hummelfiguren I.
10 Siehe statt aller Götting, in: Schricker/Stauder, Handbuch des Ausstattungsrechts, S. 222 ff.
11 BGH GRUR 1959, 289 – Rosenthal-Vase.
12 BGH GRUR 1968, 419, 420 – Feuerfest I.
13 BGH GRUR 1959, 423 – Fußballstiefel.
14 BGH GRUR 1972, 546 – Trainingsanzug.
15 Winkel, S. 260 ff; Eichmann, FS Nirk, 1992, S. 165, 172 ff.
16 Schricker, in Schricker/Stauder, Handbuch des Ausstattungsrechts, S. 7, 15 ff; Henning-Bodewig/Ruijsenaars, GRUR Int. 1990, 821 ff.
17 Dies gilt nicht für die Aspekte, die in der Markenrichtlinie 104/89/EWG nicht geregelt sind, also insbesondere für nicht eingetragenen Marken und geschäftliche Bezeichnungen sowie geografische Herkunftsangaben sowie für Verfahren in Markensachen.
18 Kodifizierte Fassung der Richtlinie 104/89/EWG samt späterer Änderungen. Zu der bei Fertigstellung des Manuskripts bevorstehenden Änderung der MRRL siehe Rn 16 f.
19 Kodifizierte Fassung der VO (EWG) Nr. 40/1994. Zu der bei Fertigstellung des Manuskripts bevorstehenden Änderung der GMV siehe Rn 16 f.
20 Ebenso die Rechtslage im Designrecht. Siehe dazu § 2 Rn 4.

b) Die Reform des Markenrechts

16 Nachdem das europäische Markenrecht seit zwei Jahrzehnten mit nur geringfügigen Änderungen in Kraft gewesen ist, erfährt es derzeit eine **umfassende Reform**. Angestoßen wurde diese zunächst durch das Bedürfnis, einen neuen Verteilungsschlüssel für die Gebühreneinnahmen des HABM zu entwickeln, um einen Anteil an den jährlich entstehenden Überschüssen den nationalen Systemen, zumindest in indirekter Weise, zukommen zu lassen.[21] Die dazu erforderliche Änderung der GMV wurde zum Anlass für eine gründliche **Evaluierung des Funktionierens des europäischen Markensystems** genommen, um weitere Harmonisierungsoptionen sowie ggf Korrekturbedürfnisse aufzuzeigen. Die im Anschluss an eine entsprechende Studie des Max-Planck-Instituts[22] erarbeiteten Kommissionsvorschläge für die Änderung von GMV und MRRL[23] wurden vom Parlament und Rat eingehend beraten und sind dabei teilweise abgeändert worden. Im Mai 2015 wurde zwischen Vertretern der Kommission, des Europäischen Parlaments und des Rates ein Kompromiss erarbeitet. Mit der Verabschiedung der Reformgesetzgebung ist im zweiten Halbjahr 2015 zu rechnen. Die meisten Änderungen der GMV (künftig wohl: EUMV) treten 90 Tage nach ihrer Veröffentlichung im Amtsblatt in Kraft; soweit für die Implementierung eine Änderung der DurchführungsVO erforderlich ist, beträgt die Umsetzungsfrist insgesamt 21 Monate (90 Tage plus 18 Monate). Die Umsetzungsfrist für die durch die Neufassung der MRRL veranlassten Änderungen beträgt drei Jahre; hinzu tritt eine Übergangsfrist von sieben Jahren für die Einführung umfassender administrativer Löschungsverfahren.

17 Die **Änderungen** haben insgesamt eher evolutionären als revolutionären Charakter; für Formmarken wird sich daher nur wenig ändern. Soweit dies der Fall ist, wird darauf entsprechend hingewiesen. Ändern wird sich jedoch die Nummerierung der Vorschriften der MRRL: Art. 2 und Art. 3 (Markenformen bzw. absolute Schutzhindernisse) werden zu Art. 3 und Art. 4 MRRL; die Verletzungstatbestände finden sich in Art. 10 MRRL, und die Schrankenbestimmungen sind in Art. 14 MRRL (erlaubte Benutzungsformen) bzw Art. 15 MRRL (Erschöpfung) geregelt. Ferner wird man sich von einer Reihe bisher gewohnter Bezeichnungen verabschieden müssen. So wird aus der Gemeinschaftsmarke die (Europäische) Unionsmarke; entsprechend dürfte aus der GMV die EUMV werden. Das HABM heißt künftig Amt für Geistiges Eigentum der Europäischen Union (AGEEU oder EUAGE).

Hinweis: Im Folgenden werden die bisher üblichen Bezeichnungen beibehalten, um der zum Zeitpunkt der Fertigstellung des Manuskripts noch nicht definitiv absehbaren Entwicklung nicht vorzugreifen. Auch die Hinweise auf Bestimmungen der MRRL beziehen sich auf die zur Zeit der Fertigstellung des Manuskripts geltende Fassung (kenntlich gemacht durch den Zusatz (aF)).

c) Institutionelle Aspekte; Ämter und Gerichte

18 Im Hinblick auf die administrativen und judiziellen Strukturen von nationalem und Gemeinschaftsmarkenrecht besteht weitgehend Parallelität zum Designschutz.[24] So erfolgt die Anmeldung und Eintragung von Marken auf nationaler Ebene beim **Deutschen Patent- und Markenamt (DPMA)** in München; bei Gemeinschaftsmarken ist das **Harmonisierungsamt für den Binnenmarkt (HABM**; zur künftigen Bezeichnung s.o. Rn 17) in Alicante zuständig; dabei schließen sich jeweils eigenständige Rechtszüge an. Klagen wegen Verletzung einer Gemeinschaftsmarke sowie negative Feststellungsklagen, die eine Gemeinschaftsmarke betreffen, sind vor den (nationalen) Gemeinschaftsmarkengerichten (künftig: Unionsmarkengerichte oder EU-Markengerichte) zu erheben. Der wegen

---

21 Zu den Hintergründen der Reformbestrebungen s. Knaak/Kur/v. Mühlendahl, GRUR Int. 2012, 197 ff.
22 Veröffentlicht unter <http://www.ip.mpg.de/files/pdf2/mpi_final_report.pdf>; s. auch den zusammenfassenden Bericht von Knaak/Kur/v.Mühlendahl, GRUR Int. 2012, 197 ff.
23 Kommissionsvorschläge vom 27.3.2013, KOM(2013) 161 endg. und KOM(2013) 162 endg.
24 Zur Eintragung nationaler Designs und Gemeinschaftsgeschmacksmuster siehe § 7; zur Rechtsdurchsetzung siehe § 11. Die Parallelen betreffen insbesondere die (eingetragenen) Gemeinschaftsrechte (Eintragung beim HABM; Durchsetzung vor Gemeinschaftsmarken- bzw -geschmacksmustergerichten).

Verletzung Beklagte kann im Wege der Widerklage die Rechtsungültigkeit der Gemeinschaftsmarke geltend machen, was im Erfolgsfall zur Erklärung der Nichtigkeit mit Wirkung für das gesamte Gebiet der EU führt. Zudem kann die Löschung von Gemeinschaftsmarken wegen Verfalls oder Nichtigkeit vor dem HABM betrieben werden. Für die internationale Zuständigkeit der Gemeinschaftsgerichte und deren territoriale Reichweite sowie für die ergänzende Geltung der EuGGVO (VO (EU) Nr. 1215/2012) gilt ebenfalls das Gleiche wie für Designs; dasselbe gilt schließlich auch für das anwendbare Recht, das nach Art. 101, 102 GMV bzw letztlich nach Art. 8 Abs. 2 der Rom II-VO (VO (EG) Nr. 864/2007) zu bestimmen ist.

Um zu gewährleisten, dass die praktische Anwendung des nationalen und des Gemeinschaftsrechts so weit wie möglich an einheitlichen Grundsätzen ausgerichtet wird, bedarf es einer gemeinsamen Instanz, die über strittige Auslegungsfragen verbindlich entscheidet. Diese Aufgabe fällt im europäischen Marken- ebenso wie im Designrecht dem **Gerichtshof der europäischen Union** (EuGH) zu. Dieser entscheidet in letzter Instanz über Rechtsmittel, die gegen Entscheidungen des HABM im Eintragungs- und Widerspruchsverfahren eingelegt wurden. Ferner können dem EuGH von nationalen Gerichten Fragen zur Vorabentscheidung nach Art. 267 AEUV vorgelegt werden, wenn und soweit die Beantwortung für den Ausgang eines anhängigen Verfahrens entscheidungserheblich ist. Unabhängig davon, auf welchem der beiden Wege der EuGH mit einer Sache befasst wird, ist die Entscheidung ihrem Inhalt nach sowohl sowohl für das nationale Recht wie auch für das Gemeinschaftsrecht von wegweisender Bedeutung.

II. Voraussetzungen des Markenschutzes

1. Entstehungstatbestände im nationalen und Unionsrecht

Nach § 4 MarkenG entsteht der Markenschutz im deutschen Recht
- durch Eintragung als Marke beim DPMA;
- durch Benutzung im geschäftlichen Verkehr, soweit dadurch Verkehrsgeltung erworben wurde;
- durch notorische Bekanntheit im Sinne von Art. 6bis der Pariser Verbandsübereinkunft (PVÜ).

Gemeinschaftsmarken können hingegen ausschließlich durch Anmeldung und Eintragung beim HABM erworben werden.

Der Begriff der **Verkehrsgeltung** in dem für das deutsche Recht an zweiter Stelle genannten Entstehungstatbestand knüpft an die frühere Rechtsprechung zum Ausstattungsschutz (§ 25 WZG, s. Rn 10 ff) an. Gemeint ist damit, dass ein nicht unerheblicher Teil der beteiligten Verkehrskreise das Zeichen als Hinweis auf die Herkunft der Ware oder Dienstleistung aus einem bestimmten Geschäftsbetrieb auffassen muss. Welcher Grad an Verkehrsbekanntheit erforderlich ist, um Verkehrsgeltung zu bejahen, lässt sich nicht einheitlich bestimmen. Unter anderem kommt es auf die Frage an, ob das Kennzeichen grundsätzlich wegen fehlender Unterscheidungskraft von der Eintragung als Marke ausgeschlossen worden wäre. Soweit dies der Fall ist, entsprechen die Anforderungen an die Verkehrsgeltung denjenigen, die für die Überwindung des Eintragungshindernisses gem. § 8 Abs. 3 MarkenG erforderlich wären (siehe Rn 123 ff).

Soweit Verkehrsgeltung bejaht wird, genießt das Zeichen als **Benutzungsmarke** den gleichen Schutz wie ein durch Eintragung beim DPMA erworbenes Markenrecht. Dasselbe gilt für Marken, deren Schutz nicht auf ihrer Benutzung im Inland beruht, sondern die durch die „Ausstrahlung" ihrer Benutzung im Ausland als Herkunftshinweis für die gekennzeichneten Waren bekannt geworden sind („notorische Bekanntheit", Art. 6bis PVÜ).

Das Gemeinschaftsmarkenrecht gewährt nicht eingetragenen Marken hingegen lediglich einen reflexiven Schutz, das heißt, sie können unter den Voraussetzungen von Art. 8 Abs. 4 GMV als nationale ältere Rechte im Widerspruchs- und Löschungsverfahren gegen eine Gemeinschaftsmarke geltend gemacht werden, können jedoch nicht selbst Gegenstand eines Gemeinschaftsmarkenrechts sein.

2. Markenfähigkeit
a) Abstrakte Unterscheidungseignung

24 Nach § 3 Abs. 1 MarkenG und Art. 4 GMV können Zeichen als Marke geschützt werden, wenn sie geeignet sind, Waren oder Dienstleistungen eines Unternehmens von denjenigen anderer Unternehmen zu unterscheiden. Gemeint ist damit die **abstrakte Unterscheidungseignung** bestimmter Kategorien von Zeichen.[25] Es geht somit nicht um die Frage, ob das *konkret gewählte* Zeichen für Waren und Dienstleistungen der fraglichen Art Unterscheidungskraft besitzt; vielmehr muss lediglich denkbar sein, dass ein Zeichen der betreffenden Art markenrechtlichen Unterscheidungszwecken dienen kann. Dabei ist sowohl von den ggf zu bezeichnenden Waren und Dienstleistungen als auch von der Person des Inhabers abzusehen.[26]

25 In der Liste der **Regelbeispiele** prinzipiell unterscheidungsgeeigneter Arten von Zeichen werden dreidimensionale Gestaltungen einschließlich der Form einer Ware oder ihrer Verpackung sowie sonstige Aufmachungen ausdrücklich aufgeführt.[27] Die Unterscheidungseignung von Warenformen oder von Verpackungen lässt sich bereits aus diesem Grund nicht ernsthaft bestreiten. Es wird sogar erklärt, durch die explizite Aufnahme dreidimensionaler Gestaltungen in den Kreis schutzfähiger Markenformen habe der europäische Gesetzgeber signalisiert, dass er der Schutzgewährung für solche Zeichen betont *positiv* gegenüberstehe.[28] Diese Interpretation dürfte allerdings zu weit gehen: Dass eine Zeichenform dem Schutz als Marke grundsätzlich zugänglich ist, besagt noch nichts darüber, wie leicht oder schwierig es im Einzelfall ist, diesen Schutz auch tatsächlich zu erlangen.

26 Da die in § 3 Abs. 1 MarkenG bzw Art. 4 GMV aufgeführte Liste nicht abschließend ist, können auch andere als die dort explizit genannten Markenformen geschützt werden, soweit sie prinzipiell geeignet sind, Waren oder Dienstleistungen nach ihrer betrieblichen Herkunft voneinander zu unterscheiden. Dies gilt insbesondere für sog. **unkonventionelle** oder „neue" Markenformen, die den Hör-, Tast-, Geruchs- oder Geschmackssinn ansprechen. Bedenken gegen die Schutzfähigkeit solcher Zeichen ergeben sich daher grundsätzlich nicht aus der fehlenden Unterscheidungseignung, sondern allenfalls (nach bisherigem Recht) aus Problemen der grafischen Darstellbarkeit[29] oder konkreten Unterscheidungskraft.

27 Die mangelnde Schutzfähigkeit einer Gestaltung kann auch nicht daraus hergeleitet werden, dass sie dem Wortlaut des § 3 Abs. 1 MarkenG (bzw dem dieser Vorschrift zugrunde liegenden Art. 2 MRRL (aF)) nicht exakt entspricht.[30] Es war daher grundsätzlich unnötig, dem EuGH im Hinblick auf die Ausgestaltung der **Flagship-Stores** von Apple (Abb. 1) die Frage vorzulegen, ob sich aus der Formulierung von Art. 2 MRRL (aF), der auf die „Form oder Aufmachung der Ware" verweist, der Gegenschluss ergeben könnte, dass Dienstleistungsaufmachungen kein schutzfähiges Zeichen darstellen.[31] Angesichts der offenen Ausgestaltung des Beispielkatalogs kann die Antwort nur negativ ausfallen. Umso unverständlicher ist es, dass der EuGH eine solche klarstellende Antwort nicht

---

25 Fezer, § 3 MarkenG Rn 361 ff; Kirschneck, in: Ströbele/Hacker, § 3 Rn 9; BGH GRUR 2001, 240, 241 – SWISS ARMY.
26 Fezer, § 3 MarkenG Rn 365; BGH GRUR 2001, 240, 241 – SWISS ARMY.
27 So die Formulierung von § 3 Abs. 1 MarkenG; Art. 4 GMV nennt hingegen „die Form oder Aufmachung der Ware". Sachlich ist damit kein Unterschied verbunden.
28 Ullmann, NJW-Sonderheft: 100 Jahre Markenverband, 2003, 83 ff; kritisch: Kur, GRUR Int. 2004, 755, 759.
29 Siehe dazu unten, Rn 30 ff.
30 Das BPatG hatte ursprünglich aus der Formulierung von § 3 Abs. 1 MarkenG geschlossen, dass Farben und Farbkombinationen nur als „(sonstige) Aufmachung" geschützt werden können. In Anlehnung an den Ausstattungsbegriff gemäß § 25 WZG wurde daraus gefolgert, dass konturlose Farben und Farbkombinationen nicht geschützt werden können (BPatG GRUR 1998, 574 (576) – Schwarz/Zink-Gelb). Vom BGH wurde diese Ansicht mit der Begründung zurückgewiesen, dass § 3 Abs. 1 der Umsetzung von Art. 2 MRL dient, aus dem sich eine entsprechende Einschränkung – die auch im Übrigen nicht von Inhalt und Zielsetzung der Richtlinie gedeckt ist – entnehmen lässt. Für die Auslegung des MarkenG sei in erster Linie die MRL heranzuziehen; ein Rückgriff auf das frühere Recht dürfe nicht erfolgen (BGH NJW 1999, 1186 f – Farbmarke Schwarz-Gelb).
31 So aber BPatG GRUR 2013, 932 – Apple (wobei erklärt wird, das BPatG neige zur Verneinung dieser Frage).

gibt, sondern lediglich darauf hinweist, dass die vom Anmelder eingereichte, bildliche *Darstellung* der Aufmachung zweifellos geeignet sei, als Marke geschützt zu werden, ohne dass es darauf ankomme, ob eine solche Abbildung auch als „Aufmachung, in der sich eine Dienstleistung verkörpert" der „Aufmachung einer Ware" iSv Art. 2 MRRL (aF) gleichgestellt werden könne.[32] Dass der EuGH in seiner Antwort die Form des *Zeichens* offenbar mit der Form seiner Darstellung verwechselt, ändert jedoch nichts daran, dass Dienstleistungsaufmachungen gleich welcher Art – die Ausgestaltung von Ladenlokalen, Fassadengestaltung, Kleidung von Angestellten – prinzipiell markenfähig sind.[33] Ob eine solche Gestaltung allerdings tatsächlich Schutz genießt, entscheidet sich, wie stets, erst bei der Prüfung der konkreten Schutzvoraussetzungen, insbesondere bei der Unterscheidungskraft iSv § 8 Abs. 2 Nr. 1 MarkenG.

Abb. 1: Apple Store
(EuGH, 10.7.2014 – Rs. C-421/13)

b) Bestimmtheitserfordernis

Die Grenze der Schutzmöglichkeit von Produktgestaltungen oder sonstigen Zeichen ist allerdings erreicht, wo es um generelle **Gestaltungsprinzipien oder -konzepte** geht. So erklärte der EuGH im Fall einer Markenanmeldung, die sich auf das Merkmal der „Durchsichtigkeit" von Staubsaugerbeuteln bezog, dass es sich nicht um ein schutzfähiges Zeichen handele, da sich die Anmeldung allgemein und abstrakt auf alle denkbaren Formen eines solchen Auffangbehälters bezog. Würde eine inhaltlich so unbestimmte Angabe als Marke eingetragen, dann könnte sich der Inhaber einen ungerechtfertigten Wettbewerbsvorteil verschaffen, indem er verhindert, dass seine Wettbewerber Staubsauger anbieten, auf deren äußerer Oberfläche sich irgendeine Art von durchsichtigem Auffangbehälter gleich welcher Form befände.[34] Unter Hinweis auf diese Rechtsprechung bestätigte der BGH die Zurückweisung der Anmeldung einer „variablen Marke" durch das BPatG, bei der lediglich die Farbe sowie ein gewisser Rahmen („rechteck-ähnlich geometrische Figur mit zwei parallelen Begrenzungslinien in einer Längsrichtung und einer geraden Begrenzungslinie und einer sich nach außen verwölbenden kreisbogenförmigen Begrenzungslinie in einer zur Längsrichtung rechtwinkligen Querrichtung") samt Beispielen für Ausprägungen dieser Figur angegeben worden waren („Variable Marke", Abb. 3).[35] Im gleichen Sinne wurde vom BPatG die Anmeldung eines Strichcode-Systems zurückgewiesen, durch das eine lediglich dem Konzept nach definierte, in der kon-

---

32 EuGH, Rs. C-421/13, GRUR 2014, 866 Rn 18 f – Apple.
33 Für Unternehmenskennzeichen ist dies seit langem anerkannt; es ist kein Grund ersichtlich, warum es nicht auch für Dienstleistungsmarken gelten sollte.
34 EuGH, Rs. C-321/03, GRUR 2007, 231 – Dyson, Rn 38.
35 BGH GRUR 2013, 1046 Rn 21 – Variable Bildmarke.

kreten Erscheinungsform variierende Anbringung des Codes auf Buchrücken geschützt werden sollte.³⁶ Auch einer als IR-Marke registrierten Produktgestaltung (Schokoladestäbchen in Form einer Weinranke; Abb. 2) hat das BPatG den Schutz wegen mangelnder Bestimmtheit der Darstellung entzogen, da sich die dreidimensionalen Elemente der Ware aus der Darstellung nicht erschließen ließen.³⁷ Der BGH bestätigte zwar, dass es sich bei dem Bestimmtheitserfordernis um eine grundlegende Voraussetzung für die Gewährung des Markenschutzes handelt; im konkreten Fall hielt er die Anforderungen jedoch für überzogen.³⁸

Abb. 2: Schokoladestäbchen
(BPatG, 21.7.2011 – 25 W (pat) 8/09)

Abb. 3: Variable Marke
(im Original violett-purpurfarben)
(BGH, 6.2.2013 – I ZB 85/11)

29 Aus dem Bestimmtheitserfordernis ergibt sich für die Eintragung der Aufmachung von Flagship-Stores (Rn 27), dass sich der Schutz nur auf die aus der eingereichten Darstellung ersichtliche Form der Ausgestaltung von Ladenlokalen bezieht. Das der Gestaltung zugrunde liegende Konzept – etwa im Fall von Apple: minimalistisches Design unter Verwendung von viel Glas, Aufstellung von Geräten auf länglich-rechteckigen Holztischen – bleibt hingegen prinzipiell ungeschützt.

c) Grafische Darstellbarkeit

30 Art. 4 GMV (aF) enthält als weitere Voraussetzung des Markenschutzes, dass sich ein Zeichen **grafisch darstellen** lassen muss (ebenso: Art. 2 MRRL (aF)). Da dieses Erfordernis ausschließlich für das Eintragungsverfahren von Bedeutung ist, wurde es bei der Umsetzung der MRRL in das deutsche Recht nur in § 8 MarkenG aufgenommen, der die von Amts wegen zu berücksichtigenden Eintragungshindernisse regelt. Benutzungsmarken können daher in Deutschland auch bei fehlender grafischer Darstellbarkeit Schutz erlangen.³⁹

31 Von einem Teil der Literatur⁴⁰ wurde diese Konsequenz zunächst bestritten. Das Erfordernis der grafischen Darstellbarkeit sei als generelle Voraussetzung des – einheitlich konzipierten – Markenschutzes in der EU anzusehen und beanspruche somit auch für Benutzungsmarken Verbindlichkeit. Angesichts des eindeutigen Wortlauts von Art. 1 MRRL (aF) („Diese Richtlinie findet auf ... Mar-

---

36 BPatG GRUR 2008, 416 – Strichcode.
37 BPatG GRUR 2012, 283 f – Schokoladestäbchen.
38 BGH GRUR 2013, 929 f – Schokoladestäbchen II.
39 BGH GRUR 2009, 783 Rn 28 ff – UHU.
40 Fezer, § 4 MarkenG Rn 57.

ken Anwendung, die ... angemeldet oder eingetragen sind") wurde diese Auffassung jedoch vom BGH zurückgewiesen.[41]

Für Formmarken war die Kontroverse ohnehin nur von geringer Bedeutung, da sich dreidimensionale Formgebungen ohne Weiteres grafisch darstellen lassen. Relevanz besitzt dieses Erfordernis jedoch uU für Bewegungsmarken,[42] Hologramme oder Tastmarken,[43] die ebenfalls Berührungspunkte mit dem Designschutz aufweisen können. Im Gegensatz zu Geruchs- und Geschmacksmarken, für die jedenfalls derzeit keine allgemein anerkannte Methode der grafischen Darstellung besteht,[44] bestehen jedoch keine grundsätzlichen Bedenken gegen die grafische Darstellbarkeit solcher Marken.

Im Zuge der Reform des europäischen Markenrechts (Rn 16) fwurde das Erfordernis der grafischen Darstellbarkeit gestrichen. Es bleibt allerdings dabei, dass eine Markenanmeldung die sog. Sieckmann-Kriterien erfüllen muss,[45] dh die Darstellung muss klar, eindeutig, in sich abgeschlossen, leicht zugänglich, verständlich, dauerhaft und objektiv sein, um es sowohl den zuständigen Behörden wie auch anderen Wirtschaftsteilnehmern zu ermöglichen, den Gegenstand des Schutzes so präzise und verlässlich wie möglich zu bestimmen.

d) Besondere Ausschlussgründe für Formmarken

aa) Allgemeine Voraussetzungen

Nach § 3 Abs. 2 MarkenG und Art. 7 Abs. 1 Buchst. e GMV sind ferner solche Zeichen dem Schutz als Marke nicht zugänglich, die ausschließlich aus einer Form bestehen,

- die durch die Ware selbst bedingt ist[46]
- die zur Erreichung einer technischen Wirkung erforderlich ist[47] oder
- die der Ware einen wesentlichen Wert verleiht.[48]

Die Ratio dieser Eintragungshindernisse besteht dem EuGH zufolge darin, zu verhindern, dass der Schutz des Markenrechts seinem Inhaber ein Monopol für technische Lösungen oder Gebrauchseigenschaften einer Ware einräumt, die der Benutzer auch bei den Waren der Mitbewerber suchen kann. Es soll somit vermieden werden, dass der durch das Markenrecht gewährte Schutz über den Schutz der Zeichen hinausgeht, anhand derer sich eine Ware oder Dienstleistung von den von Mitbewerbern angebotenen Waren oder Dienstleistungen unterscheiden lässt, und dadurch zu einem Hindernis für die Mitbewerber wird, Waren mit diesen technischen Lösungen oder diesen Gebrauchseigenschaften im Wettbewerb mit dem Markeninhaber frei anzubieten.[49] Bei Vorliegen eines der Hinderungsgründe ist die Formgebung mit **absoluter, permanenter Wirkung** vom Markenschutz **ausgeschlossen**. Dies bedeutet, dass sie – anders als bei fehlender Unterscheidungskraft – auch dann nicht als Marke geschützt werden kann, wenn sie von den beteiligten Verkehrskreisen aufgrund von hoher Bekanntheit und langer Benutzungsdauer als Herkunftshinweis angesehen wird.[50]

---

41 BGH GRUR 2009, 783 Rn 28 ff – UHU. Da durch die Neufassung der MRRL (s.o. Rn 16) das Kriterium der grafischen Darstellbarkeit wegfällt, spielt diese Frage künftig ohnehin keine Rolle mehr.
42 S. Gemeinschaftsmarkenanmeldungen Nr. CTM 7 227 218 und Nr. 8581977.
43 Zum Schutz von Tastmarken s. BGH GRUR 2007, 148, 149/150 – Tastmarke. Zu den Anforderungen an die grafische Darstellung ungewöhnlicher Markenformen siehe eingehend § 7 Rn 121 ff (nationales Recht); Rn 162 ff (Gemeinschaftsrecht).
44 .EuGH, Rs. C-273/00, GRUR 2003, 145 – Sieckmann; s. auch § 7 Rn 164.
45 Nach EuGH, Rs. C-273/00, GRUR 2003, 145 – Sieckmann, Rn 50, 51, 55.
46 § 3 Abs. 1 Nr. 1 MarkenG; Art. 7 Abs. 1 Buchst. e (i) GMV.
47 § 3 Abs. 2 Nr. 2 MarkenG; Art. 7 Abs. 1 Buchst. e (ii) GMV.
48 § 3 Abs. 2 Nr. 3 MarkenG; Art. 7 Abs. 1 Buchst. e (iii) GMV.
49 EuGH, Rs. C-299/99 – Philips/Remington, Rn 78.
50 Dies ergibt sich aus § 8 Abs. 3 MarkenG, der den Erwerb von Schutz durch Verkehrsdurchsetzung nur für die in § 8 Abs. 2 Nr. 1–3 MarkenG genannten Schutzhindernisse zulässt und nicht für den Fall der in Abs. 1 erwähnten fehlenden Markenfähigkeit. Diese Regelung entspricht derjenigen in Art. 3 Abs. 3 MRRL (aF) und Art. 7 Abs. 3

36 Dass der deutsche Gesetzgeber die besonderen Ausschlussgründe für Warenformen nicht, wie MRRL (aF) und GMV, im Kontext der absoluten Schutzhindernisse sondern zusammen mit der Markenfähigkeit geregelt hat, wird zT als systematisch verfehlt oder dogmatisch unsauber bezeichnet.[51] Es erklärt sich jedoch daraus, dass die absoluten Schutzhindernisse des § 8 MarkenG nur im Eintragungsverfahren zum Tragen kommen[52], während die aus den in § 3 Abs. 2 MarkenG genannten, im Allgemeininteresse bestehenden Ausschlussgründe auch für Benutzungsmarken gelten sollen. Dabei ist richtig, dass der Schutzausschluss gem. § 3 Abs. 2 insoweit den in § 8 Abs. 2 geregelten absoluten Schutzhindernissen strukturell entspricht, als sich die Prüfung notwendigerweise auf das konkrete Produkt bezieht und daher nicht – wie im Fall der Markenfähigkeit nach Abs. 1 – ausschließlich die abstrakte Ebene betrifft.[53] Auf der anderen Seite spricht dies nicht zwingend gegen die Regelung des deutschen Rechts, mit der die Schutzhindernisse des Art. 3 Abs. 1 Buchst. e MRRL (aF) gesetzestechnisch „vor die Klammer" gezogen werden, um ihre Verbindlichkeit für sämtliche Markenformen zum Ausdruck zu bringen.[54]

37 Seinem bisherigen Wortlaut nach bezieht sich der Schutzausschluss nur auf dreidimensionale Formen. In der Rechtsprechung von EuGH und BGH ist jedoch anerkannt, dass nichts anderes für Markenanmeldungen gilt, die eine naturgetreue **Abbildung** einer Formgebung darstellen.[55] In einem solchen Fall darf sich die entscheidende Behörde bei ihrer Beurteilung der Ausschlussgründe nicht allein auf die der grafischen Darstellung zu entnehmenden Merkmale des Zeichens stützen, sondern sie muss diese im Licht der ihr sonst zugänglichen Informationen – wie zB der Betrachtung bereits auf dem Markt befindlicher Exemplare der Ware – würdigen.[56]

38 Dass **dekorative Elemente** auf einer ansonsten wesens- oder technisch bedingten Formgebung die Schutzfähigkeit der Gestaltung *begründen* können, wenn sie nicht von lediglich insubstantieller Bedeutung für den Gesamteindruck sind, ist unbestritten. Unklar ist jedoch, ob Oberflächendekor, der sich nicht auf die Form einer Ware auswirkt, die Attraktivität des Produkts so steigern kann, dass die Marke in den Bereich des dritten Ausschlussgrundes fällt. Soweit und solange Sinn und Zweck der Vorschrift darin gesehen werden, gerade (und nur) die Monopolisierung von Formgebungen zu verhindern, erscheint dies nicht als sachgerecht. Auf der anderen Seite hat der EuGH im Fall „Benetton"[57] nicht beanstandet, dass das nationale Gericht Stickereielemente auf einer als Formmarke eingetragenen Jeanshose als wertessenziell betrachtet hat, obwohl die Anbringung der

---

GMV. Das Ergebnis wurde auch vom EuGH, bestätigt, siehe EuGH, Rs C-371/06, GRUR 2007, 970 – Benetton/G-Star.
51 Hacker, in: Ströbele/Hacker, § 3 Rn 88; Szalai, MarkenR 2012, 8, 13.
52 Hier verhält es sich somit genau umgekehrt wie beim Erfordernis der grafischen Darstellbarkeit, das nach den bisherigen Fassungen von MRRL und GMV als Bestandteil der Markenfähigkeit geregelt ist, während es vom deutschen Gesetzgeber als nur für das Eintragungsverfahren einschlägig erkannt und dementsprechend in § 8 MarkenG geregelt wurde.
53 Ingerl/Rohnke, § 3 Rn 40; Szalai, MarkenR 2012, 8 f.
54 Dass die Ausschlussgründe auch nach der Systematik des europäischen Rechts eine Sonderstellung einnehmen, zeigt sich im Übrigen u.a. darin, dass MRRL und GMV im Hinblick auf schutzunfähige Warenformen durch die Wahl der Terminologie zum Ausdruck bringen, dass solchen Zeichen – inhaltlich nicht unähnlich dem deutschen Recht – die Grundvoraussetzung dafür fehlt, als Marke geschützt zu werden. In gleichem Sinne äußert sich auch der EuGH, Rs. C-299/99, GRUR 2002, 804 Rn 76 – Philips/Remington): „[Art. 3 Abs. 1] Buchst. e betrifft Zeichen, die keine Marke sein können".
55 Siehe EuGH, Rs. 299/99, GRUR 2002, 804 – Philips/Remington: Die der Entscheidung zugrunde liegende Marke – Abbildung des Scherkopfs des *Philishave*-Rasierers – war im Vereinigten Königreich als zweidimensionale Marke eingetragen. Siehe ferner EuGH, Rs. C-337/12 P, BeckEuRS 2014, 752102 – Pi Design/Yoshida, Rn 43; Rs. C-25/05 P, GRUR 2006,1022 – Bonbonverpackung (Wicklerform) Rn 29; BGH GRUR 2006, 588 – Scherkopf.
56 EuGH, Rs. C-337/12 P, BeckEuRS 2014, 752102, Rn 58 ff, 64 – Pi Design/Yoshida. Das EuG hatte hingegen in einer Reihe von Entscheidungen erklärt, dass sich die Gründe, die zum Schutzausschluss bei grafischen Darstellungen dreidimensionaler Zeichen führen (insb. die technische Bedingtheit der Form bzw ihrer Wesensmerkmale), für einen unbefangenen Betrachter aus der Darstellung selbst ergeben müssen, ohne dass insoweit auf außerregisterrechtliche Kenntnisse oder Informationen zurückgegriffen wird; EuG Rs. T-331/10 und T-416/10, GRUR Int. – Yoshida Metal Industry/HABM; Rs. T-450/09, BeckRS 2014, 82527, Rn 58 – Simba Toys/HABM; Rs. T-396/14, BeckEuRS 2015, 433048 Rn 32 – BestLock/HABM.
57 EuGH, Rs. C-371/06, GRUR 2007, 790 – Benetton/G-Star.

B. Der Markenschutz nach deutschem und europäischem Recht

Stickerei keinen Einfluss auf die dreidimensionale Form der Ware hatte. Nach künftigem Recht gilt die Beschränkung auf Formgebungen ohnehin nicht mehr; auch Oberflächendekor kann daher schutzausschließend wirken, wenn er entsprechende Wirkung entfaltet.

§ 3 Abs. 2 MarkenG bezieht sich auf „Formen", ohne zwischen Waren- und **Verpackungsformen** zu differenzieren. Der für die Auslegung maßgebliche Wortlaut von Art. 3 Abs. 1 Buchst. e MRRL (aF) bezieht sich hingegen ausdrücklich auf „die Form der Ware".[58] Nach der Rechtsprechung des EuGH gelten jedoch die für Warenformen bestehenden Grundsätze auch für Verpackungen, wenn die Ware ohne Verpackung praktisch nicht marktfähig wäre, wie dies für flüssige Substanzen oder für Schüttware zutrifft[59]   39

§ 3 Abs. 2 findet nur Anwendung auf Zeichen, die „ausschließlich" aus einer Form bestehen. Die Ausschlussgründe finden somit keine Anwendung, wenn sich der unterscheidende Charakter aus **anderen Elementen** als der Form ergibt. Das gilt allerdings nur, wenn es sich um ein wichtiges nichtfunktionelles Element handelt; hingegen bleibt es beim Schutzausschluss, wenn lediglich eines oder mehrere geringfügige nicht-funktionelle Elemente hinzugefügt werden, während alle wesentlichen Merkmale der Form der technischen Funktion der Ware (oder einem anderen Ausschlussgrund) entsprechen.[60] Als potenziell schutzbegründendes Element wird in der Praxis insbesondere die Anbringung von **Wortmarken oder Logos** angesehen.   40

> **Beispiel:** Gegen den Markenschutz des Lego-Basisbausteins bestehen keine Bedenken, wenn sich die Anmeldung auf die Formgebung einschließlich der auf den Klemmnocken angebrachten Wortmarke bezieht.

Wenn **mehrere Ausschlussgründe** auf eine Formgebung zutreffen, können sie sämtlich Anwendung finden. Allerdings wird die Formgebung nur dann vom Schutz ausgeschlossen, wenn zumindest einer der Ausschlussgründe diese Wirkung in ihrer Gesamtheit rechtfertigt.[61]   41

Durch die explizite Bezugnahme auf die „Form der Ware" wird die unmittelbare Anwendung von § 3 Abs. 2 nach bisher geltendem Recht für solche Marken ausgeschlossen, denen der Bezug zu einer Warenform grundsätzlich fehlt, wie abstrakte Farben oder akustische Signale.[62] Fraglich ist, ob eine **entsprechende Anwendung** in Betracht kommt, soweit im Hinblick auf solche Marken gleich gelagerte Schutzbedürfnisse der Allgemeinheit und der Wettbewerber bestehen. Ein rechtspolitisches Bedürfnis dafür wird zT bejaht.[63] Das HABM hat die dem § 3 Abs. 2 entsprechende Vorschrift des Art. 7 Abs. 1 Buchst. e GMV auf eine Bewegungsmarke angewandt.[64] Im Hinblick auf Dienstleistungsmarken hat der EuGH die Anwendung von Art. 7 Abs. 1 Buchst. e GMV abge-   42

---

58 Dass die Ausschlussgründe des § 3 Abs. 2 generell auf Verpackungen Anwendung finden sollen (so Fezer, § 3 MarkenG Rn 644) erscheint daher als zu weitgehend.
59 Siehe EuGH, Rs. C-218/01, GRUR 2004, 428 Rn 33–37 – Henkel.
60 EuGH, Rs. C-48/09, GRUR 2010, 1008 Rn 51 f – LEGO: Die Löschung der entsprechenden nationalen Marke durch das DPMA war bereits zuvor vom BGH für rechtens erklärt worden; s. BGH GRUR 2010, 231 – Legostein. Während somit dem Basisbaustein des Lego-Systems der Markenschutz versagt wurde, gelangte die EuG für die im Rahmen des Systems verwendeten Spielfiguren, deren Prototyp als Gemeinschaftsmarke eingetragen ist, zu einem anderen Ergebnis: Zwar stellt die Anbringung von Klemmnocken an den Füßen bzw am Kopf der Figuren, die die Zusammenfügung mit Lego-Bausteinen ermöglicht, ein funktionales Element dar, es zählt jedoch nicht zu den wesentlichen Merkmalen der Figur (EuG Rs. T-396/14, BeckEuRS 2015, 433048 Rn 25, 31 – BestLock/HABM).
61 EuGH, Rs. C-205/13, GRUR 2014, 1079 Rn 41 – Hauck/Stokke; s. auch die noch anhängige Rs. C-215/14 – Nestlé/Cadbury. Im Löschungsbeschluss des BGH iS Lego-Baustein hat der BGH diesen Grundsatz insoweit nicht beachtet, als er sich in der Begründung allein auf die Klemmnocken konzentriert und erklärt, dass die Form des Baustein im Übrigen eine Grundform der Warengattung darstelle; BGH GRUR 2010, 231 – Legostein, Rn 11; kritisch Hacker, in: Ströbele/Hacker, § 3 Rn 108. Die Entscheidung lässt sich allerdings ohne weiteres mit dem Hinweis aufrechterhalten, dass die Formgebung gegenüber den technisch bedingten Merkmalen als unwesentlich erscheint.
62 Fezer, § 3 MarkenG Rn 319 will allerdings insoweit darauf abstellen, ob es sich um ein generelles Erfordernis der Markenfähigkeit oder um ein absolutes Schutzhindernis handelt.
63 So für Farbmarken Koschtial, GRUR 2004, 106 f; tendenziell zustimmend („ein praktisches Bedürfnis hierfür lässt sich schwerlich verneinen") auch Hacker, in: Ströbele/Hacker, § 3 Rn 96.
64 HABM-BK GRUR Int. 2004, 63 – Lamborghini (entsprechende Anwendung auf eine Bewegungsmarke); zustimmend Hacker, in: Ströbele/Hacker, § 3 Rn 95).

lehnt.⁶⁵ Dies bedeutet jedoch nicht, dass eine analoge Anwendung in geeigneten Fällen grundsätzlich ausgeschlossen wäre.

43 Im Zuge der europäischen Markenrechtsreform (Rn 16) werden die einschlägigen Vorschriften von GMV und MRRL insoweit geändert, als sich der Ausschlussgrund nunmehr auch auf Zeichen bezieht, bei denen die Ausschlusstatbestände von anderen Wesensmerkmalen als der Form erfüllt werden. Inwieweit dies praktische Bedeutung erlangen wird – etwa beim Schutz von Hörmarken, abstrakten Farbmarken, Oberflächendekor oder Bewegungsmarken –, bleibt abzuwarten; es ist jedoch wahrscheinlich, dass der Anwendungsschwerpunkt auch weiterhin bei den Formgebungen liegen wird.

bb) Die Ausschlussgründe im Einzelnen
(1) Wesensbedingte Formgebungen

44 Dass eine Form niemals Markenschutz erwerben kann, wenn sie sich zwingend aus dem **Wesen der Ware** ergibt, entspricht den bereits unter Geltung des WZG anerkannten Grundsätzen zum Ausstattungsschutz (siehe Rn 12). Dennoch kann nicht ohne Weiteres auf die frühere Rechtsprechung zurückgegriffen werden; insoweit ist zu beachten, dass die auf der Grundlage des europäischen Rechts neu gefassten Vorschriften des Markengesetzes autonom ausgelegt werden müssen.

45 Im nationalen Recht wie auch im Gemeinschaftsmarkenrecht wurde davon ausgegangen, dass der Ausschlussgrund für wesensbedingte Formgebungen dazu dienen soll, diejenigen Formgestaltungen vom Markenschutz freizuhalten, ohne die eine Ware der fraglichen Art nicht denkbar ist.

Beispiele: Die Kugelform bei einem Ball;⁶⁶ die Form einer Banane für Bananen.⁶⁷

46 Eindeutige Beispiele dieser Art sind jedoch rar. Zwar gibt es für alle oder die meisten Produkte gewisse Grundformen oder -bestandteile, die als **wesensbedingt** anzusehen sind. So muss ein Messer einen Griff und eine Schneide aufweisen; bei einem Löffel sind ein Griff und eine Vertiefung zur Aufnahme von Flüssigkeit durch das Wesen der Ware bedingt, ein Tisch braucht eine Fläche und Elemente, die diese tragen. Wie zumal das letztgenannte Beispiel zeigt, sind diese Aussagen allerdings sehr abstrakt; anders als bei der Kugelform für Bälle lassen sich daraus schwerlich Folgerungen für den Ausschluss einer konkreten Formgebung ableiten. So können Griff und Schneide bei einem Messer erkennbar getrennt sein, jedoch auch ineinander übergehen; beim Löffel kann die Vertiefung unterschiedlich geformt sein und sich unterschiedlich weit in den Bereich des Griffs erstrecken, und bei Tischen ist die Variationsbreite bei den Gestaltungsmöglichkeiten ohnehin sehr groß. In allen Fällen nehmen die denkbaren Variationen der jeweiligen Ware nichts von ihrem „Wesen"; auch bei ungewöhnlicher Formgebung würde es sich um ein Messer, einen Löffel, einen Tisch etc. handeln. Umgekehrt lässt sich somit nicht sagen, dass (nur) eine bestimmte Form innerhalb der vorhandenen Variationsbreite durch das Wesen der Ware bedingt sei.⁶⁸ Bei dieser Auslegung ist der Anwendungsbereich des Ausschlussgrundes sehr begrenzt; er spielte daher in der Praxis (fast) keine Rolle:⁶⁹ Falls (wie regelmäßig) eine gewisse Variationsbreite an Warenformen auf

---

65 EuGH, Rs. C-421/13, GRUR 2014, 866, Rn 24 – Apple. Siehe auch bereits BPatG 29 W (pat) 42/11 – Verkaufsstand; Hacker, in: Ströbele/Hacker, § 3 Rn 111.
66 Fezer, § 3 MarkenG Rn 228; Körner/Gründig-Schnelle, GRUR 1997, 535, 537, 538.
67 Prüfungsrichtlinien des HABM, Stand 2.1.2014. Ungeachtet der zwischenzeitlich ergangenen Entscheidung EuGH, Rs. C-205/123, GRUR 2014, 1097, Rn 23, 24, 27 – Hauck/Stokke (s.u. Rn 47) wurden die Prüfungsrichtlinien auch bei ihrer Überarbeitung zum 2.1.2015 insoweit nicht verändert.
68 BGH GRUR 2008, 510, 511 – Milchschnitte; in diesem Sinne auch die Ausführungen in HABM-BK, GRUR-RR 2006, 260 – HILTI-Koffer: Für Wesen und Funktion eines Koffers ist es unabdingbar, dass er verschließbar ist und die für den Transport von Gegenständen notwendige Größe aufweist. Beides determiniert jedoch nicht die konkrete Formgebung.
69 Zu den wenigen Ausnahmen s. BPatG 28 W (pat) 502/09 – 504/09: Abbildung von Schusswaffen (angemeldet in Kl. 9, 13, 28): zurückgewiesen auf der Grundlage von § 3 Abs. 2 Nr. 1 und 2 (berichtet bei Kopacek/Kortge, GRUR 2011, 273).

B. Der Markenschutz nach deutschem und europäischem Recht

dem Markt erhältlich ist, wurde daraus gefolgert, dass die Form nicht wesensbedingt ist, so dass ein Schutzausschluss nach § 3 Abs. 2 Nr. 1 abzulehnen sei.[70]

Diese Rechtsprechung lässt sich jedoch nicht mehr fortführen. Im Fall „Hauck/Stokke", der den Formmarkenschutz des Tripp-Trapp-Hochstuhls betraf (Abb. 4), hat es der EuGH ausdrücklich abgelehnt, den Ausschlussgrund auf „natürliche" Waren, für die es keinen Ersatz gibt, oder auf sogenannte „reglementierte" Waren, deren Form durch Normen vorgeschrieben ist, zu beschränken. Statt dessen sollen alle Zeichen dem Schutzausschluss unterliegen, die „ausschließlich aus der Form einer Ware besteh(en), die eine oder mehrere wesentliche Gebrauchseigenschaften aufweist, die der oder den gattungstypischen Funktion(en) dieser Ware innewohnen, nach denen der Verbraucher möglicherweise auch bei den Waren der Mitbewerber sucht."[71]

Abb. 4: Tripp-Trapp-Stuhl
(EuGH, 18.9.2014 – Rs. C-205/13)

Welche Auswirkungen sich aus dieser Rechtsprechung für die Praxis ergeben, ist noch unklar. Falls die deutlich geäußerte Absicht des EuGH, den ersten Ausschlussgrund in der Weise zu erweitern, dass er praktische Wirkung entfalten kann, als Aufforderung zu einer weiten Interpretation verstanden und befolgt wird, könnten sich daraus weitreichende Folgerungen ergeben: Formgebungen, deren wesentliche Elemente dem Gebrauchszweck der Ware dienlich sind oder die den üblichen Erwartungen der Verbraucher an das Aussehen einer solchen Ware entsprechen, könnten demzufolge vom Markenschutz dauerhaft auszuschließen sein. Das würde bedeuten, dass eine erhebliche Anzahl von Anmeldungen, die bisher lediglich wegen fehlender Unterscheidungskraft zurückgewiesen wurden,[72] bereits an der Hürde des § 3 Abs. 2 Nr. 1 scheitern, so dass den Anmeldern keinerlei Hoffnung auf den Erwerb von Unterscheidungskraft durch Verkehrsgeltung verbleibt.

Inwieweit diese Konsequenzen tatsächlich eintreten, hängt noch von weiteren Faktoren ab. So spielt für die Frage, welche Merkmale einer Ware als „gattungstypisch" anzusehen sind, die **Definition der Produktkategorie** eine Rolle, der die beanspruchte Form angehört: Wird eine weite Definition gewählt, sind gattungstypische Merkmale weniger eindeutig vorgegeben, als wenn eine engere

---

70 BGH GRUR 2010, 138 Rn 15 – ROCHER-Kugel; GRUR 2008, 510 Rn 14 – Milchschnitte; GRUR 2006, 679 ff – Porsche Boxster; GRUR 2001, 32 f – Gabelstapler I; s. auch EuG Rs. T-122/99, MarkenR 2000, 107 Rn 55 – Seifenstück); Hacker, in: Ströbele/Hacker, § 3 Rn 114 mwN in Fn 279. Bei diesem engen Ansatz hätte allerdings auch der Ausschluss der Schusswaffen-Form (oben, Fn 69) auf Bedenken stoßen müssen, denn auch bei Waren dieser Art sind ja unterschiedliche Varianten am Markt erhältlich. Die Entscheidung des BPatG in jenem Fall entspricht somit weniger der bisherigen, sondern eher der neuen, durch die Hauck/Stokke-Entscheidung vorgezeichneten Auslegung von § 3 Abs. 2 Nr. 1.
71 EuGH, Rs. C-205/13, GRUR 2014, 1097, Rn 23, 24, 27 – Hauck/Stokke.
72 Mit der Begründung, dass sie sich nicht hinreichend vom Verkehrsüblichen unterscheiden. Zu den Schwierigkeiten der Grenzziehung zwischen lediglich nicht unterscheidungskräftigen, aber prinzipiell schutzfähigen Formgebungen und solchen, die nach § 3 Abs. 2 Nr. 1 mit unüberwindbarer Wirkung vom Schutz auszuschließen sind, s. noch unten Rn 69.

Produktkategorie die Ausgangsbasis für die Eruierung der am Markt befindlichen Warenformen bildet.

> **Beispiel:** Wird an den Oberbegriff „Fertigkuchen" angeknüpft, dann erscheint die Form einer aus zwei dunklen und einer hellen mittleren Schicht bestehenden Süßigkeit nicht notwendig als gattungstypisch; wird hingegen auf den speziellen Begriff „Cremeschnitte" abgestellt, kann dies eher der Fall sein.[73]

50 Mit Hinweis darauf, dass sich der Schutzausschlussgrund auf die im Waren- und Dienstleistungsverzeichnis aufgeführten Waren ihrer Gattung nach bezieht, neigt der BGH der zuerst genannten (weiten) Auffassung zu.[74] Eine abweichende Position wurde hingegen vom Prüfer des britischen Amtes (UKIPO) zum Schutz des „Kit Kat" Schokoriegels vertreten: Die Tafelform des Produkts wurde als für die Warenkategorie typisch bezeichnet, für die die Form tatsächlich benutzt wurde; bei einer Ausrichtung an der Warenklasse, auf die sich die Anmeldung bezog – Kuchen und Gebäck – wäre dies nicht ohne Weiteres begründbar.[75]

51 Die vom englischen Prüfer vorgenommene Auslegung entspricht dem wettbewerbsorientierten Ansatz des EuGH grundsätzlich eher als diejenige des BGH; sie stößt jedoch an Grenzen, wenn es um Warenformen geht, die **noch nicht am Markt benutzt werden**, so dass die tatsächliche Benutzungsform nicht eindeutig bestimmt werden kann. Insoweit darf, soweit mehrere, prinzipiell plausible und naheliegende Verwendungsformen in Betracht kommen, nicht allein an diejenige angeknüpft werden, die zu einem Schutzausschluss führen würde. So liegt in dem Umstand, dass das als Marke für u.a. Fotografien und Plakate angemeldete Porträtfoto von Marlene Dietrich den alleinigen Gegenstand solcher Erzeugnisse ausmachen kann, noch kein Grund für den Schutzausschluss gemäß § 3 Abs. 2 Nr. 1, da auch andere Verwendungen als diejenige, das Porträtfoto auf Plakaten abzubilden, in Betracht kommen.[76]

52 Von Interesse sind die mit dem ersten Ausschlussgrund zusammenhängenden Fragen u.a. für den **Markenschutz von (Automobil-)Ersatzteilen**. Vom BPatG war die Schutzfähigkeit solcher Teile gemäß § 3 Abs. 2 Nr. 2 verneint worden; der BGH führte hingegen aus, die Form werde nicht zwangsläufig durch die Art der Ware im Sinne einer gattungsspezifischen Formgebung vorgegeben (BMW-Fronthaube, s.u. Abb. 8).[77] Die darin zum Ausdruck kommende Vorstellung, der markenrechtliche Schutzausschluss[78] komme nur in Betracht, wenn es sich um ein „normiertes" Produkt handelt, das dem Formengestalter keinerlei Ausweichmöglichkeiten belässt, ist nach *Hauck/Stokke* nicht mehr haltbar (siehe Rn 47).

(2) Technisch bedingte Formgebungen

53 Größere praktische Bedeutung als dem Ausschlussgrund der wesensbedingten Formgebung wurde bereits bisher dem an zweiter Stelle genannten Aspekt der technischen Bedingtheit beigemessen.[79]

---

[73] Siehe BGH GRUR 2008, 510 – Milchschnitte. Der BGH hätte allerdings auch bei einer engen Definition den Schutzausschluss nach § 3 Abs. 2 Nr. 1 abgelehnt; s. noch unten. Dieses Ergebnis wäre allerdings im Licht der Hauck/Stokke-Entscheidung überprüfungsbedürftig.
[74] BGH GRUR 2008, 510 Rn 16 – Milchschnitte.
[75] Siehe die im Vorlagebeschluss des High Court iS Nestlé v. Cadbury, [2013] EWCA Civ 1174, wiedergegebene Begründung für den Zurückweisungsentscheid des UKIPO.
[76] BGH GRUR 2008, 1093 Rn 11 – Marlene Dietrich. Zu ergänzen ist dabei allerdings, dass dem für den Fall der Verwendung des Porträts als Gegenstand der Abbildung auf Postern zweifellos bestehenden Freihaltebedürfnis auf andere Weise Rechnung getragen werden muss, insbesondere dadurch, dass einem auf die Marke gestützten Unterlassungsbegehren gegen die Verwendung derselben Darstellung durch andere nicht entsprochen wird. Zu der in der Entscheidung des BGH angesprochenen Problematik, auch in Abgrenzung zur EuG-Entscheidung „Winkel", s. Klein, GRUR 2013, 456.
[77] BGH GRUR 2008, 71 Rn 18 ff – Fronthaube; gegen BPatG GRUR 2005, 333 (335) – Kraftfahrzeugteile; s. auch (für die Gesamtform eines Automobils) BGH GRUR Int. 2006, 767 – Porsche Boxster.
[78] Im konkreten Fall: § 3 Abs. 2 Nr. 2; in der Sache ging es jedoch eher um die Natur der Ware, als Ersatzteil zu dienen.
[79] Zur Beurteilung der technischen Bedingtheit als Ausschlussgrund für die Ausstattungsfähigkeit von Formgebungen unter Geltung des WZG s. Eichmann, FS Vieregge, 1995, S. 125, 127 ff; s.a. ders., GRUR 2000, 751, 756 ff.

Nach allgemeiner Auffassung dient diese Vorschrift der **Abgrenzung** zwischen dem Markenrecht und den **technischen Schutzrechten**: Technisch notwendige Formgebungen sollen der Benutzung durch die Allgemeinheit nur dann entzogen werden, wenn die Voraussetzungen des Patent- oder Gebrauchsmusterschutzes erfüllt sind. Ferner soll verhindert werden, dass die zeitlichen Begrenzungen jener Schutzrechte unterlaufen werden.[80] Daraus lässt sich allerdings noch nicht die Folgerung ableiten, dass die Formgebung ursprünglich patentgeschützter Gegenstände stets vom Markenschutz ausgenommen bleiben muss.[81] Insoweit ist zu berücksichtigen, dass Patent- und Markenschutz unterschiedliche Schutzobjekte betreffen: Der Schutz des Patents bezieht sich auf die technische Lehre, die sich in einer konkreten Ausführungsform manifestiert. Der Markenschutz betrifft hingegen die von der Formgebung ausgehende Kennzeichnungswirkung. Der zeitliche Ablauf des Patentschutzes bedingt lediglich das Freiwerden der technischen Lehre; daraus folgt nicht automatisch, dass die Unterscheidungswirkung der Formgebung ebenfalls keinen Schutz (mehr) verdient.

Ein Konflikt mit patentrechtlichen Grundsätzen liegt insbesondere dann nicht vor, wenn sich die frei werdende technische Lehre in anderer Weise – aber mit dem gleichen Ergebnis – verwirklichen lässt als durch die Verwendung der vom Patentinhaber benutzten Form. Von dieser Überlegung ausgehend wurde früher häufig die Auffassung vertreten, dass der Ausschlussgrund der technischen Bedingtheit nicht zur Anwendung kommt, wenn dieselbe technische Wirkung durch **alternative Formgebungen** erzielt werden kann.[82] 54

Diese Betrachtungsweise ist jedoch nach der EuGH-Rechtsprechung nicht haltbar.[83] In der Entscheidung „Philips/Remington", die zur markenrechtlichen Schutzfähigkeit der Gestaltung des *Philishave*-Rasierers mit seinen drei Scherköpfen erging (Abb. 5), antwortete der EuGH auf die Frage des vorlegenden Gerichts, ob der Schutzausschluss durch den Nachweis vermieden werden kann, dass es andere Formen gibt, die die gleiche technische Wirkung ermöglichen, nichts im Wortlaut der Vorschrift lasse eine solche Schlussfolgerung zu.[84] Der Schutzausschluss sei vielmehr immer dann zu beachten, „wenn die wesentlichen funktionellen Merkmale der Form einer Ware nur der technischen Wirkung zuzuschreiben sind".[85] Diese Grundsätze wurden in der Entscheidung zum Schutz des LEGO-Basisbausteins (Abb. 6) bestätigt.[86] Ferner wurde festgestellt, dass die Hinzufügung eines oder mehrerer geringfügiger willkürlicher Elemente an diesem Ergebnis nichts ändert; nur dann, wenn in der Form der betreffenden Ware ein wichtiges nichtfunktionales Element (etwa ein dekoratives oder phantasievolles Element) verkörpert wird, das für die Form von Bedeutung ist, ist die Anwendung von § 3 Abs. 2 Nr. 2 ausgeschlossen.[87] 55

---

80 EuGH, Rs. C-48/09, GRUR 2010, 1008 Rn 45 f – LEGO; BPatG BeckRS 2012, 7301 – Haftverschluss.
81 EuGH, Rs. C-48/09, GRUR 2010, 1008 Rn 85 – LEGO; BPatG BeckRS 2012, 7301 – Haftverschluss; s. aber Hacker, in: Ströbele/Hacker, § 3 Rn 116: Bisherige Rechtsprechung, die in der früheren Patentierung nur ein Indiz für den Schutzausschlusss war, lässt sich nicht fortführen.
82 Siehe etwa Kiethe/Gröschke, WRP 1998, 541, 545; krit. dazu Körner/Gründig-Schnelle, GRUR 1999, 535, 537.
83 EuGH, Rs. C 299/99, GRUR 2002, 804 – Philips/Remington,; bekräftigt durch EuGH, Rs. C-48/09, GRUR 2010, 1008 Rn 52 – LEGO. Frühere Markeneintragungen der Kleeblattform des Philishave-Rasierers sowie des Lego-Basisbausteins sind inzwischen sowohl beim HABM als auch beim DPMA gelöscht worden.
84 Wie Fezer, GRUR 2003, 457, 467 zu Recht ausführt, schließt dies jedoch nicht aus, dass der *Normzweck* der Ausschlussnorm die Berücksichtigung von Formgebungsalternativen nahelegt.
85 EuGH, Rs. C-299/99, GRUR 2002, 804 – Philips/Remington, Rn 81, 83.
86 EuGH, Rs. C-48/09, GRUR 2010, 1008 – LEGO; s. auch BGH GRUR 2010, 231 – Legostein.
87 EuGH, Rs. C-48/09, GRUR 2010, 1008 – LEGO, Rn 52. Zu einem anderen Ergebnis kam das EuG im Hinblick auf die Spielfiguren des Lego-Systems, deren Prototyp als Gemeinschaftsmarke geschützt ist (EuG Rs. T-396/14, BeckEuRS 2015, 433048 Rn 25, 31 – BestLock/HABM); s.o. Fn 60.

Abb. 5: *Philishave*-Scherkopf
– IR-Marke 587254

Abb. 6: LEGO-Spielbaustein
– Dt. Marke 39503037

56 Für die Beurteilung der Frage, ob die Form einer Ware technisch bedingt ist, ist von einem objektiven Maßstab auszugehen. Die Verkehrsanschauung ist dafür nicht von Belang; sie kann jedoch Indizfunktion für die Frage entfalten, ob die technische Bedingtheit sämtliche wesentlichen Merkmale der Ware betrifft.[88] Bei der Ermittlung der wesentlichen Merkmale eines Zeichens kann sich die Behörde entweder unmittelbar auf den von dem Zeichen hervorgerufenen Gesamteindruck stützen oder zunächst die Bestandteile des Zeichens nacheinander einzeln prüfen. Je nach Fallgestaltung, insbesondere unter Berücksichtigung des Schwierigkeitsgrads des Falls, kann die Prüfung der technischen Bedingtheit anhand einer bloßen visuellen Prüfung des Zeichens oder aber auf der Grundlage einer eingehenden Untersuchung erfolgen, in deren Rahmen u.a. Meinungsumfragen und Gutachten oder sonstige Angaben, u.a. zu einem früher bestehenden Patentschutz, berücksichtigt werden können.[89]

57 Nach dem Wortlaut der Vorschrift ist es nicht ausreichend, wenn die Funktionalität der Formgebung auf technischen Aspekten beruht; sie muss auch in ihren **Wirkungen** auf technischem Gebiet liegen.[90] Fraglich ist, ob diese Beschränkung dem Normzweck der Vorschrift gerecht wird. Wird dieser darin gesehen, die Monopolisierung technischer Lösungen zu verhindern, dann erscheint es folgerichtig, den Schutz auch für solche Gestaltungen zu versagen, die sich in Konsequenz der Anwendung solcher Lösungen ergeben, ohne selbst auf technischem Gebiet zu liegen.[91]

> **Beispiele:** Die charakteristische Aufwärtsbewegung der Flügeltüren des Lamborghini ergibt sich als Folge der Aufhängungstechnik, ohne selbst technische Wirkungen zu entfalten.[92] Beim „Kit Kat" Schokoriegel ergeben sich Form und Neigung der Längskerben durch die dabei verwendete Herstellungstechnik.[93]

58 Eine andere Auffassung vertritt jedoch offenbar das EuG. So wurde der Schutz der bildlichen Darstellung eines Würfels (Rubik's Cube; Abb. 7), dessen Seiten jeweils durch gitterförmige, quadratische Strukturen unterteilt werden, u.a. mit dem Argument gebilligt, dass die Formgebung nicht erforderlich sei, um einen technischen Effekt zu erzielen, sondern allenfalls selbst aus der Anwendung eines technischen Prinzips resultiere.[94]

---

88 EuGH, Rs. C-48/09 P, GRUR 2010, 1008 – LEGO, Rn 75 ff.
89 EuGH, Rs. C-48/09, GRUR 2010, 1008 – LEGO, Rn 70 ff.
90 Siehe BGH GRUR 2010, 138 Rn 18 – ROCHER-Kugel: Wird durch die Gestaltung einer Ware ein besonderes Sinneserlebnis erzielt – im konkreten Fall: ein besonderes Geschmackserlebnis, das durch die Oberflächengestaltung einer Praline erzeugt wird –, dann handelt es sich zwar um eine insoweit funktionale Gestaltung, diese löst aber nicht die geforderte technische Wirkung aus. Ebenso Hacker, in: Ströbele/Hacker, § 3 Rn 117.
91 Ingerl/Rohnke, § 3 Rn 52.
92 HABM-BK GRUR Int. 2004, 63 – Lamborghini.
93 High Court, Nestlé/Cadbury, [2014] EWHC 16 (Ch); beim EuGH anhängig als Rs C-215/14 – Nestlé/Cadbury.
94 EuG, T-450/09, BeckRS 2014, 82527 – Simba Toys (Rubik's Cube), Rn 53. Gegen die Entscheidung wurde Rechtsmittel eingelegt; beim EuGH anhängig als Rs. C-30/15 P.

B. Der Markenschutz nach deutschem und europäischem Recht

Abb. 7: Rubik's Cube
– GM 000162784

Bisher haben die Entscheidungen des EuGH zur Frage der technischen Bedingtheit weder auf nationaler Ebene noch im Gemeinschaftsmarkenrecht zu einer sehr umfangreichen Anwendung des Schutzhindernisses geführt. Die Zurückweisungen, die insoweit vom HABM ausgesprochen – und, soweit angegriffen, vom EuG bestätigt – wurden, betreffen im Wesentlichen **vormals patentgeschützte Gestaltungen** (Messergriff,[95] Rohrreiniger,[96] Heizofen[97] sowie medizinisches Gerät).[98]

Obwohl das Vorhandensein alternativer Gestaltungsmöglichkeiten dem EuGH zufolge grundsätzlich keine Rolle spielt, hält der BGH daran fest, dass es sich auf die Beurteilung positiv auswirkt, wenn die beanspruchte Formgebung erkennbar nur eine unter mehreren **technisch gleichwertigen Varianten** darstellt.[99] So wurde im Fall eines Sportwagens (*Porsche Boxster*; Abb. 9)[100] erklärt, trotz strenger technischer Vorgaben könne jeder Hersteller auch bei ähnlichen Anforderungsprofilen eigenständige, individualisierende Formgebungen entwickeln.[101] Entsprechend wurde auch im Hinblick auf Karosserieteile argumentiert.[102] Ebenso wurde die Schutzfähigkeit eines Transformatorengehäuses damit begründet, dass die angemeldete Formgebung über eine Reihe von Gestaltungsmerkmalen verfügt, die in ihrer konkreten Formgebung zur Erzielung einer technischen Wirkung nicht erforderlich, sondern frei variierbar sind.[103] Diese Auffassung erscheint unter Beachtung von Sinn und Zweck der Vorschrift als sachgerecht, da bei freier Variierbarkeit funktionaler Merkmale kein überragendes Bedürfnis für die Freihaltung einzelner Ausprägungen der Gestaltung besteht.[104]

---

95 EuG Rs. T-64/11 – Reddig GmbH/HABM (Messergriff).
96 HABM BK R 747/2005-2 – Rohrreiniger.
97 HABM-BK R-808/2009-2 – Darnell-Heizofen.
98 HABM-BK R 42/2013-1 – Okkluder und Stöpsel.
99 Fezer, GRUR 2003, 457, 467; siehe bereits Kur, FS DPA: 100 Jahre Marken-Amt, 1994, S. 175, 190.
100 BGH GRUR Int. 2006, 767 – Porsche Boxster.
101 BGH GRUR Int. 2006, 767, 768 Rn 12 – Porsche Boxster.
102 Siehe dazu bereits oben, Rn 52.
103 BGH GRUR 2004, 507 (509) – Transformatorengehäuse; allerdings wurde die Gestaltung nicht als hinreichend unterscheidungskräftig beurteilt.
104 In diesem Sinne auch Ingerl/Rohnke, § 3 Rn 55. Unklar ist allerdings, ob sich diese im Prinzip einleuchtende Aussage auch auf den vom EuGH sehr weit gefassten ersten Ausschlussgrund anwenden lässt (s. dazu oben Rn 47 ff).

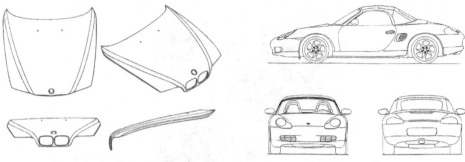

Abb. 8: *BMW*-Fronthaube
– Dt. Marke 30114507

Abb. 9: *Porsche Boxster*
– Dt. Marke 39747306

61 Vom BPatG wurde die Formgebung eines Taucherventils für die Waren "Ventile für Atmungsgeräte; Rohrleitungsverbindungsstücke; Ventile, Hähne" für nicht markenfähig erachtet: Die angemeldete Kennzeichnung (bestehend aus der Abbildung eines üblichen Ventils mit einer Zufuhr- und zwei Weiterleitungsanschlüssen, wobei die Verbindung der hieran anschließenden Leitungen durch zwei Drehknöpfe geöffnet und geschlossen werden kann) sei „im Wesentlichen technisch bedingt.[105] Aus den gleichen Gründen ausgeschlossen wurden ferner Formen eines Pflastersteins,[106] eines Kettenglieds,[107] eines Kletthaftverschlusses[108] sowie eines „Trudels", dh einer dreidimensionalen Kugelform zur Bestimmung von Zahlen, Punkten, Buchstaben, Farben und Symbolen. Nach Ansicht des BPatG handelte es sich dabei um nichts anderes als einen Spielwürfel, dessen Form zur Erreichung einer technischen Wirkung, nämlich der Abrolleigenschaft, erforderlich war. Dass sich der Würfel auch anders realisieren lasse, sei dabei unerheblich.[109] Für prinzipiell schutzfähig erkannt wurde hingegen die fotografische Abbildung eines Getriebekastens mit Wellenstruktur: Zu wesentlichen Merkmalen im Gesamteindruck zählten neben dem kastenförmigen Gehäuse mit Montagebohrungen und teilweise gerundeten Wandflächen und dem an einer Seitenwand herausragenden Stumpf der Antriebswelle auch die auf der Gehäuseoberfläche befindlichen Gestaltungselemente in Wellenstruktur, die sofort ins Auge fallen und daher als dekorative Elemente für die angemeldete Form von Bedeutung seien.[110]

(3) Wertverleihende Formgebungen

62 So wie der Zweck des zweiten Ausschlussgrundes in der Abgrenzung des Markenrechts gegenüber den technischen Schutzrechten erblickt wird, wird dem dritten Ausschlussgrund – Formen, die der Ware ihren wesentlichen Wert verleihen – häufig eine Abgrenzungsfunktion im Verhältnis zum **Urheber- und Designrecht** zugeschrieben. Es würde jedoch zu kaum vertretbaren Ergebnissen führen, wenn dem Schutz bzw der Schutzfähigkeit einer Formgebung unter dem Aspekt des Design-

---

105 BPatG, Beschl. v. 5.10.2004 – 27 W (pat) 60/01 – Taucherventil, berichtet bei Grabrucker/Fink, GRUR 2005, 289, 291. Hingegen wurde die Markenfähigkeit für die Waren „Taucheranzüge, Taucherbrillen ... Tauchausrüstungen" bejaht, allerdings wurde die Unterscheidungskraft verneint. Außer den weiteren im Text genannten Fällen s. auch die folgenden Entscheidungen, in denen die technische Bedingtheit bejaht wurde: BPatG, Beschl. v. 13.12.2004 – 30 W (pat) 114/03, – Pflasterstein.
106 BPatG 28 W (pat) 381/03, berichtet bei Grabrucker/Fink, GRUR 2006, 265, 268.
107 BPatG 27 W (pat) 154/10.
108 BPatG 27 W (pat) 154/10 berichtet bei Kopacek/Kortge, GRUR 2013, 336.
109 BPatG, Beschl. v. 24.7. 2007 – 27 W (pat) 55/07, für Gesellschaftsspiele, Spiele, Spielwaren, berichtet bei Grabrucker/Fink, GRUR 2008, 371, 373.
110 BPatG 28 W (pat) 154/10, BeckRS 2013, 08715.

rechts Indizfunktion im Hinblick auf den Schutzausschluss nach § 3 Abs. 2 Nr. 3 zukäme:[111] Da sämtliche neuen, eigenartigen Formgebungen schon bei relativ geringen Anforderungen an den Grad der Eigenart schutzfähig sind und da alle schutzfähigen Muster im Fall ihrer Veröffentlichung in der EU für gewisse Zeit Schutz als nicht eingetragenes Gemeinschaftsgeschmacksmuster genießen, bestünde bei einer solchen Betrachtung nur bei denjenigen Formgebungen keine Kontraindikation, die weder neu sind noch irgendeinen Grad an Eigenart aufweisen.[112]

Ebenso erscheint es verfehlt, ganze **Produktkategorien** – Schmuck, Kleidung – mit der Begründung von der Schutzfähigkeit als Marke auszuschließen, dass ihr Wert regelmäßig durch die Form begründet werde.[113] Gegen diese Auffassung spricht zumindest mittelbar, dass der EuGH in der Benetton-Entscheidung dem Umstand, dass es sich bei dem fraglichen Produkt um ein Kleidungsstück handelte, keine Bedeutung beigemessen hat, sondern eine Betrachtung des Einzelfalls verlangt. Für sonstige typischerweise designgeprägte Waren wie Schmuckgegenstände oder kunstgewerbliche Erzeugnisse kann nichts anderes gelten.

Nach der Rechtsprechung des BGH steht der Ausschlussgrund des § 3 Abs. 2 Nr. 3 MarkenG dem Markenschutz einer ästhetisch wertvollen Formgebung nur dann entgegen, wenn der Verkehr allein in dem **ästhetischen Gehalt der Form**[114] den wesentlichen Wert der Ware erblickt und es deshalb von vornherein als ausgeschlossen anzusehen ist, dass der Form neben ihrer ästhetischen Wirkung zumindest auch die Funktion eines Herkunftshinweises zukommen kann. Wenn hingegen in den Augen des Verkehrs die ästhetische Formgebung nur als eine *Zutat* zu der Ware erscheint, deren Nutz- oder Verwendungszweck auf anderen Eigenschaften beruht, soll die Eintragung der Form als Marke auch dann nicht ausgeschlossen sein, wenn es sich um eine ästhetisch besonders gelungene Gestaltung handelt.[115]

Diese Position lässt sich jedenfalls insoweit **nicht mehr aufrechterhalten**, als dem BGH zufolge der Verwendungs- oder Nutzwert der Ware ungeachtet ihrer ästhetischen Qualität zu beachten bleibt. Ähnlich wie bei den beiden anderen ersten Ausschlussgründen (s.o. Rn 47 ff, Rn 55) widersetzt sich der EuGH einer engen Auslegung, die dazu führen würde, dass der Ausschlussgrund allein bei Warenformen mit rein künstlerischem oder dekorativem Wert Anwendung findet, da anderenfalls die Gefahr bestünde, dass Waren nicht erfasst würden, die außer einem bedeutenden ästhetischen Element auch wesentliche funktionelle Eigenschaften haben, mit der Folge, dass „ein Monopol auf die wesentlichen Eigenschaften der Waren" gewährt würde.[116] Wie die Verbraucher die Ware wahrnehmen – in welchem Aspekt für sie der wesentliche Wert der Ware begründet ist – ist daher ledig-

---

111 S. aber EuGH, Rs. C-205/13, GRUR 32014, 1097 – Hauck/Stokke, Rn 19, der die Bedeutung des „Verlängerungsverbots" von Schutzrechten auch im Hinblick auf Designobjekte als bedeutsam herausstellt, ohne allerdings daraus konkrete Schlüsse zu ziehen.

112 Anders als bei den technisch bedingten Formgebungen stellt der gleichzeitige oder sukzessive Schutz nach Design- und Markenrecht daher eher die Ausnahme als die Regel dar. Diese Konsequenz stößt auch nicht auf grundlegende Bedenken. Angesichts der Weite des Formenschutzes bei ästhetischen Gestaltungen erscheint das Interesse der Wettbewerber und der Öffentlichkeit, eine konkrete, werthaltige Form benutzen zu können, in geringerem Maße als schutzwürdig als im Falle innovativer technischer Lösungen. Vor allem dann, wenn eine ästhetisch ansprechende Form aufgrund intensiver und langjähriger Benutzung den Charakter eines Herkunftshinweises angenommen hat, vermag nicht einzuleuchten, welche übergeordneten Wertentscheidungen verletzt werden, wenn durch die Gewährung von Markenschutz der faktisch vorhandenen Kennzeichnungswirkung auch rechtliche Anerkennung verschafft wird.

113 So jedoch für Schmuckgegenstände BPatG BlPMZ 2002, 228 – Schmuckring; (wohl) zustimmend Hacker, in: Ströbele/Hacker, § 3 Rn 131; kritisch Kur, GRUR Int. 2004, 755 f.

114 Dass es allein auf den ästhetischen, nicht hingegen auf den wirtschaftlichen Wert (Handelbarkeit) der Ware ankommt, hat der BGH in der Entscheidung GRUR 2008, 71, 72, Rn 18 – Fronthaube klargestellt (entgegen BPatG GRUR 2005, 333 – Kraftfahrzeugteile). Dies wird von EuGH (wohl) ähnlich gesehen, obwohl sich dies aus dem an sich neutralen Text der Vorschrift nicht zwingend ergibt. In entsprechenden Fällen – Formgebung eines Kfz-Ersatzteils – dürfte künftig ohnehin vor allem der erste Schutzversagungsgrund eine entscheidende Rolle spielen; insoweit erweist sich die seinerzeit vom BGH gegebene Begründung nicht mehr als tragfähig (s. dazu bereits oben).

115 BGH GRUR 2008, 71, 72, Rn 18 – Fronthaube; GRUR 2010, 138 Rn 19 – ROCHER-Kugel; s. auch BPatG v. 8.6.2011 – 26 W (pat) 93/08, BeckRS 2011, 25017 – Sessel.

116 EuGH, Rs. C-205/123, GRUR 2014, 1097, Rn 32.

lich einer von mehreren Beurteilungsfaktoren; zusätzlich sind „die Art der in Rede stehenden Warenkategorie, der künstlerische Wert der fraglichen Form, ihre Andersartigkeit im Vergleich zu anderen auf dem jeweiligen Markt allgemein genutzten Formen, ein bedeutender Preisunterschied gegenüber ähnlichen Produkten oder die Ausarbeitung einer Vermarktungsstrategie, die hauptsächlich die ästhetischen Eigenschaften der jeweiligen Ware herausstreicht" zu berücksichtigen.[117]

66 Dabei bleibt unberücksichtigt, dass jedenfalls ein Teil dieser Faktoren – der Preis wie auch sonstige Gegebenheiten auf dem jeweiligen Produktmarkt, sowie die „Ausarbeitung von Vermarktungsstrategien – temporärer Natur ist, während der Ausschluss vom Markenschutz **zeitlich unbegrenzt und mit unüberwindbarer Wirkung** eintritt. Dies wurde vom EuGH in der Benetton-Entscheidung[118] bestätigt: Obwohl nach den Feststellungen des vorlegenden Gerichts das streitgegenständliche Jeans-Modell bereits vor der Anmeldung seine Anziehungskraft vorwiegend aus den als Unterscheidungsmerkmal wahrgenommenen Charakteristika seiner Gestaltung, und nicht mehr aus deren ästhetischer Wirkung bezogen hatte, blieb es nach der Systematik des Gesetzes –das bei Vorliegen eines der in Art. 3 Abs. 1 Buchst. e MRRL (aF) (= § 3 Abs. 2 MarkenG; Art. 7 Abs. 1 Buchst. e GMV) genannten Ausschlussgründe keine Heilung zulässt – beim Schutzausschluss.

67 Das **Dilemma**, in das diese Rechtsprechung führen kann, wird durch den Fall des Bang & Olufsen-Lautsprechers illustriert (Abb. 10): Das EuG hatte zunächst entschieden, dass die auf mangelnde Unterscheidungskraft gestützte Zurückweisung der Markenanmeldung durch das HABM rechtsfehlerhaft sei; aufgrund des besonderen, sich von verkehrsüblichen Gestaltungen deutlich abhebenden Designs komme der Formgebung Unterscheidungskraft zu.[119] In der erneuten Verhandlung nach Zurückverweisung des Verfahrens an das HABM gelangte die 1. BK sodann zu dem Schluss, dass ungeachtet der vorhandenen Unterscheidungskraft der Schutz wegen der Attraktivität der Formgebung mit permanenter Wirkung auszuschließen sei.[120] Diese Entscheidung wurde vom EuG bestätigt.[121] Im Fall des „Alu-Chair" von Ray und Charles Eames („Vitra chair", Abb. 11) wurde der Ausschlussgrund hingegen anders beurteilt: Die 2. BK befand, dass der Stuhl den Status einer Design-Ikone besitze, mache ihn nicht automatisch schutzunfähig, zumal er nicht allein wegen seines Designs, sondern auch als Statussymbol sowie wegen seiner funktionalen Eigenschaften gekauft werde.[122] Diese Argumentation ist allerdings nach der „Hauck/Stokke"-Entscheidung nicht mehr haltbar (s.o. Rn 47 und Abb. 4 zum Tripp-Trapp-Stuhl).[123]

---

[117] EuGH, Rs. C-205/123, GRUR 2014, 1097, Rn 35).
[118] EuGH, Rs. C-371/06, GRUR 2007, 970 – Benetton/G-Star.
[119] EuG Rs. T-460/05, GRUR Int. 2008, 52 – Form eines Lautsprechers, Rn 40.
[120] HABM BK R 497/2005-1 – Bang & Olufsen.
[121] EuG Rs. T-508/08, GRUR Int. 2012, 560 – Form eines Lautsprechers II.
[122] HABM-BK R 486/2010-2 – Alu-chair (Vitra), Rn 21. Die gegen diese Entscheidung von der Löschungsklägerin eingelegte Beschwerde zum EuG wurde nach einem außergerichtlichen Vergleich zurückgenommen; s. EuG T-161/2011 (Beschluss).
[123] Zielrichtung und Geist der EuGH-Rechtsprechung eher entsprechen dürften die ablehnenden Entscheidungen zum Schutz der Formgebung von Les-Paul-Gitarren, die gerade wegen ihres Prestigewerts als schutzunfähig eingestuft wurden; s. HABM-BK R 924/2012-5 (zweidimensionale Marke) und R 2520/2011-5 (3D-Marke). Der Schutz nach nationalem Wettbewerbsrecht bleibt dabei grundsätzlich unberührt; s. dazu BGH GRUR 1998, 830 – Les Paul-Gitarren. Probleme könnten sich jedoch bei grenzüberschreitenden Sachverhalten ergeben, da insoweit eine Beeinträchtigung des freien Warenverkehrs zu konstatieren wäre. Zwar bleibt dies akzeptabel, soweit die Verbraucher anderenfalls irregeführt würden (s. EuGH GRUR Int. 1982, 439 – Multi Cable Transit); die reine Rufausbeutung, die vom BGH in der einschlägigen Entscheidung als maßgeblich bezeichnet wurde, kann jedoch kaum als hinreichende Begründung für die Einschränkung des Warenverkehrs betrachtet werden.

Abb. 10: *BEO LAB*-Lautsprecher – GM 003354371

Abb. 11: „Vitra chair" (Ray und Charles Eames) – GM 002298420 (Abb. 1 von 5)

(4) Gesamtbewertung

Die Regelung des § 3 Abs. 2 Nr. 3 ist insgesamt **verfehlt**. Sie zwingt Gerichte und Behörden in die Rolle einer Design-Jury, die besonders gutes Design mit dem Entzug der Möglichkeit straft, kennzeichenrechtlichen Schutz zu erlangen.[124] Es wäre daher zu begrüßen gewesen, wenn die Kommission dem Vorschlag gefolgt wäre, Art. 3 Abs. 1 Buchst. e iii MRL im Zuge der Markenrechtsreform (Rn 16) abzuschaffen.[125] Dies bedeutet nicht, dass die Interessen der Wettbewerber an der Freihaltung ästhetisch attraktiver Formen zu vernachlässigen sind. Diesen Interessen kann jedoch in sachgerechter und flexibler Weise im Rahmen der absoluten Schutzhindernisse (sowie richtigerweise auch bei der Bemessung des Schutzumfangs) Rechnung getragen werden, ohne dass es dazu eines unüberwindbaren Schutzhindernisses bedarf.

cc) Fazit. Praktische Konsequenzen

Die Ausschlussvorschrift des § 3 Abs. 2 MarkenG war bislang von eher geringer Bedeutung. Lediglich im Bereich technisch determinierter Formgebungen hat sie eine gewisse Rolle gespielt; dort finden sich bisher die relativ wenigen praktischen Anwendungsbeispiele. Durch die in der Hauck/Stokke-Entscheidung zum Ausdruck gebrachte Intention des EuGH, auch dem ersten und dritten Ausschlussgrund einen weiteren, praktisch erheblichen Anwendungsbereich zuzuweisen, könnten sich jedoch **erhebliche Konsequenzen** ergeben, die Ämter und Gerichte vor schwierige Aufgaben stellen und die Rechtssicherheit in diesem Bereich stark beeinträchtigen. So ist zum einen zwischen Gestaltungen zu unterscheiden, die in ihren wesentlichen Elementen gattungstypisch und daher durch die Art der Ware bedingt sind, und denjenigen, die sich nicht erheblich von der Norm oder Branchenüblichkeit abheben und somit zwar nicht durch die Art der Ware bedingt, aber jedenfalls nicht unterscheidungskräftig sind und daher auf den Erwerb von Unterscheidungskraft verwiesen werden. Eine weitere, problematische Grenzlinie verläuft zwischen Gestaltungen, die sich wesentlich von der Branchenüblichkeit abheben und daher Unterscheidungskraft besitzen – die „Gewinner" in diesem Lotteriespiel – und denjenigen, deren Besonderheit sie so attraktiv macht, dass sie dauerhaft vom Schutz ausgeschlossen bleiben müssen. Dass es bei diesem hochdiffizilen Modell zur

---

124 So die nahezu einhellige Kritik in Literatur; Ingerl/Rohnke, § 3 Rn 58; Fezer, § 3 MarkenG Rn 694; erstmals Kur, FS 100 Jahre Marken-Amt, 1994, 175, 191.
125 Zu diesem in der Markenstudie des MPI unterbreiteten Vorschlag s. Knaak/Kur/v. Mühlendahl, GRUR Int. 2012, 197, 200.

Herausbildung einheitlicher, transparenter und verlässlicher Standards kommt, lässt sich bereits innerhalb ein und derselben Rechtsordnung nur schwer vorstellen; im gesamteuropäischen Vergleich ist dies völlig hoffnungslos.

70 In der Praxis dürfte den dadurch verursachten Problemen in unterschiedlicher Weise begegnet werden. Zum einen bietet sich die Möglichkeit an, Produktgestaltungen mit unterscheidenden Elementen – insbesondere Wortmarken oder Logos – zu versehen (und für die reine Warenform ggf parallel Designschutz in Anspruch zu nehmen). Inwieweit durch die Markeneintragung ein mittelbarer Schutz der Formgebung begründet wird, entscheidet sich dann erst im Verletzungsverfahren. Im speziellen Fall von Schmuckdesign können figurative Elemente (etwa der „hängende Panther" von *Cartier*) bei hinreichender Unterscheidungskraft als Bildmarke geschützt werden.[126] Bei Kleidung, Handtaschen oder Schuhen wird sich der Schutz ohnehin häufig auf sog. **Positionsmarken** beziehen, dh auf Applikationen, Nähte oder sonstige Details, die in gleichförmiger Weise und an gleicher Stelle (= Position) auf den gekennzeichneten Produkten erscheinen (Rn 111 ff).

71 Schwieriger ist die Lage dort, wo die attraktive Form notwendig mit der konkreten Ware zusammenfällt, wie bei Möbeln oder anderen Erzeugnissen des **Wohndesigns**, oder soweit modische Accessoires (zB Handtaschen) in ihrer **gesamten Gestaltung** geschützt werden sollen.[127] Zwar wird den ästhetisch besonders gelungenen Formschöpfungen in diesem Bereich selbst nach den Maßstäben des deutschen Rechts[128] häufig Urheberrechtsschutz gewährt, so dass eine Nachahmung in der Regel ohnehin ausgeschlossen bzw erschwert ist. Die Frage des Markenschutzes stellt sich jedoch (spätestens) dann, wenn das Design – wie bei Klassikern, zB dem „Lounge Chair" von *Charles Eames*, nicht ungewöhnlich – auch nach Ablauf des Urheberrechtsschutzes noch einen hohen Marktwert besitzt.[129] Nach den vom EuGH postulierten Maßstäben dürfte sich ein Markenschutz für solche Gestaltungen kaum begründen lassen.[130]

3. Absolute Schutzhindernisse

a) Systematischer Überblick

72 In § 8 Abs. 1 und 2 MarkenG sowie in Art. 7 Abs. 1 GMV werden die im Allgemeininteresse bestehenden, **absoluten Schutzhindernisse** aufgeführt. Im Eintragungsverfahren werden sie von Amts wegen geprüft (§ 37 MarkenG; Art. 38 GMV). Wird eine Marke trotz eines entgegenstehenden Schutzhindernisses eingetragen, kann sie im Nachhinein im Wege der Löschungsklage aus dem Register entfernt werden (§ 50 MarkenG; Art. 55 GMV).

73 Eine grundlegende Voraussetzung für die Eintragung besteht darin, dass das Zeichen markenfähig sein muss (§ 8 Abs. 1 iVm § 3 MarkenG; Art. 7 Abs. 1 Buchst. a iVm Art. 4 GMV). Den Erfordernissen von Art. 2 MRRL (aF) entsprechend wird derzeit im deutschen Recht verlangt, dass zur Eintragung angemeldete Zeichen **grafisch darstellbar** sein müssen.[131] Von der Eintragung ausgeschlossen sind Marken ferner dann, wenn sie jeglicher Unterscheidungskraft entbehren, zur Beschreibung der Ware oder ihrer Eigenschaften dienen können oder eine im geschäftlichen Verkehr übliche

---

126 Das Gleiche gilt etwa für die spezifische Form von Verschlüssen (zB das „CD" bei Schmuck von *Dior*).
127 Siehe in diesem Zusammenhang BPatG, Beschl. v. 19.12. 2003 – 33 W (pat) 11/01: Bejahung der Markenfähigkeit der „Kelly-Bag" als Marke für Leder und Lederimitationen sowie Waren daraus, insbesondere Handtaschen.
128 Diese waren traditionell besonders streng, da für Werke der angewandten Kunst eine besondere Gestaltungshöhe verlangt wurde (BGH, GRUR 1995, 581 – Silberdistel). Von dieser Rechtsprechung hat sich der BGH in der Entscheidung GRUR 2014, 175 – Geburtstagszug jedoch ausdrücklich distanziert; s. dazu § 4 Rn 17 ff.
129 Die Anmeldung des *Lounge Chair* von Carles Eames wurde vom BPatG wegen fehlender Unterscheidungskraft zurückgewiesen; s. BPatG, Beschl. v. 17.12.1998 – 26 W (pat) 96/96 – Sessel mit Fußhocker; berichtet bei Ströbele, GRUR 1999, 1041, 1042.
130 Siehe hingegen BPatG v. 8.6.2011 – 26 W (pat) 93/08, BeckRS 2011, 25017 – Sessel, wo das BPatG im Einklang mit der bisherigen Linie der BGH-Rechtsprechung zwar die Unterscheidungskraft, nicht jedoch die Markenfähigkeit verneint hat.
131 § 8 Abs. 1 Hs 2 MarkenG. Zur bevorstehenden Abschaffung dieses Erfordernisses s. oben, Rn 33).

Bezeichnung darstellen.¹³² Bei diesen Hindernissen, vor allem beim Merkmal der Unterscheidungskraft, liegt der Schwerpunkt der Prüfung in den Ämtern. Die weiteren Schutzhindernisse sind von deutlich geringerer Relevanz: Täuschungseignung,¹³³ Sittenverstoß¹³⁴ staatliche Symbole, Prüf- und Gewährzeichen, Kennzeichen zwischenstaatlicher Organisationen.¹³⁵ Nach § 3 Abs. 2 Nr. 10 MarkenG sind ferner bösgläubig angemeldete Marken vom Schutz ausgeschlossen.¹³⁶ Mit Ausnahme der bösgläubigen Anmeldung kommen diese Hinderungsgründe bei Formmarken nur äußerst selten in Betracht (s. dazu Rn 116 ff).

Die in Abs. 2 Nr. 1–3 MarkenG genannten Schutzhindernisse können im Wege der **Verkehrsdurchsetzung** überwunden werden; nach Art. 7 Abs. 3 GMV gilt dasselbe im Hinblick auf die Schutzvoraussetzungen des Art. 7 Abs. 1 Buchst. b, c und d GMV. § 8 Abs. 4 MarkenG enthält nähere Bestimmungen zu den Schutzhindernissen in § 8 Abs. 2 Nr. 6–8 MarkenG, die für die hier behandelte Thematik ohne Bedeutung sind. 74

b) (Grafische) Darstellbarkeit

Um als Marke geschützt werden zu können, müssen Zeichen derzeit einer **grafischen Darstellung** zugänglich sein. Grafisch darstellbar sind alle Zeichen, die sich mithilfe von Figuren, Linien oder Schriftzeichen wiedergeben lassen.¹³⁷ Auch nach der bevorstehenden Aufgabe dieses Kriteriums (Rn 33) muss die Darstellung der Marke in einer Weise erfolgen, die den im Interesse der Transparenz und der Rechtssicherheit innerhalb des Registersystems zu stellenden Anforderungen entspricht.¹³⁸ 75

Für Formmarken ergeben sich daraus keine besonderen Schwierigkeiten. Nach § 9 MarkenV sind der Anmeldung einer dreidimensionale Marke zwei übereinstimmende zweidimensionale grafische Wiedergaben der Marke beizufügen, die bis zu sechs verschiedene Ansichten enthalten können und ggf mit Angaben zur farblichen Gestaltung zu versehen sind.¹³⁹ Zusätzliche Beschreibungen der Gestaltung sind optional. Für sonstige Markenformen, zu denen u.a. Hologramme, Bewegungs- und Positionsmarken gezählt werden können, gelten im Wesentlichen – unter Beachtung der Besonderheiten der jeweiligen Zeichenform – die gleichen Vorschriften wie für Bildmarken (§ 12 MarkenV). Für den Fall einer die Aufmachung von Ladenlokalen („Flagship-Stores") betreffenden Dienstleistungsmarke hat der EuGH entschieden, dass eine Darstellung in Form einer Abbildung ausreichend ist, ohne dass es auf die Hinzufügung von Größen- oder Proportionsangaben ankommt.¹⁴⁰ 76

---

132 § 8 Abs. 2 Nr. 1, 2 und 3 MarkenG; Art. 8 Abs. 1 Buchst. b, c und d GMV.
133 § 8 Abs. 2 Nr. 4 MarkenG; Art. 7 Abs. 1 Buchst. g GMV.
134 § 8 Abs. 2 Nr. 5 MarkenG; Art. 7 Abs. 1 Buchst. f GMV.
135 § 8 Abs. 2 Nr. 6, 7 und 8 MarkenG; Art. 7 Abs. 1 Buchst. h und i GMV; Art. 7 Abs. 1 Buchst. j GMV enthält ferner einen speziellen Ausschlussgrund für geographische Angaben, mit denen Weine und Spirituosen gekennzeichnet werden. Das MarkenG enthält außer den im Text genannten Bestimmungen noch eine allgemeine Klausel in § 8 Abs. 3 Nr. 9, der zufolge Marken von der Eintragung ausgeschlossen sind, deren Benutzung nach sonstigen Vorschriften im öffentlichen Interesse untersagt werden kann. Zu den Vorschriften, die einen solchen Ausschluss begründen können, zählen insbesondere auch lebensmittel- und weinrechtliche Vorschriften. Durch die Reform des Markenrechts (s.o. Rn 16) wird der Katalog absoluter Ausschlussgründe (u.a. durch Einbeziehung der garantiert traditionellen Spezialitäten sowie geschützter Sortenbezeichnungen) erweitert, um sämtliche nach internationalem und Gemeinschaftsrecht gegen die Verwendung als Marke geschützten Bezeichnungen zu erfassen.
136 § 8 Abs. 2 Nr. 10 MarkenG.
137 Grundlegend: EuGH, Rs. C-273/00, GRUR 2003, 145 – Sieckmann/DPMA Rn 55. Bei den im Beispielskatalog des § 3 Abs. 1 MarkenG ausdrücklich enthaltenen Formmarken gibt es ohnehin keine Probleme grundsätzlicher Art (siehe Rn 32).
138 Dh, die Wiedergabe der Marke muss klar, eindeutig, in sich abgeschlossen, leicht zugänglich, verständlich, dauerhaft und objektiv sein; EuGH, Rs. C-273/00, GRUR 2003, 14 – Sieckmann/DPMA, Rn 55.
139 Entsprechend: Regel 3 Abs. 4 GMDV.
140 EuGH, Rs. C-421/13, GRUR 2014, 866, – Apple, Rn 19 f.

c) Fehlende Unterscheidungskraft, Beschreibungseignung und Verkehrsüblichkeit
aa) Inhalt und Systematik der Vorschriften: Zur Stellung der Wettbewerberinteressen im System der Schutzhindernisse

77 Die Schutzhindernisse des § 8 Abs. 2 Nr. 1, 2 und 3 MarkenG wurden ebenso wie die ihnen inhaltlich entsprechenden Vorschriften des Art. 8 Abs. 1 Buchst. b, c und d GMV aus einer Norm des internationalen Rechts (Art. 6^{quinquies} B Nr. 2 PVÜ) in das europäische Markenrecht übernommen.[141] Der Systematik der PVÜ entsprechend gelten die einzelnen Schutzhindernisse als **eigenständige**, untereinander prinzipiell gleichrangige Kategorien.[142] Dem EuGH zufolge ist somit regelmäßig davon auszugehen, dass die einzelnen Eintragungshindernisse voneinander unabhängig sind und daher getrennt geprüft werden müssen,[143] wobei sich die jeweiligen Anwendungsbereiche allerdings zu einem (erheblichen) Teil überschneiden.[144] Für die Zurückweisung einer Markenanmeldung reicht es aus, dass eines der Eintragungshindernisse vorliegt.[145] Marken, die der Beschreibung dienen können, entbehren regelmäßig zugleich auch jeglicher Unterscheidungskraft,[146] während die umgekehrte Schlussfolgerung nicht möglich ist: Marken, die nicht beschreibend sind, können durchaus an der Hürde der Unterscheidungskraft scheitern. Allerdings soll daraus nicht gefolgert werden können, dass beschreibende Angaben einen Unterfall mangelnder Unterscheidungskraft darstellen. Stattdessen wird betont, dass beide Schutzhindernisse im Lichte der ihnen jeweils zugrunde liegenden **Allgemeininteressen** ausgelegt werden müssen, die sich in ihrer Ausrichtung unterscheiden:[147] Beim Fehlen von *Unterscheidungskraft* geht es um das Interesse der Allgemeinheit daran, dass Marken die ihnen zugedachte Funktion erfüllen können, Waren und Dienstleistungen nach Maßgabe der betrieblichen Herkunft zu unterscheiden.[148] Bei der *Beschreibungseignung* steht hingegen das Bestreben im Vordergrund, Zeichen, die im Interesse eines funktionierenden Wettbewerbs für die Benutzung durch andere freigehalten werden müssen, vor einer Monopolisierung[149] zugunsten des Markenanmelders zu bewahren.[150]

---

141 Dabei stellen § 8 Abs. 2 Nr. 1, 2 und 3 MarkenG sowie Art. 7 eine wörtliche Übersetzung der PVÜ dar. Die GMV weicht leicht davon ab. Es ist jedoch nicht davon auszugehen, dass damit inhaltliche Konsequenzen verbunden sind.

142 Im Gegensatz dazu nimmt beispielsweise das amerikanische Recht an, dass beschreibende sowie sprachübliche (generische) Angaben Unterfälle fehlender Unterscheidungskraft sind.

143 Diese Eingangsformel findet sich regelmäßig in EuGH-Entscheidungen, siehe Verb. Rs. C-456/01 P und C-457/01 P, GRUR 2004, 957, – Henkel/HABM („Tabs"), Rn 45, 46; Rs. C-329/02 P, GRUR 2004, 943, – SAT.1/HABM, Rn 25; Rs. C-37/03 P, GRUR 2006, 229 – BioID AG/ HABM, Rn 59.

144 EuGH, Rs. C-517/99, GRUR 2001, 1148 – Merz & Krell/DPMA ("Bravo"), Rn 68; Rs. C-363/99, GRUR 2004, 674 – Koninglijke KPN&PTT Nederland NV/Benelux-Merkenbureau ("Postkantoor") Rn 67; Rs. C-329/02 P, Slg 2004, GRUR 2004, 943 – SAT.1/HABM, Rn 27.

145 Rs. C-104/00 P, GRUR 2003, 58 – DKV/HABM ("Companyline"), Rn 28.

146 So EuGH, Rs. C-383/99 P, GRUR 2001, 1145, – Procter & Gamble/HABM (BABY DRY), Rn 37.; Rs. C-191/01 P, GRUR 2004, 146 – HABM/Wm. Wrigley („Doublemint"), Rn 19.

147 EuGH, Rs. C-329/02 P, GRUR 2004, 943 – SAT.1/HABM, Rn 25: „Das bei der Prüfung jedes dieser Eintragungshindernisse berücksichtigte Allgemeininteresse kann *oder muss* sogar je nach dem betreffenden Eintragungshindernis in *unterschiedlichen Erwägungen* zum Ausdruck kommen" (Hervorhebung d. Verf.). Verwiesen wird insoweit auf EuGH, Verb. Rs. C-456/01 P und C-457/01 P, GRUR 2004, 957 – Henkel/HABM (Tabs), Rn 45 und 46. An der angegebenen Stelle geht es allerdings lediglich um die Gleichförmigkeit der rechtlichen Beurteilungskriterien bei allen Markenarten sowie um die Besonderheiten der Verbraucherwahrnehmung bei dreidimensionalen Marken. Im gleichen Sinne wie „BABY DRY": EuGH, Rs. C-37/03 P, GRUR 2006, 229 – BioID/HABM, Rn 59.

148 Siehe zB EuGH, Rs. C-329/02 P, GRUR 2004, 943 – SAT.1/HABM, Rn 23: „Artikel 7 Absatz 1 Buchstabe b der Verordnung bezweckt somit, die Eintragung von Marken zu verhindern, die keine Unterscheidungskraft haben, denn diese allein macht der Marken geeignet, diese wesentliche Funktion zu erfüllen".

149 Wobei „Monopolisierung" in untechnischem Sinne – als Zuweisung einer ausschließlichen Rechtsposition – zu verstehen ist, da der Erwerb von Markenrechten natürlich kein Monopol im eigentlichen Sinn begründet.

150 So schon EuGH, verb. Rs. C-108/97 und 109/97, GRUR Int. 1999, 727 – Windsurfing Chiemsee/Attenberger, Rn 25; verb. Rs. C-53/01, 54/01 und 55/01, GRUR 2003, 514 – Linde, Winward, RADO/DPMA, Rn 73; EuGH, Rs. C-191/01 P, GRUR 2004, 146 – HABM/Wm. Wrigley, Rn 31; Rs. C-329/02 P, GRUR 2004, 943 – SAT.1/HABM, Rn 36; Rs. C-37/03 P, GRUR 2006, 229 – BioID AG/HABM, Rn 62; Rs. C-173/04, GRUR 2006, 233 – Deutsche SiSi-Werke/HABM, Rn 55 und 63.

B. Der Markenschutz nach deutschem und europäischem Recht

Als praktisch bedeutsame Schlussfolgerung ergibt sich daraus, dass das **Interesse der Wettbewerber** 78
an der Nutzung eines Zeichens für eigene Zwecke grundsätzlich nur in den Fällen zu berücksichtigen ist, in denen das Schutzhindernis der *Beschreibungseignung* zur Anwendung kommt, während es im Anwendungsbereich der mangelnden Unterscheidungskraft keine oder zumindest keine unmittelbare Rolle spielt.[151] Dies gilt allerdings nicht ausnahmslos: Für den Sonderfall der abstrakten **Farbmarken**[152] ist anerkannt, dass das Wettbewerberinteresse bereits im Zusammenhang mit der Prüfung der Unterscheidungskraft relevant werden kann. Für Formmarken bleibt es der EuGH-Rechtsprechung zufolge hingegen bei der allgemeinen Regel,[153] dh die Berücksichtigung von Wettbewerberinteressen kann nur im Rahmen des Eintragungshindernisses für beschreibende Angaben stattfinden.[154]

Die **Nachteile** dieses Vorgehens sind wenig spürbar, soweit es um traditionelle Markenformen, wie 79
Wort- und Bildmarken, geht. Zwar führt das Bestehen auf einer Trennung der berücksichtigungsfähigen Allgemeininteressen je nach Schutzhindernis zu einem unter Umständen mühsamen Formalismus; Verfahren können verzögert und Ergebnisse verzerrt werden, wenn es in der Entscheidung versäumt wird, die richtige, zur Argumentation passende „Hausnummer" anzugeben. Davon abgesehen kann jedoch im Zusammenspiel der Schutzhindernisse in den meisten Fällen eine ausgewogene Beurteilung erreicht werden. Auch für den Sonderfall abstrakter Farbmarken (Rn 78) wurde mit der ausdrücklichen Anerkennung der Einbeziehung von Wettbewerberinteressen in die Beurteilung der Unterscheidungskraft eine pragmatische Lösung aufgezeigt. Für dreidimensionale Marken, und insbesondere für Formmarken, bleibt die Situation jedoch unbefriedigend. Zwar ist grundsätzlich anerkannt, dass Formmarken als beschreibend anzusehen sein können, so dass das Wettbewerberinteresse an der Freihaltung einer Form auch bei strikter Beachtung der hindernisspezifischen Interessenzuordnung relevant werden kann (Rn 89). Die Feststellung, was genau den **beschreibenden Charakter einer Form** ausmacht, bereitet jedoch sowohl konzeptionell (Rn 91 ff) als auch in der praktischen Handhabung (Rn 99) erhebliche Schwierigkeiten.

Nach der hier vertretenen Auffassung wäre der richtige Weg zur Behebung dieser Probleme die 80
konsequente Beachtung der eingangs geschilderten Tripolarität des Markenrechts (Interessen-Trias, siehe Rn 7). Sinnvollerweise wäre somit davon auszugehen, dass **sämtliche relevanten Interessen** bei der Prüfung *aller* Schutzhindernisse einschließlich der mangelnden Unterscheidungskraft zu berücksichtigen sind. Dass damit implizit von dem Postulat der systematischen Gleichordnung und gedanklichen Trennung der einzelnen Schutzhindernisse abgerückt wird, wiegt angesichts des Gewinns an inhaltlicher Ausgewogenheit nicht schwer[155]

Da und soweit allerdings entgegen der vorgeschlagenen Betrachtungsweise der Ansatz des EuGH 81
für die Praxis maßgeblich bleibt, muss der Versuch unternommen werden, die auf jener Grundlage

---

151 In diesem Sinne ausdrücklich EuGH, Rs. 329/02 P, GRUR 2004, 943 – SAT.1/HABM, Rn 36.
152 EuGH, Rs. C-104/01, GRUR 2004, 858 – Libertel Groep BV/Benelux Merkenbureau, Rn 54: „Was die Eintragung von Farben als solchen ohne räumliche Begrenzung als Marke angeht, so hat die geringe Zahl der tatsächlich verfügbaren Farben zur Folge, dass mit wenigen Eintragungen als Marken für bestimmte Dienstleistungen oder Waren der ganze Bestand an verfügbaren Farben erschöpft werden könnte. Ein derart weites Monopol wäre mit dem System eines unverfälschten Wettbewerbs unvereinbar, insbesondere weil es einem einzelnen Wirtschaftsteilnehmer einen unzulässigen Wettbewerbsvorteil verschaffen könnte. Es wäre auch für die wirtschaftliche Entwicklung und die unternehmerische Initiative nicht förderlich, wenn bereits etablierte Wirtschaftsteilnehmer alle tatsächlich verfügbaren Farben zum Nachteil neuer Wirtschaftsteilnehmer für sich eintragen lassen könnten."
153 Dezidiert gegen eine Berücksichtigung der Wettbewerberinteressen an der Freihaltung einer Formgebung: EuGH, Rs. 173/04 P, GRUR 2006, 233 – Deutsche SiSi-Werke/HABM, Rn 63.
154 Zur Anwendbarkeit des Art. 3 Abs. 1 Buchst. c auf Formmarken s. verb. Rs. C-53/01, 54/01 und 55/01, GRUR 2003, 514 – Linde, Winward, RADO/DPMA, Rn 66.
155 Man muss sich dabei vor Augen führen, dass die Formulierung von Art. 6^{quinquies} B Nr. 2 PVÜ, auf die das Postulat der Gleichrangigkeit der Schutzhindernisse zurückgeht, eher das Ergebnis eines aus den Anfangszeiten des internationalen Markenschutzes stammenden politischen Kompromisses als ein Resultat sachorientierter Gesetzgebungstechnik darstellt. Ohne die Bedeutung der Vorschrift unterschätzen zu wollen – es würde zu weit gehen, wenn die strikte Beachtung der entsprechenden Vorgaben dazu führen würde, dass sachlich und systematisch angemessene Lösungen verhindert werden.

für die Beurteilung der Eintragbarkeit von Formmarken entwickelten Kriterien so sinnvoll und handhabbar wie möglich zu gestalten.

bb) Der Schutzmaßstab bei Formmarken

(1) Die Vorgaben der EuGH-Rechtsprechung

82 Wegweisende Bedeutung für die Rechtspraxis bei der Beurteilung von Formmarkenanmeldungen hat die Entscheidung des EuGH in den verb. Rs. Linde, Winward und Rado erlangt[156] (vgl Abb. 12 bis 14). Gegenstand der Entscheidung waren die dem EuGH vom BGH vorgelegten Fragen, ob an die Schutzvoraussetzungen bei Formmarken grundsätzlich andere – strengere – Anforderungen zu stellen seien als bei anderen Markenformen,[157] sowie ferner, ob das Schutzhindernis der Beschreibungseignung (§ 8 Abs. 2 Nr. 2 MarkenG) bei Formmarken zur Anwendung kommen könne, die nicht unter den absoluten Schutzausschluss nach § 3 Abs. 2 MarkenG fallen,[158] und ob das diesem Schutzhindernis zugrunde liegende Freihaltungsinteresse in der Weise zu berücksichtigen sei, dass eine Formmarke grundsätzlich nur nach erfolgter Verkehrsdurchsetzung (§ 8 Abs. 3 MarkenG) eingetragen werden könne.

Abb. 12: *Linde*-Gabelstapler (BGH, 20.11.2003 – I ZB 15/98)

Abb. 13: *Winward*-Taschenlampe (BGH, 20.11.2003 – I ZB 18/98)

Abb. 14: RADO-Uhr – IR-Marke Nr. 640196

83 Der EuGH erklärte zunächst, im Wortlaut der einschlägigen Richtlinienvorschrift (Art. 3 Abs. 1 Buchst. b MRRL (aF)) finde sich kein Hinweis darauf, dass für die Unterscheidungskraft von Formmarken strengere Maßstäbe als im übrigen Markenrecht gelten sollten.[159] Allerdings sei der Auffassung zuzustimmen, dass es ungeachtet der Anwendung gleicher Maßstäbe in der Praxis schwieriger sein dürfte, die notwendige Unterscheidungskraft von Formmarken nachzuweisen, da die Formgebung allenfalls bei **deutlicher Abweichung** von der im betreffenden Sektor üblichen

---

156 EuGH verb. Rs. C-53/01 bis C-55/01, GRUR 2003, 514 – Linde, Winward und Rado.
157 Dies entsprach der Auffassung des BPatG im Hinblick auf Formmarken, siehe BPatG GRUR 1999, 56 – Taschenlampen (Ausgangsentscheidung zur Rechtsbeschwerde zum BGH im „Winward"-Fall); s.a. BPatG GRUR 1998, 706 – Montre I. Begründet wurde dies mit dem an der Grundform solcher Gestaltungen bestehenden Freihaltebedürfnis sowie mit der „Wesensverschiedenheit" von Marken- und Designrecht. Siehe auch die Entscheidungen von BPatG und BGH im Fall „Likörflasche": Das BPatG hatte in seiner, die Eintragung wegen fehlender Unterscheidungskraft ablehnenden Entscheidung erklärt, um eingetragen werden zu können, müsse sich die Form „so auffallend von den für die beanspruchten Waren gängigen Flaschenformen abheben, dass der Verkehr sie neben der Etikettierung als Besonderheit wahrnimmt" (BPatG GRUR 1998, 581 (LS.)). Der BGH nahm hingegen an, mit dieser Forderung (die den in den späteren Entscheidungen des EuGH aufgestellten Maßstäben weitgehend entspricht) seien die Anforderungen an die Unterscheidungskraft bei Formmarken überspannt worden.
158 Zu dieser Frage waren im deutschen Recht zuvor unterschiedliche Auffassungen vertreten worden; s. Rohnke, MarkenR 2001, 199 einerseits und Eichmann, GRUR 1995, 184, 188 sowie Bauer, GRUR 1996, 319, 321 andererseits.
159 EuGH, Verb. Rs. C-53/01 bis C-55/01, GRUR 2003, 514 – Linde, Winward und Rado, Rn 46.

Variationsbreite von den maßgeblichen Verkehrskreisen als Herkunftshinweis angesehen werde.[160] Dabei sei darauf abzustellen, wie ein durchschnittlich informierter, aufmerksamer und verständiger Durchschnittsverbraucher die Gestaltung vermutlich wahrnehme.[161]

Zur zweiten Frage äußerte sich der EuGH in positivem Sinne: Nichts weise darauf hin, dass Formmarken nicht als „beschreibend" iSv § 3 Abs. 1 Buchst. c MRRL (aF)[162] angesehen werden könnten.[163] Bei der Prüfung sei in jedem Einzelfall das Allgemeininteresse daran zu berücksichtigen, dass Formmarken in bestimmten Fällen von allen frei verwendet und vorbehaltlich des Art. 3 Abs. 3 MRRL (aF)[164] nicht eingetragen werden sollten. Allerdings dürfe die Eintragung von Formmarken durch die Eintragungsbehörde nicht generell verweigert und vom Erwerb von Verkehrsgeltung abhängig gemacht werden. 84

In nachfolgenden Entscheidungen des EuGH wurden diese Grundsätze bekräftigt. Dabei wurde vor allem betont, dass andere als außergewöhnliche Formen üblicherweise nicht **als Marke wahrgenommen** werden. So heißt es in einer Entscheidung zur Eintragungsfähigkeit von Waschmitteltabletten, dass „die Durchschnittsverbraucher aus der Form der Waren oder ihrer Verpackung, wenn grafische oder Wortelemente fehlen, gewöhnlich nicht auf die Herkunft dieser Waren (schließen)".[165] Zu den Konsequenzen wird in der Entscheidung Mag Instruments (Stabtaschenlampe) ausgeführt: „Je mehr sich die angemeldete Form der Form annähert, in der die betreffende Ware am wahrscheinlichsten in Erscheinung tritt, umso eher ist zu erwarten, dass dieser Form die Unterscheidungskraft im Sinne von Artikel 7 Absatz 1 Buchstabe b der Verordnung Nr. 40/94 fehlt. Nur eine Marke, die *erheblich* von der Norm oder der Branchenüblichkeit *abweicht* und deshalb ihre wesentliche herkunftskennzeichnende Funktion erfüllt, besitzt auch Unterscheidungskraft im Sinne von Artikel 7 Absatz 1 Buchstabe b der Verordnung" (Hervorhebung d. Verf.).[166] 85

Die gleichen Maßstäbe wie für Warenformen gelten auch für Verpackungsformmarken, soweit die darin befindliche Ware nicht isoliert verkehrsfähig wäre (dh Flüssigkeiten, gelförmige Substanzen, Schüttware); ebenso werden zweidimensionale Markenanmeldungen behandelt, die sich in einer naturgetreuen Wiedergabe des zu kennzeichnenden Produkts erschöpfen.[167] 86

Obwohl der Begründungsansatz des EuGH grundsätzlich empirischer Natur ist, wird er in der Praxis **wie ein feststehender Rechtssatz** behandelt.[168] So wurde in der Entscheidung *Wilfer* – in der es um den Schutz der bildlichen Darstellung des Kopfteils einer Gitarre ging – vom Anmelder erklärt, es handele sich um einen sehr spezifischen Markt, in dem die angesprochenen Verkehrskreise daran gewöhnt seien, Gitarren unterschiedlicher Hersteller an der Form zu erkennen; der vom HABM sowie dem EuG formelhaft verwendete Satz, dass die beteiligten Verkehrskreise Warenformen anders wahrnehmen als traditionelle Markenformen könne daher keine Anwendung finden. Ohne sich mit diesem Argument inhaltlich auseinanderzusetzen, begnügte sich der EuGH mit dem Hinweis, dass seine Rechtsprechung nicht allein für Massenmärkte entwickelt worden sei.[169] Dies kann als Indiz dafür aufgefasst werden, dass entgegen den regelmäßigen Beteuerungen des EuGH sowie 87

---

160 EuGH, Verb. Rs. C-53/01 bis C-55/01, GRUR 2003, 514 – Linde, Winward und Rado1, Rn 48 iVm Rn 40, 41 sowie Rn 32–35.
161 EuGH, Verb. Rs. C- 53/01 bis C-55/01, GRUR 2003, 514 – Linde, Winward und Rado, Rn 41 mit Hinweis auf Rs. C-210/96, GRUR 1998, 795 – Gut Springenheide und Tusky, Rn 31 sowie C-299/99, GRUR 2002, 804 – Philips/Remington, Rn 63.
162 § 8 Abs. 2 Nr. 2 MarkenG; Art. 7 Abs. 1 Buchst. c GMV.
163 EuGH, Rs. C-53/01 bis C-55/01 C-53/01, GRUR 2003, 514 – Linde, Winward und Rado, Rn 69.
164 § 8 Abs. 3 MarkenG; Art. 7 Abs. 3 GMV.
165 EuGH, Verb. Rs. C-456/01, Rs. C-456/01 P und C-457/01 P, GRUR 2004, 957 – Henkel (Tabs), Rn 38; entsprechend für die Form einer Verpackung: EuGH, Rs C-218/01, GRUR 2004, 428 – Henkel (Perwoll-Flasche), Rn 52.
166 EuGH, Rs. C-136/02 P, GRUR Int. 2005, 135 – Mag Instruments (Stabtaschenlampe) Rn 31.
167 EuGH, Rs. C- 25/05, GRUR 2006, 1022 – Storck (Wicklerform), Rn 27; zum deutschen Recht s. etwa BGH GRUR 2004, 683, 684 – Farbige Arzneimittelkapsel.
168 Ähnliches gilt für die Beurteilung der Schutzfähigkeit abstrakter Farbmarken. Kritisch dazu Steinbeck, WRP 2014, 1003.
169 EuGH, Rs. C-546/10 P, BeckEuRS 2011, 620712 – Wilfer, Rn 55.

nachgeordneter Instanzen die für die Beurteilung von Formmarken geltenden Maßstäbe letztlich doch *andere* sind als bei traditionellen Markenformen.

(2) Konsequenzen und Probleme der Umsetzung

88 Zum Schutz von Formmarken wurden ursprünglich von BPatG und BGH unterschiedliche Positionen vertreten, die sich jedoch unter dem Einfluss der EuGH-Rechtsprechung angenähert haben. So konnte auf der einen Seite das BPatG seine anfängliche Rechtsprechung, wonach bei der Prüfung von Formmarken grundsätzlich ein strengerer Maßstab anzuwenden sei als bei anderen Markenformen, zumindest nicht offen fortführen.[170] Auf der anderen Seite konnte auch der BGH nicht daran festhalten, dass Formmarken nur dann wegen fehlender Unterscheidungskraft von der Eintragung auszuschließen sind, wenn sie lediglich einen Hinweis auf ihren Inhalt geben oder durch ganz einfache geometrische Formen oder sonst bloß schmückende Elemente bestimmt sind.[171]

89 Keine wirklich stimmige Lösung ist bisher für die Frage gefunden worden, wie sich das **Schutzhindernis des § 8 Abs. 2 Nr. 2** sinnvoll auf Formgebungen anwenden lässt bzw. worin die Besonderheit „beschreibender" Formen besteht. Der EuGH-Rechtsprechung lassen sich dazu keine Aussagen entnehmen, die über die prinzipielle Bejahung der Anwendbarkeit dieses Schutzhindernisses hinausgehen. Auffällig ist ferner, dass auch in der Rechtsprechung des EuG sowie der Beschwerdekammern des HABM diese Alternative als Zurückweisungsgrund bei Formmarken kaum eine Rolle spielt. Soweit ersichtlich, hat sich das EuG in der Entscheidung Simba Toys[172] (Rubik's Cube; s.o. Rn 58, Abb. 7) erstmals explizit mit der Anwendung von Art. 7 Abs. 1 Buchst. c GMV auf dreidimensionale Formgebungen befasst und erklärt, eine Warenform sei dann beschreibend, wenn sie „mit den betreffenden Waren oder Dienstleistungen einen hinreichend direkten und konkreten Zusammenhang aufweist, der es den angesprochenen Verkehrskreisen ermöglicht, unmittelbar und ohne weitere Überlegung eine Beschreibung dieser Waren oder Dienstleistungen oder eines ihrer Merkmale zu erkennen."[173] Dass dies auf die im konkreten Fall zu beurteilende Darstellung von „Rubik's Cube" nicht zutreffen soll, leuchtet allerdings ebenso wenig ein wie die Verneinung der technischen Bedingtheit der Formgebung:[174] Die Zielgruppe der betreffenden Waren dürfte aus der Abbildung sehr genau und ohne weiteres Nachdenken erkennen, worum es sich bei der dargestellten Würfelform mit gitterförmig gerasteter Oberfläche handelt.[175]

90 Tendenziell anders als die europäischen Instanzen hat der BGH in mehreren Entscheidungen deutlich gemacht, dass er auf eine sorgfältige, separate Prüfung und eingehende Begründung von § 7 Abs. 2 Nr. 2 MarkenG auch und gerade bei Formmarken Wert legt.[176] Den Ausgangspunkt bildet die Überlegung, dass die Formgebung einer Ware grundsätzlich im gleichen Maße als beschreibend anzusehen ist, wie es eine **naturgetreue Abbildung** derselben Ware wäre. Dabei wird angenommen, dass die Abbildung einer Ware nur dann beschreibend ist, wenn sie keine Besonderheiten gegen-

---

[170] BPatG GRUR 1998, 706 – Montre I; BPatG GRUR 1999, 56 – Taschenlampen.
[171] BGH GRUR 2001, 56, 57 – Likörflasche; GRUR 2001, 334, 336 f – Gabelstapler; GRUR 2001 416, 417 – SWATCH. Keine Stütze in der EuGH-Rechtsprechung findet auch das zusätzlich herangezogene Argument, dass nur bei großzügiger Beurteilungspraxis verhindert werden könne, dass „die Möglichkeit eines sich ändernden Verkehrsverständnisses nach der gesetzlichen Zulassung [von Formmarken] in einer durch die Markenrechtsrichtlinie nicht vorgesehenen Weise eingeschränkt" werde; so aber BGH GRUR 1999, 413, 415 – SWATCH (Ergänzung im Zitat d. Verf.).
[172] EuG, T-450/09, BeckRS 2014, 82527 – Simba Toys, Rn 114 ff.
[173] EuG, T-450/09, BeckRS 2014, 82527 – Simba Toys, Rn 119.
[174] Siehe dazu oben, Rn 58.
[175] Dies gilt umso mehr, wenn auch in diesem Fall berücksichtigt wird, dass es nicht allein auf die Darstellung als solche ankommt, sondern dass auch das Objekt, das Gegenstand des Schutzes sein soll, in seiner realen Gestaltung zu betrachten ist. Siehe EuGH, Rs. C-337/12 P, BeckEuRS 2014, 752102, Rn 58 ff, 64 – Pi Design/Yoshida. In jenem Fall ging es um die Anwendung von Art. 7(1)(e)(ii) GMV auf die als zweidimensionale Marke angemeldete Darstellung eines Messergriffs mit Noppen; für die Beurteilung des hier streitgegenständlichen Würfels unter dem Aspekt der Beschreibungseignung kann jedoch nichts anderes gelten. Zur unterschiedlichen Rechtsauffassung von EuGH und EuG in diesem Punkt s.o. Rn 58.
[176] BGH GRUR 2007, 973 – RADO-Uhr III; s.a. BGH GRUR 2008, 1000, 1001 – Käse in Blütenform II.

über den für die betreffende Warenart typischen oder notwendigen Grundelementen aufweist.[177] Diese Überlegung berücksichtigt jedoch nicht genügend, dass es – anders als etwa im Fall von Neologismen, die trotz beschreibender Anklänge eine schutzfähige Marke darstellen können – nicht um eine Abwandlung des *Zeichens*, sondern um eine Abwandlung des *Objekts* der Bezeichnung geht, während das Zeichen selbst präzise und naturgetreu – und damit notwendigerweise beschreibend – bleibt.[178]

Da und soweit für Formgebungen nichts anderes gelten soll als für andere Markenformen, müsste der zuvor genannten Logik zufolge grundsätzlich *jede* Formmarke nach § 8 Abs. 2 Nr. 2 von der Eintragung ausgeschlossen werden, solange keine Verkehrsdurchsetzung nachgewiesen wird.[179] Will man diese Konsequenz nicht ziehen,[180] da sie unnötig restriktiv erscheint und vom EuGH ausdrücklich abgelehnt wird,[181] muss der Eingriffsbereich des Hindernisses im Einklang mit Sinn und Zweck der Vorschrift auf die Fälle beschränkt werden, in denen das an der Freihaltung von Produktformen bestehende Interesse der Allgemeinheit und der Wettbewerber als besonders schützenswert zu qualifizieren ist.[182] Im Ergebnis gelangt man somit durch teleologische Reduktion zu einem ähnlichen Ansatz, wie ihn der BGH jedenfalls in einigen seiner Entscheidungen vertritt.[183] Es erscheint jedoch wichtig, sich den systematischen Hintergrund dieser Überlegungen vor Augen zu führen: Nur so wird deutlich, dass es um die interessengerechte *Einschränkung* eines an sich umfassenden Tatbestandes geht, und nicht etwa um eine (als solche fragwürdige) *Ausdehnung* der gesetzlichen Schutzvoraussetzungen. 91

Für die konkrete Prüfung des **Freihaltebedürfnisses** ist dem BGH zufolge zu berücksichtigen, ob „die beanspruchte Form im Rahmen einer auf (dem jeweiligen) Warengebiet üblichen Formenvielfalt liegt und nur beschränkte Möglichkeiten bestehen, die Produktgestaltung im Interesse einer Individualisierung zu variieren".[184] In ihrem ersten Teil fügt diese Formel den bereits zur Prüfung der Unterscheidungskraft verwendeten Kriterien nichts hinzu: In beiden Fällen geht es um die Ermittlung des Abstands zum bestehenden Formenschatz bzw. zur üblichen Formenvielfalt. Die Berücksichtigung der **Wettbewerberinteressen**, die nach der zuvor dargestellten Systematik das Spezifikum beschreibender Angaben ausmacht, kommt erst im zweiten Teil zum Ausdruck, in dem auf die *ggf* beschränkten Variationsmöglichkeiten der Produktgestaltung hingewiesen wird. 92

Auch wenn dieser Rechtsprechung im Ansatz zugestimmt wird, bleibt fraglich, ob sie die relevanten Interessen in hinreichendem Maße berücksichtigt. Orientiert man sich insoweit an Art. 3 Abs. 1 93

---

177 Siehe BGH GRUR 2001, 413 – SWATCH (u.a.); BGH GRUR 2001, 56 – Likörflasche; BGH GRUR 2001, 239 – Zahnpastastrang.
178 Dies wird deutlich, wenn man sich vor Augen führt, dass es sich zweifellos um eine Beschreibung handelt, wenn eine spezielle Produktvariante mit Worten charakterisiert wird, die gerade ihre Besonderheiten gegenüber üblichen Exemplaren der gleichen Gattung herausstellen. Akzeptiert man als Ausgangsthese, dass auch bildliche Darstellungen beschreibenden Charakter haben können, dann kann nichts anderes gelten, wenn die Beschreibung eines Produkts samt seiner Besonderheiten nicht mit Worten, sondern mithilfe einer Zeichnung oder sonstigen Abbildung erfolgt. So auch die Rspr vor Inkrafttreten des MarkenG; s. BPatG GRUR 1993, 392 – Motorradmotor; BPatGE 5, 44, 47 – Triangularflasche; BGH GRUR 1985, 383, 384 – BMW-Niere; s. dazu Eichmann, GRUR 1995, 184, 187.
179 Diese Konsequenz entspräche der Rechtslage im amerikanischen Recht; s. US Supreme Court, Wal-Mart Stores, Inc. v. Samara Bros., Inc. 529 U.S. 205 (2000), in deutscher Übersetzung auszugsweise abgedruckt in GRUR Int. 2000, 812 m.Anm. M. Lehmann.
180 Mit der Gesetzeslage wäre diese Konsequenz allerdings vereinbar; der Umstand, dass Waren- und Verpackungsformen nach § 3 Abs. 1 MarkenG prinzipiell markenrechtlich schutzfähig sind, bedeutet nicht zwingend, dass ihnen die Eintragung ohne Verkehrsgeltung möglich sein muss. Das Argument, dadurch werde solchen Markenformen mit der einen Hand gegeben, was ihnen mit der anderen wieder genommen werde, und dreidimensionale Marken würden damit wieder auf den Stand unter Geltung des WZG zurückgeführt (so etwa Seibt, Die dreidimensionale Marke, S. 89), übersieht, dass die Möglichkeit der Eintragung als solche bereits einen erheblichen und praktisch bedeutsam Unterschied gegenüber dem früheren Recht darstellt.
181 EuGH, verb. Rs. C-53/01 bis C-55/01, GRUR 2003, 514 – Linde, Winward und Rado, Rn 75.
182 Siehe BGH GRUR 2007, 973, Rn 12 – RADO-Uhr III.
183 Siehe etwa BGH GRUR 2006, 679 – Porsche Boxster; GRUR 2008, 1000, Rn 16 – Käse in Blütenform II.
184 BGH GRUR 2007, 973, Rn 12 – RADO-Uhr III.

Buchst. e MRRL (aF),[185] in dem nach Aussagen des EuGH das allgemeine **Freihalteinteresse** an Warenformen am klarsten zum Ausdruck kommt,[186] dann ist das Bestehen von Variationsmöglichkeiten bzw deren Einschränkung nur ein, und nicht unbedingt der wichtigste, Anhaltspunkt für das Vorliegen eines solchen Interesses. Zu beachten wäre weiterhin, inwieweit eine Formgebung unter funktionalen Aspekten *nützlich*, wenn auch nicht zwingend vorgegeben ist; ein weiterer Gesichtspunkt ist die unter ästhetischen Aspekten erzeugte *Attraktionskraft* der Form. Diese Überlegungen sprechen dafür, ungeachtet bestehender Variationsmöglichkeiten die Markeneintragung von Warenformen überall dort mit besonderer Zurückhaltung zu bewerten, wo

- das Design aus **funktionalen oder ästhetischen Gründen** von erheblicher, wenn auch nicht allein bestimmender Bedeutung für die Kaufentscheidung ist,
- ein **Bedarf für häufigen Wechsel** oder Modifizierungen der angebotenen Modelle besteht und
- Gewerbetreibende daher ein berechtigtes Interesse haben, auf einen **möglichst großen Formenschatz** zurückgreifen zu können.[187]

cc) Die Beurteilung in der Praxis

(1) Allgemeine Grundsätze und Tendenzen

94 Bei der Prüfung der Schutzfähigkeit von Formmarken ist von den **allgemeinen Beurteilungsgrundsätzen** auszugehen, die bei allen Marken zur Anwendung kommen. So muss die Beurteilung der Unterscheidungskraft immer aus der Sicht der angesprochenen Verkehrskreise erfolgen. Soweit es sich dabei um Verbraucher handelt, ist das vom EuGH entwickelte Leitbild zugrunde zu legen; auszugehen ist somit von dem Verständnis eines „durchschnittlich informierten, aufmerksamen und verständigen" **Durchschnittsverbrauchers**.[188] Ferner kann zwar eine Analyse einzelner Bestandteile eines Zeichens vorgenommen werden; die Entscheidung über die Schutzfähigkeit ist jedoch stets aufgrund einer **Gesamtbetrachtung** des Zeichens zu fällen. Auch jeweils für sich nicht unterscheidungskräftige Elemente können in ihrer Kombination geeignet sein, eine herkunftshinweisende Wirkung zu entfalten.[189] Umso mehr gilt dies dann, wenn ein Bestandteil eindeutig unterscheidungskräftig ist: Als solche schutzunfähige Formmarken können daher eingetragen werden, wenn sie zumindest ein unterscheidungskräftiges Detail aufweisen, wie etwa einen – auch kleinformatigen – Wort- oder Bildbestandteil.[190]

(2) Einzelfälle: Nationales Recht

(a) Warenformmarken

95 Wie zuvor ausgeführt wurde, haben sich die Prüfungsmaßstäbe des BPatG und des BGH seit den grundlegenden Entscheidungen des EuGH zum Schutz von (Waren)Formmarken tendenziell angenähert. Obwohl der BGH nach wie vor betont, dass beim Schutz von Warenformen ebenso wie bei anderen Markenformen ein großzügiger Maßstab bei der Beurteilung der Schutzfähigkeit anzulegen sei, wird diese Aussage unter Hinweis auf die Wahrnehmungsgewohnheiten der beteiligten Verkehrskreise faktisch wieder eingeschränkt; im Einklang mit der EuGH-Rechtsprechung wird ein **erheblicher Abstand** vom Verkehrsüblichen verlangt. Zwar blieb der BGH in den Fällen Linde,

---

185 § 3 Abs. 2 MarkenG; Art. 7 Abs. 1 Buchst. e GMV.
186 In dieser Hinsicht ist die Vorschrift auch jenseits ihres eigentlichen Anwendungsbereichs von wegweisender Bedeutung.
187 In gleichem Sinne auch BPatG GRUR 2005, 330, 332 – Fahrzeugkarosserie.
188 St. Rspr des EuGH, seit Rs. C-210/96, GRUR 1998, 795 – Gut Springenheide.
189 Bei Kombinationsmarken, die aus zwei beschreibenden Bestandteilen bestehen, besteht eine Vermutung dafür, dass auch die Kombination nicht unterscheidungskräftig ist, EuGH, Rs. C-363/99, GRUR 2004, 674 – Koninglijke KPN&PTT Nederland NV/Benelux-Merkenbureau ("Postkantoor"), Rn 98, 100; s. aber EuGH, Rs. C-329/02 P, Slg 2004, I-8317, Rn 44, 46 – SAT.1/HABM: Der Gesamteindruck bleibt stets das entscheidende Kriterium.
190 Eichmann, GRUR 1995, 184, 191; Ströbele, in: Ströbele/Hacker, § 8 Rn 156; ständige Praxis des DPMA sowie des HABM.

Winward und Rado¹⁹¹ bei seiner Auffassung und bejahte entgegen den vorhergehenden Entscheidungen des BPatG die Unterscheidungskraft der betreffenden Gestaltungen;¹⁹² in einer Reihe anderer Fälle blieben Rechtsbeschwerden gegen Zurückweisungen von Formmarken durch DPMA und BPatG hingegen erfolglos.¹⁹³

Dabei spielt jedenfalls dem Grundsatz nach der **Produktsektor** eine Rolle:¹⁹⁴ So wird bei technischen Gestaltungen der Gedanke, dass eine Warengestaltung zugleich als Herkunftshinweis dient; eher fernliegend erscheinen. Dies zeigt sich zB in der Zurückweisung der Form eines Uhrengehäuseträgers, der weitgehend, wenn auch nicht ausschließlich technisch bedingt war.¹⁹⁵ Übereinstimmend wurde ferner von BPatG und BGH angenommen, dass die – in erheblichem Umfang technisch vorgegebene – Form eines Transformatorengehäuses als nicht unterscheidungskräftig anzusehen sei.¹⁹⁶ Der Form des *Porsche Boxster* (s.o. Rn 60, Abb. 9) wurde hingegen zwar grundsätzlich Unterscheidungskraft zuerkannt; sie wurde jedoch als freihaltebedürftig im Sinne des § 8 Abs. 2 Nr. 2 MarkenG beurteilt.¹⁹⁷ Ist ein Produktsektor von einer großen Vielzahl an Produktvarianten gekennzeichnet, liegt der Gedanke an eine Herkunftskennzeichnung jedenfalls dann regelmäßig fern, wenn das beanspruchte Kennzeichen lediglich eine Kombination üblicher Elemente darstellt.¹⁹⁸ So wurde im Fall eines Bildzeichens, das einen aus verschiedenfarbigen Flächen bestehenden Hefteinband und damit lediglich eine aus üblichen dekorativen Elementen der beanspruchten Waren bestehende Gestaltung zeigte, festgestellt, dass solche Gestaltungen im Allgemeinen nicht als Herkunftsmittel aufgefasst werden, auch wenn sich auf dem Markt noch keine mit dem angemeldeten Zeichen vollständig übereinstimmende Gestaltung findet.¹⁹⁹

96

Ausgehend von einem empirischen Prüfungsansatz kommt ferner der Frage Bedeutung zu, ob und inwieweit sich der Verkehr in einzelnen Produktsektoren daran gewöhnt hat, die betriebliche Herkunft von Waren anhand der Form zu identifizieren. Insoweit liegt es nahe, in der Form eines **zweistufigen Prüfungsansatzes**²⁰⁰ zunächst zu prüfen, ob sich für den betreffenden Sektor eine Gewöhnung an die Herkunftshinweisqualität von Formgebungen entwickelt hat und eine erhebliche

97

---

191 EuGH, verb. Rs. C-53/01 bis C-55/01, GRUR 2003, 514 – Linde, Winward und Rado.
192 BGH GRUR 2004, 502, 505 – Gabelstapler II; im gleichen Sinne: BGH GRUR 2004, 506, 507 – Stabtaschenlampen II (zum Fall „Winward") sowie GRUR 2004, 505 – RADO-Uhr II. Das BPatG wurde in diesen Entscheidungen angewiesen, die Anmeldungen erneut nach § 8 Abs. 2 Nr. 2 MarkenG unter Berücksichtigung des Freihaltebedürfnisses zu prüfen. Die daraufhin ergangenen Entscheidungen des BPatG stützten die erneute Ablehnung der Eintragungen daraufhin im Wesentlichen auf das Freihaltebedürfnis BPatG, Beschl. v. 24.5.2006 – 32 W (pat) 91/97 – Taschenlampen II; BPatG, Beschl. v. 26.4.2006 – 28 W (pat) 117/04 (zur RADO-Uhr); BPatG Beschl. v. 27.10.2004 – 28 W (pat) 63/97 (zum Linde-Gabelstapler), alle Fälle berichtet bei Grabrucker/Fink, GRUR 2007, 267, 268; s.a. Grabrucker, Mitt. 2005, 2 und Mitt. 2004, 106, 110. Die gegen diese Beurteilung im Fall der RADO-Uhr eingelegte Rechtsbeschwerde führte zur Aufhebung der Entscheidung, da nach der Auffassung des BGH die Feststellungen der BPatG zu der Frage, ob ein überwiegendes Interesse der Allgemeinheit an der Freihaltung der fraglichen Formgebung besteht, die Ablehnung der Eintragung nicht begründen konnten; BGH GRUR 2007, 973 – RADO-Uhr III. In den beiden anderen Fällen – Linde-Gabelstapler und Winward-Taschenlampe – war keine Rechtsbeschwerde (bzw keine Beschwerde gegen die Nichtzulassung der Rechtsbeschwerde) eingelegt worden; s. Grabrucker/Fink, GRUR 2007, 267, 268.
193 Siehe die im folgenden Text genannten Entscheidungen sowie (zT mit dem Freihaltebedürfnis begründet) BGH GRUR 2010, 138 Rn 25 – Rocher-Kugel; GRUR 2008, 71 – Fronthaube.
194 Siehe dazu Ströbele, in: Ströbele/Hacker, § 8 Rn 293.
195 BGH GRUR 2001, 413 – SWATCH; s.a. BGH GRUR 1997, 527, 529 – Autofelge.
196 BGH GRUR 2004, 507 – Transformatorengehäuse.
197 BGH GRUR Int. 2006, 767 – Porsche Boxster; s. dazu auch unten, Rn 109 Die Verkehrsdurchsetzung nach § 8 Abs. 3 MarkenG war vom BPatG aus Gründen abgelehnt worden, die vom BGH als unzutreffend beurteilt wurden. Im Fall des *VW Beetle* und des *Porsche 911* hatte das BPatG hingegen Verkehrsdurchsetzung bejaht; s. BPatG, Beschl. v. 13.10.2004 – 28 W (pat) 95/00 – VW Beetle, und BPatG GRUR 2005, 330 – Fahrzeugkarosserie (Porsche 911).
198 Siehe etwa BGH GRUR 2003, 521, 526 – Farbige Arzneimittelkapsel.
199 BGH GRUR 2011, 158 – Hefteinband.
200 In diesem Sinne s. BPatG GRUR 1998, 1018 – Honigglas; s. ferner insbesondere BPatG GRUR 2001, 341 – Käseform mit sechs Einkerbungen.

Abweichung vom Verkehrüblichen (nur) dann zu verlangen, wenn dies nicht der Fall ist.[201] In der Entscheidung „Käse in Blütenform" (Abb. 15) stellte der BGH hingegen für den Produktbereich der Lebensmittel fest, dass es auch ohne entsprechende Gewöhnung für den Verkehr nach der Lebenserfahrung naheliege, in einer Formgebung einen Herkunftshinweis zu erblicken;[202] eine entsprechende Übung sei daher nur eine unter mehreren Möglichkeiten, die herkunftshinweisende Funktion einer bestimmten Formgestaltung zu erkennen.[203] Der EuGH scheint die Vorstellung sogar grundsätzlich abzulehnen, dass in bestimmten Produktsektoren der von ihm aufgestellte Erfahrungsgrundsatz, dem zufolge Formgebungen nicht als Herkunftshinweis wahrgenommen werden, keine Geltung beanspruchen könnte.[204]

Abb. 15: Käse in Blütenform – IR-Marke 670278

98 In der Praxis des BPatG wird die Mehrzahl der Beschwerden gegen die Zurückweisung von Warenformmarken verworfen.[205] Zu den wenigen Ausnahmefällen aus jüngerer Zeit zählt ein L-förmiges Fußteil von Büromöbeln, dessen Eintragung für Regale und Büroschränke mit der Begründung zugelassen wurde, dass solche Fußteile zwar für Schreibtische oder Computertische, nicht doch für Regale und Schränke üblich seien.[206] Als unterscheidungsfähig wurde auch ein Bleistift mit Metallkappe anerkannt, da sich sein Aussagegehalt aufgrund der Eigenartigkeit des Zeichens nicht in der Darstellung einer bestimmten Art von Schreibgerät erschöpfe.[207] Unterscheidungskraft wurde dem Zeichen auch für die weiteren beanspruchten Waren (Stifteköcher, Schreibgeräteetuis, Ablageschalen für Schreibgeräte, Griffelkästen, Büchern und Druckereierzeugnisse) zugebilligt; die beanspruchte Formgebung sei nicht lediglich als Hinweis auf den Zweck oder als thematische Angabe dieser Waren anzusehen.[208] Schutz wurde ferner der Gestaltung von sechseckigen Faserschreibern mit kontrastfarbener Kappe[209] sowie einem Hubschrauber[210] zuerkannt; dabei spielte eine Rolle, dass beide in bestimmter Farbgebung angemeldet wurden, wobei die Farben bzw Farbkombinationen ihrerseits als Hausfarben geschützt waren.[211]

---

201 So BGH GRUR 1999, 945, 946 – Etiketten; BGH GRUR 2001, 56 – Likörflasche; GRUR Int. 2006, 767 Rn 18 – Porsche Boxster.
202 BGH GRUR 2004, 329, 331 – Käse in Blütenform I; allerdings wurde die Eintragung wegen eines entgegenstehenden Freihaltebedürfnisses verneint; s. BGH GRUR 2008, 1000 – Käse in Blütenform II. Vom britischen Court of Appeal war die Eintragung der gleichen Marke hingegen wegen mangelnder Unterscheidungskraft abgelehnt worden, siehe Court of Appeal, 17.12.2004, [2004] EWCA Civ 1960 – Bongrain.
203 BGH aaO; s. aber BGH GRUR 2010, 123 – Rocher-Kugel, Rn 27: Der Hinweis der Rechtsbeschwerdeführerin, nach der Lebenserfahrung liege es nahe, dass die Herkunft von Waren nach ihrer Form unterschieden werde, wurde verworfen.
204 Siehe dazu bereits oben Rn 87 (unter Hinweis auf die Entscheidung EuGH, Rs. C-546/10 P, BeckEuRS 2011, 620712 – Wilfer).
205 Siehe die jährlichen Berichte zur Rechtsprechung des Bundespatentgerichts (Teil I: Markenrecht) von Grabrucker/Fink; Kopacek/Grabrucker und Kopacek/Kortge.
206 BPatG, Beschl. v. 21.7.2010 – 29 W (pat) 125/10, BeckRS 2010, BECKRS Jahr 19670.
207 BPatG Beschluss vom 10.12.2008 – 29 W (pat) 67/07, BeckRS 2009, 10527.
208 BPatG aaO.
209 29 W (pat) 505/13, BeckRS 2013, 08719.
210 GRUR-Prax 2012, 164 – Rot-weißer Helikopter.
211 Ströbele, in: Ströbele/Hacker, § 8 Rn 291 (krit.).

Neben dem Erfordernis der Unterscheidungskraft spielt in der deutschen Rechtspraxis auch das Schutzhindernis des § 8 Abs. 2 Nr. 2 eine Rolle. So wurde der Schutz des *Porsche Boxster*[212] und des blütenförmigen Mongrain-Käselaibes[213] vom BGH trotz festgestellter Unterscheidungskraft mit dem Argument abgelehnt, an der Freihaltung solcher Gestaltungen bestehe ein **besonderes Interesse der Allgemeinheit**. Dabei sei zu berücksichtigen, dass nicht nur Hersteller gleichartiger Waren, sondern jedermann mit verhältnismäßig geringem Aufwand eine Vielzahl ähnlicher Gestaltungen zum Gegenstand von Markenanmeldungen machen könnte, mit der Folge, dass diese Formgestaltungen zumindest innerhalb der Benutzungsschonfrist für die Wettbewerber verschlossen wären. Dadurch würde sich eine erhebliche Einschränkung der Gestaltungsfreiheit ergeben, weil sich neue Gestaltungen nicht nur von den Produkten der Wettbewerber, sondern auch von – möglicherweise unzähligen – Formgebungen absetzen müssten, denen Markenschutz zugebilligt wäre.[214] Auf der anderen Seite wurde im Fall RADO-Uhr III ein Freihaltebedürfnis an der Gestaltung einer Armbanduhr (Rn 82, Abb. 14) mit der Begründung abgelehnt, dass auf dem in Rede stehenden Warengebiet eine nahezu unübersehbar große Zahl von Gestaltungsmöglichkeiten besteht und sich die beanspruchte Form nicht innerhalb der auf dem Warengebiet üblichen Formgestaltung hält.[215] Mit der gleichen Begründung verneinte das BPatG ein Freihaltebedürfnis an der Formgebung eines Bleistifts mit Kappe, der sich aufgrund der Kombination eines Holzstiftes mit einer sich charakteristisch verbreiternden Metallkappe und aufgrund der Verbindung verschiedenster Ausstattungselemente über eine ungewöhnliche Formgebung und ein besonderes Aussehen verfügte, zumal auf dem betreffenden Warengebiet eine sehr große Zahl von Gestaltungsmöglichkeiten besteht[216].

(b) Verpackungen und Behältnisse

Für Verpackungen und Behältnisse gelten im Wesentlichen die gleichen Maßstäbe wie für Warenformen;[217] dies gilt jedenfalls dann, wenn die Ware ohne eine solche Verpackung nicht verkehrsfähig wäre.[218] Auch insoweit ist daher davon auszugehen, dass die beteiligten Verkehrskreise in der Form regelmäßig keinen Hinweis auf die betriebliche Herkunft der Ware sehen.[219] Unterscheidungskraft ist daher grundsätzlich nur dann anzunehmen, wenn sich die Form **erheblich** von den für die beanspruchte Ware gängigen Verpackungsformen abhebt. Der BGH hatte hingegen zunächst erklärt, Unterscheidungskraft im Sinne des § 8 Abs. 2 Nr. 1 MarkenG sei nur dann zu verneinen, wenn die Form der Verpackung (im konkreten Fall: eine weiße Likörflasche) lediglich einen Hinweis auf ihren Inhalt gäbe oder durch ganz einfache geometrische Formen oder sonst bloß schmückende Elemente bestimmt wäre.[220] Ebenso wie bei Warenformmarken können diese Ausführungen heute allerdings nicht mehr als wegweisend gelten. Abgelehnt wurde jedenfalls der Schutz einer Schokoladenverpackung in Form eines Goldbarrens[221] sowie einer Zigarettenschachtel mit abgeflachten Kanten.[222] Auch in der Spruchpraxis des BPatG überwiegen eindeutig die ableh-

---

212 BGH GRUR 2006, 679 – Porsche Boxster.
213 BGH GRUR 2008, 1000 – Käse in Blütenform II.
214 BGH GRUR 2006, 679, Rn 21 – Porsche Boxster; GRUR 2008, 1000 Rn 16 – Käse in Blütenform II; s. auch BGH GRUR 2008, 71 Rn 8 – Fronthaube; allerdings war dort auch die Unterscheidungskraft verneint worden.
215 BGH GRUR 2007, 973, Rn 15 – RADO Uhr III.
216 BPatG Beschluss vom 10.12.2008 – 29 W (pat) 67/07, BeckRS 2009, 10527.
217 Siehe EuGH, Rs. C-218/01, GRUR 2004, 428 – Henkel (Perwoll-Flasche) Rn 50 ff, 52: Die Ausführungen stimmen wörtlich mit denjenigen in verb. Rs. C-53/01 bis C-55/01 – Linde, RADO und Winward – überein. Weitere EuGH-Entscheidungen zur Schutzfähigkeit der Formgebung von Behältnissen: Rs C-173/04, GRUR 2006, 233 – Deutsche SiSi-Werke/HABM; Rs C-283/06, GRUR 2008, 339 – Develey.
218 So EuGH GRUR 2004, 428 – Henkel (Perwoll-Flasche), Rn 42; s. auch BPatG BeckRS 2011, 27798 – Parfümflasche, wo das Schutzhindernis des § 8 Abs. 2 Nr. 2 MarkenG auf „Waren und deren notwendige Verpackungen" bezogen wird.
219 EuGH GRUR 2012, 610 Rn 46 – Freixenet.
220 BGH GRUR 2001, 56, 57 – Likörflasche.
221 BGH GRUR 2003, 712.
222 BGH GRUR 2008, 1072.

nenden Entscheidungen.²²³ So wurde in jüngerer Zeit u.a. die Anmeldung eines Joghurtbechers zurückgewiesen, bei dem die zur Abdeckung der runden Öffnung dienende, nach allen Seiten überstehende Folie in regelmäßiger Form gebördelt wurde und dadurch die Struktur eines Deckchens aufwies („Bördelkappe"): Das BPatG befand, dass es sich lediglich um eine aus der Verbindung von Zweckmäßigkeit und dekorativer Gefälligkeit ergebende Gestaltung handele, die sich in ähnlicher Form bereits an antiken Gefäßen nachweisen ließe und damit zu den Grundbedürfnissen des Menschen zähle, die sie umgebenden Gebrauchsgegenstände, wie es Lebensmittelbehältnisse sind, ansprechend und dekorativ zu gestalten.²²⁴ Als schutzfähig anerkannt wurde hingegen die Form der *Dimple*-Flasche²²⁵ (vgl Abb. 16) sowie das *Nutella*-Glas, dessen Eintragung im Löschungsbeschwerdeverfahren aufrechterhalten blieb: Wegen eines im oberen Teil des Glases verlaufenden Wulstes hielt das Gericht die Form für von Haus aus unterscheidungskräftig.²²⁶

Abb. 16: *Dimple*-Flasche
(BPatG v. 10.12.1997 – 26 W (pat) 77/97)

101 Auch das Schutzhindernis des § 8 Abs. 2 Nr. 2 MarkenG und damit die Berücksichtigung des **Freihaltebedürfnisses** kommt bei Verpackungsformmarken grundsätzlich in Betracht. Allerdings entspricht die Annahme, dass es sich um eine „warenbeschreibende" Gestaltung handelt, noch weniger einem sprachüblichen Verständnis des Schutzhindernisses als im Fall der Warenformen; anderes gilt nur dann, wenn der Verkehr mit einer Verpackung, zB einer Flaschenform, tatsächlich ein konkretes Produkt verbindet. Ebenso wie im Fall der Warenformmarken ist von einem Freihaltebedürfnis jedenfalls dann nicht auszugehen, wenn es auf dem betreffenden Warensektor eine große Vielzahl an Verpackungsgestaltungen gibt und sich die beanspruchte Form deutlich von anderen Gestaltungen unterscheidet.²²⁷

---

223 BPatG GRUR 1998, 581 – Weiße Kokosflasche; BPatG GRUR 1998, 582 – Blaue Vierkantflasche; BPatG GRUR 1998, 584 – Kleine Kullerflasche; s.a. den Überblick zur Rechtsprechung des BPatG bis zum Jahre 2001 bei Fezer, § 8 MarkenG Rn 117h; BPatG, Beschl. v. 30.6.2004 – 26 W (pat) 162/01 – Parfümflasche; Beschl. v. 25.8.2004 – 26 W (pat) 188/01 – Behälter für Haushalt und Küche; Beschl. v. 23.6.2004 – 26 W (pat) 2/01 – blaufarbener eiförmiger Behälter für Waschmittel; Beschl. v. 13.4.2005 – 26 W (pat) 116/04 – Deckel eines Behälters; Beschl. v. 14.12.2005 – 28 W (pat) 206/04 – dreidimensionale Blisterverpackung für Lebensmittel in Scheibenform, nämlich Käsescheiben; Beschl. v. 27.9.2006 – 28 W (pat) 106/05, für Waren/Dienstleistungen der Klassen 9, 11, 16, 18, 21; Beschl. v. 5.10.2007 – 26 W (pat) 22/05, für Tabak, Tabakerzeugnisse; Raucherartikel; Streichhölzer; Verpackungsmaterial, insbesondere Zigarettenpackungen, berichtet bei Grabrucker/Fink, GRUR 2005, 289, 290; 2006, 268, 269; 2008, 371, 375.
224 BPatG Beschluss vom 17.1.2001 – 28 W (pat) 147/00, BeckRS 2012, 12453; s. auch BPatG BeckRS 2008, 18257 – Mundwasserflasche mit Einkerbung; BeckRS 2008, 9923 – Bocksbeutelflasche mit seitlich verschobenem Etikett.
225 BPatG GRUR 1998, 580; s. auch BPatG, Beschl. v. 26.9.2007 – 26 W (pat) 204/99 (grüne, bauchige Flaschenform, die für Weine ungewöhnlich erschien und im Hinblick auf die ein Freihaltebedürfnis der Wettbewerber verneint werden konnte).
226 BPatG, Beschl. v. 29.3.2006 – 32 W (pat) 157/03, für süße Brotaufstriche, nämlich Nuss-Nougat-Creme, berichtet bei Grabrucker/Fink, GRUR 2007, 267, 271.
227 BPatG BeckRS Beschluss vom 24.11.2009 – 24 W (pat) 3/08 2011, 27798 – Parfümflasche.

(3) Einzelfälle: Gemeinschaftsmarken

(a) Warenformen

Für das **HABM** und seine Beschwerdekammern gelten die gleichen, von der EuGH-Rechtsprechung vorgezeichneten Prüfungsmaßstäbe wie im nationalen Recht. Allerdings scheinen die praktischen Auswirkungen der EuGH-Entscheidungen dort noch tiefgreifender zu sein. Markenschutz ohne Nachweis von Verkehrsdurchsetzung wird grundsätzlich nur bei **auffälligem Abweichen** von der vorbestehenden Variationsbreite an Formgebungen gewährt, was zu einer betont restriktiven Praxis führt.[228] Dies hat zumindest bisher ganz überwiegend auch die Billigung der übergeordneten Gerichte gefunden. So wurde in einer ganzen Serie von Entscheidungen Waschmitteltabs der Schutz versagt, nachdem der EuGH in einem grundlegenden Urteil den Markenschutz für zweifarbig gestaltete Tabs in rechteckiger sowie runder Form wegen fehlender Unterscheidungskraft abgelehnt hatte.[229] An den Ergebnissen änderte es nichts, dass sich die Anmelder zT um „phantasievolle" Gestaltungen – wie die Einfügung eines blauen Ovals[230] oder eines Blütenmusters[231] – bemühten. 102

Vor den Grundsatzentscheidungen des EuGH in den Fällen „Linde", „RADO" und „Winward"[232] hatte das EuG die Form eines Kühlergrills für unterscheidungskräftig befunden, da diese aufgrund ihrer bewusst „altmodischen" Gestaltung nicht als das Bild angesehen werde, das sich in der Vorstellung auf natürliche Weise mit der typischen Darstellung eines zeitgemäßen Kühlergrills verbindet.[233] Ob die Entscheidung auch heute noch in gleichem Sinne ergehen würde, lässt sich nicht mit Sicherheit sagen. Es überwiegen definitiv die Zurückweisungen, wie zB in folgenden Fällen: Form eines Seifenstücks,[234] Form eines Bonbons,[235] eiförmige Geschirrspültablette,[236] Form des BiC-Feuerzeugs,[237] Form einer Wurst,[238] Schokolade in der Form einer Maus,[239] Form einer runden Uhr, die auf einer quadratförmigen, an den Seiten „briefmarkenähnlich" gezahnten Platte angebracht ist.[240] Erfolglos blieb auch die Anmeldung der Form des sitzenden "Goldhasen".[241] Der Befund des EuG, die besonderen Ausstattungselemente – rotes Plisseeband und Glöckchen – seien "dekorative, unentbehrliche und traditionelle Gestaltungsmerkmale eines Schokoladenosterhasen" wurde vom EuGH nicht beanstandet.[242] 103

Für die markenrechtliche Schutzfähigkeit ist es prinzipiell unerheblich, ob eine Gestaltung als qualitativ hochstehendes Design anzusehen ist und damit zugleich die Voraussetzungen des Design- 104

---

228 Eisenführ/Schennen/Eisenführ, GMV Art. 7 Rn 111 ff, mit zahlreichen Hinweisen zu den Entscheidungen der Beschwerdekammern. Dabei ergibt sich der Eindruck, dass die wenigen positiven Entscheidungen vorwiegend aus der Zeit vor den EuGH-Entscheidungen Linde, Winward und Rado stammen. Dies gilt etwa für folgende Entscheidungen: HABM-BK R 272/1999-3 (Gürtelschnalle); R 753/1999-1 (Behälter für wiederverwertbaren Abfall); R 565/1999-1 (Waffel); R-202/1998-2 (Flaschenform.
229 EuGH, verb. Rs. C-456/01 P und C-457/01 P,, GRUR 2004, 957 – Henkel/HABM (Tabs).
230 EuGH, Rs. C-144/06 P, GRUR Int. 2008, 43, – Henkel/HABM (rotweiße rechteckige Tablette mit blauem, ovalem Kern). Rn 39.
231 Siehe zB EuG, Rs. T-241/05, GRUR Int. 2007, 848 – Tabs mit farbigem Blütenmuster.
232 Die Entscheidung „Kühlergrill" (EuG, Rs. T-128/01, GRUR Int. 2003, 462) erging am 6.3.2003; in den verb. Rs. C-53/01, 54/01 und 55/01, GRUR 2003, 514 – Linde, Winward und RADO – erging die Entscheidung am 8.4.2003.
233 EuG, Rs. T-128/01, GRUR Int. 2003, 462 – DaimlerChrysler/HABM (Kühlergrill), Rn 47.
234 EuG, Rs. T-063/01, MarkenR 2003, 77; bestätigt durch EuGH, Rs. C-107/03 MarkenR 2004, 456 – Seifenstück.
235 EuG, Rs. T-396/02, GRUR Int. 2005, 322; bestätigt durch EuGH, Rs C-24/05 P, MarkenR 2006, 322 – Bonbon-Form.
236 EuG, Rs. T-194/01, Slg 2003 II-383 = GRUR Int. 2003, 754.
237 EuG, Rs. T-262/04, Slg 2005 II-5959 = GRUR Int. 2006, 315 und T-263/04, Slg 2005 II-35.
238 EuG, Rs. T-15/05, Slg 2006 II-1511 = GRUR Int. 2006, 746.
239 EuG Rs. T-13/09, bestätigt durch EuGH, Rs. C-96/11 P, GRUR Int. 2012, 1017 – August Storck/HABM (Schokoladenmaus).
240 EuG Rs. T-235/10, BeckRS 2011, 81063, bestätigt durch EuGH, Rs. C-453/11 P, BeckRS 2012, 81266 – Timehouse/HABM (Form einer Uhr mit gezahntem Rand).
241 EuGH, Rs. C-98/11 P, GRUR 2012, 925 – Lindt & Sprüngli/HABM (Lindt Goldhase II).
242 EuG Rs. T-336/08, GRUR 2011, 425 – Lindt & Sprüngli, Rn 45.

oder Urheberrechtsschutzes erfüllt.²⁴³ So lehnte das EuG Schutz für die Form der Gondelverkleidung eines Windenergiekonverters u.a. unter Hinweis darauf ab, der Umstand, dass der Entwurf von einem weltberühmten Designer stamme, ändere nichts daran, dass die relevanten Verkehrskreise den Besonderheiten der Formgebung vorwiegend technische Bedeutung zuschreiben oder sie lediglich als eine Variante herkömmlicher Formgebungen auffassen würden. Die Unterschiede der Prüfungsmaßstäbe entsprächen den Unterschieden im Schutzgegenstand.²⁴⁴

105 Dass qualitativ hochstehendes Design sogar ein ernstes Handicap für den Markenschutz darstellen kann, hat sich im Fall des BEO LAB-Lautsprechers von *Bang & Olufsen* (s.o. Rn 67, Abb. 10) gezeigt.²⁴⁵ Die Anmeldung war vom HABM wegen mangelnder Unterscheidungskraft zurückgewiesen worden; nachdem die Entscheidung vom EuG aufgehoben und zur erneuten Verhandlung zurückverwiesen worden war,²⁴⁶ stellte die Beschwerdekammer fest, dass der Schutz wegen der Attraktivität der Formgebung mit permanenter Wirkung auszuschließen sei.²⁴⁷ Diese Entscheidung wurde vom EuG bestätigt;²⁴⁸ sie entspricht auch den Grundsätzen, die der EuGH in der Entscheidung Hauck/Stokke als maßgeblich für die Interpretation des Art. 3 Abs. 1 Buchst. e (iii) MRRL (aF) (= § 3 Abs. 2 Nr. 3 MarkenG) bezeichnet hat.²⁴⁹

106 Warenformen oder Teile davon können jedoch dann Schutz erhalten, wenn sie normalerweise keine Verwendung für Produkte der beanspruchten Warengattung finden. Zumindest teilweise erfolgreich war daher die Beschwerde von *Louis Vuitton* gegen die Zurückweisung der Anmeldung eines Zierschlosses: Während die Zurückweisung Bestand hatte für Waren, die häufig aus funktionalen Gründen mit Schlössern ausgestattet werden, wurde die Schutzfähigkeit für u.a. Nussknacker, Kerzenständer, Leder, Schmuckgegenstände unterschiedlicher Art sowie Zeitmesser und Regenschirme bejaht.²⁵⁰

(b) Verpackungen

107 Insgesamt wenig günstig fällt die Bilanz auch für den Schutz von **Verpackungen und Behältnissen** aus. Immerhin bejahte das EuG im Unterschied zum HABM die Unterscheidungskraft der *Vittel*-Flasche (Abb. 17)²⁵¹ und einer transparenten, kopfstehenden Flasche mit weißem Verschluss für Reinigungsmittel (Abb. 20).²⁵² Erfolglos blieben hingegen Rechtsmittel zum EuG im Falle der *Almdudler*-Flasche,²⁵³ von Schokoladenverpackungen in der Form einer braunen Zigarre sowie eines Goldbarrens²⁵⁴ und einer ovalen Zigarettenpackung.²⁵⁵ Vom EuGH bestätigt wurden die ablehnenden Entscheidungen der Vorinstanzen im Hinblick auf die goldfarbene Verpackung einzelner Bonbons,²⁵⁶ Standbeutel für Fruchtsäfte,²⁵⁷ für eine Bierflasche mit langgezogenem Hals und einer

---

243 EuGH, Rs. C-136/02 P, GRUR Int. 2005, 135 Rn 68 – Mag Instrument/HABM.
244 EuG, Rs. T-71/06, Slg 2007 II-156; s.a. Bender, MarkenR 2008, 41, 49.
245 Siehe dazu bereits oben, Rn 67.
246 EuG, Rs. T-460/05, GRUR Int. 2008, 52, – Bang & Olufsen/HABM, Rn 40 ff, 42.
247 HABM BK R 497/2005-1 – Bang & Olufsen (Form eines Lautsprechers).
248 EuG Rs. T-508/08, GRUR Int. 2012, 560 – Form eines Lautsprechers II.
249 EuGH, Rs. C-215/13, GRUR 2014, 1097 – Hauck/Stokke (Kinderhochstuhl); s. dazu oben, Rn 65.
250 EuG, Rs. C-97/12 P, BeckRS 2014, 80878 – Louis Vuitton Malletier/HABM, Rn 23, 32, 59.
251 EuG, Rs. T-305/02, GRUR Int. 2004, 326 – Nestlé-Flasche.
252 EuG, Rs. T-393/02, Mitt. 2005, 229 – Kopfflasche.
253 EuG, Rs. T-012/04, GRUR Int. 2006, 136 – Almdudler-Flasche.
254 Verb. Rs. T-324/01 und T-110/02, GRUR Int. 2003, 944 – Axions SA und Christian Belce/HABM.
255 EuG, Rs. T-140/06, Slg 2007 II-113 – Ovale Zigarettenpackung.
256 EuG, Rs. T-402/02, GRUR Int. 2005, 317 – Bonbonverpackung (Wicklerform); bestätigt durch EuGH, Rs. C-25/05 P, GRUR Int. 2006, 846.
257 EuG, Rs. T-446/02, Slg 2004 II-447, bestätigt durch EuGH, Rs. C-173/04, GRUR 2006, 233 – Deutsche SiSi-Werke/HABM.

darin befindlichen Zitronenscheibe²⁵⁸ sowie für einen flaschenförmigen Behälter für Ketchup.²⁵⁹ Zu den Fällen, in denen Verpackungsformen bereits von den Beschwerdekammern als unterscheidungskräftig anerkannt wurden,²⁶⁰ gehören die *Granini*-Flasche (Abb. 18)²⁶¹, ein vielflächiger Behälter für diverse Lebensmittel-Fertigprodukte (Abb. 19)²⁶² sowie ein Flakon für Parfüm oder Kosmetika, der einen Einschluss von Luftblasen sowie mit Einkerbungen versehene Seitenflächen aufweist (Abb. 21 a bis e)²⁶³.

Abb. 17: *Vittel*-Flasche
– GM 00287482

Abb. 18: *Granini*-Flasche
– GM 000394338

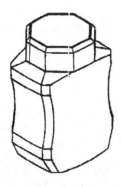

Abb. 19: *Nestlé*-Glasbehälter
– GM 000137406

Abb. 20: Weiße *Henkel*-Kopfflasche
– GM 001162395

---

258 EuG, Rs. T-399/02, GRUR Int. 2004, 664, bestätigt durch EuGH, Rs. C-286/04, GRUR Int. 2005, 823 – Eurocermex (Coronita).
259 EuG, Rs. T-129/04, GRUR Int. 2006, 413, bestätigt durch EuGH, Rs. C-238/06, GRUR 2008, 339Slg – Develey.
260 Siehe ferner HABM-BK R 321/2000-3 (Flasche mit lamellenförmigen Vertiefungen); R 337/2000 (Baby-Trinkflasche); R 476/2001-3 (Parfümflakon).
261 HABM-BK R0139/1999-1 (Graniniflasche).
262 HABM-BK R0739/1999-1 (Glasbehälter (Nestlé)). Die in Fn 259 berichteten Fälle datieren vor der Entscheidung EuGH, Rs. C-218/01 – Henkel (Perwoll); es ist unklar, ob sie auch heute noch in gleichem Sinn ausfallen würden.
263 HABM-BK R0776/2001 – Parfümflakon mit Luftblasen.

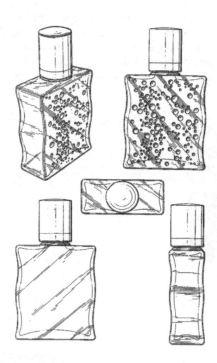

Abb. 21a bis e: Parfümflakon mit Luftblasen – GM 001514751

dd) Andere „designaffine" Markenformen

(1) Bildmarken

108 Für Bildmarken einschließlich von Warendekor gelten die allgemeinen Beurteilungsgrundsätze des Markenrechts, die hier lediglich überblicksartig wiedergegeben werden können. Einfachen Elementen wie Kreisen, Rechtecken oder sonstigen einfachen geometrischen Figuren fehlt danach die Fähigkeit, als Hinweis auf die kommerzielle Herkunft wahrgenommen zu werden. Sie können daher im Regelfall weder in Alleinstellung[264] noch in Kombination mit Wortelementen geschützt werden, die ebenfalls nicht unterscheidungskräftig sind und in einer Standard-Druckschrift erscheinen.[265] Auch ein (ein)farbiger Hintergrund ändert daran nichts.[266] Diese Grundsätze gelten auch für Satzzeichen (Ausrufe[267]- und Fragezeichen, Punkte,[268] Doppelpunkte[269] etc.) oder gängige Sym-

---

[264] EuG T-279/03 – Cain Cellars/HABM (Bildmarke in der Form eines Fünfecks), Rn 21; T-159/10 – Société Air France /HABM (Parallelogramm mit einem zugespitzten Ende); s. auch HABM-BK R 1633/2008-4 (Rechteck I); großzügiger allerdings BPatG BlPMZ 2006, 179 f – schwarz-blaues Quadrat.

[265] EuGH, Rs. C-37/03 P, GRUR 2006, 229 – BioID (Hinzufügung eines Punkts und eines R im Kreis begründen keine Unterscheidungskraft); EuG Rs. T- Case C-92/10 P – Media-Saturn-Holding v. OHIM („BestBuy"); BGH GRUR 2009, 954 – Kinder III.

[266] EuG Rs. T-282/09 – Fédération internationale des logis/HABM (Grünes Quadrat mit leicht konvexen Seiten); T-499/09 – Evonik/HABM (purpurfarbenes Rechteck mit konvexen Seiten); T-263/11 – Carsten Bopp/HABM (grünes Achteck).

[267] BPatG BeckRS 2009, 10261 – hey!; bestätigt durch BGH GRUR 2010, 640.

[268] BGH GRUR 2001, 735 f – Test.it; BPatG GRUR 1998, 1023 – K.U.L.T.; BPatG BeckRS 2010, 28365 – After,Work.

[269] BPatG BeckRS 2012, 13927 – Baden-Württemberg: Connected.

bole wie das Herzsymbol²⁷⁰ oder das Zeichen „@".²⁷¹ Allerdings ist bei zusammengesetzten Zeichen jeweils durch eine Gesamtbetrachtung festzustellen, ob sich nicht durch die Kombination der Bestandteile ein unterscheidungskräftiges Ganzes ergibt.²⁷²

Komplexere Bildzeichen können üblicherweise eingetragen werden, soweit sie nicht als bloße Eigenschaft der Waren oder als Hinweis auf die Art der Waren oder Dienstleistungen wahrgenommen werden. Als bloße Oberflächendekorationen ohne Hinweischarakter wurde die Eintragung einer Reihe von Karomustern in verschiedenen Farbkombinationen abgelehnt, die für Stoffe und Bekleidung geschützt werden sollten.²⁷³ Als nicht unterscheidungskräftig bzw beschreibend für Kartenzahlungs-Dienste und damit in Zusammenhang stehende Produkte wurde vom EuG eine Bildmarke zurückgewiesen, die eine Hand mit einer rechteckigen Karte zeigte, wobei durch drei schwarze Dreiecke eine Vorwärtsbewegung angedeutet wurde.²⁷⁴ Andere Beispiele beschreibender Bildmarken betreffen stilisierte Tierdarstellungen für Tierfutter²⁷⁵ oder für Waren, die speziell für solche Tiere hergestellt werden²⁷⁶ oder die stilisierte Darstellung einer Teekanne für Tee.²⁷⁷

109

Für die Unterscheidungskraft von Bildmarken ist u.a. die konkrete Verwendung auf dem Produkt von Bedeutung. So können selbst relativ banale Zeichen oder dekorative Element dann als Herkunftshinweis wahrgenommen werden, wenn sie sich an ungewöhnlichen Stellen des Produkts (etwa der Schuhsohle, Abb. 22; s. insoweit auch zu Positionsmarken, Rn 111) oder aber dort befinden, wo die Abnehmer eine Marke vorzufinden gewohnt sind (etwa auf dem Einnähetikett von Bekleidungsstücken). Es ist daher die Frage von Bedeutung, ob wie naheliegend oder Wahrscheinlich eine solche Benutzung sein muss, um ihr rechtliches Gewicht beizumessen. In dieser Hinsicht werden vom BGH und vom EuGH tendenziell unterschiedliche Maßstäbe angewandt: Während dem BGH zufolge bereits eine naheliegende und praktisch bedeutsame Nutzungsmöglichkeit zur Bejahung der Unterscheidungskraft ausreicht,²⁷⁸ wurde vom EuGH die Entscheidung gebilligt, die Anmeldung einer Marke („umsäumter Winkel" für Schuhe, Abb. 23) zurückzuweisen, da sie in ihrer wahrscheinlichsten Verwendungsform als Verzierung bzw Verstärkung aufgefasst werde. Dass es auch andere, nicht ganz fernliegende Verwendungsmöglichkeiten gibt, wurde für unerheblich erklärt.²⁷⁹

110

---

270 Siehe zB BPatG BeckRS 2009, 794 – Jesus loves you.
271 Siehe zB BPatG GRUR 2003, 794 – @-Zeichen; für das „&"-Symbol s. zB BPatG BeckRS 2012, 20839 – Comfort&Colours.
272 EuGH, Rs. C-329/02 P, GRUR 2004, 943 – SAT.1.
273 EuG Rs. T-326/10- T-329/10; T-26/11; T-31/11; T-50/11; T-231/11 – Fraas/HABM.
274 EuG Rs. T-414/07 – Euro-Information/ HABM, Rn 37. Siehe auch Entscheidung des Tribunal de Grande Instance (TGI) Paris, 16. 12.2009, PIBD 913-III-147 (Piktogramme zur Illustration von Pflegehinweisen für Textilien); englische Zusammenfassung in IIC 2014, 601.
275 EuG Rs. T-385/08, BeckRS 2010, 90888 – Nadine Trautwein und Rolf Trautwein/HABM (Darstellung eines Hundes für Tierfutter).
276 EuG T-386/08 , BeckRS 2010, 90889 – Nadine Trautwein und Rolf Trautwein/HABM (Darstellung eines Pferdes für u.a. Reitkleidung und entsprechende Kopfbedeckungen).
277 BGH GRUR 1989, 510, 512 – Teekanne II.
278 BGH GRUR 2008, 1093 – Marlene-Dietrich-Bildnis I, Rn 22; GRUR 2010, 825 – Marlene-Dietrich-Bildnis II, Rn 19.; s. auch BGH GRUR 2010, 1100 – TOOOR!
279 EuGH, Rs. C-307/11 P, GRUR 2013, 519 – Deichmann/HABM (Winkel).

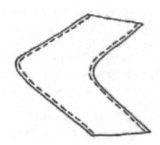

Abb. 22: Roter Streifen im Schuhabsatz
(BPatG, 14.10.1997 – 26 W (pat) 140/96)

Abb. 23: Umsäumter Winkel
(EuGH, 26.4.2012 – Rs. C-307/11 P)

(2) **Positionsmarken**

111 Sogenannte Positionsmarken kommen vor allem bei Kleidung und Schuhen vor. Ihre Besonderheit besteht darin, dass sie an ganz bestimmten, stets gleichbleibenden Stellen auf den beanspruchten Waren erscheinen, während diese Waren selbst unterschiedlich gestaltet sein können.

Beispiel: Ein roter Streifen, der quer über die Sohle von Schuhabsätzen verläuft; der Verlauf von Nähten auf den Gesäßtaschen von Jeans.

112 Positionsmarken bestehen häufig aus einfachen geometrischen Formen oder Mustern, die als solche in der Regel nicht eintragungsfähig wären. Für die Frage der Unterscheidungskraft ist jedoch zusätzlich zu berücksichtigen, ob die **Wahrnehmung der Abnehmer** durch den besonderen Kontext der Benutzung in der Weise beeinflusst wird, dass sie in dem Zeichen einen Herkunftshinweis erblicken. Als schutzfähig anerkannt wurden aufgrund dieser Kriterien in der deutschen Rechtspraxis u.a. das an gleichbleibender Stelle auf Jeans angebrachte „Joop"-Ausrufezeichen,[280] ein roter Streifen auf einer Gürtelschlaufe,[281] ein quer über den Absatz von Herrenschuhen verlaufender roter Streifen,[282] eine über den Sattel eines Sportschuhs verlaufende, an die Buchstaben „N" oder „Z" erinnernden Zick-Zack-Linie[283] sowie farbige Einfassbänder von 2 mm Breite, die entlang der der Einstiegsöffnung zugewandten Kante der Zunge eines Schuhs verlaufen.[284] Abgelehnt werden hingegen solche Ausstattungselemente, denen lediglich dekorative Bedeutung beigemessen wird, wie zB farbigen Streifen- oder sonstigen Mustern auf Sportschuhen.[285] Der Schutz für ein Zusatzetikett unterhalb des Hauptetiketts am Hosenbund von Jeans wurde mit der Begründung abgelehnt, dass ein solches Etikett üblicherweise der Aufnahme wesentlicher Angaben zum Produkt diene und daher vom Verkehr nicht als Herkunftshinweis angesehen werde.[286] Hingegen wurde die Unterscheidungskraft einer für die Rotfärbung zweier Außenkanten (oberer und rechter Rand) eines hochformatigen Druckerzeugnisses beantragte Positionsmarke vom BPatG mit der Begründung bejaht, dass die Kennzeichnung charakteristische Merkmale jenseits der technisch funktionellen oder branchenüblichen Gestaltungen aufweise.[287]

---

280 BPatG GRUR 1998, 819 – Jeanstasche mit Ausrufezeichen.
281 BPatG, Beschl. v. 6.7.2004 – 27 W (pat) 369/03, für „Bekleidungsstücke, insb. Hosen und Röcke", berichtet bei Grabrucker/Fink, GRUR 2005, 289, 294.
282 BPatG GRUR 1998, 390 – Roter Streifen im Schuhabsatz.
283 BPatGE 70, 76, 80 – N als Zick-Zack-Linie; s.a. die weiteren bei Fezer, § 8 MarkenG Rn 117w genannten Fälle.
284 BPatG, Beschl. v. 24.4.2006 – 27 W (pat) 307/05 (rotes Einfassband), 305/03 (violettes Einfassband), 306/03 (grünes Einfassband), 308/03 (rosafarbenes Einfassband), 311/03 (blaues Einfassband), berichtet bei Grabrucker/Fink, GRUR 2008, 373.
285 So die einheitliche Rechtsprechung des BPatG, s. Grabrucker/Fink, GRUR 2006, 265, 269 mit Hinweis auf u.a. BPatG, Beschl. v. 16.11.2004 – 27 W (pat) 371/03, für Schuhwaren.
286 BPatG, Beschl. v. 10.5.2005 – 27 W (pat) 139/04, für Bekleidung, nämlich Hosen; berichtet bei Grabrucker/Fink, GRUR 2006, 265, 269.
287 BPatG BeckRS 2013, 5980 – Roter Halbrahmen.

Das HABM geht ebenfalls davon aus, dass Positionsmarken Unterscheidungskraft aufweisen, soweit es sich nicht lediglich um übliche Attribute handelt, die nur als schmückend oder funktional angesehen werden. Nach diesen Grundsätzen als unterscheidungskräftig anerkannt wurde u.a.[288] die rotgefärbte Sohle von Louboutin-Schuhen.[289]

Während in der Praxis des Amtes in dieser Hinsicht keine besonderen Anforderungen gestellt werden,[290] bleiben Beschwerden zum EuG im Fall von Zurückweisungen in der Regel ohne Erfolg. Das EuG prüft zunächst, ob die Positionsmarke **mit dem Erscheinungsbild der Ware verschmilzt**; ist dies der Fall, wird die Unterscheidungskraft ebenso wie im Fall von Formmarken nur dann bejaht, wenn sich die Gestaltung erheblich von der Norm oder der Üblichkeit der Branche abhebt. Aufgrund dieser Betrachtung wurde die Zurückweisung einer Positionsmarke für Strumpfwaren bestätigt, die sich auf die Orangefärbung des Zehenbereichs bezog (Abb. 24).[291] Dass die Einfärbung in auffälligem Kontrast zu der Grundfarbe der Socken etc. stand, führte zu keinem anderen Ergebnis.[292] Aus gleichem Grund für korrekt befunden wurden auch die Zurückweisungen eines an der Spitze gelb gefärbten Kaffeefilters[293] sowie von Schnürsenkeln mit roter Spitze.[294] Erfolglos blieb auch die Beschwerde der Margarete Steiff GmbH gegen die Zurückweisung ihrer aus einem schmalen, rechteckigen Stofffähnchen und dem (in Deutschland) berühmten „(Befestigungs-)Knopf im Ohr" bestehenden Positionsmarke (Abb. 25).[295]

Abb. 24a bis d: Socken mit kontrastfarbiger Einfärbung (orange) im Zehenbereich (EuG, 15.6.2010 – Rs. T-547/08)

Abb. 25: *Steiff*-Knopf im Ohr (EuG, 16.1.2014 – Rs. T-434/12)

(3) Oberflächenstrukturen

Auch beim Schutz der Oberflächenstruktur von Waren geht es im Wesentlichen um die Frage, ob trotz des Zusammenfallens der als Marke beanspruchten Charakteristika mit dem Erscheinungsbild der Ware die Eignung zum Herkunftshinweis angenommen werden kann.[296] Verneint wurde dies in der Entscheidung „Glaverbel", die sich auf eine durch ein besonderes Herstellungsverfahren

---

288 Aus der Praxis der Beschwerdekammern s. etwa HABM-BK v. 29.5.2000, R 608/1999-3 (Unterhosen mit umgekehrtem „Y" auf dem Bund) R 448/1999-2 (Fünf Rippen auf dem Rand von optischen Linsen); R 421/1999-2 (mäandernder Webkantenfaden); R 983/2001-3, Mitt. 2003, 218 (roter Punkt auf einer Schere).
289 HABM-BK R 2272/2010-2.
290 Eisenführ/Schennen/Eisenführ, Art. 7 GMV Rn 139 ff, wobei diese Praxis allerdings nicht immer als konsistent erscheint.
291 EuG, Rs. T-547/08, GRUR-Prax 2010, 412 – X Technology/HABM; bestätigt durch EuGH, Rs. C-249/10 (Beschluss).
292 EuG, aaO, Rn 26.
293 EuG, Rs. T-201/06 – Louis M. Gerson/HABM. Die Anmeldung erfolgte als dreidimensionale Marke, dh es wurde nicht nur das spezielle Merkmal, sondern die Form in ihrer Gesamtheit beansprucht.
294 EuG T-208/10 – Think Schuhwerk GmbH/HABM, Rn. 33, 36.
295 EuG Rs. T-434/12, GRUR 2014, 285 – Margarete Steiff/HABM.
296 Neben den im Folgenden genannten Fällen s. auch EuG Rs. T-283/04 – Georgia-Pacific Sàrl/HABM (Papier mit Reliefstruktur); s. auch BPatG 28 W (pat) 551/10, BeckRS 2011, 7990 – strukturierte goldene Oberfläche.

erzeugte „chinchillafellartige" Maserung der Oberfläche von Glasplatten bezog (Abb. 26). Das EuG betonte, die globale Komplexität des Musters sowie seine Anbringung auf der äußeren Oberfläche der Ware erlaubten es weder, besondere Details des Musters zu behalten, noch, es zu erfassen, ohne gleichzeitig die eigentlichen Merkmale der Ware wahrzunehmen; somit könnten sich die angesprochenen Verkehrskreise das angemeldete Muster nicht leicht und unmittelbar als unterscheidungskräftiges Zeichen merken.[297] Erfolgreich war hingegen die Beschwerde der Firma Freixenet gegen die Zurückweisung der für die mattierte Oberfläche von weißen bzw schwarzen Cava-Flaschen beantragten Marke. HABM und EuG hatten die Anmeldung mit der Begründung zurückgewiesen, dass solche Produkte nicht ohne Etikett verkauft werden und sich die beteiligten Verkehrskreise in diesem Fall an der Wortmarke, und nicht an der Oberfläche der Flasche orientieren. Diese Begründung wurde vom EuGH als unzureichend verworfen; es hätte stattdessen geprüft werden müssen, ob sich die Oberflächengestaltung hinreichend von branchenüblichen Gestaltungsmitteln unterscheidet.[298]

Abb. 26: *Glaverbel*-Glasoberfläche – GM 003183068

d) Sonstige Schutzhindernisse; insbesondere: bösgläubige Anmeldung

116 Die weiteren, in § 8 Abs. 2 Nr. 4 bis 9 MarkenG sowie Art. 7 Abs. 1 Buchst. f bis j GMV genannten, Eintragungshindernisse spielen für dreidimensionale Marken allenfalls eine sehr geringe Rolle. Zwar sind Beispiele denkbar: So könnte durch die Eintragung der Form von Lebensmitteln – *zB* Käse, Wurst, Obst – als Marke für nicht essbare Produkte wie Seife oder Kerzen eine **Täuschung der Abnehmer** über die Art der Ware herbeigeführt werden. In diesen Fällen wäre jedoch bereits das Vorliegen von Unterscheidungskraft fraglich, da die Abnehmer – soweit sie die Formen für „echt" halten – darin keinen Herkunftshinweis erblicken. Falls hingegen aus der Gestaltung ohne Weiteres erkennbar wird, dass es sich nicht um essbare Produkte handelt, fehlt es an der Täuschungseignung.[299] Denkbar ist ferner eine Täuschung über die geografische Herkunft, die sich aus der Verwendung landestypischer Symbole in der Aufmachung der Ware oder aus bestimmten Flaschenformen bei Weinen (zB Bocksbeutelflasche) ergibt.

> **Beispiel:** Verwendung der Farben weiß und blau, griechischer Trachten und/oder landestypischer Windmühlen auf der Verpackung von Schafskäse, der nicht aus Griechenland stammt.

117 Auch beim Ausschlussgrund der **Sittenwidrigkeit** sind Beispiele vorstellbar. Die Beurteilung würde sich insoweit von derjenigen bei Designs nicht unterscheiden; es kann daher auf die Ausführungen dort verwiesen werden (siehe § 2 Rn 95).

118 Von praktischer Relevanz ist ferner das Eintragungshindernis der **bösgläubigen Anmeldung** (§ 8 Abs. 2 Nr. 10 MarkenG).[300] Die Bedeutung dieser Vorschrift wird im Rahmen der Reform des Mar-

---

[297] EuG, Rs. T-36/01, GRUR Int. 2003, 61 – Glaverbel, Rn 28.
[298] EuGH, Rs. C-344/10 P, C-345/10 P – Freixenet, GRUR 2012, 610. Die Oberflächengestaltungen wurden inzwischen als GM 000032532 (helles Glas) und GM 000032540 (dunkles Glas) eingetragen.
[299] Zu prüfen blieben in einem solchen Fall die Unterscheidungskraft der Gestaltung sowie das daran bestehende Freihaltungsinteresse.
[300] Zur Bedeutung dieses Zurückweisungs- (bzw damals noch: Löschungs-)Grundes bei dreidimensionalen Marken s.a. Körner/Gründig-Schnelle, GRUR 1999, 535, 540, 541.

kenrechts (Rn 16) dadurch betont, dass sie in der MRRL als zwingender absoluter Ausschlussgrund geregelt wird.³⁰¹

Das Schutzhindernis der bösgläubigen Anmeldung ist formunabhängig; es kann bei allen Markenformen auftreten. Tatsächlich haben sich jedoch die beiden bislang einzigen Entscheidungen, in denen sich der EuGH mit diesem Hindernis befasst hat, auf Formmarken bezogen.³⁰² Die wesentlichen Grundsätze wurden in der ersten dieser Entscheidungen artikuliert, die sich auf den *Lindt-Goldhasen* bezog (vgl Abb. 28). Aus der für diesen – in der mit der Wortmarke versehenen Form³⁰³ – eingetragenen Gemeinschaftsmarke wurde gegen einen österreichischen Konkurrenten vorgegangen. Im Verletzungsverfahren machte dieser im Wege der Löschungswiderklage geltend, die Eintragung der Gemeinschaftsmarke sei im Wissen um die langjährige Benutzung der angegriffenen Gestaltung durch andere erfolgt und diene allein dem Zweck, den Beklagten und weitere Mitbewerber auszuschalten. In seiner Entscheidung weist der EuGH darauf hin, dass das Wissen um eine bestehende Vorbenutzung zwar zu den Aspekten gehört, die für die Frage der Bösgläubigkeit zu berücksichtigen sind, dass dies jedoch im Zusammenhang mit weiteren Faktoren zu gewichten sei. Zu diesen Faktoren zählt ferner u.a. die subjektive Absicht des Anmelders, Vorbenutzer an der weiteren Verwendung des Zeichens zu hindern, was insbesondere dann die Bösgläubigkeit begründet, wenn der Anmelder selbst keine Benutzungsabsicht hat.³⁰⁴ Eine Rolle spielt ferner der Grad des rechtlichen Schutzes, den das von anderen vorbenutzte Zeichen und das angemeldete Zeichen genießen, wobei insbesondere die Bekanntheit des letzteren von Bedeutung ist.³⁰⁵ Von speziellem Interesse für die hier betrachteten Fälle ist schließlich, dass sich nach Auffassung des EuGH die Bösgläubigkeit des Anmelders eher bejahen lässt, wenn das betreffende Zeichen *in der Gesamtform und -aufmachung einer Ware* besteht, und zwar vor allem dann, wenn aufgrund technischer oder kommerzieller Erwägungen die Wahlfreiheit der Mitbewerber so beschränkt ist, dass ihnen kein Spielraum für die Vermarktung vergleichbarer Waren verbleibt.³⁰⁶ Das Problem stellt sich somit umso weniger, je stärker darauf geachtet wird, dass Übereinstimmungen in den nicht schutzfähigen Gestaltungselementen (hier: die Form des sitzenden Hasen) für sich genommen keine Verwechslungsgefahr begründen, so dass die Möglichkeit der Mitbewerber, vergleichbare Waren (hier: sitzende Schokoladenosterhasen) anzubieten, nicht in unzuträglicher Weise beschränkt wird (s. dazu auch noch unten, Rn 152).

Während im Fall des Goldhasen das Ergebnis der Beurteilung nicht eindeutig zu prognostizieren ist, liegt Bösgläubigkeit typischerweise vor, wenn die (Form)Marke eines ausländischen Unternehmens, mit dem der Anmelder in Geschäftsbeziehungen gestanden hat, im Inland bzw als Gemeinschaftsmarke angemeldet wird, nachdem der Anmelder von Expansionsabsichten des Inhabers erfahren hat.³⁰⁷ Ebenso wäre in folgendem Fall von Bösgläubigkeit auszugehen: Ein erfolgreiches

---

301 Die Kommissionsvorschläge hatten vorgesehen, dass bei bösgläubiger Anmeldung unter bestimmten Voraussetzungen auch ein relatives Schutzhindernis anzunehmen sein sollte, das den Inhaber einer außerhalb der EU geschützten Marke berechtigt hätte, gegen die bösgläubige Anmeldung seiner Marke Widerspruch einzulegen, Dies hätte vor allem für das Gemeinschaftsmarkensystem insoweit eine Änderung erbracht, als derzeit (ebenso wie nach künftigem Recht) die bösgläubige Anmeldung lediglich einen Löschungsgrund darstellt.
302 Außer dem im Folgenden geschilderten Entscheidung s. auch EuGH C-320/12, GRUR 2013, 919 – Malaysia Dairy.
303 Die von Lindt & Sprüngli gleichfalls beantragte Eintragung der Form als solcher wurde wegen fehlender Unterscheidungskraft und unzureichenden Nachweises erworbener Unterscheidungskraft zurückgewiesen; s. dazu oben Rn 113 sowie unten, Rn 139.
304 EuGH, Rs. C-529/07, GRUR 2009, 763 – Lindt & Sprüngli/Hauswirt (Goldhase I), Rn 44 f.
305 EuGH aaO, Rn 51 f. Dabei geht es ausschließlich um die Bekanntheit zum Zeitpunkt der Anmeldung.
306 EuGH aaO, Rn 50.
307 In dem zweiten vom EuGH entschiedenen Fall, C-320/12, GRUR 2013, 919 – Malaysia Dairy, lag der Sachverhalt anders: Die Löschungsklägerin die streitgegenständliche Formgebung eines Joghurtbechers als Erste in Japan benutzt und durch Eintragung als Design – nicht jedoch als Marke – geschützt; die Beschwerdeführerin – die mit der Löschungsklägerin nicht verbunden war – hatte später eine Markeneintragung in Malaysia erwirkt. Die Parteien hatten sich in der Folgezeit über die territorialen Märkte, auf denen sie tätig waren bzw tätig werden wollten, vertraglich verständigt, wobei allerdings keine Vereinbarung im Hinblick auf die EU getroffen wurde. Es stellt sich somit die Frage, welche Bedeutung dem Umstand beizumessen ist, dass zwar die Löschungsklägerin die

Design, dessen Schutzdauer abgelaufen ist, wird von einem Dritten als Marke eingetragen. Ziel der Eintragung ist es, dem ursprünglichen Designer oder dem Betrieb, in dem das Design entwickelt oder verwertet wurde, die weitere Verwertung versagen zu können. Die Parallele zum vorhergehenden Fall liegt nahe: Ebenso wie bei der gezielten Aneignung einer ausländischen Marke zum Zweck der Behinderung wird hier das formale Fehlen eines Schutzrechts ausgenutzt, um den berechtigten Interessen eines Dritten Schaden zuzufügen.

121 Ob das Eintragungshindernis der bösgläubigen Eintragung eine Rolle spielt, wenn Gestaltungen oder Abbildungen, die Bestandteil des **allgemeinen Kulturgutes** sind (etwa das Bild der „Mona Lisa"), durch die Eintragung als Marke zum Gegenstand eines Ausschlussrechts gemacht werden sollen, erscheint zweifelhaft. In der Regel wird es insoweit bereits an der Unterscheidungskraft fehlen, so dass es auf diese Frage nicht mehr ankommt.[308]

122 Für die Eintragungshindernisse der Täuschungseignung und der bösgläubigen Anmeldung bestimmt das Markengesetz, dass sie vom DPMA nur bei **Ersichtlichkeit** im Rahmen des Eintragungsverfahrens berücksichtigt werden (§ 37 Abs. 3 MarkenG). Das DPMA ist somit nicht verpflichtet, spezielle Ermittlungen zu diesen Fragen anzustellen.

e) Verkehrsdurchsetzung
aa) Beurteilungsgrundsätze

123 Soweit Eintragungshindernisse gem. § 8 Abs. 2 Nr. 1–3 MarkenG oder nach Art. 7 Abs. 1 Buchst. b, c und d GMV bestehen, kann die Eintragung dennoch erfolgen, wenn sich die Marke durch Benutzung im geschäftlichen Verkehr bei den beteiligten Verkehrskreisen **durchgesetzt** hat. Der in § 8 Abs. 3 MarkenG in diesem Zusammenhang verwendete Begriff der Verkehrsdurchsetzung knüpft an die frühere, zu § 4 Abs. 3 WZG entwickelte Rechtsprechung an. Damit unterscheidet sich § 8 Abs. 3 MarkenG vom Wortlaut des Art. 7 Abs. 3 GMV (sowie von Art. 3 Abs. 3 MRRL (aF)), die beide auf den Erwerb von „Unterscheidungskraft" abstellen. Die Differenz spiegelt gewisse Unterschiede im Verständnis der Vorschrift wider.[309] So entspringt die Formulierung des Markengesetzes der Überlegung, dass es für die Überwindung anfänglicher Eintragungshindernisse zum einen darauf ankommt, ob ein gewisses Mindestmaß an Bekanntheit bei den beteiligten Verkehrskreisen erreicht wurde, sowie ferner darauf, ob und in welchem Maße ein **Interesse an der Freihaltung** des Zeichens besteht.[310] Diese Sichtweise wird jedoch vom EuGH abgelehnt: Bei den Anforderungen an die nachzuweisende Unterscheidungskraft soll nicht danach differenziert werden, welches Interesse an der Benutzung der fraglichen Bezeichnung durch andere Unternehmen besteht.[311]

124 Daraus folgt allerdings nicht, dass jegliche **Differenzierung** hinsichtlich der Anforderungen an den **Nachweis erworbener Unterscheidungskraft** abzulehnen ist. Vielmehr ist anerkannt, dass die Anforderungen steigen, je einhelliger das beanspruchte Zeichen jedenfalls anfänglich als beschreibende Angabe etc. angesehen wird.[312] Dies bedeutet, dass glatt beschreibende Zeichen in der Regel von mindestens 50 % der beteiligten Verkehrskreise einem bestimmten (anonymen) Unternehmen zugerechnet werden müssen.[313] Die insoweit für Wortmarken entwickelten Grundsätze finden auch für besondere Markenformen, wie Farbmarken oder Formmarken, sinngemäß Anwendung;[314] inso-

---

Gestaltung zuerst benutzt, die Beschwerdeführerin daran jedoch in ihrem Sitzland sowie in anderen Ländern, die Gegenstand der Vereinbarung waren, selbst ein gültiges Markenrecht erworben hatte.

308 Siehe BPatG GRUR 1998, 1921 – Mona Lisa.
309 Siehe aber Ingerl/Rohnke, § 8 Rn 132, wo davon ausgegangen wird, dass die unterschiedliche Formulierung ohne Belang sei.
310 So die st. Rspr zur Verkehrsdurchsetzung unter dem WZG; grundlegend dazu BGH NJW 1959, 2256 – Nährbier.
311 EuGH, verb. Rs. C-108/97 und C-109/97, GRUR Int. 1999, 727 – Windsurfing Chiemsee/Attenberger, Rn 48.
312 EuGH, verb. Rs. C-108/97 und C-109/97, GRUR Int. 1999, 727 – Windsurfing Chiemsee/Attenberger, Rn 50.
313 Ströbele, in: Ströbele/Hacker, § 8 Rn 630; s. etwa BGH GRUR 2007, 1071 – Wortbestandteil „Kinder"; dort auch zu den Anforderungen an demoskopische Gutachten zur Ermittlung der Zurechnungsintensität.
314 EuG, Rs. T-402/02, Slg 2004 II-3849 – Storck.

weit gilt, dass umso größere Anstrengungen unternommen werden müssen, je weniger sich ein Zeichen seiner Natur nach als Herkunftshinweis eignet.[315]

In der EuGH-Rechtsprechung wird allerdings betont, dass die durch Benutzung erworbene Verkehrsbekanntheit nur einer von mehreren verschiedenen **Anhaltspunkten** sei, die für die Frage der Verkehrsdurchsetzung zu berücksichtigen seien. Keinesfalls dürfen schematische Mindestsätze festgelegt werden, die eine Verkehrsdurchsetzung bei bestimmten Markenformen nur bei Überschreitung des entsprechenden Bekanntheitsgrades anerkennen.[316] Meinungsumfragen zur Feststellung des Durchsetzungsgrades sind zwar als Beweismittel zulässig;[317] die Beurteilung darf sich aber nicht allein auf die Ergebnisse solcher Umfragen stützen, sondern muss auch weitere Faktoren einbeziehen. Dazu zählen insbesondere der von der Marke gehaltene Marktanteil, die Intensität, die geografische Verbreitung und die Dauer der Benutzung der Marke, der Werbeaufwand des Unternehmens für die Marke, der Teil der beteiligten Verkehrskreise, der die Ware aufgrund der Marke als von einem bestimmten Unternehmen stammend erkennt, sowie Erklärungen von Industrie- und Handelskammern oder von anderen Berufsverbänden.[318] Die Beurteilung muss stets unter Berücksichtigung aller Aspekte des Einzelfalls erfolgen und darf nicht generell-abstrakten Kriterien unterworfen sein.

Die Unterscheidungskraft muss sich auf die beanspruchte Kennzeichnung in ihrer Benutzung **als Marke** beziehen; das Zeichen muss somit als eigenständiges Herkunftskennzeichen wahrgenommen werden.[319] Es reicht nicht aus, wenn es lediglich als Bestandteil einer aus mehreren Elementen bestehenden Kennzeichnung Bekanntheit erwirbt.[320] Zwar ist der Erwerb eigenständiger Unterscheidungskraft auch dann möglich, wenn das Kennzeichen stets zusammen mit anderen Merkmalen verwendet wird[321] oder wenn es beim Kauf nicht unmittelbar sichtbar ist.[322] In einem solchen Fall ist der erforderliche Nachweis jedoch naturgemäß schwieriger zu führen; insbesondere lassen die für die Vermarktung des Produkts insgesamt aufgewandten Beträge keine unmittelbaren Schlussfolgerungen darauf zu, inwieweit dies die Unterscheidungskraft einzelner Elemente beeinflusst hat; ebenso kann die von dem Produkt gehaltene Marktposition nicht ohne Weiteres auf einzelne Kennzeichnungselemente bezogen werden.[323] Bei Formmarken kommt – ähnlich wie bei Farben – hinzu, dass sie üblicherweise nicht als Herkunftshinweis wahrgenommen werden.[324] Der Erwerb von Unterscheidungskraft im Hinblick auf eine Formgebung, die stets zusammen mit anderen, traditionellen Kennzeichen benutzt wird, setzt daher voraus, dass die Gestaltung im Rahmen der sonstigen Kennzeichnungselemente in einer Weise hervortritt, dass die angesprochenen Verkehrskreise sie als Herkunftskennzeichen verstehen.[325]

---

315 BGH GRUR 2014, 483 – test.
316 EuGH, Rs. C-217/13, GRUR 2014, 776 – Oberbank: Verneinung der vom BPatG vorgelegten Frage, ob es mit europäischem Recht vereinbar ist, für die Verkehrsdurchsetzung einer abstrakten Farbmarke (Signalrot für Dienstleistungen von Geldinstituten) einen Mindestdurchsetzungsgrad von 70% zu fordern.
317 EuGH, verb. Rs. C-108/97 und C-109/97, GRUR Int. 1999, 727 – Windsurfing Chiemsee/Attenberger, Rn 53; C-217/13, GRUR 2014, 776 – Oberbank, Rn 43.
318 EuGH, verb. Rs. C-108/97 und C-109/97, GRUR Int. 1999, 727 – Windsurfing Chiemsee/Attenberger, Rn 50 f.
319 Siehe BGH GRUR 2014, 1101 – Gelbe Wörterbücher (Langenscheidt-Gelb), Rn 47.
320 EuGH, Rs. C-96/1,GRUR-Int. 2012, 1017 – August Storck/HABM (Schokoladenmaus), Rn 40; BGH, GRUR 2011, 65, 67 – Buchstabe T mit Strich.
321 EuGH, Rs. C-353/03, Slg I-6135, Rn 30, 32 – Nestlé/Mars („Have a break") = GRUR 2005, 826; C-24/05 P GRUR.
322 BGH GRUR 2007, 780 – Pralinenform.
323 BGH GRUR 2010, 138 – Rocher-Kugel, Rn 39.
324 St. Rspr seit EuGH verb. Rs. C-53/01 – C-55/01, GRUR 2003, 514 – Linde, Winward und Rado. Siehe dazu oben Rn 93.
325 Ströbele, in: Ströbele/Hacker, § 8 Rn 593. Für Farben s. BGH GRUR 2005, 427, 428 – Lila Schokolade; BGH GRUR 2014, 1101 Entsch. v. 18.9.2014, I ZR 228/12 – Gelbe Wörterbücher (Langenscheidt-Gelb), Rn 23.

127 Für die Prüfung der Schutzhindernisse des § 8 Abs. 2 Nr. 1-3 MarkenG ist auf die Verhältnisse zum **Anmeldezeitpunkt** abzustellen.[326] Soweit das Zeichen zu diesem Zeitpunkt noch keine Unterscheidungskraft erworben hatte, kann nach § 8 Abs. 3 iVm § 37 Abs. 2 MarkenG auch die vor dem Eintragungszeitpunkt erworbene Verkehrsdurchsetzung berücksichtigt werden, wenn sich der Anmelder mit einer Verschiebung der Priorität auf den Tag einverstanden erklärt, zu dem das Eintragungshindernis weggefallen ist. Wird erst im Löschungsverfahren geltend gemacht, dass das Zeichen zum maßgeblichen Zeitpunkt Unterscheidungskraft aufwies, obliegt die Feststellungslast dem Markeninhaber.[327] Bei Gemeinschaftsmarken besteht keine Möglichkeit zur Berücksichtigung der im Zeitraum zwischen Anmeldung und Eintrag erworbenen Unterscheidungskraft; in einem solchen Fall ist somit eine Neuanmeldung erforderlich. Nach erfolgter Markeneintragung gilt sowohl für nationale wie für Gemeinschaftsmarken, dass die Rechtsfolge der Löschung wegen absoluter Schutzhindernisse nicht eintritt, wenn die Marke bis zum Zeitpunkt der Entscheidung über die Löschung Unterscheidungskraft erworben hat.

bb) Insbesondere: Verkehrsdurchsetzung bei Gemeinschaftsmarken

128 Verkehrsdurchsetzung bzw Erwerb von Unterscheidungskraft müssen sich auf das **Territorium** beziehen, in dem der Schutz gelten soll. Vor allem für Gemeinschaftsmarken ist dieser Aspekt von erheblicher praktischer Bedeutung. Grundsätzlich gilt, dass die Überwindung des Schutzhindernisses für denjenigen Teil der Gemeinschaft nachgewiesen werden muss, in dem es sich anfänglich ausgewirkt hat. So muss bei einer Wortmarke, die in einem oder mehreren Ländern als beschreibende Angabe verstanden wird, der Nachweis erworbener Unterscheidungskraft gerade im Hinblick auf diese Länder oder Regionen geführt werden.[328] Bei anderen als Wortmarken – und damit insbesondere bei Formmarken – wird davon ausgegangen, dass sie **in allen Teilen der Gemeinschaft** gleich „verstanden" werden, soweit keine besonderen Anhaltspunkte für eine abweichende Beurteilung sprechen. Das bedeutet: Soweit Bedenken gegen die Unterscheidungskraft einer Formmarke bestehen, gilt dies für die gesamte EU. Daraus wurde vom EuG gefolgert, dass der Nachweis der erworbenen Unterscheidungskraft für die Gemeinschaft insgesamt,[329] dh für sämtliche Mitgliedsstaaten[330] erbracht werden muss Dabei wird es allerdings nicht als erforderlich angesehen, dass die Nachweise für jedes Land die gleichen sind.[331] Nachweise, die sich lediglich auf eine begrenzte Anzahl von Mitgliedsländern beziehen, werden regelmäßig als unzureichend betrachtet.[332]

129 In seinen früheren Entscheidungen hatte der EuGH keinen Anlass gesehen, sich mit diesem Ansatz zu befassen, zumal die in den jeweiligen Fällen vorgebrachten Nachweise in der Tat offensichtlich unzureichend waren.[333] Möglicherweise durch die wachsende Besorgnis motiviert, dass nicht zuletzt angesichts der Erweiterung der EU ein Nachweis erworbener Unterscheidungskraft prak-

---

326 EuGH, Rs. C-332/09 P – HABM/Frosch Touristik (Flugbörse), MarkenR 2010, 439 Rn 41 für Gemeinschaftsmarken; so jetzt auch für das deutsche Recht BGH, GRUR 2013, 1143 Rn 15 – Aus Akten werden Fakten; GRUR 2014, 483 Rn 22 – test.
327 EuGH, Rs. C-217/13, GRUR 2014, 776 – Oberbank, Rn 69 ff.
328 EuGH, Rs. C-108/05, MarkenR 2006, 388 – Europolis.
329 EuG, Rs. T-399/02, GRUR Int. 2005, 823 – Eurocermex (Bierflasche), Rn 47; EuG, Rs. T-141/06, Slg 2007 II-114, 38 – Glaverbel II; EuG, Rs. T-402/02, Slg 2004 II-3849 – Storck (Wicklerform) Rn 86; T-396/02 – Storck (Bonbonform) Rn 47.
330 So jedenfalls für den Fall, dass ein Zeichen in der gesamten EU als beschreibend verstanden wird EuG Rs. T-318/09 – Audi (TDI), BeckRS 2011, 81066, Rn 48: „Folglich ist ... der Erwerb von Unterscheidungskraft durch Benutzung für jeden der Mitgliedstaaten der Union nachzuweisen".
331 EuG Rs. T-137/08, GRUR Int. 2010, 153 – John Deere (Farbkombination grün und gelb), Rn 39.
332 Neben den in den vorstehenden Fußnoten genannten Fällen s. etwa EuG Rs. T-237/10, BeckRS 2012, 80391 – Louis Vuitton Malletier (Zierschloss) Rn 101 (in der Beschwerdeinstanz wurde das Schloss für eine Reihe von Waren als unterscheidungskräftig anerkannt, so dass sich die Frage der Verkehrsdurchsetzung insoweit nicht mehr stellte); EuGH Rs C-97/12 P (s. dazu oben Rn 116); sowie EuG Rs. T-388/04, Slg 2006 II-35, Rn 42 – Habib Kachakil Amir („ligne longitudinale se terminant par un triangle"); T-409/10 und T-410/10 – Bottega Veneta (Form einer Handtasche); T-474/12 – Giorgis (2 Kelche in Plastikverpackung).
333 EuGH, Rs. C-24/05 P, GRUR Int. 2006, 842 – Storck (Wicklerform); C-25/05 P, GRUR Int. 2006, 846 – Storck (Bonbonform); C-513/07 P, BeckEuRS 2008, 491438, – Glaverbel.

tisch unmöglich werden würde, und in direkter Reaktion auf das von der Anmelderin vorgebrachte Argument, das Erfordernis, Nachweise für erworbene Unterscheidungskraft in jedem einzelnen Mitgliedstaat vorzuweisen widerspreche dem einheitlichen Charakter der Gemeinschaftsmarke, führte der EuGH in *Lindt & Sprüngli* (Goldhase II) aus, es sei zwar an dem Grundsatz festzuhalten, dass Unterscheidungskraft für den Teil der Union nachgewiesen werden muss, in dem sie ursprünglich fehlt; dennoch würde es zu weit gehen, zu verlangen, dass der Nachweis eines solchen Erwerbs für jeden Mitgliedstaat einzeln erbracht werden muss.[334] Welche Maßstäbe statt dessen gelten sollen, blieb hingegen offen.

III. Rechtsschutz gegen Dritte

1. Widerspruch

Der zentrale Aspekt des Rechtsschutzes von Marken besteht darin, dass der Inhaber sich gegen die Benutzung desselben oder eines verwechselbar ähnlichen Kennzeichens zur Wehr setzen kann. Daraus folgt zugleich, dass Anmelder neuer Marken die bereits bestehenden Kennzeichenrechte sowie sonstige ältere Rechte Dritter respektieren müssen; dieser Grundsatz wird in der Neufassung des Markenrechts ausdrücklich verankert (Art. 10 Abs. 2 S. 1 MRRL (neu)). Der frühzeitigen und effizienten Abklärung möglicher Kennzeichenkonflikte dient das bei der jeweiligen Eintragungsbehörde durchgeführte **Widerspruchsverfahren** (zu den Einzelheiten siehe § 8 Rn 42 ff (nationales Recht), Rn 80 ff (Gemeinschaftsrecht). 130

2. Allgemeine Voraussetzungen der Verletzung von Markenrechten

a) Vorbemerkung: Struktur des Verletzungstatbestandes nach der EuGH-Rechtsprechung

Die Struktur des Verletzungstatbestandes ist durch die Rechtsprechung des EuGH, insbesondere zu den Markenfunktionen, in gewissem Umfang **neu ausgerichtet** worden. Auszugehen ist – ebenso wie bisher – davon, dass allein die im geschäftlichen Verkehr erfolgende Benutzung einer Marke rechtsverletzend sein kann (s. dazu Rn 133 ff). Als zweites ist zu prüfen, ob die Marke für – bzw. nach der Neufassung des Markenrechts: „in Zusammenhang mit"[335] – Waren oder Dienstleistungen verwendet wird.[336] Dies bedeutet zum einen, dass die Benutzung dann nicht markenverletzend ist, wenn sie ausschließlich der Kennzeichnung anderer Rechtsobjekte dient, wie insbesondere von Geschäftsbetrieben oder titelfähigen Werken.[337] Zweitens fallen auch solche Benutzungen nicht unter den Verletzungstatbestand, die keinerlei Kennzeichnungszwecken dienen,[338] wie dies etwa bei einer Benutzung zu rein dekorativen Zwecken der Fall sein kann. Der zweiten Ausnahme kommt in der Rechtsprechung des BGH nicht unerhebliche Relevanz zu (s. dazu Rn 136). Soweit eine relevante Benutzung in diesem Sinne vorliegt, sind jeweils die Voraussetzungen der einzelnen Tatbestände zu prüfen. Beim Tatbestand der Doppelidentität zählt dazu die Frage, ob eine der geschützten Markenfunktionen beeinträchtigt ist oder beeinträchtigt zu werden droht. Neben der wesentlichen Funktion der Marke, die Herkunft der Waren oder Dienstleistungen von ihrem Inhaber zu garantieren, sind insoweit auch die Qualitäts-, Werbe-, Investitions- und Kommunikationsfunktion der Marke von Bedeutung.[339] Obwohl Inhalt und Reichweite der Funktionsrechtsprechung noch immer Fragen aufwerfen, ist ihre Bedeutung für die hier zu erörternden Fragen überschaubar 131

---

334 EuGH, Rs. C-98/11, GRUR 2012, 925 – Lindt & Sprüngli (Goldhase II), Rn 62.
335 Das entspricht bereits dem bisherigen, vor allem auf den englischen Wortlaut der betreffenden Vorschriften („use in relation to goods and services") gestützten, weiten Verständnis des Verletzungstatbestandes durch den EuGH.
336 Grundlegend EuGH, Rs. C-63/97, GRUR Int. 1999, 438 – BMW/Deenik.
337 EuGH, Rs. C-245/02, GRUR 2005, 153 – Anheuser-Busch/ Budějovický Budvar, Rn 58 ff, 64; C- 17/06 GRUR 2007, 971 – Céline, Rn 21 f. Hieran ändert sich auch nichts dadurch, dass künftig die Benutzung eines identischen oder verwechslungsfähigen Zeichens als Handelsname im Verletzungstatbestand aufgeführt wird, da dies unverändert unter dem Vorbehalt einer Benutzung als Marke steht. Durch die Gesetzesänderung wird somit lediglich die Céline-Rechtsprechung festgeschrieben.
338 EuGH, Rs. C-2/00, GRUR 2002, 692 – Hölterhoff/Freiesleben.
339 EuGH, Rs. C-487/07, GRUR 2009, 756 – L'Oréal/Bellure.

(s. dazu Rn 141 ff). Beim Tatbestand der Verwechslungsgefahr, der allein dem Schutz der Herkunftsfunktion dient, bleibt es bei der Maßgeblichkeit der im Gesetz genannten Voraussetzungen (s. dazu Rn 144 ff). Beim erweiterten Schutz bekannter Marken stellt es eine Grundvoraussetzung dar, dass eine gedankliche Verbindung zwischen der geschützten Marke und dem benutzten Zeichen hergestellt wird; im Übrigen bleibt es ebenfalls bei den im Gesetz genannten Tatbestandsmerkmalen (s. dazu Rn 157 ff).

132 Die Abgrenzung zwischen den verschiedenen Stufen der Prüfungsabfolge sowie zwischen dem Verletzungstatbestand und den Schrankentatbeständen ist teilweise unscharf. Die im Folgenden zu behandelnden Fallgestaltungen lassen sich daher in der Regel unter mehreren der zuvor genannten rechtlichen Aspekte betrachten; auch in der Praxis findet keine exakte Trennung der Tatbestände statt.

b) Benutzung im geschäftlichen Verkehr

133 Als Voraussetzung einer Markenverletzung ist stets zu fordern, dass eine Benutzung **im geschäftlichen Verkehr** stattfindet. Rein private Nutzungen stellen keine Markenverletzung dar.

> **Beispiel:** Wer eine gefälschte Markenware – etwa nachgemachte Luxus-Uhren – privat benutzt, begeht keine Markenverletzung und macht sich damit jedenfalls in Deutschland auch nicht strafbar.[340] Das Gleiche gilt, wenn jemand seinen privaten Pkw mit einem *Mercedes*-Stern oder der „Spirit of Ecstasy"-Figur von *Rolls Royce* versieht. Von der Firma *Rolex* war die Rückgabe einer zur Reparatur eingesandten Armbanduhr verweigert worden, die zwar von Rolex stammte, aber offenbar auf Veranlassung ihres Besitzers in der Weise verändert worden war, dass sie in ihrem Erscheinungsbild dem – wesentlich teureren – Modell „Royal Oyster" angenähert wurde. Der Auffassung von *Rolex*, dass in der eigenmächtigen Veränderung des Originalprodukts eine Markenverletzung zu sehen sei, wurde vom BGH entgegengehalten, dass das Tragen einer Uhr in den privaten Bereich falle und daher markenrechtlich irrelevant sei.[341]

134 Die Grenzen zwischen privater und gewerblicher Nutzung sind allerdings fließend, wobei relativ strenge Maßstäbe angewandt werden. So kann bereits im geschäftlichen Verkehr handeln, wer eine Ware öffentlich – zB im Internet – zum Verkauf oder zur Versteigerung anbietet, soweit dabei eine geschäftliche Zielrichtung des Handelns erkennbar nach außen tritt.[342]

135 Werden gefälschte Waren bei einem außerhalb der EU ansässigen Anbieter bestellt und von diesem in die EU geliefert, so stellt bereits der Verkauf eine Benutzung der Marke in der EU dar. Soweit der Anbieter gewerblich handelt, liegt somit auch dann eine zur Grenzbeschlagnahme, Einziehung und ggf Vernichtung der Ware berechtigende Verletzung vor, wenn der Besteller lediglich privat tätig wird.[343]

---

340 Anders in Frankreich; in Italien und Spanien wird der private Erwerb und Besitz gefälschter Waren als Ordnungswidrigkeit behandelt.
341 BGH GRUR 1998, 696 – Rolex-Uhr mit Diamanten.
342 BGH GRUR 2004, 860 – Internet-Versteigerung; im gleichen Sinne BGH GRUR 2008, 702, 705 – Internet-Versteigerung III: Zwar kann nicht bereits aus dem Angebot gegenüber einer Vielzahl potenzieller Käufer auf eine geschäftliche Benutzung geschlossen werden. Es genügt jedoch, wenn der Kläger Umstände aufzeigt, die auf eine solche Absicht schließen lassen (wie im konkreten Fall die Tatsache, dass die betreffende Plattform überwiegend von gewerblichen Anbietern genutzt wurde); dann obliegt es dem Beklagten, seinerseits Umstände aufzuzeigen und nachzuweisen, die seine Tätigkeit als nicht geschäftlich erscheinen lassen. Ebenso auch EuGH, Rs. C-324/09, GRUR 2011, 1025 – L'Oréal/eBay, Rn 55: „Verkauft ... eine natürliche Person ein Markenprodukt mittels eines Online-Marktplatzes, ohne dass diese Transaktion im Rahmen einer gewerblichen Tätigkeit dieser Person stattfindet, kann sich der Inhaber der Marke nicht auf sein ausschließliches Recht ... berufen. Weisen hingegen die auf einem solchen Marktplatz getätigten Verkäufe auf Grund ihres Umfangs, ihrer Häufigkeit oder anderer Merkmale über die Sphäre einer privaten Tätigkeit hinaus, bewegt sich der Verkäufer im Rahmen des „geschäftlichen Verkehrs [i.S.d. Markenrechts]". Im gleichen Sinne bereits die zuvor ergangenen Entscheidungen des BGH.
343 EuGH, Rs. C-98/13, GRUR 2014, 283 – Blomqvist/Rolex. Die von der Kommission ursprünglich vorgeschlagene, genau auf diese Wirkung zielende Änderung von MRRL und GMV hat sich damit erledigt.

c) Benutzung für Waren oder Dienstleistungen

Soweit die Verletzung von Formmarken oder dekorativen Gestaltungen geltend gemacht wird, ist nach der Rechtsprechung des BGH daran zu denken, dass solche Markenformen von den Verbrauchern anders wahrgenommen werden als traditionelle Wort- und Bildmarken; bei Ersteren wird eher an eine ästhetische oder funktionelle Ausstattung gedacht als an einen Herkunftshinweis.[344] Für die Frage, ob der Verbraucher ausnahmsweise in der Warenform einen Herkunftshinweis erkennt, ist vor allem auf die **Gepflogenheiten im jeweiligen Warensektor** abzustellen. So kann ggf in der Gestaltung eines Fahrzeugs eher ein Herkunftshinweis erkannt werden als in der Formgebung von Waren des täglichen Bedarfs.[345] Bedeutsam sind die Branchengewohnheiten nicht zuletzt bei figurativen Zeichen: So kommt bei der Anbringung dekorativer Elemente auf Bekleidung, aber auch bei anderen Gebrauchsgegenständen der Frage Bedeutung zu, wo sich bei Waren der fraglichen Art üblicherweise Hinweise auf die kommerzielle Herkunft befinden und in welchen Abmessungen diese erscheinen.

136

> **Beispiel:** Bei Bekleidung (insb. T-Shirts, Pullovern) erscheinen Marken – außer in dem beim Tragen nicht sichtbaren Einnähetikett – entweder großflächig auf der Vorderseite, oder in verkleinerter Form in Höhe der linken Brust; bei entsprechender Anbringung geht der Verkehr daher grundsätzlich von einem Herkunftshinweis aus. Anders ist es jedoch, wenn etwa die Vorderseite des Pullovers mit einem sehr kleinformatig erscheinenden, relativ einfachen grafischen Zeichen „übersät" ist;[346] ebenso zu verneinen ist die markenmäßige Benutzung, wenn eine Vielzahl von Marken als Applikation auf einem Kleidungsstück erscheint.[347]

Eine erhebliche Rolle spielen für die Annahme einer Benutzung als Marke ferner der Grad der **Kennzeichnungskraft** der geschützten Marke sowie die Ähnlichkeit der Gestaltung:[348] Je bekannter eine Marke ist, desto eher wird der Verkehr in der Verwendung auch eines lediglich ähnlichen Zeichens eine herkunftsidentifizierende Benutzung sehen.[349] Bei lediglich geringer Ähnlichkeit kann allerdings auch bei verkehrsbekannten Marken eine solche Benutzung abzulehnen sein. Dabei sind sämtliche Tatumstände in die Beurteilung einzubeziehen, wobei nicht allein die Kaufsituation, sondern auch die nachfolgende Verwendung der angegriffenen Gestaltung zu betrachten sind.[350] Selbst wenn das Design übereinstimmt, zwingt der Umstand, dass der Verletzungsrichter an die Gültigkeit der Klagemarke gebunden ist, nicht zwangsläufig dazu, von einer markenmäßigen Benutzung der als verletzend angegriffenen Form auszugehen.[351]

137

Wird eine Benutzung zur Unterscheidung von Waren und Dienstleistungen verneint, entfällt grundsätzlich die Prüfung weiterer Tatbestandsmerkmale; die Benutzung unterliegt dann nicht dem markenrechtlichen Verletzungstatbestand. In der Rechtsprechung des EuGH wird diese Konsequenz jedoch durch die Anlegung eines sehr weiten Maßstabs vermieden; es genügt prinzipiell bereits, dass eine Gestaltung als Marke erkannt wird und dadurch Hinweischarakter besitzt. Daher gilt auch die Verwendung von Marken in der vergleichenden Werbung regelmäßig als Benutzung iSd Markenrechts (s. dazu unten, Rn 141 f). Die Konsequenzen dieses weiten Ansatzes werden zum einen durch die Betrachtung der Markenfunktionen, zum anderen durch die Schranken des Markenschutzes ausbalanciert (§ 23 MarkenG). Die Grenzen zwischen den Kriterien der markenrecht-

138

---

344 BGH GRUR 2007, 780, 783 – Pralinenform.
345 S. BGH GRUR 2006, 679 Rn 18 – Porsche Boxster einerseits und BGH GRUR 2005, 414 (416) – Russisches Schaumgebäck andererseits.
346 OLG Köln, GRUR-RR 2014, 148 – Fischer-Dreiecke.
347 BGH GRUR 1994, 635 – Pulloverbeschriftung.
348 BGH GRUR 2008, 793, 795 – Rillenkoffer; zur Bedeutung der Kennzeichnungskraft auch BGH GRUR 2010, 1103 Rn 33 – Pralinenform II. Eingehend zu diesen Fragen am Beispiel eines konkreten Konfliktfalls s. Zöllner, GRUR-Prax 2010, 144 ff.
349 Siehe zB OLG Köln, BeckRS 2014, 18530 – Schogetten-Stück.
350 BGH GRUR 2008, 793, 795 – Rillenkoffer. Im konkreten Fall ging es um einen mit Rillen versehenen, der geschützten Gestaltung des Rimowa-Gepäcks ähnlichen Koffer, der mit Kosmetika befüllt war und nur in dieser Form – dh nicht als Gepäckstück – verkauft wurde, dessen spätere Nutzung als Gepäckstück aber auch nicht ausgeschlossen werden konnte.
351 BGH GRUR 2005, 414 – Russisches Schaumgebäck; s.a. BGH GRUR 2007, 780, 782 – Pralinenform I.

lich relevanten Benutzung und den Schrankenbestimmungen ist ohnehin fließend, so dass in der Praxis häufig eine Gesamtbetrachtung stattfindet. Dies zeigt sich etwa in der BGH-Entscheidung „Aluminiumräder": Der Beklagte hatte in der Werbung für seine Produkte die fotografische Wiedergabe eines mit Aluminiumrädern ausgestatteten *Porsche* samt der auf dem Fahrzeug angebrachten Bildmarke verwendet (Abb. 27). Wie vom BGH ausgeführt wurde, erfolgte die Wiedergabe nur „als Hinweis auf die Bestimmung, nicht als Hinweis auf die Herkunft ihrer Aluminiumräder".[352] Dies führte allerdings nicht zur Unanwendbarkeit des MarkenG; die Benutzung wurde jedoch als von § 23 Nr. 3 MarkenG gedeckt erkannt.[353]

Abb. 27: *Porsche* mit Aluminiumrädern
(BGH, 15.7.2004 – I ZR 37/01)

139 Bei **sehr bekannten Marken** genügt es dem EuGH zufolge regelmäßig, dass die beteiligten Verkehrskreise das Zeichen wegen seiner Ähnlichkeit gedanklich mit der bekannten Marke verknüpfen, selbst wenn sie es grundsätzlich eher als dekoratives Element auffassen, wie etwa parallele Längsstreifen auf Sportbekleidung.[354]

d) „Doppelidentität" (§ 14 Abs. 2 Nr. 1 MarkenG)

140 Wird ein identisches Zeichen[355] für identische Waren oder Dienstleistungen benutzt (sog. Doppelidentität) ist der Präambel von MRRL und GMV zufolge grundsätzlich absoluter Schutz zu gewähren; auf weitere Voraussetzungen wie insbesondere auf die Gefahr von Verwechslungen kommt es daher nicht an. Praktisch bedeutsam ist dieser Tatbestand vor allem im Hinblick auf den Vertrieb von Pirateriewaren, die die Originalprodukte vollständig oder nahezu vollständig kopieren. Selbst wenn solche Fälschungen von den beteiligten Verkehrskreisen problemlos als solche erkannt werden – typischerweise aufgrund des Preises oder der sonstigen Umstände des Angebots – liegt darin eindeutig eine Markenverletzung.

141 Während die Anwendung des Doppelidentitätstatbestandes in Pirateriefällen keine Probleme bereitet, erschien zunächst fraglich, ob der Anwendungsbereich der Vorschrift auch dann eröffnet ist, wenn die Marke *nicht* in einer Weise verwendet wird, die den Markeninhaber als Quelle der von einem Dritten angebotenen Waren oder Dienstleistungen erscheinen lässt. Die Rechtsprechung des EuGH verhielt sich in dieser Frage zunächst schwankend.[356] Sie wurde jedoch schließlich dahin

---

352 BGH GRUR 2005, 163, 164 – Aluminiumräder.
353 Offen blieb dabei, ob die rechtliche Prüfung auf § 14 Abs. 2 Nr. 1 oder Nr. 3 MarkenG gestützt wurde. Nach der neueren EuGH-Rechtsprechung wäre insoweit zu differenzieren: Eine Benutzung als Marke iSd Art. 5 Abs. 1 Buchst. a MRRL (aF) (= § 14 Abs. 2 Nr. 1 MarkenG) wäre (wohl) abzulehnen; wegen des modifizierten Benutzungsbegriffs bei bekannten Marken dürfte § 14 Abs. 2 Nr. 3 MarkenG hingegen anwendbar bleiben.
354 EuGH, Rs. C-408/01, GRUR 2004, 58, – adidas/Fitnessworld, Rn 39; Rs. C-252/07 GRUR 2009, 56 – Intel, Rn 30.
355 Zu den Voraussetzungen der Zeichenidentität s. EuGH, Rs. 291/00, GRUR 2003, 422 I– LTJ Diffusion/Sadas Vertbaudet (Arthur et Félicie), Rn 54.
356 In EuGH, Rs. C-63/97, GRUR 1999, 244 – BMW/Deenik und Rs. C-228/03, GRUR 2005, 509 – Gillette/LA Laboratories wurde die Anwendbarkeit von Art. 5 Abs. 1 Buchst. a MRRL (aF) bejaht, obwohl die Nutzung lediglich zu Hinweiszwecken erfolgte (allerdings wurde insoweit auf Schrankenbestimmungen verwiesen, die die Nutzung unter Beachtung lauterkeitsrechtlicher Maßstäbe für zulässig erklären). In Rs. C-48/05, GRUR 2007, 318 – Adam Opel/Autec, Rn 24 wurde Art. 5 Abs. 1 Buchst. a (aF) hingegen für unanwendbar erklärt, da und

B. Der Markenschutz nach deutschem und europäischem Recht

gehend konsolidiert, dass Markenbenutzungen auch dann dem Verbotstatbestand unterfallen können, wenn der Verwender nicht den Eindruck erweckt, selbst Inhaber der Marke oder mit diesem rechtlich oder wirtschaftlich verbunden zu sein. Von einer Markenverletzung ist in diesem Fall allerdings nur unter der Voraussetzung auszugehen, dass – statt der Herkunftsfunktion, die in diesen Fällen regelmäßig nicht betroffen ist – eine der anderen Markenfunktionen beeinträchtigt wird, zu denen insbesondere die **Qualitäts-, Werbe-, Investitions- und Kommunikationsfunktion** zählen.[357] Mit dieser Rechtsprechung ließ sich die Einbeziehung von Fällen der vergleichenden Werbung in den Doppelidentitätstatbestand rechtfertigen;[358] das gleiche gilt für die Einbeziehung von Fällen, in denen die Marke als Hinweis auf die Waren oder Dienstleistungen des Markeninhabers benutzt wird („referierende Benutzung").[359] Dies kann auch für die hier betrachteten Markenformen relevant sein.

> **Beispiele:** Eine vergleichende Werbung wird durch die Abbildung des Produkts illustriert, auf das sich der Vergleich bezieht; ein Lieferant von Autozubehör demonstriert dessen Verwendung an einem konkreten Produkt und benutzt zu diesem Zweck die Abbildung eines PKW.[360]

Für die Benutzung in der **vergleichenden Werbung** sowie für andere typische Fälle der referierenden Benutzung (Hinweis auf die Bestimmung einer Ware, als Zubehör oder Ersatzteil zu dienen) ergeben sich die Zulässigkeitskriterien aus den einschlägigen Vorschriften, dh aus der in der Richtlinie über vergleichende Werbung (114/2006/EG; umgesetzt in § 6 UWG) bzw aus § 23 Abs. 1 Nr. 3 MarkenG. Die Relevanz der Funktionsrechtsprechung erschöpft sich in diesen Fällen daher in der Eröffnung des Verletzungstatbestands; das Ergebnis der rechtlichen Beurteilung folgt aus anderweitig verorteten Vorschriften, deren vorrangige Bedeutung durch die Funktionsrechtsprechung nicht angetastet wird. Dieses Schema wird im künftigen Recht (Rn 16) noch deutlicher hervortreten. So wird die Maßgeblichkeit der in der Richtlinie 114/2006/EG geregelten Zulässigkeitsvoraussetzungen im markenrechtlichen Verletzungstatbestand verankert, und die bisher auf Bestimmungsangaben beschränkte Vorschrift des Art. 6 Abs. 1 Buchst. c MRRL (aF) (= § 23 Abs. 1 Nr. 3 MarkenG) wird auf sämtliche Fälle der referierenden Benutzung erstreckt (s.u. Rn 172 f). Zumindest insoweit kann daher künftig auf eine separate Erörterung möglicher Funktionsbeeinträchtigungen verzichtet werden.

142

Eine eigenständige Rolle spielen die Markenfunktionen hingegen, wenn trotz Doppelidentität keine Herkunftsverwechslung zu besorgen ist, *ohne* dass eine auf die Fallkonstellation passende Schrankenbestimmung die Zulässigkeitskriterien für die Benutzung vorgeben würde. Einen solchen Fall bildete die Anbringung des „Opel-Blitz" auf Spielzeugmodellen.[361] Von einer Beeinträchtigung der Herkunftsfunktion war nicht auszugehen, da die Abnehmer die Marke lediglich als Teil der Nachbildung, nicht jedoch als Herkunftshinweis wahrnehmen und die Marke der Herstellerin auf Verpackungen und Zubehör deutlich angegeben wurde. Für eine Beeinträchtigung weiterer Markenfunktionen sah der BGH bereits deshalb keinen Anhaltspunkt, weil die Marke in ihrer konkreten

143

---

soweit die Abnehmer nicht davon ausgingen, dass die mit dem Kennzeichen versehenen Waren (Spielzeugautos) von der Markeninhaberin oder von einem mit dieser rechtlich oder wirtschaftlich verbundenen Unternehmen stammten.
357 Grundlegend: EuGH, Rs. C-487/07, GRUR 2009, 756 – L'Oréal/Bellure.
358 So in L'Oréal/Bellure, GRUR 2009, 756. Dies gilt jedenfalls dann, wenn – wie üblich – die Marke in identischer, dh der konkret geschützten Form benutzt wird und sich der Vergleich auf identische Waren bezieht. Wird die Marke hingegen in verfremdeter Form benutzt, kommt dem EuGH zufolge nur Art. 5 Abs. 1 Buchst. b (= § 14 Abs. 2 Nr. 2 MarkenG) inFrage (O2), was allerdings als wenig sachgerecht erscheint, denn in diesen Fällen geht es ja nicht um mögliche Verwechslungen des in der Werbung benutzten, verfremdeten Zeichens mit der „Originalmarke" sondern, ebenso wie bei Verwendung der Marke in ihrer geschützten Form, um die Benutzung als Hinweis auf die Waren oder Dienstleistungen des Markeninhabers.
359 Dies war bereits der Fall in EuGH, Rs. C-63/97, GRUR 1999, 244 – BMW/Deenik und Rs. C-228/03, GRUR 2005, 509 – Gillette/LA Laboratories; dort war noch keine Begründung für die Einbeziehung dieser Fälle in den Anwendungsbereich des Doppelidentitätstatbestandes für notwendig erachtet worden. Zum deutschen Recht s. etwa BGH GRUR 2011, 135 – „Große Inspektion für alle VW".
360 Siehe dazu bereits oben, Rn 148,BGH GRUR 2005, 163, 164 – Aluminiumräder.
361 Der EuGH hatte in seiner Entscheidung allein auf die (nach den Erkenntnissen des vorlegenden Gerichts nicht verletzte) Herkunftsfunktion abgestellt.

Verwendung lediglich auf Spielzeug bezogen sei und keine Verbindung zu entsprechenden Produkten der Markeninhaberin hergestellt werde;[362] allein darauf sei jedoch im Rahmen des Doppelidentitätstatbestandes abzustellen.

e) Verwechslungsgefahr (§ 14 Abs. 2 Nr. 2 MarkenG)

144 Eine Markenverletzung liegt ferner vor, wenn aufseiten der Kennzeichen und/oder der Waren und Dienstleistungen Ähnlichkeit (statt Identität, vgl Rn 140 ff) besteht und daraus eine Verwechslungsgefahr resultiert.[363] Dabei sind verschiedene Konstellationen denkbar: Verwechslungsgefahr kann sowohl zwischen zwei Formgebungen wie auch zwischen der bildlichen Darstellung eines dreidimensionalen Gegenstands und einer Formgebung bestehen. Darüber hinaus ist auch denkbar, dass Verwechslungsgefahr zwischen einem Wort und einer dreidimensionalen (oder bildlich dargestellten) Form besteht.[364] Die folgende Darstellung konzentriert sich vor allem auf den Fall der Kollision zweier Formgebungen, der in der Praxis am häufigsten vorkommen dürfte.[365] Bei Kollisionen zwischen Formen und zweidimensionalen Zeichen finden die im Folgenden dargestellten Grundsätze entsprechende Anwendung.[366]

145 Nach ständiger Rechtsprechung ist das Bestehen von Verwechslungsgefahr beim Publikum unter Berücksichtigung aller relevanten Umstände des Einzelfalls umfassend zu beurteilen. Bei der Beurteilung der **Markenähnlichkeit** ist auf den visuellen, klanglichen und begrifflichen Eindruck abzustellen, den die Marken hervorrufen,[367] wobei insbesondere ihre unterscheidungskräftigen und dominierenden Elemente zu berücksichtigen sind. Entscheidend ist, wie die Marke auf den Durchschnittsverbraucher dieser Waren oder Dienstleistungen wirkt. Dabei wird davon ausgegangen, dass die angesprochenen Verkehrskreise die Marke regelmäßig als Ganzes wahrnehmen werden und nicht auf die verschiedenen Einzelheiten achten.[368]

146 Für die **Ähnlichkeit von Waren und Dienstleistungen** sind insbesondere deren Art, Verwendungszweck und Nutzung sowie ihre Eigenart als miteinander konkurrierende oder einander ergänzende Waren oder Dienstleistungen zu berücksichtigen.[369] Bei der Beurteilung der Warenähnlichkeit ist lediglich auf die Waren oder Dienstleistungen als solche abzustellen. Die Übernahme von Ausstattungsmerkmalen wirkt sich auf den Grad der Warenähnlichkeit nicht aus.[370] Im Sonderfall der Kollision von Wortmarken und Warenformen liegt Zeichenähnlichkeit vor, wenn das Wort iS einer begrifflichen Übereinstimmung die naheliegende, ungezwungene und erschöpfende Benennung der dreidimensionalen Gestaltung darstellt.[371]

147 Marken- und Warenähnlichkeit stehen in einer **Wechselbeziehung** zueinander, in der Weise, dass eine geringe Ähnlichkeit der Waren durch eine hohe Zeichenähnlichkeit ausgeglichen werden kann und umgekehrt. Zu berücksichtigen ist ferner die von Haus aus bestehende oder aufgrund der Marktposition erlangte Kennzeichnungskraft der Marke.[372]

---

362 BGH GRUR 2010, 726 – Opel Blitz, Rn 25.
363 § 14 Abs. 2 Nr. 2 MarkenG; Art. 9 Abs. 2 GMV.
364 Zu den verschiedenen Kollisionsmöglichkeiten zwischen Formen, bildlichen Darstellungen und Worten siehe Eichmann, GRUR 1995, 184, 195, 196.
365 Zur Kollision der Wort- bzw Bildmarke „Goldbär" für Fruchtgummis und der Form eines in Goldfolie verpackten Schokoladenbären s. unten, Rn 158 ff).
366 BGH GRUR 2000, 506, 508 – ATTACHÉ/TISSERAND.
367 Grundlegend: EuGH, Rs. C-251/95, GRUR 1998, 387 – Puma/Sabèl, Rn 23; EuGH, Rs. C-342/97, GRUR Int. 1999, 734.– Meyer/Klijsen, Rn 25.
368 EuGH, Rs. C-251/95, GRUR 1998, 387 – Puma/Sabèl, Rn 22; EuGH, Rs. C-342/97, GRUR Int. 1999, 734 – Meyer/Klijsen, Rn 18; EuGH, Rs. C-425/98, GRUR Int. 2000, 899, – Marca Mode, Rn 40.
369 EuGH, Rs. C-93/97, GRUR 1998, 922 – Canon/MGM (Canon/CANNON) Rn 23.
370 BGH GRUR 2007, 1066 – Kinderzeit.
371 OLG Frankfurt aM, BeckRS 2014, 7734 – Goldbär (2. LS).
372 EuGH, Rs. C-251/95, GRUR 1998, 387 – Puma/Sabèl, Rn 24; EuGH, Rs. C-425/98, Slg 2000, I-4861, Rn 38 – Marca Mode.

Bei der Anwendung dieser allgemeinen Grundsätze auf **Formmarken** steht die Beurteilung der Zeichenähnlichkeit im Vordergrund. Dabei kommt es naturgemäß vor allem auf die **visuelle Ähnlichkeit** an. Dass die Beurteilung aufgrund des Gesamteindrucks erfolgt, schließt nicht aus, dass die einzelnen Elemente, aus denen sich ein Zeichen zusammensetzt, zunächst einzeln betrachtet und gewürdigt werden.[373] Soweit ein Zeichen eine Kombination aus mehreren Bestandteilen darstellt, ist zu ermitteln, welcher von ihnen den Gesamteindruck *ggf* dominiert; ferner ist die Kennzeichnungskraft der einzelnen Elemente sowie des Gesamteindrucks zu ermitteln. 148

Ebenso wie bei den Schutzvoraussetzungen gelten für die Beurteilung der Verwechslungsgefahr bei Formmarken **keine abweichenden Grundsätze** im Vergleich zu anderen Markenformen. Insbesondere findet keine spezifische Kontrolle des Schutzumfangs im Hinblick darauf statt, ob (früher) übliche Stilmittel verwendet werden. Als rechtsfehlerhaft gerügt wurde vom BGH daher eine Entscheidung, in der die Kennzeichnungskraft eines historisierenden, säulenartigen Abschlussstücks für Schreibgeräte wegen des Bedürfnisses des Wettbewerbs, ebenfalls auf entsprechende Stilmittel zurückgreifen zu können, als gering eingestuft worden war.[374] 149

Komplexe Fragen können sich stellen, wenn Formmarken aus mehreren Bestandteilen **kombiniert** werden.[375] Dabei sind folgende Fälle zu unterscheiden: 150

1. Eine Warenform genießt *als solche* Markenschutz, wird jedoch regelmäßig in Kombination mit einer Wort und/oder Bildmarke benutzt (oder sieht sich im Kollisionsfall einem Kombinationszeichen gegenüber);
2. die Warenform als solche *erfüllt die allgemeinen Schutzanforderungen nicht* und genießt daher lediglich in Kombination mit einem kennzeichnungskräftigen Bestandteil – typischerweise einer auf der Ware angebrachten Wort- oder Wortbildmarke – markenrechtlichen Schutz.

Im ersten Fall stellt sich die Frage, ob für die Prüfung der Verwechslungsgefahr ausschließlich die einander gegenüberstehenden Formen oder aber sämtliche Elemente der Kennzeichnung *iS* eines **einheitlichen Kombinationszeichens** zu berücksichtigen sind. Eine starre Regel lässt sich insoweit nicht aufstellen; ausschlaggebend ist stets die Auffassung des Durchschnittsverbrauchers, die von den Gesamtumständen des Einzelfalls abhängt.[376] 151

Für den zweiten Fall gilt grundsätzlich, dass der ungeschützte Bestandteil zwar für sich allein keine Kollision begründen kann, jedoch über den **Gesamteindruck** mittelbaren Einfluss auf die Beurteilung der Verwechslungsgefahr nimmt. Diese Frage spielte u.a. im Fall „Goldhase" eine Rolle, der schon wiederholt Gegenstand von BGH-Entscheidungen war:[377] Die Klagemarke besteht in der Form eines sitzenden, in Goldfolie verpackten Hasen samt Schleife und Glöckchen und der aufgedruckten Wortmarke „Lindt Goldhase"; die als verletzend angegriffene Form ist mit einer (abweichenden) Wortmarke sowie mit einer aufgedruckten, braunen Schleife versehen (vgl Abb. 28 und 29). 152

---

373 EuGH, Rs. C-144/06 P, Slg 2007 I-8109, Henkel/HABM (rotweiße rechteckige Tablette mit blauem, ovalem Kern); EuGH, Rs. C-286/04 P, GRUR Int. 2005, 823 – Eurocermex, Rn 22, 23.
374 BGH GRUR 2003, 332, 334 – Abschlussstück. Gegen eine Berücksichtigung der Freihaltebedürfnisse von Wettbewerbern bei der Beurteilung des Schutzumfangs von Marken hat sich auch der EuGH ausgesprochen, EuGH, Rs. C-102/07, GRUR 2008, 803 – Adidas/Marca Mode II, Rn 43.
375 Zu Fragen der Verwechslungsgefahr bei Kollision komplexer Kennzeichen eingehend Fezer, GRUR 2013, 209 ff; zur Rechtsprechung der Instanzgerichte bei Verletzung von Kombinations(form)marken siehe Hager, GRUR 2002, 566.
376 Siehe BGH GRUR 2002, 171, 174 – Marlboro-Dach (die Annahme der Verwechslungsgefahr wurde auf das – eigenständig geschützte – Ausstattungselement der Dachform gestützt); BGH GRUR 2003, 712, 714 – Goldbarren (es erfolgte ein Gesamtvergleich der Gestaltungen unter Einbeziehung der unterschiedlichen Wortelemente).
377 OLG Frankfurt aM, GRUR-RR 2004, 136 – Goldhase I; BGH GRUR 2007, 235 – Goldhase I; OLG Frankfurt aM, GRUR-RR 2008 191 – Goldhase II; BGH GRUR 2011, 148 – Goldhase II; OLG Frankfurt aM, GRUR-RR 2012, 255, 257 – Goldhase III.

Abb. 28: *Lindt*-Goldhase – GM 001698885

Abb. 29: *Riegelein*-Schokohase
(BGH, 26.10.2006 – I ZR 37/04)

153 Das Berufungsgericht (OLG Frankfurt aM) hatte angenommen, ebenso wie bei Wort-/Bildmarken orientiere sich der Verkehr vorwiegend an dem – in diesem Fall nicht übereinstimmenden – Wortbestandteil.[378] Dieser Überlegung wurde vom BGH entgegengehalten, dass dieser Grundsatz nicht für die rein visuelle Verwechslungsgefahr gelte. Zu berücksichtigen seien insoweit die Form und Farbe der Ware sowie der sonstigen Ausstattungselemente. Außerdem sei die (durch Verkehrsbefragung nachgewiesene) gesteigerte Verkehrsbekanntheit der Form nicht hinreichend beachtet worden.[379] Auf die nach Zurückverweisung erfolgte Klageabweisung durch das OLG[380] hin bemängelte der BGH erneut die Beurteilung der Verwechslungsgefahr. Unter anderem wurde es als rechtsfehlerhaft betrachtet, dass das OLG aus dem Umstand, dass Form und Farbe des sitzenden Hasen als Zeichenbestandteile herkunftshinweisenden Gehalt aufweisen, geschlossen habe, dass sie schon deshalb den Gesamteindruck des Zeichens in gleicher Weise (mit)bestimmen wie andere herkunftshinweisende Bestandteile des Zeichens.[381] In der bislang letzten Entscheidung in diesem Rechtsstreit gelangte das OLG erneut zur Klageabweisung, da erhebliche Ähnlichkeiten lediglich in den kennzeichnungsschwachen Elementen (Form, Farbe und sonstige Ausstattungsbestandteile) bestünden, während die kennzeichnungsstarken Wortbestandteile uneingeschränkt unähnlich seien.[382]

154 Die Berücksichtigung aller Bestandteile einer Formmarke wurde vom BGH auch in der Entscheidung „TUC-Salzcracker" angemahnt (Abb. 30 und 31). Auch wenn eine Form den für die Verkehrsdurchsetzung erforderlichen Bekanntheitsgrad (knapp) verfehlt, kann ihr nicht die Eignung abgesprochen werden, den Gesamteindruck des Gesamtzeichens mitzubestimmen.[383] Im konkreten Fall hatte sich für die Form des Crackers ein Bekanntheitsgrad von knapp unter 50 % ergeben; in diesem Fall konnte dem BGH zufolge nicht mehr von einer sehr niedrigen Kennzeichnungskraft des Gesamtzeichens ausgegangen werden.[384]

---

378 In der Entscheidung BGH GRUR 2003, 712, 714 – Goldbarren, hatte der BGH diese Grundsätze noch als für die Beurteilung der Verwechslungsgefahr bei Kombinationszeichen maßgeblich bezeichnet.
379 BGH GRUR 2007, 235, 237 – Goldhase I. Der Fall wurde daher zur erneuten Prüfung an das OLG zurückverwiesen, dem außerdem aufgegeben wurde, sich dazu zu äußern, ob die gegnerische Form überhaupt als Marke benutzt worden war.
380 OLG Frankfurt aM, GRUR-RR 2008 191 – Goldhase II.
381 BGH GRUR 2011, 148 – Goldhase II, Rn 22. Ferner wurde u.a. bemängelt, dass sich die Ausführungen des OLG offenbar auf eine andere farbliche Gestaltung der Verletzungsform bezogen, als sie dem Verfahren zugrunde gelegt worden war (diese hatte sich offenbar durch Zeitablauf verändert; so jedenfalls OLG Frankfurt aM, GRUR-RR 2012, 255, 257 – Goldhase III).
382 OLG Frankfurt aM, GRUR-RR 2012, 255, 257 – Goldhase III.
383 BGH GRUR 2008, 505 – TUC-Salzcracker.
384 BGH GRUR 2008, 505 – TUC-Salzcracker, Rn 28.

B. Der Markenschutz nach deutschem und europäischem Recht

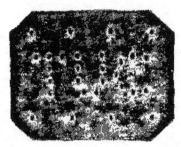

Abb. 30: TUC-Cracker – IR-Marke 523170

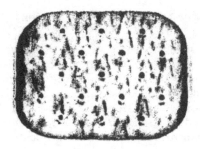

Abb. 31: Salzcracker der Beklagten
(BGH, 25.10.2007 – I ZR 18/05)

Fraglich ist, ob nicht zumindest solche Formelemente aus der Beurteilung ausgeschlossen werden sollten, denen nicht nur die nötige Unterscheidungskraft fehlt, sondern die **dem Markenschutz von vornherein nicht zugänglich** sind (§ 3 Abs. 2 MarkenG; Art. 7 Abs. 1 Buchst. e GMV).[385] Angesichts der jüngeren Rechtsprechung des EuGH, die den Anwendungsbereich der unüberwindbaren Ausschlussgründe deutlich ausgedehnt hat (s.o. Rn 47 ff; 65 ff) dürften diese Fälle künftig eine relativ große Rolle spielen. Bisher hat es der BGH abgelehnt, die technische Bedingtheit von Formgebungen im Verletzungsverfahren zu überprüfen, da er sich an die Eintragungsentscheidung des DPMA gebunden fühlt.[386] Diese Begründung leuchtet jedoch nicht ein: Wegen des auf der Formgebung angebrachten Unterscheidungsmerkmals hat ja gerade keine Auseinandersetzung mit der Frage des Schutzausschlusses stattgefunden hat, die eine Bindungswirkung begründen könnte. In der Praxis wird in diesen Fällen daher regelmäßig die Möglichkeit zu bejahen sein, die mit absoluter Wirkung im Wettbewerberinteresse freizuhaltende Form als solche zu benutzen, wobei allerdings die Erfordernisse des lauteren Wettbewerbs beachtlich bleiben (so die nach der Reform des Markenrechts [Rn 16] einzuführende Schranke zugunsten der Benutzung nicht unterscheidungskräftiger Zeichen; s. dazu unten Rn 168).

155

Aus der faktischen Berücksichtigung ungeschützter Bestandteile von Kombinationszeichen können sich gewisse Ausdehnungstendenzen des Markenschutzes über den rechtlich eindeutig zugewiesenen Bereich hinaus ergeben. Ein Ausgleich gegenüber solchen Tendenzen wird allerdings dadurch herbeigeführt, dass den Instanzgerichten regelmäßig aufgegeben wird zu prüfen, ob die als verletzend angegriffene Gestaltung tatsächlich **als Marke** oder aber lediglich als Ware wahrgenommen wird (s. auch oben, Rn 136).[387] Insbesondere banale, weitgehend produktbedingte oder jedenfalls naheliegende Formen dürften die Abnehmer in der Tat häufig in letzterem Sinne auffassen. Dies gilt (vermutlich) für die rechteckige, leicht abgerundete Form eines Salzcrackers[388] ebenso wie für die Form einer runden, unten abgeflachten Praline, die mit Mandelsplittern und Schokolade überzogen ist.[389] Auf diese Weise dürfte man im Regelfall zu ähnlichen Ergebnissen wie bei einer Ausklammerung schutzunfähiger Markenbestandteile gelangen. Ferner wird künftig auch die Erweiterung der Schrankenbestimmungen um den Fall der Verwendung nicht unterscheidungskräftiger Zeichen eine Rolle spielen (s.u. Rn 169 ff).

156

---

[385] Eichmann, GRUR 1995, 184, 193 spricht schutzunfähigen Bestandteilen die Berücksichtigungsfähigkeit zwar nicht vollständig ab, will solchen Elementen jedoch nur „geringste Bedeutung" beimessen.
[386] BGH GRUR 2000, 888 – MAGLITE; siehe dazu Krüger, FS Erdmann, 2002, S. 357 ff.
[387] BGH GRUR 2008, 793, 795 – Rillenkoffer; BGH GRUR 2008, 505 – TUC-Salzcracker; BGH GRUR 2007, 780, 782 – Pralinenform; sowie die entsprechenden Hinweise in BGH GRUR 2003, 332, 334 – Abschlussstück und GRUR 2007, 235, 237 – Goldhase. Ebenso für den Fall der Kollision von Bildmarken mit dreidimensionalen Ausführungsformen (unter Geltung des WZG): BGH GRUR 1977, 602, 606 – Trockenrasierer; BGH GRUR 1966, 681, 685 – Laternenflasche; Eichmann, GRUR 1995, 184, 192 mwN.
[388] BGH GRUR 2008, 505 – Salzcracker.
[389] BGH GRUR 2007, 780, 782 – Pralinenform.

f) Rufausnutzung und Rufbeeinträchtigung

157 Eine Markenverletzung kann ferner durch eine Zeichenbenutzung erfolgen, die die Wertschätzung oder Unterscheidungskraft einer bekannten Marke **beeinträchtigt** oder ohne rechtfertigenden Grund **ausnutzt**.[390] Dabei ist auf der Seite der Zeichen zumindest ein gewisser Grad an Ähnlichkeit erforderlich; bei den Waren oder Dienstleistungen, für die das Zeichen benutzt wird, ist dies jedoch nicht der Fall. So können Fälle des Image-Transfers bei Waren mit ähnlicher Zielgruppe und/oder verwandter Aura (Mode und Parfüm, Whisky und Herrenkosmetika) erfasst werden; das gleiche gilt für den gegenteiligen Fall der Imageschädigung durch inkompatible Waren (Süßwaren und Reinigungsmittel etc.). Bei Formmarken sind solche Konstellationen ebenfalls denkbar, wenn auch selten.

> **Beispiel:** Die Form eines Parfümflakons wird für Spirituosen verwendet; die Form einer Damenhandtasche findet Verwendung als Hundespielzeug; die Form eines Automobils wird als Spielzeug vertrieben; die geschützte Formgebung von Designer-Uhren oder Sonnenbrillen wird als Aufdruck oder Applikation auf Textilien wiedergegeben etc.

158 In der deutschen Rechtsprechung wird zT davon ausgegangen, dass die Maßstäbe für die Beurteilung der Zeichenähnlichkeit bei § 14 Abs. 2 Nr. 3 die gleichen sind, die auch im Rahmen des § 14 Abs. 2 Nr. 2 zur Anwendung kommen.[391] Unter Hinweis auf diese Regel lehnte das OLG Köln Schutz der für Süßwaren eingetragenen Wortmarke „Goldbär" gegen die Form eines in Goldfolie verpackten, im Brustbereich mit der Marke „Lindt" versehenen Schokoladenbären ab: Da keine für die Annahme einer Verwechslungsgefahr ausreichende Zeichenähnlichkeit bestehe, komme auch Rufausbeutung nicht in Betracht. Hingegen ergibt sich aus der Rechtsprechung des EuGH, dass der Grad der Zeichenähnlichkeit bereits dann als ausreichend anzusehen ist, wenn er dazu führt, dass die beteiligten Verkehrskreise das Zeichen und die Marke gedanklich miteinander verknüpfen; ein für die Annahme von Verwechslungsgefahr ausreichender Ähnlichkeitsgrad wird hingegen ausdrücklich als nicht erforderlich bezeichnet.[392] Zu einer Überdehnung des Schutzes[393] führt dies bereits deswegen nicht, weil die Feststellung der Zeichenähnlichkeit von der weiteren Frage zu trennen ist, ob eine Rufausbeutung oder gar –beeinträchtigung vorliegt;[394] ferner wird dadurch auch nicht die weitere Prüfung präjudiziert, ob im konkreten Fall ein Rechtfertigungsgrund für die Benutzung der Marke vorliegt. Auch wenn somit im zuvor genannten Fall eine für die Anwendung von § 14 Abs. 2 Nr. 3 MarkenG hinreichende Ähnlichkeit zwischen der Wortmarke „Goldbär" und der Form des Schokoladenbären bejaht wird, kann man ohne Weiteres zu dem Ergebnis gelangen, dass sich die Gestaltung im Rahmen des gesunden und lauteren Wettbewerbs hält[395] und daher keine unzulässige Rufausbeutung darstellt.

159 Anders als in den Fällen der Doppelidentität und Verwechslungsgefahr setzt der Schutz gegen Rufausbeutung und -beeinträchtigung voraus, dass es sich um eine **bekannte Marke** handelt. Die Marke muss somit einem bedeutenden Teil des Publikums bekannt sein, das die Zielgruppe der betreffenden Waren oder Dienstleistungen bildet. Dabei ist allerdings kein fester Prozentsatz festzulegen. Zu berücksichtigen sind ferner der von der Marke gehaltene Marktanteil, die Intensität, geografische Ausdehnung und Dauer ihrer Benutzung sowie der Umfang der Investitionen, die das

---

[390] § 14 Abs. 2 Nr. 3 MarkenG; Art. 5 Abs. 2 GMV.
[391] BGH GRUR 2004, 594, 595 – Ferrari-Pferd; dazu die Hinweise des OLG Köln, BeckRS 2014, 7734, Rn 51 f – Goldbär.
[392] EuGH, Rs. C-487/07, GRUR 2009, 756 – L'Oréal/Bellure, Rn 36. Die Aussage des OLG Köln, es reiche für die gedankliche Verknüpfung nicht aus, wenn ein Zeichen geeignet ist, durch Assoziation mit einem fremden Kennzeichen Aufmerksamkeit zu erwecken (BeckRS 2014, 7734, Rn 51 f – Goldbär) lässt sich damit nicht vereinbaren. Aus den vom OLG Köln zur Bestätigung dieser Auffassung zitierten EuGH-Entscheidungen lässt sich dazu gerade nichts herleiten, zumal der EuGH dort lediglich auf die Notwendigkeit der gedanklichen Verbindung hinweist.
[393] So die Befürchtung des OLG Köln, BeckRS 2014, 7734, Rn 51 – Goldbär.
[394] BGH GRUR 2004, 594, 597 – Ferrari-Pferd.
[395] So die Formulierung des EuGH, Rs. C-323/09 GRUR 2011, 1124 – Interflora, Rn 91.

Unternehmen zu ihrer Förderung getätigt hat.[396] Bei Gemeinschaftsmarken reicht es aus, wenn die Voraussetzungen der Bekanntheit in einem wesentlichen Teil der Gemeinschaft vorliegen. Im Fall der Pago-Flasche, von der lediglich festgestellt worden war, dass sie in Österreich den notwendigen Bekanntheitsgrad aufwies, wurde daher vom EuGH angenommen, dass damit zugleich der Status einer bekannten Gemeinschaftsmarke begründet wird, da Österreich ein wesentlicher Teil der EU sei.[397] Dabei ist allerdings davon auszugehen, dass sich der erweiterte Schutz nicht auf Teile der Gemeinschaft erstreckt, in denen mangels Bekanntheit der Marke keine Rufausbeutung oder – beeinträchtigung feststellbar wäre.[398]

Eine **Beeinträchtigung** im Sinne des Verletzungstatbestands liegt vor, wenn das Ansehen der Marke oder ihre Stellung am Markt Schaden nehmen Dabei muss festgestellt werden können, dass sich das wirtschaftliche Verhalten des Durchschnittsverbrauchers der Waren oder Dienstleistungen, für die die ältere Marke eingetragen ist, in Folge der Benutzung der jüngeren Marke geändert hat oder dass die ernsthafte Gefahr einer künftigen Änderung dieses Verhaltens besteht.[399] Eine **Ausnutzung** ist zu konstatieren, wenn sich der Nutzer des Zeichens in den Bereich der Sogwirkung der bekannten Marke begibt, um ohne eigene Anstrengungen von der Anziehungskraft, dem Ruf und dem Ansehen der Marke zu profitieren.[400] Letzteres kann auch dadurch erfolgen, dass der Nutzer die Gestaltung und sonstige Aufmachung des Produktes nachahmt, ohne dadurch Verwechslungen herbeizuführen.[401]

160

Hinzukommen muss ferner, dass die Ausnutzung oder Beeinträchtigung **unlauter und ohne rechtfertigenden Grund** erfolgt. In diesem Zusammenhang ist eine umfassende Bewertung aller Gesichtspunkte vorzunehmen, die das Eindringen in die Interessensphäre des Markeninhabers erklären und *ggf* rechtfertigen können.[402] Einzubeziehen sind dabei sowohl die Überlegungen, die den im Markengesetz normierten Schrankenbestimmungen zugrunde liegen, wie auch sonstige Erwägungen allgemeiner Art.

161

> **Beispiel:** Auf den Schutz der Kunstfreiheit nach Art. 6 GG verwies der BGH in der Entscheidung „Lila Postkarte": Der Abdruck eines (auf das Kuh-Motiv anspielenden) Nonsens-Gedichts des fiktiven Dichters „Rainer Maria Milka" auf lila Hintergrund wurde aus diesem Grund für zulässig erachtet, obwohl im Prinzip eine bewusste kommerzielle Ausnutzung der bekannten Farbmarke vorlag.[403]

Keine unzulässige Rufausbeutung erblickte der BGH in der Anbringung des Opel-Blitz auf Spielzeugmodellen. Angesichts der Erwartungen, welche die angesprochenen Verbraucher an derartiges Spielzeug stellen, und der darauf beruhenden jahrzehntelangen Üblichkeit detailgetreuer Modell-

162

---

396 EuGH, Rs. C-375/97, GRUR Int. 2000, 73 – General Motors/Yplon, Rn 26, 27.
397 EuGH, Rs. C-301/07, GRUR 2009, 1158 – Pago/Tirolmilch.
398 Zur Möglichkeit bzw Notwendigkeit, die Reichweite von Urteilen wegen Verletzung von Gemeinschaftsmarken territorial einzuschränken, soweit in Teilen der Gemeinschaft die Voraussetzungen des Verletzungstatbestandes nicht erfüllt sind s. EuGH, Rs. C-235/09, GRUR 2011, 465 – DHL/Chronopost. Die Frage, ob Entsprechendes auch für den Schutz von Gemeinschaftsmarken gilt, deren Bekanntheit sich auf einen Teil der EU beschränkt, wurde dem EuGH im Verfahren C-125/14 – Iron & Smith (IMPULSE) vorlegt. Vom Generalanwalt wurde sie in den Schlussanträgen positiv beantworten (BeckEuRS 2015, 431419).
399 EuGH, Rs. C-252/07, GRUR 2009, 56 – Intel, Rn 77.
400 EuGH, Rs. C-487/07, GRUR 2009, 756 – L'Oréal/Bellure.
401 Dies war die Fallgestaltung in EuGH, Rs. C-487/07, GRUR 2009, 756 – L'Oréal/Bellure: Die Hersteller (legaler!) Nachahmerparfüms hatten durch die Benennung ihrer Waren ebenso wie durch die Gestaltung von Verpackungen etc. versucht, Abnehmern einen Hinweis darauf zugeben, welches der Smell-Alikes einem bestimmten, bekannten Parfüm entsprach. In einem ähnlichen Fall hatte der BGH die Verwendung solcher „Codes" zuvor als zulässige Form vergleichender Werbung beurteilt (BGH GRUR 2008, 628 – Imitationswebung); s. auch BGH, s. GRUR 2004, 607 – Genealogie der Düfte (zur Abgabe von Vergleichslisten an Händler). Es ist fraglich, inwieweit solche tendenziell wettbewerbsfreundlichen Urteile auch nach der L'Oréal-Entscheidung des EuGH noch getroffen werden könnten.
402 Dies gilt insbesondere dann, wenn die Benutzung der Marke dem Zweck dient, die Abnehmer auf Alternativen zu dem Angebot des Markeninhabers hinzuweisen (s. EuGH, Rs. C-323/09, GRUR 2013, 1124 – Interflora, Rn 91); zu berücksichtigen ist uU auch die Vorbenutzung eines ähnlichen Zeichens (EuGH C-65/12, GRUR 2014, 280 – Leidseplein (Red Bull/Bulldog), Rn 45 ff, 49). Überlegungen dieser Art können auch für den vorgenannten Fall des Lindt-Schokoladenbären von Relevanz sein (s.o. Rn 158).
403 BGH GRUR 2003, 583.

herstellung bestehe ein berechtigtes Interesse der Beklagten an der maßstabsgetreuen Nachbildung. Von einer Rufausnutzung „in unlauterer Weise" könne nur dann gesprochen werden, wenn über die bloße wirklichkeitsgetreue Abbildung hinaus in anderer Weise versucht werde, den Ruf, den das Kraftfahrzeug der Kl. genieße, werblich zu nutzen; dies sei im konkreten Fall aber gerade nicht erfolgt.[404]

IV. Schranken

1. Überblick

163 Markenrechtliche Schranken können die **Durchsetzung** des Markenrechts trotz Bestehens einer Kollisionslage **verhindern**. Von Bedeutung für die hier zu erörternde Thematik ist dabei insbesondere der durch § 23 Nr. 2 und 3 MarkenG (Art. 12 Buchst. b) und c) GMV) eröffnete Spielraum für die lautere Benutzung beschreibender bzw nicht unterscheidungskräftiger Zeichen sowie als Bestimmungsangabe (s. dazu Rn 163 ff).

164 Außerdem kann sich der Inhaber dem weiteren Vertrieb einer Ware nicht widersetzen, wenn sie von ihm oder mit seiner Zustimmung im Gemeinsamen Markt und dem EWR in Verkehr gebracht wurde und kein berechtigter Grund für die Untersagung des Vertriebs besteht (§ 24 MarkenG; Art. 13 GMV; s. dazu Rn 174). Schließlich behält das Recht nur dann seine Gültigkeit gegenüber Dritten, wenn die Marke ernsthaft im geschäftlichen Verkehr benutzt wurde (§§ 25, 26 MarkenG; Art. 15 GMV; s. dazu Rn 176 ff).

2. Lautere Benutzung geschützter Zeichen

a) Beschreibende Angaben

165 Ein Verbietungsrecht ist ausgeschlossen, soweit ein mit einer geschützten Marke identisches oder ihr ähnliches Zeichen als **Angabe über Merkmale oder Eigenschaften** von Waren oder Dienstleistungen benutzt wird.[405]

> **Beispiel:** Der Inhaber der für Mineralwasser geschützten Marke „GERRI" kann nicht dagegen vorgehen, dass aus der irischen Grafschaft Kerry stammendes Wasser die Bezeichnung „KERRY Spring" benutzt, selbst wenn dies in hervorgehobener Weise geschieht, die von den beteiligten Verkehrskreisen als Hinweis auf die betriebliche Herkunft verstanden werden kann;[406] der Schutz der Marke „BABY DRY" für Fertigwindeln hindert Wettbewerber nicht daran, die Formulierung „... keeps your baby dry" auf eigenen Produkten anzubringen.

166 In den genannten Beispielen bezieht sich die Angabe auf die Eigenschaften und Merkmale der vom Benutzer des Zeichens angebotenen Produkte. Es ist jedoch anerkannt, dass die Vorschrift auch dann zur Anwendung kommen kann, wenn das Zeichen benutzt wird, um eine **Angabe über die Waren oder Dienstleistungen des Zeicheninhabers** zu machen.[407]

167 Von Bedeutung ist diese Vorschrift in erster Linie für Wortmarken, die eine beschreibende Angabe enthalten. Ob und in welchen Fällen die Schutzschranke auch für dreidimensionale Marken in Betracht kommen kann, ist unklar. Eindeutig abgelehnt wurde die Anwendbarkeit der entsprechenden Richtlinienbestimmung (Art. 6 Abs. 1 Buchst. b MRRL (aF)) durch den EuGH im Fall „Opel/Autec". Vom Generalanwalt war dagegen in den Schlussanträgen erklärt worden, die Anbringung des *Opel*-Emblems auf dem Spielzeugmodell sei als eine Angabe zu behandeln, die „sonstige Eigenschaften" der Ware bezeichne. Der EuGH wies diese Einschätzung mit der Begründung zurück, die Benutzung des Zeichens stelle ein **Element der Nachahmung** dar und könne daher keine Angabe

---

[404] BGH GRUR 2010, 726 Rn 29, 30; s. auch bereits BGH GRUR 1994, 732 – Honda/McLaren.
[405] § 23 Abs. 1 Nr. 2 MarkenG; Art. 12 Buchst. b GMV.
[406] EuGH, Rs. C-100/02, GRUR 2004, 234 – Gerolsteiner/Putsch.
[407] So der EuGH, in Rs. C-48/05, GRUR 2007, 318 – Opel/Autec.

über das Produkt sein.[408] Entsprechend könnte auch im Hinblick auf Formmarken argumentiert werden: Soweit die Übernahme der Produktgestaltung als notwendiger Bestandteil der Nachahmung gilt, müsste dies nach der Auffassung des EuGH ausschließen, dass darin zugleich eine beschreibende Angabe gesehen wird.

b) Nicht unterscheidungskräftige Zeichen

Aufgrund einer entsprechenden Änderung im Zuge der Markenrechtsreform (Rn 16) wird sich die Schranke des § 23 Nr. 2 künftig auch auf nicht unterscheidungskräftige Zeichen beziehen. Dieser Erweiterung kommt in mehrfacher Hinsicht Bedeutung zu. 168

Zum einen ist an die Situation zu denken, dass eine Formmarke, die keine originäre Unterscheidungskraft besitzt, aufgrund von Verkehrsdurchsetzung eingetragen wird, die allerdings nicht für sämtliche Mitgliedsstaaten besteht.[409] Wird eine prinzipiell verwechslungsfähige Formgebung in einem Teil der EU benutzt, in dem die Voraussetzungen der Verkehrsdurchsetzung nicht vorliegen, gestattet die Schranke in ihrer ergänzten Form, dass die Benutzung weitergeführt wird, soweit dies mit den Grundsätzen des lauteren Geschäftsverkehrs vereinbar ist. Dasselbe gilt, falls eine Formgebung (oder Farbe) zwar zu dem für die Eintragung maßgeblichen Zeitpunkt innerhalb des relevanten Territoriums im Verkehr durchgesetzt war, dies jedoch zum Konfliktzeitpunkt nicht mehr der Fall ist. Eine Löschung scheidet in diesen Fällen zwar aus;[410] die Zuerkennung eines uneingeschränkten Verbietungsrechts erscheint jedoch ebenfalls nicht als gerechtfertigt. Auch insoweit sind somit Nutzungen im Rahmen der Lauterkeitsanforderungen vorstellbar und sollen künftig zulässig sein. 169

Die Gesetzesänderung dürfte im Ergebnis weitgehend der Rechtsprechung des BGH zur Frage der markenmäßigen Benutzung als Voraussetzung des Verletzungstatbestandes entsprechen (Rn 136). Ebenso, wie dies nach der BGH-Rechtsprechung ohnehin der Fall ist, zwingt sie die Rechtsanwender europaweit dazu, der Frage Bedeutung beizumessen, ob im konkreten Fall der Benutzung eines nicht ohne Weiteres als Marke wahrgenommenen Zeichens – wie insbesondere der Form einer Ware – überhaupt die Eigenschaft eines Herkunftshinweises beigemessen wird. Dass durch die Verlagerung in die Schrankenbestimmungen die systematische Verortung dieses Grundsatzes eine andere ist, als sie der bisherigen Rechtsprechung des BGH entspricht, fällt schon deswegen kaum negativ ins Gewicht, weil die Übergänge zwischen den einzelnen Tatbestandsmerkmalen ohnehin fließend sind; wie zuvor gezeigt wurde, gilt dies insbesondere für das Verhältnis von Schrankenbestimmungen und der Frage, ob ein Zeichen als Marke benutzt wird. Je mehr die Rechtsprechung dazu neigt, die zuletzt genannte Frage in sehr weitem Sinne auszulegen, um zu einer möglichst umfassenden Anwendung des Markenrechts zu gelangen, desto wichtiger und sinnvoller ist es, wenn durch die geeignete Ausgestaltung der Schrankenbestimmungen die notwendige Feinabstimmung gewährleistet bleibt (s.o. Rn 138). 170

Schließlich ist die Bestimmung auch in den Fällen praktisch bedeutsam, in denen eine Formgebung allein aufgrund eines darauf angebrachten, unterscheidungskräftigen Bestandteils – insbesondere einer Wortmarke – eingetragen wurde. Wird allein die Formgebung als solche, ohne oder mit einer abweichenden Wortmarke verwendet, so wird durch die Schrankenbestimmung klargestellt, dass 171

---

408 Rs. C-48/05, GRUR 2007, 318 – Opel/Autec, Rn 44. Der Generalanwalt hatte hingegen in seinen Schlussanträgen vom 7.3.2006 (BeckEuRS 2006, 422976) erklärt, bei der Benutzung der Marke auf dem Spielzeugauto handele es sich um eine Angabe über „andere Merkmale des Modellfahrzeugs" im Sinne von Art. 6 Abs. 1 Buchst. b MRRL, die angesichts der Gesamtumstände (deren endgültige Würdigung dem nationalen Gericht vorzubehalten sei) mit den lauteren Handelsgebräuchen in Einklang stehe.
409 Mit dieser Möglichkeit muss gerechnet werden, wenn mit dem EuGH in der Entscheidung Goldhase II davon ausgegangen wird, dass der Nachweis von Verkehrsdurchsetzung in allen Mitgliedsstaaten der EU nicht gefordert werden kann; s. dazu oben, Rn 128.
410 Siehe § 49 Abs. 2 Nr. 1 MarkenG: Ist die Marke rechtsgültig eingetragen worden, kann sie nur gelöscht werden, wenn sie zur gebräuchlichen Bezeichnung der Waren oder Dienstleistungen geworden ist, für die sie eingetragen wurde. Entsprechend: Art. 51 Abs. 1 Buchst. b GMV.

c) Referierende Benutzung; insbesondere Ersatzteilgeschäft

172 Zulässig ist ferner die Benutzung einer Marke zu Zwecken der Identifizierung oder zum Verweis auf Waren oder Dienstleistungen des Markeninhabers, insbesondere wenn dies als Hinweis auf die Bestimmung von Waren als **Zubehör oder Ersatzteil** dient.[411] Von der Schrankenbestimmung können allerdings nur *notwendige* Benutzungen profitieren. Dies setzt voraus, dass die Benutzung der Marke praktisch das einzige Mittel darstellt, um den angesprochenen Verkehrskreisen die entsprechende Information zu liefern.[412]

173 In ihrer bisherigen Fassung fand die Vorschrift in der „Aluminiumräder"-Entscheidung Anwendung: Der BGH lehnte eine Markenverletzung durch den Anbieter von Aluminiumrädern ab, der mit der Abbildung eines *Porsche* geworben hatte, der mit den angebotenen Rädern versehen worden war (siehe Rn 138). Dabei war offengeblieben, ob es sich bei der Abbildung – in der die für *Porsche* eingetragene Wortbildmarke sichtbar war – um einen Fall des § 14 Abs. 2 Nr. 1 MarkenG (Verwendung identischer Marken für identische Waren) handelte. In jedem Fall, so der BGH, sei die Benutzung zulässig, da sie von § 23 Nr. 3 MarkenG erfasst sei. Die Abbildung des Fahrzeugs samt Marke wurde somit als **Hinweis auf die Bestimmung** der beworbenen Ware angesehen. Grundsätzlich dürfte sich an dieser Beurteilung nichts ändern, falls die Formgebung selbst als Marke geschützt wäre: Auch insoweit bleibt es dabei, dass sie in ihrer konkreten Benutzung Hinweiszwecken dient.

3. Erschöpfung

174 Ebenso wie im Designrecht[413] kann der Markeninhaber seine Rechte nicht mehr geltend machen, wenn die Ware unter dem geschützten Zeichen von ihm oder mit seiner Zustimmung in der EU oder im Europäischen Wirtschaftsraum[414] **in den Verkehr gebracht** worden ist.[415] Allerdings kann sich der Markeninhaber der Verwendung der Marke im Zusammenhang mit dem weiteren Vertrieb der Ware widersetzen, soweit dafür **berechtigte Gründe** bestehen, vor allem soweit die Ware nach ihrem Inverkehrbringen verschlechtert oder verändert worden ist.[416] Ob tatsächlich nach objektiven Maßstäben eine Verschlechterung eintritt, ist danach unerheblich; es genügt, dass die Ware nicht mehr ihrem Originalzustand entspricht.

> **Beispiel:** Fabrikneue Jeans werden eingefärbt;[417] bei Möbeln werden Holzteile farbig lackiert oder Bezugsstoffe ausgetauscht; bei Uhren werden Zifferblätter, Lünetten oder Zierelemente verändert.[418]

175 Abnutzungserscheinungen, die bei normalem Gebrauch einer Ware eintreten, verhindern nicht, dass diese unter ihrer Marke als **Gebrauchtware** weiterverkauft wird. Bei sehr weitgehenden Veränderungen, die der Ware in ihren wesentlichen Elementen eine andere Identität verleihen, wird der Bereich des Zulässigen allerdings überschritten. So wurde der Verkauf eines Unfallwagens unter dem Herstellerkennzeichen untersagt, nachdem die die Fahrgastzelle bestimmenden Teile ausgetauscht worden waren.[419] Bei einer **rein privaten Nutzung** dürfen solche Veränderungen jedoch vorgenommen werden, ohne dass der Markeninhaber dagegen einschreiten kann. Auch soweit

---

411 § 23 Abs. 3 Nr. 1 MarkenG; Art. 12 Buchst. c GMV.
412 EuGH, Rs C-228/03, GRUR 2005, 509 – Gillette/L.A. Laboratories, Rn 35 f.
413 § 48 GeschmMG; Art. 21 GGV.
414 Dieser umfasst außer den EU-Mitgliedsländern auch Liechtenstein, Norwegen und Island.
415 § 24 Abs. 1 MarkenG; Art. 13 GMV.
416 § 24 Abs. 2 MarkenG; Art. 13 Abs. 2 GMV.
417 BGH GRUR 1996, 271 – Gefärbte Jeans.
418 OLG Stuttgart WRP 1995, 248 – Rolex; BayObLG WRP 1995, 222 – Rolexausstattungsschutz; OLG Karlsruhe, GRUR 1995, 417 – Rolexuhren.
419 BGH GRUR 1990, 678 – Herstellerkennzeichen auf Unfallwagen.

Gewerbetreibende im Auftrag Privater bei der Durchführung der Veränderung eingeschaltet werden, liegt darin keine Markenverletzung.[420]

4. Benutzungszwang

Wenn eine Marke während eines zusammenhängenden Zeitraums von **fünf Jahren** nicht ernsthaft benutzt wird, gilt sie als verfallen und kann auf Antrag gelöscht werden.[421] Auch soweit sie im Register verbleibt, kann sie nicht mehr gegenüber anderen Kennzeichen durchgesetzt werden.[422] Wird die Benutzung allerdings zu irgendeinem Zeitpunkt nach Ablauf der Fünfjahresfrist wieder aufgenommen, führt dies zum **Wiederaufleben** des Markenschutzes. Der Benutzung durch den Markeninhaber stehen Benutzungen gleich, die mit seiner Zustimmung, also insbesondere im Rahmen eines **Lizenzvertrags**, erfolgen.[423] Als rechtserhaltende Benutzung im Inland gilt ferner eine rein zu **Exportzwecken** erfolgende Verwendung.[424]

Von zentraler Bedeutung ist die Frage, wann eine **Benutzung** als **ernsthaft** anzusehen ist. Davon ist auszugehen, wenn der Zweck der Benutzung in der Erschließung oder Sicherung eines Absatzmarktes besteht und nicht lediglich eine symbolische Verwendung darstellt, deren Zweck sich darin erschöpft, den Bestand der Marke zu sichern.[425] Für die Entscheidung dieser Frage sind alle Umstände des Einzelfalls zu berücksichtigen, wie die Merkmale des jeweiligen Marktes sowie der Umfang und die Häufigkeit der Benutzung der Marke. Zu achten ist dabei insbesondere darauf, welche Anstrengungen von den in dem betreffenden Wirtschaftssektor tätigen Unternehmen üblicherweise unternommen werden, um Marktanteile zu behalten oder zu gewinnen.[426] Dabei muss es nicht um Produkte gehen, die auf dem Markt neu angeboten werden. In einem vom EuGH entschiedenen Fall wurde die Marke nur noch im Zusammenhang mit der Reparatur und Neukennzeichnung gebrauchter Produkte sowie im Ersatzteilmarkt für diese Produkte verwendet; dennoch konnte nach Ansicht des Gerichtshofs eine ernsthafte Benutzung nicht verneint werden.[427]

Um rechtserhaltend zu wirken, muss die Benutzung im Einklang mit der Hauptfunktion der Marke erfolgen, die darin besteht, der Unterscheidung von Waren oder Dienstleistungen nach Maßgabe ihrer betrieblichen Herkunft zu dienen. Die Abnehmer müssen das Zeichen daher **als Marke** wahrnehmen und verstehen. Beim Schutz von Formmarken ist daher darauf zu achten, dass bei den beteiligten Verkehrskreisen das Bewusstsein wachgehalten wird, dass es sich bei der Formgebung um einen Herkunftshinweis und nicht lediglich um eine beliebige Warenform neben anderen handelt. Dies ist auch dann der Fall, wenn die Marke mit zusätzlichen Kennzeichnungsmitteln, wie insbesondere einer Wortmarke versehen wird. Dem Benutzungserfordernis im Hinblick auf die Form wird nur Genüge getan, soweit im Verkehr die Vorstellung aufrechterhalten wird, dass es sich um eine eigenständige Marke („Zweitmarke") handelt.[428]

Die Benutzung muss grundsätzlich in der Form vorgenommen werden, in der die Marke eingetragen wurde. **Abweichungen** sind jedoch unschädlich, soweit sie den kennzeichnenden Charakter der Marke nicht verändern,[429] dh soweit der Verkehr trotz der Änderung in der Marke noch dasselbe Kennzeichen erblickt. Entscheidend sind insoweit die Umstände des Einzelfalls; allgemeine Regeln lassen sich nicht aufstellen. Bei dreidimensionalen Marken dürften Veränderungen, die sich auf die

---

420 So BGH GRUR 1990, 678 (Leitsatz).
421 § 49 iVm § 26 MarkenG; Art. 50 Abs. 1 Buchst. a GMV.
422 § 25 Abs. 1 MarkenG; für das Gemeinschaftsmarkenrecht s. Art. 43 Abs. 2 GMV (Geltendmachung im Widerspruchsverfahren).
423 § 26 Abs. 2 MarkenG; Art. 15 Abs. 3 GMV.
424 § 26 Abs. 4 MarkenG; Art. 15 Abs. 2 Buchst. b GMV.
425 EuGH, Rs. 40/01, GRUR 2003, 425, – Ansul/Ajax, Rn 36, 37.
426 EuGH, aaO, Rn 37.
427 EuGH aaO, Rn 40 ff.
428 Zu Einzelheiten Ströbele in: Ströbele/Hacker, § 3 Rn 194 ff.
429 § 25 Abs. 3 S. 1 MarkenG. Dies weicht von der Formulierung der GMV leicht ab; siehe Art. 15 Abs. 2 Buchst. a GMV: (Als Benutzung gilt auch die) Benutzung einer Gemeinschaftsmarke in einer Form, die von der Eintragung nur in Bestandteilen abweicht, ohne dass dadurch die Unterscheidungskraft der Marke beeinflusst wird.

Dimensionen der eingetragenen Form beziehen und deren Proportionen unangetastet lassen, unschädlich sein. Bei weitergehenden Veränderungen ist jedoch die Gefahr groß, dass die Gestaltung nicht mehr als dasselbe Kennzeichen, sondern als eine von diesem zu unterscheidende Variation angesehen wird. Auch soweit eine als dreidimensionales Kennzeichen eingetragene Marke lediglich in zweidimensionaler Form benutzt wird, kann nicht von einer Beibehaltung des kennzeichnenden Charakters ausgegangen werden.[430]

V. Sonstige markenrechtliche Regelungen

180 Zu den sonstigen Regelungen des Markenrechts – Verwertung von Schutzrechten, Sanktionen – sowie zum Eintragungs-, Löschungs- und Beschwerdeverfahren siehe §§ 10 und 11 sowie §§ 7 und 8.

---

[430] Eichmann, GRUR 1995, 184, 197.

§ 4 Urheberrecht

A. Urheberrechtsschutz von Design ... 1
B. Werke der angewandten Kunst ... 4
   I. Schutzvoraussetzungen ... 5
     1. Kunst ... 6
     2. Persönliche geistige Schöpfung ... 7
        a) Persönlich ... 8
        b) Geistig ... 9
        c) Schöpfung ... 11
        d) Maß an Individualität, Gestaltungshöhe ... 13
     3. Feststellung der Schutzfähigkeit ... 20
        a) Allgemein geltende Vorgaben ... 21
          aa) Idee ... 22
          bb) Thema, Motiv, Art der Darstellung ... 23
          cc) Methode, Stil, Mode, Trend ... 24
          dd) Vorgegebene Form, Gebrauchszweck ... 25
          ee) Gestaltungsspielraum ... 26
          ff) Auswahl und Anordnung ... 27
          gg) Aufwand, Mühen, Kosten ... 28
        b) Prüfungsabfolge ... 29
        c) Prüfung von Amts wegen, Beweislast ... 31
     4. Beispiele ... 32
        a) Figuren ... 33
        b) Grafik ... 34
        c) Industriedesign ... 35
        d) Lampen ... 36
        e) Mode ... 37
        f) Möbel ... 38
        g) Schmuck ... 39
     5. Werkteile ... 40
     6. Skizzen, Pläne, Entwürfe ... 41
     7. Bearbeitungen ... 42
   II. Entstehen des Urheberrechtsschutzes ... 45
   III. Urheber ... 46
   IV. Urheberrechte ... 48
     1. Urheberpersönlichkeitsrechte ... 50
     2. Verwertungsrechte ... 51
        a) Verbreitung von Imitaten ... 52
        b) Bearbeitung ... 57
     3. Sonstige Rechte und Ansprüche ... 58
        a) Zugangsrecht ... 58
        b) Folgerecht ... 59
        c) Gesetzliche Vergütungsansprüche ... 60
   V. Schutzumfang ... 61
     1. Erschöpfungsgrundsatz ... 62
     2. Verbrauch des Veröffentlichungsrechts ... 64
     3. Freie Benutzung ... 65
   VI. Schranken des Urheberrechts ... 69
     1. Allgemeines ... 69
     2. Schranken gemäß §§ 45, 46, 50, 51, 53 UrhG ... 72
     3. Unwesentliches Beiwerk, Werke an öffentlichen Plätzen ... 73
     4. Katalogbildfreiheit ... 74
     5. Verwaiste und vergriffene Werke ... 75
   VII. Schutzdauer ... 76
   VIII. Grundsätze des Urhebervertragsrechts ... 77
     1. Rechtseinräumung ... 78
     2. Angemessene Vergütung ... 80
     3. Verwertungsgesellschaftspflichtige Vergütungsansprüche ... 82
   IX. Werkvertragsrecht ... 83
C. Lichtbildwerke, Lichtbilder ... 86
   I. Schutzvoraussetzungen ... 87
     1. Lichtbildwerke ... 88
     2. Lichtbilder ... 90
     3. Lichtbildähnliche Erzeugnisse ... 91
   II. Schutzumfang ... 93
     1. Freie Benutzung, Nachschaffung ... 94
     2. Folgerecht ... 96
     3. Schutzdauer ... 97

Literatur:

Barudi, Europäischer Werkbegriff und besondere Gestaltungshöhe. Eine Betrachtung des BGH-Urteils Geburtstagszug, UFITA 2014/I, 49; *Bullinger/Garbers-von Boehm*, Der Blick ist frei – Nachgestellte Fotos aus urheberrechtlicher Sicht, GRUR 2008, 24; *Dietrich/Szalai*, Mit dem Geburtstagszug zum Urheberrechtsschutz – Das Urteil des BGH vom 13.11.2013 – I ZR 143/12 und seine Folgen, DWIR 2014, 158; *Dreier/Schulze*, Urheberrechtsgesetz, Kommentar, 5. Auflage 2015; *Eichmann/von Falckenstein/Kühne*, Designgesetz, 5. Auflage 2015; *Erdmann*, Der urheberrechtliche Schutz von Lichtbildwerken und Lichtbildern, in: Büscher u.a. (Hrsg.), Festschrift für Joachim Bornkamm zum 65. Geburtstag, 2014, S. 761; *Fromm/Nordemann*, Urheberrecht, Kommentar, 11. Auflage 2014; *v. Gamm, E.*, Die Problematik der Gestaltungshöhe im deutschen Urheberrecht, 2004; *Ganea*, Ökonomische Aspekte der urheberrechtlichen Erschöpfung, GRUR Int. 2005, 102; *Hamann*, Grundfragen der Originalfotografie, UFITA 90, 1981, 45; *Heidelberger Kommentar zum Urheberrecht*, hrsg. von Dreyer/Kotthoff/Meckel, 3. Auflage 2013 (zitiert: HK-UrhR/Bearbeiter); *Heitland*, Der Schutz der Fotografie im Urheberrecht Deutschlands, Frankreichs und der Vereinigten Staaten von Amerika, 1995; *Koch*, Rechtsschutz für Benutzeroberflächen von Software, GRUR 1991, 180; *Kummer*, Das urheberrechtlich schützbare Werk, 1968; *Kur*, Händlerwerbung für Markenartikel aus urheberrechtlicher Sicht – Präsentationsrecht als neue Schutzschranke?, GRUR Int. 1999, 24; *Kur*, Die Auswirkungen des neuen Geschmacksmusterrechts auf die Praxis, GRUR 2002, 661; *Loewenheim*, Handbuch des Urheberrechts, 2. Auflage 2010; *Maaßen*, Urheberrechtliche Probleme der elektronischen Bildverarbeitung, ZUM 1992, 338; *Maaßen/May/Zentek*, Designers Contract, 2. Auflage 2005; *Mestmäcker/Schulze*, Kommentar zum deutschen Urheberrecht (Loseblatt), bis 55. Aktualisierungslieferung September 2011; *Metzger*, Der Einfluss des EuGH auf die gegenwärtige Entwicklung des Urheberrechts, GRUR 2012, 118; *Möhring/Nicolini*, Urheberrecht, Kommentar, 3. Auflage 2014; *Nordemann, A.*, Die künstlerische Fotografie als urheberrechtlich geschütztes Werk, 1992; *Obergfell*, Abschied von der „Silberdistel": Zum urheberrechtlichen Schutz von Werken der angewandten Kunst, GRUR 2014, 621; *Ohly*, Designschutz im Spannungsfeld von Geschmacksmuster-, Kennzeichen- und Lauterkeitsrecht, GRUR 2007, 731; *Rehbinder/Peukert*, Urheberrecht, 17. Auflage 2015; *Reuter*, Digitale Film- und Bildbearbeitung im Lichte des Urheberrechts, GRUR 1997, 23; *Ruhl*, Gemeinschaftsgeschmacksmuster, Kommentar, 2006; *Schack*, Urheber- und Urhebervertragsrecht, 6. Auflage 2012; *Schricker*, Bemerkungen zur Erschöpfung im Urheberrecht, in: Ganea u.a. (Hrsg.), Urheberrecht gestern – heute – morgen, Festschrift für Adolf Dietz zum 65. Geburtstag, 2001, S. 447; *Schricker/Loewenheim*, Urheberrecht, Kommentar, 4. Auflage 2010; *Schulze, G.*, Die kleine Münze und ihre Abgrenzungsproblematik bei den Werkarten des Urheberrechts, 1983; *Schulze, G.*, Werturteil und Objektivität im Urheberrecht, GRUR 1984, 400; *Schulze, G.*, Der Schutz von technischen Zeichnungen und Plänen, Lichtbildschutz für Bildschirmzeichnungen, CR 1988, 181; *Schulze, G.*, Mehr Urheberschutz oder mehr Leistungsschutz?, in: Ohly u.a. (Hrsg.), Perspektiven des geistigen Eigentums und Wettbewerbsrecht, Festschrift für Gerhard Schricker zum 70. Geburtstag, 2005, S. 523; *Schulze, G.*, Werke und Muster an öffentlichen Plätzen – Gelten urheberrechtliche Schranken auch im Geschmacksmusterrecht? –, in: Ahrens u.a. (Hrsg.), Festschrift für Eike Ullmann, 2006, S. 93; *Schulze, G.*, Die Einräumung unbekannter Nutzungsrechte nach neuem Urheberrecht, UFITA 2007/III, 641; *Schulze, G.*, Kein Pauschalentgelt bei zeitlich unbegrenzter Rechtseinräumung, Büscher u.a. (Hrsg.), Festschrift für Joachim Bornkamm zum 65. Geburtstag, 2014, S. 949; *Stelzenmüller*, Von der Eigentümlichkeit zur Eigenart – Paradigmenwechsel im Geschmacksmusterrecht?, 2007; *Ulmer*, Urheber- und Verlagsrecht, 3. Auflage 1980; *Veit*, Filmrechtliche Fragestellungen im digitalen Zeitalter, 2003; *Walter*, Zum Vermieten von Werken der angewandten Kunst, MuR 2008, 246; *Wandtke/Bullinger*, Praxiskommentar zum Urheberrecht, 4. Auflage 2014; *Wandtke/Ohst*, Zur Reform des deutschen Geschmacksmustergesetzes, GRUR Int. 2005, 91; *Wiebe*, „User Interfaces" und Immaterialgüterrecht, GRUR Int. 1990, 21.

A. Urheberrechtsschutz von Design

1 Die Art und Weise, wie etwas gestaltet und wahrnehmbar gemacht wird, kann neben dem Designschutz (früher: Geschmacksmusterschutz) oder Markenschutz auch den Urheberrechtsschutz begründen. Designprodukte fallen in den Bereich der **angewandten Kunst**. Werke der angewandten Kunst zählen zu den Werken der bildenden Kunst, die nach § 2 Abs. 1 Nr. 4 UrhG Urheberrechtsschutz genießen.

2 Außerdem ist von **Fotodesign** die Rede. Fotografien sind idR als Lichtbilder (§ 72 UrhG), häufig auch als Lichtbildwerke (§ 2 Abs. 1 Nr. 5 UrhG) urheberrechtlich geschützt.

3 Der Urheberrechtsschutz ist für Designer in mehrfacher Hinsicht interessant. Gegenüber dem Designschutz und Markenschutz bietet er den Vorteil, ohne Formalien (Anmeldung, Registrierung etc.) und ohne Zahlung von Gebühren allein durch das Erschaffen des jeweiligen Werks zu entstehen (siehe Rn 45). Im Verhältnis zum Designschutz ist außerdem die urheberrechtliche Schutzdauer wesentlich länger. Sie lässt sich aber nicht wie im Markenrecht durch Zahlung von Gebühren beliebig verlängern (siehe § 7 Rn 148), sondern sie endet 70 Jahre nach dem Tode des Urhebers. Bis zur Neugestaltung des Geschmacksmusterrechts durch das Geschmacksmusterreformgesetz vom 12. März 2004 – mit Wirkung zum 1. Juni 2004 – waren die Schutzvoraussetzungen im Urheberrecht bei Werken der angewandten Kunst nach bisheriger Rechtsprechung verhältnismäßig streng. Seit dem 1.6.2004 gelten die gleichen Schutzvoraussetzungen wie bei anderen Werkarten.[1] Im Bereich der Fotografie fallen sie wie bisher gering aus.

B. Werke der angewandten Kunst

4 Produktdesign, Industriedesign, Modedesign, Grafikdesign, Webdesign und ähnliche Designformen können als Werke der angewandten Kunst urheberrechtlich geschützt sein, wenn die Schutzvoraussetzungen der §§ 1, 2 UrhG erfüllt sind.

I. Schutzvoraussetzungen

5 Urheberrechtsschutz setzt zweierlei voraus. Zum einen müssen es Werke auf dem Gebiet der Literatur, Wissenschaft und Kunst sein (§ 1 UrhG). Zum anderen werden nicht sämtliche Erzeugnisse dieser Bereiche geschützt, sondern nur persönliche geistige Schöpfungen (§ 2 Abs. 2 UrhG).

1. Kunst

6 „Kunst" wird, wie auch die Bereiche „Literatur" und „Wissenschaft", in einem weiten Sinne verstanden. Zur bildenden Kunst zählt nicht nur die „reine" Kunst, sondern zählen auch die ange-

---

[1] Vgl BGH NJW 2014, 469 Rn 34 – Geburtstagszug, m.Anm. v. G. Schulze.

wandte Kunst und die Baukunst (§ 2 Abs. 1 Nr. 4 UrhG). Designprodukte fallen in den Bereich der angewandten Kunst. Sie sind Bedarfs- und Gebrauchsgegenstände mit künstlerischer Formgebung, zB Möbel, Lampen, Bestecke, Textilien und andere formschöne Gebrauchsgegenstände, die meistens industriell und serienmäßig hergestellt werden. Nach hM unterscheiden sie sich von den Werken der bildenden Kunst durch ihren **Gebrauchszweck**.[2] Einerseits begründet der Gebrauchszweck den Urheberrechtsschutz nicht. Andererseits schadet er ihm auch nicht, soweit die weiteren Voraussetzungen erfüllt sind.[3] In der Regel bereitet es keine Schwierigkeiten, Designprodukte unter den Begriff Kunst im Sinne von § 1 UrhG zu subsummieren.

2. Persönliche geistige Schöpfung

Lässt sich der Begriff Kunst (§ 1 UrhG) schon deswegen schwer eingrenzen, weil es zum Wesen der Kunst gehört, bestehende Grenzen zu überschreiten, bietet die weitere Schutzvoraussetzung der persönlichen geistigen Schöpfung (§ 2 Abs. 2 UrhG) eher die Möglichkeit, den Schutzbereich zu beschränken. Auf der einen Seite handelt es sich um eine Kurzdefinition, die für alle Werkarten in gleicher Weise gilt. Auf der anderen Seite zeigen die mitunter uneinheitliche Rechtsprechung und die kontroversen Meinungen im Schrifttum, dass diese Kurzdefinition unterschiedlich ausgelegt werden kann.[4] Im Einzelnen sind es folgende Kriterien:

a) Persönlich

Persönlich kann nur ein von Menschenhand geschaffenes Werk sein. Der Urheber kann sich zwar diverser Hilfsmittel, zB Computer, bedienen. Letztlich muss aber er die Formgestaltung bestimmen und auf diese Weise das Werk schaffen.[5]

b) Geistig

Das urheberrechtlich geschützte **Werk** ist ein Immaterialgut, das im **Werkstück** lediglich konkretisiert wird.[6] Es ist zwischen dem Werk einerseits und dem Werkstück andererseits zu unterscheiden.[7] Das Werk ist der geistige Gehalt. Häufig wird er in einem körperlichen Werkstück festgehalten. Das muss jedoch nicht sein. Auch Vorträge, Improvisationen und andere spontane oder nicht körperlich festgehaltene Werke sind urheberrechtlich geschützt. Das Werk ist eine Aussage oder Botschaft, die wahrgenommen wird. Maßgebend für die Wahrnehmung des Werks ist sein Gesamteindruck, nämlich der geistige Gehalt in seiner konkreten Form, wie er vom Leser, Hörer oder Betrachter wahrgenommen werden kann.[8] Bloße Vorstellungen des Urhebers genügen nicht.

Geistig Geschaffenes kann ebenfalls nur von einem Menschen stammen. Das Werk muss einen vom Urheber stammenden **Gedanken- oder Gefühlsinhalt** haben, der auf den Leser, Hörer oder Betrachter unterhaltend, belehrend, veranschaulichend, erbauend oder sonst wie anregend wirkt. Im Bereich der angewandten Kunst geschieht dies durch ihre besondere Formgebung, die den Form- und Farbensinn der Betrachter anspricht. Für solche Werke verlangt die Rechtsprechung „eine eigentümliche Gestaltung von so hohem ästhetischen Gehalt, dass es sich nach den im Leben herrschenden Anschauungen um eine künstlerische Schöpfung handelt".[9] Das Erfordernis eines ästhetischen Gehalts wurde im Schrifttum vielfach abgelehnt, weil es nicht auf sämtliche Werkarten passe.

---

2 Vgl BGH GRUR 1995, 581, 582 – Silberdistel; BGH NJW 2014, 469 Rn 41 – Geburtstagszug; Loewenheim, in: Schricker/Loewenheim, § 2 UrhG Rn 158; Schulze, in: Dreier/Schulze, § 26 UrhG Rn 34.
3 Vgl BGH GRUR 1972, 38, 39 – Vasenleuchter; Schulze, in: Dreier/Schulze, § 2 UrhG Rn 159.
4 Vgl Schulze, in: Dreier/Schulze, § 2 UrhG Rn 16 ff.
5 Vgl Schulze, in: Dreier/Schulze, § 2 UrhG Rn 8 ff.
6 Vgl BGH GRUR 2002, 532, 534 – Unikatrahmen.
7 Vgl BGH NJW 2003, 665, 668 – Staatsbibliothek.
8 Vgl Schulze, in: Dreier/Schulze, § 2 UrhG Rn 11.
9 BGH GRUR 1984, 453 – Hemdblusenkleid; BGH NJW 2014, 469 Rn 15 – Geburtstagszug, mwN; Schulze, in: Dreier/Schulze, § 2 UrhG Rn 150 mwN.

Man wird es in einem weiten Sinne verstehen müssen. Es genügt, wenn der Verstand in irgendeiner Weise angeregt wird.[10]

c) Schöpfung

11 Es wird nicht irgendeine persönliche geistige Leistung, sondern eine persönliche geistige „Schöpfung" verlangt. In der Regel verbindet man mit dem Begriff „Schöpfung" etwas noch nicht Dagewesenes.[11] Anders als beim Designschutz muss das Werk jedoch nicht neu sein. Sollten zwei unabhängig voneinander Schaffende zu identischen Ergebnissen kommen, können durchaus beide Ergebnisse Urheberrechtsschutz genießen. Es liegt dann eine sog. **Doppelschöpfung** vor mit der Folge, dass beide Urheber Rechte an ihren Werken besitzen. Solche Doppelschöpfungen können im Bereich der sog. **kleinen Münze** auftreten, die im Grenzbereich zwischen Schutzfähigkeit und Schutzlosigkeit liegen und wo durch technische Zwänge, übliche und naheliegende Gestaltungsweisen eine gewisse Form vorgegeben ist und deshalb auch zahlreiche ähnliche Werke entstehen.[12] Meistens ist der Gestaltungsspielraum der einzelnen Werkarten jedoch so groß, dass unabhängig voneinander arbeitende Urheber zu verschiedenen Ergebnissen kommen. Dort ist die Doppelschöpfung die absolute Ausnahme.[13] Deshalb ist idR zumindest eine **Andersartigkeit** gegenüber dem schon Bestehenden zu verlangen.

12 Die bloße Andersartigkeit allein genügt jedoch nicht. Das Werk muss sich darüber hinaus von der Masse des Alltäglichen und von lediglich handwerklichen oder routinemäßigen Leistungen abheben.[14] In diesem Zusammenhang ist von **schöpferischer Eigentümlichkeit, Originalität** oder **Individualität** die Rede. Einerseits wird mit diesen Begriffen genauso wenig konkret definiert, was schützbar ist. Andererseits verdeutlichen sie, was gemeint ist. Das Werk muss nicht nur anders sein als das Bisherige, sondern darüber hinaus besonders. In diesem Sinne wird Individualität verlangt.[15]

d) Maß an Individualität, Gestaltungshöhe

13 Im Verhältnis zueinander sind die jeweiligen Werke nur mehr oder weniger anders. Besonders – und deswegen auch individuell – ist ein Werk nicht an sich, sondern nur für den Menschen, also im Verhältnis zwischen Werk und Leser, Hörer oder Betrachter.[16] Zu Recht wird deshalb angenommen, das Urheberrecht diene einem „Schutz qualifizierter menschlicher Kommunikation".[17] So wie die einzelnen Menschen hinsichtlich der Besonderheit oder Individualität eines Werks unterschiedliche Vorstellungen haben, muss zwangsläufig auch deren Beurteilung bis zu einem gewissen Grade subjektiv bleiben,[18] selbst wenn hin und wieder zu lesen ist, eine Wertung solle nicht stattfinden.[19] Grundsätzlich kommt es zwar nicht darauf an, ob beispielsweise die Gestaltung eines Schmuckstücks gelungen ist oder nicht. Insoweit spielt die künstlerische Qualität einer Gestaltung keine Rolle. Sie fließt aber bei der Beurteilung der Frage mit ein, ob ein Werk überhaupt besonders oder individuell ist. Ein Rest an Subjektivität lässt sich hier nicht vermeiden.[20] Mehr Objektivität kann

---

10 Vgl BGH GRUR 1985, 1041, 1047 – Inkasso-Programm; Schulze, in: Dreier/Schulze, § 2 UrhG Rn 12.
11 Vgl Schulze, in: Dreier/Schulze, § 2 UrhG Rn 16.
12 Vgl OLG Köln GRUR 1986, 889, 890 – ARD-1; KG ZUM 2001, 503, 505 – Flaggen-Collage; Schulze, in: Dreier/Schulze, § 2 UrhG Rn 4, 17.
13 Vgl BGH GRUR 1988, 812 – Ein bisschen Frieden.
14 Vgl BGH GRUR 1987, 704, 706 – Warenzeichenlexika.
15 Vgl Loewenheim, in: Schricker/Loewenheim, § 2 UrhG Rn 23 mwN; Bullinger, in: Wandtke/Bullinger, § 2 UrhG Rn 21.
16 Vgl Schulze, in: Dreier/Schulze, § 2 UrhG Rn 9.
17 Vgl Schricker/Loewenheim, in: Schricker/Loewenheim, Einl. Rn 7.
18 Vgl G. Schulze, GRUR 1984, 400, 404.
19 Vgl BGH GRUR 1968, 321, 325 – Haselnuss.
20 Vgl Loewenheim, in: Schricker/Loewenheim, § 2 UrhG Rn 45.

erreicht werden, indem man einzelne **Indizien** heranzieht, die darauf hindeuten, ob das jeweilige Erzeugnis individuell ist oder nicht (siehe Rn 30).[21]

Urheberrechtsschutz setzt ein gewisses Maß an **Individualität** voraus. Das Werk muss einen „**hinreichenden schöpferischen Eigentümlichkeitsgrad**",[22] eine bestimmte **Gestaltungshöhe**,[23] eine **Schöpfungshöhe** oder **Werkhöhe** besitzen. Diese Begriffe sind genauso wenig präzise wie Individualität oder persönliche geistige Schöpfung. Sie verdeutlichen jedoch, dass ein bestimmtes Mindestmaß an geistig-schöpferischer Leistung vorliegen muss. Eine Individualität im statistisch-einmaligen Sinne,[24] die bereits vorläge, wenn zwei gleiche Werke verschiedenen Individuen zuzuordnen wären oder wenn sie zu verschiedenen Zeitpunkten entstünden, genügt nicht. Vielmehr wird die hinreichende Individualität erst durch die Gestaltungshöhe, oder wie auch immer dieses Mindestmaß bezeichnet wird, erreicht. Das Urheberrechtsgesetz regelt nicht ausdrücklich, ob hohe oder geringe Anforderungen an das Mindestmaß zu stellen sind, vielmehr bleibt dies der Rechtsprechung überlassen. **14**

Da die Werkarten in § 2 Abs. 1 UrhG nur beispielhaft aufgezählt sind und da in § 2 Abs. 2 UrhG generell verlangt wird, Werke im Sinne dieses Gesetzes sind nur persönliche geistige Schöpfungen, liegt es nahe, bei sämtlichen Werkarten gleich hohe – oder gleich niedrige – Anforderungen an das Maß der Individualität zu stellen. Das wurde im Schrifttum wiederholt verlangt.[25] Die Rechtsprechung unterschied jedoch nach Werkarten. Während bei Sprachwerken, Musikwerken und auch bei Werken der zweckfreien (reinen) bildenden Kunst schon immer grundsätzlich geringe Anforderungen an die hinreichende Individualität gestellt wurden und auch die sog. **kleine Münze** (Werke, die auf der Grenze zwischen Schutzfähigkeit und Schutzlosigkeit liegen) geschützt war,[26] wurden an die Schutzfähigkeit von Werken der **angewandten Kunst strenge Anforderungen** gestellt. Danach musste es sich nicht nur um eine Schöpfung individueller Prägung handeln, deren ästhetischer Gehalt einen solchen Grad erreicht, dass nach den im Leben herrschenden Anschauungen noch von Kunst gesprochen werden könne, sondern bei Werken der angewandten Kunst durften darüber hinaus keine zu geringen Anforderungen gestellt werden, da für die weniger individuellen Erzeugnisse der Geschmacksmusterschutz (zusätzlich) bereitstehe. Letzterer würde überflüssig, wenn sämtliche Leistungen bereits urheberrechtlich geschützt wären.[27] Das wurde auch verfassungsrechtlich (zB hinsichtlich der Eigentumsgarantie des Art. 14 GG) nicht beanstandet.[28] Da sich bereits die geschmacksmusterschutzfähige Gestaltung von der nicht geschützten Durchschnittsgestaltung, dem rein Handwerksmäßigen und Alltäglichen abheben musste, wurde für die Urheberrechtsschutzfähigkeit ein noch weiterer Abstand, dh ein **deutliches Überragen der Durchschnittsgestaltung** gefordert.[29] Urheberrechtsschutz setzte einen höheren schöpferischen Eigentümlichkeitsgrad als bei nur geschmacksmusterfähigen Gegenständen voraus. Die kleine Münze blieb hier schutzlos. Infolgedessen musste zwischen angewandter Kunst und zweckfreier (reiner) Kunst unterschieden werden. **15**

Diese Rechtsprechung wurde in mehrfacher Hinsicht kritisiert.[30] Außerdem wurde das Geschmacksmustergesetz im Zuge der Richtlinie 98/71/EG zum Geschmacksmustergesetz durch das Geschmacksmusterreformgesetz vom 12.3.2004 grundlegend reformiert. Der bisherige **copyright approach** soll sich mehr auf eine **Marketingfunktion** oder einen **design approach** verlagern und damit soll sich die Eigenständigkeit des Geschmacksmusterschutzes gegenüber dem Urheber- **16**

---

21 Vgl Schulze, in: Dreier/Schulze, § 2 UrhG Rn 19.
22 BGH GRUR 1988, 533, 535 – Vorentwurf II.
23 BGH GRUR 1983, 377, 378 – Brombeer-Muster.
24 Vgl Kummer, S. 30 ff.
25 Vgl G. Schulze, Die kleine Münze, S. 68 ff mwN; Stelzenmüller, S. 137 ff, 154 ff.
26 Vgl Schulze, in: Dreier/Schulze, § 2 UrhG Rn 27, 139.
27 Vgl BGH GRUR 1995, 581, 582 – Silberdistel; Loewenheim, in: Schricker/Loewenheim, § 2 UrhG Rn 34 mwN.
28 BVerfG GRUR 2005, 410, 411 – Laufendes Auge.
29 Vgl BGH GRUR 1995, 581, 582 – Silberdistel.
30 Vgl die Vorauflage Rn 17 und 19; Schulze, in: Dreier/Schulze, § 2 Rn 32, 153.

rechtsschutz verstärkt haben.³¹ Sehe man den Geschmacksmusterschutz nicht mehr als einen graduell unter dem Urheberrechtsschutz anzusiedelnden Auffangschutz, sondern als eigenständigen Schutz an, dann entfalle das Argument, beim Urheberrechtsschutz von Werken der angewandten Kunst wegen des dort zusätzlich möglichen Geschmacksmusterschutzes strenge Anforderungen zu verlangen.³² Ferner wurde von Teilen des urheberrechtlichen Schrifttums vertreten, aufgrund neuerer Urteile des EuGH, in denen dieser den bei Computerprogrammen, Datenbankwerken und Fotografien in der jeweiligen Richtlinie vorgegebenen Begriff der „eigenen geistigen Schöpfung"³³ auch zu Streitigkeiten über Schriftwerke³⁴ und Benutzeroberflächen³⁵ heranzog, sei generell von einem europäischen Werkbegriff auszugehen. Auch bei Werken der angewandten Kunst müsse es sich lediglich um eine „eigene geistige Schöpfung" handeln, an deren Vorliegen keine qualitativen Anforderungen zu stellen seien.³⁶

17 Der **BGH** hält an seiner früheren Rechtsprechung nicht mehr fest. An den Urheberrechtsschutz von Werken der angewandten Kunst sind grundsätzlich keine anderen Anforderungen zu stellen als an den Urheberrechtsschutz von Werken der zweckfreien bildenden Kunst oder des literarischen und musikalischen Schaffens.³⁷ Demnach ist nun auch bei Werken der angewandten Kunst wie bei Werken der zweckfreien bildenden Kunst die sogenannte kleine Münze anerkannt, die bereits einfache Schöpfungen erfasst.³⁸

18 Einerseits deutet der BGH an, die bisherige Rechtsprechung sei nicht allein mit Blick auf die Reform des Geschmacksmusterrechts im Jahr 2004, sondern auch mit Blick auf die europäische Urheberrechtsentwicklung fraglich geworden.³⁹ Andererseits betont er, die Richtlinie 2001/29/EG zur Informationsgesellschaft bestimme nicht, unter welchen Voraussetzungen ein bestimmtes Schutzgut als ein Werk anzusehen sei. Der Schutz von Computerprogrammen, Datenbankwerken und Lichtbildwerken sei in einschlägigen Richtlinien ausdrücklich geregelt worden (siehe Rn 16). Hingegen gebe es keine ausdrückliche Regelung hinsichtlich der Voraussetzungen eines urheberrechtlichen Schutzes von Werken der angewandten Kunst im Urheberrecht der EU.⁴⁰ Es bleibe deshalb den nationalen Gerichten überlassen, welche Anforderungen bei Werken der angewandten Kunst zu verlangen seien.⁴¹ Vielmehr begründete der BGH seinen Wandel in der Rechtsprechung zur Schutzfähigkeit von Werken der angewandten Kunst mit der Neuordnung des Geschmacksmusterrechts durch das Geschmacksmusterreformgesetz vom 12.3.2004. Auf diese Weise sei ein eigenständiges gewerbliches Schutzrecht geschaffen worden. Nach Auffassung des BGH sei hierdurch das Stufenverhältnis zwischen Urheberrecht und Geschmacksmusterrecht entfallen. Beide seien nicht mehr wesensgleich.⁴² Einerseits ist fraglich, ob tatsächlich kein wesensgleiches Stufenverhältnis zwischen Urheberrecht und Geschmacksmusterrecht/Designrecht mehr besteht; denn auch beim Designschutz sind weiterhin der Grad der Gestaltungsfreiheit und die im jeweiligen Muster verkörperte gestalterische Leistung maßgeblich.⁴³ Ferner änderte der Wandel durch das Geschmacksmusterreformgesetz nichts daran, dass weiterhin Formengestaltungen geschützt werden, die nach wie

---

31 Vgl Kur, GRUR 2002, 661; Wandtke/Ohst, GRUR Int. 2005, 91, 93; E. v. Gamm, S. 90 ff, 129, 134.
32 Vgl E. v. Gamm, S. 134, 229 f; Stelzenmüller, S. 135 f, 225.
33 Vgl Art. 1 Abs. 3 Computerprogramm-Richtlinie; Art. 3 Abs. 1 Datenbank-Richtlinie; Art. 6 Schutzdauer-Richtlinie.
34 EuGH GRUR 2009, 1041 Rn 51 – Infopaq/DDF.
35 EuGH GRUR 2011, 220 Rn 46 – BSA/Kulturministerium.
36 Vgl Handig, UFITA 2010/II, 385, 387; Metzger GRUR 2012, 118, 121; wohl auch Obergfell GRUR 2014, 621, 626; aA Schulze, in: Dreier/Schulze, § 2 UrhG Rn 22 mwN; Dietrich/Szalai DWIR 2014, 158, 165; Bullinger, in: Wandtke/Bullinger, § 2 Rn 13 f.
37 So BGH NJW 2014, 469 Rn 26 – Geburtstagszug.
38 BGH NJW 2014, 469 Rn 18, 26 – Geburtstagszug.
39 BGH NJW 2014, 469 Rn 23 – Geburtstagszug.
40 BGH NJW 2014, 469 Rn 28 – Geburtstagszug.
41 BGH NJW 2014, 469 Rn 31 – Geburtstagszug.
42 BGH NJW 2014, 469 Rn 33 ff – Geburtstagszug.
43 Vgl G. Schulze, NJW 2014, 475.

vor auch Urheberrechtsschutz genießen können, wenn sie die dortigen Schutzvoraussetzungen erfüllen.[44] Insofern besteht zwischen Urheber- und Designschutz weiterhin kein Wesens-, sondern lediglich ein gradueller Unterschied.[45] Andererseits kann dies dahinstehen, da die Parallelität beider Schutzrechte nach dem Urteil des BGH keine Rolle mehr spielen soll.

Allerdings wird man bei Werken der angewandten Kunst wie bisher in besonderem Maße prüfen müssen, was vom Gebrauchszweck und von der Funktion des Gegenstands vorgegeben und technisch bedingt ist, inwieweit es einen Gestaltungsspielraum gibt, der nicht technisch vorgegeben ist, und ob hiervon auf individuelle Weise Gebrauch gemacht worden ist. Nicht die technische Variante, sondern die **künstlerische (gestalterische) Leistung** ist schutzfähig.[46] Hierfür genügt eine geringe Gestaltungshöhe. Sie kann aber zu einem entsprechend engen Schutzbereich des betreffenden Werkes führen.[47] So wie zwischen zweckfreier und angewandter Kunst unterschieden wird, könnte man zwischen **reinen Gebrauchsgegenständen** und **künstlerisch gestalteten Gegenständen mit Gebrauchszweck** unterscheiden.[48] Möglicherweise wird mancher Gegenstand, der die hohen Schutzanforderungen nach alter Rechtsprechung nicht erfüllte oder dessen Geschmacksmusterschutz bereits abgelaufen ist, nun doch Urheberrechtsschutz genießen, soweit die urheberrechtliche Schutzdauer noch nicht abgelaufen ist. Das ist für die Zeit ab Inkrafttreten des Geschmacksmusterreformgesetzes am 1.6.2004 zu beachten.[49] Die Befürchtungen von Teilen des urheberrechtlichen Schrifttums, nun werde über den Schutz der kleinen Münze auch im Bereich der angewandten Kunst zu viel Schutz gewährt, dürften unbegründet sein. Im Fall „Geburtstagszug" – dort ging es um zwei verschiedene Zugvarianten – hat das OLG Schleswig den Schutz für die mit Geschenkverpackungen und Kerzenhaltern bestückte Version verneint, weil es bereits vergleichbare Vorlagen gab und manches technisch bedingt sei.[50] Bejaht hat es den Urheberrechtsschutz für die aus Tierfiguren bestehende Geburtstagskarawane, für die es keine vergleichbaren Vorlagen gab und deren Gestaltungsspielraum auf individuelle Weise genutzt worden war.[51] Die Klage wurde jedoch abgewiesen, weil die geltend gemachten Vergütungsansprüche (§ 32 a UrhG) nach Auffassung des OLG Schleswig bereits verjährt seien. Trotz nun grundsätzlich geringer Anforderungen an die hinreichende Individualität muss die Gestaltung künstlerisch und darf nicht technisch vorgegeben sein.[52]

3. Feststellung der Schutzfähigkeit

Da die urheberrechtliche Schutzfähigkeit der Werke weder generell angenommen werden kann noch amtlich im Vorhinein geprüft wird, muss sie in jedem Einzelfall anhand der allgemein geltenden Vorgaben sowie im Hinblick auf das jeweilige konkrete Werk gesondert festgestellt werden.

a) Allgemein geltende Vorgaben

Zunächst ist anhand allgemein geltender Vorgaben zu prüfen, was geschützt sein kann. Im Einzelnen ist hier Folgendes zu beachten:

aa) Idee

Sowenig bloße Vorstellungen von einem Werk schützbar sind, solange sie noch keine konkrete Form gefunden haben (siehe Rn 9), sowenig ist die bloße Idee geschützt, bestimmte Werke zu

---

44 Vgl G. Schulze, FS Schricker, 2005, S. 523, 534.
45 Vgl OLG Frankfurt/M. GRUR-RR 2006, 43, 44 – Panther mit Smaragdauge; Schulze, in: Dreier/Schulze, § 2 UrhG Rn 177 mwN zum strittigen Schrifttum; Ohly, GRUR 2007, 731, 733; Barudi, UFITA 2014/I, 49, 58 Fn 56.
46 Vgl BGH NJW 2014, 469 Rn 41 – Geburtstagszug.
47 BGH NJW 2014, 469 Rn 41 – Geburtstagszug.
48 Vgl G. Schulze, NJW 2014, 475.
49 BGH NJW 2014, 469 Rn 44 – Geburtstagszug.
50 OLG Schleswig GRUR-RR 2015, 1 Rn 20 ff – Geburtstagszug II, n.r.
51 OLG Schleswig GRUR-RR 2015, 1 Rn 30 f – Geburtstagszug II, n.r.
52 Vgl OLG Nürnberg GRUR 2014, 1199, 1201, 1206 – Kicker-Stecktabelle; OLG Köln ZUM-RD 2015, 383, 384 f – Designer-Urne, n.r.

schaffen.⁵³ Deshalb blieb zB die Idee schutzlos, Schmuckanhänger in Form eines Herzens, Hammers, Schraubstocks und ähnlicher Motive herzustellen;⁵⁴ desgleichen die Idee, einen vermenschlichten „rosaroten Elefanten" für Werbezwecke zu schaffen⁵⁵ oder die Tänzer einer Bühnenshow im Punktstil zu kleiden.⁵⁶ Jedem steht es frei, Modeschmuck in Herzform zu gestalten, Stühle aus Stahlrohr herzustellen oder ähnliche Ideen aufzugreifen. Erst wenn diese Ideen in eine bestimmte Form umgesetzt worden sind und eine **konkrete Gestalt** angenommen haben, beginnt der Urheberrechtsschutz.⁵⁷ Desgleichen bleiben **Werbeideen** in der Regel schutzlos.⁵⁸ Dort kann Urheberrechtsschutz erst für ein umfassend gestaltetes Konzept in Betracht kommen.⁵⁹

bb) Thema, Motiv, Art der Darstellung

23   Ähnlich wie Ideen schutzlos bleiben, steht es jedem frei, ein bestimmtes Thema oder Motiv aufzugreifen, zB ein Werbeplakat für Solarzellen zu gestalten oder Schmuck in Form von Sternzeichen herzustellen.⁶⁰ Nicht die Idee, das Thema und allein das Motiv sind schutzfähig, sondern nur deren konkrete Ausgestaltung. In diesem Zusammenhang wird zwischen dem schutzlosen **Inhalt** und der schutzfähigen **Form** eines Werks unterschieden. _Der Übergang vom einen zum anderen ist fließend, je nachdem, wie weit sich die zunächst abstrakte Idee bereits einer konkreten Form annähert. Auch Skizzen, Entwürfe und andere Vorarbeiten können schutzfähig sein (siehe Rn 41). Maßgeblich ist die **Art der Darstellung** der ihr zugrunde liegenden Ideen, Themen und Motive.

cc) Methode, Stil, Mode, Trend

24   Schutzlos sind ferner die bereits bekannten und gängigen Gestaltungsmittel sowie diejenigen Formen, die durch den Stil, die Mode oder den Trend der Zeit vorgegeben sind. Es steht jedem frei, sich diesen Moderichtungen oder Arbeitsmethoden anzuschließen.⁶¹ Auch hier ist jedoch zwischen der (schutzlosen) allgemeinen Moderichtung einerseits und der (schutzfähigen) konkreten modischen Gestaltung andererseits zu unterscheiden. Maßgebend ist ferner der **Zeitpunkt**, in welchem das Werk geschaffen wurde.⁶² Sollte aus einer ehemals bahnbrechenden Form später ein allgemein befolgter Stil werden, schließt das die Schutzfähigkeit der erstmals geschaffenen Form nicht aus.

dd) Vorgegebene Form, Gebrauchszweck

25   Weiterhin scheiden all diejenigen Formelemente aus dem Urheberrechtsschutz aus, die auf bekannte, allgemein übliche, naheliegende oder von der Funktion des Gegenstands vorgegebene oder technisch bedingte Formen zurückgehen, soweit nicht in der Kombination dieser Formelemente, sei es untereinander oder sei es in Verbindung mit neuen Elementen, wiederum eine schöpferische Leistung entstanden ist.⁶³ **Technisch bedingt** sind diejenigen Formen beispielsweise von Möbeln oder sonstigen Gebrauchsgegenständen, ohne die sie nicht funktionieren können.⁶⁴ Der **Gebrauchszweck** eines Gegenstands schadet dem möglichen Urheberrechtsschutz zwar nicht, er begründet ihn aber auch nicht.⁶⁵ Deshalb muss bei solchen Gegenständen genauer als zB bei Kunst-

---

53   Vgl Loewenheim, in Schricker/Loewenheim, § 2 UrhG Rn 51.
54   Vgl BGH GRUR 1979, 119, 120 – Modeschmuck.
55   Vgl BGH GRUR 1995, 47, 48 – Rosaroter Elefant.
56   LG Köln ZUM 2006, 958, 960.
57   Vgl Schulze, in: Dreier/Schulze, § 2 UrhG Rn 37.
58   Vgl OLG Düsseldorf AfP 1997, 645, 646 f.
59   Vgl Loewenheim, in: Schricker/Loewenheim, § 2 UrhG Rn 116; Schulze, in: Dreier/Schulze, § 2 UrhG Rn 27, 244 mwN.
60   Vgl BGH GRUR 1979, 119, 120 – Modeschmuck; BGH GRUR 1970, 250, 251 – Hummel III.
61   Vgl BGH GRUR 1977, 547, 550 – Kettenkerze; Loewenheim, in: Schricker/Loewenheim, § 2 UrhG Rn 49.
62   Vgl BGH GRUR 1981, 820, 822 – Stahlrohrstuhl II.
63   Vgl BGH GRUR 1974, 740, 742 – Sessel; BGH GRUR 1979, 332, 336 – Brombeerleuchte; siehe Rn 27.
64   BGH GRUR 2012, 58 Rn 20 – Seilzirkus.
65   Vgl BGH GRUR 1982, 305, 306 ff – Büromöbelprogramm.

werken überprüft werden, ob überhaupt individuelle Gestaltungsmerkmale vorliegen; denn der Gebrauchszweck eines Gegenstands deutet an, inwieweit hierdurch dessen Form vorgegeben oder technisch bedingt ist. Dort entspricht die durchschnittliche Leistung eher auch dem – nicht geschützten – Alltäglichen und handwerklich Üblichen. Auch wenn ein **deutliches Überragen des handwerklichen Durchschnittskönnens**[66] seit 1.6.2004 nicht mehr wie früher zu verlangen ist,[67] genügt bloßes handwerkliches Durchschnittskönnen nicht, sondern der Gebrauchsgegenstand muss über seine von der Funktion vorgegebene Form hinaus **künstlerisch gestaltet** sein.[68] Diese künstlerische Gestaltung kann durchaus als Kombination von Funktion und Ästhetik – sog. **Funktionsästhetik** – zum Ausdruck kommen. [69]

ee) Gestaltungsspielraum

Entscheidend für die Schutzfähigkeit ist der für die jeweilige Werkart vorhandene Gestaltungsspielraum. Er verengt sich bei solchen Werken, deren Formen durch vorgegebene Zwecke, übliche Gestaltungsmittel oder durch technische Zwänge vorgegeben sind. Dort ist eingehender darzulegen und zu prüfen, dass über solche Zwänge hinaus ein Gestaltungsspielraum für Formen besteht, die nicht bekannt, naheliegend, technisch bedingt oder sonst wie vorgegeben sind, wie groß der Gestaltungsspielraum ist und ob hiervon auf individuelle Weise Gebrauch gemacht wurde.[70] Je größer der Gestaltungsspielraum für das betreffende Werk ausfällt, desto eher ist auch Urheberrechtsschutz zu bejahen.

ff) Auswahl und Anordnung

Urheberrechtsschutz kann auch erlangt werden, wenn durch die Auswahl und Anordnung **bekannter Gestaltungsmittel** oder vorgegebenen Materials eine individuelle Form geschaffen wird. Beispielsweise wurde die Kombination bekannter Gestaltungselemente bei Grabdenkmälern als schutzfähig angesehen.[71]

gg) Aufwand, Mühen, Kosten

Außer Betracht zu bleiben haben der Aufwand, die Mühen und die Kosten des geschaffenen Erzeugnisses. Nicht die Investitionen oder der Fleiß, sondern allein die kreative Tätigkeit ist urheberrechtlich schützbar;[72] nämlich das Ergebnis, wie es dem Betrachter gegenübertritt.[73]

b) Prüfungsabfolge

Zunächst ist im **Vergleich** mit dem schon vorhandenen Formenschatz zu prüfen, wodurch sich das konkrete Werk hiervon abhebt, sei es durch den **Gesamteindruck** des Werks oder sei es durch die einzelnen **Gestaltungsmerkmale** dieses Werks, die festzustellen und den vorbekannten Formen gegenüberzustellen sind. Das gilt insbesondere bei Werken, deren Form durch ihren Gebrauchszweck technisch vorgegeben ist. Maßgeblich hierfür sind die für Kunst empfänglichen und mit Kunstanschauungen einigermaßen vertrauten Kreise,[74] also grundsätzlich das Urteil des **Durchschnittsbetrachters**.[75] Die Gerichte zählen sich selbst zu den einschlägigen Verkehrskreisen. Ist der Gestaltungsspielraum klein und liegen individuelle Gestaltungsmerkmale nicht auf der Hand, lässt

---

66 So früher BGH GRUR 1993, 34, 36 – Bedienungsanweisung; BGH GRUR 2004, 941, 942 – Metallbett.
67 BGH NJW 2014, 469 Rn 34 – Geburtstagszug.
68 BGH GRUR 2012, 58 Rn 25, 36 – Seilzirkus; BGH NJW 2014, 469 Rn 41 – Geburtstagszug.
69 Vgl BGH GRUR 2012, 58 Rn 22 – Seilzirkus; Schulze, in: Dreier/Schulze, § 2 UrhG Rn 159.
70 Vgl BGH NJW 2014, 469 Rn 41 – Geburtstagszug; BGH GRUR 2012, 58 Rn 25 – Seilzirkus; Schulze, in: Dreier/Schulze, § 2 UrhG Rn 33, 159.
71 Vgl BGH GRUR 2011, 59 Rn 24 – Lärmschutzwand.
72 Vgl BGH GRUR 1985, 1041, 1048 – Inkasso-Programm.
73 Vgl OLG Hamburg ZUM 2004, 386, 387 – Handy-Logos.
74 Vgl BGH GRUR 1972, 38, 39 – Vasenleuchter; BGH NJW 2014, 469 Rn 15 – Geburtstagszug.
75 Vgl OLG München GRUR 1987, 290, 291 – Wohnanlage.

sich oft nur durch Hinzuziehung eines **Sachverständigen** hinreichend klären, was zum vorgegebenen und bekannten Formenschatz zählt und was sich hiervon in welchem Umfang auf individuelle Weise abhebt.[76]

30 Die Individualität eines Werks lässt sich nicht ohne jede subjektive Wertung feststellen (siehe Rn 13). Mehr Objektivität kann erreicht werden, indem möglichst viele Gestaltungselemente festgestellt und **Indizien** herangezogen werden, die auf eine individuelle Gestaltung hindeuten. Hierzu zählt unter anderem das **Urteil in der Fachwelt.** Wurde ein Design zB durch Wiedergabe in Büchern, Aufnahme in Ausstellungen, Verleihung von Preisen in der Fachwelt als besonders eingestuft, spricht dies für dessen urheberrechtliche Schutzfähigkeit.[77] Weitere Indizien können sein: der **erste Eindruck** von dem Werk, die **Erstmaligkeit** eines Werks, seine **soziale Funktion**, die **Käufermotivation** und auch der **Gestaltungswille** des Urhebers.[78] Maßgeblich ist schließlich der **Gesamteindruck**, den die einzelnen Gestaltungselemente eines Werks in ihrer Gesamtschau auf den Betrachter ausüben.[79]

c) Prüfung von Amts wegen, Beweislast

31 Die Entscheidung, ob ein Gegenstand urheberrechtlich geschützt ist oder nicht, unterliegt grundsätzlich nicht der Disposition der streitenden Prozessparteien. Deren Einschätzung mag zwar als Indiz für die hinreichende Individualität gewertet werden. Grundsätzlich ist jedoch die Schutzfähigkeit von Amts wegen zu überprüfen.[80] Sie kann nicht vereinbart werden. Entweder ist das Werk urheberrechtlich geschützt oder ihm fehlt die hinreichende Individualität zur Schutzfähigkeit.[81] Letztere muss derjenige beweisen, der sich darauf beruft, also in der Regel der Urheber oder der Rechtsinhaber.[82] In manchen Fällen mag hierfür die Vorlage des Werks genügen. Wo die Schutzfähigkeit zweifelhaft ist, sind die individuellen Gestaltungsmerkmale im einzelnen konkret darzulegen und zu beweisen.[83] Mitunter kann es sinnvoll sein, dies mithilfe eines Sachverständigengutachtens zu konkretisieren oder zumindest Sachverständigenbeweis hierzu anzubieten. Im Verletzungsfall muss ggf der in Anspruch genommene Verletzer vortragen, weshalb das konkrete Werk vorbekannt, naheliegend, technisch bedingt oder aus sonstigen Gründen schutzlos ist.[84]

4. Beispiele

32 Die Rechtsprechung hat in zahlreichen Fällen Urheberrechtsschutz bejaht oder verneint. Die meisten nachfolgend genannten Urteile sind noch nach den Maßstäben der früheren Rechtsprechung ergangen. Für die Zeit ab Inkrafttreten des Geschmacksmusterreformgesetzes am 1.6.2004 gelten bei Werken der angewandten Kunst die gleichen Anforderungen an die hinreichende Individualität wie bei Schriftwerken, Musikwerken und insbesondere auch der zweckfreien bildenden Kunst. Danach kann auch die kleine Münze Urheberrechtsschutz genießen (siehe Rn 17). Einerseits ist Werken der angewandten Kunst Urheberrechtsschutz nun großzügiger zuzubilligen. Andererseits bleibt nach wie vor schutzlos, was vom Gebrauchszweck des Gegenstands vorgegeben und deshalb

---

76 Vgl BGH NJW 2003, 665, 668 – Staatsbibliothek; Schulze, in: Dreier/Schulze, § 2 UrhG Rn 59 f.
77 Vgl OLG München ZUM 1992, 305, 306 – Le Corbusier-Möbel; OLG Düsseldorf GRUR 1993, 903, 907 – Bauhaus-Leuchte; OLG Hamburg ZUM-RD 2002, 181, 192 – Kinderhochstuhl; OLG München GRUR-RR 2011, 54, 55 – Eierkoch.
78 Vgl G. Schulze GRUR 1984, 400, 406 ff; Schulze, in: Dreier/Schulze, § 2 UrhG Rn 61 ff; LG Düsseldorf ZUM 2011, 77, 79.
79 Vgl BGH GRUR 1981, 820, 822 f – Stahlrohrstuhl II; BGH GRUR 2001, 503, 505 – Sitz-Liegemöbel; KG ZUM 2005, 820, 821 – Wagenfeld-Leuchte.
80 Vgl BGH GRUR 1991, 533 – Brown Girl II.
81 Vgl Schulze, in: Dreier/Schulze, § 2 UrhG Rn 69, 250.
82 Vgl BGH GRUR 1981, 820, 822 – Stahlrohrstuhl II; BGH GRUR 1991, 449, 450 – Betriebssystem.
83 Vgl BGH GRUR 1992, 382, 384 – Leitsätze; BGH NJW 2003, 665, 667 – Staatsbibliothek; LG Köln ZUM-RD 2008, 88, 90.
84 Vgl BGH GRUR 1981, 820, 822 – Stahlrohrstuhl II; BGH GRUR 2004, 939, 941 – Klemmhebel; Schulze, in: Dreier/Schulze, § 2 UrhG Rn 70 ff.

technisch bedingt ist.[85] Nur wo darüber hinaus ein Gestaltungsspielraum verbleibt und hiervon auch auf individuelle Weise Gebrauch gemacht worden ist, kommt Urheberrechtsschutz in Betracht. Daran mag es bei manchen Gegenständen, für die Urheberrechtsschutz bisher verneint wurde, weiterhin fehlen.[86] Für andere Gegenstände, die weniger technisch vorgegeben sind, wie beispielsweise der Ohrclip in Form einer naturalistisch gestalteten Silberdistel,[87] kann nachträglich Urheberrechtsschutz in Betracht kommen, wenn die urheberrechtliche Schutzdauer noch nicht abgelaufen ist.[88] Allerdings könnte der Schutzumfang gering sein; denn es steht jedem frei, einen Ohrclip in Form einer Silberdistel naturalistisch zu gestalten. Grundsätzlich gibt es aber auch für naturalistische Gestaltungen einen Gestaltungsspielraum, von dem auf individuelle Weise Gebrauch gemacht werden kann.[89]

a) Figuren

Dreidimensionalen Figuren wurde in der Regel **Urheberrechtsschutz zugebilligt**, beispielsweise für den „Mecki-Igel",[90] die Hummel-Figuren,[91] Schlümpfe,[92] die Plüschfigur *Alf*,[93] Kristallfiguren aus Lüsterbehangsteinen,[94] *Walt Disneys „Bambi"*,[95] Schlüsselanhänger in Form von stilisierten Tierfiguren,[96] *Playmobil*-Figuren,[97] die *Pumuckl*-Figur,[98] die plastische Gestaltung einer in Comics auftretenden Hundefigur,[99] ein fantasievoll karikierend stilisiertes Plüschtier,[100] die formale Reduzierung und strenge Linienführung eines Bronzeengels,[101] die Charaktereigenschaften sowie die unverwechselbare Kombination äußerer Merkmale der Figur *Pippi Langstrumpf*.[102] **Urheberrechtsschutz wurde verneint** für Tierfiguren aus Ton sowie bei auf Tonkacheln angeordneten Tiergruppen, da sich dort ein bedeutendes schöpferisches Überragen der Durchschnittsgestaltertätigkeit nicht feststellen ließ.[103] Mitunter lässt sich nur schwer feststellen, ob die betreffende Figur dem Bereich der angewandten (Gebrauchs-)Kunst oder der (reinen) bildenden Kunst zuzurechnen ist.

33

b) Grafik

Im Bereich der Grafik blieben **Schriftzeichen** und **Schrifttypen** in der Regel ohne Urheberrechtsschutz.[104] Sie können nach dem **Schriftzeichengesetz** geschützt werden.[105] Was im Wege der **Computeranimation** grafisch gestaltet wird, kann ebenfalls als angewandte Kunst geschützt sein, insbesondere wenn man hierfür einen lichtbildähnlichen Schutz nicht annehmen will (siehe Rn 91). Auch im Bereich der Grafik lässt sich mitunter nur schwer zwischen Gebrauchsgrafik der angewandten

34

---

85 BGH NJW 2014, 469 Rn 41 – Geburtstagszug.
86 Vgl BGH GRUR 2012, 58 Rn 36 – Seilzirkus.
87 BGH GRUR 1995, 581 – Silberdistel.
88 Vgl G. Schulze, NJW 2014, 475; Obergfell, GRUR 2014, 621, 626; Barudi, UFITA 2014/I, 49, 68.
89 Vgl KG ZUM 2001, 234, 235 – Bachforelle; OLG Hamburg NJOZ 2005, 124, 125 – Weinlaubblatt; Schulze, in: Dreier/Schulze, § 2 Rn 152.
90 BGH GRUR 1958, 500, 501 ff – Mecki-Igel I.
91 BGHZ 5, 1, 3 ff – Hummel I.
92 OLG Frankfurt GRUR 1984, 520 – Schlümpfe.
93 BGH GRUR 1992, 697 – ALF.
94 BGH GRUR 1988, 690 – Kristallfiguren.
95 BGH GRUR 1960, 144, 145 ff – Bambi.
96 BGH GRUR 1974, 669, 671 – Tierfiguren.
97 LG Nürnberg-Fürth GRUR 1995, 407.
98 OLG München ZUM 2003, 964, 966 – Pumuckl II.
99 BGH GRUR 2004, 855, 857 – Hundefigur.
100 LG München I ZUM-RD 2004, 373, 376 – Moorhuhn.
101 OLG Düsseldorf ZUM 2008, 140, 142 – Bronzeengel.
102 BGH GRUR 2014, 258 Rn 29 ff – Pippi-Langstrumpf-Kostüm.
103 OLG Schleswig GRUR 1985, 289, 291 – Tonfiguren.
104 Vgl BGHZ 22, 209 – Europapost; BGHZ 27, 351 – Candida-Schrift; OLG Frankfurt ZUM-RD 1997, 221, 232; vgl auch BGH NJW 1999, 2898 – Tele-Info-CD; LG Köln ZUM 2000, 1099, 1101 zu Computerschriften.
105 Vgl Loewenheim, in: Schricker/Loewenheim, § 2 UrhG Rn 172.

Kunst und grafischen Arbeiten der bildenden Kunst unterscheiden. Nachdem die Rechtsprechung die Schutzvoraussetzungen für angewandte und zweckfreie Kunst vereinheitlicht hat (siehe Rn 17), kommt es auf diesen Unterschied grundsätzlich nicht mehr an. Allerdings muss bei der Gebrauchsgrafik eingehender überprüft werden, was vom Gebrauchszweck vorgegeben ist und deshalb den Urheberrechtsschutz nicht begründet (siehe Rn 19). **Urheberrechtsschutz wurde bejaht** für: *Asterix*-Figuren,[106] den rosaroten Elefanten der Deutschen Bundesbahn,[107] die Strichzeichnung eines Sonnengesichts,[108] die grafische Darstellung eines Handwerkers im Rahmen einer Werbeanzeige,[109] das Bildmotiv einer Motorsäge für eine Werbeanzeige,[110] die *Donald-Duck*-Figur sowie andere Figuren,[111] die sowohl sprachlich als auch zeichnerisch gegenüber dem Üblichen auffallend durchgestaltete Werbeanzeige,[112] die Gestaltung eines Werbeplakats,[113] die Darstellung eines Weinlaubblatts,[114] die Gestaltung eines Firmenlogos,[115] die neue Stilisierung und vereinfachende Darstellung eines Vereinslogos,[116] nicht bloß naturalistische, sondern phantasievolle Glas-Dekore.[117] **Urheberrechtsschutz wurde verneint** für: die ARD-1,[118] eine BTX-Grafik, bestehend aus einfach gestalteten architektonischen Gebäuden,[119] die grafische Darstellung von Flaggen nebst Fußball für einen Slogan zur Weltmeisterschaft in Mexiko,[120] die naturalistisch nachgebildete Sonnenblume beim Emblem der GRÜNEN,[121] ein Zeitschriften-Layout,[122] die Illustration eines Rinderkopfes, die auf einer entsprechenden Vorlage eines Schweinekopfes basiert,[123] die Bildschirmseite einer Homepage,[124] die gängige Darstellung einer Weltkarte,[125] die Gestaltung von Handy-Logos,[126] Computergrafiken einer Website,[127] das SED-Emblem mit den verschlungenen Händen,[128] das Logo für die Dose eines Natursalzes,[129] die gebrauchsgrafische farbliche Gestaltung des Werbebanners einer Website,[130] die computerunterstützte Bearbeitung vorhandenen Fotomaterials zur Erstellung eines virtuellen Kölner Doms,[131] die computerunterstützte Herstellung von 3D-Messestandentwürfen, da sie (nach damaliger Rechtsprechung) die Durchschnittsgestaltung nicht deutlich überragen,[132] die grafische Darstellung geometrischer Formen und gängiger Symbole,[133] den persönlichen Schriftzug von *Vicco von Bülow*.[134]

---

106 BGH ZUM 1993, 534, 535 – Asterix.
107 OLG Frankfurt ZUM 1994, 31 – Rosaroter Elefant; BGH ZUM 1995, 482 – Rosaroter Elefant.
108 OLG München ZUM 1993, 490.
109 OLG Oldenburg GRUR 1987, 686 – EMIL.
110 LG Oldenburg GRUR 1989, 49, 53 – Motorsäge.
111 AG Hamburg ZUM 1993, 549; OLG Karlsruhe ZUM 2000, 327, 329 – Hippo Azul; LG Berlin ZUM-RD 2002, 252, 253 – Pumuckl-Figur; LG München I ZUM 2003, 73, 75 – Pumuckl.
112 OLG München NJW-RR 1994, 1258.
113 OLG Jena GRUR-RR 2002, 379, 380 – Rudolstädter Vogelschießen.
114 OLG Hamburg NJOZ 2005, 124, 125 – Weinlaubblatt.
115 OLG Naumburg ZUM 2005, 759, 760.
116 LG München I ZUM-RD 2007, 498, 501 – Vereinslogo.
117 OLG München ZUM-RD 2011, 97, 98.
118 OLG Köln GRUR 1986, 889, 890 – ARD-1.
119 LG Berlin CR 1987, 584.
120 OLG Frankfurt/M. GRUR 1987, 44 – WM-Slogan.
121 OLG München ZUM 1989, 423, 425.
122 KG ZUM-RD 1997, 466, 468.
123 OLG Düsseldorf ZUM-RD 1998, 438.
124 LG Düsseldorf ZUM-RD 1999, 25, 26; betätigt von OLG Düsseldorf MMR 1999, 729, 732.
125 BGH ZUM-RD 2001, 322, 324 f – Telefonkarte.
126 OLG Hamburg ZUM 2004, 386, 387 – Handy-Logos.
127 OLG Hamm ZUM 2004, 927, 928 – Web-Grafiken.
128 LG Hamburg GRUR-RR 2005, 106, 109 – SED-Emblem.
129 KG ZUM 2005, 230 – Verpackungsgestaltung.
130 LG Köln MMR 2008, 64, 65 aber ergänzender wettbewerbsrechtlicher Leistungsschutz bejaht.
131 LG Köln ZUM 2008, 533, 536.
132 OLG Köln ZUM-RD 2010, 72, 73 – 3D-Messestände.
133 BGH GRUR 2011, 803 Rn 35 – Lernspiele.
134 LG Berlin ZUM-RD 2012, 399, 403.

c) Industriedesign

Grundsätzlich können auch Werkzeuge, Gerätschaften, Autokarosserien und andere Gegenstände des Industriedesigns Urheberrechtsschutz genießen. Dort muss in besonderem Maße geprüft werden, inwieweit die Form dieser Gegenstände technisch bedingt, naheliegend oder anderweitig vorgegeben ist und deshalb urheberrechtlich schutzlos bleibt. **Urheberrechtsschutz wurde bejaht** für: den Entwurf eines Stadtbahnwagens,[135] die individuelle Verwendung bekannter Stilmittel bei einem Kaminmodell,[136] die konkrete Umsetzung der Idee, Weißbiergläser unten mit einer Fußballform zu versehen,[137] die gelungene Synthese von Funktionalität und ästhetischem Empfinden bei der Gestaltung eines gläsernen Eierkochers von Wilhelm Wagenfeld.[138] Urheberrechtsschutz wurde **verneint** für: die Form eines Kunststoff-Fahrradkoffers,[139] ein Kletternetz für Spielplätze,[140] einen würfelförmigen Cremetiegel.[141]

d) Lampen

Bei Lampen wurde **Urheberrechtsschutz bejaht** für: die *Bauhaus*-Leuchte von *Wagenfeld*,[142] die vertikal auf einem runden Stahlteller angebrachte Neonröhre von *Eileen Gray*,[143] einen Vasenleuchter aus Glas.[144] **Verneint wurde Urheberrechtsschutz** für: sog Kugelhaufen-Leuchten,[145] eine Lampe aus einem gefalteten Papierschirm.[146]

e) Mode

Grundsätzlich können auch Kreationen der Mode Urheberrechtsschutz genießen.[147] Bisher wurde Urheberrechtsschutz jedoch meistens verneint und ein kurzfristiger Wettbewerbsschutz für ein oder zwei Saisons zugebilligt.[148] Das könnte sich angesichts der geänderten Rechtsprechung (siehe Rn 17) zugunsten mehr Urheberrechtsschutz von Modeartikeln ändern.

f) Möbel

Im Bereich der Möbelindustrie wurde mehrfach unter anderem auch für solche von der Schlichtheit des *Bauhauses* beeinflussten Möbel **Urheberrechtsschutz bestätigt**: zB den Stahlrohrstuhl,[149] den Stahlrohrhocker von *Marcel Breuer*,[150] den Beistelltisch von *Eileen Gray*,[151] den Sessel und die Liege von *Le Corbusier*,[152] den Lounge-Chair von *Charles Eames*,[153] den kubischen Sessel von

---

135 OLG Celle GRUR-RR 2001, 125 – Stadtbahnwagen; BGH GRUR 2002, 799, 800 – Stadtbahnfahrzeug.
136 OLG Köln ZUM-RD 2009, 603, 604 – Kaminofen.
137 OLG Köln GRUR-RR 2010, 139 – Weißbiergläser mit Fußballkugel.
138 OLG München GRUR-RR 2011, 54, 55 – Eierkoch.
139 OLG Düsseldorf GRUR 1999, 72 – Fahrradkoffer.
140 BGH GRUR 2012, 58 Rn 15 ff – Seilzirkus.
141 OLG Köln ZUM 2012, 52, 54 – Cremetiegel bei QVC.
142 OLG Düsseldorf GRUR 1993, 903 – Bauhaus-Leuchte; OLG Hamburg ZUM 1999, 481 – Bauhaus-Leuchte; BGH GRUR 2007, 871, 873 – Wagenfeld-Leuchte.
143 OLG Karlsruhe GRUR 1994, 283 – Eileen Gray.
144 BGH GRUR 1972, 38, 39 – Vasenleuchter.
145 BGH GRUR 1979, 333 – Brombeerleuchte.
146 OLG Düsseldorf GRUR 1954, 417 – Knickfaltlampe.
147 LG Leipzig ZUM 2002, 315, 316 – Hirschgewand.
148 Vgl BGHZ 16,4,6 – Mantelmodell; BGH GRUR 1973, 478, 479 – Modeneuheit; BGH GRUR 1984, 453 – Hemdblusenkleid; BGH GRUR 1998, 477, 478 – Trachtenjanker.
149 BGH GRUR 1981, 820, 822 – Stahlrohrstuhl II; OLG Düsseldorf ZUM 1998, 61, 64 – Stahlrohrstuhl.
150 OLG Düsseldorf ZUM-RD 2002, 419, 422 ff – Breuer-Hocker; OLG Düsseldorf ZUM 2006, 326, 328.
151 OLG Karlsruhe GRUR 1994, 283 – Eileen Gray.
152 BGH NJW 1987, 2678 – Le Corbusier-Möbel; OLG München ZUM 1992, 305 – Le Corbusier-Möbel; KG GRUR 1996, 968, 969 – Möbel-Nachbildungen; OLG Frankfurt AfP 1997, 547.
153 OLG Frankfurt GRUR 1981, 739, 741 – Lounge-Chair.

Dieter Rams,¹⁵⁴ die *Mackintosh*-Möbel,¹⁵⁵ die Gestaltung von Rollschränken,¹⁵⁶ das funktionsästhetische USM-Haller-System,¹⁵⁷ ein ergonomisches Sitzmöbel,¹⁵⁸ die klare und in ihrer optischen Wirkung ungewöhnliche Gestaltung eines Kinderhochstuhls,¹⁵⁹ der abklappbare Liegesessel von *Jean Prouvé*,¹⁶⁰ Gartenstühle aus Holz,¹⁶¹ Sitzmöbelklassiker aus der Zeit des Bauhauses.¹⁶² **Verneint wurde Urheberrechtsschutz** für: die Kombination diverser Elemente eines Möbelprogramms,¹⁶³ die Gestaltung eines Messestandes, da sie eine durchschnittliche Gestaltung nicht deutlich überragt,¹⁶⁴ ein Metallbett,¹⁶⁵ einen massiven Holztisch mit an der Tischplatte durchgehenden Beinen.¹⁶⁶

g) Schmuck

39 Schmuck wird nach wohl hM der angewandten Kunst zugerechnet und unterlag dort grundsätzlich strengen Anforderungen an die hinreichende Individualität.¹⁶⁷ Mittlerweile gelten auch hier die gleichen Anforderungen wie bei anderen Werkarten einschließlich der dort geschützten kleinen Münze (siehe Rn 17). Ferner muss man differenzieren. Eine Spange, die ein Kleidungsstück zusammenhalten soll, mag einen Gebrauchszweck wie jedes andere Werk der angewandten Kunst erfüllen. Ein Ohrclip, den sich jemand ans Ohr steckt, schmückt die Person genauso wie ein Gemälde die Wand. Er hat also denselben Zweck wie ein Kunstwerk. Die Tatsache, dass manches Schmuckstück in Serie hergestellt werden kann, bedeutet nicht, jeder Schmuck werde in Serie hergestellt und müsse deshalb ein Werk der angewandten Kunst sein. Außerdem mag die **Serienherstellung** ein Indiz für die angewandte Kunst gegenüber der „reinen" Kunst sein. Grundsätzlich schließt aber auch die Serienherstellung den Kunstwerk-Charakter nicht von vornherein aus; denn sonst müssten beispielsweise auch Abzüge von Lithografien als angewandte Kunst eingestuft werden. Es kommt also auf den Einzelfall an. Im Zweifel ist *pro auctore* zu entscheiden und nicht nur von den geringen Anforderungen der kleinen Münze, wie sie nun auch bei Werken der angewandten Kunst gelten, auszugehen, sondern auch von einer zweckfreien Gestaltung der bildenden Kunst.¹⁶⁸ **Urheberrechtsschutz wurde bejaht** für: eine Schmuckkollektion, bestehend aus Colliers, Armreifen, Ringen und Ohrsteckern,¹⁶⁹ die reduzierte Formgestaltung eines Platinrings mit eingespanntem Brillianten,¹⁷⁰ die stilisierte Naturnachbildung eines Panthers.¹⁷¹ **Verneint wurde Urheberrechtsschutz** für: eine Halskette als Galalithsteinen,¹⁷² einen Ohrclip in Form einer naturalistisch gestalteten Silberdistel.¹⁷³

---

154 BGH GRUR 1974, 740 – Sessel.
155 OLG Frankfurt GRUR 1994, 49; OLG Frankfurt ZUM 1996, 690, 692; OLG Frankfurt GRUR 1998, 141 – Mackintosh-Entwürfe.
156 OLG Frankfurt ZUM 1990, 35.
157 OLG Frankfurt GRUR 1990, 121 – USM-Haller.
158 OLG Hamburg ZUM-RD 2001, 509, 515 – Move.
159 OLG Hamburg ZUM-RD 2002, 181, 192 – Kinderhochstuhl; BGH GRUR 2013, 1229 Rn 39 – Kinderhochstühle im Internet.
160 LG München I ZUM-RD 2007, 487, 494 – Abklappbare Chaiselongue.
161 LG Hamburg GRUR-RR 2009, 123, 127 – Gartenstühle.
162 LG Hamburg GRUR-RR 2009, 211, 212 – Bauhaus-Klassiker.
163 BGH GRUR 1982, 605, 606 ff – Büromöbelprogramm.
164 LG Düsseldorf GRUR-RR 2003, 38, 39 – Messestand.
165 BGH GRUR 2004, 941, 942 f – Metallbett.
166 OLG Köln GRUR-RR 2008, 166, 167 – Bigfoot, Wettbewerbsschutz bejaht.
167 Vgl BGH GRUR 1995, 581, 582 – Silberdistel.
168 Wohl auch Loewenheim, in: Schricker/Loewenheim, § 2 UrhG Rn 171.
169 OLG Zweibrücken ZUM-RD 1998, 13, 16 – Pharaon-Schmucklinie.
170 OLG Düsseldorf ZUM-RD 2001, 385, 388 – Spannring, die Revision wurde nicht angenommen.
171 OLG Frankfurt/M. GRUR-RR 2006, 43, 44 – Panther mit Smaragdauge.
172 RGZ 142, 341, 346 – Galalithsteine.
173 BGH GRUR 1995, 51, 582 – Silberdistel, möglicherweise nach neuerer Rechtsprechung (siehe Rn 19) geschützt, vgl G. Schulze NJW 2014, 475; vgl auch BGH GRUR 1979, 119, 120 – Modeschmuck.

5. Werkteile

Auch Teile eines Werks können schutzfähig sein, wenn der betreffende Ausschnitt des Werks für sich bereits eine persönliche geistige Schöpfung (§ 2 Abs. 2 UrhG) ist. Hierauf kommt es bei Urheberrechtsverletzungen an. Wird ein fremdes Werk nur teilweise übernommen, muss geprüft werden, ob bereits der übernommene Teil hinreichend individuell ist.[174]

6. Skizzen, Pläne, Entwürfe

Nicht nur die Endfassung, sondern auch Vorstufen eines Werks genießen Urheberrechtsschutz, wenn auf der betreffende Stufe bereits eine persönliche geistige Schöpfung entstanden ist. Das gilt nicht nur für zweidimensionale Skizzen, Pläne und Entwürfe (§ 2 Abs. 1 Nr. 4 UrhG), sondern auch für dreidimensionale **Modelle**. Entscheidend ist, dass dasjenige, was zweidimensional oder dreidimensional bereits dargestellt wird, hinreichend individuell ist.[175] Darüber hinaus kann auch die Art und Weise, wie das Werk oder dessen Vorstufe dargestellt wird, individuell sein. Dann kommt zusätzlich ein Schutz als **Darstellung wissenschaftlicher oder technischer Art** (§ 2 Abs. 1 Nr. 7 UrhG) in Betracht;[176] gegebenenfalls auch als Kunstwerk (§ 2 Abs. 1 Nr. 4 UrhG).[177]

7. Bearbeitungen

Nicht nur völlig neu geschaffene Werke, sondern auch Bearbeitungen bestehender Werke können Urheberrechtsschutz genießen, wenn sie ihrerseits hinreichend individuell sind. Sie werden dann wie selbstständige Werke geschützt (§ 3 UrhG). Es muss zwischen den schon bestehenden Gestaltungselementen und dem daraus herrührenden **Gesamteindruck** des bearbeiteten Werks einerseits und den hinzukommenden oder ersetzenden Gestaltungselementen und dem hierdurch entstehenden Gesamteindruck der Bearbeitung andererseits unterschieden werden. Nur wenn Letztere gegenüber ersteren ein hinreichendes Maß an eigenständiger Individualität erreichen, kann die Bearbeitung selbstständig schutzfähig sein.

Bearbeitet der Urheber des schon bestehenden Werks sein eigenes Werk selbst, kann häufig dahinstehen, ob die zusätzlichen Gestaltungsmerkmale eine eigenständige Individualität begründen; denn in der Bearbeitung ist das bearbeitete Werk erkennbar mit enthalten, so dass die schutzfähigen Elemente des bearbeiteten Werks dort wiederkehren und damit auch zur Individualität der Bearbeitungsfassung beitragen. Wer also sein **Produktdesign selbst weiterentwickelt**, wird in der Regel auch für die Weiterentwicklung Urheberrechtsschutz in Anspruch nehmen können, wenn schon das zugrunde liegende Design hinreichend individuell war. Problematisch kann es werden, wenn der Bearbeiter ein fremdes Werk bearbeitet und nun abgesehen von dem Schutz des bearbeiteten Werks einen eigenständigen Schutz an seiner Bearbeitung beanspruchen will. Dann muss nach dem auch sonst üblichen Prüfungsschema (siehe Rn 29) geprüft werden, ob die Gestaltungsmerkmale und der Gesamteindruck der Bearbeitung hinreichend individuell sind.[178]

Bei der **Ausführung eines Entwurfs**, zB eines zweidimensionalen Möbelentwurfs in seine dreidimensionale Form, fehlt in der Regel ein ausreichender Gestaltungsspielraum für eine selbstständig schutzfähige Bearbeitung.[179] Desgleichen ist die Mitarbeit bei der **Entwicklung für die industrielle Produktion** eines vorhandenen Möbelentwurfs grundsätzlich keine schutzfähige Bearbeitung.[180] Der **Modelleur**, der einen fremden Entwurf lediglich umsetzt, erwirbt kein Bearbeiterurheber-

---

174 Vgl Schulze, in: Dreier/Schulze, § 2 UrhG Rn 76 f.
175 Vgl Schulze, in: Dreier/Schulze, § 2 UrhG Rn 15, 187.
176 Vgl BGH GRUR 1979, 464, 465 – Flughafenpläne; BGH GRUR 1998, 916, 917 – Stadtplanwerk; BGH NJW 2014, 469 Rn 12 – Geburtstagszug, aber nur hinsichtlich der Form der Darstellung, nicht dagegen hinsichtlich des dargestellten Inhalts; Schulze, in: Dreier/Schulze, § 2 UrhG Rn 222 ff.
177 Vgl Schulze, in: Dreier/Schulze, § 2 UrhG Rn 188.
178 Vgl Schulze, in: Dreier/Schulze, § 3 UrhG Rn 3 ff.
179 Vgl OLG Frankfurt ZUM-RD 1997, 486, 491 – Mackintosh-Entwürfe.
180 Vgl OLG München ZUM 1992, 305, 307 – Le Corbusier-Möbel, rechtskräftig durch Beschluss des BGH ZUM 1992, 509.

recht.[181] Ebenso stellt die **Änderung der Größenverhältnisse** grundsätzlich keine eigene schöpferische Bearbeitung dar. Nachgeschnitzte Skulpturen sind auch dann bloße Vervielfältigungen, wenn sie größer oder kleiner als das Original ausfallen.[182] Bei der **Übertragung eines Werks in eine andere Dimension** kommt es darauf an, ob das Werk nach technischen Regeln möglichst getreu in die andere Dimension umgesetzt oder ob es gestalterisch für die andere Dimension nachempfunden wird und sich auf diese Weise von seinem Vorbild löst.[183] Letzterenfalls kann eine Bearbeitung vorliegen. Das ist in der Regel der Fall, wenn zu einer Skulptur eine Zeichnung oder nach einer Zeichnung eine Skulptur geschaffen wird.[184] Ähnlich verhält es sich bei der **Übertragung eines Werks in einen anderen Werkstoff**. Eine lediglich materialbedingte geschmackliche Bereicherung begründet noch keinen selbstständigen Bearbeitungsschutz.[185] Entsteht durch den Materialwechsel jedoch ein völlig neuer ästhetischer Gesamteindruck, zB wenn eine Metallfigur aus Glas hergestellt wird und materialbedingte Lichteffekte hinzukommen, kann dies im Einzelfall als Bearbeitung selbstständig schutzfähig sein.[186] Viele Gebrauchsgegenstände, zB Autokarosserien, Lampen, Möbel, Geräte der Elektroindustrie, werden jedes Jahr nur geringfügig umgestaltet und dann als neue Modelle auf den Fachmessen vorgestellt. Die **Weiterentwicklung der Vorserie** ist nur dann selbstständig als Bearbeitung geschützt, wenn sie sich gegenüber dem vorangegangenen Modell durch eine eigene schutzfähige Form abhebt. Geringfügige Abweichungen genügen hierfür nicht.[187] War das vorangegangene Modell schutzfähig, so genießt das geringfügig weiterentwickelte Modell ebenfalls Urheberrechtsschutz, soweit die den Urheberrechtsschutz begründenden gestalterischen Elemente der Vorserie im Folgemodell wiederkehren. Demgemäß kehren in dem zweisitzigen *Le Corbusier*-Sofa die schutzfähigen Gestaltungselemente des einsitzigen *Le Corbusier*-Sessels wieder. In vergrößerter Dimension ist es genauso geschützt wie der Sessel.[188]

II. Entstehen des Urheberrechtsschutzes

45 Das Urheberrechtsgesetz kennt **keine Formerfordernisse**, zumal sie nach Art. 5 Abs. 2 RBÜ unzulässig wären. Mit dem Schaffensprozess entsteht automatisch der Urheberrechtsschutz am Werk, und zwar auch für die einzelnen Vorstufen oder Teile des Werks, soweit sie ihrerseits individuell sind (siehe Rn 41). Registrierungen, Hinterlegungen oder Gebühreneinzahlungen entfallen beim Urheberrechtsschutz (siehe Rn 3).

III. Urheber

46 Im Urheberrecht gilt das **Schöpferprinzip** (§ 7 UrhG). Da nur eine natürliche Person eine persönliche geistige Schöpfung schaffen kann (siehe Rn 8) und da der Urheberrechtsschutz bereits mit dem Schaffensvorgang entsteht (siehe Rn 45), kann nur eine **natürliche Person**, der Urheber, Schöpfer des Werks sein. Eine juristische Person kommt als Urheber nicht in Betracht. Ebenso wenig sind Ideenanreger, Auftraggeber und Arbeitgeber Urheber, solange sie das Werk nicht selbst persönlich schaffen. Eine Ausnahmevorschrift, wie sie das Designgesetz (§ 7 Abs. 2 DesignG) vorsieht, enthält das Urheberrechtsgesetz grundsätzlich nicht. Infolgedessen entstehen auch sämtliche Urheberrechte mit dem Schaffensvorgang beim Urheber. Auftraggeber, Verwerter und Arbeitgeber können nur vom Urheber **abgeleitete Rechte** geltend machen, wenn sie sich zuvor von ihm derartige Rechte (gem. § 31 ff. UrhG) einräumen ließen.

---

181 OLG Hamm ZUM-RD 2002, 71, 74 – Wackelkopfhund.
182 Vgl BGH GRUR 1966, 503, 505 – Apfel-Madonna; BGH GRUR 1990, 669, 673 – Bibelproduktion.
183 Vgl Loewenheim, in: Schricker/Loewenheim, § 3 UrhG Rn 20.
184 Vgl OLG München ZUM 2010, 186, 188 – La Priére, nicht rechtskräftig; Bullinger, in: Wandtke/Bullinger, § 3 Rn 27.
185 Vgl BGH GRUR 1963, 328, 329 – Fahrradschutzbleche; OLG Frankfurt ZUM-RD 1997, 486, 491 – Mackintosh-Entwürfe.
186 Vgl BGH GRUR 1988, 690, 692 – Kristallfiguren.
187 Vgl BGH GRUR 1979, 332, 336 – Brombeerleuchte.
188 Vgl KG GRUR 1996, 968, 969 – Möbel-Nachbildungen.

Das Schöpferprinzip beschränkt die Urheberschaft nicht auf eine einzige Person. Schaffen mehrere Personen ein Werk gemeinsam, sind sie **Miturheber** (§ 8 UrhG). Der Auftraggeber oder Arbeitgeber kann Miturheber sein. Er muss aber einen schöpferischen und nach § 2 Abs. 2 UrhG schutzfähigen Beitrag zum Werk geleistet haben. Außerdem müssen sich sämtliche Miturheber der Gesamtidee unterordnen, ein einheitliches Werk zu schaffen.[189] Während bei der Bearbeitung ein schon bestehendes Werk schöpferisch bearbeitet wird, ohne dass sich Bearbeiter und Ersturheber einem gemeinsamen Schaffen unterordnen, setzt Miturheberschaft Teamwork voraus. So wie sich die Miturheber einem gemeinsamen Schaffen unterwerfen, müssen sie auch bei der Verwertung das gemeinsame Ziel beachten und aufeinander Rücksicht nehmen (§ 8 Abs. 2 UrhG).

IV. Urheberrechte

Das Urheberrecht schützt den Urheber in seinen geistigen und persönlichen Beziehungen zum Werk und in der Nutzung des Werks (§ 11 S. 1 UrhG). Die ihm zustehenden Rechte werden in den Urheberpersönlichkeitsrechten (§§ 12 bis 14 UrhG), den Verwertungsrechten (§§ 15 ff. UrhG) und in den sonstigen Rechten des Urhebers (§§ 25 bis 27 UrhG) umschrieben. Bei sämtlichen Rechten überlappen sich sowohl ideelle als auch materielle Interessen des Urhebers; denn die Persönlichkeitsrechte haben durchaus auch einen materiellen Gehalt, wie umgekehrt die Verwertungsrechte einen persönlichkeitsrechtlichen Kern besitzen. Mal überwiegt ihr ideeller, mal ihr materieller Gehalt.[190]

Das Urheberrecht ist umfassend und absolut. Zum einen kann der Urheber sein Werk auf alle gegenwärtigen und künftig erst entstehenden Arten nutzen; denn sämtliche Rechte entstehen bei ihm (siehe Rn 46). Zum anderen stehen ihm die einzelnen Befugnisse ausschließlich zu mit der Folge, anderen die Nutzung seines Werks verbieten zu können, soweit sie es ohne seine Zustimmung verwerten. Neben dem **(positiven)** Nutzungsrecht hat er auch ein **(negatives)** Verbotsrecht. Die Vielzahl seiner Befugnisse verdeutlicht ferner, dass ein Nutzer prüfen muss, auf welche Weise er das Werk nutzen will und ob er für die einzelnen Nutzungsarten das jeweils einschlägige Nutzungsrecht erworben hat.

1. Urheberpersönlichkeitsrechte

Die Urheberpersönlichkeitsrechte schützen die ideellen Interessen des Urhebers. Hierauf wird im Kapitel „Designerpersönlichkeitsrecht" gesondert eingegangen, so dass auf die dortigen Ausführungen verwiesen wird (siehe § 9 Rn 4).

2. Verwertungsrechte

Die Verwertungsrechte des Urhebers sind in § 15 UrhG nur beispielhaft aufgelistet. Grundsätzlich fällt jede Form der Nutzung hierunter. Es wird zwischen körperlichen und unkörperlichen Verwertungsrechten unterschieden. Zu den körperlichen Verwertungsrechten zählen insbesondere die **Vervielfältigung** (§ 16 UrhG) und die **Verbreitung** (§ 17 UrhG), nämlich von einem Entwurf oder Prototyp eine Vielzahl von Werkstücken herzustellen und sie auf dem Markt anzubieten und zu vertreiben. Zu den Vervielfältigungen eines dreidimensionalen Werks zählt auch die zweidimensionale Abbildung, zB das Foto von einem Möbel. Wird dieses Foto im Rahmen der Werbung für andere Produkte gezielt eingesetzt, liegt darin ebenfalls eine urheberrechtlich relevante Nutzung. Unkörperlich ist die Nutzung, wenn im genannten Beispielsfall die Abbildung im Fernsehen ausgestrahlt (§ 20 UrhG) oder wenn es online im Internet zugänglich gemacht wird (§ 19 a UrhG). Die einzelnen Verwertungsrechte lassen sich wiederum in verschiedene **Nutzungsarten** aufspalten, hinsichtlich derer der Urheber Dritten **Nutzungsrechte** einräumen kann (§ 31 UrhG). Sämtliche Urheberrechte

---

189 Vgl BGH NJW 2003, 665, 668 – Staatsbibliothek; BGH GRUR 1994, 39, 40 – Buchhaltungsprogramm; Schulze, in: Dreier/Schulze, § 8 UrhG Rn 2.
190 Vgl Schulze, in: Dreier/Schulze, § 11 UrhG Rn 2.

und Nutzungsrechte entstehen und bleiben zunächst beim Urheber (siehe Rn 46). Wer das Design eines Dritten nutzen will, muss sich hierfür die entsprechenden Nutzungsrechte vorher beschaffen (siehe Rn 78).

a) Verbreitung von Imitaten

52 Mangels eines einheitlichen allgemeinen europäischen Werkbegriffs (siehe Rn 18) kann sich das **unterschiedliche** urheberrechtliche **Schutzniveau** der Mitgliedstaaten (siehe § 13 Rn 15) bei Designprodukten innerhalb der **Europäischen Gemeinschaft** negativ auswirken. Solange die Schutzvoraussetzungen nicht für sämtliche Werkarten EU-weit harmonisiert sind und es hierzu auch keine einheitliche höchstrichterliche Rechtsprechung in der EU gibt, werden ein Schutzgefälle zwischen den Mitgliedstaaten und hierdurch verursachte Beschränkungen des Warenverkehrs (Artt. 34, 36 AEUV) hingenommen werden müssen.[191] Das hindert die Rechtsinhaber im Schutzland nicht, gegen Imitate aus dem Ausland vorzugehen.[192]

> **Beispiel:** Da es EU-weit keine einheitlichen Schutzanforderungen bei Werken der angewandten Kunst gibt, kann manches Möbeldesign in Deutschland Urheberrechtsschutz genießen, in Italien aber nicht. Häufig wird dann versucht, die in Italien zulässigerweise hergestellten Imitate, zB von *Le Corbusier*-Möbeln, in Deutschland auf den Markt zu bringen. Da die Imitate ohne Zustimmung des Rechtsinhabers hergestellt wurden, ist deren Verbreitung in Deutschland rechtswidrig. Infolgedessen kann gegen Importe dieser Möbel nach Deutschland und gegen dortige Verkäufe eingeschritten werden (§§ 17 Abs. 1, 96 Abs. 1 UrhG).

Desgleichen sind **Werbemaßnahmen** für den Absatz dieser Imitate in Deutschland, zB durch Zeitungsanzeigen oder im Internet, rechtswidrig; denn schon das werbemäßige **Angebot** ist ein Teil der Verbreitungshandlung im Inland. Wer in Deutschland für diese Imitate werben will, benötigt die erforderlichen Verbreitungsrechte; denn Angebot und Werbung zählen zum Kauf (Verbreitung) des Werkexemplars, gleichviel, ob es zum Kauf kommt.[193] Wer jedoch nach Italien fährt und das Imitat dort erwirbt und abholt, begeht keine Urheberrechtsverletzung, wenn das Imitat in Italien verbreitet werden darf und weil der Abholer deshalb keine Verletzungshandlung begeht, solange er das Imitat privat nutzt und in Deutschland nicht in Verkehr bringt. Würde er es in Deutschland weiterveräußern, wäre dies ein Inverkehrbringen und deshalb unzulässig.

53 Anders kann es sich verhalten, wenn das Imitat nicht weiterveräußert, sondern an einen Dritten zu Erwerbszwecken vermietet wird. Einerseits ist das **Vermietrecht** ebenfalls ein eigenständiges Verbotsrecht (§ 17 Abs. 3 S. 1 UrhG), welches nur mit Zustimmung des Urhebers genutzt werden darf. Andererseits wird bei Werken der angewandten Kunst eine Einschränkung gemacht. Die Überlassung von Vervielfältigungsstücken von Werken der angewandten Kunst gilt nicht als Vermietung und fällt nicht unter das (urheberrechtliche) Vermietrecht (§ 17 Abs. 3 S. 2 Nr. 1 UrhG).[194] Man dachte an Geschirr, Kostüme und dergleichen Gebrauchsgegenstände, die eher wegen ihrer Funktion und weniger wegen ihres Werkgehalts vermietet werden. Derartige Nutzungen sollte der Urheber oder der Inhaber der Urheberrechte nicht weiter beschränken können. Diese Einschränkung gilt jedoch nicht hinsichtlich einer anderweitigen Nutzung, zB wenn Bücher mit Abbildungen oder Plänen dieser Werke vermietet werden. Dort ist das Vermietrecht zu beachten.[195] Auch wenn das Vermietrecht bei Werken der angewandten Kunst von vornherein eingeschränkt gilt, wird man jedoch berücksichtigen müssen, dass das Vervielfältigungsstück im genannten Beispiel (Rn 52) in Italien nach dortiger Gesetzeslage zwar rechtmäßig hergestellt werden durfte, nach deutschem Recht aber ein rechtswidrig hergestelltes Verletzungsexemplar ist. Derartige Verletzungsexemplare dürfen in

---

191 Vgl EuGH GRUR 2012, 817 Rn 36 – Donner; Schulze, in: Dreier/Schulze, § 2 Rn 22 mwN.
192 Vgl EuGH GRUR 2014, 283, Rn 28 ff – Blomqvist/Rolex.
193 Vgl BGH GRUR 2007, 871, 873 Rn 27 ff – Wagenfeld-Leuchte; EuGH GRUR 2014, 283 Rn 32 – Blomqvist/Rolex; weitere Vorlage des BGH GRUR 2013, 1137 Rn 19 f – Marcel-Breuer-Möbel; EuGH GRUR 2015, 665 – Dimensione ua/Knoll.
194 Vgl auch Art. 3 Abs. 2 Richtlinie 2006/115/EG vom 12.12.2006 zum Vermietrecht und Verleihrecht (kodifizierte Fassung).
195 Vgl Schulze, in: Dreier/Schulze, § 17 UrhG Rn 48.

Deutschland auch dann nicht verbreitet werden (vgl § 96 Abs. 1 UrhG), wenn sie im Ausland rechtmäßig hergestellt werden konnten.[196] Es kommt also darauf an, ob die Vermietung ebenfalls eine Verbreitung iS eines Inverkehrbringens an die Öffentlichkeit darstellt. Nach früherer Rechtsprechung des BGH beschränkte sich die Verbreitung nicht auf die Eigentumsübertragung, sondern sie erstreckte sich auch auf die **Überlassung des Besitzes**.[197] Demgemäß wurde die Vermietung, nämlich die vorübergehende Gebrauchsüberlassung, als Unterfall der Verbreitung angesehen.[198] Ein Vermieten der Möbelimitate war deshalb in Deutschland ebenfalls unzulässig. Seitdem der EuGH entschieden hat, die Verbreitung setze eine Eigentumsübertragung voraus,[199] soll nach Auffassung des BGH die bloße Vermietung rechtswidriger Werkexemplare aus dem Ausland in Deutschland auch nach § 96 UrhG analog nicht unterbunden werden können.[200] Meines Erachtens wird man insoweit jedoch eine Regelungslücke annehmen können; denn der deutsche Gesetzgeber war mit dem Verwertungsverbot des § 96 UrhG davon ausgegangen, eine Verbreitung nicht nur bei Eigentumsübertragungen, sondern auch bei Besitzüberlassungen im Wege des Vermietens und Verleihens unterbinden zu können.[201] Soweit eine Verbreitung durch die (zu kritisierende) Rechtsprechung des EuGH nachträglich nur im Falle einer Eigentumsübertragung vorliegen soll, entstand eine vom deutschen Gesetzgeber nicht gewollte Lücke, die durch analoge Anwendung des § 96 UrhG geschlossen werden kann.[202]

Ähnlich verhält es sich beim unentgeltlichen und keinen Erwerbszwecken dienenden **Verleihen**. Die Einschränkung des § 17 Abs. 3 S. 2 Nr. 1 UrhG gilt zwar nur für das Vermieten, nicht für das Verleihen, nach Art. 3 Abs. 2 der Richtlinie zum Vermiet- und Verleihrecht[203] soll jedoch auch das Verleihen von Werken der angewandten Kunst nicht unter das urheberrechtliche Verleihrecht fallen. Einerseits hat der Gesetzgeber bei der Umsetzung der EG-Richtlinie zum Vermiet- und Verleihrecht keinen Gebrauch von der Möglichkeit gemacht, neben dem gesonderten Vermietrecht auch ein gesondertes Verleihrecht einzuführen. Andererseits besteht das **Verleihrecht** durchaus als ausschließliches Verbotsrecht beim erstmaligen Inverkehrbringen, wenn das Vervielfältigungsstück zuvor noch nicht verbreitet worden war und sich infolgedessen das Verbreitungsrecht noch nicht erschöpfen konnte (siehe Rn 62).[204] Das Inverkehrbringen setzt – wie beim Vermieten (siehe Rn 53) – die Zustimmung des Berechtigten voraus, die hier nicht vorliegt. Das Verleihen verstößt somit ebenfalls gegen §§ 17 Abs. 1, 96 Abs. 1 UrhG analog (siehe Rn 53), wenn ihm kein nach deutschem Recht rechtmäßig hergestelltes Vervielfältigungsstück zugrunde liegt. Deshalb ist das Verleihen der Möbelimitate in Deutschland ebenfalls unzulässig.

54

Mitunter wird der Öffentlichkeit weder das Eigentum noch die **tatsächliche Verfügungsgewalt** an dem betreffenden Gegenstand übertragen. Die im Beispiel (Rn 52) genannten Möbelimitate werden in Lobbys oder Verkaufsräumen von Hotels, Ausstellungshallen, Kaufhäusern und anderen öffentlich zugänglichen Gebäuden aufgestellt und den Besuchern während ihres dortigen Aufenthalts überlassen. Es ist umstritten, ob dies ebenfalls als Inverkehrbringen und als eine zustimmungsbedürftige Verbreitungshandlung anzusehen ist.[205] Der BGH neigte dazu, ein Inverkehrbringen anzunehmen, wenn urheberrechtlich geschützte Werkstücke der Öffentlichkeit zur Benutzung zur Verfügung gestellt werden, auch wenn dies nicht mit einer Verschaffung der tatsächlichen Verfügungsgewalt über die Werkstücke verbunden ist, hatte aber dem EuGH die Frage vorgelegt, ob dies eine

55

---

196 Vgl BGH GRUR 1993, 550, 552 – The Doors; Dreier, in: Dreier/Schulze, § 96 UrhG Rn 3.
197 BGH GRUR 2007, 50, 51 Rn 14 – Le Corbusier-Möbel.
198 BGH GRUR 1986, 736, 737 – Schallplattenvermietung.
199 Vgl EuGH GRUR Int. 2008, 593 Rn 32 – Le Corbusier-Möbel II; siehe Rn 55.
200 Vgl BGH GRUR 2009, 840 Rn 23 – Le-Corbusier-Möbel II; Dreier, in: Dreier/Schulze, § 96 Rn 4.
201 Vgl Schulze, in: Dreier/Schulze, § 17 Rn 4 f.
202 Vgl im Ergebnis BGH GRUR 2009, 942 Rn 28 – Motezuma; Schulze, in: Dreier/Schulze, § 17 Rn 4 a; anders aber BGH GRUR 2009, 840 Rn 23 – Le-Corbusier-Möbel II.
203 Vgl Art. 3 Abs. 2 der Richtlinie 2006/115/EG vom 12.12.2006 zum Vermietrecht und Verleihrecht (kodifizierte Fassung).
204 Vgl Schulze, in: Dreier/Schulze, § 17 UrhG Rn 52.
205 Vgl Schulze, in: Dreier/Schulze, § 17 UrhG Rn 15 mwN.

Verbreitung an die Öffentlichkeit in beliebiger Form auf sonstige Weise iSv Art. 4 Abs. 1 der Richtlinie 2001/29/EG zur Informationsgesellschaft sei.[206] Der **EuGH** hat sich zur vorübergehenden Besitzüberlassung und zur diesbezüglichen konkreten Gesetzeslage in Deutschland nicht geäußert, sondern nur geantwortet, dass eine **Verbreitung** iSv Art. 4 Abs. 1 eine **Eigentumsübertragung** verlange, weil dies in Art. 6 Abs. 1 des WCT-Vertrags so vorgegeben sei.[207] Dabei hat er unter anderem übersehen, dass Art. 6 WCT-Vertrag – wie auch andere internationale Regelungen – nur **Mindestrechte**, aber keine Maximalrechte regelt. Infolgedessen können die Vertragsstaaten – einschließlich der EU als Richtliniengeberin – durchaus einen weitergehenden Schutz vorsehen und auch die bloße **Besitzüberlassung** als Verbreitungshandlung einstufen, wie es nicht nur in Deutschland, sondern auch in anderen Mitgliedstaaten geschieht. Deshalb wurde das Urteil des EuGH zu Recht kritisiert.[208] Selbst wenn man mit dem EuGH davon ausginge, Art. 4 Abs. 1 der Richtlinie 2001/29/EG zur Informationsgesellschaft regle nur die Verbreitung in Form der Eigentumsübertragung, nicht aber die Besitzüberlassung, bleibt es den Mitgliedstaaten jedenfalls nach Art. 6 WCT-Vertrag unbenommen, auch die Besitzüberlassung zu regeln, gegebenenfalls als eigenständige Nutzung. Da der EuGH von der falschen Prämisse ausgegangen war, Art. 6 Abs. 1 des WCT-Vertrags enthalte eine abschließende Regelung, beruht auch seine Auslegung des Art. 4 Abs. 1 der Richtlinie 2001/29/EG auf einer falschen Grundlage. Immerhin wurde dort sehr weit und offen – „in beliebiger Form durch Verkauf oder auf sonstige Weise" – formuliert, so dass sich die Verbreitung auch auf eine Besitzüberlassung erstrecken kann. Lediglich die Erschöpfung sollte im Fall der Eigentumsübertragung (und nicht der bloßen Besitzüberlassung) eintreten (Art. 4 Abs. 2 der Richtlinie 2001/29/EG). Die Erwägungsgründe 4, 9 (hohes Schutzniveau), 10 (angemessene Vergütung) und 11 (rigorose und wirksame Regelung zum Schutz der Urheberrechte) zur Richtlinie 2001/29/EG unterstreichen diese weite Auslegungsmöglichkeit. Im Ergebnis scheint der **BGH** dem EuGH folgen und im Falle der Besitzüberlassung keine Verbreitung mehr annehmen zu wollen.[209] Bislang hat der EuGH Art. 4 der Richtlinie nicht ausgelegt, sondern sich lediglich auf Art. 6 WCT gestützt und allein deswegen bei der Verbreitung eine Eigentumsübertragung vorausgesetzt. Es wäre sinnvoll, dem EuGH die Frage vorzulegen, ob er eingedenk der Tatsache, dass Art. 6 WCT nur Mindestrechte regelt, Art. 4 der Richtlinie so auslegen wolle, dass eine Besitzüberlassung nicht unter das dort geregelte Verbreitungsrecht falle.[210]

56 Außerdem wird man sich das **Ausmaß** derartiger Nutzungshandlungen vor Augen führen müssen. Hotels, Kaufhäuser und andere Betreiber öffentlich zugänglicher Gebäude sind zu Erwerbszwecken tätig. Sie verkaufen ihre Waren und Dienstleistungen zusammen mit dem Ambiente, das sie umgibt. Deckt sich ein Kaufhaus mit Imitaten aus dem Ausland ein, die in Deutschland Urheberrechtsschutz genießen, dann geht es idR nicht um Einzelstücke, sondern um viele Exemplare, die alle Filialen und Zweigniederlassungen des betreffenden Unternehmens mit der gleichen Corporate Identity ausstatten sollen. Es handelt sich also durchaus um ganze LKW-Ladungen, die aus dem Ausland importiert werden. Würde ein Händler solche Ladungen nach Deutschland verbringen und an das Kaufhaus vermitteln, verstieße er unstreitig gegen das Verbreitungsrecht (§§ 17 Abs. 1, 96 Abs. 1 UrhG). Derartige Importe sollen zudem der **Grenzbeschlagnahme** unterliegen (§ 111 b UrhG).[211] Die Tatsache, dass sich ein Kaufhaus den Zwischenhändler erspart und sich die Imitate

---

206 BGH GRUR 2007, 50, 51 Rn 17 – Le Corbusier-Möbel; vgl auch OGH MuR 2008, 197, 198: Verbreitung bejaht.
207 Vgl EuGH GRUR Int. 2008, 593, 595 Rn 32 – Le Corbusier-Möbel II.
208 Vgl Schulze, in: Dreier/Schulze, § 17 UrhG Rn 4 a; v. Welser, Anm. zum EuGH-Urteil GRUR Int. 2008, 596; Walter, MuR 2008, 202, 203; ders., MuR 2008, 246; Heerma, in: Wandtke/Bullinger, § 17 UrhG Rn 7 ff; aA und dem BGH folgend Dustmann, in: Fromm/Nordemann, § 17 Rn 16.
209 BGH GRUR 2009, 840 Rn 19, 21 – Le-Corbusier-Möbel II; BVerfG ZUM 2011, 825 Rn 67 – Le-Corbusier-Möbel; BGH GRUR 2014, 549 Rn 18 – Meilensteine der Psychologie; anders noch BGH GRUR 2009, 942 Rn 28 – Motezuma.
210 Vgl Schulze, in: Dreier/Schulze, § 17 Rn 4 a, 15.
211 Vgl Art. 51 TRIPS-Abkommen; Dreier, in: Dreier/Schulze, § 111 b UrhG Rn 1 ff; EuGH GRUR 2014, 283 Rn 35 Blomqvist/Rolex.

selbst aus dem Ausland beschafft, macht die Nutzung nicht rechtmäßig, zumal die Grenzbeschlagnahme auch beim sog. Ameisenverkehr, wenn es nicht mehr um kleine Mengen von Waren ohne gewerblichen Charakter geht (Art. 60 TRIPS-Abkommen), stattfinden soll.[212] Die im TRIPS-Abkommen vorgesehenen Grenzmaßnahmen (Art. 51 ff TRIPS-Abkommen) sollten über die Richtlinie 2004/48/EG vom 29.4.2004 zur Durchsetzung der Rechte des geistigen Eigentums auch in nationales Recht übertragen werden.[213] Sollen auf der einen Seite diese Rechte durch Grenzbeschlagnahmen durchgesetzt werden, wäre es widersprüchlich, auf der anderen Seite die hierfür einschlägigen Urheberrechte zu beschränken. Soweit die Schutzanforderungen an die jeweilige Werkart nicht harmonisiert sind, bleibt auch der **freie Warenverkehr** (Art. 28, 30 EGV) durchaus beschränkt (siehe Rn 52). Verbleibende Schutzdefizite in einem Land sollen nicht über den freien Warenverkehr in andere Länder übertragen und dort sanktioniert werden. Vielmehr muss ein unterschiedliches Schutzniveau bei Werken der angewandten Kunst auch an den Landesgrenzen innerhalb der EU weiterhin beachtet werden.[214] Hierfür sollte es unerheblich sein, ob die anschließende gewerbliche Nutzung zu einer Eigentumsübertragung, einer Besitzüberlassung oder einer Besitzüberlassung ohne Verfügungsgewalt führt. Noch eklatanter wird es, wenn man sich vorstellt, dass auf diese Weise Kinos, Konzertsäle, Kongresssäle und andere Räumlichkeiten mit einer Vielzahl der jeweiligen Imitate bestückt werden könnten. Der freie Warenverkehr dient nicht dazu, rechtliche Schlupflöcher zu ermöglichen.

b) Bearbeitung

Dem Urheber ist die Nutzung seines Werks nicht nur in identischer, sondern auch in abgewandelter Form vorbehalten. Auf der einen Seite kann die Bearbeitung eines eigenen oder eines fremden Werks selbst Urheberrechtsschutz genießen, wenn sie gegenüber dem bearbeiteten Werk eine eigenständige Individualität aufweist (§ 3 UrhG; siehe Rn 42 ff). Auf der anderen Seite dürfen fremde Werke nur mit **Einwilligung des Urhebers** des bearbeiteten Werks veröffentlicht oder verwertet werden (§ 23 UrhG). Erst wenn das fremde Werk nur als Anregung benutzt wird und die Züge des neu geschaffenen Werks so individuell sind, dass dahinter die Züge des benutzten Werks verblassen, bedarf es keiner Einwilligung des Urhebers des fremden Werks (§ 24 UrhG; siehe Rn 65 ff). Grundsätzlich darf im eigenen Studio experimentiert und dürfen fremde Werke bearbeitet werden, solange hiermit nicht an die Öffentlichkeit getreten wird. Sollen aber Pläne oder Entwürfe eines Werks der angewandten Kunst ausgeführt werden, bedarf es schon im Vorfeld der Einwilligung des Urhebers, nicht erst bei der Veröffentlichung (§ 23 S. 2 UrhG). Wer wiederum eine Bearbeitung nutzen will, muss beachten, dass möglicherweise zwei Urheberrechte involviert sind, nämlich dasjenige des Urhebers des bearbeiteten Werks sowie das Urheberrecht des Bearbeiters. Beider Rechte müssen erworben sein, bevor die Bearbeitung genutzt wird. Desgleichen kann auch der Urheber des bearbeiteten Werks die von einem anderen geschaffene Bearbeitung seines Werks nicht ohne dessen Einwilligung verwerten.

3. Sonstige Rechte und Ansprüche

a) Zugangsrecht

Das Zugangsrecht (§ 25 UrhG) ist im besonderen Maße urheberpersönlichkeitsrechtlich geprägt. Hierauf wird in § 9 („Designerpersönlichkeitsrecht") eingegangen, so dass auf die dortigen Ausführungen verwiesen wird (siehe § 9 Rn 16).

b) Folgerecht

Über das Folgerecht (§ 26 UrhG) sollen Urheber von Werken der bildenden Künste an dem **Weiterverkauf** – also nicht schon beim erstmaligen Verkauf vom Urheber an den Galeristen, Händler etc.

---

212 Vgl Dreier, in: Dreier/Schulze, § 111 b UrhG Rn 7.
213 Vgl Erwägungsgründe 4 und 5 der Richtlinie 2004/48/EG zur Durchsetzung der Rechte des geistigen Eigentums.
214 Vgl EuGH GRUR 2012, 817 Rn 36 – Donner.

– ihrer Werkoriginale finanziell beteiligt werden, wenn ein Kunsthändler oder Versteigerer an der Veräußerung mitwirkt. Einerseits kommt der hieraus herrührende Vergütungsanspruch nur bei „reinen" Werken der bildenden Kunst zum Zuge, ausdrücklich nicht hingegen bei Werken der angewandten Kunst (§ 26 Abs. 8 UrhG). Andererseits muss diese Vorschrift mit Art. 2 Abs. 1 der Richtlinie 2001/84/EG zum Folgerecht konform gehen und richtlinienkonform ausgelegt werden. Danach gelten als Werke der bildenden Künste neben Gemälden, Zeichnungen, Plastiken etc. auch Tapisserien, Keramiken und Glasobjekte, soweit sie vom Künstler selbst geschaffen worden sind oder es sich um Exemplare handelt, die als Originale von Kunstwerken angesehen werden (Art. 2 Abs. 1 RL 2001/84/EG). Demnach können Gegenstände unter das Folgerecht fallen, die, massenhaft produziert, Werke der angewandten Kunst wären. Ebenso können künstlerisch gestaltete und wie Kunstwerke gehandelte Gebrauchsgegenstände durchaus folgerechtspflichtig sein.[215] Die **Folgerechtsvergütung** beträgt je nach Höhe des Veräußerungserlöses hiervon 4 % bis 0,25 %, maximal aber 12.500 € pro veräußertem Werk (§ 26 Abs. 2 UrhG). In der Regel wird das Folgerecht von der Verwertungsgesellschaft Bild-Kunst (Bonn) für die Urheber wahrgenommen. Da Designprodukte meistens industriell und serienmäßig hergestellt und vertrieben werden, kommt das Folgerecht hier nur ausnahmsweise zum Zuge.

c) Gesetzliche Vergütungsansprüche

60 Manche Nutzungen fremder Werke sind gesetzlich gestattet. Das betrifft vorwiegend Nutzungen, die massenweise stattfinden und schwer kontrollierbar sind.

Beispiel: Werden Möbel, Lampen und andere Werke der angewandten Kunst in Bildbänden abgedruckt und können diese Bildbände in Bibliotheken entliehen und Kopien hiervon angefertigt werden, soll dies einerseits gestattet sein, der Urheber andererseits aber nicht leer ausgehen.

Er erhält eine **angemessene Vergütung** (§§ 27 Abs. 2, 54 UrhG). Er selbst könnte diese Vergütung nicht einziehen. Deshalb werden sowohl das Inkasso als auch die Verteilung der Erlöse den jeweils einschlägigen Verwertungsgesellschaften überlassen. Für Bildautoren, zB Fotografen, Bildjournalisten, Grafikdesigner, Fotodesigner, ist hierfür die **Verwertungsgesellschaft Bild-Kunst** (Bonn) zuständig.

Hinweis: Da die Vergütungsansprüche aus sog. gesetzlichen Lizenzen in der Regel nur über eine Verwertungsgesellschaft geltend gemacht werden können, ist es für Designer durchaus sinnvoll, der Verwertungsgesellschaft Bild-Kunst (Bonn) beizutreten und mit ihr einen Wahrnehmungsvertrag zu schließen, auch wenn im Einzelfall nur geringe Beträge ausgeschüttet werden. Sie sind mehr als nichts.

V. Schutzumfang

61 Wie jedes andere Sonderschutzrecht ist auch das Urheberrecht von einem **Interessenkonflikt** bestimmt. Auf der einen Seite stehen die monopolartigen und von der **Eigentumsgarantie** (Art. 14 GG) geprägten Interessen des Urhebers, selbst und möglichst umfassend zu bestimmen, ob, von wem, wie und wie lange das von ihm geschaffene Werk von Dritten genutzt werden darf. Dieses Interesse ist nicht nur ideell, sondern vor allem auch materiell bestimmt. Der Urheber ist daran interessiert, sein Werk möglichst gewinnbringend zu vermarkten. Auf der anderen Seite stehen die Interessen der Allgemeinheit am **freien Zugang** zu fremden Werken. Jedes Werk ist Teil eines kulturellen Gesamtschaffens. Dieses kulturelle Leben soll vorangehen und durch monopolartige Interessen der Urheber und Rechtsinhaber nicht übermäßig behindert werden. Das Urheberrecht ist deshalb auf mehrfache Weise beschränkt. Manche Beschränkungen ergeben sich bereits aus den Verwertungsrechten selbst.

---

215 Vgl BT-Drucks. 16/1107, S. 6; Schulze, in: Dreier/Schulze, § 26 UrhG Rn 34.

1. Erschöpfungsgrundsatz

Der Erschöpfungsgrundsatz besagt, dass der Rechtsinhaber durch eigene Benutzungshandlungen das ihm vom Gesetz eingeräumte ausschließliche Verwertungsrecht ausgenutzt und damit verbraucht hat, so dass bestimmte weitere Verwertungshandlungen nicht mehr vom Schutzrecht erfasst werden. Dieser Grundsatz ist beim **Verbreitungsrecht** ausdrücklich geregelt (§ 17 Abs. 2 UrhG). Danach darf ein Werkexemplar beliebig weiterverbreitet werden, wenn es zuvor mit Zustimmung des Berechtigten (Urheber oder Rechtsinhaber) im Gebiet der Europäischen Union oder eines anderen Vertragsstaates des EWR veräußert wurde. Dem Urheber bleibt nur das Recht zur Erstverbreitung vorbehalten. Stimmt er ihr zu, so ist das Verbreitungsrecht hinsichtlich derjenigen Werkstücke verbraucht, auf die sich die Zustimmung erstreckt. Wer ein Möbel oder ein anderes Designprodukt in einem Mitgliedstaat der EU oder des EWR rechtmäßig erworben hat, darf es dort ohne Zustimmung des Urhebers weiterverkaufen.[216] Zum einen hatte der Urheber die Möglichkeit, bei der Veräußerung des Werkexemplars ausreichend entlohnt zu werden. Zum anderen besteht ein allgemeines Interesse an klaren und übersichtlichen Verhältnissen im Rechtsverkehr. Innerhalb der EU soll der **freie Warenverkehr** gewährleistet sein. Außerhalb der EU ist das Verbreitungsrecht jedoch auf das jeweilige Land beschränkt, wenn nicht Abweichendes vereinbart wird.

> **Beispiel:** Dürfen Werkexemplare nur in den USA verbreitet werden, dann ist ein Vertrieb von den USA in die EU (oder umgekehrt) ohne gesonderte Zustimmung des Urhebers unzulässig.[217]

Der Erschöpfungsgrundsatz gilt nur hinsichtlich solcher Werkexemplare, die veräußert wurden, wo also ein **Eigentumswechsel** stattfand. Hatte der Urheber sie nur verliehen oder vermietet, ist eine Weiterverbreitung unzulässig (§ 17 Abs. 2 UrhG; siehe aber Rn 53 f). Außerdem ist er nur beim Verbreitungsrecht, nicht hingegen bei anderen Verwertungsrechten (Vervielfältigungsrecht, Recht der öffentlichen Wiedergabe) anwendbar.[218] Zur zulässigen **Weiterverbreitung** zählt auch die **Werbung** für das Produkt. Waren schutzfähige Produkte, zB Parfum in individuell gestalteten Flakons, rechtmäßig auf den Markt gelangt, darf für den nach § 17 Abs. 2 UrhG zulässigen Weiterverkauf auch mit Abbildungen dieser Produkte in üblichen Werbeprospekten geworben werden, obwohl es sich bei den Abbildungen um zusätzliche Vervielfältigungen handelt, für die sonst das Vervielfältigungsrecht hätte erworben werden müssen.[219] Grundsätzlich tritt hinsichtlich des Vervielfältigungsrechts keine Erschöpfung ein. So wie jedoch das Angebot und die Verkaufswerbung bereits Teil der Verkaufshandlung sind und deshalb unter das Verbreitungsrecht – samt seinem Erschöpfungsgrundsatz – fallen, soll infolge der vorangegangenen Erschöpfung auch die Weiterverbreitung im gleichen Umfang einschließlich derartiger Werbemaßnahmen samt der hierfür erforderlichen Nutzungshandlungen gestattet sein.[220] Wurden die Werke jedoch nicht mit Zustimmung des Berechtigten in Verkehr gebracht, müssen auch Werbemaßnahmen unterbleiben.

> **Beispiel:** Für Imitationen der *Wagenfeld*-Leuchte, die in Deutschland Urheberrechtsschutz genießt, in Italien aber nach dortiger Gesetzeslage imitiert werden durfte, darf in Deutschland nicht mit Anzeigen oder im Internet geworben werden, auch wenn dem Erwerber vorgeschlagen wird, sich die Leuchte in Italien selbst abzuholen oder sich von dort durch einen auf Wunsch eingeschalteten Transporteur nach Deutschland bringen zu lassen.[221]

---

216 Vgl BGH GRUR 1985, 924, 925 – Schallplattenimport II.
217 Vgl Loewenheim, in: Schricker/Loewenheim, § 17 UrhG Rn 64 f; Schulze, in: Dreier/Schulze, § 17 UrhG Rn 20, 35.
218 Vgl Art. 3 Abs. 3 der Richtlinie 2001/29/EG zur Informationsgesellschaft.
219 Vgl BGH GRUR 2001, 51, 53 – Parfumflakon; Kur GRUR Int. 1999, 24, 26 f; Ganea, GRUR Int. 2005, 102, 106 f; kritisch: Schricker, FS Dietz, 2001, S. 447, 456.
220 Vgl BGH GRUR 2001, 51, 53 – Parfumflakon.
221 Vgl BGH GRUR 2007, 871, 873 Rn 31 – Wagenfeld-Leuchte; EuGH GRUR 2014, 283 Rn 35 – Blomqvist/Rolex; Vorlage des BGH GRUR 2013, 1137 Rn 20 – Marcel-Breuer-Möbel; EuGH GRUR 2015, 665 – Dimensione ua/Knoll.

2. Verbrauch des Veröffentlichungsrechts

64 Das Veröffentlichungsrecht (§ 12 UrhG), nämlich zu bestimmen, ob und wie das Werk zu veröffentlichen ist, besteht nur so lange, bis das Werk veröffentlicht ist. Mit der Erstveröffentlichung ist dieses Recht verbraucht und auf diese Weise von vornherein begrenzt.[222] Dasselbe gilt für das **Ausstellungsrecht**, nämlich das Original oder Vervielfältigungsstücke eines *unveröffentlichten* Werks der bildenden Künste oder eines *unveröffentlichten* Lichtbildwerks öffentlich zur Schau zu stellen (§ 18 UrhG). Dieses Recht ist von vornherein auf noch unveröffentlichte Werke beschränkt. Es verbraucht sich mit der Veröffentlichung des Werks. Außerdem ist der Eigentümer des Originals eines Werks der bildenden Künste oder eines Lichtbildwerks, der dieses Werk zuvor erworben hat, berechtigt, das Werk öffentlich auszustellen, auch wenn es zuvor noch nicht veröffentlicht worden war (§ 44 Abs. 2 UrhG). Der Urheber soll also eine Zurschaustellung grundsätzlich nicht verhindern können. Abweichendes müsste er ausdrücklich vereinbaren.

3. Freie Benutzung

65 Wer ein fremdes Werk nutzen, es insbesondere vervielfältigen will, muss sich grundsätzlich das hierfür erforderliche Vervielfältigungsrecht (§ 16 UrhG) vorher vom Urheber oder Rechtsinhaber des benutzten Werks beschaffen. Die Doppelschöpfung (siehe Rn 11), bei welcher zwei Urheber unabhängig voneinander ein gleiches Werk schaffen, ist theoretisch zwar möglich (und führt zu selbstständigen Urheberrechten beider Urheber), bleibt aber in der Praxis die absolute Ausnahme.[223] Das kulturelle Leben beruht jedoch darauf, dass die Urheber auf den zuvor geschaffenen Werken anderer Urheber aufbauen, sich gegenseitig beeinflussen und anregen. Die Rechte, die sie für ihre eigenen Werke in Anspruch nehmen wollen, müssen sie auch den Urhebern fremder Werke zubilligen, wenn sie dort ihre Anregungen holen. Grundsätzlich soll das kulturelle Schaffen hierdurch nicht behindert werden. Wer sich von einem fremden Werk nur anregen lässt und etwas eigenständig Schöpferisches schafft, hinter dem die Züge des benutzten und ihn anregenden Werks verblassen, soll dies tun dürfen, selbst wenn dabei etwas Schutzfähiges vom fremden Werk übernommen wird.[224] Dann liegt eine freie Benutzung vor, die ohne Zustimmung des Urhebers des benutzten Werks veröffentlicht und verwertet werden darf (§ 24 Abs. 1 UrhG). Wer sich von dem fremden Werk nicht nur anregen lässt, sondern wesentliche Züge des benutzten Werks unverändert oder verändert übernimmt, schafft möglicherweise eine selbstständig schutzfähige **Bearbeitung** des fremden Werks, bedarf aber in jedem Falle der Einwilligung des Urhebers des bearbeiteten Werks, wenn er mit dieser Bearbeitung an die Öffentlichkeit treten will (§ 23 UrhG). Wird das fremde Werk identisch oder nahezu identisch übernommen, liegt eine **Vervielfältigung** vor, für die sich der „Zweiturheber" ebenfalls das erforderliche Recht vom Ersturheber beschaffen muss. Es kommt also auf den Abstand an zwischen dem benutzten Werk und dem neu geschaffenen Werk.

66 Eine freie Benutzung liegt nach der Rechtsprechung dann vor, wenn angesichts der Eigenart des neuen Werks die entlehnten eigenpersönlichen Züge des geschützten älteren Werks verblassen.[225] Ob dies der Fall ist, hängt nicht zuletzt vom Grad der Individualität der entlehnten Züge einerseits und des neuen Werks andererseits ab. Es herrscht eine **Wechselwirkung**. Je auffallender die Eigenart des benutzten Werks ist, umso weniger werden dessen übernommene Eigenheiten in dem danach geschaffenen Werk verblassen.[226] Umgekehrt ist von einer freien Benutzung dort eher auszugehen, wo sich die Eigenart des neuen Werks gegenüber dem älteren Werk in besonderem Maße abhebt.[227] Grundsätzlich stellt die Rechtsprechung **strenge Anforderungen** an das Vorliegen einer freien Benutzung. Einerseits soll dem Urheber nicht die für ihn unentbehrliche Möglichkeit genommen

---

222 Vgl Schulze, in: Dreier/Schulze, § 12 UrhG Rn 6 mwN.
223 Vgl Schulze, in: Dreier/Schulze, § 2 UrhG Rn 17.
224 Vgl BGH GRUR 1958, 500, 502 – Mecki-Igel I; Ulmer, S. 275.
225 Vgl BGH GRUR 1994, 191, 193 – Asterix-Persiflagen mwN; BGH GRUR 2014, 258 Rn 38 – Pippi-Langstrumpf-Kostüm mwN; Ulmer, S. 275; Loewenheim, in: Schricker/Loewenheim, § 24 UrhG Rn 10 mwN.
226 Vgl BGH GRUR 1982, 37, 39 – WK-Dokumentation.
227 Vgl BGH GRUR 1981, 267, 269 – Dirlada; Schulze, in: Dreier/Schulze, § 24 UrhG Rn 8.

werden, Anregungen aus vorbestehendem fremden Werkschaffen zu übernehmen. Andererseits soll er sich auf diese Weise ein eigenes persönliches Schaffen nicht ersparen.[228]

Für die Feststellung, ob eine freie Benutzung (die keiner Einwilligung des Urhebers des benutzten Werks bedarf) oder eine unfreie Bearbeitung (die der Einwilligung bedarf) vorliegt, sind zunächst das benutzte ältere Werk und das neue Werk gegenüberzustellen und miteinander zu vergleichen. Es muss im Einzelnen festgestellt werden, durch welche individuellen Merkmale sich das benutzte Werk auszeichnet.[229] Handelt es sich um ein Werk, welches sich seinerseits an frühere (fremde) Werke anlehnt, gilt es zu klären, was welchem Werk zuzuordnen und was noch geschützt ist. Maßgeblich ist schließlich der **Schutzbereich** des benutzten Werks. Je individueller das Werk ist, desto größer ist sein Schutzbereich.[230] Die infrage kommenden Merkmale müssen seinem urheberrechtlich geschützten Schutzbereich entstammen. Als nächstes ist zu prüfen, ob und inwieweit derartige (geschützte) Merkmale im neuen Werk wiederkehren. Ferner kommt es darauf an, wie groß der **Gestaltungsspielraum** bei dem jeweiligen Werk ist. Geben naheliegende und technische Zwänge eine bestimmte Form vor, dann verengt sich der Schutzumfang; denn andernfalls würde anderen Urhebern die Möglichkeit genommen werden, einen ähnlich funktionalen Gegenstand zu gestalten. Dementsprechend können dort schon geringfügige Abweichungen aus dem Schutzbereich hinausführen.[231] Schließlich ist im Rahmen einer **Gesamtbetrachtung** zu prüfen, ob die schutzfähigen Merkmale des benutzten Werks hinter den eigenständigen individuellen Zügen des neuen Werks verblassen. Maßgeblich hierfür sind die **Übereinstimmungen**. Die Abweichungen kommen erst in zweiter Linie in Betracht.[232]

Eine **freie Benutzung wurde bejaht** für: die Gestaltung eines Kugelschreibers im Vergleich zu dem historischen *Duo-fold*-Drehbleistift,[233] die Herstellung von Nilpferdfiguren für Überraschungseier im Vergleich zu stilistisch vermenschlichten Nilpferdzeichnungen,[234] die von einem bestehenden Kinderstuhl hinreichend abweichende Gestaltung eines derartigen Stuhls,[235] die karikaturartige Umgestaltung des Adlers im alten Plenarsaal,[236] die plastische Darstellung einer Hexenfigur gegenüber einer ähnlichen, aber in maßgeblichen Merkmalen abweichenden Grafikdarstellung,[237] beim Vergleich zweier geflügelartiger Plüschtiere wegen des geringen Schutzumfangs und des unterschiedlichen Gesamteindrucks,[238] wohl auch eine Spardose in Form eines Hundes wegen diverser Abweichungen gegenüber der vorbestehenden Comic-Hundefigur und ihrer plastischen Darstellung,[239] die Nutzung des Restbestands eines teilweise abgerissenen Hochhauses für ein neues Hochhaus,[240] die Abwandlung von (schutzlosen) Gestaltungsideen eines Werbekonzepts,[241] die Art der Gestaltung eines Weißbierglases mit einer Fußballkugel,[242] die Übernahme der Idee, Fotos von ärmlichen Personen mit einem Notsignal zu einem Plakat für Spendenaufrufe collagenartig zu verbinden.[243] **Eine freie Benutzung wurde verneint** für: die fotografische Übernahme von Ausschnitten

---

228 So BGH GRUR 1981, 267, 269 – Dirlada; BGH GRUR 1994, 206, 208 – Alcolics.
229 BGH GRUR 1980, 853, 854 – Architektenwechsel; BGH GRUR 2014, 258 Rn 38 ff – Pippi-Langstrumpf-Kostüm.
230 Vgl Schulze, in: Dreier/Schulze, § 2 UrhG Rn 34 u. § 24 UrhG Rn 12.
231 Vgl BGH GRUR 1981, 352, 355 – Staatsexamensarbeit; BGH GRUR 1984, 659, 661 – Ausschreibungsunterlagen.
232 Vgl GRUR 1994, 191, 193 – Asterix-Persiflagen; BGH GRUR 2004, 855, 857 – Hundefigur.
233 OLG Köln ZUM-RD 2000, 25, 31.
234 OLG Karlsruhe ZUM 2000, 327, 330 – Hippo-Azul.
235 OLG Hamburg ZUM-RD 2002, 176, 179 f – Kinderhochstuhl.
236 BGH ZUM 2003, 777, 780 – Gies-Adler.
237 OLG Köln ZUM-RD 2003, 573 – Hexenfigur.
238 LG München I ZUM-RD 2004, 373, 377 – Moorhuhn.
239 BGH GRUR 2004, 855, 857 – Hundefigur, Zurückverweisung.
240 LG Hamburg GRUR 2005, 672, 675 – Astra-Hochhaus.
241 OLG Köln ZUM 2010, 179, 180 – DHL im All.
242 OLG Köln GRUR-RR 2010, 139, 140 – Weißbierglas mit Fußballkugel.
243 OLG Hamburg ZUM-RD 2013, 121, 123.

eines Gemäldes für die Gestaltung eines Werbefotos,[244] die Verwendung und geringfügige Umgestaltung eines Bildes von *René Magritte* für eine Kondomverpackung,[245] die Verwendung typischer Stilelemente des Malers *Joan Miró*,[246] die Übernahme von Auswahl und Anordnung eines Bildmotivs,[247] die Wiedergabe des von *Christo* im Jahre 1995 verhüllten Reichstags auf einer Gedenkmedaille,[248] die Übernahme zweier verschiedener *Loriot*-Motive für eine Collage mit einer *Donald-Duck*-Ente,[249] die im Gesamteindruck ähnlichen Gestaltungen eines Kinderhochstuhls,[250] die ähnliche äußere Gestaltung eines Stadtbahnfahrzeugs,[251] die Übernahme zahlreicher Gestaltungselemente eines in klarer Linienführung gestalteten Bronzeengels,[252] die im Gesamteindruck ähnliche Ausführung eines Kaminmodells,[253] die abgewandelte Form eines gläsernen Eierkochers von *Wagenfeld*.[254]

VI. Schranken des Urheberrechts

1. Allgemeines

69 Der Interessenkonflikt zwischen den Monopolinteressen des Urhebers an seinem Exklusivrecht einerseits und dem Interesse der Allgemeinheit am freien Zugang fremder Werke andererseits kommt auch bei den sog. Schranken des Urheberrechts (§§ 44 a ff. UrhG) zum Ausdruck. Bestimmte Nutzungen sollen von vornherein per Gesetz gestattet sein, so dass ein Nutzer hierfür keiner Einwilligung des Urhebers mehr bedarf. Dessen Verbotsrechte werden von Anfang an entsprechend beschränkt. Als Gegenleistung hierfür erhält der Urheber in der Regel einen Anspruch auf angemessene Vergütung. Dieser Anspruch ist grundsätzlich unverzichtbar (§ 63 a UrhG), so dass er dem Urheber von wirtschaftlich stärkeren Vertragspartnern vertraglich nicht abgerungen werden kann. Vielmehr sind die gesetzlichen Vergütungsansprüche im Voraus nur an eine Verwertungsgesellschaft abtretbar und können in der Regel nur von ihr wahrgenommen werden (siehe Rn 82). Zum einen dienen diese Schrankenregelungen der öffentlichen Sicherheit, kulturellen Interessen, sozialen Belangen, der freien Entfaltung der Wissenschaft und dem Interesse an aktuellen Informationen. Zum anderen entsprechen sie dem Gebot der Praktikabilität. Fotokopierer, Tonbandgeräte, Videorekorder und andere technische Errungenschaften, mit denen fremde Werke vervielfältigt werden, bringen massenhafte Nutzungen mit sich, die im privaten Bereich stattfinden und so gut wie unkontrollierbar sind, wenn sie ohne Zustimmung des Berechtigten stattfinden. Dort ist es sinnvoll, dem Urheber statt eines Verbotsrechts nur einen Vergütungsanspruch für die gesetzliche Lizenz zuzubilligen. Grundsätzlich sind die Schranken eng auszulegende **Ausnahmevorschriften**.[255] Technischer Fortschritt, wirtschaftliche Betrachtungsweise und die Realität der Vertragspraxis können ausnahmsweise auch eine extensive Auslegung der Schrankenbestimmung rechtfertigen.[256]

70 Im Rahmen einer gesetzlichen Lizenz darf das Werk grundsätzlich **nur unverändert** genutzt werden. Geringfügige Anpassungen sind nur zulässig, soweit sie nach dem Zweck der gesetzlich gestatteten Nutzung unumgänglich sind und der Urheber seine Einwilligung nach Treu und Glauben nicht ver-

---

244 LG München I, in: E. Schulze, RzU, LGZ 219, S. 6.
245 OLG Frankfurt ZUM 1996, 97, 99.
246 OLG Köln ZUM-RD 1997, 386, 389.
247 LG Erfurt ZUM-RD 1997, 23, 25 – Brunnenbild.
248 KG GRUR 1997, 128, 129 – Verhüllter Reichstag I.
249 OLG Hamburg ZUM 2001, 330, 332 – Anzeigenkarte.
250 OLG Hamburg ZUM-RD 2002, 181, 192 – Tripp-Trapp-Stuhl.
251 BGH GRUR 2002, 799, 801 – Stadtbahnfahrzeug.
252 OLG Düsseldorf ZUM 2008, 140, 143 – Bronzeengel.
253 OLG Köln ZUM-RD 2009, 603, 605 – Eurofocus.
254 OLG München GRUR-RR 2011, 54, 56 – Eierkoch.
255 Vgl BGHZ 114, 368, 371 – Liedersammlung.
256 Vgl BGH ZUM 2002, 740, 742 f – Elektronischer Pressespiegel.

sagen kann (§ 62 Abs. 1 iVm § 39 UrhG). Außerdem ist die **Quelle** des benutzten Werks deutlich **anzugeben**, so dass für Dritte feststellbar ist, was von wem stammt (§ 63 UrhG).

Die in §§ 44a ff. UrhG aufgezählten Schranken wurden im Rahmen diverser Urheberrechtsnovellen laufend erweitert. Nicht sämtliche Schranken sind für Werke der angewandten Kunst einschlägig. Sie kommen insbesondere dort in Betracht, wo Abbildungen dieser Werke (Abdrucke, Fotos, Fotokopien etc.) erstellt und genutzt werden sollen. Nachfolgend werden nur die wesentlichen Punkte einzelner Schrankenregelungen beschrieben. 71

2. Schranken gemäß §§ 45, 46, 50, 51, 53 UrhG

Muss beispielsweise in einem Plagiatsverfahren zu urheberrechtlich geschützten Möbeln Anschauungsmaterial in zwei- oder dreidimensionaler Form dem **Gericht** vorgelegt werden, ist dies nach § 45 UrhG zulässig. Soll in **Schulbüchern**, zB für Berufsschulen, Design anhand von Abbildungen beispielhaft dargestellt und erläutert werden, darf dies unter den Voraussetzungen des § 46 UrhG geschehen. Der beabsichtigte Abdruck in Schulbüchern ist dem Urheber oder Rechtsinhaber vorab schriftlich mitzuteilen (§ 46 Abs. 3 UrhG). Soll über eine Werkschau, eine Ausstellung oder eine Messe (zB die Möbelmesse in Köln) in der **Tagespresse** berichtet werden, dürfen im Rahmen dieses Berichts auch einzelne Werke (zB Möbel oder sonstige Designprodukte) abgebildet werden, soweit sie bei dem jeweiligen Ereignis (Ausstellung, Messe etc.) gezeigt werden (§ 50 UrhG).[257] Wer Aufsätze oder Bücher zum Design schreibt und sich darin mit Designprodukten auseinandersetzt, kann seine Ausführungen durch Abbildungen derjenigen Werke belegen (zitieren), mit denen er sich auseinandersetzt (§ 51 UrhG). Dabei muss der **Zitatzweck** gewahrt bleiben. Unzulässig wäre es, unter dem Vorwand einer Auseinandersetzung einen Bildband für Designprodukte herauszugeben, ohne sich zuvor die Abdruckrechte von den Rechtsinhabern der einzelnen Designprodukte beschafft zu haben.[258] Außerdem muss das zitierende Werk zwar nicht (mehr) selbstständig schutzfähig,[259] aber hinreichend eigenständig sein.[260] Eine bloße Zitatensammlung oder ein Werk, bei dem die Zitate hinter dem eigenen Text weitgehend zurücktreten, genügt nicht, ein dortiger Abdruck fällt nicht unter das Privileg des **Zitatrechts**.[261] Auch die sog. **Privatkopie** ist grundsätzlich gestattet (§ 53 UrhG). Wurde ein Werk der angewandten Kunst beispielsweise in einer Fachzeitschrift oder in einem Buch abgebildet, darf der entsprechende Beitrag der Zeitschrift oder der Ausschnitt des Buchs für private oder eigene Zwecke fotokopiert werden. Die dreidimensionale Ausführung von Plänen und Entwürfen zu Werken der angewandten Kunst ist nicht privilegiert (§ 53 Abs. 7 UrhG). Gibt es dieses Werk jedoch schon in dreidimensionaler Form, darf eine Nachbildung hiervon für private Zwecke hergestellt werden, aber nicht durch Dritte oder für Erwerbszwecke.[262] Die Privatkopie darf weder verbreitet noch zu öffentlichen Wiedergaben benutzt werden (§ 53 Abs. 6 UrhG). Abbildungen von Werken der angewandten Kunst, die in Büchern, Zeitschriftenartikeln und vergleichbaren Druckwerken erschienen sind, dürfen in bestimmtem Umfang im Intranet (§ 52a UrhG), an elektronischen Leseplätzen in Bibliotheken (§ 52b UrhG) und auch durch Versand von Kopien (§ 53a UrhG) genutzt werden. Es wird insoweit auf die Kommentierungen der einschlägigen Kommentare zum Urheberrecht verwiesen. 72

3. Unwesentliches Beiwerk, Werke an öffentlichen Plätzen

Eine Vervielfältigung, Verbreitung und öffentliche Wiedergabe von Werken ist zulässig, wenn die Werke als **unwesentliches Beiwerk** hinter dem eigentlichen Gegenstand der Vervielfältigung, Verbreitung oder öffentlichen Wiedergabe zurücktreten (§ 57 UrhG). 73

---

257 Vgl BGH GRUR 1983, 25, 26 – Presseberichterstattung und Kunstwerkwiedergabe I.
258 Vgl BGH GRUR 1968, 607, 609 – Kandinsky.
259 Vgl EuGH GRUR 2012, 166 Rn 137 – Painer/Standard.
260 Vgl Dreier, in: Dreier/Schulze, § 51 Rn 6f.
261 Vgl BGH GRUR 1994, 800, 802f – Museumskatalog.
262 Vgl Loewenheim, in: Schricker/Loewenheim, § 53 UrhG Rn 80; Dreier, in: Dreier/Schulze, § 53 UrhG Rn 56.

Beispiel: Ist auf dem publizierten Foto eines Wohnraums im Hintergrund eine schutzfähige Blumenvase zu sehen, muss sie nicht wegretouchiert werden.

Unwesentlich ist das Beiwerk aber nur, wenn man es beliebig austauschen kann und wenn es im Hintergrund untergeht. Wird es dagegen zur „Inszenierung", zB für das Ambiente des Hintergrunds einer Filmszene oder für die gefällige Gestaltung einer Möbel-Verkaufsausstellung, so ist es nicht mehr unwesentlich, sondern erlaubnispflichtig.[263] Anders verhält es sich bei **Werken an öffentlichen Plätzen**. Befinden sie sich bleibend an öffentlichen Wegen, Straßen oder Plätzen, dürfen sie (in zweidimensionaler Form) mit Mitteln der Malerei oder Grafik, durch Lichtbild oder durch Film vervielfältigt, verbreitet und öffentlich wiedergegeben werden (§ 59 Abs. 1 UrhG). Von diesen Werken dürfen beispielsweise Postkarten oder Poster hergestellt und vertrieben werden, ohne den Urheber des abgebildeten Werks um Erlaubnis fragen zu müssen. Das Werk muss sich jedoch **bleibend** in der Öffentlichkeit befinden. Eine vorübergehende öffentliche Aufstellung genügt nicht.

Beispiel: Der von *Christo* verhüllte Reichstag befand sich an einem öffentlichen Platz. Er war in dieser verhüllten Form jedoch von vornherein nur zeitlich begrenzt vorgesehen. Deshalb durften Postkarten oder andere Abbildungen dieses Werks nur mit Zustimmung des Künstlers verbreitet werden.[264]

Nach herrschender Meinung sind die an Omnibussen und anderen öffentlichen Verkehrsmitteln aufgesprühten **Graffitis** bleibend im Sinne von § 59 UrhG.[265] Was für die aufgesprühten Graffitis gilt, muss auch für deren Grundlage, die Omnibusse und andere Verkehrsmittel gelten. Schienenfahrzeuge, zB der ICE, Autos und andere Verkehrsmittel, die sich zwar im Verkehr bewegen, aber bleibend das Straßenbild prägen und dauernd (somit auch bleibend) in der Öffentlichkeit zu sehen sind, fallen ebenfalls unter das Privileg des § 59 UrhG.[266] Das Werk kann durchaus hervorgehoben bildlich wiedergegeben werden, wenn es entsprechend exponiert in der Öffentlichkeit platziert ist; denn für die beiläufige Wiedergabe im Hintergrund kann sich der Nutzer bereits auf das Privileg des unwesentlichen Beiwerks (§ 57 UrhG) stützen. Das Werk muss aber so abgebildet werden, wie es öffentlich zugänglich betrachtet werden kann. Wer das Werk zum Fotografieren ins Studio holt, ist nicht mehr privilegiert.[267]

4. Katalogbildfreiheit

Wer Designprodukte öffentlich ausstellt, versteigert oder öffentlich verkauft, darf hierfür mit Abbildungen der ausgestellten oder zum Verkauf angebotenen Werke auf übliche Weise werben. Für ihn gilt das Privileg der sog. Katalogbildfreiheit (§ 58 UrhG), und zwar nicht nur für herkömmliche Druckerzeugnisse (Kataloge, Prospekte etc.), sondern auch für digitale Verzeichnisse (CD-ROM, Onlinekatalog im Internet etc.). Es muss sich um übliche Werbemittel für derartige Veranstaltungen handeln, und sie dürfen nur im Zusammenhang mit der Ausstellung, Versteigerung etc. eingesetzt werden. Sollten Postkarten oder Poster von einzelnen Werken um ihrer selbst willen, also nicht als Werbemittel für Ausstellungen und dergleichen hergestellt und vertrieben werden, fällt dies nicht unter das Privileg. Desgleichen ist eine Nutzung des Werks für die **Eigenwerbung** nicht privilegiert.[268] Ist die Ausstellung vorbei, darf der hierfür hergestellte Katalog nicht mehr verbreitet werden. Eine parallel zum Katalog hergestellte **Buchhandelsausgabe** ist ohnehin nicht privilegiert.[269] In Bestandsverzeichnissen öffentlich zugänglicher Bibliotheken, Bildungseinrichtungen oder Museen dürfen auch solche Werke abgebildet werden, die zum Bestand gehören, aber nicht dauernd ausgestellt werden. Voraussetzung ist aber, dass hiermit kein eigenständiger Erwerbszweck

---

263 Vgl BGH GRUR 2015, 667 – Möbelkatalog.
264 Vgl BGH GRUR 2002, 605, 606 – Verhüllter Reichstag; ähnlich schon LG Hamburg GRUR 1989, 591, 592 – Neonrevier.
265 Vogel, in: Schricker/Loewenheim, § 59 UrhG Rn 15; Lüft, in: Wandtke/Bullinger, § 59 UrhG Rn 5; Dreier, in: Dreier/Schulze, § 59 UrhG Rn 5; nicht eindeutig Czychowski, in: Fromm/Nordemann, § 59 UrhG Rn 8.
266 Vgl G. Schulze, FS Ullmann, 2006, S. 93, 96.
267 Vgl hierzu BGH GRUR 2001, 51, 52 f – Parfumflakon; G. Schulze, FS Ullmann, 2006, S. 93, 98.
268 Vgl BGH GRUR 1993, 822, 824 – Katalogbilder.
269 Vgl Dreier, in: Dreier/Schulze, § 58 UrhG Rn 12.

verfolgt wird (§ 58 Abs. 2 UrhG). Museen für Kunst und Gewerbe und vergleichbare Institutionen können Plakate, Möbel, Gebrauchsgegenstände und sonstige Werke der angewandten Kunst, die sie häufig im Archiv haben und nur teilweise und vorübergehend ausstellen, in sog. **Bestandskatalogen** abbilden.

5. Verwaiste und vergriffene Werke

Die Digitalisierung und die hierdurch entstandenen neuen Nutzungsarten insbesondere durch die elektronische Übermittlung im Internet ermöglichen es, der Öffentlichkeit auf einfache Weise alte Bestände urheberrechtlich geschützter Werke und Leistungen zugänglich zu machen, die in Vergessenheit geraten oder schwer zugänglich sind und häufig in Bibliotheken oder Archiven schlummern. Der technischen Möglichkeit steht allerdings eine rechtliche Hürde im Wege. Sollen die Werke digitalisiert (vervielfältigt) und öffentlich zugänglich gemacht werden, sind die Rechte aus §§ 16, 19a UrhG betroffen. Sie liegen häufig noch beim Urheber, dessen Rechtsnachfolger oder einem anderen Rechtsinhaber. Ist der Rechtsinhaber bekannt, kann man sich um den Erwerb der erforderlichen Rechte bemühen. Hat er mit der einschlägigen Verwertungsgesellschaft einen Wahrnehmungsvertrag geschlossen und ihr die genannten Rechte übertragen, kann eine Nutzung in diesem Rahmen stattfinden. Liegt kein Wahrnehmungsvertrag mit dem Rechtsinhaber vor, ist Letzterer nicht bekannt oder lässt er sich nicht auffinden, müssten derartige Nutzungen unterbleiben, wenn man eine Urheberrechtsverletzung vermeiden will. Seit dem Gesetz vom 1.10.2013 zur Nutzung verwaister und vergriffener Werke dürfen solche Werke in beschränktem Umfang genutzt werden. Nach Sinn und Zweck der Regelung sollen Bibliotheken, Filmarchive, Tonarchive und vergleichbare Einrichtungen ihre Bestände digitalisieren und (elektronisch) öffentlich zugänglich machen dürfen, wenn diese Werke verwaist oder vergriffen sind.[270] Im Bereich der angewandten Kunst sind es in der Regel nur Abbildungen zwei- oder dreidimensionaler Werke, zB in Schriftwerken, Filmen oder auf Fotos. Für **verwaiste Werke** sieht das Gesetz eine weitere **Schrankenregelung** vor (§§ 61 bis 61c UrhG). Zunächst muss sorgfältig recherchiert werden, ob sich der bisher nicht bekannte Rechtsinhaber ermitteln lässt. Glückt dies nicht, dürfen die genannten Bildungseinrichtungen, Museen und Archive ihre Bestände zu Zwecken des Gemeinwohls digitalisieren und öffentlich zugänglich machen, solange der Rechtsinhaber unbekannt bleibt und seine Rechte nicht beansprucht (§ 61b UrhG). Für **vergriffene Werke**, die also nicht mehr lieferbar sind, wurde eine **Verwertungsgesellschaften-Lösung** getroffen (§§ 13d, 13e UrhWG). Zugunsten der einschlägigen Verwertungsgesellschaft wird vermutet, dass sie das Recht, Werke zu digitalisieren und öffentlich zugänglich zu machen, auch für solche Rechtsinhaber wahrnimmt, die mit ihr keinen Wahrnehmungsvertrag abgeschlossen haben. Auf diese Weise soll ebenfalls öffentlich zugänglichen Bibliotheken, Bildungseinrichtungen, Museen und Archiven ermöglicht werden, ihre Bestände der Allgemeinheit zugänglich zu machen, solange die Rechtsinhaber dem nicht widersprechen. Die Verwertungsgesellschaft muss diejenigen vergriffenen Werke, für die sie Rechte wahrnimmt, bei dem hierfür beim Deutschen Patent- und Markenamt geführten Register registrieren lassen (§ 13d Abs. 1 Nr. 4 und § 13e UrhWG). Der Rechtsinhaber kann jederzeit der Wahrnehmung seiner Rechte durch die Verwertungsgesellschaft widersprechen (§ 13d Abs. 2 UrhWG). Die Verwertungsgesellschaft hat den Nutzer von Zahlungsansprüchen des Rechtsinhabers freizustellen. Infolgedessen wird sie die Nutzung nur gegen Zahlung einer angemessenen Vergütung gestatten (§ 13d Abs. 4 UrhWG). Es wird auf die Kommentierungen der einschlägigen Kommentare zum UrhG und zum UrhWG verwiesen.

VII. Schutzdauer

Die einschneidendste Schranke des Urheberrechts ist die Schutzdauer; denn nach deren Ablauf ist das Werk **gemeinfrei**. Jeder darf es auf beliebige Weise nutzen. Einen zeitlich unbegrenzten Denk-

---

270 Vgl die Richtlinie 2012/28/EU vom 25.10.2012 über bestimmte zulässige Formen der Nutzung verwaister Werke; BT-Drucks. 17/13423, S. 10 ff; BR-Drucks. 265/13, S. 11 ff.

malschutz oder einen durch Gebühreneinzahlung unbegrenzt verlängerbaren Schutz wie im Markenrecht gibt es im Urheberrecht nicht. Die Schutzdauer beträgt 70 Jahre nach dem Tode des Urhebers (§ 64 UrhG). Sie beginnt mit Ablauf des Kalenderjahres, in dem der Urheber gestorben ist. Das Todesjahr zählt nicht mit (§ 69 UrhG). Haben mehrere Urheber das betreffende Werk in **Miturheberschaft** gemeinsam geschaffen (siehe Rn 47), erlischt die Schutzdauer 70 Jahre nach dem Tode des längstlebenden Miturhebers (§ 65 Abs. 1 UrhG).

VIII. Grundsätze des Urhebervertragsrechts

77 Dem Vertragsrecht kommt im Urheberrecht eine besondere Bedeutung zu. Es gilt das Schöpferprinzip (siehe Rn 46). Sämtliche Urheberrechte entstehen originär bei demjenigen, der das Werk tatsächlich geschaffen hat (Realakt). Deshalb scheidet von vornherein eine juristische Person als Urheber aus. Arbeitgeber, Auftraggeber oder sonstige Produzenten, die die Werke verwerten wollen, müssen die hierfür erforderlichen Nutzungsrechte immer zuvor vom Urheber erworben haben. Der Erwerb dieser Rechte ist jedoch von vornherein begrenzt. Ein persönlichkeitsrechtlich geprägter Kern des Urheberrechts bleibt immer bei ihm (siehe § 9 Rn 5). Er kann das Urheberrecht und auch die daraus herrührenden Verwertungsrechte als Ganzes zu Lebzeiten nicht übertragen, sondern erst mit seinem Tod vererben oder vermachen (§§ 28, 29 UrhG). Außerdem ist die Schutzfrist des Urheberrechtsschutzes – anders als bei den weiteren Sonderschutzrechten – eng an die Person des Urhebers gebunden; denn sie dauert während seiner Lebenszeit und darüber hinaus 70 Jahre nach seinem Tod an. Die gegenüber den technischen Schutzrechten verhältnismäßig lange urheberrechtliche Schutzfrist wird damit begründet, dass der Schutz für die ersten beiden Generationen der Urhebernachkommen gewährleistet sein soll und dass die Lebenserwartung gestiegen sei.[271] Die Grundlage für eine derartig lange Schutzdauer würde entfallen, wenn der Urheber gewissermaßen vertraglich ausgebootet werden könnte, indem man ihn mit einem Pauschalbetrag abfindet, gleichwohl aber ein Exklusivrecht für die Lebenszeit dieses Urhebers und 70 Jahre danach in Anspruch nimmt. Eine derartig lange Schutzdauer ist nur gerechtfertigt, wenn die Urheber laufend an den wirtschaftlichen Vorteilen aus der Nutzung ihrer Werke beteiligt werden.[272] Dieser Grundgedanke der **angemessenen Beteiligung** des Urhebers prägt das gesamte Urheberrecht.[273] Außerdem ist der Urheber gegenüber den Verwertern seiner Werke in aller Regel die wirtschaftlich schwächere Vertragspartei.[274] Einerseits gibt es kein umfassendes Urhebervertragsrecht mit einschlägigen Vertragstypen zur Einräumung von Nutzungsrechten. Andererseits hat der Gesetzgeber einzelne Vorschriften zum Schutz der Urheber vorgesehen.

1. Rechtseinräumung

78 Der Urheber kann sein Urheberrecht nicht als Ganzes übertragen, sondern nur Nutzungsrechte, gewissermaßen einzelne Ausschnitte der Verwertungsrechte, Dritten einräumen (§ 29 Abs. 2 UrhG). Die Einräumung von Nutzungsrechten richtet sich nach den §§ 31 ff. UrhG. Sie ist von dem Grundsatz bestimmt, dass die Rechte tendenziell beim Urheber verbleiben, soweit sie nicht ausdrücklich bezeichnet sind oder sich eine Einräumung der Rechte nicht aus Sinn und Zweck des Vertrags ergibt. Man bezeichnet diesen Grundsatz auch als **Zweckübertragungslehre**, Übertragungszwecklehre oder Lehre vom Übertragungszweck.[275] Sie kommt insbesondere in § 31 Abs. 5 UrhG zum Ausdruck.[276]

---

271 Vgl Katzenberger, in: Schricker/Loewenheim, § 64 UrhG Rn 15 mwN.
272 Vgl G. Schulze, FS Bornkamm, 2014, S. 949, 953 f.
273 Vgl BGH GRUR 1999, 928, 931 – Telefaxgeräte; BGH GRUR 1999, 707, 711 – Kopienversanddienst; v. Ungern-Sternberg, in: Schricker/Loewenheim, § 15 UrhG Rn 7.
274 Vgl BVerfG GRUR 2014, 169 Rn 76 – Übersetzerhonorare; Schulze, in: Dreier/Schulze, Vor § 31 UrhG Rn 2 mwN.
275 Vgl BGH GRUR 2012, 1031 Rn 15 – Honorarbedingungen Freie Journalisten.
276 Vgl BGH GRUR 1996, 121, 122 – Pauschale Rechtseinräumung; Schulze, in: Dreier/Schulze, § 31 UrhG Rn 110 ff.

Die Übertragungszwecklehre beruht unter anderem auf der Überlegung, dass der Urheber wissen soll, welche Rechte er im Einzelnen einräumt, und zwar sowohl in ideeller als auch in materieller Hinsicht. Die diversen Nutzungsarten und die ihnen entsprechenden Nutzungsrechte sind zahlreich und mitunter schwer überschaubar. Wer sämtliche Nutzungsrechte erwerben will, muss sie dem Urheber zumindest im Einzelnen auflisten. Noch weniger überschaubar sind Nutzungsrechte für zum Zeitpunkt des Vertragsschlusses noch **unbekannte Nutzungsarten**. Immer wieder führen neue Technologien zu neuen Verwertungsmöglichkeiten, die es, wie zB das Internet, zuvor nicht gab. Da der Urheber ihre ideelle und wirtschaftliche Tragweite nicht einschätzen konnte, sah die bis Ende 2007 geltende Gesetzeslage vor, dass die Einräumung von Nutzungsrechten für zum Zeitpunkt des Vertragsschlusses noch unbekannte Nutzungsarten unwirksam war. Erst ab 1.1.2008 können Rechte für unbekannte Nutzungsarten eingeräumt werden, wenn dies schriftlich geschieht (§ 31a Abs. 1 UrhG). Dem Urheber bleibt aber das unverzichtbare Recht, die Rechtseinräumung oder eine Verpflichtung hierzu zu **widerrufen**, und zwar binnen drei Monaten, nachdem der andere (Vertragspartner) ihm mitgeteilt hat, das Werk auf eine neue Art nutzen zu wollen (§ 31a Abs. 1 S. 3 UrhG). Hatte der Urheber seinen Vertragspartnern in Verträgen bis Ende 2007 alle wesentlichen Nutzungsrechte eingeräumt, fallen Letzteren auch diejenigen Rechte zu, die bei Vertragsschluss noch unbekannt waren, aber bis Ende 2007 bekannt geworden sind, wenn nicht der Urheber bis 31.12.2008 von seinem **Widerspruchsrecht** Gebrauch gemacht hat (§ 137l Abs. 1 UrhG). Wird die Nutzungsart erst nach Ende 2007 bekannt, steht dem Urheber – ähnlich wie bei Verträgen, die ab 1.1.2008 über Rechte für unbekannte Nutzungsarten geschlossen werden – ebenfalls ein dreimonatiges Widerspruchsrecht zu (§ 137l Abs. 1 S. 3 UrhG).[277] In jedem Falle behält er einen unverzichtbaren Anspruch auf eine gesonderte angemessene Vergütung (§§ 32c, 137l Abs. 5 UrhG).

2. Angemessene Vergütung

Der Urheber ist für die Nutzung seiner Werke angemessen zu vergüten. Dieser seit Anbeginn des Urheberrechts bestehende Grundsatz wurde durch das Gesetz zum Urhebervertragsrecht vom 22.3.2002 in § 11 S. 2 UrhG ausdrücklich betont und in § 32 UrhG zusätzlich geregelt. Ist die Höhe der Vergütung nicht bestimmt, gilt eine angemessene Vergütung als vereinbart (§ 32 Abs. 1 S. 2 UrhG). Ist sie nicht angemessen, kann der Urheber eine **Änderung des Vertrags** verlangen, durch die ihm die angemessene Vergütung gewährt wird (§ 32 Abs. 1 S. 3 UrhG). Grundsätzlich ist ein **Beteiligungshonorar** zu vereinbaren. In manchen Bereichen kann jedoch auch ein **Pauschalhonorar** angemessen sein.

> **Beispiel:** Wer ein Firmenlogo gestaltet, wird in der Regel nicht erwarten können, bei sämtlichen Nutzungen auf dem Briefpapier, den Firmenwagen etc. eine prozentuale Beteiligung am Umsatz zu erhalten, sondern nur einmalig – ggf mit einer zusätzlichen Pauschalzahlung – vergütet zu werden.[278]

Außerdem kann der Urheber gewissermaßen einen Nachschlag verlangen, wenn sich herausstellt, dass die mit dem Nutzer vereinbarte Gegenleistung in einem **auffälligen Missverhältnis** zu den Erträgen und Vorteilen aus der Nutzung des Werks steht (§ 32a Abs. 1 UrhG); gegebenenfalls auch bei zurückliegenden Verträgen zu Werken, die im Lichte der neuen Rechtsprechung anders als früher nun doch Urheberrechtsschutz genießen.[279] Auch hier kommt eine nachträgliche Änderung des Vertrags in Betracht, sei es eine – ggf wiederholte – Pauschalzahlung oder sei es ein Beteiligungshonorar.

Wird das Werk auf eine später bekannt gewordene Nutzungsart genutzt, hat der Urheber einen gesetzlichen Anspruch auf eine **gesonderte angemessene Vergütung** (§§ 32c Abs. 1, 137l Abs. 5 UrhG). Es kommt auf die Werkart und die Umstände des Einzelfalls an.

> **Beispiel:** Wird ein Firmenlogo, das vor mehreren Jahrzehnten entworfen wurde, nun auch bei der Präsentation der Firma im Internet genutzt, dürfte es weniger um die Nutzung des Werks, sondern

---

277 Vgl G. Schulze, UFITA 2007/III, 641, 696 ff.
278 Vgl BT-Drucks. 14/8058, S. 18; Schulze, in: Dreier/Schulze, § 32 UrhG Rn 57.
279 Vgl BGH NJW 2014, 469 Rn 44 f – Geburtstagszug; G. Schulze NJW 2014, 475.

eher um die Nutzung des im Laufe der Zeit an Bedeutung gewonnenen Kennzeichens gehen. Hier kann zweifelhaft sein, ob dem Entwerfer des Logos noch ein weiterer Vergütungsanspruch zusteht.

3. Verwertungsgesellschaftspflichtige Vergütungsansprüche

82 Mitunter ist es für den Urheber vorteilhaft, wenn er über manche Rechte oder Ansprüche nicht mehr verfügen kann, weil er sie zuvor einer Verwertungsgesellschaft zur Wahrnehmung übertragen hat; denn nun kann ein wirtschaftlich stärkerer Vertragspartner ihm diese Rechte und Ansprüche nicht mehr gegen eine möglicherweise unangemessene Vergütung oder zu ungünstigen Bedingungen abverlangen. Vielmehr muss er sich diese Rechte von der Verwertungsgesellschaft zu deren Tarifen beschaffen. Über Letztere wird der Urheber dann beteiligt und kann nicht leer ausgehen. Dass die schwächere Position des Urhebers mitunter ausgenutzt wurde, hat den Gesetzgeber veranlasst, manche Ansprüche im Voraus nur an eine Verwertungsgesellschaft abtretbar sein zu lassen und diese Ansprüche auch nur von einer Verwertungsgesellschaft geltend machen zu lassen. Das gilt insbesondere für die **Vergütungsansprüche aus gesetzlichen Lizenzen** (§§ 44 a ff. UrhG). Sie bleiben unverzichtbar dem Urheber (§ 63 a UrhG), so dass er diese Ansprüche über die einschlägige Verwertungsgesellschaft realisieren kann. Sinnvollerweise schließt er mit der hier infrage kommenden **Verwertungsgesellschaft Bild-Kunst** (Bonn) einen Wahrnehmungsvertrag.[280]

IX. Werkvertragsrecht

83 Häufig werden Verträge zwischen dem Designer einerseits und dem Auftraggeber und Nutzer andererseits in **zwei Stufen** geschlossen. Auf der ersten Stufe wird vereinbart, den Entwurf, den Prototyp oder die sonstige Vorlage zu erarbeiten, die später genutzt oder in Serie hergestellt werden soll. Auf der zweiten Stufe wird dann die Nutzung dieser Vorlage und die Einräumung der Rechte hierfür vereinbart (siehe § 10 Rn 2 f).

84 Für die **erste Stufe**, den Auftrag für ein Design, besteht ein **Werkvertrag** oder ein **Werklieferungsvertrag**. Es gelten die Vorschriften der §§ 631 ff BGB. Der Designer ist verpflichtet, das Werk herzustellen und abzuliefern (§§ 631, 635 BGB). Der Auftraggeber ist verpflichtet, das vertragsgemäß hergestellte Werk abzunehmen (§ 640 Abs. 1 BGB). Ist das Werk mangelhaft, kann er vom Designer verlangen, nachzuerfüllen und Mängel zu beseitigen (§ 635 BGB). Ferner stehen ihm die Rechte auf Rücktritt oder Minderung und Schadensersatz zu, wenn der Mangel nicht rechtzeitig innerhalb der vom Besteller gesetzten Frist beseitigt worden ist (§ 634 BGB). Diesen Mangel muss er aber rechtzeitig und konkret rügen.[281] Außerdem kann der Auftraggeber die Mangelhaftigkeit des Werks nur begrenzt rügen. Hinsichtlich der künstlerischen Gestaltung des Designs kann sich der Designer auf seine **Gestaltungsfreiheit** berufen. Wie er hiervon Gebrauch macht, ist grundsätzlich seine Sache. Der Besteller muss sich vorher überlegen, wen er beauftragen will und ob die Arbeiten des Designers seinen geschmacklichen Vorstellungen entsprechen.[282] In der Regel kann der Auftraggeber nur Mängel rügen, die den Werkträger betreffen, nicht hingegen die Qualität des Werks selbst, also seine künstlerische Güte.[283] Will der Besteller dieses Risiko verringern, muss er dem Designer **konkrete Vorgaben** machen. Trotz derartiger Vorgaben bleibt der Designer grundsätzlich alleiniger Urheber des von ihm geschaffenen Designs; denn in der Regel handelt es sich um allgemein gehaltene Vorgaben, so dass es dem Designer überlassen bleibt, aus dem weiträumigen Gestaltungsspielraum die nach seinen Vorstellungen zutreffende Form zu schaffen.

85 Der Auftraggeber kann den Werkvertrag **jederzeit kündigen**. In der Regel muss er jedoch die vereinbarte Vergütung zahlen, soweit sich der Designer nicht Teile seiner Vergütung wegen ersparter

---

280 Vgl G. Schulze, in: Loewenheim, § 70 Rn 165 ff.
281 Vgl BGH GRUR 1966, 390, 391 – Werbefilm.
282 Vgl hierzu BGHZ 19, 382, 384 – Kirchenfenster; OLG München ZUM 1992, 147, 150 f – Karajan-Manuskript; OLG Dresden ZUM 2000, 955, 958 – Die Csardasfürstin; OLG München ZUM 2007, 863 – Mangelhaftes Manuskript.
283 Vgl BGH GRUR 1960, 642, 644 – Drogistenlexikon.

Aufwendungen oder anderweitiger Einkünfte anrechnen lassen muss (§ 649 BGB). Wurde keine bestimmte Vergütung vereinbart, ist sie in üblicher Höhe als vereinbart anzusehen (§ 632 Abs. 2 BGB); denn auch bei Entwürfen und Konzepten handelt es sich meistens nicht um bloße Vorarbeiten, die vernachlässigt werden können, sondern bereits um eine Hauptleistung, die üblicherweise vergütungspflichtig ist.[284] Was üblich ist, richtet sich nach denjenigen Vergütungen, die Designer in vergleichbaren Fällen berechnen und erhalten. Richtschnur hierfür sind auch die branchenüblichen Empfehlungen, wie sie zB im **AGD Vergütungstarifvertrag Design** (VTV) vom Juni 2011 geregelt sind.[285] Die Einräumung der Nutzungsrechte ist Gegenstand der **zweiten Stufe** und ist gesondert zu vergüten (siehe § 10 Rn 3).

C. Lichtbildwerke, Lichtbilder

Beim **Fotodesign** kommt für die Arbeiten der Fotografen und Fotodesigner Urheberrechtsschutz von Lichtbildwerken (§ 2 Abs. 1 Nr. 5 UrhG) und von Lichtbildern (§ 72 UrhG) in Betracht. Wie bei allen Werkarten des Urheberrechts bedarf es keiner Formalie, um den Schutz zu erlangen (siehe Rn 45), der Urheberrechtsschutz entsteht mit der Herstellung der Aufnahme. Es gilt das **Schöpferprinzip** (siehe Rn 46). Urheber ist der Fotograf, der das Foto gemacht hat. Zunächst ist er Inhaber sämtlicher Rechte. Dritte müssen sich von ihm die Rechte beschaffen, wenn sie das Foto nutzen wollen. Auch im Übrigen gelten die zum Urheberrechtsschutz der Werke der angewandten Kunst bereits gemachten Ausführungen. Abweichendes folgt aus dem zweigleisigen Schutz als Lichtbilder und ggf zusätzlich als Lichtbildwerke. Hierauf soll im Einzelnen eingegangen werden.

86

I. Schutzvoraussetzungen

Lichtbildwerke und Lichtbilder fallen in den Bereich der **Kunst** iSv § 1 UrhG (siehe Rn 6). Die Schutzvoraussetzungen unterscheiden sich bei den **Anforderungen an die hinreichende Individualität**. Lichtbildwerke müssen persönliche geistige Schöpfungen (§ 2 Abs. 2 UrhG) sein, um Urheberrechtsschutz genießen zu können. Für bloße Lichtbilder iSv § 72 UrhG gilt das Erfordernis der persönlichen geistigen Schöpfung nicht. Da jedes Lichtbildwerk zugleich auch den Schutz als Lichtbild genießt und da bei beiden (Lichtbildwerk und Lichtbild) keine Formalien (Anmeldung, Gebühreneinzahlung etc.) für den Urheberrechtsschutz verlangt werden, könnte sich eine Abgrenzung erübrigen, da man sich jedenfalls auf den Schutz als Lichtbild berufen kann. In vielen Streitfällen ließen die Gerichte es deshalb dahinstehen, ob das Foto auch den Schutz als Lichtbildwerk genoss, da sich dieselben Ansprüche auch auf der Basis des Lichtbildschutzes begründen ließen.[286] Bedeutsam wird die Unterscheidung erst beim Schutzumfang (siehe Rn 93 ff) und bei der Schutzdauer (siehe Rn 97).

87

1. Lichtbildwerke

Lichtbildwerke sind nur solche Fotografien, die sich gegenüber dem Alltäglichen durch Individualität auszeichnen. Dies kann eine künstlerische Aussage sein, die der Fotograf mit dem betreffenden Foto erreicht.[287] Da der Gebrauchszweck dem Urheberrechtsschutz nicht schadet, können auch **Werbefotografien**, wissenschaftliche Fotografien und sonstige **Gebrauchsfotos** Lichtbildwerke sein. Anhaltspunkte für die hinreichende Individualität eines Lichtbildwerks sind unter anderem ein besonderer Bildausschnitt, Licht- und Schattenkontraste, Schärfen und Unschärfen, ungewohnte Perspektiven, die Wahl eines bestimmten Kameratyps, Objektivs oder anderer fotomechanischer Mittel sowie das Echo in der Fachwelt.[288]

88

---

284 Vgl OLG Düsseldorf GRUR 1991, 334 – Firmenlogo.
285 Vgl LG Stuttgart ZUM 2008, 163, 168; G. Schulze, in: Loewenheim, § 70 Rn 117, 123.
286 Vgl BGH GRUR 1993, 34, 35 – Bedienungsanweisung; LG München I ZUM 1995, 57; LG Hamburg ZUM 2004, 675, 677.
287 Vgl OLG Düsseldorf GRUR 1997, 49, 51 – Beuys-Fotografien.
288 Vgl BGH GRUR 2003, 1035, 1037 – Hundertwasser-Haus; A. Nordemann, in: Loewenheim, § 9 Rn 135 ff.

89 Ähnlich wie bei Werken der angewandten Kunst, für deren weniger individuelle Erzeugnisse zusätzlich ein Designschutz in Betracht kommt, ist bei Lichtbildwerken für weniger individuelle Fotografien der Lichtbildschutz vorgesehen. Man hätte deshalb daran denken können, bei Lichtbildwerken – ähnlich wie früher bei Werken der angewandten Kunst (siehe Rn 15) – im Hinblick auf die zusätzliche Schutzmöglichkeit strenge Anforderungen an die hinreichende Individualität zu stellen. Diese Parallele wurde von der Rechtsprechung jedoch nicht gezogen. Im Gegenteil, an die hinreichende Individualität von Lichtbildwerken werden dieselben geringen Anforderungen gestellt wie bei anderen Werkarten, deren sog. **kleine Münze** noch unter den Urheberrechtsschutz fällt.[289] Das entspricht Art. 6 der Richtlinie 2006/116/EG zur Schutzdauer und zu bestimmten verwandten Schutzrechten. Danach werden Fotografien geschützt, wenn sie individuelle Werke in dem Sinne darstellen, dass sie das Ergebnis der **eigenen geistigen Schöpfung** ihres Urhebers sind. Zur Bestimmung ihrer Schutzfähigkeit sind keine anderen Kriterien anzuwenden.[290] Tendenziell soll hiermit ein weitreichender Schutz ermöglicht werden. Nach der Rechtsprechung bedarf es für den Schutz als Lichtbildwerk keines besonderen Maßes an schöpferischer Gestaltung.[291] Infolgedessen sind auch Gegenstandsfotografien und ähnliche Zweckfotos als Lichtbildwerke schützbar, soweit nicht blindlings geknipst, sondern gezielt für eine aussagekräftige Aufnahme fotografiert wird. **Urheberrechtsschutz als Lichtbildwerk wurde bejaht** für: die Wahl des Aufnahmezeitpunkts eines Theaterfotos,[292] Fotos von räumlichen Kunstobjekten oder Porträts,[293] die starken Kontraste und die ungewöhnliche Perspektive des Fotos von einem Schwarzen Sheriff,[294] eine ungewöhnliche Tanzpose,[295] historische Fotografien von *Wieland Wagner*,[296] Porträtfotos für Werbeanzeigen,[297] die Stimmung und Aussagekraft der Aufnahme von einem auftauchenden U-Boot,[298] Architekturfotografien von der Pinakothek der Moderne in München,[299] eine Gegenlichtaufnahme vom Freiburger Münster,[300] ein Portraitfoto von *Gerhard Schröder* für ein Wahlplakat,[301] Abbildungen bekannter Personen wegen der sorgfältigen Auswahl der Motive und der guten Wiedergabe der eingefangenen Stimmung,[302] das Foto vom Sprung in die Freiheit eines DDR-Grenzsoldaten,[303] das Foto von einer Computertastatur wegen der Wahl des Bildausschnitts, der perspektivischen Darstellung und dem Wechselspiel von Schärfe und Unschärfe,[304] ein hervorragend ausgeleuchtetes ausdrucksstarkes Portrait-Foto des Künstlers *Yehudi Menuhin*,[305] Architekturfotos wegen der jeweils bestimmten Stimmung durch besonderes Tageslicht, eingeschaltete Beleuchtung, Spiegelreflexe und den gewählten Blickwinkel.[306] **Urheberrechtsschutz als Lichtbildwerk wurde verneint** für: die Aufnahme bekannter Personen im Swimmingpool,[307] die aus dem vorgefundenen, nicht beeinflussten Geschehen spontan und rein handwerklich möglichst naturgetreue Aufnahme vom Abtransport des an der

---

289 Vgl Schulze, in: Dreier/Schulze, § 2 UrhG Rn 195.
290 Vgl EuGH GRUR 2012, 166 Rn 99 – Painer/Standard.
291 BGH ZUM 2000, 233, 234 – Werbefotos; LG Hamburg ZUM-RD 2008, 30, 31.
292 OLG Hamburg ZUM-RD 1997, 217, 219 f – Troades-Inszenierung.
293 OLG Düsseldorf GRUR 1997, 49, 51 – Beuys-Fotografien.
294 OLG München ZUM 1997, 388, 390.
295 OLG Köln ZUM-RD 1999, 223, 224 – Klammerpose.
296 OLG Hamburg ZUM-RD 1999, 73, 74 f – Wagner-Fotos.
297 BGH ZUM 2000, 232, 234 – Werbefotos.
298 OLG Hamburg ZUM-RD 2004, 303 f.
299 LG München I ZUM 2006, 666, 670.
300 LG Mannheim ZUM 2006, 886, 887 – Karlssteg mit Münster.
301 LG Hamburg ZUM-RD 2008, 30, 31.
302 OLG Düsseldorf ZUM-RD 2008, 524, 525 – Schaufensterdekoration.
303 LG Hamburg ZUM 2009, 165, 166 – Mauerspringer.
304 LG München I, GRUR-RR 209, 92, 93 – Foto von Computertastatur.
305 LG Hamburg ZUM 2009, 251, 252.
306 LG Kassel ZUM-RD 2011, 250, 251.
307 LG München I ZUM-RD 2002, 489, 492 – Scharping/Pilati-Foto, offen gelassen von OLG München ZUM 2003, 571, 576.

Berliner Mauer bei einem Fluchtversuch angeschossenen und tödlich verunglückten DDR-Bürgers *Peter Fechter*.[308]

2. Lichtbilder

Unter Lichtbilder iSv § 72 UrhG fallen Fotos jeglicher Art und ohne Werkqualität, also auch alltägliche Familienfotos, Urlaubsfotos und sonstige Knipsbilder. Nicht die schöpferische Leistung, sondern eine **rein technische Leistung**, die nicht einmal besondere Fähigkeiten voraussetzt, wird hiermit geschützt.[309] Allerdings ist nicht schon jedes Duplikat oder jede Fotokopie eines Lichtbilds bereits wieder ein selbstständig schutzfähiges Lichtbild. Nur die **erstmalige Aufnahme**, nicht hingegen deren Vervielfältigung, ist geschützt. Insoweit ist ein Mindestmaß an zwar nicht schöpferischer, aber doch persönlicher geistiger Leistung erforderlich.[310] Es muss ein **eigenständiges Foto** geschaffen worden sein. Ansonsten werden keine weiteren Mindestvoraussetzungen verlangt. Auf die Aufnahmetechnik kommt es grundsätzlich nicht an.[311]

3. Lichtbildähnliche Erzeugnisse

Nach § 2 Abs. 1 Nr. 5 UrhG sind auch Werke geschützt, die ähnlich wie Lichtbildwerke geschaffen werden. Desgleichen sieht § 72 UrhG einen Schutz für Erzeugnisse vor, die ähnlich wie Lichtbilder hergestellt werden. Es ist umstritten, ob auch die mittels **CAD/CAM-Verfahren** des Computers am Bildschirm geschaffenen Bilder als lichtbildähnliche Erzeugnisse Lichtbildschutz genießen. Dieselbe Frage stellt sich auch bei Lichtbildwerken.[312] Der Gesetzgeber musste immer wieder erkennen, dass er hinter neuen Technologien hinterherhinkte und deshalb seine bisherigen Regelungen nachbessern musste. Deshalb hat er manche Regelungen offen formuliert, sei es, dass Werkarten oder Verwertungsrechte nur beispielhaft aufgelistet wurden (vgl §§ 2 Abs. 1, 15 UrhG), sei es, dass er bei §§ 2 Abs. 1 Nr. 5, 72 UrhG auch Erzeugnisse einbezog, die ähnlich wie Lichtbilder (oder Lichtbildwerke) hergestellt werden. Diese **technologieoffene Formulierung** ist meines Erachtens durchaus als Brücke für neue Technologien zu verstehen, so dass man den Schutz von **Computerbildern** hierunter einbeziehen kann.[313] Nach anderer Ansicht fehle bei Computerbildern der Einsatz strahlender Energie. Deshalb könnten sie nicht unter den Lichtbildschutz fallen.[314]

Bejaht man einen Lichtbildschutz (oder Lichtbildwerkschutz) für Computerbilder, dann fallen auch **Computeranimationen** und mithilfe der Digitaltechnik veränderte oder neu komponierte Bilder (**Fotokomposing**) unter die lichtbildähnlichen Werke, soweit nicht bestehende Lichtbilder lediglich digitalisiert, also vervielfältigt werden.[315] Sind diese Bilder individuell, dann könnte grundsätzlich dahinstehen, ob sie als lichtbildähnliche Werke (§ 2 Abs. 1 Nr. 5 UrhG) oder als Werke der bildenden Künste (§ 2 Abs. 1 Nr. 4 UrhG) einzuordnen sind. In jedem Falle lassen sie sich unter die nur beispielhaft in § 2 Abs. 1 UrhG aufgezählten Werkarten subsummieren. Gegebenenfalls muss von einer **neuen Werkart** ausgegangen werden.[316] Erreichen sie jedoch nicht die bei Werken der bildenden Künste verlangte Gestaltungshöhe, dann wird die Einordnung bedeutsam; denn nur als lichtbildähnliche Erzeugnisse (§ 72 UrhG) sind sie generell geschützt.

---

308 KG ZUM-RD 2012, 321, 325, aber Lichtbildschutz bejaht von BGH GRUR 2014, 363 Rn 20 ff – Peter Fechter.
309 Vgl Schulze, in: Dreier/Schulze, § 72 UrhG Rn 3.
310 Vgl BGH GRUR 1990, 669, 673 – Bibelreproduktion.
311 Vgl LG Berlin GRUR 1990 – Satellitenfoto; Schulze, in: Dreier/Schulze, § 72 UrhG Rn 4; Erdmann, FS Bornkamm, 2014, S. 761, 763.
312 Vgl Schulze, in: Dreier/Schulze, § 2 UrhG Rn 200.
313 Vgl G. Schulze CR 1988, 181, 190 ff; Wiebe, GRUR-Int. 1990, 21, 32; Koch, GRUR 1991, 180, 184 f; E. v. Gamm, in: Mestmäcker/Schulze, § 2 UrhG Rn 134; wohl auch OGH ZUM-RD 2001, 224, 227; offen gelassen von LG Köln CR 2008, 463, 465 – Virtueller Kölner Dom.
314 Vgl OLG Hamm ZUM 2004, 927, 928; A. Nordemann, S. 65; Heitland, S. 25; Maaßen, ZUM 1992, 338, 340; Reuter, GRUR 1997, 23, 27; Vogel, in: Schricker/Loewenheim, § 72 UrhG Rn 21; Thum, in: Wandtke/Bullinger, § 72 UrhG Rn 18; HK-UrhR/Meckel, § 72 UrhG Rn 10; Veit, S. 41; Erdmann, FS Bornkamm, 2014, S. 761, 763.
315 Vgl Schulze, in: Dreier/Schulze, § 2 UrhG Rn 200 und § 72 UrhG Rn 8 mwN.
316 So wohl Maaßen, ZUM 1992, 338, 341.

II. Schutzumfang

93 Die Abgrenzung zwischen Lichtbildwerken (§ 2 Abs. 1 Nr. 5 UrhG) und bloßen Lichtbildern (§ 72 UrhG) ist für den jeweiligen Schutzumfang bedeutsam.

1. Freie Benutzung, Nachschaffung

94 Je nachdem, wie auffallend die Individualität eines **Lichtbildwerks** (iSv § 2 Abs. 1 Nr. 5 UrhG) ist, desto weiter oder enger fällt sein Schutzbereich aus. Eine freie Benutzung kommt bei einem besonders individuellen Lichtbildwerk weniger leicht in Betracht als bei einem weniger ausdrucksstarken Foto (siehe Rn 66 f). Eine **freie Benutzung** (§ 24 UrhG) wurde beispielsweise **verneint** für: ein nachgestelltes Foto durch weitgehende Übernahme des Motivs des genutzten Fotos,[317] die digitale Veränderung eines Fotos im Rahmen einer satirischen Collage,[318] die Übernahme sämtlicher Gestaltungselemente einer Gegenlichtaufnahme,[319] das fotorealistische Abmalen eines Fotos,[320] die Wiedergabe eines Fotos in einem Foto,[321] die Verwendung eines Fotos innerhalb einer Collage aus Lichtbildern.[322] **Bejaht** wurde eine freie Benutzung für: die Übernahme des Motivs eines Theaterfotos,[323] die ausschnittweise Verwendung des Fotos vom Mauerspringer in einer Collage mit völlig anderem Kontext.[324]

95 Anders verhält es sich bei bloßen **Lichtbildern** (§ 72 UrhG). Da die rein technische Leistung bereits geschützt wird, ohne eine individuelle Leistung vorauszusetzen, fällt auch der Schutzbereich entsprechend gering aus. In der Regel beschränkt er sich auf die Übernahme des Fotos, so dass es jedem Dritten frei steht, ein identisches oder nahezu identisches Foto, zB dasselbe Bauwerk aus dem gleichen Blickwinkel[325] selbst zu fotografieren.[326] An dem vorgegebenen Motiv hat der Fotograf idR keinen Schutz, wenn es sich um ein bloßes Lichtbild handelt.[327] Anders kann es sich verhalten, wenn das Motiv nicht vorgegeben ist, sondern gestellt (inszeniert) und bereits hierdurch eine eigenständige Aussage getroffen wird.[328]

2. Folgerecht

96 Während bei Werken der angewandten Kunst das Folgerecht (siehe Rn 59) grundsätzlich nicht anzuwenden ist (§ 26 Abs. 8 UrhG), sondern nur in Ausnahmefällen in Betracht kommt, ist das Folgerecht bei **Lichtbildwerken** ausdrücklich vorgesehen (§ 26 Abs. 1 UrhG). Es müssen aber Lichtbildwerke sein. Für bloße Lichtbilder (§ 72 UrhG) gilt es nicht.[329] Hier muss also zwischen Lichtbildwerk und Lichtbild abgegrenzt werden. Außerdem muss es sich um **Originale** handeln, die über den Kunsthandel weiterveräußert werden. Einerseits sind neben dem Negativ grundsätzlich alle Abzüge als Originale anzusehen.[330] Andererseits müssen sie mit Wissen und Wollen des Urhebers hergestellt worden sein. Nach dem Tode des Fotografen hergestellte Abzüge scheiden als Originale

---

317 OLG Köln ZUM-RD 1999, 223, 224 f – Klammerpose.
318 LG München ZUM-RD 2002, 489, 493 – Scharping/Pilati-Foto; bestätigt von OLG München ZUM 2003, 571, 574.
319 LG Mannheim ZUM 2006, 886, 887 – Karlssteg mit Münster.
320 LG Hamburg ZUM-RD 2008, 202, 204 – Pelé-Foto.
321 KG K&R 2010, 674.
322 OLG Köln CR 2012, 809, 810 – Kirschkerne.
323 OLG Hamburg ZUM-RD 1997, 217, 220 f – Troades-Inszenierung.
324 AG Charlottenburg ZUM-RD 2010, 373, 375 f.
325 BGH GRUR 2003, 1035, 1037 – Hundertwasser-Haus.
326 Vgl BGH GRUR 1967, 315, 316 – skai-cubana; Schulze, in: Dreier/Schulze, § 72 UrhG Rn 13; Vogel, in: Schricker/Loewenheim, § 72 UrhG Rn 27; Erdmann, FS Bornkamm, 2014, S. 761, 769.
327 Vgl OLG Hamburg ZUM-RD 1997, 217, 221 – Troades-Inszenierung.
328 Vgl die Beispiele bei Bullinger/Garbers-von Boehm, GRUR 2008, 24, 26 ff.
329 Vgl Schulze, in: Dreier/Schulze, § 26 UrhG Rn 9; Katzenberger, in: Schricker/Loewenheim, § 26 UrhG Rn 20.
330 Vgl Hamann, UFITA 90, 1981, 45, 51 f.

aus.³³¹ Das Folgerecht wird idR über die **Verwertungsgesellschaft Bild-Kunst** (Bonn) wahrgenommen, die mit den Fotografen Wahrnehmungsverträge abgeschlossen hat.³³²

3. Schutzdauer

Lichtbildwerke sind wie alle anderen Werkarten des Urheberrechts 70 Jahre *post mortem auctoris* geschützt (§ 64 UrhG). Hingegen beträgt die Schutzdauer bei **Lichtbildern** nur 50 Jahre ab Erscheinen oder öffentlicher Wiedergabe des Lichtbildes oder, wenn es innerhalb dieser 50 Jahre weder öffentlich wiedergegeben oder erschienen ist, ab seiner Herstellung. Demnach kann die Schutzdauer eines Lichtbildes bereits zu Lebzeiten des Fotografen ablaufen.³³³

---

331 Vgl Schulze, in: Dreier/Schulze, § 26 UrhG Rn 10 und § 44 UrhG Rn 19; Katzenberger, in: Schricker/Loewenheim, § 26 UrhG Rn 28; einschränkend: Vogel, in: Schricker/Loewenheim, § 44 UrhG Rn 27: Originale sind nur sog. Vintage-Prints, die unmittelbar nach der Herstellung der Aufnahme hergestellt werden.
332 Vgl Schulze, in: Dreier/Schulze, § 26 UrhG Rn 22 f, 28 ff.
333 Vgl Schulze, in: Dreier/Schulze, § 72 UrhG Rn 37.

§ 5 Technische Schutzrechte

A.	Allgemeines	1	F.	Ästhetische Formschöpfungen	9
B.	Geschichtliche Entwicklung	2		I. Allgemeines	9
C.	Schutzmöglichkeiten	3		II. Technische Mittel mit ästhetischer Wirkung	10
D.	Patentkategorien	4		III. Ästhetische Mittel	11
E.	Schutzvoraussetzungen	6	G.	Beispiel: Stühle und Sessel	12
	I. Erfindung	6		I. Bugholz	12
	II. Neuheit	7		II. Stahlrohr-Freischwinger	13
	III. Erfinderische Tätigkeit	8		III. Stahlrohr mit Bugholz	16

Literatur:

Kommentare und Monografien: *Benkard*, Europäisches Patentübereinkommen, 2. Auflage 2012; *Benkard*, Patentgesetz, 11. Auflage 2015; *Bruchhäuser* (Hrsg. mit Stuhlmuseum Burg Beverungen), Der Kragstuhl, 2. Auflage 1998; *Bühring*, Gebrauchsmustergesetz, 8. Auflage 2011; *Busse/Keukenschrijver*, Patentgesetz, 7. Auflage 2013; *Haedicke/Timmann*, Handbuch des Patentrechts, 2012; *Kraßer*, Patentrecht, 6. Auflage 2009; 2001; *Mes*, Patentgesetz, Gebrauchsmustergesetz, 3. Auflage 2011; *Osterrieth*, Patentrecht, 4. Auflage 2010; *Schulte*, Patentgesetz mit EPÜ, 9. Auflage 2014; *Selle*, Design-Geschichte in Deutschland, 1987; *Sembach/Leuthäuser/Gössel*, Möbeldesign des 20. Jahrhunderts, 2002; *Singer/Stauder*, Europäisches Patentübereinkommen, 6. Auflage 2013; *von Vegesack/Kries* (Hrsg.), Mies van der Rohe, 1998.
Beiträge in Zeitschriften, Festschriften, Sammelwerken: *Máčel*, Vom Serienmöbel zum Designklassiker – Die Metallmöbel von Mies van der Rohe, in: von Vegesack/Kries (Hrsg.), Mies van der Rohe, 1998; *Máčel*, Der hinterbeinlose Stuhl als Objekt der Justiz, in: Bruchhäuser (Hrsg. mit Stuhlmuseum Burg Beverungen), Der Kragstuhl, 2. Auflage 1998; *Möller/Máčel*, Ein Stuhl macht Geschichte, 1992; *Wandtke*, Die unendliche Geschichte eines Stuhls, UFITA 130, 1996, 57.

A. Allgemeines

Technische Schutzrechte werden häufig deswegen nicht mit Designschutz in Verbindung gebracht, weil **ästhetische Wirkungen** und **technische Wirkungen** als Gegenpole angesehen werden. Aber es ist allgemein bekannt, dass zB Bauwerke wie der Eifelturm oder die Golden Gate Bridge ästhetische Empfindungen auslösen, obwohl sie ihre Erscheinungsform der Umsetzung von technischen Konstruktionsprinzipien verdanken. Die damit angesprochene „Schönheit der Technik" ist in vielen Bereichen des *industrial design* geradezu Motto geworden, wenn von *form follows function*[1] oder von „puritanischem" Design die Rede ist. Bei der **Doppelfunktion** von technischer Wirkung und ästhetischer Wirkung ist die Bedeutung von technischen Schutzrechten zwar besonders augenfällig. Aber technische Lösungen können auch dann eine wichtige Rolle spielen, wenn sie im Endergebnis eines Produktionsprozesses kaum noch oder überhaupt nicht erkennbar sind. Zwar ist immer wieder die Ansicht vertreten worden, dass sich technische Schutzrechte und der Schutz von eingetragenen Designs und von Gemeinschaftsgeschmacksmustern wechselseitig ausschließen. Richtig ist jedoch nur, dass sich die Schutzvoraussetzungen – sogar diametral – unterscheiden. Aber es ist ohne Weiteres möglich, dass sogar ein- und dieselbe Erscheinungsform die Voraussetzungen sowohl für ein technisches Schutzrecht als auch für einen Schutz als eingetragenes Design oder als Gemeinschaftsgeschmacksmuster erfüllt. Bei dieser Konstellation zeigt es sich nicht selten, dass der effektivere Designschutz über ein technisches Schutzrecht herbeigeführt werden kann.

1

B. Geschichtliche Entwicklung

Vorreiter für gesetzliche Regelungen zum Schutz des geistigen Eigentums war – neben dem Urheberrecht – das **Patentrecht**. Nachdem im späten Mittelalter Privilegien von Landesherren gewährt worden waren, hat Venedig 1474 das erste allgemeine Patentgesetz geschaffen. Im weiteren Verlauf folgten Patentgesetze 1623 in England, 1790 in den USA und 1791 in Frankreich. Weil Deutschland in dieser Zeit noch partikularistisch aufgeteilt war, konnte erst am 25.5.1877 ein Patentgesetz erlassen werden. Das weltweit erste **Gebrauchsmustergesetz** ist in Deutschland am 1.6.1891 als

2

---

[1] Dieses Schlagwort ist erstmals 1896 durch einen Beitrag des US-amerikanischen Architekten *Louis Henri Sullivan* (im Sinne einer allumfassenden Gesetzmäßigkeit) in die Öffentlichkeit gelangt.

Konsequenz daraus entstanden, dass das Reichsoberhandelsgericht einen Geschmacksmusterschutz für technisch geprägte Formgestaltungen abgelehnt hatte. Durch diese Neueinführung sollte für technische Neuerungen mit geringer Erfindungshöhe eine Schutzmöglichkeit geschaffen werden, die das Patentamt entlastet und bei den Anmeldern geringe Kosten verursacht.

C. Schutzmöglichkeiten

3 Die für das Designrecht maßgeblichen technischen Schutzrechte sind das Patent und das Gebrauchsmuster. Das Gebrauchsmustergesetz – GebrMG – ist dem Patentgesetz – PatG – in mehreren Schritten so angenähert worden, dass das Gebrauchsmuster anschaulich als „kleines Patent" bezeichnet werden kann. Ein **Patent** wird erst erteilt, wenn das Patentamt bei einer *Prüfung* sämtlicher Schutzvoraussetzungen zu einem positiven Ergebnis gekommen ist. Bei einem **Gebrauchsmuster** findet dagegen *keine Prüfung* auf Neuheit, erfinderischen Schritt und gewerbliche Anwendbarkeit statt (§ 8 Abs. 1 S. 2 GebrMG). Dieser Unterschied ist der Hauptgrund dafür, dass für Patentanmeldungen wesentlich höhere **Gebühren** als für Gebrauchsmusteranmeldungen anfallen und dass Gebrauchsmuster wesentlich früher als Patente Schutz durch Eintragung im Register erlangen. Die maximale **Schutzdauer** beträgt bei Gebrauchsmustern zehn Jahre (§ 23 Abs. 2 S. 1 GebrMG), bei Patenten 20 Jahre (§ 16 Abs. 1 S. 1 PatG). Die Verlängerungsgebühren sind bei Gebrauchsmustern wesentlich niedriger als bei Patenten. Zuständige Behörde ist jeweils das DPMA. Für Patente kann ein **internationaler Schutz** auf der Grundlage des Patent Cooperation Treaty – PCT – in Verbindung mit dem Europäischen Patentübereinkommen – EPÜ – herbeigeführt werden. Zuständige Behörde ist das Europäische Patentamt. Mitgliedstaaten des EPÜ sind zwar die wichtigsten Mitgliedstaaten der Europäischen Union, aber das EPÜ ist ein völkerrechtlicher Vertrag, dem zB auch die Schweiz beigetreten ist. Das europäische Patent ist daher kein Gemeinschaftspatent, sondern ein **Bündel von Patenten**, die ihre Wirkung in den genannten Vertragsstaaten nach deren Gesetzgebung erlangen.

D. Patentkategorien

4 Patente können für Erzeugnisse (§ 9 Abs. 1 S. 2 PatG) oder für Verfahren (§ 9 Abs. 1 S. 2 PatG) erteilt werden. Aus dem weit ausgelegten Begriff „Erzeugnis" kommen für den Designschutz vor allem Sachen (zB Sessel) und Vorrichtungen (zB zum Verformen von Stahlrohren) in Betracht. „Sachen" können nicht nur Endprodukte, sondern auch Zwischenprodukte, Halbfabrikate, Teile von Sachgesamtheiten etc. sein. Der Begriff „Verfahren" umfasst
1. Herstellungsverfahren, mit denen ein neues Erzeugnis geschaffen wird;
2. Arbeitsverfahren, mit denen eine technische Verbesserung in der Herstellung ermöglicht wird;
3. Verwendungserfindungen, mit denen bekannte Erzeugnisse oder bekannte Verfahren einem bisher nicht bekannten Zweck zugeführt werden.

5 In ein- und derselben Patentanmeldung kann Schutz sowohl für ein Erzeugnis als auch für Verfahren zur Herstellung dieses Erzeugnisses beansprucht werden. Gebrauchsmuster konnten lange Zeit hindurch nur für eine Raumform, dh eine dreidimensionale Erscheinungsform, erteilt werden. Später erfolgte eine weitgehende Annäherung an das Patent. Vom Schutz ausgeschlossen sind jedoch Verfahren (§ 2 Nr. 3 GebrMG). Alle Arten von Erzeugnissen können sowohl Patentschutz als auch Gebrauchsmusterschutz erlangen.

E. Schutzvoraussetzungen
I. Erfindung

6 Patente und Gebrauchsmuster werden für Erfindungen erteilt.[2] Die Gesetze stellen zwar keine Definition dafür zur Verfügung, was das Wesen einer Erfindung ausmacht. Aber weil Neuheit und

---

2 § 1 Abs. 1 PatG; § 1 Abs. 1 GebrMG; Art. 52 Abs. 1 EPÜ.

erfinderische Tätigkeit am Stand der Technik gemessen werden, muss auch die Erfindung dem **Bereich der Technik** zugehörig sein. Eine **Lehre zum technischen Handeln** setzt den Einsatz beherrschbarer Naturkräfte zur Erreichung eines kausal überschaubaren Erfolgs voraus.[3] Technisches Handeln ist demnach die planmäßige Herbeiführung eines technischen Ergebnisses durch den Einsatz von Naturkräften.[4] Der Gegenstand einer Lehre zum technischen Handeln ist jedoch nicht auf den Einsatz von Naturkräften im allgemeinen sprachüblichen Sinn beschränkt. Auch der planmäßige Umgang mit technischen Gesetzmäßigkeiten kann ausreichen, zB Maßnahmen zur Verringerung oder Verstärkung der Reibung, zur Ermöglichung oder Verbesserung der Kraftübertragung, zur Verbesserung oder Verringerung der Materialsteifigkeit, zB durch den Einsatz von Versteifungssicken oder von Sollbruchstellen, Reißlinien und Perforationen. Einen neuen Umgang mit technischen Gesetzmäßigkeiten setzt die Technizität einer Erfindung nicht voraus. Bei einer gegenüber dem Stand der Technik unveränderten technischen Wirkung kann sich die **Technizität** einer Erfindung zB ergeben aus: der Einsparung von Werkstoffen, der Verwendung von kostengünstigeren Werkstoffen, der Verringerung des Herstellungsaufwands, der Vereinfachung der Reinigung, der Verlängerung der Lebensdauer, der Verringerung der Verletzungsgefahr. Ein kaum widerlegbares Indiz für die Technizität einer Neuerung ist die **Messbarkeit des Wirkungserfolgs**. Wenn Naturkräfte eine Rolle spielen, kann die Messung in der Regel durch Vorrichtungen erfolgen. Bei Verbesserungen sowohl im Herstellungsprozess als auch der Handhabung können Zeitmessungen stattfinden. Kostenorientierte Verbesserungen lassen sich durch die Kalkulation der Gestehungskosten belegen. Der Einsatz von Naturkräften und der Umgang mit technischen Gesetzmäßigkeiten kann seinen Niederschlag u.a. in der **Formgebung von Erzeugnissen** finden. In einem Patent kann daher die Form eines Erzeugnisses oder eines Erzeugnisteils als schutzbegründend beansprucht sein. Gegenstand des Schutzes ist jedoch nicht die Form als solche, sondern nur eine dem Bereich der Technik zugehörige Wirkung dieser Formgebung.

II. Neuheit

Eine Erfindung gilt als neu, wenn sie nicht zum „**Stand der Technik**" gehört.[5] Den Stand der Technik bildet alles, was vor dem Anmeldetag der Öffentlichkeit durch schriftliche oder mündliche Beschreibung, durch Benutzung oder in sonstiger Weise zugänglich gemacht worden ist.[6] An die Stelle des Anmeldetags kann der Prioritätstag aus einer Schutzrechtsanmeldung in einem Vertragsstaat der PVÜ treten.[7] Beschränkungen dahin gehend, an welchem Ort, in welcher Sprache und in welcher Weise die in Betracht zu ziehende Information der Öffentlichkeit zugänglich gemacht worden ist, bestehen nicht. Es spielt keine Rolle, ob die Information einfach oder schwer zugänglich ist. Nicht neuheitsschädlich sind Informationen lediglich dann, wenn deren Verwendung oder Verbreitung aus Vertraulichkeitsgründen in irgendeiner Weise beschränkt war. Die zum Stand der Technik gehörenden Dokumente sind für den beanspruchten Gegenstand neuheitsschädlich, wenn dieser Gegenstand unmittelbar und eindeutig aus einem **einzigen Dokument** hervorgeht. Bei der Neuheitsprüfung ist es daher nicht gestattet, verschiedene Teile des Standes der Technik miteinander zu verbinden.

III. Erfinderische Tätigkeit

Eine Erfindung gilt als auf einer erfinderischen Tätigkeit beruhend, wenn sie sich für den Fachmann **nicht in naheliegender Weise aus dem Stand der Technik ergibt**.[8] Der Ausdruck „in nahelie-

---

[3] BGH GRUR 1969, 672, 673 – Rote Taube.
[4] BGH GRUR 1977, 96, 97 – Dispositionsprogramm; GRUR 1977, 152, 153 – Kennungsscheibe; GRUR 1980, 849, 850 – Antiblockiersystem.
[5] § 3 Abs. 1 PatG; § 3 Abs. 1 S. 1 GebrMG; § 54 Abs. 1 EPÜ.
[6] Art. 54 Abs. 2 EPÜ.
[7] Art. 87 bis 89 EPÜ.
[8] § 4 S. 1 PatG; Art. 56 Abs. 1 S. 1 EPÜ.

gender Weise" bezeichnet etwas, das nicht über die normale technologische Weiterentwicklung hinausgeht, sondern sich lediglich ohne Weiteres oder folgerichtig aus dem bisherigen Stand der Technik ergibt. Bei dem „Fachmann" handelt es sich um eine Person aus der Praxis, die darüber unterrichtet ist, was zu einem bestimmten Zeitpunkt zum allgemein üblichen Wissensstand auf dem betreffenden Gebiet gehört. Dabei wird unterstellt, dass der sog. **Durchschnittsfachmann** zu dem gesamten Stand der Technik Zugang hatte und über die normalen Mittel und Fähigkeiten für routinemäßige Arbeiten und Versuche verfügte. Bei der Prüfung, ob eine erfinderische Tätigkeit vorliegt, ist es gestattet, die Offenbarungen aus **mehreren Dokumenten** miteinander in Verbindung zu bringen, wenn eine solche Verknüpfung für den Fachmann naheliegend war. Für **Gebrauchsmuster** sollte durch den Begriff „erfinderischer Schritt"[9] zum Ausdruck gebracht werden, dass für die sog. Erfindungshöhe geringere Anforderungen als beim Patent ausreichen.[10] Der BGH hat jedoch entschieden,[11] dass die Anforderungen an die Erfindungshöhe bei Gebrauchsmustern nicht niedriger als bei Patenten sind. Das ist vielfach auf Kritik gestoßen.[12]

F. Ästhetische Formschöpfungen

I. Allgemeines

9 Die Gesetze bestimmen übereinstimmend, dass ästhetische Formschöpfungen nicht als Erfindungen angesehen werden,[13] also **grundsätzlich nicht schutzfähig** sind. Zu diesem Grundsatz gibt es jedoch eine **Ausnahme** von großer praktischer Bedeutung: Der Schutzausschluss besteht nur insoweit, als für ästhetische Formschöpfungen „als solche" Schutz begehrt wird.[14] Eine Erfindung als Lehre zum technischen Handeln bleibt daher auch dann patentfähig, wenn ihre Wirkung auf ästhetischem Gebiet liegt. Von dem unmittelbaren technischen Ergebnis einer Erfindung muss die von diesem Ergebnis ausgelöste **Wirkung** unterschieden werden.[15] Vom Patentschutz ausgeschlossen sind daher nur solche Neuerungen, bei denen ausschließlich **ästhetische Mittel**, aber keine technischen Mittel eingesetzt werden.

II. Technische Mittel mit ästhetischer Wirkung

10 Die Möglichkeit des Einsatzes von technischen Mitteln zur Erzielung einer ästhetischen Wirkung ist bei **Herstellungsverfahren** besonders offensichtlich. Dass ästhetisch wirkende Gestaltungsmerkmale eines Leuchtenglases mithilfe eines patentgeschützten Verfahrens erzeugt werden, spielt für den Schutz als eingetragenes Design oder als Gemeinschaftsgeschmacksmuster keine Rolle.[16] Ein Verfahren zur Herstellung einer Kerze mit einer glitzernden, raureifähnlichen Oberflächenschicht ist daher ohne Weiteres patentfähig,[17] obwohl das angestrebte Ziel ein Verfahrenserzeugnis mit einer besonderen ästhetischen Wirkung ist. Aber auch wenn der Gegenstand der Erfindung ein **Erzeugnis** ist, kann der angestrebte Erfolg auf ästhetischem Gebiet liegen.[18] Das war zB bei einem Garagenschwingtor der Fall,[19] bei dem erfindungsgemäß an der Stirnfläche des Torflügels Abschürfungen vermieden werden, die dessen **Aussehen beeinträchtigen**. Bei sog. Kehlrinnenabdeckungen, die zwischen zusammentreffenden geneigten Dachflächen angeordnet sind, besteht die Gefahr, dass Temperaturschwankungen oder Bewegungen in der Dachkonstruktion mechanische Spannungen auslö-

---

9 § 1 Abs. 1 GebrMG.
10 Vgl Bühring, § 3 Rn 71 mwN.
11 Beschluss vom 20.6.2006, GRUR 2006, 892 – Demonstrationsschrank.
12 Bühring, § 3 Rn 86; Goebel, GRUR 2008, 301, 302 ff mwN; Osterrieth, S. 287.
13 § 1 Abs. 2 Nr. 2 PatG; § 1 Abs. 2 Nr. 1 GebrMG; Art. 52 Abs. 2 Buchst. b EPÜ.
14 Vgl § 1 Abs. 3 PatG; § 1 Abs. 3 GebrMG; Art. 52 Abs. 3 EPÜ.
15 BGH GRUR 1977, 152, 153 – Kennungsscheibe.
16 OLG Düsseldorf GRUR-RR 2004, 318, 320 – Leuchtenglas.
17 Vgl BGH Mitt. 1972, 235 – Raureifkerze.
18 BGH GRUR 1988, 290, 293 – Kehlrinne.
19 Vgl BGH GRUR 1967, 590, 591 – Garagentor.

sen und dadurch Verwerfungen der Kehlrinnenabdeckung herbeiführen. Wenn hierzu eine Lehre zum technischen Handeln zum Inhalt hat, dass Verformungen nur in den von Ziegeln oder Platten überdeckten Seitenbereichen entstehen können und dadurch das **optische Erscheinungsbild** des sichtbaren Mittelbereichs nicht beeinträchtigt wird, liegt der angestrebte Erfolg zwar auf ästhetischem Gebiet. Sind jedoch die dabei eingesetzten Mittel technischer Natur, wird Schutz für eine patentfähige Erfindung beansprucht.[20] Dass bei einer Doppelmotivkarte der Anordnung einer Ansichtskarte über einem fensterartigen Ausschnitt für ein individuelles Bildmotiv Technizität zugestanden wurde,[21] war allerdings nicht ohne Weiteres zu erwarten.

III. Ästhetische Mittel

Ob eine Lehre technischer Natur ist, richtet sich nach ihrem **sachlichen Gehalt**,[22] also nicht nach dem Wortlaut des Patentanspruchs. Ein ausschließlich ästhetisches Mittel sollte zB bei einer Plattenhülle aus Kunststofffolie Einsatz finden, deren äußere Oberfläche „ein Pigment in einer anderen Farbe als Schwarz enthält und einen Mindesthelligkeitsgrad" aufweist. Trotz der weiteren technikspezifischen Formulierung „Farbe, deren Münsell-Wert nicht kleiner als 3 ist" ergibt die Analyse, dass Aufgabe und Lösung im Bereich der ästhetischen Schöpfung liegen, nämlich die ansprechende Wirkung einer bunten Farbe und die fingerabdruckkaschierende Wirkung eines hellen Farbtons zu nutzen.[23] Auch die Lösung der Aufgabe, „Inhomogenitäten im Außenbereich eines Informationsträgers durch Mattierung zu kaschieren", erfolgt ausschließlich mit ästhetischen Mitteln.[24] Ebenfalls auf rein ästhetischem Gebiet liegt die „visuelle Darstellung des harmonischen Gefüges einer Klangmelodie als räumliche Struktur einer Pflanzenanordnung."[25]

G. Beispiel: Stühle und Sessel

I. Bugholz

Den Umbruch von der handwerklichen Einzelherstellung zur industriellen Massenproduktion von Sitzmöbeln hat ab 1830 *Michael Thonet* herbeigeführt. Aus dem umfangreichen Sortiment ist der Stuhl Nr. 14 – bekannter als „Wiener Kaffeehausstuhl" – am erfolgreichsten (vgl Abb. 1). Allein bis 1930 wurde dieser Stuhl über 50 Millionen Mal produziert.

---

20 BGH GRUR 1998, 290, 293 – Kehlrinne.
21 BPatG v. 17.12.1997 – 5 W (pat) 4/95.
22 BGH GRUR 1977, 96 – Dispositionsprogramm; GRUR 1977, 152, 153 – Kennungsscheibe.
23 Technische Beschwerdekammer EPA, ABl. EPA 1990, 395, 401 – Farbige Plattenhülle/FUJI (= GRUR Int. 1991, 128); kritisch: Bacher/Melullis, in Benkard, § 1 PatG Rn 100 a.
24 Technische Beschwerdekammer EPA, T 962/91 – Platten- oder quaderförmiges lichtdurchlässiges Bauelement; kritisch: Bacher/Melullis, in Benkard, § 1 PatG Rn 100.
25 BPatG GRUR 1999, 414, 416 – Pflanzenanordnung.

Abb. 1: Thonet – Stuhl aus Bugholz

Grundlage der weltweiten Verkaufserfolge *Thonets* war das von ihm erfundene Verfahren, Schichtholz und später auch Rundholz mithilfe von Wasserdampf biegbar zu machen und anschließend in Formen zu pressen. Mit diesem Verfahren war *Thonet* lange Zeit hindurch ohne Konkurrenz, weil es ihm gelungen war, sein **Verfahren** unter **Patentschutz** zu stellen.[26] Gegenstand des französischen Patents Nr. 12 869 vom 16.11.1841 (vgl Abb. 2) war ein Verfahren, das geeignet ist, *jeder Art von Hölzern die größtmögliche Biegsamkeit zu verleihen, was es erlaubt, diesen alle vorstellbaren Krümmungen zu geben und sie für eine Vielzahl von Herstellern, zB Kunstschreinerei, Tischlerei, Zimmerei, Wagnerei, etc. anzuwenden.*

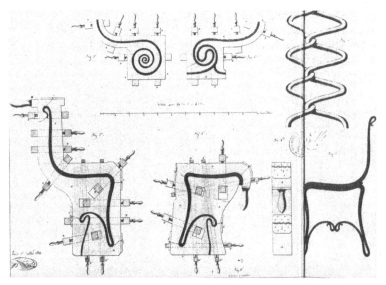

Abb. 2: Patentzeichnung französisches Patent

---

26 Bei dem erfindungsgemäßen Verfahren wurden geschnittene Holzscheite so lange in siedenden Leim gelegt, bis sie biegbar waren. In einem verbesserten Verfahren wurden die Hölzer in Kammern durch Wasserdampf mit einer Temperatur von über 100° Celsius biegbar gemacht. Anstelle von Schichtholz konnten auch Rundstäbe Verwendung finden, die aus Vierkanthölzern geformt wurden. Wenn die Hölzer ausreichend biegbar waren, wurden sie in Formen gepresst und getrocknet.

G. Beispiel: Stühle und Sessel 5

Abb. 3: Thonet – Schaukelstuhl aus Bugholz

Im Kaiserreich Österreich ist am 15.5.1842 die Allgemeine Hofkammer mit einem Privilegium gefolgt, *jede, auch selbst die sprödeste Gattung Holz auf chemisch-mechanischem Wege in beliebige Formen und Schweifungen zu bringen* (vgl Abb. 4).

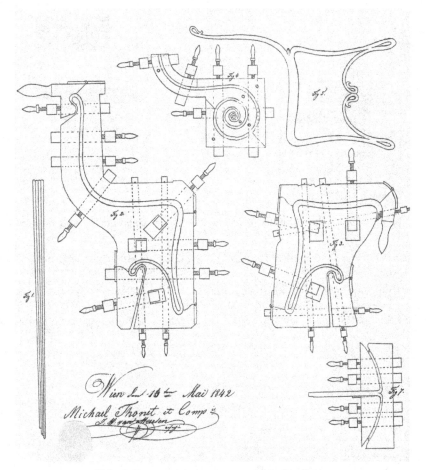

Abb. 4: Patentzeichnung österreichisches Patent

Weitere Patente wurden in Großbritannien und in Belgien erteilt. Der von *Thonet* am 17.10.1940 für das Königreich Preußen nachgesuchte Patentschutz wurde mit der Begründung abgelehnt, das Verfahren sei nicht erfinderisch. Gegenstand der Patente ist zwar ein Monopolrecht für ein Herstellungsverfahren, aber es hat den Anschein, dass zugleich auch das schon geschützt war, was im modernen Patentrecht als unmittelbares Verfahrenserzeugnis[27] Schutz genießt.[28]

II. Stahlrohr-Freischwinger

13 Der Einsatz von Metall war in der Möbelbranche lange Zeit hindurch auf Sonderbereiche beschränkt. *Marcel Breuer* hat sich, kurz nachdem er Leiter der Schreinereiabteilung im Dessauer Bauhaus geworden war, in seiner Freizeit von der Lenkstange seines Fahrrads inspirieren lassen. Das Ergebnis war, dass Breuer 1925 im Alter von 23 Jahren die ersten Möbel aus **Stahlrohr** realisiert hat. Bei dem Hocker B 9 besteht das Gestell so aus durchgängig eingesetztem Stahlrohr, dass die Stützbeine im Bereich der Bodenauflage kufenartig miteinander verbunden sind.[29] Dieses Modell ist – bis heute – in verschiedenen Größen auch als Serie erhältlich, die bis zum Beistelltisch reicht (vgl Abb. 5).

Abb. 5: Breuer – Stahlrohrhocker-Set B 9   Abb. 6: Breuer – Stahlrohrstuhl B 5

Auch bei dem 1926 entstandenen Stahlrohrstuhl B 5 weisen die Stuhlbeine kufenartige Verbindungen auf (vgl Abb. 6).

Der 1925 entstandene Stahlrohrsessel ist als Reedition unter dem Namen „Wassily" (Abb. 7) schon seit langem ein geschätzter Klassiker des Möbeldesigns. Auch die Klappversion dieses Sessels (Abb. 8), für die *Marcel Breuer* am 26.3.1927 das Patent Nr. 468 736 erteilt worden ist, ist heute noch erhältlich.

---

27 Vgl § 9 S. 2 Nr. 3 PatG; Art. 25 Buchst. c GPÜ.
28 Vgl Selle, S. 53.
29 Der Hocker B 9 hat als Werk der angewandten Kunst Anerkennung gefunden (OLG Düsseldorf ZUM-RD 2002, 419, 420 – Breuer-Hocker; ZUM 2006, 326, 328).

G. Beispiel: Stühle und Sessel

Abb. 7: Breuer – Stahlrohrsessel „Wassily"

Abb. 8: Breuer – Klappversion Stahlrohrsessel B 4

Der ebenfalls am Bauhaus lehrende *Mart Stam* hat 1926 für seinen berühmt gewordenen hinterbeinlosen Stuhl **Eisenrohre** als Werkstoff eingesetzt. Bei dem bewusst asketisch wirkenden Stuhl sind geradlinige Gasleitungsrohre mit 20 mm Durchmesser in 90°-Winkeln durch Muffen mit engem Radius verbunden worden (Abb. 9). Die vorderen Stuhlbeine gehen in kufenartige Bodenrohre über, die im hinteren Bereich U-förmig miteinander verbunden sind. Durch diese Gestaltung ist erstmals ein Kragstuhl geschaffen worden. Die kurze Zeit später entstandenen Stühle wurden ohne Muffen aus durchgängigem Eisenrohr mit Verstärkungseinlagen hergestellt. Weil auch bei diesem Modell Eisen als Werkstoff Verwendung gefunden hat, konnte keine Federwirkung entstehen.[30] Der Stuhl von *Mart Stam* war der Ursprung aller späteren Kragstühle (Abb. 10). In einer geringfügig überarbeiteten Version ist der Stuhl von *Mart Stam* ein Designklassiker geworden.

Abb. 9: Stam – Eisenrohrstuhl Rekonstruktion

Abb. 10: Stam – Eisenrohrstuhl 1926

Es wird berichtet,[31] dass *Mies van der Rohe* am 22.11.1926 eine Skizze des Kragstuhls gesehen hat, der von *Mart Stam* entworfen worden war. Die kurze Zeit später entstandenen Sessel von *Mies van der Rohe*, der ebenfalls als Lehrer am Bauhaus tätig war, haben sich – ohne und mit Armlehne – zu bis heute weltweit angesehenen Designklassikern entwickelt (vgl Abb. 11 und 12).

---

30 Der Kragstuhl von *Mart Stam* kann daher nicht dem „Stahlrohrdesign" zugerechnet werden (so jedoch Wandtke, S. 70).
31 Möller, in: Möller/Máčel, S. 27.

Abb. 11: Mies van der Rohe – Stahlrohrsessel MR 10   Abb. 12: Mies van der Rohe – Stahlrohrsessel MR 20

Die Stühle von *Mart Stam* und *Mies van der Rohe* waren in der Ausstellung „Die Wohnung" zu sehen, die von 23.7.1927 bis 30.10.1927 in der damals gerade fertiggestellten Weissenhof-Siedlung in Stuttgart stattgefunden hat. Sowohl *Mies van der Rohe* als auch *Mart Stam* waren an dieser Siedlung als Architekten beteiligt und haben einen Teil der von Ihnen gestalteten Räumlichkeiten mit ihren Sitzmöbeln ausgestattet, die speziell hierfür geschaffen worden waren.[32]

14 Weil *Mies van der Rohe* kaltgepresstes Stahlrohr mit 25 mm Durchmesser verwendet hat, konnten die halbbogenförmigen Stuhlbeine als Federn wirken. Das war die Geburtsstunde einer neuen – später als „**Freischwinger**" bezeichneten – Gattung von Sitzmöbeln, die zwar überwiegend immer noch aus Rohrstahl, aber auch aus Bandstahl, Schichtholz und sogar aus Kunststoff hergestellt werden. Die Federwirkung der halbbogenförmigen Stuhlbeine zeigt, dass eine **ästhetische Wirkung mit einem technischen Mittel erreicht** werden kann (vgl Rn 10). Weil sich über diesen Zusammenhang auch schon *Mies van der Rohe* (bzw sein Patentanwalt) im Klaren war, hat er am 19.7.1927, also wenige Tage vor der Ausstellung in der Weissenhof-Siedlung, eine **Patentanmeldung** eingereicht. Der Prüfer im Reichspatentamt war jedoch der Meinung, dass insbesondere wegen der älteren US-Patentschrift (vgl Abb. 13) für einen Gartenstuhl aus Stahlrohr der Gegenstand der Patentanmeldung von *Mies van der Rohe* keine ausreichende Erfindungshöhe aufweist.

---

32 Möller, in: Möller/Máčel, S. 22 und S. 27; Bruchhäuser, S. 127.

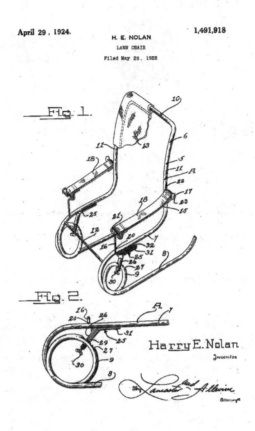

Abb. 13: Patentzeichnung US-Patent Nr. 1 491 918

Weil ein patentgemäßer Stuhl nicht ausfindig gemacht werden konnte,[33] hat *Mies van der Rohe* einen Nachbau veranlasst, um den Prüfer des Reichspatentamts von der technischen Überlegenheit seines Stuhls gegenüber dem für *Harry E. Nolan* patentierten Stuhl zu überzeugen. Das ist offensichtlich gelungen, weil berichtet wird,[34] dass der Prüfer in einem **Anhörungstermin** am 18.6.1928 mitsamt dem *Nolan*-Stuhl nach hinten gekippt war, nachdem er sich auf diesen gesetzt hatte. Offensichtlich war es die Feststellung des Prüfers, dass der *Nolan*-Stuhl „im Gebrauch unzweckmäßig" ist,[35] die den Weg dafür bereitet hat, dass *Mies van der Rohe* mit Wirkung zum 24.8.1927 (Anmeldetag) das Patent Nr. 467 242 erteilt worden ist (vgl Abb. 14a und 14b).

---

33 Die Annahme liegt nahe, dass Stühle nach der Lehre des US-Patents Nr. 1 491 918 nicht in den Verkehr gelangt sind (vgl Máčel, S. 25).
34 Vgl Máčel, S. 25; Máčel, in: Bruchhäuser, S. 121.
35 Vgl Máčel, in: Möller/Máčel, S. 81; Máčel, in: Bruchhäuser, S. 121.

DEUTSCHES REICH

AUSGEGEBEN AM
22. OKTOBER 1928

REICHSPATENTAMT

PATENTSCHRIFT

№ 467 242

KLASSE **34**g GRUPPE 1

R 72096 X/34g

Tag der Bekanntmachung über die Erteilung des Patents: 4. Oktober 1928

Ludwig Miës van der Rohe in Berlin

Stuhl

Patentiert im Deutschen Reiche vom 24. August 1927 ab

Die übliche Stuhlgestaltung in der althergebrachten Form mit vier Beinen bedingt eine gewisse Starrheit des Sitzes und damit auch eine verhältnismäßig steife und unbequeme Sitzweise. Es ist deshalb versucht worden, einen bequemeren Sitz dadurch zu schaffen, daß die zum Tragen der Sitzfläche dienenden Leisten mit den auf dem Boden ruhenden Auflageleisten durch eine anderthalbgängige Schraubenfeder verbunden sind, die mit den Auflage- und Sitzrahmenleisten sowie auch einer Rückenlehne aus einem Rohrstrang gebogen sind. Das ergibt aber einmal wieder eine zu weiche Federung, dann aber auch eine umständliche und teure Herstellungsweise, weil sich solche Schraubenfedern aus dem Rohrstrang nicht mehr kalt biegen lassen. Das Rohr muß vielmehr erhitzt werden und bedarf zur Biegung der Schraubenfeder besonderer Einrichtungen mit nachfolgendem Härten. Da sich auf einem Teil des Umfangs der Schraubenfeder zwei Gänge dicht berühren, so kann hier leicht eine Verletzung der Hände durch Einklemmen und Quetschen zwischen den Federwindungen erfolgen und auch ein Zerreißen der Kleider eintreten. Diese Gefahr wächst mit der Belastung solcher Stühle, so daß sie z. B. in Kindern zugänglichen Räumen nicht aufgestellt werden können.

Im Gegensatz zu dieser mehrgängigen Federung gemäß der Erfindung für die Verbindung der Sitzrahmenleisten mit den Auflageleisten ist nur ein einfacher, unmittelbar aus den Leisten übergehender Federbogen von ungefähr Halbkreisform verwendet. Wie sich erwiesen hat, ist die damit erzielte Federung zur Erzielung eines zwar genügend widerstandsfähigen, dennoch aber weichen Sitzes völlig ausreichend. Eine solche halbgängige Feder läßt sich auch aus dem Rohrstrang kalt biegen unter einfacher Verwendung einer Schablone, so daß auch die Herstellungsweise die denkbar einfachste ist. Es fehlt auch jede Gefahrstelle, weil sich berührende Federgänge nicht vorhanden sind. Der Stuhl erhält außerdem ein gefälligeres Aussehen als mit mehrgängiger Federung. Um den Stuhl mit Armlehnen auszurüsten, können diese, in Bügelform ebenfalls aus einem Rohrstrang hergestellt, die Rückenlehne mit den Federbügeln verbinden.

In der Zeichnung sind zwei Ausführungsbeispiele eines solchen Stuhles in Abb. 1 und 2 schaubildlich dargestellt.

Der Stuhl besteht nach Abb. 1 aus einem vorteilhaft in einem Linienzug gebogenen Traggerüst, und zwar den Auflageleisten a, den die Vorderbeine bildenden Federbügeln b und den Sitzleisten c, an welche sich die Rückenlehne d mit ihren Streben e anschließt. Die Auflageleisten a können frei auslaufen, haben jedoch der größeren Gefälligkeit wegen einen Quersteg f aus demselben Rohr als Verbindung.

Das Traggerüst wird zweckmäßig aus Stahlrohr geformt, jedoch könnte es auch aus Holz von ausreichender Festigkeit gebogen

Abb. 14 a: Deutsches Patent 467 242

467 242

oder zusammengesetzt sein, zumal da es nicht aus einem Stück zu bestehen braucht. Diese könnten mit einem besonders hergestellten Sitz, z. B. aus einer Platte, mit entsprechender Polsterung und mit Auflageleisten beliebiger Form, z. B. gleichfalls in Form einer Platte, vereinigt sein, während die Gestaltung der Rückenlehne ganz beliebig ist. Die Darstellung zeigt nur ein Ausführungsbeispiel einfacher Art. Als Sitz dient in diesem Fall eine um die Sitzleisten gespannte Bahn g, z. B. aus Leder oder Stoff. Dasselbe gilt auch für die als Rückenlehne dienende Bespannung h.

Das Beispiel nach Abb. 2 zeigt noch Armlehnen, die in diesem Fall gleichfalls in einem Linienzug, z. B. aus Stahlrohr, gebogen sind. Die Armlehnen i folgen zwecks Vereinigung mit dem Stuhlgerüst der Krümmung der Feder'ügel b und sind mit ihnen an geeigneter Stelle, z. B. nahe dem Boden bei k, etwa durch Schweißen vereinigt, während sie hinter der Rückenlehne durch einen Querstab i verbunden sind.

PATENTANSPRÜCHE:

1. Stuhl, bei dem die Sitzrahmenleisten mit ihren Auflageleisten durch aus demselben Rohrstrang gebogene Federn verbunden sind, dadurch gekennzeichnet, daß die federnde Verbindung aus einem einfachen (halbgängigen), unmittelbar aus jeder Auflageleiste (a) in die zugehörige Sitzrahmenleiste (c) übergehenden (z. B. halbkreisförmigen) Federbogen (b) besteht.

2. Stuhl nach Anspruch 1, gekennzeichnet durch bügelförmige Armlehnen (i), die die Rückenlehne mit den Federbügeln (b) verbinden.

Hierzu 1 Blatt Zeichnungen

Zu der Patentschrift **467 242**
Kl. 34g Gr. 1

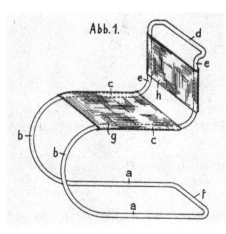 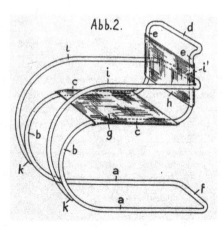

Abb. 14 b: Deutsches Patent 467 242 (Forts.)

15 In der **Beschreibung** wird u.a. darauf hingewiesen, dass der Stuhl mit „anderthalbgängiger Schraubenfeder" umständlich und teuer in der Herstellung ist. Außerdem bestehe die Gefahr, dass Verletzungen der Hände und Beschädigungen von Kleidern eintreten können. Mit dem erfindungsgemäßen Stuhl würden nicht nur diese Nachteile vermieden, sondern auch ein „**gefälligeres Aussehen**" erzielt.[36] Inhaltsgleiche Patente sind u.a. in den Niederlanden, in Belgien, in Frankreich und in der Schweiz erteilt worden. Das damit *Mies van der Rohe* zugesprochene **Monopol auf Freischwinger** aus federndem Stahlrohr hatte lange Zeit hindurch weitreichende Wirkungen, weil der Schutzumfang nicht auf die in dem Patent beanspruchte Halbbogenform der Federbügel beschränkt war. Technisch gleichwirkend und auch **patentrechtlich äquivalent**, also rechtsverletzend, waren Varianten, bei denen die Federbügel im mittleren Bereich geradlinig und in den Übergängen als **Viertelbögen** ausgeführt waren.[37]

III. Stahlrohr mit Bugholz

16 Die Vorzüge des für Wohnmöbel neuartigen Werkstoffs **Stahlrohr** hat *Thonet* schnell erkannt. Von dem Pionier der Stahlrohrmöbel *Marcel Breuer* wurde schon 1928 ein Entwurf für einen hinterbeinlosen Stahlrohstuhl erworben und 1929 realisiert. Der Stuhl B 33 (Abb. 15) war allerdings dem Kragstuhl von *Mart Stam* so ähnlich, dass in erster Instanz das Landgericht Berlin, in zweiter Instanz das Kammergericht Berlin und in dritter Instanz das Reichsgericht[38] einer auf das Urheberrecht[39] von *Mart Stam* gestützten **Klage** stattgegeben haben.

Abb. 15: Breuer – Stahlrohrstuhl B 33

Thonet hat – unterstützt von dem Privatgutachter *Prof. Walter Gropius* – damit argumentiert, dass es sich bei dem Stuhl B 33 um eine **Weiterentwicklung** des Stahlrohrstuhls B 5 von *Marcel Breuer* handle, der mit dem Eisenrohrstuhl vom *Mart Stam* nichts gemeinsam habe. Diesen **Materialunterschied** hat das Reichsgericht jedoch dem **technischen Gebiet** zugewiesen und deswegen als unerheb-

---

36 In der Beschreibung eines Patents wird zunächst erläutert, was im Stand der Technik als nachteilig und deswegen verbesserungsbedürftig angesehen wird. Sodann wird erläutert, mit welchen Mitteln erfindungsgemäß die angestrebte Verbesserung herbeigeführt wird und welche Vorteile sich daraus ergeben. Dass diese Vorteile auch in einer ästhetischen Wirkung liegen können (vgl Rn 10), hat berechtigt Eingang in die Beschreibung des *Mies van der Rohe* erteilten Patents gefunden.
37 Der Bereich der Äquivalenz ist sogar auf Federbügel erstreckt worden, die nicht die Funktion von „Vorderbeinen", sondern von „Hinterbeinen" übernommen haben. Es ist überliefert, dass *Mies van der Rohe* zwischen 1928 und 1944 erfolgreich eine Reihe von Prozessen geführt hat, um sein Patent gegen Hersteller von Stühlen und Sesseln durchzusetzen, in denen die für ihn geschützte Federwirkung realisiert war (Sembach/Leuthäuser/Gössel, S. 103).
38 RG GRUR 1932, 892 – Stahlrohrmöbel.
39 Die Klage ist nicht von *Mart Stam* selbst erhoben worden, sondern von dem Geschäftsführer einer Stahlrohr-Möbelfabrik, dem *Mart Stam* – was damals möglich war – sein Urheberrecht an dem Kragstuhl übertragen hatte. Dass *Marcel Breuer* zusammen mit einem weiteren Bauhaus-Lehrer dieses Unternehmen gegründet hatte, war für den Rechtsstreit unerheblich.

lich für die künstlerische Wirkung bezeichnet. In der Zwischenzeit hatte *Marcel Breuer* die Stühle B 32 und B 64 (ohne und mit Armlehne, Abb. 16 und 17) entworfen, bei denen der Sitz und die Lehne Spezifika des Stils von *Thonet* waren, nämlich mit **„Wiener Geflecht"** bespannte **Bugholzrahmen**. Nach einer Bereinigung des Rechtsstreits[40] sind diese Stühle ab 1930 zu den unangefochten meistverkauften Stühlen weltweit geworden.

Abb. 16: Breuer – Stahlrohrstuhl B 32   Abb. 17: Breuer – Stahlrohrstuhl B 64

---

40 In der Werbung für die Stühle B 32 und B 64 musste auf ein „künstlerisches Urheberrecht M. Stam" hingewiesen werden.

§ 6 Der wettbewerbsrechtliche Nachahmungsschutz

A. Einführung	1
I. Produktdesign als Wettbewerbsfaktor	1
II. Gefährlichkeit von Nachahmungen	6
1. Physiologie des Auges	7
2. Sehen als Re-Konstruktion optischer Speicherwerte	11
3. Informationsverarbeitung und Verhaltenssteuerung	15
4. Die Wahrnehmung von Ähnlichkeiten	17
5. Die Nachahmung als Wettbewerbsstörung	24
III. Standortbestimmung des wettbewerbsrechtlichen Nachahmungsschutzes	26
1. Gesetzliche Regelung	26
2. Rechtsprechung	29
3. Abgrenzung zum Sonderrechtsschutz	31
4. Geltungsanspruch des wettbewerbsrechtlichen Nachahmungsschutzes	34
B. Grundlagen	35
I. Schutzobjekte des wettbewerbsrechtlichen Nachahmungsschutzes	37
II. Begriff der Nachahmung	41
1. Formen der Nachahmung	42
2. Beurteilungsmaßstab zur Bestimmung der Nachahmung	43
III. Wettbewerbsverhältnis	47
IV. Grundsatz der Nachahmungsfreiheit?	48
V. Erfordernis des Anbietens	49
VI. Wettbewerbliche Eigenart	50
1. Funktion der wettbewerblichen Eigenart	50
2. Begriffsbestimmung	55
3. Steigerung durch Bekanntheit	60
4. Erscheinungsbild und wettbewerbliche Eigenart	61
5. „Schutzdauer" der wettbewerblichen Eigenart	62
VII. Wechselwirkungslehre	65
VIII. Fallrecht der Rechtsprechung	68
C. ABC des Nachahmungsschutzes	70
I. Aktivlegitimation	70
II. Ästhetik	71
III. Aufmerksamkeitsausbeutung	72
IV. Ausländerschutz	73
V. Behinderung	74
VI. Bekanntheit	75
VII. Darlegungslast	76
VIII. Diagnostische Merkmale	77
IX. Fachmann	79
X. Fremdkennzeichen	80
XI. Gesamtwirkung	82
XII. Grundformen	83
XIII. Herkunftstäuschung	84
XIV. Ideenschutz	87
XV. Konsumgüter	88
XVI. Kultstatus	90
XVII. Lookalike	91
XVIII. Merkmalskombination	92
XIX. Modeneuheiten	93
XX. Namenskenntnis	94
XXI. Produktprogramme	95
XXII. Produktserien	96
XXIII. Produktsysteme	98
XXIV. Rufausbeutung	101
XXV. Rufbeeinträchtigung	102
XXVI. Schwächung der wettbewerblichen Eigenart	103
XXVII. Sklavische (identische) Nachahmung	104
XXVIII. Technische Produkte	105
XXIX. Verkehrsbefragung	114
XXX. Vermeidbarkeit	115
XXXI. Verpackung	116
XXXII. Vertrauensbruch	117
XXXIII. Wahrnehmungsmaßstab	118
XXXIV. Zweitmarkenirrtum	119
D. Konkurrenzen, Verhältnis zu anderen Vorschriften	120

Literatur:

Aigner/Müller-Broich, Der Schutz von Prestige-Produkten gemäß § 4 Nr. 9 b) UWG, WRP 2008, 438; *Alexander*, Rechtsprechungsbericht: Unlautere Produktnachahmungen und verwandte Fälle, Teil 1: WRP 2013, 1425, Teil 2: WRP 2013, 1553; *Beier*, Die Bedeutung des Patentsystems für den technischen, wirtschaftlichen und sozialen Fortschritt, GRUR Int. 1979, 227; *Bornkamm*, Kennzeichenrecht und Irreführungsverbot, in: von Bomhard u.a. (Hrsg.), Hamonisierung des Markenrechts: Festschrift für Alexander von Mühlendahl zum 65. Geburtstag, 2005, S. 9; *Bornkamm*, Markenrecht und wettbewerbsrechtlicher Kennzeichenschutz, GRUR 2005, 97; *Bräutigam*, Management von Markenarchitekturen, 2004; *Brühlmeier*, Psychologie der Wahrnehmung, Internet-Veröffentlichung unter <www.bruehlmeier.info/wahrnehmung.htm> (Abruf am 11.5.2015); *Bunnenberg*, Das Markenrecht als abschließendes Regelungssystem?, MarkenR 2008, 148; *Büscher*, Bekannte Zeichen – Kennzeichnungskraft und Schutzumfang, in: Ahrens u.a. (Hrsg.), Festschrift für Eike Ullmann, 2006, S. 129; *Büscher*, Schnittstellen zwischen Marken und Wettbewerbsrecht, GRUR 2009, 930; *Eck*, Unlautere Nachahmung, ergänzender Leistungsschutz, in: Gloy/Loschelder/Erdmann, Handbuch des Wettbewerbsrechts, 4. Auflage 2010; *Eichmann/von Falckenstein*, Geschmacksmustergesetz, Kommentar, 4. Auflage 2010; *Eichmann/von Falckenstein/Kühne*, Designgesetz, 5. Auflage 2015; *Esch/Möll*, Wirkung von Markenemotionen – Neuromarketing als neuer verhaltenswissenschaftlicher Zugang, in: Bruhn/Köhler (Hrsg.), Wie Marken wirken, 2010, S. 146; *Erdmann*, Die zeitliche Begrenzung des ergänzenden wettbewerbsrechtlichen Leistungsschutzes, in: Baur u.a. (Hrsg.), Festschrift für Ralf Vieregge zum 70. Geburtstag, 1995, S. 197; *Erdmann*, Wettbewerbsrecht, GRUR 2007, 130; *Fezer*, Der wettbewerbsrechtliche Schutz der unternehmerischen Leistung, in: Beier u.a. (Hrsg.), Gewerblicher Rechtsschutz und Urheberrecht in Deutschland: Festschrift zum hundertjährigen Bestehen der Deutschen Vereinigung für Gewerblichen Rechtsschutz und Urheberrecht und ihrer Zeitschrift, 1991, S. 939 (zitiert: FS GRUR); *Fezer*, Lauterkeitsrecht: UWG, Kommentar, 2 Bde, 2. Auflage 2010; *Fezer*, Leistungsschutz im Wettbewerb, WRP 1993, 63; *Fezer*, Normenkonkurrenz zwischen Kennzeichenrecht und Lauterkeitsrecht, WRP 2008, 1; *Fezer*, Kumulative Normenkonkurrenz zwischen Markenrecht und Lauterkeitsrecht, GRUR 2010, 953; *Fiebig*, Wohin mit den Look Alikes?, WRP 2007, 1316; *Gröppel-Klein*, Verhaltenswissenschaftliche Grundlagen für die Markenführung von Konsumgütern, in: Bruhn (Hrsg.), Handbuch Markenführung, 2004, S. 321; *Ströbele/Hacker*, MarkenG, Kommentar, 11. Auflage 2015; *Harte-Bavendamm/Henning-Bodewig*, UWG, Kommentar, 3. Auflage 2013; *Information Resources Inc.*, Studienergebnisse „Der Shopper 2006 am POS", Internet-Publikation unter <www.infores.com> (Abruf am 28.3.2008); *Ingerl*, Der wettbewerbsrechtliche Kennzeichenschutz und sein Verhältnis zum MarkenG in der neueren Rechtsprechung des BGH und in der UWG-Reform, WRP 2004, 809; *Irle*, Lerntheorien, in: Unger (Hrsg.), Konsumentenpsychologie und Markenartikel, 1986, S. 122; *Kaulmann*, Der Schutz des Werbeslogans vor Nachahmungen, GRUR 2008, 854; *von Keitz*, Wahrnehmung von Informationen, in: Unger (Hrsg.): Konsumentenpsychologie und Markenartikel, 1986, S. 97; *Keller*, Der wettbewerbsrechtliche Leistungsschutz, in: Ahrens u.a. (Hrsg.), Festschrift für Willi Erdmann zum 65. Geburtstag, 2002, S. 595; *Köhler*, Der ergänzende Leistungsschutz: Plädoyer für eine gesetzliche Regelung, WRP 1999, 1075; *Köhler*, Das Verhältnis des Wettbewerbsrechts zum Recht der geistigen Eigentums – Zur Notwendigkeit einer Neubestimmung aufgrund der Richtlinie über unlautere Geschäftspraktiken, GRUR 2007, 548; *Köhler*, Die Unlauterkeitstatbestände des § 4 UWG und ihre Auslegung im Lichte der Richtlinie über unlautere Geschäftspraktiken, GRUR 2008, 841; *Köhler/Bornkamm*, Gesetz gegen den unlauteren Wettbewerb – UWG, Kommentar, 33. Auflage 2015; *Köhler/Bornkamm/Henning-Bodewig*, Vorschlag für eine Richtlinie zum Lauterkeitsrecht und eine UWG-Reform, WRP 2002, 1317; *Körner*, Das Allgemeine Wettbewerbsrecht des UWG als Auffangtatbestand für fehlgeschlagenen oder abgelaufenen Sonderrechtsschutz, in: Ahrens u.a. (Hrsg.), Festschrift für Eike Ullmann, 2006, S. 701; *Krüger*, Der Schutz kurzlebiger Produkte gegen Nachahmungen (Nichttechnischer Bereich), GRUR 1986, 115; *Kur*, Ansätze zur Harmonisierung des Lauterkeitsrechts im Bereich des wettbewerblichen Leistungsschutzes, GRUR Int. 1998, 771; *Kur*, Die Auswirkungen des neuen Geschmacksmusterrechts auf die Praxis, GRUR 2002, 661; *Kur*, Die Zukunft des Designschutzes in Europa – Musterrecht, Urheberrecht, Wettbewerbsrecht, GRUR Int. 1998, 353; *Lubberger*, Alter Wein in neuen Schläuchen – Gedankenspiele zum Nachahmungsschutz, WRP 2007, 873; *Lubberger*, Grundsatz der Nachahmungsfreiheit?, in: Ahrens u.a. (Hrsg.), Festschrift für Eike Ullmann, 2006, S. 727; *Lubberger*, Technische Konstruktion oder künstlerische Gestaltung? – Design zwischen den Stühlen, in: Ahrens u.a. (Hrsg.), Festschrift für Willi Erdmann zum 65. Geburtstag, 2002, S. 145; *Mayer*, Wettbewerbsfaktor Design, 1996; *Münker*, Verbandsklagen im sogenannten wettbewerbsrechtlichen Leistungsschutz, in: Ahrens u.a. (Hrsg.), Festschrift für Eike Ullmann, 2006, S. 781; *Nemeczek*, Wettbewerbsfunktionalität und unangemessene Rufausbeutung, WRP 2012, 1025; *Nordemann*, Kommentierung des § 4 Nr. 9 in: Götting/Nordemann UWG-Kommentar, 2. Auflage 2013; *Ohly*, Kommentierung des § 4 Nr. 9 in: Ohly/Sosnitza, UWG-Kommentar, 6. Auflage 2014; *Ohly*, Designschutz im Spannungsfeld von Geschmacksmuster-, Kennzeichen- und Lauterkeitsrecht, GRUR 2007, 731; *Ohly*, Klemmbausteine im Wandel der Zeit – Ein Plädoyer für eine strikte Subsidiarität des UWG-Nachahmungsschutzes, in: Ahrens u.a. (Hrsg.), Festschrift für Eike Ullmann, 2006, S. 795; *Ohly*, Hartplatzhelden.de oder: Wohin mit dem unmittelbaren Leistungsschutz?, GRUR 2010, 487; *Oppenländer*, Die wirtschaftspolitische Bedeutung des Patentwesens aus der Sicht der empirischen Wirtschaftsforschung, GRUR Int. 1982, 598; *Petry*, „Nachwirkender" UWG-Nachahmungsschutz, WRP 2007, 1045; *Pfanner*, Förderung der technischen Entwicklung und gewerblicher Rechtsschutz, GRUR 1983, 362; *Ohly/Sosnitza*, UWG, Kommentar, 6. Auflage 2014; *Rauda*, Abschied des BGH vom „Einschieben in eine fremde Serie"?, GRUR 2002, 38; *Riesenhuber*, Lego – Stein des Anstoßes?, WRP 2005, 1118; *Rivinius*, Der erste Eindruck ist wichtig, Markenartikel 2008, 34; *Rohnke*, Schutz der Produktgestaltung durch Formmarken und wettbewerbsrechtlichen Leistungsschutz, in: Ahrens u.a. (Hrsg.), Festschrift für Willi Erdmann zum 65. Geburtstag, 2002, S. 455; *Rohnke*, Wie weit reicht Dimple?, GRUR 1991, 284; *Ruess/Slopek*, Zum unmittelbaren wettbewerbsrechtlichen Leistungsschutz nach hartplatzhelden.de, WRP 2011, 834; *Ruhl*, Gemeinschaftsgeschmacksmuster, Kommentar, 2. Auflage 2010; *Sack*, Das Einschieben in eine fremde Serie: Sonderfall oder Normalfall des ergänzenden wettbewerbsrechtlichen Leistungsschutzes?, in: Ahrens u.a. (Hrsg.), Festschrift für Willi Erdmann zum 65. Geburtstag, 2002, S. 697; *Sack*, Betriebliche Herkunftstäuschungen i.S.d § 5 UWG, WRP 2014, 1130; *Sambuc*, Der UWG-Nachahmungsschutz, 1996; *Scheier/Lubberger*, Vom Angriff der Tatsachen auf die Erfahrungssätze, MarkenR 2014, 453; *Schneider*, Aldi – welche Marke steckt dahinter?, 2005; *Schricker/Henning-Bodewig*, Elemente einer Harmonisierung des Rechts des unlauteren Wettbewerbs in der Europäischen Union, WRP 2001, 1367; *Sosnitza*, Der Gesetzentwurf zur Umsetzung der Richtlinie über unlautere Geschäftspraktiken, WRP 2008, 1014; *Spätgens*, Produktausstattung und ästhetisch wirkende Produktgestaltung – Möglichkeiten und Grenzen des ergänzenden wettbewerbsrechtlichen Schutzes vor Nachahmung gem. § 1 UWG, in: Jagenburg u.a. (Hrsg.), Festschrift für Walter Oppenhoff zum 80. Geburtstag, 1985, S. 406; *Steinbeck*, Zur These vom Vorrang des Markenrechts, in: Ahrens u.a. (Hrsg.), Festschrift für Eike Ullmann, 2006, S. 409; *Steinbeck*, Der Beispielskatalog des § 4 UWG – Bewährungsprobe bestanden, GRUR 2008, 848; *Stieper*, Das Verhältnis von Immaterialgüterschutz und Nachahmungsschutz nach dem neuen UWG, WRP 2006, 291; *Töpfer/Duchmann*, „Vermenschlichung" von Marken – Neurowissenschaftliche Erklärungen für den Zusammenhang von anthropomorpher Markenpolitik und emotionaler Kundenbindung, in Bruhn/Köhler (Hrsg.), Wie Marken wirken, 2010, S. 167; *Ullmann*, UWG, juris Praxiskommentar, 3. Auflage 2013; *Wiebe*, Kommentierung des § 4 Nr. 9 UWG in: Münchener Kommentar zum Lauterkeitsrecht, hrsg. von Heermann/Schlingloff, 2 Bde, 2. Auflage 2014 (zitiert: MüKo-UWG/Wiebe); *Wilhelm*, Der Schutz kurzlebiger Produkte gegen Nachahmungen (Technische Produktgestaltungen), GRUR 1986, 126; *Zentek*, Designschutz, 2. Auflage 2008; *Zentek*, Serielle Gestaltungskonzepte im wettbewerbsrechtlichen und urheberrechtlichen Schutz vor Nachahmungen, WRP 2014, 386; *Zentek*, Auswirkungen technischer Schutzrechte und Merkmale im Nachahmungsschutz, WRP 2014, 1289; *Zöllner/Lehmann*, Kennzeichen- und lauterkeitsrechtlicher Schutz für Apps, GRUR 2014, 431.

A. Einführung
I. Produktdesign als Wettbewerbsfaktor

Das Design von Produkten – gelegentlich auch von Dienstleistungen – ist ein Wettbewerbsfaktor. Das ist bei Design-affinen Produkten wie Autos, Uhren, Möbeln, Bekleidung und Luxusgütern offenkundig. Bei derartigen Produkten gibt das Design eines Produktes vielfach den Ausschlag für die Kaufentscheidung, weil es den persönlichen Geschmack des Erwerbers trifft oder nicht trifft. Die wettbewerbliche Bedeutung von Design ist aber auch in anderen Produktbereichen nicht zu unterschätzen. Für die Verbraucher in ihrer Eigenschaft als Einkäufer von Gegenständen des täglichen Bedarfs, welche sich meist nicht mit einer eigenen Warenform, sondern über ihre Verpackung präsentieren, dient das Verpackungsdesign der einfachen Wiedererkennung des präferierten Produkts im Verkaufsregal. Für professionelle Nutzer gibt das Design eines Produktes Auskunft über die Qualität der eingesetzten Materialien, über die Qualität der Verarbeitung, über die Gebrauchstauglichkeit oder über die Reparaturfreundlichkeit. Nicht anders als beim Markenschutz[1] lassen sich deshalb auch dem Designschutz verschiedene Funktionen zuordnen, die die Bedeutung des Designschutzes im Wettbewerb näher konkretisieren.

An erster Stelle stehen hochwertige und langlebige Produkte, die vom Verbraucher nicht nur zur langfristigen Nutzung erworben werden, sondern auch zum Zwecke der Außendarstellung als Zeichen des eigenen Anspruchs, des eigenen Geschmacks und der eigenen finanziellen Möglichkeiten. Hier erfüllt Design vor allem eine **Imagefunktion**. An zweiter Stelle stehen die Verbrauchsgüter des täglichen Bedarfs, die „*fast moving consumer goods*" (FMCGs). Die Verbraucher von Gegenständen des täglichen Bedarfs haben beim Einkauf keine Zeit und wollen vor allem Bewährtes schnell und sicher wiederfinden. Für diese Produkte erfüllt das Design deshalb vor allem eine **Herkunftsfunktion**. Für den professionellen Benutzer geht es dagegen vor allem um den Gebrauchszweck, hier erfüllt also das Produktdesign eine **Gebrauchsfunktion** (zur Herkunfts- und Gebrauchsfunktion von Design siehe § 1 Rn 1).

Als Wettbewerbsfaktor kommt Design jedoch nur dann zur Geltung, wenn es Einfluss auf das Marktverhalten der Nachfrager von „designten" Leistungen[2] ausübt, mithin die Kaufentscheidung bestimmt oder mindestens beeinflusst. Das wiederum setzt voraus, dass ein bestimmtes Design vor der Kaufentscheidung erkannt, das heißt wahrgenommen wird. Die Wahrnehmung des individuellen Designs durch die davon angesprochenen Verkehrskreise ist deshalb von zentraler Bedeutung für den Erfolg oder Misserfolg eines Produktes am Markt. Das gilt einheitlich für alle Funktionen des Designs. Ohne Wahrnehmung des Designs laufen die Imagefunktion, die Herkunftsfunktion und Gebrauchsfunktion des Designs leer, dh sie kommen im Wettbewerb nicht zur Entfaltung. An erster Stelle konkurrieren gewerbliche Leistungen deshalb nicht um Käufer oder Kunden, sondern sie **konkurrieren um Wahrnehmung** durch die potenziellen Käufer oder Kunden. Nur eine Leistung, die wahrgenommen wird, kann Erfolg haben.

Vor diesem Hintergrund ergibt sich die wettbewerbliche **Begründung für einen Schutz vor Nachahmungen** aus der Notwendigkeit der sicheren Wahrnehmung und entsprechenden Unterscheidung unterschiedlicher Leistungsangebote. Nachahmungen, die nicht als Nachahmungen wahrgenommen werden, führen zwangsläufig zu Verwechslungen oder Fehleinschätzungen und **Verwechslungen oder Fehleinschätzungen stören den Wettbewerb**. Das ist bei den Gütern des täglichen Bedarfs offenkundig. Die Unterscheidungs- oder Herkunftsfunktion des Designs ist insoweit jedoch auch für diejenigen Produkte relevant, die als „Lebensbegleiter" vor allem zur Befriedigung persönlicher Luxusbedürfnisse und zur Selbstdarstellung eingekauft werden. Gleichermaßen hat sie Bedeutung für die professionellen Gebrauchsgüter, die von Fachleuten zu beruflichen Zwecken gekauft werden. Der einzige Unterschied zu den Gebrauchsgütern des täglichen Bedarfs liegt darin, dass Nachahmungen bei den Lebensbegleitern und bei den professionellen Gebrauchsgütern deshalb weniger

---

[1] Vgl EuGH, Rs. C-487/07, Slg 2009 I-05185 – L'Oréal/Bellure = GRUR 2009, 756, Rn 58 ff.
[2] Das sind zumeist, aber nicht immer, Produkte. In Betracht kommen auch das äußere Erscheinungsbild von Dienstleistungen (Uniformen, Fahrzeuge, Aufmachung eines Internetauftritts) oder typische Unternehmensfarben.

Lubberger

gefährlich sind, weil derartige Produkte üblicherweise mit einem höheren Grad an Aufmerksamkeit eingekauft werden als Verbrauchsgüter des täglichen Bedarfs. Hier kommt es weniger zu Verwechslungen, aber Fehleinschätzungen sind auch bei Lebensbegleitern und bei professionellen Gebrauchsgütern zu befürchten.

5 Im Bereich des gewerblichen Rechtsschutzes werden allerdings die hier beschrieben Designfunktionen, allen voran die Unterscheidungsfunktion, den Marken zugeschrieben (siehe § 3 Rn 131). Das ist zwar nicht falsch, aber es ist zu einseitig. Denn tatsächlich kommt dem Design eine mindestens gleichrangige, wenn nicht sogar vorrangige **Unterscheidungsfunktion im Wettbewerb** zu. Dieser Vorrang ist schnell nachvollziehbar, wenn man Marken und Designs im Wahrnehmungswettbewerb vergleicht. Als Mittel zur Unterscheidung von Produkten liegt der wesentliche Unterschied zwischen Marken und Produkt- und Verpackungsgestaltungen darin, dass Marken kleiner als Produkt- oder Verpackungsgestaltungen sind. Marken werden bereits deshalb im Wettbewerb auch weniger schnell und weniger deutlich wahrgenommen. Das bedeutet aber gerade nicht, dass der wettbewerbsrechtliche Nachahmungsschutz wegen der leichteren Wahrnehmbarkeit von Designs zu vernachlässigen ist. Vielmehr folgt aus den seit Jahrzehnten bekannten **Lehren der Wahrnehmungspsychologie,** die durch aktuelle **Erkenntnisse der Gehirnforschung** bestätigt werden, dass auch Produktgestaltungen trotz ihrer leichteren Erkennbarkeit und Unterscheidbarkeit im Wahrnehmungswettbewerb **spezifischen Gefahren der Verwechslung und Fehleinschätzung** ausgesetzt sind.

II. Gefährlichkeit von Nachahmungen

6 Die wettbewerbliche Gefährlichkeit von Nachahmungen geht auf vier Ursachen zurück:
1. Die Einschränkungen der optischen Wahrnehmung aufgrund physiologischer Gegebenheiten,
2. die Kompensation dieser Beschränkungen durch das Gehirn,
3. die Komplexität und Verkoppelung von Wahrnehmung und Entscheidungsverhalten,
4. die menschlichen Grunderfahrungen zur Wahrnehmung von Ähnlichkeit.

1. Physiologie des Auges

7 „Wahrnehmen" lässt sich fast mit „sehen" gleichsetzen. Denn 60 % bis 90 % aller **äußeren Reize** für den Menschen werden über die **Optik** aufgenommen und verarbeitet.[3] Wahrnehmung ist jedoch nicht ein kurzes, singuläres Ereignis der Informationsaufnahme, sondern ein **differenzierter Prozess,** der sich für einen optischen Reiz als sehr dornenreicher Weg erweist, bevor er als „**Information**" im **Gedächtnis** aufgenommen und dauerhaft gespeichert ist. Zunächst müssen Lichtstrahlen auf der Retina zu biochemischen Reaktionen verarbeitet werden. Auf der Retina befinden sich jedoch die für das Farbempfinden geeigneten Sehzellen in hoher Konzentration nur auf einer verhältnismäßig kleinen Fläche. Das hat zur Folge, dass nur in diesem – Fovea genannten – Bereich optische Informationen so wahrgenommen werden können, dass sie im Gehirn als exakte Information aufgenommen und gespeichert werden. In der Peripherie des Gesichtsfeldes nimmt dagegen die Wahrnehmungsfähigkeit so stark ab, dass optische Reize nicht mehr klar wahrgenommen und dauerhaft gespeichert werden. Der Ausschnitt des fovealen Sehens beträgt nur 2^0, außerhalb dessen wird die Peripherie nur nach Objekten abgesucht, die näher fokussiert werden müssen.[4] Außerhalb der Fovea gibt es darüber hinaus auch noch einen blinden Fleck dort, wo sich gar keine Photorezeptoren befinden, weil der Sehnerv auf die Netzhaut trifft (Abb. 1).

---

[3] Vgl Mayer, S. 98; v. Keitz, S. 98; Gröppel-Klein, S. 326, jeweils mwN.
[4] Vgl v. Keitz, S. 97 f.

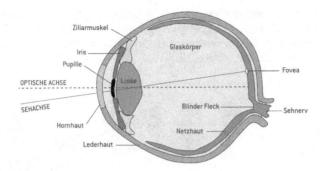

Abb. 1: Aufbau des Auges

Die optische **Wahrnehmungsfähigkeit über das Auge** ist zusätzlich dadurch **eingeschränkt**, dass den ca. 130 Mio. Photorezeptoren zur Aufnahme von Lichtsignalen nur ca. 100 Mio. Ganglien zur Umsetzung der Lichtsignale in Nervenimpulse zur Weiterleitung ins Gehirn zugeordnet sind, was die Aufnahmekapazität noch mehr verringert. Hinzu kommt, dass die beiden Arten der Photorezeptoren zur Wahrnehmung von Helligkeit und Formen (Stäbchen) und zur Wahrnehmung von Farben (Zapfen) höchst ungleich, nämlich im Verhältnis 95 : 5, verteilt sind, was sehr eingeschränkte Kapazitäten zur Farbwahrnehmung und Farbunterscheidung zur Folge hat. Auch das Wellenspektrum wird lediglich im Bereich zwischen 380 und 780 nm wahrgenommen, was eine Wahrnehmung von kurzwelliger UV-Strahlung ebenso ausschließt wie von langwelliger Infrarotstrahlung. Schließlich und endlich muss das Auge auch noch mit Anspannung der Ziliarmuskeln zur Linsenkrümmung und damit zum Scharfsehen in der Nähe gebracht werden, was insbesondere das **Lesen** zu einer auf Dauer sehr **anstrengenden Beschäftigung**[5] macht.

Aus diesen Einschränkungen folgt nicht nur die Erkenntnis, dass wir eigentlich **schlecht sehen**, sondern daraus folgt auch – und insbesondere – die Erkenntnis, dass wir unterschiedliche optische Signale in unterschiedlicher Qualität aufnehmen und verarbeiten: Wegen der geringen Kapazität zur Farbwahrnehmung, wegen der weit größeren Anzahl der Rezeptoren zur Formenwahrnehmung und wegen der darüber hinaus bestehenden Verkoppelung von Farbsehen und Helligkeit, können wir Farben (insgesamt und erst recht bei abnehmendem Licht) sehr viel schlechter wahrnehmen als Formen. Wegen des engen Korridors des Scharfsehens können wir differenzierte optische Signale nur dann entsprechend differenziert aufnehmen, wenn sie sich aus dem Rundumwinkel von 360^0 ausgerechnet in dem schmalen Sektor von 2^0 befinden. Dabei nimmt das Scharfsehen von distanten Objekten mit ständig zunehmender Entfernung ab, wogegen das Scharfsehen in der Nähe einen zusätzlichen Muskeleinsatz zur Krümmung der Linse erfordert. All das führt zu einer **Hierarchie der Wahrnehmung** wie folgt:

- hell vor dunkel
- Nähe vor Distanz
- Formen vor Farben
- Formen und Farben vor Schrift
- Wörter vor Texten.

Der bekannte Erfahrungssatz „Ein Bild sagt mehr als tausend Worte" hat seine Berechtigung aus der Physiologie unseres optischen Apparates.

Aus der Hierarchie der Wahrnehmung leitet sich wiederum eine erste Grunderkenntnis zur Beurteilung von **Nachahmungen im Wahrnehmungswettbewerb** dahin ab, dass Nachahmungen sich die

---

[5] Das folgt nicht nur aus der Muskelanstrengung, sondern auch aus dem Verarbeitungsaufwand der optischen Signale. Bereits die Analyse von Wörtern nimmt ein Vielfaches an Verarbeitungskapazität gegenüber Farben oder Formen in Anspruch; vgl v. Keitz, S. 101, 112 f; Mayer, S. 105 f; Gröppel-Klein, S. 334 f.

Defizite der optischen Physiologie zunutze machen. Dies gilt vor allem dann, wenn sie in ihren vorgeblichen Unterschieden auf die optisch geringwertigen Unterscheidungsmerkmale wie Schrift oder Farbe setzen, hingegen jedoch die Formgebung des Originals beibehalten Ein Warenregal „sehen" wir aus der Distanz tatsächlich sehr schlecht (Abb. 2).

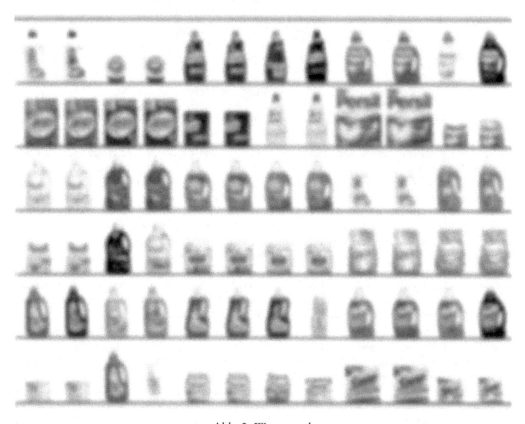

Abb. 2: Warenregal

2. Sehen als Re-Konstruktion optischer Speicherwerte

11 Die eigene Wahrnehmung der Leistungsfähigkeit des optischen Apparates stimmt mit den physiologischen Grenzen des Sehens nicht überein. So schlecht, wie es unsere Ausstattung vorgibt, sehen wir subjektiv nicht. Das hat seinen Grund darin, dass das Gehirn in einem ständigen Prozess der Aufnahme von Umgebungsinformationen und des Abgleichs dieser Informationen mit gespeicherten Bilddaten Umgebungsbilder generiert, die der Realität weit eher entsprechen als die vom Auge dazu gleichzeitig unzureichend gelieferten „Rohdaten". Das ist ein Prozess der Konstruktion der Umgebung und dieser Prozess vollzieht sich als Lückenfüllung und Vervollständigung bruchstückhafter optischer Rohdaten. Hierzu gilt in der Wahrnehmungspsychologie schon lange das **„Gesetz der guten Form"** oder **„Prägnanzgesetz"**. Dieses Gesetz besagt, dass Reize nicht beziehungslos nebeneinander wahrgenommen und dann assoziativ zu einem sinnvollen Ganzen verbunden werden, sondern dass Wahrnehmen an sich schon auf die Erfassung von Ganzheiten gerichtet ist. Daraus wiederum leitet sich nach dem Prägnanzgesetz eine **Tendenz zur „guten Gestalt"** dahin gehend ab, dass Ganzheiten in **idealtypischer Geometrie** wahrgenommen werden, weil sie sich

damit stabiler weiterverarbeiten und auf andere Wahrnehmungen übertragen lassen.⁶ Diese Disposition zur Vervollständigung lässt sich experimentell unproblematisch nachweisen. Ein beliebiges Publikum antwortet bei der nachfolgenden Abbildung auf die Frage nach dem Gegenstand der Wahrnehmung nicht „eine unterbrochene Linie", sondern „ein Kamel" (Abb. 3):

Abb. 3: Kamel

Die Erkenntnisse der Neurowissenschaften bestätigen und präzisieren das Prägnanzgesetz der Wahrnehmungspsychologie. Danach nimmt das menschliche Gehirn Objekte und Produkte nicht wie eine Fotografie als Ganzes wahr. Vielmehr verarbeiten spezialisierte Nervenzellen die verschiedenen Eigenschaften von visuellen Objekten wie Formen, Farben, Linien, Kanten, Ecken, Rundungen oder Bewegung in unglaublicher Geschwindigkeit. So liefert das Auge **10 Millionen Sinneseindrücke pro Sekunde** an das Gehirn, wo sie in einem **ständigen Prozess des Abgleichs** mit gespeicherten optischen Informationen in ihre Einzelelemente zerlegt und wieder zusammengesetzt werden. Das geschieht nicht nur passiv, sondern auch aktiv in dem Sinne, dass der Abgleich mit den gespeicherten Sinneseindrücken zugleich die Erwartungen hinsichtlich der zukünftigen Sinneseindrücke generiert und steuert.⁷ Das Prägnanzgesetz bestätigt sich in diesem Zusammenhang aus zwei zentralen Erkenntnissen der Neurowissenschaften zur Arbeitsweise der Wahrnehmung; nämlich einerseits aus der Bedeutung von „**diagnostischen Merkmalen**" und andererseits aus der Zuordnung von äußeren Reizen in der Form von Erfahrungsmustern, der „**pattern recognition**". Diagnostische Merkmale steuern die **Wahrnehmung als Schlüsselreiz**, indem sie auf der Grundlage eines fragmentarischen Eindrucks bereits mitteilen, um was es sich handelt und damit dem Gehirn die Auswertung der Datenflut von 10 Mio. Bits pro Sekunde ersparen. Sie sind es, die die „gute Form" bestimmter Gegenstände wie einen Stuhl oder ein Auto prototypisch generieren. Dabei kommt es nicht auf die Details an, sondern auf das, was das jeweilige Objekt so auszeichnet, das man es von anderen Wahrnehmungsgegenständen unterscheiden kann.⁸ Die *pattern recognition* bezieht sich auf das typische Zusammentreffen mehrerer Reize (zB eine spezielle Kombination von Form, Farbe und Größe), die die Erwartungen für die weitere Wahrnehmung prägen, weil sie als Erfahrungswert bekannt sind. Mit der *pattern recognition*, die man auch als Kombination von diagnostischen Merkmalen bezeichnen könnte, werden ähnlich dem „autocomplete"-Modus einer Suchmaschine aufgrund statistisch bekannter Eckdaten **fragmentarische optische Reize** zu einem **Gesamtbild** zusammengefügt.⁹ Auch das ist in einem Erfahrungssatz festgehalten und Allgemeingut: „Man sieht nur, was man kennt."

Da der Prozess der Umgebungsrekonstruktion durch statistische Erfahrungswerte bestimmt, durch die Notwendigkeit zur Kompensation von optischen Wahrnehmungsdefiziten geprägt und in der

---

6 Merkmale der guten Gestalt sind Gesetzmäßigkeit, Einfachheit, Stabilität, Symmetrie, Geschlossenheit, Einheitlichkeit, Ausgeglichenheit und Orientierung nach senkrecht-waagerecht. Der Begriff „gut" ist dabei nicht wertend zu verstehend, sondern im Sinne von „knapp und doch vielsagend"; vgl zum Prägnanzgesetz Irle, S. 129 f; Mayer, S. 109 ff und Brühlmeier, unter Ziff. 3.2.
7 Vgl Scheier/Lubberger, S. 455 f.
8 Vgl Scheier/Lubberger, S. 456.
9 Vgl Scheier/Lubberger, S. 456.

Fülle der ständig aufgenommenen optischen Informationen auf eine Filterung und Auswahl[10] angewiesen ist, ist er zugleich fehleranfällig. Insbesondere zwei Fehler sind als Kehrseite des Wahrnehmungssystems schon seit Jahrhunderten bekannt: die Ausblendung von nicht ins Schema passenden optischen Informationen und die falsche Zusammensetzung bei der Bild-Generierung (*pattern recognition*) aufgrund einer diagnostischen Täuschung. Sie bilden die Grundlage für die erfolgreiche Tätigkeit der Zauberer und Illusionisten und für die bekannten optischen Täuschungen (die „trompe l'oeil"), wie zum Beispiel die Abbildung gleicher Flächen in unterschiedlicher perspektivischer Darstellung (Abb. 4):

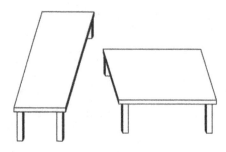

Abb. 4: Tische

14 Im Wahrnehmungswettbewerb wirken sich sowohl die Defizite des optischen Apparates als auch die Besonderheiten der Re-Konstruktion optischer Wahrnehmungen[11] als **Wettbewerbsvorteil von Nachahmungen** aus. Was normalerweise nur undeutlich gesehen wird (Abb. 2), muss anhand der noch wahrgenommenen Formen und Farben den abgespeicherten Wahrnehmungsmustern zugeordnet werden. Hierbei ist aus evolutionären Gründen der Wahrnehmungsapparat jedoch nur auf die **Wahrnehmung kategorialer Unterscheidungen** (*stimulus generalization*) ausgelegt. Zusammen mit der Wahrnehmungssteuerung anhand von Erfahrungsmustern hat diese Disposition zur Folge, dass nicht nur generell Details aus dem Blick fallen, sondern vor allem solche Details, die der Wahrnehmungsapparat in der vorgegebenen Wahrnehmungssituation nicht erwartet (*change blindness*).[12] Was die Wahrnehmung einer Nachahmung prägt, sind die **Übereinstimmungen mit dem Original und nicht die Unterschiede**;[13] erst recht, wenn diese sich auf die optisch dominanten Formen oder Farben beziehen.

3. Informationsverarbeitung und Verhaltenssteuerung

15 Dass wir optischen Wahrnehmungen mit unterschiedlicher Aufmerksamkeit begegnen, ist allgemein bekannt. So geht das deutsche Wettbewerbsrecht davon aus, dass Verbraucher Werbebotschaften und Produkthinweise mit einer unterschiedlichen, nämlich „situationsadäquaten" Aufmerksamkeit aufnehmen und verarbeiten.[14] Allerdings ist der Begriff der „Situationsadäquanz" in einem neuro-

---

10 Vgl Gröppel-Klein, S. 321 ff; Bräutigam, S. 66 f sowie die Stichworte „Selektive Wahrnehmung" und „Reizfilterung" in *Wikipedia*.
11 Gemeint ist die Konstruktion von komplexen Bildeindrücken bereits aus wenigen diagnostischen Merkmalen und anhand abgespeicherter Muster.
12 Vgl Scheier/Lubberger, S. 459 f.
13 Damit ist ein alter Grundsatz des wettbewerbsrechtlichen Nachahmungsschutzes, wonach es beim Gestaltungsvergleich auf die Übereinstimmungen und nicht die Unterschiede ankommt, neurowissenschaftlich bestätigt. Vgl BGH GRUR 60, 256, 259 – Chérie; BGH GRUR 1981, 269, 272 – Haushaltsschneidemaschine II; BGH GRUR 1984, 597 – vitra programm. Im Designrecht gilt das allerdings nicht, siehe dazu § 2 Rn 128.
14 Vgl amtl. Begr. zu § 5 UWG in BT-Drucks. 15/1487, S. 19; BGH GRUR 2004, 605, 606 – Dauertiefpreise; GRUR 2004, 162, 163 – Mindestverzinsung.

wissenschaftlichen Sinne etwas anders zu verstehen als er derzeit im deutschen Wettbewerbsrecht gebraucht wird. Nach neueren, auf den amerikanischen Forscher Daniel Kahnemann zurückgehenden, Erkenntnissen kommt es vor allem darauf an, ob eine optische Information (bzw in größerem Zusammenhang ein Umweltreiz) bewusst, dh kognitiv aufgenommen und verarbeitet wird oder unbewusst, dh automatisiert. Kahnemann spricht in diesem Zusammenhang vom System 1 (automatische Verarbeitung) und vom System 2 (kognitive Verarbeitung).[15] Dabei spricht eine Vermutung für die unbewusste, automatisierte Informationsverarbeitung, weil hierbei eine um Dimensionen größere Verarbeitungskapazität zur Verfügung steht als im Bereich der kognitiven Informationsverarbeitung und weil die automatisierte, auf statistischen Erfahrungen beruhende Informationsverarbeitung im Unterschied zur kognitiven Informationsverarbeitung kaum Energie verbraucht. Auch das ist eigentlich Alltagswissen: Für den erfahrenen Autofahrer, zum Beispiel, bedeutet Autofahren praktisch keine Anstrengung, für den Anfänger dagegen führt diese Tätigkeit zur alsbaldigen Erschöpfung.

Maßgeblich für die Auswahl der Informationsverarbeitung entweder im kognitiven oder unbewussten System ist die Dichte und Prägnanz vorhandener Erinnerungsmuster. Im Normalfall werden optische Informationen ohne kognitiven Aufwand aufgenommen und verarbeitet. Erst wenn etwas fremd ist oder Gefahr signalisiert, kommt es zu einer bewussten Wahrnehmung und einer Suche nach weitergehenden Informationen. Auch das ist bereits aus der Wahrnehmungspsychologie und der Konsumentenforschung bekannt: Je vertrauter ein Konsument mit einem Produkt ist, dh je sicherer er sich auf die bislang aufgebaute Wissensbasis verlässt, desto geringer ist sein **Bedürfnis nach zusätzlichen Informationen** und desto stärker der **Rückgriff auf gespeichertes Wissen**.[16] Weitere verfügbare Informationen über die Produktqualität oder den Preis werden gar nicht abgerufen, wenn sich eine optische Information als vertraut in ein Wahrnehmungsbild einfügt und zu diesem Wahrnehmungsbild bereits weitere (schematische) Produktinformationen im optischen Gedächtnis gespeichert sind.[17]

4. Die Wahrnehmung von Ähnlichkeiten

Die Physiologie des Auges, der Vorgang des Sehens als Re-Konstruktion und die Präferenz zur unbewussten Informationsverarbeitung spielen Nachahmern in die Hände. Gelingt es eine Nachahmung so zu gestalten, dass die **diagnostischen Signale** (anders formuliert, die „Schlüsselreize") des Originals darin erhalten und die Unterschiede noch unterhalb der Schwelle der kategorialen Unterscheidung bleiben, wird auch diejenige Nachahmung, die keine Fälschung ist, weil sie gestalterische Unterschiede zum Original aufweist, als Original wahrgenommen, das heißt verwechselt.

Nachahmer sind allerdings gar nicht auf Verwechslungen angewiesen. Der Erfolg der Nachahmung tritt auch dann ein, wenn der Adressat der Nachahmung, dh der potenzielle Käufer, lediglich eine **Ähnlichkeit zwischen der Nachahmung und dem Original** wahrnimmt, ohne die Nachahmung mit dem Original zu verwechseln. Das liegt daran, dass die menschliche Wahrnehmung so tief und so grundsätzlich auf die Unterscheidung von Ähnlichkeiten und Unähnlichkeiten ausgerichtet ist, dass es im Wettbewerb vollkommen ausreicht, wenn ein nachgeahmtes Produkt als ähnlich zum Original erkannt wird. Denn auf der Ebene der unbewussten Wahrnehmungsauswertung und Wahrnehmungsverarbeitung werden der Nachahmung dann ohnehin alle wesentlichen Qualitäten des Originals zugeschrieben.

Lässt man einmal die zivilisatorisch geprägten Gestaltungen weg, so ist die menschliche Wahrnehmung auf Himmelsbilder, Landschaften, Flora und Fauna ausgerichtet. Himmelsbilder dienen der Orientierung über das Wetter und Landschaften dienen der Orientierung über den geografischen Standort. Das kann beides vorliegend vernachlässigt werden. Die Wahrnehmung von Flora und

---

15 Vgl dazu Scheier/Lubberger, S. 458 ff.
16 Vgl Gröppel-Klein, S. 326; Bräutigam, S. 67 ff.
17 Vgl zu den verschiedenen Modellen der kognitiven Erfassung und Bewertung Irle, S. 129 ff und Gröppel-Klein, S. 331 ff; spezifisch zur Produktwahrnehmung Bräutigam, S. 69 ff.

Fauna ist dagegen von großer Bedeutung für die Bedeutung der Wahrnehmung von Ähnlichkeiten. Denn die Wahrnehmung von Flora und Fauna richtet sich auf die evolutionäre Entwicklung der Arten und die Entwicklung der Arten hat zur Identifizierung und **Unterscheidung von Arten oder Gattungen anhand äußerer Merkmale** geführt (Abb. 5 bis 8):

Abb. 5: Giraffe[18]

Abb. 6: Zebra[19]

Abb. 7: Birken[20]

Abb. 8: Wollgras[21]

20 Diese Wahrnehmungserfahrung setzt sich beim Menschen von der einfachen Unterscheidung nach ethnischer Herkunft bis in die Zuordnung von Blutsverwandten allein anhand äußerer Ähnlichkeiten fort (Abb. 9 und 10).

---

18 Shchipkova Elena/Fotolia.com.
19 Bokica/Fotolia.com.
20 Elena Kovaleva/Fotolia.com.
21 beesandmore/Fotolia.com.

A. Einführung 6

Abb. 9: Kessler Zwillinge

Abb. 10: Jackson Five

Dabei gilt überall der Satz, dass das, was sich äußerlich so ähnlich ist, dass es zur gleichen Gattung oder Familie gehören muss, nicht nur über die gleiche stammesgeschichtliche Herkunft oder Familie verfügt, sondern auch die gleichen Eigenschaften aufweist: Alle Giraffen fressen von Bäumen, alle Zebras sind Steppentiere und leben in Herden, alle Birken wachsen schnell und brennen leicht, jedes Wollgras wächst im Sumpfboden, beide Kessler-Zwillinge können singen und tanzen, alle Jackson-Five-Mitglieder sind musikalisch. 21

Die Gesetze der Wahrnehmung von Flora, Fauna und Physiognomien gelten grundsätzlich auch in der **Warenwelt**. Denn die Hersteller von Produkten achten auf eine gestalterische Ähnlichkeit ihrer Erzeugnisse. Sie machen sich damit die **evolutionäre Grunderfahrung** zunutze, dass eine Ähnlichkeit der äußeren Erscheinung auf Gattungszugehörigkeit und Herkunftsidentität hinweisen. Das bedeutet nicht zwingend eine Ähnlichkeit aller unter einem Herstellernamen auf den Markt gebrachten Produkte, daraus folgt aber doch eine üblicherweise bewusst verfolgte Politik einheitlicher Design-Grundzüge für Produkte einer Marke oder einer Produktfamilie. Was hier am Beispiel zweier verschiedener Audi-Fahrzeuge veranschaulicht wird, deren Design sich auf den ersten Blick kaum zu unterscheiden scheint (Abb. 11 und 12), lässt sich überall beobachten. 22

Abb. 11: Audi A 4

Abb. 12: Audi A 6

23 Das äußere Erscheinungsbild von Produkten kommuniziert aber keineswegs nur Botschaften zur Herkunft und Eigenart. Als Markenbotschaft ist es im Gehirn des Empfängers mit einer Fülle von Daten verknüpft, die bei der Wahrnehmung des gespeicherten Erinnerungsbildes – bzw bei der Rekonstruktion dieses Erinnerungsbildes – automatisch mit abgerufen werden und je nach Intensität und Eigenart der dazu gespeicherten Vorstellungsbilder Gehirnaktivität und Emotionen auslösen.[22] Dabei ist inzwischen aufgrund der modernen Messmethoden nachweisbar, dass optische Reize von Marken, zu denen eine emotionale Bindung besteht, Aktivität in genau denjenigen Regionen des sozialen Gehirns auslösen, in denen auch die Prozesse zum Erkennen und Beurteilen von Gesichtern gesteuert werden. Man spricht insoweit von der anthropomorphen Wahrnehmung von Marken.[23]

5. Die Nachahmung als Wettbewerbsstörung

24 Anders als noch in der Vorauflage dargestellt, liegt der Wettbewerbsvorteil einer Nachahmung nicht darin, dass sie sich im Wettbewerb eine ihr nicht gebührende Aufmerksamkeit sichert, sondern darin, dass sie **Vertrautheit und Bekanntheit signalisiert, wo Fremdheit vorliegt** und damit gerade die gebotene Aufmerksamkeit ausschaltet. Das führt dort, wo Verwechslungen auftreten, zu ungewollten und damit wettbewerblich verfehlten Kaufentscheidungen. Wo unmittelbare Verwechslungen nicht auftreten, aber irrtümlich aufgrund des ähnlichen Erscheinungsbildes eine Verbundenheit mit dem Original angenommen wird, profitiert die Nachahmung von der Bekanntheit und dem Ansehen des Originals. Die im Gehirn des Empfängers zur „Physiognomie" eines bekannten und erfolgreichen Produktes bereits gespeicherten Vorstellungsbilder werden automatisiert abgerufen und lösen im sozialen Gehirn positive Reaktionen aus, die schneller zur (unkritischen) Kaufentscheidung führen.

25 Aus diesem Effekt lässt sich bereits ein **lauterkeitsrechtliches Unwerturteil** ableiten. Die Nachahmung kommuniziert nämlich gerade nicht, wie ihre Verteidiger behaupten, im Wettbewerb die Botschaft einer Alternative zum Original, sondern sie kommuniziert entweder – weil ihre gestalterischen Abweichungen nicht erkannt werden – die Botschaft des Originals oder die Botschaft der Ähnlichkeit und damit der gleichen Herkunft und gleicher Eigenschaften. Da Nachahmungen üblicherweise zu einem geringeren Preis als das Original vermarktet werden, folgt daraus die häufig falsche Botschaft, dass es das Original und dessen Qualitäten auch zu einem geringeren Preis zu haben gibt. Mit diesen Wirkungen erweist sich die **Nachahmung als Störfaktor im Wettbewerb**. Sämtliche in § 1 UWG benannten Schutzgüter des Lauterkeitsrechts, die Verbraucher, die Allgemeinheit und die Mitbewerber sind von ihr negativ betroffen; die Verbraucher, weil sie keine informierte Entscheidung treffen, die Allgemeinheit, weil Verbraucher ihre Selektionsfunktion im Leistungswettbewerb nicht ausfüllen und die Mitbewerber, weil die Anerkennung und die emotionale Bindung, die die Verbraucher zum Original aufgebaut haben, der Nachahmung zufließen, ohne dass es irgendeine Gewähr dafür gibt, dass dieser Vertrauensvorschuss durch gleichartige Leistung verdient ist.

III. Standortbestimmung des wettbewerbsrechtlichen Nachahmungsschutzes
1. Gesetzliche Regelung

26 Der wettbewerbsrechtliche Nachahmungsschutz ist gesetzlich in der Vorschrift des § 4 Nr. 9 UWG verankert. Diese Vorschrift ist erst mit der UWG-Novelle des Jahres 2004 in das Gesetz aufgenommen worden. Bis dahin war der wettbewerbsrechtliche Nachahmungsschutz als Teil der großen Generalklausel des § 1 UWG durch die bald neunzigjährige[24] **Rechtsprechung zum Begriff der Sittenwidrigkeit** in § 1 UWG geprägt und – wie das für ein Rechtsprechungsrecht typisch ist – durch **Fallgruppen** konturiert. Der Gesetzgeber des Jahres 2004 wollte an den **bewährten Strukturen und**

---

22 Vgl Esch/Möll, passim.
23 Vgl Töpfer/Duchmann, passim.
24 Als Ausgangspunkt gilt die Entscheidung „Puppenjunge" des RG v. 30.10.1926, RGZ 115, 180.

Bewertungsansätzen der Rechtsprechung nichts ändern.[25] Er hat mit den drei Fallgruppen der vermeidbaren Herkunftstäuschung in § 4 Nr. 9 Buchst. a, dem Bekanntheitsschutz gegen Rufausbeutung und Rufbeeinträchtigung in § 4 Nr. 9 Buchst. b und dem Know-how-Schutz in § 4 Nr. 9 Buchst. c UWG ein Gerüst geschaffen, das – zusammen mit dem Behinderungsverbot in § 4 Nr. 10 UWG – die Grundlinien der bisherigen Rechtsprechung nachzeichnet, ohne der weiteren Entwicklung ein allzu enges Korsett umzulegen. Seither wird dieser Ansatz von der Rechtsprechung begrüßt und in der bisherigen Tradition fortgeschrieben.[26]

Im internationalen Recht ist ein lauterkeitsrechtlicher Nachahmungsschutz bereits in Art. 10 Abs. 3 Nr. 1 der Pariser Verbandsübereinkunft von 1883 (dem internationalen Grundgesetz des gewerblichen Rechtsschutzes) verankert.[27] Im Unionsrecht ergibt sich zunächst aus dem Irreführungsverbot der Artt. 5 Abs. 1 und 3 und aus den Vorgaben zur vergleichenden Werbung des Art. 4 der Werberichtlinie 2006/114/EG vom 12.12.2006 eine Teilregelung des Nachahmungsschutzes, die ebenso wie das deutsche UWG nicht nur den Verbraucherschutz verfolgt, sondern gleichermaßen auch die Interessen der Mitbewerber und der Allgemeinheit an einem funktionierenden Wettbewerb.[28] Bereits zuvor war mit dem ausdrücklich auch auf irreführende Produktgestaltungen gerichteten Irreführungsverbot des Art. 6 Abs. 2 Buchst. a der Richtlinie 2005/29/EG über unlautere Geschäftspraktiken im binnenmarktinternen Geschäftsverkehr zwischen Unternehmen und Verbrauchern vom 11.5.2005 (UGP-Richtlinie) im Bereich des Verbraucherschutzes ein Tatbestand geschaffen worden, der unionsrechtlich eine dem deutschen Nachahmungsschutz komplementäre Regelung gegen Nachahmungen etablierte. Die Kodifizierung des wettbewerbsrechtlichen Nachahmungsschutzes in der UWG-Novelle des Jahres 2004 ist somit nicht als singuläres deutsches Ereignis, sondern als Maßnahme im Rahmen einer internationalen Entwicklung zur Verstärkung des Schutzes gegen Nachahmungen zu sehen.[29]

Der wettbewerbsrechtliche Nachahmungsschutz steht im **Geflecht zahlreicher gesetzlicher Regelungen**, die – je nach den Umständen – auf den Einzelfall einer Nachahmung ebenso zur Anwendung kommen können. Hierzu gehören zunächst die gewerblichen Schutzrechte nach dem Marken-, Design-,[30] Gebrauchsmuster- und Patentrecht. Hierzu gehört aber auch das Urheberrecht, dessen Anwendungsbereich für Werke der angewandten Kunst sich aufgrund der BGH-Entscheidung „Geburtstagszug"[31] in den Bereich der „kleinen Münze" ausgedehnt hat (Näheres in § 4 Rn 15–17) und damit dem wettbewerbsrechtlichen Nachahmungsschutz deutlich näher gerückt ist. Neben den Nachahmungsschutz aus § 4 Nr. 9 UWG treten insbesondere die Bestimmungen des wettbewerbsrechtlichen Irreführungsschutzes in § 5 UWG und die Vorgaben zur vergleichenden Werbung in § 6 UWG, die im Unterschied zum Nachahmungsschutz des § 4 Nr. 9 UWG unionsrechtlich fundiert und legitimiert sind. Insoweit ist der wettbewerbsrechtliche Nachahmungsschutz in seinem Geltungsanspruch nicht nur durch das **Spannungsverhältnis zum „Sonderrechtsschutz"** in Frage gestellt, sondern auch durch die **Ausweitung des Urheberrechtsschutzes** und die **Kodifizierung des unionsrechtlichen Lauterkeitsrechts**. Gerade mit Blick auf das Unionsrecht muss der wettbewerbs-

---

25 Vgl Steinbeck, GRUR 2008, 848, 851; Köhler/Bornkamm/Henning-Bodewig, WRP 2002, 1317, 1326, dort zu § 5 Nr. 2 UWG sowie Begründung des Regierungsentwurfs in BT-Drucks. 15/1487, S. 18.
26 Vgl BGH GRUR 2013, 1052 – Einkaufswagen III, Rn 14; GRUR 2012, 1155 – Sandmalkasten, Rn 16; GRUR 2010, 1125 – Femur Teil, Rn 19; GRUR 2010, 80 – LIKEaBIKE, Rn 20; GRUR 2009, 79 – Gebäckpresse, Rn 25; GRUR 2005, 166, 167 – Puppenausstattungen.
27 „Insbesondere sind zu untersagen: 1. alle Handlungen, die geeignet sind, auf irgendeine Weise eine Verwechslung mit der Niederlassung, den Erzeugnissen, der gewerblichen oder kaufmännischen Tätigkeit eines Wettbewerbers hervorzurufen; …".
28 Vgl die Begründungserwägungen Nr. 3 und 4 der Richtlinie.
29 Vgl Kur, GRUR Int. 1998, 771 sowie Schricker/Henning-Bodewig, WRP 2001, 1367, 1381 ff unter Hinweis auf die AIPPI-Länderberichte in AIPPI-Jahrbuch 1995/I.
30 Das frühere deutsche Geschmacksmusterrecht hat durch die unionsrechtliche Fundierung erhebliche Änderungen erfahren und ist inzwischen vor allem im Begriff der Eigenart deutlich dem deutschen Nachahmungsschutz angenähert. Der europäische Begriff der Eigenart im Designrecht ist bewusst aus dem Begriff der wettbewerblichen Eigenart im deutschen Lauterkeitsrecht entwickelt; vgl dazu Kur, GRUR 2002, 661, 665.
31 BGHZ 199, 52 = GRUR 2014, 175 – Geburtstagszug.

rechtliche Nachahmungsschutz als deutsches Sonderrecht innerhalb des UWG seinen Geltungsanspruch gegenüber den Regelungen des Irreführungsschutzes in § 5 UWG und der vergleichenden Werbung in § 6 UWG verteidigen. Denn aufgrund des **Anwendungsvorranges des Unionsrechts** gem. Art. 288 Abs. 3 AEUV und aufgrund der daraus abgeleiteten Verpflichtung der deutschen Rechtsanwender zur richtlinienkonformen Auslegung muss der wettbewerbsrechtliche Nachahmungsschutz so gehandhabt werden, dass die unionsrechtlichen Vorgaben des Irreführungsschutzes und zur vergleichenden Werbung trotzdem zur Geltung kommen.[32]

2. Rechtsprechung

29 Trotz der über 80-jährigen Geschichte und trotz der Kodifizierung des wettbewerbsrechtlichen Nachahmungsschutzes im Jahre 2004 ist die Rechtsprechung zu § 4 Nr. 9 UWG wenig verlässlich. Eine Auswertung von 119 prominenten Entscheidungen des BGH aus den letzten 56 Jahren (1957 bis 2013) führt zur Feststellung einer sehr **wechselhaften Erfolgswahrscheinlichkeit des wettbewerbsrechtlichen Nachahmungsschutzes.** Auch heute noch kann man sich auf ein vermeintlich einschlägiges Präjudiz nicht verlassen. Gerade in einer Darstellung zum rechtlichen Designschutz muss vielmehr vor den Unsicherheiten und Risiken des wettbewerbsrechtlichen Nachahmungsschutzes gewarnt werden. Denn was die höchstrichterliche Rechtsprechung nahelegt, gilt erst recht für die Rechtsprechung der Instanzgerichte, die nicht nur durch örtliche Besonderheiten geprägt ist, sondern oft genug auch eine deutliche Vorliebe für den Sonderrechtsschutz erkennen lässt. Vor vielen Instanzgerichten beruft sich ein Kläger, der für den Vorwurf einer rechtswidrigen Nachahmung weder eine urheberrechtsfähige Gestaltung, noch ein Geschmacksmuster (Design), noch eine dreidimensionale Marke vorweisen kann, bei § 4 Nr. 9 UWG auf einen Rechtsschutz zweiter Klasse.

30 Die noch in der Erstauflage prominente Verteidigung des wettbewerbsrechtlichen Nachahmungsschutzes gegen den **Vorrang des Sonderrechtsschutzes**, insbesondere gegen den Vorrang des Markenrechts,[33] hat sich allerdings erledigt. Denn einerseits hat der Bundesgerichtshof inzwischen seine diesbezügliche Rechtsprechung ausdrücklich aufgegeben.[34] Zum anderen lässt die Dichte der höchstrichterlichen und obergerichtlichen Entscheidungspraxis[35] allein zwischen der Erstauflage im Jahre 2008 und der Neubearbeitung von 2015 keinerlei Zweifel an der **praktischen Relevanz des wettbewerbsrechtlichen Nachahmungsschutzes** mehr zu. Diese Relevanz speist sich daraus, dass der wettbewerbsrechtliche Nachahmungsschutz heute gerade im Geflecht zahlreicher mosaikartiger Einzelregelungen des Nachahmungsschutzes wieder zu seinen **wettbewerblichen Grundlagen** zurückgefunden hat. Er schützt unternehmerische Leistungen nicht an sich, sondern er schützt sie in ihrem Marktumfeld, mit Rücksicht auf die Erwartungen des Verkehrs und zur Sicherstellung der Transparenz des Marktgeschehens. In dieser charakteristischen Verknüpfung von Mitbewerberschutz und Verfolgung von Allgemeininteressen[36] behauptet der wettbewerbsrechtliche Nachahmungsschutz einen eigenen Geltungsanspruch gegenüber benachbarten Regelungsmaterien. Die einleitenden Darlegungen zum Wahrnehmungswettbewerb haben hoffentlich deutlich gemacht, dass und warum rein äußerliche Nachahmungen gefährlich und deshalb nicht nur zum Schutze von Einzelnen, sondern im Allgemeininteresse als unlauterer Wettbewerb zu verfolgen und zu verbieten sind.

---

32 Vgl dazu EuGH, Rs. C-487/07, Slg 2009 I-05185 – L'Oréal/Bellure = GRUR 2009, 756, Rn 66 ff; BGH GRUR 2008, 628 – Imitationswerbung, Rn 25.
33 Vgl BGHZ 138, 349, 351 f – Mac Dog; BGH GRUR 2002, 167, 171 – Bit/Bud; BGH GRUR 2003, 332, 335 f – Abschlussstück; dazu Bornkamm, GRUR 2005, 97 ff; Steinbeck, FS Ullmann, 2006, S. 409 ff; Ingerl, WRP 2004, 809 ff.
34 Vgl BGHZ 198, 159 = GRUR 2013, 1161 – Hard Rock Café, Rn 60.
35 Zu berücksichtigen sind seither mindestens 23 Entscheidungen des Bundesgerichtshofs und mindestens 40 Entscheidungen der Oberlandesgerichte.
36 Vgl BGH GRUR 2010, 80 – LIKEaBIKE, Rn 17; GRUR 2007, 984 – Gartenliege, Rn 23.

3. Abgrenzung zum Sonderrechtsschutz

Das Spannungsverhältnis zum Sonderrechtsschutz ist durch die Aufgabe der Vorrangthese nicht beseitigt. Immer noch bleibt die Aufgabe der Positionsbestimmung des wettbewerbsrechtlichen Nachahmungsschutzes speziell in seinem **Verhältnis zum Sonderrechtsschutz**. Dieses Spannungsverhältnis wird insbesondere daran deutlich, dass der Bundesgerichtshof, der gelegentlich auch schon einmal vom „lauterkeitsrechtlichen Nachahmungsschutz"[37] spricht, bis heute an der sperrigen Formulierung vom „ergänzenden wettbewerbsrechtlichen Leistungsschutz"[38] zur Bezeichnung des Rechtsgebietes festhält. Mit dieser Bezeichnung, die die Ergänzung des Sonderrechtsschutzes zum hervorstechenden Merkmal des wettbewerbsrechtlichen Nachahmungsschutzes definiert, wird eine Lückenausfüllungsfunktion im Verhältnis zum Sonderrechtsschutz angesprochen, die diesem Rechtsgebiet zwar schon immer zukam, die aber noch nie dazu getaugt hat, die Charakteristik dieses Rechtsgebiets einzufangen.

Tatsächlich folgt die Eigenart des wettbewerbsrechtlichen Nachahmungsschutzes aus der für ihn charakteristischen **Mischung aus Handlungsunrecht und Erfolgsunrecht**. Während der Sonderrechtsschutz dem Schutz des geistigen Eigentums dient, die Verletzung von Sonderschutzrechten mithin als Erfolgsunrecht zu qualifizieren ist, wird die Originalität einer Produktgestaltung von wettbewerblicher Eigenart trotz gewisser Parallelen zum Sonderrechtsschutz in den Anspruchsvoraussetzungen und Rechtsfolgen[39] nicht mit einem abstrakten Schutzbereich versehen, dessen Verletzung die Rechtswidrigkeit indiziert. Der Schutz der Originalität einer Produktgestaltung und damit der hierüber vermittelten – meist führenden – Marktposition erfolgt vielmehr aus einer einzelfallbezogenen Analyse der Gesamtumstände und dem daraus ableitbaren Vorwurf eines unlauteren Verhaltens. Hierbei spielen die Marktgegebenheiten und die Umstände des konkreten Aufeinandertreffens[40] von Original und Nachahmung eine so gewichtige Rolle, dass die Eigenart des wettbewerbsrechtlichen Nachahmungsschutzes im Verhältnis zum Sonderrechtsschutz vor allem aus dem konkreten Marktbezug des Unlauterkeitsvorwurfs folgt.

Schließlich und endlich streiten auch die **Defizite des Sonderrechtsschutzes** für ein gleichrangiges Gewicht des wettbewerbsrechtlichen Nachahmungsschutzes:[41] Für das **Designrecht** gilt, dass es sich zwar in seiner neuen europäischen Definition der Eigenart (vgl § 2 Rn 55) den hergebrachten Anforderungen der deutschen Rechtsprechung an die wettbewerbliche Eigenart angenähert hat, dass aber die für das Designrecht unverzichtbare Voraussetzung der Neuheit sich dort als Schwäche entpuppt, wo nicht eine neue und interessante Gestaltung nachgeahmt wird, sondern ein schon über längere Zeit erfolgreiches Produkt mit einer möglicherweise sogar uninteressanten Gestaltung. Das ist gar nicht selten der Fall. Für das **Markenrecht** gilt, dass die anfängliche Euphorie über den Ewigkeitsschutz der Warenformmarke inzwischen gänzlich verflogen ist und der Erkenntnis Platz gemacht hat, dass nur ganz wenige dreidimensionale Gestaltungen überhaupt Markenschutz beanspruchen können (vgl § 3 Rn 79 ff). Darüber hinaus ist für den Designschutz nachdrücklich an den Ausschlussgrund des § 3 Abs. 2 Nr. 3 MarkenG zu erinnern, welcher gerade einer ästhetisch herausragenden Gestaltung den Zugang zum Markenrechtsschutz versperrt (vgl § 3 Rn 48 ff). Damit nicht genug, steht einem erfolgreichen markenrechtlichen Gestaltungsschutz häufig auch das Erfordernis der markenmäßigen Benutzung auf Seiten des „Verletzers" entgegen (vgl § 3 Rn 136). Für

---

37 Vgl BGHZ 181, 77 = GRUR 2009, 1162 – DAX, Rn 40.
38 Vgl exemplarisch BGH GRUR 2012, 1155 – Sandmalkasten, Rn 16.
39 Vgl Keller, FS Erdmann, 2002, passim. Vgl zum Konzept eines originären Lauterkeitsschutzes der unternehmerischen Leistung Fezer, FS GRUR, 1991, S. 939.
40 Derartigen Umstände bleiben im Sonderrechtsschutz meist unberücksichtigt; vgl BGHZ 149, 191, 195 f – shell.de; BGH GRUR 2005, 163, 165 – Aluminiumräder; BGH GRUR 2004, 235, 238 – Davidoff/Gofkid. Lediglich dort, wo wie zB in § 14 Abs. 2 Nr. 3 MarkenG die Unlauterkeit zum Tatbestand gehört oder wie in § 23 MarkenG die guten Sitten angesprochen sind, kommen die konkreten Einzelfallumstände und damit die Marktverhältnisse auch im Sonderschutzrecht zum Tragen. Zum Konzept einer Spezialität der Immaterialgüterrechte vgl Ullmann, in: Ullmann, § 4 Nr. 9 UWG Rn 11 ff.
41 Auf strukturelle Besonderheiten des wettbewerbsrechtlichen Nachahmungsschutzes im Verhältnis zum Sonderrechtsschutz weist insb. Eichmann hin, in: Eichmann/von Falckenstein, Allgemeines, Rn 51.

das deutsche **Urheberrecht** gilt nach wie vor die sehr hohe Zugangsschwelle der Kunsteigenschaft, die zB dazu geführt hat, dass sich bis heute diejenigen Möbel, denen Urheberrechtsschutz zuerkannt wurde, an zwei Händen abzählen lassen (vgl § 4 Rn 38). **Patent- und Gebrauchsmusterrecht** bieten zwar gegen die Übernahme innovativer technischer Lösungen angemessenen Schutz, sie versagen aber dort, wo sich der Nachahmer nur über das Erscheinungsbild einem erfolgreichen technischen Produkt annähert.

4. Geltungsanspruch des wettbewerbsrechtlichen Nachahmungsschutzes

34 Wie *Köhler, Eck, Nordemann* und *Sambuc* in ihren Kommentierungen des wettbewerbsrechtlichen Nachahmungsschutzes hervorheben,[42] streiten im Bereich des § 4 Nr. 9 UWG die gegensätzlichen Ziele des Schutzes des innovatorischen Wettbewerbs (Fortschrittsfunktion des Wettbewerbs) und des imitatorischen Wettbewerbs (Zugänglichkeit erfolgreicher Lösungen für die Allgemeinheit) um den Vorrang. Vor dem Hintergrund der neueren Erkenntnisse der Neurowissenschaften steht allerdings der Schutz des imitatorischen Wettbewerbs unter erheblichem Rechtfertigungsdruck. Denn diejenige Imitation, die mit der Anknüpfung an ein bekanntes äußeres Erscheinungsbild automatisch die Gefahr der Herkunftstäuschung hervorruft und auch bei erkannter Unterschiedlichkeit und wahrgenommener Ähnlichkeit immer noch auf positive Herkunftsvorstellungen und Qualitätserwartungen setzen kann, stellt im Wettbewerb einen Störfaktor dar, für den es keine Rechtfertigung gibt. Denn die (nur) äußerliche Nachahmung erzielt ihren Wettbewerbserfolg nicht auf der Grundlage eigener, sondern fremder Leistung. Für ein strenges deutsches Mimikriverbot streitet auch die Tatsache, dass eine Volkswirtschaft ohne exportfähige Rohstoffe im internationalen Wettbewerb auf unternehmerische Leistung angewiesen ist. Sie sollte deshalb in ihrer Rechtskultur nicht dem Schutz der imitatorischen, sondern dem Schutz der innovatorischen Leistung einen besonderen Stellenwert zuschreiben.[43] Das gilt erst recht vor dem Hintergrund der inzwischen wohl gesicherten Erkenntnis, dass ein **starker Rechtsschutz** außergewöhnlicher unternehmerischer Leistungen als Wettbewerbsdruck auf die Konkurrenz wirkt und **zu eigener Innovation zwingt**[44] und dass dieser Funktionsmechanismus nicht auf das Gebiet des Sonderrechtsschutzes beschränkt ist.[45]

B. Grundlagen

35 Der Anwendungsbereich des wettbewerbsrechtlichen Nachahmungsschutzes erschließt sich aus dessen allgemeinen Voraussetzungen. Diese sind zwar gesetzlich fixiert, ergeben sich aber vor allem aus den von der Rechtsprechung entwickelten Grundsätzen. Dabei kommt es immer auf „besondere Umstände" an, denn die **Nachahmung allein** ist noch nicht unlauter:

> „Der Vertrieb eines nachgeahmten Erzeugnisses kann rechtswidrig sein, wenn dieses von wettbewerblicher Eigenart ist und besondere Umstände hinzutreten, die seine Nachahmung als unlauter erscheinen lassen."[46]

36 Die Funktionsweise des wettbewerbsrechtlichen Nachahmungsschutzes ist dadurch gekennzeichnet, dass sie nicht abstrakt bestimmte Leistungsergebnisse schützt, sondern – unter der allgemeinen Voraussetzung schützenswerter Leistungen – Nachahmungen im Hinblick auf Zusatzumstände kategorisiert, bewertet und verbietet. Auch wenn dabei gewisse Parallelen zum Sonderrechtsschutz

---

42 Vgl Köhler, in: Köhler/Bornkamm, § 4 UWG Rn 9.3; Sambuc, in: Harte-Bavendamm/Henning-Bodewig, § 4 Nr. 9 UWG Rn 20; Nordemann, in: Götting/Nordemann, § 4 UWG Rn 9.2; Eck, in: Gloy/Loschelder/Erdmann, § 56 Rn 6.
43 Das ist nicht im Sinne eines originären, wohl aber eines reflexartigen Schutzes der unternehmerischen Leistung gemeint.
44 Vgl Beier, GRUR Int. 1979, 227 ff; Oppenländer, GRUR Int. 1982, 598 ff; Pfanner, GRUR 1983, 362 ff; kritisch: Sambuc, Nachahmungsschutz, Rn 548 ff.
45 In der „Saxophon"-Entscheidung hat der BGH selbst auf die Notwendigkeit eines wettbewerbsrechtlichen Investitionsschutzes als Anreiz zur technischen Fortentwicklung hingewiesen, diesen Ansatz aber leider in der Folgezeit nicht ausgebaut, vgl BGH GRUR 1966, 617, 620.
46 BGH GRUR 2007, 339 Rn 24 – Stufenleitern, st. Rspr.

erkennbar sind,[47] so geben am Ende immer diese Zusatzumstände den Ausschlag. Deshalb ist es verfehlt, den wettbewerbsrechtlichen (lauterkeitsrechtlichen) Nachahmungsschutz mit Blick auf die Sonderschutzrechte als „ergänzenden" Leistungsschutz zu bezeichnen. Weder ist er mit einer Ergänzungsfunktion treffend beschrieben, noch handelt es sich um einen originären Leistungsschutz.[48] Ein **Schutz unternehmerischer Leistungen**[49] entsteht hier nur **reflexartig** in Reaktion auf Umstände, die mit der unternehmerischen Leistung nicht direkt etwas zu tun haben.

I. Schutzobjekte des wettbewerbsrechtlichen Nachahmungsschutzes

Nach dem Wortlaut des § 4 Nr. 9 UWG ist der wettbewerbsrechtliche Nachahmungsschutz auf den Schutz von Waren und Dienstleistungen beschränkt. Das ist jedoch zu eng. Es gilt immer noch: Was **nachahmenswert** ist, ist auch **schützenswert**.[50] Allerdings muss nicht alles Schützenswerte notwendig unter das Dach des wettbewerbsrechtlichen Nachahmungsschutzes gebracht werden. Vielmehr folgt aus dem kritischen Blick auf die Nachbarschaft der Sonderschutzrechte notwendig eine Zweckbeschränkung des Anwendungsbereichs des wettbewerbsrechtlichen Nachahmungsschutzes auf das ihm wirklich Eigene und Besondere. Danach fallen unter § 4 Nr. 9 UWG **nur unternehmerische Leistungen**, dh solche Schutzobjekte, die im Wettbewerb (entgeltlich)[51] vermarktet werden. Ausgeschlossen sind somit nicht nur abstrakte Ideen und Konzepte oder Aktivitäten im Privatbereich, sondern – jedenfalls nach der hier vertretenen Auffassung – auch sämtliche Kommunikationsmittel, dh alles, was zur „Corporate Identity" eines Unternehmens gehört; insbesondere die bislang unter den wettbewerbsrechtlichen Nachahmungsschutz fallenden Kennzeichen und Werbeslogans.[52] Nachdem Kennzeichen als Abstraktionen unternehmerischer Leistungen in § 14 Abs. 2 Nr. 3 MarkenG einem Sonderrechtsschutz gegen typisch wettbewerbliche Gefährdungen unterstellt sind, besteht kein Bedarf mehr für einen speziellen wettbewerbsrechtlichen Nachahmungsschutz für **Kennzeichen**, der sich in einem am Leistungsschutz orientierenden Rahmen ohnehin nur als Fremdkörper darstellt.[53] Gleiches gilt für den markenrechtlichen Schutz von **Werbeslogans**: auch sie sind als Kennzeichen und nicht als Leistung anzusehen und deshalb **markenrechtlich zu beurteilen**.[54]

Das heißt nicht, dass es keinen **wettbewerbsrechtlichen Kennzeichenschutz** mehr gibt. Er beschränkt sich jedoch auf die spezielleren Tatbestände

---

47 Etwa in der Konzentration der Klagebefugnis auf den Unternehmer als Leistungsberechtigten (vgl BGH GRUR 1988, 620, 621 f – Vespa-Roller; BGH GRUR 1991, 223, 224 f – Finnischer Schmuck) oder in der Anwendbarkeit der dreifachen Schadensberechnung (vgl BGHZ 122, 262 = GRUR 1993, 757 – Kollektion Holiday). Zu den immaterialgüterrechtlichen Aspekten vgl ausf. Keller, FS Erdmann, 2002, S. 395 ff. Zur anzustrebenden Parallelität der Wertmaßstäbe vgl Ullmann, in: Ullmann, § 4 Nr. 9 UWG Rn 20 ff, 57 ff, 105 (was jedoch einer Funktionszuweisung als Handlungsunrecht widerspricht, vgl Rn 32).
48 Vgl zum Konzept eines originären Leistungsschutzes Fezer, FS GRUR, 1991, S. 939 ff sowie ders., WRP 1993, 63.
49 Vgl zur Eigenart des Mitbewerberschutzes im Vergleich zu anderen Schutztatbeständen BGHZ 162, 246, 252 f – Vitamin-Zell-Komplex.
50 Die beste Übersicht über die sonderrechtliche und wettbewerbsrechtliche Spruchpraxis bildet die reichhaltig bebilderte Fallsammlung von Zentek, zu den Fallgruppen Freie Kunst, Figuren, Grüngestaltung, Kommunikationsdesign, Mode- und Textildesign und Produktdesign, S 273 ff.
51 Die Entgeltlichkeit ist nicht zwingend, das Material des Fallrechts legt es aber nahe, dass schutzwürdige unternehmerische Leistungen meistens auch entgeltlich vermarktet werden. Zur Beschränkung auf marktbezogene Aktivitäten vgl Ullmann, in: Ullmann, § 4 Nr. 9 UWG Rn 10.
52 Wie hier offensichtlich Erdmann, GRUR 2007, 130, 131; Kaulmann, GRUR 2008, 854, 859. Zum Ausschluss reiner Ideen und Konzepte vgl BGH GRUR 1977, 547, 550 f – Kettenkerze.
53 Insoweit liegt hier eine dem Ausschließlichkeitsanspruch des § 14 Abs. 2 Nr. 3 MarkenG komplementäre Selbstbeschränkung des Wettbewerbsrechts vor; ähnlich: Sambuc, in: Harte-Bavendamm/Henning-Bodewig, § 4 Nr. 9 UWG Rn 44 ff. Das setzt allerdings eine Interpretation des § 14 Abs. 2 Nr. 3 MarkenG dahin gehend voraus, dass damit nicht mehr streng an den Begriff der markenmäßigen Benutzung anzuknüpfen ist, vgl dazu BGH GRUR 2005, 583, 584 – Lila Postkarte.
54 Vgl EuGH, Rs. C-64/02, Slg 2004, I-10031 = GRUR 2004, 1027 – Das Prinzip der Bequemlichkeit; Kaulmann, GRUR 2008, 854, 859 f; Steinbeck, GRUR 2008, 848, 851; anders noch BGH GRUR 1997, 308, 309 ff – Wärme fürs Leben und Ullmann, in: Ullmann, § 4 Nr. 10 UWG Rn 2.

- der **Herabsetzung** nach § 4 Nr. 7 UWG,
- der **rufausbeuterischen vergleichenden Werbung** nach § 6 Nr. 4 UWG,[55]
- der **Behinderung** nach § 4 Nr. 10 UWG und
- der **KennzeichenVerwechslung als Irreführung** nach § 5 Abs. 2 UWG.[56]

Ebenso wenig ist damit ausgeschlossen, den wettbewerbsrechtlichen Nachahmungsschutz an Kennzeichen anzuknüpfen, wenn es sich dabei um Elemente handelt, die der Verkehr als **produktbezogene Ausstattungsmerkmale** wahrnimmt und aus diesem Grunde mit einer konkreten unternehmerischen Leistung in Verbindung bringt (vgl Abb. 13).[57]

Abb. 13: Messerkennzeichnung
(BGH, 15.6.2000 – I ZR 90/98)

39 Die Konzentration auf die Ratio eines unternehmerischen Leistungsschutzes führt bereits zu **spezifischen Konsequenzen für den Bereich des Designschutzes**: Der wettbewerbsrechtliche Nachahmungsschutz zielt nicht auf „gutes", nicht auf „kreatives" oder „schönes" Design. Er interessiert sich auch nicht für die Person des Designers und er lässt abstrakte Schubladenentwürfe unbeachtet. Er tritt erst dann auf den Plan, wenn sich eine Gestaltung konkretisiert hat und – meist als **Produktgestaltung** – auf dem Markt in einem Konkurrenzverhältnis zu anderen (Produkt-)Gestaltungen steht.

40 Allerdings darf der klare Schwerpunkt des Anwendungsbereichs im Bereich des Produktdesigns nicht als Dogma missverstanden werden: Im Wandel von der Produktions- zur Dienstleistungsgesellschaft haben Designer bereits **neue Aufgaben** in der Organisation und Kommunikation von **Dienstleistungen** gefunden, die als unternehmerische Leistungen bewertet werden können. Erst recht begegnen uns heute zahlreiche **digitale Leistungen im Internet**.[58] Nach der hier vertretenen Auffassung sind diese Leistungen – zB Spiele oder Apps – mit dem herkömmlichen Begriffspaar von Waren und Dienstleistungen nicht mehr vernünftig zu kategorisieren. Wegen ihrer einheitlichen Vermarktung über das Internet, ihres auch häufig nur dort generierten Nutzens[59] und wegen der Vermischung von Dienstleistung und Produktangebot sollte man diese Leistungen als Kategorie sui generis behandeln. Das aber nur am Rande; entscheidend ist die Einordnung als wettbewerbliche Leistung. Danach besteht kein Zweifel, dass auch digitale Leistungen von wettbewerblicher Eigenart dem wettbewerbsrechtlichen Nachahmungsschutz zugänglich sind.

---

55 Vgl dazu BGH GRUR 2011, 1158 – Teddybär. Dort wird zur Nachahmung eines Kennzeichnungsmittels konsequenterweise nur die rufausbeuterische vergleichende Werbung erörtert. In Rn 26 dieser Entscheidung bringt der BGH seine für das Verhältnis von MarkenR und UWG aufgegebene Vorrangthese nunmehr für das Verhältnis von vergleichender Werbung und Nachahmungsschutz zur Anwendung. Nach der hier vertretenen Auffassung scheidet der Nachahmungsschutz wegen der Beschränkung auf gewerbliche Leistungen und nicht wegen eines unionsrechtlichen Vorrangs der vergleichenden Werbung aus.

56 Die Vorschrift beruht auf Art. 6 Abs. 2 Buchst. a der Richtlinie über unlautere Geschäftspraktiken. Sie steht in einem doppelten Spannungsverhältnis zu § 4 Nr. Buchst. a UWG, weil sie ebenfalls den Tatbestand der Herkunftstäuschung aufgreift und weil es sich um eine beachtliche Vorgabe des Unionsrechts handelt, die hinter der Anwendung des nationalen Nachahmungsschutzes nicht zurücktreten darf. Zum Verhältnis von § 4 Nr. 9 und § 5 UWG vgl Sack WRP 2014, 1130.

57 Vgl BGH GRUR 2001, 251, 253 – Messerkennzeichnung; BGH GRUR 1977, 614, 615 – Gebäudefassade, wo allerdings nur eine rein zeichenmäßige Verwendung zur Prüfung stand, die heute wettbewerbsrechtlich nicht mehr relevant wäre.

58 Nach Angaben des Branchenverbandes bevh hat der Handel mit digitalen Leistungen im Jahre 2014 ein Volumen von 10,9 Mrd: EUR erreicht, wobei Reisebuchungen mit 39 % den größten Anteil ausmachen, gefolgt von 32 % Mobilität, von 9 % Ticketdienste, 5 % Medien sowie ebenfalls 5 % Software und 2 % Apps.

59 Das beste Beispiel sind Suchmaschinen. Zum Schutz von Apps vgl Zöllner/Lehmann, GRUR 2014, 431.

II. Begriff der Nachahmung

Der Begriff der Nachahmung ist gesetzlich nicht definiert, sondern im UWG als hinreichend klar vorausgesetzt. Für den hier maßgeblichen Bereich des Designschutzes lässt er sich dahin konkretisieren, dass sich als Nachahmung eine Form- oder Flächengestaltung bezeichnen lässt, welche die optisch prägenden Elemente einer früheren Gestaltung so deutlich übernimmt, dass dem Adressaten des Designs, also dem Verbraucher oder gewerblichen Nutzer, die **Ähnlichkeit ins Auge springt**. Für die Praxis des wettbewerbsrechtlichen Nachahmungsschutzes hat der Begriff der Nachahmung jedoch eine untergeordnete Bedeutung. Er ist dort zur Abgrenzung unbeachtlicher Fälle maßgeblich, wo es um die Übernahme fremder Leistungen in das eigene Angebot und nicht um die Nachahmung geht; dh insbesondere beim ungenehmigten Vertrieb von Originalprodukten.[60] Daneben dient er der Ausgrenzung unbeabsichtigter Parallelschöpfungen (vgl Abb. 14 und 15), denn der Begriff der Nachahmung setzt die Vorkenntnis des Originals beim Nachahmer voraus.[61]

41

Abb. 14: ICON-Tisch
– BGH, 26.6.2008
– I ZR 170/05

Abb. 15: ICON-Parallelschöpfung
– BGH, 26.6.2008
– I ZR 170/05

Mit diesem – subjektiven – Verständnis des Nachahmungsbegriffs ist nach der Auffassung des BGH eine Wertung verbunden, die es verbietet, außerhalb des gesetzlichen Tatbestands des § 4 Nr. 9 UWG (unter der Generalklausel des § 3 UWG) auch noch einen objektiven Nachahmungsschutz im Sinne einer allgemeinen Verpflichtung des Marktneulings zur Abstandhaltung gegenüber den vorhandenen Gestaltungen zu etablieren.[62] Dem ist zuzustimmen, denn diese Konsequenz ergibt sich bereits aus einem Prinzip des Leistungsschutzes, welches nicht an der zeitlichen Priorität, sondern am Leistungsbegriff selbst ansetzt. Geht es nur um die Leistung, so verdient der zeitlich jüngere Schöpfer den gleichen Schutz wie der zeitlich ältere, wenn er wirklich parallel zu gleichen gestalterischen Lösungen gekommen ist. Das passiert allerdings selten und ist auch schwer nachzuweisen. Entsprechend kann in der Praxis vom Erfahrungssatz ausgegangen werden, dass eine objektive, zeitlich jüngere Nachahmung auf der Kenntnis der Vorlage beruht; Ausnahmen (vgl Abb. 14 und 15) bestätigen die Regel.

---

60 Vgl zu den Einzelfällen Köhler, in: Köhler/Bornkamm, § 4 UWG Rn 9.38.
61 Vgl BGHZ 117, 115, 117 – Pullovermuster; BGH GRUR 2002, 629, 630 – Blendsegel; BGH GRUR 2003, 973, 975 – Tupperware Party; BGH GRUR 2005, 166, 168 – Puppenausstattungen; insbesondere BGH GRUR 2008, 1115 Rn 24 – ICON sowie: Ullmann, in: Ullmann, § 4 Nr. 9 UWG Rn 46 f, 49; Sambuc, in: Harte-Bavendamm/Henning-Bodewig, § 4 Nr. 9 UWG Rn 35; MüKo-UWG/Wiebe, § 4 Nr. 9 Rn 242 ff.
62 Vgl BGH GRUR 2008, 1115, Rn 32 f – ICON.

1. Formen der Nachahmung

42 Es werden verschiedene Formen der Nachahmung unterschieden:
- Die **unmittelbare Leistungsübernahme**,[63]
- der **sklavische (fast identische) Nachbau** und schließlich
- die **nachschaffende Leistungsübernahme**.[64]

Diese unterschiedlichen Kategorien der Nachahmung haben jedoch nur **geringe praktische Relevanz** und sind sogar irreführend, weil sie Konsequenzen suggerieren, die in der Praxis nicht eintreten, weil es keine klaren Vorgaben für die Rechtsfolgen der Unterscheidung gibt.[65] In der Praxis ist diese Unterscheidung sogar schädlich, weil sie den falschen Eindruck vermittelt, dass hiermit zugleich eine normative Hierarchie von schlimmen und weniger schlimmen Nachahmungspraktiken angesprochen ist. Das ist aber gerade nicht Fall. So wird zB diskutiert, ob Fälle der unmittelbaren Leistungsübernahme überhaupt unter den wettbewerbsrechtlichen Nachahmungsschutz fallen können.[66] Zugleich hängt die Unlauterkeit einer Nachahmung nicht davon ab, ob sie als sklavisch oder nachschaffend erscheint. Viel wichtiger ist der Grad der wettbewerblichen Eigenart der Vorlage.

2. Beurteilungsmaßstab zur Bestimmung der Nachahmung

43 Praktisch bedeutsamer ist dagegen die Frage, wie objektiv ein Nachahmungssachverhalt zu bestimmen ist. Hier ist die Rechtsprechung inkonsistent. Sie fordert einerseits eine **Beurteilung nach dem Gesamteindruck**[67] und stellt andererseits – zergliedernd – auch **diejenigen Merkmale ab, die bei der Vorlage die wettbewerbliche Eigenart ausmachen**[68] (zu den Einzelheiten dieser Beurteilung siehe Rn 50 ff). Nur der zweite Ansatz überzeugt. Denn bei einer Marktorientierung des wettbewerbsrechtlichen Nachahmungsschutzes muss es auf die **Sichtweise des Verkehrs** ankommen, der **grundsätzlich nur wenig und das Wenige selektiv** sieht (siehe Rn 16 ff). Was zählt, sind die bereits im optischen Vorfilter des Gehirns verankerten „diagnostischen Merkmale" der Vorlage. Danach liegt eine Nachahmung dann vor, wenn die angesprochenen Verkehrskreise die Nachbildung aufgrund der Ähnlichkeit herausgehobener Merkmale mit ihrer Vorlage verwechseln oder mindestens die Ähnlichkeit im Sinne einer „optischen Verwandtschaft" wahrnehmen.

44   **Hinweis 1:** Normalerweise wirft die Geltendmachung einer **Nachahmung im Prozess** deshalb keine Probleme auf, weil sie sich aus einem Vergleich von Original und Nachahmung jedem Betrachter aus sich selbst heraus offenbart. Wer in solchen Fällen besonderen sprachlichen Aufwand zur Begründung des Nachahmungssachverhalts treibt, schwächt die eigene Position. Das gilt insbesondere für die aus dem Patentrecht bekannte Methode des **Merkmalsvergleichs**, die allenfalls noch von Spruchkörpern mit patentrechtlichem Schwerpunkt akzeptiert wird. Denn einmal gibt es für gestalterische Elemente oft schon keine sicheren Begriffe, des Weiteren lässt sich häufig neben der sprachlichen Beschreibung auch keine Einigkeit über die Zahl der relevanten Einzelelemente herstellen, und schließlich führt der Merkmalsvergleich fast automatisch

---

[63] Vgl dazu BGHZ 51, 41, 43 – Reprint; BGH GRUR 1995, 581, 583 – Silberdistel; BGH GRUR 1986, 895, 896 – Notenstichbilder; Ullmann, in: Ullmann, § 4 UWG Rn 38; Körner, FS Ullmann, 2006, S. 701, 704 ff.

[64] Vgl statt aller Köhler, in: Köhler/Bornkamm, § 4 UWG Rn 9.37.

[65] Das war nicht immer so. In der älteren Rspr des BGH reichte die unmittelbare Leistungsübernahme zur Begründung der Sittenwidrigkeit aus, vgl BGH GRUR 1969, 618, 620 – Kunststoffzähne; Eck, in: Gloy/Loschelder/Erdmann, § 56 Rn 29, 127 ff, 136 ff geht von einer gewissen Fortgeltung dieser Maßstäbe aus.

[66] Vgl BGHZ 187, 255 = GRUR 2011, 436, Rn 19 ff – hartplatzhelden.de; Ohly, GRUR 2010, 487; Ruess/Slopek, WRP 2011, 834; Köhler in: Köhler/Bornkamm, § 4 UWG Rn 9.5c. Die von Sambuc, in: Harte-Bavendamm/Henning-Bodewig, § 4 Nr. 9 UWG Rn 61 angesprochenen Fälle reichen für eine Ausnahmeregel nicht aus und sind wohl teilweise noch der Fallgruppe der Behinderung zuzuordnen; wie hier Ullmann, in: Ullmann, § 4 Nr. 9 UWG Rn 38 und MüKo-UWG/Wiebe, § 4 Nr. 9 Rn 74, 115.

[67] Vgl BGH GRUR 2002, 629, 632 – Blendsegel; BGH GRUR 1981, 273, 275 – Leuchtenglas.

[68] Vgl BGHZ 141, 329, 340 – Tele-Info-CD; BGH GRUR 2007, 795, Rn 32 – Handtaschen; GRUR 2005, 166, 168 – Puppenausstattungen; GRUR 2001, 251, 253 – Messerkennzeichnung.

dort zu einer Diskussion über die Unterschiede, wo es dem Kläger allein auf die Gemeinsamkeiten ankommt. Von der Methode des Merkmalsvergleichs sollte man deshalb nur in Ausnahmesituationen Gebrauch machen.

Hinweis 2: Ebenso gefährlich ist die Beiziehung von Sachverständigen. Die juristischen Kriterien zur Bestimmung der Unlauterkeit sind so speziell, dass sie quer zu all dem liegen, was ein Designfachmann normalerweise für relevant hält. So kann es zB passieren, dass ein Designfachmann die Qualität von Material und Gestaltung des Originals über den grünen Klee lobt und sich nur abschätzig über das Plagiat äußert, das in jeder Hinsicht weit hinter seiner Vorlage zurückbleibt. Von einem solchen Ansatz ist es dann nur noch ein kurzer Schritt bis zur (falschen) Feststellung, dass gar keine relevante Nachahmung vorliegt, weil man die vom Sachverständigen akribisch erfassten Defizite der Nachahmung angeblich auf Anhieb erkennt. Wenn sie nicht direkt gegen den Kläger Verwendung finden, werden **Sachverständigengutachten** in der Praxis der Instanzrechtsprechung bestenfalls zur Seite geschoben und als Ausdruck der Hilflosigkeit des Klägers angesehen. An Sachverständigengutachten sollte man deshalb erst denken, wenn es entweder um den Nachweis einer bestimmten **Verkehrsbekanntheit** oder um Fragen der **Herkunftstäuschung im weiteren Sinne** geht (siehe Rn 86).   45

Hinweis 3: Praktisch hilfreich sind entweder – so vorhanden – direkte Belege für eine **Nachahmungsabsicht** (auch wenn sie gar nicht erforderlich sind) oder die Präsentation des Originals und der Nachahmung in ihrem **wettbewerblichen Produktumfeld**. Denn daraus lässt sich nicht nur die wettbewerbliche Eigenart des Klageprodukts erfassen, sondern zugleich auch der Nachahmungssachverhalt nachvollziehen und der Vorwurf der Überschreitung eines zumutbaren gestalterischen Abstands begründen. Wenn andere Wettbewerber für das gleiche Produkt ohne Schwierigkeiten eine andere Gestaltung finden konnten, so spricht das immer gegen die vom Nachahmer regelmäßig bemühten „Sachzwänge" zur Nachahmung aus der Natur der Sache.   46

III. Wettbewerbsverhältnis

Während sich der Anwendungsbereich sämtlicher Sonderschutzrechte erst aus der Überprüfung ihrer (Gemeinwohl-)Schranken erschließt, ist der wettbewerbsrechtliche Nachahmungsschutz von vornherein durch die **Konzentration auf Ansprüche im Wettbewerbsverhältnis** beschränkt. Das folgt einmal aus den allgemeinen Voraussetzungen der §§ 3, 8 UWG und zum anderen aus der expliziten Bezugnahme auf den Begriff des Mitbewerbers in § 4 Nr. 9 UWG. Der Nachahmer muss also im Wettbewerb zum Schöpfer des Originals stehen, und das Angebot oder der Vertrieb der Nachahmung muss geeignet sein, die Wettbewerbsposition des Schöpfers des Originals zu beeinträchtigen: entweder direkt durch Konkurrenz der Nachahmung zum Original oder indirekt durch Verwässerung einer bisherigen Marktposition. **Ausgeschlossen** sind damit nicht nur Aktivitäten im **privaten Bereich**, sondern auch in **anderen Branchen**[69] oder solche, die sich nur auf Auslandsmärkten auswirken. Ausreichend ist jedoch ein potenzielles Wettbewerbsverhältnis, so dass zB die unredliche Ausnutzung von Vorlagen nach § 4 Nr. 9 Buchst. c UWG bereits dann verboten werden kann, wenn das Original noch gar nicht auf dem Markt ist.[70] Umgekehrt ist ein Wettbewerbsverhältnis auch dann noch gegeben, wenn der Schöpfer sein Original gar nicht mehr auf dem Markt anbietet, jedoch überhaupt noch im bisherigen Geschäftsfeld aktiv ist.[71]   47

---

69 Vgl zur Ausnahme des Ad-hoc-Wettbewerbs und der besonderen Situation bei der Rufausbeutung MüKo-UWG/Wiebe, § 4 Nr. 9 Rn 47.
70 Vgl Köhler, in: Köhler/Bornkamm, § 4 UWG Rn 9.19 unter Hinweis auf OLG Frankfurt WRP 2007, 1108 und Petry, WRP 2007, 1045.
71 Vgl BGH GRUR 1954, 121, 122 – Zählkassette.

IV. Grundsatz der Nachahmungsfreiheit?

48 Der Grundsatz der Nachahmungsfreiheit wird gelegentlich noch angesprochen, ist aber in der Rechtsprechung des BGH zu Recht nicht mehr relevant.[72] Er ist aus einem **verfehlten Verständnis einer subsidiären Funktion** des wettbewerbsrechtlichen Nachahmungsschutzes[73] im Verhältnis zum Sonderrechtsschutz entwickelt worden und deshalb schon im Ansatz abzulehnen.[74] Denn zum einen ist schon begrifflich kein Spannungsverhältnis zum Sonderrechtsschutz mehr vorhanden, wenn das Wettbewerbsrecht seine Wertungen nicht aus dem Tatbestand der Nachahmung an sich, sondern aus darüber hinausgehenden Umständen zieht. Zum anderen lässt allein schon der Reichtum der einschlägigen BGH-Entscheidungen als Spitze des Eisbergs erahnen, in welch vielfältiger Weise besondere unternehmerische Leistungen schon immer durch Nachahmung ausgebeutet und ihrer Eigenart im Wettbewerb beraubt wurden. Der Reichtum des über Jahrzehnte gesammelten Fallrechts belegt den praktischen Bedarf nach einem flexiblen Nachahmungsschutz außerhalb oder zwischen den Eigentumsrechten des Sonderrechtsschutzes. Auch im sonstigen Zivilrecht reicht die Abgrenzung von Eigentumsrechten nicht aus, um ein geordnetes Zusammenleben zu organisieren.

V. Erfordernis des Anbietens

49 Komplementär zum Erfordernis einer Konkretisierung der unternehmerischen Leistung zu einem individuellen Leistungsergebnis setzt der wettbewerbsrechtliche Nachahmungsschutz auf Seiten des Nachahmers ein **Verhalten** voraus, **das sich auf den Markt auswirkt**. Dieses Erfordernis konkretisiert sich in dem Tatbestandsmerkmal des Anbietens in § 4 Nr. 9 UWG. Damit greift der wettbewerbsrechtliche Nachahmungsschutz später ein als zB das Urheber- oder Patentrecht, die bereits die Herstellung einer Nachahmung als Verletzungstatbestand kennen. Das heißt allerdings nicht, dass der wettbewerbsrechtliche Nachahmungsschutz zwingend ein bereits ausgesprochenes/veröffentlichtes Angebot des Nachahmers voraussetzt. Unter dem Gesichtspunkt des vorbeugenden Rechtsschutzes kommt auch ein Verbot bereits dann in Betracht, wenn hinreichende Anhaltspunkte für ein alsbaldiges Anbieten/Vertreiben vorliegen.[75]

VI. Wettbewerbliche Eigenart

1. Funktion der wettbewerblichen Eigenart

50 Die wettbewerbliche Eigenart kennzeichnet die Eigenart des wettbewerbsrechtlichen Nachahmungsschutzes. Es handelt sich um einen **Schlüsselbegriff**, der im Zusammenspiel mit den vier gesetzlichen Verbotstatbeständen sowohl über das Eingreifen als auch über die Reichweite des wettbewerbsrechtlichen Nachahmungsschutzes entscheidet. Zwar ist die wettbewerbliche Eigenart im Wortlaut des § 4 Nr. 9 UWG nicht ausdrücklich erwähnt, sie ist aber vom Gesetzgeber als weiterhin existente und **notwendige Voraussetzung** des wettbewerbsrechtlichen Nachahmungsschutzes angesehen worden.[76]

51 Die Funktion der wettbewerblichen Eigenart liegt darin, dass sie eine **Zugangsschwelle** bildet, die erst überwunden werden muss, bevor sich der Zugang zum wettbewerbsrechtlichen Nachahmungsschutz eröffnet. So lässt sich vereinfacht die wettbewerbliche Eigenart auch als Qualifizierung eines

---

72 Die Entscheidungen der letzten Jahre greifen darauf nicht mehr zurück, vgl BGH GRUR 2009, 79, Rn 27 ff – Gebäckpresse; GRUR 2009, 1069, Rn 12 ff – Knoblauchwürste; GRUR 2009, 1073, Rn 11 ff – Ausbeinmesser; BGHZ 181, 77 = GRUR 2009, 1162, Rn 40 ff – DAX; GRUR 2010, 80, Rn 21 ff – LIKEaBIKE; BGHZ 185, 11 = GRUR 2010, 536, Rn 48 ff – Modulgerüst II.
73 Vgl dazu Ohly, GRUR 2007, 731, 735 f; MüKo-UWG/Wiebe, § 4 Nr. 9 Rn 30 ff.
74 Vgl Köhler, GRUR 2007, 548, 549; Kur, GRUR Int. 1998, 771, 775; Lubberger, FS Ullmann, 2006, S. 737 ff; aA insb. MüKo-UWG/Wiebe, § 4 Nr. 9 Rn 24 ff.
75 Vgl zum Ausliefern an einen Zwischenhändler BGH GRUR 2003, 892, 893 – Alt Luxemburg.
76 Vgl die Begründung des Regierungsentwurfs in BT-Drucks. 15/1487, S. 18.

Produkts oder einer Dienstleistung zur **wettbewerbsrechtlichen „Schutzfähigkeit"** beschreiben.[77] Für diese Qualifizierung wurde vom BGH früher lediglich verlangt, dass sich ein Produkt insoweit als „überdurchschnittlich" präsentiert, als es aus der „Masse des Alltäglichen" heraussticht.[78] Nach der inzwischen üblichen Formel liegt wettbewerbliche Eigenart eines Erzeugnisses vor, *„wenn dessen konkrete Ausgestaltung oder bestimmte Merkmale geeignet sind, die interessierten Verkehrskreise auf seine betriebliche Herkunft oder seine Besonderheiten hinzuweisen".*[79]

Hinweis 1: Hierfür knüpft die Rechtsprechung zunächst an die **Eigenart „von Haus aus"** an. Diese erschließt sich vorrangig aus einem Vergleich des Klageprodukts mit seinem „wettbewerblichen Umfeld". Einen Prozess aus dem Bereich des wettbewerbsrechtlichen Nachahmungsschutzes erkennt der Beobachter der mündlichen Verhandlung deshalb auch leicht daran, dass der Richtertisch mit einer Vielzahl von Produkten bedeckt ist, die von beiden Parteien als Muster eingereicht werden. Der Kläger präsentiert sein Original als herausragend aus einer möglichst großen Vielzahl vergleichsweise uninteressanter Konkurrenzprodukte, und der Beklagte sucht nach möglichst vielen „Verwandten" des Klageprodukts, um dessen Originalität infrage zu stellen oder mindestens zu schwächen. Das stellt das Gericht oft vor schwierige Aufgaben, insbesondere dann, wenn es um die Beurteilung vorhandener äußerer Ähnlichkeiten und gleichzeitiger Abweichungen geht.[80] Was hier am Ende zählt, ist die Erfahrung des Praktikers, der aus dem Wissen, dass wenig im Geschäftsleben vom Zufall bestimmt ist, einen Blick für die Effektivität auch subtiler Anlehnungen entwickelt hat.

52

Hinweis 2: Wie aus der später folgenden Beschreibung der verschiedenen Erscheinungsformen der wettbewerblichen Eigenart weiter deutlich werden wird, birgt eine an Äußerlichkeiten orientierte Vorgehensweise das Risiko eines Fehlverständnisses des Streitgegenstands. Aus der Feststellung einer Nachahmung sollte deshalb bereits eine Vermutung für die Existenz der wettbewerblichen Eigenart des Klageprodukts folgen.[81] Darüber hinaus sollte sich der Kläger bemühen,[82] **alle Mittel auszuschöpfen**, um die Besonderheiten seines Produkts zu beschreiben, einen daraus resultierenden Markterfolg zu illustrieren und eine besondere Bekanntheit des Klageprodukts darzulegen. Dafür kann die Darlegung der Umsatzentwicklung, des Werbeaufwands, erworbener Preise oder Auszeichnungen, die Vorlage von Presseberichten oder die Auflistung von Messepräsentationen hilfreich sein.[83]

53

Die wettbewerbliche Eigenart ist deshalb so bedeutsam, weil der „Rechtsinhaber" ansonsten keine juristischen Vorkehrungen (im Sinne der eingetragenen Sonderschutzrechte) treffen muss, um den Status eines potenziell Schutzberechtigten zu erlangen.[84] In ihr verwirklicht sich die Besonderheit des wettbewerbsrechtlichen Nachahmungsschutzes als eines **marktbezogenen Rechtsschutzes** in der

54

---

77 Vgl auch MüKo-UWG/Wiebe, § 4 Nr. 9 Rn 84 sowie Rn 87 zur Herkunfts-, Garantie- und Gütefunktion der wettbewerblichen Eigenart.
78 Vgl BGH GRUR 1957, 37, 38 – Uhrwerke.
79 Vgl BGH WRP, 1976, 370, 372 – Ovalpuderdose. Seither st. Rspr, siehe zB BGH GRUR 2010, 80 LIKEaBIKE, Rn 23.
80 Die richterliche Tätigkeit bei der Beurteilung von Nachahmungen wurde hervorragend von *Spätgens* beschrieben, vgl *Spätgens*, FS Oppenhoff, 1985, S. 407ff. Auf eine einfache Formel gebracht, hat der Richter zu prüfen, ob die Gestaltungsmerkmale der Klagegestaltung gegenüber dem wettbewerblichen Umfeld ein „individuelles Erscheinungsbild" vermitteln; vgl dazu BGH GRUR 2008, 1115, Rn 20 – ICON mit ausdrücklicher Bestätigung des entsprechenden Prüfungsansatzes des OLG Köln.
81 Vgl auch Ullmann, in: Ullmann, § 4 Nr. 9 UWG Rn 128.
82 Der Kläger hat zum Abstand vorzutragen, den sein Produkt zu vorbekannten Produkten und zum wettbewerblichen Umfeld hält; dem Beklagten obliegt es, zur Schwächung oder zum Wegfall der wettbewerblichen Eigenart durch ähnliche Gestaltungen oder zu einer Vielzahl geduldeter Nachahmungen vorzutragen; vgl dazu BGH GRUR 1998, 477, 479 – Trachtenjanker.
83 Hierbei behindern sich viele Kläger selbst, wenn sie aus einer falsch verstandenen und international auch gänzlich unüblichen Kultur der Geheimniskrämerei heraus Werbeaufwand und Umsatzahlen für sich behalten wollen.
84 Das gilt zwar auch für das nicht eingetragene Geschmacksmuster, die Benutzungsmarke und den Urheberrechtsschutz, ist aber gleichwohl für die Praxis ein wichtiger, die Eigenart des wettbewerbsrechtlichen Nachahmungsschutzes kennzeichnender Aspekt.

Weise, dass er nur für eine (in irgendeiner Weise) auf dem Markt wahrnehmbare und wahrgenommene unternehmerische Sonderleistung in Betracht kommt. Zugleich wird damit klar, warum der wettbewerbsrechtliche Nachahmungsschutz gerade nicht auf das Element des reinen Verhaltensunrechts reduziert werden kann. Denn mit dem Zusammenspiel zwischen wettbewerblicher Eigenart auf der einen und den Angriffstatbeständen auf der anderen Seite ist der wettbewerbsrechtliche Nachahmungsschutz zwischen **Leistungsschutz- und Lauterkeitsrecht** verankert. Das entspricht zugleich einer Positionierung zwischen **Erfolgs- und Verhaltensunrecht**.

> **Hinweis:** Für die gerichtliche Durchsetzung des wettbewerbsrechtlichen Nachahmungsschutzes gilt der Erfahrungssatz des Praktikers, dass ein klageabweisendes Urteil fast immer auf drei Ursachen zurückgeht: Erstens tritt im Laufe des Verfahrens die wettbewerbliche Eigenart in den Hintergrund, zweitens geht es fast nur noch um den direkten Designvergleich und drittens werden Vorlage und Nachahmung mit richterlicher Gründlichkeit analysiert. Was dann übrig bleibt sind die Unterschiede und nicht die Übereinstimmungen.

2. Begriffsbestimmung

55 Nach der ständigen Formel des BGH setzt die wettbewerbliche Eigenart voraus, dass die konkrete Ausgestaltung oder bestimmte Merkmale des Erzeugnisses geeignet sind, die angesprochenen Verkehrskreise auf seine betriebliche Herkunft oder seine Besonderheiten hinzuweisen. Das bedarf der Erläuterung, denn hier kann man vieles missverstehen: Zunächst ergibt sich aus der Orientierung an den **angesprochenen Verkehrskreisen**, dass die wettbewerbliche Eigenart im Einzelfall aus Umständen folgen kann, die sich nur dem **Fachmann** erschließen.[85] Des Weiteren ist es denkbar, dass für die wettbewerbliche Eigenart verschiedene Verkehrskreise zu berücksichtigen sind, so zB sowohl der Fachhandel als auch der **Endverbraucher.**

56 Die Eignung, als **Herkunftshinweis** zu dienen, ist nicht in der Weise misszuverstehen, dass nur markenähnliche Elemente wettbewerbliche Eigenart begründen können. Ebenso wenig ist es erforderlich, dass sich die angesprochenen Verkehrskreise aufgrund der wettbewerblichen Eigenart konkrete Herkunftsvorstellungen machen oder gar den Herstellungsbetrieb kennen müssen.[86] Mit diesem Element ist vielmehr allein die **Produkt-/Leistungsindividualität** des Schutzobjekts in seinem jeweiligen Marktumfeld beschrieben, wobei der Begriff der Individualität eng mit der Vorstellung einer bestimmten oder jedenfalls bestimmbaren Herkunft verknüpft ist. Die nicht schutzfähige Massenware zeichnet sich dagegen dadurch aus, dass es dem Verkehr bei Massenware vollkommen gleichgültig ist, woher sie kommt, sofern sie nur die rein gattungsmäßig bestimmten Erwartungen erfüllt.

57 Ebenso wenig wird der Begriff der wettbewerblichen Eigenart durch einen Rückgriff auf **sonderschutzrechtliche Kriterien** wie die markenrechtliche „Unterscheidungskraft" oder die designrechtliche „Eigenart" ausgefüllt. Auch wenn sich sonderschutzrechtliche Kriterien und wettbewerbliche Eigenart oft überschneiden, so sind sie doch nicht deckungsgleich.[87]

58 Der Begriff der „Eignung" ist ernst zu nehmen, denn er richtet den Blick auf ein **Potential** und nicht auf einen schon eingetretenen Erfolg. Soweit der BGH für die wettbewerbliche Eigenart seit etwa 15 Jahren eine „gewisse" Bekanntheit im Verkehr verlangt, hat sich diese Betrachtung aus der Fallgruppe der Herkunftstäuschung entwickelt[88] und kann nicht ohne Weiteres für die Bewertung der wettbewerblichen Eigenart übernommen werden.[89] Auch wenn häufig bekannte Produkte deshalb nachgeahmt werden, weil sich die Nachahmer bei der Prognose ihrer Absatzchancen der Methode

---

85 Vgl BGH GRUR 2002, 275, 277 – Noppenbahnen.
86 So ausdr. BGH GRUR 2007, 984 Rn 23 – Gartenliege.
87 Vgl dazu ausf. Eck, in: Gloy/Loschelder/Erdmann, § 56 Rn 28.
88 Vgl BGH GRUR 2006, 79, 80 – Jeans; BGH GRUR 2002, 820, 823 – Bremszangen; BGH GRUR 2002, 275, 277 – Noppenbahnen.
89 Das hat der BGH mehrfach klargestellt, vgl BGH GRUR 2005, 600, 602 – Handtuchklemmen und BGH GRUR 2007, 984, Rn 28 – Gartenliegen; zur Kritik an einem allgemeinen Bekanntheitserfordernis vgl Ohly, in: Ohly/Sosnitza, § 4 UWG Rn 9.36, 9.56.

des „Benchmarking" bedienen,⁹⁰ so kommt es für den Begriff der wettbewerblichen Eigenart darauf nicht entscheidend an. Vielmehr kann auch ein neues Produkt ohne Weiteres das Potential mitbringen, die angesprochenen Verkehrskreise auf seine Herkunft oder seine Besonderheiten hinzuweisen.⁹¹

Schließlich und endlich muss davor gewarnt werden, den Begriff der wettbewerblichen Eigenart allein an äußerlich wahrnehmbaren Elementen festzumachen.⁹² Wer sich am Schutz der unternehmerischen Leistung orientiert, darf sich **nicht allein an Äußerlichkeiten** festhalten. Der Begriff der „wettbewerblichen" Eigenart verweist vielmehr auf den Empfängerhorizont der angesprochenen Verkehrskreise, so dass all das, was dort als herausgehobene, dh individualisierte, Leistung wahrgenommen wird, auch unter die wettbewerbliche Eigenart fällt.⁹³

3. Steigerung durch Bekanntheit

In deutlicher Parallelität zur Bewertung der Unterscheidungskraft im Markenrecht geht die Rechtsprechung auch im Wettbewerbsrecht davon aus, dass sich eine von Haus aus geringe wettbewerbliche Eigenart durch **Bekanntheit im Verkehr** erheblich steigern lässt.⁹⁴ Dieser Ansatz hat im wettbewerbsrechtlichen Nachahmungsschutz fast noch größeres Gewicht als im Markenrecht, weil erfahrungsgemäß nur Leistungen nachgeahmt werden, die sich auf dem Markt als erfolgreich erwiesen haben. Sie verfügen meist über eine überdurchschnittliche Bekanntheit.

4. Erscheinungsbild und wettbewerbliche Eigenart

Der Begriff der wettbewerblichen Eigenart ist nicht auf äußere Merkmale beschränkt. Dennoch geht es in Nachahmungsstreitigkeiten fast immer um äußere Merkmale. Denn der Nachahmer verfolgt das aus der Natur bekannte Konzept der **Mimikry**, dh des falschen Anscheins. Das veranlasst ihn regelmäßig nur zur **äußerlichen Nachahmung**. Was er dagegen – aus Kostengründen – regelmäßig nicht übernimmt, sind Qualitätsmerkmale des Originals, die dessen wettbewerbliche Eigenart bestimmen oder mitbestimmen (so zB eine besonders hochwertige Materialauswahl). Daraus ist abzuleiten, dass man zwischen der wettbewerblichen Eigenart eines Produkts⁹⁵ und den – üblicherweise äußeren – Merkmalen seines Erscheinungsbildes, wie sie im Nachahmungsstreit im Vordergrund stehen, unterscheiden muss. Dieses Verständnis entspricht allerdings nicht dem gegenwärtigen Stand der Rechtsprechung, die bisher tendenziell die wettbewerbliche Eigenart nur in den äußeren Gestaltungsmerkmalen anerkennen⁹⁶ und prüfen will und vom Kläger einen entsprechenden Vortrag erwartet.⁹⁷

5. „Schutzdauer" der wettbewerblichen Eigenart

Für den wettbewerbsrechtlichen Nachahmungsschutz gilt der Grundsatz, dass es eine feste **Zeitgrenze nicht gibt** und dass ein wettbewerbsrechtlicher Nachahmungsschutz grundsätzlich so lange in Betracht kommt, wie der Verkehr aufgrund bestehender wettbewerblicher Eigenart in der Lage

---

90 Kopiert wird genau das, was offensichtlich gefällt und Erfolg hat.
91 Auf die Unterschiede weist der Bundesgerichtshof in der Entscheidung „Gebäckpresse" ausführlich hin, vgl BGH GRUR 2009, 79, Rn 35.
92 So jedoch mindestens missverständlich BGH GRUR 2002, 822, 823 – Bremszangen – mit unzutr. Verweis auf BGH GRUR 1999, 751, 752 – Güllepumpen –, wo zwar die wettbewerbliche Eigenart aus einer äußeren Formgestaltung bestimmt wird, aber keine Aussage getroffen ist, dass dies allein maßgeblich sein könne; zutr. jedoch wieder BGH GRUR 2007, 984, Rn 21 – Gartenliege – und BGH, GRUR 2008, 1115, Rn 10, 22 – ICON; vgl auch Ullmann, in: Ullmann, § 4 Nr. 9 UWG Rn 95 und Eck, in: Gloy/Loschelder/Erdmann, § 56 Rn 27.
93 Vgl zum möglichen Nachahmungsschutz für ein Einbauteil BGH GRUR 2008, 790, Rn 37 – Baugrupppe.
94 Vgl BGH GRUR 2010, 1125, Rn 24 – Femur Teil; BGH GRUR 2010, 80, Rn 37 – LIKEaBIKE; BGH GRUR 2005, 600, 602 – Handtuchhalter; BGH GRUR 2003, 359, 360 – Pflegebett; BGH GRUR 2001, 251, 253 – Messerkennzeichnung.
95 Im wettbewerbsrechtlichen Nachahmungsschutz ging es bisher meistens um die Nachahmung von Produkten.
96 Offener jedoch BGH GRUR 2008, 790, Rn 36 – Baugruppe.
97 Vgl BGH GRUR 2003, 356, 358 – Präzisionsmessgeräte; BGH GRUR 2002, 820, 822 Bremszangen.

ist, dem Produkt eine bestimmte betriebliche Herkunft oder spezifische Besonderheiten zuzuordnen.[98] Auch eine Fülle von Nachahmungen auf dem Markt stört dabei nicht, wenn der Verkehr in der Lage bleibt, Original und Nachahmung voneinander zu unterscheiden.[99] Im **Spannungsverhältnis zu den – zeitlich befristeten – Sonderschutzrechten** stellt sich für den wettbewerbsrechtlichen Nachahmungsschutz jedoch die Frage, ob über die wettbewerbliche Eigenart ein **zeitlich unbefristeter Schutz** dort vermittelt werden kann, wo die befristeten Sonderschutzrechte (Design-, Patent-, oder Gebrauchsmusterrechte) eine zeitliche Beschränkung vorsehen. Das ist grundsätzlich möglich. Denn der sonderschutzrechtliche und der wettbewerbsrechtliche Schutz hier stehen sich nicht auf gleicher Ebene, aber mit unterschiedlichen „Schutzfristen" gegenüber. Vielmehr ist die wettbewerbliche Eigenart im Wettbewerbsrecht als Ausdruck unternehmerischer Leistung immer einzelfallbezogen zu bestimmen. Darüber hinaus folgt im Wettbewerbsrecht – anders als im Sonderschutzrecht – aus der Anerkennung der Eigenart nicht schon der Schutz.

63 Problematisch ist jedoch der Fall, dass eine wettbewerbliche Eigenart zwar vorliegt, aber aus zwei Quellen gespeist wird: Einerseits einer unternehmerischen Leistung und andererseits aus einem früheren Monopolrecht oder der entschiedenen Durchsetzung eines wettbewerbsrechtlichen Nachahmungsschutzes.[100] In einer solchen Konstellation hat der BGH in der Entscheidung „Klemmbausteine III" aus dem Jahre 2004[101] erstmals eine **zeitliche Beschränkung** der Gewährung eines wettbewerbsrechtlichen Nachahmungsschutzes zur Anwendung gebracht und dies ausdrücklich mit der **Anpassung an die Schutzfristen des Sonderrechtsschutzes** begründet.[102] Dieser Ansatz ist im Grundsatz richtig, aber noch zu allgemein.

64 Wertungswidersprüche treten nämlich dann nicht auf, wenn eine wettbewerbliche Eigenart festgestellt werden kann, die unabhängig von einem früheren Sonderrechtsschutz und/oder vom Erstreiten einer monopolähnlichen Stellung begründet ist. Denn in derartigen Konstellationen rechtfertigt sich der wettbewerbsrechtliche Nachahmungsschutz **originär** aus einer **unternehmerischen Leistung** und nicht aus einem Akt staatlicher Verleihung. Auch wenn es schwierig ist, muss in derartigen Fällen sorgfältig geprüft werden, ob die Sonderstellung eines Produktes im Wettbewerb darauf zurückgeht, dass es über längere Zeit über einen sonderrechtlichen Monopolschutz verfügte oder ob es davon zu trennende Eigenschaften und Merkmale aufweist, die es auch nach Ablauf des Sonderrechtsschutz aus der Masse des Alltäglichen herausheben.[103] Dahinter steht der auch aus dem Markenrecht bekannte **Monopoleinwand**.[104] Eine objektiv noch vorhandene wettbewerbliche Eigenart wäre aus Rechtsgründen unbeachtlich.

VII. Wechselwirkungslehre

65 Bei der Prüfung des Nachahmungssachverhaltes geht der BGH in ständiger Rechtsprechung von einer **Wechselwirkung verschiedener Gesichtspunkte** aus. Die dazu geprägte Formel wird in praktisch jeder BGH-Entscheidung zunächst als Grundregel zitiert, um danach in die Prüfung des konkreten Falles einzusteigen. Der Wortlaut ist immer gleich:

„Dabei besteht eine Wechselwirkung zwischen dem Grad der wettbewerblichen Eigenart, der Art und Weise und der Intensität der Übernahme sowie den besonderen wettbewerblichen Umständen.

---

98 Vgl BGH GRUR 2007, 984, Rn 25 – Gartenliege; BGH GRUR 1985, 876, 878 – Tchibo/Rolex I; BGH GRUR 1985, 294, 296 – Füllanlage; OLG Frankfurt GRUR 1991, 778, 779 – Wellmann Poller; grds. zur Problematik der Zeitdauer des Wettbewerbsschutzes Erdmann, FS Vieregge, 1995, S. 197, 210 ff.
99 Vgl BGH GRUR 1998, 830, 833 – Les-Paul-Gitarren.
100 Vgl zu einer solchen Konstellation, jedoch ohne Problematisierung im Urteil, BGH GRUR 2005, 600 – Handtuchklemmen.
101 Vgl BGHZ 161, 204 = GRUR 2005, 349 – Klemmbausteine III.
102 Bislang wird die zeitliche Beschränkung allerdings nur für die Fallgruppe des Einschiebens in eine fremde Serie (unmittelbarer Leistungsschutz) geltend gemacht, vgl BGH GRUR 2005, 349, 352 – Klemmbausteine III.
103 Vgl dazu ausführlich OLG Frankfurt WRP 2013, 1069, 1071 – Befestigungselemente.
104 Vgl BGHZ 30, 357, 362 ff – Nährbier; BGH GRUR 2006, 760, Rn 18 f – Lotto; BPatG GRUR 2008, 179, 180 – City Post. Wie hier Ullmann, in: Ullmann, § 4 Nr. 9 Rn 99; ähnlich auch Eck, in: Gloy/Loschelder/Erdmann, § 56 Rn 51, 214 ff.

Je größer die wettbewerbliche Eigenart und je größer der Grad der Übernahme sind, desto geringere Anforderungen sind an die besonderen Umstände zu stellen, die die Wettbewerbswidrigkeit der Nachahmung begründen."[105]

Diese Form der Orientierung an einer festen Formel vermittelt den Eindruck einer systematischen Grundregel zur Prüfung der Einzelfallumstände eines Nachahmungssachverhalts. Dabei ist die konzeptionelle Nähe zur Prüfung der Verwechslungsgefahr im Markenrecht offenkundig.[106] Noch mehr als im Markenrecht muss jedoch im Bereich des wettbewerbsrechtlichen Nachahmungsschutzes davor gewarnt werden, die praktische Relevanz der Wechselwirkungslehre zu überschätzen. Sie ist **kein Instrument zur Einzelfalllösung**, sondern ein allgemeiner Orientierungsrahmen. So eingängig die Wechselwirkungslehre auch formuliert ist und so unmittelbar einleuchtend sie scheint, so wenig wirkt sie sich unmittelbar auf den Ausgang eines Rechtsstreits aus.[107] Das hat zwei Gründe: Einerseits scheuen die Gerichte offenkundig davor zurück, einen ihnen vorgetragenen komplexen Einzelfall mit einer derart simplen Formel zu beurteilen. Zum anderen entspricht es einfach nicht der Arbeitsweise von Gerichten, die Einzelfallumstände, die nach der Wechselwirkungslehre nur im Bereich der unlauteren Begleitumstände zu berücksichtigen sind, in ein derart strenges Schema zu pressen. Was die Praxis des Nachahmungsschutzes prägt, sind vielmehr die Fallgruppen und Schlagworte zur Bezeichnung typischer Themenstellungen, die mit wiederkehrenden Bewertungsansätzen geprüft und bearbeitet werden. 66

In methodischer Hinsicht gibt also – von seltenen Ausnahmen abgesehen[108] – für den wettbewerbsrechtlichen Nachahmungsschutz nicht die – systematische – Wechselwirkungslehre den Ausschlag, sondern die einzelfallbezogene – topisch/problemorientierte – Lösungsmethode. Das führt zur Suche nach charakteristischen Umständen, die dem jeweiligen Einzelfall ihr Gepräge geben und die es zulassen, ihn einer der inzwischen zahlreichen **Fallgruppen des wettbewerbsrechtlichen Nachahmungsschutzes** zuzuordnen.[109] Die Wechselwirkungslehre gibt eine systematische Orientierung, aber der Einzelfall entscheidet sich an anderer Stelle in der Suche und Zuweisung der für ihn passenden Fallgruppe. Aus diesen Gründen wird nachfolgend, wo in der Vorauflage nur einzelne Stichworte herausgegriffen waren, das Fallgruppenrecht des wettbewerbsrechtlichen Nachahmungsschutzes als Fallgruppenrecht und geordnet nach Stichworten in einem ABC des Nachahmungsschutzes vorgestellt. Der wettbewerbliche Nachahmungsschutz beruht auf einheitlichen theoretischen Grundregeln, aber in der Praxis offenbart er sich als Fallrecht. Der englische Begriff „Case Law" bringt das auf den Punkt. 67

VIII. Fallrecht der Rechtsprechung

Die Bedeutung und der Geltungsanspruch des wettbewerbsrechtlichen Nachahmungsschutzes erhellt insbesondere aus der Dichte und Vielfalt der diesbezüglichen Entscheidungen allein im Berichtszeitraum zur Vorauflage zwischen 2008 und 2015. Von der Vorauflage noch nicht erfasst sind die **BGH-Entscheidungen** *„Gebäckpresse"* zum Thema Ausländerschutz und Vertrauens- 68

---

105 Vgl BGH GRUR 2013, 1052, Rn 15 – Einkaufswagen III; BGH GRUR 2013, 951, Rn 14 – Regalsystem I; BGH GRUR 2012, 1155, Rn 16 – Sandmalkasten; BGH GRUR 2012, 58, Rn 42 – Seilzirkus; BGH GRUR 2010, 1125, Rn 19 – Femur Teil; BGHZ 185, 11 = GRUR 2010, 536, Rn 48 – Modulgerüst II; BGH GRUR 2010, 80, Rn 21 – LIKEaBIKE; BGH GRUR 2009, 1069 – Knoblauchwürste.
106 Vgl EuGH, Rs C-234/06, Slg 2007, I-07333 – Il Ponte Finanziaria, Rn 48 mwN.
107 Wollte man sie entscheidungserheblich umsetzen, so läge nichts näher, als der Wechselwirkungslehre dadurch Gewicht zu verschaffen, dass man in jeder Nachahmungsprüfung den Grad der wettbewerblichen Eigenart, die Intensität der Übernahme und die Unlauterkeit der Begleitumstände ziffernmäßig bewertet und das Ergebnis aus dem der drei Bewertungen bestimmt (zB mittels einer Bewertungsskala von 0 bis 10, bei der jeder Quotient über 4,9 zum Verbot führt).
108 Zum Beispiel BGH GRUR 2010, 80 – LIKEaBIKE; OLG Düsseldorf, MarkenR 2015, 102 – Le Pliage.
109 Vgl zu den Fällen des Versuchs einer Konkretisierung im Einzelfall Eck, in: Gloy/Loschelder/Erdmann, § 56 Rn 40 ff.

bruch,[110] *„Knoblauchwürste"* zum Thema Zweitmarkenirrtum und generische Gestaltung,[111] *„Ausbeinmesser"* zum Thema technische Merkmale,[112] *„LIKEaBIKE"* zum Thema wettbewerbliche Eigenart und Eigenständigkeit des wettbewerbsrechtlichen Nachahmungsschutzes;[113] *„Modulgerüst II"* zur Darlegungslast bei der Vorlagenausbeutung;[114] *„Femur Teil"* zum Thema Bekanntheitsschutz und technische Merkmale;[115] *„Markenheftchen"* zum Thema Rufausbeutung,[116] *„Hartplatzhelden"* zum Thema unmittelbare Leistungsübernahme;[117] *„Creation Lamis"* zum Thema Aufmerksamkeitsausbeutung,[118] *„Teddybär"* zum Thema Rufausbeutung;[119] *„Seilzirkus"* zum Thema technische Merkmale und Freihaltebedürfnis;[120] *„Sandmalkasten"* zum Thema Kombinationsschutz;[121] *„Regalsystem I"* zum Thema Ergänzungs- und Erweiterungsbedarf und ästhetische Anpassung,[122] *„Regalsystem II"* zum gleichen Thema; *„Einkaufswagen III"* zum Thema Bekanntheitsschutz, Bestimmung der Verkehrsauffassung und ästhetische Anpassung;[123] *„Hard Rock Cafe"* zum Thema des Verhältnisses von Irreführungs- und Nachahmungsschutz[124] sowie *„Keksstangen"* zum Thema Begehungsgefahr im Inland, Verkehrsauffassung von Fachkreisen und Zweitmarkenirrtum.[125]

69 Ähnliches gilt für Rechtsprechung der Oberlandesgerichte, bei denen sich die Standorte Köln, Frankfurt, Hamburg und Düsseldorf zu Zentren des wettbewerbsrechtlichen Nachahmungsschutzes entwickelt habe; gefolgt von Stuttgart, Hamm, Jena und München. Für die **Rechtsprechung des OLG Köln** stehen in jüngerer Zeit die Entscheidungen *„Der Eisbär hustet nicht"* zum Thema Rufausbeutung und Lookalike;[126] *„Joghurtbecher"* zum Thema technische Merkmale und Fachkreise;[127] *„Gute Laune Drops"* zum Thema Produktserie und Täuschungsrisiko;[128] *„Die blaue Couch"* zum Thema Ideenschutz;[129] *„Tappsy"* zum Thema wettbewerbliche Eigenart, Rufausbeutung und Bekanntheit des Drittkennzeichens;[130] *„Küchenarmaturen"* zum Thema Drittkennzeichen;[131] *„Knoppers"* zum Thema Lookalike;[132] *„Seilwinde"* zum Thema Zweitmarkenirrtum und Schwächung der wettbewerblichen Eigenart;[133] *„Bounty"* zum Thema Lookalike;[134] *„Le Pliage"* zum Thema Bekanntheitsschutz und Kombinationsschutz[135] sowie *„Freischwinger-Stuhl"* zum Thema Produktserie.[136] Für die Rechtsprechung des **OLG Frankfurt** stehen in jüngerer Zeit die

---

110 BGH GRUR 2009, 79.
111 BGH GRUR 2009, 1069.
112 BGH GRUR 2009, 1073.
113 BGH GRUR 2010, 80.
114 BGH GRUR 2010, 536.
115 BGH GRUR 2010, 1125.
116 BGH GRUR 2011, 79.
117 BGH GRUR 2011, 436.
118 BGH GRUR 2011, 1153.
119 BGH GRUR 2011, 1158.
120 BGH GRUR 2012, 58.
121 BGH GRUR 2012, 1155.
122 BGH GRUR 2013, 951.
123 BGH GRUR 2013, 1052.
124 BGH GRUR 2013,1161.
125 BGH, Urt. v. 23.10.2014, I ZR 133/13.
126 OLG Köln NJOZ 2010, 1130.
127 OLG Köln NJOZ 2011, 1577.
128 OLG Köln GRUR-RR 2013, 24.
129 OLG Köln NJOZ 2013, 501.
130 OLG Köln WRP 2013, 1500.
131 OlG Köln GRUR-RR 2014, 30.
132 OLG Köln NJW-RR 2014, 304.
133 OLG Köln GRUR-Prax 2014, 138.
134 OlG Köln GRUR 2014, 210.
135 OLG Köln GRUR-RR 2014, 287.
136 OLG Köln GRUR-RR 2014, 494.

Entscheidungen „*Kaffeezubereiter*" zum Thema technische Merkmale;[137] „*Formfleischstück*" zum Thema Ideenschutz, Vermeidbarkeit;[138] „*Leuchtpflasterstein*" zum Thema Grundelemente und Gemeinfreiheit;[139] „*Schreibstift*" zum Thema Steigerung der WEA durch Bekanntheit und Begehungsgefahr für Inlandsvertrieb;[140] „*Schönheit von Innen*" zum Thema Sloganschutz;[141] „*Goldhase III*" zum Thema Verkehrsbefragung und Verhältnis zum Markenrecht;[142] „*Cabat-Taschen*" zum Thema Bekanntheitsnachweis und Rufausbeutung,[143] „*Steckdübel*" zum Thema Auslaufen des Sonderrechtsschutzes;[144] „*Falttasche*" zum Thema Rufausbeutung[145] sowie „*Stupsnasenpumps*" zum Thema Modeartikel und Seriennachahmung.[146] Für die Rechtsprechung des **OLG Düsseldorf** stehen in jüngerer Zeit die Entscheidungen „*Möbelstück*" zum Thema Grundelemente und Gemeinfreiheit;[147] „*Tablet-PC I*" zum Thema Kultstatus, Verhältnis zum Designrecht und Rufausbeutung[148] sowie „*Tablet-PC II*" zum Thema Rufausbeutung und Fremdkennzeichen.[149] Für die Rechtsprechung des **OLG Hamburg** stehen in jüngerer Zeit die Entscheidungen „*Gipürespitze II*" zum Thema Modeplagiat und Verletzergewinn;[150] „*Rennkatamaran*" zum Thema Modellbau und Sklavische Nachahmung[151] sowie „*Flexibar*" für das Verhältnis zum Designrecht.[152] Für die Rechtsprechung des **OLG Jena** stehen in jüngerer Zeit die Entscheidungen „*Europaletten*" zum Thema Zeichennachahmung und Vorrang des Markenrechts[153] sowie „*Minisalami*" zum Thema wettbewerbliche Eigenart und Betriebsgeheimnisschutz.[154] **Für die** Rechtsprechung des **OLG Stuttgart** stehen in jüngerer Zeit die Entscheidungen „*Hartplatzhelden*" zum Thema unmittelbare Leistungsübernahme[155] sowie „*Dampfbügeleisen*" zum Thema Schutzrechtsverwarnung und technische Merkmale.[156] Aus der Rechtsprechung des **OLG München** ist auf die Entscheidung „*X-Games*" zum Thema Herkunftstäuschung und Fremdkennzeichen hinzuweisen.[157] Aus der Rechtsprechung des **OLG Karlsruhe** ist auf die Entscheidung „*Rillenkoffer*" zum Thema Herkunftstäuschung und Fremdkennzeichen hinzuweisen.[158] Aus der Rechtsprechung des **OLG Hamm** ist auf die Entscheidung „*Mein Schiff*" zum Thema Kennzeichennachahmung und Vorrang des Markenrechts hinzuweisen[159]

---

137 OLG Frankfurt NJOZ 2010, 1379.
138 OLG Frankfurt GRUR-Prax 2010, 1069.
139 OLG Frankfurt GRUR-RR 2011, 182.
140 OLG Frankfurt GRUR-RR 2011, 183.
141 OLG Frankfurt GRUR-RR 2012, 75.
142 OLG Frankfurt GRUR-RR 2012, 255.
143 OLG Frankfurt GRUR-RR 2012, 213.
144 OLG Frankfurt GRUR-RR 2013, 394.
145 OLG Frankfurt GRUR-RR 2014, 34.
146 OLG Frankfurt NJW-RR 2014, 1067.
147 OLG Düsseldorf, Urt. v. 20.4.2010 – 20 U 155/09.
148 OLG Düsseldorf GRUR-RR 2012, 200.
149 OLG Düsseldorf GRUR-RR 2012, 352.
150 OLG Hamburg GRUR-RR 2009, 136.
151 OLG Hamburg, Urt. v. 8.7.2009 – 5 U 54/08.
152 OLG Hamburg GRUR-Prax 2012, 460.
153 OLG Jena GRUR-RR 2011, 208.
154 OLG Jena, Urt. v. 13.6.2012 – 2 U 896/11.
155 OLG Stuttgart MMR 2009, 395.
156 OLG Stuttgart GRUR-RR 2010, 298.
157 OLG München GRUR-Prax 2012, 213.
158 OLG Karlsruhe GRUR-RR 201, 518.
159 OLG Hamm, Urt. v. 7.4.11 – 4 U 1/11.

C. ABC des Nachahmungsschutzes

I. Aktivlegitimation

70 Zur Geltendmachung von Ansprüchen aus dem wettbewerbsrechtlichen Nachahmungsschutz sind der **Hersteller und der Importeur** in ihrer Rolle als „Mitbewerber" des Nachahmers berechtigt.[160]

II. Ästhetik

71 „Das Auge isst mit" lautet eine alte Weisheit, die sich problemlos auf die Situation des Einkaufs von Konsumgütern übertragen lässt. Allerdings dürfte hierbei der optischen Sinneswahrnehmung eine noch größere Bedeutung zukommen als beim Essen. Denn viele *Konsumgüter* präsentieren sich zum Einkauf vorrangig in ihrer optisch wahrnehmbaren Gestalt. Unter den Erscheinungsformen der wettbewerblichen Eigenart steht deshalb die **Produktästhetik** an erster und wichtigster Stelle. Gleichwohl wird damit nur ein vergleichsweise kleines Marktsegment von Produkten erfasst, deren wettbewerbliche Eigenart bereits „von Haus aus" dadurch begründet ist, dass sie schon wegen ihrer äußeren Erscheinung als **„Designerprodukte"**[161] sofort Aufmerksamkeit erwecken und im Gedächtnis bleiben (vgl Abb. 16 und 17).

Abb. 16: *Nivea*-Dose　　　　Abb. 17: *Zack*-Handtuchklemme[162]

III. Aufmerksamkeitsausbeutung

72 Die Aufmerksamkeitsausbeutung setzt auf den Verkaufsvorteil einer gestalterischen Nähe zu einem bekannten und erfolgreichen Original. Das führt nach herkömmlicher Vorstellung zu einer gesteigerten Aufmerksamkeit des Verkehrs und damit – in der Masse unbekannter Gestaltungen – zu einem **Verkaufsvorteil aufgrund gesteigerter Aufmerksamkeit**. Die Kognitionsforschung[163] zeigt allerdings, dass es genau umgekehrt ist: Die gestalterische Nähe zu einem bekannten und angesehenen Original bringt dem Nachahmer nicht den Vorteil der gesteigerten Aufmerksamkeit, sondern gerade umgekehrt den **Vorteil einer gesteigerten Unaufmerksamkeit**. Dieser Vorteil wirkt sich als eine Art „blinder" Vertrauenslage im Sinne einer nicht rational gesteuerten Prüfung des Angebots und spontanen Kaufentscheidung aus. Aus diesen Gründen müsste die Un-Aufmerksamkeitsaus-

---

160　Vgl BGH GRUR 1988, 620, 621 – Vespa Roller; BGH GRUR 1991, 223, 225 – Finnischer Schmuck; BGH GRUR 1994, 630, 634 – Cartier-Armreif; BGHZ 162, 146, 149 = GRUR 2005, 519 – Vitamin-Zell-Komplex.
161　Ein gutes Beispiel hierfür bietet die Entscheidung des BGH GRUR 2005, 600, 602 – Handtuchklemmen, mit der Bestätigung der Auffassung des OLG Köln, dass die Klägerin für ihre Handtuchklemmen eine „sehr eigenwillige, schlicht und formschön anmutende Gestaltung gewählt" habe, welche – auch im Vergleich zum Wettbewerb – aus sich heraus wettbewerbliche Eigenart vermittle.
162　Mit freundlicher Genehmigung der Zack GmbH, Oststeinbek.
163　Vgl zu den Lehren für den Marken- und Nachahmungsschutz Scheier/Lubberger, MarkenR 2014, 453 ff.

beutung schon wegen der Nähe zur durch § 5 Abs. 2 UWG sanktionierten Verbrauchertäuschung als Sachverhalt der unlauteren Rufausbeutung geahndet werden. Leider ist das Gegenteil der Fall. Die Rechtsprechung behandelt den Fall der reinen Aufmerksamkeitsausbeutung als einen nicht unter den wettbewerbsrechtlichen Nachahmungsschutz fallenden Sachverhalt.[164] Gleichermaßen verlangt der BGH im Bereich der vergleichenden Werbung für die Fallgruppe der Imitationswerbung nach § 6 Abs. 2 Nr. 6 UWG, dass ein klar erkennbarer Bezug zum (Original-)Produkt des Mitbewerbers hergestellt wird, der den angesprochenen Verkehrskreisen hinreichend deutlich das Angebot einer Nachahmung des Originals kommuniziert.[165]

IV. Ausländerschutz

Ausländer, die in Deutschland mit einem bereits im Ausland eingeführten Produkt auf den Markt kommen, haben prinzipiell nach Art. 1 Abs. 2 und Art. 2 Abs. 1 PVÜ einen Anspruch auf Inländerschutz. Das für den Zugang zum wettbewerbsrechtlichen Nachahmungsschutz notwendige Wettbewerbsverhältnis wirft keine Probleme auf, denn hierfür reicht regelmäßig bereits die Existenz eines potenziellen Wettbewerbs aus. Allerdings stoßen Ausländer dann auf Probleme, wenn ein inländischer Wettbewerber ein bereits im Ausland erfolgreiches Produkt, das im Inland noch nicht bekannt ist, nachahmt. Denn für die zentrale Fallgruppe der vermeidbaren Herkunftstäuschung verlangt der BGH bereits seit längerem – gegen seine frühere Rechtsprechung[166] – eine gewisse Bekanntheit des Originals in Deutschland. Das ist schlüssig, wenn man auch für den wettbewerbsrechtlichen Nachahmungsschutz im Bereich des § 4 Nr. 9 Buchst. a UWG auf die Überschrift abstellt und Wert auf die tatsächliche Gefahr einer Herkunftstäuschung legt. Allerdings ist genau das bereits Gegenstand und Schutzzweck der – vorrangig anwendbaren – Bestimmung des § 5 Abs. 2 UWG. Besser wäre es deshalb, zur klaren Abgrenzung zwischen § 4 Nr. 9 Buchst. a und § 5 Abs. 2 UWG auf die Vermeidbarkeit abzustellen. Dann hätten nach den Grundsätzen der alten Leitentscheidung „Ovalpuderdose" auch Ausländer Zugang zum Tatbestand der vermeidbaren Herkunftstäuschung, weil es dann nicht auf die **tatsächliche Bekanntheit in Deutschland**, sondern nur auf die **Eignung zum Hervorrufen von Herkunftsvorstellungen** ankäme. Nach derzeitigem Sachstand ist das aber nicht der Fall. Das bedeutet jedoch nicht, dass Ausländer mit einem neuen Produkt auf dem deutschen Markt schutzlos sind. Denn das Erfordernis der gewissen Bekanntheit gilt nur für die Fallgruppe der Herkunftstäuschung. Die nach § 4 Nr. 10 UWG unlautere *Behinderung* und der von § 4 Nr. 9 Buchst. c UWG miterfasste *Vertrauensbruch* bleiben davon unberührt und haben für Ausländer deshalb spezielles Gewicht.[167]

73

V. Behinderung

Jede Nachahmung behindert den Hersteller des Originals in seinem wettbewerblichen Fortkommen. Das allein rechtfertigt noch nicht den Vorwurf einer unlauteren Behinderung. Im Falle eines systematischen Nachahmens kommt jedoch die unlautere Behinderung als eigenständige Fallgruppe des wettbewerbsrechtlichen Nachahmungsschutzes in Betracht.[168] Danach ist es unlauter, wenn einerseits der Geschädigte eine **besondere Marktstellung** dadurch erlangt hat, dass er ein **Produktprogramm** anbietet und andererseits der **Nachahmer größere Teile** daraus kopiert.[169] Dabei zeigen die bisher positiv entschiedenen Fälle sehr deutlich, dass es für die Unlauterkeit nicht auf die rein

74

---

164 Vgl BGH GRUR 2009, 349, 353 – Klemmbausteine III; BGH GRUR 2010, 1125, Rn 42 – Femur Teil.
165 Vgl BGH GRUR 2008, 628, Rn 23 – Imitationswerbung; BGH GRUR 2011, 1153, Rn 31 – Creation Lamis.
166 So auch der BGH noch explizit in WRP 1976, 370, 372 – Ovalpuderdose.
167 In der Entscheidung „Gebäckpresse", die sich mit einem in Deutschland noch nicht bekannten Haushaltsartikel beschäftigt, geht es am Ende genau um diese Fragen; Vgl BGH GRUR 2009, 79, Rn 35 – Gebäckpresse.
168 Die Aufzählung der Fallgruppen in § 4 Nr. 9 UWG ist nicht abschließend, so dass die Behinderung durch Nachahmung auch im Rahmen des § 4 Nr. 9 UWG verfolgt werden kann; vgl BGH GRUR 2007, 795, Rn 50 – Handtaschen.
169 Dabei liegt eine Besonderheit der Fallgruppe darin, dass nicht jedes der systematisch nachgeahmten Produkte selbst über wettbewerbliche Eichenart verfügen muss; dazu vgl MüKo-UWG/Wiebe, § 4 Nr. 9 Rn 109.

rechnerische „Übernahmequote" ankommt, sondern dass regelmäßig auch der **Aspekt einer Rufausbeutung** oder Rufschädigung mit eine Rolle spielt, weil das Originalprogramm entweder wegen seiner Qualität oder wegen **technischer oder gestalterischer Eigenheiten** (mindestens unter Fachleuten) **bekannt war**.[170] So spricht der Bundesgerichtshof sogar vom Erfordernis einer Gesamtwürdigung aller in Betracht kommenden Einzelfallumstände,[171] was jedoch zu weit geht. Denn einerseits muss der Gesichtspunkt der „Systematik" bei einer größeren Zahl von Nachahmungen kaum gesondert geprüft werden. Zum anderen sollte es, wenn ein Programm als Programm am Markt aus den genannten Gründen erfolgreich ist und wenn eine hinreichend große Zahl von Einzelstücken daraus so deutlich nachgeahmt wurde, dass neben die Rufausbeutung auch eine **vorsehbare Behinderung** tritt – solange nicht für *Grundformen* ein Freihaltebedürfnis des Verkehrs streitet[172] –, auf weitere Umstände nicht mehr ankommen. Insbesondere muss der Aspekt der Vermeidbarkeit[173] der systematischen Annäherung nicht mehr gesondert geprüft werden. Denn es widerspricht von vornherein der Lebenserfahrung dass es jemals einen doppelten Zwang einerseits zur mehrfachen und andererseits zur ähnlichen Übernahme von Produktgestaltungen geben kann; irgendwo wird sich vielmehr immer Spielraum zur Abweichung finden.

VI. Bekanntheit

75 Die Bekanntheit eines Produktes kann sich in dreifacher Weise auswirken. Zunächst einmal ist es nach der Rechtsprechung für die Fallgruppe der *vermeidbaren Herkunftstäuschung* erforderlich, dass ein nachgeahmtes Originalprodukt über eine **gewisse Bekanntheit im Verkehr** verfügt.[174] Des Weiteren führt die Bekanntheit eines Produktes regelmäßig zur **Steigerung seiner wettbewerblichen Eigenart**.[175] Schließlich und endlich eröffnet die Bekanntheit eines Produktes, sofern sie (wie meist) mit einem guten Ruf einhergeht, den Zugang zum **erweiterten Bekanntheitsschutz** nach § 4 Nr. 9 Buchst. b UWG. Die Schwelle zu diesem Schutz ist nicht starr fixiert, liegt aber bei etwa 30 % der angesprochenen Verkehrskreise.[176]

VII. Darlegungslast

76 Die Darlegung der wettbewerblichen Eigenart und der Nachahmung obliegt dem Inhaber der Rechte an der älteren Gestaltung.[177] Sofern die wettbewerbliche Eigenart nicht bereits „von Haus aus", dh aus Richterperspektive offenbar, ist, hat er in der Regel das **gestalterische Umfeld seines Produktes** mindestens in Form von Abbildungen (besser noch als körperliche Muster) vorzulegen und die Merkmale, aus denen sich die Eigenart des eigenen Produktes ergibt, anhand dessen zu erläutern.[178] Hinsichtlich des Begriffs der Nachahmung, der eine subjektive Kenntnis des Nachah-

---

170 Vgl BGH GRUR 1960, 244 – Simili Schmuck; BGH GRUR 1969, 618 – Kunststoffzähne; BGH GRUR 1970, 510 – Fußstützen; BGH GRUR 1979, 119 – Modeschmuck; BGH GRUR 1988, 690, 693 – Kristallfiguren; BGH GRUR 1986, 673, 675 – Beschlagprogramm; BGH GRUR 1987, 360, 361 – Werbepläne; BGH GRUR 1996, 210, 212 f – Vakuumpumpen; BGH GRUR 1999, 751, 752 – Güllepumpen; BGH GRUR 1999, 923, 927 – Tele-Info-CD. Gegenteilig BGH GRUR 1972, 127 – Formulare; BGH GRUR 1986, 895 – Notenstichbilder.
171 Vgl BGH GRUR 2002, 820, 823 – Bremszangen.
172 Vgl BGH GRUR 2003, 359, 361 – Pflegebett; BGH GRUR 2005, 166, 168 – Puppenausstattungen; BGH GRUR 2007, 339 Rn 33 – Stufenleitern.
173 So jedoch MüKo-UWG/Wiebe, § 4 Nr. 9 Rn 233.
174 Vgl BGH GRUR 2007, 984, Rn 34 – Gartenliege; BGH GRUR 2006, 79, Rn 35 – Jeans I; BGH GRUR GRUR 2005, 600, 602 – Handtuchklemmen; BGH GRUR 2005, 166, 169. Das ist für den Verbraucherschutz nachvollziehbar, nicht aber für den Mitbewerberschutz. Früher genügte die Eignung auch eines neu auf den Markt gekommenen Produktes, die Verbraucher auf die betriebliche Herkunft hinzuweisen; vgl BGH WRP 1976, 370, 371 – Ovalpuderdose.
175 Vgl BGH GRUR 2010, 1125, Rn 24 – Femur Teil; BGH GRUR 2010, 80, Rn 37 – LIKEaBIKE; BGH GRUR 2007, 984, Rn 28 – Gartenliege; BGH GRUR 1997, 308, 310 – Wärme fürs Leben.
176 Vgl BGHZ 113, 115, 127 – SL; BGHZ 114, 105, 109 – Avon; BGH GRUR 1994, 732, 734 – McLaren; BGH GRUR 2003, 428, 433 – Big Bertha.
177 Vgl BGH GRUR 2011, 1153, Rn 17 – Creation Lamis.
178 Vgl BGH GRUR 1998, 477, 479 – Trachtenjanker.

mers vom Original voraussetzt, wird diese Kenntnis vermutet, wenn ein objektiv ähnliches Produkt später auf den Markt kommt.[179] Eine **Schwächung des Originals** durch Drittgestaltungen ist vom „Nachahmer" darzulegen.[180] Die **Bekanntheit des Originals** ist hingegen wieder vom Anspruchsteller darzulegen, der hierfür nicht unbedingt (einem Wettbewerber) seine Absatzzahlen offenbaren muss,[181] sondern auch seine Werbekosten oder sonstigen Werbeaufwand wie Kataloge, Prospekte, Messeauftritte etc. vortragen kann.[182]

VIII. Diagnostische Merkmale

Für die wettbewerbliche Eigenart kommt es zwar nicht auf besondere äußere Merkmale oder eine besondere Ästhetik an. Für das **schnelle und problemlose Wiedererkennen** eines wettbewerblich eigenartigen Produktes sind dagegen äußerliche Merkmale von überragender Bedeutung. Auch Produkte, deren Markterfolg nicht auf eine besondere äußere Gestaltung zurückgeht, werden im Wettbewerb aufgrund bestimmter Äußerlichkeiten identifiziert, die die jeweils angesprochenen Verkehrskreise als zum Produkt gehörig abgespeichert haben und an denen sie sich für die schnelle und mühelose Wiedererkennung orientieren. Diese „diagnostischen Merkmale" fungieren als Schlüsselreize in dem Sinne, dass sie aufgrund einfachster äußerlicher Komponenten komplexe Erinnerungsbilder und Emotionen wachrufen und das Verhalten des Empfängers dieser Reize (Verbraucher oder Fachmann) bestimmen.[183] Die Ästhetik tritt dabei zurück; worauf es ankommt, ist die Eindeutigkeit, Klarheit und Wiedererkennbarkeit diagnostischer Merkmale (vgl Abb. 16).

Die Erkenntnis um die zentrale Bedeutung diagnostischer Merkmale sollte zu einer schärferen und genaueren Prüfung der wettbewerblichen Eigenart führen. Im Bereich der **Nachahmung marktbekannter Produkte** wäre sinnvoll zwischen der **originären** und der **sekundären wettbewerblichen Eigenart** zu unterscheiden und zu beachten, dass mit der Anknüpfung an die bekannten (sekundären) äußeren Merkmale zugleich auch eine Anknüpfung an die originäre wettbewerbliche Eigenart des Klageprodukts erfolgt.[184] Dieser Zusammenhang wird häufig verkannt, denn nach einer mindestens missverständlichen Formel des BGH ist im wettbewerbsrechtlichen Nachahmungsschutz zu prüfen, ob die übernommenen Gestaltungsmittel diejenigen sind, die die wettbewerbliche Eigenart des Klageprodukts ausmachen.[185] Wer sich nach dieser Vorgabe nur an Äußerlichkeiten orientiert, dringt nicht zum Kern vor.

IX. Fachmann

Für den Fachmann als Adressaten einer Nachahmung gilt der Grundsatz, dass er sich besser auskennt und beim Einkauf aufmerksamer ist als ein Letztverbraucher. Entsprechend **geringer wird das Täuschungsrisiko** gesehen.[186] Das ist bezüglich des Täuschungsrisikos vielleicht richtig, aber deshalb problematisch, weil es dazu führt, dass der Hersteller von Produkten für den professionellen Gebrauch gegen Nachahmungen schlechter geschützt ist als der Hersteller von Konsumgütern für Letztverbraucher.

---

179 Vgl BGH GRUR 1998, 477, 480 – Trachtenjanker; BGH GRUR 2002, 629, 633 – Blendsegel.
180 Vgl BGH GRUR 1998, 477, 479 – Trachtenjanker; OLG Köln WRP 2013, 1500, Rn 13 – Tapsy.
181 Vgl BGH GRUR 2013, 951, Rn 27 – Regalsystem.
182 Vgl OLG Köln GRUR-RR 2004, 21, 23 – Küchen-Seiher.
183 Vgl zur Bedeutung diagnostischer Merkmale im Wahrnehmungswettbewerb Scheier/Lubberger, MarkenR 2014, 453, 456, 460 ff.
184 So noch sehr deutlich BGH GRUR 1966, 97, 101 – Zündaufsatz, und BGH GRUR 1966, 617, 619 – Saxophon.
185 Vgl BGHZ 141, 329, 340 – Tele-Info-CD. Als Negativbeispiel für die daraus resultierenden methodischen Gefahren kann in jüngerer Zeit die Entscheidung „Handtaschen" (BGH GRUR 2007, 795) angesehen werden, in welcher der BGH (aaO, Rn 33 ff) den rein äußerlichen Bewertungsansatz des OLG Köln übernimmt; zur Kritik an dieser Entscheidung vgl auch Aigner/Müller-Broich, WRP 2008, 438 ff.
186 Vgl zum Fachmann als Produktadressaten BGH v. 23.10.2014, I ZR 133/13, Rn 23 – Keksstangen; BGH GRUR 2011, 1153, Rn 41 ff – Creation Lamis; BGH GRUR 2010, 1125, Rn 32 – Femur Teil; BGH GRUR 2003, 359, 361 – Pflegebett; BGH GRUR 1999, 1106, 1109 – Rollstuhlnachbau.

X. Fremdkennzeichen

80 Die Nachahmung eines Produktes unterscheidet sich von der Fälschung vor allem dadurch, dass bei der Nachahmung die Marke des Originals nicht angebracht ist, wohl aber bei der Fälschung. Die Nachahmung trägt entweder eine eigene Marke oder gar keine Marke. Da eine Marke als Herkunftshinweis dient, kann die Anbringung einer anderen Marke dazu führen, dass entweder eine Herkunftstäuschung nicht eintritt oder jedenfalls das **Risiko einer Herkunftstäuschung gesenkt** wird. In praktisch jedem Nachahmungsstreit gehört es deshalb zum Standard der Verteidigung, dass die auf der Nachahmung angebrachte Fremdmarke das Risiko einer Herkunftstäuschung ausschließe.

81 Dem steht die Rechtsprechung jedoch zu Recht schon immer skeptisch gegenüber.[187] Sie geht im Grundsatz davon aus, dass die Anbringung eines Fremdkennzeichens nicht zur Beseitigung der Gefahr einer Herkunftstäuschung ausreicht[188] und fragt deshalb eher einerseits nach der Art der **Anbringung und der Erkennbarkeit der Fremdmarke** für die angesprochenen Verkehrskreise und andererseits nach besonderen Umständen, die ausnahmsweise zu einem tatsächlichen Ausschluss des Täuschungsrisikos führen. Ist die Fremdmarke auch auf einem *Konsumgut* für breite Verkehrskreise gut sichtbar angebracht, so führt das nach der Rechtsprechung des BGH (nur) dann zum Ausschluss des Täuschungsrisikos, wenn der Verkehr aufgrund zahlreicher ähnlicher Produktgestaltungen Anlass hat, der Marke besondere Aufmerksamkeit zu widmen.[189] Aber auch im Falle einer für Verbraucher gut erkennbaren Fremdmarke fragt der BGH bereits seit längerem danach, ob die Verbraucher, die diese Marke erkennen, nicht immer noch deshalb über die Produktherkunft getäuscht werden, weil sie aufgrund der äußeren Ähnlichkeit darauf schließen, dass es sich bei der Fremdmarke um eine Zweitmarke des Original-Herstellers handelt.[190] Diese Gefahr besteht insbesondere bei erkennbaren Handelsmarken im *Konsumgüter*bereich, ist aber auch bei hochwertigen und hochpreisigen Produkten, die von Fachkreisen eingekauft werden, nicht auszuschließen.[191]

XI. Gesamtwirkung

82 Bei der Beurteilung der Ähnlichkeit von Produkten kommt es auf die Gesamtwirkung an. Die Rechtsprechung geht davon aus, dass der Verkehr ein Produkt in seiner Gesamtheit wahrnimmt, ohne es einer zergliedernden Betrachtungsweise zu unterziehen.[192] Dieser immer wieder missachtete Grundsatz, der den gewohnheitsmäßig analysierenden und zergliedernden Richter zu einer ihm fremden Spontaneität und Oberflächlichkeit zwingt,[193] ist, wenn man ihn an der Erkenntnissen der Neurowissenschaften misst, nur in zweiten Hälfte richtig. Der Verkehr nimmt zwar keine analysierende und zergliedernde Betrachtungsweise vor, stellt aber deshalb noch nicht auf die Gesamtwirkung ab. Woran der Verkehr sich orientiert, sind **ausgewählte Charakteristika** (*diagnostische Merk-*

---

[187] Vgl BGH GRUR 2013, 951, Rn 31 – Regalsystem; BGH WRP 2006, 75, 78, Rn 28 – Jeans I; BGH GRUR 2002, 275, 277 – Noppenbahnen; BGH GRUR 2001, 251, 254 – Messerkennzeichnung; BGH GRUR 2000, 521, 524 – Modulgerüst; BGH GRUR 1999, 1106, 1109 – Rollstuhlnachbau; BGH GRUR 1998, 477, 480 – Trachtenjanker; BGH GRUR 1991, 751, 753 – Güllepumpen; BGH GRUR 1988, 620, 623 – Vespa-Roller; BGH GRUR 1977, 614, 616 – Gebäudefassade; BGH GRUR 1970, 510, 512 – Fußstützen; BGH GRUR 1968, 591, 595 – Pulverbehälter; BGH GRUR 1966, 617, 618 f – Saxophon; BGH GRUR 1966, 97, 101 – Zündaufsatz; BGH GRUR 1963, 423, 428 – Koffeinfrei; BGH GRUR 1963, 152, 157 – Rotaprint. Anders allerdings BGH GRUR 1977, 666, 667 – Einbauleuchten.
[188] Das gilt selbst dann, wenn der Hersteller der Originals sein Produkt ohne Marke oder mit wechselnden Marken vertrieben hat; vgl BGH GRUR 2007, 984.
[189] BGH GRUR 2001, 443, 445 – Vienetta. Das ist jedoch weder mit der Physiologie des Auges noch mit den Erkenntnissen der Kognitionsforschung in Einklang zu bringen, siehe Rn 6 ff.
[190] Vgl BGH GRUR 2001, 443, 445 – Vienetta; BGH GRUR 2001, 251, 254 – Messerkennzeichnung; BGH GRUR 2009, 1069, Rn 15 – Knoblauchwürste.
[191] Vgl BGH GRUR 1999, 1106, 1108 – Rollstuhlnachbau.
[192] Vgl BGH GRUR 2010, 80, Rn 39 – LIKEaBIKE; BGH GRUR 2007, 295, Rn 32 – Handtaschen; BGH GRUR 2005, 600, 602 – Handtuchklemmen.
[193] Im Gerichtsbezirk Köln stellt man völlig zutreffend auf die äußere „Anmutung" eines Produktes ab.

male), die dem Produkt ihr Gepräge geben und die es erlauben, ein Produkt dann auch noch zu erkennen und richtig zu identifizieren, wenn es nur teilweise erkennbar ist.[194]

XII. Grundformen

In neuerer Zeit tendiert der BGH dazu, nicht jeder Gestaltungsform eine durch Bekanntheit steigerungsfähige Eigenart zuzubilligen, sondern vielmehr auch im Nachahmungsschutz dem aus dem Markenrecht bekannten **Prinzip des Freihaltebedürfnisses** in der Weise Rechnung zu tragen, dass für besonders platte oder (vermeintlich) von der Allgemeinheit benötigte Gestaltungsformen der Schutz grundsätzlich ausgeschlossen wird.[195] Das ist nicht überzeugend, denn damit wird einerseits der weite Gestaltungsspielraum verkannt, der normalerweise für Produktgestaltungen zur Verfügung steht, und andererseits ohne wirkliche Not eine weitere erhebliche **Rechtsunsicherheit** in den wettbewerbsrechtlichen Nachahmungsschutz hineingetragen.[196]

83

XIII. Herkunftstäuschung

Der Begriff der „Herkunftstäuschung" fasst schlagwortartig den Tatbestand des § 4 Nr. 9 Buchst. a UWG zusammen, der richtig und vollständig wie folgt lautet:

84

Unlauter handelt insbesondere wer –

Waren oder Dienstleistungen anbietet, die eine Nachahmung der Waren oder Dienstleistungen eines Mitbewerbers sind, wenn er –

eine vermeidbare Täuschung der Abnehmer über die betriebliche Herkunft herbeiführt.

Dieser **Wortlaut ist nicht allzu ernst** zu nehmen, denn er dient nur dazu, das über Jahrzehnte im Lauterkeitsrecht entwickelte Fallrecht ins Gesetz zu bringen.[197] Gleiches gilt für das Tatbestandsmerkmal der Täuschung der Abnehmer, welches sofort die Annahme nahelegt, dass es bei der Vorschrift des § 4 Nr. 9 Buchst. a UWG vorrangig um den Verbraucherschutz geht. Das ist nicht der Fall. Denn der Schutz der Verbraucher vor Fehlkäufen aufgrund einer Produktverwechslung ist speziell in den unionsrechtlich fundierten Vorschriften des § 5 Abs. 2 und des § 3 Anhang Nr. 13 UWG erfasst.

Nach der hier vertretenen Auffassung ist der Zweck des § 4 Nr. 9 Buchst. a UWG eben wegen der Spezialität des § 5 Abs. 2 UWG notwendig auf den Schutz der Mitbewerber und der Allgemeinheit am funktionierenden Leistungswettbewerb beschränkt.[198] Das steht im Einklang mit der Auffassung des BGH, dass der wettbewerbsrechtliche Nachahmungsschutz vorrangig dem **Schutz der Mitbewerber** und – damit zusammenhängend – dem **Schutz der Allgemeinheit an einem unverfälschten Wettbewerb** dient.[199] Allerdings leitet sich daraus dann die weitere Schlussfolgerung ab, dass es bei der vermeidbaren Herkunftstäuschung mehr um die Frage nach der Vermeidbarkeit und nicht um die Frage nach der Herkunftstäuschung geht. Für diese, streng an der „klassischen" Funktion des Mitbewerberschutzes ausgerichtete, Auslegung sprechen aber nicht nur gesetzessystematische, sondern auch praktische Gründe. Würde man nämlich weniger auf die Vermeidbarkeit

85

---

194 Sonst hätte der Steinzeitmensch, dessen Lebensumstände unser Verhalten auch heute noch prägen, bei Dämmerung keine Nahrungssuche mehr durchführen können.
195 Vgl BGH GRUR 2009, 1069, Rn 21 – Knoblauchwürste; BGH GRUR 2005, 166, 168 – Puppenausstattungen; BGH GRUR 2003, 359, 361 – Pflegebett; BGH GRUR, 2002, 629, 633 – Blendsegel; BGH GRUR 2002, 809, 812 – Frühstücksdrink.
196 Vgl zum Ausschluss des Freihaltebedürfnisses aus der Prüfung der Verwechslungsgefahr im Markenrecht EuGH, Rs C-102/07, Slg 2008, I-2439 = MarkenR 2008, 167, Rn 30 – adidas/Marca Moda II.
197 Würde man sich streng nach dem Wortlaut richten, wären die Handlungsformen des Werbens und des Vertriebes ebenso ausgeschlossen wie die Fälle einer lediglich drohenden und noch nicht verwirklichten Herkunftstäuschung. Zur Anknüpfung des Gesetzgebers an das Fallrecht der Rechtsprechung vgl BGH GRUR 2010, 80, Rn 20 mwN – LIKEaBIKE. Zu den Motiven des Gesetzgebers des UWG 2004 siehe Fn 14.
198 Zum Meinungsstand vgl Sack, WRP 2014, 1130.
199 Vgl BGH GRUR 2010, 80, Rn 17 – LIKEaBIKE und BGH GRUR 2007, 984, Rn 23 – Gartenliege; BGHZ 162, 246, 252 f – Vitamin-Zell-Komplex.

und mehr auf das echte Täuschungsrisiko abstellen, so wären die Anbieter gerade in dem Bereich, in denen die Abnehmer Design und Wertvorstellungen miteinander verknüpfen, dh bei den Arbeitsmitteln und Ausstattungen für Fachleute und bei den hochwertigen Konsum- und Luxusgütern, weitgehend schutzlos. Denn dort ist aufgrund einer deutlich höheren Aufmerksamkeit beim Einkauf auch das Risiko einer Herkunftstäuschung deutlich geringer.

86 Trotz dieser mehrfachen Gründe für eine Neuorientierung des wettbewerbsrechtlichen Nachahmungsschutzes finden sich bis heute auf allen Ebenen Gerichtsentscheidungen, in denen der **Verbraucherschutzzweck im Vordergrund** steht und der Nachahmungsschutz aus genau dem Grund eines fehlenden oder nicht hinreichenden Täuschungsrisikos wegen erkennbarer Unterschiede zwischen Original und Nachahmung versagt wird.[200] Vor diesem Hintergrund muss man leider als Zustandsbeschreibung des gegenwärtigen Standes der Rechtsprechung festhalten, dass nie vorhergesagt werden kann, ob das jeweils angerufene Gericht nun eher auf die Frage der Vermeidbarkeit oder eher auf das Risiko einer Herkunftstäuschung abstellen wird. Allerdings ist gerade aus dem Gesichtspunkt des Verbraucherschutzes mitunter auch die offenkundige Nachahmung unlauter. Denn bei offenkundigen Nachahmungen kommt es zwar nicht zu Produktverwechselungen. Hier liegt aber aufgrund der immer noch bestehenden Ähnlichkeit für den Verbraucher oft das Risiko einer **mittelbaren Herkunftstäuschung** im Sinne der falschen Annahme vor, dass das Nachahmungsprodukt aus dem Herstellungsbetrieb des Originals oder einem verbundenem Unternehmen stammt.

XIV. Ideenschutz

87 Der wettbewerbsrechtliche Leistungsschutz richtet sich auf unternehmerische Leistungen. Bereits aus dieser Zweckorientierung folgen ein spezieller Marktbezug dieses Schutzes und zugleich die Grundvoraussetzung, dass etwas (erfolgreich) ins Werk gesetzt wurde. Eine gute Idee ist noch keine unternehmerische Leistung. Deshalb sind auch Ideen, die noch nicht ins Werk gesetzt wurden, vom wettbewerblichen Nachahmungsschutz ausgenommen.[201]

XV. Konsumgüter

88 Für den wichtigen Bereich der schnell drehenden Konsumgüterartikel[202] hat der BGH in der „Viennetta"-Entscheidung einen Erfahrungssatz formuliert, der mindestens sehr zweifelhaft ist. Er hat sich nämlich der Auffassung des Berufungsgerichtes angeschlossen, dass der **Verbraucher** bei Eiscreme-Produkten gewohnt sei, sich einer **Fülle von Waren und Sortimenten** gegenüberzusehen, die sich ihrer äußeren Erscheinungsform und insbesondere in der Gestaltung ihrer *Verpackung* meist nicht wesentlich unterscheiden, sondern regelmäßig sehr stark ähneln, trotzdem aber von unterschiedlichen Herstellern stammen (vgl Abb. 18 und 19).

---

200 Vgl statt aller BGH GRUR 2007, 795, Rn 38 f – Handtaschen und die berechtigte Kritik bei Aigner/Müller-Broich, WRP 2008, 438 ff.
201 Vgl BGH GRUR 2012, 1155, Rn 19 – Sandmalkasten; BGH GRUR 2009, 1069, Rn 22 – Knoblauchwürste; OLG Köln WRP 2012, 1128, Rn 13 – Die blaue Couch.
202 Neudeutsch: Fast Moving Consumer Goods (FMCGs).

Abb. 18: *Viennetta*-Verpackung
(BGH, 19.10.2000 – I ZR 225/98)

Abb. 19: *Schöller*-Verpackung
(BGH, 19.10.2000 – I ZR 225/98)

Daraus hat der BGH die weitere Schlussfolgerung abgeleitet, dass der Verkehr bei ähnlichen Produkt- und Verpackungsgestaltungen unterschiedliche Hersteller- und Produktnamen beachte.[203] Diese Überlegungen sind schon in sich fragwürdig, denn sie postulieren bei einer angenommenen Informationsflut an Farb- und Gestaltinformationen eine Art automatisches „Umschalten" der Wahrnehmung auf die weitaus kompliziertere Sprachinformation. Von den Voraussetzungen her ist dabei weder klar, ob und, wenn ja, ab wann Farb- und Gestaltwahrnehmungen tatsächlich aufgrund der Fülle von Informationen ihre Differenzierungsfähigkeit verlieren, noch ob die menschliche Wahrnehmung zur Kompensation von Defiziten einer Wahrnehmungsebene auf eine andere umschaltet. Beides hält einer Überprüfung nicht stand. Erkenntnisse aus der Verhaltensforschung und der Wahrnehmungspsychologie (siehe Rn 6 ff) lassen wenig Zweifel daran, dass gerade bei einer Vielzahl von Angeboten **Farbe und Form** als **zentrale Orientierungshilfen** dienen und weitere Informationen dahinter zurücktreten.

Hinzu kommt, dass 80 % der am POS (Point of Sale) verkauften Konsumgüter nicht beworben werden, so dass sich der Verkehr für seine **Einkaufsentscheidung** an der **Produktaufmachung** (Produktform und Verpackung) und an den dortigen Angaben orientieren muss.[204] Für schnell drehende Konsumgüter gelten deshalb die allgemeinen Grundsätze. Auch eine hohe Dichte gleichartiger Gestaltungen ändert nichts an der Relevanz von Farbe und Gestalt für die Produktwahrnehmung und Produktunterscheidung.

XVI. Kultstatus

Außerhalb der bislang anerkannten Fallgruppen erscheint es nicht ausgeschlossen, auch solchen Produkten eine wettbewerbliche Eigenart zuzubilligen, die aus einer **speziellen Produktgeschichte** oder Verknüpfung mit im Gedächtnis gebliebenen Ereignissen oder Personen herrührt. Derartige Produkte haben – jedenfalls bei speziellen Verkehrskreisen – einen Kultstatus, aus dem sie ihre wettbewerbliche Eigenart beziehen. Beispiele dafür sind die *Ray Ban*-Sonnenbrille, die vom amerikanischen General *MacArthur* bekannt gemacht wurde; die *Omega Seamaster* als James-Bond-Uhr, der *Mercedes Silberpfeil* mit *Rudolf Caracciola* oder die *Birkin-Bag* von *Hermès* (Abb. 20).[205]

---

203 Vgl BGH GRUR 2001, 443, 446 – Vienetta.
204 Vgl Rivinius, Markenartikel 2008, 34.
205 So überzeugend: OLG Köln v. 28.4.2006 – 6 U 121/05 unter II 2 B cc zum Kultstatus der *Kelly Bag*.

Abb. 20: *Birkin-Bag*[206]

XVII. Lookalike

91 Der Begriff „Lookalike" ist rechtlich nicht verankert und wird auch im Bereich des deutschen Wettbewerbsrechts nur wenig gebraucht; in der Fachpresse der Konsumgüterindustrie und im europäischen Ausland ist er dagegen weit verbreitet.[207] Als „Lookalikes" bezeichnet man Produkte, die meist im Auftrag großer Handelsketten als Gegenstück zu einem erfolgreichen (meist marktführenden) Markenprodukt entwickelt und gestaltet werden. Das äußere Erscheinungsbild wird dabei von den *diagnostischen Merkmalen* (Form, Farbe, Flächenaufteilung) des Vorbilds geprägt, weist jedoch noch gewisse (meist redundante) Unterschiede auf und zeigt vor allem deutlich eine klar abweichende Handelsmarke (vgl Abb. 21).

Abb. 21: *Marlboro/Goldfield*

Lookalikes sind, da sie die Botschaft einer (gleichwertigen aber billigeren) Alternative zum Marken-Original kommunizieren, vor allem unter dem Gesichtspunt der vergleichenden Werbung nach § 6 Abs. Nr. 4 und 6 UWG zu prüfen. In Betracht kommt jedoch auch eine Irreführung nach § 5 Abs. 2 UWG wegen des Hervorrufens eines **Zweitmarkenirrtums**.

---

206 Mit freundlicher Genehmigung von Hermès International, Paris.
207 Vgl zur Begriffsklärung und rechtlichen Einordnung Fiebig, WRP 2007, 1316, 1319 ff.

XVIII. Merkmalskombination

Eine wettbewerbliche Eigenart eines aus verschiedenen (einfachen) Elementen zusammengefügten oder eines aus der Kombination mehrerer Merkmale gestalteten Produkts kann entstehen, ohne dass diese für sich genommen neu oder eigenartig sind.[208] Das gilt gleichermaßen für die Kombination technischer, ästhetischer oder technischer und ästhetischer Merkmale.[209]

92

XIX. Modeneuheiten

In der bisherigen Rechtsprechung zum wettbewerbsrechtlichen Nachahmungsschutz nahm der Schutz der Modeneuheit[210] eine Sonderstellung ein. Denn hier wurde allein aus dem Umstand einer Modeneuheit ein – wenn auch befristeter – Nachahmungsschutz gewährt, ohne dass es auf weitere Umstände ankam. Einen derartigen Schutz gewährt heute Art. 11 Abs. 1 GGV mit dem nicht eingetragenen **dreijährigen Geschmacksmuster** (siehe § 1 Rn 9 ff) als spezieller Form, da diese Vorschrift auch mit Blick auf den Schutz von Modeneuheiten geschaffen wurde.[211] Allerdings greift dieser Schutz erst seit dem 6.3.2002, so dass ältere Modeneuheiten uU noch den früheren wettbewerbsrechtlichen Schutz beanspruchen können.[212] Aber auch nach diesem Stichtag können Modeneuheiten weiterhin wettbewerbsrechtlichen Nachahmungsschutz in Anspruch nehmen, sofern der Sachverhalt einer Herkunftstäuschung, Rufausbeutung oder gezielten Behinderung erfüllt ist.[213] Insoweit sind die Besonderheiten des Modemarktes[214] zu beachten. Insbesondere darf der Begriff der wettbewerblichen Eigenart nicht auf die Begründung von Herkunftsvorstellungen verengt werden. Bei Modeneuheiten steht vielmehr die Eignung, auf Besonderheiten des Produkts hinzuweisen, im Vordergrund (siehe Rn 55).[215] Außerhalb dessen ist ein Modeneuheitenschutz im Wettbewerbsrecht obsolet geworden.

93

XX. Namenskenntnis

Für die Fallgruppe der vermeidbaren Herkunftstäuschung ist es nicht erforderlich, dass die angesprochenen Verkehrskreise den Namen des Herstellers des nachgeahmten Originalproduktes kennen. Es reicht aus, wenn sie aufgrund der äußeren Gestaltung auf die Herkunft aus einem bestimmten Geschäftsbetrieb schließen.[216]

94

XXI. Produktprogramme

Wettbewerbliche Eigenart kann auch dadurch entstehen, dass ein Hersteller ein Produktprogramm vermarktet, welches auf dem Markt als eine aufeinander bezogene Gesamtheit einzelner Artikel wahrgenommen wird. Dabei gibt es **zwei Varianten:** Einerseits die Vielzahl gleichartiger Artikel in **unterschiedlichen Ausführungsformen**[217] (vgl Abb. 22) und andererseits die **Kombination unterschiedlicher**, aber technisch aufeinander angepasster, **Teileelemente** (vgl Abb. 23).

95

---

208 Vgl BGH GRUR 2012, 1155, Rn 34 – Sandmalkasten; BGH GRUR 2008, 1115, Rn 22 – ICON; BGH GRUR 2006, 79, Rn 26 – Jeans I; BGH GRUR 1998, 477, 478 – Trachtenjanker.
209 Vgl BGH GRUR 2013, 1052, Rn 19 – Einkaufswagen III. Der Schutz einer eigenartigen Kombination vorbekannter Merkmale war in jüngster Zeit Thema vor mehreren Oberlandesgerichten, als es um Nachahmungen einer sehr erfolgreichen faltbaren Damentasche aus Leder und Stoff ging; vgl OLG Köln GRUR-RR 2014, 287 – Le Pliage; OLG Frankfurt GRUR-RR 2014, 34 – Falttasche; OLG Düsseldorf MarkenR 2015, 102 – Le Pliage.
210 Vgl BGH GRUR 1992, 448 – Pullovermuster; BGH GRUR 1984, 453 – Hemdblusenkleid; BGH GRUR 1973, 478 – Modeneuheit.
211 Vgl Kur, GRUR Int. 1998, 353, 359.
212 Vgl zu dieser Konstellation OLG Hamburg GRUR-RR 2006, 94 – Gipürespitze.
213 Vgl BGH GRUR 2006, 79, 80 – Jeans I.
214 Vgl Zentek, S. 173 ff.
215 Vgl Zentek, S. 175.
216 Vgl BGH GRUR 2007, 984, Rn 32 – Gartenliege, BGH GRUR 2007, 339, Rn 40 – Stufenleitern; BGH GRUR, 2006, 79, Rn 36 – Jeans I.
217 Vgl BGH GRUR 2008, 793, Rn 26 – Rillenkoffer; BGH GRUR 2007, 339 – Stufenleitern; BGH GRUR 2001, 251 – Messerkennzeichnung; BGH GRUR 1999, 751 – Güllepumpen; BGH GRUR 1986, 673 – Beschlagpro-

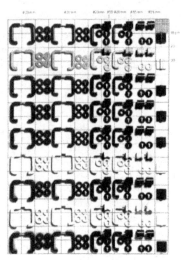 

Abb. 22: Beschlagprogramm
(BGH, 6.2.1986 – I ZR 243/83)

Abb. 23: Regalelemente USM *Haller*[218]

In der ersten Variante der *Produktserien* entsteht die wettbewerbliche Eigenart aus der **Verwendung wiederkehrender Elemente** in einer Vielzahl voneinander unabhängiger Einzelprodukte, und in der zweiten Variante der *Produktsysteme* entsteht die wettbewerbliche Eigenart aus der **konstruktiven Verbindung der Einzelelemente**.

XXII. Produktserien

96   Produktserien zeichnen sich im Wettbewerb durch eine grundsätzlich gleiche Bauart und ein ähnliches Erscheinungsbild aus.[219] Die Einzelprodukte innerhalb der Serie unterscheiden sich voneinander meist durch technische Spezifikationen (vgl Abb. 24).

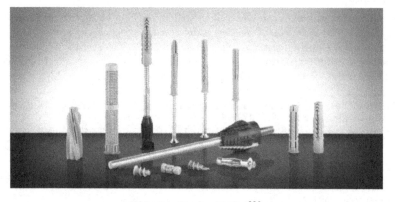

Abb. 24: *Fischer*-Dübel[220]

---

gramm; BGH GRUR 1984, 597 – vitra-Programm; BGH GRUR 1982, 305, 307 – Büromöbelprogramm; BGH GRUR 1969, 618 – Kunststoffzähne.
218   Mit freundlicher Genehmigung der USM U. Schärer Söhne AG, Münsingen (CH).
219   Vgl dazu ausführlich jüngst Zentek, WRP 2014, 386 ff.
220   Mit freundlicher Genehmigung der fischerwerke GmbH & Co. KG.

Produktserien genießen einen speziellen Nachahmungsschutz gegen die – systematische – Übernahme solcher Merkmale, die als Serienmerkmale jedes Einzelprodukt als Element der Serie ausweisen.[221] Damit erstreckt sich der Nachahmungsschutz ausdrücklich auch auf solche Elemente, die für sich genommen keine wettbewerbliche Eigenart haben. Denn über diese Elemente kann eine mittelbare Herkunftstäuschung in dem Sinne herbeigeführt werden, dass eine Nachahmung einer marktbekannten Produktserie zugeordnet wird.

XXIII. Produktsysteme

Produktsysteme zeichnen sich durch eine funktionale Kompatibilität der Einzelprodukte untereinander aus. Sie gewinnen ihre wettbewerbliche Eigenart meist aufgrund der technischen Verbindung untereinander. Das berühmteste Beispiel für ein Produktsystem sind die *Lego*-Steine (Abb. 25), denen der Bundesgerichtshof unabhängig vom Patenschutz über Jahrzehnte einen wettbewerbsrechtliche Schutz gegen das „Einschieben in fremde Serie" als spezielle Fallgruppe der Unlauterkeit[222] zugebilligt hat.

Abb. 25: *Lego*-Steine

Heute wird der Schutz von Produktsystemen eher unter dem umgekehrten Vorzeichen dahin diskutiert, dass sie einen Ergänzungs- und Erweiterungsbedarf generieren, der für Nachahmer offen sein muss. Allerdings spricht man dann in den einschlägigen Nachahmerkreisen nicht mehr platt von einer Nachahmung, sondern vom „after market". Im Schutz dieser Form der Nachahmung geht der BGH inzwischen sehr weit; er billigt den Nachahmern nicht nur ein schützenswertes Interesse an der technischen Kompatibilität, sondern auch an der ästhetischen Einbindung zu und nimmt das aufgrund dessen erhöhte Risiko von Herkunftstäuschungen billigend in Kauf.[223]

Diese Entwicklung ist zu kritisieren. Denn die jüngere Rechtsprechung zum Ergänzungs- und Erweiterungsbedarf lässt nicht mehr erkennen, aus welchen Gründen sich die Rechtfertigung für eine solche Ausnahme vom – sonst wohl eingreifenden – Nachahmungsschutz herleitet. Damit wird es schwierig, die Grenzen zum unlauteren Einschieben in eine fremde Serie zu ziehen. Geht man auf die Grundsatzentscheidung „Rollenclip" zur Befriedigung eines Ergänzungsbedarfs[224] aus dem Jahre 1990 zurück, so speiste sich die Zulässigkeit der Lieferung von Nachbauten zur Befriedigung eines Ergänzungsbedarfs einerseits aus der fehlenden wettbewerblichen Eigenart der Verbrauchselemente, die immer wieder nachgekauft werden mussten und andererseits aus der monopolartigen Marktstellung des Anbieters aufgrund früheren Patenschutzes. Davon ist jedoch in der neueren

---

[221] Siehe Rn 74 zur systematischen Behinderung sowie BGH GRUR 1999, 183 – Ha-Ra/Hariva; BGH GRUR 1986, 673 – Beschlagprogramm; BGH GRUR 1982, 305 – Büromöbelprogramm; BGH GRUR 1969, 618, 620 – Kunststoffzähne; BGH GRUR 1960, 244, 246 – Simili-Schmuck; BGH GRUR 1959, 240, 243 – Nelkenstecklinge.
[222] Vgl BGH GRUR 1964, 621, 624 – Klemmbausteine I; BGH GRUR 1992, 619, 620 – Klemmbausteine II – nunmehr jedoch BGH GRUR 2005, 349, 352 – Klemmbausteine III.
[223] Vgl BGH GRUR 2013, 951, Rn 40 – Regalsystem und BGH GRUR 2013, 1053, Rn 42 – Einkaufswagen III.
[224] Vgl BGH GRUR 1990, 528, 530.

Rechtsprechung des BGH nicht mehr die Rede, obwohl die Nähe zu kartellrechtlichen Wertungen im Rahmen der Sonderpflichten marktstarker Unternehmen (§ 22 GWB) offenkundig ist.

XXIV. Rufausbeutung

101 Der Schutz bekannter Produkte und Produktgestaltungen gegen Rufausbeutung ist in § 4 Nr. 9 Buchst. b UWG eigenständig geregelt. Er setzt nicht voraus, dass die Abnehmer über das Produkt oder seine Herkunft getäuscht werden.[225] Der Schutz gegen Rufausbeutung greift aber nur ein, wenn die mit dem Original verbundenen Gütevorstellungen auf die Nachahmung übergeleitet werden.[226] Das wird zwar regelmäßig bei marktbekannten und erfolgreichen Produkten vermutet, kann aber im Einzelfall auch aufgrund besonderer Umstände entfallen.[227] Die Bedeutung dieses Tatbestandes ist einer breiten Öffentlichkeit durch die Entscheidung des OLG Düsseldorf im Streit um die Gestaltung von Tablet-PCs zwischen Apple und Samsung deutlich geworden.[228]

XXV. Rufbeeinträchtigung

102 Die Rufbeeinträchtigung fällt ebenfalls unter den Tatbestand des § 4 Nr. 9 Buchst. b UWG. Sie tritt ein, wenn die Ähnlichkeit einer Nachahmung mit einem bekannten Original Gütevorstellungen des Verkehrs weckt, die aufgrund minderer Qualität der Nachahmung enttäuscht werden.[229] Die reine Schwächung des Originals durch das Vorkommen von Nachahmungen, wie es im Markenrecht als Beeinträchtigung bekannter Marken durch Schwächung der Unterscheidungskraft durch § 14 Abs. 2 Nr. MarkenG erfasst ist, fällt dagegen im Wettbewerbsrecht weder unter den Tatbestand des § 4 Nr. Buchst. b noch unter den Tatbestand des § 6 Abs. 2 Nr. 4 UWG.[230]

XXVI. Schwächung der wettbewerblichen Eigenart

103 Theoretisch geht die wettbewerbliche Eigenart verloren, wenn ein Original einer Vielzahl von Nachahmungen ausgesetzt ist. Unabhängig davon, dass für eine derartige Schwächung der wettbewerblichen Eigenart der Nachahmer die **Darlegungslast** trägt, steht die Rechtsprechung dem Eintritt einer Schwächung skeptisch gegenüber. Denn einmal würde eine solche Argumentation die Hersteller des Originals schnell schutzlos lassen[231] und zum anderen bleibt die wettbewerbliche Eigenart des Originals auch bei einer Vielzahl von Nachahmungen dann erhalten, wenn der Verkehr zwischen Original und Nachahmung unterscheiden kann.[232] Der Verlust der wettbewerblichen Eigenart tritt deshalb erst dann ein, wenn der Hersteller des Originals vorwerfbar zulässt, dass sich seine Gestaltung durch eine Vielzahl von Nachahmern zum Allgemeingut entwickelt.[233]

XXVII. Sklavische (identische) Nachahmung

104 Die sklavische Nachahmung lässt Unterscheide zum Original kaum erkennen. Der Begriff **signalisiert einen besonderen Unrechtsgehalt**, der sich aber so in der Rechtsprechung des wettbewerbsrechtlichen Nachahmungsschutzes nicht manifestiert. Nach den Vorgaben der Wechselwirkungs-

---

225 Vgl BGH GRUR 2010, 1125, Rn 45 ff – Femur Teil; OLG Köln GRUR-Prax 2014, 66 – Knoppers; OLG Köln WRP 2013, 1500, Rn 20 – Tapsy.
226 Vgl BGHGRUR 2013, 1052, Rn 38 – Einkaufswagen III; BGH GRUR 2011, 79, Rn 35 f – Markenheftchen.
227 Vgl BGH GRUR 2011, 79, Rn 35 f – Markenheftchen.
228 Vgl OLG Düsseldorf, GRUR-RR 2012, 200 – Tablet-PC I; kritisch Nordemann, § 4 UWG Rn 9.15 und Nemeczek, WRP 2012, 1025.
229 Vgl BGH GRUR 2010, 1125, Rn 46, 51 – Femur Teil; BGH GRUR 2000, 521, 526 f – Modulgerüst.
230 Vgl BGH GRUR 2011, 1158, Rn 21 und 26 – Teddybär.
231 Vgl BGH GRUR 2005, 602, 603 – Handtuchklemmen.
232 Vgl BGH GRUR 1998, 330, 333 – Les Paul Gitarren.
233 Vgl BGH GRUR 2007, 984, Rn 24 – Gartenliege.

lehre ist jedenfalls auch die besondere Nähe der Nachahmung zum Original nur einer unter mehreren Umständen, der zum Verbot führen kann, aber nicht dazu führen muss.[234]

XXVIII. Technische Produkte

Technische Besonderheiten eines Produkts können ohne Weiteres **wettbewerbliche Eigenart** begründen. Mehr noch als bei anderen Erscheinungsformen wird man allerdings eine wettbewerbliche Eigenart aufgrund technischer Produktmerkmale zutreffend nur erfassen können, wenn man sorgfältig die verschiedenen Wahrnehmungen unterschiedlicher Verkehrskreise beachtet. So wird der durchschnittliche Verbraucher bei technischen Produkten vorrangig über eine betont technische Ästhetik und dann vielleicht noch von funktionalen Produkteigenschaften oder einer sichtbar hochwertigen Materialauswahl angesprochen (vgl Abb. 26).

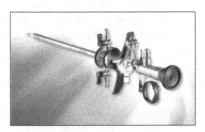

Abb. 26: Resektoskop[235]

Der *Fachmann* dagegen orientiert sich an einem komplexeren Anforderungsprofil, welches zwar auch noch von der Funktion und Materialauswahl ausgeht, aber zugleich auch Langlebigkeit, Reparaturfreundlichkeit, Gewicht, Raumbedarf und Handhabung einschließt.[236] Zutreffend hat der BGH die durch technische Besonderheiten vermittelte wettbewerbliche Eigenart in der „Rollstuhlnachbau"-Entscheidung wie folgt beschrieben:

„Es entspricht im Übrigen auch der Lebenserfahrung, dass ein komplexes Gerät wie ein Rollstuhl, das verschiedensten Anforderungen genügen muss, selbst bei gleicher Prioritätensetzung der Hersteller und auch bei Benutzung desselben freien Standes der Technik und handelsüblicher Normbauteile jeweils so durch individuelle Gestaltungsentscheidungen geprägt ist, dass jedes Gerät – zumindest für Fachleute – ein eigenes „Gesicht" hat."[237]

Die Übernahme technischer Merkmale wirft besondere Probleme auf und beschäftigt die Rechtsprechung seit Langem.[238] Neben dem dogmatischen Spannungsverhältnis zum Patent- und Gebrauchsmusterrecht[239] geht es einerseits um die Frage der Notwendigkeit oder Nützlichkeit der Übernahme von technischen Merkmalen auf Seiten des Nachahmers und andererseits um die Grenzen der Duldungspflichten des von der Nachahmung Betroffenen. Die dazu von der Rechtsprechung entwickelten Grundsätze präsentieren sich in einer **vierstufigen Struktur** als (1) als absoluter

---

234 Vgl BGH GRUR 2010, 1125, Rn 21 – Femur-Teil; BGH GRUR 2000, 521, 524 – Modulgerüst. Zu den verschiedenen Formen der Nachahmung, siehe oben Rn 42.
235 Mit freundlicher Genehmigung der Olympus Winter & Ibe GmbH, Hamburg.
236 Vgl Mayer, S. 186 ff.
237 BGH GRUR 1999, 1106, 1108 – Rollstuhl.
238 Vgl BGHZ 50, 125, 131 = GRUR 1968, 591, 593 f – Pulverbehälter; BGH GRUR 2002, 820, 822 – Bremszangen; BGH GRUR 2002, 275, 276 – Noppenbahnen; BGH GRUR 2002, 86, 90 – Laubhefter; BGH GRUR 2000, 521, 523 – Modulgerüst; BGH GRUR 1999, 1106, 1108 f – Rollstuhlnachbau; BGH GRUR 1999, 765, 767 – Abziehgerät; BGH GRUR 1999, 751, 752 – Güllepumpen; BGH GRUR 1996, 210, 211 – Vakuumpumpen; BGH GRUR 1981, 517, 519 – Rollhocker; BGH GRUR 1964, 621, 624 – Klemmbausteine I; BGH GRUR 1963, 152, 156 f – Rotaprint; BGH GRUR 1962, 299, 303 f – Formstrip.
239 Vgl dazu ausführlich jüngst Zentek, WRP 2014, 1289 ff, die schon in ihrer Titelwahl zutreffend darauf hinweist, dass dieses Spannungsverhältnis nicht nur zwischen den technischen Schutzrechten und dem Wettbewerbsrecht, sondern auch zum Formmarken-, Design- und Urheberrechtsschutz besteht.

Gestaltungsfreiraum für technisch notwendige Lösungen, (2) als Pflicht zum Ausweichen außerhalb der Notwendigkeit, (3) als relatives Freihaltebedürfnis für technisch und wirtschaftlich nützliche Lösungen und (4) als zusätzliche Verpflichtung des Nachahmers im Bereich lauterer Übernahme technischer Merkmale.

108 Im Ausgangspunkt geht die Rechtsprechung vom Grundsatz der **Gemeinfreiheit technischer Lösungen** außerhalb des Sonderrechtsschutzes aus und leitet daraus bis heute die Regel ab, dass technische Merkmale, die zur Erreichung einer bestimmten Funktion **technisch zwingend** verwendet werden müssen aus Rechtsgründen keine wettbewerbliche Eigenart begründen.[240]

„*Allerdings können technisch notwendige Merkmale – also Merkmale, die bei gleichartigen Erzeugnissen aus technischen Gründen zwingend verwendet werden müssen – aus Rechtsgründen keine wettbewerbliche Eigenart begründen. Die Übernahme solcher nicht (mehr) unter Sonderrechtsschutz stehender Gestaltungsmerkmale ist mit Rücksicht auf den Grundsatz des freien Stands der Technik wettbewerbsrechtlich grundsätzlich nicht zu beanstanden. Dagegen können Merkmale, die zwar technisch bedingt, aber frei wählbar oder austauschbar sind, einem Erzeugnis wettbewerbliche Eigenart verleihen.*"[241]

109 Das ist zwar eine klare Regel, ihre praktische Bedeutung ist jedoch gering. Denn auch technische Produkte bestehen meist aus mehreren technischen und ästhetischen Merkmalen. Über einen komplexeren Nachahmungssachverhalt lässt sich deshalb mit dieser Regel allein kaum entscheiden. Vielmehr verhält es sich mit der Lauterkeit der Übernahme technisch notwendiger Merkmale ähnlich wie mit der Wechselwirkungslehre: Beides ist praktisch nicht unmittelbar relevant, als Strukturelement jedoch unverzichtbar.[242]

110 Im Unterschied zu technisch notwendigen Merkmalen können technische Gestaltungsmerkmale, die zwar **technisch bedingt, aber willkürlich wählbar und technisch austauschbar** sind, wettbewerbliche Eigenart (mit)begründen.[243] Voraussetzung ist jedoch, dass der Verkehr im Hinblick auf diese Merkmale Wert auf eine bestimmte betriebliche Herkunft legt oder bestimmte Qualitätserwartungen verbindet.[244] Demensprechend kann die Übernahme lediglich technisch bedingter Merkmale das Verbot der vermeidbaren Herkunftstäuschung nach § 4 Nr. 9 Buchst. a UWG verletzen.

111 Das gilt jedoch keineswegs so uneingeschränkt, wie es zunächst den Anschein hat. Denn auch bei frei wählbaren, lediglich technisch bedingten Merkmalen gilt der Grundsatz, dass sich die Gemeinfreiheit technischer Lösungen nicht nur auf technisch zwingende Merkmale beschränkt, sondern dass es auch eine Art „**Freihaltebedürfnis der technischen Nützlichkeit**" gibt:[245]

„*Aber auch in einem solchen Falle kann die Übernahme gleichwohl zulässig sein, wenn darin – mit Blick auf das Freihaltebedürfnis der Mitbewerber am Stand der Technik und unter Berücksichtigung des Gebrauchszwecks und der Verkäuflichkeit der Ware sowie der Verbrauchererwartung – die angemessene Verwirklichung einer technischen Aufgabe liegt. Der Nachbauer kann daher grundsätzlich unter mehreren Lösungen die technisch angemessene Lösung auch dann wählen, wenn sie ein Mitbewerber für ein Erzeugnis benutzt.*"[246]

112 In dieser Aussage liegt die Betonung auf dem Wort „grundsätzlich". Denn das **Freihaltebedürfnis an der technischen Nützlichkeit** rechtfertigt keinesfalls bereits abschließend eine Nachahmung im Bereich technischer Produkte. Ihm steht entgegen, dass sich technische Produkte oft als **komplexe**

---

[240] Vgl BGH GRUR 2007, 399 Rn 27 – Stufenleitern; GRUR 2002, 820, 822 – Bremszangen mwN.
[241] BGH GRUR 2012, 1155, Rn 27 – Sandmalkasten; ständige Rechtsprechung.
[242] Technisch zwingend ist ein täuschend ähnlicher Nachbau nur bei „must fit"-Ersatzteilen oder bei Verbrauchsmaterialien, vgl dazu BGH GRUR 1990, 528 ff – Rollen-Clips.
[243] Vgl BGH GRUR 2008, 790, Rn 36 – Baugruppe; BGH GRUR 2007, 984, Rn 20 – Gartenliege; BGH GRUR 2007, 339, Rn 27 – Stufenleitern; BGH GRUR 2002, 820, 822 – Bremszangen.
[244] Vgl BGH GRUR 2009, 1073, Rn 10 – Ausbeinmesser; BGH GRUR 2007, 984, Rn 20 – Gartenliege.
[245] Vgl BGHZ 50, 125, 129, 131 – Pulverbehälter; BGH GRUR 2003, 359, 361 – Pflegebett; BGH GRUR 2002, 820, 822 – Bremszangen; BGH GRUR 2002, 275, 276 – Noppenbahnen; BGH GRUR 2002, 86, 90 – Laubhefter; BGH GRUR 2000, 521, 523, 525 – Modulgerüst; BGH GRUR 1999, 751, 752 – Güllepumpen.
[246] BGH GRUR 1996, 210, 213 – Vakuumpumpen.

Gestaltung präsentieren, die sowohl durch technische als auch durch andere Merkmale bestimmt ist. Zudem wird darauf hingewiesen, dass technische Produktmerkmale nicht nur **Herkunfts-** sondern auch **Gütevorstellungen** vermitteln können. Daraus wird abgeleitet, dass die Übernahme technisch notwendiger oder technisch nützlicher Merkmale nicht bereits die Nachahmung rechtfertigt, sondern gleichwohl eine Verpflichtung des Nachbauers begründet, sich in dem außerhalb dieser Merkmale liegenden Gestaltungsspielraum umso mehr **um deutlichen Abstand** zu bemühen.[247]

Damit kommt es für den Nachahmungsschutz technischer Produkte im Ergebnis auf die beiden Fragen an, in welchem Umfang technisch nicht notwendige, aber nützliche Gestaltungsmerkmale übernommen wurden und welche Spielräume außerhalb dessen verblieben, um gleichwohl einen deutlichen Abstand zur Vorlage zu schaffen. Hier geht die Rechtsprechung davon aus, dass bei derartigen Konstellationen der Nachahmer mindestens die **Beweislast** dafür hat, dass ihm ein Nachbau mit deutlichen Abweichungen nicht zuzumuten war. Die Rechtfertigung der Nützlichkeit greift dann nicht ein, wenn die angesprochenen Verkehrskreise mit einem besonderen technischen „Gesicht" eines erfolgreichen Ausgangsprodukts auch besondere Gütevorstellungen verbinden[248] oder wenn bei einem komplexen technischen Gerät „sklavisch alle Einzellösungen" übernommen" werden[249] oder wenn Möglichkeiten zu einer gänzlich anderen Farbgebung oder Verpackung nicht genutzt werden[250] oder wenn der Nachahmer sich systematisch in einer Vielzahl von Einzelelementen an ein Vorbild anlehnt und so eigene Entwicklungskosten erspart.[251]

XXIX. Verkehrsbefragung

In Nachahmungsstreitigkeiten kommt es eher selten zur Vorlage oder Einholung von Meinungsforschungsgutachten. Das liegt einerseits daran, dass meistens an die breite Öffentlichkeit gerichtete Konsumgüter nachgeahmt werden und hierbei bereits die Richter selbst zur Beurteilung der Verkehrsauffassung in der Lage sind.[252] Zum anderen liegt es daran, dass es nach richtiger Auffassung auch für die Fallgruppe der vermeidbaren Herkunftstäuschung nicht auf die tatsächlichen Täuschungsrisiken der Verbraucher ankommt (siehe Rn 85), denen man im Wege der Verkehrsbefragung nachgehen könnte. Kommt es aber doch einmal zu einer Verkehrsbefragung,[253] dann ist sorgfältig darauf zu achten, dass die Eingrenzung der angesprochenen Verkehrskreise tatsächlich alle Produktadressaten erfasst und dass die Fragestellung nicht von vornherein zu falschen Vorstellungen führt.[254]

XXX. Vermeidbarkeit

Im Unterschied zum Irreführungsschutz des § 5 UWG greift der wettbewerbsrechtliche Nachahmungsschutz nicht auf jegliche (relevante) Herkunftstäuschung zu, sondern nur auf solche, bei denen man dem Nachahmer zugleich den Vorwurf der Vermeidbarkeit machen kann. Vermeidbarkeit liegt vor, wenn der Nachahmer zumutbare und geeignete Maßnahmen zur Verhinderung einer

---

247 Vgl BGH GRUR 2002, 86, 90 – Laubhefter; BGH GRUR 2000, 521, 524 – Modulgerüst; BGH GRUR 1999, 1106, 1108 – Rollstuhlnachbau; BGH GRUR 1996, 210, 213 – Vakuumpumpen; BGH GRUR 1981, 517, 519 – Rollhocker; BGH GRUR 1963, 152, 156 – Rotaprint.
248 Vgl BGH GRUR 1999, 1106, 1109 – Rollstuhlnachbau.
249 Vgl BGH ebenda und BGH GRUR 2002, 86, 91 – Laubhefter.
250 Vgl BGH GRUR 1999, 751, 753 – Güllepumpen; BGH GRUR 2002, 275, 277 – Noppenbahnen.
251 Vgl BGH GRUR 1999, 751, 753 – Güllepumpen.
252 Nach der Rechtsprechung des Bundesgerichtshofes sind Richter zur Beurteilung der Verkehrsauffassung nicht nur dann in der Lage, wenn sie selbst zu den vom Produkt oder seiner Bewerbung angesprochenen Verkehrskreisen zählen, sondern auch dann noch, wenn sie zwar nicht zu diesen Adressaten zählen, sich die Beurteilung jedoch aufgrund beruflich erworbener Kenntnisse zutrauen dürfen; vgl BGHZ 156, 250, 254 – Marktführerschaft; BGH GRUR 2013, 1052, Rn 29 – Einkaufswagen III.
253 Vgl OLG Düsseldorf MarkenR 2015, 102, 106 f – Le Pliage; OLG Frankfurt GRUR-RR 2011, 255, 256 – Goldhase III; OLG Köln NJOZ 2010, 1130, 1131 – Der Eisbär hustet nicht.
254 Vgl OLG Düsseldorf MarkenR 2015, 102, 106 ff mwN – Le Pliage.

Herkunftstäuschung unterlässt.²⁵⁵ Dabei folgen aus der Zumutbarkeit unterschiedliche Anforderungen. Einerseits geht man generell davon aus, dass im Bereich der ästhetischen Gestaltungsmerkmale größere Spielräume zur Abweichung bestehen als im Bereich technischer Merkmale.²⁵⁶ Zum anderen muss derjenige, der sich zulässig an technische Merkmale anlehnt oder diese direkt übernimmt, umso mehr verbleibende ästhetische Spielräume nutzen.

XXXI. Verpackung

116 Teilweise wird die Auffassung vertreten, dass die **Produktgestaltung eines verpackten Produkts** für den Nachahmungsschutz unbeachtlich ist, weil der Verbraucher sie beim Einkauf nicht wahrnimmt.²⁵⁷

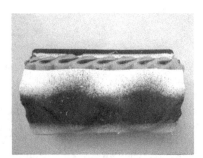

Abb. 27: *Viennetta*-Eistorte   Abb. 28: *Reneé Fleming*²⁵⁸

Das ist schon deshalb zweifelhaft, weil der Verbraucher die Produktgestalt beim späteren Gebrauch wahrnimmt und sich deshalb auch daran erinnern kann. Des Weiteren wird dieser Ansatz noch vom Begriff der Wettbewerbshandlung des alten UWG geprägt, der den Blick des Beurteilers einseitig auf den Erfolg oder Misserfolg im Verkaufsregal konzentriert hat.²⁵⁹ Mit der Anknüpfung an den weiteren **Begriff der geschäftlichen Handlung** in § 1 UWG kommt es dagegen auch auf die Beeinflussung des Verbraucherverhaltens nach der Kaufentscheidung an. Da das Verbraucherverhalten auch durch die Produktwahrnehmung nach dem Einkauf beeinflusst wird (nach dem Kauf ist vor dem Kauf), muss deshalb nach der hier vertretenen Auffassung auch die innere Gestaltung des verpackten Produkts im wettbewerbsrechtlichen Nachahmungsschutz Beachtung finden (vgl Abb. 27 und 28).²⁶⁰

---

255 Vgl BGH GRUR 2007, 984, Rn – Gartenliege; BGH GRUR 2007, 339, Rn 24 – Stufenleitern;; BGH GRUR 2005, 166, 167 – Puppenausstattungen; BGH GRUR 2004, 941, 943 – Metallbett; ständige Rspr.
256 Vgl BGH GRUR 2013, Rn 38 – Regalsystem; BGH WRP 1976, 370, 371 – Ovalpuderdose; BGH GRUR 1969, 2929, 293 – Buntstreifensatin II.
257 Vgl BGH GRUR 2001, 443, 445 – Vienetta.
258 Mit freundlicher Genehmigung der Coty Prestige Lancaster Group GmbH, Mainz.
259 Vgl zur Anknüpfung an das Kriterium der Absatzförderung Köhler, in: Köhler/Bornkamm, § 2 UWG Rn 34 ff.
260 Der BGH geht bislang davon aus, dass nur die Wahrnehmung vor dem Kauf maßgeblich ist; vgl BGHZ 161, 204, 211 – Klemmbausteine III; BGH GRUR 2007, 339, Rn 39 – Stufenleitern. Er erkennt jedoch bereits die Möglichkeit der Erweiterung mit Blick auf die Vorgaben der UGP-Richtlinie; vgl BGH GRUR 2008, 793, Rn 33 – Rillenkoffer.

XXXII. Vertrauensbruch

Der Vertrauensbruch ist von § 4 Nr. 9 Buchst. c UWG erfasst und damit ein von der vermeidbaren Herkunftstäuschung zu trennender Unlauterkeitstatbestand. Er setzt zwar ebenfalls eine Nachahmung voraus, nicht aber eine gewisse Bekanntheit des Originals im (inländischen) Verkehr.[261] Typischerweise hatte der Nachahmer **mit dem Hersteller des Originals früher Kontakt** – meistens im Rahmen von Vertragsverhandlungen – und hat dabei Kenntnisse hinsichtlich der Herstellung (Know-how) oder des Vertriebs oder des Markterfolgs des Originals erlangt, die ihn später zur Nachahmung bewegt haben.[262] In Betracht kommt aber auch die Ausnutzung des Vertrauensbruchs eines Dritten.[263]

117

XXXIII. Wahrnehmungsmaßstab

Nach einem schon seit Jahrzehnten anerkannten Erfahrungssatz ist bei der Prüfung einer Nachahmung zu beachten, dass die Adressaten der konkurrierenden Produktgestaltungen diese normalerweise nicht nebeneinander, sondern orts- und zeitversetzt wahrnehmen. Daraus leitet sich nicht nur ab, dass es jeweils auf den Gesamteindruck ankommt, sondern es gilt darüber hinaus der – in der Praxis allerdings oft vergessene – Grundsatz, dass bei der Prüfung der Nachahmung auf die Übereinstimmungen und nicht auf die Unterschiede abzustellen ist.[264]

118

XXXIV. Zweitmarkenirrtum

Der Zweitmarkenirrtum ist eine spezifische **Form der mittelbaren Herkunftstäuschung**. Er geht auf eine inzwischen verbreitete Disposition von Verbrauchern zurück, aus wahrgenommenen Ähnlichkeiten in der äußeren Gestaltung eines Produkts mit einem bekannten Markenprodukt trotz Erkennung einer abweichenden Marke auf den gleichen Herkunftsbetrieb zu schließen. Abweichend aufgebrachte Marken werden dabei nicht in ihrer originären Funktion als Herkunftshinweis gesehen, sondern vielmehr als Verschleierungsmaßnahme. So gehen 77 % des Gesamtquerschnitts der Bevölkerung und 84 % der wöchentlichen Aldi-Käufer davon aus, bei *Aldi*-Produkte von namhaften Markenherstellern mit gleicher Rezeptur und gleichen Inhaltsstoffen, jedoch in anderer Verpackung vorfinden zu können.[265] Diese Verkehrsauffassung ist, wie sich aus verschiedenen Veröffentlichungen zum Markenhintergrund einschlägiger Discount-Produkte[266] entnehmen lässt, objektiv gerechtfertigt. Aber auch dort, wo diese Einstellung in der Realität nicht zutrifft, wird sie von den Discountern objektiv in der Vermarktung von „*Lookalikes*" gefördert. Dabei ist die Gefahr des Zweitmarkenirrtums nicht auf die allgemeinen Verbraucherkreise und die Vermarktung der **Fast Moving Consumer Goods** beschränkt. Sie besteht auch bei der Vermarktung von hochwertigen Erzeugnissen gegenüber Fachkreisen. So ist zB der „Rollstuhlnachbau"-Entscheidung des BGH zu entnehmen, dass die dortige Klägerin auf die angegriffene Nachahmung durch den Fachhandel aufmerksam wurde, der aus den vorhandenen technischen Übereinstimmungen fälschlich auf die Direktvermarktung einer **billigeren Zweitschiene** der Klägerin geschlossen hatte.[267] In der Hauptsa-

119

---

261 Vgl BGH GRUR 2010, 536, Rn 52 f – Modulgerüst II; BGH GRUR 2009, 79, Rn 35 – Gebäckpresse.
262 Vgl BGH GRUR 2009, 79, Rn 2, 35 – Gebäckpresse; BGH WRP 1991, 575, 577 – Betonsteinelemente; BGH GRUR 1983, 377, 379 – Brombeer-Muster; BGH GRUR 1956, 284 – Rheinmetall-Borsig II.
263 Vgl BGHZ 185, 11 = GRUR 2010, 536, Rn 55 – Modulgerüst II; BGH GRUR 2003, 356, 357 – Präzisionsmessgeräte.
264 Vgl BGH GRUR 2010, 80, Rn 39, 41 – LIKEaBIKE; BGH GRUR 2007, 795, Rn 32, 34 – Handtaschen; BGH GRUR 1984, 597 – vitra programm; BGH GRUR 1981, 269, 272 – Haushaltsschneidemaschine; BGH GRUR 1960, 256, 259 – Chérie.
265 Vgl GfK-Studie des Markenverbandes „Die Marke und ihr Preis" aus 2004 (Quelle: Markenverband).
266 Vgl exemplarisch Schneider, Aldi – Welche Marke steckt dahinter?
267 Vgl BGH GRUR 1999, 1106, 1108 – Rollstuhlnachbau und mit ähnlicher Thematik BGH GRUR 2001, 350, 351 – OP-Lampen. Anders jedoch nunmehr BGH v. 23.10.2014, I ZR 133/13, Rn 36 – Keksstangen.

Lubberger

che kommt der Zweitmarkenirrtum jedoch bei Produkten in Betracht, die einem Markenprodukt ähnlich sehen und dessen abweichende Marke die Verbraucher als Handelsmarke wahrnehmen.[268]

D. Konkurrenzen, Verhältnis zu anderen Vorschriften

120 Das **Verhältnis des UWG-Nachahmungsschutzes zu den Sonderschutzrechten** wird in der Literatur teilweise kritisch gesehen.[269] Der BGH ist jedoch auch schon unter Geltung einer Vorrangthese vor allem für das Markenrecht davon ausgegangen, dass der wettbewerbsrechtliche Nachahmungsschutz einen eigenständigen Anwendungsbereich hat, wenn *„besondere Begleitumstände vorliegen, die außerhalb des sondergesetzlichen Tatbestands liegen."*[270] Damit ist der Umstand angesprochen, dass das Sonderschutzrecht immer auf ein bestimmtes Schutzgut zugreift, das abstrakt als Eigentumsposition des Schutzrechtsinhabers geschützt ist (eine bestimmte technische Lehre, eine bestimmte Form- oder Flächengestaltung oder ein bestimmtes Kennzeichen), während der Wettbewerbsschutz einerseits das Produkt nicht für sich, sondern in seinem wettbewerblichen Umfeld und andererseits das Verhalten des Nachahmers in den Blick nimmt. Wegen dieser Unterschiede besteht der wettbewerbsrechtliche Nachahmungsschutz zu Recht neben dem Sonderrechtsschutz.

121 Bezüglich des **Markenrechts** ergab sich früher ein Spannungsverhältnis aus dem Umstand, dass der wettbewerbsrechtliche Nachahmungsschutz auch auf die Nachahmung von Kennzeichen gerichtet war, was hinsichtlich gewisser Schutzlücken im Markenrecht gerechtfertigt war.[271] Nachdem durch eine Ausdehnung des markenrechtlichen Benutzungsbegriffs,[272] durch die Anerkennung eines Bekanntheitsschutzes im Ähnlichkeitsbereich,[273] durch die Erstreckung des Bekanntheitsschutzes auf die gedankliche Verknüpfung außerhalb der Verwechslungsgefahr[274] und durch die Schutzgewährung für unterscheidungskräftige Slogans[275] das markenrechtliche System keine Schutzlücken mehr erkennen lässt, gibt es keinen Bedarf mehr für einen „ergänzenden" **wettbewerbsrechtlichen Nachahmungsschutz im Bereich der Kennzeichen**. Bereits die **Unterschiedlichkeit der Schutzobjekte** (Zeichen und Gestaltungen) schließt Kollisionen aus.[276] Der einzig verbleibende Bereich konkurrierender Anwendungen auf die Warenformmarke ist von praktisch geringer Bedeutung, weil Formmarken heute kaum noch eingetragen werden.[277] Vor diesem Hintergrund hatte die frühere Rechtsprechung des BGH zum Vorrang des Markenrechts[278] nur geringe praktische Bedeutung. Sie ist inzwischen aufgrund der gleichrangigen unionsrechtlichen Verankerung eines Produktgestaltungen einschließenden Irreführungsverbots in Art. 6 Abs. 2 Buchst. a der UGP-RL aufgegeben worden.[279]

122 Sehr viel unmittelbarer als zum Markenrecht steht jedoch der wettbewerbsrechtliche Nachahmungsschutz in einem **Spannungsverhältnis zum Designrecht**. Denn mit dem Zugriff auf dreidimensionale Gestaltungen sind hier jedenfalls die Schutzobjekte identisch. Das Unionsrecht lässt

---

268 Vgl BGH GRUR 2009, 1069, Rn 17 ff – Knoblauchwürste; BGH GRUR 2001, 251, 253 – Messerkennzeichnung; BGH GRUR 2001, 443, 446 – Vienetta; BGH GRUR 1998, 447, 448 – Trachtenjanker.
269 Vgl exemplarisch Ohly, § 4 UWG, Rn 9/15 und Nordemann, § 4 UWG Rn 9.3.
270 Vgl BGH GRUR 2008, 790, Rn 35 – Baugruppe, BGH GRUR 2003,359, 360 – Pflegebett.
271 Vgl BGH GRUR 2001, 251, 253 – Messerkennzeichnung; BGH GRUR 2003, 973, 975 – Tupperwareparty.
272 Vgl EuGH, Rs. C-206/01 Slg 2002, I-10273, Rn 55 ff = GRUR 2003, 55 – Arsenal, mit der Benutzung zur Unterscheidung fremder Waren und Dienstleistungen.
273 Vgl EuGH, Rs. C-292/00, Slg 2003, I-00389, Rn 30 = GRUR 2003, 240 – Davidoff/Gofkid, und EuGH, Rs. C-408/01, Slg 2003, I-12537, Rn 18 ff = GRUR 2004, 58 – adidas/Fitnessworld.
274 Vgl BGH GRUR 2005, 583 – Lila Postkarte, und EuGH, Rs. C-102/07, Slg 2008, 2439 = MarkenR 2008, 167 – Marca Moda/Adidas II.
275 Vgl EuGH, Slg 2004, I-10031, Rn 39 = GRUR 2004, 1027 – Das Prinzip der Bequemlichkeit.
276 Wie hier wohl auch Hacker, § 2 MarkenG Rn 53; Köhler, in: Köhler/Bornkamm, § 4 UWG Rn 9.11; Ingerl, WRP 2004, 809, 816; Stieper, WRP 2006, 291, 301. Zu den früheren Auffangtatbeständen ausf. Sambuc, Nachahmungsschutz, Rn 589 ff. Der bislang diskutierte Kollisionsfall zwischen dem wettbewerbsrechtlichen Nachahmungsschutz und dem Verwechslungsschutz der Warenformmarke hat keine praktische Relevanz mehr.
277 Vgl BGH GRUR 2010, 138, Rn 14 f – Rocher-Kugel; BGH GRUR 2008, 510, Rn 16 – Milchschnitte; BGH GRUR 2006, 589, Rn 15 – Rasierer mit drei Scherköpfen.
278 Vgl dazu ausführlich Büscher, GRUR 2009, 230 ff.
279 Vgl BGH GRUR 2013, 1161 im Leitsatz – Hard Rock Cafe.

jedoch gemäß Art. 96 Abs. 1 GGV ausdrücklich die Vorschriften des Lauterkeitsrechts unberührt. Für das nationale Designrecht greift die vom BGH geprägte Unterscheidung unterschiedlicher Zweckverfolgung, wonach das Designrecht ein abstraktes Leistungsergebnis schützt und sich im Unterschied dazu der wettbewerbsrechtliche Nachahmungsschutz gegen ein unlauteres Wettbewerbsverhalten richtet, das in der vermeidbaren Täuschung der Abnehmer über die betrieblich Herkunft der Produkte liegt.[280] Diese Abgrenzung ist nicht ganz stimmig, weil der Irreführungsschutz der Verbraucher nunmehr, unionsrechtlich verankert, von § 5 Abs. 2 UWG erfasst ist und weil es nach der jüngeren Rechtsprechung des BGH zum Zweck des wettbewerbsrechtlichen Nachahmungsschutzes dort ebenfalls vorrangig um den Mitbewerberschutz[281] und damit wie im Designrecht um den Leistungsschutz geht. Überzeugender ist der allgemeine Ansatz zur Unterscheidung vom Sonderrechtsschutz dahin, dass der wettbewerbsrechtliche Nachahmungsschutz auf unlautere Begleitumstände zugreift, die im abstrakten Sonderrechtsschutz unberücksichtigt bleiben.[282]

Noch schwieriger ist die Bestimmung des Verhältnisses des wettbewerbsrechtlichen Nachahmungsschutzes gem. § 4 Nr. 9 UWG zum Irreführungsschutz nach § 5 UWG und zur vergleichenden Werbung nach § 6 UWG. Denn **innerhalb des UWG** greift die tatbestandsbezogene Abgrenzung nicht, wie der BGH sie im Verhältnis zum Sonderrechtsschutz vornimmt. Denn innerhalb des UWG können die besonderen Begleitumstände, die im Rahmen des § 4 Nr. 9 UWG zum Tragen kommen, auch für die Irreführung nach § 5 und die vergleichende Werbung nach § 6 UWG beachtlich sein. Maßstab zur Abgrenzung innerhalb des UWG ist vielmehr einerseits der Freiraum, der den Mitgliedstaaten noch zur eigenständigen Regelung des Lauterkeitsrechts im Geflecht der Richtlinien zur irreführenden und vergleichenden Werbung (Werberichtlinie)[283] sowie zu den unlauteren Geschäftspraktiken[284] verbleibt. Maßstab zur Abgrenzung ist andererseits der Schutzzweck des wettbewerbsrechtlichen Nachahmungsschutzes, der sich gerade im Geflecht unionsrechtlicher Harmonisierung als Schutz der Interessen der Mitbewerber und der Allgemeinheit an einem funktionierenden Wettbewerb manifestiert.[285] 123

Das **Verbot der Irreführung aus § 5 UWG** und der wettbewerbsrechtliche Nachahmungsschutz nach § 4 Nr. 9 UWG können nebeneinander zur Anwendung kommen. Denn ein auf den ursprünglichen Anwendungsbereich des Mitbewerber- und Wettbewerbsschutzes zurückgeführter Nachahmungsschutz[286] gehört in den Freiraum, den die auf eine Vollharmonisierung gerichtete UGP-Richtlinie für das nationale Lauterkeitsrecht noch lässt.[287] Dabei hat jedoch der EuGH in der Mediaprint-Entscheidung vom 9.10.2010 hinreichend deutlich klargestellt, dass dieser Freiraum nur für solche Vorschriften existiert, die insofern „lediglich" auf einen Mitbewerberschutz (und Wettbewerbsschutz) gerichtet sind, als sie nicht auch noch zugleich Verbraucherschutzinteressen verfolgen.[288] Dabei stört es nicht, dass die Vorschrift des § 5 Abs. 2 UWG in ihrem Verbotstatbestand insofern enger gefasst ist, als sie nicht nur ein echtes Täuschungsrisiko voraussetzt, sondern auch nur solche zur Herkunftstäuschung führenden Nachahmungen erfasst, die für die geschäftliche Entscheidung der Verbrauch relevant sind.[289] 124

---

280 Vgl BGH GRUR 2009, 79, Rn 26 – Gebäckpresse; BGH GRUR 2006, 346, Rn 7 – Jeans II; BGH GRUR 2006, 79, Rn 18 – Jeans I.
281 Vgl BGH GRUR 2010, 80, Rn 17 – LIKEaBIKE; BGH GRUR 2007, 984, Rn 23 – Gartenliege; BGHZ 162, 246, 252 – Vitamin Zell Komplex.
282 Vgl BGH GRUF 2010, 80, Rn 18 – LIKEaBIKE; BGH GRUR 2008, 790, Rn 35 – Baugruppe.
283 Richtlinie vom 12.12.2006 Nr. 2006/114/EG.
284 Richtlinie vom 11.5.2005 Nr. 2005/29/EG.
285 Darauf wurde oben, Rn 85 zur Herkunftstäuschung bereits hingewiesen. Vgl BGH GRUR 2010, 536, Rn 17 – LIKEaBIKE; BGH GRUR 2007, 984, Rn 23 – Gartenliege; BGHZ 162, 246, 252 f – Vitamin-Zell-Komplex.
286 Vgl wie hier Fezer, GRUR 2010, 953, 956.
287 Vgl Köhler in: Köhler/Bornkamm, § 4 Nr. 9, Rn 9.16.; BGH GRUR 2010, 1125, Rn 18 – Femur Teil; BGH GRUR 2012, 1155, Rn 15 – Sandmalkasten.
288 Vgl EuGH GRUR 2011, 76, Rn 21 – Mediaprint.
289 AA Köhler in: Köhler/Bornkamm, § 4 Nr. 9, Rn 9.5 und 9.16., der wohl wegen des zusätzlichen Erfordernisses der Vermeidbarkeit der Herkunftstäuschung von einem engeren Anwendungsbereich des wettbewerbsrechtlichen Nachahmungsschutzes ausgeht. Wenn jedoch § 4 Nr. 9 UWG den Verbraucherschutz nicht mehr betrifft, kommt

125 Eine Konkurrenz besteht auch zwischen dem wettbewerbsrechtlichen Nachahmungsschutz nach § 4 Nr. 9 UWG und den **Tatbeständen der vergleichenden Werbung nach § 6 Abs. 2 Nr. 3, 5 und 6 UWG**; mithin den Verboten der Herbeiführung einer Verwechslungsgefahr, der Rufausbeutung und der Imitationswerbung. Anders als im Verhältnis zur UGP-Richtlinie lässt sich dieses Konkurrenzverhältnis nicht durch die unterschiedlichen Zweckverfolgung auflösen, weil die § 6 UWG zugrundeliegende Vorschrift des Art. 4 Werberichtlinie nicht nur dem Verbraucher-, sondern gem. Art. 1 sogar vorrangig auch dem Mitbewerberschutz dient. Allerdings bezweckt die Werberichtlinie ausweislich ihres Art. 8 keine Vollharmonisierung, so dass im Rahmen des § 4 Nr. 9 UWG auch noch ein weitergehender Mitbewerberschutz realisiert werden kann. Danach ist im Rahmen des einheitlichen Streitgegenstandes[290] einer unlauteren Nachahmung lediglich darauf zu achten, dass es zu keinen Wertungswidersprüchen kommt. Im Falle eines Verbotes aufgrund § 4 Nr. 9 UWG bleiben gleichgerichtete Verbote aus § 6 Abs. 2 Nr. 3, 5 und 6 UWG unberührt. Bei einer Versagung des wettbewerbsrechtlichen Nachahmungsschutzes sollte dagegen im Sinne der richtlinienkonformen Handhabung des nationalen Lauterkeitsrechts geprüft werden, ob nicht gleichwohl ein Verbot nach § 6 Abs. 2 Nr. 3, 5 oder 6 UWG in Betracht kommt.

---

es nicht mehr darauf an, ob diese Vorschrift enger oder als das Irreführungsverbot gefasst ist. Unterschiedliche Ergebnisse stören nicht.
290 Vgl zur neueren Streitgegenstandslehre des BGH: BGH GRUR 2013, 1052, Rn 11 – Einkaufswagen III und BGHZ 194, 314, Rn 24 – Biomineralwasser.

§ 7 Eintragungsverfahren

- A. Designs 1
  - I. Deutsche eingetragene Designs 2
    1. Anmeldeverfahren 3
       - a) Anmelder 3
       - b) Formerfordernisse 10
       - c) Sammelanmeldung 22
       - d) Schutzausschluss 24
       - e) Aufschiebung der Bekanntmachung 25
       - f) Unionspriorität 28
       - g) Ausstellungspriorität 30
       - h) Gebühren 32
    2. Eintragung 34
    3. Rechtsmittel 40
    4. Laufzeit 41
  - II. Eingetragene Gemeinschaftsgeschmacksmuster 43
    1. Anmeldeverfahren 44
       - a) Anmelder 44
       - b) Formerfordernisse 47
       - c) Sammelanmeldung 60
       - d) Sprache 62
       - e) Aufschiebung der Bekanntmachung 65
       - f) Unionspriorität 68
       - g) Ausstellungspriorität 72
       - h) Gebühren 73
    2. Eintragung 78
    3. Rechtsmittel 83
    4. Laufzeit 85
  - III. Internationale Designanmeldung 86
    1. Anmeldeverfahren 86
       - a) Anmelder 89
       - b) Formerfordernisse 91
       - c) Sammelanmeldung 95
       - d) Sprache 96
       - e) Aufschiebung der Bekanntmachung 97
    2. Gebühren 98
    3. Laufzeit 101
- B. Marken 104
  - I. Deutsche Marken 107
    1. Anmeldevoraussetzungen 108
       - a) Anmelder 109
       - b) Formerfordernisse 112
         - aa) Wiedergabe 120
         - bb) Waren- und Dienstleistungsverzeichnis 127
       - c) Priorität 134
       - d) Gebühren 137
    2. Eintragung 142
    3. Teilung 145
    4. Verlängerung der Schutzdauer 148
  - II. Gemeinschaftsmarken 149
    1. Anmeldevoraussetzungen 149
       - a) Anmelder 152
       - b) Zuständige Behörde 153
       - c) Formerfordernisse 157
         - aa) Wiedergabe 161
         - bb) Waren- und Dienstleistungsverzeichnis 166
       - d) Sprachenregelung 168
       - e) Priorität 169
       - f) Seniorität 171
       - g) Gebühren 174
    2. Veröffentlichung und Eintragung 176
    3. Verlängerung der Schutzdauer 178
    4. Teilung 179
    5. Umwandlung in nationale Marke 180
  - III. IR-Marken (international registrierte Marken) 182
    1. Anmeldevoraussetzungen 184
       - a) Anmelder 187
       - b) Formerfordernisse 192
         - aa) Wiedergabe 194
         - bb) Waren- und Dienstleistungsverzeichnis 195
       - c) Priorität 196
       - d) Gebühren 197
       - e) Prüfung durch Ursprungsbehörde .. 201
    2. Eintragung und Schutzverweigerung ... 204
    3. Nachträgliche Erstreckung 206
    4. Übertragung 209
    5. Laufzeit 210

Literatur:

Berlit, Markenrecht, 9. Auflage 2012; *Bulling/Langöhrig/Hellwig*, Geschmacksmuster, 3. Auflage 2011; *Eisenführ/Schennen*, Gemeinschaftsmarkenverordnung, 4. Auflage 2014; *Ekey/Klippel*, Heidelberger Kommentar zum Markenrecht, 2003; *Fabry*, Sehen-Hören-Fühlen: Markenrecht für alle Sinne, Mitt. 2008, 160; *Eichmann/von Falckenstein*, Geschmacksmustergesetz, Kommentar, 4. Auflage 2010; *Eichmann/von Falckenstein/Kühne*, Designgesetz, Kommentar, 5. Auflage 2015; *Fezer*, Handbuch der Markenpraxis, 2. Auflage 2015; *Fezer*, Markenrecht, Kommentar, 4. Auflage 2009; *Hildebrandt*, Harmonisiertes Markenrecht in Europa, 2. Auflage 2008; *Hoffmann/Kleespies*, Formular-Kommentar Markenrecht, 2. Auflage 2011; *Hoffmann/Kleespies*, Formular-Kommentar Designrecht 2015; *Ingerl/Rohnke*, Markengesetz, Kommentar, 3. Auflage 2010; *Maier/Schlötelburg*, Leitfaden Gemeinschaftsgeschmacksmuster, 2002; *Nirk/Kurtze*, Geschmacksmustergesetz, 2. Auflage 1997; *Rehmann*, Designrecht, 2. Auflage 2014; *Ruhl*, Gemeinschaftsgeschmacksmuster, Kommentar, 2. Auflage 2010; *Schlötelburg*, Die Prüfungsrichtlinien für Gemeinschaftsgeschmacksmuster, Mitt. 2003, 100; *Schlötelburg*, Musterschutz an Zeichen, GRUR 2005, 123; *Sosnitza*, Erwerb von Gemeinschaftsmarken, GRUR 2013, 105; *Ströbele*, Die rechtliche Bedeutung der Klasseneinteilung für die Verzeichnisse von Waren und Dienstleistungen angemeldeter Marken, Mitt. 2004, 249; *Ströbele/Hacker*, Markengesetz, Kommentar, 11. Auflage 2015; *Wirtz*, Aktuelles aus dem Markenrecht, Mitt. 2014, 18.

A. Designs

Als eingetragenes Design bzw als Gemeinschaftsgeschmacksmuster wird ein Design geschützt, das neu ist und Eigenart hat (ausführlich dazu § 2). Ein **Design** ist die zweidimensionale oder dreidi- 1 mensionale Erscheinungsform eines ganzen Erzeugnisses oder eines Teils davon, die sich insbesondere aus den Merkmalen der Linien, Konturen, Farben, der Gestalt, Oberflächenstruktur oder der Werkstoffe des Erzeugnisses selbst oder seiner Verzierung ergibt.[1] Ein **Erzeugnis** ist jeder industrielle oder handwerkliche Gegenstand, einschließlich Verpackung, Ausstattung, grafischer Symbole und typografischer Schriftzeichen. Ein Computerprogramm ist kein Erzeugnis.[2] Es werden also die auf den Formen- und/oder Farbensinn des Betrachters einwirkenden Merkmale geschützt, wobei diese Definition keine Schutzvoraussetzung ist. Schutz kann später nur für solche Merkmale eines eingetragenen Designs bzw eines Gemeinschaftsgeschmacksmusters geltend gemacht werden, die aus den Anmeldungsunterlagen zweifelsfrei ersichtlich sind.

I. Deutsche eingetragene Designs

2 Die Anmeldung zur Eintragung eines Designs muss grundsätzlich beim **Deutschen Patent- und Markenamt** (DPMA) eingereicht werden. Sie kann auch bei einem der deutschen **Patentinformationszentren**[3] eingereicht werden; diese müssen durch Bekanntmachung des Bundesministeriums für Justiz und für Verbraucherschutz im Bundesgesetzblatt bestimmt sein. Die Anmeldung muss schriftlich auf dem vom Deutschen Patent- und Markenamt herausgegebenen Formblatt erfolgen und kann bei den Dienststellen des DPMA in München, Berlin oder Jena eingereicht werden. Außerhalb der Dienstzeiten kann der Nachtbriefkasten benutzt werden, Postanschrift: Deutsches Patent- und Markenamt, Zweibrückenstraße 12, 80331 München.

1. Anmeldeverfahren

a) Anmelder

3 Anmelder können natürliche und juristische **Personen** sowie **Personengesellschaften** sein. Ist Anmelder eine Gesellschaft bürgerlichen Rechts,[4] muss ein vertretungsberechtigter Gesellschafter mit Namen und Anschrift genannt werden, mit dem das DPMA korrespondiert. Mehrere Anmelder können nur gemeinsam und nur einen einzigen Eintragungsantrag stellen. Anzuwenden sind für sie die Bestimmungen der ZPO über die notwendige Streitgenossenschaft.[5] Es ist ein Zustellungsbevollmächtigter zu benennen bzw eine Zustelladresse anzugeben, an die Sendungen des DPMA gerichtet werden können.

4 Anmelder ohne Wohnsitz, Sitz oder Niederlassung in der Bundesrepublik Deutschland benötigen einen **Inlandsvertreter**, der Rechtsanwalt oder Patentanwalt sein muss und zur Vertretung im Verfahren vor dem DPMA, dem BPatG und in bürgerlichen Rechtsstreitigkeiten, die das eingetragene Design betreffen, sowie zur Stellung von Strafanträgen, bevollmächtigt ist. Maßgeblich ist der **Wohnsitz**, nicht die Staatsangehörigkeit. Im Ausland lebende Deutsche ohne Wohnsitz im Inland benötigen einen Inlandsvertreter. Für die **Einreichung** einer Anmeldung ist kein Inlandsvertreter erforderlich. Jede weitere Korrespondenz ist dann aber nur über einen Inlandsvertreter möglich.

5 Das Recht auf das eingetragene Design steht dem **Entwerfer** oder seinem Rechtsnachfolger zu. Haben mehrere Personen gemeinsam ein Design entworfen, so steht ihnen das Recht auf das eingetragene Design gemeinschaftlich zu (§ 7 Abs. 1 DesignG). Grundsätzlich entsteht bereits mit der Aufnahme der Entwurfstätigkeit,[6] spätestens aber mit der Fertigstellung eines Designs durch Zeichnungen, Skizzen oder Modelle bei dem Entwerfer (Designer) ein **Anwartschaftsrecht**, also eine Rechtsposition, die ihn vor unbefugten Entnahmehandlungen Dritter schützt. Weil das Anwartschaftsrecht aber noch kein ausschließliches Benutzungsrecht beinhaltet, fehlt diesem Recht die Durchsetzbarkeit gegenüber jedermann. Das Anwartschaftsrecht schützt nur die Anwartschaft auf

---

[1] Vgl § 1 Nr. 1 DesignG; Art. 3 Buchst. a GGV.
[2] § 1 Nr. 2 DesignG; Art. 3 Buchst. b GGV.
[3] <www.piznet.de>.
[4] BGH Mitt. 2001, 176 – Rechtsfähigkeit der BGB-Gesellschaft.
[5] Vgl BPatG GRUR 1999, 702; BPatG BeckRS 2011, 08145.
[6] BGH WRP 1998, 609, 610 – Stoffmuster.

das durch das eingetragene Design entstehende Vollrecht, nicht aber das Design selbst. Das Anwartschaftsrecht ist also ein absolutes, aber unvollkommenes Recht.[7] Solange der Entwerfer seine Idee durch Anfertigung von Skizzen, Zeichnungen oder eines Modells nicht manifestiert hat, sie also nur in seiner Vorstellung existiert, kann ein Anwartschaftsrecht nicht entstehen. Weder eine mündliche noch eine schriftliche Beschreibung kann die Umsetzung in die zwingend notwendige **bildliche Darstellung** der Vorstellungen des Entwerfers ersetzen.[8]

Wird ein Design von einem **Arbeitnehmer** in Ausübung seiner Aufgaben oder nach den Weisungen seines Arbeitgebers entworfen, so steht das Recht an dem eingetragenen Design dem **Arbeitgeber** zu, sofern vertraglich nichts anderes vereinbart wurde (§ 7 Abs. 2 DesignG). Von der gesetzlichen Regelung werden nur Arbeits- und Dienstverhältnisse erfasst. Dabei ist es unbedeutend, ob diese vertraglich begründet sind oder nur faktisch bestehen. Auftragsverhältnisse fallen nicht unter diese Regelung. Im Zweifel wird die persönlich abhängige Stellung im Geschäftsbetrieb eines Gewerbetreibenden über das Bestehen oder Nichtbestehen eines Arbeitsverhältnisses entscheiden müssen. Arbeitnehmer sind alle Angestellten, einschließlich der Leitenden, sowie Arbeiter im arbeitsrechtlichen Sinne, Praktikanten, Auszubildende und Aushilfstätige.

Nicht zu den Arbeitnehmern gehören hingegen **Handelsvertreter**. Organschaftlich gesetzliche Vertreter, beispielsweise **Vorstandsmitglieder** einer AG oder Geschäftsführer einer GmbH, gelten nach der höchstrichterlichen Rechtsprechung nicht als Angestellte der Gesellschaft.[9] Für diesen Personenkreis ist eine vertragliche Regelung notwendig, die grundsätzlich getroffen werden kann. Eine vertragliche Regelung im Voraus, die beispielsweise für alle Entwürfe gilt, die während des Beschäftigungsverhältnisses gemacht werden, ist also möglich. Spätestens jedoch nach Fertigstellung und vor Anmeldung des Designs muss eine entsprechende vertragliche Regelung getroffen werden. Eine mündliche Vereinbarung ist möglich, zu Zwecken einer später vielleicht einmal notwendig werdenden Beweisführung ist eine **schriftliche Vereinbarung** aber in jedem Fall empfehlenswert.

Als **formell berechtigt und verpflichtet** gelten in Verfahren, die ein eingetragenes Design betreffen, der Anmelder und Rechtsinhaber (§ 8 DesignG). Mit dieser **Fiktion** können das DPMA und die Gerichte insoweit von der Inhaberschaft ausgehen und gegenüber dem Anmelder oder Rechtsinhaber wirksame Handlungen vornehmen. Die Fiktion der Inhaberschaft des Nichtberechtigten steht im unmittelbaren Zusammenhang mit der Art und Weise, in der der wahre Berechtigte in die ihm zustehende Rechtsinhaberschaft einrücken kann. Der Berechtigte hat gegenüber dem Nichtberechtigten einen Anspruch auf Übertragung des eingetragenen Designs (§ 9 DesignG). Die Fiktion ist erforderlich, weil es für ein eingetragenes Design keinen öffentlich-rechtlichen Erteilungsakt gibt. Durch diese Bestimmung wird der Anmelder bzw der Rechtsinhaber formell legitimiert.[10]

Der Entwerfer hat gegenüber dem Anmelder oder dem Rechtsinhaber das Recht, im Verfahren vor dem DPMA und im Register als Entwerfer benannt zu werden. Ist das Design Ergebnis einer Gemeinschaftsarbeit, kann jeder einzelne **Entwerfer** seine **Nennung** verlangen (§ 10 DesignG). Die Nennung eines Entwerferteams als Team an sich ist nicht möglich. Insbesondere sind von der Eintragung als Entwerfer reine Fantasiebezeichnungen, die keinen Rückschluss auf die Identität des Einzelnen zulassen, ausgeschlossen.[11] Mit dem Recht auf Nennung soll dem Entwerfer die Möglichkeit gegeben werden, sich über die Publizität einen besonderen Ruf als Designer zu erarbeiten, weil die besondere gestalterische Leistung öffentlich dokumentiert wird. Damit wird insgesamt die Stellung der Designer gestärkt, was dem Sinn und Zweck des Designrechts dient, nämlich die Fortentwicklung des Formenschatzes zu fördern.[12]

---

7 Vgl BGH NJW-RR 1998, 1057, 1058 mwN.
8 Eichmann, in: Eichmann/von Falckenstein/Kühne, § 7 Rn 5.
9 Vgl BGH GRUR 1965, 302 – Schellenreibungskupplung.
10 Vgl Begründung zum Entwurf eines Gesetzes zur Reform des Geschmacksmusterrechts zu § 8, BT-Drucks. 15/1075.
11 Vgl Rehmann, Designrecht, Rn 107.
12 Vgl Begründung zum Entwurf eines Gesetzes zur Reform des Geschmacksmusterrechts zu § 10, BT-Drucks. 15/1075.

b) Formerfordernisse

10 Um einen wirksamen Anmeldetag zu begründen, müssen die **Anmeldungsunterlagen** mindestens Folgendes umfassen:

- einen Antrag auf Eintragung;
- Angaben, die es erlauben, die Identität des Anmelders festzustellen;
- eine zur Bekanntmachung geeignete Wiedergabe (Foto oder Zeichnung des Designs);
- eine Angabe der Erzeugnisse, in die das eingetragene Design aufgenommen oder bei denen es verwendet werden soll, ist ebenfalls notwendig. Diese Angabe kann aber später nachgeholt werden, ohne den Anmeldetag zu verschieben.

Hinweis: Die Anmeldungsunterlagen können schriftlich oder elektronisch eingereicht werden. Ein Onlineformular wird auf der Website des DPMA (www.dpma.de) zur Verfügung gestellt. Eine Anmeldung per Telefax ist nicht zulässig (DesignV § 4 Abs. 2).

Unter einer **zur Bekanntmachung geeigneten Wiedergabe** ist eine reproduktionsfähige fotografische oder zeichnerische Darstellung zu verstehen (vgl. Abb. 1; siehe auch Rn 57).

Abb. 1: Dt. GeschmM 40010854.2

11 Im Rahmen einer Papieranmeldung kann die Wiedergabe des Designs statt auf Papier auf einem digitalen Datenträger eingereicht werden. Für die Darstellungen ist dann das Grafikformat „*.jpg" zu verwenden. Die Auflösung muss mindestens 300 dpi und die Bildgröße mindestens 3 x 3 cm betragen. Eine Datei darf nicht größer als 2 MB sein. Der Datenträger muss lesbar sein und darf keine Viren oder sonstigen schädlichen Programme enthalten. Die beim DPMA lesbaren Formate der Datenträger werden auf der Internetseite <www.DPMA.de> bekannt gemacht. Ist der Datenträger nicht lesbar, gilt die Wiedergabe als nicht eingereicht (§ 7 Abs. 5 DesignV).

12 Wann ein **Anmelder** im Sinne der gesetzlichen Bestimmung **identifizierbar** ist, ist im Einzelnen nicht geregelt und hängt in aller Regel von den bei der Einreichung gemachten Angaben ab. Der Anmelder muss zweifelsfrei identifizierbar sein. Eine nicht vorhandene Identifizierbarkeit am Anmeldetag kann später nicht geheilt werden.[13] Der Rechtssicherheit ist genügt, wenn eine verständige Würdigung der gemachten Angaben Zweifel an der Person des Anmelders ausschließt. Der Anmelder eines Designs ist in aller Regel auch dann identifizierbar, wenn – bei Vollständigkeit und Richtigkeit der Bezeichnung im Übrigen – der Vorname der angemeldeten natürlichen Person auf den Anfangsbuchstaben abgekürzt ist.[14] Von der Identifizierbarkeit des Anmelders wird jedoch in jedem Fall dann ausgegangen werden können, wenn unter der angegebenen Bezeichnung, einschließlich der Anschrift, eine Postsendung richtig ausgeliefert würde, unabhängig davon, ob diese an den Anmelder unter der im Eintragungsantrag angegebenen Bezeichnung oder unter dem um den ausgeschriebenen Vornamen ergänzten vollständigen Namen adressiert ist. Unrichtige oder ungenaue oder unvollständige Parteibezeichnungen sind unschädlich und können jederzeit mit Wir-

---

13 BPatG v. 21.2.2000 – 10 W(pat) 709/99.
14 BPatG PMZ 2000, 285.

kung *ex tunc* berichtigt werden, sofern trotz der Berichtigung die Identität des Beteiligten gewahrt bleibt.[15]

Die **Wiedergabe** muss aus mindestens einer fotografischen oder sonstigen grafischen Darstellung des Designs bestehen. Es dürfen nicht mehr als zehn verschiedene Darstellungen (Ansichten) des Designs wiedergegeben werden. Die Abbildungen sind vom Anmelder fortlaufend zu nummerieren. Werden mehr als zehn Darstellungen wiedergegeben, bleibt jede weitere Darstellung unberücksichtigt, wobei die notwendige Nummerierung festlegt, welche Darstellung unberücksichtigt bleiben muss (§ 7 DesignV).

Hinweis: Möchte der Anmelder später die Reihenfolge der Darstellungen ändern, damit eine über die zehnte Darstellung eingereichte weitere Darstellung an Stelle einer anderen berücksichtigt wird, verschiebt sich dadurch der Anmeldetag!

Jede fotografische oder sonstige grafische Darstellung darf **nur eine Ansicht** (zweidimensional oder dreidimensional) zeigen. Die Wiedergabe ist auf gesonderten Blättern einzureichen. Verschiedene fotografische Darstellungen gelten als gesonderte Blätter. Zwar sind zehn verschiedene Ansichten eines Designs zulässig, die unterschiedlichen Ansichten müssen aber immer dasselbe Design zeigen. Abweichungen der Abbildungen voneinander müssen bei der Bestimmung des Schutzgegenstandes des eingetragenen Designs später außer Betracht bleiben.[16]

Das Design ist auf **neutralem Hintergrund** darzustellen. Die Darstellung soll das zum Schutz angemeldete Design **ohne Beiwerk** zeigen. Die Darstellungen sind auf den vom Deutschen Patent- und Markenamt herausgegebenen Formblättern aufzudrucken oder aufzukleben. Werden die Darstellungen auf einem Datenträger eingereicht (vgl Rn 11), sind sie als einzelne Dateien auf dem Stammverzeichnis des leeren Datenträgers abzulegen.

Hinweis: Werden mehrere Erzeugnisse in einer Wiedergabe abgebildet, genießen diese Erzeugnisse auch nur zusammen Schutz. Es kann dann kein Schutz für nur eines der Erzeugnisse geltend gemacht werden. Teile oder Elemente eines eingetragenen Designs sind nicht eigenständig geschützt. Geschützt ist immer nur ein einziges Design. Selbst dann, wenn eine Anmeldung unterschiedliche Darstellungen eines Erzeugnisses oder eines Teiles davon enthält[17]

Angemeldet war die nachfolgende Ansicht einer Karaffe mit Sockel (Abb. 2):

Abb. 2: GGM 000383757-0001

---

15 Vollkommer, in: Zöller, vor § 50 ZPO Rn 7 mwN.
16 BGH NJW-RR 2001, 1119.
17 BGH GRUR 2012, 1139 Rn 17 – Weinkaraffe.

Der Designinhaber kann aus der Karaffe allein keine Rechte geltend machen, er konnte den Vertrieb einer identisch ausgebildeten Karaffe ohne Sockel nicht verbieten.

15 Werden **typografische Schriftzeichen** angemeldet, muss die Wiedergabe einen vollständigen Zeichensatz (alle Buchstaben des Alphabets in Groß- und Kleinschreibung, alle arabischen Ziffern) sowie fünf Zeilen Text (Schriftgröße 16 Punkt) umfassen (vgl Abb. 3).

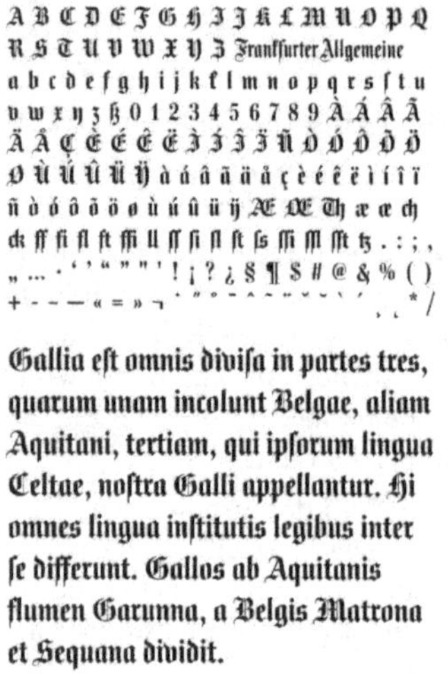

Abb. 3: FAZ-FRAKTUR 2000 – Dt. GeschmM 40050001.9

Betrifft die Anmeldung ein Design, das aus einem sich wiederholenden **Flächendesign** besteht (zB Tapete), so muss die Wiedergabe das vollständige Design und einen hinreichend großen Teil der Fläche mit dem sich wiederholenden Design zeigen.

16 Anstatt einer Wiedergabe des Designs kann ein das Design kennzeichnender, **flächenmäßiger Designabschnitt** in zwei übereinstimmenden Exemplaren beigefügt werden. In diesem Fall muss dann aber die **Aufschiebung der Bekanntmachung** beantragt werden (siehe Rn 25). Ein dreidimensionaler Gegenstand kann nicht eingereicht werden. Das Design kann in einem solchen Fall aber erst bekannt gemacht werden, wenn unter Berücksichtigung der Fristen des § 21 DesignG eine Wiedergabe des Designs eingereicht wird (siehe Rn 26). Die insgesamt eingereichten flächenmäßigen Designabschnitte dürfen einschließlich Verpackung nicht über 15 kg wiegen.

17 Für die Anmeldung muss das vom DPMA herausgegebene **Formblatt** verwendet werden, das von dem oder den Anmeldern oder einem Vertreter unterschrieben sein muss. Ohne **Unterschrift** ist der Antrag unwirksam.

Zusätzlich kann die Anmeldung enthalten:
- eine Beschreibung zur Erläuterung der Wiedergabe,
- einen Antrag auf Aufschiebung der Bildbekanntmachung,
- ein Warenverzeichnis mit der Warenklasse oder den Warenklassen, in die das Design einzuordnen ist,
- die Angabe des Entwerfers oder der Entwerfer,
- die Angabe eines Vertreters,
- eine Erklärung über die Inanspruchnahme einer Priorität.

18 Die zur Erläuterung der Wiedergabe eingereichte **Beschreibung** darf sich nur auf diejenigen Merkmale beziehen, die aus der Wiedergabe des Designs (oder dem flächenmäßigen Designabschnitt) ersichtlich sind. Die Beschreibung ist auf einem **gesonderten Blatt** einzureichen. Sie muss aus fortlaufendem Text bestehen und darf keine grafischen oder sonstigen Gestaltungselemente enthalten.

Mehr als 100 Wörter pro Design darf eine Beschreibung nicht enthalten (§ 10 Abs. 2 DesignV). Ein Formblatt für die Beschreibung wird vom DPMA nicht herausgegeben. Wird die Wiedergabe auf einem digitalen Datenträger eingereicht, kann die Beschreibung im Format „*.txt" auf dem Datenträger gespeichert werden.

> **Hinweis:** Die Beschreibung ist grundsätzlich nur eine Erläuterung der Wiedergabe. Was der Wiedergabe nicht entnehmbar ist, kann durch eine Beschreibung nicht ergänzt werden.[18] Die Einreichung einer Beschreibung ist nur dann empfehlenswert, wenn ohne Erläuterung die Zusammenwirkung von Merkmalen aus der Wiedergabe nicht ersichtlich ist oder wenn ohne Erläuterung nicht erkennbar wird, was die Wiedergabe darstellt (beispielsweise ein Ausschnitt aus einer Gesamtform, Vergrößerung einer Oberflächenstruktur). Im Zweifel kommt einer Beschreibung also eher eine den Schutzumfang beschränkende als eine den Schutzumfang erweiternde Wirkung zu, weil der im Falle einer zu beurteilenden Verletzungsfrage mögliche Auslegungsspielraum, den eine unkommentierte Wiedergabe immer bietet, eingeschränkt wird. Mit der Einreichung einer Beschreibung sollte also eher Zurückhaltung geübt werden (siehe Rn 54).

Weder die **Pflichtangabe** der Erzeugnisse, in die das eingetragene Design aufgenommen oder bei denen es verwendet werden soll, noch die **freiwillige Angabe** der Warenklasse oder Warenklassen, in die das eingetragene Design einzuordnen ist, haben Einfluss auf den Schutzumfang des eingetragenen Designs. Sie sollen nur der besseren **Recherchierbarkeit** dienen. Aus diesem Grund sollen auch Erzeugnisangaben gewählt werden, die sich in der Euro-Locarno-Klassifikation[19] wiederfinden. Mehr als fünf Warenbegriffe sollten für ein Erzeugnis nicht verwendet werden (§ 9 Abs. 2 DesignV). 19

Weil die **Klassifizierung** lediglich dazu dienen soll, das Designregister übersichtlich zu gestalten, hat sie nur eine Ordnungsfunktion. Eine materiellrechtliche Bedeutung kommt ihr nicht zu. Stellt das DPMA fest, dass die in der Anmeldung enthaltene Erzeugnisangabe keine sachgerechte Recherche nach dem mit der Wiedergabe dargestellten Designs zulässt, kann es der vom Anmelder gewählten Erzeugnisangabe einen zusätzlichen Warenbegriff hinzufügen (§ 9 Abs. 2 DesignV). 20

Ist in der **Warenliste** für das anzugebende Erzeugnis **keine zutreffende Angabe enthalten**, so ist vom Anmelder die Angabe zu wählen, die das Erzeugnis klar erkennen lässt und die keine beschreibenden Zusätze enthält. Wenn die vom Anmelder gewählte Angabe nicht den vorgenannten Anforderungen (Rn 19) entspricht oder ihre Veröffentlichung gegen die öffentliche Ordnung oder die guten Sitten verstoßen würde, stellt auch in diesem Fall das DPMA die einzutragenden Angaben fest. 21

c) Sammelanmeldung

In einer Anmeldung können **bis zu 100 Designs** zu einer Sammelanmeldung zusammengefasst werden. Die Designs müssen nicht (mehr) derselben Warenklasse angehören. Der Vorteil einer Sammelanmeldung ist darin zu sehen, dass sie gegenüber mehreren Einzelanmeldungen kostengünstiger ist, weil die volle Gebühr nur für das erste Design anfällt und für jedes weitere Design eine wesentlich geringere Zusatzgebühr fällig wird (siehe Rn 33). Der Kostenvorteil besteht allerdings nur bei der Anmeldung. **Verlängerungsgebühren** müssen für jedes Design, das verlängert werden soll, in gleicher Höhe entrichtet werden. Die Verlängerung nur einzelner Designs einer Sammelanmeldung ist möglich. 22

In einer Sammelanmeldung können beispielsweise eine komplette Fahrzeugkarosserie (als erstes Muster) und einzelne Karosserie- bzw Bauteile (als weitere Muster) geschützt werden (vgl Abb. 4 bis 8).

---

18 BGH GRUR 1974, 737, 738 rSp – Stehlampe.
19 <http://oami.europa.eu>.

[Geschmacksmuster 1]

[Geschmacksmuster 2]   [Geschmacksmuster 3]   [Geschmacksmuster 4]   [Geschmacksmuster 5]

Abb. 4 bis 8: Sammelanmeldung Smart
– Dt. GeschmM M9607317.9

Eine Sammelanmeldung kann jederzeit auf Antrag des Anmelders geteilt werden. Von einer **Teilung** wird der Anmeldetag nicht berührt. Erklärt der Anmelder die Teilung einer Sammelanmeldung, muss die infolge der Sammelanmeldung gegenüber Einzelanmeldungen eingesparte Anmeldegebühr nachgezahlt werden. Jede Anmeldung kann vom Anmelder jederzeit zurückgenommen werden (§ 11 Abs. 7 DesignG). Dies gilt auch für einzelne Designs einer Sammelanmeldung.

23 Im Hinblick auf später vorzunehmende **Auslandsnachanmeldungen** unter Inanspruchnahme der Priorität kann es durchaus sinnvoll sein, für dasselbe Design **eine fotografische und eine zeichnerische Darstellung** zu hinterlegen (siehe Rn 61). Einige Länder (zB USA, Kanada) lassen zwar Fotos zu, im Prüfungsverfahren werden diese aber sehr häufig beanstandet und die Einreichung entsprechender Zeichnungen gefordert. Japan fordert zB grundsätzlich sechs (isometrische) Ansichten eines Designs. Wird die Inanspruchnahme der Priorität auf eine Anmeldung mit Fotos gestützt, stellt sich die Frage, ob die nachträglich angefertigten Zeichnungen dasselbe Design darstellen können und die Priorität zu Recht in Anspruch genommen wurde. Zeichnungen und Fotos können aber nicht „gemischt" werden, so dass die beiden unterschiedlichen Darstellungsformen nur in einer aus zwei Designs bestehenden Sammelanmeldung verfolgt werden können.

d) Schutzausschluss

24 Vom Schutz ausgeschlossen sind Designs, die gegen die **öffentliche Ordnung** oder gegen die **guten Sitten** verstoßen (§ 3 Abs. 1 Nr. 3 DesignG). Abzustellen ist nur auf das Design in seiner konkret angemeldeten Form. Nur wenn dessen Gestaltung gesetz- oder sittenwidrig ist, kommt eine Eintragungsversagung in Betracht. Die Gefahr einer künftigen ungerechtfertigten Geltendmachung von Verbietungsrechten aus einzelnen Designelementen kann einen Verstoß gegen die öffentliche Ordnung nicht begründen.[20] Die Verwendung **staatlicher Hoheitszeichen** in Designs verstößt gegen die öffentliche Ordnung. Unter staatlichen Hoheitszeichen sind sinnbildliche Darstellungen zu verstehen, die ein Staat als Hinweis auf seine Staatsgewalt verwendet (Staatswappen, Staatsflaggen,

---

20 BGH GRUR 2003, 707 – DM-Tassen.

Staatssiegel, Nationalhymnen, Orden usw). Die weiß-grüne Lackierung eines Fahrzeugs mit dem Schriftzug „Bierpolizei" und einem verwendeten Blaulicht sind keine staatlichen Hoheitszeichen im Sinne der vorstehenden Definition.[21] In dem hier beim BPatG zur Entscheidung angestandenen Fall hatte die Anmelderin Designschutz für „Fahrzeuge" beantragt, bei denen es sich um drei grün-weiß lackierte Fahrzeuge des Typs *Trabant* gehandelt hat, die mit Blaulicht und der Aufschrift „Bierpolizei" versehen waren und deren optische Gestaltung der eines Polizeifahrzeugs entsprach.

e) Aufschiebung der Bekanntmachung

Der Anmelder kann mit der Anmeldung die Aufschiebung der Bekanntmachung für die Wiedergabe um **30 Monate** ab dem Anmeldetag beantragen. Sofern eine Priorität in Anspruch genommen wird, beginnt die 30-monatige Aufschiebungsfrist mit dem Prioritätstag. In diesem Fall wird das Design erst mit seiner Eintragung in das Register bekannt gemacht (Veröffentlichung der Wiedergabe). Mit „mit" der Anmeldung ist nicht gemeint, dass dieser Antrag unmittelbar dem Anmeldeantrag beigefügt sein muss. Vielmehr ist damit gemeint, dass der Antrag **zeitnah** mit der Anmeldung gestellt werden muss.[22] Bis zur Entscheidung über die Eintragung des Designs kann der Antrag gestellt werden. 25

> **Hinweis:** Die Praxis des Harmonisierungsamtes weicht bei Gemeinschaftsgeschmacksmusteranmeldungen (Rn 66) von dieser Auffassung ab.

Wird der Antrag zu einer **Sammelanmeldung** gestellt, gilt er für alle hierin zusammengefassten Designs. Die Aufschiebung der Bekanntmachung für nur einzelne Designs einer Sammelanmeldung zu beantragen, ist – anders als bei einer Gemeinschaftsgeschmacksmusteranmeldung – nicht möglich (§ 5 Abs. 3 DesignV).

> **Hinweis:** Auf dem vom DPMA herausgegebenen Formblatt braucht nur Punkt 8 angekreuzt zu werden, um die Aufschiebung zu beantragen.

Solange die Aufschiebung der Bekanntmachung beantragt ist, werden in das Designregister weder die Angabe der Erzeugnisse noch die Warenklassen eingetragen. Die Eintragung beschränkt sich auf das Aktenzeichen, Angaben zum Anmelder und den Eintragungstag sowie einen etwaigen Prioritätstag.

Die beantragte Aufschiebung der Bekanntmachung verkürzt die erste an sich fünfjährige **Schutzdauer** auf 30 Monate. Auf die „normale" erste Schutzdauer von fünf Jahren kann der Schutz erstreckt werden, wenn innerhalb der Aufschiebungsfrist die notwendige Erstreckungsgebühr entrichtet wird. Auch muss innerhalb der Aufschiebungsfrist eine Wiedergabe des Designs eingereicht werden. Wird die Gebühr eingezahlt und eine Wiedergabe eingereicht, wird auf Antrag die Bekanntmachung auch zu einem früheren Zeitpunkt nachgeholt (§ 21 Abs. 3 DesignG). Wird der Schutz nicht erstreckt, endet die Schutzdauer des eingetragenen Designs mit der Aufschiebungsfrist. 26

Solange die **Wiedergabe** nicht **veröffentlicht** ist, kann die Öffentlichkeit von dem eingetragenen Design keine Kenntnis nehmen. Dem Designinhaber steht in dieser Zeit kein absolutes Verbietungsrecht zu, sondern er kann nur die Nachahmung untersagen. Der Antrag auf Aufschiebung der Bekanntmachung zur Vermeidung der Veröffentlichung des oder der angemeldeten Designs rechtfertigt sich eigentlich nur dann, wenn die Öffentlichkeit nicht verfrüht von einem erst später vorzustellenden Gegenstand erfahren soll (zB eine neue Fahrzeugkarosserie, die zwar geschützt, der Öffentlichkeit aber erst später vorgestellt werden soll). Dieser Vorteil wird mit dem Risiko verbunden, dass während der Zeit der aufgeschobenen Bekanntmachung die Möglichkeit besteht, dass parallel Designs entwickelt werden, deren Benutzung der Rechtsinhaber während dieser Zeit nicht verbieten kann. Mit der **Schutzerstreckung** und Bekanntmachung entsteht dann aber das **absolute Verbietungsrecht**. 27

---

21 BPatG Mitt. 2001, 229.
22 Vgl von Falckenstein, in: Eichmann/von Falckenstein/Kühne, § 21 Rn 4.

f) Unionspriorität

28 Das Prioritätsrecht ist insbesondere in der Pariser Verbandsübereinkunft (PVÜ) geregelt. Die Wirkung eines Prioritätsrechts besteht in der **Rangsicherung** einer später erfolgten Nachanmeldung. Der PVÜ gehören 175 Staaten an (Stand: 31.12.2014). In Art. 4 A Abs. 1 bestimmt die PVÜ, dass derjenige, der in einem Verbandsland ein gewerbliches Muster (Design) oder Modell vorschriftsmäßig hinterlegt hat, für die Hinterlegung in den anderen Verbandsländern innerhalb bestimmter Fristen ein Prioritätsrecht genießt. Das Prioritätsrecht bewirkt, dass die innerhalb der Prioritätsfrist in einem anderen Land der Verbandsländer bewirkte Hinterlegung nicht unwirksam gemacht werden kann durch inzwischen eingetretene Tatsachen, insbesondere durch eine andere Hinterlegung oder durch sonstige an sich zB neuheitsschädliche Handlungen. Für ein Design beträgt die Prioritätsfrist **sechs Monate**. Wird eine Unionspriorität in Anspruch genommen, muss der Anmelder vor Ablauf des 16. Monats nach dem Prioritätstag Zeit, Land und Aktenzeichen der früheren Anmeldung angeben und eine Abschrift der früheren Anmeldung einreichen (§ 14 Abs. 1 DesignG). Voraussetzung für die Berufung auf die Unionspriorität ist eine **vorangegangene Anmeldung desselben Designs in einem Verbandsland**, der nach dortigem innerstaatlichem Recht, die Bedeutung einer vorschriftsmäßigen nationalen Hinterlegung zukommt und die zur Festlegung des Hinterlegungszeitpunktes ausreicht.

29 Ist die frühere Anmeldung in einem Staat eingereicht worden, mit dem **kein Staatsvertrag über die Anerkennung der Priorität** besteht, so kann der Anmelder ein dem Unionsprioritätsrecht entsprechendes Prioritätsrecht in Anspruch nehmen, wenn der andere Staat aufgrund einer ersten Anmeldung in der Bundesrepublik Deutschland ein vergleichbares Recht gewährt (§ 14 Abs. 2 DesignG). Die Priorität einer früheren deutschen Designanmeldung kann nicht in Anspruch genommen werden.[23]

g) Ausstellungspriorität

30 § 15 Abs. 1 DesignG gewährt ein Prioritätsrecht für Designs, die auf einer inländischen oder ausländischen Ausstellung gezeigt wurden, die durch **Bekanntmachung des Bundesjustizministers (BMJV) im Bundesanzeiger** entsprechend bestimmt wurde. Dieses Recht entsteht mit der erstmaligen Zurschaustellung auf dieser Messe.

31 Innerhalb von 16 Monaten nach der erstmaligen Zurschaustellung hat der Anmelder diesen Tag und die Ausstellung anzugeben, sowie einen Nachweis für die Zurschaustellung einzureichen (§ 15 Abs. 4 DesignG). Zum Nachweis für die Präsentation ist eine **Bescheinigung** einzureichen, die während der Ausstellung von der für den Schutz des geistigen Eigentums auf dieser Ausstellung zuständigen Stelle erteilt worden ist. In der Bescheinigung muss bestätigt werden, dass das Design in das entsprechende Erzeugnis aufgenommen oder dabei verwendet und auf der Ausstellung (für die Öffentlichkeit sichtbar) offenbart wurde. Sie muss außerdem den Tag der Eröffnung der Ausstellung enthalten und, wenn die erstmalige Ausstellung des Designs nicht mit dem Eröffnungstag der Ausstellung zusammenfällt, den Tag angeben, an dem es erstmals ausgestellt wurde. Für die Bescheinigung soll das vom DPMA herausgegebene **Formblatt** benutzt werden. Die Ausstellungsleitung bestimmt die für den Schutz des geistigen Eigentums auf dieser Ausstellung zuständige Stelle (zB Patentanwälte). In die Bescheinigung ist zB eine Abbildung des ausgestellten Gegenstands (Foto, Katalogseite) aufzunehmen. Die Abbildung muss zweifelsfrei den ausgestellten Gegenstand erkennen lassen.

h) Gebühren

32 Die Höhe der zu entrichtenden Gebühren hängt ab
- von der Anzahl der angemeldeten Designs und
- davon, ob die Bekanntmachung der Designs aufgeschoben wird.

---

23 BPatG GRUR 2006, 580 – Probenkopf.

Die mit der Anmeldung fälligen Gebühren ergeben sich aus dem Patentkostengesetz (PatKostG). Das aktuelle Gebührenverzeichnis kann auf der Homepage des DPMA[24] abgerufen werden.

Die Gebühren werden mit der Einreichung der Anmeldung fällig (§ 3 PatKostG). Sie müssen innerhalb einer **Ausschlussfrist** von drei Monaten ab Fälligkeit eingezahlt werden. Die Zahlung kann nur durch Bareinzahlung bei den Geldstellen des DPMA (Dienststellen München, Jena und Technisches Informationszentrum Berlin), durch Überweisung auf das Konto der Bundeskasse Halle/DPMA (IBAN: DE84 7000 0000 0070 0010 54, BIC MARKDEF1700) oder durch Erteilung eines gültigen SEPA-Basis-Lastschriftmandats entrichtet werden. Bei Überweisung gilt als Zahlungstag der Tag, an dem der Betrag dem Konto des DPMA gutgeschrieben wurde. Werden die Gebühren nicht vollständig oder nicht rechtzeitig bezahlt, gilt die Anmeldung als zurückgenommen (§ 6 Abs. 2 PatKostG).

An Gebühren zu entrichten sind (Stand: 1.1.2015): 33

- Anmeldegebühr (Papierform) — 70 €
- Anmeldegebühr (elektronisch) — 60 €
    - bei Sammelanmeldung (Papierform) — pro Design — 7 €
    - mindestens — 70 €
    - bei Sammelanmeldung (elektronisch) — pro Design — 6 €
    - mindestens — 60 €
    - ggf Gebühr für die Aufschiebung der Bildbekanntmachung für ein Design — 30 €
    - bei Sammelanmeldung — pro Design — 3 €
    - mindestens — 30 €
- Erstreckungsgebühr — 40 €
    - bei Sammelanmeldung — pro Design — 4 €
    - mindestens — 40 €

2. Eintragung

Eine materielle Prüfung der Anmeldung auf Neuheit und Eigenart wird nicht durchgeführt. Es findet **nur** eine **Formalprüfung** statt. Zunächst wird geprüft, ob die Anmeldung den Erfordernissen für die Zuerkennung eines Anmeldetages entspricht. Sind die zwingenden Erfordernisse nicht erfüllt (siehe Rn 10), wird dem Anmelder mitgeteilt, dass kein Anmeldetag zuerkannt werden kann. Behebt der Anmelder die gerügten Mängel innerhalb einer vom DPMA gesetzten Frist, wird der Anmeldetag auf den Tag verschoben, an dem die Mängel beseitigt sind. Werden die Mängel nicht fristgerecht beseitigt, wird die Anmeldung per Beschluss zurückgewiesen (§ 16 Abs. 4 DesignG). Einbezahlte Gebühren werden nicht zurückerstattet. Da kein Anmeldetag vergeben wird, entsteht kein Recht auf eine Prioritätsnachanmeldung. 34

Sind sonstige Erfordernisse nicht erfüllt, setzt das Amt dem Anmelder eine **Frist zur Beseitigung der Mängel**. Werden die Mängel innerhalb der Frist behoben, behält die Anmeldung den ursprünglichen Anmeldetag. Unterbleibt eine Mängelbeseitigung, wird die Anmeldung zurückgewiesen. 35

Weist die Prioritätsanmeldung den Anmeldetag verschiebende Mängel auf, erlischt die in Anspruch genommene Priorität, wenn durch die Verschiebung die sechsmonatige Prioritätsfrist überschritten wird.

Werden nicht alle **Zusatzgebühren** (ggf nach Aufforderung durch das DPMA) einer Sammelanmeldung entrichtet, weist das Amt die Anmeldung für alle die Designs zurück, die nicht durch die Gebühren abgedeckt sind. Das Amt hält sich dabei an die vom Anmelder angegebene Reihenfolge der Designs. Umfasst eine Sammelanmeldung (Papierform) beispielsweise 15 Designs, fällt eine Anmeldegebühr in Höhe von 105 € an (15 x 7 €). Werden nur 70 € eingezahlt, gilt das als Einzahlung der Anmeldegebühr für die Designs 1 bis 10. Die Designs 11 bis 15 werden dann zurückgewiesen. 36

---

24 <www.DPMA.de>.

§ 7 Eintragungsverfahren

37 Auch wenn keine **materielle Prüfung** der Anmeldung durchgeführt wird, kann das Amt bei der Prüfung der Anmeldungserfordernisse feststellen, dass es sich nicht um eine Erscheinungsform eines Erzeugnisses oder Teils davon und demnach nicht um ein Design im Sinne von § 1 DesignG handelt, und aus diesem Grund die Anmeldung zurückweisen (§ 18 DesignG). Das Gleiche gilt, wenn die Anmeldung gegen die öffentliche Ordnung oder die guten Sitten verstößt oder das Design eine missbräuchliche Verwendung staatlicher Hoheitszeichen oder anderer Zeichen von öffentlichem Interesse darstellt.

38 Vor der Zurückweisung einer Anmeldung muss zur Wahrung des **rechtlichen Gehörs** dem Anmelder Gelegenheit gegeben werden, zu den Beanstandungen Stellung zu nehmen, die **Anmeldung** zu **ändern** oder **zurückzunehmen**. Der Anmelder kann seine Anmeldung jederzeit zurücknehmen. Es ist möglich, aus einer Sammelanmeldung nur einzelne Designs zurückzunehmen. Änderungen an der angemeldeten Erscheinungsform des Designs sind grundsätzlich nicht möglich.

39 Sind die Anmeldeerfordernisse erfüllt und liegen keine Eintragungshindernisse (mehr) vor, wird das Design in das Designregister eingetragen. Die Eintragung erfolgt unter dem Datum des Anmeldetages. Nach der Eintragung wird das Design im **Designblatt** bekannt gemacht. Das Designblatt existiert nur in elektronischer Form. Es ist auf der Homepage des DPMA einsehbar.[25] Wurde die Aufschiebung der Bekanntmachung beantragt, wird dies ebenfalls bekannt gemacht. Eine Veröffentlichung der Wiedergabe unterbleibt. Mit der Eintragung in das Register erhält der Inhaber eine **Eintragungsurkunde**.

3. Rechtsmittel

40 Gegen die Entscheidungen des DPMA findet die **Beschwerde zum Bundespatentgericht** statt. Die Beschwerde hat aufschiebende Wirkung. Eine Entscheidung, die ein Verfahren gegenüber einem Beteiligten nicht abschließt, ist nur zusammen mit der Endentscheidung anfechtbar, sofern nicht in der Entscheidung die gesonderte Beschwerde zugelassen ist. Die Beschwerde muss innerhalb eines Monats nach Zustellung der Entscheidung schriftlich beim DPMA eingelegt werden. Die Beschwerde gilt erst als eingelegt, wenn die Beschwerdegebühr bezahlt ist. Die Beschwerdeschrift muss Name und Anschrift des Beschwerdeführers und eine Erklärung enthalten, in der die angefochtene Entscheidung genannt wird, sowie eine Erklärung zum Umfang, in dem ihre Änderung oder Aufhebung begehrt wird. Die **Begründung** der Beschwerde ist nicht fristgebunden. Das BPatG kann die Entscheidung abändern oder aufheben. Gegen Beschlüsse des BPatG findet die Rechtsbeschwerde zum BGH statt.

4. Laufzeit

41 Die Laufzeit eines eingetragenen Designs beträgt maximal 25 Jahre. Alle fünf Jahre ist eine Verlängerung durch Zahlung steigender **Aufrechterhaltungsgebühren** notwendig. Aus einer Sammelanmeldung können auch nur einzelne Designs verlängert werden.

1. Aufrechterhaltungsgebühr für das 6. – 10. Jahr   je Design   90 €
2. Aufrechterhaltungsgebühr für das 11. – 15. Jahr   je Design   120 €
3. Aufrechterhaltungsgebühr für das 16. – 20. Jahr   je Design   150 €
4. Aufrechterhaltungsgebühr für das 21. – 25. Jahr   je Design   180 €

42 Die Aufrechterhaltungsgebühren sind jeweils für die folgende Schutzfrist am letzten Tag des Monats fällig, der durch seine Benennung dem Monat entspricht, in den der Anmeldetag fällt (§ 3 Abs. 2 PatKostG). Sie sind innerhalb von zwei Monaten nach Fälligkeit zu zahlen. Erfolgt die Zahlung nicht innerhalb dieser Frist, kann die Gebühr noch mit einem Verspätungszuschlag in Höhe

---

25 <www.publikationen.dpma.de/>.

von 50 € bis zum Ablauf des sechsten Monats nach Fälligkeit gezahlt werden (§ 7 Abs. 1 PatKostG).

Werden für eine Sammelanmeldung die Aufrechterhaltungsgebühren ohne nähere Angaben nur für einen Teil der Designs gezahlt, so werden diese in der Reihenfolge der Anmeldung berücksichtigt (§ 28 Abs. 2 DesignG).

II. Eingetragene Gemeinschaftsgeschmacksmuster

Das eingetragene Gemeinschaftsgeschmacksmuster hat eine einheitliche Gültigkeit in allen EU-Mitgliedstaaten. Die Gemeinschaftsgeschmacksmusterverordnung[26] ist älter und im Grunde genommen Ursprung des Deutschen Designgesetzes, das im Zuge der Umsetzung der EU-Richtlinie 98/71/EG[27] entsprechend reformiert wurde. Das Recht auf das eingetragene Gemeinschaftsgeschmacksmuster steht dem Entwerfer oder seinem Rechtsnachfolger zu. Haben mehrere Personen ein Geschmacksmuster gemeinsam entwickelt, so steht ihnen das Recht auf das Gemeinschaftsgeschmacksmuster gemeinsam zu (Art. 14 Abs. 2 GGV).

1. Anmeldeverfahren

a) Anmelder

Jede natürliche oder juristische Person kann Inhaber eines Gemeinschaftsgeschmacksmusters sein. Der Inhaber muss weder Angehöriger der EU noch eines Verbandsstaates der Pariser Verbandsübereinkunft (PVÜ) oder der Welthandelsorganisation (WTO) sein. Jedermann, auch derjenige, der keinem EU-Mitgliedstaat angehört, kann die Anmeldung ohne **Vertreter** einreichen. Natürliche oder juristische Personen, die weder Wohnsitz noch Sitz noch eine tatsächliche und nicht nur zum Schein bestehende gewerbliche oder Handelsniederlassung in der Europäischen Gemeinschaft haben, müssen sich für jedes weitere Verfahren (das gilt auch für die weitere Korrespondenz nach der Anmeldung) aber von einem zugelassenen Vertreter vertreten lassen (Art. 77 GGV). Die Einreichung einer Vollmacht ist nicht notwendig.

Wird ein Geschmacksmuster von einem **Arbeitnehmer** in Ausübung seiner Aufgaben oder nach den Weisungen seines Arbeitgebers entworfen, so steht das Recht auf das Gemeinschaftsgeschmacksmuster dem **Arbeitgeber** zu, sofern vertraglich nichts anderes vereinbart wurde oder sofern die anwendbaren innerstaatlichen Rechtsvorschriften nichts anderes vorsehen (Art. 14 Abs. 3 GGV). Durch diesen ausdrücklichen Vorbehalt ist die **Fiktion**, dass dem Arbeitgeber das Recht auf das Gemeinschaftsgeschmacksmuster zusteht, grundsätzlich **widerlegbar**.[28] Gültigkeit hat diese Regelung nur für Arbeitsverträge, die dem Recht eines EU-Mitgliedstaates unterliegen. Nach deutschem Recht (vgl Rn 6) gibt es keine Regelung, wonach das Recht auf das Gemeinschaftsgeschmacksmuster dem Arbeitnehmer zustünde, so dass die Vermutung allenfalls durch vertragliche Regelungen widerlegt werden kann. Arbeitgeber kann ein beliebiges Unternehmen, eine öffentlich-rechtliche Körperschaft oder eine natürliche Person sein.

Der **Entwerfer** hat wie der Anmelder oder der Inhaber des eingetragenen Gemeinschaftsgeschmacksmusters das Recht, vor dem Amt und im Register als Entwerfer genannt zu werden. Ist das Geschmacksmuster das Ergebnis einer Gemeinschaftsarbeit, so kann die Nennung des Entwerferteams an die Stelle der Nennung des einzelnen Entwerfers treten (Art. 18 GGV). Das **Recht auf Nennung** im Register besteht gegenüber dem Inhaber des Gemeinschaftsgeschmacksmusters. Dieser ist verpflichtet, die Nennung des Entwerfers zu beantragen. Der Entwerfer kann die Erklärung abgeben, dass er auf eine Nennung verzichtet. Der Entwerfer selbst kann die Nennung nicht ohne Zustimmung des Anmelders oder Inhabers beantragen. Die Nennung eines Entwerferteams kann

---

[26] Verordnung des Rates (EG) Nr. 6/2002.
[27] ABl Nr. L 289, 28.
[28] Ruhl, Art. 14 Rn 20.

beispielsweise lauten: „Design-Abteilung der Firma XY".[29] Mit dem Recht auf Nennung soll dem Entwerfer die Möglichkeit gegeben werden, sich über die Publizität einen besonderen Ruf als Mustergestalter zu erarbeiten (siehe Rn 9).

b) Formerfordernisse

47 Die Anmeldung kann nach Wahl des Anmelders beim HABM in Alicante oder bei den nationalen Patent- und Markenämtern der Mitgliedstaaten eingereicht werden. Für die Benelux-Länder zuständig ist das Benelux-*Muster*amt (nicht zu verwechseln mit dem Benelux-*Marken*amt!). Wird die Anmeldung bei einem nationalen Patent- und Markenamt eingereicht, so trifft dieses alle erforderlichen Maßnahmen, damit die Anmeldung innerhalb von zwei Wochen nach Einreichung an das HABM weitergeleitet wird (Art. 35 GGV). Eine Anmeldung bei einem Patentinformationszentrum ist nicht möglich. Der Anmelder hat die **freie Wahl**, wo er die Anmeldung einreichen möchte. Maßgeblich ist weder sein Sitz noch der Sitz seines Vertreters.

48 Werden beim **DPMA** Anmeldungen von Gemeinschaftsgeschmacksmustern eingereicht, so vermerkt das DPMA auf der Anmeldung den Tag des Eingangs und leitet die Anmeldung ohne Prüfung unverzüglich an das HABM weiter (§ 62 DesignG). Für die Weiterleitung muss der Anmelder eine **Weiterleitungsgebühr** von 25 € pro Anmeldung bezahlen. Eine Sammelanmeldung gilt als eine Anmeldung.

Das HABM setzt den Anmelder durch eine Eingangsbestätigung vom Erhalt der Anmeldung in Kenntnis. Trifft die Anmeldung (aus welchen Gründen auch immer) später als zwei Monate nach dem Einreichungstag beim DPMA ein, gilt als **Anmeldetag** der Tag, an dem das Amt die Unterlagen erhalten hat (Art. 38 Abs. 2 GGV). Das Risiko trägt der Anmelder.

49 Die Anmeldung kann beim **HABM** durch persönliche Zustellung, Post, Telefax oder online („e-filing") erfolgen. Bei persönlicher Zustellung ist zu beachten, dass das HABM **keinen Nachtbriefkasten** unterhält und somit die Öffnungszeiten (8:30–13:30 h und 15:00–17:00 h) zu beachten sind. Außerdem ist das Amt für die Entgegennahme von Schriftstücken an bestimmten Tagen geschlossen, deren Festlegung per Beschluss am Anfang eines jeden Jahres erfolgt. Die Postanschrift lautet: Harmonisierungsamt für den Binnenmarkt, Avenida de Europa 4, 03080 Alicante, Spanien.

50 Um einen wirksamen Anmeldetag zu begründen, müssen die **Anmeldungsunterlagen** mindestens Folgendes umfassen:
- einen Antrag auf Eintragung,
- Angaben, die auf die Identität des Anmelders schließen lassen,
- eine zur Reproduktion geeignete Wiedergabe (Foto oder Zeichnung des Designs).

Außerdem ist eine Angabe der Erzeugnisse, in die das Geschmacksmuster aufgenommen oder bei denen es verwendet werden soll, notwendig. Diese Angabe kann ohne Verschiebung des Anmeldetages nachgeholt werden.

Wann die mindestnotwendigen Voraussetzungen erfüllt sind, um die **Identität des Anmelders** zweifelsfrei feststellen zu können, ist in der Verordnung nicht geregelt. Von der Identifizierbarkeit des Anmelders ist aber wohl auszugehen, wenn unter der angegebenen Bezeichnung, einschließlich der Anschrift, eine Postsendung richtig ausgeliefert würde (siehe Rn 12).

51 Da die Qualität per Telefax leiden kann, sollte in diesem Fall auf eine Anmeldung per **Telefax** möglichst verzichtet werden. Die Qualität der Wiedergabe bestimmt den Schutzumfang des Geschmacksmusters. Die am Anmeldetag eingegangene Wiedergabe kann aber nach der Amtspraxis des HABM **durch ein später nachgereichtes Original ersetzt** werden, wenn die gefaxten Unterlagen die Minimalvoraussetzungen für einen Anmeldetag erfüllen (anders beim DPMA, siehe Rn 10). Das heißt: Die Wiedergabe muss zur Reproduktion geeignet sein. Nach der Amtspraxis wird mit den nachgereichten Unterlagen weitergearbeitet, wenn diese innerhalb eines Monats eingehen. Ist die Telefaxübertragung unleserlich oder unvollständig, verschiebt sich der Anmeldetag auf den Tag

---

29 Maier/Schlötelburg, Leitfaden Gemeinschaftsgeschmacksmuster, G7.

des Eingangs der vollständigen bzw leserlichen Unterlagen.[30] Wird die Anmeldung per Telefax eingereicht, wartet der Prüfer bis zu einem Monat auf den Eingang eines Originals.

Online-Anmeldungen („e-filing") sind möglich.[31] Regelungen hierzu werden unter Rn 57 erläutert. Die Einreichung von Dateien auf elektronischen Speichermedien zum Zwecke einer Anmeldung ist nicht möglich.

Ist ein zweidimensionales Design angemeldet, kann die Wiedergabe des Geschmacksmusters durch eine auf ein Blatt aufgeklebte **Probe** in 5-facher Ausfertigung ersetzt werden (Art. 5 Abs. 3 GGDV). In diesem Fall muss aber die **Aufschiebung der Bekanntmachung** beantragt werden (siehe Rn 65). Die Einreichung von Proben für dreidimensionale Geschmacksmuster ist nicht zulässig. Mit ihr könnte noch nicht einmal ein zulässiger Anmeldetag begründet werden. Die Anmeldung und die Probe sind dem Amt in einer einzigen Sendung per Post oder durch persönliche Abgabe zu übermitteln. Ein Anmeldetag wird erst zuerkannt, wenn sowohl die Anmeldung als auch die Probe beim Amt eingegangen sind. Eine Probe muss auf ein Blatt Papier **aufgeklebt** sein. Sie darf nicht größer als 26,2 x 17 cm sein, nicht mehr als 50 g wiegen und nicht dicker als 3 mm sein. Es muss möglich sein, die Probe ungefaltet mit DIN A4-Dokumenten aufzubewahren. 52

Für die **Anmeldung** sollte möglichst das vom HABM herausgegebene **Formblatt** oder ein ähnliches, vom Anmelder hieran angepasstes verwendet werden, das von dem oder den Anmeldern oder einem Vertreter unterschrieben sein muss. Ohne **Unterschrift** ist der Antrag unwirksam. 53

Zusätzlich kann die Anmeldung enthalten:
- eine Beschreibung zur Erläuterung der Wiedergabe,
- einen Antrag auf Aufschiebung der Bildbekanntmachung,
- ein Verzeichnis mit der Erzeugnisklasse oder den Erzeugnisklassen, in die das Geschmacksmuster einzuordnen ist,
- die Angabe des Entwerfers oder der Entwerfer (Entwerferteam),
- die Angabe eines Vertreters,
- eine Erklärung über die Inanspruchnahme einer Priorität.

Die **Beschreibung** berührt nicht den Schutzumfang des Gemeinschaftsgeschmacksmusters als solchen. Die zur Erläuterung der Wiedergabe eingereichte Beschreibung darf sich nur auf diejenigen Merkmale beziehen, die aus der Wiedergabe des Designs (oder der Probe) ersichtlich sind. Eine Beschreibung ist grundsätzlich nur eine Erläuterung der Wiedergabe. Was der Wiedergabe nicht entnehmbar ist, kann durch die Beschreibung nicht ergänzt werden.[32] 54

> **Hinweis:** Die Einreichung einer Beschreibung ist nur dann empfehlenswert, wenn ohne Erläuterung die Zusammenwirkung von Merkmalen aus der Wiedergabe nicht ersichtlich ist oder wenn ohne Erläuterung nicht erkennbar wird, was die Wiedergabe darstellt (beispielsweise ein Ausschnitt aus einer Gesamtform, die Vergrößerung einer Oberflächenstruktur). Im Zweifel kommt einer Beschreibung also eher eine den Schutzumfang beschränkende als eine den Schutzumfang erweiternde Wirkung zu, weil der im Fall einer zu beurteilenden Verletzungsfrage mögliche Auslegungsspielraum, den eine unkommentierte Wiedergabe immer bietet, eingeschränkt wird. Mit der Einreichung einer Beschreibung sollte also eher Zurückhaltung geübt werden (siehe Rn 18).

Die Beschreibung darf **höchstens 100 Worte** umfassen. Sie muss **zusammen mit der Anmeldung** eingereicht werden. Nachgereichte Beschreibungen werden vom Harmonisierungsamt nicht akzeptiert. Die Beschreibung darf sich nicht auf Merkmale beziehen, die aus der Wiedergabe oder den Proben nicht ersichtlich sind. Sie darf auch keine Aussagen über die angebliche Neuheit oder Eigenart des

---

30 Schlötelburg, Mitt. 2003, 100, 101.
31 <www.OAMI.eu.int>.
32 BGH GRUR 1974, 737, 738 rSp – Stehlampe.

Geschmacksmusters oder seinen technischen Wert enthalten. Die Beschreibung wird aber im Grunde genommen von den Prüfern nicht geprüft. Beanstandungen sind deshalb selten.[33]

55 Weder die **Pflichtangabe** der Erzeugnisse, in die das Geschmacksmuster aufgenommen oder bei denen es verwendet werden soll, noch die **freiwillige Angabe** der Erzeugnisklasse oder Erzeugnisklassen, in die das Geschmacksmuster aufgenommen oder bei denen es verwendet werden soll, haben Einfluss auf den Schutzumfang des eingetragenen Gemeinschaftsgeschmacksmusters (Art. 2 GGDV). Sie sollen nur der besseren **Recherchierbarkeit** dienen. Gibt der Anmelder keine oder unzutreffende Erzeugnisklassen an, erfolgt die Klassifizierung durch das HABM. Praktische Bedeutung kommt der Klassifikation bei Sammelanmeldungen (siehe Rn 60) zu, weil Sammelanmeldungen nur dann möglich sind, wenn alle Geschmacksmuster zu derselben Klasse (nicht: Unterklasse) der internationalen Klassifikation gehören (Art. 37 GGV).

> **Hinweis:** Diese Regelung unterscheidet sich von der Regelung nach dem Designgesetz. Sammelanmeldungen für deutsche Designs können Designs aus verschiedenen Klassen umfassen.

56 Die Erzeugnisse sind so zu benennen, dass jedes Erzeugnis in nur jeweils eine Klasse der nach dem Abkommen zur Errichtung einer internationalen Klassifikation für gewerbliche Muster und Modelle, das am 8. Oktober 1968 in Locarno unterzeichnet wurde (**Locarno-Klassifikation**), eingeordnet werden kann. Die benannten Erzeugnisse müssen nicht zu derselben Klasse gehören. Nur eine Einordnung in eine bestimmte Klasse durch das Amt muss möglich sein. Gestattet die Angabe des Erzeugnisses keine Klassifizierung in einer Unterklasse, bestimmt der Prüfer die relevante Unterklasse, indem er die grafische Wiedergabe des Erzeugnisses zur Hand nimmt. Wenn beispielsweise eine Anmeldung den Begriff „Wohnungsausstattung" in Klasse 6 der Locarno-Klassifikation als Erzeugnisangabe enthält, erfolgt die Zuordnung zu einer Unterklasse durch den Prüfer mittels Berücksichtigung des Geschmacksmusters selbst, insoweit es die Art des Erzeugnisses, seinen beabsichtigten Zweck oder seine Funktion verdeutlicht. Wenn das Geschmacksmuster die Erscheinungsform eines Bettes offenbart, erfolgt die Zuordnung der Unterklasse 06.02 zu der gattungsgemäßen Angabe „Wohnungsausstattungen" (vgl Prüfungsrichtlinien Punkt 6.1.4.3).

„EuroLocarno" enthält das Verzeichnis der Begriffe der Locarno-Klassifikation, ergänzt um mehr als 2000 zusätzliche Begriffe. Das HABM fordert, dass die Erzeugnisangaben sich in der Euro-Locarno-Klassifikation oder in der Datenbank „EuroLocarno", auf die online zugegriffen werden kann,[34] wiederfinden. Dieser Zwang resultiert aus dem Umstand, dass die Erzeugnisse zur Bekanntmachung im Amtsblatt in die fünf Amtssprachen[35] übersetzt werden müssen und Unklarheiten bzw Unstimmigkeiten durch die Übersetzungsarbeit vermieden werden sollen. Die Erzeugnisangaben nach der Euro-Locarno-Klassifikation liegen in allen fünf Amtssprachen vor. Macht ein Anmelder von dem ihm grundsätzlich zustehenden Recht Gebrauch, die Angabe der Erzeugnisse mit eigenen Worten zu formulieren, wird dies das Eintragungsverfahren erheblich verzögern, weil die Übersetzung in die fünf Amtssprachen ausschließlich durch das Centre de Traduction in Luxemburg erfolgt.[36]

57 Die **Wiedergabe** muss aus mindestens einer fotografischen oder sonstigen grafischen Darstellung des Musters bestehen. Es dürfen **nicht mehr als sieben** verschiedene Darstellungen (Ansichten) des Musters wiedergegeben werden. Werden mehr als sieben Darstellungen wiedergegeben, bleibt jede weitere Darstellung unberücksichtigt, wobei die vom Anmelder vorgenommene Nummerierung festlegt, welche Darstellung unberücksichtigt bleiben muss. Jede fotografische oder sonstige grafische Darstellung darf nur **eine Ansicht** (zweidimensional oder dreidimensional) zeigen (vgl Abb. 9). Die Wiedergabe ist auf gesonderten Blättern im Format DIN A4 einzureichen. Die für die Wiedergabe benutzte Fläche darf nicht größer als 26,2 x 17 cm sein. Vom linken Seitenrand ist ein Seitenabstand von mindestens 2,5 cm einzuhalten.

---

33 Schlötelburg, Mitt. 2003, 100, 101.
34 <http://oami.europa.eu>.
35 Deutsch, Spanisch, Englisch, Französisch und Italienisch.
36 Ruhl, Art. 36 Rn 43 mwN.

Wird die Anmeldung **elektronisch** eingereicht, müssen die Wiedergaben im jpg-Dateiformat und etwaige Prioritätsunterlagen im *.pdf- oder *.jpg-Dateiformat vorliegen, wobei die Größe einer einzelnen jpg-Datei 2 MB nicht übersteigen darf und pdf-Dateien maximal zehn Seiten umfassen dürfen.[37]

Das Geschmacksmuster (Design) ist auf **neutralem Hintergrund** darzustellen. Die Darstellung soll das zum Schutz angemeldete Design ohne Beiwerk zeigen. Ein Hintergrund wird als neutral betrachtet, solange das Geschmacksmuster auf ihm deutlich erkennbar ist. Die Verkleinerung oder Vergrößerung auf das Format von höchstens 8 x 16 cm muss möglich sein.

Abb. 9: Spielteppich – GGM 000011259-0016

Die Wiedergaben können jedoch andere Elemente umfassen, die zur Identifizierung eines Geschmacksmusters, für das Schutz beansprucht wird, beitragen. Folgende **Identifikatoren** sind zulässig:

- Gepunktete Linien können in einer Ansicht entweder zur Bezeichnung derjenigen Elemente verwendet werden, für die kein Schutz beansprucht wird, oder zur Bezeichnung von Teilen des Geschmacksmusters, die in der jeweiligen Ansicht nicht sichtbar sind, dh zur Bezeichnung von verdeckten Linien. Gepunktete Linien bezeichnen also Elemente, die nicht zur Ansicht gehören, in der sie verwendet werden (vgl Abb. 10).

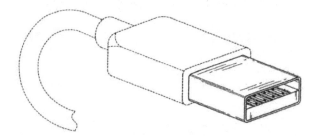

Abb. 10: Stecker – GGM 000326418

- Merkmale, für die Schutz beansprucht wird, können zur Abgrenzung umrandet werden.
- In einer Schwarz-Weiß-Zeichnung können Färbungen verwendet werden, um diejenigen Merkmale des Geschmacksmusters zu kennzeichnen, für die Schutz beansprucht wird.

---

37 Beschluss EX-03-5 Präs. HABM vom 25.6.2003.

59 Werden **typografische Schriftzeichen** angemeldet, muss die Wiedergabe alle Buchstaben des Alphabets (sowohl Groß- als auch Kleinschreibung), alle arabischen Ziffern sowie fünf Zeilen Text (Schriftgröße 16 Punkt) umfassen.

Betrifft die Anmeldung ein Design, das aus einem sich wiederholenden **Flächendesign** besteht, so muss die Wiedergabe das vollständige Design und einen hinreichend großen Teil der Fläche mit dem sich wiederholenden Design zeigen (Art. 4 Abs. 3 GGDV).

c) Sammelanmeldung

60 In einer Anmeldung kann eine **unbegrenzte Anzahl** von Designs zu einer Sammelanmeldung zusammengefasst werden, wenn diese **derselben Warenklasse** angehören. Jede Abwandlung eines Grunddesigns stellt ein eigenes Design dar. Die Designs (Geschmacksmuster) sind fortlaufend zu nummerieren. Die Abbildungen müssen sowohl die Nummer des Designs als auch ihre laufende Nummer aufweisen. Die Zahlen sollten durch einen Punkt getrennt werden. Die 5. Abbildung des 3. Designs einer Sammelanmeldung sollte also mit „3.5" gekennzeichnet sein.

Eine Sammelanmeldung kann jederzeit auf Antrag des Anmelders geteilt werden. Von einer **Teilung** wird der Anmeldetag nicht berührt. Der Vorteil einer Sammelanmeldung liegt darin, dass sie gegenüber mehreren Einzelanmeldungen **kostengünstiger** ist, weil die Grundgebühr nur für das erste Design anfällt und für jedes weitere Design eine wesentlich geringere Zusatzgebühr fällig wird (siehe Rn 75). Der Kostenvorteil besteht nur bei der Anmeldung. Verlängerungsgebühren müssen für jedes Design, das verlängert werden soll, in gleicher Höhe entrichtet werden. Die **einzelnen Designs** einer Sammelanmeldung sind voneinander **unabhängig**. Es können aus einzelnen Designs Ansprüche gegen Dritte geltend gemacht werden. Die Verlängerung nur einzelner Designs einer Sammelanmeldung ist möglich.

61 Im Hinblick auf später vorzunehmende **Nachanmeldungen im Ausland** unter Inanspruchnahme der Priorität der Gemeinschaftsgeschmacksmusteranmeldung kann es durchaus sinnvoll sein, für dasselbe Design eine fotografische und eine zeichnerische Darstellung zu hinterlegen (siehe Abb. 11 bis 14 und Rn 23). Das HABM lässt in einer Designanmeldung auch die Kombination fotografischer und grafischer Darstellungen zu, solange es sich um dasselbe Design handelt (Zweifel bezüglich der Identität sind aber sicherlich oft angebracht). In einer Sammelanmeldung können sowohl Wiedergaben als auch Proben des Designs eingereicht werden, solange sie derselben Erzeugnisklasse angehören. Für die Designs der Sammelanmeldung, für die eine Probe eingereicht wird, muss die Aufschiebung der Bekanntmachung beantragt werden (siehe Rn 52).

Abb. 11 und 12: GGM 000927884-0003.1 und -0003.7 (Auswahl aus 7 Abb.)

 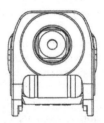

Abb. 13 und 14: GGM 000927884-0001.1 und -0001.6 (Auswahl aus 7 Abb.)

d) Sprache

Die Anmeldung kann in einer der Amtssprachen der Europäischen Gemeinschaft eingereicht werden. Diese wird dann die **Anmeldesprache**. Der Anmelder hat eine **zweite Sprache** anzugeben, die eine Sprache des Amtes ist, dh Deutsch, Englisch, Französisch, Italienisch oder Spanisch. Die zweite Sprache darf nicht mit der Anmeldesprache identisch sein. Im Verlauf des Prüfungsverfahrens wird in den schriftlichen Mitteilungen des Amtes die Anmeldesprache verwendet. Handelt es sich bei der Anmeldesprache nicht um eine der fünf Amtssprachen, kann das Amt für schriftliche Mitteilungen die zweite Sprache verwenden (HABM-Prüfungsrichtlinien 11.8). 62

Ist der Anmelder in einem Verfahren vor dem Amt der einzige Beteiligte und ist die Sprache der Anmeldung eine Sprache des Amtes, so ist die **Verfahrenssprache** die Sprache der Anmeldung. Ist die Sprache der Anmeldung keine Sprache des Amtes, dann wird die zweite Sprache zur Verfahrenssprache. Das Amt verwendet in seinen Mitteilungen und Bescheiden grundsätzlich die Verfah- 63 renssprache. Ist die Anmeldung in einer Sprache eingereicht worden, die nicht eine Sprache des Amtes ist, so sorgt das Amt dafür, dass die Anmeldung in die vom Anmelder angegebene Sprache übersetzt wird. Wenn die Verfahrenssprache nicht die Sprache ist, in der die Anmeldung eingereicht wurde, kann der Rechtsinhaber des Gemeinschaftsgeschmacksmusters Erklärungen in der Sprache abgeben, in der die Anmeldung eingereicht worden ist. Das Amt sorgt dann dafür, dass diese Erklärungen in die Verfahrenssprache übersetzt werden (Art. 98 GGV).

64 Alle Anträge oder Erklärungen, die sich auf eine Anmeldung beziehen, können demnach in der Sprache der Anmeldung oder in der zweiten Sprache abgegeben werden. In Zweifelsfällen ist der Wortlaut in der Sprache des Amtes maßgebend, in der die Anmeldung des Gemeinschaftsgeschmacksmusters eingereicht wurde. Wurde die Anmeldung in einer Amtssprache der Gemeinschaft eingereicht, die nicht eine Sprache des Amtes ist, so ist der Wortlaut in der vom Anmelder angegebenen zweiten Sprache verbindlich (Art. 99 Abs. 3 GGV).

e) Aufschiebung der Bekanntmachung

65 Der Anmelder kann (nur gleichzeitig) mit der Anmeldung die Aufschiebung der Bekanntmachung für die Wiedergabe um 30 Monate ab dem Anmeldetag oder Prioritätstag beantragen. Die Wirkung entspricht derjenigen zum deutschen eingetragenen Design (siehe Rn 26) mit dem vorteilhaften Unterschied, dass die Aufschiebung der Bekanntmachung **auch für nur einzelne Designs einer Sammelanmeldung** beantragt werden kann. Außerdem wird zunächst keine Bekanntmachungsgebühr fällig. Die Aufschiebung kann nur in der Anmeldung beantragt werden. Spätere Anträge, selbst wenn sie am selben Tag eingehen, bleiben unberücksichtigt (HABM-Prüfungsrichtlinien 6.2.5.2).

66 Bis zum Ablauf des 27. Monats der Aufschiebungsfrist kann der Anmelder die Bekanntmachung per Brief oder per Fax beantragen. Dabei sind folgende **Formalitäten** einzuhalten:
- Entrichtung der Bekanntmachungsgebühr sowie der zusätzlichen Bekanntmachungsgebühren im Falle einer Sammelanmeldung,
- Einreichung einer Wiedergabe des/der Design/s, wenn ursprünglich eine Probe eingereicht wurde,
- im Falle einer Sammelanmeldung die eindeutige Angabe, welche der Designs bekannt gemacht werden sollen oder auf welche der Designs verzichtet wird, oder, wenn die Aufschiebungsfrist noch nicht abgelaufen ist, für welche Designs die Bekanntmachung weiter aufgeschoben werden soll.

67 Eine Erinnerung an den Ablauf der **Aufschiebungsfrist** ergeht nicht. Die Wahrung der Frist liegt in der Verantwortung des Anmelders oder seines Vertreters. Wird die Bekanntmachung vor Ablauf der Aufschiebungsfrist von 30 Monaten beantragt, kann der Anmelder einen Zeitpunkt vorgeben, an dem die Bekanntmachung erfolgen soll. In diesem Fall müssen die vorgenannten Erfordernisse mindestens drei Monate vor dem beantragten Zeitpunkt der Bekanntmachung erfüllt sein.

f) Unionspriorität

68 Jedermann, der in einem oder mit Wirkung für einen Vertragsstaat der Pariser Verbandsübereinkunft (PVÜ) oder des Übereinkommens zur Errichtung der Welthandelsorganisation (WTO) ein **Geschmacksmuster** (eingetragenes Design) oder ein **Gebrauchsmuster** (nicht aber ein Patent) vorschriftsmäßig angemeldet hat, oder sein Rechtsnachfolger genießen hinsichtlich der Anmeldung als eingetragenes Gemeinschaftsgeschmacksmuster ein Prioritätsrecht von **sechs Monaten** nach Einreichung der ersten Anmeldung. Der PVÜ gehören 176 und der WTO 160 Staaten an (Stand: 31.12.2014). Eine laufend aktualisierte Aufstellung findet sich auf der Website der WIPO[38] oder der WTO.[39]

---

38 <www.wipo.int>.
39 <www.wto.org>.

Ist die Anmeldung in einem nicht zur PVÜ oder WTO gehörenden Staat eingereicht worden, kann die Priorität dann in Anspruch genommen werden, wenn dieser Staat aufgrund einer Anmeldung beim HABM unter Voraussetzung und mit Wirkungen, die denen der Gemeinschaftsgeschmacksmusterverordnung vergleichbar sind, ein Prioritätsrecht gewährt (Art. 41 GGV).

Die **Prioritätserklärung** muss innerhalb eines Monats nach Einreichung der Anmeldung abgegeben werden. Wird die Prioritätserklärung mit der Anmeldung abgegeben, müssen innerhalb von drei Monaten nach dem Anmeldetag eine **Abschrift** der früheren Anmeldung und deren Aktenzeichen vorgelegt werden, sonst innerhalb von drei Monaten nach der Einreichung der Prioritätserklärung. Ist die frühere Anmeldung nicht in einer der Amtssprachen abgefasst, kann das Amt die Übersetzung der früheren Anmeldung in eine dieser Sprachen verlangen. 69

Die Priorität einer früheren Gemeinschaftsgeschmacksmusteranmeldung kann in Anspruch genommen werden (**innere Priorität**). Es kann **mehr als eine Priorität** in Anspruch genommen werden, insbesondere im Falle einer Sammelanmeldung, wenn die in dieser Sammelanmeldung enthaltenen Designs zuvor getrennt in einem oder für einen der vorgenannten Staaten angemeldet wurden. Wird die Priorität einer früheren Anmeldung eines Gemeinschaftsgeschmacksmusters in Anspruch genommen, muss der Anmelder nur das Aktenzeichen und den Anmeldetag der früheren Gemeinschaftsgeschmacksmusteranmeldung angeben. Das Amt nimmt von Amts wegen eine Abschrift der früheren Anmeldung in die Akten. 70

Nach Eingang der das Prioritätsrecht begründenden Unterlagen kontrolliert das HABM nur, ob die Unterlagen fristgerecht eingegangen sind. Eine Prüfung, ob der Gegenstand der Prioritätsanmeldung und der Nachanmeldung *prima facie* übereinstimmen, erfolgt nicht. Dafür ist der Anmelder allein verantwortlich. Für die **Berechnung der Prioritätsfrist** gelten ausschließlich die Regelungen des Gemeinschaftsgeschmacksmustersystems. Bei der Fristberechnung wird grundsätzlich mit dem Tag begonnen, der auf den Tag folgt, an dem das Ereignis eingetreten ist, und die Frist wird nach vollen Jahren, Monaten, Wochen oder Tagen berechnet. War der Tag, an dem das Ereignis eingetreten ist, der letzte Tag des Monats oder hat der betreffende nachfolgende Monat keinen Tag mit der entsprechenden Zahl, so läuft die Frist am letzten Tag dieses Monats ab (Art. 56 Abs. 4 GGDV). Wurde die prioritätsbegründende Anmeldung also am 31. Oktober eingereicht, so läuft die sechsmonatige Prioritätsfrist am 30. April des nächsten Jahres ab. 71

g) Ausstellungspriorität

Werden auf einer nach den Vorschriften des am 22.11.1928 in Paris unterzeichneten **Übereinkommens über internationale Ausstellungen**[40] amtlichen oder amtlich anerkannten internationalen Ausstellung Erzeugnisse gezeigt, in die das Geschmacksmuster (Design) aufgenommen ist oder bei denen es verwendet wird, kann für eine spätere Anmeldung zum Gemeinschaftsgeschmacksmuster die Ausstellungspriorität in Anspruch genommen werden (Art. 44 GGV). Dieses Übereinkommen über internationale Ausstellungen ist nicht zu verwechseln mit der Ausstellungspriorität, die für das deutsche eingetragene Design gilt (siehe Rn 30). Nur sehr wenige Ausstellungen fallen unter das Übereinkommen über internationale Ausstellungen (zB Weltausstellungen, wenn dies von der Regierung beantragt wurde), so dass eine Ausstellungspriorität nur in seltenen Fällen in Anspruch genommen werden kann. 72

Die erfolgte Zurschaustellung muss der Anmelder, der eine Ausstellungspriorität in Anspruch nehmen will, durch eine während der Ausstellung erteilte **Bescheinigung** nachweisen. Die Prioritätserklärung ist innerhalb eines Monats nach dem Anmeldetag vorzulegen. Die Prioritätsfrist beträgt sechs Monate.

---

40 BGBl. II 1974, S. 276 ff; BGBl. II 1991, S. 427 ff.

h) Gebühren

73 Bei der Anmeldung fallen drei Arten von Gebühren an: Eintragungs-, Bekanntmachungs- und ggf Aufschiebungsgebühren.

Die Höhe der zu entrichtenden Gebühren hängt ab

- von der Anzahl der angemeldeten Designs und
- davon, ob die Bekanntmachung der Designs aufgeschoben wird.

Alle mit dem Gemeinschaftsgeschmacksmuster in Verbindung stehenden Gebühren müssen **auf elektronischem Weg bezahlt** werden. Die bevorzugte Zahlungsweise ist die Zahlung mittels eines laufenden Kontos beim HABM. Eine weitere mögliche Zahlungsweise ist die Zahlung per Banküberweisung auf das Konto des Amtes. Bareinzahlung oder Schecks werden seit dem 1.1.2008 nicht mehr akzeptiert. Bei Zahlung durch Überweisung auf ein Bankkonto des Amtes (Banco Bilbao Vizcaya Argentaria 0182-5596-90-009 22 22 22 2) gilt als Zahlungstag der Tag, an dem der gezahlte Betrag einem Bankkonto des Amtes tatsächlich gutgeschrieben wird. Wird die Anmeldung per „e-filing" getätigt, kann die Gebühr per Kreditkarte entrichtet werden.

74 Zu entrichten sind:

- **Eintragungsgebühr** 230 €
  - zusätzliche Eintragungsgebühr für das 2.–10. Design einer Sammelanmeldung je 115 €
  - zusätzliche Eintragungsgebühr ab dem 11. Design je 50 €
- **Bekanntmachungsgebühr** 120 €
  - zusätzliche Bekanntmachungsgebühr für das 2.–10. Design einer Sammelanmeldung je 60 €
  - zusätzliche Bekanntmachungsgebühr ab dem 11. Design je 30 €
- **ggf Aufschiebungsgebühr** 40 €
  - ggf zusätzliche Aufschiebungsgebühr für das 2.–10. Design je 20 €
  - zusätzliche Aufschiebungsgebühr ab dem 11. Design je 10 €

Beispiel: Im Falle einer Einzelanmeldung ohne Antrag auf Aufschiebung der Bekanntmachung hat der Anmelder insgesamt also 350 € (Eintragungs- + Bekanntmachungsgebühr) zu entrichten. Wird die Aufschiebung beantragt, wird zunächst keine Bekanntmachungsgebühr fällig, sondern nur die Aufschiebungsgebühr, so dass insgesamt 270 € zu bezahlen sind (Eintragungs- + Aufschiebungsgebühr).

75 Bei einer **Sammelanmeldung** muss der Anmelder stets die volle Eintragungsgebühr sowie die volle Bekanntmachungsgebühr für das erste Design bezahlen, das er unmittelbar bekannt machen möchte. Für die weiteren Designs sind die reduzierten Gebühren zu entrichten. Wird eine Aufschiebung der Bekanntmachung beantragt, muss der Anmelder die volle Eintragungsgebühr sowie die volle Gebühr für die Aufschiebung der Bekanntmachung für das erste Design bezahlen, dessen Bekanntmachung er aufschieben möchte. Für weitere Designs sind die reduzierten Gebühren fällig. Die Bekanntmachungsgebühr wird dann erst am Ende des Aufschiebungszeitraumes fällig.

76 **Beispiel:** Für die Eintragung von 11 Designs ohne Antrag auf Aufschiebung sind folglich Gebühren in Höhe von 2.005 € zu entrichten, nämlich:

- 1 volle Eintragungsgebühr für das erste Design 230 €
- 9 zusätzliche Eintragungsgebühren von jeweils 115 € für das 2.–10. Design 1.035 €
- 1 zusätzliche Eintragungsgebühr in Höhe von 50 € für das 11. Design 50 €
- 1 volle Bekanntmachungsgebühr für das erste Design 120 €
- 9 zusätzliche Bekanntmachungsgebühren in Höhe von 60 € für das 2.–10. Design 540 €
- 1 zusätzliche Bekanntmachungsgebühr von 30 € für das 11. Design 30 €

Das HABM hat auf seiner Website unter „Praktische Aspekte" einen **Gebührenrechner** bereitgestellt.[41]

Soll die Eintragung eines Designs später verlängert werden, muss für jedes eingetragene Design eine **Verlängerungsgebühr** (siehe Rn 85) entrichtet werden, und zwar unabhängig davon, ob es Teil einer Sammelanmeldung war oder nicht. Die Höhe der steigenden Verlängerungsgebühr hängt davon ab, für welchen Zeitraum die Verlängerung erfolgt. Es ist möglich, nur einzelne Designs einer Sammelanmeldung zu verlängern.

2. Eintragung

Eine materielle Prüfung der Anmeldung auf Neuheit und Eigenart wird nicht durchgeführt. Es findet nur eine **Formalprüfung** statt. Zunächst wird geprüft, ob die Anmeldung den Erfordernissen für die Zuerkennung eines Anmeldetages entspricht. Sind die zwingenden Erfordernisse nicht erfüllt (siehe Rn 50), wird dem Anmelder mitgeteilt, dass kein **Anmeldetag** zuerkannt werden kann. Behebt der Anmelder die gerügten Mängel innerhalb von zwei Monaten ab Erhalt dieser Mitteilung, wird der Anmeldetag auf den Tag verschoben, an dem die Mängel beseitigt sind. Werden die Mängel nicht beseitigt, gilt die Anmeldung als nicht eingereicht und die Gebühren werden zurückerstattet. Da kein Anmeldetag vergeben wird, entsteht kein Recht für eine Prioritätsnachanmeldung.

Sind sonstige Erfordernisse nicht erfüllt oder wurden die Gebühren nicht bezahlt, setzt das Amt dem Anmelder eine **Frist** von zwei Monaten zur Beseitigung der Mängel. Werden die Mängel innerhalb der Frist behoben, behält die Anmeldung den ursprünglichen Anmeldetag. Unterbleibt eine Mängelbeseitigung, wird die Anmeldung zurückgewiesen. Weist die **Prioritätsanmeldung** den Anmeldetag verschiebende Mängel auf, erlischt die Priorität.

Werden nicht alle **Zusatzgebühren** einer Sammelanmeldung rechtzeitig entrichtet, weist das Amt die Anmeldung für alle die Designs zurück, die nicht durch die Gebühren gedeckt sind. Das Amt hält sich dabei an die Reihenfolge der vom Anmelder angegebenen Designs.

Auch wenn keine **materielle Prüfung** der Anmeldung durchgeführt wird, kann das Amt bei der Prüfung der Anmeldungserfordernisse feststellen, dass es sich nicht um eine Erscheinungsform eines Erzeugnisses oder eines Teils davon und demnach nicht um ein Geschmacksmuster im Sinne von Art. 3 GGV handelt, und aus diesem Grund die Anmeldung zurückweisen. Das Gleiche gilt, wenn die Anmeldung gegen die öffentliche Ordnung oder die guten Sitten verstößt oder das Design eine missbräuchliche Verwendung staatlicher Hoheitszeichen oder anderer Zeichen von öffentlichem Interesse darstellt.

Vor der Zurückweisung einer Anmeldung muss das HABM dem Anmelder Gelegenheit geben, zu den Beanstandungen Stellung zu nehmen, die Anmeldung zu ändern oder zurückzunehmen (Art. 47 Abs. 2 GGV). Der Anmelder kann seine **Anmeldung jederzeit zurücknehmen**. Es ist möglich, aus einer Sammelanmeldung nur einzelne Designs zurückzunehmen. Änderungen an der angemeldeten Erscheinungsform des Designs sind grundsätzlich nicht möglich.

Sind die Anmeldeerfordernisse erfüllt und liegen keine Eintragungshindernisse (mehr) vor, wird das Gemeinschaftsgeschmacksmuster in das **Register für Gemeinschaftsgeschmacksmuster** eingetragen (Art. 48 GGV). Die Eintragung erfolgt unter dem Datum des Anmeldetages. Nach der Eintragung wird das eingetragene Gemeinschaftsgeschmacksmuster im **Blatt für Gemeinschaftsgeschmacksmuster** bekannt gemacht. Wurde die Aufschiebung der Bekanntmachung beantragt, wird dies ebenfalls bekannt gemacht. Eine Veröffentlichung der Wiedergabe unterbleibt. Vermerkt wird, wann die Aufschiebungsfrist abläuft. Das Blatt für Gemeinschaftsgeschmacksmuster wird ausschließlich in elektronischer Form in den Amtssprachen der Europäischen Union veröffentlicht. Es ist über das Internet[42] oder in Form von pdf-Dateien verfügbar. Mit der Eintragung in das Register erhält der Inhaber eine Eintragungsurkunde.

---

41 <www.oami.europa.eu>.
42 <www.oami.europa.eu>.

3. Rechtsmittel

83 Gegen die Entscheidungen der Prüfer findet die **Beschwerde** statt. Die Beschwerde hat aufschiebende Wirkung (Art. 55 GGV). Eine Entscheidung, die ein Verfahren gegenüber einem Beteiligten nicht abschließt, ist nur zusammen mit der Endentscheidung anfechtbar, sofern nicht in der Entscheidung die gesonderte Beschwerde zugelassen ist. Die Beschwerde muss innerhalb von zwei Monaten nach Zustellung der Entscheidung schriftlich beim HABM eingelegt werden. Die Beschwerde gilt erst als eingelegt, wenn die Beschwerdegebühr bezahlt ist. Die Beschwerdeschrift muss Name und Anschrift des Beschwerdeführers und eine Erklärung enthalten, in der die angefochtene Entscheidung genannt wird, sowie eine Erklärung zum Umfang, in dem ihre Änderung oder Aufhebung begehrt wird. Innerhalb von vier Monaten nach Zustellung der Entscheidung ist die Beschwerde **schriftlich zu begründen** (Art. 57 GGV).

84 Die **Beschwerdekammer** kann die Entscheidung abändern oder aufheben. Die von den Beschwerdekammern getroffenen Entscheidungen sind mit der Klage beim EuGH anfechtbar. Die Klage kann nur auf die Behauptung der Unzuständigkeit, der Verletzung wesentlicher Verfahrensvorschriften, der Verletzung des EG-Vertrags (was wohl kaum in Betracht kommen dürfte), der Gemeinschaftsgeschmacksmusterverordnung und einer bei ihrer Durchführung anzuwendenden Rechtsnorm oder auf Ermessensmissbrauch gestützt werden. Der EuGH kann die angefochtene Entscheidung aufheben oder abändern. Die Klage ist innerhalb von zwei Monaten nach Zustellung der Entscheidung der Beschwerdekammer beim EuGH zu erheben. Der Kläger ist nicht an die Sprache des Beschwerdeverfahrens gebunden, sondern er kann eine der 20 Amtssprachen der Gemeinschaft und gälisch[43] auswählen.

4. Laufzeit

85 Die Laufzeit des Gemeinschaftsgeschmacksmusters beträgt maximal 25 Jahre. Alle fünf Jahre ist eine Verlängerung durch Zahlung steigender **Verlängerungsgebühren** notwendig. Aus einer Sammelanmeldung können auch nur einzelne Designs verlängert werden (siehe Rn 41). Das HABM stellt ein Formular zur Verfügung.

1. Verlängerungsgebühr für das 6. – 10. Jahr   je Design   90 €
2. Verlängerungsgebühr für das 11. – 15. Jahr   je Design   120 €
3. Verlängerungsgebühr für das 16. – 20. Jahr   je Design   150 €
4. Verlängerungsgebühr für das 21. – 25. Jahr   je Design   180 €

Die Verlängerungsgebühren für ein Gemeinschaftsgeschmacksmuster sind genauso hoch wie die Aufrechterhaltungsgebühren für ein deutsches eingetragenes Design (vgl Rn 41).

III. Internationale Designanmeldung

1. Anmeldeverfahren

86 Nach dem Haager Musterabkommen (HMA) ist es möglich, ein Design in ein internationales Register eintragen zu lassen. Das HMA hat 64 Mitgliedsländer (Stand: 1.7.2015). Es gibt drei Fassungen (Akten) des Haager Mustcrabkommens (HMA). Neben der Fassung von London (1934) und von Haag (1960) werden seit dem 1.4.2004 auch Designanmeldungen unter der Genfer Fassung (1999) entgegengenommen. Die Londoner Fassung ist seit dem 1.1.2010 eingefroren und wird nicht mehr angewendet. Die Genfer Fassung unterscheidet sich von den beiden älteren darin, dass das HMA auch für Staaten geöffnet wird, die eine der Eintragung vorgeschaltete materielle Sachprüfung durchführen.[44]

87 Es wird kein einheitliches Schutzrecht geschaffen, sondern es kann mit nur einer einzigen Anmeldung ein **Bündel an eingetragenen Designs** erreicht werden, deren Schutzwirkungen sich **nach**

---

43 Ruhl, Art. 61 Rn 13 mwN.
44 Bulling, Mitt. 2005, 297, 298.

jeweils **nationalem Recht** bestimmen. Vom Datum der Eintragung ist das Design in jedem der benannten Staaten ebenso geschützt, wie wenn es unmittelbar in diesem Land direkt angemeldet worden wäre. Eine vorherige nationale Anmeldung ist nicht notwendig.

Mit einer einzigen Anmeldung kann für einen Teil oder alle dem Abkommen beigetretenen Ländern Designschutz erlangt werden. Im Rahmen dieser Anmeldung kann auch ein **Gemeinschaftsgeschmacksmuster** und somit durch eine Benennung Schutz für alle Mitgliedsstaaten der EU beantragt werden (die Europäische Gemeinschaft ist am 1.1.2008 dem HMA beigetreten). Der Beitritt der EU zur Genfer Akte macht es also möglich, Designs mit einem einzigen Antrag in allen Vertragsstaaten der Genfer Akte einschließlich aller EU-Staaten schützen zu lassen. Es können nur solche Länder ausgewählt werden, die derselben Akte beigetreten sind. Deutschland ist allen drei Akten beigetreten und außerdem auch über die Europäische Gemeinschaft mit der Akte von 1999 verbunden. Dem HMA nicht beigetreten sind bisher zB Taiwan und China. Für die USA und Japan sind die Beitritte zur Genfer Akte am 13.5.2015 wirksam geworden, für Südkorea am 1.7.2014 und für die Afrikanische Organisation für Geistiges Eigentum (OAPI) am 16.9.2008.

Die Anmeldung ist bei der Weltorganisation für Geistiges Eigentum (World Intellectual Property Organization – WIPO) in Genf oder bei einer nationalen Behörde eines vertragsschließenden Staates einzureichen, wenn die Gesetzgebung dieses Staates es gestattet. Anmeldungen beim DPMA sind nicht zulässig, sondern müssen unmittelbar bei der WIPO erfolgen. Postanschrift: World Intellectual Property Organization, 34, chemin des Colombettes, 1211 Genf 20, Schweiz. Anmeldungen können auf Papier oder Online („e-filing") eingereicht werden.[45]

a) Anmelder

Anmelder können natürliche und juristische **Personen** sowie **Personengesellschaften** sein, die ihren Sitz oder einen Sitz einer nicht nur zum Schein bestehenden Handelsniederlassung in einem Mitgliedstaat haben. Die Fassung von 1999 sieht außerdem vor, dass Personen eines Staates, der Vertragspartei ist, eine Anmeldung tätigen können, wenn sie ihren gewöhnlichen Aufenthalt in diesem Staat haben. Die Bestellung eines Vertreters ist ebenfalls nicht erforderlich.

Bevor eine internationale Anmeldung eingereicht wird, muss der Anmelder feststellen, welchem Abkommen sein Heimatland beigetreten ist (siehe Rn 86), weil sich danach bestimmt, für welche Länder das Design angemeldet werden kann und in welcher Sprache die Anmeldung zu tätigen ist. Um Schutz begründen bzw erlangen zu können, müssen die Länder demselben Vertrag angehören. Das heißt beispielsweise: Ein Anmelder, der Zugang zum HMA hat, weil das ihn zur Anmeldung berechtigende Land der Fassung von 1999 angehört, kann ausschließlich solche Länder bestimmen, die auch der Fassung von 1999 angehören (unabhängig davon, ob sie auch der Fassung von 1934 und/oder 1960 angehören). Diesem Anmelder ist es aber nicht möglich, solche Länder zu benennen, die nur der Fassung von 1960 und/oder 1934 angehören. Ist ein Anmelder zur Anmeldung berechtigt, weil sein Land durch die Fassung von 1999 und 1960 gebunden ist, kann er für alle Vertragsstaaten anmelden, die durch die Fassung von 1960 und/oder 1999 gebunden sind, nicht hingegen jedoch in Ländern, die nur an die Fassung von 1934 gebunden sind.

b) Formerfordernisse

Um einen wirksamen Anmeldetag zu begründen, *müssen* die **Anmeldungsunterlagen** mindestens Folgendes umfassen:

- einen Antrag auf Eintragung (Gesuch) in einer der vorgeschriebenen Sprachen (Englisch oder Französisch) mit der Angabe, dass die Anmeldung aufgrund des HMA erfolgt;
- Angaben zum Anmelder, die es gestatten, ihn auf dem Postweg zu erreichen;
- Angaben, aus denen ersichtlich ist, dass der Hinterleger berechtigt ist, Inhaber zu sein;
- Fotos oder andere grafische Darstellungen des Designs;

---

45 <www.wipo.int>.

- eine Liste der vertragsschließenden Staaten, in denen die internationale Hinterlegung wirksam sein soll;
- die Bezeichnung des Gegenstands oder der Gegenstände, in denen das Design verkörpert werden soll;
- die Angabe der in der internationalen Hinterlegung enthaltenen Anzahl von Designs.

Mit der Anmeldung muss eine **Gebühr** entrichtet werden (siehe Rn 98).

Für ein **US Design Patent** muss ein Patentanspruch formuliert werden. Dies gilt auch für eine Designanmeldung, die nach dem HMA getätigt wird, wenn die USA benannt werden. Beansprucht werden kann nur das, was in den Abbildungen gezeigt ist.[46] Die Formulierung des Patentanspruchs ist vorgeschrieben und lautet:

I claim:
the ornamental design for a
[hier muss die Bezeichnung des Designs eingefügt werden]
as shown and described.

Der Anmeldung muss eine Beschreibung beigefügt werden, wobei sich die Beschreibung darauf beschränken kann, was die Abbildungen zeigen. Es muss nicht das Design beschrieben werden. Es reicht beispielsweise aus, auf der Beschreibung anzugeben, dass die Abbildung die perspektivische Darstellung einer Tasse zeigt.

92 Weiterhin *können* die Anmeldungsunterlagen umfassen:
- eine kurze Beschreibung charakteristischer Merkmale des Designs;
- die Angabe des Entwerfers des Designs;
- einen Antrag auf Aufschiebung der Veröffentlichung;
- eine Erklärung, mit der die Priorität einer oder mehrerer früherer Anmeldungen in einem oder mehreren oder für einen oder mehrere Vertragsstaaten der Pariser Verbandsübereinkunft (PVÜ) beansprucht wird;
- die Angabe eines Vertreters.

93 Wird die **Anmeldung elektronisch** eingereicht, müssen die Wiedergaben im *.jpeg-Dateiformat oder im *.tiff-Dateiformat vorliegen, wobei die Größe einer einzelnen Datei 2 MB nicht übersteigen darf. Die Auflösung soll so gewählt sein, dass beim Ausdruck des Designs die Größe von 16 x 16 cm nicht überschritten wird und mindestens eine Dimension 3 cm lang ist. Eine Vollmacht muss im *.pdf-Dateiformat beigefügt werden.

94 Werden **Fotos** oder **Zeichnungen** eingereicht, dürfen diese die Größe von 16 x 16 cm nicht überschreiten. Mindestens eine Dimension muss 3 cm lang sein. Die Darstellungen sind jeweils nur einfach einzureichen und müssen vom Anmelder durchnummeriert werden. Das Design muss ohne Beiwerk, also auf neutralem Hintergrund, abgebildet sein. Für jedes Design kann eine **unbegrenzte Anzahl von Abbildungen** eingereicht werden. Maximal 25 Abbildungen dürfen auf einem Blatt vom Format DIN A4 abgebildet sein. Für jede Abbildung ist aber eine eigene Bekanntmachungsgebühr (17 sfr) zu entrichten. Für jedes über ein Blatt hinausgehende Blatt mit Abbildungen ist ebenfalls eine Zusatzgebühr (150 sfr) zu entrichten, wenn die Anmeldung nicht elektronisch, sondern in Papierform eingereicht wird. Technische Zeichnungen werden nicht akzeptiert. Erläuterungen auf den Abbildungen auch nicht. Teile der Darstellungen, für die kein Schutz gewünscht wird, können entweder in der Beschreibung oder mittels unterbrochener oder gepunkteter Linien gekennzeichnet werden.

c) Sammelanmeldung

95 **Bis zu 100 Designs** können in einer Sammelanmeldung zusammengefasst werden, die zu derselben Klasse der internationalen Klassifikation gehören müssen (Regel 7 (7) GemAusfO HMA).

---

46 In re Mann, USPQ-2 d 2030 (Fed.Circ. 1988)

A. Designs

Die Höhe der **Gebühren** hängt ab

- von der Anzahl der Designs

  Die nachfolgende Sammelanmeldung (Abb. 15 bis 21) umfasst eine Mehrzahl unterschiedlich ausgeführter Bedienelemente für Waschmaschinen bzw Geschirrspüler.

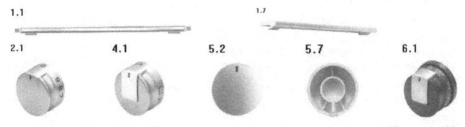

Abb. 15 bis 21: Bedienelemente – Int. GeschmM DM/069099 (Auswahl aus 40 Abb.)

- von der Anzahl der bestimmten Länder
- davon, ob die Bekanntmachung aufgeschoben wird, und
- wenn viele Abbildungen eingereicht werden, davon, ob die Anmeldung elektronisch oder in Papierform erfolgt (siehe Rn 93, 98).

Sammelanmeldungen sind in den **USA nicht möglich**. Für jedes Design, das keine Abwandlung eines anderen Designs darstellt, muss eine eigene Anmeldung getätigt werden. Eine Sammelanmeldung wird vom US-Patent- und Markenamt beanstandet. Der Anmelder muss die Sammelanmeldung dann teilen und ggf für jedes in der Sammelanmeldung enthaltene Muster eine eigene Anmeldung tätigen. Diese Teilungsanmeldungen können als nationale Designanmeldungen beim US-Patent- und Markenamt eingereicht werden, sie erhalten dann ein nationales Aktenzeichen, oder als internationale Anmeldung bei der WIPO.

d) Sprache

Die Anmeldung kann nur in englischer oder französischer Sprache erfolgen. Die Eintragung im internationalen Register und jede diese später betreffende Eintragung wird in der Sprache der Anmeldung abgefasst. 96

e) Aufschiebung der Bekanntmachung

Die Aufschiebung der Veröffentlichung des Designs kann für maximal zwölf Monate ab dem Anmeldetag oder Prioritätstag beantragt werden. Für die Länder, die der Genfer Fassung von 1999 beigetreten sind, gilt die Maximaldauer der Aufschiebung von 30 Monaten. Sieht allerdings das **nationale Recht** eines Vertragsstaates eine kürzere Frist für die Aufschiebung vor, dann wird die internationale Registrierung nach Ablauf der kürzesten Frist von den benannten Vertragsstaaten bekannt gemacht. Sieht ein Vertragsstaat keine Aufschiebung vor, so wird dies dem Anmelder mitgeteilt und dieser kann die Anmeldung für diesen Vertragsstaat dann zurücknehmen. Da die Eintragung grundsätzlich erst sechs Monate nach der Anmeldung stattfindet, gilt *de facto* eine Aufschiebung der Bekanntmachung um sechs Monate. 97

2. Gebühren

Die Gebühren setzen sich zusammen aus einer Grundgebühr, einer Veröffentlichungsgebühr und einer Standard- oder individuellen Bestimmungsgebühr für jedes bestimmte Land. Die Bestimmungsgebühren werden von dem jeweiligen Land festgelegt. Die Gebühren betragen derzeit: 98

- **Grundgebühr**
  - für das erste Design   397 sfr
  - für jedes weitere Design derselben Anmeldung   je Design   19 sfr
- **Veröffentlichungsgebühr**
  - für jedes zu veröffentlichende Design   je Ansicht   17 sfr
  - zusätzliche Veröffentlichungsgebühr für jedes über ein Blatt hinausgehende zu veröffentlichende Blatt mit Abbildungen bei *in Papierform* eingereichter Anmeldung   je Blatt   150 sfr
  - Zusatzgebühr bei Einreichung einer Beschreibung von mehr als 100 Wörtern   je Wort   2 sfr
- **Standard-Benennungsgebühr**
  - für die in Gruppe I benannten Länder für das erste Design   42 sfr
    - für jedes weitere Design derselben Anmeldung   je Design   2 sfr
  - für die in Gruppe II benannten Länder für das erste Design   60 sfr
    - für jedes weitere Design derselben Anmeldung   je Design   20 sfr
  - für die in Gruppe III benannten Länder für das erste Design   90 sfr
    - für jedes weitere Design derselben Anmeldung   je Design   50 sfr

99 **Individualgebühren** werden für folgende Länder festgesetzt (Stand: 1.7.2015):

- African Intellectual Property Organisation (OAPI)
  - für ein Design   83 sfr
  - für eine Sammelanmeldung   124 sfr
- Europäische Gemeinschaft
  - für jedes Design derselben Anmeldung   67 sfr
- Ungarn
  - für das erste Design   84 sfr
  - für jedes weitere Design derselben Anmeldung   20 sfr
- Kirgistan
  - für das erste Design   124 sfr
  - für jedes weitere Design derselben Anmeldung   64 sfr
- Republik Korea
  - für jedes Design   210 sfr
- Moldawien
  - für das erste Design   73 sfr
  - für jedes weitere Design   7 sfr
- Japan
  - für jedes Design   582 sfr

- USA
    - für ein Design (Anmeldegebühr)   733 sfr
        reduzierte Gebühr für „small entity"-Anmelder   367 sfr
        reduzierte Gebühr für „micro entity"-Anmelder   183 sfr
    - für ein Design (Eintragungsgebühr nach Aufforderung)   540 sfr
        reduzierte Gebühr für „small entity"-Anmelder   270 sfr
        reduzierte Gebühr für „micro entity"-Anmelder   135 sfr

Ein „small entity"-Anmelder ist ein Anmelder, der nicht mehr als 500 Angestellte beschäftigt, einschließlich der Angestellten in verbundenen Unternehmen.

Ein „micro entity"-Anmelder ist ein Anmelder, dessen Brutto-Einkommen im vorangegangenen Kalenderjahr einen bestimmten Betrag nicht überschritten hat. Das maximal zulässige Brutto-Einkommen wird auf der Website des US-Patent- und Markenamtes[47] bekannt gegeben. Für das Jahr 2014 betrug das maximale Brutto Einkommen USD 155.817,00.

Anmelder, die über kein laufendes Konto bei der WIPO verfügen, können ihre Zahlungen in Schweizer Franken auf folgende Weise entrichten:

- Einzahlung auf das Postscheckkonto bei der WIPO in Bern, IBAN: CH03 0900 0000 1200 5000 8 oder
- auf ein Bankkonto der WIPO bei der Crédit Suisse in Genf, IBAN: CH51 0483 5048 7080 8100 0.

3. Laufzeit

Die Laufzeit richtet sich individuell nach der Laufzeit nationaler eingetragener Designs jedes benannten Landes. Die Schutzdauer ist jeweils für einen Zeitraum von fünf Jahren verlängerbar. Die maximale Schutzdauer beträgt in keinem Vertragsstaat mehr als 25 Jahre.

Verlängerungsgebühren:

- Grundgebühr
    - für das erste Design   200 sfr
    - für jedes weitere Design derselben Anmeldung   17 sfr
- Standard-Benennungsgebühr
    - für das erste Design   je Land   21 sfr
    - für jedes weitere Design derselben Anmeldung   je Land und Design   1 sfr

Zusätzlich werden für folgende Länder noch **Individualgebühren** erhoben:

- African Intellectual Property Organization (OAPI)
    - für jedes Design derselben Anmeldung   190 sfr
- Europäische Gemeinschaft
    - für jedes Design derselben Anmeldung   51 sfr

---

[47] <www.uspto.gov/patents/law/micro_entity.jsp>.

- Ungarn
  - für das erste Design   811 sfr
  - für jedes weitere Design derselben Anmeldung   20 sfr
- Kirgistan
  - für das erste Design   64 sfr
  - für jedes weitere Design derselben Anmeldung   je Muster   6 sfr
- Republik Korea
  - 1. Verlängerung für jedes Design   339 sfr
  - 2. Verlängerung für jedes Design   800 sfr
  - 3. Verlängerung für jedes Design   923 sfr
- Moldawien
  - für das erste Design   128 sfr
  - für jedes weitere Design   13 sfr

103 Ein **Gebührenrechner** wird auf der Homepage der WIPO zur Verfügung gestellt.[48] Die Länder, für die Schutz begehrt wird, sind im Anmeldeformular anzukreuzen. Es kann sowohl eine Unionspriorität (siehe Rn 68) als auch eine Ausstellungspriorität (siehe Rn 72) in Anspruch genommen werden.

B. Marken

104 Eine Marke dient der Kennzeichnung von Waren oder Dienstleistungen eines Unternehmens. Schutzfähig sind solche Zeichen, die geeignet sind, Waren oder Dienstleistungen eines Unternehmens von denjenigen anderer Unternehmen zu unterscheiden. In Betracht kommen Wörter einschließlich Personennamen, Buchstaben, Zahlen, Abbildungen sowie Farben und Hörzeichen, dreidimensionale Gestaltungen einschließlich der Form einer Ware, sowie sonstige Aufmachungen (§ 3 MarkenG; Art. 4 GMV). Die Hauptfunktion der Marke besteht darin, dem Verbraucher oder dem Endabnehmer die Ursprungsidentität der durch die Marke gekennzeichneten Ware oder Dienstleistung zu garantieren, indem sie ihm ermöglicht, diese Ware oder Dienstleistung von Waren oder Dienstleistungen anderer Hersteller zu unterscheiden[49] (vgl im Einzelnen § 3 MarkenG).

Wenn Waren oder Dienstleistungen sich von denjenigen anderer Unternehmen nach ihrer betrieblichen oder geografischen Herkunft, ihrer Art, ihrer Qualität oder ihren sonstigen Eigenschaften unterscheiden, kann eine **Kollektivmarke** angemeldet werden (§ 97 MarkenG; Art. 64 GMV).

105 Im Gegensatz zu anderen Immaterialgüterrechten wirken Kennzeichen **zeitlich unbegrenzt**, solange die Voraussetzungen ihrer Rechtsbeständigkeit gegeben sind. Einen zwingenden Zeitablauf des Schutzes kennt das Kennzeichenrecht nicht.

Kennzeichen sind Individualrechte. Die herrschende Meinung geht bei den geografischen Herkunftsangaben aber nicht von einer Individualrechtsposition aus, sondern nimmt stattdessen einen kollektiven „Goodwill" als Schutzfunktion der geografischen Herkunftsangabe an, der allen berechtigten Unternehmen einer bestimmten Herkunftsregion des Produktes zusteht.[50]

106 Anders als im Designrecht wird das **Recht an einer Marke** nicht unbedingt einer bestimmten Person zugeordnet. Das Recht auf die Marke wird entweder ihrem **Benutzer** (§ 4 Nr. 2 MarkenG) zugewiesen, sofern das Zeichen innerhalb beteiligter Verkehrskreise als Marke Verkehrsgeltung erworben

---

[48] <www.wipo.int/hague/en/fees/calculator.jsp>.
[49] EuGH, Rs. C-273/00, Slg 2002, I-11737 – Sieckmann = GRUR 2003, 145.
[50] Hoffmann/Kleespies, in: Hoffmann/Kleespies/Adler, Rn 44.

hat, oder es erwirbt derjenige das Recht an der Marke, der sie **zuerst angemeldet** hat. Die einzige Ausnahme stellt der Anspruch auf Löschung und Übertragung der Agentenmarke dar (§§ 11, 17 MarkenG; Art. 18 GMV). Diese Vorschriften sollen den Inhaber einer bestehenden Marke dagegen schützen, dass diese ohne sein Einverständnis von seinem Agenten oder Vertreter angemeldet werden kann. Die Eintragung einer Marke durch einen Strohmann des Agenten steht der Eintragung der Marke durch den Agenten selbst gleich.[51]

I. Deutsche Marken

Schutz durch die Benutzung im geschäftlichen Verkehr entsteht nur mit dem Erwerb der **Verkehrsgeltung** oder durch **Eintragung** der Marke in das Register des DPMA. Im Schrifttum wird die Frage seit langem kontrovers diskutiert, ob mit der Eintragung der Marke der Inhaber das alleinige Recht erwirbt, die Marke für die geschützten Waren und/oder Dienstleistungen zu benutzen. Früher hat die überwiegende Meinung dies verneint. In der „Mon-Cherie"-Entscheidung[52] hat der BGH ursprünglich kategorisch dargelegt, dass eine Markeneintragung kein positives Benutzungsrecht, sondern nur ein Verbietungsrecht gewährt. In der Denkschrift über die Schaffung einer EWG-Marke hat die Kommission der Europäischen Gemeinschaft ausgeführt, dass es richtiger sei, die Befugnisse des Markeninhabers nicht nur negativ, also die Befugnis, sich der Benutzung der Marke oder eines übereinstimmenden Zeichens zu widersetzen, sondern auch positiv dahin zu definieren, dass ihm ein ausschließliches Recht zur Benutzung der eingetragenen Marke zuerkannt wird.[53] Die positive Definition soll die Tatsache besser zum Ausdruck bringen, dass die Eintragung einer Marke ihrem Inhaber ein Recht verleiht, das er nicht nur gegen Verletzungen verteidigen, sondern über das er auch verfügen und das er lizenzieren kann. Die Gegenmeinung findet zunehmend Befürworter.[54] Eine Marke ist durch Zahlung einer Verlängerungsgebühr jeweils um zehn Jahre verlängerbar. Ihre Laufzeit ist nicht begrenzt. Wird eine Verlängerungsgebühr nicht mehr gezahlt, wird die Marke gelöscht.

1. Anmeldevoraussetzungen

Gemäß § 32 MarkenG muss die Anmeldung zur Eintragung einer Marke in das Register beim **DPMA** eingereicht werden. Die Anmeldung kann bei der Dienststelle München, Berlin oder Jena eingereicht werden oder auch über ein **Patentinformationszentrum**, wenn dieses durch Bekanntmachung des Bundesministers der Justiz und für Verbraucherschutz im Bundesgesetzblatt dazu bestimmt ist, Markenanmeldungen entgegenzunehmen.[55] Die Anmeldung kann per Post, Telefax oder persönlich eingereicht werden. Sowohl das DPMA als auch die Patentinformationszentren verfügen über einen Nachtbriefkasten zur Annahme von Schriftstücken außerhalb der Geschäftszeiten. Eine **elektronische Anmeldung** ist ebenfalls möglich („e-filing").

a) Anmelder

Anmelder können nur rechtsfähige Personen, also natürliche und juristische **Personen** sowie **Personengesellschaften** einschließlich der Gesellschaft bürgerlichen Rechts sein. Die Markenanmeldung einer juristischen Person des öffentlichen und privaten Rechts sowie einer Personengesellschaft erfolgt durch deren gesetzliche Vertreter. Ist Anmelder eine Gesellschaft bürgerlichen Rechts,[56] muss ein vertretungsberechtigter Gesellschafter mit Namen und Anschrift genannt werden, mit dem das DPMA korrespondiert. Mehrere Anmelder können nur einen einzigen Eintragungsantrag

---

51 BGH GRUR Int. 2009, 257 – audison.
52 BGH GRUR 1961, 181, 183 – Mon Cherie.
53 Denkschrift GRUR Int. 1976, 481, 493 rSp.
54 Ingerl/Rohnke, § 14 Rn 8 mwN.
55 <www.piznet.de>.
56 BGH Mitt. 2001, 176 – Rechtsfähigkeit der BGB-Gesellschaft; BPatG BGH Mitt. 2007, 430 – Pit-Bull.

stellen. Für sie werden die Bestimmungen der ZPO über die notwendige Streitgenossenschaft angewendet.[57] Ein Geschäftsbetrieb ist nicht notwendig.[58]

110 Anmelder ohne Wohnsitz, Sitz oder Niederlassung in der Bundesrepublik Deutschland benötigen einen **Inlandsvertreter**, der Rechtsanwalt oder Patentanwalt sein muss und gem. § 96 MarkenG zur Vertretung im Verfahren vor dem DPMA, dem BPatG und in bürgerlichen Streitigkeiten, die diese Marke betreffen, sowie zur Stellung von Strafanzeigen bevollmächtigt ist (§ 96 Abs. 1 MarkenG). Die Vorschrift bezieht sich nicht auf den Ausländer, sondern den Auswärtigen.[59] Für die Einreichung einer Anmeldung an sich ist kein Inlandsvertreter erforderlich.[60] Jede weitere Korrespondenz ist dann aber nur über einen Inlandsvertreter möglich.

111 Inhaber von angemeldeten oder eingetragenen **Kollektivmarken** können nur **rechtsfähige Verbände** sein, einschließlich der rechtsfähigen Dachverbände und Spitzenverbände, deren Mitglieder selbst Verbände sind. Diesen Verbänden sind die juristischen Personen des öffentlichen Rechts gleichgestellt (§ 98 MarkenG). Eine Kollektivmarke hat eine andere Funktion als eine Individualmarke. Sie kennzeichnet nicht die Herkunft von Waren oder Dienstleistungen aus einem bestimmten Geschäftsbetrieb, sondern die Herkunft aus einem Unternehmen einer Gruppe, die ihrerseits durch die Zugehörigkeit zu dem Verband, der Markeninhaber ist, verbunden sind. Die Kollektivmarke weist damit auf bestimmte Eigenschaften der Waren, Leistungen oder Zeichen benutzenden Unternehmen hin, die sie jeweils mit anderen Unternehmen, die das Zeichen ebenfalls benutzen, gemeinsam haben.[61]

b) Formerfordernisse

112 Damit den eingereichten Anmeldungsunterlagen ein wirksamer **Anmeldetag** zukommt, müssen sie Folgendes umfassen (§ 32 Abs. 2 MarkenG):
- Angaben, die es erlauben, die Identität des Anmelders festzustellen,
- eine Wiedergabe der Marke,
- ein Verzeichnis der Waren und/oder Dienstleistungen, für die die Eintragung beantragt wird.

113 Das **DPMA prüft rein formal**, ob die Mindesterfordernisse erfüllt sind, und vermerkt auf der Anmeldung den Tag des Eingangs und das Aktenzeichen der Anmeldung. Dem Anmelder wird unverzüglich eine Empfangsbescheinigung übermittelt, die die angemeldete Marke bezeichnet und das Aktenzeichen der Anmeldung sowie den Tag des Eingangs der Anmeldung angibt. Außerdem wird dem Anmelder die vom DPMA festgelegte Leitklasse (siehe Rn 131) mitgeteilt, die sich nach dem Schwerpunkt der Anmeldung bestimmt.

114 Für die Zuerkennung des Anmeldetages ist es notwendig, dass die Angaben zu dem Anmelder so konkretisiert sind, dass das DPMA in der Lage ist, sich mit dem Anmelder in Verbindung zu setzen. Es reicht folglich aus, wenn den Anmelder unter der angegebenen Bezeichnung eine Postsendung erreichen würde.[62] Die **Wiedergabe** muss das schutzfähige Zeichen angeben, das geeignet ist, die Waren oder Dienstleistungen eines Unternehmens von denen eines anderen Unternehmens zu unterscheiden. Die Wiedergabe der Marke muss erkennen lassen, was der Anmelder unter Schutz stellen will. Die Marke muss so klar und eindeutig dargestellt sein, dass eine genaue Identifizierung und Bestimmung des Schutzgegenstands möglich ist und nachträgliche Änderungen zweifelsfrei ausgeschlossen sind.[63] Für die Zuerkennung des Anmeldetages ist eine **grafische Darstellung** als hinreichende Wiedergabe der Marke nicht zwingend. Die Wiedergabe soll den Schutzgegenstand bestim-

---

57 Vgl BPatG GRUR 2004, 685, 688.
58 Begründung zum Entwurf eines Gesetzes zur Reform des Markenrechts, B zu § 4, BT-Drucks. 12/6581.
59 Fezer, MarkenG, § 96 Rn 4.
60 Ströbele, in: Ströbele/Hacker, § 96 Rn 7.
61 Ingerl/Rohnke, vor §§ 97–106 Rn 1.
62 Kirschneck, in: Ströbele/Hacker, § 32 Rn 10 mwN.
63 BGH GRUR 2004, 502, 503 – Gabelstapler II.

men und damit die Prüfung der Anmeldung ermöglichen. Die grafische Darstellung hingegen ist notwendig, um die Marke eintragen und den Schutzbereich bestimmen zu können.[64]

Genügt die Anmeldung den vorgenannten Mindesterfordernissen nicht, fordert das DPMA unter Fristsetzungen zur Behebung der Mängel auf. Kommt der Anmelder der Aufforderung nach, so wird als Anmeldetag der Tag festgestellt, an dem die Beseitigung aller beanstandeten Mängel beim DPMA eingegangen ist (§ 36 Abs. 2 MarkenG). Dem Anmelder wird der so anerkannte Anmeldetag mitgeteilt. 115

Die Anmeldung zur Eintragung einer Marke muss unter Verwendung des vom DPMA herausgegebenen **Formblatts** eingereicht werden (§ 2 MarkenV), das vom Anmelder oder seinem Vertreter **unterschrieben** sein muss. Für jede Marke muss eine eigene Anmeldung getätigt und ein gesondertes Formblatt vollständig ausgefüllt werden. Eine Anmeldung in fremder Sprache ist zulässig, wenn innerhalb von drei Monaten nach dem Eingang beim DPMA die durch einen Rechtsanwalt oder Patentanwalt beglaubigte bzw. durch einen öffentlich bestellten Übersetzer angefertigte Übersetzung nachgeliefert wird (§ 15 Abs. 2 MarkenV). 116

Neben den zwingenden Angaben, die zur Zuerkennung eines Anmeldetages und damit zur Festlegung des Zeitrangs einer Markenanmeldung notwendig sind, sind außerdem **weitere Angaben** erforderlich, um die Marke zur Eintragung zu bringen. 117

In der Anmeldung ist auch anzugeben, ob die Marke als

1. Wortmarke
2. Bildmarke
3. dreidimensionale Marke
4. Kennfadenmarke
5. Hörmarke
6. sonstige Marke

in das Register eingetragen werden soll.

Der Anmeldung einer **Kollektivmarke** muss eine Markensatzung beigefügt sein. Die **Markensatzung** muss mindestens enthalten: 118

- Name und Sitz des Verbandes,
- Zweck und Vertretung des Verbandes,
- Voraussetzung für die Mitgliedschaft,
- Angabe über den Kreis der zur Benutzung der Kollektivmarke befugten Personen,
- die Bedingungen für die Benutzung der Kollektivmarke und
- die Angabe über die Rechte und Pflichten der Beteiligten im Falle von Verletzungen der Kollektivmarke.

Grundlage des Eintragungsverfahrens ist die **Anmeldung**. Das angemeldete Zeichen kann im Laufe des Eintragungsverfahrens grundsätzlich nicht abgeändert werden. Die Anmeldung bestimmt den Umfang des Schutzbereichs des einzutragenden Zeichens. Das einzutragende Zeichen stellt mit der Anmeldung eine unteilbare und unveränderliche Einheit dar.[65] Eine spätere Änderung der Markenform ist unzulässig, da sie die Marke an sich ändert.[66] 119

aa) Wiedergabe

Wortmarken werden in der vom DPMA verwendeten üblichen Druckschrift eingetragen. In der Anmeldung ist die Marke in üblichen Schriftzeichen wiederzugeben. **Bildmarken** werden in der vom Anmelder gewählten grafischen Wiedergabe einer Wortmarke, als zweidimensionale Wort-Bild-Marke, als Abbildung und/oder in Farbe eingetragen. 120

---

64 Vgl BGH GRUR-Prax 2010, 460.
65 BGH WRP 2001, 32, 32 – Zahnpastastrang; BGH GRUR 1976, 353, 354 – Colorboy.
66 BGH aaO.

Möchte der Anmelder eine **Wortmarke in einer besonderen Schrift** anmelden, also beispielsweise in Schreibschrift oder mit grafisch besonders ausgestalteten Buchstaben, muss er eine Bildmarke anmelden, wenn er vermeiden möchte, dass die Anmeldung vom DPMA in den üblichen Schriftzeichen wiedergegeben wird. In diesem Fall ändert sich der Schutzbereich nicht, sondern durch die Angabe der Markenform werden rein organisatorische Maßnahmen bei der Drucklegung vorgegeben.

121 Der Anmeldung sind – wenn es sich nicht um eine Wortmarke handelt – zwei übereinstimmende zweidimensionale grafische Wiedergaben der Marke beizufügen. Soll die Marke in Farbe eingetragen werden, so sind die Farben zusätzlich in der Anmeldung zu bezeichnen (§ 8 Abs. 1 MarkenV), beispielsweise: „schwarz/rot/gold". Für eine **dreidimensionale Marke** oder eine **Kennfadenmarke** sind der Marke ebenfalls zwei übereinstimmende zweidimensionale grafische Wiedergaben der Marke beizufügen. Es können Darstellungen von bis zu sechs verschiedenen Ansichten eingereicht werden. Eine dreidimensionale Marke muss hinreichend deutlich grafisch dargestellt werden, damit eindeutig festgelegt wird, was geschützt werden soll.[67] Eine unscharfe fotografische Abbildung ist demnach bei einer dreidimensionalen Marke keine taugliche grafische Abbildung iS von § 8 Abs. 1 MarkenG. Eine einzige zweidimensionale Wiedergabe wird nur in Ausnahmefällen genügen können, eine dreidimensionale Marke ausreichend bestimmt und in allen Merkmalen vollständig wiederzugeben.[68] 3D-Marken müssen nicht zwingend von allen Seiten perspektivisch wiedergegeben werden. Die Abbildung einer 3D-Marke in nur einer Perspektive führt aber zu einer Beschränkung des Schutzumfangs.[69] Folglich empfiehlt es sich, die 3D-Gestaltung durch mehrere grafische Abbildungen in der Anmeldung selbst zu bestimmen, wenn sich der Markenschutz auch auf andere Perspektiven erstrecken soll.[70] Soll die Marke in Farbe eingetragen werden, so sind auch hier die Farben in der Anmeldung zu bezeichnen. Für die Wiedergabe sind Fotos oder grafische Strichzeichnungen zu verwenden, die als Vorlage für den Foto-Offsetdruck, die Mikroverfilmung und die elektronische Bildspeicherung geeignet sind.

Beispielsweise ist die nachfolgend abgebildete 3D-Marke Nr. 396 16 159.6 für Reise- und Handkoffer u.a. eingetragen (Abb. 22).

Abb. 22: *Rimowa*-Koffer – Dt. Marke 39616159.6

---

67 BPatG v. 15.9.2010 – 25 W (pat) 8/09 = BeckRS 2010, 22358.
68 BPatGE, 43, 245, 247 – Penta Kartusche.
69 BGH Mitt. 2013, 465 – Schokoladenstäbchen II.
70 Wirtz, Aktuelles aus dem Markenrecht, Mitt. 2014, 18, 19.

Die 3D-Marke Nr. 30 2011 006 424.5 wurde u.a. für elektrisch betriebene Kraftfahrzeuge und deren Teile eingetragen (Abb. 23).

Abb. 23: 3D-Marke – Dt. Marke 30 2011 006 424.5

In der Entscheidung „Milchschnitte"[71] hat der BGH festgestellt, dass eine Warenform nur dann nach § 3 Abs. 2 Nr. 1 MarkenG von der Eintragung ausgeschlossen ist, wenn sie die Grundform der Warengattung darstellt, für die Schutz begehrt wird. Erneut wurde in dieser Entscheidung klargestellt, dass der Schutz der Marke auf die konkret angemeldete Markenform beschränkt ist.

122 Wird die Marke durch eine **grafische Strichzeichnung** wiedergegeben, muss die Darstellung in gleichmäßig schwarzen, nicht verwischbaren und scharf begrenzten Linien ausgeführt sein. Die Darstellung kann Schraffuren und Schattierungen zur Wiedergabe plastischer Einzelheiten enthalten. Nicht sichtbare Teile können beispielsweise durch gestrichelte Linien innerhalb einer grafischen Strichzeichnung dargestellt werden.[72] Sie muss so ausgeführt sein, dass die Bestandteile der Marke in allen Einzelheiten auch bei einer Verkleinerung auf ein Format von 8 x 8 cm in schwarzweißer Wiedergabe deutlich erkennbar sind. Die Blattgröße der Wiedergabe darf das Format DIN A4 nicht überschreiten. Der Satzspiegel darf nicht größer als 26,2 x 17 cm und nicht kleiner als 8 x 8 cm sein. Vom oberen und vom linken Seitenrand jedes Blattes ist ein Randabstand von mindestens 2,5 cm einzuhalten. Die richtige Stellung der Marke kann durch den Vermerk „oben" angegeben werden. Die Wiedergabe der Marke kann zusätzlich auf einem Datenträger eingereicht werden. Der Datenträger muss lesbar sein und darf keine Viren oder sonstigen schädlichen Programme enthalten. Die beim DPMA lesbaren Datenträgerformate werden auf der Internetseite[73] bekannt gemacht. Die Darstellungen sind als einzelne Dateien auf dem Stammverzeichnis des leeren Datenträgers abzulegen. Die Auflösung muss mindestens 150 x 150 dpi betragen. Die Maximalgröße beträgt 1200 x 1200 dpi. Die Datei darf nicht größer als 1 MB sein. Gepackte und komprimierte Dateien werden vom DPMA nicht bearbeitet.

123 Für eine **Kennfadenmarke** ist eine kurze Beschreibung, wie der Kennfaden sich manifestiert, durchaus hilfreich. Mit der Beschreibung „Kennfaden, drei verdrillte Einfarbenkennfäden gelb-blau-blau" wurde die nachfolgende abgebildete Marke 2 102 484 als Kennfadenmarke eingetragen (Abb. 24).

Abb. 24: Kabelkennfaden
Dt. Marke 2 102 484
(dunkel = blau, hell = gelb)

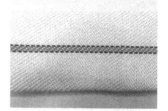

Abb. 25: Kabelkennfaden
Dt. Marke 30 2013 041 610.4
(dunkel = schwarz, hell = orange)

Eintragen wurde die Marke (Abb. 25) mit folgender Beschreibung: „Die Marke kennzeichnet Schläuche mit einem sich in Längsrichtung der Schläuche erstreckenden, eingewebten Kennstreifen, der mehrere nebeneinander liegende, orangefarbene Kettfäden aufweist, wobei der Kennstreifen durch gegenüber dem Kennstreifen selbst schmale schwarze Trennstreifen aus wenigstens einem Kettfaden eingefasst und gegenüber dem restlichen Schlauchgewebe abgegrenzt ist."

Soll die Marke als **Hörmarke** eingetragen werden, so sind der Anmeldung zwei übereinstimmende zweidimensionale grafische Wiedergaben der Marken in einer üblichen Notenschrift beizufügen. In der Entscheidung „Farbmarke gelb/grün" wurde vom BGH noch die Auffassung vertreten, dass als

---

[71] BGH WRP 2008, 791 – Milchschnitte.
[72] BPatGE, aaO.
[73] <www.DPMA.de>.

grafische Wiedergabe einer Hörmarke auch ein Sonagramm geeignet ist.[74] § 11 Abs. 2 MarkenV sieht aber nur noch die übliche Notenschrift als grafische Wiedergabe einer Hörmarke als ausreichend an. Auch wenn Noten ein übliches Mittel zur Darstellung von Klängen sind, ist eine Notenfolge ohne weitere Erläuterung wie e, dis, e, dis, e, h, d, c, a keine grafische Darstellung. Eine solche Umschreibung ist weder klar noch eindeutig noch in sich abgeschlossen. Sie ermöglicht insbesondere nicht die Bestimmung der Höhe und Dauer der Töne.[75] Es ist nicht von vornherein ausgeschlossen, dass eine schriftliche Beschreibung keine grafische Darstellung eines Klangzeichens ist. Bei einem Zeichen wie „die ersten neun Noten von ‚für Elise' " oder „das Krähen eines Hahnes" fehlt es jedoch der grafischen Darstellung an Eindeutigkeit und Klarheit.[76] Außerdem muss folglich eine klangliche Wiedergabe der Marke auf einem **Datenträger** eingereicht werden. Für jede Marke muss ein eigener Datenträger verwendet werden. Die Anmeldung kann eine Beschreibung der Marke enthalten (§ 11 MarkenV).

Eingetragen ist die folgende Hörmarke Nr. 2 913 875 für die Waren Produktion und Ausstrahlung von Hörfunk- und Fernsehsendungen (Abb. 26).

Abb. 26: Hörmarke – Dt. Marke 2913875

Eine **Farbmarke** wird nach der höchstrichterlichen deutschen Rechtsprechung ausreichend grafisch dargestellt, wenn ein Farbmuster eingereicht wird *und* die Farbe mittels Bezugnahme auf ein gängiges Farbklassifikationssystem (zB Angabe der RAL- oder Pantone-Nr.) beschrieben wird.[77] Die Darstellung muss klar, eindeutig, in sich abgeschlossen, verständlich, dauerhaft und objektiv sein.[78] Die Beschreibung kann zB lauten: „Die angemeldete Marke beinhaltet die Farbe ... als konturlose, abstrakte Farbmarke".[79] Das BPatG vertritt die Auffassung, dass der Anmelder einer konturlosen Farbmarke schon bei der Anmeldung festlegen muss, in welcher Art er beabsichtigt, die Marke zu verwenden.[80]

Eine weitere sonstige Marke ist die **Tastmarke**. Um das Erfordernis der grafischen Darstellung einer Tastmarke durch die Beschreibung des durch den Tastsinn wahrzunehmenden Gegenstands zu erfüllen, müssen in hinreichender Weise bestimmte Eigenschaften des betreffenden Gegenstands bezeichnet werden, die über den Tastsinn wahrgenommen werden können. Als Mittel der grafischen Darstellung kommen beispielsweise Abbildungen oder wörtliche Beschreibungen des Wahrnehmungsgegenstands in Betracht. Die mit dem Erfordernis der grafischen Darstellbarkeit verfolg-

---

74 BGH v. 19.9.2001 – I ZB 3/99 – Farbmarke gelb/grün.
75 Hildebrandt, Harmonisiertes Markenrecht in Europa, Rn 325 mwN.
76 EuGH, Rs. C-283/01, Slg 2003, I-14313, Rn 59 – Shield Mark.
77 BGH GRUR-RR 2013, 62, 63; GRUR 2001, 1154, 1155 – Farbmarke violettfarben.
78 EuGH, Rs. C-104/01, Slg 2003, I-03793 – Libertel = GRUR 2003, 604, 606.
79 Fabry, Mitt. 2008, 160, 161 rSp.
80 BPatG GRUR 2005, 585 – Farbmarke gelb.

ten Zwecke gebieten es dagegen nicht, dass (auch) die Sinnesempfindungen als solche, die über den Tastsinn ausgelöst werden, bezeichnet werden müssen.[81] Auch wenn es nicht erforderlich ist, die beim Erfassen des Gegenstands feststellbaren haptischen Reize zu beschreiben,[82] erscheint es hinsichtlich der von dem beanspruchten Gegenstand durch den Tastsinn ausgelösten Sinnesempfindungen nicht grundsätzlich ausgeschlossen, dass sich einzelne haptische Eindrücke durch eine wörtliche Beschreibung ebenso hinreichend klar, eindeutig, in sich abgeschlossen, leicht zugänglich und verständlich, dauerhaft und objektiv grafisch darstellen lassen, wie das bei anderen visuell nicht wahrnehmbaren Zeichen der Fall sein kann. Auch kann eine Kombination aus einer Abbildung und einer Beschreibung als ausreichende grafische Darstellung in Betracht kommen, zB eine fotografische Darstellung eines Slogans in Blindenschrift mit einer Erläuterung, wie die Schrift definiert ist und wie der Slogan lautet.[83] **Bildliche Darstellungen**, die sich in der Regel auch sprachlich umschreiben lassen, eignen sich zur **Ergänzung** einer allein nicht ausreichenden wörtlichen Beschreibung, wenn sie zusätzliche Informationen enthalten, die zusammen mit den in der wörtlichen Beschreibung enthaltenen Angaben eine den Anforderungen genügende grafische Darstellung ergeben.[84] Eine Beschreibung kann eine grafische Darstellung keinesfalls ersetzen, sondern nur ergänzen. Nach der Rechtsprechung des EuGH verlangen die mit den Erfordernissen der Bestimmtheit und der grafischen Darstellbarkeit verfolgten Zwecke nicht notwendig die grafische Wiedergabe der Marke selbst. Es kann unter Umständen genügen, die Marke mit hinreichend eindeutigen Symbolen, insbesondere mithilfe von Figuren, Linien oder Schriftzeichen, zu umschreiben, die das Zeichen so wiedergeben, dass es genau identifiziert werden kann. Das setzt voraus, dass die (mittelbare) grafische Darstellung klar, eindeutig, in sich abgeschlossen, leicht zugänglich, verständlich, dauerhaft und objektiv ist.[85] Der BGH hat sich, soweit ersichtlich, hierzu noch nicht geäußert. Die Beschreibung der Marke: „Das raue Gefühl von Sandpapier" für Getränkeverpackungen ist zu unbestimmt und beruht stets auf einem subjektiven Empfinden,[86] was ausgeschlossen sein muss.

126 Grundsätzlich können auch **Hologramme** als Marke angemeldet werden.[87] Wichtig ist jedoch, dass sich die Hologramme grafisch darstellen lassen. Das BPatG hat beispielsweise einfache Hologramme, wie sie sich auf Scheckkarten befinden, als dem Markenschutz zugänglich angesehen.[88] Bisher sind aber Eintragungen an der grafischen Darstellbarkeit eines Hologramms gescheitert.

bb) Waren- und Dienstleistungsverzeichnis

127 **Positionsmarken** dienen der Kennzeichnung einer Ware oder einem Warenteil durch die besondere Art und Weise der Anbringung oder Anordnung eines Zeichens. Für „Schuhwaren" und der Beschreibung: „Positionsmarke; die gestrichelten Linien sind nicht Bestandteil der Marke, sondern legen ihre Position fest", hat das Bundespatentgericht[89] die Eintragbarkeit folgender Marke (Abb. 27) bejaht:

---

81 BGH GRUR 2007, 148, 150 – Tastmarke.
82 Wirtz, Mitt. 2008, 157, lSp.
83 Vgl eingetragene Marke DE 302 59 881 „Darauf einen Underberg".
84 BGH GRUR 2007, 148, 150, 151 – Tastmarke.
85 EuGH, Rs. C-273/00, Slg 2002, I-11737, Rn 52–55 – Sieckmann = GRUR 2003, 145.
86 BPatG GRUR 2008, 348, 349.
87 BPatG GRUR 2005, 594, 597 – Hologramm.
88 BPatG v. 8.3.2005 – 24 W (pat) 102/03.
89 BPatG v. 8.10.2014 – 27 W (pat) 511/14.

Abb. 27 – Dt. Marke 30 2013 038 266.8

Beim Abfassen des Verzeichnisses für die Waren und/oder Dienstleistungen, für die der Anmelder Schutz begehrt, kann er sich an der **internationalen Klasseneinteilung** und den dort verwendeten Begriffen orientieren (§ 19 MarkenV). Die internationale Klasseneinteilung („Nizzaer Klassifikation") kann auf der Homepage des DPMA[90] eingesehen und abgerufen werden. Die dort verwendeten Begriffe sind sehr allgemein und umfassen eine Vielzahl darunterfallender Waren bzw Dienstleistungen. Werden Oberbegriffe aus der Klasseneinteilung benutzt, wird Schutz für alle unter den jeweiligen Oberbegriff fallenden Waren und Dienstleistungen beansprucht. Der Oberbegriff gewährt gegenüber der Einzelware oder -dienstleistung den weiteren Schutzumfang. Möchte der Anmelder zukünftig Spielraum zur Erweiterung seines Produkt- oder Leistungsangebots haben, ist die Verwendung eines möglichst breiten Oberbegriffs sicherlich sinnvoll. Da die Waren, für die Schutz beansprucht werden soll, unabhängig von einem Geschäftsbetrieb sind, kann der Anmelder alle Waren/Dienstleistungen benennen, die er möchte. Dabei sollte er aber die international abgestimmten „Class Scopes"[91] berücksichtigen – eine vom DPMA herausgegebene Liste aller zulässigen Waren- und Dienstleistungsbegriffe -, um Beanstandungen der Anmeldung zu vermeiden.

Mit einem **weiten Oberbegriff** nähert sich der Anmelder naturgemäß mit seiner Marke den Marken Dritter, die für identische oder ähnliche Zeichen denselben breiten Oberbegriff oder eine unter den Oberbegriff fallende Produktbezeichnung angemeldet haben. Die **Kollisionsgefahr** steigt also. Je genauer der Anmelder die Ware/Dienstleistung, für die er seine Marke benutzen möchte, kennzeichnet, umso geringer ist die Gefahr einer Kollision mit älteren Marken. Der Schutzumfang wird dadurch natürlich eingeschränkt. Bei der Entscheidung, ob ein Oberbegriff oder eine Einzelware bzw -dienstleistung gewählt wird, ist zunächst einmal zu bedenken, dass ein Zeichen bereits dann **von der Eintragung ausgeschlossen** ist, wenn es für nur eine **spezielle**, unter den Oberbegriff fallende **Einzelware schutzunfähig** ist.[92] In dem hier höchstrichterlich zur Entscheidung angestandenen Fall begehrte die Anmelderin die Eintragung des Zeichens „AC" für „pharmazeutische Produkte". Unter diesen Oberbegriff fallen auch „Vitaminpräparate", und das DPMA war der Auffassung, dass für diese Waren die beiden ausschließlichen Großbuchstaben A und C, aus denen die Marke bestand, in entsprechendem Zusammenhang die Vitamine A und C bezeichnen, wie dies nicht nur in Fachkreisen, sondern auch beim Endverbraucher bekannt sei. Der BGH hat diese Auffassung nicht geteilt, weil nicht nachgewiesen werden konnte, dass die Buchstabenkombination AC für die Vitamine A und C oder eine Kombination der Vitamine A und C benutzt wird, und hob die Entscheidung auf. Er hat in dieser Entscheidung aber bestätigt, dass es grundsätzlich nicht möglich sein darf, dass ein Markenanmelder einerseits die Eintragung seiner Marke erreicht, weil ein beschreibender Begriffsinhalt der Marke für den Oberbegriff als solchen nicht nachgewiesen werden könne, andererseits die Marke dann aber für eine spezielle, unter den Oberbegriff fallende Ware benutzt, für die der Begriffsinhalt beschreibend ist und deshalb dem in Rede stehenden Eintragungshindernis unterfiele.

---

90 <www.dpma.de>.
91 Datenbank TMclass <www.tmdn.org>.
92 BGH GRUR 2002, 261, 262 – AC.

129 Im Widerspruchsverfahren wird eine Marke für den vollständigen Oberbegriff gelöscht, wenn für einzelne vom Oberbegriff umfasste Waren die Voraussetzung der **Verwechslungsgefahr** erfüllt ist.[93] Wenn später die **Benutzung** der Marke nachgewiesen werden muss, reicht die Benutzung einer Einzelware in der Regel nicht zur Glaubhaftmachung der Benutzung aller unter den Oberbegriff fallenden Waren aus. Die Marke ist dann für die nicht benutzten unter den Oberbegriff fallenden Waren löschungsreif. Die sich aus dem weiten Schutzumfang des Oberbegriffs ergebenden Schwierigkeiten können im Laufe des Verfahrens durch eine **Einschränkung des Verzeichnisses** beseitigt werden.[94] Auch nach der Eintragung der Marke kann das Waren- und Dienstleistungsverzeichnis jederzeit beschränkt werden.

130 Eine gute Hilfe bei der Abfassung von Waren- und Dienstleistungsverzeichnissen stellt die vom **DPMA** herausgegebene **Empfehlungsliste zur Klasseneinteilung** dar. Findet sich in der Klasseneinteilung und der alphabetischen Liste keine passende Bezeichnung, sind möglichst verkehrsübliche Begriffe zu wählen (§ 20 Abs. 2 MarkenV). Bei technischen Waren sind dies die in der Fachsprache üblichen Begriffe. Sind fremdsprachliche Begriffe im deutschen Sprachgebrauch üblich, sind sie bei der Abfassung des Verzeichnisses zulässig (zB Computer, Monitore, Online-Banking, Software-Herstellung, Catering). Maßgebliches Kriterium ist der **Eintrag in einem deutschen Wörterbuch** oder gängigen **Abkürzungsverzeichnis**. Ansonsten müssen fremdsprachliche Begriffe und Abkürzungen erläutert werden. Die Empfehlungsliste ist dreisprachig abgefasst und erleichtert damit insbesondere auch eine möglicherweise später notwendig werdende Übersetzung, wenn beispielsweise eine IR-Marke (siehe Rn 184) angemeldet werden soll oder eine Nachanmeldung der Marke im Ausland gewünscht wird.

Mit der Umsetzung des EuGH-Urteils „IP-Translator"[95] **werden vom DPMA folgende Klassenüberschriften der Nizzaer Klassifikation** *nicht* **mehr akzeptiert:**

- Klasse 6 – Waren aus Metall, soweit sie nicht in anderen Klassen enthalten sind
- Klasse 7 – Maschinen
- Klasse 14 – daraus [aus Edelmetallen und deren Legierungen] hergestellte oder plattierte Waren, soweit sie nicht in anderen Klassen enthalten sind
- Klasse 16 – Waren aus diesen Materialien [Papier und Pappe], soweit sie nicht in anderen Klassen enthalten sind
- Klasse 17 – Waren daraus [Kautschuk, Guttapercha, Gummi, Asbest, Glimmer], soweit sie nicht in anderen Klassen enthalten sind
- Klasse 18 – Waren daraus [Leder und Lederimitationen], soweit sie nicht in anderen Klassen enthalten sind
- Klasse 20 – Waren, soweit sie nicht in anderen Klassen enthalten sind, aus Holz, Kork, Rohr, Binsen, Weide, Horn, Knochen, Elfenbein, Fischbein, Schildpatt, Bernstein, Perlmutter, Meerschaum und deren Ersatzstoffen oder aus Kunststoffen
- Klasse 37 – Reparaturwesen
- Klasse 37 – Installationsarbeiten
- Klasse 40 – Materialbearbeitung
- Klasse 45 – von Dritten erbrachte persönliche und soziale Dienstleistungen betreffend individuelle Bedürfnisse

131 Anhand der vom Anmelder vorgenommenen Klassifizierung bestimmt das DPMA die **Leitklasse**. Diese wird dem Anmelder zusammen mit der Eingangsbestätigung mitgeteilt. Durch die Leitklasse wird die zuständige Prüfungsstelle bzw der zuständige Prüfer bestimmt. Der Anmelder kann eine Klasse als Leitklasse unverbindlich vorschlagen. Durch einen Hinweis auf frühere Eintragungen mit demselben Waren-/Dienstleistungsverzeichnis oder die gleichzeitige Anmeldung mehrerer Marken als Teil einer Serie kann das Risiko unnötiger Beanstandungen verringert werden. Bei der Über-

---

93 BGH GRUR 2005, 326, 327 – il Padrone/Il Portone.
94 Grabucker, in: Fezer, Handbuch der Markenpraxis, Bd. 1, Abschn. 1, Rn 233.
95 EuGH GRUR 2012, 822.

nahme älterer Verzeichnisse ist allerdings zu bedenken, dass sich zwischenzeitlich das Klassifikationssystem verändert haben kann, was dann zu berücksichtigen wäre.

Nach der richtungweisenden „Praktiker"-Entscheidung des EuGH[96] akzeptiert das DPMA in Verzeichnissen von Waren und Dienstleistungen Angaben wie „Einzelhandelsdienstleistungen" oder „Großhandelsdienstleistungen", verlangt aber eine Konkretisierung im Hinblick auf die Waren oder Arten von Waren, auf die sich diese Dienstleistungen beziehen.[97] Eine Konkretisierung mittels Klassziffern ist zu unbestimmt.[98] Eine Dienstleistungsangabe wie „Einzelhandelsdienstleistungen in Bezug auf Waren der Klassen 1–34" ist demnach nicht zulässig. Das DPMA empfiehlt, die **Dienstleistung** auf einen bestimmten Bereich (Warenarten-Bezug) zu konkretisieren. Denkbar ist beispielsweise „Einzelhandelsdienstleistungen im Bereich von Drogerie-, Kosmetik- und Haushaltswaren" oder „Einzelhandelsdienstleistungen in Bezug auf elektrische Haushalts-, Rundfunk- und Fernsehgeräte" usw. Zulässig ist auch eine beschränkende Kennzeichnung durch Angabe der Klasse wie beispielsweise „Computer-Peripheriegeräte (soweit in Klasse 9 enthalten)". 132

> **Hinweis:** Es gilt nicht grundsätzlich, dass für den Fall, dass alle Oberbegriffe einer Klasse im Waren-/Dienstleistungsverzeichnis genannt sind, dann alle dieser Klasse unterfallenden Waren/Dienstleistungen erfasst sind.[99] 133

c) Priorität

Es kann sowohl die Priorität einer **früheren ausländischen Anmeldung** nach den Vorschriften der Staatsverträge mit der Maßgabe, dass die Priorität nach der PVÜ auch für Dienstleistungen in Anspruch genommen werden kann (§ 34 MarkenG), als auch eine **Ausstellungspriorität** in Anspruch genommen werden (§ 35 MarkenG), wenn der Anmelder die Waren oder die Dienstleistungen unter der angemeldeten Marke auf einer internationalen Ausstellung im Sinne des am 22.11.1928 in Paris unterzeichneten Abkommens über internationale Ausstellungen[100] oder auf einer sonstigen inländischen oder ausländischen Ausstellung (wenn diese vom Bundesministerium der Justiz und für Verbraucherschutz im Bundesgesetzblatt bekannt gemacht worden sind) zur Schau gestellt hat. Voraussetzung für die Inanspruchnahme einer Priorität ist, dass der **Inhaber**, die **Marke** und das **Waren- und Dienstleistungsverzeichnis** der älteren und jüngeren Anmeldung **identisch** sind. Die Prioritätsfrist beträgt in beiden Fällen sechs Monate. Die Regelungen entsprechen denen zum deutschen eingetragenen Design (siehe Rn 28). Bei der Fristberechnung wird grundsätzlich mit dem Tag begonnen, der auf den Tag folgt, an dem das Ereignis eingetreten ist. Ist der Anmeldetag der älteren Marke beispielsweise der 28. Februar, läuft die Prioritätsfrist also am 28. August desselben Jahres ab. 134

Während bei einer Teilung der Anmeldung für jede **Teilanmeldung** der Zeitrang der ursprünglichen Anmeldung erhalten bleibt, ist es möglich, für bestimmte Waren und Dienstleistungen **Teilprioritäten** in Anspruch zu nehmen. Im Falle einer Teilpriorität bestehen für ein und dieselbe Marke verschiedene Prioritäten für bestimmte Produktbereiche.[101] Werden Teilprioritäten in Anspruch genommen, ist es sinnvoll, das Waren- und Dienstleistungsverzeichnis so zu gliedern, dass die unter den älteren Zeitrang fallenden Waren und Dienstleistungen klar definiert sind. Es können sowohl unterschiedliche Unionsprioritäten als auch Ausstellungsprioritäten in Anspruch genommen werden. 135

Wer eine Priorität in Anspruch nimmt, hat innerhalb von zwei Monaten nach dem Anmeldetag entweder die Zeit und den Staat der früheren Anmeldung (§ 34 Abs. 3 MarkenG) oder den Tag der 136

---

96 EuGH GRUR 2005, 764 – Praktiker Bau- und Heimwerker AG.
97 BPatG GRUR 2006, 63.
98 BPatG v. 13.12.2007 – 33 W(pat) 331/01 – BP-Shop; BPatG v. 8.5.2007 – 33 W(pat) 128/05 – Kaufland.
99 Schöwerling, GRUR-Prax 2013, 198; Ströbele, Mitt. 2004, 249.
100 Ausstellungsgesetz vom 18.3.1904, BGBl. III, Gliederungs-Nr. 424-2-1, zuletzt geändert durch das Markenreformgesetz vom 25.10.1994 (BGBl. I, S. 3082).
101 Fezer, § 32 MarkenG Rn 50.

erstmaligen Zurschaustellung sowie die Ausstellung (§ 35 Abs. 4 MarkenG) anzugeben. Hat der Anmelder diese Angaben gemacht, fordert ihn das DPMA auf, innerhalb von zwei Monaten nach Zustellung der Aufforderung das Aktenzeichen der früheren Anmeldung anzugeben und eine Abschrift der früheren Anmeldung (Prioritätsbeleg) einzureichen bzw den Nachweis für die Zurschaustellung der Waren oder Dienstleistungen unter der angemeldeten Marke einzureichen. Werden die Nachweise nicht rechtzeitig eingereicht, so wird der Prioritätsanspruch für die Anmeldung verwirkt.

d) Gebühren

137 Mit der Anmeldung wird eine **Grundgebühr** fällig. In der Grundgebühr sind drei Klassen enthalten. Für jede weitere Waren-/Dienstleistungsklasse muss eine zusätzliche **Klassengebühr** entrichtet werden. Die Grundgebühr für eine Online-Anmeldung ist geringfügig niedriger als für die Anmeldung in Papierform.

Die mit der Anmeldung fälligen Gebühren ergeben sich aus dem Patentkostengesetz (PatKostG). Das aktuelle **Gebührenverzeichnis** kann auf der Homepage des DPMA[102] abgerufen werden.

Derzeit sind zu entrichten:

- Anmeldegebühr (inkl. 3 Klassen) — Papierform — 300 €
- Anmeldegebühr (inkl. 3 Klassen) — online — 290 €
  - jede zusätzliche Klasse — je — 100 €
- Kollektivmarkenanmeldung (inkl. 3 Klassen) — 900 €
  - jede weitere Klasse — je — 150 €

138 Die **Gebühren** werden mit der Einreichung der Anmeldung fällig (§ 3 PatKostG). Sie müssen innerhalb einer Ausschlussfrist von drei Monaten ab Fälligkeit eingezahlt werden. Die **Zahlung** kann nur durch Bareinzahlung bei den Geldstellen des DPMA (in den Dienststellen München und Jena sowie im Technischen Informationszentrum in Berlin), durch Überweisung auf ein Konto der Bundeskasse Halle/DPMA, (IBAN: DE84 7000 0000 0070 0010 54, BIC MARKDEF1700) oder durch Erteilung eines gültigen SEPA-Basis-Lastschriftenmandats entrichtet werden (§ 1 PatKostZV). Bei Überweisung gilt der Zahlungstag als der Tag, an dem der Betrag dem Konto des DPMA gutgeschrieben wurde. Bei einem Lastschriftmandat gilt als Zahlungstag der Tag ihres Eingangs beim DPMA. Werden die Gebühren nicht rechtzeitig bezahlt, gilt die Anmeldung als zurückgenommen (§ 6 Abs. 2 PatKostG).

139 Die Gebühren können weder gestundet noch erlassen werden und sind in voller Höhe zu entrichten. Werden sie nicht mit der Anmeldung entrichtet, teilt das DPMA mit der Empfangsbescheinigung von Amts wegen die insgesamt fällig gewordenen Gebühren mit und fordert zu deren unverzüglichen Bezahlung auf. Die gesetzliche **Frist von drei Monaten** zur Zahlung der Gebühren bleibt hiervon unberührt. Die Bearbeitung der Anmeldung erfolgt erst nach Eingang der Gebührenzahlung. Bis die Mitteilung von der Gutschrift zur Akte gelangt, vergeht aber weitere Zeit. Die Erteilung eines Lastschriftenmandats empfiehlt sich, wenn eine rasche Bearbeitung gewünscht wird.

140 Werden innerhalb einer vom DPMA bestimmten Frist die Klassengebühren nicht oder in nicht ausreichender Höhe nachgezahlt oder wird vom Anmelder keine Bestimmung darüber getroffen, welche Waren- oder Dienstleistungsklassen durch den gezahlten Gebührenbetrag gedeckt werden sollen, so werden zunächst die Leitklasse (siehe Rn 131) und sodann die übrigen Klassen in der Reihenfolge der Klasseneinteilung berücksichtigt. Im Übrigen gilt die Anmeldung als zurückgenommen (§ 36 Abs. 3 MarkenG). Anmelde- und Klassengebühren sind, sobald eine wirksame Markenanmeldung vorliegt (§ 32 Abs. 2 MarkenG), verfallen, also nicht mehr rückzahlbar, und zwar auch dann,

---

102 <www.dpma.de>.

wenn die Anmeldung ganz oder teilweise zurückgenommen wird.[103] Dies gilt nur dann nicht, wenn die Anmeldung wegen verspäteter Gebührenzahlung als zurückgenommen gilt (§ 10 Abs. 2 PatKostG). Dann fällt lediglich eine Bearbeitungsgebühr von 10 € an.

Die **beschleunigte Prüfung** der Eintragung ist gegen Zahlung einer **Beschleunigungsgebühr** von derzeit 200 € möglich (§ 38 MarkenG). Antrag und Gebührenzahlung sind ausreichend, um das beschleunigte Verfahren durchzuführen. Eines besonderen Interesses des Anmelders bedarf es nicht. Die beschleunigte Prüfung ist sinnvoll, wenn unter Inanspruchnahme der Priorität spätere Nachanmeldungen geplant sind und eine eingetragene Marke hierzu notwendig ist. 141

2. Eintragung

Die Anmeldung einer Marke, deren Anmeldetag feststeht (siehe Rn 112), begründet einen Anspruch auf Eintragung. Dem Eintragungsantrag ist stattzugeben, es sei denn, dass die Anmeldungserfordernisse nicht erfüllt sind oder dass absolute Eintragungshindernisse der Eintragung entgegenstehen (§ 33 MarkenG). 142

Neben den Mindesterfordernissen, die für die Zuerkennung eines Anmeldetages notwendig sind, müssen auch alle weiteren Anmeldungserfordernisse erfüllt sein. Das DPMA prüft die Marke ausschließlich auf absolute Schutzhindernisse, nicht jedoch auf relative Schutzhindernisse, die durch entgegenstehende ältere Marken bestehen können.

Die **absoluten Schutzhindernisse** sind abschließend in §§ 3, 8, 10 MarkenG geregelt (§ 37 MarkenG). Von der Eintragung ausgeschlossen sind gem. § 8 Abs. 1 MarkenG Zeichen, die sich nicht grafisch darstellen lassen, und gem. §§ 8 Abs. 2, 10 MarkenG solche Marken, 143

1. denen für die Waren oder Dienstleistungen jegliche Unterscheidungskraft fehlt;
2. die ausschließlich aus Zeichen oder Angaben bestehen, die im Verkehr zur Bezeichnung der Art, Beschaffenheit, der Menge, der Bestimmung, des Wertes, der geografischen Herkunft, der Zeit der Herstellung der Waren oder der Erbringung von Dienstleistungen oder zur Bezeichnung sonstiger Merkmale der Waren oder Dienstleistungen dienen können;
3. die ausschließlich aus Zeichen oder Angaben bestehen, die im allgemeinen Sprachgebrauch oder in den redlichen oder ständigen Verkehrsgepflogenheiten zur Bezeichnung der Waren oder Dienstleistungen üblich geworden sind;
4. die geeignet sind, das Publikum insbesondere über die Art der Beschaffenheit oder die geografische Herkunft der Waren oder Dienstleistungen zu täuschen;
5. die gegen die öffentliche Ordnung oder gegen die guten Sitten verstoßen;
6. die Staatswappen oder andere Hoheitszeichen oder Wappen eines inländischen Ortes oder eines inländischen Gemeinde- oder weiteren Kommunalverbandes enthalten;
7. die amtliche Prüf- oder Gewährzeichen enthalten, die nach einer Bekanntmachung des Bundesministeriums der Justiz und für Verbraucherschutz im Bundesgesetzblatt von der Eintragung als Marke ausgeschlossen sind;
8. die Wappen, Flaggen oder andere Kennzeichen, Siegel oder Bezeichnungen internationaler zwischenstaatlicher Organisationen enthalten, die nach einer Bekanntmachung des Bundesministeriums der Justiz und für Verbraucherschutz im Bundesgesetzblatt von der Eintragung als Marke ausgeschlossen sind;
9. deren Benutzung ersichtlich nach sonstigen Vorschriften im öffentlichen Interesse untersagt werden kann;
10. die bösgläubig angemeldet worden sind oder
11. die mit einer im Inland im Sinne des Art. 6bis PVÜ notorisch bekannten Marke mit älterem Zeitrang identisch oder dieser ähnlich sind und wenn sonstige Voraussetzungen des § 9 Abs. 1 MarkenG gegeben sind (§ 10 Abs. 1 MarkenG).

---

[103] BPatGE 43, 98, 100 – Anmeldegebühr-Einbehaltung; vgl für die Rückzahlung der Prüfungsgebühr einer Patentanmeldung BGH GRUR 2014, 710.

144 Entspricht die Anmeldung den Anmeldungserfordernissen und wird sie nicht zurückgewiesen, so wird die angemeldete Marke in das **Register** eingetragen. Die **Eintragung** wird **veröffentlicht** (§ 41 MarkenG). § 25 MarkenV bestimmt die Angaben, die in das Register eingetragen werden. Mit der Eintragung enthält der Inhaber der Marke eine Urkunde mit einer Bescheinigung über die in das Register eingetragenen Angaben. Die Eintragung wird elektronisch im **Markenblatt** veröffentlicht. Die Veröffentlichung umfasst im Grunde genommen alle in das Register[104] eingetragenen Angaben.

3. Teilung

145 Sowohl die Markenanmeldung als auch die eingetragene Marke können **jederzeit** geteilt werden, indem der Anmelder bzw Inhaber erklärt, dass bestimmte Waren und/oder Dienstleistungen als abgetrennte Anmeldung weiterbehandelt bzw als abgetrennte Eintragung weiterbestehen sollen (§§ 40, 46 MarkenG). Aus Gründen der Rechtssicherheit ist eine Teilung während der dreimonatigen Widerspruchsfrist nicht möglich (§ 46 Abs. 2 MarkenG). Die **Teilungserklärung** sollte unter Verwendung des vom DPMA herausgegebenen **Formblatts** eingereicht werden (§ 35 Abs. 1 MarkenV). Es sind die Waren und Dienstleistungen anzugeben, die in die abgetrennte Anmeldung/ Eintragung aufgenommen werden sollen und für die die abgetrennte Teileintragung fortbestehen soll. Eine Erweiterung des Markenrechts durch eine Teilungserklärung ist unzulässig. Es muss Deckungsgleichheit zwischen dem ursprünglichen Verzeichnis und der Summe der neu gebildeten Verzeichnisse bestehen (§ 36 Abs. 3 MarkenV). „Oberbekleidung" kann in „Damenoberbekleidung", „Kinderoberbekleidung" und „Herrenoberbekleidung" geteilt werden, nicht aber in „Oberbekleidung" und „Unterwäsche".[105] Für Produkte, die weder in der Stammanmeldung noch in der abgeteilten Anmeldung enthalten sind, gilt die Anmeldung als zurückgenommen.

146 Die Stammanmeldung und die abgetrennte Anmeldung stehen einander gleichrangig gegenüber. Mit Abgabe der Teilungserklärung ist es nicht notwendig auch die Anmeldungsunterlagen für die Teilanmeldung einzureichen. Dies kann innerhalb von drei Monaten nach dem Zugang der Teilungserklärung nachgeholt werden. Innerhalb dieser Frist muss auch die **Teilungsgebühr** entrichtet werden (300 €), sonst verfällt der abgetrennte Teil – es wird also nicht nur die Teilung nicht wirksam. Die Teilungserklärung ist **unwiderruflich**.

147 Eine Teilung kommt beispielsweise zur Vorbereitung der Übertragung eines Teils der Anmeldung/ Marke auf einen Dritten in Betracht. Sie kommt aber insbesondere auch dann in Betracht, wenn die Marke vom DPMA bezüglich eines Teils der Waren/Dienstleistungen im Eintragungsverfahren beanstandet wird. Der Anmelder kann dann durch die Teilung erreichen, dass die Marke für die nicht beanstandeten Waren/Dienstleistungen schnell eingetragen wird, er also über einen entsprechenden Schutz verfügt, während er für die beanstandeten Waren/Dienstleistungen den vollen Rechtsweg ausnutzen und die damit verbundene Zeit in Kauf nehmen kann, ohne den Prioritätstag zu verlieren.

Werden mehrere abgetrennte Teile gebildet, ist jeweils eine gesonderte Teilungserklärung erforderlich (§ 36 Abs. 1 MarkenV).

4. Verlängerung der Schutzdauer

148 Eine Marke wird für zehn Jahre geschützt. Die Schutzdauer kann gegen Zahlung einer Verlängerungsgebühr beliebig oft um jeweils weitere zehn Jahre verlängert werden. Die Verlängerungsgebühr beträgt

---

104 <http://register.dpma>.
105 Ingerl/Rohnke, § 40 Rn 7.

- für eine Marke (einschließlich bis zu drei Klassen) 750 €
  - Klassengebühr für jede ab der 4. Klasse 260 €
- für eine Kollektivmarke (einschließlich bis zu drei Klassen) 1.800 €
  - Klassengebühr für jede ab der 4. Klasse 260 €

II. Gemeinschaftsmarken

1. Anmeldevoraussetzungen

Im Zuge der Angleichung der Rechtsvorschriften innerhalb der Europäischen Gemeinschaft hat der Rat der Europäischen Union erkannt, dass das Hindernis der territorialen Beschränkung der Markenrechte, die den Inhabern nach den einzelnen Rechtsvorschriften der Mitgliedstaaten zustehen, nicht beseitigt werden soll. Um den Unternehmen aber eine ungehinderte Wirtschaftstätigkeit im gesamten EU-Gebiet zu ermöglichen, wurde die Gemeinschaftsmarke eingeführt, die einem einheitlichen, unmittelbar in allen Mitgliedstaaten geltenden Gemeinschaftsrecht unterliegt. Die Gemeinschaftsmarke tritt jedoch nicht an die Stelle der nationalen Marken. Sie tritt auch nicht an die Stelle der Markenrechte der Mitgliedstaaten, denn es ist nicht gerechtfertigt, die Unternehmen zu zwingen, ihre Marken als Gemeinschaftsmarken anzumelden. Innerstaatliche Marken sind nach wie vor für diejenigen Anmelder notwendig, die keinen Schutz ihrer Marken für die gesamte EU wünschen oder benötigen.

Die Gemeinschaftsmarke ist einheitlich. Sie hat eine einheitliche Wirkung für die gesamte EU. Sie kann nur für dieses gesamte Gebiet eingetragen oder übertragen werden oder Gegenstand eines Verzichts oder einer Entscheidung über den Verfall der Rechte des Inhabers oder deren Nichtigkeit sein, und ihre Benutzung kann nur für die gesamte Gemeinschaft untersagt werden. Dieser Grundsatz gilt, sofern in der Gemeinschaftsmarkenverordnung nichts anderes bestimmt ist (Art. 1 GMV).

Das Gemeinschaftsmarkenrecht bestimmt sich allein aus der Gemeinschaftsmarkenverordnung. Die Durchführungsverordnung (GMDV), Gebührenverordnung (GMGebV) und Verfahrensordnung der Beschwerdekammern sind aufgrund einer Ermächtigung in der Gemeinschaftsmarkenverordnung erlassen worden. Grundsätzlich ist die Anwendung anderer Rechtsvorschriften hinsichtlich des Schutzes der Gemeinschaftsmarke ausgeschlossen, es sei denn, es handelt sich um Vorfragen.[106]

Eine Gemeinschaftsmarke, die dazu dienen kann, Waren und Dienstleistungen der Mitglieder eines Verbandes, der Markeninhaber ist, von denen anderer Unternehmen zu unterscheiden, ist eine **Gemeinschaftskollektivmarke**. Sie ist in der Anmeldung als solche zu bezeichnen. Eine Kollektivmarke hat eine andere Funktion als eine Individualmarke. Sie kennzeichnet nicht die Herkunft von Waren oder Dienstleistungen aus einem bestimmten Geschäftsbetrieb, sondern die Herkunft aus einem Unternehmen einer Gruppe, die ihrerseits durch die Zugehörigkeit zu dem Verband, der Markeninhaber ist, verbunden sind. Die Kollektivmarke weist damit auf bestimmte Eigenschaften der Waren, Leistungen oder Zeichen benutzenden Unternehmen hin, die sie jeweils mit anderen Unternehmen, die das Zeichen ebenfalls benutzen, gemeinsam haben.[107]

a) Anmelder

Jede natürliche oder juristische **Person** einschließlich einer Körperschaft des öffentlichen Rechts kann Inhaber von Gemeinschaftsmarken sein. **Gesellschaften** und andere juristische Einheiten, die nach dem für sie maßgebenden Recht die Fähigkeit haben, im eigenen Namen Träger von Rechten und Pflichten jeder Art zu sein, Verträge zu schließen oder andere Rechtshandlungen vorzunehmen und vor Gericht zu stehen, sind juristischen Personen gleichgestellt (Art. 3 GMV). Nach dem Grundsatzurteil des BGH zur Rechtsfähigkeit der BGB-Gesellschaft[108] ist die GbR deutschen

---

106 Schennen, in: Eisenführ/Schennen, Art. 1 Rn 5.
107 Ingerl/Rohnke, vor §§ 97–106 Rn 1.
108 BGH Mitt. 2001, 173 – Rechtsfähigkeit der BGB-Gesellschaft.

Rechts (§§ 705 ff BGB) dann als uneingeschränkt rechtsfähig anzusehen, wenn sie eine sog. Außengesellschaft ist.[109]

Die Regelung, wonach der Inhaber Angehöriger der EU *oder* Angehöriger eines Verbandsstaates der Pariser Verbandsübereinkunft (PVÜ) *oder* der Welthandelsorganisation (WTO) sein musste, wurde abgeschafft.

b) Zuständige Behörde

153 Die Anmeldung kann nach Wahl des Anmelders eingereicht werden beim **HABM** in Alicante oder bei einer Zentralbehörde für den gewerblichen Rechtsschutz eines EU-Staates oder beim Benelux-*Marken*amt (nicht zu verwechseln mit dem Benelux-*Muster*amt). Eine in dieser Weise eingereichte Anmeldung hat dieselbe Wirkung, wie wenn sie an demselben Tag beim HABM eingereicht worden wäre. Eine **elektronische Anmeldung** („e-filing") beim HABM ist über die Website[110] möglich. Eine Anmeldung per E-Mail ist nicht möglich.

154 Soll die Anmeldung direkt beim HABM erfolgen, sind die Unterlagen an folgende Adresse zu senden oder während der Öffnungszeiten dort abzugeben:

Harmonisierungsamt für den Binnenmarkt
Annahmestelle
Avenida de Europa, 4
E-03008 Alicante, Spanien

Soll die Anmeldung per Telefax erfolgen, ist diese an folgende Fax-Nummer zu übermitteln:

(+34) 965 131 344

155 Wird die Anmeldung bei der Zentralbehörde für den gewerblichen Rechtsschutz eines Mitgliedstaates (in Deutschland beim DPMA) oder beim Benelux-Markenamt eingereicht, so trifft diese Behörde oder das Markenamt alle erforderlichen Maßnahmen, damit die Anmeldung **binnen zwei Wochen** nach Einreichung an das HABM weitergeleitet wird. Die Behörde kann vom Anmelder eine Gebühr erheben, die die Verwaltungskosten für die Entgegennahme und Weiterleitung nicht übersteigen darf. Das DPMA erhebt derzeit eine **Weiterleitungsgebühr** in Höhe von 25 €. Geht dem HABM (aus welchen Gründen auch immer) eine bei einer Zentralbehörde eingereichte Anmeldung nicht innerhalb von zwei Monaten nach dem Anmeldetag zu, gilt als Anmeldetag der Gemeinschaftsmarke der Tag, mit dem die weitergeleitete Anmeldung dem HABM zugeht. Das Risiko für einen verspäteten Zugang trägt grundsätzlich der Anmelder.

156 Anmelder, die weder Wohnsitz noch Sitz noch eine tatsächliche und nicht nur zum Schein bestehende gewerbliche oder Handelsniederlassung in der EU haben, müssen sich in jedem durch die Gemeinschaftsmarkenverordnung geschaffenen Verfahren durch einen zugelassenen **Vertreter** vertreten lassen (Art. 92 Abs. 2 GMV). Dies gilt nicht für die reine Einreichung der Anmeldung. Spätere Korrespondenz kann dann aber nur über einen Vertreter geführt werden.

c) Formerfordernisse

157 Damit den eingereichten Anmeldungsunterlagen ein wirksamer **Anmeldetag** zukommt, müssen sie Folgendes umfassen (Art. 26 GMV):

- einen Antrag auf Eintragung einer Gemeinschaftsmarke,
- Angaben, die es erlauben, die Identität des Anmelders festzustellen,
- ein Verzeichnis der Waren oder Dienstleistungen, für die die Eintragung begehrt wird,
- eine Wiedergabe der Marke,
- Einzahlung der Anmeldegebühr bzw der Klassengebühren.

---

[109] Schennen, in: Eisenführ/Schennen, Art. 3 Rn 10 mwN.
[110] <http://oami.europa.eu>.

Hinweis: Die Anmeldegebühr muss innerhalb eines Monats nach Einreichung der übrigen Unterlagen entrichtet werden (Art. 27 GMV). Geschieht dies nicht, gilt die Anmeldung als nicht eingereicht. Sie kann dann auch nicht als Grundlage für eine Prioritätsnachanmeldung dienen.

158

Genügt die Anmeldung den vorgenannten Mindesterfordernissen nicht, fordert das HABM den Anmelder unter Fristsetzung zur Behebung der Mängel auf. Kommt der Anmelder der Aufforderung nach, so wird als Anmeldetag der Tag festgestellt, an dem die Beseitigung aller beanstandeten Mängel beim HABM eingegangen ist (Art. 36 Abs. 3 GMV). Dem Anmelder wird der so anerkannte Anmeldetag mitgeteilt. Werden die Mängel innerhalb der Frist nicht beseitigt, wird die Anmeldung zurückgewiesen.

Die Anmeldung zur Eintragung einer Marke sollte unter Verwendung des vom HABM herausgegebenen **Formblatts**[111] eingereicht werden, das vom Anmelder oder von seinem Vertreter **unterschrieben** sein muss. Das HABM gestattet es, das Formular beliebig oft zu kopieren oder auch Formulare mit ähnlicher Struktur oder Ausgestaltung zu verwenden.

Der Anmelder einer **Gemeinschaftskollektivmarke** muss eine **Satzung** vorlegen (Art. 67 GMV). In der Satzung sind anzugeben:

159

- die zur Benutzung der Marke befugten Personen,
- die Voraussetzungen für die Mitgliedschaft im Verband,
- die Bedingungen für die Benutzung der Marke, einschließlich Sanktionen.

Neben den zwingenden Angaben, die zur Zuerkennung eines Anmeldetags und damit zur Festlegung eines Zeitrangs einer Markenanmeldung notwendig sind, sind **weitere Angaben** erforderlich, um die Marke zur Eintragung zu bringen. Diese sind insbesondere die Angabe, ob es sich um eine

160

- Wortmarke
- Bildmarke
- dreidimensionale Marke
- Hörmarke

handelt (Regel 3 GMDV).

Grundlage des Eintragungsverfahrens ist die Anmeldung. Das angemeldete Zeichen kann im Laufe des Eintragungsverfahrens grundsätzlich nicht abgeändert werden. Die Anmeldung bestimmt den Schutzbereich des einzutragenden Zeichens.

aa) Wiedergabe

Beansprucht der Anmelder keine besondere grafische Darstellung oder Farbe, so ist eine **Wortmarke** in üblicher Schreibweise, insbesondere zB durch maschinenschriftliches Aufdrucken der Buchstaben, Zahlen und Zeichen in der Anmeldung wiederzugeben. Der Gebrauch von Klein- und Großbuchstaben ist zulässig und wird bei der Veröffentlichung der Marke und bei der Eintragung übernommen.

161

In anderen Fällen ist getrennt vom Textblatt der Anmeldung die Marke auf einem besonderen Blatt wiederzugeben. Die Blattgröße darf nicht größer als das Format DIN A4 sein, der Satzspiegel nicht größer als 26,2 x 17 cm. Die Wiedergabe der Marke muss von einer Qualität sein, die die Verkleinerung oder Vergrößerung auf höchstens 8 x 16 cm zulässt. Auch von einer Bildmarke muss nur ein Exemplar eingereicht werden. Es ist die richtige Lage der Marke („oben") zu kennzeichnen.

Zu den **Bildmarken** können auch **Hologramme** gerechnet werden, da sie grafische Flächenelemente und nur scheinbar eine räumliche Darstellung sind. Die Hologramm-Darstellung muss jeweils unter verschiedenen Wiedergabewinkeln eingereicht werden, damit das HABM eine Hologramm-Marke einträgt. Hologramme können aber auch Bewegungseindrücke erzeugen und aus diesem Grund als Bewegungszeichen angesehen werden, die durch eine Bildsequenz visualisiert werden.[112]

162

---

[111] <www.oami.europa.eu>.
[112] Eisenführ, in: Eisenführ/Schennen, Art. 4 Rn 39 mwN.

§ 7 Eintragungsverfahren

Mit der Beschreibung „Besteht aus einer animierten Sequenz mit dem Bild einer Flagge in einem Kreis als Untergrund, der während der Animation leuchtet. Die Abb. 28 zeigt fünf Standbilder, die von Nummer 1 bis 5 verschiedene Punkte der animierten Sequenz wiedergeben. Die Dauer der Sequenz beträgt etwa drei Sekunden. Farbmarke: verschiedene Blautöne, gelb, grün, rot," wurde nachfolgende Bewegungsmarke eingetragen:

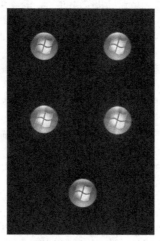

Abb. 28: GM 005910831 (Original-Abb. farbig)

Sowohl Wortmarken als auch Bildmarken können in Schwarz-Weiß oder in Farbe eingetragen werden. Wird eine farbige Eintragung gewünscht, müssen die Farben angegeben werden (zB „schwarz/rot/gold"). Die Angabe eines internationalen Farbcodes ist nicht notwendig, aber empfehlenswert. Wird eine Wortmarke farbig oder beispielsweise in Schreibschrift angemeldet, wird sie zur „Bildmarke", und es muss auf dem Anmeldeformular das entsprechende Feld angekreuzt werden.

163 Soll die Marke als **Hörmarke** eingetragen werden, so ist als grafische Wiedergabe der Marke diese in einer üblichen Notenschrift anzugeben. Die grafisch dargestellte Notenabfolge muss zweifelsfrei definiert sein. Wird die Anmeldung online getätigt („e-filing"), akzeptiert das HABM eine MP3-Datei.[113] Für Hörmarken werden grundsätzlich keine Oszillogramme, sondern es wird nur eine Wiedergabe in Notenschrift akzeptiert, da Oszillogramme nicht eindeutig geeignet sind, Geräusche wiederzugeben.[114] Zurückgewiesen wurde beispielsweise ein Oszillogramm in Form einer undeutlich gezeichneten Höhenkurve, die das Geräusch des brüllenden Löwen aus den *Metro-Goldwyn-Mayer*-Filmvorspannen darstellen sollte.[115]

Auch **Geräusche**, die nicht Musik im herkömmlichen Sinne sind, können als Gemeinschaftsmarke eingetragen werden. Auch Sonagramme genügen nicht den Anforderungen an die grafische Darstellung einer Geräusch- oder Schallmarke. Sie können zwar eindeutig die Umwandlung eines Schalls in eine Grafik darstellen, sie sind aber nicht in einen Schall rückwandelbar, so dass der Leser nicht erkennen kann, wie der Klang klingt.[116]

Klangliche Wiedergaben von Marken können nur **elektronisch** eingereicht werden.

164 Eine **Farbmarke** wird ausreichend grafisch dargestellt, wenn ein Farbmuster eingereicht wird und die Farbe mittels Bezugnahme auf ein gängiges Farbklassifikationssystem (zB Angabe der RAL-

---

[113] Vgl Gemeinschaftsmarke Nr. 004928371 vom 28.2.2006 – Hörmarke Hirschröhren.
[114] Schennen, in: Eisenführ/Schennen, Art. 26 Rn 20.
[115] HABM-BK GRUR 2003, 1054 – Geräuschmarke.
[116] HABM-BK v. 27.9.2007 – R 708/2006-4.

oder Pantone-Nr.) beschrieben wird. Die Darstellung muss aber klar, eindeutig, in sich abgeschlossen, verständlich, dauerhaft und objektiv sein.[117] Die Beschreibung kann zB lauten: „Die angemeldete Marke beinhaltet die Farbe ... als konturlose, abstrakte Farbmarke".[118] Eine Beschreibung ist grundsätzlich fakultativ (R. 3/3 GMDV) und kann die Wiedergabe nicht ersetzen, sondern sie nur ergänzen.

Wird die Eintragung einer **dreidimensionalen Marke** beantragt, muss die Wiedergabe aus einer fotografischen Darstellung oder einer grafischen Wiedergabe der Marke bestehen. Es können bis zu sechs verschiedene Perspektiven der Marke wiedergegeben werden.

Der EuGH hat bestätigt, dass **Geruchsmarken** nach dem gegenwärtigen Stand der Technik überhaupt nicht grafisch darstellbar sind.[119] Den Anforderungen an die grafische Darstellbarkeit bei einer Riechmarke wird nach Auffassung des EuGH weder durch eine chemische Formel noch durch eine Beschreibung oder Hinterlegung einer Probe des Geruchs oder durch eine Kombination hiervon genügt. Die Beschreibung: „Duft einer reifen Erdbeere" und die Farbabbildung einer Erdbeere ist weder eindeutig noch präzise und ermöglicht es nicht, alle subjektiven Elemente bei der Erkennung und Wahrnehmung des Zeichens auszuschließen.[120]

Die Marke kann durch eine **Beschreibung** ergänzt werden. Ersetzen kann eine Beschreibung die Wiedergabe nicht. Die Beschwerdekammer des HABM hat dies im Falle der Beschreibung „Vakuumverpackung"[121] und im Falle einer als „Klicken" eines Schlosses beschriebenen Hörmarke[122] zweifelsfrei entschieden.

Die Rechtsprechung des EuG zur **Positionsmarke** ist restriktiver als die des BGH. Wenn eine Positionsmarke mit dem Erscheinungsbild der gekennzeichneten Ware verschmilzt, kommt die Eintragung nur in Betracht, wenn die Marke erheblich von der Norm oder Üblichkeit in der Branche abweicht.[123] Mit dieser Begründung wurde die Eintragbarkeit des Stofffähnchens im Ohr eines Stofftieres (Steifftier) als Positionsmarke verneint. Auch der orange eingefärbte Zehenbereich einer Socke ist nicht als Positionsmarke eintragbar,[124] weil der Verkehr die Einfärbung nur als dekoratives oder funktionales Element auffasst und nicht als Produktkennzeichen.

bb) Waren- und Dienstleistungsverzeichnis

Die 34 Klassen für Waren und die 11 Klassen für Dienstleistungen der „Nizzaer Klassifikation"[125] umfassen die Gesamtheit aller Waren und Dienstleistungen. Bei der Anmeldung müssen die Waren und Dienstleistungen möglichst genau und präzise angegeben werden und sie müssen in jeweils eine der Klassen der „Nizzaer Klassifikation" eingeordnet werden. In seiner Entscheidung „IP-Translator"[126] hat der EuGH die klare und eindeutige Formulierung des Waren- und Dienstleistungsverzeichnisses auf derselben Ebene angesiedelt wie das Erfordernis der Klarheit der Wiedergabe der Marke. Die Waren und Dienstleistungen müssen verbal definiert werden, sie dürfen nicht durch Bezugnahme auf die Internationale Klassifikation ersetzt werden.[127] Bei der Suche und Klassifizierung von Waren und Dienstleistungen kann der Anmelder auf „TM class"[128] zugreifen. Mithilfe dieser Datenbank können auch Waren und Dienstleistungen übersetzt und mit den Klassifika-

---

117 EuGH, Rs. C-104/01, Slg 2003, I-03793 – Libertel = GRUR 2003, 604, 606.
118 Fabry, Mitt. 2008, 160, 161 rSp.
119 EuGH, Rs. C-273/00, Slg 2002, I-11737 – Sieckmann = GRUR 2003, 145.
120 EuG, Rs. T305/04, BeckRS 2005, 70819.
121 HABM ABl. 1998, 180 – Vacuumpacking.
122 HABM-BK v. 7.10.1998 – R 001/1998-7 – Déclic.
123 EuG, Rs. T-434/12, GRUR 2014, 285 – Steiff/HABM.
124 EuG, Rs. T-547/08, GRUR-Prax 2010, 412.
125 <www.dpma.de/service/klassifikationen>.
126 EuGH GRUR Int. 2012, 749 – IP-Translator.
127 Schennen, in: Eisenführ/Schennen, Art. 26 Rn 15.
128 <www.tmclass.tmdn.org>.

tionsdatenbanken der teilnehmenden Ämter verglichen werden. Die Datenbank wird monatlich aktualisiert.

167 Die Verwendung von Klassenüberschriften ist nicht schon von sich aus zulässig, sondern nur dann, wenn die Begriffe, aus denen sie besteht, ausreichend klar und präzise sind, so dass sie aus sich heraus den Anforderungen an die Bestimmtheit genügen und Dritte den Schutzgegenstand klar erkennen können. Der Schutzgegenstand ist nicht zu verwechseln mit dem Schutzumfang.

d) Sprachenregelung

168 Es muss die Sprache angegeben werden, in der die Anmeldung erfolgt. Hierbei kann es sich um jede der Amtssprachen der Europäischen Union handeln. Daneben muss der Anmelder eine zweite Sprache wählen. Diese muss eine der fünf Sprachen des Amtes sein: Spanisch, Deutsch, Englisch, Französisch und Italienisch. Die zweite Sprache darf nicht mit der ersten Sprache identisch sein. Die zweite Sprache ist – neben der Erstsprache – die Sprache, die für Widerspruchs- und Löschungsverfahren zur Verfügung steht. Ist die erste Sprache nicht eine der fünf Sprachen des HABM, kann der Anmelder das Amt bevollmächtigen, für sämtliche Korrespondenz im Zusammenhang mit der Anmeldung die zweite Sprache zu verwenden.

e) Priorität

169 Es kann sowohl die Priorität einer **früheren ausländischen Anmeldung** nach den Vorschriften der Staatsverträge mit der Maßgabe, dass die Priorität nach der PVÜ auch für Dienstleistungen in Anspruch genommen werden kann, als auch eine **Ausstellungspriorität** in Anspruch genommen werden, wenn der Anmelder die Waren oder die Dienstleistungen unter der angemeldeten Marke auf einer internationalen Ausstellung im Sinne des am 22.11.1928 in Paris unterzeichneten Abkommens über internationale Ausstellungen zur Schau gestellt hat. Internationale Ausstellungen im Sinne des Abkommens sind im Grunde genommen nur Weltausstellungen, so dass die Inanspruchnahme dieser Priorität nur im Ausnahmefall relevant sein dürfte. Die Prioritätsfrist beträgt in beiden Fällen sechs Monate. Für die **Berechnung der Prioritätsfrist** gelten ausschließlich die Regelungen des Gemeinschaftsmarkensystems. Bei der Fristberechnung wird grundsätzlich mit dem Tag begonnen, der auf den Tag folgt, an dem das Ereignis eingetreten ist, und die Frist wird nach vollen Jahren, Monaten, Wochen oder Tagen berechnet. Wegen der Autonomie des Gemeinschaftsmarkensystems gilt für die Berechnung der Prioritätsfrist ausschließlich deren Fristenregime, und gemäß Regel 70 Abs. 4 GMDV gilt: Wenn der Tag, an dem das Ereignis eingetreten ist, der letzte Tag des Monats war oder der betreffende nachfolgende Monat keinen Tag mit der entsprechenden Zahl hat, läuft die Frist am letzten Tag dieses Monats ab. Wurde die prioritätsbegründende Anmeldung also am 30. April eingereicht, so läuft die sechsmonatige Prioritätsfrist am 31. Oktober desselben Jahres ab.

170 Für eine Gemeinschaftsmarke kann die Priorität einer älteren Gemeinschaftsmarke in Anspruch genommen werden. Die Inanspruchnahme einer **inneren Priorität** ist also möglich (Regel 6 Abs. 1 GMDV).

Für eine Gemeinschaftsmarkenanmeldung können **mehrere Prioritäten** beansprucht werden. Voraussetzung hierfür ist aber, dass die Zeichen identisch sind und sie sich nur in den für sie angemeldeten/eingetragenen Waren oder Dienstleistungen unterscheiden. Die Waren können sich überlappen. Nicht möglich ist es beispielsweise, für eine aus einem Bild und einem Wortelement bestehende Gemeinschaftsmarkenanmeldung die Prioritäten einer ersten älteren Anmeldung für das Wortelement und einer zweiten älteren Anmeldung für das Bildelement in Anspruch zu nehmen.[129]

---

129 Eisenführ, in: Eisenführ/Schennen, Art. 29 Rn 12.

f) Seniorität

Der Inhaber einer in einem Mitgliedstaat, einschließlich des Benelux-Gebiets, national oder in einer mit Wirkung für einen Mitgliedstaat international registrierten Marke, der eine identische Marke zur Eintragung als Gemeinschaftsmarke für Waren oder Dienstleistungen anmeldet, die mit denen identisch ist, für die die ältere Marke eingetragen ist, oder die von diesen Waren oder Dienstleistungen umfasst wird, kann für die Gemeinschaftsmarke den Zeitrang der älteren Marke (Seniorität) in Bezug auf den Mitgliedstaat in Anspruch nehmen, in dem oder für den sie eingetragen ist (Art. 34 Abs. 1 GMV). Diese Inanspruchnahme der Seniorität kommt erst dann und nur dann zum Tragen, wenn der Inhaber der Gemeinschaftsmarke **auf die ältere nationale Marke verzichtet** oder diese **erlöschen lässt**. Dann werden ihm dieselben Rechte zugestanden, die er gehabt hätte, wenn die ältere Marke weiterhin eingetragen gewesen wäre. Durch die Inanspruchnahme einer oder mehrerer Senioritäten kann der Anmelder einer Gemeinschaftsmarke also zukünftig Kosten für die Aufrechterhaltung nationaler Marken sparen, indem die Aufrechterhaltungsgebühren für die die Seniorität begründenden Marken nicht mehr entrichtet werden, ohne dass der Inhaber der Gemeinschaftsmarke dadurch einen Rechtsverlust erleidet.

171

Die Seniorität/Senioritäten kann bzw. können sowohl für eine **angemeldete** als auch für eine **eingetragene Gemeinschaftsmarke** in Anspruch genommen werden. Wird der Zeitrang für eine Anmeldung in Anspruch genommen, so hat der Anmelder dies gemäß Regel 1 GMDV bei der Anmeldung oder gemäß Regel 8 Abs. 2 GMDV innerhalb von zwei Monaten nach dem Anmeldetag zu erklären. Außerdem ist innerhalb einer Frist von drei Monaten nach dem Anmeldetag eine Abschrift der diesbezüglichen Eintragung vorzulegen. Die Abschrift muss von der zuständigen Stelle als die genaue Abschrift der Eintragung beglaubigt sein (Art. 34 GMV iVm Regel 8 GMDV). Statt des Originals einer beglaubigten Eintragungsbescheinigung kann auch eine „genaue Fotokopie" derselben eingereicht werden. Auch Datenbankauszüge und Kopien aus amtlichen Veröffentlichungen hat der Präsident des HABM zugelassen.[130] Die Erklärung über den Zeitrang ist unter Angabe

172

- des Mitgliedstaates oder der Mitgliedstaaten, in denen oder für die die Marke eingetragen ist,
- des Datums, von dem ab die entsprechende Eintragung wirksam war,
- der Nummer der entsprechenden Eintragung sowie
- der Waren und Dienstleistungen, für die die Marke eingetragen ist,

innerhalb einer Frist von zwei Monaten ab dem Anmeldetag vorzulegen. Wird diese Frist versäumt, ist die Inanspruchnahme einer Seniorität erst wieder nach der Eintragung der Gemeinschaftsmarke möglich (Art. 35 GMV).

Soll/en die Seniorität/Senioritäten für eine eingetragene Marke in Anspruch genommen werden, so ist zusammen mit dem Antrag auf die Inanspruchnahme des Zeitrangs zusätzlich anzugeben:

173

- die Nummer der Eintragung der Gemeinschaftsmarke,
- Name und die Anschrift des Inhabers der Gemeinschaftsmarke,
- die Waren und Dienstleistungen, für die der Zeitrang in Anspruch genommen wird.

Zwingende Voraussetzung zur Inanspruchnahme einer Seniorität sind: **Inhaberidentität, Markenidentität** und **Identität der umfassten Waren/Dienstleistungen**. Die Waren/Dienstleistungen zu den älteren Marken müssen nicht in ihrer Summe identisch mit denen der Gemeinschaftsmarke sein, die älteren Waren/Dienstleistungen müssen aber die jüngeren umfassen.

g) Gebühren

Mit der Anmeldung wird eine Grundgebühr fällig, die innerhalb eines Monats entrichtet werden muss. In der **Grundgebühr** sind drei Klassengebühren enthalten. Für jede weitere Waren-/Dienstleistungsklasse muss eine zusätzliche **Klassengebühr** entrichtet werden. Die Gebühr muss innerhalb eines Monats eingezahlt werden. Wird die Anmeldegebühr nicht rechtzeitig entrichtet, wird die Anmeldung – anders als eine deutsche Markenanmeldung (siehe Rn 112) – nicht als Anmeldung

174

---

130 HABM ABl. 2005, 1082.

behandelt; es wird somit auch kein Prioritätsrecht erworben. Eine Zahlungsaufforderung verschickt das Amt nicht.

175 Alle mit der Gemeinschaftsmarke in Verbindung stehenden Gebühren müssen **auf elektronischem Weg bezahlt** werden. Die bevorzugte Zahlungsweise ist die Zahlung mittels eines laufenden Kontos beim HABM. Eine weitere mögliche Zahlungsweise ist die Zahlung per Banküberweisung auf das Konto des Amtes. Bareinzahlungen oder Schecks werden nicht akzeptiert. Bei Zahlung durch Überweisung auf ein Bankkonto des Amtes (Banco Bilbao Vizcaya Argentaria IBAN: ES88 0182 5596 9000 9222 2222, BIC: BBVAESMM, oder „la Caixa" IBAN: ES03 2100 2353 0107 0000 0888, BIC: CAIXESBB) gilt der Tag als Zahlungstag, an dem der gezahlte Betrag einem Bankkonto des Amtes tatsächlich gutgeschrieben wird. Wird die Anmeldung per „e-filing" getätigt, kann die Gebühr per Kreditkarte entrichtet werden.

Zu entrichten sind:

- Anmeldegebühr (inkl. drei Klassen) — 1.050 €
  - bei Anmeldung per „e-filing" — 900 €
  - jede zusätzliche Klasse — je 150 €
- Anmeldegebühr für eine Kollektivmarke (inkl. drei Klassen) — 1.800 €
  - jede zusätzliche Klasse — je 300 €

Die Gebührenstruktur ist auf der Website des HABM[131] im Abschnitt „Gebühren und Zahlungsmodalitäten" angegeben. Dort ist auch ein „Gebührenrechner" aufrufbar, mit dessen Hilfe die genaue Gebühr einschließlich der Klassengebühren ermittelt werden kann.

2. Veröffentlichung und Eintragung

176 Die Anmeldung einer Marke, deren Anmeldetag feststeht (siehe Rn 157) und die die sonstigen Erfordernisse für die Anmeldung erfüllt und der keine absoluten Eintragungshindernisse entgegenstehen, wird elektronisch im Blatt für Gemeinschaftsmarken[132] veröffentlicht (Art. 39 GMV). Innerhalb einer Frist von drei Monaten nach Veröffentlichung der Anmeldung der Gemeinschaftsmarke kann gegen die Eintragung der Gemeinschaftsmarke Widerspruch mit der Begründung erhoben werden, dass die Marke nach Art. 8 GMV von der Eintragung auszuschließen ist.

177 Entspricht die Anmeldung den Vorschriften der Gemeinschaftsmarkenverordnung und wurde innerhalb dieser Frist kein Widerspruch erhoben oder wurde ein Widerspruch rechtskräftig zurückgewiesen, so wird die Marke als Gemeinschaftsmarke eingetragen.

3. Verlängerung der Schutzdauer

178 Die Schutzdauer einer Gemeinschaftsmarke beträgt zehn Jahre. Sie kann beliebig oft gegen Zahlung einer **Verlängerungsgebühr** für einen Zeitraum von weiteren zehn Jahren verlängert werden.

An Verlängerungsgebühren sind derzeit zu entrichten:

- Verlängerungsgebühr (inkl. drei Klassen) — 1.500 €
  - „e-renewal" — 1.350 €
  - jede zusätzliche Klasse — je 400 €
- Verlängerungsgebühr für eine Kollektivmarke (inkl. drei Klassen) — 3.000 €
  - jede zusätzliche Klasse — je 800 €

---

[131] <http://oami.europa.eu>.
[132] <http://oami.europa.eu/ows/rw/pages/CTM/CTMBulletin.de.do>.

4. Teilung

Sowohl die Anmeldung als auch die Eintragung können geteilt werden, indem der Anmelder bzw Inhaber erklärt, dass ein Teil der in der ursprünglichen Anmeldung/Eintragung enthaltenen Waren und/oder Dienstleistungen Gegenstand einer oder mehrerer Teilanmeldungen bzw Teileintragungen sein soll. Die Waren oder Dienstleistungen der Teilanmeldung/Teileintragung dürfen sich nicht mit den Waren oder Dienstleistungen der ursprünglichen Anmeldung/Eintragung oder anderen Teilanmeldungen/Teileintragungen überschneiden (Art. 44, 49 GMV). Die **Teilungserklärung** ist gebührenpflichtig. Sie gilt als nicht abgegeben, solange die Gebühr (250 €) nicht entrichtet ist. Der Zeitrang bleibt nach der Teilung erhalten. Es können ganze Klassen abgeteilt werden oder einzelne Begriffe einer Klasse. Aus dem Oberbegriff kann auch eine Ware herausgenommen werden. Dabei ist jedoch darauf zu achten, dass im Verzeichnis der ursprünglichen Anmeldung kein Oberbegriff verbleibt, der eine Spezialware noch abdeckt.[133]

179

5. Umwandlung in nationale Marke

Der Anmelder oder Inhaber einer Gemeinschaftsmarke kann beantragen, dass seine Anmeldung oder seine Gemeinschaftsmarke in eine Anmeldung für eine nationale Marke umgewandelt wird, soweit die Anmeldung der Gemeinschaftsmarke zurückgewiesen oder zurückgenommen wurde oder als zurückgenommen gilt und soweit die Gemeinschaftsmarke ihre Wirkung verliert (Art. 112 GMV). Dem Anmelder oder Inhaber einer fehlgeschlagenen Gemeinschaftsmarkenanmeldung wird also die Möglichkeit der Umwandlung in nationale Anmeldungen der Mitgliedstaaten gewährt. Für die Benelux-Länder bedeutet die Umwandlung eine Benelux-Anmeldung. Dadurch wird dem „Alles-oder-Nichts-Prinzip" Rechnung getragen, dem zufolge eine Gemeinschaftsmarkenanmeldung insgesamt zurückzuweisen ist, wenn ihr ein Hindernis auch nur in einem Land entgegensteht.

180

Der **Antrag** auf Umwandlung ist beim HABM zu stellen. In dem Antrag sind die Mitgliedstaaten anzugeben, für die die Umwandlung gewünscht wird. Die Umwandlung kann auch teilweise beantragt werden. Für verschiedene Mitgliedstaaten können unterschiedliche Waren und Dienstleistungen beantragt werden. Das HABM prüft, ob die Umwandlung für die beantragten Staaten zulässig ist und die Gebühr von 200 € gezahlt wurde. Eine Umwandlung ist unzulässig, wenn die Gemeinschaftsmarke gerade im Hinblick auf ein Schutzhindernis die Wirkung verloren hat, das in diesem Staat besteht, beispielsweise eine beschreibende Funktion in der Landessprache oder ein erfolgreicher Widerspruch aus einer nationalen Marke aus diesem Land (Art. 112 GMV). Soweit zulässig, leitet das HABM den Umwandlungsantrag an die im Antrag angegebenen Mitgliedstaaten (deren Zentralbehörden) weiter. Die Umwandlung hat in den Mitgliedstaaten dieselbe Wirkung wie eine nationale Anmeldung, das heißt, es müssen vor dem nationalen Amt vertretungsberechtigte Vertreter beauftragt, nationale Gebühren gezahlt und alle anderen formellen und materiellen Erfordernisse erfüllt werden. Eventuell entfällt aber eine erneute Prüfung der Schutzhindernisse (beispielsweise § 125 d Abs. 3 MarkenG). Der Hauptvorteil der Umwandlung gegenüber einer nationalen Neuanmeldung ist damit die **Wahrung des Zeitrangs** der Gemeinschaftsmarkenanmeldung.

181

III. IR-Marken (international registrierte Marken)

Das **Madrider Markenabkommen (MMA)** zur internationalen Registrierung von Marken ist ein zwischenstaatlicher Vertrag und wird vom internationalen Büro der Weltorganisation für Geistiges Eigentum (World Intellectual Property Organization – **WIPO**; L'Organisation Mondiale de la Propriété Intellectuelle – OMPI) in Genf verwaltet. Ebenso, wie das eigenständige sog. **Protokoll zum Madrider Markenabkommen (PMMA)**. Aufgrund der Gemeinsamen Ausführungsverordnung erfolgt die Verwaltung durch die WIPO in einem einheitlichen System. Protokoll und Abkommen bilden den **Madrider Markenverband**, dem insgesamt 94 Länder (Stand: 31.12.2014) angehören.[134]

182

---

133 Schennen, in: Eisenführ/Schennen, Art. 44 Rn 19.
134 <www.wipo.int/madrid/en/members/>.

Die Vertragsparteien des Abkommens und des Protokolls bilden jeweils einen besonderen Verband unter Art. 19 PVÜ. Dem Abkommen sind 55 Mitgliedstaaten (Stand: 31.12.2014) beigetreten, dem Protokoll zum Madrider Markenabkommen 93 Mitgliedstaaten (Stand: 31.12.2014), darunter neben einer Vielzahl europäischer Staaten die Europäische Gemeinschaft (für Gemeinschaftsmarken), die Afrikanische Organisation für geistiges Eigentum (OAPI), Japan, die Russische Föderation und die USA.

183 Das Grundprinzip besteht darin, dass jeder Inhaber einer Marke in einem Verbandsstaat auf der Basis dieser Marke (**Heimateintragung**) seinen **Schutz** nach seiner Wahl auf einige oder alle Vertragsstaaten **ausdehnen** kann, ohne nationale Vertreter beauftragen und nationale Gebühren zahlen zu müssen. Das MMA und PMMA gestatten es also, mit einer einzigen Anmeldung eine einzige Marke für mehrere Länder zu erhalten, deren Schutzumfang sich aber in den einzelnen Ländern nach dem jeweiligen nationalen Recht bemisst. Vom Datum der Registrierung oder Eintragung an ist die Marke in jedem der benannten Staaten ebenso geschützt, wie wenn sie unmittelbar in diesem Land direkt hinterlegt worden wäre. Im Gegensatz zur Gemeinschaftsmarke handelt es sich um ein **„Bündel" von Einzelrechten**, die grundsätzlich getrennt voneinander betrachtet werden müssen. Die Wirksamkeit oder Unwirksamkeit der international registrierten Marke in einem bestimmten Staat hat demgemäß keinerlei Auswirkung auf die Wirkungen der Marke in den anderen Staaten.

1. Anmeldevoraussetzungen

184 Eine IR-Anmeldung wird im Sprachgebrauch der amtlichen deutschen Übersetzung des Protokolls und der Ausführungsverordnung nicht „Basisanmeldung", sondern **„Basisgesuch"** genannt. Es wird auch nicht von einer „internationalen Anmeldung", sondern von einem **„internationalen Gesuch"** gesprochen. Auf die Verwendung dieser amtlichen Terminologie wird nachfolgend aber bewusst verzichtet, um einheitlich durchgängige Begriffe für alle Marken zu haben.

185 Die internationale Anmeldung kann sich nur auf Waren oder Dienstleistungen beziehen, die von der Heimateintragung oder Heimatanmeldung abgedeckt werden. Üblicherweise wird die internationale Anmeldung nur eine einzelne Eintragung oder Anmeldung zur Basis haben, die die Waren und Dienstleistungen abdeckt, die in der internationalen Anmeldung enthalten sind. Es ist aber auch möglich, eine internationale Anmeldung auf mehrere Eintragungen (unter dem MMA) oder auf mehrere Anmeldungen und/oder Eintragungen (unter dem PMMA) zu stützen, die zusammen die Waren und Dienstleistungen abdecken, die in der internationalen Anmeldung beansprucht werden. Basisanmeldungen oder Basiseintragungen müssen alle im Namen derselben Person erfolgt sein, die die internationale Anmeldung einreicht, und bei derselben zuständigen nationalen Behörde (Ursprungsbehörde) angemeldet oder eingetragen worden sein.

186 **Drei Kategorien internationaler Anmeldungen** sind möglich:
- ausschließlich nach dem MMA
- ausschließlich nach dem PMMA
- sowohl nach MMA als auch nach PMMA

Zu welcher dieser drei Kategorien eine internationale Anmeldung zu rechnen ist, hängt zunächst davon ab, welche Verträge des MMA, von dem es Fassungen aus den Jahren 1934, 1960 und 1999 gibt, oder des PMMA oder beide die maßgeblichen Staaten (siehe Rn 185) unterzeichnet haben. Relevant sind stets das Ursprungsland und der benannte Vertragsstaat bzw jeweils die benannten Vertragsstaaten.

Ausschließlich nach dem MMA ist eine internationale Anmeldung dann zu behandeln, wenn das Ursprungsland und *alle* benannten Vertragsstaaten dem MMA beigetreten sind. Ausschließlich nach dem PMMA ist eine internationale Anmeldung zu behandeln, wenn das Ursprungsland und *alle* benannten Vertragsstaaten dem PMMA beigetreten sind. Sowohl nach MMA als auch nach PMMA ist eine internationale Anmeldung zu behandeln, wenn das Ursprungsland dem MMA und dem PMMA beigetreten ist und einige der benannten Vertragsstaaten dem MMA und andere dem PMMA beigetreten sind.

Sind Ursprungsland und benannter Vertragsstaat dem MMA und dem PMMA beigetreten, gilt seit dem 1.9.2008 ausschließlich zwischen diesen Staaten das PMMA mit Ausnahme der Individualgebühren und der Möglichkeit einer Beanstandung nach mehr als zwölf Monaten (vgl Rn 205, Art. 9^{ies} PMMA). Da nur Algerien ausschließlich dem MMA beigetreten ist, ist eigentlich immer (und dann ausschließlich) das PMMA anwendbar. Der Kreis der Vertragsstaaten vergrößert sich laufend.

a) Anmelder

Der Anmelder muss identisch mit dem Inhaber der Heimatanmeldung bzw Heimateintragung sein. **187** Bevor eine internationale Anmeldung eingereicht wird, muss der Anmelder zunächst feststellen, welche Behörde oder Behörden für die internationale Anmeldung als **Ursprungsbehörde** anzusehen ist oder anzusehen sind. Davon hängt es u.a. ab, ob für die internationale Anmeldung das MMA oder das PMMA oder beide maßgebend sind, was wiederum auch noch davon abhängt, welche Länder benannt werden sollen.

Wenn für die internationale Anmeldung auch das MMA maßgeblich ist, ist als Ursprungsbehörde **188** die Behörde definiert, die Eintragungen von Marken in oder für das Ursprungsland des Anmelders vornimmt. Das Ursprungsland ist definiert (Art. 1 Abs. 3 MMA) als

- jedes Land, das dem Abkommen angehört, in dem der Anmelder eine tatsächliche und nicht nur zum Schein bestehende gewerbliche oder Handelsniederlassung hat, oder
- wenn er keine solche Niederlassung hat, das Land, das dem Abkommen angehört und in dem er seinen Wohnsitz hat, oder
- wenn er weder eine Niederlassung noch einen Wohnsitz in einem solchen Land hat, das Land, das dem Abkommen angehört und dessen Staatsangehöriger er ist.

Der Anmelder muss diese **Reihenfolge einhalten.** Er kann die für ihn zuständige Behörde nicht frei wählen. Das heißt, es ist ihm nicht möglich, seine internationale Anmeldung auf eine Heimateintragung im Staat seines Wohnsitzes zu stützen, wenn er eine gewerbliche oder Handelsniederlassung in einem anderen Staat hat, der dem MMA angehört. Hat er Handelsniederlassungen in mehreren Ländern, kann er zwischen diesen wählen.

Wenn die internationale Anmeldung **ausschließlich** auf dem **PMMA** beruht, besteht die vorgenannte Rangfolge nicht. Der Anmelder kann die Ursprungsbehörde beliebig nach den Kriterien Niederlassung, Wohnsitz oder Staatsangehörigkeit auswählen (Art. 2 Abs. 1 Unterabs. i PMMA). Die Auslegung der Begriffe „Niederlassung, Wohnsitz oder Staatsangehörigkeit" erfolgt nach dem nationalen Recht der betroffenen Vertragspartei. **189**

Das Ursprungsland bestimmt, welche Länder mit der internationalen Registrierung erreicht werden **190** können. Es können nur Staaten erreicht werden, die mindestens einem Vertragswerk beigetreten sind, dem auch das Ursprungsland angehört. Da bis auf Algerien alle Länder dem PMMA beigetreten sind, können eigentlich alle Verbandstaaten – bis eben auf Algerien – über das Protokoll erreicht werden.

Wenn der Anmelder die IR-Markenanmeldung auf eine Gemeinschaftsmarke oder Gemeinschafts- **191** markenanmeldung stützt und seinen Wohnsitz oder Geschäftssitz oder eine tatsächlich und nicht nur zum Schein bestehende Niederlassung in einem EU-Mitgliedstaat hat, kann er die Anmeldung selbst tätigen. Andernfalls benötigt er einen zugelassenen **Vertreter.** Eine Liste der zugelassenen Vertreter ist der Homepage des HABM entnehmbar.[135]

b) Formerfordernisse

Je nach den benannten Ländern sind Besonderheiten zu beachten. Bei Benennung der USA ist beispielsweise eine gesonderte Benutzungsabsichtserklärung vom Anmelder (nicht von dem nationa- **192**

---

135 <www.oami.europa.eu>.

len, zB deutschen, Anwalt!) zu unterzeichnen (WIPO-Formular MM18); bei Benennung der EU ist eine Zweitsprache anzugeben.

Soll der Schutz einer beim DPMA registrierten Marke allein auf Algerien ausgedehnt werden, muss das Formblatt MM1 (siehe WIPO-Homepage)[136] verwendet werden. Soll der Schutz auf Algerien und andere Länder (die dem PMMA angehören) erstreckt werden, muss das Formblatt MM3 verwendet werden. In allen Fällen muss der Anmelder in Deutschland eine tatsächliche und nicht nur zum Schein bestehende gewerbliche oder Handelsniederlassung haben oder, wenn dies nicht der Fall ist, seinen Wohnsitz in Deutschland haben und nicht gleichzeitig eine gewerbliche Niederlassung in einer anderen Vertragspartei des MMA haben. Wenn dies auch nicht der Fall ist, muss der Anmelder die deutsche Staatsangehörigkeit besitzen. In diesem Fall darf er nicht gleichzeitig einen Wohnsitz in einer anderen Vertragspartei des MMA haben.

Soll der Schutz der Marke nicht auf Algerien, sondern nur auf Vertragsparteien des PMMA ausgedehnt werden, muss der Anmelder in Deutschland eine tatsächliche und nicht nur zum Schein bestehende gewerbliche *oder* Handelsniederlassung haben *oder* seinen Wohnsitz in Deutschland haben *oder* die deutsche Staatsangehörigkeit besitzen. Für eine solche Anmeldung ist das Formblatt MM2 zu verwenden.

193 Die Basisanmeldungen und Basiseintragungen müssen alle im Namen derselben Person erfolgt sein, die die internationale Anmeldung tätigt und auch bei derselben internationalen Behörde hinterlegt worden sein.

Dies können

- Wortmarken
- Bildmarken
- Farbmarken
- Hörmarken oder
- dreidimensionale Marken

sein.

aa) Wiedergabe

194 Die Wiedergabe der Marke muss der Wiedergabe der Basisanmeldung bzw -eintragung entsprechen.

bb) Waren- und Dienstleistungsverzeichnis

195 Die Anmeldung kann nur Waren oder Dienstleistungen umfassen, die von der Basisanmeldung oder der Basiseintragung abgedeckt werden. Es ist möglich, eine internationale Anmeldung auf mehrere Eintragungen (unter dem MMA) oder auf mehrere Anmeldungen und/oder Eintragungen (unter dem PMMA) vorzunehmen, die zusammen alle Waren und Dienstleistungen abdecken, die in der internationalen Anmeldung verfolgt werden. Der Antrag kann in englischer, spanischer oder französischer Sprache über die Ursprungsbehörde eingereicht werden.

Das Waren- und Dienstleistungsverzeichnis muss immer in der **Sprache des gewählten Formblatts** abgefasst sein. Ansonsten gilt es als nicht beigefügt, was sich nachteilig auf das Datum der internationalen Registrierung auswirken kann. Wird für den Antrag auf internationale Registrierung eine unzulässige Verfahrenssprache verwendet, wird der Antrag auf internationale Registrierung nicht als solcher betrachtet. Handschriftlich ausfüllte Formblätter werden von der WIPO nicht akzeptiert. Das DPMA empfiehlt, als Begleitschreiben den Vordruck M8005 zu verwenden, der von seiner Homepage[137] heruntergeladen werden kann.

---

136 <www.wipo.int/madrid/en/forms>.
137 <www.dpma.de>.

Das Waren- und Dienstleistungsverzeichnis kann für jedes Land anders gefasst werden. Damit kann der Kenntnis von kollidierenden Drittmarken in einzelnen Ländern oder der für die USA notwendig werdenden Benutzungserklärung Rechnung getragen werden.

c) Priorität

Die Beanspruchung der Priorität einer älteren Marke ist möglich. Es kann die Priorität einer oder mehrerer früherer Anmeldungen beansprucht werden, die in einem oder für einen Mitgliedstaat der PVÜ oder in einem oder für ein Mitglied der WTO eingereicht worden sind. Voraussetzung hierfür ist, dass der Antrag auf internationale Registrierung innerhalb von sechs Monaten nach der oder den früheren Anmeldungen bei der Ursprungsbehörde eingereicht wird. Wenn eine Vertragspartei benannt wird, die nur dem MMA angehört, muss außerdem die Eintragung der Basismarke innerhalb einer Frist von sechs Monaten ab Anmeldung der Marke erfolgt sein, aus der die Priorität beansprucht wird. In einem solchen Fall empfiehlt es sich, die beschleunigte Prüfung der Basisanmeldung zu beantragen.

d) Gebühren

Die von der WIPO erhobenen Gebühren müssen direkt bei der WIPO eingezahlt werden. Hierzu empfiehlt sich ein allgemeines/laufendes Konto. Die Höhe der Gebühren bestimmt sich neben der Grundgebühr, die sich bei Farbbeanspruchung erhöht, nach der Anzahl der Klassen und der Anzahl und Art der Länder. Während unter dem MMA jedem Land nur eine einheitliche Gebühr berechnet werden kann, ist es unter dem PMMA jedem Vertragsstaat gestattet, eine individuelle Gebühr zu verlangen. Dies wird von der WIPO veröffentlicht und ist aktuell auf der Homepage[138] einzusehen. Es empfiehlt sich die Verwendung des „Fee Calculator" (Gebührenberechnungsprogramm) auf der WIPO-Homepage.[139] Fragen im Zusammenhang mit einer IR-Markenanmeldung können, wenn das DPMA als Ursprungsbehörde anzusehen ist, telefonisch unter +49 89 2195 4538 und, wenn es Bestimmungsamt ist, unter +49 89 2195 4693 während der Bürozeiten von 9:00–15:00 Uhr gestellt werden.

Anmelder, die über kein laufendes Konto bei der WIPO verfügen, können ihre Zahlungen in Schweizer Franken auf folgende Weise entrichten:

- Kreditkarte
- Einzahlung auf das Postscheckkonto der WIPO (IBAN: CH03 0900 0000 1200 5000 8, BIC: POFICHBE) in Bern oder
- auf ein Bankkonto der WIPO bei der Crédit Suisse in Genf (die Kontodetails befinden sich auf dem stets beizufügenden, von der WIPO herausgegebenen Gebührenblatt).

An Gebühren zu entrichten sind (Stand: 1.1.2015):

Grundgebühr (einschl. 3 Klassen)		653 sfr
Grundgebühr für eine Marke mit Farbbeanspruchung (einschl. 3 Klassen)		903 sfr
Klassengebühr für jede weitere Klasse	pro Klasse	100 sfr
Länderbenennungsgebühr	pro Land	100 sfr
Länderbenennungsgebühr, sofern keine Individualgebühr für die benannte Vertragspartei zu zahlen ist	pro Land	100 sfr
Individualgebühr für jede benannte Vertragsparteien, für die eine Individualgebühr zu zahlen ist (mindestens in Höhe der Länderbenennungsgebühr)	pro Land	unterschiedlich

---

[138] <www.wipo.int>.
[139] <www.wipo.int/madrid/en/fees/>.

200 Für **folgende Länder** werden **Individualgebühren** erhoben: Armenien, Australien, Bahrain, Belarus, Benelux, Bonaire, Bulgarien, China, Curaçao, Dänemark, Estland, Europäische Gemeinschaft, Finnland, Georgien, Ghana, Griechenland, Indien, Irland, Island, Israel, Italien, Japan, Kenia, Kirgisien, Kolumbien, Korea, Kuba, Mexiko, Moldawien, Neuseeland, Niederländische Antillen, Norwegen, Oman, Philippinen, San Marino, Singapur, Schweden, Schweiz, Syrien, Türkei, Turkmenistan, Ukraine, USA, Usbekistan, Vereinigtes Königreich, Vietnam.

Die Höhe der Gebühren wird von den jeweiligen Vertragsparteien festgelegt. Die Gebühren können auf der Homepage der WIPO eingesehen werden.[140] Die **Individualgebühren** werden nur dann erhoben bzw müssen nur dann entrichtet werden, wenn im Verhältnis zu diesem Land ausschließlich das Protokoll anwendbar ist.

> **Beispiel:** Die Basismarke ist eine Gemeinschaftsmarke und es sollen bei der internationalen Anmeldung die USA und die Schweiz benannt werden. Für die EU und USA ist ausschließlich das PMMA anwendbar, für die Schweiz sowohl das MMA als auch das PMMA. Es wird folglich sowohl für die Schweiz als auch die USA eine Individualgebühr erhoben. Wäre die Basismarke hingegen eine deutsche Marke, so würde die Individualgebühr nur für die USA erhoben, da Deutschland sowohl dem MMA als auch dem PMMA beigetreten ist und somit die Regelung gemäß Art. 9bis PMMA angewandt werden muss (vgl Rn 188).

e) Prüfung durch Ursprungsbehörde

201 Die Ursprungsbehörde führt eine **rein formelle Prüfung** durch. So prüfen das **DPMA oder das HABM**, ob die im Antrag auf internationale Registrierung bezeichnete Marke mit der deutschen Marke bzw der Gemeinschaftsmarke übereinstimmt und ob das im internationalen Antrag angegebene Waren- und Dienstleistungsverzeichnis nicht weiter gefasst ist als dasjenige der Ursprungsmarke. Ferner wird die Zahlung der Gebühr für die Ursprungsbehörde (DPMA: 180 €, HABM: 300 €) geprüft. Außerdem prüft das DPMA, ob bei Anwendung des MMA die Basismarke beim DPMA eingetragen ist und ggf das WIPO-Formular MM18 bei Benennung der USA beigefügt ist. Sind diese Voraussetzungen erfüllt, leitet die Ursprungsbehörde den Antrag an die WIPO weiter und bestätigt außerdem das Datum des Tages, an dem der Antrag auf internationale Registrierung bei der Ursprungsbehörde eingegangen ist. Das Datum bestimmt das Datum der internationalen Registrierung und damit den Zeitrang in den benannten Ländern, es sei denn, der Antrag geht nicht innerhalb von zwei Monaten nach diesem Datum bei der WIPO ein. Wird die Zweimonatsfrist überschritten oder fehlt eine der Mindestangaben, so erhält die internationale Registrierung das Datum des Eingangs der letzten fehlenden Angabe bei der WIPO.

202 Grundsätzlich erfolgt die internationale Registrierung mit dem Datum, mit dem der **Antrag** bei der Ursprungsbehörde eingegangen ist. Voraussetzung ist hierfür, dass der Antrag innerhalb von zwei Monaten ab Eingang bei der Ursprungsbehörde bei der WIPO eingeht (siehe Rn 187) und folgende **Mindestangaben** enthält:

- Name und Anschrift des Antragstellers,
- die Vertragsparteien, in denen Schutz beansprucht wird,
- die Wiedergabe der Marke,
- das Verzeichnis der Waren und Dienstleistungen,
- die Angabe der Basisanmeldung bzw Basiseintragung.

Obwohl die WIPO Anmeldungen in Französisch, Englisch und Spanisch zulässt, können über das DPMA nur Anmeldungen in englischer oder französischer Sprache eingereicht werden (§§ 44, 45 MarkenV). Die Anmeldung ist zudem nur in Papierform möglich.

203 Wird die IR-Markenanmeldung auf eine Gemeinschaftsmarke oder Gemeinschaftsmarkenanmeldung gestützt, ist sie beim **HABM** in Alicante einzureichen. Die Anmeldung kann nur in Papierform erfolgen und kann in einer der Amtssprachen der EU abgefasst sein. Ist die Sprache der Anmeldung keine Amtssprache der WIPO, muss der Anmelder die bei der WIPO gewünschte Spra-

---

140 <www.wipo.int/export/sites/www/madrid/en/fees/pdf/individ.pdf>.

che angeben und das HABM übernimmt die Übersetzung. Die vom HABM durchgeführte Prüfung erfolgt analog zur Prüfung des DPMA.

Die **Gebühren** für die internationale Registrierung müssen auch hier direkt bei der WIPO eingezahlt werden. Das HABM verlangt eine Weiterleitungsgebühr in Höhe von 300 €.

2. Eintragung und Schutzverweigerung

Die WIPO prüft abschließend, ob der Antrag auf internationale Registrierung den formellen Erfordernissen für die Eintragung in das internationale Register entspricht. Entspricht der Antrag nicht den Erfordernissen für eine Eintragung, erlässt die WIPO einen Bescheid, in dem der Antragsteller oder die nationale Behörde (Ursprungsbehörde) aufgefordert werden, den Mangel innerhalb einer Frist von drei Monaten zu beseitigen. Die Mängelbeseitigung muss über die Ursprungsbehörde erfolgen. Erfolgt die Mängelbeseitigung nicht innerhalb dieser Frist, kann dies dazu führen, dass der Antrag auf internationale Registrierung als zurückgenommen gilt. 204

Entspricht der Antrag den formellen Erfordernissen, trägt die WIPO die Marke in das **internationale Register** ein, veröffentlicht sie in der sog. **Gazette** und teilt den Vertragsparteien, in denen Schutz beansprucht wird, die internationale Registrierung mit. Die Marke hat damit in diesen Vertragsparteien Schutz, als ob sie dort unmittelbar angemeldet bzw registriert worden wäre. Die Behörden der benannten Vertragsparteien haben jedoch innerhalb einer Frist von einem Jahr (bzw bei entsprechender Vorbehaltserklärung 18 Monaten) ab der Mitteilung durch die WIPO die Möglichkeit, der Marke den Schutz in ihrem Gebiet zu versagen. Dazu muss eine teilweise oder vollständige Schutzverweigerung von dem nationalen Markenamt an die WIPO versandt werden. Die WIPO übersendet diese Schutzverweigerung dann an den Inhaber der internationalen Registrierung oder seinen Vertreter. Wird der Schutz in einer der benannten Vertragsparteien ganz oder teilweise versagt – und ist der Antragsteller weiterhin an einem Markenschutz in dieser Vertragspartei interessiert –, kann er sein Begehren bei dieser Vertragspartei nach den dort geltenden Vorschriften weiter verfolgen. In aller Regel ist hierfür die Bestellung eines dort ansässigen Vertreters erforderlich. Andernfalls ergeht eine endgültige Schutzverweigerung. 205

3. Nachträgliche Erstreckung

Eine registrierte IR-Marke kann jederzeit auf weitere Länder erstreckt werden. Für die nachträgliche Erstreckung gelten die gleichen Regeln wie für die Neuanmeldung einer Marke. Eine Erstreckung auf weitere Länder ist aber erst nach Registrierung der IR-Marke möglich, da es eine zwingende Anforderung ist, im Formblatt für die nachträgliche Erstreckung die Registrierungsnummer der Marke anzugeben. Vorher könnte allenfalls eine weitere internationale Anmeldung auf dieselbe/n Basismarke/n gestützt werden. 206

Soll die IR-Marke auch für die **USA** angemeldet oder auf die USA erstreckt werden, muss eine gesonderte **Benutzungsabsichtserklärung** auf dem dafür vorgesehenen WIPO-Formblatt MM18 in Englisch eingereicht werden. Eine Veränderung dieses Formblatts ist nicht zulässig. Es muss vom Anmelder selbst unterschrieben werden. Eine Unterzeichnung durch einen Vertreter ist unzulässig, solange der Vertreter nicht beim US Patent- und Markenamt zugelassen ist. 207

Die Gebühren für einen Antrag auf nachträgliche Erstreckung mit Benennung einer oder mehrerer Vertragsparteien setzen sich wie folgt zusammen: 208

- Grundgebühr 300 sfr
- Klassengebühr ab 4. Klasse pro Klasse 100 sfr
- Benennungsgebühr für jede in demselben Antrag benannte Vertragspartei sofern keine Individualgebühr für die Vertragspartei zu zahlen ist pro Land 100 sfr
- Individualgebühr für jede in demselben Antrag benannte Vertragspartei, für die eine Individualgebühr zu zahlen ist pro Land unterschiedlich

4. Übertragung

209 Eine IR-Marke kann nur dann auf einen anderen Inhaber übertragen werden, wenn der Erwerber auch Anmelder der übertragenen IR-Marke sein kann. Eine Änderung der Inhaberschaft wird nicht vorgenommen, soweit keine Berechtigung des Erwerbers für den Erwerb einer IR-Marke in einzelnen Ländern gegeben ist (Regel 25 Abs. 3 GAusfO). Es ist auch eine Teilung oder Teilübertragung möglich.

> **Beispiele:** Die USA und Norwegen sind nur dem PMMA beigetreten. Ein US- oder ein norwegisches Unternehmen, das keine ausländischen Handelsniederlassungen in einem MMA-Staat hat, kann eine IR-Marke nur für solche Länder erwerben, die auch dem PMMA beigetreten sind. Algerien ist nur dem MMA beigetreten. Der Erwerb einer IR-Marke mit Benennung Algeriens ist deshalb für ein US-Unternehmen nicht möglich. Wird von einem deutschen Inhaber eine IR-Marke, die auf eine deutsche Basismarke gestützt ist, für die USA, Frankreich, Norwegen und Algerien auf die US-Gesellschaft oder die norwegische Gesellschaft übertragen, wäre die Übertragung nur für die USA, Frankreich und Norwegen, nicht aber für Algerien wirksam. Für Algerien verbliebe die IR-Marke bei dem deutschen Inhaber.

5. Laufzeit

210 In den ersten fünf Jahren ab Anmeldetag (Anmeldetag und Eintragungstag fallen zusammen) ist die IR-Marke abhängig vom Schicksal der Basisanmeldung bzw Basismarke. Fällt also die Basisanmeldung oder Basismarke fort oder wird das Waren-/Dienstleistungsverzeichnis beschränkt, fällt auch die IR-Marke fort bzw wird entsprechend beschränkt.

211 IR-Marken, die dem **MMA** unterliegen, haben eine Laufzeit von 20 Jahren. Eine Verlängerung kann durch Zahlung der Verlängerungsgebühren für jeweils weitere 20 Jahre erfolgen (Art. 7 Abs. 1 MMA). Die Verlängerungsgebühren sind jedoch in zwei Raten für jeweils zehn Jahre zu bezahlen. Die Vorschriften und Anforderungen für die Zahlung der zwei Raten sind die gleichen wie für die Erneuerung (Regel 10, 30 Abs. 4 GMDV). Marken, die dem **PMMA** unterliegen, haben eine Laufzeit von zehn Jahren und sind jeweils für zehn Jahre verlängerbar (Art. 7 Abs. 1 PMMA). Damit besteht hinsichtlich der Verlängerung (Gebührenzahlung) Identität zwischen Marken nach dem MMA und Marken nach dem PMMA. Es müssen keine unterschiedlichen Verlängerungsfristen beachtet werden.

Die WIPO versendet sechs Monate vor Ablauf der Schutzfrist eine (unverbindliche) Mitteilung, in der dem Anmelder der Ablauf der Frist mitgeteilt wird. Innerhalb von sechs Monaten nach Ablauf der Schutzfrist kann unter Zahlung von Zuschlagsgebühren eine Erneuerung der Marke nachgeholt werden.

212 Als Besonderheit ist zu beachten, dass die **Verlängerung einheitlich für die gesamte IR-Marke** erfolgt. Auch für Staaten, die – ggf erst kurz vor Ablauf der Zehnjahresfrist – nachträglich benannt worden sind, muss die Verlängerungsgebühr vollständig entrichtet werden. Daher empfiehlt es sich gegebenenfalls, bei einer nachträglichen Erstreckung auf dem WIPO-Formular anzukreuzen, dass diese erst zum Zeitpunkt des Verlängerungstages wirksam wird. Außerdem gelten besondere Vorschriften in den USA.

213 Die **Gebühren** für die Verlängerung der IR-Marke setzen sich wie folgt zusammen:

- Grundgebühr   653 sfr
- Klassengebühr ab 4. Klasse   pro Klasse   100 sfr
- Benennungsgebühr für jede in demselben Antrag benannte Vertragspartei, sofern keine Individualgebühr für die Vertragspartei zu zahlen ist   pro Land   100 sfr
- Individualgebühr für jede in demselben Antrag benannte Vertragspartei, für die eine Individualgebühr zu zahlen ist   pro Land   unterschiedlich

§ 8 Nichtigkeits-, Löschungs- und Widerspruchsverfahren

A. Designs 1
  I. Systematik 1
  II. Eingetragene Designs 2
    1. Nichtigkeitsverfahren vor dem DPMA 3
    2. Gerichtliches Verfahren 12
    3. Löschung durch das DPMA ohne Sachprüfung 22
  III. Das eingetragene Gemeinschaftsgeschmacksmuster .. 26
  IV. Internationale Designeintragungen 38
B. Marken 40
  I. Systematik 40
  II. Deutsche Marken 42
    1. Widerspruchsverfahren 42
      a) Widerspruchsfrist 43
      b) Widerspruchsgebühr 44
      c) Durchführung des Verfahrens 45
      d) Widerspruchsgründe 54
        aa) Identität 55
        bb) Ähnlichkeit 56
      e) Einwendungen und Einreden des Markeninhabers .. 58
      f) Rechtsbehelf und Rechtsmittel 61
    2. Löschungsverfahren 66
      a) Löschung wegen Verfalls 66
        aa) Verfahren 67
        bb) Widerspruch des Markeninhabers 68
        cc) Löschungsklage 70
        dd) Benutzung 71
      b) Nichtigkeitsverfahren wegen absoluter Schutzhindernisse 73
        aa) Verfahren 74
        bb) Widerspruch des Markeninhabers 75
      c) Nichtigkeitsklage wegen Bestehens älterer Rechte 77
  III. Gemeinschaftsmarken 80
    1. Widerspruchsverfahren 80
      a) Widerspruchsfrist 81
      b) Widerspruchsgebühr 82
      c) Durchführung des Verfahrens 83
      d) Widerspruchsgründe 92
        aa) Identität 93
        bb) Ähnlichkeit 94
      e) Einwendungen und Einreden des Markeninhabers .. 95
      f) Rechtsmittel 97
    2. Löschungs- und Nichtigkeitsverfahren 98
      a) Amtsverfahren 99
      b) Nichtigkeitsverfahren wegen Verfalls 101
      c) Nichtigkeitsverfahren wegen absoluter Nichtigkeitsgründe ... 103
      d) Nichtigkeitsverfahren wegen relativer Nichtigkeitsgründe ... 106
  IV. Internationale Registrierungen 107

Literatur:

Bender, Die Gemeinschaftsmarke verliert die Form und gewinnt an Kontur, Teil 2: MarkenR 2007, 93; *Eichmann*, Die dreidimensionale Marke im Verfahren vor dem Deutschen Patent- und Markenamt und dem BPatG, GRUR 1995, 184; *Eichmann*, Schutzvoraussetzungen und Schutzwirkungen von Abbildungsmarken, GRUR Int. 2000, 483; *Eichmann/von Falckenstein/Kühne*, Designgesetz, Kommentar, 5. Auflage 2015; *Eisenführ/Schennen*, Gemeinschaftsmarkenverordnung, Kommentar, 3. Auflage 2010; *Fezer*, Markenrecht, Kommentar, 4. Auflage 2009; *Frommeyer*, Rechtserhaltende Benutzung bei abweichender Markenform, 2002; *Fuchs-Wissemann*, Neuere Entwicklungen in der markenrechtlichen Rechtsprechung des Bundespatentgerichts und des Bundesgerichtshofs, MarkenR 2008, 1; *Grabrucker*, Aus der Rechtsprechung des Bundespatentgerichts im Jahre 1998 – Teil II: Markenrecht, GRUR 1999, 605; *Ingerl/Rohnke*, Markengesetz, Kommentar, 3. Auflage 2010; *Kappl*, Vom Geschmacksmuster zum eingetragenen Design, GRUR 2014, 326; *Kouker*, Umwandlung einer Gemeinschaftsmarke nach Zurückweisung oder Löschung wegen relativer Schutzhindernisse, GRUR 2008, 119; *Poch*, Aktuelle Entwicklungen im Gemeinschaftsmarkenrecht, EuZW 2013, 445; *Pohlmann*, Verfahrensrecht der Gemeinschaftsmarke, 2012; *Ruhl*, Gemeinschaftsgeschmacksmuster, Kommentar, 2. Auflage 2010; *Ströbele/Hacker*, Markengesetz, Kommentar, 11. Auflage 2015; *Weber*, Entscheidungspraxis des HABM zur Nichtigkeit von Gemeinschaftsgeschmacksmustern, GRUR 2008, 115.

A. Designs

I. Systematik

Materiellrechtlich entsprechen die Gründe, aufgrund deren die Nichtigkeit (aus absoluten oder relativen Gründen) eines Gemeinschaftsgeschmacksmusters beantragt werden kann, den Nichtigkeits- und Löschungsgründen im deutschen Recht. Bis zum Inkrafttreten des Designgesetzes unterschieden sich die Verfahren insoweit, als die Nichtigkeit eines Gemeinschaftsgeschmacksmusters durch Antrag beim HABM oder durch Widerklage geltend gemacht werden konnte, während ein Amtsverfahren zur Erklärung der Nichtigkeit eines deutschen Designs bislang nicht vorgesehen war. Das zum 1.1.2014 neu eingeführte Nichtigkeitsverfahren eröffnet nun auch im deutschen Recht die Möglichkeit, vor dem DPMA einen Antrag auf Feststellung oder auf Erklärung der Nichtigkeit zu stellen.

II. Eingetragene Designs

2 Es gibt nunmehr zwei Wege, die Feststellung oder die Erklärung der Nichtigkeit eines eingetragenen Designs zu erreichen: durch die Stellung eines entsprechenden Antrags beim DPMA oder vor den ordentlichen Gerichten im Wege der Widerklage.

1. Nichtigkeitsverfahren vor dem DPMA

3 In § 33 DesignG werden die Nichtigkeitsgründe eines eingetragenen Designs aufgelistet. Dabei wird die Unterscheidung zwischen absoluten und relativen Nichtigkeitsgründen im Grundsatz beibehalten, indem zwischen der **Feststellung** und der rechtsgestaltenden **Erklärung** der Nichtigkeit differenziert wird. Dies soll den Unterschied zwischen der bereits bestehenden Nichtigkeit des Designs wegen absoluter Eintragungshindernisse und der erst eintretenden Nichtigkeit aufgrund relativer Nichtigkeitsgründe verdeutlichen.[1]

4 § 33 Abs. 1 DesignG enthält die im bisherigen § 33 Abs. 1 GeschmMG aufgelisteten Fallgruppen:
- fehlende Designfähigkeit
- fehlende Neuheit
- fehlende Eigenart
- das Design ist vom Designschutz ausgeschlossen.

In diesen Fällen ist das eingetragene Design nichtig, ohne dass es einer gesonderten Nichtigkeitserklärung durch das DPMA bedarf. Der Antrag ist auf die **Feststellung** der Nichtigkeit gerichtet.

In § 33 Abs. 2 DesignG finden sich die Fälle des bisherigen § 34 S. 1 GeschmMG. Danach wird ein eingetragenes Design für nichtig erklärt, wenn
- es eine unerlaubte Benutzung eines durch das Urheberrecht geschützten Werkes darstellt,
- es in den Schutzumfang eines eingetragenen Designs mit älterem Zeitrang fällt, auch wenn dieses eingetragene Design erst nach dem Anmeldetag des für nichtig zu erklärenden eingetragenen Designs offenbart wurde,
- in ihm ein Zeichen mit Unterscheidungskraft älteren Zeitrangs verwendet wird und der Inhaber des Zeichens berechtigt ist, die Verwendung zu untersagen.

5 Bei diesen Fallgruppen bedarf es für den Eintritt der Nichtigkeit einer rechtsgestaltenden Nichtigkeitserklärung durch das DPMA; der Antrag ist dementsprechend auf die **Erklärung** der Nichtigkeit zu richten. Nach § 33 Abs. 2 S. 2 DesignG besteht für den jeweilgen Inhaber des eingetragenen Designs weiterhin die Möglichkeit, wegen Nichtigkeit in die Löschung einzuwilligen, um ein Nichtigkeitsverfahren zu vermeiden. Nach einer geplanten Gesetzesänderung soll der Designinhaber auch bei Vorliegen der Gründe nach § 33 Abs. 1 DesignG in die Löschung einwilligen können.

6 Nach § 33 Abs. 3 DesignG entscheidet das DPMA über die Nichtigkeit durch Beschluss. Zuständig für die Entscheidungen im amtlichen Nichtigkeitsverfahren ist die Designabteilung des DPMA, § 23 Abs. 1 S. 1 iVm Abs. 2 S. 1 DesignG. Gegen diesen Beschluss ist die Beschwerde an das Bundespatentgericht statthaft, § 23 Abs. 4 S. 1 DesignG. Die Unanfechtbarkeit des Beschlusses hat zur Folge, dass die Wirkungen der Eintragung des Designs rückwirkend (*ex tunc*) entfallen, § 33 Abs. 4 DesignG. Dies gilt sowohl für den Fall der Feststellung als auch der Erklärung der Nichtigkeit

7 Die wesentlichen Grundsätze des **Verfahrens** sind in §§ 34a ff DesignG sowie in §§ 21, 22 der neuen DesignV niedergelegt.

Nach § 34a Abs. 1 DesignG wird das Nichtigkeitsverfahren durch einen schriftlichen Antrag beim DPMA eingeleitet, dessen notwendiger Inhalt durch § 21 DesignV konkretisiert wird. So sind zum Beispiel die zur Begründung dienenden Tatsachen und Beweismittel anzugeben. Das Antragsformular steht auf der Homepage[2] des DPMA zum Download zur Verfügung. Nach § 21 Abs. 3 DesignV ist es möglich, den Antrag auf mehrere der in § 33 Abs. 1 und 2 DesignG genannten Nichtigkeits-

---

1 BT-Drucks. 17/13428, S. 30.
2 <www.dpma.de/design/formulare/index.html>.

gründe zu stützen. In einem solchen Fall sollte der Antrag auf Feststellung, hilfsweise auf Erklärung der Nichtigkeit gerichtet werden.[3] Das DPMA ist an die Festlegung des Streitgegenstandes gebunden, so dass eine Antragserweiterung nach § 263 ZPO nur mit Einverständnis des Designinhabers oder bei Sachdienlichkeit geboten ist. Die Sachdienlichkeit wird in aller Regel gegeben sein.[4] Für jeden Antrag ist eine Gebühr von 300 € entsprechend der neu eingeführten Kostenziffer 346100 der Anlage zu § 2 Abs. 1 PatKostG einzuzahlen.[5] Der Gegenstandswert des Verfahrens richtet sich nach §§ 23 Abs. 3 S. 2, 33 Abs. 1 RVG.[6]

Der Antrag wird dem Inhaber des eingetragenen Designs mit der Aufforderung zugestellt, sich innerhalb eines Monats ab Zustellung zu dem Antrag zu erklären. Diese Frist ist nicht verlängerbar.[7] Die Erklärung muss schriftlich erfolgen und einen gänzlichen oder teilweisen Widerspruch gegen den Antrag enthalten. Erfolgt innerhalb der Frist kein Widerspruch, so wird die Nichtigkeit durch das DPMA festgestellt bzw. erklärt, § 34a Abs. 2 DesignG. Im Falle eines wirksamen Widerspruchs ist das weitere Verfahren in § 34a Abs. 3 DesignG geregelt. Der Widerspruch ist dem Antragsteller mitzuteilen. Eine Anhörung hat stattzufinden, wenn dies durch einen Beteiligten beantragt wird oder seitens des DPMA für sachdienlich erachtet wird. Bei Antragstellung durch eine Partei ist die Sachdienlichkeit daher nicht mehr gesondert zu prüfen.[8] Andernfalls kann im schriftlichen Verfahren entschieden werden. 8

Nach § 34a Abs. 4 DesignG ergeht die Entscheidung schriftlich im Beschlusswege. Sie ist mit einer Begründung zu versehen und muss den Beteiligten zugestellt werden. Entsprechend § 47 Abs. 2 PatG ist dem zuzustellenden Beschluss eine schriftliche Rechtsmittelbelehrung anzufügen (§ 43a Abs. 4 S. 2 DesignG). 9

Durch § 34c DesignG wird für einen **Dritten** die Möglichkeit eröffnet, einem bereits vor dem DPMA oder dem BPatG anhängigen Nichtigkeitsverfahren **beizutreten**. Dafür muss er nach § 34 DesignG antragsberechtigt sein und glaubhaft machen, ein berechtigtes Interesse an der Nichtigkeit des streitgegenständlichen eingetragenen Designs zu haben, sei es durch ein gegen ihn anhängiges Schadensersatz- und Verletzungsverfahren oder durch eine Aufforderung zur Unterlassung einer behaupteten Verletzung.[9] Der Beitritt erfolgt dann durch Stellung eines eigenen Antrags innerhalb einer Frist von drei Monaten ab Einleitung des Verfahrens, wobei davon ausgegangen wird, dass hiermit die Zustellung der Klageschrift oder der einstweiligen Verfügung gemeint ist,[10] oder ab Zugang der Abmahnung. 10

Die **Antragsbefugnis** ist nunmehr in § 34 DesignG abschließend geregelt. In den Fällen des § 33 Abs. 1 DesignG ist dabei jedermann zur Stellung des Antrags befugt, im Falle des § 33 Abs. 2 DesignG nur der jeweilige Inhaber des geltend gemachten Schutzrechts. Da ein eigenes Interesse an der Antragstellung nicht erforderlich ist, kann der Antrag auch von Patent- und Rechtsanwälten gestellt werden.[11] 11

2. Gerichtliches Verfahren

Neben dem Verfahren vor dem DPMA besteht die Alternative, die Nichtigkeit eines eingetragenen Designs im Wege der **Widerklage** in einem Schadensersatz- oder Unterlassungsverfahren geltend zu machen. 12

Bislang gab es ebenfalls die Möglichkeit, die Rechtsgültigkeit eines Designs im Rahmen einer **Inzidentprüfung** durch die Zivilgerichte überprüfen zu lassen. Das Ergebnis dieser Inzidentprüfung 13

---

3 BT-Drucks. 17/13428, S. 30.
4 Kühne, in: Eichmann/von Falckenstein/Kühne, § 34a Rn 3.
5 BT-Drucks. 17/13428, S. 31.
6 Kappl, GRUR 2014, 326, 329.
7 Kühne, in: Eichmann/von Falckenstein/Kühne, § 34a Rn 10.
8 Kühne, in: Eichmann/von Falckenstein/Kühne, § 34a Rn 12.
9 BT-Drucks. 17/13428, S. 32.
10 Kühne, in: Eichmann/von Falckenstein/Kühne, § 34c Rn 4.
11 Kühne, in: Eichmann/von Falckenstein/Kühne, § 34 Rn 2.

wurde der Entscheidung zwar zugrunde gelegt, jedoch nicht tenoriert und erwuchs dementsprechend nicht in Rechtskraft. Die Feststellung eines Nichtigkeitsgrundes führte daher in diesem Fall nicht zur Löschung des Designs.

14 § 52 a DesignG bestimmt nun, dass die **Geltendmachung** der Nichtigkeit **nur** durch Antrag beim DPMA oder durch Erhebung einer Widerklage möglich ist. Damit kann sich ein Beklagter in einem Verletzungs- oder Schadensersatzverfahren nicht mehr pauschal auf die Nichtigkeit des streitgegenständlichen eingetragenen Designs berufen. Vielmehr hat er im Falle einer möglichen Nichtigkeit eine Widerklage im Rahmen des Zivilprozesses einzureichen oder einen Antrag beim DPMA zu stellen, um sich die Einrede der Nichtigkeit zu erhalten. Andernfalls haben die Designgerichte von der Rechtsgültigkeit des streitgegenständlichen eingetragenen Designs auszugehen, § 39 iVm § 52 a DesignG.[12]

15 Die **Erhebung** der Widerklage auf Feststellung oder Erklärung der Nichtigkeit regelt § 52 b DesignG. Zuständig für Designstreitsachen sind die Landgerichte ohne Rücksicht auf den Streitwert, § 52 DesignG. Unter der Voraussetzung, dass die Behauptung der Nichtigkeit des eingetragenen Designs im Zusammenhang mit der behaupteten Verletzung steht, bleibt das Designgericht nach § 33 ZPO auch für die Entscheidung über die Nichtigkeit zuständig. Für die Widerklagebefugnis gilt die Vorschrift des § 34 DesignG entsprechend.

16 Um eine Doppelbefassung mit dem gleichen Sachverhalt zu verhindern und widersprüchlichen Entscheidungen zum Zwecke der Rechtssicherheit vorzubeugen, sieht das DesignG **zwei Aussetzungsmöglichkeiten** vor:

§ 34 b DesignG erfasst zunächst den Fall, dass ein Gericht mit einer Designstreitsache *bereits befasst ist* oder während eines laufenden Nichtigkeitsverfahrens *befasst wird*. Das Gericht kann in diesem Fall nach freiem Ermessen entscheiden, ob es die Aussetzung des Verfahrens anordnet, § 34 b S. 1 DesignG. Lediglich für den Fall, dass das Gericht nach einer Inzidentprüfung das eingetragene Design für nichtig hält *und* es für die Entscheidung auf die Nichtigkeit ankommt, *hat* das Gericht das Verfahren nach Satz 2 bis zur Beendigung des Nichtigkeitsverfahrens auszusetzen.[13] Die Entscheidung soll in diesem Fall der speziell für das Nichtigkeitsverfahren beim DPMA eingerichteten Designabteilung obliegen.[14]

17 Wird dem Nichtigkeitsantrag **stattgegeben**, so wirkt die Feststellung oder Erklärung der Nichtigkeit kraft anschließender Löschung gemäß § 36 Abs. 1 Nr. 5 DesignG für und gegen jedermann, so dass diese Entscheidung *stets* durch das befasste Gericht zu berücksichtigen ist.

18 Im Falle der **Zurückweisung** des Nichtigkeitsantrags hingegen ist das Gericht nur dann an diese Entscheidung gebunden, wenn sie zwischen denselben Parteien ergangen ist, § 34 b S. 3 DesignG. Dies gilt sowohl für einen abweisenden Beschluss durch das DPMA im Rahmen des Nichtigkeitsverfahrens als auch für Entscheidungen der Instanzgerichte im Rechtsmittelverfahren. § 34 b S. 3 DesignG erweitert damit die Vorschriften zur subjektiven Rechtskraft und stellt klar, dass eine ablehnende Entscheidung lediglich *inter partes* wirkt.[15]

19 § 52 b Abs. 3 DesignG stellt eine **Sonderregelung** zu § 34 b DesignG dar und normiert einen weiteren Aussetzungsgrund.[16] In dieser Vorschrift wird auch dem Inhaber des eingetragenen Designs die Möglichkeit eröffnet, auf Antrag eine Entscheidung des DPMA über die Wirksamkeit des Designs herbeiführen zu lassen. Nach Anhörung der Beteiligten kann das Gericht das Verfahren aussetzen und den Widerkläger auffordern, innerhalb einer vom Gericht zu bestimmenden Frist beim DPMA die Feststellung oder Erklärung der Nichtigkeit zu beantragen. Wird der Antrag nicht innerhalb der gesetzten Frist gestellt, gilt die Widerklage als zurückgenommen und das Verfahren wird fortgesetzt, § 52 b Abs. 3 S. 2 DesignG.

---

12 Kappl, GRUR 2014, 326, 329.
13 BT-Drucks. 17/13428, S. 32.
14 Kappl, GRUR 2014, 326, 330.
15 BT-Drucks. 17/13428, S. 34.
16 Kappl, GRUR 2014, 326, 330.

Da eine Aussetzung des Verfahrens zu einer Verlängerung der Verfahrensdauer führen kann, ist das Gericht befugt, für die Dauer der Aussetzung bei entsprechendem Rechtsschutzbedürfnis einstweilige Verfügungen zu erlassen und Sicherheitsmaßnahmen zu treffen, §§ 52 b Abs. 3 S. 3, 34 b S. 4 DesignG.

Unzulässig ist die Erhebung der Widerklage nach § 52 b Abs. 2 DesignG dann, wenn im Nichtigkeitsverfahren nach § 34 a DesignG bereits über denselben Streitgegenstand zwischen *denselben Parteien* durch unanfechtbaren Beschluss entschieden wurde. Die Regelung stellt eine Parallele zu § 34 b S. 3 DesignG her und bezieht sich auf den Fall, dass der Antrag auf Feststellung oder Erklärung der Nichtigkeit schon *vor Anhängigkeit* der Widerklage *abgewiesen* wurde, also bereits eine ablehnende Entscheidung über die Wirksamkeit des eingetragenen Designs vorliegt.[17] Auch hier wird klargestellt, dass eine solche Entscheidung lediglich *inter partes* wirkt.

3. Löschung durch das DPMA ohne Sachprüfung

Das DPMA nimmt eine Löschung des eingetragenen Designs ohne Sachprüfung vor, wenn – alternativ – folgende Voraussetzungen vorliegen (§ 36 DesignG):

- Beendigung der Schutzdauer (Nr. 1);
- Verzicht des Designinhabers (Nr. 2);
- Antrag eines Dritten, der eine materiellrechtlich wirksame Verzichtserklärung des Designinhabers oder dessen Einwilligung in die Löschung vorlegt (Nr. 3 und Nr. 4);
- Vorlage eines unanfechtbaren Beschlusses oder eines rechtskräftigen Urteils über die Feststellung oder Erklärung der Nichtigkeit (Nr. 5).

Liegen die Voraussetzungen für eine Löschung vor, erfolgt eine Eintragung des Tages und des Grundes der Löschung in das Designregister, § 16 Nr. 9 DesignV. Im Fall des § 36 Nr. 2–4 DesignG ist ein entsprechender Antrag notwendig; im Fall der Nr. 5 erfolgt dies von Amts wegen, da die Schutzwirkung des eingetragenen Designs mit Unanfechtbarkeit des Beschlusses bzw der Rechtskraft des Urteils rückwirkend entfällt, § 33 Abs. 4 DesignG. Das mit der Entscheidung befasste Designgericht hat dem DPMA zu Informationszwecken eine Ausfertigung des rechtskräftigen Urteils zu übermitteln, § 52 b Abs. 4 S. 3 DesignG.

Liegen die Voraussetzungen einer Löschung nicht vor, entscheidet das DPMA über die Ablehnung der Löschung durch Beschluss, § 36 Abs. 1 S. 2 DesignG. Dagegen ist Beschwerde an das Bundespatentgericht statthaft, § 23 Abs. 4 S. 1 DesignG.

Der Löschungsantrag ist gebührenfrei. Antragsteller, die im Inland weder Wohnsitz noch Sitz noch Niederlassung haben, müssen gem. § 58 Abs. 1 DesignG einen vor dem DPMA vertretungsberechtigten Rechtsanwalt oder Patentanwalt als Inlandsvertreter bestimmen.

III. Das eingetragene Gemeinschaftsgeschmacksmuster

Ebenso wie das deutsche Designrecht sieht die Gemeinschaftsgeschmacksmusterverordnung (GGV) ein **Amtsverfahren** zur Erklärung der Nichtigkeit eines eingetragenen Gemeinschaftsgeschmacksmusters vor. Weiterhin kann das Gemeinschaftsgeschmacksmuster auf **Widerklage** hin im Verletzungsverfahren für nichtig erklärt werden (Art. 24 GGV). Ein Antrag auf Nichtigerklärung eines nicht eingetragenen Gemeinschaftsgeschmacksmusters ist bei einem Gemeinschaftsgeschmacksmustergericht zu stellen oder als Widerklage im Verletzungsverfahren geltend zu machen (Art. 24 GGV). Nach der Gemeinschaftsgeschmacksmusterverordnung besitzen die EU-Mitgliedstaaten die ausschließliche Zuständigkeit für Klagen wegen Verletzung und für Klagen bzw Widerklagen wegen der Rechtsgültigkeit eines Gemeinschaftsgeschmacksmusters (Art. 80, 81 GGV) und haben zu diesem Zweck spezialisierte nationale Gemeinschaftsgeschmacksmustergerichte benannt. Eine

---

17 BT-Drucks. 17/13428, S. 34.

Liste der Gemeinschaftsgeschmacksmustergerichte kann auf der Homepage des HABM abgerufen werden.[18]

Eine **Frist** zur Einreichung eines Nichtigkeitsantrags gegen ein eingetragenes Gemeinschaftsgeschmacksmuster besteht nicht.

27 Der **Antrag** ist schriftlich und in zweifacher Ausfertigung beim HABM einzureichen (Art. 52 GGV).[19] Das HABM stellt hierfür auf seiner Homepage[20] ein Formular zur Verfügung, dessen Verwendung empfohlen wird. Der Antragsteller muss entweder seinen Wohnsitz, Sitz oder eine tatsächliche und nicht nur zum Schein bestehende gewerbliche oder Handelsniederlassung in der Europäischen Gemeinschaft haben oder innerhalb von zwei Monaten einen Vertreter benennen; widrigenfalls ist der Antrag unzulässig (Art. 7, 78 GGV). Für den Antrag ist eine **Gebühr** zu entrichten (Art. 52 Abs. 2 GGV). Bei Nichtzahlung fordert das Amt auf, die Gebühr innerhalb von zwei Monaten nach Zugang der Mitteilung zu entrichten; andernfalls gilt der Antrag als nicht gestellt (Art. 30 Abs. 2 GGDV).

    Hinweis: Eine Einreichung per Fax ist möglich, aber wegen der Gefahr einer schlechten Übermittlung nicht empfehlenswert, insbesondere wenn sich der Antrag auf fehlende Neuheit oder fehlende Eigenart stützt.

28 Der Antrag sowie die Beweismittel[21] sind in der **Verfahrenssprache** einzureichen. Dies ist die Sprache, in der das angegriffene Gemeinschaftsgeschmacksmuster angemeldet wurde (Art. 98 Abs. 4 GGV). Handelt es sich dabei nicht um eine der fünf Sprachen des Amtes,[22] ist der Nichtigkeitsantrag in der zweiten Sprache einzureichen, die in dem angegriffenen Gemeinschaftsgeschmacksmuster angegeben ist. Bei Nichtigkeitsanträgen, die nicht in der Verfahrenssprache eingereicht wurden, setzt das Amt eine Frist von zwei Monaten, innerhalb deren der Antragsteller eine **Übersetzung** in die Verfahrenssprache vorzulegen hat. Da diese Frist vom Amt gesetzt wird, ist sie grundsätzlich verlängerbar (Art. 57 Abs. 1 GGDV). Kommt der Antragsteller dieser Aufforderung nicht nach, wird der Nichtigkeitsantrag als unzulässig zurückgewiesen (Art. 30 Abs. 1 GGDV). Beweismittel, für die nicht innerhalb von zwei Monaten eine Übersetzung in die Verfahrenssprache nachgereicht wird, werden nicht berücksichtigt (Art. 29 Abs. 5 GGDV). Das Amt weist auf diese Zweimonatsfrist nicht hin. Da es sich um eine gesetzliche Frist handelt, ist sie nicht verlängerbar.

29 Hiervon abweichend können die Parteien auch vereinbaren, dass eine andere **Amtssprache** als Verfahrenssprache verwendet wird. Sie müssen dies dem Amt innerhalb von zwei Monaten nach Empfang der Mitteilung für den Antrag auf Nichtigerklärung durch den Inhaber mitteilen (Art. 98 Abs. 5 GGV).[23]

Sowohl das **angegriffene Gemeinschaftsgeschmacksmuster** als auch der **Antragsteller** müssen **eindeutig identifizierbar** sein. Hierzu sind die Angabe der Eintragungsnummer, Name und Anschrift des Inhabers- wie im Register eingetragen – sowie Name und Anschrift des Antragstellers erforderlich (Art. 28 GGDV). Werden diese Angaben nicht spätestens zwei Monate nach Aufforderung durch das Amt gemacht, ist der Nichtigkeitsantrag unzulässig.

30 Der Nichtigkeitsantrag ist zu begründen, wobei es ausreicht, den **Nichtigkeitsgrund** zu benennen, auch durch Verweis auf einen der Buchst. a) bis g) des Art. 25 Abs. 1 GGV. Wird kein Grund genannt, ist dieser Mangel innerhalb von zwei Monaten nach Aufforderung des Amtes heilbar. Andernfalls wird der Antrag als unzulässig zurückgewiesen (Art. 30 Abs. 1 GGDV). Der Antrag muss ebenfalls die **Tatsachen, Beweismittel und Argumente** zu den entsprechenden Nichtigkeits-

---

18 <http://oami.europa.eu/pdf/design/cdcourts.pdf>.
19 HABM, Richtlinien für die Prüfung von Gemeinschaftsgeschmacksmustern, Eingetragene Gemeinschaftsgeschmacksmuster (Prüfung von Anträgen auf Nichtigerklärung), Nr. 3.1.
20 <www.ohim.eu>.
21 HABM, Richtlinien für die Prüfung von Gemeinschaftsgeschmacksmustern, Eingetragene Gemeinschaftsgeschmacksmuster (Prüfung von Anträgen auf Nichtigerklärung), Nr. 3.9.2.
22 Die Sprachen des Amtes sind Deutsch, Englisch, Französisch, Italienisch und Spanisch.
23 HABM, Richtlinien für die Prüfung von Gemeinschaftsgeschmacksmustern, Eingetragene Gemeinschaftsgeschmacksmuster (Prüfung von Anträgen auf Nichtigerklärung), Nr. 3.3.

gründen angeben (Art. 28 Abs. 1 Buchst. b GGDV). Fehlt es hieran, fordert das Amt auf, diesen Mangel innerhalb von zwei Monaten zu beseitigen. Anderenfalls ist der Antrag als unzulässig zurückzuweisen (Art. 30 Abs. 1 GGDV). Die Art der **Nachweise** richtet sich nach dem jeweiligen Nichtigkeitsgrund.

Das Verfahren unterliegt der **Dispositionsmaxime** (Art. 63 Abs. 1 GGV). Zwar darf die Nichtigkeitsabteilung keine eigenen Ermittlungen zu weiteren Nichtigkeitsgründen oder entsprechenden Tatsachen anstellen. Allerdings nimmt das Amt eine unabhängige rechtliche Würdigung der Tatsachen vor und legt die Anträge der Parteien ihrem Begehren entsprechend aus. Die Nichtigkeitsabteilung kann daher, bei Vorliegen entsprechender Tatsachen, die Entscheidung auf einen anderen Nichtigkeitsgrund als den ursprünglich vom Antragsteller benannten Grund stützen.[24] Daher ist auch das Auswählen eines tatsächlich nicht relevanten Nichtigkeitsgrundes in dem vom HABM zur Verfügung gestellten Antragsformular unschädlich, wenn die vorgebrachten Argumente und Beweismittel als Begründung für einen anderen Nichtigkeitsgrund ausreichen.[25]

31

Wird geltend gemacht, es fehle an den Voraussetzungen der **Neuheit** oder **Eigenart** (Art. 25 Abs. 1 Buchst. b GGV), so muss die Wiedergabe mindestens eines älteren Musters vorgelegt werden, einschließlich Unterlagen, die eine frühere **Offenbarung** Musters durch stichhaltige und objektive Unterlagen[26] beweisen. Die **Beweislast** liegt grundsätzlich beim Antragsteller, es sei denn, dass die relevanten Fachkreise im normalen Geschäftsverlauf von der Offenbarung Kenntnis haben konnten (Art. 7 Abs. 1 GGV). Hierzu kann es unter Umständen ausreichen, dass eine Offenbarung an nur ein Unternehmen stattgefunden hat.[27] Amtliche Bekanntmachungen von Designeintragungen gehören zu Ereignissen, von denen Fachkreise im normalen Geschäftsverlauf grundsätzlich Kenntnis haben können.[28] Händler des betreffenden Wirtschaftszweiges gehören ebenfalls zu den Fachkreisen.[29] Der Inhaber kann diese Annahme jedoch durch Tatsachen, Beweismittel und Bemerkungen widerlegen.[30] Dokumente, die bei einem Patent- und Markenamt nur nach Antrag auf Akteneinsicht einsehbar sind, sind den Fachkreisen nicht im normalen Geschäftsverlauf bekannt geworden und daher nicht offenbart.[31] Welche sonstigen **Veröffentlichungen** relevant sein können, hängt vom jeweiligen Wirtschaftszweig ab. Relevant sind beispielsweise Lehrbücher, Zeitschriften, Zeitungsausschnitte[32] und Internetseiten.[33] Kataloge müssen nach ihrer Art offensichtlich für die Verbreitung in der Öffentlichkeit bestimmt sein und zumindest Warenbeschreibungen und -bezeichnungen sowie Preise enthalten.[34] Relevant können das Ausmaß oder die Begleitumstände der Verteilung sein.[35] Es ist daher sinnvoll, eine eidesstattliche Versicherung beizufügen, die Details über das Veröffentlichungsgebiet und den Veröffentlichungszeitraum enthält. Rechnungen, die belegen, dass das entsprechende Produkt aus dem Katalog bezogen wurde, sind ebenfalls relevante Beweismittel.[36] Erklärungen oder eidesstattliche Versicherungen, die seitens des Antragstellers oder verbundener Personen, wie Geschäftspartnern, abgegeben werden, haben einen geringeren Beweiswert und wer-

32

---

24 HABM-Beschwerdekammer v. 2.8.2007, R1456/2006-3, Rn 10.
25 HABM-Beschwerdekammer v. 22.11.2006, R196/2006-3.
26 EuG, Rs. T-450/08 v. 9.3.2012, Rn 24, 25 – Coverpla/HABM.
27 EuGH, Rs. C-479/12 v. 13.2.2014 – Gartenpavillion = GRUR 2014, 368.
28 HABM-Beschwerdekammer v. 27.10.2009, R1267/2008-3, Rn 35 ff; HABM-Beschwerdekammer v. 7.5.2014, R1681/2012-3, Rn 29.
29 EuGH, Rs. C-479/12 v. 13.2.2014 – Gartenpavillion = GRUR 2014, 368.
30 HABM-Beschwerdekammer v. 12.2.2015, R998/2013-3.
31 HABM-Beschwerdekammer v. 15.4.2013, R442/2011-3.
32 HABM-Nichtigkeitsabteilung v. 8.2.2015, ICD 9664.
33 Zu der Frage welche Angaben zuverlässig darüber Auskunft geben, welches Datum bei Internet-Websites für die Offenbarung relevant ist: HABM, Richtlinien für die Prüfung von Gemeinschaftsgeschmacksmustern, Eingetragene Gemeinschaftsgeschmacksmuster (Prüfung von Anträgen auf Nichtigerklärung), Nr. 5.5.1.4.
34 HABM-Nichtigkeitsabteilung v. 15.5.2007, ICD 2749.
35 HABM, Richtlinien für die Prüfung von Gemeinschaftsgeschmacksmustern, Eingetragene Gemeinschaftsgeschmacksmuster (Prüfung von Anträgen auf Nichtigerklärung), Nr. 5.5.1.3.
36 EuG, Rs. T-68/10 – Sphere Time/HABM = GRUR Int. 2011, 746.

den nur in einer Gesamtschau mit weiteren Nachweisen berücksichtigt.[37] Wird geltend gemacht, dass eine frühere Offenbarung auf der Webseite des Designinhabers stattgefunden hat, obliegt es dem Inhaber substanziiert darzulegen, dass die Offenbarung zu einem späteren Zeitpunkt erfolgte.[38] Dokumente, die nicht in der Verfahrenssprache eingereicht werden, aber auf denen das Veröffentlichungsdatum und die Abbildungen klar erkennbar sind, sind als Beleg für eine frühere Offenbarung zulässig.[39]

33   Stützt der Antragsteller das Recht an dem Gemeinschaftsgeschmacksmuster auf eine **Gerichtsentscheidung** (Art. 25 Abs. 1 Buchst. c GGV), so ist eine Kopie der rechtskräftigen Entscheidung vorzulegen, nach der einem anderen als dem im Register eingetragenen Inhaber das Recht an dem Gemeinschaftsgeschmacksmuster zugesprochen wird.[40] Antragsberechtigt ist damit nur der durch dieses richterliche Urteil bestimmte Inhaber des Gemeinschaftsgeschmacksmusters. Ein Gerichtsbeschluss, in dem die Auflösung der eingetragenen Inhaberin im Rahmen eines Insolvenzverfahrens festgestellt wird, begründet die Antragsberechtigung nicht.[41] Wird der Antrag auf Nichtigerklärung auf die Kollision mit einem **älteren Gemeinschaftsgeschmacksmusterrecht** (Art. 25 Abs. 1 Buchst. d GGV) gestützt, so sind Angaben zur Identifizierung des Schutzrechts sowie eine Wiedergabe vorzulegen (Art. 28 Abs. 1 Buchst. b Unterabs. ii GGDV). Gleiches gilt, wenn sich der Antragsteller auf ein Verbietungsrecht aus einem **älteren Kennzeichen** oder auf ein durch **Urheberrecht** geschütztes Werk beruft (Art. 25 Abs. 1 Buchst. e und f GGV). Als älteres Kennzeichen kommen insbesondere dreidimensionale Marken oder Bildmarken in Betracht.[42] Der Nichtigkeitsantrag kann jedoch auch auf eine Wortmarke gestützt werden, wenn das angegriffene Muster einen Wortbestandteil enthält. Der Vergleich zwischen der Marke und dem Gemeinschaftsgeschmacksmuster erfolgt dann wie bei einem Markenvergleich nach visuellen, phonetischen und begrifflichen Aspekten.[43] Der Antragsteller muss darlegen, nach welchen nationalen Vorschriften sein älteres Recht Schutz genießt.[44]

34   Wird geltend gemacht, dass das Gemeinschaftsgeschmacksmuster eine **missbräuchliche Verwendung** eines der in **Art. 6**[ter] **PVÜ** genannten Gegenstände und Zeichen oder andere als der in Art. 6ter PVÜ aufgezählten Stempel, Kennzeichen und Wappen darstellt, die einem Mitgliedstaat von besonderem öffentlichen Interesse sind (Art. 25 Abs. 1 Buchst. g GGV), so muss der Antragsteller seinem Antrag eine Wiedergabe und Angaben des betreffenden Gegenstands sowie Nachweise dafür beifügen, dass der Antrag von der durch die missbräuchliche Verwendung betroffenen Personen oder Organisationen eingereicht wird.

35   Die **Antragsbefugnis** richtet sich nach dem Nichtigkeitsgrund. Während ein Antrag auf Nichtigerklärung wegen absoluter Nichtigkeitsgründe gem. Art. 25 Abs. 1 Buchst. a GGV und Art. 25 Buchst. b GGV von jedermann gestellt werden kann (Popularantrag), ist bei einem Antrag, der sich auf relative Nichtigkeitsgründe gem. Art. 25 Abs. 1 Buchst. c bis g GGV stützt, der jeweilige Rechtsinhaber antragsbefugt. Mehrere Rechtsinhaber können auch gemeinsam einen Nichtigkeitsantrag stellen, zB wenn das angefochtene Gemeinschaftsgeschmacksmuster Elemente jeweils einer älteren Marke des einen und des anderen Antragstellers enthält.[45]

---

37   HABM-Beschwerdekammer v. 14.10.2009, R316/2008-3.
38   HABM-Nichtigkeitsabteilung v. 26.11.2007, ICD 4240.
39   HABM-Nichtigkeitsabteilung v. 17.8.2006, ICD 2301 für eine Veröffentlichung aus dem spanischen Amtsblatt für gewerbliches Eigentum und eine Kopie der Veröffentlichung einer internationalen Designanmeldung; HABM-Nichtigkeitsabteilung v. 3.4.2007, ICD 2905 für den Fall einer taiwanesischen Designregistrierung; HABM-Nichtigkeitsabteilung v. 23.7.2008, ICD 4752 für Werbung mit asiatischen Schriftzeichen.
40   Ruhl, Art. 52 Rn 23; HABM-Nichtigkeitsabteilung v. 6.11.2006, ICD 2855.
41   HABM-Nichtigkeitsabteilung v. 26.5.2008, ICD 4158.
42   HABM-Nichtigkeitsabteilung v. 24.10.2007, ICD 3333; v. 27.10.2005, ICD 362.
43   HABM-Nichtigkeitsabteilung v. 20.12.2007, ICD 4133.
44   HABM-Beschwerdekammer v. 11.2.2008, R64/2007-3.
45   Vgl zB HABM-Nichtigkeitsabteilung v. 26.1.2007, ICD 3077.

Stellt die Nichtigkeitsabteilung fest, dass der Nichtigkeitsantrag **zulässig** ist, fordert sie den Inhaber 36
auf, innerhalb von zwei Monaten eine **Stellungnahme** in zweifacher Ausfertigung einzureichen.[46]
Der Inhaber kann beantragen, dass ein Gemeinschaftsgeschmacksmuster in einer **geänderten Form**
aufrechterhalten wird (Art. 25 Abs. 6 GGV). Wird ein entsprechender Antrag durch den Inhaber
gestellt oder enthält die Stellungnahme neue Tatsachen, Beweismittel oder Argumente, bekommt
der Antragsteller die Möglichkeit zu einer weiteren Stellungnahme (Art. 31 Abs. 3 GGDV).

Eine **mündliche Verhandlung** findet nur statt, wenn die Nichtigkeitsabteilung dies für sachdienlich 37
erachtet (Art. 64 GGV).[47] Zeugenaussagen oder Sachverständigengutachten sollten schriftlich vorgelegt werden.[48] Die Entscheidung ergeht durch Beschluss, gegen den die **Beschwerde** statthaft ist
(Art. 55 GGV). Die Beschwerde hat aufschiebende Wirkung. Der Antragsteller kann daher seinen
Nichtigkeitsantrag während der laufenden Beschwerdefrist zurückziehen.[49] Die von der Beschwerdekammer getroffene Entscheidung ist mit einer Klage beim Europäischen Gericht erster Instanz
(EuG) anfechtbar (Art. 61 GGV). Keine Entscheidung in der Sache ergeht, wenn der Antragsteller
seinen Antrag zurückzieht oder die Beteiligten sich gütlich geeinigt haben. Das Gemeinschaftsgeschmacksmuster kann auch für nichtig erklärt werden, wenn der Inhaber darauf verzichtet oder
wenn es erloschen ist (Art. 24 Abs. 2 GGV), soweit der Antragsteller ein rechtliches Interesse an der
Fortsetzung des Verfahrens nachweist.[50]

Die unterlegene Partei trägt die **Kosten** des Verfahrens, deren Art und Höhe sich nach Art. 79
GGDV richten. Wird nicht in der Sache entschieden, ergeht eine Kostenentscheidung nur auf
Antrag (Art. 70 GGV).

IV. Internationale Designeintragungen

Der deutsche Teil einer internationalen Eintragung ist einem eingetragenen Design gleichgestellt. 38
Die Maßnahmen zur Schutzentziehung richten sich nach § 70 DesignG. An die Stelle des Antrags
oder der Widerklage auf Feststellung oder Erklärung der Nichtigkeit nach § 33 Abs. 1 oder Abs. 2
DesignG tritt der Antrag oder die Widerklage auf Feststellung der Unwirksamkeit für das Gebiet
der Bundesrepublik Deutschland. An die Stelle der Klage auf Einwilligung in die Löschung nach § 9
Abs. 1 DesignG tritt die Klage auf Schutzentziehung. Die entsprechende Anwendbarkeit des § 35
DesignG hat zur Folge, dass in beiden Fällen auch eine teilweise Schutzentziehung erfolgen kann.
Ist die Unwirksamkeit einer internationalen Eintragung festgestellt worden oder ist ihr der Schutz
entzogen worden, so ist das DPMA nach § 70 Abs. 2 DesignG verpflichtet, die WIPO unverzüglich
davon in Kenntnis zu setzen. Dies stellt sicher, dass eine stattgebende Entscheidung Wirkungen
nicht lediglich *inter partes*, sondern für die Allgemeinheit erzeugt.[51]

Seit Anfang 2008 kann die **Europäische Gemeinschaft** unter dem **Haager System** der internationa- 39
len Eintragung gewerblicher Muster und Modelle benannt werden. Das Verfahren zur Erklärung
der Nichtigkeit folgt denselben Regeln wie ein Nichtigkeitsverfahren, das gegen ein eingetragenes
Gemeinschaftsgeschmacksmuster gerichtet ist (Art. 106 f Abs. 1 GGV). Soweit dem Amt die Nichtigkeitserklärung bekannt ist, setzt es die WIPO davon in Kenntnis (Art. 106 f Abs. 2 GGV).

---

46 HABM, Richtlinien für die Prüfung von Gemeinschaftsgeschmacksmustern, Eingetragene Gemeinschaftsgeschmacksmuster (Prüfung von Anträgen auf Nichtigerklärung), Nr. 4.1.1.
47 In der Regel wird das Verfahren schriftlich durchgeführt.
48 HABM, Richtlinien für die Prüfung von Gemeinschaftsgeschmacksmustern, Eingetragene Gemeinschaftsgeschmacksmuster (Prüfung von Anträgen auf Nichtigerklärung), Nr. 4.1.7.
49 HABM-Beschwerdekammer v. 8.12.2006, R736/2005-3.
50 HABM, Richtlinien für die Prüfung von Gemeinschaftsgeschmacksmustern, Eingetragene Gemeinschaftsgeschmacksmuster (Prüfung von Anträgen auf Nichtigerklärung), Nr. 3.8.
51 Kühne, in: Eichmann/von Falckenstein/Kühne, § 70 Rn 2.

B. Marken

I. Systematik

40 Obwohl Marken bei ihrer Anmeldung seitens der Ämter auf **absolute Schutzhindernisse** hin geprüft werden, besteht für Dritte die Möglichkeit, bereits eingetragene Marken erneut auf absolute Schutzhindernisse hin prüfen zu lassen.

Deutsche Marken und Gemeinschaftsmarken werden ohne Prüfung auf **ältere Rechte** eingetragen. Gleiches gilt für internationale Registrierungen, die Deutschland oder die Europäische Gemeinschaft benennen. Die Inhaber älterer Rechte sind gehalten, diese aus eigener Initiative geltend zu machen. Das Markengesetz wie auch die Gemeinschaftsmarkenverordnung (GMV) sehen zu diesem Zweck sowohl Verfahren vor dem DPMA oder dem HABM als auch Klageverfahren vor, deren Anwendbarkeit von der Natur des älteren Rechts abhängen.

41 Der Markeninhaber muss die **Benutzung** der Marke spätestens fünf Jahre nach ihrer Eintragung aufnehmen. Bei Nichtbenutzung sieht sowohl das Markengesetz als auch die Gemeinschaftsmarkenverordnung Verfahren vor, um eine Löschung dieser Marken zu erreichen.

> **Hinweis:** Am 27.3.2013 hat die europäische Kommission ein Reformpaket zur Modernisierung des Europäischen Markenrechts vorgelegt, das eine Neufassung der Markenrichtlinie und die Überarbeitung der GMV sowie der Gebührenverordnung zu Gemeinschaftsmarken (GMGebV) vorsieht.[52] Die nationalen Verfahren sollen nach dem Vorbild des Gemeinschaftsmarkensystems gestrafft und vereinheitlicht und die Zusammenarbeit zwischen den nationalen Markenämtern und dem HABM gestärkt werden. Als terminologische Konsequenz des Lissabonner Vertrages wird die „Gemeinschaftsmarke" zukünftig „Europäische Marke" heißen (Art. 1 GMV nF); das HABM soll in „Agentur der Europäischen Union für Marken, Muster und Modelle" umbenannt werden (Art. 2 GMV nF).

II. Deutsche Marken

1. Widerspruchsverfahren

42 Die einfachste Möglichkeit, aus einer älteren Marke gegen die Eintragung einer jüngeren Marke vorzugehen, bietet das beim DPMA durchgeführte Widerspruchsverfahren (§ 42 MarkenG).

a) Widerspruchsfrist

43 Der Widerspruch ist innerhalb einer Frist von drei Monaten nach dem Tag der Veröffentlichung der Eintragung der Marke zu erheben (§ 42 Abs. 1 MarkenG). Anders als im Gemeinschaftsmarkenrecht ist das Widerspruchsverfahren der Eintragung nachgeschaltet. Die Eintragung im Register wird in dem vom DPMA herausgegebenen Markenblatt veröffentlicht (§ 41 S. 2 MarkenG). Die Frist endet mit Ablauf desjenigen Tages des dritten Monats, der durch seine Zahl dem Tag der Veröffentlichung entspricht (§ 188 Abs. 2 BGB). Fällt dieser Tag auf einen Sonnabend, Sonntag oder staatlich anerkannten Feiertag, endet die Frist mit Ablauf des nächstfolgenden Werktags (§ 193 BGB). Bei der Widerspruchsfrist handelt es sich um eine nicht verlängerbare Ausschlussfrist. Eine Wiedereinsetzung ist gesetzlich ausgeschlossen (§ 91 Abs. 1 S. 2 MarkenG).

b) Widerspruchsgebühr

44 Für jeden Widerspruch ist eine Widerspruchsgebühr zu entrichten, die innerhalb der dreimonatigen Widerspruchsfrist zu zahlen ist (§ 64 a MarkenG iVm § 6 Abs. 1 S. 1 PatKostG). Wenn ein Widersprechender seinen Widerspruch auf mehrere Widerspruchsmarken stützt, fällt die Gebühr für jede Widerspruchsmarke an. Die vollständige Zahlung der Widerspruchsgebühr innerhalb der Widerspruchsfrist ist ein zwingendes Erfordernis. Wird die Gebühr nicht, nicht vollständig oder nicht

---

[52] Übersicht auf der Website der Kommission, <http://ec.europa.eu/internal_market/indprop/tm/index_de.htm>.

rechtzeitig gezahlt, gilt der Widerspruch als nicht erhoben (§ 64a MarkenG iVm § 6 Abs. 2 Pat-KostG). Bei einer versäumten Zahlung ist eine Wiedereinsetzung in die Zahlungsfrist ausgeschlossen (§ 91 Abs. 1 S. 2 MarkenG).

c) Durchführung des Verfahrens

Das Widerspruchsverfahren ist ein rein registerrechtliches Verfahren, das ausschließlich schriftlich durchgeführt wird. Gegenstand der Prüfung ist der Vergleich der Widerspruchsmarke(n) mit der angegriffenen jüngeren Marke in der jeweils eingetragenen Form. Der materielle Inhaber einer älteren Marke oder geschäftlichen Bezeichnung ist zur Widerspruchserhebung berechtigt (§ 42 Abs. 1 MarkenG). Wird der Widerspruch von dem im Register Eingetragenen erhoben, wird dessen **Aktivlegitimation** vermutet (§ 28 Abs. 1 MarkenG). Bei mehreren Inhabern ist jeder der Mitinhaber berechtigt, einen Widerspruch zu erheben (§ 744 Abs. 2 BGB).[53]

Aufgrund der Vermutungswirkung zugunsten der Aktivlegitimation des im Register eingetragenen Inhabers ist eine Widerspruchseinlegung durch den materiellen Inhaber nicht möglich, solange die **Umschreibung** der Marke nicht beantragt ist (§ 28 Abs. 2 MarkenG). Für die Erhebung des Widerspruchs ist es ausreichend, dass der Umschreibeantrag vor Ablauf der Widerspruchsfrist beim DPMA eingeht.[54]

Wer im Inland weder einen Wohnsitz noch eine Handelsniederlassung hat, kann in einem Widerspruchsverfahren nur teilnehmen, wenn er im Inland einen Rechtsanwalt oder einen Patentanwalt als Vertreter bestellt hat, der zur Vertretung bevollmächtigt ist (§ 96 MarkenG). Für die Erhebung des Widerspruchs ist ein **Inlandsvertreter** nicht erforderlich, jedoch zwingend für das weitere Verfahren.

Der Widerspruch ist **schriftlich** beim DPMA zu erheben. Das Amt stellt für die Erhebung des Widerspruchs auf seiner Homepage[55] ein Formular zur Verfügung, dessen Verwendung empfehlenswert, aber nicht erforderlich ist, § 29 Abs. 2 MarkenV. Der Widersprechende muss gemäß § 30 Abs. 1 S. 1 MarkenV Angaben machen, die es erlauben, die Identität der angegriffenen Marke, des Widerspruchskennzeichens sowie des Widersprechenden festzustellen. Bei den weder angemeldeten noch eingetragenen Widerspruchskennzeichen sind zu deren Identifizierung die Art, die Wiedergabe, die Form, der Zeitrang, der Gegenstand sowie der Inhaber des geltend gemachten Kennzeichenrechts anzugeben, § 30 Abs. 2 S. 2 MarkenV.

Der **Widerspruch soll folgende Angaben enthalten** (§ 30 Abs. 2 MarkenV):

- Registernummer der mit dem Widerspruch angegriffenen Marke;
- Registernummer bzw Aktenzeichen und Wiedergabe der eingetragenen oder angemeldeten Widerspruchsmarke;
- die Wiedergabe und die Bezeichnung der Form des Widerspruchskennzeichens;
- wird der Widerspruch auf eine international registrierte Marke gestützt, die vor dem 3.10.1990 sowohl für die Bundesrepublik Deutschland als auch für die Deutsche Demokratische Republik registriert worden ist, ist zu erklären, auf welchen Länderteil der Widerspruch gestützt wird;
- Name und Anschrift des Inhabers der Widerspruchsmarke und ggf seines Vertreters;
- Name des Inhabers der angegriffenen Marke;
- falls der Widersprechende nicht im Register eingetragen ist, Name und Anschrift des Widersprechenden sowie Angaben zum Zeitpunkt, zu dem ein Umschreibeantrag gestellt worden ist;
- die Waren und Dienstleistungen, auf die sich der Widerspruch stützt und gegen die der Widerspruch gerichtet ist.

Eine Begründungspflicht besteht aufgrund des Amtsermittlungsgrundsatzes nicht. Auch für einen Widerspruch aus nicht registrierten Kennzeichenrechten besteht keine Begründungspflicht; aller-

---

53 Kirschneck, in: Ströbele/Hacker, § 42 Rn 21.
54 Kirschneck, in: Ströbele/Hacker, § 42 Rn 24.
55 <www.dpma.de>.

dings ist der Widersprechende hinsichtlich derjenigen Tatsachen darlegungspflichtig, die seine behauptete Inhaberschaft an dem Widerspruchskennzeichen sowie das behauptete Bestehen des Kennzeichenrechts und dessen älteren Zeitrang stützen. Liegt insoweit kein schlüssiger Vortrag des Widersprechenden vor oder ist der behauptete Tatsachenvortrag nicht bewiesen, führt dies im Fall nicht nachweisbarer Aktivlegitimation zur Unzulässigkeit, andernfalls zur Unbegründetheit des Widerspruchs.[56]

Falls dem Widerspruch keine identische Marke zugrunde liegt, ist es grundsätzlich empfehlenswert, den Widerspruch zu begründen. Hierfür besteht keine Frist.

50 **Hinweis:** Um eine Verfahrensverzögerung oder eine Entscheidung nach Aktenlage zu vermeiden, ist es empfehlenswert, eine **Begründung** zügig, zB innerhalb von drei Monaten nach Widerspruchseinlegung, einzureichen.

Das unterschriebene Original der Widerspruchsschrift sowie spätere Eingaben können auch durch Telefax übermittelt werden (§§ 10, 11 DPMAV). Eine Einreichung des Originals ist nur auf Anforderung des DPMA erforderlich. Jedoch sind der Widerspruchsschrift und den Eingaben Abschriften für die übrigen Beteiligten beizufügen (§ 17 Abs. 2 DPMAV).

51 Nach Prüfung der Formalerfordernisse wird der Widerspruch dem Markeninhaber bzw seinem eingetragenen Vertreter mitgeteilt und die Möglichkeit zur Stellungnahme gegeben. Die Frist beträgt mindestens einen Monat, bei auswärtigen Verfahrensbeteiligten mindestens zwei Monate. In der Regel gewährt das DPMA zwei bis drei Monate. Einem mit Gründen versehenen Antrag auf Fristverlängerung wird in der Regel stattgegeben, ohne dass die Zustimmung des Gegners erforderlich ist. Wiederholte Fristverlängerungen werden nur gewährt, wenn ein berechtigtes Interesse (zB außeramtliche Verhandlungen) und die Zustimmung der Gegenseite schriftlich glaubhaft gemacht werden (§ 18 DPMAV).

Das Amt stellt die eingegangenen Schriftsätze zu und fordert, falls es dies für erforderlich erachtet, zur Stellungnahme auf. Falls Schriftsätze lediglich zur Kenntnisnahme übermittelt werden und der Widersprechende oder Markeninhaber eine Erwiderung für erforderlich erachtet, sollte diese zeitnah erfolgen, um eine Entscheidung nach Aktenlage zu vermeiden.

52 Das DPMA setzt das Verfahren aus, wenn es dies als sachdienlich erachtet. In Betracht kommt ein gemeinsamer Aussetzungsantrag des Markeninhabers und des Widersprechenden. Eine **Aussetzung** kommt insbesondere auch dann in Betracht, wenn sich der Widerspruch auf eine angemeldete Marke stützt oder gegen die Widerspruchsmarke ein Löschungsverfahren anhängig ist und dem Widerspruch voraussichtlich stattzugeben wäre (§ 32 MarkenV). Ist die angegriffene Marke wegen einer älteren Marke zu löschen, liegt es im Ermessen des DPMA, weitere Widersprüche bis zur Rechtskraft der der Löschung zugrunde liegenden Entscheidung auszusetzen (§ 43 Abs. 3 MarkenG).

53 Das DPMA entscheidet über den Widerspruch durch **Beschluss**. Ist der Widerspruch unbegründet, ist er ganz oder teilweise zurückzuweisen. Anderenfalls wird die Eintragung der angegriffenen Marke ganz oder teilweise gelöscht (§ 43 Abs. 2 S. 1 MarkenG). Bei mehreren Widersprüchen desselben Widersprechenden oder auch verschiedener Widersprechender entscheidet das DPMA, falls sachdienlich, gemeinsam über alle Widersprüche (§ 31 MarkenV).

d) Widerspruchsgründe

54 Als **Widerspruchsmarke** kommt eine eingetragene oder angemeldete ältere deutsche Marke, Gemeinschaftsmarke oder Internationale Marke oder eine notorisch bekannte (auch nicht eingetragene) Marke in Betracht (§ 42 Abs. 2 Nr. 1 und Nr. 2 MarkenG). Der Widerspruch kann auch darauf gestützt werden, dass die angegriffene Marke für einen **Agenten** oder Vertreter des Markeninhabers eingetragen wurde (§ 42 Abs. 2 Nr. 3 MarkenG). Daneben ist es nach § 42 Abs. 2 Nr. 4 MarkenG möglich, den Löschungsanspruch aus einer nicht eingetragenen Benutzungsmarke (§ 4

---

[56] Kirschneck, in: Ströbele/Hacker, § 42 Rn 44.

Nr. 2 MarkenG) oder aus einer geschäftlichen Bezeichnung (Unternehmenskennzeichen oder Werktitel gemäß § 5 MarkenG) mit älterem Zeitrang zu verfolgen. Die Geltendmachung weiterer Widerspruchsgründe, zB aus sonstigen älteren Rechten nach § 13 MarkenG, ist ausgeschlossen.[57]

Der auf § 42 Abs. 2 Nr. 1 und 2 MarkenG gestützte Widerspruch ist begründet, wenn zwischen den zu vergleichenden Waren und Dienstleistungen sowie den Marken Identität oder Ähnlichkeit besteht, § 9 MarkenG.

aa) Identität

In Fällen, in denen eine **doppelte Identität** vorliegt, wenn sich also identische Marken und identische Waren und Dienstleistungen gegenüberstehen, ist der Widerspruch begründet. Eine Prüfung, ob von einer Verwechslungsgefahr auszugehen ist, kommt dann nicht in Betracht (§ 9 Abs. 1 Nr. 1 MarkenG).

bb) Ähnlichkeit

Ob eine **Verwechslungsgefahr** besteht, ist zu prüfen, wenn zwischen den sich gegenüberstehenden Marken oder den sich gegenüberstehenden Waren oder Dienstleistungen Ähnlichkeit besteht (§ 9 Abs. 1 Nr. 2 MarkenG). Für die Feststellung der Verwechslungsgefahr spielen sowohl die Kennzeichnungskraft der älteren Marke als auch die Identität oder Ähnlichkeit der Marken und die Identität oder Ähnlichkeit der Waren oder Dienstleistungen eine Rolle. Diese drei Kriterien stehen in Wechselwirkung miteinander, so dass entscheidend auf den jeweiligen Grad der Ähnlichkeit abzustellen ist.[58] Für den Vergleich der Zeichen kommt es auf den Gesamteindruck der Marken an. Es besteht kein Erfahrungssatz, dass der Gesamteindruck von Marken, die aus mehreren Bestandteilen wie einer Form und einem Wort zusammengesetzt sind, unabhängig von der konkreten Anordnung und Gestaltung der einzelnen Elemente, regelmäßig durch das Wort bestimmt wird.[59] Der Gesamteindruck einer derartigen Marke kann auch maßgeblich durch die Form bestimmt werden, selbst wenn diese nur aufgrund von Verkehrsdurchsetzung eintragbar wäre.[60] Verwechslungsgefahr kann auch zwischen einer flächenhaften Bildmarke und einer dreidimensionalen Marke bestehen.[61]

Der auf § 42 Abs. 2 Nr. 4 MarkenG gestützte Widerspruch ist begründet, wenn die Voraussetzungen für eine Löschung nach § 12 MarkenG vorliegen. Dafür ist erforderlich, dass der Inhaber des älteren Rechts einen bundesweit durchsetzbaren Anspruch auf Unterlassung der Benutzung der jüngeren Registermarke hat. Eine tatsächliche rechtsverletzende Benutzung der angegriffenen Marke ist nicht notwendig; es muss aber von einer fiktiven Benutzung der angegriffenen Marke ausgegangen werden können.[62]

e) Einwendungen und Einreden des Markeninhabers

Der Markeninhaber kann insbesondere die im Gesetz vorgesehene **Einrede mangelnder Benutzung** erheben (§ 43 Abs. 1 MarkenG). Damit der Widerspruch erfolgreich sein kann, muss eine Widerspruchsmarke, die zum Zeitpunkt der Veröffentlichung der Eintragung der jüngeren Marke bereits fünf Jahre eingetragen war, rechtserhaltend benutzt worden sein. Falls die ältere Marke zum Zeitpunkt der Entscheidung über den Widerspruch zudem länger als fünf Jahre eingetragen war, hat der Widersprechende auf Einrede des Inhabers der jüngeren Marke hin auch glaubhaft zu machen, dass die Widerspruchsmarke innerhalb der letzten fünf Jahre vor der Entscheidung über den Widerspruch gem. § 26 MarkenG benutzt worden ist (§ 43 Abs. 1 S. 2 MarkenG).

---

57 Kirschneck, in: Ströbele/Hacker, § 42 Rn 17.
58 St. Rspr, vgl BGH GRUR 2007, 1066, 1067 – Kinderzeit.
59 BGH GRUR 2007, 235 – Goldhase.
60 BGH GRUR 2008, 505, 510 – TUC-Salzcracker.
61 BGH GRUR 2000, 506, 508 – ATTACHÉ/TISSERAND; BGH GRUR 2008, 505, 507 – TUC-Salzcracker.
62 Hacker, in: Ströbele/Hacker, § 12 Rn 4; Ingerl/Rohnke, § 12 Rn 4.

§ 8 Nichtigkeits-, Löschungs- und Widerspruchsverfahren

59 Die Einrede mangelnder Benutzung kann jedoch nur gegen Widersprüche aus *eingetragenen* Marken mit älterem Zeitrang erhoben werden. Gegenüber nicht eingetragenen Widerspruchsmarken mit älterem Zeitrang, also erst angemeldeten Marken (§ 42 Abs. 2 Nr. 1 MarkenG), in der BRD nicht registrierten notorisch bekannten Marken (§ 42 Abs. 2 Nr. 2 MarkenG), ausländischen Agentenmarken (§ 42 Abs. 2 Nr. 3 MarkenG) und Benutzungsmarken oder geschäftlichen Bezeichnungen (§ 42 Abs. 2 Nr. 4 MarkenG) kann sie keine Anwendung finden.

60 Als **Glaubhaftmachungsmittel** kommen alle präsenten Beweismittel in Betracht (vgl § 294 Abs. 1 ZPO). Die vorgelegten Unterlagen müssen in ihrer Gesamtschau zeigen, dass eine funktionsgemäße Markenbenutzung für die registrierten Waren oder Dienstleistungen im Inland und im maßgeblichen Zeitraum stattgefunden hat. Es muss sich um eine Benutzung handeln, die es dem Verbraucher ermöglicht, die gekennzeichneten Waren oder Dienstleistungen von Waren und Dienstleistungen anderer Herkunft zu unterscheiden.[63] Um zu belegen, dass die Benutzung tatsächlich rechtserhaltend war, ist darüber hinaus der Umfang der Benutzung darzulegen (§ 26 MarkenG). Schließlich ist glaubhaft zu machen, dass die Benutzung durch den Markeninhaber oder einen dazu ermächtigten Dritten stattgefunden hat. Hinsichtlich des Umfangs und Zeitrahmens der bestrittenen Benutzung stellt die eidesstattliche Versicherung das wichtigste Glaubhaftmachungsmittel dar. Sie muss von einer natürlichen Person abgegeben werden, so dass eine firmenmäßige Unterzeichnung nicht ausreicht.[64] Die eidesstattliche Versicherung muss darüber hinaus erkennen lassen, dass sie von einer Person abgegeben wird, die mit den Benutzungsverhältnissen vertraut ist.[65]

Der Einwand, die Widerspruchsmarke sei schutzunfähig, ist unbeachtlich. Die Schutzunfähigkeit der Marke kann lediglich Gegenstand eines Löschungsverfahrens sein.

f) Rechtsbehelf und Rechtsmittel

61 Gegen die Beschlüsse der Markenstelle und der Markenabteilungen, die von einem Beamten des gehobenen Dienstes oder einem vergleichbaren Angestellten erlassen worden sind, findet die **Erinnerung** statt (§ 64 Abs. 1 MarkenG). Seit dem 1.10.2009[66] kann gemäß § 64 Abs. 6 S. 1 MarkenG wahlweise **Beschwerde** an das BPatG nach § 66 MarkenG eingelegt werden. Ist in einem Verfahren, an dem mehrere Personen beteiligt sind, gegen einen Beschluss von einem Beteiligten Erinnerung und von einem anderen Beteiligten Beschwerde eingelegt worden, so kann der Erinnerungsführer ebenfalls Beschwerde einlegen. Tut er dies nicht innerhalb eines Monats ab Zustellung der Beschwerde des anderen Beteiligten, so gilt seine Erinnerung als zurückgenommen (§ 64 Abs. 6 S. 2 und 3 MarkenG).

62 Wenn über eine eingelegte Erinnerung nicht innerhalb von sechs Monaten entschieden worden ist, eröffnet das Gesetz außerdem die Möglichkeit der Durchgriffsbeschwerde nach § 66 Abs. 3 MarkenG.

Nach Einlegung einer Beschwerde nach § 64 Abs. 6 S. 2 oder nach § 66 Abs. 3 MarkenG kann über eine Erinnerung nicht mehr entschieden werden; eine gleichwohl danach erlassene Erinnerungsentscheidung ist gegenstandslos (§ 64 Abs. 7 MarkenG).

63 Sowohl die Erinnerung als auch die Beschwerde haben aufschiebende Wirkung und sind innerhalb einer nichtverlängerbaren Frist von einem Monat nach Zustellung des Beschlusses beim DPMA einzulegen. Die Erinnerungsentscheidung ist beschwerdefähig. Es wird eine Erinnerungsgebühr bzw eine Beschwerdegebühr fällig.

64 Sowohl im Erinnerungsverfahren als auch im Beschwerdeverfahren gilt der Amtsermittlungsgrundsatz fort. Eine Begründungspflicht für den Erinnerungsführer oder den Beschwerdeführer besteht nicht. Eine mündliche Verhandlung ist im Erinnerungsverfahren nicht vorgesehen. Eine mündliche

---

63 EuGH, Rs. C-40/01, Rn 36 – Ansul/Ajax = GRUR 2003, 425; BGH GRUR 2005, 1047, 1049 – OTTO; BGH GRUR 2006, 150, 151 – NORMA; BGH v. 18.10.2007 – I ZR 162/04 – AKZENTA.
64 Ströbele, in: Ströbele/Hacker, § 43 Rn 77.
65 Vgl Grabrucker, GRUR 1999, 605, 618.
66 Inkrafttreten des Gesetzes zur Vereinfachung und Modernisierung des Patentrechts (PatRModG) v. 31.7.2009.

Verhandlung vor dem BPatG findet statt, wenn einer der Beteiligten sie beantragt, vor dem Patentgericht Beweis erhoben wird oder das BPatG sie für sachdienlich erachtet (§ 69 MarkenG).

Gegen die Beschlüsse der Beschwerdesenate des BPatG, durch die über eine Beschwerde nach § 66 MarkenG entschieden wird, findet die **Rechtsbeschwerde** an den BGH statt, wenn der Beschwerdesenat die Rechtsbeschwerde zugelassen hat oder Gründe für eine zulassungsfreie Rechtsbeschwerde vorliegen (§ 83 MarkenG). Die Rechtsbeschwerde ist zuzulassen, wenn eine Rechtsfrage von grundsätzlicher Bedeutung zu entscheiden ist oder die Fortbildung des Rechts oder die Sicherung einer einheitlichen Rechtsprechung eine Entscheidung durch den BGH erfordert (§ 83 Abs. 2 MarkenG).

2. Löschungsverfahren

a) Löschung wegen Verfalls

Nach Ablauf einer „Benutzungsschonfrist" von fünf Jahren muss der Markeninhaber die Marke benutzen, es sei denn, dass berechtigte **Gründe für die Nichtbenutzung** vorliegen. Andernfalls geht er das Risiko ein, dass die Marke mittels eines Löschungsantrags (§§ 49, 53 MarkenG) oder einer Löschungsklage (§§ 49, 53 MarkenG) gelöscht wird oder die Geltendmachung von Ansprüchen nicht durchgreift (§ 26 MarkenG).

Der Antrag ist schriftlich beim DPMA einzureichen und kann von jedermann gestellt werden (Popularantrag). Eine Ausschlussfrist zur Einreichung des Antrags besteht nicht. Für den Löschungsantrag ist eine Gebühr zu zahlen, die mit Einreichung des Antrags fällig wird (§ 3 Abs. 1 PatKostG). Die Zahlung ist innerhalb von drei Monaten ab Fälligkeit zu leisten (§ 6 Abs. 1 S. 2 PatKostG).

aa) Verfahren

Das DPMA unterrichtet den Inhaber der eingetragenen Marke über den Antrag und fordert ihn auf, dem Amt mitzuteilen, ob er der Löschung widerspricht.

bb) Widerspruch des Markeninhabers

Der Inhaber der angegriffenen Marke kann dem Löschungsantrag innerhalb von zwei Monaten nach Zustellung der Mitteilung durch das DPMA widersprechen (§ 53 Abs. 3 MarkenG). Liegt ein schlüssiger Antrag vor und widerspricht der Markeninhaber nicht innerhalb von zwei Monaten, löscht das DPMA die Eintragung der Marke ohne weitere Sachprüfung (§ 53 Abs. 3 MarkenG). Die Frist von zwei Monaten ist eine Ausschlussfrist, die nicht verlängerbar ist. Eine Wiedereinsetzung ist bei Vorliegen der gesetzlichen Voraussetzungen möglich (§ 91 MarkenG).

Um den Löschungsantrag abzuwehren, ist ein einfacher Widerspruch ausreichend. Es ist dabei nicht notwendig, die Benutzung der Marke glaubhaft zu machen oder nachzuweisen. Das DPMA unterrichtet den Antragsteller über einen fristgemäßen Widerspruch und teilt ihm mit, dass die Löschungsreife mittels Löschungsklage vor einem ordentlichen Gericht geltend zu machen ist (§ 53 Abs. 4 MarkenG). Gegen diese Mitteilung ist eine Beschwerde statthaft (§ 66 MarkenG).[67]

cc) Löschungsklage

Die Klage auf Löschung wegen Verfalls ist bei einem ordentlichen Gericht zu erheben (§ 55 MarkenG). Das patentamtliche Verfahren ist keine notwendige Voraussetzung für eine Klageerhebung, eine Löschung wegen Verfalls ist auch unmittelbar auf dem Klageweg durchsetzbar. Die Leistungsklage ist darauf gerichtet, dass der Beklagte gegenüber dem DPMA in die **Löschung der angegriffenen Marke einwilligt**. Bei IR-Marken ist der Klageantrag darauf zu richten, gegenüber dem DPMA in die Schutzentziehung einzuwilligen (§§ 115, 55, 49 MarkenG). Die **Beweislast** für die

---

[67] Kirschneck, in: Ströbele/Hacker, § 53 Rn 6.

Nichtbenutzung der Marke liegt beim Löschungskläger. Da die Markenbenutzung in der Sphäre des Markeninhabers liegt, kommen dem Kläger jedoch Beweiserleichterungen zugute.[68]

dd) Benutzung

71 Es ist erforderlich, dass eine ernsthafte Benutzung erfolgt ist (vgl im Einzelnen § 3 Rn 176 ff). Dabei ist der objektive Maßstab des jeweils verkehrsüblichen und wirtschaftlich Angebrachten maßgeblich.[69] Bei **dreidimensionalen Marken** stellt sich die Frage, inwieweit eine zweidimensionale Benutzung diesen Anforderungen genügt und eine markenmäßige Benutzung darstellt. Insoweit wird gefordert, dass dreidimensionale Marken auch durch eine zweidimensionale Wiedergabeform rechtserhaltend benutzt werden, vorausgesetzt, der kennzeichnende Charakter der eingetragenen Marke wird nicht verändert (§ 26 Abs. 3 MarkenG). Anderenfalls würde eine flächenmäßige Werbung als Benutzungshandlung für eine dreidimensionale Marke ausscheiden, was als höchst unbefriedigend angesehen wird. Es wird darauf ankommen, ob der Verkehr in der zweidimensionalen Benutzungsform die dreidimensionale Marke erkennt.[70] Dies ist zweifelhaft (vgl § 3 Rn 179).

72 Die Marke kann dann nicht gelöscht werden, wenn eine Benutzung nach dem Ende eines ununterbrochenen Zeitraums von fünf Jahren und vor der Stellung des Löschungsantrags begonnen wurde oder wieder aufgenommen worden ist (§ 49 Abs. 1 S. 2 MarkenG). Unbeachtlich bleibt eine erstmalige oder eine erneute Benutzung, die erst stattgefunden hat, nachdem der Inhaber der Marke Kenntnis davon erhalten hat, dass ein Antrag auf Löschung gestellt werden könnte und dieser Antrag spätestens drei Monate nach der Kenntnisnahme gestellt wurde. Widerspricht der Markeninhaber dem Löschungsantrag, so bleibt die Dreimonatsfrist vor der Stellung des Antrags beim DPMA maßgeblich, wenn eine Löschungsklage innerhalb von drei Monaten nach Zustellung der Mitteilung über den Widerspruch erhoben wird (§ 49 Abs. 1 S. 4 MarkenG).

b) Nichtigkeitsverfahren wegen absoluter Schutzhindernisse

73 Eine Marke kann gelöscht werden, wenn sie trotz mangelnder Markenfähigkeit (§ 3 MarkenG) eingetragen wurde, der Anmelder nicht Inhaber der Marke sein konnte (§ 7 MarkenG) oder absolute Schutzhindernisse entgegenstanden. Außer im Fall einer bösgläubigen Anmeldung gem. § 8 Abs. 2 Nr. 10 MarkenG muss das Schutzhindernis auch im **Zeitpunkt der Entscheidung** vorliegen. Das Nichtigkeitsverfahren wird in der Regel durch den Antrag eines Dritten eingeleitet (§ 50 Abs. 1, 2 MarkenG). Daneben sieht das Gesetz auch die Möglichkeit der Löschung von Amts wegen vor (§ 50 Abs. 3; § 8 Abs. 2 Nr. 4 bis 10 MarkenG).

aa) Verfahren

74 Während das Löschungsverfahren von Amts wegen nur innerhalb eines Zeitraums von **zwei Jahren** seit dem Tag der Eintragung eingeleitet werden kann, besteht für die Antragslöschung eine Frist von **zehn Jahren** nach Eintragung der Marke. Der Antrag auf Löschung ist beim DPMA zu stellen. Es handelt sich um einen Popularantrag, der von jedermann gestellt werden kann. Für den Löschungsantrag wird eine Gebühr fällig.

bb) Widerspruch des Markeninhabers

75 Der Inhaber der angegriffenen Marke kann dem Löschungsantrag innerhalb von zwei Monaten nach Zustellung der Mitteilung durch das DPMA widersprechen (§ 54 Abs. 2 MarkenG). Liegt ein schlüssiger Antrag vor und widerspricht der Markeninhaber nicht innerhalb von zwei Monaten, löscht das DPMA die Eintragung der Marke ohne weitere Sachprüfung (§ 54 Abs. 2 S. 2

---

68 BGH GRUR 2009, 60 – LOTTOCARD; BGH GRUR 2013, 1261 – Orion.
69 BGH GRUR 2002, 59, 63 – ISCO; BGH GRUR 2014, 662, 665 – Probiotik.
70 Fezer, § 26 MarkenG Rn 197; Ströbele, in: Ströbele/Hacker, § 26 Rn 198.

MarkenG). Die Frist von zwei Monaten ist eine Ausschlussfrist, die nicht verlängerbar ist. Eine Wiedereinsetzung ist bei Vorliegen der gesetzlichen Voraussetzungen möglich (§ 91 MarkenG).

Um den Löschungsantrag abzuwehren, reicht zunächst ein einfacher Widerspruch. An den Widerspruch schließt sich ein Löschungsverfahren an. Es muss nachgewiesen werden, dass das absolute Schutzhindernis zum Zeitpunkt der Eintragung bestand und zum Zeitpunkt der Löschungsentscheidung fortbesteht (§ 50 Abs. 2 S. 1 MarkenG). Obwohl das Verfahren dem Amtsermittlungsgrundsatz unterliegt,[71] trifft den Antragsteller eine Mitwirkungspflicht, ggf den erforderlichen Nachweis zu führen.[72] Die Entscheidung ergeht durch Beschluss. Gegen den Beschluss ist die **Beschwerde** statthaft (§ 66 MarkenG).

c) Nichtigkeitsklage wegen Bestehens älterer Rechte

Rechte im Sinne der §§ 9 bis 13 MarkenG mit einem älteren Zeitrang können mit einer **Löschungsklage** vor den ordentlichen Zivilgerichten geltend gemacht werden (§§ 51, 55) MarkenG.

Als **ältere Rechte** kommen in Betracht:
- identische oder ähnliche Marken
- im Inland bekannte Marken
- im Inland notorisch bekannte Marken
- Agentenmarken
- durch Benutzung erworbene Marken und geschäftliche Bezeichnungen
- sonstige ältere Rechte gem. § 13 MarkenG.

Der **Klageantrag** ist darauf zu richten, gegenüber dem DPMA in die Löschung der angegriffenen Marke einzuwilligen. Ist die Marke noch nicht eingetragen, so ist die Klage auf Rücknahme der Markenanmeldung zu richten.[73] Nach Rechtskraft des Urteils kann der Kläger beim DPMA unter Vorlage des mit Rechtskraftvermerk versehenen Urteils die Löschung der Marke beantragen.

Der Beklagte hat die Möglichkeit, die **Einrede der Nichtbenutzung** zu erheben (§ 55 Abs. 3 MarkenG). War die ältere Marke am Tag der Veröffentlichung der Eintragung der angegriffenen Marke wegen Verfalls nach § 49 MarkenG oder wegen absoluter Schutzhindernisse nach § 50 MarkenG löschungsreif, so kann die angegriffene Marke nicht gelöscht werden (§ 51 Abs. 4 MarkenG). Hat der Inhaber des älteren Rechts der Eintragung der Marke vor Stellung des Löschungsantrags zugestimmt oder die Benutzung der jüngeren Marke für einen Zeitraum von fünf aufeinander folgenden Jahren geduldet und damit seinen Anspruch auf Löschung verwirkt (§ 51 Abs. 2 MarkenG), so ist ebenfalls keine Löschung möglich.

III. Gemeinschaftsmarken

1. Widerspruchsverfahren

Nach Veröffentlichung der Anmeldung einer Gemeinschaftsmarke besteht die Möglichkeit, beim HABM einen Widerspruch einzureichen, um die Löschung der Marke zu erreichen. Zu den Besonderheiten des Gemeinschaftsmarkenrechts gehört es, dass der Widerspruch auch dann erfolgreich sein kann, wenn das ältere Recht lediglich in einem Mitgliedsstaat der Europäischen Gemeinschaft besteht. Dem Anmelder wird aber die Möglichkeit der Umwandlung der Gemeinschaftsmarkenanmeldung in nationale Markenanmeldungen gewährt (vgl § 7 Rn 180).

a) Widerspruchsfrist

Der Widerspruch ist innerhalb einer Frist von **drei Monaten** nach dem Tag der Veröffentlichung der Anmeldung der Gemeinschaftsmarke zu erheben (Art. 41 Abs. 1 GMV). Die Widerspruchsfrist

---

71 Das DPMA kann zB aus eigener Initiative Verbandsumfragen durchführen, vgl BGH GRUR 2008, 510, 511 – Milchschnitte.
72 Ströbele, in: Ströbele/Hacker, § 54 Rn 20.
73 Hacker, in: Ströbele/Hacker, § 55 Rn 8.

ist nicht verlängerbar. Eine Wiedereinsetzung ist ausgeschlossen (Art. 81 Abs. 5 GMV). Die Frist endet mit Ablauf desjenigen Tages des dritten Monats, der durch seine Zahl dem Tag entspricht, an dem die Markenanmeldung veröffentlicht wurde. Fällt dieser Tag auf den letzten Tag des Monats, so läuft die Frist am letzten Tag des dritten Monats ab (Regel 70 Abs. 4 GMDV). Läuft die Frist an einem Tag ab, an dem das Amt zur Entgegennahme von Schriftstücken nicht geöffnet ist, wie zB Sonnabend oder Sonntag, so erstreckt sich die Frist auf den nächstfolgenden Tag, an dem das Amt zur Entgegennahme von Schriftstücken wieder geöffnet ist. Vor Beginn eines jeden Kalenderjahres veröffentlicht das Amt die Liste der Tage, an denen das Amt geschlossen ist (Regel 72 Abs. 1 GMDV).

b) Widerspruchsgebühr

82 Unabhängig davon, auf wie viele ältere Rechte der Widerspruch gestützt ist, ist für den Widerspruch lediglich eine Widerspruchsgebühr zu zahlen. Der Widerspruch gilt erst als erhoben, wenn die Gebühr entrichtet worden ist (Art. 41 Abs. 3 S. 2 GMV). Wird die Widerspruchsgebühr mittels einer Banküberweisung getätigt und geht der Betrag erst nach Ablauf der Widerspruchsfrist beim HABM ein, so gilt der Widerspruch dennoch als erhoben, wenn die Widersprechende nachweist, dass die Banküberweisung innerhalb der letzten zehn Tage vor Ablauf der Widerspruchsfrist beauftragt wurde und ein Zuschlag von 10 % der Widerspruchgebühr gezahlt wird (Art. 8 GMGebV). Anderenfalls gilt der Widerspruch bei Nichtzahlung der Widerspruchsgebühr als nicht erhoben (Regel 17 Abs. 1 GMDV). Eine Wiedereinsetzung ist nicht möglich (Art. 81 Abs. 5 GMV).

c) Durchführung des Verfahrens

83 Das Widerspruchsverfahren vor dem HABM ist ein **registerrechtliches Verfahren**, das grundsätzlich schriftlich durchgeführt wird. Anders als das deutsche Widerspruchsverfahren ist das Widerspruchsverfahren gegen eine Gemeinschaftsmarke ein rein **kontradiktorisches Verfahren**. Das Amt ist bei der Ermittlung des Sachverhalts auf das Vorbringen und die Anträge der Beteiligten beschränkt (Art. 76 Abs. 1 S. 2 GMV).

84 Zur Erhebung des Widerspruchs sind die Inhaber eingetragener Marken sowie deren Lizenznehmer berechtigt, soweit diese zur Erhebung eines Widerspruchs ausdrücklich ermächtigt worden sind. Falls der **Rechtsnachfolger** einer Gemeinschaftsmarke den Widerspruch erhebt, ist der Widerspruch nur dann zulässig, wenn vor Einlegung des Widerspruchs ein **Umschreibeantrag** gestellt wurde (Art. 17 Abs. 6, 7 GMV). Bei mehreren Markeninhabern ist jeder der Mitinhaber berechtigt, einen Widerspruch zu erheben (Regel 15 Abs. 1 GMDV).

85 Natürliche oder juristische Personen, die weder Wohnsitz noch Sitz noch eine tatsächliche und nicht nur zum Schein bestehende gewerbliche oder Handelsniederlassung in der Europäischen Gemeinschaft haben, müssen sich durch einen Rechtsanwalt, der in einem der Mitgliedstaaten zugelassen ist und seinen Sitz in der Europäischen Gemeinschaft hat, oder durch einen beim Amt zugelassenen **Vertreter** vertreten lassen (Art. 92, 93 GMV).

86 Der Widerspruch ist schriftlich beim HABM einzulegen. Das Amt stellt auf seiner Homepage[74] ein Formular zur Verfügung, das in der jeweils zu verwendenden Sprache abgerufen werden kann.
Der **Widerspruch muss folgende Angaben enthalten** (Regel 15 GMDV):
- Aktenzeichen der angegriffenen Anmeldung und Name des Anmelders;
- eindeutige Angabe der älteren Marke oder des älteren Rechts, einschließlich, soweit vorhanden, Anmeldetag und Anmeldenummer sowie Eintragungstag und Eintragungsnummer der älteren Marke und die Angabe, in welchem Mitgliedstaat das ältere Recht Schutz genießt;
- Wiedergabe der älteren Marke; ist die ältere Marke farbig, so muss die Wiedergabe ebenfalls farbig sein;

---

74 <www.ohim.eu>.

- Waren und Dienstleistungen, auf die sich der Widerspruch stützt;
- Name und Adresse des Widersprechenden und, falls vorhanden, dessen Vertreters;
- wird der Widerspruch von einem Lizenznehmer eingelegt oder von einer Person, die zur Ausübung des älteren Rechts befugt ist, eine Erklärung mit Angaben zur Bevollmächtigung oder Befugnis.

Werden die Waren und Dienstleistungen, gegen die sich der Widerspruch richtet, nicht genau bezeichnet, so wird davon ausgegangen, dass sich der Widerspruch gegen alle Waren und Dienstleistungen der angegriffenen Gemeinschaftsmarkenanmeldung richtet.

Anders als im deutschen Widerspruchsverfahren besteht aufgrund des kontradiktorischen Charakters des Verfahrens eine **Begründungspflicht**. Für die Zulässigkeit des Widerspruchs reicht es, anzugeben, auf welche Gründe der Widerspruch gestützt ist, zB Identität oder Verwechslungsgefahr (Regel 15 Abs. 2 Buchst. c GMDV). 87

Der Widerspruch muss in einer der fünf **Amtssprachen** (Deutsch, Spanisch, Englisch, Französisch und Italienisch) erhoben werden. Wenn für die Gemeinschaftsmarkenanmeldung zwei Amtssprachen gewählt wurden, hat der Widersprechende die Wahl zwischen diesen beiden Sprachen. Wird eine andere Amtssprache gewählt, muss der Widersprechende ohne Aufforderung eine Übersetzung innerhalb von einem Monat nach Ablauf der Widerspruchsfrist einreichen (Art. 119 Abs. 5, 6 GMV). Die Widerspruchsschrift kann per Fax oder elektronisch übermittelt werden. Während bei der Faxeinreichung die Unterschrift auf dem Original ausreicht, ist bei einer elektronischen Übermittlung die Angabe des Namens des Absenders gleichbedeutend mit der Unterschrift (Regel 80 Abs. 3, Regel 82 Abs. 3 GMDV). 88

Der Widerspruch wird dem Anmelder zunächst informationshalber übermittelt. Nach erfolgter Zulässigkeitsprüfung teilt das Amt den Parteien die Verfahrensfristen mit. Das Verfahren besteht zunächst aus einer „**cooling-off**"-Phase, die zwei Monate ab Empfang der Mitteilung dauert. Diese Periode soll den Parteien die Möglichkeit geben, das Verfahren gütlich beizulegen. Das Amt trifft bei Beendigung des Widerspruchverfahrens während der „cooling-off"-Phase keine Kostenentscheidung. Die Frist wird um 22 Monate auf insgesamt 24 Monate verlängert, wenn beide Parteien dies vor Ablauf der Frist schriftlich beantragen (Regel 18 GMDV). Eine Begründung für den Antrag auf Fristverlängerung ist nicht erforderlich. 89

Nach Ablauf der „cooling-off"-Phase können die Parteien übereinstimmend die **Aussetzung** des Verfahrens beantragen. Die Aussetzung wird für einen Zeitraum von einem Jahr und selbst dann gewährt, wenn die Beteiligten keine Gründe angeben.[75] Das Amt kann ein Widerspruchsverfahren aussetzen, wenn es dies den Umständen entsprechend als zweckmäßig erachtet oder wenn der Widerspruch auf eine Anmeldung gestützt ist (Regel 20 Abs. 7 GMDV). Nach Ablauf der „cooling-off"-Phase hat der Widersprechende innerhalb von zwei Monaten den Widerspruch zu vervollständigen. Hierzu gehört der schriftliche Nachweis über den Bestand der älteren Rechte, einschließlich **Verlängerungsbestätigungen**. Innerhalb der zwei Monate muss auch, soweit gewünscht, eine schriftliche Widerspruchsbegründung eingereicht werden. Der Mitteilung über die Verfahrensfristen ist ein amtliches Merkblatt beigefügt, das Hinweise enthält, wie die älteren Rechte zu belegen sind. Alle Schriftsätze und Anlagen sind in der Sprache des Widerspruchverfahrens vorzulegen. Andernfalls ist innerhalb eines Monats eine Übersetzung in die Verfahrenssprache einzureichen. Nach Ablauf der Frist hat der Anmelder die Möglichkeit, auf den Widerspruch zu erwidern. 90

Hinweis: Tatsachen und Beweismittel sollten in dem Verfahren vor der Widerspruchsabteilung vorgebracht werden. In einem sich möglicherweise anschließenden Beschwerdeverfahren sind neue Tatsachen und Beweise verspätet; ihre Zulässigkeit unterliegt dem Ermessen der Beschwerdekammer.[76]

---

[75] HABM-Richtlinien für die Prüfung von Gemeinschaftsmarken, Teil C (Widerspruch) Abschnitt 1, (Verfahrensfragen), Nr. 6.3.1.
[76] EuGH, Rs. C-29/05 P, Slg 2007, I-02213, Rn 63 – HABM/Kaul GmbH u. Bayer = GRUR 2007, 504.

91 Die Widerspruchsabteilung des HABM entscheidet über den Widerspruch durch **Beschluss**. Ist der Widerspruch begründet, wird die Anmeldung der angegriffenen Marke ganz oder teilweise zurückgewiesen (Art. 42 Abs. 5 GMV).

d) Widerspruchsgründe

92 Im europäischen Widerspruchsverfahren kann der Widerspruch nicht nur auf eine eingetragene oder angemeldete ältere nationale Marke, eine internationale Marke mit Benennung eines EU-Mitgliedstaates oder der EU, eine Gemeinschaftsmarke oder eine notorisch bekannte Marke gestützt werden; als **älteres Recht** kommt auch eine nicht eingetragene Gemeinschaftsmarke oder ein sonstiges im geschäftlichen Verkehr benutztes Kennzeichenrecht von mehr als lediglich örtlicher Bedeutung in Betracht. Hierunter fallen zB auch Firmennamen. Ein Widerspruch kann auch auf eine bekannte Marke gestützt werden (Art. 8 GMV). Auf Widerspruch des Markeninhabers hin ist von der Eintragung auch eine Marke ausgeschlossen, die dessen Agent oder Vertreter ohne Zustimmung angemeldet hat (Art. 8 Abs. 3 GMV). Ist der Widerspruch auf eine ältere Marke gestützt, so ist er begründet, wenn zwischen den zu vergleichenden Waren und Dienstleistungen sowie den gegenüberstehenden Marken Identität oder Ähnlichkeit besteht.

aa) Identität

93 Ebenso wie im deutschen Widerspruchsverfahren ist in Fällen einer **Doppelidentität** (Identität der Zeichen einerseits und Identität der Waren/Dienstleistungen andererseits) die Frage einer Verwechslungsgefahr irrelevant, der Widerspruch ist begründet (Art. 8 Abs. 1 Buchst. a GMV).

bb) Ähnlichkeit

94 Für die Feststellung der **Verwechslungsgefahr** kommt es auf den Grad der Ähnlichkeit der sich gegenüberstehenden Waren oder Dienstleistungen sowie der sich gegenüberstehenden Zeichen an (Art. 8 Abs. 1 Buchst. b GMV). Relevant ist die Kennzeichnungskraft des älteren Zeichens. Alle drei Kriterien stehen in Wechselwirkung miteinander. Bei **dreidimensionalen Marken** kommt es maßgeblich auf den visuellen Vergleich an.[77] Grundsätzlich ist auch eine begriffliche Ähnlichkeit zwischen einer dreidimensionalen Marke und einer Wortmarke vorstellbar, wenn die dreidimensionale Marke gleichzeitig einen benennbaren Gegenstand darstellt.[78] Die Beurteilung der Kennzeichnungskraft einer älteren nationalen Widerspruchsmarke hat das HABM unabhängig von der Eintragungspraxis der nationalen Ämter vorzunehmen. Die Tatsache, dass eine dreidimensionale Widerspruchsmarke durch ein nationales Amt geprüft und eingetragen wurde, ist unerheblich.[79] Die Form einer dreidimensionalen Marke, die Wort- oder Farbbestandteile enthält, kann nur dann kollisionsbegründend sein, wenn sie aus kennzeichnungskräftigen Elementen besteht; eine Übereinstimmung in der Grundform ist nicht ausreichend.[80] Vor dem Hintergrund, dass bei einzelnen Formen die Gestaltungsmöglichkeiten begrenzt sind, sind selbst bei identischen Waren keine übertriebenen Anforderungen an den erforderlichen Abstand der Zeichen zu stellen.[81]

e) Einwendungen und Einreden des Markeninhabers

95 Ebenso wie im deutschen Widerspruchsverfahren kann der Markeninhaber die Einrede der mangelnden Benutzung erheben (Art. 42 Abs. 2 GMV). War die Widerspruchsmarke zum Zeitpunkt der Veröffentlichung der Gemeinschaftsmarkenanmeldung bereits fünf Jahre eingetragen, so hat der Widersprechende auf Einrede des Anmelders hin den Nachweis zu erbringen, dass die Marke rechtserhaltend benutzt wurde. Anders als im deutschen Verfahren kommt die **Einrede der Nicht-**

---

[77] EuG, Rs. T-24/08 – Weldebräu GmbH & Co. KG/HABM.
[78] EuG, Rs. T-389/03 – Dainichiseika Colour & Chemicals Mfg. Co. Ltd/HABM.
[79] HABM-Beschwerdekammer v. 8.1.2007, R0182/2005-4, Rn 21.
[80] HABM-Beschwerdekammer v. 8.1.2007, R0182/2005-4, Rn 35.
[81] HABM-Beschwerdekammer v. 15.11.2007, R1096/2006-4, Rn 32.

benutzung nicht mehr in Betracht, wenn der Fünfjahreszeitraum nach der Veröffentlichung der Anmeldung endet. In diesem Fall bleibt dem Anmelder nur die Möglichkeit, die Widerspruchsmarke vor dem zuständigen Markenamt in einem Löschungsverfahren wegen Nichtbenutzung anzugreifen und eine Aussetzung des Widerspruchsverfahrens zu beantragen.

Der Anmelder muss die Einrede der Nichtbenutzung in der Frist erheben, die ihm das HABM nach Ablauf der „cooling-off"-Phase gesetzt hat (Regel 22 Abs. 1 GMDV). Beweismittel beschränken sich grundsätzlich auf die Vorlage von Urkunden und Beweisstücken, wie Verpackungen, Etiketten, Preislisten, Katalogen, Rechnungen, Fotografien, Zeitungsanzeigen und eidesstattliche Versicherungen (Regel 22 Abs. 4 GMDV). Die Beweiskraft der Beweismittel ist nicht im Lichte innerstaatlicher Rechtsvorschriften eines Mitgliedstaates zu prüfen, auch dann nicht, wenn die Benutzung nationaler Marken infrage steht.[82] Eine eidesstattliche Versicherung hat für sich genommen einen geringeren Beweiswert, wenn sie durch einen Mitarbeiter der beweisbelasteten Partei abgegeben wird, und sollte durch weitere Beweismittel ergänzt werden.[83] Darüber hinaus reichen eidesstattliche Versicherungen für sich genommen grundsätzlich nicht aus. Die dort gemachten Angaben müssen durch zusätzliche Beweismittel gestützt werden.[84]

f) Rechtsmittel

Die Entscheidung der Widerspruchsabteilung ist mit der **Beschwerde** anfechtbar (Art. 58 GMV). Diese ist innerhalb von zwei Monaten nach Zustellung der Entscheidung schriftlich beim Amt einzulegen und innerhalb von vier Monaten nach Zustellung der Entscheidung schriftlich zu begründen. Die Fristen sind nicht verlängerbar. Eine Beschwerdegebühr ist zu zahlen. Die Gemeinschaftsmarkenverordnung sieht die Möglichkeit einer mündlichen Verhandlung vor, wenn das HABM dies für sachdienlich erachtet (Art. 77 Abs. 1 GMV). In der Praxis hält das HABM das schriftliche Verfahren für ausreichend.[85] Gegen die Entscheidung der Beschwerdekammer kann Klage beim Gericht der Europäischen Union (EuG) erhoben werden (Art. 65 GMV).

2. Löschungs- und Nichtigkeitsverfahren

Die Gemeinschaftsmarkenverordnung sieht vor, dass eine Gemeinschaftsmarkeneintragung wegen Nichtbenutzung für verfallen erklärt werden kann (Art. 51 GMV). Eine Löschung kommt daneben wegen absoluter Nichtigkeitsgründe (Art. 52 GMV) und relativer Nichtigkeitsgründe (Art. 53 GMV) in Betracht. Die Gemeinschaftsmarke wird entweder beim HABM oder aufgrund einer Widerklage im Verletzungsverfahren für verfallen oder nichtig erklärt. Unter bestimmten Voraussetzungen ist dem Inhaber der Gemeinschaftsmarke die Möglichkeit eröffnet, eine Umwandlung in nationale Anmeldungen zu beantragen (vgl § 7 Rn 180).

a) Amtsverfahren

Es besteht keine Ausschlussfrist zur Einreichung eines Antrags wegen Verfalls oder Nichtigkeit. Für den Antrag ist eine Gebühr zu zahlen, anderenfalls gilt er als nicht gestellt (Art. 56 Abs. 2 S. 2 GMV). Bei Nichtzahlung besteht allerdings die Möglichkeit, die Gebühr innerhalb einer vom HABM gesetzten Frist zu entrichten. Auch bei Nichteinhaltung dieser Frist ist eine erneute Antragstellung jederzeit möglich. Gemäß Art. 85 Abs. 1 GMV, Regel 94 GMDV hat im Nichtigkeitsverfahren die unterliegende Partei die Kosten zu tragen. Dabei ist zu berücksichtigen, dass Regel 94 GMDV die Höhe der zu erstattenden Vertretungskosten vorschreibt. Die Anträge auf Erklärung des Verfalls oder der Nichtigkeit wegen absoluter Nichtigkeitsgründe sind Popularanträge, die von jedermann gestellt werden können (Art. 56 Abs. 1 Buchst. a GMV).

---

[82] EuG, Rs. T-214/08, Rn 33 – Paul Alfons Rehbein/HABM.
[83] EuG, Rs. T-278/12, Rn 51 – Inter-Union Technohandel GmbH/HABM.
[84] Pohlmann, Verfahrensrecht der Gemeinschaftsmarke, S. 149.
[85] HABM, Richtlinien für die Prüfung von Gemeinschaftsmarken, Teil A Abschnitt 2 (Allgemeiner Verfahrensablauf), Nr. 5.

100 Der Antrag ist **schriftlich** beim HABM zu stellen und zu begründen (Art. 56 Abs. 2 GMV). Das entsprechende Formular kann auf der Homepage des HABM heruntergeladen werden.[86] Der Antrag auf Erklärung der Nichtigkeit kann gleichzeitig auf absolute und relative Nichtigkeitsgründe gestützt werden.[87] Unabhängig von der Anzahl der geltend gemachten Gründe wird nur eine Gebühr fällig. Anders als im Widerspruchsverfahren sind die für die Begründung vorgebrachten Tatsachen, Beweismittel und Bemerkungen bereits bei der Antragstellung vorzubringen (Regel 37 Buchst. b Unterabs. iv GMDV). Die Entscheidung ergeht durch Beschluss, gegen den die **Beschwerde** statthaft ist (vgl Rn 97).

b) Nichtigkeitsverfahren wegen Verfalls

101 Überwiegend wird der Antrag auf Erklärung des Verfalls einer Gemeinschaftsmarke damit begründet, dass die Marke nicht ernsthaft benutzt worden sei (Art. 51 Abs. 1 Buchst. a GMV).[88] Das HABM unterrichtet den Inhaber der angegriffenen Marke und setzt eine Frist, die **rechtserhaltende Benutzung** der Marke nachzuweisen (Regel 40 Abs. 5 GMDV).[89] Bei einer Widerklage richtet sich die **Beweislast** nach den prozessualen Regeln, denen das mit dem Verletzungsverfahren befasste Gemeinschaftsmarkengericht[90] zu folgen hat. Ob eine Marke rechtserhaltend benutzt wird, richtet sich nach den Umständen des Einzelfalls, insbesondere sind sämtliche Umstände zu berücksichtigen, die belegen, dass die Marke tatsächlich geschäftlich verwendet wird, um Marktanteile zu behalten oder zu gewinnen. Wirtschaftlicher Erfolg ist nicht erforderlich.[91] Art. 15 GMV fordert eine ernsthafte Benutzung in der Europäischen Gemeinschaft. Die Benutzung in nur einem Mitgliedstaat ist per se nicht ausreichend. Auf die Hoheitsgrenzen der Mitgliedstaaten kommt es nicht an.[92]

102 Der Markeninhaber hat Ort, Umfang und Dauer sowie Art der Benutzung zu belegen. Dabei kann es bei **dreidimensionalen Marken** unschädlich sein, wenn diese mit Text- oder Zahlenelementen versehen sind.[93] Insoweit wird Art. 15 Abs. 1 Buchst. a GMV als einschlägig bezeichnet, wonach eine Benutzung auch dann rechtserhaltend sein kann, wenn die Benutzungsform von der Eintragung nur in Bestandteilen abweiche.[94] Der Verfall der Marke kann dann nicht geltend gemacht werden, wenn nach Ende des ununterbrochenen Zeitraums von fünf Jahren und vor Antragstellung oder vor Erhebung der Widerklage die Benutzung der Marke ernsthaft begonnen oder wieder aufgenommen wurde (Art. 51 Abs. 1 Buchst. a GMV). Wird die Benutzung begonnen oder aufgenommen, nachdem der Inhaber Kenntnis davon erhalten hat, dass ein Nichtigkeitsantrag gestellt oder die Widerklage erhoben werden könnte, so bleibt diese Benutzung unberücksichtigt, wenn sie innerhalb eines Zeitraums von drei Monaten vor Antragstellung oder vor Erhebung der Widerklage erfolgte (Art. 51 Abs. 1 Buchst. a GMV).

Wird eine Nichtbenutzung nur für einen Teil der eingetragenen Waren oder Dienstleistungen festgestellt, so wird die Gemeinschaftsmarke auch nur für diese Waren oder Dienstleistungen für verfallen erklärt (Art. 51 Abs. 2 GMV).

---

86 <www.ohim.eu>.
87 Eisenführ, in: Eisenführ/Schennen, Art. 56 Rn 4.
88 Weitere Nichtigkeitsgründe wegen Verfalls sind die Entwicklung einer Gemeinschaftsmarke zu einer gebräuchlichen Bezeichnung (Art. 50 Abs. 1 Buchst. b GMV) und ihre Eignung zur Irreführung (Art. 50 Abs. 1 Buchst. c GMV).
89 Der Markeninhaber hat die Beweislast für die rechtserhaltende Benutzung der Gemeinschaftsmarke (HABM, Richtlinien für die Prüfung von Gemeinschaftsmarken, Teil D Abschnitt 2 (Wesentliche Vorschriften), Nr. 2.2.1.
90 Die EU-Mitgliedstaaten haben gem. Art. 95, 96 GMV nationale Gerichte als Gemeinschaftsmarkengerichte benannt, die für Streitigkeiten über die Verletzung von Gemeinschaftsmarken und – begrenzt – über deren Rechtsgültigkeit zuständig sind. Eine Liste der Gemeinschaftsmarkengerichte ist unter <www.ohim.eu> herunterladbar.
91 EuG, Rs. T-203/02, Rn 49 – The Sunrider Corporation/HABM = GRUR Int. 2005, 47; HABM-Beschwerdekammer v. 17.10.2007, R1370/2006-1, Rn 20.
92 HABM, Richtlinien für die Prüfung von Gemeinschaftsmarken, Teil C Abschnitt 6 (Benutzungsnachweis), 2.7.3.3.
93 Pohlmann, Verfahrensrecht der Gemeinschaftsmarke, S. 168.
94 Eisenführ, in: Eisenführ/Schennen, Art. 15 Rn 10.

c) Nichtigkeitsverfahren wegen absoluter Nichtigkeitsgründe

Ein Nichtigkeitsantrag kann darauf gestützt werden, dass die Eintragung der Gemeinschaftsmarke entgegen absoluten Eintragungshindernissen (vgl § 3 Rn 72 ff) erfolgte oder der Anmelder bei ihrer Anmeldung bösgläubig war (Art. 52 Abs. 1 Buchst. b GMV). Während absolute Eintragungshindernisse bereits im Eintragungsverfahren von Amts wegen Berücksichtigung finden oder im Rahmen von **Bemerkungen Dritter** gem. Art. 40 GMV Anwendung finden können, kann der Nichtigkeitsgrund der Bösgläubigkeit nur im Nichtigkeitsverfahren geltend gemacht werden.

103

Für die Beurteilung der Nichtigkeit kommt es sowohl auf den **Zeitpunkt der Anmeldung** als auch auf den **Zeitpunkt der Eintragung** der Gemeinschaftsmarke an. Wurde die Gemeinschaftsmarke entgegen den Eintragungshindernissen des Art. 7 Abs. 1 Buchst. b, c oder d GMV eingetragen, so geht der Nichtigkeitsantrag dennoch ins Leere, wenn sie infolge ihrer Benutzung für die Produkte ihres Waren- und Dienstleistungsverzeichnisses im Zeitpunkt der Entscheidung im Verkehr **Unterscheidungskraft** erlangt hat (Art. 52 Abs. 2 GMV).

104

Die **Beweislast** dafür, dass die Gemeinschaftsmarke **bösgläubig angemeldet** wurde, obliegt dem Antragsteller, der vor dem Hintergrund, dass es sich bei diesem Vorwurf um eine ernste Anschuldigung handelt, den Vorwurf substanziiert behaupten und beweisen muss.[95] Der Begriff der Bösgläubigkeit wird in der GMV nicht definiert. Es kommt daher auf die Gesamtumstände des Einzelfalls an. Der Antragsteller hat insbesondere darzulegen und zu beweisen, dass der Anmelder unlautere Praktiken angewandt und die Markenanmeldung mit einer unredlichen Absicht vorgenommen hat. Dabei fallen unter bösgläubige Markenanmeldungen insbesondere die Fälle der sittenwidrigen Behinderung eines Wettbewerbers. Ein Anmelder, der positive Kenntnis davon hat, dass das von ihm als Gemeinschaftsmarke angemeldete Zeichen in dem relevanten Gebiet für identische oder ähnliche Produkte von einem Wettbewerber bereits benutzt wird oder dass eine solche Benutzung unmittelbar bevorsteht, handelt bösgläubig.[96]

105

d) Nichtigkeitsverfahren wegen relativer Nichtigkeitsgründe

Der Antrag auf Nichtigkeit kann auch darauf gestützt werden, dass eine ältere Marke oder ein **älteres Kennzeichenrecht** gem. Art. 8 Abs. 2, 3, 4 GMV entgegenstehen (Art. 53 GMV). Insoweit decken sich die Nichtigkeitsgründe mit den Gründen für einen Widerspruch (vgl Rn 92). Ebenso wie im Widerspruchsverfahren kann der Inhaber der angegriffenen Gemeinschaftsmarke den Nachweis der **rechtserhaltenden Benutzung** der älteren Marke verlangen, sofern sie bei Antragstellung bereits fünf Jahre eingetragen war. Zusätzlich hat der Antragsteller den Benutzungsnachweis auch für den Zeitraum von fünf Jahren vor Veröffentlichung der angegriffenen Gemeinschaftsmarke zu erbringen, wenn seine ältere Marke bereits zu diesem Zeitpunkt fünf Jahre eingetragen war (Art. 57 Abs. 2 GMV). Darüber hinaus kann ein Antrag auf Nichtigkeit auch auf ein sonstiges älteres Recht gestützt werden, wobei die GMV exemplarisch das Namensrecht, das Recht an der eigenen Abbildung, das Urheberrecht und andere gewerbliche Schutzrechte nennt. Diese Liste ist nicht vollständig.[97] Art. 53 Abs. 2 GMV gilt nur, wenn die geltend gemachten Rechte so geartet sind, dass sie als nicht typische in Löschungsverfahren geltend zu machende Rechte gemäß Art. 53 Abs. 1 GMV angesehen werden.[98] Stützt sich der Anmelder auf ein Recht, das ihm nach nationalen Rechtsvorschriften zusteht, muss er diese Rechtsvorschrift gegenüber dem HABM belegen, es sei denn, entsprechende Feststellungen wurden bereits in einer Entscheidung des HABM getroffen.[99] Die Gemeinschaftsmarke kann nicht für nichtig erklärt werden, wenn der Inhaber der älteren

106

---

95 EuG, Rs. T-136/11, Rn 57 – pelicantravel.com s.r.o./HABM.
96 EuGH, Rs. C-529/07 – Lindt & Sprüngli AG/Franz Hauswirth = GRUG 2009, 763; EuG, Rs. T-136/11, Rn 22 – pelicantravel.com s.r.o./HABM.
97 HABM, Richtlinien für die Prüfung von Gemeinschaftsmarken, Teil D Abschnitt 2 (Wesentliche Vorschriften), Nr. 4.3.
98 HABM Löschungsabteilung v. 13.12.2011, 4033 C.
99 HABM, Richtlinien für die Prüfung von Gemeinschaftsmarken, Teil D Abschnitt 2 (Wesentliche Vorschriften), Nr. 4.3.3.

Rechte der Eintragung der Gemeinschaftsmarke **ausdrücklich zugestimmt** hat und zwar vor Stellung des Antrags auf Nichtigerklärung oder Erhebung der Widerklage (Art. 53 Abs. 3 GMV). Das HABM berücksichtigt entsprechende Vereinbarungen zwischen den Parteien.[100] Der Anspruch auf Nichtigerklärung aufgrund einer älteren Marke kann verwirkt sein, wenn der Antragsteller die Benutzung der angegriffenen Gemeinschaftsmarke während eines Zeitraums von fünf aufeinanderfolgenden Jahren geduldet hat (Art. 54 GMV). Die Beweislast für das Vorliegen der Voraussetzungen liegt beim Inhaber der Gemeinschaftsmarke.[101] Unzulässig ist ein Nichtigkeitsantrag, wenn ein nationales Gericht zwischen denselben Parteien über denselben Anspruch bereits entschieden hat (Art. 56 Abs. 3 GMV).

IV. Internationale Registrierungen

107 Ein Löschungsantrag oder eine Löschungsklage gegen den deutschen Teil einer internationalen Marke wegen Verfalls gem. § 49 MarkenG, wegen des Vorliegens absoluter Schutzhindernisse gem. § 50 MarkenG oder aufgrund eines älteren Rechts gem. § 51 MarkenG ist auf die **Schutzentziehung des deutschen Teils** der internationalen Marke zu richten, § 115 MarkenG. Wird eine Klage vor den ordentlichen Gerichten erhoben, richtet sie sich auf die **Einwilligung des Markeninhabers in die Schutzentziehung**. Das rechtskräftige Urteil ersetzt die Einwilligungserklärung des Markeninhabers. Das DPMA vollzieht die Schutzentziehung nach Vorlage eines mit Rechtskraftvermerk versehenen Urteils und eines entsprechenden Antrags; es teilt der WIPO die Schutzentziehung gem. Art. 5 Abs. 6 S. 2 MMA, Regel 19 GAusfO mit.[102]

108 Eine besondere Regelung gilt hinsichtlich der Schutzentziehung wegen **Verfalls** nach § 49 Abs. 1 MarkenG. Gemäß § 115 Abs. 2 MarkenG ist der Beginn der fünfjährigen Benutzungsschonfrist der Tag des Ablaufs der Jahresfrist iSv Art. 5 Abs. 2 MMA nach der tatsächlichen Eintragung der Marke im internationalen Register bzw nach der Eintragung einer nachträglichen Schutzerstreckung im Sinne von § 111 MarkenG. Sind zu diesem Zeitpunkt noch absolute Schutzhindernisse gem. § 113 MarkenG oder Widersprüche gem. § 114 MarkenG anhängig, verschiebt sich dieser Tag auf den Zugang der Mitteilung, mit der das DPMA die endgültige Schutzbewilligung mitteilt.

109 Ein **Widerspruch gegen den deutschen Teil einer internationalen Marke** unterliegt demselben Verfahren wie ein Widerspruch gegen eine deutsche Marke. Die dreimonatige Widerspruchsfrist beginnt jedoch mit dem ersten Tag des Monats, der dem Monat folgt, der als Ausgabemonat des Heftes des Veröffentlichungsblattes angegeben ist, in dem die Veröffentlichung der international registrierten Marke enthalten ist (§ 114 Abs. 2 MarkenG).

Beispiel: Ist eine internationale Marke am 15.5.2014 in der Gazette OMPI des Marques International veröffentlicht worden, beginnt die Widerspruchsfrist am 1.6.2014 und endet am 31.8.2014.

110 Gegen internationale Registrierungen, in denen die Europäische Gemeinschaft benannt ist, kann beim HABM ebenso Widerspruch erhoben werden wie gegen veröffentlichte Anmeldungen von Gemeinschaftsmarken (Art. 156 Abs. 1 GMV).

Die dreimonatige[103] **Widerspruchsfrist** beginnt sechs Monate nach der ersten Nachveröffentlichung gem. Art. 156 Abs. 2 GMV iVm Art. 152 Abs. 1 GMV. Widersprüche, die vor diesem Datum eingelegt werden, gelten als am ersten Tag der Widerspruchsfrist eingegangen (Regel 114 Abs. 3 GMDV). Gleiches gilt für Anträge auf Nichtigerklärung (Art. 158 GMV).

---

100 HABM, Richtlinien für die Prüfung von Gemeinschaftsmarken, Teil D Abschnitt 2 (Wesentliche Vorschriften), Nr. 4.5.1.
101 HABM, Richtlinien für die Prüfung von Gemeinschaftsmarken, Teil D Abschnitt 2 (Wesentliche Vorschriften), Nr. 4.5.3.
102 Kober-Dehm, in: Ströbele/Hacker, § 115 Rn 2.
103 Die dreimonatige Widerspruchsfrist soll im Rahmen des Reformpakets zur Modernisierung des Europäischen Markenrechts auf einen Monat verkürzt werden, Art. 156 GMV nF.

Liegen zu diesem Zeitpunkt noch absolute Schutzhindernisse vor, setzt das HABM das Widerspruchsverfahren von Amts wegen aus. Wird der Marke aus absoluten Gründen endgültig der Schutz verweigert, so wird das Widerspruchsverfahren eingestellt und die Widerspruchsgebühr erstattet (Regel 114 Abs. 6 S. 2 GMDV).

§ 9 Designerpersönlichkeitsrecht

A. Wesen 1	H. Benennungsrecht 11
B. Schutzgegenstand 2	I. Urheberrecht 11
C. Beginn und Ende 3	II. Eingetragene Designs und Gemeinschaftsgeschmacksmuster 13
D. Grundlagen im Urheberrecht 4	I. Anspruch auf Quellenangabe 14
E. Grundlagen für eingetragene Designs und Gemeinschaftsgeschmacksmuster 6	I. Urheberrecht 14
F. Veröffentlichungsrecht 7	II. Eingetragene Designs und Gemeinschaftsgeschmacksmuster 15
I. Urheberrecht 7	J. Zugangsrecht 16
II. Eingetragene Designs und Gemeinschaftsgeschmacksmuster 8	K. Änderungs- und Entstellungsverbot 17
G. Anerkennungsrecht 9	I. Urheberrecht 17
I. Urheberrecht 9	II. Eingetragene Designs und Gemeinschaftsgeschmacksmuster 20
II. Eingetragene Designs und Gemeinschaftsgeschmacksmuster 10	L. Rückrufsrecht 21

Literatur:

Dreier/Schulze, Urheberrechtsgesetz, Kommentar, 5. Auflage 2015; *Eichmann/von Falckenstein/Kühne*, Designgesetz, Kommentar, 5. Auflage 2015; *Furler*, Geschmacksmustergesetz, 4. Auflage 1985; *von Gamm*, Geschmacksmustergesetz, Kommentar, 2. Auflage 1989; *Götting/Schertz/Seitz*, Handbuch des Persönlichkeitsrechts, 2008; *Kur*, Verwertung von Design, in: Beier u.a. (Hrsg.), Urhebervertragsrecht: Festgabe für Gerhard Schricker zum 60. Geburtstag, 1995, S. 503; *Loewenheim*, Handbuch des Urheberrechts, 2. Auflage 2010; *Nirk/Kurtze*, Geschmacksmustergesetz, Kommentar, 2. Auflage 1997; *Schricker/Loewenheim*, Urheberrecht, Kommentar, 4. Auflage 2010; *Ulmer*, Urheber- und Verlagsrecht, 3. Auflage 1980.

A. Wesen

Während es beim allgemeinen Persönlichkeitsrecht um den Schutz der Individualsphäre und der Privatsphäre bis hin zur Intimsphäre von natürlichen Personen und um den Schutz von immateriellen Werten bei Institutionen, juristischen Personen etc. geht, wird durch das Designerpersönlichkeitsrecht den **ideellen Bindungen** Rechnung getragen, die zwischen dem Designer und dem von ihm geschaffenen Design bestehen. Gegenstand des Designerpersönlichkeitsrechts ist daher nicht die Abwehr von Eingriffen in die Individual- und Privatsphäre, sondern der Schutz vor Eingriffen in die **Integrität von Designobjekten** und deren **Beziehung zu ihren Schöpfern**. Ähnlich wie zwischen Eltern und ihrem Kind eine geistig-emotionale Beziehung besteht, gibt es zwischen dem Designer und seiner Schöpfung ein geistig-ideelles Band, das Dritten zu respektieren und zu achten aufgegeben ist. Während sich die Auswirkungen des allgemeinen Persönlichkeitsrechts aus einer richterlichen Transformation der Grundrechte auf freie Entfaltung der Persönlichkeit (Art. 2 Abs. 1 GG) und auf Achtung der Würde des Menschen (Art. 1 Abs. 1 GG) in das Zivilrecht ergeben, sind die wichtigsten Aspekte des Designerpersönlichkeitsrechts im Urheberrecht und – in geringem Umfang – für eingetragenen Designs gesetzlich geregelt. Ein Teil dieser Regelungen unterliegt allerdings der vertraglichen **Dispositionsfreiheit**. Designentwerfer und Designverwerter müssen daher darauf achten, ob in einem Verwertungsvertrag durch **vertragliche Änderungen** der Schutz der ideellen Interessen des Designers im Verhältnis zu den Gesetzesnormen verringert oder erweitert werden soll. 1

B. Schutzgegenstand

Grundlage des Designerpersönlichkeitsrechts ist zwar der Schutz der immateriellen Beziehungen des Designers zu seinem Werk, aber diese Verbundenheit kann auch **materielle Auswirkungen** haben.[1] Das sind nicht nur Reflexwirkungen, vielmehr geht es häufig in Vertragsverhandlungen um handfeste wirtschaftliche Interessen. Das Designerpersönlichkeitsrecht ergänzt daher die gesetzlichen Bestimmungen über die Einräumung von urheberrechtlichen Nutzungsrechten[2] sowie für ein- 2

---

[1] Vgl insb. Götting, in: Götting/Schertz/Seitz, S. 51 ff, 197 ff.
[2] §§ 31 bis 38 UrhG.

getragene Designs und Gemeinschaftsgeschmacksmuster als Gegenstand des Vermögens.[3] **Rechtsfolgen** ergeben sich aus dem Designerpersönlichkeitsrecht insbesondere dann, wenn eine Designgestaltung zum Gegenstand eines Verwertungsvertrags gemacht wird, wenn der Entwurf eines Arbeitnehmers verwertet wird oder wenn ein eingetragene Design oder ein Gemeinschaftsgeschmacksmuster übertragen wird. Die hierdurch entstehenden Abhängigkeiten und Interessengewichtungen können allerdings je nach ihrer Intensität Einschränkungen des Designerpersönlichkeitsrechts zur Folge haben, soweit dieses verzichtbar ist. Bei einer **Verletzung des Designerpersönlichkeitsrechts** können Ansprüche insbesondere auf Unterlassung,[4] Schadensersatz[5] und gegebenenfalls auf Beseitigung[6] geltend gemacht werden. Die vermögensrechtliche Komponente des Designerpersönlichkeitsrechts hat zur Folge, dass es insoweit auf den Erben übergeht[7] und dass als Schadensersatz[8] auch die **Herausgabe des Verletzergewinns** verlangt werden kann.[9] Nach einer Rechtsübertragung können die Interessen sowohl des Designers als auch des Erwerbers beeinträchtigt sein.

C. Beginn und Ende

3 Das Designerpersönlichkeitsrecht entsteht mit der Schaffung des schutzfähigen Werks oder Musters.[10] Voraussetzung ist nur dieser **Realakt**. Der Schutz setzt daher bei einem Werk der angewandten Kunst keine Veröffentlichung und bei einem Design keine Anmeldung voraus. Das Designerpersönlichkeitsrecht ist höchstpersönlicher Natur und so werkgebunden, dass eine isolierte Übertragung nicht möglich ist.[11] Nach einer Übertragung und nach einem Übergang eines Designschutzrechts können die Interessen sowohl des Designers als auch des Rechtsnachfolgers beeinträchtigt sein. Das ideelle Band der Beziehung zwischen dem Designer und seiner Schöpfung zerreißt nicht ohne Weiteres mit dem **Ende der Schutzdauer**. Das kann insbesondere Bedeutung erlangen, wenn bei einem nicht eingetragenen Gemeinschaftsgeschmacksmuster die Schutzdauer von drei Jahren abgelaufen ist oder wenn bei einem eingetragenen Design oder bei einem Gemeinschaftsgeschmacksmuster die Mindestschutzdauer von fünf Jahren nicht verlängert wird. Die Langlebigkeit von Designklassikern der angewandten Kunst kann allerdings selbst die urheberrechtliche Schutzdauer von durchschnittlich deutlich über 100 Jahren[12] überdauern.[13] Abhängig von der gestalterischen Bedeutung und von der Intensität der Beeinträchtigung kann auch ein **postmortaler Schutz** des Designerpersönlichkeitsrechts bestehen.[14]

D. Grundlagen im Urheberrecht

4 Die Urheberpersönlichkeitsrechte schützen die ideellen Interessen des Urhebers. Sie kommen verschieden stark zum Ausdruck; am stärksten bei den drei in §§ 12 bis 14 UrhG aufgezählten Rechten,

---

3 §§ 29 bis 32 DesignG; Art. 27 bis 34 GGV.
4 § 97 Abs. 1 S. 1 UrhG für das Urheberrecht; § 1004 iVm § 823 Abs. 1 BGB für eingetragene Designs und Gemeinschaftsgeschmacksmuster.
5 § 97 Abs. 1 S. 1 UrhG für das Urheberrecht; § 823 Abs. 1 BGB für eingetragene Designs und Gemeinschaftsgeschmacksmuster.
6 BGH GRUR 1995, 668, 671 – Emil Nolde.
7 BGH NJW 2000, 2195, 2198 – Marlene Dietrich; GRUR 2000, 715, 716 – Der blaue Engel; BVerfG NJW 2006, 3409, 3411 – Marlene Dietrich; Brändel, in: Götting/Schertz/Seitz, S. 614.
8 Ausführlich hierzu Müller, in: Götting/Schertz/Seitz, S. 799 ff.
9 § 97 Abs. 1 S. 1 UrhG für das Urheberrecht (vgl hierzu BGH GRUR 2002, 532, 534 – Unikatrahmen).
10 Vgl BGH GRUR 1979, 145, 148 – Aufwärmvorrichtung (Erfinderpersönlichkeitsrecht).
11 BGH GRUR 1978, 583, 585 – Motorkettensäge (zum Erfinderpersönlichkeitsrecht).
12 § 64 Abs. 1 UrhG: Die Dauer des Urheberrechts beläuft sich auf grundsätzlich 70 Jahre nach dem Tod des Urhebers.
13 Dem wird bisher allerdings nicht Rechnung getragen, vgl Dietz, in: Schricker, vor § 12 UrhG Rn 34; Götting, in: Götting/Schertz/Seitz, S. 289; Brändel, in: Götting/Schertz/Seitz, S. 621.
14 BGH GRUR 1995, 668, 670 – Emil Nolde; Brändel, in: Götting/Schertz/Seitz, S. 615.

- dem **Veröffentlichungsrecht** (§ 12 UrhG), selbst zu bestimmen, wann und in welcher Form das Werk an die Öffentlichkeit gelangen soll;
- dem **Recht auf Anerkennung der Urheberschaft** (§ 13 UrhG), nämlich als Urheber seines Werkes zu gelten und benannt zu werden;
- dem **Recht auf Werkintegrität** (§ 14 UrhG), keine Beeinträchtigungen oder Entstellungen seines Werke hinnehmen zu müssen.

Insoweit ist auch von einem **Urheberpersönlichkeitsrecht im engeren Sinne** die Rede.[15] Als Urheberpersönlichkeitsrecht **im weiteren Sinne** gelten all diejenigen urheberpersönlichkeitsrechtlichen Züge, die bei den Verwertungsrechten und sonstigen Urheberrechten in mehr oder weniger starkem Ausmaß zum Ausdruck kommen. Beispielsweise kann das Urheberrecht gerade wegen seines persönlichkeitsrechtlichen Einschlags als Ganzes nur vererbt, nicht aber auf Dritte übertragen werden (§§ 28 Abs. 1, 29 Abs. 1 UrhG). Hat der Urheber einem Dritten Nutzungsrechte an seinem Werk eingeräumt, muss er nicht hinnehmen, dass dieses Werk dort in der Schublade verschwindet und nicht verwertet wird, sondern er kann die eingeräumten Nutzungsrechte unter den Voraussetzungen des § 41 UrhG wegen Nichtausübung zurückrufen. Ferner hat er grundsätzlich ein **Rückrufsrecht** wegen gewandelter Überzeugung, wenn das Werk seiner Überzeugung nicht mehr entspricht und ihm deshalb die **Verwertung** des Werkes nicht mehr zugemutet werden kann (§ 42 UrhG). Für den Designer können vor allem das Urhebernennungsrecht und das Entstellungsverbot bedeutsam sein.

E. Grundlagen für eingetragene Designs und Gemeinschaftgeschmacksmuster

Im DesignG und in der GGV hat das Designerpersönlichkeitsrecht nur geringe Resonanz gefunden. Die Kommission hatte sich gegen eine umfassende gesetzliche Regelung ausgesprochen.[16] Als Teilaspekt hat nur das **Benennungsrecht** (vgl Rn 11 f) Eingang in die Gesetze gefunden. Ansonsten kann noch der Anspruch auf **Quellenangabe** (vgl Rn 14 f) Aspekte des Designerpersönlichkeitsrechts berühren. Außerhalb dieser Regelungsbereiche kann sich ein **Mindestschutz** daraus ergeben, dass das **allgemeine Persönlichkeitsrecht** als sonstiges Recht iSd § 823 Abs. 1 BGB fundamentale Belange von Entwerfern umfasst. Das gilt nicht nur für Erfinder,[17] sondern auch für Entwerfer, wenn ein Schutz durch ein eingetragenes Design oder ein Gemeinschaftsgeschmacksmuster in Betracht kommt.[18] Über die gesetzlichen Regelungen hinaus kann sich ein weitergehender Schutz auf **vertraglicher Grundlage** ergeben.[19] Anhaltspunkte für vertragliche Erweiterungen in Verträgen über die **Verwertung** von eingetragenen Design und von Gemeinschaftsgeschmacksmustern ergeben sich in erster Linie aus den gesetzlichen Regelungen des Urheberpersönlichkeitsrechts. Je näher ein Design den rechtlichen Anforderungen an einen urheberrechtlichen Werkschutz kommt, desto plausibler ist auch eine vertragliche Annäherung an den gesetzlichen Schutz des Urheberpersönlichkeitsrechts. Weil es nicht nur um das Werk, sondern auch um den Designer geht, können Anleihen aus dem Urheberpersönlichkeitsrecht auch dann um so näher liegen, je größer das Renommee des Designers ist. Wenn ein eingetragenen Design oder ein Gemeinschaftsgeschmacksmustern übertragen worden ist, verbleibt allerdings nur noch ein dünnes Beziehungsband zwischen dem Designer und den Objekten, denen das übertragene eingetragene Design oder Gemeinschaftsgeschmacksmuster zugrunde liegt.

---

15 Vgl Schulze, in: Dreier/Schulze, Vor § 12 UrhG Rn 2.
16 Grünbuch 7.1.4. (vgl § 2 Rn 2).
17 BGH GRUR 1978, 583, 585 – Motorsäge; GRUR 1979, 145, 148 – Aufwärmvorrichtung.
18 Eichmann, in: Eichmann/von Falckenstein/Kühne, Allg Rn 18.
19 Grünbuch 7.1.4. (vgl § 2 Rn 2).

F. Veröffentlichungsrecht

I. Urheberrecht

7 Die Veröffentlichung des Werkes ist für den Urheber in mehrfacher Hinsicht bedeutsam. Er muss sich nun der Kritik an seinem Werk aussetzen. Deshalb will er es in der Hand haben, zu entscheiden, wann er sein Werk für **veröffentlichungsreif** hält. Ferner können Dritte mit der Veröffentlichung seine gestalterischen Ideen aufgreifen oder sein Werk imitieren, um mit einem Konkurrenzprodukt gleichzeitig oder sogar schon vor dem Urheber auf den Markt zu kommen. In der Regel ist der Urheber deshalb daran interessiert, noch vor der Veröffentlichung hinreichende Kontakte zu Verwerterunternehmen zu knüpfen, Verwertungsmaßnahmen einzuleiten oder auch andere Schutzrechte, zB einen zusätzlich möglichen Designschutz oder auch einen Markenschutz, zu erwerben. Außerdem verbraucht sich sein Ausstellungsrecht (§ 18 UrhG) mit der Veröffentlichung; denn dieses Recht gilt nur für noch unveröffentlichte Werke. Über die Ausstellung kann wiederum mit bildlicher Wiedergabe berichtet werden (§ 50 UrhG). Die Veröffentlichung kann also weite Kreise nach sich ziehen. Hierüber zu entscheiden, bleibt aufgrund seines Veröffentlichungsrechts dem Urheber überlassen (§ 12 Abs. 1 UrhG). Hat er die Veröffentlichung nicht gestattet, kann er hiergegen auch aus seinem Veröffentlichungsrecht einschreiten. Das gilt nicht nur für das fertige Produkt oder den fertiggestellten Prototyp, sondern auch für Skizzen und Entwürfe hiervon. Auch eine **Inhaltsmitteilung** des Werkes, zB dessen genaue Beschreibung, ist ohne Zustimmung des Urhebers unzulässig, solange das Werk nicht veröffentlicht ist (§ 12 Abs. 2 UrhG). Insoweit genießt der Urheber über eine mögliche Absprache hinaus auch aus seinem Veröffentlichungsrecht einen **Geheimhaltungsschutz**. Hat er sein Werk aber selbst veröffentlicht oder es mit seiner Zustimmung veröffentlichen lassen, ist das Veröffentlichungsrecht verbraucht.[20] Dieser **Verbrauch** beschränkt sich aber auf die konkrete Form, in der das Werk veröffentlicht wurde. Abweichende Formen, Bearbeitungen etc. fallen nicht hierunter und können ein eigenes Veröffentlichungsrecht begründen.[21] Meistens räumt der Urheber demjenigen, dem er die Nutzung seines Werkes gestattet, stillschweigend auch dessen Veröffentlichung ein, da mit der vereinbarten Nutzung eine Veröffentlichung in der Regel unumgänglich ist.

II. Eingetragene Designs und Gemeinschaftsgeschmacksmuster

8 Das **Bestimmungsrecht** darüber, ob und wann eine Designgestaltung zu veröffentlichen ist, hat auch bei eingetragenen Designs und Gemeinschaftsgeschmacksmustern der Designer. Beim Veröffentlichungsrecht handelt es sich um einen besonders bedeutsamen Aspekt des Persönlichkeitsrechts. Bei eingetragenen Designs und bei Gemeinschaftsgeschmacksmustern muss der Designer in der Lage sein, vor einer Anmeldung Veröffentlichungen zu verhindern,[22] die den Schutz vernichten oder schwächen könnten. Dem Designer ist daher die Entscheidung darüber vorbehalten, ob die von ihm geschaffene Gestaltung anderen Personen **gezeigt** oder sonst wie **zugänglich** gemacht wird. Nach der Umsetzung in ein Erzeugnis bleibt die freie Bestimmung des Designers darüber bestehen, ob er an seiner Idee noch weiterarbeiten will und ob er die fertige Gestaltung der Öffentlichkeit zugänglich macht.[23] Weil das Veröffentlichungsrecht besonders eng mit den Verwertungsrecht verbunden ist, geht es mit der Einräumung von verbreitungsorientierten **Nutzungsrechten** auf den Erwerber über.[24] Bei einer **Rechtsnachfolge** bringt es die damit idR verbundene Verwertungsbefugnis mit sich, dass das Veröffentlichungsrecht auf den Rechtsnachfolger übergeht. Wenn dem **Arbeitgeber** Kraft Gesetzes das Recht an einem eingetragenen Design oder an einem Gemeinschaftsgeschmacksmuster zusteht, ergibt sich daraus auch das Bestimmungsrecht des Arbeitgebers über die Veröffentlichung des Designs bzw Musters.

---

20 Vgl Schulze, in: Dreier/Schulze, § 12 UrhG Rn 7.
21 Vgl Schulze, in: Dreier/Schulze, § 12 UrhG Rn 8.
22 Vgl von Gamm, § 5 Rn 19.
23 RGZ 105, 319 (zum Patentrecht).
24 Furler, § 2 Rn 16.

G. Anerkennungsrecht

I. Urheberrecht

Das Recht auf Anerkennung der Urheberschaft soll den Urheber davor schützen, dass andere ihm seine Urheberschaft streitig machen, sei es durch falsche Zuordnungen, indem fälschlicherweise ein Dritter als Urheber des Werkes angegeben wird,[25] oder sei es durch Imitationen oder andere Plagiate, die als eigene Werke des Plagiators ausgegeben werden.[26] Eine **Aberkennung der Urheberschaft** liegt auch dann vor, wenn der Bearbeiter eines Werkes als Alleinurheber genannt wird, ohne den Urheber des bearbeiteten Werkes anzugeben.[27] Wird dem Urheber die Urheberschaft an seinem Werk streitig gemacht, kann er Unterlassungsansprüche geltend machen. Wird ihm aber ein fremdes Werk zugeordnet, das er nicht geschaffen hat, stehen ihm aus § 13 UrhG keine Unterlassungsansprüche gegen seine fälschliche Namensnennung zu; denn an dem fremden Werk, welches ihm fälschlicherweise zugeordnet wird, hat er keine Urheberrechte. Hiergegen kann er nur aus dem **allgemeinen Persönlichkeitsrecht** oder seinem **Namensrecht** (§ 12 BGB) vorgehen.[28] Außerdem kann es irreführend und deshalb wettbewerbswidrig sein, wenn Werke fälschlicherweise Personen zugeordnet werden, an die die Verkehrskreise bestimmte Vorstellungen knüpfen.[29]

II. Eingetragene Designs und Gemeinschaftsgeschmacksmuster

Dem Recht auf Anerkennung der Urheberschaft und dem Recht auf Anerkennung der Erfindereigenschaft entspricht bei eingetragenen Designs und bei Gemeinschaftsgeschmacksmustern das Recht auf **Anerkennung der Entwerferschaft**. Dieses fundamentale Recht des schöpferisch Tätigen ist essentieller Bestandteil des Persönlichkeitsrechts.[30] Auch der Designer hat daher einen Anerkennungsanspruch.[31] Der Designer ist berechtigt, sein Design bzw Muster als von ihm stammend auszuweisen; er kann dagegen vorgehen, dass ein anderer seine schöpferische Tätigkeit bestreitet[32] oder diese für sich in Anspruch nimmt. Bei einer **Bearbeitung** darf – ebenso wie im Urheberrecht[33] – nicht nur der Bearbeiter benannt werden. Nur eine besonders schwere Verletzung des Anerkennungsanspruchs löst einen Anspruch auf **Schmerzensgeld** aus.[34] Das Recht auf Anerkennung der Entwerferschaft hat auch der **Arbeitnehmer**.[35] Der Arbeitnehmer ist berechtigt, seine Entwerferschaft bekannt zu geben, zB bei Bewerbungen,[36] uU auch auf Ausstellungen.[37] Nach Beendigung des Arbeitsverhältnisses können sich Beschränkungen aus dem Wettbewerbsrecht ergeben. Der Arbeitnehmer, der in Wettbewerb zu dem ehemaligen **Arbeitgeber** steht, darf nicht den Eindruck erwecken, dass die Gestaltung bei ihm selbst in Auftrag gegeben worden ist.[38] Der Hinweis des neuen Arbeitgebers auf die frühere Tätigkeit des Arbeitnehmers bei einem Wettbewerber kann unzulässige anlehnende Werbung sein.[39]

---

25 Vgl Schulze, in: Dreier/Schulze, § 13 UrhG Rn 7.
26 Vgl Dietz/Peukert, in: Schricker/Loewenheim, § 13 UrhG Rn 8.
27 BGH GRUR 2002, 977, 800 – Stadtbahnfahrzeug; vgl auch OGH ZUM-RD 1998, 431, 434 zur Feststellung der Urheberschaft an einem Bühnenwerk.
28 Vgl BGH ZUM 1990, 180, 182 – Emil Nolde; Schulze, in: Dreier/Schulze, § 13 UrhG Rn 16, 32.
29 Vgl KG UFITA 80/1977, 368, 372 – Manfred Köhnlechner.
30 BGH GRUR 1978, 583, 585 – Motorkettensäge.
31 Von Gamm, § 5 Rn 13; Eichmann, in: Eichmann/von Falckenstein/Kühne, Allg Rn 22.
32 BGH GRUR 1978, 583, 585 – Motorkettensäge; OLG Frankfurt/M., GRUR 1964, 562 (jeweils zur Erfinderehre).
33 BGH GRUR 2002, 799, 800 – Stadtbahnfahrzeug.
34 OLG Frankfurt/M. GRUR 1964, 562.
35 Von Gamm, § 2 Rn 17; Nirk/Kurtze, § 2 Rn 36.
36 Furler, § 2 Rn 9.
37 Von Gamm, § 2 Rn 17.
38 RGZ 110, 397.
39 BGH GRUR 1957, 23, 24 – Bünder Glas; OLG Düsseldorf BB 1962, 660.

H. Benennungsrecht

I. Urheberrecht

11 Die beste Werbung für den Designer sind seine eigenen Werke. Deren Werbewirkung geht ins Leere, wenn niemand erfährt, dass er diese Werke geschaffen hat. Deshalb ist er idR daran interessiert, bei seinen Arbeiten als deren Designer mit vollem Namen genannt zu werden. Das Recht auf Anerkennung seiner Urheberschaft am Werk (§ 13 UrhG) gewährt ihm dieses Urhebernennungsrecht. Er kann bestimmen, ob das Werk mit einer Urheberbezeichnung zu versehen und welche Bezeichnung zu verwenden ist. Es beschränkt sich auf die **Angabe des Namens** des Urhebers und seiner **Funktion**, in welcher er schöpferisch tätig geworden ist, zB die Bezeichnung Designer oder Design. Weitere Angaben (zB Adresse, Telefonnummer etc.) kann er grundsätzlich nicht verlangen, es sei denn, dies ist vertraglich vereinbart worden. Art und Umfang der Urhebernennung kann sich auch aus den jeweiligen **Branchengepflogenheiten** ergeben. Sie dürfen nicht dazu führen, nach dem Prinzip des Stärkeren die Rechte des Urhebers einfach zu ignorieren; denn eine den gesetzlichen Bestimmungen klar zuwiderlaufende Verkehrssitte wäre nichts anderes als eine rechtlich unbeachtliche Unsitte.[40] Wird der Name des Designers eines Werks der angewandten Kunst auf den Werkexemplaren üblicherweise nicht angegeben, schließt dies nicht aus, ihn jedenfalls im dazugehörigen **Prospektmaterial** zu benennen.[41] Abweichendes müsste vereinbart worden sein.

12 Die Urhebernennung ist für den Urheber noch aus einem weiteren Grunde bedeutsam. Wird er auf den Vervielfältigungsstücken seines Werkes in üblicher Weise als Urheber bezeichnet, gilt zu seinen Gunsten eine **Urhebervermutung** (§ 10 UrhG). Bis zum Beweis des Gegenteils wird er als Urheber des betreffenden Werkes angesehen. Wer seine Urheberschaft bestreitet, müsste hierfür den Gegenbeweis führen. Außerdem sind Dritte zu einer **Quellenangabe** grundsätzlich nur dann verpflichtet, wenn die Quelle auf dem benutzten Werkstück oder bei der benutzten Werkwiedergabe angegeben ist, so dass sie erkennen können, wem das Werk zuzuschreiben ist (§ 63 Abs. 1 S. 3 UrhG). Die Urhebernennung ist also kein Zeichen bloßer Eitelkeit des Urhebers, sondern sie hat rechtliche Auswirkungen. Umso mehr kann und soll er darauf bestehen, dass sein Urhebernennungsrecht eingehalten wird. Wird hiergegen verstoßen, können auch Schadensersatzansprüche begründet sein, zB auf Zahlung eines Betrages in Höhe der sonst üblichen angemessenen Lizenzgebühr.[42] Umgekehrt kann der Urheber auch verlangen, nicht genannt zu werden, wenn er anonym bleiben oder sich von dem Werk distanzieren will.[43]

II. Eingetragene Designs und Gemeinschaftsgeschmacksmuster

13 Ein Recht auf Designerbenennung hat bei eingetragenen Designs und bei Gemeinschaftsgeschmacksmustern nur das Recht zum Gegenstand, in der **Anmeldung** eines eingetragenen Designs oder eines Gemeinschaftsgeschmacksmusters und im **Register** als Entwerfer benannt zu werden.[44] Wenn das Design bzw Muster das Ergebnis einer Gemeinschaftsarbeit ist, kann jeder einzelne **Mitentwerfer** (vgl § 2 Rn 99) seine Nennung verlangen.[45] Bei Gemeinschaftsgeschmacksmustern kann an die Stelle der Nennung der einzelnen Mitentwerfer die Nennung des **Entwerferteams** treten.[46] Für eingetragenen Designs ist diese Möglichkeit nicht eröffnet. Ein Recht auf Anbringung einer **Designerbezeichnung** würde zwar dem Bestimmungsrecht des Urhebers darüber entsprechen, ob ein Werk mit einer Urheberbezeichnung zu versehen ist. Anders als bei künstlerischen Unikaten ist es bei Erzeugnissen der gewerblichen Serienproduktion jedoch idR nicht üblich, den Namen des

---

40 So LG München ZUM 1995, 57, 58 – Venus der Lumpen, zur Urhebernennung eines Fotografen.
41 Vgl Schulze, in: Loewenheim, § 70 Rn 149.
42 Vgl LG Leipzig ZUM 2002, 315, 317 – Hirschgewand; Schulze, in: Dreier/Schulze, § 13 UrhG Rn 35.
43 Vgl Schulze, in: Dreier/Schulze, § 13 UrhG Rn 32.
44 § 10 S. 1 DesignG; Art. 18 S. 1 GGV.
45 § 10 S. 2 DesignG; Art. 18 S. 2 GGV. Dieses Benennungsrecht dient dem Schutz sowohl ideeller als auch materieller Interessen, vgl Götting, in: Götting/Schertz/Seitz, S. 55.
46 Art. 18 Abs. 1 S. 2 GGV.

Entwerfers anzubringen.⁴⁷ Das kann im Einzelfall darin seinen Grund haben, dass die Anbringung des Namens technisch nicht möglich ist⁴⁸ oder auf gestalterische Schwierigkeiten stößt oder dass für die Käuferschaft kein Interesse an dem Namen des Entwerfers besteht. Eine Verpflichtung zur Entwerferbenennung auf dem Erzeugnis, auf der Verpackung oder in Begleittexten wurde daher von der Kommission als nicht gangbarer Weg bezeichnet.⁴⁹ In Werbeprospekten und auf Verpackungen stößt jedoch eine Designerbenennung meistens auf keine Schwierigkeiten.⁵⁰ Aber weil das urheberrechtliche Benennungsrecht nur das Werk als solches erfasst, also nicht auch Hinweise auf dieses Werk, besteht für eingetragene Designs und für Gemeinschaftsgeschmacksmuster kein weitergehender Anspruch.⁵¹ Eine Designerbenennung bedarf daher einer **vertraglichen Grundlage**.⁵² Bei pauschaler Vereinbarung besteht ein Anspruch auf Designerbenennung in angemessenem Umfang und in angemessener Weise; ansonsten bedarf es einer detaillierten vertraglichen Regelung. Der vertraglich vereinbarte Benennungsanspruch bleibt auch **nach Ablauf der Schutzdauer** bestehen, solange noch Erzeugnisse hergestellt werden, die dem eingetragene Design bzw Gemeinschaftsgeschmacksmuster entsprechen. Die Nichtbeachtung des Benennungsrechts verpflichtet zum **Schadensersatz**. Als probate Methode der Schadensschätzung ist bei unterlassener Namensnennung anerkannt, dass der im Wege der Lizenzanalogie ermittelte Schadensersatzbetrag verdoppelt wird.⁵³ Der **Arbeitnehmer** hat nur den gesetzlich geregelten Benennungsanspruch, aber keinen weitergehenden Anspruch auf Designerbenennung.⁵⁴ Das ergibt sich insbesondere daraus, dass dem Arbeitgeber weitgehend ein Änderungsrecht (vgl Rn 20) zusteht und der Arbeitnehmer im Rahmen einer vertraglichen Verpflichtung tätig wird, die idR auf Vorbereitung einer Serienproduktion angelegt ist.

I. Anspruch auf Quellenangabe

1. Urheberrecht

Manche Nutzungen des Werkes sind im Rahmen der Schranken des Urheberrechts (§§ 44 a ff UrhG) gesetzlich gestattet, ohne dass es einer Einwilligung des Urhebers des genutzten Werkes bedarf (siehe § 4 Rn 69). Beispielsweise darf ein urheberrechtlich geschütztes Möbel im Wege des Zitats bildlich wiedergegeben werden, wenn sich der Verfasser mit diesem Möbel auseinandersetzt und die bildliche Wiedergabe als Beleg dient (§ 51 UrhG). Desgleichen dürfen Werke, die sich bleibend an öffentlichen Plätzen befinden, durch Postkarten oder andere zweidimensionale Mittel vervielfältigt, verbreitet und öffentlich wiedergegeben werden (§ 59 UrhG). Grundsätzlich muss aber die Quelle angegeben werden, damit der Betrachter erfährt, von wem dieses Werk stammt und wo die Vorlage zu der Abbildung zu finden ist.⁵⁵ Wird die Quelle weggelassen, kann jedenfalls gegen die weitere Nutzung ohne Angabe der Quelle eingeschritten werden, auch wenn die Nutzung selbst grundsätzlich zulässig ist.⁵⁶ Darüber hinaus können Schadensersatzansprüche begründet sein.⁵⁷

14

---

47 Ulmer, Abschnitt 40 III.
48 BGH GRUR 1995, 671, 673 – Namensnennungsrecht des Architekten (zum Urheberrecht).
49 Begründung zu Art. 19 des Verordnungsvorschlags 1993 (vgl § 2 Rn 2).
50 Vgl Furler, § 2 Rn 1; Kur, FS Schricker, 1995, S. 503, 526.
51 Nirk/Kurtze, § 2 Rn 37; Eichmann, in: Eichmann/von Falckenstein/Kühne, Allg. Rn 20.
52 OLG München GRUR 1956, 231 – Bierflaschenetikett.
53 ZB OLG Düsseldorf MMR 1998, 147, 148; OLG Hamburg ZUM 1998, 324, 325; LG Leipzig GRUR 2002, 424, 425.
54 Vgl von Gamm, § 2 Rn 17; differenzierend: Furler, § 2 Rn 16.
55 Vgl Dietz/Spindler, in: Schricker/Loewenheim, § 63 UrhG Rn 13 ff; Schulze, in: Dreier/Schulze, § 63 UrhG Rn 11 ff.
56 Vgl Dietz/Spindler, in: Schricker/Loewenheim, § 63 UrhG Rn 20; Schulze, in: Dreier/Schulze, § 63 UrhG Rn 30.
57 Vgl Dietz/Spindler, in: Schricker/Loewenheim, § 63 UrhG Rn 21 mwN; Schulze, in: Dreier/Schulze, § 63 UrhG Rn 31 mwN.

II. Eingetragene Designs und Gemeinschaftsgeschmacksmuster

15 Das Erfordernis der Quellenangabe bei Wiedergaben zum Zweck der **Veranschaulichung und Lehre**[58] steht unter dem Vorbehalt, dass die normale Verwertung des eingetragenen Designs bzw Gemeinschaftsgeschmacksmusters nicht über Gebühr beeinträchtigt werden darf. Die Quellenangabe trägt daher in erster Linie dem Interesse des Verwerters von Erzeugnissen Rechnung, die dem eingetragene Design bzw Gemeinschaftsgeschmacksmuster entsprechen. Ob auch oder alternativ der Name des Entwerfers bekannt gegeben werden muss, hängt insbesondere davon ab, wie stark dessen Designerpersönlichkeitsrecht involviert ist.

J. Zugangsrecht

16 Beim Zugangsrecht (§ 25 UrhG) tritt das persönlichkeitsrechtlich geprägte Band zwischen dem **Urheber** und seinem Werk hervor. Er kann vom Besitzer des Originals oder eines Vervielfältigungsstücks seines Werkes verlangen, ihm selbiges zugänglich zu machen, soweit er dies zur Herstellung von Vervielfältigungsstücken oder Bearbeitungen des Werkes benötigt. Führt der Urheber eine **Auftragsarbeit** aus, zB eine gesondert gestaltete Inneneinrichtung, oder verkauft er seine Werke als **Unikate**, zB die Silberarbeiten eines Silberschmieds, soll er sich später hiervon Fotografien oder andere Vervielfältigungen anfertigen können, wenn er zB sein **Werkverzeichnis** erstellen will. Hat er selbst keine Exemplare des Werkes, soll ihm der Besitzer dieser Werke den Zugang ermöglichen. Für das auf die Individualität von urheberrechtlichen Werken zugeschnittene Zugangsrecht besteht in dem auf Serienherstellung angelegten Designrecht **kein Bedürfnis**.

K. Änderungs- und Entstellungsverbot

I. Urheberrecht

17 Das Veröffentlichungsrecht (§ 12 UrhG) ermöglicht dem Urheber, zu bestimmen, in welcher konkreten Form er sein Werk an die Öffentlichkeit entlassen will. Das Recht gegen **Beeinträchtigungen** und **Entstellungen** des Werkes (§ 14 UrhG) schützt den Bestand dieser konkreten Form und des darin zum Ausdruck gelangenden konkreten geistig-ästhetischen Gesamteindrucks des Werkes. Der Urheber muss nicht hinnehmen, dass Dritte seinem Werk eigenmächtig eine andere Form geben. Es kommt nicht darauf an, ob hierdurch das Werk verbessert oder verschlechtert wird; denn der Urheber muss sich nicht von Dritten vorschreiben lassen, was aus deren Sicht besser sein soll, es sei denn, der Designer wird in einem Arbeitsverhältnis tätig oder bestimmte Vorgaben wurden vereinbart. Es genügt, dass der jeweilige Eingriff geeignet ist, die berechtigten geistigen oder persönlichen Interessen des Urhebers an seinem Werk zu gefährden. In die Werkintegrität kann verschieden stark eingegriffen werden. Der Oberbegriff Beeinträchtigung umfasst auch Änderungen, Entstellungen und sonstige Eingriffe, mit denen die Wesenszüge des Werkes mehr oder weniger verzerrt oder verfälscht werden.[59] Sämtliche Eingriffe fallen unter ein **generelles Änderungsverbot**.[60]

18 Ob ein Eingriff in die Werkintegrität vorliegt, wird grundsätzlich in folgenden drei Schritten geprüft. Zunächst ist festzustellen, ob der ursprüngliche konkrete Gesamteindruck des Werkes verändert ist. Hierzu zählt **jede objektive Änderung**, und zwar nicht nur in die körperliche Substanz des Werkexemplars, sondern auch in seine **geistige Substanz**; denn das Werk als solches ist nicht körperlich, sondern geistig. Infolgedessen kann auch jeder den Gesamteindruck des Werkes ändernde **Sachzusammenhang** eine Beeinträchtigung sein.[61] Ergänzungen, Kürzungen, Ausschnitte, Weglassungen oder sonstige Maßnahmen, mit denen der vorgegebene Umfang des Werkes verlassen wird, sind idR Beeinträchtigungen. Im nächsten Schritt wird geprüft, ob hierdurch die Urheber-

---

58 § 40 Nr. 3 DesignG; Art. 20 Abs. 1 Buchst. c GGV.
59 Vgl Dietz, in: Schricker, § 39 UrhG Rn 1; Schulze, in: Dreier/Schulze, § 14 UrhG Rn 7 und § 39 UrhG Rn 3.
60 Vgl BGH GRUR 1974, 675, 676 – Schulerweiterung; Schulze, in: Dreier/Schulze, § 14 UrhG Rn 2.
61 Vgl BGH GRUR 2002, 532, 534 – Unikatrahmen; Schulze, in: Dreier/Schulze, § 14 UrhG Rn 11 und § 39 UrhG Rn 5 f.

interessen gefährdet werden. Da eine bloße **Gefährdung** genügt, ist bereits das Vorliegen der Beeinträchtigung, also jede objektiv nachweisbare Änderung des Werkes, sei sie direkt (körperlicher Substanzeingriff) oder indirekt (anderer Sachzusammenhang) ein ausreichendes Indiz für die Eignung, hierdurch die berechtigten Interessen des Urhebers zu gefährden.[62] Anders kann es sich verhalten, wenn die vom Urheber gestattete Nutzung einen **Bearbeitungscharakter** hat. Wer beispielsweise einem Dritten gestattet, das von ihm geschaffene Design für andere Zwecke oder unter Verwendung anderer Materialien weiterzuentwickeln, willigt notgedrungen in diejenigen Änderungen ein, ohne die eine derartige Weiterentwicklung nicht machbar wäre.

Schließlich sind im Rahmen einer **Interessenabwägung** die Bestands- und Integritätsinteressen des Urhebers einerseits und die möglichen Interessen des Nutzers an der Änderung des Werkes andererseits gegenüberzustellen.[63] Ausgangspunkt bleibt das grundsätzliche Änderungsverbot. Je weiträumiger eine Nutzung jedoch gestattet war und je mehr hierfür Änderungen erforderlich sind, desto eher können Änderungen gerechtfertigt sein.[64] Sie finden ihre Grenze bei dem **unverzichtbaren Recht** des Urhebers gegen Verzerrungen und ähnliche Entstellungen seines Werkes. Einerseits ist dieses Recht dem Urheber unverzichtbar, so dass der Urheber hieraus vorgehen kann. Andererseits kann er nachträglich die bereits konkretisierte Entstellung hinnehmen, indem er hiergegen keine Schritte unternimmt oder sich nachträglich hierzu verpflichtet.[65] Beispielsweise gibt es idR keinen Anlass, Möbelentwürfe nachträglich (ohne Zustimmung des Urhebers) abzuändern. Anders kann es sich verhalten, wenn sich herausstellt, dass die bisherige Form den Erfordernissen der Haltbarkeit nicht genügt und zB Ansprüche aus der Produkthaftung begründet. Hier wird man dem Urheber diejenigen Änderungen abverlangen können, die derartige Mängel und Probleme vermeiden. Dabei wird der geringstmögliche Eingriff zu suchen sein, und zwar möglichst im Zusammenwirken mit dem Urheber. Ist von vornherein zu erwarten, dass sich die konkrete Form im Laufe der Zeit ändern wird, kommt eine Änderungsbefugnis des Nutzers, dem die Nutzung gestattet war, eher in Betracht (§ 39 Abs. 2 UrhG). Beispielsweise muss ein vom Urheber entworfenes Firmenlogo an etwaige Änderungen der Gesellschaftsform der betreffenden Firma angepasst werden können. Maßgeblich ist der Zweck, für den das Werk geschaffen und dessen Nutzung gestattet wurde.[66]

II. Eingetragene Designs und Gemeinschaftsgeschmacksmuster

Bei Erzeugnissen, die praktischen Bedürfnissen zu dienen bestimmt oder dem Wechsel von Moden und Trends ausgesetzt sind, können **Anpassungen** und **Weiterentwicklungen** geboten sein, um den Verkaufserfolg aufrechtzuerhalten. Die Kommission ist daher davon ausgegangen, dass sowohl ein **Änderungsverbot** als auch ein **Genehmigungserfordernis** für Änderungen das Verwertungsrecht des Herstellers über Gebühr einschränken würde.[67] Der Hersteller hat einen größeren Freiraum als im Urheberrecht, weil bei einem Design bzw Muster die persönlichkeitsrechtliche Bindung des Designers idR schwächer ausgeprägt ist.[68] Einem **Lizenznehmer** können als nebenvertragliche Verpflichtung Änderungen untersagt sein, wenn sie der Vermeidung von Lizenzzahlungen dienen sollen.[69] Das Recht des Urhebers, eine Entstellung oder eine andere Beeinträchtigung seines Werks zu verbieten, die geeignet ist, seine berechtigten geistigen oder persönlichen Interessen zu beeinträchtigen, ist auch außerhalb des Urheberrechts eine so bedeutsame Ausprägung des Persönlichkeitsrechts, dass es auch für eingetragene Designs und für Gemeinschaftsgeschmacksmuster Anerkennung verdient. Ob berechtigte geistige oder persönliche Interessen des Designers beeinträchtigt sind, hängt

---

62 Vgl OLG München ZUM 1992, 307, 310 – Christoph Columbus; Dietz/Peukert, in: Schricker/Loewenheim, § 14 UrhG Rn 27; Schulze, in: Dreier/Schulze, § 14 UrhG Rn 15.
63 Vgl Dietz/Peukert, in: Schricker/Loewenheim, § 14 UrhG Rn 19.
64 Vgl Schulze, in: Dreier/Schulze, § 14 UrhG Rn 16 ff.
65 Vgl Schulze, in: Dreier/Schulze, Vor § 12 UrhG Rn 12.
66 Vgl Schulze, in: Dreier/Schulze, § 39 UrhG Rn 16.
67 Grünbuch 7.1.4. (vgl § 2 Rn 2).
68 Vgl von Gamm, § 2 Rn 18; (für Arbeitnehmer-Designs); Kur, FS Schricker, 1995, S. 527.
69 Eichmann, in: Eichmann/von Falckenstein/Kühne, Allg. Rn 24.

von der Art der Änderung, von der Art des Erzeugnisses, dem Ansehen des Designers und der Entstehungsgeschichte des Designs ab. Wenn der Auftraggeber und der Designer in der Entwurfsphase zusammengewirkt haben, kann das ein nebenvertragliches Verbot für einseitige Änderungen durch den Auftraggeber zur Folge haben.[70] Wenn eine **Designerbenennung** oder eine **Designerbezeichnung** erfolgt, ergibt sich daraus eine Einengung des Änderungsrechts. Ebenso wie der Urheber[71] hat dann auch der Designer einen Anspruch darauf, dass fremde Gestaltungen ihm und seinem Werk nicht zugerechnet werden. Bei einer **Übertragung** entäußert sich der Designer so weitgehend seiner Bindung an das Design bzw Muster, dass er sich idR nur gegen grobe Entstellungen zur Wehr setzen kann. Wenn jedoch nach der Übertragung eine Designerbenennung erfolgt, besteht kein Änderungsrecht des Erwerbers. Das Integritätsinteresse an einer Designgestaltung kann nach einer Übertragung auch in der Weise fortbestehen, dass der Erwerber einen Anspruch gegen Beeinträchtigungen der Integrität durch Dritte hat. Bearbeitungen an einer Gestaltung, über die ausschließlich der Rechtsinhaber verfügungsbefugt ist, bedürfen dessen Einwilligung.[72]

L. Rückrufsrecht

21   Das Rückrufsrecht wegen **gewandelter Überzeugung** (§ 42 UrhG) ist so sehr auf geistige Aussagen zugeschnitten, dass geschmackliche Ansichten idR nicht erfasst werden. Die Weiterverwertung eines Werks der angewandten Kunst kann daher einem Urheber auch dann noch zugemutet werden, wenn er inzwischen seinen Stil geändert hat. Bei eingetragenen Designs und bei Gemeinschaftsgeschmacksmustern kommt ein Rückrufsrecht wegen gewandelter Überzeugung noch weniger in Betracht. Der Gegenstand eines eingetragenen Designs oder eines Gemeinschaftsgeschmacksmusters kann zwar dem Designer auch ohne Designerbenennung und ohne Designerbezeichnung zuzuordnen sein. Die Ausrichtung auf den Gebrauchszweck hat jedoch zur Folge, dass keine persönlichkeitsrechtlich relevante Identifizierung des Designers mit seinem Entwurf stattfindet. Bei Rechtsübertragung kommt ein Rückrufsrecht ohnehin nicht in Betracht. Ob bei der vertraglichen Einräumung von Nutzungsrechten ein Rückrufsrecht wegen **Nichtausübung** Anerkennung findet, richtet sich im Urheberrecht nach den detaillierten Regelungen des § 41 UrhG. Bei eingetragenen Designs und bei Gemeinschaftsgeschmacksmustern kommt es darauf an, ob für den Fall der Nichtausübung vertraglich ein Kündigungsrecht vereinbart worden ist (vgl § 10 Rn 57) oder ob die Voraussetzungen für eine Kündigung aus wichtigem Grund (§ 314 BGB) erfüllt sind.

---

70 Vgl Kur, FS Schricker, 1995, S. 503, 527.
71 BGH GRUR 2002, 532, 534 – Unikatrahmen.
72 Eichmann, in: Eichmann/von Falckenstein/Kühne, Allg. Rn 24.

§ 10 Verwertung von Designschutzrechten

A. Allgemeines	1
I. Grundsatz	1
II. Rechte der Beteiligten	2
1. Entwurfsvergütung	2
2. Nutzungsberechtigung	3
3. Arbeitnehmerdesign	5
III. Vertragsentwürfe	6
1. Grad der Ausführlichkeit	6
2. Ausgewogenheit	7
3. Standardisierung	8
4. AGB-Inhaltskontrolle	9
5. Unklarheiten und Unvollständigkeit	10
B. Übertragung	11
I. Grundsatz	11
II. Einzelvertrag	12
1. Abtretung	12
2. Vertragsinhalt	13
3. Formbedürftigkeit	14
III. Gesamtvertrag	15
1. Vertragspraxis	15
2. Vertragsergänzung	17
IV. Haftung für den Bestand	18
V. Haftung für Freiheit von Rechten Dritter	20
VI. Gutglaubensschutz	21
1. Deklaratorische Umschreibung	21
2. Konstitutive Umschreibung	22
VII. Registereintragung	23
1. Umschreibung	23
2. Unrichtigkeit des Registers	24
VIII. Unübertragbarkeit	25
C. Lizenz	26
I. Überblick	26
II. Typologie	27
1. Ausschließliche Lizenz	27
2. Nicht ausschließliche Lizenz	28
3. Unterlizenz	29
III. Rechtsnatur	30
IV. Haftung für den Bestand	31
V. Haftung für Freiheit von Rechten Dritter	32
VI. Auswirkungen der Insolvenz	33
1. Insolvenz des Lizenzgebers	33
2. Insolvenz des Lizenznehmers	34
VII. Sukzessionsschutz	35
VIII. Lizenzparteien im Prozess	36
1. Aktivlegitimation	36
2. Beitrittsrecht	37
IX. Wettbewerbsbeschränkungen	38
1. Unionsrecht	38
2. Deutsches Recht	39
X. Gesetzliche Ansprüche	40
XI. Formalien des Lizenzvertrags	41
1. Schriftform	41
2. Vertragsparteien	42
3. Abschluss durch Vertreter	43
4. Gliederung	44
XII. Inhalt des Lizenzvertrags	45
1. Präambel	46
2. Definitionen	47
3. Gegenstand der Lizenz	48
4. Art der Lizenz	49
5. Vertragsgebiet	50
6. Gebietsschutz	51
7. Warengattung der Lizenzerzeugnisse	52
8. Ausgestaltung der Lizenzerzeugnisse	54
9. Qualität der Lizenzerzeugnisse	55
10. Benutzungshandlungen	56
11. Ausübungspflicht	57
12. Best-Efforts-Klauseln	58
13. Weiterentwicklungen	59
14. Prozentlizenz	60
15. Betragslizenz	61
16. Pauschallizenz	62
17. Mindestlizenz	63
18. Abrechnung	64
19. Abrechnungskontrolle	65
20. Gewährleistung	66
21. Produkthaftung	67
22. Aufrechterhaltung des Vertragsschutzrechts	68
23. Rechtsverfolgung	69
24. Nichtangriff	70
25. Geheimhaltung	71
26. Steuern	72
27. Vertragsdauer	73
28. Ordentliche Kündigung	74
29. Außerordentliche Kündigung	75
30. Auslaufregelungen	76
31. Anwendbares Recht	77
32. Schriftformklausel	78
33. Vollständigkeitsklausel	79
34. Salvatorische Klausel	80
35. Streitentscheidung	81
36. Gerichtsstand	82
D. Wertbestimmung	83
I. Übertragung	83
II. Lizenz	85
III. Gerichtsverfahren	86

Literatur:

Kommentare und Monografien: *Bartenbach*, Patentlizenz- und Know-how-Vertrag, 7. Auflage 2013; *Baumbach/Lauterbach/Albers/Hartmann*, Zivilprozeßordnung, 73. Auflage 2015; *Dreier/Schulze*, Urheberrechtsgesetz, 4. Auflage 2013; *Eichmann/von Falckenstein/Kühne*, Designgesetz, 5. Auflage 2015; *Fammler*, Der Markenlizenzvertrag, 2. Auflage 2007; *Groß*, Der Lizenzvertrag, 11. Auflage, 2015; *Groß*, Mediation im gewerblichen Rechtsschutz und Urheberrecht, 2009; *Groß/Strunk*, Lizenzgebühren, 4. Auflage 2015; *Haedicke*, Rechtskauf und Rechtsmängelhaftung, 2003; *Heinemann*, Immaterialgüterrechtsschutz in der Wettbewerbsordnung, 2002; *Hellebrand/Himmelmann*, Lizenzsätze für technische Erfindungen, 4. Auflage 2011; *Henn*, Patent- und Know-how-Lizenzvertrag, 5. Auflage 2003; *Hilty*, Lizenzvertragsrecht – Systematisierung und Typisierung aus schutz- und schuldrechtlicher Sicht, 2001; *Maaßen/May/Zentek*, Designer's Contract, 2. Auflage 2005; *Marly*, Softwareüberlassungsverträge, 5. Auflage 2009; *Menninger/Wurzer*, Bewertungsstandards für Patente und Marken, 2014; *Pagenberg/Beier*, Lizenzverträge – License agreements, 6. Auflage 2008; *Pahlow*, Lizenz und Lizenzvertrag im Recht des Geistigen Eigentums, 2006; *Pfaff/Osterrieth*, Lizenzverträge, 3. Auflage 2010; *Repenn/Weidenhiller*, Markenbewertung und Markenverwertung, 2. Auflage 2005; *Schi-*

mansky, Der Wert der Marke, 2004; *Schricker/Loewenheim*, Urheberrecht, 4. Auflage 2010; *Stumpf/Groß*, Der Lizenzvertrag, 8. Auflage 2005; *Winzer*, Der Lizenzvertrag, 2014; *Wurzer/Reinhardt*, Handbuch der Patentbewertung, 2. Auflage 2010.
Beiträge in Zeitschriften, Festschriften und Sammelwerken: *Bartenbach/Söder*, Lizenzvertragsrecht nach neuem GWB: Lizenzgebührenpflicht über den Inhalt des Schutzrechts hinaus und nach Schutzrechtsende, Mitt. 2007, 353; *Berger*, Der Lizenzsicherungsnießbrauch – Lizenzerhaltung in der Insolvenz des Lizenzgebers, GRUR 2004, 20; *Dammler/Mellulis*, Störung in der patentrechtlichen Lizenzkette, GRUR 2013, 781; *Eichmann*, Die Lizenzierung und Übertragung von Immaterialgüterrechten, in: Baudenbacher (Hrsg.), Internationales und Europäisches Wirtschaftsrecht, Bd. III, 2004, S. 321; *Eidenmüller/Prause*, Die europäische Mediationsrichtlinie – Perspektiven für eine gesetzliche Regelung der Mediation in Deutschland, NJW 2008, 2737; *Einsele*, Patente als Unternehmenswerte, Mitt. 2007, 289; *Ewen*, EG-Kartellrecht für Patent- und Know-how-Lizenzen, in: Baudenbacher (Hrsg.), Aktuelle Probleme des Europäischen und Internationalen Wirtschaftsrechtes, Bd. 3. 2001, S. 189; *Fabry/Ernst*, Der Wert von IP Assets aus Investorensicht, Mitt. 2007, 126; *Greifeneder/Veh*, Nach M2Trade und Take Five, WRP 2014, 17; *Grüger*, „Catwalk" – Synonym für eine höhere Schadensliquidation?, GRUR 2006, 536; *Haedicke*, Die Gewährleistungshaftung bei Patentveräußerungs- und Patentlizenzverträgen und das neue Schuldrecht, GRUR 2004, 123; *Haedicke*, Der Schutz des Unterlizenznehmers bei Wegfall der Hauptlizenz nach den Entscheidungen „M2Trade" und „Take Five", Mitt. 2012, 429; *Hauck*, Patentlizenzverträge in der Insolvenz des Lizenzgebers, GRUR Prax 2013, 437; *Heinemann*, Geistiges Eigentum, Grundfreiheiten und Kartellrecht – Spannungen im „magischen Dreieck" und ihr angemessener Ausgleich, in Baudenbacher (Hrsg.), Internationales und Europäisches Wirtschaftsrecht, Bd. III, 2004, S. 67; *Hellebrand*, Ableitung von angemessenen Lizenzsätzen aus ökonomischer Perspektive?, Mitt. 2014, 494; *Hölder/Schmoll*, Patentlizenz- und Know-how-Verträge in der Insolvenz – Teil II: Insolvenz des Lizenzgebers, GRUR 2004, 830; *Hombrecher*, Die vertragliche Absicherung des Markenlizenznehmers gegen eine Insolvenz des Lizenzgebers, WRP 2006, 219; *Kaden*, Mehr als gewinnen – Mit Wirtschaftsmediation Kosten sparen und Mehrwert erzielen, Mitt. 2008, 23; *Koehler/Ludwig*, Die „insolvenzfeste" Gestaltung von Lizenzverträgen, WRP 2006, 1342; *Kreutzmann*, Neues Kartellrecht und geistiges Eigentum, WRP 2006, 453; *Kur*, Verwertung von Design, in: Beier u.a. (Hrsg.), Urheberrechtsrecht: Festgabe für Gerhard Schricker zum 60. Geburtstag, 1995, S. 503; *Labes/Lörcher*, Außergerichtliche Streitbeilegung, in: Hasselblatt (Hrsg.), Münchener Anwaltshandbuch, Gewerblicher Rechtsschutz, 3. Auflage 2008, S. 190; *Lörcher/Lissner*, Neues Mediationsgesetz: Aufwind für die außergerichtliche Streitbeilegung im gewerblichen Rechtsschutz? GRUR-Prax 2012, 318; *Meyer-van Raay*, Der Fortbestand von Unterlizenzen bei Erlöschen der Hauptlizenz, NJW 2012, 3691; *McGuire*, Die Funktion des Registers für die rechtsgeschäftliche Übertragung von Gemeinschaftsmarken, GRUR 2008, 11; *McGuire/Kunzmann*, Sukzessionsschutz und Fortbestand der Unterlizenz nach „M2Trade" und „Take Five" – ein Lösungsvorschlag, GRUR 2014, 28; *Michaeli/Kettler*, Neue Gesichtspunkte zur Bewertung von Kennzeichen im Rahmen der Lizenzanalogie, MarkenR 2010, 413; MarkenR 2010, 462; *Nestler*, Die Ableitung von angemessenen Lizenzsätzen aus ökonomischer Perspektive, Mitt. 2014, 262; *Niebel*, Lizenzvertrag über eine Gemeinschaftsmarke, in: Fezer (Hrsg.), Handbuch zur Markenpraxis, Bd. II, 2007, S. 64; *Pahlow*, Anspruchskonkurrenzen bei Verletzung lizenzierter Schutzrechte unter Berücksichtigung der Richtlinie 2004/58/EG, GRUR 2007, 1001; *Petry/Schilling*, Der Schadensersatzanspruch des Lizenznehmers im Markenrecht, WRP 2009, 1197; *Rieken/Conraths*, Insolvenzfeste Gestaltung von Lizenzen nach M2Trade/Take Five, MarkenR 2013, 63; *Schmoll/Hölder*, Patentlizenz- und Know-how-Verträge in der Insolvenz – Teil I: Insolvenz des Lizenznehmers, GRUR 2004, 743; *Schulze, G.*, Designverträge, in: Loewenhein (Hrsg.), Handbuch des Urheberrechts, 2. Auflage 2010, § 70; *Stimmel*, Die Beurteilung von Lizenzverträgen unter der Rom I-Verordnung, GRUR Int. 2010, 783; *Traumann*, Nebenpflichten des Markenlizenzgebers, GRUR 2008, 470; *Trimborn*, Ist nach „reifen Progrssiv", Take Five" und „M2Trade" eine gesetzliche Regelung zur Insolvenzfestigkeit obsolet geworden? MarkenR 2012, 460; *Ullmann*, Lizenz in der Insolvenz – zum Bedarf einer Neuregelung, Mitt. 2008, 49; *Unberath*, Mediationsklauseln in der Vertragsgestaltung, NJW 2011, 1320; *Volpert*, Mediation – eine Alternative zum streitigen Verfahren auch im Gewerblichen Rechtsschutz?, Mitt. 2008, 170; *Wurzer*, Aktuelles aus der IP-Ökonomie, Mitt. 2010, 520.

A. Allgemeines

I. Grundsatz

1   Bei sämtlichen Designschutzrechten kann der Inhaber ein Interesse daran haben, wirtschaftlichen Nutzen aus der **Beteiligung Dritter** zu ziehen. Das kann durch eine **Veräußerung** des Rechts geschehen; Ausnahmen kann es allerdings für Urheberrechte geben. Ähnlich wie bei der Pacht kann der Inhaber seine Rechtsposition aber auch beibehalten, Dritten jedoch ein entgeltliches Nutzungsrecht – vielfach als **Lizenz** bezeichnet – einräumen. Vorteile der Veräußerung sind, dass der Veräußerer sofort das Entgelt erhält, das von beiden Vertragsparteien als angemessener Wert akzeptiert wird, und dass mit der Veräußerung der Vorgang abgeschlossen ist. Die Lizenz weist zwei andersartige Vorzüge auf: Der wirtschaftliche Wert eines Designschutzrechts kann häufig bei einer **kontinuierlichen Nutzung** konkreter als bei der meist spekulativen Schätzung im Zeitpunkt einer Veräußerung beurteilt werden. Der Rechtsinhaber wird an der kontinuierlichen Nutzung laufend beteiligt und

erhält dadurch eine anteilige Vergütung für die gesamte Laufzeit des Lizenzvertrags. Wenn ein Design von einem **Arbeitnehmer** entwickelt wurde, muss vorab geklärt werden, ob das Recht an dem Design dem Arbeitgeber oder dem Arbeitnehmer zusteht.

II. Rechte der Beteiligten

1. Entwurfsvergütung

Wenn mit einem freien Designer oder einem unabhängigen Designbüro ein Auftrag für einen Designentwurf vereinbart wird, ist das kein unentgeltlich zu besorgender Auftrag iSd § 662 BGB, sondern ein **Werkvertrag** iSd § 631 ff BGB. Der Begriff „Auftrag" ist ambivalent; das zeigt zB der u.a. für Kauf- und Werkverträge verwendete Begriff der „Auftragsbestätigung". Nach § 632 Abs. 1 BGB gilt eine Vergütung als stillschweigend vereinbart, wenn die Herstellung des Werks den Umständen nach nur gegen eine **Vergütung** zu erwarten ist. Für Designer und Designbüros ist die Ausarbeitung von Designentwürfen eine berufstypische Hauptbetätigung. Besteller müssen daher davon ausgehen, dass für Designentwürfe eine Vergütung entrichtet werden muss.[1] In der Regel wird die Höhe der Vergütung in einem Vertrag festgelegt. Der Besteller ist sodann zur Entrichtung der **vereinbarten** Vergütung verpflichtet.[2] Wenn ausnahmsweise eine Vergütung nicht festgelegt wurde, ist die **übliche** Vergütung als vereinbart anzusehen.[3] Im Urheberrecht besteht ein Anspruch auf **angemessene** Vergütung.[4] Für die Bestimmung der üblichen Vergütung und insbesondere der angemessenen Vergütung können insbesondere Tarifverträge[5] sowie branchenspezifische Musterverträge[6] herangezogen werden.[7] Wenn der von einem Designer vorgelegte Entwurf nach den Detailregelungen des § 640 BGB abgenommen worden ist, wird die Vergütung **fällig**.[8]

2. Nutzungsberechtigung

Mit der Abnahme durch den Besteller und gegebenenfalls der Entrichtung der Vergütung ist zwar der Werkvertrag erfüllt, der zwischen dem Besteller und dem Auftragnehmer geschlossen wurde. Aus dem Eigentumserwerb des Bestellers ergibt sich jedoch noch kein Nutzungsrecht. Wenn für einen Entwurf ein Schutz durch ein eingetragenes Design oder durch ein Gemeinschaftsgeschmacksmuster in Betracht kommt, steht das **Recht auf das Designschutzrecht** dem **Entwerfer** zu.[9] Zur Anmeldung ist daher nur der Designer, nicht jedoch der Besteller befugt. Diese Befugnis besteht unabhängig davon, ob für den Entwurf eine Vergütung vereinbart worden ist. Nur im Rahmen einer vertraglichen Vereinbarung kann von dieser gesetzlichen Regelung abgewichen werden.[10] Eine stillschweigende Übertragung von Nutzungs- und Verwertungsrechten zur freien Weiterverwendung durch den Auftraggeber ergibt sich nicht daraus, dass ein Hersteller in seiner Designentwicklung spezifischen Vorstellungen des Auftraggebers Rechnung getragen hat.[11]

Wird kein eingetragenes Design oder Gemeinschaftsgeschmacksmuster angemeldet, kann dennoch ohne jegliche Formalien durch die bloße öffentliche Verwertung des Entwurfs ein **nicht eingetragenes Gemeinschaftsgeschmacksmuster** entstehen. Hat der Designer in die öffentliche Verwertung zB

---

1 Vgl Kur, S. 514; G. Schulze, § 70 Rn 127.
2 § 631 Abs. 1 BGB; dasselbe ergibt sich aus § 32 Abs. 1 S. 1 UrhG für das Urheberrecht.
3 § 632 Abs. 2 BGB.
4 § 32 Abs. 1 S. 2 UrhG.
5 In Betracht kommt vor allem der zwischen der *Allianz Deutscher Designer (ADD)* und dem Verein *Selbständige Design-Studios (SDSt)* abgeschlossene Tarifvertrag, zumal dieser auch außerhalb der tarifgebundenen Parteien vereinbart werden kann.
6 In Betracht kommen insbesondere der *Bund Deutscher Grafikdesigner* und der *Deutsche Designerverband*, die Musterverträge herausgeben.
7 Vgl hierzu insbesondere die Nachw. bei Kur, S. 514 ff; G. Schulze, § 70 Rn 116 ff.
8 § 641 Abs. 1 BGB.
9 Vgl § 7 Abs. 1 S. 1 DesignG; Art. 14 Abs. GGV.
10 Eichmann, in: Eichmann/von Falckenstein/Kühne, § 7 Rn 4.
11 OLG Hamburg NJOZ 2003, 1979, 1981, 1984 – Damenkittel.

eines Entwurfs für eine Verpackung nicht eingewilligt, wird durch den Besteller dieses Schutzrecht verletzt.[12] Wenn sich der Besteller ohne Einwilligung des Designers ein eingetragenes Design oder Gemeinschaftsgeschmacksmuster eintragen lässt, hat der Designer einen **Übertragungsanspruch**.[13] Lässt sich der Besteller eine Marke eintragen, kann hierdurch das Recht des Designers auf die Eintragung eines eingetragenen Designs oder Gemeinschaftsgeschmacksmusters verletzt werden. Bei urheberrechtlich geschützten Werken entsteht das **Urheberrecht** in der Person des Schöpfers.[14] Das ist auch bei Auftragsschöpfungen der Fall.[15] Eine Übertragung des Urheberrechts kann unter Lebenden nicht erfolgen.[16] Für die Einräumung von Nutzungsrechten an urheberrechtlich geschützten Werken gilt ein Vergütungsanspruch in angemessener Höhe als vereinbart.[17] Der Umfang des Nutzungsrechts richtet sich grundsätzlich nach dem mit seiner Einräumung verfolgten Zweck.[18] Diese für das Urheberrecht gesetzlich verankerte **Zweckübertragungstheorie** strahlt auf benachbarte Rechtsgebiete aus.[19]

4   Wenn eine Abstimmung des Designers mit dem Auftraggeber bereits in der konzeptionellen Phase vorgesehen ist, ergibt sich daraus ein **zweistufig aufgebautes Vertragsverhältnis**,[20] in dem nach der **Entwurfsphase**[21] die **Verwertungsphase** folgt. Vergütungspflichtig ist dabei nicht nur die zweite Stufe der Realisierung, sondern auch schon die erste Stufe der Entwicklung von Ideen und der Ausarbeitung von Entwürfen.[22] Kommt eine stufenweise Verwertung in Betracht, kann eine Branchenübung für den Umfang des Verwertungsrechts Bedeutung erlangen.[23] Es kann zwar vorkommen, dass Vorarbeiten oder Beteiligungen an Ausschreibungen unentgeltlich erfolgen; die **Beweislast für ein unentgeltliches Tätigwerden** des Designers obliegt jedoch dem Besteller.[24] Weniger klar ist die Rechtslage, wenn für einen Entwurf ausschließlich Markenschutz oder ausschließlich ein technisches Schutzrecht in Betracht kommt. Je weniger gesichert die Möglichkeit eines Schutzes durch ein eingetragenes Design oder ein Gemeinschaftsgeschmacksmuster oder eines Urheberrechtsschutzes ist, desto mehr dient eine ausdrückliche **Vereinbarung über Nutzungsrechte** der Rechtsklarheit.

3. Arbeitnehmerdesign

5   Die gesetzlichen Regelungen für Rechte an Designs, die von Arbeitnehmern geschaffen wurden, sind nicht einheitlich. Bei **eingetragenen Designs** und bei **Gemeinschaftsgeschmacksmustern** steht das Recht auf das Designschutzrecht dem Arbeitgeber zu. Voraussetzung hierfür ist, dass der Arbeitnehmer in Ausübung seiner Aufgaben oder nach Weisungen des Arbeitgebers tätig geworden ist.[25] Ein Vergütungsanspruch des Arbeitnehmers besteht nicht.[26] Im **Urheberrecht** werden Arbeitnehmer freien Urhebern gesetzlich im Grundsatz zwar gleichgestellt,[27] aus dem Inhalt und Wesen des Arbeitsverhältnisses wird jedoch in der Praxis gefolgert, dass eine stillschweigende Einräumung

---

12 KG ZUM 2005, 231, 232 – Natursalz.
13 Vgl § 9 Abs. 1 S. 1 DesignG; Art. 15 Abs. 1 GGV.
14 Vgl § 7 UrhG.
15 Loewenheim, in: Schricker/Loewenheim, § 7 UrhG Rn 4; Thum, in: Wandtke/Bullinger, § 7 UrhG Rn 4.
16 Vgl § 29 UrhG.
17 § 32 Abs. 2 S. 2 UrhG; BGH GRUR 1985, 129, 130 – Elektrodenfabrik.
18 Vgl § 31 Abs. 5 UrhG.
19 Vgl Eichmann, in: Eichmann/von Falckenstein/Kühne, § 31 Rn 3; Kur, S. 522; Ruhl, Art. 32 Rn 51; G. Schulze, § 70 Rn 127.
20 Vgl OLG Düsseldorf GRUR 1991, 334, 335 – Firmenlogo; Kur, S. 513 ff; G. Schulze, § 70 Rn 125 ff.
21 Vgl Kur, S. 514.
22 OLG Düsseldorf GRUR 1991, 334, 335 – Firmenlogo; Kur, S. 513 ff; G. Schulze, § 70 Rn 120 ff.
23 BGH GRUR 1986, 885, 886 – METAXA. Die damals berücksichtigte Branchenübung, wonach bei der Bestellung einer Fotomontage für einen Verpackungskarton das Recht zur Verwertung des Entwurfs gegen einen pauschalen Honorarbetrag erworben wurde, entspricht schon seit langem nicht mehr der üblichen Praxis eines zweistufigen Vertragsverhältnisses.
24 OLG Düsseldorf GRUR 1991, 334, 335 – Firmenlogo.
25 § 7 Abs. 2 DesignG; Art. 14 Abs. 3 GGV. Ausführlicher hierzu § 2 Rn 103.
26 Kühne, in: Eichmann/von Falckenstein/Kühne, § 7 Rn 25; Beyerlein, in: Günther/Beyerlein, § 7 Rn 19.
27 Vgl § 43 UrhG.

der Nutzungsrechte an den Arbeitgeber erfolgt.[28] Ein Vergütungsanspruch wird überwiegend abgelehnt;[29] Gerichtsentscheidungen aus dem Bereich der Werke der angewandten Kunst sind bisher nicht bekannt geworden. Am ausführlichsten sind die Regelungen[30] für **technische Erfindungen**. Hier kann der Arbeitgeber eine gebundene Erfindung durch Erklärung gegenüber dem Arbeitnehmer in Anspruch nehmen; das hat einen Anspruch des Arbeitnehmers auf angemessene Vergütung zur Folge.[31] Weil bei eingetragenen Designs, Gemeinschaftsgeschmacksmustern und urheberrechtlich geschützten Werken die Berechtigung des Arbeitnehmers originär entsteht, ist eine Erklärung der Inanspruchnahme durch den Arbeitgeber nicht erfoderlich. Zur **eigenständigen Verwertung** von Designschutzrechten sind Arbeitnehmer nur bei freien Entwicklungsergebnissen oder nach einer Freigabe von gebundenen Entwicklungsergebnissen durch den Arbeitgeber berechtigt. **Auftragnehmer** werden nicht wie Arbeitnehmer behandelt,[32] das gilt insoweit auch bei arbeitnehmerähnlicher Abhängigkeit.[33]

III. Vertragsentwürfe

1. Grad der Ausführlichkeit

Wie detailliert die Regelungen in einem Verwertungsvertrag sind, hängt in erster Linie von dem **Sicherheitsbedürfnis** der Vertragspartei ab, von der ein Entwurf ausgearbeitet wird. Für den Grad des Sicherheitsbedürfnisses kommt es insbesondere auf die wirtschaftliche Tragweite des Verwertungsvorgangs sowie darauf an, wie sich die Kosten eines Rechtsstreits auf die Vertragspartei auswirken können, die einen Entwurf vorlegt. Weil durch eine Veräußerung kein Dauerschuldverhältnis begründet wird, kann ein Vertrag für einen **Designkauf** vergleichsweise knapp sein. Bei **Lizenzverträgen** wird im Allgemeinen ein angemessener Mittelweg zwischen einer Beschränkung auf die wesentlichen Vertragsinhalte und einer umfassenden Vorsorge für alle denkbaren Eventualitäten gewählt.

Hinweis: Die meisten Streitigkeiten entstehen, wenn die Vergütung den Erwartungen einer der Vertragsparteien nicht Rechnung trägt oder wenn die Monopolwirkung eines Designschutzrechts ganz oder teilweise entfällt. Die Regelungen zu diesen Vertragsinhalten sollten daher besonders vollständig und eindeutig sein.

Wenn mit der schriftlichen Niederlegung eines Vertrags die Absicht verbunden ist, Streitigkeiten zu vermeiden, ist das Ergebnis ein **Vertragswerk**, in dem alles geregelt ist, was für die Beziehungen der Vertragsparteien Bedeutung erlangen kann. Dabei werden häufig Rechte und Pflichten auch dann zum Gegenstand von Regelungen gemacht, wenn die Gesetzgebung oder die Rechtspraxis Leitregeln zur Verfügung stellen.

2. Ausgewogenheit

Verwertungsverträge werden fast immer vom Veräußerer oder vom Lizenzgeber bzw dessen Anwalt in die Vertragsverhandlungen eingebracht. Das führt meistens dazu, dass die **Rechte** des Rechtsinhabers und die **Pflichten** des Erwerbers oder Lizenznehmers besonders vorrangig geregelt werden. Solange keine Vertragspartei in ihrer Abschlussfreiheit beeinträchtigt ist, hat eine **einseitige Interessenwahrnehmung** fast nie die Nichtigkeit des Vertrags oder einer einzelnen Vertragsbestimmung zur Folge. Bei Lizenzverträgen kann jedoch die Bevorzugung einer Vertragspartei die Bereitschaft der anderen Vertragspartei zu Verstößen gegen die Vertragstreue provozieren. Weil Lizenzverträge

---

28 Vgl Rojahn, in: Schricker/Loewenheim, § 43 UrhG Rn 40.
29 Vgl zB Lindhorst, in: Möhring/Nicolini, § 43 UrhG Rn 22; Rojahn, in: Schricker/Loewenheim, § 43 UrhG Rn 64; aA Wandtke, in: Bullinger/Wandtke, § 43 UrhG Rn 136 mwNachw zu hM in Rn 134.
30 Gesetz über Arbeitnehmererfindungen vom 25.7.1957.
31 § 4 Abs. 2, § 6 Abs. 1, § 9 Abs. 1 des Gesetzes über Arbeitnehmererfindungen.
32 Vgl § 2 Rn 104.
33 Ausführlich hierzu Wandtke, in: Bullinger/Wandtke, § 43 UrhG Rn 9/10; Rojahn, in: Schricker/Loewenheim, § 43 UrhG Rn 18; Kühne, in: Eichmann/von Falckenstein/Kühne, § 7 Rn 19.

in der Regel Dauerschuldverhältnisse sind, wirken sich Verstöße gegen die Vertragstreue häufig auf den Fortbestand des Vertragsverhältnisses aus.

> **Hinweis:** Bei einem unausgewogenen Vertragsentwurf kann zu bedenken gegeben werden, dass auch ein zur Vertragstreue bereiter Partner Gefahr laufen kann, eine als allzu nachteilig empfundene Vertragsposition durch schwer ermittelbare Vertragsverstöße zu „kompensieren".

3. Standardisierung

8 Wie auch sonst im Vertragsrecht kann jede Vertragspartei einen Vertragsentwurf beisteuern. Vor allem für Lizenzverträge gibt es zwar eine große Zahl von Formulierungsvorschlägen, die als **Formulare** oder **Muster** bezeichnet werden. **Standardisierungen** sind jedoch nur möglich, wenn entweder die Gegenstände des Vertrags gattungsmäßig weitgehend einheitlich sind (zB gebrauchte PKW) oder wenn bei der Art des Vertrags individuelle Einzelheiten nur in geringem Umfang eine Rolle spielen (zB bei Mietverträgen über Wohnräume oder Garagen). Lizenzverträge müssen in so vielen Regelungsinhalten **individuellen Besonderheiten** des Vertragsgegenstands und des Benutzungsrechts angepasst werden, dass die wesentlichen Bestandteile des Vertrags keiner Standardisierung zugänglich sind. **Formularartig** können nur die Vertragsbestandteile behandelt werden, die für alle gleichartigen Lizenzverträge einheitlich handhabbar sind, zB Abrechnungen über Umsatzlizenzen und die Möglichkeit der Kontrolle dieser Abrechnungen, Bestimmungen über die Kündigung, Schriftformklauseln, Gerichtsstandsklauseln und sog. salvatorische Klauseln (vgl Rn 73, 78, 80, 81).

4. AGB-Inhaltskontrolle

9 Veräußerungen von Designschutzrechten sind in aller Regel Einzelvorgänge. Bei Lizenzverträgen kann es jedoch durchaus zum Abschluss einer größeren Anzahl von **gleichartigen Verträgen** kommen. Wenn ein Lizenzgeber oder ein Lizenznehmer eine größere Anzahl von gleichartigen Lizenzverträgen abschließt, dient die Verwendung eines Standardtextes der Vereinfachung. Werden dabei mit **vorformulierten Vertragsbedingungen** Rechte der Lizenznehmer stark eingeschränkt, können sich Unwirksamkeitsgründe daraus ergeben, dass Allgemeine Geschäftsbedingungen einer Inhaltskontrolle unterliegen. Das gesetzliche Erfordernis der Verwendung für eine „Vielzahl von Verträgen" (§ 305 Abs. 1 S. 1 BGB) ist leicht erfüllt, weil die untere Grenze bereits bei drei Verwendungen beginnt,[34] wobei keine Absicht dafür erforderlich ist, die Vertragsbedingungen gegenüber verschiedenen Vertragsparteien zu verwenden.[35] **Unzulässig** sind insbesondere überraschende Klauseln (§ 305 c Abs. 1 BGB), unangemessene Benachteiligungen (§ 307 BGB) sowie eine große Anzahl von Regelungen, die mit sog. Klauselverboten (§§ 308, 309 BGB) belegt sind.

5. Unklarheiten und Unvollständigkeit

10 Wenn für eine Vielzahl von Verträgen vorformulierte Vertragsbedingungen verwendet werden, gehen **Auslegungszweifel** zulasten des Verwenders (§ 305 c Abs. 2 BGB). Dieser Grundsatz gilt entsprechend, wenn der Vertragstext von einer wirtschaftlich überlegenen Vertragspartei entworfen worden ist.[36] Im Übrigen findet zwar nach der Rechtsprechung des BGH[37] die **Unklarheitenregelung** für Individualvereinbarungen keine Anwendung. Dennoch gehen die Gerichte auch insoweit häufig davon aus, dass sich die Unklarheit einer Vertragsbestimmung zulasten der Vertragspartei auswirkt, die den Vertrag oder zumindest die streitbefangene Vertragsklausel formuliert hat. Allumfassend ist die **Vermutung der Richtigkeit und Vollständigkeit** einer vertraglichen Regelung. Diese Vermutung gilt für alle über ein Rechtsgeschäft aufgenommenen Urkunden, und zwar unabhängig davon, ob die Niederlegung in Schriftform durch Gesetz (§ 126 Abs. 1 BGB) oder durch ein Rechtsgeschäft (§ 127 Abs. 1 BGB) vorgeschrieben ist. Die Vermutung der Richtigkeit und Voll-

---

[34] BGH NJW 2002, 138.
[35] BGH NJW 2004, 1454.
[36] OLG Frankfurt/M. OLGZ 1973, 230.
[37] BGH VersR 1971, 172.

ständigkeit ist zwar **widerlegbar**, aber an den Gegenbeweis werden strenge Anforderungen gestellt. Wenn jedoch ein Nachweis dafür geführt wird, dass eine Nebenabrede getroffen wurde, reicht das zur Widerlegung der Vermutung aus.[38]

B. Übertragung

I. Grundsatz

Seit der Ablösung von monarchistischen Privilegien wird der vermögensrechtlichen Komponente von Immaterialgüterrechten durch die Anerkennung eines „geistigen Eigentums" und durch dessen weitgehende Gleichbehandlung mit dem Sacheigentum Rechnung getragen. In die einzelstaatlichen Gesetzgebungen hat daher von Anfang Eingang gefunden, dass Immaterialgüterrechte nicht nur von einer gesetzlichen **Rechtsnachfolge** automatisch erfasst werden, sondern auch ansonsten **frei übertragbar** sind. Eine Einschränkung hat der Grundsatz der freien Übertragbarkeit lediglich insoweit erfahren, als in einigen Gesetzgebungen das Urheberrecht davon ausgenommen worden ist, um dadurch die vermögensrechtlichen Interessen der Urheber besser zu schützen. Bei Registereintragungen über Immaterialgüterrechte verliert das **Register** seine Aussagekraft, wenn eine Rechtsnachfolge nicht in das Register eingetragen wird. In fast allen Gesetzen zum Schutz des geistigen Eigentums ist daher die Möglichkeit eröffnet, sowohl die gesetzliche Rechtsnachfolge als auch die vertragliche Rechtsnachfolge in das Register einzutragen. Das Erfordernis der Berichtigung des Registers wird jedoch häufig nicht so streng wie zB bei den konstitutiven Eintragungen (vgl hierzu Rn 22) in Registern über Grundstücke gehandhabt. „Übertragung" ist eine vertragliche Vereinbarung oder testamentarische Bestimmung über den Gegenstand der Übertragung. „Übergang" ist Rechtsnachfolge als Ergebnis der Übertragung oder des Übergangs einer Gesamtheit von Sachen oder Rechten, zB bei einer Erbschaft oder bei dem Erwerb des Vermögens einer juristischen Person. Aus dem Grundsatz der Vertragsfreiheit folgt, dass auch bei **Anwartschaften** eine Rechtsnachfolge möglich ist.

II. Einzelvertrag

1. Abtretung

Immaterialgüterrechte sind **Ausschließungsrechte**, mit denen dem Inhaber die Befugnis eingeräumt wird, sie zu benutzen und für einen vorübergehenden Zeitraum Dritten die Benutzung zu verbieten. Diese Befugnis besteht aus einer persönlichkeitsrechtlichen Komponente und aus einer **vermögensrechtlichen Komponente**. Ebenso wie das Eigentum an beweglichen und unbeweglichen Sachen kann auch das geistige Eigentum auf Dritte übertragen werden. Weil das geistige Eigentum nur selten eine gegenständliche Verkörperung aufweist, ist die Übertragung ein **unkörperlicher Vorgang**. Die rechtliche Konstruktion der Übertragung folgt daher nicht sachenrechtlichen Grundsätzen, sondern in Anlehnung an die Bestimmungen für die Übertragung von Forderungen (zB aus einem Darlehen), die ebenfalls unkörperlicher Natur sind. Rechtstechnisch ist somit die Übertragung eines Immaterialgüterrechts[39] eine **Abtretung**. Die Abtretung ist ein dinglicher Vertrag, mit dem die Rechtsposition des Inhabers so auf einen Dritten übertragen wird (§ 398 S. 1 BGB), dass dieser an die Stelle des bisherigen Inhabers tritt (§ 398 S. 2 BGB) und dadurch neuer Inhaber wird. Mit dem Abschluss des Abtretungsvertrags nimmt der Dritte die Stelle des bisherigen Inhabers ein.

2. Vertragsinhalt

Der Übertragungsvertrag kann darauf beschränkt sein, dass die Übertragung als **Angebot** zum Abschluss eines Übertragungsvertrags erklärt wird und der Dritte die **Annahme** erklärt. Ob das mit den Formulierungen der Gesetzessprache oder in anderer Weise zum Ausdruck gebracht wird,

---

[38] BGH NJW 1989, 898.
[39] Schutzrechte und Marken sind andere Rechte iSd § 413 BGB, so dass die Vorschriften über die Übertragung von Forderungen entsprechend Anwendung finden.

spielt keine Rolle. Ausreichend, aber auch erforderlich ist nur, dass der Wille der Vertragsparteien eindeutig zum Ausdruck gebracht wird. Weil die Übertragung durch einen Vertrag erfolgt, kann in ein und demselben Vertrag auch das **Grundgeschäft** geregelt werden, das der Übertragung zugrunde liegt. Von dieser Möglichkeit wird in der Praxis zur Vereinfachung des Vertragsabschlusses in der Regel Gebrauch gemacht. Für die Übertragung kann eine **Gegenleistung** vereinbart werden. Erforderlich ist eine Gegenleistung jedoch nicht; die Übertragung eines Immaterialgüterrechts kann daher auch schenkungsweise erfolgen. Wenn eine Gegenleistung vereinbart wird, kann das ein Entgelt, aber auch die Einräumung einer anderen vermögensrechtlichen Position (zB die Übertragung von Anteilen an einer Gesellschaft) sein. Am häufigsten wird als Gegenleistung die Bezahlung eines Geldbetrags vereinbart. Die Nähe zum Kauf einer Sache hat vielfach zur Folge, dass auch die Übertragung eines Immaterialgüterrechts als **Kauf** bezeichnet wird.[40] Dem trägt das BGB mit einer besonderen Bestimmung über den „Kauf von Rechten" Rechnung (§ 453 BGB).[41]

3. Formbedürftigkeit

14 In den meisten Rechtsordnungen ist für den Abschluss eines Abtretungsvertrags **keine besondere Form** vorgeschrieben. Formerfordernisse können sich jedoch dann ergeben, wenn ein Abtretungsvertrag mit einem formbedürftigen Grundgeschäft kombiniert wird. Das kann zB bei Schenkungsversprechen und bei der Einbringung eines Immaterialgüterrechts in eine Gesellschaft der Fall sein. Im **deutschen Recht** ist für die Übertragung von Immaterialgüterrechten keine besondere Form vorgeschrieben. Für die Übertragung von **europäischen Patentanmeldungen**[42] und von **Gemeinschaftsmarken**[43] sind Schriftform und die Unterschriften der Vertragsparteien vorgeschrieben. Der Inhalt des Vertrags muss daher in einer **Urkunde** niedergelegt werden; in die Urkunde müssen die Unterschriften der Vertragsparteien aufgenommen werden. Wenn dieses Formerfordernis nicht eingehalten wird, ist der Übertragungsvertrag nichtig.[44]

III. Gesamtvertrag

1. Vertragspraxis

15 Wenn ein **Unternehmen übertragen** wird, liegt es in der Regel im Interesse beider Vertragsparteien, dass Designschutzrechte in die Übertragung einbezogen werden. Die klarste Regelung besteht darin, dass diese Rechte in einer **Liste** aufgeführt werden und die Liste zur Vertragsanlage gemacht wird. Diese Vorgehensweise erleichtert die Umschreibung im Register. Bei einem Umschreibungsantrag muss allerdings der gesamte Vertrag, in dem die Übertragung des Unternehmens geregelt ist, der Registerbehörde vorgelegt werden. Das ist zum einen häufig unerwünscht, weil die Vertragsparteien in der Regel nicht wollen, dass der gesamte Vertragsinhalt Dritten zur Kenntnis gelangt. Zum anderen wird die Umschreibung verzögert, wenn mehrere Arten von Immaterialgüterrechten Gegenstand der Übertragung sind.

16 Die Umschreibung kann am einfachsten herbeigeführt werden, wenn die Immaterialgüterrechte in einer **gesonderten Urkunde** aufgeführt werden und der bisherige Inhaber in dieser Urkunde die Übertragung der Immaterialgüterrechte erklärt. Weil die Übertragung von Immaterialgüterrechten ein gegenseitiger Vertrag ist, dient es der Klarheit, dass die Annahmeerklärung des Erwerbers in die Urkunde aufgenommen wird. Die Prüfung der Registerbehörde wird vereinfacht, wenn der Veräußerer in derselben Urkunde darin einwilligt, dass der Erwerber als neuer Inhaber im Register eingetragen wird. Das wird häufig als **Umschreibungsbewilligung** formuliert. Bilden mehrere Arten von Immaterialgüterrechten den Gegenstand der Übertragung, dient es der Beschleunigung der

---

40 Vgl zB § 437 BGB, in dem die „Gewährleistung bei Rechtskauf" für Forderungen und sonstige Rechte geregelt ist.
41 Weil in Fachbüchern kaum Formulierungsvorschläge für Übertragungsverträge zur Verfügung stehen, können Klauseln mit allgemeinem Inhalt in Erläuterungswerken zur Lizenz nützlich sein.
42 Art. 72 EPÜ.
43 Art. 17 Abs. 3 GMV.
44 Vgl die Klarstellung in Art. 17 Abs. 3 Hs 2 GMV.

Umschreibung, wenn für jede Art der Immaterialgüterrechte eine Ausfertigung der Urkunde vorgesehen wird. Manchmal ist den Vertragsparteien nicht bekannt, dass für den Erwerb von Immaterialgüterrechten eine Umschreibung wünschenswert ist und welche Formalien dabei beachtet werden müssen. Der Rechtsklarheit dient es jedoch, wenn zumindest in einer **allgemeinen Klausel** die Übertragung des Unternehmens „mit allen Rechten einschließlich aller Immaterialgüterrechte" erklärt wird. Für die Übertragung einer inländischen Marke ist wegen des **Territorialitätsprinzips** deutsches Recht auch dann maßgeblich, wenn die Übertragung im Ausland stattgefunden hat; das gilt auch für einen Sammelvertrag, in den auch ausländische Marken oder Schutzrechte einbezogen sind.[45]

2. Vertragsergänzung

Wenn in einem Übertragungsvertrag Immaterialgüterrechte weder detailliert noch pauschal aufgeführt sind, kann es zweifelhaft sein, ob die Übertragung des Unternehmens die Immaterialgüterrechte des Veräußerers umfasst. Im Markenrecht ist für diesen Fall eine **Vermutung** dafür vorgesehen, dass die Übertragung eines Unternehmens das zugehörige Immaterialgüterrecht erfasst.[46] Eine Verpachtung reicht hierfür nicht aus.[47] Wenn der bisherige Geschäftsbetrieb von einem Dritten deswegen fortgeführt wird, weil er im Wege der Zwangsversteigerung Betriebsgrundstücke sowie Zubehör, nicht aber die Marke erworben hat, kann das einem Übergang des Geschäftsbetriebs nicht gleichgesetzt werden.[48] Zum Nachweis des Rechtsübergangs gegenüber der Registerbehörde muss der Vertrag vorgelegt werden, in dem die Übertragung des Unternehmens geregelt ist. Wenn für die Mitübertragung von Immaterialgüterrechten keine gesetzliche Vermutung spricht, muss durch **Auslegung** ermittelt werden, wie es sich mit der Inhaberschaft verhält. Soweit Immaterialgüterrechte im Zeitpunkt der Übertragung des Unternehmens vom Veräußerer **benutzt** werden, entspricht es der beiderseitigen Interessenlage, dass diese Immaterialgüterrechte auf den Erwerber übergehen. Wie es sich mit **unbenutzten** Immaterialgüterrechten verhält, muss im Wege der Auslegung festgestellt werden. Ein **urheberrechtliches Nutzungsrecht** kann zwar ohne Zustimmung des Urhebers übertragen werden, wenn die Übertragung im Rahmen einer Gesamtveräußerung eines Unternehmens oder eines Teilunternehmens geschieht.[49] Das gilt jedoch nicht, wenn Nutzungsrechte nur für ein einzelnes Werk übertragen werden.[50]

IV. Haftung für den Bestand

Die im Grundsatz unbeschränkte Übertragbarkeit von eingetragenen Designs, Gemeinschaftsgeschmacksmustern, Marken, Patenten und Gebrauchsmustern hat zur Folge, dass bei diesen Immaterialgüterrechten ein **Rechtskauf** möglich ist. § 453 Abs. 1 BGB bestimmt hierzu, dass auf den Kauf von Rechten die Vorschriften über den Kauf von Sachen entsprechende Anwendung finden. An die Stelle der Verpflichtung des Verkäufers, dem Käufer die Sache zu übergeben und das Eigentum an der Sache zu verschaffen (§ 433 Abs. 1 S. 1 BGB), tritt die Gewährleistung für den Bestand des veräußerten Immaterialgüterrechts im Zeitpunkt des Vertragsabschlusses.[51] Bei der entsprechenden Anwendung der Regelungen über die Rechte des Käufers bei Sachmängeln (§ 437 BGB) müssen jedoch die Besonderheiten des Immaterialgüterrechts berücksichtigt werden. Für das Designrecht stehen **spezialgesetzliche Regelungen** für Marken[52] und Gemeinschaftsgeschmacksmus-

---

45 OLG München GRUR-RR 2006, 130, 132 – UltraMind.
46 § 27 Abs. 2 MarkenG; Art. 17 Abs. 2 GMV.
47 BGH GRUR 2002, 967, 968 – Hotel Adlon.
48 BGH GRUR 2004, 868, 869 – Dorf Münsterland II.
49 § 34 Abs. 3 S. 1 UrhG.
50 BGH GRUR 2005, 860, 862 – Fash 2000.
51 BGH GRUR 1955, 595 – Verwandlungstisch (zum eingetragenen Design).
52 § 52 Abs. 3 MarkenG; Art. 54 Abs. 3 GMV.

ter[53] im Vordergrund. Inhalt dieser Regelungen ist, dass – vorbehaltlich insbesondere von Schadensersatzansprüchen – von der **Rückwirkung** einer Nichtigerklärung bzw Löschung solche Verträge **nicht erfasst** werden, die vor der Entscheidung über die Nichtigkeit abgeschlossen worden sind. Wenn jedoch in Erfüllung des Vertrags Zahlungen geleistet worden sind, können diese insoweit zurückgefordert werden, als das nach den Umständen des Einzelfalls der Billigkeit entspricht. Mit dieser Formulierung wird zum Ausdruck gebracht, dass auch eine teilweise Rückforderung den beiderseitigen Interessen Rechnung tragen kann.

19 Die spezifischen Regelungen der GGV und des Markenrechts zu den Folgen der Vernichtung des Vertragsschutzrechts sind auch für **eingetragene Designs** sachgerecht; sie finden daher Eingang in die gesetzlichen Abwägungskriterien zur Störung der Geschäftsgrundlage (§ 313 BGB). Dabei kann insbesondere berücksichtigt werden, dass die durch den Bestand des Schutzrechts begründete **Vorzugsstellung** des Rechtsinhabers in ihren wirtschaftlichen Auswirkungen bestehen bleibt, solange das Schutzrecht von den Mitbewerbern respektiert wird.[54] Das führt zu einem Anspruch auf Rückzahlung des Kaufpreisanteils, der sich aus dem Verhältnis zwischen der maximalen Schutzdauer und der Fortdauer der faktischen Monopolstellung ergibt. Bei Marken ist eine Schätzung des Zeitraums interessengerecht, für den bei Vertragsabschluss mit einer Nutzung der Marke gerechnet werden konnte. Je länger die Nutzungsdauer sein kann, desto mehr Gewicht erlangen die gesetzlich normierten Grundsätze zur Störung der Geschäftsgrundlage. Die gesetzlich normierten Ausnahmen von dem Grundsatz der Rückwirkung stehen unter dem Vorbehalt des Anspruchs auf **Schadensersatz** wegen fahrlässigen oder vorsätzlichen Handelns. Wenn dem Schutzrechtsinhaber bei Vertragsabschluss der Nichtigkeitsgrund bekannt war, hat der Käufer einen Anspruch auf Schadensersatz oder auf Ersatz vergeblicher Aufwendungen.[55] Dasselbe gilt, wenn der Verkäufer bei Anwendung der im Verkehr erforderlichen Sorgfalt (§ 276 Abs. 2 BGB) den Nichtigkeitsgrund hätte kennen können. Eine verschuldensunabhängige **Einstandspflicht**, wie sie für das Patentrecht befürwortet wird,[56] ist den Unwägbarkeiten nicht angemessen, die in der Beurteilung der Schutzvoraussetzungen im Patentrecht und mehr noch im Markenrecht, aber auch bei eingetragenen Designs und bei Gemeinschaftsgeschmacksmustern bestehen. Eine teilweise Vernichtung hat eine **Anpassung** an die veränderten Umstände zur Folge.[57]

V. Haftung für Freiheit von Rechten Dritter

20 Weil das verkaufte Recht frei von Rechtsmängeln sein muss (§ 453 Abs. 3 BGB), haftet der Verkäufer auch für die Freiheit von Rechten Dritter.[58] Während bei einer Vernichtung des verkauften Schutzrechts nur dessen Monopolwirkung beseitigt wird, kann ein Drittrecht ein **Nutzungsverbot** zur Folge haben. Der Verkäufer muss zwar zunächst versuchen, eine **Einwilligung** des Inhabers des Drittschutzrechts herbeizuführen. Eine unbeschränkte Haftung würde jedoch den Spezifika von Immaterialgüterrechten nicht Rechnung tragen. Wenn eine Vereinbarung zur Beseitigung des Rechtsmangels unmöglich oder unzumutbar ist, muss wegen der Störung der Geschäftsgrundlage (§ 313 BGB) ein sachgerechter **Interessenausgleich** nach den Grundsätzen erfolgen, die für die Vernichtung des Vertragsschutzrechts zur Verfügung stehen (vgl Rn 18 f).

VI. Gutglaubensschutz

1. Deklaratorische Umschreibung

21 Weil die Übertragung eines Immaterialgüterrechts durch den Abschluss eines Übertragungsvertrags stattfindet, wirkt die Umschreibung auf den Rechtsnachfolger häufig nicht rechtsbegründend (kon-

---

53 Art. 26 Abs. 2 Buchst. b GGV.
54 ZB BGH GRUR 2002, 787, 789 – Abstreiferleiste.
55 § 453 Abs. 1 iVm § 437 Nr. 3 BGB.
56 Haedicke, GRUR 2004, 123, 125.
57 BGH GRUR 2005, 935, 937 – Vergleichsempfehlung II.
58 § 453 Abs. 1 iVm § 435 S. 1 BGB.

stitutiv), sondern rechtsbestätigend, dh deklaratorisch. Insbesondere bis zur Umschreibung ist daher der bisherige Inhaber in der Lage, einen **weiteren Übertragungsvertrag** abzuschließen. Dieser weitere Übertragungsvertrag ist jedoch **unwirksam**, weil der bisherige Inhaber ab dem Abschluss des ersten Übertragungsvertrags nicht mehr über eine Rechtsposition verfügt, die zum Gegenstand eines wirksamen Übertragungsvertrags gemacht werden könnte.[59] Bestimmungen über den Schutz von gutgläubigen Erwerbern und über die Behandlung von bösgläubigen Vertragspartnern[60] beziehen sich nur auf Rechte an einem Immaterialgüterrecht (zB Lizenzen), nicht jedoch auf die Inhaberschaft als solche. Wird ein Vertrag zur Übertragung eines Immaterialgüterrechts abgeschlossen, besteht daher für den Erwerber häufig **keine Sicherheit** dafür, dass der Veräußerer noch Inhaber des Immaterialgüterrechts ist. Wenn in einer einzelstaatlichen Gesetzgebung die Eintragung eines Rechtsnachfolgers nur deklaratorische Wirkung hat, kann es der Sicherung des Erwerbers eines Immaterialgüterrechts dienen, dass seine Gegenleistung erst nach der Umschreibung fällig wird. Das gilt auch dann, wenn der Veräußerer versichert, dass er alleiniger und ausschließlich verfügungsbefugter Inhaber des Vertragsschutzrechts ist. Wenn diese Versicherung unrichtig ist, kann der Erwerber lediglich den Vertrag anfechten oder kündigen und Ansprüche auf Schadensersatz geltend machen. Auch die Vereinbarung einer **Lizenz** setzt voraus, dass der Lizenzgeber Inhaber des Immaterialgüterrechts ist und über dieses Recht unbeschränkt verfügen kann. Die einzelstaatliche Gesetzgebung kann die Rechtswirkungen von Lizenzerteilungen aber auch ohne Berücksichtigung von Registereintragungen regeln. Das ist zB in Deutschland mit dem gesetzlichen Sukzessionsschutz (vgl Rn 35) mit der Folge der Fall, dass weder ein Rechtsübergang noch die Erteilung einer weiteren Lizenz Auswirkungen auf den Bestand einer vorher vereinbarten Lizenz haben.

2. Konstitutive Umschreibung

Ein Schutz des guten Glaubens setzt voraus, dass Eintragungen im Register über die Inhaberschaft rechtsbegründende, dh konstitutive Bedeutung haben. Das ist insbesondere bei **Gemeinschaftsgeschmacksmustern** und **Gemeinschaftsmarken** der Fall, weil u.a. Übertragungsverträge gegenüber Dritten erst Wirkung entfalten, wenn sie in das **Register eingetragen** sind.[61] Wenn der bisherige Inhaber nach einem ersten Übertragungsvertrag einen zweiten Übertragungsvertrag vor der Umschreibung auf den ersten Erwerber abschließt, kann sich der zweite Erwerber darauf berufen, dass die erste Übertragung keine Wirkung entfaltet hat. Das bedeutet, dass der erste Erwerber erst mit der Eintragung seiner Rechtsnachfolge in das Register eine gesicherte Rechtsposition erlangt. Für Gemeinschaftsmarken schützen daher die Eintragungen in das Register das Vertrauen des Rechtsverkehrs in die Richtigkeit und Vollständigkeit des Registers u.a. in Bezug auf die Inhaberschaft.[62] Bei Gemeinschaftsgeschmacksmustern und Gemeinschaftsmarken kann daher der **Rechtsnachfolger** die Rechte, die sich aus diesen Immaterialgüterrechten ergeben, erst geltend machen, wenn der Rechtsübergang in das Register eingetragen ist.[63] Das gilt sowohl für die gerichtliche als auch für die außergerichtliche Geltendmachung. Wenn das jeweils maßgebliche nationale Verfahrensrecht dem nicht entgegensteht, kann jedoch bis zur Umschreibung der bisherige Rechtsinhaber den Rechtsnachfolger zur Geltendmachung von Ansprüchen **ermächtigen**. Bei der Vereinbarung einer **Lizenz** muss der Lizenzgeber unbeschränkt verfügungsbefugt sein. Für Gemeinschaftsgeschmacksmuster[64] und für Gemeinschaftsmarken[65] ist bestimmt, dass u.a. die Erteilung einer Lizenz gegenüber Dritten grundsätzlich erst ab der Eintragung in das Register Wirkung entfaltet.

---

59 AA Heinrich, PatG/EPÜ, § 33 PatG Rn 8.
60 ZB Art. 23 Abs. 1 S. 2 GMV.
61 Art. 33 Abs. 2 S. 1 GGV; Art. 23 Abs. 1 S. 1 GMV.
62 Vgl von Mühlendahl/Ohlgart, § 9 Rn 21; McGuire, GRUR 2008, 11, 15.
63 Art. 28 Buchst. b GGV; Art. 17 Abs. 6 GMV.
64 Art. 33 Abs. 2 GGV.
65 Art. 23 Abs. 1 GMV.

VII. Registereintragung

1. Umschreibung

23 Die meisten Immaterialgüterrechte werden in ein Register eingetragen. Dieses Register dient sowohl der organisatorischen **Klarheit** als auch der **Information** von Interessenten, weil diesen das Recht zur Einsichtnahme eröffnet ist. Wenn ein Immaterialgüterrecht auf einen Dritten übertragen worden oder übergegangen ist, führt das zur teilweisen Unrichtigkeit des Registers. Diese Unrichtigkeit kann dadurch beseitigt werden, dass der neue Inhaber anstelle des bisherigen Inhabers in das Register eingetragen wird. Die **Berichtigung** des Registers – häufig als Umschreibung bezeichnet – liegt im Interesse beider Vertragsparteien. Dem trägt die Gesetzgebung dadurch Rechnung, dass die Übertragung auf Antrag eines Beteiligten in das Register eingetragen wird. Im Interesse der Allgemeinheit ist es geboten, dass nicht nur ein Antrag gestellt wird, sondern der Registerbehörde die Befugnis zur **Überprüfung** eingeräumt ist, ob die in dem Antrag dargestellte Übertragung stattgefunden hat. In vielen Rechtsordnungen wird daher verlangt, dass der Übergang der Registerbehörde nachgewiesen wird. Weil für die Übertragung von europäischen Patentanmeldungen und von Gemeinschaftsmarken vorgeschrieben ist, dass sie schriftlich erfolgen muss und der Unterschriften der Vertragsparteien bedarf, müssen dem Antrag die **Unterlagen** beigefügt werden, aus denen sich die Übertragung ergibt.[66] Wenn ein Übergang im Rahmen eines Gesamtvertrags oder von Todes wegen stattgefunden hat, müssen ebenfalls **Urkunden** zum Beleg für die Rechtsnachfolge vorgelegt werden. Der Rechtsübergang wird in das Register eingetragen, wenn das von einem Beteiligten beantragt wird.[67] Sobald ein Antrag beim HABM eingegangen ist, können zur **Fristwahrung** erforderliche Erklärungen gegenüber dem HABM auch von Rechtsnachfolgern wahrgenommen werden.[68] Als **Nachweis** für den Rechtsübergang einer Gemeinschaftsmarke reicht es aus, dass der Antrag auf Eintragung des Rechtsübergangs von dem eingetragenen Rechtsinhaber und vom Erwerber unterschrieben ist.[69] Wenn der Umschreibungsantrag vom Rechtsnachfolger gestellt wird, reicht es aus, dass eine unterzeichnete Zustimmungserklärung des eingetragenen Markeninhabers vorgelegt wird.[70]

2. Unrichtigkeit des Registers

24 Das Unterlassen eines Umschreibungsantrags ist mit keinen Sanktionen bedroht. Die Gesetzgebung kann allerdings Druck ausüben, um die Beteiligten zu einer **frühzeitigen Antragstellung** zu veranlassen. In einigen Rechtsordnungen ist vorgesehen, dass der Rechtsnachfolger keine Rechte gegenüber Dritten geltend machen kann,[71] solange der Rechtsübergang nicht in das Register eingetragen ist. Ansprüche, die gegen den Bestand eines Immaterialgüterrechts gerichtet sind (zB Klagen auf Löschung oder Nichtigerklärung), müssen gegen den eingetragenen Inhaber, also vor der Umschreibung gegen den bisherigen Inhaber gerichtet werden. Nur der eingetragene Inhaber ist berechtigt, die Verlängerung der Schutzdauer herbeizuführen.

VIII. Unübertragbarkeit

25 Wie alle Inhaber von Immaterialgüterrechten kann auch der Inhaber eines **Urheberrechts** ein Interesse daran haben, den wirtschaftlichen Wert seines geistigen Eigentums durch eine Übertragung zu verwerten. In der Gesetzgebung Deutschlands ist jedoch bestimmt,[72] dass das Urheberrecht – ausgenommen im Erbfall und bei letztwilliger Verfügung – **nicht übertragbar** ist. Die Schutzbestimmungen zum Ausschluss der Übertragbarkeit sind vertraglich nicht abdingbar. Wenn dennoch eine

---

66 Regel 20 Abs. 1 EPÜ-AO; Regel 31 Abs. 1 Buchst. d GMV-DVO.
67 Regel 20 Abs. 1 EPÜ-AO; Art. 17 Abs. 5 GMV; Art. 28 Buchst. a GGV.
68 Art. 17 Abs. 7 GMV; Art. 28 Buchst. c GGV.
69 Regel 31 Abs. 5 Buchst. a GMV-DVO. Die Unterschrift eines Vertreters reicht aus.
70 Regel 31 Abs. 5 Buchst. b GMV-DVO. Die Unterzeichnung durch einen Vertreter genügt.
71 Vgl Rn 22.
72 Vgl § 29 S. 2 UrhG.

Übertragung außerhalb der Ausnahmeregelungen vereinbart wird, ist der Vertrag nichtig. Das hat zur Folge, dass das Urheberrecht so behandelt wird, als sei es nicht übertragen worden. Die Vertragsparteien können jedoch vereinbaren, dass an die Stelle einer Rückabwicklung des nichtigen Vertrags eine Nutzungsbewilligung tritt. Das Urheberrecht ist auch dann nicht übertragbar, wenn zwar die Übertragung eines anderen Immaterialgüterrechts vereinbart worden ist, es sich aber später herausstellt, dass der Vertragsgegenstand auch Urheberrechtsschutz genießt.

Hinweis: Wenn mit der Möglichkeit eines Urheberrechtsschutzes gerechnet wird, kann eine vorsorglich aufgenommene Vertragsklausel zB lauten: „Für den Fall, dass der Vertragsgegenstand als Werk der angewandten Kunst Schutz genießt, wird vereinbart: Der Käufer hat ein zeitlich und inhaltlich unbeschränktes Nutzungsrecht an dem geschützten Werk. Der Kaufpreis gilt als einmaliges Entgelt für dieses Nutzungsrecht. Der Verkäufer ermächtigt [unwiderruflich] den Käufer, in eigenem Namen das Urheberrecht an dem geschützten Werk gerichtlich und außergerichtlich geltend zu machen."

C. Lizenz

I. Überblick

Die Lizenz ist von der Rechtspraxis zunächst **außerhalb der Gesetzgebung entwickelt** worden. Später sind sodann – meistens sehr knapp gehaltene – Bestimmungen über Lizenzen in § 15 Abs. 2 und Abs. 3 PatG, § 22 Abs. 2 und Abs. 3 GebrMG, § 30 MarkenG und § 31 DesignG aufgenommen worden. Der zunehmenden wirtschaftlichen Bedeutung von Lizenzen wurde in den Übereinkommen über die Erteilung Europäischer Patente und über das Gemeinschaftspatent Rechnung getragen. In der GMV und in der GGV ist diese Handhabung aufgegriffen und erweitert worden. Auch in das TRIPS-Übereinkommen haben Bestimmungen über Lizenzen Eingang gefunden.[73] In all diesen Bestimmungen sowie in der einzelstaatlichen Gesetzgebung Deutschlands ist die Lizenz als Rechtsinstitut vorausgesetzt, aber **nicht definiert** worden. In der urheberrechtlichen Gesetzgebung ist für gleiche Sachverhalte nicht von Lizenz, sondern von der **Einräumung von Nutzungsrechten** an einem urheberrechtlichen geschützten Werk die Rede. Die Begriffe, die in der urheberrechtlichen Vertragspraxis zur Kennzeichnung der Verträge benutzt werden, sind ähnlich vielfältig wie die Arten von geschützten Werken. Der Begriff der Lizenz wird in der Regel nur bei der Einräumung von Nutzungsrechten an vervielfältigungsfähigen Werken benutzt, zB Softwarelizenz[74] oder Lizenz für eine Buchreihe zu einer Fernsehserie.[75]

26

II. Typologie

1. Ausschließliche Lizenz

In der Gesetzgebung ist zwar die Erteilung[76] einer ausschließlichen Lizenz und ihre Eintragung in das Register[77] vorgesehen. Dieser Begriff ist jedoch nicht eindeutig. Es kann sowohl ein **Alleinbenutzungsrecht** – *single use* – als auch eine **Alleinlizenz** – *sole license*[78] – des Lizenznehmers gemeint sein. Nur bei einem Alleinbenutzungsrecht ist der Lizenznehmer berechtigt, als einziger das lizenzierte Recht zu nutzen; weder Dritte noch der Lizenzgeber sind neben dem Lizenznehmer zur Nutzung berechtigt. Bei einer Alleinlizenz hat sich dagegen der Lizenzgeber vorbehalten, das lizenzierte Recht im Vertragsgebiet auch selbst zu benutzen. Vielfach wird unter einer ausschließlichen Lizenz

27

---

73 Vgl Art. 21 über die Vergabe von Lizenzen an Marken und Art. 40 über die Kontrolle von wettbewerbswidrigen Praktiken in vertraglichen Lizenzen.
74 ZB BGH GRUR 2005, 860, 863 – Fash 2000.
75 BGH WRP 2002, 221, 222 – Rücktrittsfrist.
76 Art. 22 Abs. 1 S. 2 GMV; Art. 32 Abs. 1 S. 2 GGV.
77 Regel 22 Abs. 1 EPÜ-AO; Regel 34 Abs. 1 GMV-DVO.
78 Vgl Art. 1 Abs. 10 der Proposed Joint Recommendation Concerning Trademark Licenses der WIPO vom September 2000: „sole license" means a license which is only granted to one licensee and excludes the holder from granting licenses to any other person, but does not exclude the holder from using the mark.

die Einräumung eines Alleinbenutzungsrechts verstanden. Weil das jedoch Anlass für abweichende Auslegungsergebnisse sein kann, ist eine **Klarstellung** zweckmäßig. Für das Urheberrecht ergibt sich eine Klarstellung aus § 31 Abs. 3 UrhG: Das ausschließliche Nutzungsrecht berechtigt den Inhaber, das Werk unter Ausschluss aller anderen Personen zu nutzen (S. 1). Es kann jedoch bestimmt werden, dass die Nutzung durch den Urheber vorbehalten bleibt (S. 2).

2. Nicht ausschließliche Lizenz

28 Eine nicht ausschließliche Lizenz wird häufig als **einfache Lizenz** bezeichnet. Bei dieser Art der Rechtseinräumung können neben dem Lizenznehmer sowohl der Lizenzgeber als auch **weitere Lizenznehmer** zur Nutzung des lizenzierten Rechts im gleichen Gebiet berechtigt sein. Einfachen Lizenzen liegt meistens zugrunde, dass der Nutzung eines Immaterialgüterrechts im Verhältnis zu anderen für die Wertschätzung eines Erzeugnisses maßgeblichen Faktoren nur untergeordnete Bedeutung zukommt.[79] Je größer bei einfachen Lizenzen der Anteil der Lizenzgebühr als Kostenfaktor für die Gesamtkalkulation ist, desto gewichtiger wird der Wunsch des Lizenznehmers nach einer **Meistbegünstigungsklausel**.[80]

3. Unterlizenz

29 Die Erteilung einer Unterlizenz kann zwar auf Antrag im Register eingetragen werden.[81] Ob jedoch ein Lizenznehmer befugt ist, seine **Benutzungsberechtigung** auf einen Dritten zu **übertragen** oder einem Dritten eine **Mitberechtigung** einzuräumen, ist gemeinschaftsrechtlich nicht geregelt. Auch in einzelstaatlichen Gesetzgebungen gibt es hierzu häufig keine Bestimmungen. In der deutschen Rechtspraxis gilt als **Grundsatz**, dass zur Gewährung einer Unterlizenz zwar der ausschließliche Lizenznehmer, nicht aber auch der einfache Lizenznehmer befugt ist.[82] Für das Urheberrecht bestimmt jedoch § 35 Abs. 1 S. 2 UrhG, dass der Inhaber eines ausschließlichen Nutzungsrechts weitere Nutzungsrechte nur mit Zustimmung des Urhebers einräumen kann. Der Lizenzgeber hat an der Gewährung von Unterlizenzen durch den Lizenznehmer in der Regel schon deswegen kein Interesse, weil Lizenzzahlungen des Unterlizenznehmers nicht dem Lizenzgeber, sondern – solange keine abweichende Vereinbarung getroffen worden ist – dem Lizenznehmer zufließen. Wenn eine Beteiligung des Lizenzgebers an den Zahlungen des Unterlizenznehmers vereinbart ist, muss der Lizenzgeber darauf vertrauen, dass der Unterlizenznehmer korrekt abrechnet und dass der Lizenznehmer korrekt weiterberechnet. Ist die Befugnis zur Erteilung von Unterlizenzen nicht gesetzlich geregelt, dient eine **vertragliche Regelung** der Klarheit.[83] Die Befugnis zur Vergabe von Unterlizenzen kann vertraglich mit Drittwirkung ausgeschlossen werden.[84]

III. Rechtsnatur

30 Die wenigen gesetzlichen Bestimmungen über Lizenzen beziehen sich nur auf einige besondere Aspekte der Lizenz. Entsprechungen zu den umfassenden Regelungen für einzelne Vertragstypen – zB Miete, Pacht, Leihe – enthält das BGB nicht. Welchen der gesetzlich geregelten Vertragstypen die Lizenz am nächsten kommt, muss zwar für die Grundlagen der Mängelhaftung nicht ermittelt

---

79 Das ist zB bei Lizenzen für sog. begleitende Marken zur Kennzeichnung des Materials oder einer besonderen Ausrüstung von Textilstoffen, für Verpackungen, für vereinfachende Verfahren etc. der Fall.
80 Für die Formulierung stehen mehrere Varianten zur Verfügung. Wettbewerbsneutral ist es, wenn sich der Lizenzgeber verpflichtet, dem Lizenznehmer die günstigeren Konditionen zu gewähren, die er nach Vertragsabschluss einem anderen Lizenznehmer einräumt.
81 Vgl Regel 22 Abs. 2 EPÜ-AO; Regel 34 Abs. 2 GMV-DVO.
82 Vgl die Nachw. bei Ullmann, in: Benkard, § 15 PatG Rn 105 für das Patentrecht. Zur uneinheitlichen Beurteilung im Markenrecht vgl Hacker, in: Ströbele/Hacker, § 30 MarkenG Rn 72 und Fn 120.
83 Die Verpflichtung des Lizenznehmers, keine Unterlizenzen zu erteilen, hat keine wettbewerbsbeschränkende Wirkung.
84 BGH GRUR 1987, 37, 39 – Videolizenzvertrag.

werden, weil sich diese aus allgemeinen Bestimmungen des BGB ergibt.[85] Unabdingbar ist diese **Zuordnung** jedoch für die Bestimmung der **Verjährungsvorschriften**,[86] für die Möglichkeit der ordentlichen **Kündigung** auch ohne vertragliche Vereinbarung (vgl Rn 74) und für die Festlegung der Auswirkungen, die sich aus einer **Insolvenz** ergeben. Dem Wesen der Lizenz hat es nicht ausreichend Rechnung getragen, wenn von einem Verzicht des Patentinhabers auf die Geltendmachung seines Verbietungsrechts gegenüber dem Lizenznehmer die Rede war. Der Position des Lizenznehmers trägt die urheberrechtliche Terminologie der **Einräumung von Nutzungsrechten**[87] besser Rechnung. Noch deutlicher ist die Feststellung, dass der Lizenznehmer (soweit die Lizenz reicht) in das ausschließliche Benutzungsrecht des Patentinhabers einrückt.[88] Auch bei eingetragenen Designs, Gemeinschaftsgeschmacksmustern, Marken und Urheberrechten findet eine **Übertragung des ausschließlichen Benutzungsrechts** statt. Mit dem Vorschlag, bei der Nichtigerklärung eines Patents die für den Rechtskauf maßgeblichen Grundsätze anzuwenden,[89] wird jedoch zu einseitig auf den Übertragungsvorgang abgestellt. Lizenzverträge sind bei Immaterialgüterrechten und mehr noch bei Kennzeichenrechten so auf Dauer angelegt, dass sie schon seit langem als **Dauerschuldverhältnis** qualifiziert werden.[90] Dem auf längere Dauer ausgerichteten Nutzungsrecht kommt das Wesen der **Pacht** am nächsten, zumal das in § 581 Abs. 1 S. 1 BGB geregelte Recht auf den Gebrauch des verpachteten Gegenstands auch den Gebrauch von Rechten umfasst. Die entsprechende Anwendung der Bestimmungen des Pachtrechts und damit subsidiär auch des Mietrechts (vgl § 581 Abs. 2 BGB) trägt dem Wesen des Lizenzvertrags am besten Rechnung.[91] Besonderheiten der Vertragsgestaltung können jedoch auch in die Nähe insbesondere des Kaufs (zB bei einer Einmalzahlung oder bei einer vergleichsweise hohen Einstandszahlung) oder des Gesellschaftsrechts (zB bei einer Zusammenarbeit des Lizenzgebers mit dem Lizenznehmer in dessen Geschäftsbetrieb) führen.

IV. Haftung für den Bestand

Aus der entsprechenden Anwendung (vgl Rn 30) der Bestimmungen über die Rechtspacht auf die Lizenz folgt, dass der Lizenzgeber für den Bestand des Immaterialgüterrechts haftet, das dem Lizenznehmer zur Nutzung überlassen worden ist.[92] Wenn es sich zeigt, dass ein Lizenzschutzrecht **keinen Schutz** genießt, oder wenn während der Laufzeit ein Lizenzschutzrecht **mit Rückwirkung vernichtet** wird, ergibt sich daraus zwar, dass der Lizenzgeber seine Verschaffungspflicht nicht erfüllt hat. Das macht jedoch den Lizenzvertrag nicht unwirksam,[93] vielmehr erfolgt ein **Interessenausgleich**. Dabei wird berücksichtigt, dass die **Vorzugsstellung** des Lizenznehmers bestehen bleibt, solange das Schutzrecht von den Mitbewerbern respektiert wird.[94] Für diese Zeit bleibt die Zahlungspflicht des Lizenznehmers bestehen.[95] Nach einer Teilvernichtung muss eine Anpassung an die veränderten Umstände erfolgen. Die Rechtsgrundlage für derartige Vertragsanpassungen ist die

---

85 Insoweit zutreffend: Bartenbach, Rn 1530.
86 Im Kaufrecht beträgt die Verjährung zwei Jahre ab Ablieferung (§ 438 Abs. 1 Nr. 3 iVm Abs. 2 BGB). Der Anspruch auf umsatzbezogene Lizenzzahlungen verjährt dagegen ebenso wie der Anspruch auf Umsatzpacht in drei Jahren (§ 195 BGB), beginnend mit dem Schluss des Jahres, in dem der Anspruch fällig geworden ist (§ 199 Abs. 1 Nr. 1 BGB).
87 Vgl die amtliche Überschrift zu § 31 UrhG.
88 BVerfG GRUR 2001, 43 – Klinische Versuche.
89 So insbesondere Nirk, GRUR 1970, 329, 330 ff; Haedicke, GRUR 2004, 123, 124 ff.
90 ZB BGH GRUR 1997, 610, 611 – Tinnitus-Masker; MarkenR 2005, 508, 513 – BOSS-Club.
91 So schon zum Patentrecht RGZ 115, 17, 20; 116, 78, 82; 122, 70, 73; zustimmend zB Ullmann, in: Benkard, § 15 PatG Rn 83; Stumpf/Groß, Rn 23; ebenso zum Urheberrecht: G. Schulze, in: Dreier/Schulze, § 112 UrhG Rn 25.
92 Vgl § 581 Abs. 1 S. 1 iVm §§ 453 Abs. 1 und 433 Abs. 1 S. 1 BGB.
93 Vgl BGH GRUR 1957, 595 – Verwandlungstisch; GRUR 1978, 308, 310 – Speisekartenwerbung; GRUR 1993, 40, 41 – Keltisches Horoskop; GRUR 2012, 910 Tz 15 – Delcantos Hits.
94 BGH GRUR 2002, 787, 789 – Abstreiferleiste.
95 BGH GRUR 2005, 935, 937 – Vergleichsempfehlung II; GRUR 2012, 910 Tz 15 – Delcantos Hits.

Regelung in § 313 BGB für die **Störung der Geschäftsgrundlage**.[96] Subsidiär[97] hierzu kann die Lizenz als Dauerschuldverhältnis nach den Bestimmungen des § 314 BGB **aus wichtigem Grund gekündigt** werden.[98] Ein Rücktrittsrecht besteht dagegen nicht, wenn der Lizenzvertrag zur Durchführung gelangt ist.[99]

V. Haftung für Freiheit von Rechten Dritter

32   Die Verpflichtung zur **Gebrauchsgewährung** bei der Pacht (§ 581 Abs. 1 S. 1 BGB) gilt entsprechend (vgl Rn 30) für den Lizenzvertrag. Wenn der Lizenznehmer das Lizenzschutzrecht nicht benutzen kann, weil ein Drittrecht durch die Benutzung verletzt würde, kann der Lizenzgeber seine Überlassungspflicht nicht erfüllen. Obwohl die Auswirkungen eines **Nutzungsverbots** gravierender als der Wegfall einer Monopolposition sind, ist wie beim Rechtskauf (vgl Rn 18) ein Interessenausgleich nach den Grundsätzen sachgerecht, die für die Vernichtung des Lizenzschutzrechts anwendbar sind (vgl Rn 31). Wenn es für den Lizenzgeber unmöglich oder unzumutbar ist, eine **Einwilligung** des Inhabers des Drittschutzrechts herbeizuführen, muss daher eine Vertragsanpassung erfolgen. Wenn das auch nicht möglich ist, besteht die Möglichkeit der Kündigung aus wichtigem Grund. Hat der Lizenzgeber das Drittrecht gekannt, ist er zum Schadensersatz verpflichtet. Dasselbe gilt, wenn einer Unkenntnis des Lizenzgebers Fahrlässigkeit zugrunde liegt.

VI. Auswirkungen der Insolvenz

1. Insolvenz des Lizenzgebers

33   Weil das Insolvenzverfahren das gesamte Vermögen des Schuldners erfasst (§ 35 Abs. 1 InsO), gehören **Schutzrechte** zur **Insolvenzmasse**. Mit der Eröffnung des Insolvenzverfahrens gehen Verfügungsbefugnisse auf den Insolvenzverwalter über (§ 80 Abs. 1 InsO); Verfügungen des Schuldners sind unwirksam (§ 81 Abs. 1 S. 1 InsO). Der Verwalter kann die weitere Erfüllung des Vertrags ablehnen (§ 103 Abs. 2 S. 1 InsO) und dadurch den **Lizenzvertrag beenden**. Das eröffnet dem Verwalter die Möglichkeit einer lastenfreien Neuverwertung. Zugleich wird dem Lizenznehmer die Grundlage seiner lizenzbezogenen Investitionen und Marktpflegemaßnahmen entzogen. Ein Wahlrecht aus § 103 InsO besteht jedoch nicht, wenn bei Eröffnung des Insolvenzverfahrens der Lizenzvertrag vollständig erfüllt ist.[100] Die **Insolvenzfestigkeit** von Lizenzverträgen kann weder mit Vertragsklauseln, zB Bestellung von dinglichen Sicherheiten,[101] Übertragung auf einen Treuhänder,[102] Einräumung eines spezifischen Rücktrittsrechts[103] noch mit vertragsfreundlichen Auslegungen[104] gewährleistet werden. Es gibt daher Bestrebungen zum gesetzlichen Schutz von Lizenznehmern, nämlich einen Gesetzesentwurf v. 22.8.2007[105] und einen weiteren Gesetzesentwurf v. 23.1.2012.[106] Eine Abhilfemöglichkeit kann allerdings in einer Vereinbarung bestehen, dass der Lizenzvertrag aus wichtigem Grund gekündigt werden kann und dass bei einer Kündigung das

---

96   ZB Pfaff/Osterrieth, Rn 112 zu Vertragsbeispiel B.1. Aus § 242 BGB hatte sich dieser Anspruch schon vor der Schuldrechtsreform ergeben (zB BGH GRUR 2001, 223, 225 – Bodenwaschanlage).
97   Vgl Grüneberg, in: Palandt, § 314 BGB Rn 9.
98   ZB Pagenberg/Beier, § 1 Rn 296. Vor der Schuldrechtsreform hatte sich diese Kündigungsmöglichkeit aus dem Grundsatz von Treu und Glauben (§ 242 BGB) ergeben (BGH GRUR 1997, 610, 611 – Tinnitus-Masker; GRUR 1992, 112, 114 – pulp wash; GRUR 2004, 532, 533 – Nassreinigung).
99   BGH GRUR 1959, 616, 617 – Metallabsatz; GRUR 2004, 532, 534 – Nassreinigung.
100 OLG München GRUR 2013, 1125, 1131; LG München I BeckRS 2014, 16898.
101 Berger, GRUR 2004, 20 ff; Hombrecher, WRP 2006, 219 ff.
102 Koehler/Ludwig, WRP 2006, 1342, 1346.
103 Hölder/Schmoll, GRUR 2004, 830, 836.
104 Vgl zB Ruhl, Art. 31 Rn 25.
105 Vgl hierzu die Stellungnahme in GRUR 2008, 138 ff; den Gegenvorschlag von Ullmann Mitt. 2008, 49, 53, sowie die Beiträge von Slopek GRUR20 09, 128; WRP 2010, 616; McGuire GRUR 2009, 13; Kummer GRUR 2009, 293; Dieselhorst CR 2010, 69, 74; Hauck GRUR-Prax 2013, 437.
106 Vgl den Bericht in GRUR 2012, 254 sowie die Beiträge von Schmid GRUR-Prax 2012, 75; Slopek/Schröer Mitt. 2012, 533; Berger GRUR 2013, 321und den Vorschlag von McGuire GRUR 2012, 657.

Nutzungsrecht auf den Lizenzgeber übergeht. Bei dieser Vereinbarung hat bereits vor der Insolvenzeröffnung ein **dinglicher Rechtsübergang** stattgefunden; dass dieser Rechtsübergang nur **aufschiebend bedingt** vereinbart war, steht der Insolvenzfestigkeit nicht entgegen.[107]

2. Insolvenz des Lizenznehmers

Nicht nur Schutzrechte, sondern auch **Rechte** zu deren **Nutzung** gehören zu dem vom Insolvenzverfahren erfassten Vermögen (§ 35 Abs. 1 InsO). Damit der Lizenzgeber über das Lizenzschutzrecht anderweitig verfügen kann, müsste der Lizenzvertrag – automatisch oder durch Kündigung – beendet sein. Sogenannte **Lösungsklauseln** mit derart auf die Insolvenz spezifisch zugeschnittenen Inhalten verstoßen jedoch gegen das entsprechend anzuwendende Verbot der Kündigung von Pachtverhältnissen nach einem Antrag auf Eröffnung des Insolvenzverfahrens (§ 112 InsO); sie sind deswegen unwirksam (§ 119 InsO). Hier hat es eine konkrete Rechtswirkung, dass Lizenzverträge **pachtähnliche Rechtsverhältnisse** sind. Gegen eine überraschend eingetretene Insolvenz des Lizenznehmers kann daher vertraglich kaum Vorsorge getroffen werden. Gerät jedoch der Lizenznehmer mit kontinuierlich zu leistenden Zahlungen in Verzug, kann das ein Hinweis auf eine **drohende Zahlungsunfähigkeit** (§ 18 InsO) sein. Wenn die Kündigungsmöglichkeiten des Lizenzgebers straff formuliert sind und schnell genutzt werden, besteht immerhin eine Chance dafür, dass der Lizenzvertrag nicht mehr von einer späteren Eröffnung des Insolvenzverfahrens erfasst wird.

VII. Sukzessionsschutz

Für eingetragene Designs, Marken, Patente und Gebrauchsmuster bestimmt die **deutsche Gesetzgebung**,[108] dass ein Rechtsübergang Lizenzen nicht berührt, die Dritten vorher erteilt worden sind. Dasselbe gilt für die Erteilung einer weiteren Lizenz. Der Schutz aus diesen Bestimmungen bezieht sich ganz allgemein auf Lizenzen, also sowohl auf ausschließliche Lizenzen als auch auf nicht ausschließliche Lizenzen. Der Sukzessionsschutz trägt dem Vertrauen des Lizenznehmers auf den Fortbestand seiner Rechtsposition Rechnung, um insbesondere die Amortisation seiner Investitionen zu gewährleisten.[109] Die **Benutzungsrechte** des Lizenznehmers bleiben daher bestehen, wenn der Lizenzgeber das lizenzierte Recht auf einen anderen überträgt. Dasselbe gilt, wenn der Lizenzgeber einen weiteren Lizenzvertrag oder mehrere weitere Lizenzverträge abschließt. Die Folgen aus den insoweit wirkungslosen Rechtsgeschäften betreffen nur das Verhältnis zwischen dem Lizenzgeber und den Vertragsparteien der später abgeschlossenen Rechtsgeschäfte. Auch das Erlöschen einer Hauptlizenz führt idR nicht zum Erlöschen einer einfachen[110] oder ausschließlichen[111] Unterlizenz. Für **Gemeinschaftsmarken** und für **Gemeinschaftsgeschmacksmuster** ist ein allgemeiner Sukzessionsschutz nicht vorgesehen. Lizenzen können jedoch in das Register eingetragen werden.[112] Die Erteilung von Lizenzen gehört zu den Rechtshandlungen, die gegenüber Dritten erst Wirkung entfalten, wenn die Lizenz in das Register eingetragen ist (vgl Rn 22). Daraus folgt, dass ein Sukzessionsschutz nur unter dieser Voraussetzung besteht.[113] Dasselbe gilt, wenn eine Gemeinschafts-

---

107 BGH GRUR 2006, 435, Rn 24 – Softwarenutzungsrecht; zustimmend: G. Schulze, in: Dreier/Schulze, § 112 UrhG Rn 30; kritisch: Koehler/Ludwig, WRP 2006, 1342 ff. Bei dieser Konstellation kann die Nichterfüllung des Vertrags durch den Verwalter für den Lizenzgeber das Entstehen von Nutzungsrechten zur Folge haben.
108 § 31 Abs. 5 DesignG; § 30 Abs. 5 MarkenG; § 15 Abs. 3 PatG; § 22 GebrMG.
109 Vgl BGH GRUR 2012, 914 Tz 16 – Take Fife; GRUR 2012, 916 Tz 24 – M2Trade.
110 Vgl BGH GRUR 2012, 916 Tz 25 – M2Trade.
111 Vgl BGH GRUR 2012, 914 Tz 18 – Take Fife.
112 Vgl Art. 33 Abs. 2 S. 1 iVm Art. 32 GGV; Regel 33 GMV-DVO.
113 Vgl von Mühlendahl/Ohlgart, § 9 Rn 21.

marke übertragen wird.[114] Wenn in einer europäischen Patentanmeldung Deutschland als Vertragsstaat[115] benannt ist, hat das einen Sukzessionsschutz nach deutschem Patentrecht zur Folge.[116]

VIII. Lizenzparteien im Prozess
1. Aktivlegitimation

36 Im Patentrecht[117] und im Urheberrecht[118] liegt die Aktivlegitimation beim Inhaber einer **ausschließlichen Lizenz** (nicht jedoch beim Inhaber einer einfachen Lizenz). Für Designschutzrechte[119] und für Marken[120] bestimmt die Gesetzgebung, dass der Lizenznehmer ein Verletzungsverfahren nur mit **Zustimmung des Rechtsinhabers** anhängig machen kann. Das gilt sowohl für ausschließliche Lizenzen als auch für nicht ausschließliche Lizenzen. Erforderlich ist eine Einwilligung oder Genehmigung. Konkludente Erklärung genügt nicht. Zustimmungsbedürftig sind sowohl Klagen als auch Anträge auf Erlass einer einstweiligen Verfügung.

> **Hinweis:** Wenn in einem Eilverfahren eine Beschlussverfügung erwirkt werden soll, muss die Zustimmung des Rechtsinhabers vor dem Erlass des Beschlusses glaubhaft gemacht sein.

Gegenstand der gesetzlichen Regelung ist zwar die Einleitung von Gerichtsverfahren, aber es genügt, dass die Zustimmung dem Gericht als **Entscheidungsvoraussetzung** vorliegt. Im Hauptsacheverfahren ist das die letzte mündliche Verhandlung in der ersten Instanz. Aus dem Regelungszweck ergibt es sich, dass auch die **außergerichtliche Geltendmachung** von Ansprüchen zustimmungsbedürftig ist.[121] Durch die außergerichtliche Geltendmachung von Verletzungsansprüchen soll nämlich versucht werden, eine gerichtliche Geltendmachung entbehrlich zu machen. Der Anspruchsgegner kann daher auch bei einer außergerichtlichen Geltendmachung von Ansprüchen verlangen, dass ihm die Zustimmung des Rechtsinhabers nachgewiesen wird.[122] Unabhängig von der gesetzlich geregelten Aktivlegitimation kann im Rahmen einer gewillkürten Prozessstandschaft[123] eine Ermächtigung erteilt werden.[124]

> **Hinweis:** Eine weitreichende Interessenwahrnehmung (zB für einen ausländischen Lizenzgeber) kann dadurch vereinfacht und beschleunigt werden, dass dem Lizenznehmer im Vorgriff auf etwaige Eilfälle eine Prozessstandschaftserklärung mit allgemeinem Inhalt zur Verfügung gestellt wird.

Bei der Verletzung eines eingetragenen Designs **entfällt** das **Zustimmungsbedürfnis** des Lizenzgebers, wenn er von dem Inhaber einer ausschließlichen (nicht also auch einfachen) Lizenz aufgefordert worden ist, selbst ein Verletzungsverfahren anhängig zu machen, und innerhalb einer angemessenen Frist dieser Aufforderung nicht nachgekommen ist. Die Angemessenheit der Frist hängt von der Eilbedürftigkeit des Verletzungsverfahrens insbesondere aus der Sicht des Lizenznehmers ab. Der **Schutzrechtsinhaber bleibt klagebefugt,** wenn er ein eigenes schutzwürdiges Interesse an der Geltendmachung von Ansprüchen aus der Rechtsverletzung hat. Das ist beim Unterlassungsan-

---

114 Auch gegenüber dem Erwerber einer Gemeinschaftsmarke entfaltet die Lizenz nur Wirkung, wenn sie in das Register eingetragen ist. Nur der eingetragene Inhaber einer Lizenz kann sich daher gegenüber dem Erwerber darauf berufen, dass die Übertragung der Gemeinschaftsmarke ohne Einfluss auf seine Rechtsposition ist. In diesem Sinne dürfte der Hinweis bei von Mühlendahl/Ohlgart, § 9 Rn 32, zu verstehen sein, dass in der GMV ein § 30 Abs. 5 MarkenG entsprechender Sukzessionsschutz fehle und deswegen ein Sukzessionsschutz nur unter der Voraussetzung des Art. 23 Abs. 1 GMV bestehe.
115 Art. 79 EPÜ.
116 In § 15 Abs. 1 und § 15 Abs. 2 PatG ist sowohl das Recht aus dem Patent als auch der Anspruch auf Erteilung eines Patents in gleicher Weise für die Übertragung und für die Lizenz Gegenstand der Regelung.
117 Vgl die Nachw. bei Rogge/Grabinski, in: Benkard, § 139 PatG Rn 17.
118 Wild, in: Schrickerf/Loewenheim, § 97 UrhG Rn 48.
119 § 31 Abs. 3 S. 1 DesignG; Art. 32 Abs. 3 S. 1 GGV.
120 § 30 Abs. 3 MarkenG; Art. 22 Abs. 2 GVM.
121 OLG Hamburg MarkenR 2006, 55; Eichmann in: Eichmann/von Falckenstein/Kühne, § 31 Rn 20.
122 Eichmann, in: Eichmann/von Falckenstein/Kühne, § 31 Rn 20; OLG Hamburg MarkenR 2006, 55.
123 Vgl Eichmann, in: Eichmann/von Falckenstein/Kühne, § 31 Rn 22.
124 Hierzu zB OLG Saarbrücken, BeckRS 2005, 08060 – Radfelge.

spruch stets der Fall.[125] Bei einem ausschließlichen Lizenzverhältnis ist der Lizenzgeber für den Anspruch auf Feststellung der Schadensersatzpflicht aktiv legitimiert, wenn er an der Ausübung der Lizenz durch den Lizenznehmer wirtschaftlich partizipiert. Das ist bei der Vereinbarung einer Umsatz- oder Stücklizenz der Fall.[126] Zwischen dem Lizenzgeber und dem klagebefugten Lizenznehmer besteht **Mitgläubigerschaft** beim Unterlassungsanspruch,[127] nicht auch beim Schadensersatzanspruch.[128]

2. Beitrittsrecht

Für Designschutzrechte[129] und für Marken[130] ist gesetzlich geregelt, dass der **Lizenznehmer** einer vom Rechtsinhaber erhobenen Verletzungsklage beitreten kann, um den **Ersatz seines Schadens** geltend zu machen. Zum MarkenG hat der BGH entschieden,[131] dass der Lizenznehmer keine Leistung für sich, sondern nur für den Markeninhaber beanspruchen kann. Weil jedoch der Lizenznehmer in das ausschließliche Benutzungsrecht des Rechtsinhabers einrückt (vgl Rn 30), sollte einer Aktivlegitimation des Lizenznehmers nicht entgegenstehen, dass durch § 14 Abs. 4 MarkenG der Anspruch auf Schadensersatz nur dem Markeninhaber zugewiesen ist. Jedenfalls im Patentrecht[132] und bei Designschutzrechten[133] kann der Lizenznehmer den Ersatz seines eigenen Schadens auch im eigenen Namen geltend machen.[134] Das Beitrittsrecht des Lizenznehmers trägt sowohl bei ausschließlichen Lizenzen als auch bei nicht ausschließlichen Lizenzen der **Individualität des Schadensersatzanspruchs** Rechnung.[135] Bei Klagen auf Feststellung der Schadensersatzpflicht muss die **Wahrscheinlichkeit des Schadenseintritts** bei dem Lizenznehmer bestehen. Bei einer ausschließlichen Lizenz wird der Schaden des Lizenznehmers nach den Grundsätzen ermittelt, die für den Schaden des Schutzrechtsinhabers Anwendung finden.[136] Bei einfachen Lizenzen können die Auswirkungen von Verletzungshandlungen Dritter einem bestimmten Lizenznehmer nicht ohne Weiteres zugeordnet werden. Mehrere Lizenznehmer mit gleicher Berechtigung können **Gesamtgläubiger** sein. Die Akzessorietät des Anspruchs auf **Rechnungslegung** hat zur Folge, dass auch insoweit ein Beitritt möglich (und zweckmäßig) ist.

IX. Wettbewerbsbeschränkungen

1. Unionsrecht

Nach **Art. 101 Abs. 1 AEUV** sind Vertragsklauseln unwirksam, wenn sie eine Verhinderung, Einschränkung oder Verfälschung des Wettbewerbs innerhalb des Gemeinsamen Markts bezwecken oder bewirken. Durch **Art. 102 AEUV** ist die missbräuchliche Ausnutzung einer marktbeherrschenden Stellung untersagt. Diesen Verbotsbestimmungen unterliegen auch Lizenzverträge über Designgestaltungen. Der bloße **Erwerb** von Designschutzrechten stellt keinen Missbrauch einer beherr-

---

125 BGH GRUR 2008, 896, Rn 24 – Tintenpatrone I.
126 BGH GRUR 2008, 896, Rn 27 – Tintenpatrone I.
127 Pahlow, GRUR 2007, 1001, 1005, 1006.
128 BGH GRUR 2008, 896, Rn 38 – Tintenpatrone I. Bei einem gemeinsam geltend gemachten Schadensersatzanspruch besteht notwendige Streitgenossenschaft, BGH GRUR 2012, 430 Tz 20 – Tintenpatrone II.
129 § 31 Abs. 4 DesignG; Art. 32 Abs. 4 GGV.
130 § 30 Abs. 4 MarkenG; Art. 22 Abs. 4 GMV.
131 BGH GRUR 2007, 877, 880 – Windsor Estate.
132 Vgl BGH GRUR 2008, 896, Rn 39 – Tintenpatrone I.
133 Vgl § 31 Abs. 4 DesignG; Art. 33 Abs. 4 GGV sowie hierzu Eichmann, in: Eichmann/von Falckenstein/Kühne, § 31 Rn 21; Ruhl, Art. 32 Rn 27.
134 Alternativ hierzu kann einer der Geschädigten – zugleich aus abgetretenem Recht des anderen – den Schaden insgesamt geltend machen. Eine weitere Möglichkeit besteht darin, dass der Lizenzgeber und der Lizenznehmer gemeinsam den Schadensausgleich fordern und sodann im Verhältnis zueinander aufteilen, BGH GRUR 2008, 896, Rn 39 – Tintenpatrone I.
135 Eichmann, in: Eichmann/von Falckenstein/Kühne, § 31 Rn 21.
136 BGH GRUR 2008, 896, Rn 39 – Tintenpatrone I.

schenden Stellung dar; das gilt auch für Teile der Karosserie von Kraftfahrzeugen.[137] Die **Ausübung** des mit derartigen Schutzrechten verbundenen ausschließlichen Rechts kann jedoch verboten sein, wenn sie bei einem Unternehmen, das eine beherrschende Stellung einnimmt, zu missbräuchlichen Verhaltensweisen führt.[138] Dem Spannungsverhältnis zwischen dem Grundsatz des beschränkungsfreien Warenverkehrs und dem Schutz des gewerblichen und kommerziellen Eigentums wird dadurch Rechnung getragen, dass der **Bestand** der Schutzrechte anerkannt, die **Ausübung** der daraus resultierenden Rechte jedoch als verbotene Wettbewerbsbeschränkung behandelt wird, wenn sie den Gegenstand, das Mittel oder die Folge eines Kartells darstellt.[139] Das hat zur Folge, dass die Verwertung von Designschutzrechten nicht zu einer Beschränkung des Wettbewerbs führen darf.

2. Deutsches Recht

39   Durch **§ 1 GWB** sind Vereinbarungen aller Art verboten, die eine Verhinderung, Einschränkung oder Verfälschung des Wettbewerbs bezwecken oder bewirken. Nach § 2 Abs. 1 GWB können jedoch wettbewerbsbeschränkende Vereinbarungen ausnahmsweise gestattet sein, wenn sie u.a. unter angemessener Beteiligung der Verbraucher zur Verbesserung der Warenerzeugung beitragen. Lizenzverträge unterliegen sowohl dem allgemeinen Verbot als auch der Möglichkeit einer Freistellung. Für die Anwendung der Freistellungsnorm gelten die zu Art. 101 Abs. 3 AEUV erlassenen Gruppenfreistellungsverordnungen entsprechend (§ 2 Abs. 2 S. 1 GWB). Die Verordnung (EU) Nr. 316/2014 über die Anwendung von Art. 101 Abs. 3 AEUV auf Gruppen von **Technologietransfer-Vereinbarungen**[140] (kurz: TT-GVO) findet für gewerbliche Schutzrechte Anwendung (vor allem Patente und Markenzeichen sowie Urheberrechte und verwandte Schutzrechte)[141] und damit auch für Geschmacksmuster.[142] Der sperrige Text der TT-GVO wird durch die **Kommissionsbekanntmachung** über Leitlinien zur Anwendung von Art. 101 AEUV auf Technologietransfer-Vereinbarungen[143] (kurz: Leitlinien Technologietransfer-Vereinbarungen) aufbereitet und erläutert. Zwar kann bereits die Verpflichtung des Lizenznehmers zur Zahlung einer Lizenzgebühr eine Beschränkung im Geschäftsverkehr darstellen,[144] aber das ist nur dann der Fall, wenn sie vom Schutzbereich des Lizenzschutzrechts nicht gedeckt ist.[145] Werden **Lizenzzahlungen** für Handlungen vereinbart, die dem Schutzrechtsinhaber nicht vorbehalten sind, geht diese Beschränkung über den Inhalt des Schutzrechts hinaus.[146] Wenn ein Lizenzschutzrecht von Anfang an nicht bestanden hat (das kann im Urheberrecht, bei eingetragenen Designs und bei Gemeinschaftsgeschmacksmustern der Fall sein) oder wenn ein Lizenzschutzrecht mit Rückwirkung vernichtet wird, hat das **nicht** zur Folge, dass der Lizenznehmer bereits geleistete Lizenzzahlungen **zurückfordern** kann. Vielmehr bleibt die Verpflichtung zu Lizenzzahlungen bestehen, soweit und solange der Lizenznehmer eine wirtschaftliche Vorzugsstellung aufgrund des Lizenzvertrags innehat.[147]

---

137   EuGH, Rs. 53/87, Slg 1988, 6039 – CICRA/Renault = GRUR Int. 1990, 140, Rn 18.
138   EuGH, Rs. 238/87, Slg 1988, 6211, Rn 9 – Volvo/Veng = GRUR Int. 1990, 141.
139   EuGH, Rs. 258/78, Slg 82, 2015, Rn 28 = GRUR Int. 1982, 530 – Maissaatgut.
140   ABl. EU vom 28.3 .2014 – L 93/17.
141   Vgl Art. 1 Abs. 1 Buchst. h TT-GVO.
142   Vgl Art. 1 Abs. 1 Buchst. b TT-GVO; Tz 6 der Leitlinien TT-GVO.
143   ABl. EU vom 28.3.2014 – C 89/3.
144   BGH GRUR 2003, 896, 897 – Chirurgische Instrumente; GRUR 2005, 845, 846 – Abgasreinigungsvorrichtung.
145   Vgl Bartenbach/Söder, Mitt. 2007, 353, 354 ff.
146   BGH GRUR 2001, 223, 224 – Bodenwaschanlage; GRUR 2005, 845, 847 – Abgasreinigungsvorrichtung.
147   Vgl Rn 22 sowie BGH GRUR 1993, 40, 42 – Keltisches Horoskop; WRP 2002, 1001, 1004 – Abstreiferleiste; GRUR 2005, 935, 937 – Vergleichsempfehlung II.

X. Gesetzliche Ansprüche

In der Gesetzgebung über eingetragene Designs und Gemeinschaftsgeschmacksmuster[148] sowie über Marken[149] ist dem Lizenzgeber die Befugnis eingeräumt, die im Einzelnen aufgeführten **Vertragsverstöße** gegen einen Lizenznehmer geltend zu machen. Welchen vertraglichen Beschränkungen der Lizenznehmer unterliegt, ergibt sich aus den Regelungen des Lizenzvertrags und erforderlichenfalls im Wege der Auslegung. Die gesetzliche Regelung für einige lizenzvertragliche Bestimmungen dient daher nicht der Vertragsergänzung, sondern setzt eine **vertragliche Festlegung** voraus. In Erläuterungen wird vielfach nicht oder nur am Rand erwähnt, welche Bedeutung diese Regelung für den Einwand der **Erschöpfung** hat. Die Rechte aus einem Immaterialgüterrecht erstrecken sich nicht auf Erzeugnisse, die mit Zustimmung des Rechtsinhabers in der Gemeinschaft in den Verkehr gebracht worden sind.[150] Wenn Erzeugnisse von einem Lizenznehmer auf der Grundlage einer Herstellungslizenz in den Verkehr gebracht werden, geschieht das mit vertraglicher Zustimmung des Rechtsinhabers. Verstöße gegen Beschränkungen des Benutzungsrechts können in der Regel nur als **Vertragsverletzungen** geahndet werden. Auf Abnehmer des Lizenznehmers ist das ohne unmittelbare Auswirkung, weil vertragliche Belastungen Dritte nicht erfassen. Wenn jedoch dem Rechtsinhaber die Möglichkeit eingeräumt wird, Rechte auch unmittelbar aus einem Immaterialgüterrecht geltend zu machen, können **Ansprüche auch gegen Dritte** durchgesetzt werden. Der Vertragsverstoß des Lizenznehmers wird einer Schutzrechtsverletzung gleichgestellt. Gegen diese Rechtsverletzung kann der Rechtsinhaber – wie auch sonst – alle gesetzlichen Ansprüche durchsetzen. Das hat zur Folge, dass sich **Abnehmer** und **Folgeabnehmer** des Lizenznehmers nicht auf den Erschöpfungseinwand berufen können.

40

XI. Formalien des Lizenzvertrags

1. Schriftform

Verträge über die Benutzung von Immaterialgüterrechten können in der Regel wirksam abgeschlossen werden, ohne dass besondere Formerfordernisse beachtet werden müssen. Die Formbedürftigkeit eines Lizenzvertrags kann sich nur aus besonderen Gesetzen und aus einer Parteiabrede (§ 127 BGB) ergeben. Das aus § 34 GWB aF hergeleitete Erfordernis der Schriftform ist entfallen. In der Praxis ist Schriftform in der Weise die Regel, dass der Vertrag als Urkunde ausgefertigt und von den Vertragsparteien oder ihren Vertretern unterschrieben wird.

41

2. Vertragsparteien

Im deutschsprachigen Rechtsbereich findet meistens der Ausdruck „Partei" Verwendung. Dieser Begriff ist als Gattungsbezeichnung für politische Parteien allgemein etabliert. Bei Verträgen ist es daher sprachlich adäquater, die Beteiligten als „Vertragsparteien" zu bezeichnen. Diese Wortwahl findet sich zB in Art. 17 Abs. 3 GMV, in Art. 72 EPÜ, in der gemeinschaftsrechtlichen Regelung über missbräuchliche Klauseln in Allgemeinen Vertragsbedingungen und in entsprechenden einzelstaatlichen Regelungen.

42

3. Abschluss durch Vertreter

Zur Handhabung der Vertretung gibt es in der Regel keine bindenden Vorschriften. Im anglo-amerikanischen Rechtsbereich ist es weithin üblich, dass bei Gesellschaften angegeben wird, woraus sich die Vertretungsbefugnis der Person ergibt, die den Vertrag unterzeichnet. Dadurch soll insbesondere vermieden werden, dass bei einer Streitigkeit eingewandt werden kann, eine Abschlussperson sei nicht vertretungsberechtigt gewesen. Die Art der Vertretungsberechtigung wird entweder in

43

---

[148] § 31 Abs. 2 DesignG; Art. 32 Abs. 2 GGV.
[149] § 30 Abs. 2 MarkenG; Art. 22 Abs. 2 GMV.
[150] § 48 DesignG; Art. 21 GGV; § 24 Abs. 1 MarkenG; Art. 13 GMV; § 17 Abs. 2 UrhG sowie § 11 Rn 16.

Verbindung mit den Unterschriften oder bei der Benennung der Vertragsparteien vor dem Vertragstext bekannt gegeben.

4. Gliederung

44 Vorgaben für die Gliederung des Vertrags gibt es ebenso wenig wie bei anderen Vertragstypen. Für das Verständnis und für eine interessengerechte Auslegung ist es förderlich, wenn Wichtiges am Anfang und weniger Wichtiges im Anschluss daran geregelt wird. Das ergibt folgende Regelungsbereiche: Die von den Vertragsparteien vereinbarten Hauptleistungen sowie anschließend die Nebenleistungen und Nebenpflichten werden möglichst vollständig und möglichst eindeutig geregelt. Zur Verringerung des Konfliktpotenzials kommen Regelungen für Situationen hinzu, die zwar nicht beabsichtigt, aber auch nicht ausschließbar sind. Der inhaltliche Regelungsbereich wird – wie in der Gesetzgebung – mit Bestimmungen über das Inkrafttreten und die Dauer der Geltung beendet. Um den gesamten Inhalt des Vertrags abzudecken, bilden allgemeine Bestimmungen über Verfahren zur Konfliktlösung und Absicherungsklauseln den Abschluss.

XII. Inhalt des Lizenzvertrags

45 Aus der Individualität von Lizenzverhältnissen ergibt es sich, dass Lizenzverträge große Unterschiede in den Regelungsbereichen und in den Regelungstechniken aufweisen können. Die im Folgenden aufgeführten Regelungsinhalte sind daher keine Vorschläge, sondern nur Prüfpunkte im Rahmen einer zweckmäßigen Reihenfolge.

1. Präambel

46 Im anglo-amerikanischen Rechtsbereich werden Lizenzverträge meistens mit einer Präambel eingeleitet. Im deutschsprachigen Rechtsbereich ist eine Präambel zweckmäßig, wenn die allgemeine Ausgangslage und insbesondere die Erwartungen der Vertragsparteien für die Auslegung des Vertragstextes Bedeutung erlangen können. Wenn jedoch nur vorangestellt wird, dass der Lizenzgeber zur Erteilung einer Lizenz bereit ist und der Lizenznehmer an einer Lizenz Interesse hat, ist das eine entbehrliche Pflichtübung.

2. Definitionen

47 Das Erscheinungsbild von Lizenzverträgen aus dem anglo-amerikanischen Rechtsbereich wird meistens dadurch geprägt, dass den vertraglichen Regelungen eine häufig große Anzahl von Definitionen vorangestellt ist. Im deutschsprachigen Rechtsbereich hat es sich bewährt, Definitionen dort einzufügen, wo erstmals ein definitionsbedürftiger Begriff verwendet wird. Durch diese Handhabung wird die Lesbarkeit erleichtert und unterschiedlichen Auslegungen entgegengewirkt. Neben der inhaltlichen Vollständigkeit ist ein sorgfältiger Umgang mit Definitionen die wichtigste Maßnahme zur Vermeidung von Auslegungsstreitigkeiten. Es sollten daher insbesondere die Begriffe definiert werden, die für die Auslegung des Vertrags Bedeutung haben oder in dem Vertragstext mehrfach Verwendung finden.

3. Gegenstand der Lizenz

48 Das lizenzierte **Immaterialgüterrecht** und die Art der **Benutzungshandlungen** für dieses Recht bilden den Gegenstand der Lizenz. Wenn das Designschutzrecht nur mit der von der Registerbehörde erteilten Nummer aufgeführt wird, kann ein Schreibfehler Auslegungsprobleme verursachen. Zweckmäßig ist es daher, zusätzlich die Bezeichnung des Designschutzrechts aufzunehmen. Wenn sich ein Designschutzrecht nur auf ein Erzeugnis bezieht und wenn die Art der Benutzungshandlungen nicht aufgespalten wird, reicht es aus, dass in den folgenden Abschnitten nur noch von dem

„Vertragsschutzrecht" die Rede ist.[151] Soll von dem Gegenstand des Vertragsschutzrechts nur ein Teil lizenziert werden und/oder wenn eine Aufspaltung der Benutzungsrechte stattfindet, kann den sich hieraus ergebenden Einschränkungen durch den Begriff **„Lizenzschutzrecht"** Rechnung getragen werden. Werden Nutzungsrechte nur an einem Designschutzrecht eingeräumt, tritt an die Stelle eines Oberbegriffs die Bezeichnung der Schutzrechtsart, zB **„Lizenzpatent"**. Bei Herstellungslizenzen werden die vertragsgemäß hergestellten Erzeugnisse häufig kurz als **„Lizenzerzeugnisse"** bezeichnet. Eine Markenlizenz ist auf die eingetragene Marke beschränkt; sie umfasst daher nicht das Recht, Lizenzen an verwechselbaren Zeichen zu erteilen.[152] Wenn der Lizenzgeber **unrichtige Angaben** zur Schutzrechtslage gemacht hat, kann das den Lizenznehmer zur Anfechtung und zum Schadensersatz berechtigen.[153] Die Auslegung von urheberrechtlichen Verwertungsverträgen wird von der sog **Zweckübertragungstheorie** beherrscht, wie sie Eingang in § 31 Abs. 5 UrhG und in eine Vielzahl von Entscheidungen gefunden hat.[154] Bei einer pauschalen Einräumung von Nutzungsrechten obliegt daher dem Erwerber die Darlegungs- und Beweislast dafür, dass eine pauschale Nutzungsrechtseinräumung dem Vertragszweck entspricht.[155]

4. Art der Lizenz

Es ist unabdingbar, dass klargestellt wird, ob ein Alleinbenutzungsrecht oder eine Alleinlizenz oder eine einfache Lizenz vereinbart wird. Die Möglichkeit zur Erteilung von Unterlizenzen sollte entweder ausgeschlossen oder möglichst detailliert geregelt werden.[156]

49

5. Vertragsgebiet

Das Vertragsgebiet ist einer der in den meisten Gesetzesbestimmungen zur Lizenz aufgeführten Regelungsinhalte. Bei einem Designschutzrecht mit unionsweitem Geltungsbereich kann die Lizenz für das **gesamte Gebiet** oder für einen **Teil** der Gemeinschaft erteilt werden.[157] Teil der Gemeinschaft kann das Gebiet eines Mitgliedstaats oder auch nur eine Untergliederung eines Einzelstaats sein. Die Lizenzerteilung für einen Teil des Geltungsbereichs setzt eine vertragliche Vereinbarung voraus. Wenn der Vertrag hierzu keine Bestimmung enthalten sollte, muss das Vertragsgebiet durch eine interessengerechte Auslegung bestimmt werden. Teilgebiete werden häufig durch Bezugnahmen auf politische oder geografische Grenzen festgelegt. Andersartige Bestimmungen, zB durch Postleitzahlenbereiche, kommen ebenfalls in Betracht. Die Möglichkeit der Einräumung von **Gebietslizenzen** hat insbesondere dann Bedeutung, wenn eine Gebietsaufteilung die Markterschließung erleichtert oder wenn eine Vertriebsorganisation für den gesamten Geltungsbereich eines Designschutzrechts nicht zur Verfügung steht.

50

6. Gebietsschutz

Der Festlegung des Vertragsgebiets werden häufig Regelungen für einen Gebietsschutz hinzugefügt. Wenn in einem Lizenzvertrag vereinbart wird, dass der Lizenznehmer Lizenzerzeugnisse nur in einem Teil des Gebiets anbieten und in den Verkehr bringen darf, für das ein Designschutzrecht Schutz genießt, widerspricht das einem der wichtigsten Ziele der gemeinschaftsrechtlichen Gesetzgebung, nämlich der Herbeiführung eines beschränkungsfreien **Binnenmarkts**. In der einzelstaatli-

51

---

151 ZB „Vertragspatent", vgl BGH GRUR 2001, 223 – Bodenwaschanlage.
152 BGH GRUR 2001, 54, 55 – SUBWAY/Subwear.
153 BGH GRUR 1998, 650, 652 – Krankenhausmüllentsorgungsanlage.
154 Vgl Rn 4 sowie zB BGH GRUR 1981, 196, 197 – Honorarvereinbarung; GRUR 1982, 727, 730 – Altverträge; GRUR 1984, 656, 657 – Vorentwurf.
155 BGH GRUR 1996, 121, 123 – Pauschale Rechtseinräumung.
156 Vgl hierzu Rn 27–29. Die Ausschließlichkeit einer Lizenz kann zB wie folgt formuliert und abgesichert werden: „Die Lizenz ist für das Vertragsgebiet ausschließlich. Der Lizenzgeber wird im Vertragsgebiet keine Lizenzerzeugnisse in den Verkehr bringen und/oder anbieten sowie anderen Lizenznehmern hierzu keine Berechtigung einräumen. Der Lizenznehmer ist nicht berechtigt, Unterlizenzen zu erteilen oder auf sonstige Weise Rechte aus diesem Vertrag ganz oder teilweise auf Dritte zu übertragen."
157 ZB Art. 32 Abs. 1 S. 1 GGV; Art. 22 Abs. 1 GMV.

chen Rechtspraxis und darauf basierend in der einzelstaatlichen Gesetzgebung ist jedoch mehrfach akzeptiert worden, dass der Inhaber eines Immaterialgüterrechts ein berechtigtes Interesse daran haben kann, einen Markt zur besseren Erschließung oder zur besseren Betreuung in Gebiete aufzuteilen und für jedes dieser Gebiete einen anderen Lizenznehmer einzusetzen. Wenn für den geografischen Schutzbereich eines Designschutzrechts mehrere **Gebietslizenzverträge** abgeschlossen werden und in diesen Lizenzen Ausschließlichkeit vereinbart wird, findet zwar eine kartellrechtlich unerwünschte Marktaufteilung statt. Im Geltungs- und Anwendungsbereich des Unionsrechts wird das jedoch toleriert, wenn die **Gebietsaufteilung moderat gehandhabt** wird.[158]

7. Warengattung der Lizenzerzeugnisse

52　Die Festlegung der Warengattung, auf die sich die Lizenz bezieht, ist von so großer Bedeutung, dass eine Nichtbeachtung außer den vertraglichen Ansprüchen auch gesetzliche Ansprüche (vgl Rn 40) auslösen kann. Die **Auswahl**[159] **der Erzeugnisse**, für die ein eingetragenes Design benutzt werden darf, richtet sich nach den Waren, die Gegenstand der Eintragung sind. Die **Art**[160] **der Waren** (oder Dienstleistungen), die von einer Markenlizenz erfasst werden, wird von dem jeweiligen Gegenstand der Eintragung bestimmt. Enthält das Verzeichnis der Waren und Dienstleistungen einer Marke mehrere Eintragungen, kann für jede Eintragung ein eigenständiges Lizenzverhältnis begründet werden. Wenn Oberbegriffe verwendet werden, können Aufteilungen durch Konkretisierungen erfolgen.

> **Beispiel:** Bei einer für Druckerzeugnisse bestimmten Eintragung kann zB ein Lizenznehmer für Bücher und Broschüren, ein anderer für Postkarten und Poster berechtigt werden. Auch eine Aufspaltung in Bezug auf verschiedene Materialien ist möglich, zB bei Figuren aus Holz, Kunststoff, Metall, textilen Materialien etc.[161]

53　Unklarheiten können sich insbesondere dann zum Nachteil des Lizenzgebers auswirken, wenn auch gegen Abnehmer des Lizenznehmers vorgegangen werden soll. Auch für die Festlegung der Art und der Auswahl der lizenzgemäßen Erzeugnisse schützt daher eine **Konkretisierung** durch Muster oder durch möglichst gleichwertige Veranschaulichungen die Rechtsposition des Lizenzgebers sowohl gegenüber dem Lizenznehmer als auch gegenüber dessen Abnehmern und Folgeabnehmern.

8. Ausgestaltung der Lizenzerzeugnisse

54　Vereinbarungen über die **Form der Nutzung**[162] eines Gemeinschaftsgeschmacksmusters bzw der Verwendung einer Marke beziehen sich auf die Ausgestaltung der lizenzgemäßen Erzeugnisse. Diesen Konkretisierungen wird ebenfalls so große Bedeutung beigemessen, dass neben den vertraglichen Ansprüchen auch gesetzliche Sanktionsmöglichkeiten bestehen (vgl Rn 40). Insbesondere die **Formgebung** und die **Farbgebung**, aber auch **Formate** können festgelegt werden. Wenn nur verbale Beschreibungen verwendet werden, kann das unterschiedliche Auslegungen zur Folge haben. Bringt ein Lizenznehmer Varianten von Lizenzerzeugnissen in den Verkehr, die nicht den Festlegungen des Lizenzvertrags entsprechen, kann zur Vermeidung von Marktverwirrung und von Imageschäden Eile geboten sein. Die sicherste Grundlage für ein Eilverfahren ist die Festlegung der lizenzgemäßen Form durch Muster. Wenn ein **Referenzmuster** schon bei Vertragsabschluss vorhanden ist, kann es verbindlich in die Vereinbarung einbezogen werden. Nach Vertragsabschluss entstehende Muster können zu einem späteren Zeitpunkt der verbindlichen Konkretisierung dienen; eine vorbereitende Regelung bei Vertragsabschluss erleichtert das. Die Form der Markenverwendung muss von der

---

158　Vgl die Ausnahmen in Art. 4 Abs. 2 Buchst. b TT-GVO sowie Heinemann, S. 104 ff; Ewen, S. 213 ff.
159　Art. 32 Abs. 2 GGV.
160　Art. 22 Abs. 2 GMV.
161　Ob der Lizenznehmer berechtigt ist, ein für ein bestimmtes Erzeugnis eingetragenes Design auch für andere Erzeugnisse zu verwenden oder Änderungen vorzunehmen, die den unmittelbaren Gegenstand des eingetragenes Designs variieren, muss durch Auslegung ermittelt werden, wenn der Vertrag keine ausdrückliche Regelung enthält.
162　Vgl Art. 32 Abs. 2 GGV.

Markeneintragung erfasst sein.[163] Wenn eine Benutzung der Marke nur durch den Lizenznehmer stattfindet, sollte der Lizenzgeber durch Festlegungen für die Form der Markenverwendung sicherstellen, dass den Anforderungen des sog. **Benutzungszwangs** an eine rechtserhaltende Benutzung Genüge geleistet wird.

9. Qualität der Lizenzerzeugnisse

Nicht nur die Art und die Ausgestaltung, sondern auch die Qualität der Lizenzerzeugnisse kann für den Lizenzgeber so wichtig sein, dass auch diese spezifische Konkretisierung gesetzlich abgesichert ist (vgl Rn 40), wenn der **Lizenzvertrag Festlegungen** enthält. Ob die von dem Lizenznehmer hergestellten Erzeugnisse eine bestimmte Qualität aufweisen müssen, richtet sich nach dem **Wortlaut der Vereinbarung**. Wenn keine eindeutige Festlegung erfolgt, kann es sich zwar auch aus dem Gesamtinhalt des Vertrags im Wege der Auslegung ergeben, dass der Lizenznehmer eine bestimmte Qualität einhalten muss. Weil jedoch das Auslegungsergebnis kaum zuverlässig prognostizierbar ist, verdient eine eindeutige Festlegung in der Vereinbarung den Vorzug. Die Festlegung einer **Mindestqualität** ist umso wichtiger, je größer das Produkthaftungsrisiko (vgl Rn 67) ist. Ein berechtigtes Interesse an der Einhaltung einer Mindestqualität kann der Lizenzgeber auch dann haben, wenn er selbst mustergemäße Erzeugnisse in den Verkehr bringt oder wenn weitere Lizenzen erteilt worden sind oder erteilt werden sollen. **Beschreibungen** sind zwar manchmal unentbehrlich (zB für Prozentanteile in Mischungen und Gemengen), aber ansonsten kann die Konkretisierung von Qualitätskriterien am besten mit **Referenzmustern** erfolgen.[164]

55

10. Benutzungshandlungen

Die Art der Benutzungshandlungen ist keine Vertragsbestimmung, die zugleich gesetzlich geregelte Ansprüche auslösen kann. Wenn keine Beschränkung des *field of use* vereinbart ist, umfasst die Lizenz **sämtliche Arten** des Benutzungsrechts. Bei umfassender Lizenzerteilung ist der Lizenznehmer insbesondere berechtigt, Lizenzerzeugnisse selbst herzustellen und zu verbreiten. Es kann aber auch nur eine **Vertriebsbefugnis** mit der Folge eingeräumt werden, dass der Lizenznehmer die Erzeugnisse entweder vom Lizenzgeber oder von dem Inhaber einer Herstellungslizenz zu erwerben hat. Eine **Herstellungslizenz** kann auch mit der Maßgabe gewährt werden, dass der Lizenznehmer die Erzeugnisse nur an den Lizenzgeber oder an von diesem benannte Dritte zu liefern berechtigt ist.

56

11. Ausübungspflicht

Ob und in welchem Umfang der Lizenznehmer verpflichtet ist, von seinem Nutzungsrecht Gebrauch zu machen, richtet sich nach dem **Vereinbarungsinhalt**. Wenn keine ausdrückliche Regelung getroffen worden ist, muss eine interessengerechte **Auslegung** erfolgen. Dem Interesse des Lizenzgebers ist nicht gedient, wenn eine Lizenz zu dem Zweck erworben wird, die Verwertung eines Immaterialgüterrechts im Vertragsgebiet zu blockieren. Bei einer **ausschließlichen Lizenz** besteht daher eine Ausübungspflicht. Inhalt, Umfang und Fortbestand dieser Pflicht stehen jedoch unter dem Vorbehalt der Zumutbarkeit.[165] Das bloße Bestehen einer Ausübungspflicht lässt in der Regel einen breiten Auslegungsspielraum für die Bestimmung des Mindestumfangs der Nutzung.

57

---

163 Art. 22 Abs. 2 GMV.
164 Es kann zB vereinbart werden:
„Der Lizenznehmer sichert zu, dass sämtliche Lizenzerzeugnisse den gesetzlichen Anforderungen sowie sonstigen Vorschriften und Normen einschließlich DIN-Normen entsprechen, die im Vertragsstaat im Zeitpunkt des Inverkehrbringens durch den Lizenznehmer bestehen. Die Lizenzerzeugnisse müssen aus hochwertigen Materialien und in hochwertiger Verarbeitung hergestellt sein. Die Aufnahme der Serienproduktion hat zur Voraussetzung, dass der Lizenzgeber ein Muster erhalten und freigegeben hat. Dieses Muster verbleibt als Referenzmuster beim Lizenzgeber. Der Lizenznehmer ist nicht berechtigt, Lizenzerzeugnisse in den Verkehr zu bringen, denen keine Freigabe des Lizenzgebers zugrunde liegt. Das gilt auch für Lizenzerzeugnisse, die in Materialien, Farben oder Abmessungen von einem Referenzmuster abweichen."
165 BGH GRUR 2000, 138, 139 – Knopflochnähmaschinen.

Dem kann unmittelbar durch **quantitative Mindestwerte** oder mittelbar durch die Vereinbarung einer **Mindestlizenz** entgegengewirkt werden.[166] Die Vereinbarung einer Mindestlizenz dient zwar dem Schutz der finanziellen Interessen des Lizenzgebers. Ob die Vereinbarung einer Mindestlizenz zur Verneinung einer Ausübungspflicht genügt, muss jedoch durch Gesamtauslegung ermittelt werden.[167] Bei marktbezogenen Immaterialgüterrechten hat der Lizenzgeber in der Regel ein Interesse an einer möglichst umfassenden Nutzung.[168] Wenn Mindestzahlen nicht erreicht werden, kann vertraglich vorgesehen sein, dass der Lizenzgeber zur **Kündigung** des Vertrags oder zur **Umwandlung** einer ausschließlichen Lizenz in eine einfache Lizenz berechtigt ist.

12. Best-Efforts-Klauseln

58 Der Lizenznehmer kann sich zwar verpflichten, **bestmögliche Anstrengungen** bei der Herstellung und bei der Vermarktung des Lizenzerzeugnisses zu unternehmen. Ohne Konkretisierung ist das jedoch kaum mehr als eine Absichtserklärung. Für Hauptpflichten wird dem häufig durch die Festlegung von **Mindestzahlen** Rechnung getragen. Aber **Nebenpflichten**, zB in angemessenem Umfang **Werbemaßnahmen** für die Lizenzerzeugnisse durchzuführen, können ebenfalls für den Lizenzgeber von erheblichem Interesse sein. Bei derart gehaltenen Klauseln ist jedoch unklar, wie der Lizenzgeber Ansprüche gegen den Lizenznehmer durchsetzen kann. In der Regel kommt nur die **Kündigung** des Vertrags wegen der Verletzung einer wesentlichen Vertragspflicht in Betracht. Durch die Festlegung von **Mindestausgaben** für Werbemaßnahmen kann Rechtsklarheit geschaffen werden. Die Vereinbarung von **Kontrollbefugnissen** des Lizenzgebers kann gewährleisten, dass der Lizenzgeber laufend über die Ausgaben des Lizenznehmers unterrichtet wird.[169]

13. Weiterentwicklungen

59 Vor allem bei langfristig angelegten Lizenzverträgen können Verbesserungen in der Technologie und Änderungen des Käufergeschmacks eine **Aktualisierung** des Gegenstands der Lizenz erforderlich machen. Ein **Lizenzgeber** ist in der Regel nicht nur bereit, sondern auch daran interessiert, dass er seine Weiterentwicklungen dem Lizenznehmer zur Verfügung stellt, weil sich das vorteilhaft auf die Höhe einer der Umsatzlizenz auswirkt. Bei **Lizenznehmern** ist dagegen ein gleich gelagertes Interesse eher die Ausnahme. Wenn im Lizenzvertrag keine Abrede getroffen worden ist, besteht in der Regel **keine Verpflichtung**, Weiterentwicklungen in das Vertragsverhältnis einzubeziehen. Vereinbarungen können daher interessengerecht sein, aber sie müssen den Interessen beider Vertragsparteien angemessen Rechnung tragen. Bei einseitigen *Grant-Back*-Klauseln zulasten des Lizenznehmers ist das nicht der Fall.[170] Angemessen austariert kann es jedoch sein, wenn sich der Lizenzgeber verpflichtet, Weiterentwicklungen in den Lizenzvertrag einzubeziehen, und der Lizenznehmer im Gegenzug dazu bereit ist, für seine Weiterentwicklungen dem Lizenzgeber ebenfalls eine Lizenz zu erteilen. Ein Ausschluss der Eigennutzung und noch mehr eine Übertragungspflicht würden jedoch die Wettbewerbsposition des Lizenznehmers unangemessen beeinträchtigen. Während Weiterentwicklungen idR Gegenstand von vertraglichen Abreden sind, handelt es sich bei Förderungs-

---

166 Diese Bestimmungen wirken nicht wettbewerbsbeschränkend.
167 Verpflichtungen zu Schutzrechtsvermerken, zu Weiterentwicklungslizenzen, zu Mindeststandards uä sind Hinweise auf die Verpflichtung zur angemessenen Ausübung.
168 Das kann zB durch eine Mindestlizenz mit abgestaffelten Lizenzsätzen zum Ausdruck gebracht werden.
169 Für Werbemaßnahmen des Lizenznehmers kann zB vereinbart werden:
„Der Lizenznehmer ist verpflichtet, kontinuierlich Werbemaßnahmen für die Lizenzerzeugnisse durchzuführen. Die Art der Werbemaßnahmen und die dafür anfallenden Kosten ergeben sich aus der an Anlage 1 beigefügten Aufstellung. Der Lizenzgeber ist berechtigt, die Einhaltung der in der Aufstellung enthaltenen Vorgaben zu kontrollieren. Der Lizenznehmer wird alle Unterlagen, die sich auf die Vorbereitung und Durchführung der Werbemaßnahmen beziehen, getrennt von anderen Unterlagen aufbewahren. Der Lizenzgeber darf durch Mitarbeiter oder Beauftragte während der Bürogeschäftszeiten des Lizenznehmers Einsicht in die Unterlagen nehmen und auf eigene Kosten Kopien anfertigen."
170 Art. 5 Abs. 1 Buchst. a TT-GVO; Ewen, S. 229.

maßnahmen (zB Werbung, Sponsoring) häufig um bloße Obliegenheiten.[171] Jede der Vertragsparteien kann jedoch auch in diesem Bereich vertragliche Verpflichtungen eingehen.

14. Prozentlizenz

Die in der Praxis **vorherrschende Methode** zur Festlegung des Lizenzentgelts bezieht sich auf einen bestimmten Prozentsatz aus jedem einzelnen lizenzpflichtigen Geschäft. Dem Parteiwillen nach angemessener Erfolgsbeteiligung tragen Umsatzlizenzen am besten Rechnung. „**Stücklizenz**" wird vielfach als Oberbegriff benutzt,[172] obwohl Bemessungsgrundlage nicht nur die Verkaufspreise pro Lizenzerzeugnis, sondern auch Flächenmaße, Längenmaße, Volumina und Gewichte sein können. Die Bezugsgröße für Prozentlizenzen ist in der Regel der Umsatz, den der Lizenznehmer mit den lizenzgemäßen Erzeugnissen erzielt. Wenn der Vertrag keine Definition enthält, ist der **Netto-Rechnungsendbetrag** aus den voll abgewickelten Geschäften maßgeblich.[173] Ob die Zahlungspflicht des Lizenznehmers bei Abnahmeweigerung, Rücktritt oder Nichtzahlung des Abnehmers entfällt, muss durch Einzelfallauslegung ermittelt werden, wenn keine vertragliche Regelung getroffen worden ist.[174] Es kann auch eine prozentuale **Beteiligung am Gewinn**, zB am Rohgewinn vereinbart werden. Bei Umsatzlizenzen für Nutzungen, die in großem Umfang erwartet werden, kann die Vereinbarung einer sog. **Abstaffelung**[175] interessengerecht sein. Umsatzlizenzen sind auch für abgewandelte Ausführungen zu entrichten, wenn sie in den Schutzumfang des lizenzierten Schutzrechts fallen.[176] Bei gestatteten Änderungen besteht ein vertraglicher Vergütungsanspruch.

60

15. Betragslizenz

Es kann vereinbart werden, dass für jeden lizenzpflichtigen Vorgang ein **bestimmter Geldbetrag** zu entrichten ist. Bei Betragslizenzen kann zwar eine Anpassung an Marktentwicklungen mit **Wertsicherungsklauseln** oder durch das **Recht auf Änderung** erfolgen. Weil Wertsicherungsklauseln häufig genehmigungsbedürftig sind und das Ergebnis von Änderungsverlangen vielfach ungewiss ist, werden Betragslizenzen in der Regel nur für einmalige oder kurzfristige Nutzungen vereinbart.

61

16. Pauschallizenz

In Verbindung mit Umsatzlizenzen oder auch isoliert können Pauschallizenzen vereinbart werden. Durch eine **Einstandszahlung** kann kostenintensiven Vorarbeiten des Lizenzgebers oder sonstigen Besonderheiten Rechnung getragen werden. Die Vereinbarung einer Einstandszahlung für eine Produktwerbung in dem Katalog eines Versandhandelsunternehmens[177] ist allerdings unüblich.[178] Die Vereinbarung einer **Einmalzahlung** kann u.a. in Betracht kommen, wenn Kontrollmöglichkeiten für die Richtigkeit von Abrechnungen zur Prozentlizenz nicht ausreichend sichergestellt sind (zB bei einem Lizenznehmer mit weit entferntem Firmensitz oder mit unzureichender Buchhaltung). Neben

62

---

171 Vgl Traumann, GRUR 2008, 470, 473.
172 ZB BGH GRUR 2000, 138 – Knopflochnähmaschinen; GRUR 2006, 143, 146 – Catwalk.
173 Eine Vereinbarung über eine umsatzbezogene Lizenz kann zB lauten:
„Für jedes Lizenzerzeugnis erhält der Lizenzgeber vom Lizenznehmer ein Entgelt in Höhe von ... Prozent (Umsatzlizenz). Bemessungsgrundlage für die Umsatzlizenz ist der jeweilige Nettofakturenwert aus den Rechnungen des Lizenznehmers. Der Nettofakturenwert wird dadurch ermittelt, dass vom Bruttofakturenwert Mehrwertsteuer, Kosten für Verpackung, Fracht und Transportversicherung sowie Rabatte, Skonti und Provisionen abgezogen werden."
174 BGH GRUR 2004, 532, 534 – Nassreinigung.
175 Je größer der Umsatz in einem festzulegenden Zeitpunkt ist, desto geringer wird der Prozentsatz der Umsatzlizenz.
176 Das gilt auch dann, wenn der Lizenznehmer eine Einwilligung des Lizenzgebers nicht eingeholt hat, da bei einem Verstoß gegen eine Beschränkung der erteilten Lizenz der Lizenzgeber das Recht aus dem Schutzrecht gegen den Lizenznehmer geltend machen kann.
177 So BGH GRUR 2006, 143, 146 – Catwalk.
178 Kritisch auch Grüger, GRUR 2006, 536, 539.

einer Einstandszahlung können laufende Lizenzzahlungen vereinbart werden.[179] Für die Höhe des Prozentsatzes der Umsatzlizenz kann sich eine Einstandszahlung ermäßigend auswirken.[180] Es liegt in der Regel ausschließlich im **Risikobereich** der Vertragsparteien, wenn sich zwischen dem Wert der Nutzungen und dem Wert einer *lump sum* (Pauschalsumme) ein Missverhältnis ergibt. Ein gesetzlicher Anspruch auf Erhöhung eines *down payment* (Einmalzahlung) ist lediglich in § 32 Abs. 1 S. 3 UrhG vorgesehen. Ansonsten kann nur auf dem schwierigen Weg der durch § 313 BGB ermöglichten Vertragsanpassung ein eklatantes Missverhältnis zwischen Leistung und Gegenleistung korrigiert werden.

17. Mindestlizenz

63 In Kombination von Umsatzlizenz und Pauschallizenz kann eine Mindestlizenz zur **Absicherung des Lizenzgebers** vereinbart werden. Dabei trägt der Lizenznehmer das Risiko eins Fehlschlags bei den erwarteten Umsätzen.[181] Eine Anpassung der Mindestlizenz bei nachträglicher Änderung des Preisgefüges kann jedoch in Betracht kommen, wenn das wirtschaftliche Interesse einer Vertragspartei auch nur annähernd nicht mehr gewahrt ist.[182] Bei Verträgen, die auf längere Zeit ausgelegt sind, werden Mindestlizenzen häufig für **zeitliche Teilabschnitte** vereinbart. Eine zeitlich **gestaffelte Erhöhung** von Mindestlizenzen kann sachgerecht sein. Häufig wird vereinbart, dass Zahlungen aus der Umsatzlizenz auf die Mindestlizenz **angerechnet** werden. Wenn diese Zahlungen den Betrag der Mindestlizenz nicht erreichen, muss der Lizenznehmer nur den Differenzbetrag an den Lizenzgeber bezahlen.[183]

18. Abrechnung

64 Die Vereinbarung von Umsatzlizenzen verpflichtet den Lizenznehmer zur **Rechnungslegung** über die lizenzpflichtigen Vorgänge. Durch die Rechnungslegung soll die Grundlage für eine ordnungsgemäße Abrechnung und deren Kontrolle geschaffen werden. Diese Verpflichtung besteht auch dann, wenn eine ausdrückliche vertragliche Regelung nicht getroffen worden ist. Bei längerer Vertragsdauer ist in **periodischen Zeitabständen** Rechnung zu legen und im Anschluss hieran die daraus resultierende Vergütung zu entrichten. Erforderlich ist eine **geordnete Zusammenstellung** der einzelnen lizenzpflichtigen Vorgänge, die dem Lizenzgeber die Prüfung der Richtigkeit und Vollständigkeit ermöglicht. Die Abrechnung und die Kontrolle werden erleichtert, wenn sich der Lizenznehmer verpflichtet, für lizenzpflichtige Geschäfte gesonderte Rechnungen auszustellen. Die **Transparenz** der Abrechnung wird erhöht, wenn der Lizenznehmer nicht nur die Daten und Beträge der lizenzpflichtigen Geschäfte auflistet, sondern dem Lizenzgeber zusätzlich Ausdrucke der Rechnungen über die lizenzpflichtigen Geschäfte zur Verfügung stellt. Wenn der Lizenzgeber keinen Einblick in die Kundenstruktur des Lizenznehmers erhalten soll, kann dem durch eine Teilneutralisierung der Rechnungsausdrucke bzw der Rechnungskopien Rechnung getragen werden.[184]

---

179 Vgl Grüger, GRUR 2006, 536, 540.
180 BGH GRUR 2006, 143, 146 – Catwalk.
181 BGH GRUR 1974, 40, 43 – Bremsrolle.
182 BGH GRUR 2001, 223, 226 – Bodenwaschanlage.
183 Interessengerecht kann zB folgende Vereinbarung sein:
„Unabhängig von der Umsatzlizenz bezahlt der Lizenznehmer an den Lizenzgeber Mindestlizenzen wie folgt:
– Kalenderjahr …: … €
– Kalenderjahr …: … €
– und alle folgenden Kalenderjahre: … €
Die Mindestlizenzen sind zum 31. Januar des jeweils folgenden Kalenderjahres fällig. Der Anspruch auf Mindestlizenzen besteht nicht, wenn die Umsatzlizenz, die für das jeweilige Kalenderjahr angefallen ist, den Betrag der Mindestlizenz erreicht oder übersteigt."
184 Ein Lizenzgeber kann zB vorschlagen:
„Die Abrechnung der Umsatzlizenz erfolgt pro Kalendervierteljahr (Abrechnungszeitraum), erstmals zum …. Maßgeblich ist das Rechnungsdatum. In den Abrechnungen werden die Rechnungsbeträge und die Rechnungsdaten in zeitlicher Reihenfolge ausgewiesen. Die Rechnungen werden vom Lizenznehmer spätestens am Tag des Versands bzw der Auslieferung erstellt. Der Lizenznehmer wird für Lizenzerzeugnisse gesonderte Rechnungen

19. Abrechnungskontrolle

Zur Prüfung der Unterlagen des Lizenznehmers durch einen **Buchsachverständigen** ist der Lizenzgeber in der Regel nur bei ausdrücklicher Vereinbarung berechtigt. Die Bucheinsicht wird erleichtert, wenn sich der Lizenznehmer verpflichtet, über lizenzpflichtige Geschäfte gesonderte Rechnungen zu erstellen und alle einschlägigen Buchhaltungsunterlagen gesondert aufzubewahren. Der Buchsachverständige kann ermächtigt werden, die Richtigkeit und die Vollständigkeit der Abrechnung durch **Einsichtnahme** in alle einschlägigen Unterlagen zu prüfen und (auf eigene Kosten) Kopien von diesen Unterlagen anzufertigen. Es kann eine **Erstattungspflicht für Prüfungskosten** durch den Lizenznehmer für den Fall vereinbart werden, dass substanzielle Fehler in der Rechnungslegung festgestellt werden, zB wenn die ermittelten Fehlbeträge einen festgelegten Betrag oder einen festgelegten Prozentsatz der lizenzpflichtigen Geschäfte übersteigen.[185]

65

20. Gewährleistung

Lizenzverträge gelten als gewagte Geschäfte, so dass der Lizenzgeber im Allgemeinen für den geschäftlichen Erfolg des Lizenznehmers nicht haftet. Wenn der Wert des lizenzierten Rechts geringer wird, weil andere Rechte den **Schutzumfang schmälern**, richten sich die Rechtsfolgen primär nach dem Vereinbarungsinhalt, subsidiär nach dem, was für beide Parteien Geschäftsgrundlage geworden ist. Ergänzend können die allgemeinen Bestimmungen des Schuldrechts für Vertragstypen herangezogen werden, die der speziellen Ausgestaltung der Lizenz am nächsten kommen. **Unrichtige Angaben** des Lizenzgebers zur Schutzrechtslage können den Lizenznehmer zur Anfechtung wegen arglistiger Täuschung und zu Schadensersatz berechtigen. Wie es sich auf den Fortbestand des Lizenzvertrags und auf die Zahlungspflicht des Lizenznehmers auswirkt, wenn das **Lizenzschutzrecht** für **nichtig** erklärt wird, richtet sich insbesondere nach den Auswirkungen der Vernichtung des Schutzrechts auf die wirtschaftliche Vorzugsstellung des Lizenznehmers (vgl hierzu Rn 31). Bei einem ungeprüften Immaterialgüterrecht (zB Gebrauchsmuster, Patentanmeldung, eingetragenes Design, Gemeinschaftsgeschmacksmuster) kann von einem Lizenznehmer Verständnis dafür erwartet werden, dass der Lizenzgeber einen möglichst weitgehenden Haftungsausschluss durchsetzen möchte.

66

> **Hinweis:** Bei einem Haftungsausschluss dient es der Ausgewogenheit (vgl Rn 7), wenn der Lizenzgeber in angemessenem Umfang Versicherungen abgibt, die für den Rechtsbestand des Vertragsschutzrechts von Bedeutung sind.[186]

---

ausstellen und jeder Abrechnung Ausdrucke der Rechnungen beifügen, die im Abrechnungszeitraum erstellt worden sind. Der Lizenznehmer wird die Abrechnung und die zugehörigen Rechnungsausdrucke innerhalb eines Monats nach Ablauf des Abrechnungszeitraums dem Lizenzgeber vorlegen. Die Zahlungen sind jeweils zum Ende dieses Monats fällig und erfolgen frei von Abzügen und Spesen. Direkte Steuern und Umsatzsteuern, die im Vertragsstaat auf die an den Lizenzgeber geleisteten Zahlungen erhoben werden, gehen zu Lasten des Lizenznehmers."

185 Die folgende Klausel zur Bucheinsicht entspricht der Üblichkeit:
„Der Lizenzgeber ist berechtigt, die Richtigkeit der Abrechnung durch einen zur Verschwiegenheit verpflichteten Buchsachverständigen während der Bürogeschäftszeiten des Lizenznehmers überprüfen zu lassen und auf eigene Kosten Kopien von den für die Abrechnung maßgeblichen Unterlagen der Buchhaltung anfertigen zu lassen. Die Kosten der Überprüfung trägt der Lizenzgeber. Wenn die Überprüfung eine Differenz von mehr als 2 % (zwei Prozent) für einen Abrechnungszeitraum ergibt, hat der Lizenznehmer die Kosten bzw die anteiligen Kosten der Überprüfung dem Lizenzgeber zu erstatten."

186 Zur Gewährleistung für den Bestand und für die Freiheit von Rechten Dritter kann eine Vertragsklausel, die angemessen sowohl den Einstandsmöglichkeiten des Lizenzgebers als auch dem Interesse des Lizenznehmers Rechnung trägt, zB wie folgt lauten:
„Der Lizenzgeber versichert, dass er keine Kenntnis hat von 1. vorbekannten Erzeugnissen, die der Schutzfähigkeit des Vertragsschutzrechts entgegenstehen; 2. Verfahren, Anträgen oder Aufforderungen, die ganz oder teilweise gegen den Bestand des Vertragsschutzrechts gerichtet sind; 3. Schutzrechten und sonstigen Rechten Dritter, die durch die Herstellung und durch die Verbreitung von Erzeugnissen verletzt werden, die von dem Gegenstand des Vertragsschutzrechts Gebrauch machen. Der Lizenzgeber übernimmt jedoch keine Gewährleistung dafür, dass 1. die Lizenzschutzrechte nicht ganz oder teilweise für nichtig erklärt oder gelöscht werden, 2. durch die Verbreitung der Lizenzerzeugnisse im Vertragsgebiet keine Rechte Dritter verletzt werden."

21. Produkthaftung

67 Bei einer produktbezogenen Lizenz liegt das Risiko aus der gesetzlichen Produkthaftung beim Lizenznehmer als **Hersteller des Endprodukts**. Wenn ein Kennzeichen Gegenstand des Lizenzvertrags ist, kann eine sich hieraus – je nach der konkreten Handhabung des Lizenzverhältnisses – ergebende Haftung des Lizenzgebers als sog. **Quasihersteller**[187] nicht mit Sicherheit ausgeschlossen werden. Eine produktbezogene Lizenz kann ebenfalls zur Haftung des Lizenzgebers als Quasihersteller führen, wenn der Eindruck erweckt wird, dass der Lizenzgeber die Verantwortung für das Produkt hat. Der Lizenznehmer kann mit seinen Abnehmern zwar Haftungsbeschränkungen für verschuldensabhängige Ansprüche vereinbaren, die gesetzliche Produkthaftung ist jedoch eine **Gefährdungshaftung**,[188] für die ein Haftungsausschluss nicht in Betracht kommt. Je deutlicher das Produkthaftungsrisiko ausgeprägt ist, desto mehr kommt der Abschluss einer speziellen **Versicherung** in Betracht. Hierzu kann dem Lizenznehmer eine Verpflichtung auferlegt werden. Weil der tatsächliche Hersteller und der Quasihersteller als Gesamtschuldner haften,[189] kann die Versicherung auch von **beiden Vertragsparteien** abgeschlossen werden. Wenn in dem Versicherungsvertrag der Lizenzgeber als weiterer Versicherungsnehmer neben dem Lizenznehmer als Vertragspartei aufgeführt ist, hat der Lizenzgeber eine sichere **Kontrollmöglichkeit** für den Abschluss und für den Fortbestand des Versicherungsvertrags. Zweckmäßig sind – ähnlich wie in dem Abschnitt zur Rechtsverfolgung (vgl Rn 69) – ergänzende Abreden über die Handhabung der Rechtsverteidigung. Das Produkthaftungsrisiko ist umso geringer, je größer die Sorgfalt bei der Vorbereitung und der Durchführung der Produktion ist. Vor allem **ausländische Lizenzgeber**, die mit der Rechtslage im Vertragsgebiet nicht vertraut sind, können den Lizenznehmer auch im Rahmen des Lizenzvertrags auffordern, dass dieser alle erforderlichen **Genehmigungen** einholt. Zusätzlich kann sich der Lizenznehmer ausdrücklich verpflichten, dass er alle produktbezogenen **Vorgaben** der Gesetzgebung, der Normung, der Verwaltung und der Branchenusancen beachtet. Die Vereinbarung einer kontinuierlichen **Qualitätskontrolle** durch den Lizenzgeber – für das Produkt und gegebenenfalls für die Produktion – kann eine umfassende Gesamtregelung abschließen.

22. Aufrechterhaltung des Vertragsschutzrechts

68 Die Verpflichtung zur Aufrechterhaltung von Vertragsschutzrechten ergibt sich zwar aus einer ungeschriebenen **Vertragspflicht des Lizenzgebers**. Dennoch kann eine ausdrückliche Regelung für den Lizenznehmer beruhigend wirken. Für den Fall, dass der Lizenzgeber die Absicht haben sollte, das Vertragsschutzrecht zu veräußern, können Regelungen dafür vorgesehen werden, dass der Lizenznehmer die **Möglichkeit zum Erwerb** erhält. Eine positive Regelung im Vertragstext dient jedoch der Rechtsklarheit.

23. Rechtsverfolgung

69 Die **Verteidigung** des Vertragsschutzrechts bzw Lizenzschutzrechts gegen Angriffe, die gegen den Bestand gerichtet sind, ist ausschließlich Sache des **Schutzrechtsinhabers**.[190] Es kann zwar eine Nebenpflicht zum Einschreiten gegen Verletzungshandlungen Dritter bestehen; erzwingbar ist ein Vorgehen jedoch nicht.[191] Unklarheiten können entstehen, wenn nach dem maßgeblichen einzelstaatlichen Verfahrensrecht ein **Vorgehen gegen Schutzrechtsverletzer** in gewillkürter Prozessstand-

---

187 § 4 Abs. 1 S. 1 ProdHaftG.
188 Vgl § 1 Abs. 1 ProdHaftG.
189 § 5 S. 1 ProdHaftG.
190 Zur Klarstellung und Konkretisierung kann zB vereinbart werden:
„Zur gerichtlichen und außergerichtlichen Geltendmachung von Ansprüchen aus den Lizenzschutzrechten ist ausschließlich der Lizenzgeber berechtigt. Wenn gegen den Lizenznehmer gerichtliche oder außergerichtliche Maßnahmen oder Anfragen wegen der Verletzung von Rechten Dritter gerichtet werden, wird der Lizenznehmer den Lizenzgeber unverzüglich und vollständig unterrichten. Der Lizenznehmer wird hierzu keinerlei Erklärungen gegenüber Dritten abgeben und ermächtigt den Lizenzgeber hiermit unwiderruflich, alle Erklärungen für den Lizenznehmer abzugeben. Die Kosten trägt der Lizenzgeber."
191 AA Traumann, GRUR 2008, 470, 471.

schaft zulässig ist. Hier dient eine eindeutige Zuweisung von Befugnissen der Rechtsklarheit. Das kann insbesondere Bedeutung erlangen, wenn erforderlichenfalls der Erlass einer einstweiligen Verfügung beantragt werden soll und der Lizenzgeber seinen Sitz oder Wohnsitz im Ausland hat. Zwar kann durch eine Versicherung an Eides statt glaubhaft gemacht werden, dass der Lizenznehmer zur Geltendmachung von Ansprüchen gegen Dritte ermächtigt ist. Es erleichtert jedoch die Rechtsverfolgung, wenn der Lizenznehmer eine schriftliche Ermächtigung des Lizenzgebers vorlegen kann. Diese Ermächtigung kann bereits beim Abschluss des Lizenzvertrags, auch als zusätzliche Urkunde, ausgefertigt werden.[192]

24. Nichtangriff

Vereinbarungen über die Verpflichtung zum Nichtangriff des Vertrags- bzw Lizenzschutzrechts sind nach Art. 5 Abs. 1 Buchst. b TT-GVO nicht freigestellt[193]. Mit **Nichtangriffsklauseln** werden häufig Vorstellungen verbunden, die den tatsächlichen und rechtlichen Gegebenheiten nicht immer Rechnung tragen. Die Befugnis, den Bestand eines Immaterialgüterrechts – zB durch einen Antrag oder eine Klage auf Nichtigerklärung oder Löschung – anzugreifen, ist vielfach für jedermann eröffnet (sog. Popularantrag oder Popularklage). Wenn ein an dem Vertragsverhältnis nicht beteiligter Dritter auf diesem Weg gegen den Bestand eines Immaterialgüterrechts vorgeht, kann dem der Inhaber des Immaterialgüterrechts ohnehin keine Verzichtsabrede entgegenhalten werden. 70

25. Geheimhaltung

Vertragsklauseln über Geheimhaltungspflichten sind bei sorgfältig ausgearbeiteten Verträgen über die Nutzung von **Know-how** unentbehrlich. Lizenzverträge über technische Schutzrechte enthalten nicht selten auch Nebenabreden über die Nutzung von Know-how. Bei Lizenzverträgen über eingetragene Designs und Gemeinschaftsgeschmacksmuster besteht dagegen in der Regel kein Anlass für Geheimhaltungsklauseln. Vereinbarungen über Geheimhaltungspflichten werden zwar häufig sehr sorgfältig und detailliert ausgearbeitet. Die Risiken für die Missachtung von Geheimhaltungspflichten sind jedoch meistens so gering, dass nur durch die Vereinbarung einer ansehnlichen **Vertragsstrafe** eine Abschreckungswirkung erzielt wird. 71

26. Steuern

Wenn die Vertragsparteien im **gleichen Staatsgebiet** ihren Sitz oder Wohnsitz haben und wenn die Handhabung des Lizenzvertrags keine Wirkungen außerhalb des Staatsgebiets erzeugt, kann eine einfache Prüfung der Rechtslage zu dem Ergebnis führen, dass eine besondere Regelung entbehrlich ist. In allen Fällen von **Auslandsbezügen** ist jedoch eine Prüfung der steuerlichen Auswirkungen insbesondere im Hinblick auf die Umsatzsteuer und die Quellensteuer (gegebenenfalls unter Einbeziehung von Doppelbesteuerungsabkommen) unverzichtbar. 72

27. Vertragsdauer

Die Beachtung der festgelegten Dauer der Lizenz ist für den Lizenzgeber so wichtig, dass ein Verstoß auch gesetzliche Ansprüche begründet (vgl Rn 40). Die Dauer der Lizenz richtet sich nach dem Vereinbarungsinhalt. Eindeutig festgelegt ist die Dauer des Vertragsverhältnisses, wenn ein **Endtermin** im Vertrag (oder später) vereinbart worden ist. Ansonsten muss durch Auslegung die 73

---

192 In dem Vertrag kann zB vereinbart werden:
„Der Lizenzgeber ermächtigt den Lizenznehmer, im eigenen Namen alle Ansprüche geltend zu machen, die sich aus einer Verletzung der Lizenzschutzrechte ergeben. Die Ermächtigung wird gesondert auch als Anlage … zu diesem Vertrag erklärt. Die Kosten und das Risiko aller Maßnahmen trägt der Lizenznehmer. Entschädigungen, die der Lizenznehmer erhält, verbleiben bei dem Lizenznehmer. Der Lizenzgeber wird den Lizenznehmer über Verletzungen von Lizenzschutzrechten unterrichten und den Lizenznehmer, soweit erforderlich, bei allen Maßnahmen unterstützen."
193 Es besteht jedoch die Möglichkeit, bei einer Exklusivlizenz eine Vertragsbeendigung für den Fall vorzusehen, dass der Lizenznehmer die Gültigkeit eines oder mehrerer Lizenzschutzrechte angreift.

Dauer der Lizenz ermittelt werden. Die Berechtigung zur Benutzung eines Immaterialgüterrechts besteht in der Regel für die ganze Schutzdauer. Eine kürzere Laufzeit kann sich aus einem besonderen Zweck des Lizenzvertrags ergeben, zB als Bestandteil einer übergreifend geregelten Kooperation. Bei der Festlegung von **Kündigungsfristen** muss aus der Sicht des Lizenzgebers berücksichtigt werden, dass die Suche nach einem neuen Lizenznehmer und die Vorbereitung der neuen Lizenztätigkeit erhebliche Zeit in Anspruch nehmen kann. Eine **Vorlaufzeit** von sechs bis zwölf Monaten ist in der Regel nicht zu gering bemessen. Aus der Sicht des Lizenznehmers muss berücksichtigt werden, welche Zeit er seinerseits für eine Umstellung benötigt. Im Allgemeinen ist auch für den Lizenznehmer eine Umstellungsfrist im gleichen Zeitrahmen angemessen. Wenn der Lizenznehmer Investitionen getätigt hat, die nach der Beendigung des Vertrags nicht mehr verwertbar sind, kann dem Amortisationsinteresse durch die Vereinbarung einer mehrjährigen **Mindestlaufzeit** Rechnung getragen werden.

28. Ordentliche Kündigung

74 Weil Lizenzverträge Dauerschuldverhältnisse sind (vgl Rn 30), kann eine ordentliche Kündigung auch ohne vertragliche Regelung erfolgen.[194] Bei vertraglichen Regelungen hängt die Angemessenheit der Frist für eine ordentliche Kündigung für den Lizenznehmer insbesondere von Erwägungen zur Amortisation von Investitionen und von Maßnahmen der Marktpflege ab. Es kann daher sachgerecht sein, die Möglichkeit zur ordentlichen Kündigung erst nach Ablauf einer längeren Vertragsdauer zu eröffnen. Die Länge der Kündigungsfrist sollte so bemessen sein, dass beiden Vertragsparteien ausreichend Zeit für die Vorbereitung einer anderweitigen Geschäftstätigkeit verbleibt (vgl Rn 73).

29. Außerordentliche Kündigung

75 Bei Dauerschuldverhältnissen ist eine Kündigung aus wichtigem Grund zulässig, wenn eine Interessenabwägung zur **Unzumutbarkeit** der Vertragsfortsetzung führt (vgl Rn 31). Beide Vertragspartner können daher durch eine außerordentliche Kündigung das Vertragsverhältnis beenden, wenn die Fortführung des Vertrags bis zum Zeitpunkt der frühestmöglichen ordentlichen Kündigung unzumutbar geworden ist. Die außerordentliche Kündigung muss innerhalb einer **angemessenen Frist** erfolgen.[195] Häufig berechtigen Vertragsverletzungen erst nach Missachtung einer **Abmahnung** zur außerordentlichen Kündigung.[196] Je stärker die beiderseitigen Treuepflichten ausgeprägt sind, desto strengere Anforderungen bestehen sowohl für den Kündigungsgrund als auch für das Erfordernis einer Abmahnung. Neben dem unabdingbaren Recht zur außerordentlichen Kündigung bei gravierenden Leistungsstörungen können **Sachverhalte vertraglich definiert** werden, die entweder zu Kündigung mit Fristvorlauf oder zu fristloser Kündigung berechtigen. Häufig ist damit eine Konkretisierung dafür verbunden, welche Anforderungen an einen wichtigen Grund zur fristlosen Kündigung erfüllt sein müssen.[197] Dem Lizenzgeber kann auch gestattet werden, das Vertragsverhältnis

---

194 Das ergibt sich aus einer entsprechenden Anwendung der §§ 584, 624, 723 BGB (BGH WRP 2005, 508, 513 – BOSS-Club).
195 § 314 Abs. 3 BGB. Die zweiwöchige Ausschlußfrist des § 626 Abs. 2 BGB kann hierfür nicht als Maßstab herangezogen werden, BGH GRUR 2011, 455 Tz 28 – Flexitanks.
196 Beispiele bei BGH GRUR 1992, 112, 114 – pulp-wash; GRUR 1997, 610, 611 – Tinnitus-Masker.
197 BGH GRUR 2004, 532, 533 – Nassreinigung. Beispiel:
„Von jeder Vertragspartei kann der Vertrag aus wichtigem Grund gekündigt werden. Die Kündigung muss innerhalb einer Frist von vier Wochen, nachdem der Berechtigte von dem wichtigen Grund Kenntnis erlangt hat, erklärt werden. Ein wichtiger Grund liegt insbesondere vor, wenn
– eine Erklärung unrichtig ist, die der Lizenzgeber in den Abschnitten ... dieses Vertrags abgegeben hat, und diese Erklärung für den wirtschaftlichen Wert der Lizenz von nicht unerheblicher Bedeutung ist;
– der Lizenznehmer eine Abrechnung nicht fristgerecht dem Lizenzgeber übergibt oder eine Zahlung nicht fristgemäß oder nicht vollständig vornimmt und eine vom Lizenzgeber gesetzte Nachfrist von zwei Wochen ungenutzt lässt;
– eine Vertragspartei trotz Abmahnung mit angemessener Fristsetzung sonstige wesentliche Vertragspflichten verletzt."

zu beenden, wenn vereinbarte **Mindestumsätze** nicht erzielt werden; diese Befugnis besteht in der Regel nicht, wenn eine Mindestlizenz vereinbart ist. In umfangreichen Lizenzverträgen sind häufig **wichtige Kündigungsgründe** umfassend aufgeführt. Dazu können zB Regelungen für den Fall gehören, dass Änderungen in den Beteiligungsverhältnissen der Vertragsparteien eintreten.

30. Auslaufregelungen

Die lizenzierte Gestaltung fällt vorbehaltlich abweichender Abreden nach Vertragsende auch dann uneingeschränkt und entschädigungslos in den **Herrschaftsbereich des Lizenzgebers** zurück, wenn der Lizenznehmer durch seine Werbeaufwendungen den Bekanntheitsgrad erheblich gesteigert hat. Nach Vertragsende ist der Lizenznehmer daher nicht mehr zur Herstellung, je nach Vereinbarung oder Gesamtumständen aber zum **Abverkauf** noch vorhandener Erzeugnisse berechtigt. Zur Bereinigung der Marktsituation kann es zwar für den Lizenzgeber wünschenswert sein, dass ihm ein **Aufkaufrecht** eingeräumt wird. Wird dieses Recht in Anspruch genommen, kann es zu Meinungsverschiedenheiten über die Preisermittlung kommen, wenn nicht schon im Lizenzvertrag Abreden getroffen worden sind. Vor der Vereinbarung einer Übernahmepflicht sollte geklärt werden, wie mit veralteten oder mängelbehafteten Erzeugnissen zu verfahren ist. Nach Vertragsende ist der Lizenznehmer zwar grundsätzlich so frei wie jeder Dritte, es können jedoch **fortwirkende Treuepflichten** sowie zu beachtende **Markenrechte** bestehen. Nach der Beendigung eines Lizenzvertrags kann der Lizenznehmer dem Lizenzgeber insbesondere nicht entgegenhalten, während der Laufzeit des Lizenzvertrags eigene Kennzeichenrechte an einem lizenzierten Zeichen erworben zu haben.[198] Ein Markenlizenznehmer darf jedoch seine Kunden darauf hinweisen, dass ein langjähriger Lizenzvertrag demnächst ausläuft, aber dasselbe Produkt im Anschluss unter einer anderen Bezeichnung erworben werden kann.[199]

31. Anwendbares Recht

Bei **Auslandsbezügen** kann es unklar sein, welche Rechtsordnung maßgeblich ist, wenn der Vertragstext nicht eindeutig oder unvollständig ist. Die nach den Grundsätzen des internationalen Privatrechts maßgeblichen Anknüpfungspunkte können zu Zweifeln Anlass geben oder für die bestimmende Vertragspartei nachteilig sein. Es ist daher empfehlenswert, bereits beim Abschluss des Lizenzvertrags für Klarheit über das anwendbare Recht zu sorgen.

32. Schriftformklausel

Viele Vertragsparteien legen Wert darauf, dass der vereinbarte Vertragstext nicht durch Erklärungen infrage gestellt werden kann, die keinen Eingang in den Vertrag gefunden haben. Wenn Beweis darüber erhoben wird, ob außerhalb des Vertragstextes abweichende oder ergänzende Vereinbarungen getroffen worden sind, führt das zu Unwägbarkeiten.

33. Vollständigkeitsklausel

Mit dem Zweck von Schriftformklauseln steht eine allgemeine Bestimmung des Inhalts in enger Verbindung, dass außerhalb des Vertrags weder abweichende noch zusätzliche Vereinbarungen erfolgt sind. Bei einer Vollständigkeitsklausel spricht daher eine Vermutung dafür, dass sämtliche für das Vertragsverhältnis maßgeblichen Regelungen Eingang in den Vertragstext gefunden haben. Wenn zugleich eine Schriftformklausel in den Vertragstext aufgenommen ist, kann diese Vermutung nur durch eine schriftliche Vereinbarung widerlegt werden.[200]

---

198 BGH GRUR 1963, 485, 487 – Micky-Maus-Orangen; WRP 2005, 508, 511 – BOSS-Club.
199 OLG Köln GRUR-RR 2007, 390, 392 – Neuer Name.
200 Die Vollständigkeitsklausel und die Schriftformklausel werden häufig entsprechend dem folgenden Beispiel kombiniert:
„Für das Vertragsverhältnis ist ausschließlich dieser Vertrag maßgeblich. Anlagen sind Bestandteile des Vertrags. Außerhalb dieses Vertrags sind keine Erklärungen und keine Versicherungen abgegeben und keine Abreden

34. Salvatorische Klausel

80 Durch die am häufigsten vereinbarte Klausel allgemeiner Natur soll die in § 139 BGB aufgestellte Regel außer Kraft gesetzt werden, die zum Inhalt hat, dass das ganze Rechtsgeschäft nichtig ist, wenn ein Teil eines Rechtsgeschäfts nichtig ist. Zugleich soll die Lücke geschlossen werden, die sich daraus ergibt, dass ein Teil des Vertrags unwirksam ist. Aus derartigen salvatorischen **Erhaltungs- und Ersetzungsklauseln** ergibt sich jedoch nur eine Bestimmung über die **Darlegungs- und Beweislast** im Rahmen der Prüfung, ob die Vertragsparteien das teilnichtige Geschäft als Ganzes verworfen hätten oder den Rest hätten gelten lassen.[201]

35. Streitentscheidung

81 Wenn **staatliche Gerichte** über Streitigkeiten aus Lizenzverträgen entscheiden, wird die lange Verfahrensdauer und die Öffentlichkeit der Verhandlungstermine als Mangel empfunden.

Hinweis: Sind Vertragsparteien aus zwei oder mehr Staaten beteiligt, ist es für die Akzeptanz förderlich, wenn Konfliktlösungen nicht einem Gericht zugewiesen werden, das seinen Gerichtsort in einem dieser Staaten hat.

Häufig wird vorgeschlagen, dass anstelle des ordentlichen Gerichts ein **Schiedsgericht** entscheiden soll.[202] Ein Vorzug des Schiedsgerichtsverfahrens ist insbesondere dessen **Vertraulichkeit** im Ablauf und im Ergebnis. Wenn die Parteien in mehreren Staaten ansässig sind, kann dem mit einer **Internationalisierung** in der Besetzung und in der Bestimmung des Ortes Rechnung getragen werden, an dem das Schiedsgericht seinen Sitz hat. Die darüber hinaus angeführten Vorzüge entsprechen jedoch nicht immer den Vorstellungen, die Vertragsparteien beim Abschluss des Vertrags haben. Die Vertragspartei, die in einem Schiedsgerichtsverfahren ganz oder teilweise unterliegt, empfindet es in der Regel als Mangel, dass keine weitere Instanz angerufen werden kann. Insbesondere bei schwierigen Konstellationen können Schiedsgerichtsverfahren wesentlich mehr Zeit in Anspruch nehmen, als das von den Vertragsparteien erwartet wird: Für die Vernehmung von Zeugen muss das Schiedsgericht die Unterstützung des ordentlichen Gerichts in Anspruch nehmen. Wenn kein institutionalisiertes Schiedsgericht vereinbart wird, können sich bei der Auswahl und der Bestellung des Schiedsrichters bzw der Schiedsrichter Verzögerungen ergeben. Die Kosten für die Schiedsrichter und für die anwaltliche Vertretung der Vertragsparteien liegen häufig in einer Größenordnung, die sich nicht nennenswert von einem Gerichtsverfahren über zwei Instanzen unterscheidet.

Als Alternative zu Schiedsgerichtsverfahren hat die **Mediation**[203] zunehmend an Bedeutung gewonnen. Streitigkeiten aus Lizenzverträgen liegt häufig eine Störung des Vertrauensverhältnisses zugrunde. Diese Störung kann durch eine Gerichtsentscheidung verhärtet werden. Der Mediator wirkt dagegen ohne Entscheidungskompetenz auf eine Konfliktlösung hin, die durch die Parteien selbst zu erfolgen hat. Die Einschaltung eines Mediators kann im Lizenzvertrag vorgesehen werden[204] oder *ad hoc* in einem Streitfall erfolgen. Erfahrene Mediatoren sind mit Strategien für die außergerichtliche Streitbeilegung vertraut.[205] Erforderlichenfalls können Personen mit besonderem

---

getroffen worden, die für das Vertragsverhältnis von Bedeutung sind. Der Schriftform bedürfen Änderungen – auch dieser Bestimmung – und Ergänzungen sowie die Kündigung dieses Vertrags."

201 BGH GRUR 2004, 353 – Tennishallenpacht.
202 Ausführlich hierzu Labes/Löscher, S. 212 ff.
203 Vgl hierzu insbesondere Kaden, Mitt. 2008, 23 ff (mit Checkliste und Kostenvergleich); Volpert, Mitt. 2008, 170 ff (mit mannigfachen Hinweisen und weiterführenden Schrifttumsnachweisen) sowie die allgemeinen Hinweise bei Albers, in: Baumbach/Lauterbach/Albers/Hartmann, Grundz. Rn 11 vor § 1025 ZPO.
204 Beispiel für eine Mediationsklausel:
„Streitigkeiten aus diesem Vertrag und über dessen Gültigkeit werden im Wege der Mediation unter angemessener Berücksichtigung sowohl der Rechtslage als auch von Billigkeitserwägungen beigelegt. Hat eine Vertragspartei der anderen Vertragspartei mitgeteilt, dass ein Mediationsverfahren durchgeführt werden soll, können sich die Vertragsparteien innerhalb einer Frist von … Wochen ab Zugang der Mitteilung auf einen Mediator einigen. Nach Ablauf dieser Frist wird der Mediator von dem Präsidenten der Industrie- und Handelskammer … bestimmt."
205 Ausführlich hierzu Labers/Lörcher, S. 200 ff.

Fachwissen (zB Buchprüfer, Branchenkenner etc.) hinzugezogen werden. Wenn Rechtsanwälte beteiligt sind, kann ein **vollstreckbarer Anwaltsvergleich** (§ 796 a ZPO) an die Stelle der Entscheidung eines staatlichen Gerichts bzw eines Schiedsgerichts treten.

36. Gerichtsstand

Von Lizenzgebern vorgelegte Vertragsentwürfe haben häufig zum Inhalt, dass für Gerichtsverfahren das für den **Firmensitz des Lizenzgebers** zuständige Gericht – entweder ausschließlich oder nach der Wahl des Lizenzgebers – zur Entscheidung anzurufen ist. Im Rahmen der Vertragsverhandlungen gelingt es dem Lizenznehmer vielfach nicht, den Lizenzgeber von dieser Forderung abzubringen. Der Lizenznehmer kann jedoch mit Aussicht auf Erfolg vortragen, dass beide Vertragsparteien an der Vermeidung von Gerichtsverfahren interessiert sein sollten.

> **Hinweis:** Wenn das jeweils für die andere Vertragspartei zuständige Gericht angerufen werden muss, erschwert das die Bereitschaft zu gerichtlichen Auseinandersetzungen.

D. Wertbestimmung

I. Übertragung

Wegen der Individualität eines jeden Designschutzrechts kann es **keinen Marktwert** geben. Auf Vergleichswerte kann nicht zurückgegriffen werden, weil Veräußerungen von Designschutzrechten nicht in der Öffentlichkeit stattfinden und auch nicht Gegenstand der öffentlichen Berichterstattung sind. Der **Verkehrswert** eines Designschutzrechts kann als objektives Bewertungsergebnis daher nur durch sachkundige Einzelfallschätzung ermittelt werden. Wenn ein Designschutzrecht die Grundlage für ein Umsatzgeschäft bildet, sind die **Umsatzerlöse** die zuverlässigste Bewertungsgrundlage. Weil eine Projektion in die Zukunft erfolgen muss, bietet die Umsatzstatistik bis zum Zeitpunkt der Veräußerung des Designschutzrechts die Grundlage für eine Tendenzeinschätzung. Weiterer Bestandteil der **Zukunftsprognose** ist die voraussichtliche **Dauer der Nutzbarkeit** des Designschutzrechts. Ein Schutzrecht für ein modisches Erzeugnis veraltet ebenso schnell wie dieses selbst. Nur wenige Schutzrechte bleiben bis zur maximalen Schutzdauer marktrelevant. Die Attraktivität von Kennzeichen kann dagegen Jahrzehnte überdauern. Wenn alle umsatzrelevanten Faktoren ermittelt bzw geschätzt sind, wird die Bedeutung des Designschutzrechts für die Umsatzbetrachtungen eingeschätzt. Bei einem Produktschutz ist die Umsatzbedeutung größer als bei einem Schutz für ein Produktteil oder für einen Abschnitt des Herstellungsverfahrens.

Der erwartete Umsatz wird in einem letzten Schritt mit einem Prozentsatz relativiert, der dem Einsatz von anderen wertbildenden Faktoren Rechnung trägt; das sind insbesondere die Kosten der Herstellung und des Vertriebs sowie die anteiligen Gemeinkosten und der Gewinn. Hierfür ergibt sich die nächstliegende Schätzungsmethode aus den Grundsätzen zur Ermittlung des **angemessenen Lizenzsatzes**. Im Anwendungsbereich des Gesetzes über Arbeitnehmererfindungen bewährt es sich seit Jahrzehnten, dass der Wert einer technischen Erfindung nach der sog. **Lizenzanalogie** ermittelt werden kann. Dieses Verfahren gewährleistet auch für eine monetäre Patentbewertung die zuverlässigsten Ergebnisse.[206] Dasselbe gilt für die Bewertung von anderen Designschutzrechten. Schwierig ist die Bewertung von **Kennzeichen**, weil Übertragungen von benutzten Marken ohne den dazugehörigen Geschäftsbetrieb zwar möglich sind, praktisch jedoch nicht vorkommen. Als Bewertungsgrundlage werden auch hier die Umsatzzahlen herangezogen. Weil die einem Kennzeichen entgegengebrachte Wertschätzung in der Höhe des Lizenzsatzes ihren Niederschlag findet, führt die Kombination von Umsatz bzw Umsatzerwartung mit einem angemessenen Lizenzsatz zu realistischen Ergebnissen. Wenn von dem durchschnittlichen Jahresumsatz der letzten fünf Jahre ausgegangen und der Umsatzentwicklung durch eine Modifizierung des Bewertungsprozentsatzes Rechnung getragen wird,[207] trägt das allerdings der Dynamik des Marktgeschehens zu wenig Rechnung.

---

206 Vgl Einsele, Mitt. 2007, 389, 399 (mit weiterführenden Schrifttumsnachweisen).
207 Vgl Repenn/Weidenhiller, S. 37 ff.

Bewertungsgenauer ist die Schätzung der **bevorstehenden Jahresumsätze** auf der Grundlage der bisherigen Entwicklungstendenz. Unsicherheiten der Entwicklung in der ferneren Zukunft kann durch Abzüge bei den Umsatzzahlen Rechnung getragen werden. Soweit für die Angemessenheit von Lizenzsätzen fundierte Erfahrungswerte zur Verfügung stehen, kann auf deren Grundlage eine Kapitalisierung für die geschätzte Dauer der Verwertungsmöglichkeit erfolgen. Als Alternative[208] oder als Ergänzung kann eine Bewertung auf der Grundlage von öffentlich zugänglichen Datenbanken in Betracht kommen.

II. Lizenz

85 Die Gegenleistung des Lizenznehmers für das Recht zur Benutzung eines Designschutzrechts richtet sich zwar eigentlich nach dem **objektiven Wirtschaftswert** unmittelbar des Nutzungsrechts und damit mittelbar auch des Designschutzrechts. Aber für den Wert des geistigen Eigentums gibt es noch weniger objektive Anhaltspunkte als für den Wert einer Lizenzvereinbarung. Die Vertragsparteien von Lizenzverträgen sind weder zu Informationen für die Öffentlichkeit noch zu individuellen Auskünften bereit. Es muss daher auf Veröffentlichungen zurückgegriffen werden, in denen **branchenspezifische Lizenzsätze** dokumentiert sind. Umfassende Veröffentlichungen über Lizenzsätze stehen allerdings nur für technische Schutzrechte zur Verfügung. Weitere Anhaltspunkte können Gerichtsentscheidungen zur Lizenzanalogie entnommen werden. Als Groborientierung kann dienen, dass bei **technischen Schutzrechten** der Lizenzsatz häufig im Bereich von 1 % bis 3 % des Nettoverkaufspreises liegt. Für die Lizenzierung von produktbezogenen **Marken** gilt ein Lizenzsatz in der Größenordnung von 1 % häufig als angemessen. Bei bekannten Marken und Unternehmenskennzeichen kann die Wertschätzung durch einen Lizenzsatz im Bereich von 10 % ihren Niederschlag finden. Für **eingetragenen Designs** und für **Gemeinschaftsgeschmacksmuster** ist ein Lizenzsatz von 5 % mit einem Schwankungsbereich von 1 % bis 10 % angemessen. Bei Werken der **angewandten Kunst** bewegen sich die Lizenzsätze häufig in einem Bereich von 7,5 % bis 12,5 %. Ansonsten werden Lizenzsätze von deutlich über 10 % nur für außergewöhnlich werthaltige Nutzungsrechte vereinbart, zB im Bereich des Merchandising. Die Nachbildung eines hochwertigen Erzeugnisses von beachtlichem Prestigewert durch ein Billigprodukt konnte einen Lizenzsatz von 12,5 % bis 20 % rechtfertigen.[209] Bei **großen Stückzahlen** kann das Ergebnis einer Abstaffelung auch durch eine angemessene Reduzierung des Lizenzsatzes herbeigeführt werden.[210]

III. Gerichtsverfahren

86 Weil die Vergütungen für Schutzrechtsübertragungen und für Lizenzerteilungen vertraglich vereinbart werden, gibt es hierzu keine unmittelbar einschlägigen Gerichtsentscheidungen. Verwertbar sind jedoch Bewertungsergebnisse aus Urteilen zur **Lizenzanalogie** als einer der etablierten Schätzungsmethoden für den Anspruch auf Schadensersatz. Weil die Mitglieder von Zivilgerichten in der Regel über keine eigenen Erkenntnisse verfügen, wird meistens das Gutachten eines **Sachverständigen** eingeholt. Es kann sogar ein grundrechtswidriger Verfahrensfehler sein, wenn zur Schadenshöhe kein Sachverständigengutachten eingeholt wird.[211]

---

208 Vgl Fabry/Ernst, Mitt. 2007, 126 ff.
209 BGH GRUR 1993, 55, 58 – Tchibo/Rolex II; aufgegriffen durch BGH GRUR 2006, 143, 146 – Catwalk.
210 BGH GRUR 1978, 430, 433 – Absorberstabantrieb.
211 BVerfG NJW 2003, 1655, 1656.

§ 11 Durchsetzung von Designschutzrechten

A. Überblick	1	
B. Zivilrechtliche Ansprüche	2	
I. Ansprüche bei eingetragenen Designschutzrechten	2	
1. Unterlassung	2	
2. Schadensersatz	3	
a) Grundsatz	3	
b) Lizenzanalogie	4	
c) Herausgabe des Verletzergewinns	5	
d) Ersatz des entgangenen Gewinns	6	
3. Rechnungslegung; Auskunft	7	
4. Vernichtung; Rückruf	8	
5. Drittauskunft	9	
6. Urteilsbekanntmachung	10	
7. Sicherungsansprüche	11	
II. Ansprüche bei Gemeinschaftsrechten	12	
C. Einwendungen; Einreden	14	
I. Verjährung	14	
II. Verwirkung	15	
III. Erschöpfung	16	
IV. Älteres Recht	17	
V. Vorbenutzungsrecht	19	
VI. Abwendungsbefugnis	20	
VII. Aufbrauchsfrist	21	
D. Anspruchsbeteiligte	22	
I. Aktivlegitimation	22	
II. Passivlegitimation	23	
E. Rechtsverletzung	24	
I. Rechtseingriff	24	
II. Rechtsverletzende Handlungen	25	
1. Systematik	25	
2. Anbieten	26	
3. Ausstellen	27	
4. Besitz	28	
5. Einfuhr, Ausfuhr, Durchfuhr	29	
6. Gebrauch	30	
7. Herstellen	31	
8. Inverkehrbringen	32	
9. Vermieten und Verleihen	33	
10. Werbeankündigung	34	
11. Wiedergabe	35	
III. Begehungsgefahr	36	
F. Streitgegenstand	38	
I. Grundsatz	38	
II. Eventualklagehäufung	39	
G. Streitwert	40	
I. Allgemeines	40	
II. Unterlassungsanspruch	41	
III. Folgeansprüche	42	
IV. Eventualklagehäufung	43	
V. Nichtigkeitswiderklage	44	
VI. Gesamtstreitwert	45	
VII. Streitwertbegünstigung	46	
H. Außergerichtliche Streitbeilegung	47	
I. Allgemeines	47	
II. Verwarnung	48	
III. Abnehmerverwarnung	49	
IV. Berechtigungsanfrage	50	
V. Unterwerfungserklärung	51	
VI. Schutzschrift	52	
I. Klagearten	53	
I. Leistungsklage	53	
II. Feststellungsklage	54	
III. Negative Feststellungsklage	55	
IV. Gestaltungsklage	56	
V. Widerklage	57	
J. Einstweilige Verfügung	58	
I. Allgemeines	58	
II. Verfahren	59	
III. Dringlichkeit	60	
IV. Abschlusserklärung	61	
K. Gerichtszuständigkeit	62	
I. Spezialgerichte	62	
II. Sachliche, örtliche und funktionelle Zuständigkeit	63	
III. Internationale Zuständigkeit	64	
L. Antragsformulierung	68	
M. Vermutung der Rechtsgültigkeit	74	
I. Allgemeines	74	
II. Eingetragene Designs	75	
1. Klageverfahren	75	
a) Grundsatz	75	
b) Nichtigkeitswiderklage	76	
c) Nichtigkeitsantrag	78	
2. Eilverfahren	79	
a) Grundsatz	79	
b) Glaubhaftmachung	80	
III. Eingetragene Gemeinschaftsgeschmacksmuster	81	
1. Klageverfahren	81	
2. Eilverfahren	82	
IV. Nicht eingetragene Gemeinschaftsgeschmacksmuster	83	
1. Klageverfahren	83	
a) Grundsatz	83	
b) Darlegungs- und Beweislast	84	
2. Eilverfahren	85	
a) Grundsatz	85	
b) Glaubhaftmachung	86	
N. Kosten	87	
O. Maßnahmen der Zollbehörde	88	
P. Strafverfahren	89	

Literatur:

Kommentare und Monografien: *Ahrens*, Der Wettbewerbsprozess, 7. Auflage 2014; *Baumbach/Lauterbach/Albers/Hartmann*, Zivilprozessordnung, 73. Auflage 2015; *Berneke/Schüttpelz*, Die einstweilige Verfügung in Wettbewerbssachen, 3. Auflage 2015; *Büscher/Dittmer/Schiwy*, Gewerblicher Rechtsschutz, Urheberrecht, Medienrecht, 3. Auflage 2014; *Cepl/Voß*, Prozesskommentar zum Gewerblichen Rechtsschutz, 2014; *Dreyer/Schulze*, Urheberrechtsgesetz, 4. Auflage 2013; *Eichmann/von Falckenstein/Kühne*, Designgesetz, 5. Auflage 2015; *Erdmann/Rojahn/Sosnitza*, Handbuch des Fachanwalts Gewerblicher Rechtsschutz, 2. Auflage 2011; *Fezer*, Lauterkeitsrecht: UWG, 3. Auflage 2015; *Hasselblatt*, Münchener Anwaltshandbuch Gewerblicher Rechtsschutz, 4. Auflage 2012; *Ingerl/Rohnke*, Markengesetz, 3. Auflage 2010; *Köhler/Bornkamm*, Wettbewerbsrecht, 33. Auflage 2015; *Kühnen*, Handbuch der Patentverletzung, 7. Auflage 2014; *Leible/Rauscher*, EuZPR, Bearbeitung 2011; *Kropholler/Hein*, Europäisches Zivilprozessrecht, 9. Auflage 2011; *Mes*, Münchener Prozessformularbuch Gewerblicher Rechtsschutz, Urheber- und Presserecht, 4. Auf-

lage 2014; *Möhring/Nicolini*, Urheberrecht, 3. Auflage 2014; *Schaper*, Durchsetzung der Gemeinschaftsmarke, 2006; *Ströbele/Hacker*, Markengesetz, 11. Auflage 2015; *Teplitzky*, Wettbewerbsrechtliche Ansprüche und Verfahren, 10. Auflage 2012; *Ullmann*, UWG, 3. Auflage 2013; *Veit*, Die Durchsetzung des Gemeinschaftsgeschmacksmusters im Verletzungsverfahren und Nichtigkeitsverfahren; *Wehlau/Kalbfus*, Die Schutzschrift, 2. Auflage 2015; *Zöller*, Zivilprozessordnung, 30. Auflage 2014; *Zwanzger*, Das Gemeinschaftsgeschmacksmuster zwischen Gemeinschaftsrecht und nationalem Recht, 2007.
Beiträge in Zeitschriften, Festschriften, Sammelwerken: *Ahrens*, Die Bildung kleinteiliger Streitgegenstände als Folge des TÜV-Beschlusses, WRP 2013, 129; *Amschewitz*, Kostentragung bei Sequestrationsverfügungen ohne vorherige Abmahnung, WRP 2012, 401; *Büscher*, Klagehäufung im gewerblichen Rechtsschutz – alternativ, kumulativ, eventuell? GRUR 2012, 16; *Danckwerts*, Die Entscheidung über den Eilantrag, GRUR 2008, 763; *Deister*, Darf der Gerichtsstand noch fliegen? – § 32 ZPO und das Internet, NJW 2010, 197; *Eichmann*, Geschmacksmusterrecht, Form. F. in: Mes, Münchener Prozessformularbuch Gewerblicher Rechtsschutz, Urheber- und Presserecht, 4. Auflage 2014; *Hackbarth*, Strategien im Verletzungsverfahren – nationale Marke oder Gemeinschaftsmarke?, GRUR 2015, 634; *Hopf*, Internationale Zuständigkeit und Kognitionsbefugnis bei der Verletzung von Gemeinschaftsmarken und -geschmacksmustern, MarkenR 2012, 229; *Kleinheyer/Hartwig*, Kausalitätsabschlag und Kontrollüberlegung beim Verletzergewinn, GRUR 2013, 683; *Knaak*, Internationale Zuständigkeiten und Möglichkeiten des Forumshopping in Gemeinschaftsmarkensachen, GRUR Int. 2007, 386; *Köhler, Markus*, Der fliegende Gerichtsstand, WRP 2013, 1130; *Kur*, Durchsetzung gemeinschaftsweiter Schutzrechte: Internationale Zuständigkeit und anwendbares Recht, GRUR Int. 2014, 749; *Leible/Müller*, Der Begriff der Niederlassung im Sinne von Art. 83 Abs. 1 Alt. 2 GGV und Art. 97 Abs. 1 Alt. 2 GMV, WRP 2013, 1; *Meier-Beck*, Schadenskompensation bei der Verletzung gewerblicher Schutzrechts nach dem Durchsetzungsgesetz, WRP 2012, 503; *Pitz*, Außergerichtliches Verfahren, § 4 in: Hasselblatt, Münchener Anwaltshandbuch Gewerblicher Rechtsschutz, 4. Auflage 2012; *Retzer*, Widerlegung der „Dringlickeitsvermutung" durch Interessenabwägung? GRUR 2009, 329; *Schulz*, Die Rechte des Hinterlegers einer Schutzschrift, WRP 2009, 1472; *ders*. Die Schutzschrift im einseitigen Beschlussverfahren, GRUR-Prax 2011, 313; *Sujecki*, Torpedoklagen im europäischen Binnenmarkt, GRUR Int. 2012, 18; *Sujecki*, Die Solvay-Entscheidung des EuGH und ihre Auswirkungen auf Verfahren über Immaterialgüterrechte, GRUR Int. 2013, 201; *Sujecki*, Der Gerichtsstand der Streitgenossenschaft nach Art. 6 Nr. 1 EuGVVO in Verfahren über die Durchsetzung gewerblicher Schutzrechte, EWS 2014, 138; *Wagner*, Tätigwerden der Zollbehörden – Grenzbeschlagnahme, § 8 in: Hasselblatt, Münchener Anwaltshandbuch Gewerblicher Rechtsschutz, 4. Auflage 2012; *Wehlau/Kalbfus*, Die Schutzschrift – Funktion, Gestaltung und prozesstaktische Erwägungen, WRP 2012, 395.

A. Überblick

1   Die große Bedeutung des Vorgehens gegen Rechtsverletzer ist schon daraus ersichtlich, dass das Europäische Parlament und der Rat der Europäischen Union eine Richtlinie zur Durchsetzung der Rechte des geistigen Eigentums, die sog. **Durchsetzungsrichtlinie**, erlassen haben.[1] Grundlage der Durchsetzung von Designschutzrechten ist, dass in den einschlägigen Gesetzen **Ansprüche** für den Fall der Verletzung eines Designschutzrechts vorgesehen sind.[2] Vielfach werden Gerichtsverfahren durch eine **außergerichtliche** Einigung entbehrlich, nachdem der Anspruchsinhaber sich mit dem Anspruchsgegner in Verbindung gesetzt hat. Wenn eine gerichtliche Anspruchsdurchsetzung erforderlich wird, geschieht das entweder in einem **Klageverfahren** oder in einem **Eilverfahren**. Bei grenzüberschreitenden Rechtsverletzungen können **Maßnahmen der Zollbehörden** Abhilfe schaffen. Wenn aufgrund besonderer Umstände ein zivilrechtliches Vorgehen zu keinem Erfolg führt, kann ein **Strafverfahren** in Betracht kommen.

---

1   Richtlinie 2004/48/EG vom 29.4.2004, Abl. EU L 195/16 vom 2.6.2004. In Deutschland ist diese Richtlinie durch das Gesetz zur Verbesserung der Durchsetzung von Rechten des geistigen Eigentums vom 7.7.2008, BGBl. 2008 I, 1191, umgesetzt worden.
2   Vgl die Überschrift „Anspruchsdurchsetzung" zu § 12 UWG. Aus einem Anspruch ergibt sich nach § 194 Abs. 1 BGB das Recht, von der Gegenseite ein Tun oder ein Unterlassen zu fordern.

B. Zivilrechtliche Ansprüche
I. Ansprüche bei eingetragenen Designschutzrechten
1. Unterlassung

Bei einer unbefugten Benutzung eines Designschutzrechts steht fast immer der Unterlassungsanspruch[3] im Vordergrund. Es soll verboten werden, rechtsverletzende Handlungen fortzusetzen.[4] Voraussetzung des Unterlassungsanspruchs ist, dass die Gefahr einer Wiederholung besteht.[5] Auch die Gefahr einer erstmaligen Begehung kann einen Anspruch auf Unterlassung begründen.[6] Einzelheiten zur Wiederholungs- und Begehungsgefahr in Rn 36 f.

2. Schadensersatz
a) Grundsatz

Der Anspruch auf Schadensersatz[7] setzt vorsätzliches oder fahrlässiges Handeln des Verletzers voraus. Fahrlässig handelt, wer die im Verkehr erforderliche Sorgfalt außer Acht lässt.[8] Jeden Hersteller trifft grundsätzlich eine **Obliegenheit zur Prüfung der Schutzrechtslage**.[9] Wer sich nicht hinreichend über den Bestand und die Reichweite eines eingetragenen Immaterialgüterrechts informiert hat, handelt daher fahrlässig.[10] Die als Schadensersatz zu leistende Geldentschädigung[11] wird durch eine **Schadensschätzung**[12] bestimmt. Hierzu hat der Verletzte die Wahl zwischen der sog. Lizenzanalogie,[13] der Herausgabe des Verletzergewinns[14] und dem Ersatz des ihm entgangenen Gewinns.[15]

b) Lizenzanalogie

In der Praxis hat die Lizenzanalogie die größte Bedeutung;[16] dabei wird die Zahlungspflicht des Verletzers analog einem Lizenzvertrag ermittelt. Bemessungsgrundlage sind die rechtsverletzend erzielten Umsätze und die Nettoabgabepreise des Verletzers.[17] Die Höhe des vom Gericht zu schätzenden **Lizenzsatzes** hängt von dem individuellen Wert des unrechtmäßig benutzten Designschutzrechts ab.[18] Anhaltspunkte können sich aus Erfahrungswerten für die einzelnen Arten von Immaterialgüterrechten ergeben; ausführlich zur Angemessenheit von Lizenzsätzen § 10 Rn 85. Bei längerem Verletzungszeitraum besteht ein Anspruch auf **Verzinsung** zu üblichen Fälligkeitsterminen,

---

3 §§ 42 Abs. 1 S. 1 DesignG; 14 Abs. 5 MarkenG; 139 Abs. 1 PatG; 97 Abs. 1 S. 1 UrhG.
4 Vgl Art. 89 Abs. 1 Buchst. a GGV.
5 Vgl § 42 Abs. 1 S. 1 DesignG; BGH GRUR 1983, 127, 128 – Vertragsstrafeversprechen; GRUR 1984, 214, 216 – Copy-Charge.
6 Ausdrücklich geregelt in § 42 Abs. 1 S. 2 DesignG, aber allg. Praxis auch in anderen Rechtsgebieten.
7 §§ 42 Abs. 2 S. 1 DesignG; 14 Abs. 6 MarkenG; 139 Abs. 2 PatG; 97 Abs. 1 S. 1 UrhG.
8 § 276 Abs. 1 S. 2 BGB; BGH GRUR 1960, 256, 260 – Chérie.
9 BGH GRUR 1970, 87, 88 – Muschi-Blix; GRUR 1977, 598, 601 – Autoscooterhalle; GRUR 2006, 575 Tz 28 – Melanie.
10 BGH GRUR 2010, 718 Tz 64 – Verlängerte Limousinen; GRUR 2011, 142 Tz 26 – Untersetzer; GRUR 1977, 598, 601 – Autoscooterhalle; OLG Frankfurt/M. GRUR-RR 2009, 16, 18 – Plastikuntersetzer; LG Hamburg GRUR-RR 2009, 123, 126 – Gartenstühle.
11 Vgl § 251 Abs. 1 BGB.
12 Vgl § 287 Abs. 1 ZPO.
13 Ausdrücklich geregelt in § 42 Abs. 2 S. 3 DesignG, ansonsten allg. Praxis.
14 Ausdrücklich geregelt in § 42 Abs. 2 S. 2 DesignG, ansonsten allg. Praxis.
15 Grundlage ist § 242 BGB und darauf basierend Gewohnheitsrecht, vgl zB BGH GRUR 1980, 841, 842 – Tolbutamid; GRUR 1993, 757, 758 – Kollektion Holiday.
16 Bereits für das Anbieten eines rechtsverletzenden Gegenstands, zB einer Armbanduhr im Katalog eines Versandhandelsunternehmens, besteht ein Anspruch auf Schadensersatz nach den Grundsätzen der Lizenzanalogie, BGH GRUR 2006, 143, 144 – Catwalk.
17 BGH GRUR 1975, 85, 87 – Clarissa; GRUR 1980, 841, 844 – Tolbutamid; GRUR 1993, 55, 56 – Tchibo/Rolex II.
18 Vgl die Nachw. bei Eichmann, in: Eichmann/von Falckenstein/Kühne, § 31 Rn 17; Hacker in: Ströbele/Hacker, § 14 Rn 546.

nicht jedoch auf Zinseszinsen.[19] Weil der Verletzer in einigen Aspekten besser gestellt ist als der vertragliche Lizenznehmer, wird vorgeschlagen, das durch einen **Aufschlag** auf den Lizenzsatz zu kompensieren.[20] Entscheidungen des BGH und des EuGH liegen hierzu bisher nicht vor.[21]

c) Herausgabe des Verletzergewinns

5 Bei dieser Schätzungsmethode muss der Verletzer den Gewinn an den Verletzten herausgeben, der durch die Rechtsverletzung entstanden ist. Der Gewinn muss **in voller Höhe** herausgegeben werden; der Verletzer kann daher nicht geltend machen, der von ihm erzielte Gewinn beruhe teilweise auf besonderen eigenen Vertriebsleistungen.[22] Allgemeine Fixkosten sind nicht abzugsfähig.[23] Als Schaden wird allerdings nur der Anteil des Gewinns anerkannt, der gerade **auf der Benutzung des Schutzrechts beruht**.[24] Beim Kauf eines Gebrauchsgegenstands ist idR nicht nur die ästhetische Gestaltung, sondern auch die Funktionalität von Bedeutung.[25] Für Damenunterwäsche sind 60 % angesetzt worden.[26] Bei hochwertigen Designtischen wurde ein Kausalitätsanteil von 80 % (bei Nachahmung) bzw 90 % (bei Identität) angenommen.[27] Niedrigere Prozentsätze wurden zB bei hoher Funktionalität und günstigem Preis des Verletzungsgegenstands[28] oder bei einer auf dem Erzeugnis angebrachten bekannten Marke des Verletzers[29] für angemessen gehalten.

d) Ersatz des entgangenen Gewinns

6 Für die Ermittlung des dem Verletzten entstanden Schadens kann auch auf den Gewinn abgestellt werden, der dem Verletzten aufgrund der Rechtsverletzung entgangen ist. Als entgangen gilt der Gewinn, der nach Maßgabe der jeweiligen Einzelumstände mit Wahrscheinlichkeit erwartet werden konnte.[30] Der Verletzte muss tatsächliche Grundlagen unterbreiten, die eine Schätzung des entgangenen Gewinns ermöglichen.[31] Dazu gehört die **Offenlegung der eigenen Kalkulation**.[32] Weil der Verletzte den von ihm üblicherweise erzielten Gewinn offenlegen muss, wird von dieser Methode der Schadensermittlung selten Gebrauch gemacht.

3. Rechnungslegung; Auskunft

7 Weil dem Verletzten die Informationen nicht zur Verfügung stehen, die für eine Schadensschätzung erforderlich sind, ist der Verletzer zur **Rechnungslegung** über die wirtschaftlichen Ergebnisse der Rechtsverletzung verpflichtet. Die Rechnungslegung ist eine geordnete Aufstellung[33] aller Angaben, die der Verletzte benötigt, um sich für eine der Methoden zur Schadensberechnung zu entscheiden,

---

19 OLG Düsseldorf GRUR 1981, 45, 53; LG Düsseldorf Mitt. 1990, 101; zur Höhe des Zinssatzes BGH GRUR 1982, 286, 289 – Fersenabstützvorrichtung; GRUR 1987, 37, 40 – Videolizenzvertrag; OLG Düsseldorf Mitt. 1998, 27, 34; GRUR-RR 2003, 209, 211.
20 LG München I Mitt. 2013, 275, 279; LG Düsseldorf GRUR 2000, 311; LG Düsseldorf GRUR 2000, 690, 692; Meier-Beck, WRP 2012, 503, 507.
21 Das BVerfG, NJW 2003, 1655, hat sich allerdings zustimmend geäußert.
22 BGH GRUR 2001, 329, 323 – Gemeinkostenanteil.
23 Gewinnmindernd können nur solche variable Kosten berücksichtigt werden, die der Herstellung und/oder dem Vertrieb des rechtsverletzenden Erzeugnisses unmittelbar zugerechnet werden können.
24 BGH GRUR 2006, 419 Tz 15 – Noblesse; Mitt. 2009, 421, 422 – Know-how-Schutz; GRUR 2009, 856 Tz 41 – Tripp-Trapp-Stuhl; GRUR 2012, 1226 Tz 18 – Flaschenträger.
25 BGH GRUR 2009, 856 Tz 45 – Tripp-Trapp-Stuhl; GRUR 2012, 1226 Tz 18 – Flaschenträger.
26 OLG Hamburg GRUR-RR 2009, 140.
27 OLG Köln WRP 2013, 1241.
28 BGH GRUR 2009, 856 Tz 45 – Tripp-Trapp-Stuhl.
29 BGH GRUR 2006, 419 Tz 16 – Noblesse.
30 Vgl § 252 S. 2 BGB.
31 BGH GRUR 1980, 841, 842 – Tolbutamid; GRUR 1993, 757, 758 – Kollektion Holiday.
32 OLG Frankfurt/M. GRUR-RR 2014, 329, 330 – Converse AllStar.
33 BGH GRUR 1985, 472 – Thermotransformator.

die Schadenshöhe konkret zu berechnen und die Richtigkeit der Rechnung nachzuprüfen.[34] Gegenstand der **Auskunft** sind Informationen, die sich nicht schon aus der Rechnungslegung ergeben: Das sind zB Empfänger, Mengen und Preise von Angeboten,[35] wenn bereits die Abgabe von Angeboten einen Schaden verursacht haben kann.[36]

4. Vernichtung; Rückruf

Durch die **Vernichtung** von rechtsverletzenden Erzeugnissen soll sichergestellt werden, dass diese endgültig aus dem Markt genommen werden. Der Vernichtungsanspruch setzt kein Verschulden, aber Eigentum oder Besitz des Verletzers voraus.[37] Durchsetzungsvereitelnde Maßnahmen können zwar strafbar sein.[38] Trotzdem kann durch **einstweilige Verfügung** die Herausgabe an einen Gerichtsvollzieher angeordnet werden.[39]

Hinweis: Weil bei schutzrechtsverletzender Ware häufig die Besorgnis besteht, dass der Verletzer versuchen wird, eine Beschlagnahme zu vereiteln,[40] kann eine Verwarnung entbehrlich sein.

Der Anspruch auf **Rückruf**[41] ist eine alternative Abhilfemaßnahme auf Kosten des Verletzers, die zum Zweck hat, rechtsverletzende Erzeugnisse endgültig aus den Vertriebswegen zu entfernen. Nur die Maßnahme des Rückrufs, nicht auch dessen Erfolg ist geschuldet.[42] Wie es sich mit der Verfügungsmacht des Anspruchsgegners verhält, ist daher unerheblich. Anders als bei der Vernichtung ist auch Besitz oder Eigentum keine Anspruchsvoraussetzung.

5. Drittauskunft

Der Anspruch auf sog. Drittauskunft[43] dient der **Aufdeckung** sowohl der **Quellen** als auch der **Vertriebswege** von rechtsverletzenden Erzeugnissen.[44] Bei offensichtlicher Rechtsverletzung kann die Verpflichtung zur Auskunftserteilung auch im Wege der einstweiligen Verfügung angeordnet werden. Zur Auskunft verpflichtet ist, wer im Inland ein rechtsverletzendes Erzeugnis widerrechtlich hergestellt oder verbreitet hat oder unter besonderen Voraussetzungen an einer Rechtsverletzung beteiligt war. Verschulden ist nicht erforderlich;[45] Auskunft über Namen und Anschrift von Herstellern, Lieferanten und anderen Vorbesitzern muss daher auch von gutgläubigen Handelsunternehmen erteilt werden.

6. Urteilsbekanntmachung

Der Anspruch auf Urteilsbekanntmachung[46] hat für Designschutzrechte bisher **kaum praktische Bedeutung** erlangt. Grund dafür ist vor allem, dass dieser Anspruch nicht vorläufig vollstreckbar ist. Das vom Gesetzgeber geforderte berechtigte Interesse an einer Urteilsbekanntmachung wird jedoch umso geringer, je länger das Verfahren dauert.

---

34 BGH GRUR 1980, 227, 232 – Monumenta Germania Historia; GRUR 1974, 53 – Nebelscheinwerfer.
35 BGH GRUR 1980, 227, 233 – Monumenta Germania Historia.
36 BGH GRUR 2006, 143, 144 – Catwalk.
37 Vgl § 43 Abs. 1 S. 1 DesignG; § 18 Abs. 1 S. 1 MarkenG; § 140 a Abs. 1 S. 1 PatG; § 98 Abs. 1 UrhG.
38 Als Vereitelung der Zwangsvollstreckung nach § 288 StGB und als strafbare Rechtsverletzung nach den Strafbestimmungen der Gesetze über Designschutzrechte, ausführlich Hoppe-Jänisch, GRUR 2014, 1163.
39 Einzelheiten bei Eichmann, in: Eichmann/von Falckenstein/Kühne, § 43 Rn 11.
40 Vgl die Nachw. bei Amschewitz, WRP 2012, 401; Büscher, in: Fezer § 12 Rn 22; Eichmann, in: Eichmann/von Falckenstein/Kühne, § 43 Rn 12; Hesse, in: Ullmann, § 12 Rn 20; Köhler, in: Köhler/Bornkamm, § 12 Rn 1.48; Teplitzky, Kap. 4 Rn 31.
41 § 43 Abs. 2 DesignG; § 18 Abs. 2 MarkenG; § 140 a Abs. 2 PatG; § 98 Abs. 2 UrhG.
42 LG Mannheim GRUR-RR 2011, 49, 53; Jaestedt, GRUR 2009, 102, 105; Jung/Rohlfing, Mitt. 2010, 50, 52.
43 § 46 DesignG; § 24 b GebrMG; § 19 MarkenG; § 140 b PatG; § 101 UrhG.
44 BGH GRUR 1995, 338, 340 – Kleiderbügel.
45 BGH GRUR 2006, 504 Tz 32 – Parfümtestverkäufe.
46 § 47 DesignG; § 24 e GebrMG; § 19 c MarkenG; § 140 e PatG; § 103 UrhG.

7. Sicherungsansprüche

11 Zur Sicherung von Schadensersatzansprüchen kann ein Anspruch auf Vorlage von Bank-, Finanz- oder Handelsunterlagen[47] in Betracht kommen. Ansprüche auf Vorlage und Besichtigung[48] zur Aufklärung des Sachverhalts und zur Beweissicherung haben nur bei technischen Schutzrechten und bei Computerprogrammen Bedeutung erlangt.

II. Ansprüche bei Gemeinschaftsrechten

12 Für **Gemeinschaftsmarken** ist in der GMV nur der Unterlassungsanspruch geregelt;[49] zur Begehungsgefahr für das gesamte Gebiet der EU vgl Rn 36 f. Im Übrigen soll das Recht des Mitgliedstaats Anwendung finden, in dem Verletzungshandlungen begangen worden sind.[50] Für Deutschland ergeben sich Ansprüche auf Schadensersatz, Vernichtung, Drittauskunft und Grenzbeschlagnahme aus dem MarkenG.[51] Für **Gemeinschaftsgeschmacksmuster** ist in der GGV ebenfalls nur der Unterlassungsanspruch[52] sowie ein Anspruch auf Beschlagnahme[53] geregelt. Zusätzlich sind die Vorschriften des DesignG anwendbar;[54] das gilt auch für die Regelungen von Anspruchsmodalitäten.[55] Auf den Vernichtungsanspruch ist das Recht des Mitgliedstaats anwendbar, in dem die **Verletzungshandlungen begangen** worden sind.[56] Nach dem jeweiligen **nationalen Recht** richten sich dagegen die Ansprüche auf Schadensersatz und vorbereitende Auskünfte.[57] Dementsprechend ist auch für die Ansprüche auf Drittauskunft und auf Urteilsbekanntmachung das jeweilige nationale Recht maßgeblich.

13 Dieser **Mosaikansatz** trägt zwar der unionsweiten Geltung der Gemeinschaftsrechte nicht Rechnung.[58] Weil jedoch seit der Umsetzung der Durchsetzungsrichtlinie in nationales Recht[59] weitgehend von übereinstimmenden Standards ausgegangen werden kann, dürfen die Anforderungen an die Konkretisierung der Rechtslage in den einzelnen Mitgliedstaaten nicht überspannt werden.[60] Das gilt speziell für Anträge auf Feststellung der Schadensersatzpflicht (dem Grunde nach); denn hierfür kann nur maßgeblich sein, ob der Verletzer wusste oder vernünftigerweise hätte wissen müssen, dass er eine Verletzungshandlung begangen hat.[61] Weil die Methoden der Schadensschät-

---

47 ZB § 46 b DesignG; § 19 b MarkenG; § 140 d PatG; § 101 b UrhG.
48 ZB § 46 a DesignG;. § 19 a MarkenG; § 140 c PatG, § 101 a UrhG.
49 Art. 102 Abs. 1 S. 1 GMV.
50 Art. 102 Abs. 2 GMV.
51 § 125 b Nr. 2 und Nr. 6 MarkenG.
52 Art. 89 Abs. 1 Buchst. a GGV.
53 Art. 89 Abs. 1 Buchst. b und c GGV.
54 § 62 a DesignG. Im Einzelnen sind das: die Vorschriften zu Ansprüchen auf Unterlassung, Schadensersatz, Vernichtung, Rückruf und Überlassung, Drittauskunft, Vorlage und Besichtigung, Sicherung von Schadensersatzansprüchen, Urteilsbekanntmachung sowie auf Beschlagnahme bei der Einfuhr und Ausfuhr, vgl §§ 42, 43, 46, 46 a, 46 b, 47, 55–57 a DesignG.
55 Nämlich betreffend die Haftung des Inhabers eines Unternehmens, Entschädigung, Verjährung und Ansprüchen aus anderen gesetzlichen Vorschriften, vgl §§ 44, 45, 49 und 50 DesignG.
56 EuGH GRUR 2014, 368 Rn 52 – Gautzsch/Duna. Das wurde daraus gefolgert, dass die Vernichtung von rechtsverletzenden Erzeugnissen eine der Sanktionen iSd Art. 89 Abs. 1 Buchst. d GGV ist, die nach der Rechtsordnung des Mitgliedstaats zu beurteilen ist, in dem die Verletzungshandlungen begangen worden sind. Dasselbe ist in Art. 102 Abs. 2 GMV für Gemeinschaftsmarken geregelt.
57 EuGH GRUR 2014, 368 Rn 54 – Gautzsch/Duna. Weil der Schadensersatzanspruch keine Sanktion iSd Art. 89 Abs. 1 Buchst. d GGV ist, greift die Auffangregelung des Art. 88 Abs. 2 GGV ein, wonach das nationale Recht des Gerichtsorts maßgeblich ist, wenn die GGV keine abweichende Regelung enthält. Dieselbe Regelung ergibt sich aus Art. 101 Abs. 2 GMV für Gemeinschaftsmarken.
58 Ausführlich hierzu Kur, GRUR Int. 2014, 749, 758 ff.
59 Vgl hierzu Rn 1.
60 Ausführlich Kur, GRUR Int. 2014, 749, 759.
61 Vgl Art. 13 Abs. 1 der Durchsetzungsrichtlinie.

zung ebenfalls unionsweit harmonisiert sind,[62] stehen jedenfalls der außergerichtlichen Durchsetzung eines Schadensersatzbetrags keine besonderen Hindernisse entgegen. Wenn allerdings Verletzungshandlungen nur für das Gebiet der Bundesrepublik Deutschland belegt sind, können Ansprüche auf Schadensersatz, Auskunft und Rechnungslegung nur für dieses Territorium zuerkannt werden.[63]

C. Einwendungen; Einreden

I. Verjährung

Die Frist für die Verjährung von Ansprüchen aus Immaterialgüterrechten beträgt grundsätzlich **drei Jahre**.[64] Voraussetzung für den Fristbeginn ist, dass der Berechtigte Kenntnis vom Rechtsverletzer und von der Rechtsverletzung hat. Für Gemeinschaftsgeschmacksmuster enthält zwar die GGV keine Regelung über die Verjährung, aber nach Art. 88 Abs. GGV ist das nationale Recht anwendbar.[65]

14

II. Verwirkung

Unabhängig von der Verjährung kann die Geltendmachung eines Anspruchs als unzulässige Rechtsausübung **verspätet** sein. Das ist der Fall, wenn der Anspruchsinhaber so lange untätig geblieben ist und dadurch gegen den Grundsatz von Treu und Glauben verstoßen hat, dass der Anspruchsgegner mit einer Anspruchsgeltendmachung nicht mehr rechnen musste.[66]

15

III. Erschöpfung

Rechte aus einem Immaterialgüterrecht erstrecken sich nicht auf Erzeugnisse, die vom Rechtsinhaber (oder mit seiner Zustimmung) in einem Mitgliedstaat der Europäischen Union (oder in einem Vertragsstaat des Abkommens über den europäischen Wirtschaftsraum) in den Verkehr gebracht worden sind.[67] Hierdurch soll der **freie Warenverkehr** vor unangemessenen Eingriffen des Schutzrechtsinhabers geschützt werden, die zu einer Abschottung von nationalen Märkten führen könnten. Die **Reparatur** von schutzrechtsgemäßen Erzeugnissen, die von einem Berechtigten in den Verkehr gebracht worden sind, ist nur zulässig, wenn keine Neuherstellung stattfindet;[68] Reparaturteile sind davon nicht ausgenommen.[69] Zustandsveränderungen sind im Markenrecht Gegenstand einer Ausnahmeregelung.[70] Der Rechtsinhaber muss aber auch im Designrecht **Bearbeitungen** dann nicht hinnehmen, wenn sie der Produktion näher als dem Vertrieb stehen, zB wenn ein ungemustertes Bekleidungsstück gewerblich mit einem Muster versehen wird.[71]

16

---

62 Vgl Art. 13 Abs. 1 Buchst. a der Durchsetzungsrichtlinie zu den Ansprüchen auf Ersatz des entgangenen Gewinns und auf Herausgabe des Verletzergewinns sowie Art. 13 Abs. 1 Buchst. b der Durchsetzungsrichtlinie zur Lizenzanalogie.
63 BGH GRUR 2010, 718 Tz 59 und 65 – Verlängerte Limousinen.
64 § 49 DesignG; § 24 c GebrMG; § 20 MarkenG; § 141 PatG; § 102 UrhG.
65 EuGH GRUR 2014, 368 Rn 49 – Gautzsch/Duna; hierzu Hackbarth, GRUR-Prax 2014, 74, 75. In § 62 a Nr. 2 DesignG ist geregelt, dass die Vorschrift des § 49 DesignG auf Gemeinschaftsgeschmacksmuster entsprechend anwendbar ist.
66 Vgl zB BGH GRUR 1981, 652, 653 – Stühle und Tische; GRUR 2006, 401 Tz 24 – Zylinderrohr. Im Markenrecht kommt als Sonderregelung hinzu (vgl § 21 Abs. 1 MarkenG), dass keine Ansprüche gegen eine eingetragene Marke bestehen, wenn deren Benutzung während eines Zeitraums von fünf aufeinanderfolgenden Jahren geduldet worden ist.
67 § 48 DesignG; Art. 21 GGV; § 24 Abs. 1 MarkenG; Art. 13 GMV; § 17 Abs. 2 UrhG.
68 Eichmann, GRUR Int. 1996, 859, 867.
69 Eichmann, GRUR Int. 1997, 595, 603.
70 § 27 Abs. 2 MarkenG; BGH GRUR 1996, 271, 274 – Gefärbte Jeans.
71 Eichmann, in: Eichmann/von Falckenstein/Kühne, § 48 Rn 10. Durch die Verwendung von Postern für die Oberseite von Flachmembranlautsprechern entsteht zwar ein neues Erzeugnis, aber Untersagungsansprüche des Berech-

IV. Älteres Recht

17 Es ist einer der essentiellen Grundsätze des Immaterialgüterrechts, dass bei einem Konflikt ein später begründetes Recht einem älteren Recht weichen muss. Im Markenrecht wird das dadurch zum Ausdruck gebracht, dass eine Marke mit älterem Zeitrang vor einem später entstandenen Kennzeichenrecht Vorrang hat.[72] Im Urheberrecht gilt als allgemeiner Grundsatz, dass die Benutzung eines älteren Werks nur untersagt ist, wenn sie in Kenntnis dieses Werks erfolgt.[73] Bei eingetragenen Designs und Gemeinschaftsgeschmacksmustern ist dem Inhaber ein **Benutzungsrecht** zugewiesen.[74] Dieses Benutzungsrecht soll durch **später entstehende Designrechte** Dritter nicht beeinträchtigt werden. Wenn Ansprüche aus einem später entstanden Designschutzrecht geltend gemacht werden, könnte der Anspruchsgegner zwar die Nichtigkeit dieses Designschutzrechts feststellen bzw erklären lassen und damit der Anspruchsgrundlage den Boden entziehen. Dieses Verfahren ist jedoch deswegen entbehrlich, weil sich der Anspruchsgegner auf das ihm zustehende positive Benutzungsrecht berufen kann.[75] Bei einem älteren geschützten Designs reicht es demnach aus, dass sich der Beklagte auf dessen Existenz beruft.

18 Das ältere Recht wirkt daher bei technischen Schutzrechten,[76] im Kennzeichenrecht[77] und bei geschützten Designs[78] als **Abwehrrecht** gegen Ansprüche aus einem jüngeren Immaterialgüterrecht. Das Abwehrrecht besteht bei geschützten Designs nicht nur bei **Identität** zwischen dem Gegenstand des prioritätsälteren Schutzrechts und dem beanstandeten Design bzw Muster. Weil die Nichtigkeit des prioritätsälteren Schutzrechts festgestellt bzw erklärt werden könnte, hat dessen Inhaber nämlich keine Rechte gegenüber allen Gestaltungsvarianten, die im Rahmen des Schutzumfangs liegen, den dieses Schutzrecht hat.[79] Ob das Benutzungsrecht aus eingetragenen Designschutzrechten auch gegenüber Ansprüchen aus anderen Immaterialgüterrechten ein Abwehrrecht gibt, ist noch nicht geklärt.[80] Diese Möglichkeit besteht jedenfalls, wenn das ältere geschützten Design ein Löschungsgrund für eine **Marke** ist.[81] Ergibt sich aus der Erscheinungsform eines geschütztes Designs ein Nichtigkeitsgrund für ein **Patent** oder ein Löschungsgrund für ein **Gebrauchsmuster** oder das Nichtbestehen eines **Urheberschutzes**, kann nichts anderes gelten.[82]

V. Vorbenutzungsrecht

19 Die Sperrwirkung eines Verbietungsrechts könnte zur ungerechtfertigten Vernichtung von Besitzständen führen, wenn der Anspruchsgegner bereits vor der Begründung eines Schutzrechts Benutzungshandlungen vorgenommen hat. Dem kann bei geschützten Designs in gleicher Weise wie bei

---

tigten unterliegen der Erschöpfung, wenn das Erscheinungsbild der Poster unverändert bleibt, OLG Hamburg GRUR 2002, 536, 537 – Flachmembranlautsprecher.
72 Vgl §§ 9 – 13 MarkenG. § 6 MarkenG enthält Regelungen zur Bestimmung des Zeitrangs.
73 Wild, in: Schricker/Loewenheim, § 97 Rn 28.
74 § 38 Abs. 1 S. 1 DesignG; Art. 19 Abs. 1 S. 1 GGV.
75 Bei eingetragenen Gemeinschaftsgeschmacksmustern kann der Einwand der Nichtigkeit erhoben werden, wenn sich der Beklagte darauf beruft, dass das Gemeinschaftsgeschmacksmuster wegen eines dem Beklagten zustehenden älteren nationalen Geschmacksmusters für nichtig erklärt werden könnte (Art. 85 Abs. 1 S. 2 GGV).
76 Vgl zB BGH GRUR 1989, 411, 412 – Offenend-Spinnmaschine.
77 Vgl zB BGH GRUR 2004, 512, 513 – Leysieffer.
78 OLG Hamburg BeckRS 2010, 24928 Rn 72 = WRP 2010, 1416 (LS) – Kaminöfen.
79 Eichmann, in: Eichmann/von Falckenstein/Kühne, § 38 Rn 5; Beyerlein, in: Günther/Beyerlein, § 38 Rn 8; aA Ruhl, Art. 19 Rn 27. Für außerhalb des Schutzumfangs liegende Gestaltungsvarianten besteht kein Verbietungsrecht; insoweit bedarf es daher keiner Berufung auf ein Abwehrrecht.
80 Bejahend: Eichmann, MarkenR 2003, 10, 22; ders., in: Eichmann/von Falckenstein/Kühne, § 38 Rn 6; Beyerlein, in: Günther/Beyerlein, § 38 Rn 8; verneinend: Ruhl, Art. 14 Rn 28.
81 Vgl § 13 Abs. 2 Nr. 6 MarkenG.
82 Weil es für eingetragene Designs und Gemeinschaftsgeschmacksmuster keinen Benutzungszwang gibt (vgl § 2 Rn 5), kann dem positiven Benutzungsrecht zeitlich unbeschränkt auch dann Bedeutung zukommen, wenn eine Verwertung des Schutzrechtes nicht stattfindet.

technischen Schutzrechten durch die Berufung auf ein Vorbenutzungsrecht[83] entgegengetreten werden.[84] Im Markenrecht ist die Berufung auf ein Vorbenutzungsrecht nicht vorgesehen. Weil das Vorbenutzungsrecht dem **Investitionsschutz** dient,[85] bestehen zwar keine quantitativen Beschränkungen, im qualitativen Bereich müssen jedoch Annäherungen an den Gegenstand des Schutzrechts nicht toleriert werden.[86]

VI. Abwendungsbefugnis

Zur Abwendung der Ansprüche auf Unterlassung, Schadensersatz und Vernichtung wird dem Verletzer die Möglichkeit zugestanden, den Verletzten **in Geld zu entschädigen**. Voraussetzung ist, dass der Verletzer weder vorsätzlich noch fahrlässig gehandelt hat und dass dem Verletzer durch die Erfüllung der Ansprüche ein unverhältnismäßig großer Schaden entstehen würde. Diese für das **Urheberrecht** entwickelte Regelung[87] trägt zwar Schwierigkeiten bei Mitwirkenden an Filmwerken Rechnung; die Übertragung dieser Regelung auf **eingetragene Designs**[88] war jedoch nicht interessengerecht.[89]

20

VII. Aufbrauchsfrist

Wenn die sofortige Beachtung eines Unterlassungsgebots unverhältnismäßige Nachteile zur Folge hätte, kann die **gerichtliche Einräumung** einer Aufbrauchs- und Umstellungsfrist von wenigen Monaten in Betracht kommen.[90] Diese Möglichkeit besteht zwar bei allen Immaterialgüterrechten und im Wettbewerbsrecht. Wenn es um das Herstellen und das Inverkehrbringen von Waren geht, kommt eine Aufbrauchsfrist idR jedoch nicht in Betracht. Bei einer **außerprozessualen Streitbeilegung** ist die Vereinbarung einer Aufbrauchsfrist den Vertragsparteien freigestellt.[91]

21

D. Anspruchsbeteiligte

I. Aktivlegitimation

Die Geltendmachung von Ansprüchen gegen rechtsverletzende Benutzungshandlungen ist dem Verletzten zugewiesen.[92] Die Aktivlegitimation liegt daher beim **Rechtsinhaber**.[93] Bei mehreren Inhabern ist die vertragliche, ergänzend die gesetzliche Regelung maßgeblich dafür, wer zur Geltendma-

22

---

83 § 41 Abs. 1 S. 1 DesignG; Art. 22 Abs. 1 GGV.
84 Wenn ein Vorbenutzungsrecht besteht, dürfen zwar Verwertungshandlungen vorgenommen werden, nicht aber auch Lizenzen erteilt werden (§ 41 Abs. 1 S 2 und S. 3 DesignG; Art. 22 Abs. 1 und 3 GGV). Eine Übertragung des Vorbenutzungsrechts ist nicht gestattet; ausgenommen von diesem Verbot ist die Mitübertragung mit einem Unternehmen oder Unternehmensteil (§ 41 Abs. 2 DesignG; Art. 22 Abs. 4 GGV). Bei einem Gemeinschaftsgeschmacksmuster ist der Vorbenutzer berechtigt, sein Muster für die Zwecke zu verwerten, für die das Muster schon vor dem Anmelde- oder Prioritätstag benutzt worden ist (oder hierzu Vorbereitungshandlungen stattgefunden haben). Diese *Zweckbindung* ist ein wirtschaftlich ausgerichtetes Kriterium. Im deutschen Recht wird auf eine *Identität* der Designs abgestellt. Das vorbenutzte Design muss daher in seiner *Erscheinungsform* mit dem geschützten Design übereinstimmen.
85 Vgl Eichmann, GRUR Int. 1967, 378, 381. Bei der Anerkennung von Vorbereitungshandlungen geht es mehr um einen Vertrauensschutz.
86 Eichmann, GRUR Int. 1967, 378, 388, 389.
87 Vgl § 101 Abs. 1 UrhG.
88 Vgl § 45 DesignG.
89 Vgl Eichmann, in: Eichmann/von Falckenstein/Kühne, § 45 Rn 2.
90 Vgl zB BGH GRUR 1969, 690, 693 – Faber; GRUR 1982, 420, 423 – BBC/DDC; GRUR 1990, 522, – HBV-Familien- und Wohnungsrechtsschutz. Zu unverhältnismäßigen Nachteilen kann es insbesondere bei Unternehmenskennzeichen kommen.
91 Ausführlich Pitz, in: Hasselblatt, § 4 Rn 39 ff.
92 ZB §§ 38 Abs. 1 S. 1 DesignG; 97 Abs. 1 S. 1 UrhG.
93 Vgl zB § 14 Abs. 1 MarkenG; § 9 S. 1 PatG.

chung von Ansprüchen legitimiert ist.⁹⁴ Ein **Lizenznehmer**⁹⁵ bzw Nutzungsberechtigter⁹⁶ ist zur Geltendmachung von Ansprüchen grundsätzlich nur mit Zustimmung des Rechtsinhabers berechtigt. Bei einem **Rechtsübergang** ist der Rechtsnachfolger aktiv legitimiert.⁹⁷

Wenn Schutzrechte in einem **Register** eingetragen sind, begründet die Registereintragung eine Vermutung für die Aktivlegitimation des Rechtsinhabers.⁹⁸ Bei einem nicht eingetragenen Gemeinschaftsgeschmacksmuster ist Rechtsinhaber der Entwerfer, bei Werken der angewandten Kunst ist das der Urheber. Für diese formlos entstehenden Designschutzrechte muss die Rechtsinhaberschaft belegt werden.⁹⁹

> **Hinweis:** Wenn bei einem formlos entstandenen Designschutzrecht die Rechtsinhaberschaft nicht bewiesen bzw glaubhaft gemacht wird, kann allein deswegen ein Anspruch zurückgewiesen werden.¹⁰⁰

II. Passivlegitimation

23   Für die Ansprüche des Berechtigten haftet der Verletzer.¹⁰¹ Die Passivlegitimation richtet sich daher danach, wer eine **Benutzungshandlung begangen** hat, durch die widerrechtlich das Recht des Berechtigten verletzt wurde.¹⁰² Als Verletzer und damit als **Täter** kann in Anspruch genommen werden, wer einen Rechtsverstoß selbst, in mittelbarer Täterschaft oder in Mittäterschaft begangen hat.¹⁰³ Mittäterschaft setzt bewusstes und gewolltes Zusammenwirken voraus.¹⁰⁴ Ob der Täter schuldhaft gehandelt hat, spielt nur für den Schadensersatzanspruch eine Rolle. Für Arbeitnehmer und Beauftragte haftet grundsätzlich der Unternehmensinhaber.¹⁰⁵ Das **Vertretungsorgan** einer juristischen Person haftet für Rechtsverletzungen des Unternehmens bei Beteiligung durch positives Tun oder wenn aufgrund einer Garantenstellung eine Verpflichtung zur Verhinderung bestanden hat.¹⁰⁶ Gesellschafter können nur in Anspruch genommen werden, wenn sie kraft Gesetzes persönlich haften und wenn sie persönlich an der Verursachung einer Rechtsverletzung beteiligt waren. Als **Teilnehmer** kommen Anstifter und Gehilfen in Betracht. Gehilfenhaftung setzt objektive Beihilfehandlung und Vorsatz in Bezug auf die Haupttat voraus.¹⁰⁷ Wer weder als Täter eine Rechtsverletzung vorgenommen hat noch als Teilnehmer beteiligt war, aber in anderer Weise willentlich und

---

94   Vgl Eichmann, in: Eichmann/von Falckenstein/Kühne, § 7 Rn 12 (für Gesamthandsgemeinschaft) und Rn 13 (für Bruchteilsgemeinschaft).
95   Vgl §§ 31 Abs. 3 DesignG; 30 Abs. 3 MarkenG.
96   Vgl §§ 31 ff UrhG.
97   Nach deutschem Recht ist der Zeitpunkt des Rechtserwerbs maßgeblich. Bei Gemeinschaftsrechten entsteht die Aktivlegitimation grundsätzlich erst im Zeitpunkt einer Änderungseintragung im Register, Art. 28 Abs. 1 Buchst. b GGV.
98   In § 1 Nr. 5 DesignG ist dementsprechend geregelt, dass als Rechtsinhaber der in das Register eingetragene Inhaber eines eingetragenen Designs gilt.
99   Eine Vermutung für die Rechtsinhaberschaft ergibt sich nach § 10 Abs. 1 S. 1 UrhG lediglich für den Fall, dass auf einem Vervielfältigungsstück eine Urheberbezeichnung angebracht ist.
100 Vgl BGH GRUR 2013, 830 Tz 14 ff – Bolerojäckchen – für ein nicht eingetragenes Gemeinschaftsgeschmacksmuster; OLG Frankfurt/M WRP 2015, 999 Tz 36 ff für den Vortrag, ein Werk der angewandten Kunst werde rechtswidrig benutzt.
101 Vgl zB §§ 38 Abs. 1 S. 1 DesignG; 97 Abs. 1 S. 1 UrhG.
102 Vgl zB § 97 Abs. 1 S. 1 UrhG.
103 BGH GRUR 2011, 152 Tz 30 – Kinderhochstühle im Internet I; GRUR 2013, 1229 Tz 29 – Kinderhochstühle im Internet II.
104 BGH GRUR 2009, 597 Tz 14 – Halzband.
105 Vgl zB § 44 DesignG; § 14 Abs. 7 MarkenG; § 99 UrhG. Diese Personen können unmittelbar nur in Anspruch genommen werden, wenn die Voraussetzungen für eine Mittäterschaft oder eine Teilnahme erfüllt sind.
106 BGH GRUR 2009, 685 Tz 33 – ahd.de; GRUR 2010, 616 Tz 34 – marions-kochbuch; GRUR 2012, 184 Tz 32 – Branchenbuch Berg; GRUR 2012, 1145 Tz 36 – Pelikan; GRUR 2014, 883 Tz 17 – Geschäftsführerhaftung.
107 BGH GRUR 2011, 152 Tz 30 – Kinderhochstühle im Internet I.

adäquat kausal zu einer Schutzrechtsverletzung beigetragen hat, kann als **Störer** in Anspruch genommen werden.[108] Das setzt die Verletzung von Prüfungspflichten voraus.[109]

E. Rechtsverletzung

I. Rechtseingriff

Ob in eine geschützte Rechtsposition widerrechtlich eingegriffen wird, richtet sich nach den spezifischen Regelungen des jeweiligen Immaterialgüterrechts. Voraussetzung der wichtigsten Formen des Markenschutzes ist, dass Verwechslungsgefahr und Warengleichartigkeit besteht.[110] Bei geschützten Designs ist jedes Design bzw Muster Ansprüchen ausgesetzt, das keinen anderen Gesamteindruck erweckt.[111] Es ist daher unerheblich, für welche Klasse (n) die Eintragung erfolgt ist.[112] Zu den geschützten Werken des Urheberrechts gehören u.a. Werke der angewandten Kunst;[113] Rechtsverletzungen richten sich nach den Verwertungsrechten, die dem Urheber zugewiesen sind.[114] Bei Marken[115] und bei geschützten Designs[116] sind die Rechtspositionen dagegen absoluter Natur und daher kenntnisunabhängig. Die Widerrechtlichkeit wird durch den Tatbestand des Rechtseingriffs indiziert. Zustimmung[117] des Berechtigten und Handeln innerhalb erlaubter Schranken[118] beseitigen die Widerrechtlichkeit.

24

II. Rechtsverletzende Handlungen

1. Systematik

Eine vollstreckungsfähige Verbotsentscheidung hat als Konkretisierung zur Voraussetzung, dass die **Handlungen benannt** werden, die der Antragsgegner zu unterlassen hat. Handlungen des Verletzers sind auch Grundlage der Ansprüche auf Schadensersatz und Rechnungslegung. Die in der Praxis wichtigsten **Benutzungshandlungen** sind in den Gesetzen ausdrücklich aufgeführt.[119] Durch das Wort „insbesondere" wird zum Ausdruck gebracht, dass es weitere Benutzungshandlungen geben kann, auf die sich das Verbietungsrecht des Anspruchsinhabers bezieht.[120] Dass im Urheberrecht ganz allgemein auf Rechtsverletzungen abgestellt wird,[121] trägt der Besonderheit Rechnung, dass für einen urheberrechtlichen Schutz ein breites Spektrum der schöpferischen Kreativität in Betracht

25

---

108 BGH GRUR 2011, 152 Tz 45 – Kinderhochstühle im Internet I; GRUR 2011, 1038 Tz 26 – Stiftparfüm; GRUR 2013, 1229 Tz 29 – Kinderhochstühle im Internet II.
109 BGH GRUR 1999, 418, 420 – Möbelklassiker; GRUR 2008, 702 Tz 50 – Internetversteigerung III; GRUR 2009, 1093 Tz 18 – Focus Online.
110 § 14 Abs. 2 Nr. 2 MarkenG.
111 § 38 Abs. 2 DesignG; Art. 10 Abs. 1 GGV.
112 Ein vorbekanntes Design für sog. Massagebälle mit igelartigen Noppen hat zB zur Nichtigerklärung eines Gemeinschaftsgeschmacksmusters für sog. Trocknerbälle mit ebenfalls igelartigen Noppen geführt (High Court (London) v. 19.7.2007, [2007] EWHC 1712 (Pat). Aus einem für Kraftfahrzeuge eingetragenen Designschutzrecht kann ein Verbietungsrecht gegen Spielzeugautos bestehen (vgl HABM-NA ICD 842 v. 13.11.2006; BGH GRUR 1966, 57, 59 – Spielzeugautos).
113 Vgl § 2 Abs. 1 Nr. 4 UrhG.
114 Vgl §§ 15 UrhG. Gegen die Verletzung eines Urheberrechts kann nur vorgegangen werden, wenn der Verletzer das geschützte Werk gekannt hat, vgl Lütje, in: Möhring/Nicolini § 97 Rn 4.
115 § 14 Abs. 5 MarkenG.
116 § 38 Abs. 2 S. 1 DesignG; Art. 19 Abs. 1 S. 1 GGV.
117 Vgl § 38 Abs. 1 S. 1 DesignG.
118 § 40 DesignG; Art. 20 GGV; § 23 MarkenG; §§ 45 ff UrhG.
119 § 38 Abs. 1 S. 2 DesignG; Art. 19 Abs. 1 S. 2 GGV; § 14 Abs. 3 MarkenG; Art. 9 Abs. 2 GMV; § 9 Nr. 1 PatG.
120 Vgl § 14 Abs. 3 MarkenG; § 38 Abs. 1 S. 2 DesignG; Art. 19 Abs. 1 S. 2 GGV.
121 § 97 Abs. 1 S. 1 UrhG.

kommt.[122] Im Urheberrecht ist „verbreiten" ein Oberbegriff für „anbieten" und „in den Verkehr bringen".[123] „Feilhalten" ist „anbieten" in veralteter Terminologie.

2. Anbieten

26 Mit jeder Maßnahme, die **Bereitschaft zum Inverkehrbringen** zum Ausdruck bringt, erfolgt ein Anbieten. Diese Handlungsform ist im **wirtschaftlichen Sinn** zu verstehen; ein Vertragsangebot im Rechtssinn[124] und ein Erfolg[125] sind nicht erforderlich. Das Anbieten unterliegt auch dann dem Verbietungsrecht, wenn es sich auf die Zeit nach Ablauf der Schutzdauer[126] oder auf einen Erwerb im schutzrechtsfreien Ausland[127] bezieht, weil die wirtschaftliche Verwertung des Schutzrechts während der Schutzdauer bzw im Inland beeinträchtigt werden kann. Durch die **Präsentation** von realen Erzeugnissen in Verkaufsregalen von Selbstbedienungsgeschäften und in Schaufenstern von Ladengeschäften werden Erzeugnisse unmittelbar zum Verkauf angeboten. Dieselbe Funktion ergibt sich aus **Werbemaßnahmen**, solange es sich um keine bloße Aufmerksamkeitswerbung handelt.[128] Weil das Anbieten eine selbstständige Benutzungshandlung ist, kann sich daraus eine Verpflichtung zum Schadensersatz auch unabhängig davon ergeben, wie es sich mit dem Schadensersatz aus Verkaufshandlungen verhält.[129]

3. Ausstellen

27 Das Aussehen von Waren kann am besten beurteilt werden, wenn sie im **Original präsentiert** werden. Wenn eine Ausstellungspriorität[130] in Anspruch genommen wird, macht der Rechtsinhaber von seinem Ausstellungsrecht Gebrauch. Weil das Ausstellen von rechtsverletzenden Erzeugnissen die Verwertungschancen des Rechtsinhabers beeinträchtigt, handelt es sich um eine **unerlaubte Benutzung**. Ob ein merkantiler Zweck verfolgt wird oder ob die Ausstellung auf einer allgemeinen Leistungsschau stattfindet, wird im Patentrecht[131] differenzierend beurteilt. Ansprüche des Rechtsinhabers sind zwar erschöpft, wenn ein Erwerb von einem Berechtigten stattgefunden hat. Das Ausstellen von rechtsverletzenden Erzeugnissen unterliegt jedoch dem Verbietungsrecht. Wenn in einem Schaufenster eines Bekleidungsgeschäfts ein rechtsverletzender Sessel zu Dekorationszwecken ausgestellt wird, beeinträchtigt das in rechtswidriger Weise die Verwertungsmöglichkeiten für rechtmäßig hergestellte Sessel.[132]

4. Besitz

28 Mit dem Besitz wird ein **Gefährdungstatbestand** realisiert, bei dem der Rechtsinhaber nicht abwarten muss, bis es zu einer Verwertungshandlung kommt. Erforderlich ist tatsächliche Verfügungsge-

---

122 Die Bandbreite reicht von Sprachwerken über Werke der Musik, Werke der bildenden Künste bis zu Darstellungen wissenschaftlicher oder technischer Art, Computerprogramme etc. (vgl § 2 Abs. 1 Nr. 1 bis Nr. 7 UrhG).
123 Vgl § 17 Abs. 1 UrhG.
124 BGH GRUR 2007, 871, Tz 27 – Wagenfeld-Leuchte.
125 BGH GRUR 1991, 316, 317 – Einzelangebot.
126 BGH WRP 2007, 340, 341 – Simvastin – mwN.
127 Vgl BGH GRUR 2007, 871 Tz 31 – Wagenfeld-Leuchte – zum Erwerb aus Deutschland in Italien (Vorinstanz: OLG Hamburg GRUR-RR 2005, 41 – Bauhausleuchte); OLG München OLG-Report 2005, 124, 125.
128 Ob das bei einer Erzeugnisabbildung in einer Absenderangabe auf einem Briefumschlag der Fall ist (vgl OLG Düsseldorf GRUR-RR 2001, 25), hängt vom Verständnis der angesprochenen Kreise bei objektiver Würdigung ab (vgl hierzu BGH GRUR 2005, 665, 667 – Radschützer).
129 BGH GRUR 2006, 143, 145 – Catwalk – mit allerdings methodisch zweifelhaften Erwägungen zur Lizenzanalogie; Vorinstanz: OLG Frankfurt/M. GRUR-RR 2003, 204.
130 ZB § 15 DesignG; Art. 44 GGV; § 35 MarkenG; Art. 33 GMV.
131 Vgl BGH GRUR 1970, 358, 360 – Heißläuferdetektor – zum Kriterium des gewerbsmäßigen Gebrauchs.
132 Zum urheberrechtlichen Begriff der Verbreitung haben nach Ansicht des BGH eher Zweifel bestanden, dass auch derjenige, der sich lediglich mit einem Werkstück in der Öffentlichkeit schmückt, in das Verbreitungsrecht des Urhebers eingreift (BGH GRUR Int. 2007, 74, Rn 20 – Le Corbusier-Möbel). Der EuGH hat diese Frage verneint (EuGH, Rs. C-456/06, GRUR Int. 2008, 593, Rn 36 – P&C./. Cassina).

walt als unmittelbarer Besitz;[133] mittelbarer Besitz[134] genügt nicht. Im Markenrecht ist Besitz nur zum Anbieten oder Inverkehrbringen untersagt.[135] Besitz mit Exportabsicht genügt.[136] Anders als beim Gebrauch ist auch die Lagerung untersagt.[137]

5. Einfuhr, Ausfuhr, Durchfuhr

Das Territorialitätsprinzip (vgl § 1 Rn 15) hat zur Folge, dass Schutzrechtsverletzungen nur innerhalb der Grenzen des Territoriums geahndet werden können, in dem ein Schutzrecht besteht. **Einfuhr** ist die Verbringung von Erzeugnissen aus dem Ausland in das Territorium Deutschlands. Ob das Herkunftsland Mitgliedstaat der EU, Mitglied des EWR oder ein Drittstaat ist, spielt für den Begriff der Benutzungshandlung keine Rolle.[138] Auf die Schutzrechtslage in dem beteiligten Staat kommt es nicht an. Untersagt ist daher auch die Einfuhr aus einem schutzrechtsfreien Land. Welche Maßnahmen nach der Einfuhr stattfinden sollen, ist ohne Auswirkung auf den Begriff der Benutzungshandlung;[139] Einfuhr setzt daher nicht voraus, dass die Ware in den inländischen Markt gelangt. **Ausfuhr** ist die körperliche Verbringung von Erzeugnissen aus dem Inland in das Ausland. Ob im Bestimmungsland ein Schutzrecht besteht, ist unerheblich. Auf den wirtschaftlichen Zweck der Ausfuhr kommt es nicht an. Untersagt ist daher auch die nur vorübergehende Verbringung in ein anderes Territorium und die Rückgabe an Lieferanten. **Durchfuhr** ist der Transfer vom Ausland in das Ausland. Die bloße Gefahr, dass Waren auf dem Transport durch das Inland nicht am ausländischen Zielort ankommen, hat noch keine Rechtsverletzung im Inland zur Folge.[140] Die ungebrochene Durchfuhr von Waren, die nicht im EWR in den Verkehr gebracht worden sind, durch das Gebiet der Bundesrepublik Deutschland ist daher keine Rechtsverletzung im Inland.[141]

29

6. Gebrauch

Maßgeblich für einen Gebrauch ist, dass **Nutzen** von den geschützten Eigenschaften einer Ware gezogen wird. Das kann eine bestimmungs*gemäße* Benutzung, zB bei einem Sessel, aber auch eine bestimmungs*widrige* Benutzung sein, zB bei einer Blumenvase als Schirmständer.[142] Benutzungshandlungen können auch in unkörperlicher Form dadurch stattfinden, dass Erzeugnisse wie zB Spiegel, Wandschmuck etc. lediglich zum Betrachten benutzt werden. Gebrauch setzt nur **Verfügungsgewalt,** nicht auch Eigentum voraus. Auch Leihe, Leasing und Eigentumsvorbehalt können daher Grundlagen des Gebrauchs sein. Im Urheberrecht ist die reine Benutzung nicht rechtswidrig.[143]

30

7. Herstellen

Der Vorgang des Herstellens erfasst die **körperliche Anfertigung** von Erzeugnissen, gleichviel in welchem Verfahren und in welcher Zahl.[144] Unerheblich ist, wo und wann rechtsverletzend herge-

31

---

133 § 854 BGB.
134 § 868 BGB.
135 § 14 Abs. 3 Nr. 2 MarkenG; Art. 9 Abs. 2 Buchst b GMV.
136 Spediteure, Frachtführer Lagerhalter etc. üben idR keinen qualifizierten Besitz aus, BGH GRUR 2009, 1142 Tz 25 – MP3-Player-Import.
137 Erfasst wird daher auch die Aufbewahrung zur Vorbereitung anderer Benutzungshandlungen.
138 Bei einer Einfuhr aus der EU oder des EWR kann allerdings Erschöpfung eingetreten sein.
139 OLG Stuttgart GRUR Int. 1998, 806.
140 EuGH GRUR 2007, 146, Rn 27 – Montex Holdings/Diesel; BGH GRUR 2007, 876, Rn 18 – DIESEL II; GRUR 12, 1263 Tz 30 – Clinique happy. Für das Bevorstehen einer Rechtsverletzung im Inland kann auch von keiner Erstbegehungsgefahr ausgegangen werden, solange es keine hinreichenden tatsächlichen Anhaltspunkte für ein unbefugtes Inverkehrbringen im Inland gibt, BGH GRUR Int. 2007, 1035 Tz 14 – Durchfuhr von Originalware.
141 BGH GRUR 2007, 876 Tz 18 – DIESEL II; das gilt unabhängig davon, ob das Bestimmungsland ein Mitgliedstaat der EU oder des EWR ist, BGH GRUR Int. 2007, 1035 Tz 13 – Durchfuhr von Originalware.
142 Vgl Eichmann, in: Eichmann/von Falckenstein/Kühne, § 38 Rn 58.
143 ZB BGH GRUR 1991, 449, 453 – Betriebssystem.
144 Vgl § 16 Abs. 1 UrhG.

stellte Erzeugnisse in den Verkehr gebracht werden sollen, zB im schutzrechtsfreien Ausland oder nach Ablauf der Schutzdauer. Ohne Bedeutung ist auch, ob das Herstellen im eigenen Betrieb oder im Betrieb eines Dritten erfolgt.[145] **Reparatur** als verkehrsübliche Erhaltungsmaßnahme ist kein Herstellen, zB das Ausbeulen und Lackieren eines beschädigten Kotflügels. Wenn jedoch zum Zweck der Reparatur ein Einzelteil neu angefertigt wird, ist das Neuherstellung.

8. Inverkehrbringen

32 Das Zugänglichmachen von Erzeugnissen in ihrer körperlichen Form für Dritte ist Inverkehrbringen.[146] Das erfolgt durch die **Übertragung der tatsächlichen Verfügungsgewalt**. Verkauf unter Eigentumsvorbehalt und Übergabe beim Leasing ist daher Inverkehrbringen. Nur im Urheberrecht muss die Übertragung des Eigentums hinzukommen.[147]

9. Vermieten und Verleihen

33 Die wichtigsten Formen des **zeitlich begrenzten** Inverkehrbringens sind das Vermieten als entgeltliche Gebrauchsüberlassung und das Verleihen als unentgeltliche Gebrauchsüberlassung. Der Erschöpfungsgrundsatz[148] findet jedoch Anwendung.[149] Wenn dieser Grundsatz nicht eingreift, ist das Vermieten und das Verleihen außerhalb des Handelns im privaten Bereich[150] zu nicht gewerblichen Zwecken dem Rechtsinhaber vorbehalten. Wenn zB **Liegestühle** an einem **Badestrand** vermietet werden, beeinträchtigt das die Verwertungschancen des Rechtsinhabers. Werden **Liegestühle** von einem **Sanatorium** ohne Berechnung zur Verfügung gestellt, ist das ebenfalls eine Rechtsverletzung.

10. Werbeankündigung

34 Beim Ankündigungsrecht geht es um das Recht, in der Öffentlichkeit den **Weiterverkauf** von Waren anzukündigen[151] und für diesen Weiterverkauf zu werben.[152] Im Markenrecht ergibt sich das werbliche Ankündigungsrecht unmittelbar aus einer **gesetzlichen Regelung**.[153] Für geschützte Designs führt eine **erweiternde Anwendung des Erschöpfungsgrundsatzes** zum gleichen Ergebnis.[154] Mit dem Inverkehrbringen (durch den Rechtsinhaber oder mit seiner Zustimmung) ist auch das Ankündigungsrecht erschöpft.[155] **Wiederverkäufer** sind daher berechtigt, zur verkehrsüblichen Unterstützung der Weiterverbreitung Erzeugnisabbildungen zu veröffentlichen.[156] Über eine werbemäßige Darstellung geht es jedoch hinaus, wenn Abbildungen als Schaufensterdekoration wirken und

---

145 Bei Auftragsproduktion kommt ein Verbot in Betracht, rechtsverletzende Erzeugnisse herstellen zu lassen, OLG Düsseldorf GRUR 1963, 86. Eine auf das *Herstellenlassen* bezogene Erweiterung der Antragsformulierung ist jedoch nur angebracht, wenn konkrete Anhaltspunkte für diese Modalität des Herstellens bestehen.
146 Vgl BGH GRUR 1958, 613, 614 – Tonmöbel.
147 EuGH GRUR Int. 2008, 593, Rn 30 bis 32 – P&C./. Cassina. Dem hat zugrunde gelegen, dass in einem Bekleidungsgeschäft Ruhezonen für Kunden mit Sesseln und Sofas ausgestattet (vgl BGH GRUR Int. 2007, 74, Rn 17 f – Le Corbusier-Möbel) und ein Sessel in einem Schaufenster zu Dekorationszwecken ausgestellt worden waren (vgl BGH GRUR Int. 2007, 74, Rn 20 – Le Corbusier-Möbel).
148 ZB § 48 DesignG; Art. 21 GGV.
149 Die Bestimmungen des Urheberrechts, durch die das Vermieten von der Erschöpfung ausgenommen (§ 17 Abs. 2 UrhG) und das Verleihen einer Vergütungspflicht unterworfen (§ 27 Abs. 2 UrhG) werden, gelten u.a. nicht für Werke der angewandten Kunst.
150 ZB § 40 Nr. 1 DesignG; Art. 20 Abs. 1 Buchst. a GGV.
151 EuGH, Rs. C-337/9, Slg 1997, I-6034, Rn 38 = GRUR Int. 1998, 140 – Dior/Evora.
152 EuGH, Rs. C-63/97, Slg 1999, I-0905, Rn 48 = GRUR Int. 1999, 438 – BMW/Deenik.
153 Vgl § 14 Abs. 2 S. 5 MarkenG; Art. 9 Abs. 2 Buchst. d GMV; BGH GRUR 1987, 707, 708 – Ankündigungsrecht I; GRUR 1987, 834, 824 – Ankündigungsrecht II.
154 Eichmann, in: Eichmann/von Falckenstein/Kühne, § 48 Rn 14.
155 BGH GRUR 2003, 340, 341 – Mitsubishi; GRUR 2003, 878, 879 – Vier Ringe über Audi; GRUR 2007, 784 Tz 20 – AIDOL.
156 BGH GRUR 2001, 51, 53 – Parfümflakon I.

dabei das angebotene Erzeugnis nur als Beiwerk erscheint.[157] Das Ankündigungsrecht geht nicht auf den Wiederverkäufer über, sondern verbleibt beim Rechtsinhaber.[158]

11. Wiedergabe

Im Urheberrecht ist Wiedergabe jede Form der unkörperlichen Verbreitung eines Werks.[159] Die **bildhafte Wiedergabe** von körperlichen Gegenständen ist dagegen ein Teilaspekt des urheberrechtlichen Vervielfältigungsrechts.[160] Bei geschützten Designs folgt aus der Schutzbeschränkung für Wiedergaben zum Zwecke der Zitierung oder der Lehre,[161] dass Wiedergabe die **zweidimensionale Abbildung** eines dreidimensionalen oder zweidimensionalen Erzeugnisses ist.[162] Die Wiedergabe von Designobjekten unterliegt dem Ausschließlichkeitsrecht des Rechtsinhabers.[163] Wiedergaben können insbesondere durch Lichtbild oder grafische Darstellung erfolgen.[164]

35

III. Begehungsgefahr

Grundvoraussetzung für den **Unterlassungsanspruch** ist die sog. Begehungsgefahr.[165] Es handelt sich um einen Oberbegriff, der die **Wiederholungsgefahr,** also die Gefahr der Wiederholung einer bereits begangenen Handlung[166] und die **Erstbegehungsgefahr,** dh die Gefahr einer bevorstehenden erstmaligen Rechtsverletzung umfasst. An die Beseitigung der Wiederholungsgefahr werden strenge Anforderungen gestellt, weil nicht ausgeschlossen werden kann, dass eine auf gestalterischem Gebiet liegende Erscheinungsform für ein späteres Erzeugnis wieder aufgenommen wird.[167] Die Beseitigung der Wiederholungsgefahr erfolgt durch eine **strafbewehrte Unterlassungserklärung.**[168] Bei der Erstbegehungsgefahr werden Folgerungen aus anderweitigen Benutzungshandlungen oder aus sonstigen bereits bekannten Verhaltensweisen gezogen. Eine in einem Mitgliedstaat begangene Handlung, durch die ein Gemeinschaftsrecht verletzt wird, begründet idR eine Begehungsgefahr für das gesamte Gebiet der EU; ein Unterlassungsanspruch kann daher mit **unionsweiter Wirkung** geltend gemacht werden.[169] Die Anmeldung einer Marke begründet zwar eine Begehungsgefahr für deren Benutzung;[170] auf Designs und Gemeinschaftsgeschmacksmuster ist dieser Grundsatz jedoch nicht übertragbar.[171]

36

---

157 OLG Düsseldorf GRUR-RR 2009, 45, 47.
158 Dem Rechtsinhaber ist es daher weiterhin gestattet, allgemeine Werbemaßnahmen für seine geschützten Erzeugnisse durchzuführen und dabei sein Wiedergaberecht zur Abbildung dieser Erzeugnisse einzusetzen.
159 Vgl § 15 Abs. 2 UrhG. Erfasst werden insb. das Vortrags-, Aufführungs- und Vorführungsrecht, das Senderecht, das Recht der Wiedergabe durch Bild- und Tonträger und von Funksendungen.
160 Vgl zB BGH GRUR 2001, 51, 53 – Parfumflakon I.
161 Vgl hierzu § 2 Rn 161.
162 LG Berlin BeckRS 2008, 10582 – ICE-Frontseite.
163 BGH GRUR 2011, 1117 Tz 30 – ICE; kritisch Ruhl Mitt. 2011, 530 (Urteilsanm.).
164 ZB in einem Aussteller-Katalog (vgl BGH GRUR 2011, 1117 Tz 30 – ICE) oder in einem Verkaufskatalog (vgl OLG Frankfurt/M. GRUR 2003, 204, 205).
165 Vgl zB § 42 Abs. 1 DesignG; Art. 89 Abs. 1 Buchst. a GGV.
166 Wiederholungsgefahr setzt demnach voraus, dass die Handlung, die unterlassen werden soll, in der Vergangenheit bereits einmal begangen worden ist, vgl BGH GRUR 1965, 198, 202 – Küchenmaschine. Wenn die Handlung schon sehr lange zurückliegt, kann die Einrede der Verjährung oder der Einwand der Verwirkung zum Tragen kommen.
167 BGH GRUR 1965, 198, 202 – Küchenmaschine. Die Einstellung der Verletzungshandlungen ist keinesfalls ausreichend (OLG Düsseldorf BeckRS 2011, 22570 – Herrenhemden).
168 Vgl hierzu Rn 51.
169 BGH GRUR 2010, 718 Tz 56 – Verlängerte Limousinen; GRUR 2012, 512 Tz 49 – Kinderwagen I. Für ein Herstellen und Herstellenlassen von rechtsverletzenden Erzeugnissen in der EU besteht die Begehungsgefahr bei einem produzierenden Unternehmen bereits dann, wenn es entsprechende Erzeugnisse zwar außerhalb der EU herstellen lässt, aber innerhalb der EU anbietet und in den Verkehr bringt, BGH GRUR 2012, 512 Tz 49.
170 BGH GRUR 2009, 484 Tz 70 – Metrobus; GRUR 2009, 1055 Tz 18 airdsl; GRUR 2014, 382 Tz 30 REAL-Chips.
171 Eichmann, in: Eichmann/von Falckenstein/Kühne, § 42 Rn 15. Ältere Rechte können gegenüber jüngeren Designschutzrechten idR nur als Nichtigkeitsgründe geltend gemacht werden.

37 Bei einem Großhandelsunternehmen, das nicht erschöpfte Markenware im Besitz hat, kann davon ausgegangen werden, dass eine Verwertung dieser Erzeugnisse im geschäftlichen Verkehr bevorsteht.[172] Das rechtfertigt die **Verallgemeinerung**, dass jede festgestellte Handlung eine Vermutung für das Bevorstehen solcher Handlungen begründet, die im üblichen Marktgeschehen der festgestellten Handlung nachfolgen. Die Herstellung von Erzeugnissen, die ein Schutzrecht verletzen, begründet daher eine **Vermutung** für das Anbieten und das Inverkehrbringen dieser Erzeugnisse.[173] Der Anspruch auf **Schadensersatz** setzt voraus, dass zumindest eine Handlung bereits begangen worden ist, die zur Verursachung eines konkreten Schadens geeignet war.[174]

F. Streitgegenstand

I. Grundsatz

38 Der Streitgegenstand ist von grundlegender Bedeutung für das Zivilgerichtsverfahren: Durch den Streitgegenstand wird die Entscheidungsbefugnis des Gerichts[175] sowie die Reichweite der Rechtshängigkeit[176] und der Rechtskraft[177] festgelegt. Der Streitgegenstand (das ist der prozessuale Anspruch nach der Terminologie der ZPO) wird durch den Klageantrag und durch den Grund des erhobenen Anspruchs bestimmt.[178] Klagegrund ist daher der Lebenssachverhalt, aus dem der Kläger die begehrte Rechtsfolge herleitet.[179] Wenn ein **neuer Streitgegenstand** in das Verfahren eingeführt wird, ist das eine **Klageänderung**;[180] diese ist nur zulässig, wenn der Beklagte einwilligt oder wenn das Gericht sie für sachdienlich erachtet.[181] Außerdem besteht die Gefahr der Verspätung;[182] im Eilverfahren kann für einen neuen Streitgegenstand die Dringlichkeit entfallen sein.[183]

II. Eventualklagehäufung

39 Wenn aus einem Schutzrecht vorgegangen wird, ist dessen Entstehen Teil des relevanten Lebenssachverhalts.[184] Wird ein Anspruch auf mehrere Schutzrechte gestützt, begründet **jedes Schutzrecht** einen **eigenen Streitgegenstand**.[185] Das Gericht kann sich bei mehreren Schutzrechten nur auf das Schutzrecht stützen, auf das sich der Kläger zur Begründung seiner Klage berufen hat.[186] Deswegen muss die Anspruchsgrundlage genau bezeichnet werden. Wenn mehrere Schutzmöglichkeiten zur Verfügung stehen, können diese nicht in alternativer Klagehäufung geltend gemacht werden.[187] Der Kläger muss daher bei mehreren Streitgegenständen in **eventueller Klagehäufung** bekannt geben,

---

172 BGH GRUR 2006, 421, 424 – Markenparfumverkäufe (das Großhandelsunternehmen war auf die Belieferung von Einzelhandelsunternehmen mit Markenparfums aus dem schutzrechtsfreien Ausland spezialisiert). Besitz kann daher eine Vermutung dafür begründen, dass es zum Anbieten und zum Inverkehrbringen kommen wird.
173 Eichmann, in: Eichmann/von Falckenstein/Kühne, § 38 Rn 62. Ob die Feststellung von Handlungen des Anbietens oder des Inverkehrbringens eine Vermutung für eine vorausgegangene Herstellung begründet, hängt von der Unternehmensstruktur ab. Diese Frage kann bei einem Produktionsunternehmen ohne Weiteres bejaht werden, bei einem reinen Vertriebsunternehmen muss sie idR verneint werden.
174 BGH GRUR 1964, 496, 497 – Formsand. Wenn einem Unterlassungsantrag Handlungen mit Erstbegehungsgefahr zugrundeliegen, können daher darauf keine Ansprüche auf Schadensersatz, Bereicherungsherausgabe, vorbereitende Rechnungslegung und auf Beseitigung gestützt werden.
175 Vgl § 308 Abs. 1 ZPO.
176 Vgl § 261 ZPO.
177 Vgl § 322 Abs. 1 ZPO.
178 Vgl § 253 Abs. 2 Nr. 2 ZPO.
179 BGH GRUR 2007, 1071 Tz 56 – Kinder II.
180 BGH GRUR 2011, 521 Tz 5 – TÜV I; GRUR 2011, 1043 Tz 32 – TÜV II; GRUR 2012, 1145 Tz 21 – Pelikan; GRUR 2015, 689 Tz 14 – Parfumflakon III.
181 Vgl § 263 ZPO.
182 Vgl §§ 296, 296 a, 530, 531 ZPO.
183 OLG Frankfurt/M. GRUR-RR 2011, 66 – Stiefelette.
184 BGH GRUR 2001, 755, 757 – Telefonkarte.
185 BGH GRUR 2011, 521 Tz 3 – TÜV I; GRUR 2011, 1117 Tz 16 – ICE.
186 BGH GRUR 2001, 755, 757 – Telefonkarte.
187 BGH GRUR 2011, 521 Tz 9 – TÜV I; GRUR 2011, 1043 Tz 30 – TÜV II.

worauf er seine Ansprüche in erster Linie stützt und welche Ansprüche in zweiter Linie und gegebenenfalls in dritter Linie geltend gemacht werden.[188] **Unterschiedliche Streitgegenstände** ergeben sich schon bei mehreren eingetragenen Designs[189] und erst recht bei unterschiedlichen Schutzrechtsarten. Das ist nicht nur bei nationaler Marke und Gemeinschaftsmarke der Fall,[190] sondern auch bei eingetragenem Design und Gemeinschaftsgeschmacksmuster sowie bei eingetragenem Gemeinschaftsgeschmacksmuster und nicht eingetragenem Gemeinschaftsgeschmacksmuster.[191] Wird dasselbe Klagebegehren auf ein Schutzrecht und auf wettbewerbsrechtlichen Nachahmungsschutz gestützt, hat das ebenfalls zwei verschiedene Streitgegenstände zur Folge, zB bei Ansprüchen aus UWG-Nachahmungsschutz und Urheberrecht,[192] Markenrecht[193] und aus eingetragenem Design.[194] Es ist eine **Besonderheit des Designrechts**, dass vielfach Schutzmöglichkeiten aus verschiedenen Rechtsgebieten in Betracht kommen.[195] Wird ein Klageantrag zB sowohl auf ein eingetragenes Design als auch auf Urheberrecht und auf wettbewerbsrechtlichen Nachahmungsschutz gestützt, ergeben sich daraus drei unterschiedliche Streitgegenstände.[196]

G. Streitwert

I. Allgemeines

Die Höhe des Streitwerts wird zwar vom Gericht nach freiem Ermessen festgesetzt.[197] Die Gerichte pflegen sich jedoch an dem Streitwertvorschlag des Klägers bzw des Antragstellers zu orientieren, wenn dieser Vorschlag innerhalb üblicher Grenzen liegt und die Gegenseite nicht substantiiert widerspricht.[198] Die Vorstellungen der Parteien sind für das Gericht zwar nicht verbindlich, aber von indizieller Bedeutung,[199] insbesondere solange noch keine Sachentscheidung ergangen ist.[200]

II. Unterlassungsanspruch

Für den Unterlassungsanspruch ist die **wirtschaftliche Bedeutung**, die das Klageschutzrecht für den Kläger hat, in Relation zu der Intensität der Verletzungshandlungen zu setzen.[201] Maßgeblich hierfür sind in erster Linie die Umsätze, die der Kläger mit schutzrechtsgemäßen Erzeugnissen erzielt, und die Umsätze, die durch die Verletzungshandlung voraussichtlich erzielt werden können,[202] sowie der sog. Angriffsfaktor, dh die Intensität des Verletzungseingriffs. Bei einem nicht verwerteten Schutzrecht stehen die Marktbedeutung der streitgegenständlichen Gestaltung und die Ergebnisse einer Lizenzanalogie im Vordergrund. Bei einer parallelen Inanspruchnahme einer juristischen Person und ihres gesetzlichen Vertreters ist für diesen ein deutlicher Abschlag angemessen.[203]

---

188 BGH GRUR 2011, 1043 Tz 37 – TÜV II.
189 BGH GRUR 2011, 1117 Tz 16 – ICE.
190 BGH GRUR 2004, 860, 862 – Internet-Versteigerung.
191 OLG Frankfurt/M. GRUR-RR 2012, 367, 368 – Streitwertaddition.
192 BGH GRUR 2001, 755, 757 – Telefonkarte.
193 BGH GRUR 2009, 783, Tz 18 – UHU; GRUR 2015, 689 Tz 14 – Parfumflakon III; OLG Nürnberg GRUR-RR 2008, 55.
194 OLG Frankfurt/M. GRUR-RR 2012, 367, 368 – Streitwertaddition.
195 Vgl zB Jänich, GRUR 2008, 873 zu Automobilplagiaten.
196 Vgl Berneke, WRP 2007, 579, 582.
197 Vgl § 123 GKG iVm § 3 ZPO.
198 BGH GRUR 1985, 511, 512 – Stückgutverladeanlage.
199 BGH GRUR 1986, 93, 94 – Veränderte Umstände.
200 BGH GRUR 2012, 1288 Tz 4 – Vorausbezahlte Telefongespräche.
201 BGH GRUR 2014, 206 Tz 16 – Einkaufskühltasche.
202 BGH GRUR 1985, 511, 512 – Stückgutverladeanlage; OLG Karlsruhe GRUR 1966, 691.
203 OLG Düsseldorf BeckRS 2014, 20371.

III. Folgeansprüche

42 Der Streitwert für Ansprüche, die zusätzlich zum Unterlassungsanspruch geltend gemacht werden, ergibt sich idR aus **Relationen** zum Streitwert für den Unterlassungsanspruch. Für den Antrag auf Feststellung der Schadensersatzpflicht wird das wertbildende Interesse ist aus der Sicht des Klägers im Zeitpunkt der Klageerhebung geschätzt;[204] üblich sind ca. 10 % aus dem Wert des Unterlassungsanspruchs. Der Wert des Antrags auf Rechnungslegung und vorbereitende Auskunft macht ca. 5 % aus dem Wert des Unterlassungsanspruchs aus. Bei der **Drittauskunft** wird der Wert von Ansprüchen gegen die weiteren Beteiligten geschätzt; eine Bewertung in Höhe von 10 % des Unterlassungsanspruchs bei üblichen Sachverhalten bis zu maximal 25 % bei Plagiatsfällen mit großer Breitenwirkung ist idR angemessen.[205] Für den **Vernichtungsanspruch** ist der Verkehrswert der betroffenen Erzeugnisse maßgeblich; häufig erfolgt eine Schätzung im Bereich von 10 % des Unterlassungsanspruchs. Für die Sicherung des Vernichtungsanspruchs und für die gerichtliche Entscheidung zur Aufrechterhaltung der Grenzbeschlagnahme ist ein Abschlag von 10 % bis 20 % des Wertansatzes für den Vernichtungsanspruch angemessen. **Einstweilige Verbote** sind zwar nur vorläufige Regelungen; weil es aber selten auch noch zu einem Hauptsacheverfahren kommt, erfolgt häufig kein Abschlag. Bei einstweiligen Verfügungen auf Drittauskunft ist ein Abschlag nicht angebracht,[206] weil die Auskunft endgültiger Natur ist.

IV. Eventualklagehäufung

43 Nach § 45 Abs. 1 S. 2 GKG erfolgt eine Addition der auf jede Anspruchsgrundlage entfallenden Streitwerte, soweit eine Entscheidung zu diesen Anspruchsgrundlagen ergeht. Dabei findet jedoch **keine schematische Erhöhung** des Streitwerts statt.[207] Mehrere Ansprüche betreffen nur dann denselben Gegenstand, wenn ihnen nicht nur die gleichen wirtschaftlichen Interessen zugrunde liegen, sondern die Ansprüche einander ausschließen.[208] Liegen einem einheitlichen Unterlassungsantrag mehrere Ansprüche iSd § 45 Abs. 1 S. 2 GKG zugrunde, ergibt sich daher der Streitwert aus dem Hauptanspruch; für die hilfsweise geltend gemachten Ansprüche erfolgt eine **angemessene Erhöhung**. Der Streitwert eines Hauptanspruchs ist daher um 10 % für den Hilfsanspruch erhöht worden.[209]

V. Nichtigkeitswiderklage

44 Bei einer Nichtigkeitswiderklage kann sich zwar der Streitwert ebenso wie bei einer Nichtigkeitsklage[210] nach dem wirtschaftlichen Interesse richten, das die Allgemeinheit an der Vernichtung des Schutzrechts hat. Wenn eine Nichtigkeitswiderklage als **Eventualwiderklage** gegen das Klagedesign erhoben wird, kann von einer Verteidigungsmaßnahme des Beklagten ausgegangen werden, für die das Allgemeininteresse unerheblich ist.[211] Das wirtschaftliche Interesse an der Widerklage ergibt sich daher aus dem Gesamtstreitwert der Klage. Wenn die Widerklage nicht als Eventualwiderklage erhoben wird, findet das Allgemeininteresse zusätzlich Berücksichtigung. Die Ansprüche von Klage und Nichtigkeitswiderklage betreffen nicht denselben Gegenstand iSd § 45 Abs. 1 S. 3 GKG; sie werden daher nach § 45 Abs. 1 S. 1 GKG **zusammengerechnet**, wenn keine Verhandlung in getrennten Prozessen erfolgt.

---

204 BGH GRUR 1986, 93, 94 – Veränderte Umstände.
205 Der Streitwert eines Besichtigungsanspruchs richtet sich nach dem Streitwert der Ansprüche, deren Vorbereitung er dient; der vorbereitende Charakter wird mit 10 % bis 25 % bewertet (vgl BGH GRUR 2010, 408).
206 KG GRUR 1992, 611, 612.
207 BGH WRP 2014, 192 Tz 9; OLG Frankfurt/M. GRUR-RR 2014, 280; WRP 2015, 1004 Tz 28 (anders noch OLG Frankfurt/M. GRUR-RR 2012, 367; kritisch Labesius, GRUR-RR 2012, 317, 318; differenzierend Büscher, GRUR 2012, 16, 23).
208 BGH NJW-RR 2005, 506; WRP 2014, 192 Tz 6.
209 OLG Frankfurt/M. BeckRS 2014, 09139 – Reifenprofil; WRP 2015, 1004 Tz 28.
210 BGH GRUR 1957, 79, 80; Mitt. 1963, 60.
211 Eichmann, in: Eichmann/von Falckenstein/Kühne, § 54 Rn 7.

VI. Gesamtstreitwert

Bei einer üblichen Verletzungsklage ergibt sich der Gesamtstreitwert aus der Summe der Teilstreitwerte für den Unterlassungsanspruch und für die Folgeansprüche. Aus einem Gesamtstreitwert einer **Klage** von 125. 000 € können zB 110. 000 € auf den Unterlassungsantrag, 10.000 € auf den Antrag auf Feststellung der Schadensersatzpflicht und 5.000 € auf den Antrag auf Rechnungslegung und Auskunftserteilung entfallen. Bei einem **Verfügungsantrag** auf Unterlassung und Drittauskunft können zB 70.000 € auf den Unterlassungsantrag und 10.000 € auf den Antrag auf Drittauskunft aufgeteilt werden. Als Nebenforderung geltend gemachte Verwarnungskosten erhöhen den Streitwert nicht.[212]

45

Hinweis: Eine frühzeitige Ausweisung von Teilstreitwerten kann spätere Meinungsverschiedenheiten vermeiden.

VII. Streitwertbegünstigung

Auf Antrag einer Partei kann vom Gericht angeordnet werden, dass sich ihre Verpflichtung zur Zahlung von Gerichtskosten nach einem ihrer Wirtschaftslage angepassten **Teil des Streitwerts** bemisst.[213] Die Gebühren des Rechtsanwalts dieser Partei richten sich ebenfalls nach diesem Teil des Streitwerts. Dasselbe gilt gegebenenfalls für die Erstattung der Gebühren des Gegenanwalts.

46

H. Außergerichtliche Streitbeilegung

I. Allgemeines

Wenn ein Anspruch gerichtlich geltend gemacht wird, ohne ihn vorher außergerichtlich geltend gemacht zu haben, und der Anspruchsgegner den Anspruch im Gerichtsverfahren **sofort anerkennt**, hat der Anspruchsteller die gesamten **Prozesskosten** zu tragen.[214] Das kann durch eine Verwarnung verhindert werden. Weil mit einer Verwarnung Risiken verbundenen sein können, kann eine Berechtigungsanfrage Klarheit schaffen. Der Anspruchsgegner kann durch eine sog. Unterwerfungserklärung den Anspruchsteller klaglos stellen. Wenn er hierzu nicht bereit ist, kann er mit einer Schutzschrift seine abweichende Auffassung darlegen oder sich mit einer negativen Feststellungsklage zur Wehr setzen.

47

II. Verwarnung

Bei Schutzrechtsverletzungen wird ein ernsthaftes und endgültiges **Unterlassungsbegehren** als Verwarnung bezeichnet.[215] Im Wettbewerbsrecht und Urheberrecht soll vor der Einleitung eines gerichtlichen Verfahrens der Anspruchsgegner abgemahnt und ihm Gelegenheit gegeben werden, den Streit durch Abgabe einer mit angemessener Vertragsstrafe bewehrten Unterlassungsverpflichtung beizulegen.[216] Eine unberechtigte Verwarnung kann als Eingriff in den nach § 823 Abs. 1 BGB geschützten Gewerbebetrieb **Schadensersatzansprüche** auslösen.[217] Ein unbegründetes Vorgehen aus einem Schutzrecht kann jedoch nur aufgrund einer Interessen- und Güterabwägung als rechtswid-

48

---

212 BGH NJW 2007, 3289; GRUR-RR 2012, 136 (LS); GRUR-RR 2012, 271(LS); GRUR-RR 2013, 448 (LS).
213 § 54 DesignG (für Gemeinschaftsmusterstreitsachen gilt nach § 63 Abs. 4 DesignG diese Regelung entsprechend); § 142 MarkenG; § 144 PatG.
214 § 93 ZPO.
215 BGH GRUR 1979, 332, 334 – Brombeerleuchte; GRUR 1997, 896, 897 – Mecki-Igel III; GRUR 1997, 931, 932 – Sekundenschnell. Beispiel bei Eichmann, in: Mes, Form. F.3.
216 Vgl die gesetzlichen Regelungen in § 12 Abs. 1 S. 1 UWG und § 97 a Abs. 1 UrhG. Wenn beabsichtigt ist, gegebenenfalls eine Verletzungsklage mit üblichem Zuschnitt zu erheben, wird zusätzlich gefordert, die Verpflichtung zum Schadensersatz anzuerkennen sowie vorbereitend Rechnung zu legen und Auskunft zu erteilen.
217 BGH (GZS) GRUR 2005, 882, 884 – Unberechtigte Schutzrechtsverwarnung. Das gilt auch für eine Verwarnung aus einem eingetragenen Design, vgl BGH GRUR 1979, 332, 334 – Brombeerleuchte.

Eichmann

rig beurteilt werden.²¹⁸ Dabei kann Berücksichtigung finden, dass geschützte Designs ohne materiellrechtliche Prüfung eingetragen werden und sich deswegen im weiteren Verlauf als nicht rechtsbeständig erweisen können. Nur bei gründlicher Recherche und bei Ausschöpfung aller zur Verfügung stehenden Erkenntnismittel kann daher schuldhaftes Handeln verneint werden.²¹⁹ Hat eine Verwarnung zur Streitbeilegung geführt, entsteht für den Anspruchsteller ein Anspruch auf Ersatz der erforderlichen Aufwendungen.²²⁰ Wenn eine Verwarnung unbegründet ist und der Verwarner schuldhaft gehandelt hat, hat der Anspruchsgegner seinerseits einen Anspruch auf Ersatz der für die Rechtsverteidigung erforderlichen Aufwendungen.²²¹ Dabei geht es insbesondere um die jeweils entstandenen **Anwaltskosten**. Die Berechtigung einer Verwarnung kann der Verwarnte auch durch eine negative Feststellungsklage klären lassen.²²²

III. Abnehmerverwarnung

49   Die Verwarnung von Abnehmern gilt zwar als grundsätzlich zulässig.²²³ Eine unbegründete Verwarnung von Abnehmern eines Lieferanten kann aber als Eingriff in den geschützten Gewerbebetrieb des Lieferanten Ansprüche auf Schadensersatz und auf Unterlassung auslösen.²²⁴ Obwohl Abnehmerverwarnungen sogar existenzgefährdende Eingriffe in die Kundenbeziehungen von Lieferanten darstellen können,²²⁵ muss der Lieferant berechtigte Verwarnungen nur dann nicht hinnehmen, wenn es sich um eine unlautere **Mitbewerberbehinderung** nach § 4 Nr. 10 UWG handelt, die idR allerdings nur aus Indizien²²⁶ gefolgert werden kann.

   Hinweis: Wenn nicht nur zur Unterlassung, sondern glaubwürdig auch zur Drittauskunft aufgefordert wird, kann die Rechtmäßigkeit dieses Vorgehens kaum beanstandet werden.

IV. Berechtigungsanfrage

50   Mit einer Berechtigungsanfrage wird ein **vorbereitender Meinungsaustausch**²²⁷ über die Schutzrechtslage eingeleitet, der nicht die Risiken begründet, die mit einer Verwarnung verbunden sind. An die Stelle der Geltendmachung von Ansprüchen tritt die Frage, aufgrund welcher Umstände sich der Adressat zu Benutzungshandlungen für berechtigt hält. Ansonsten sind in gleicher Weise wie bei der Verwarnung Ausführungen zur Anspruchsgrundlage und zum Verletzungstatbestand erforderlich.²²⁸ Dieser Beginn eines Meinungsaustauschs ist keine Grundlage für einen Schadenser-

---

218 BGH GRUR 2006, 432 Tz 24 – Verwarnung aus Kennzeichenrecht II.
219 BGH WRP 1996, 207, 210 – Leichtmetallräder.
220 Ausdrücklich geregelt in § 97 a Abs. 3 S. 1 UrhG und § 12 Abs. 1 S. 2 UWG und ansonsten ständige Rechtspraxis, zB BGH GRUR 1995, 338, 342 – Kleiderbügel; GRUR 2009, 888 Tz 24 – Thermoroll.
221 Ausdrücklich geregelt in § 97 a Abs. 4 S. 1 UrhG und ansonsten ständige Rechtspraxis, zB BGH GRUR 2011, 995 Tz 35 – Besonderer Mechanismus.
222 Wenn es um mehrere Schutzrechte geht, muss das Feststellungsinteresse für jedes Schutzrecht gesondert geprüft werden, BGH GRUR 2011, 1117 Tz 16 – ICE.
223 BGH GRUR 1995, 424, 425 – Abnehmerverwarnung.
224 BGH GRUR 2006, 433 Tz 17 – Unbegründete Abnehmerverwarnung. Die erforderliche Unmittelbarkeit des Eingriffs in den Gewerbebetrieb ergibt sich daraus, dass Abnehmer leicht geneigt sind, sich der Verwarnung zu beugen, weil sie häufig auf Drittprodukte ausweichen können und deswegen idR nicht bereit sind, die mit einem Rechtsstreit verbundenen Risiken in Kauf zu nehmen (BGH (I. ZS) GRUR 2006, 433 Tz 18; BGH (X. ZS) GRUR 2006, 219 Tz 14 – Detektionseinrichtung II).
225 BGH (GZS) GRUR 2005, 882, 884 – Unberechtigte Schutzrechtsverwarnung; GRUR 2006, 219 Tz 13 – Detektionseinrichtung II.
226 Das können zB sein: Hinweis auf Strafbarkeit, überhöhte Bezifferung der Vertragsstrafe und des Gegenstandswerts, Massierung von Abnehmerverwarnungen.
227 BGH GRUR 1963, 255, 257 – Kindernähmaschinen; GRUR 1997, 896, 897 – Mecki-Igel III.
228 Beispiel bei Eichmann, in: Mes, Form. F.1.

satzanspruch.[229] Ein Anspruch auf Kostenerstattung besteht nicht, weil die Berechtigungsanfrage primär im eigenen Interesse des Anfragenden liegt.[230]

> **Hinweis:** Die Antwort auf eine Berechtigungsanfrage kann mit einer Unterwerfungserklärung verbunden sein, um einer Verwarnung zuvorzukommen und die damit verbundenen Kosten zu vermeiden.

Werden Berechtigungsanfragen an **Handelskunden** gerichtet, kann damit zwar eine Komponente der Mitbewerberbehinderung verbunden sein, weil die Sachkompetenz für einen Meinungsaustausch über die Schutzrechtslage originär beim Lieferanten liegt. Eine gezielte Mitbewerberbehinderung iSd § 4 Nr. 10 UWG kann jedoch nur bei besonders missbilligenswerten Umständen angenommen werden.

V. Unterwerfungserklärung

Eine gerichtliche Anspruchsdurchsetzung wird entbehrlich, wenn der Verletzer eine sog. Unterwerfungserklärung abgegeben hat. Im Vordergrund steht die Unterlassungserklärung, durch die der **Unterlassungsanspruch** des Verletzten **vertraglich anerkannt** wird.[231] Zur Beseitigung der Wiederholungsgefahr ist idR die Absicherung der Unterlassungserklärung durch die Zusage einer angemessen **Vertragsstrafe** erforderlich.[232] Die Angemessenheit der Vertragsstrafe richtet sich nach den Gesamtumständen des Einzelfalls.[233] Jedenfalls muss die Vertragsstrafe so hoch sein, dass sich ein Verstoß für den Verletzer voraussichtlich nicht lohnt.[234] Es kann ausreichen, nach dem sog. **Hamburger Brauch** die Bestimmung der Vertragsstrafe gem. § 315 Abs. 1 BGB dem Gläubiger zu überlassen und dem Gericht die Überprüfung zuzuweisen.[235] Der Schuldner muss nicht nur weitere Verletzungen unterlassen, sondern auch fortdauernde Verletzungen rückgängig machen.[236]

51

VI. Schutzschrift

Eine Schutzschrift dient dem **Zweck**, eine einstweilige Verfügung zu verhindern oder zumindest das Gericht zur Anordnung einer mündlichen Verhandlung zu veranlassen.[237] Grund für die Einreichung einer Schutzschrift ist idR die Verwarnung durch einen Anspruchsteller. Weil es möglich ist, dass eine einstweilige Verfügung ohne mündliche Verhandlung und ohne Erwiderungsmöglichkeit erlassen wird, kann sich der Anspruchsgegner mit der Schutzschrift **rechtliches Gehör** (Art. 103 Abs. 1 GG) verschaffen. Das Gericht ist deswegen verpflichtet, bei einer Beschlussverfügung den Sachvortrag des Antragsgegners zu berücksichtigen, der in einer Schutzschrift glaubhaft gemacht ist.[238] Der Antragsgegner hat die **Kosten** der Schutzschrift zu tragen, wenn der Verfü-

52

---

229 BGH GRUR 2011, 995 Tz 29 – Besonderer Mechanismus. Wenn einer Berechtigungsanfrage eine Unterlassungserklärung beigefügt wird und gerichtliche und strafrechtliche Maßnahmen für den Fall angedroht werden, dass rechtfertigende Gründe nicht vorgetragen werden können, handelt es sich um eine Abmahnung bzw Verwarnung; bei Rechtswidrigkeit besteht ein Anspruch auf Erstattung von Abwehrkosten, OLG Düsseldorf GRUR-RR 2014, 315, 316 – Bestattungsbehältnis.
230 LG München I InstGE 6, 117, 119.
231 BGH GRUR 2010, 355 Tz 27 – Testfundstelle. Hinzukommen kann die Anerkennung der Verpflichtung zum Schadensersatz sowie die Bereitschaft, vorbereitend Rechnung zu legen und Auskunft zu erteilen, wenn der Verletzte das gefordert hat.
232 BGH GRUR 1965, 198, 202 – Küchenmaschine.
233 BGH GRUR 1983, 127, 129 – Vertragsstrafeversprechen; GRUR 1994, 146, 147 – Vertragsstrafebemessung.
234 BGH GRUR 2014, 595 Tz 16 – Vertragsstrafenklausel. Wird trotzdem gegen eine Unterlassungserklärung verstoßen, kann der Gläubiger einen gerichtlichen Unterlassungstitel herbeiführen, wenn nicht eine weitere Unterlassungserklärung mit erheblich höherer Strafbewehrung abgegeben wird, BGH GRUR 1994, 146 – Vertragsstrafebemessung; GRUR 2014, 595 Tz 18 – Vertragsstrafenklausel.
235 BGH GRUR 1978, 192, 193 – Hamburger Brauch; GRUR 1994, 146, 147 – Vertragsstrafebemessung.
236 BGH GRUR 2014, 595 Tz 26 – Vertragsstrafenklausel. Das gilt auch für Dritte, deren Verhalten dem Schuldner wirtschaftlich zugutekommt, wenn ausreichende Einwirkungsmöglichkeiten bestehen, BGH aaO.
237 Beispiel bei Eichmann, in: Mes, Form. F. 5.
238 BGH GRUR 2003, 456 – Kosten einer Schutzschrift I.

gungsantrag zurückgenommen oder zurückgewiesen wird und die Schutzschrift vorher zu den Gerichtsakten gelangt ist.[239]

I. Klagearten

1. Leistungsklage

53 Weil ein Anspruch entweder auf ein **Tun** oder auf ein **Unterlassen** gerichtet ist,[240] können alle gesetzlich vorgesehenen Ansprüche mit einer Leistungsklage durchgesetzt werden. Im Designrecht hat die Klage auf Unterlassen die größte Bedeutung. Ansprüche auf Tun, also auf aktives Handeln, werden zB bei Klagen auf Auskunft und Rechnungslegung, auf Drittauskunft, auf Rückruf und auf Zahlung (Schadensersatz, Bereicherungsherausgabe, Erstattung von Verwarnungskosten) geltend gemacht.[241] Im Klageverfahren werden üblicherweise Anträge auf Unterlassung, Feststellung der Verpflichtung zum Schadensersatz sowie auf vorbereitende Rechnungslegung und Auskunft gestellt. Wenn ein durchsetzbarer Anspruch besteht, hat die Leistungsklage **Vorrang** vor der – positiven oder negativen – Feststellungsklage.

II. Feststellungsklage

54 Das **Bestehen eines Rechtsverhältnisses** kann einer Klärung zugeführt werden, wenn ein rechtliches Interesse an alsbaldiger Feststellung besteht.[242] Bei Schutzrechtsverletzungen wird idR die Feststellung der Zahlungspflicht des Beklagten beantragt, weil der Kläger bei der Klageerhebung den Schadensbetrag noch nicht beziffern kann. Die für die Schadensberechnung erforderlichen Voraussetzungen werden erst durch die Erfüllung des Anspruchs auf Rechnungslegung und gegebenenfalls auf Auskunft geschaffen.[243] Bei einem unmittelbaren Wettbewerbsverhältnis ist mit Wahrscheinlichkeit zu erwarten, dass dem Verletzten durch den Vertrieb von rechtsverletzenden Erzeugnissen ein Schaden entstanden ist.[244] Für die Feststellung der Schadensersatzpflicht genügt der Nachweis, dass der Beklagte während der Schutzdauer des verletzten Schutzrechts mindestens eine Verletzungshandlung rechtswidrig und schuldhaft begangen hat.[245]

Hinweis: Maßgeblich ist das Feststellungsinteresse bei Klageerhebung;[246] es muss daher nicht zur Leistungsklage übergegangen werden, wenn später ein bezifferter Zahlungsantrag möglich wird.

III. Negative Feststellungsklage

55 Auch das **Nichtbestehen eines Rechtsverhältnisses** kann mit einer Klage geklärt werden, wobei ebenso wie bei einer positiven Feststellungsklage ein rechtliches Interesse an alsbaldiger Klärung

---

239 BGH GRUR 2003, 456 – Kosten einer Schutzschrift I; GRUR 2007, 727 Tz 15 – Kosten einer Schutzschrift II. Wenn die Schutzschrift Sachvortrag enthält, besteht ein Anspruch auf Erstattung der vollen Verfahrensgebühr, BGH GRUR 2008, 640 Tz 11 – Kosten einer Schutzschrift III.
240 Vgl § 194 Abs. 1 BGB.
241 Die Klage auf Abgabe einer Willenserklärung ist ein Sonderfall, weil nach § 894 Abs. 1 ZPO die Handlungspflicht durch die Rechtskraft des Urteils ersetzt wird.
242 Vgl § 256 Abs. 1 ZPO. Zwar kann nach § 254 ZPO im Wege der Stufenklage die Klage auf Rechnungslegung mit der Klage auf Zahlung des daraus sich ergebenden Betrags verbunden werden. Unabhängig davon hat jedoch bei einem Schadensersatzanspruch des Klägers zur Klärung der Rechtslage und zur Unterbrechung der Verjährung ein rechtliches Interesse an der Feststellung der Schadensersatzpflicht (vgl BGH GRUR 1958, 613, 614 – Tonmöbel; GRUR 1960, 256, 260 – Chérie; GRUR 2003, 900, 901 – Feststellungsinteresse III; GRUR 2008, 258 Tz 16 – INTERCONNECT).
243 BGH GRUR 1965, 198, 202 – Küchenmaschine.
244 BGH GRUR 2001, 503, 506 – Sitz-Liegemöbel.
245 BGH GRUR 1960, 423, 424 – Kreuzbodenventilsäcke I; GRUR 1964, 496, 497 – Formsand.
246 BGH GRUR 1975, 434, 438 – Bouchet; GRUR 2008, 258 Tz 18 – INTERCONNECT.

erforderlich ist. Ein Feststellungsinteresse kann insbesondere zur Abwehr einer Verwarnung[247] oder einer sonstigen Rechtsberühmung[248] betreffend die Verletzung von Immaterialgüterrechten bestehen. Es besteht grundsätzlich keine Obliegenheit des zu Unrecht Verwarnten, vorher eine Gegenabmahnung auszusprechen;[249] hierfür entstandene Kosten sind daher nicht zu erstatten.[250] Die negative Feststellungsklage ist der Unterlassungsklage nachrangig.[251] Das Feststellungsinteresse entfällt daher, wenn eine Leistungsklage nicht mehr einseitig zurückgenommen werden kann.[252]

IV. Gestaltungsklage

Mit einer Gestaltungsklage kann durch ein unmittelbar **rechtsänderndes Urteil** eine neue Rechtslage geschaffen werden. Das ist bei einer Klage auf Erklärung der Nichtigkeit eines Patents[253] der Fall. Die Widerklage auf Feststellung oder Erklärung der Nichtigkeit eines eingetragenen Designs[254] entfaltet Wirkung gegenüber der Allgemeinheit jedoch erst durch die Löschung des eingetragenen Designs;[255] sie ist daher eine unvollkommene Gestaltungsklage. Ebenfalls unvollkommene Gestaltungsklagen sind Klagen auf Einwilligung in die Löschung einer Marke[256] und auf Schutzentziehung[257] bei einer internationalen Eintragung.[258]

56

V. Widerklage

Während der Rechtshängigkeit eines Hauptsacheverfahrens kann vom Beklagten gegen den Kläger ein **Gegenanspruch** durch eine Widerklage gerichtlich geltend gemacht werden. Für eingetragene Designs von besonderer Bedeutung ist die Widerklage zur Widerlegung der für die Rechtsgültigkeit des Klagedesigns bestehenden Vermutung.[259] Bei einer Klage aus einem eingetragenen Gemeinschaftsgeschmacksmuster kann die Rechtsgültigkeit des Klageschutzrechts ebenfalls nur mit einer Nichtigkeitswiderklage in Abrede gestellt werden.[260] Im Eilverfahren ist eine Widerklage nicht statthaft.

57

J. Einstweilige Verfügung

I. Allgemeines

In einem **beschleunigten Verfahren** kann mit einer einstweiligen Verfügung[261] dem Antragsgegner durch eine vorläufige Regelung eine Handlung verboten oder geboten werden,[262] wenn **Eilbedürftigkeit** besteht. Der Vorzug von Unterlassungsverfügungen ist, dass dem Antragsgegner in sehr kurzer Zeit (dh wenige Tage oder sogar Stunden) ein Herstellungs- und Vertriebsverbot auferlegt wer-

58

---

247 BGH GRUR 1987, 518 – Kotflügel; GRUR 1995, 697, 699 – FUNNY PAPER.
248 BGH GRUR 2011, 1117 Tz 15 – ICE.
249 BGH GRUR 2006, 168 Tz 11 – Unberechtigte Abmahnung.
250 BGH GRUR 2004, 790, 792 – Gegenabmahnung. Anders kann es sich bei einem geschützten Design verhalten, wenn der Verwarnte nach längerer Korrespondenz neuheitsschädliches Material ausfindig gemacht hat, das dem Verwarner ersichtlich nicht bekannt war (OLG Frankfurt/M. GRUR 1972, 671).
251 BGH GRUR 1994, 846, 848 – Parallelverfahren II.
252 BGH GRUR-RR 2010, 496.
253 Vgl § 81 Abs. 1 S. 1 PatG.
254 Vgl § 52 b DesignG.
255 Nach § 36 Abs. 1 Nr. 5 DesignG.
256 Vgl § 55 MarkenG.
257 Vgl § 70 Abs. 1 DesignG.
258 Die gesetzlich vorgesehene Allgemeinwirkung tritt erst ein, wenn das DPMA die Löschung herbeigeführt hat.
259 Nach § 52 a DesignG ist die Widerklage auf Feststellung oder Erklärung der Nichtigkeit des Klagedesigns neben einem Nichtigkeitsantrag an das DPMA die einzige Möglichkeit, um im Hauptsacheverfahren die Rechtsgültigkeit des Klagedesigns in Abrede stellen zu können.
260 Art. 85 Abs. 1 S. 1 GGV. Eine Ausnahme von diesem Grundsatz gilt nur, wenn sich der Beklagte auf ein nationales Designschutzrecht beruft (Art. 81 Abs. 1 S. 3 GGV).
261 Auf Grundlage der §§ 935, 938 ZPO.
262 Beispiele bei Eichmann, in: Mes, Form. F. 6 und F. 8.

den kann. Damit verbunden ist jedoch das **Risiko**, dass im Fall einer späteren Aufhebung der Antragsteller verschuldensunabhängig dem Antragsgegner zum Schadensersatz verpflichtet ist.[263] Dem Eilverfahren kommt im Designrecht besondere Bedeutung zu. Im Vordergrund steht die Durchsetzung des Unterlassungsanspruchs. In Betracht kommen aber auch Entscheidungen über den Anspruch auf Drittauskunft und über Sicherungsansprüche sowie Beschlagnahmen zur Sicherung des Vernichtungsanspruchs und im Verfahren betreffend Maßnahmen der Zollbehörden. Weil Designschutzrechte häufig zum Schutz von kurzlebigen Erzeugnissen bestimmt sind, würde eine Verweisung auf das Hauptsacheverfahren die Durchsetzung des Verbietungsrechts in vielen Fällen faktisch vereiteln.[264] Das stünde im Widerspruch zu dem Gebot des **wirksamen Rechtsschutzes**,[265] zumal bis zu einer Entscheidung in der Hauptsache eine nachhaltige Schwächung der Originalität und der wettbewerblichen Stellung von designrechtlich geschützten Erzeugnissen eintreten kann.[266]

II. Verfahren

59 Im Unterschied zum Klageverfahren ist es erforderlich, aber auch ausreichend, sämtliche Entscheidungsvoraussetzungen **glaubhaft zu machen**.[267] Hierzu stehen insbesondere die Versicherung an Eides Statt, aber auch sämtliche für das Klageverfahren geregelten Beweismittel zur Verfügung. Eine Beweisaufnahme, die nicht sofort stattfinden kann, ist jedoch unstatthaft. Eine Entscheidung kann auch ohne mündliche Verhandlung ergehen.[268] Über den Eingriff in den Schutzumfang eines Designschutzrechts kann das Gericht idR aufgrund eigener Wertung entscheiden, wenn ihm das angegriffene Erzeugnis im Original oder in gleichwertiger Dokumentation vorliegt.

III. Dringlichkeit

60 Das Erfordernis der sog. Dringlichkeit bedeutet, dass die Entscheidung über einen Antrag auf Erlass einer einstweiligen Verfügung **eilbedürftig** sein muss. Ein Antrag auf Erlass einer einstweiligen Verfügung muss daher innerhalb kurzer Zeit eingereicht werden. Die **sog. Dringlichkeitsfrist** wird von den Gerichten nicht ganz einheitlich gehandhabt. Mehrere Gerichte gehen davon aus, dass nach Ablauf eines Monats ab Kenntniserlangung eine Dringlichkeit nicht mehr besteht;[269] von anderen Gerichten werden fünf bis sechs Wochen, idR jedoch maximal zwei Monate gewährt.[270] Dringlichkeit setzt idR die **Kenntnis** des Antragstellers vom **Verletzungstatbestand** voraus; dabei wird die Kenntnis eines Wissensvertreters zugerechnet.[271] Eine Marktbeobachtungspflicht besteht zwar nicht; aber Nachlässigkeit in eigenen Angelegenheiten kann der Dringlichkeit entgegenstehen.[272]

IV. Abschlusserklärung

61 Die Rechtspraxis hat entwickelt, dass die vorläufige Regelung einer einstweiligen Verfügung durch eine sog. Abschlusserklärung in eine **endgültige Regelung** überführt werden kann. Dadurch wird ein Hauptsacheverfahren erübrigt, indem der Antragsgegner die einstweilige Verfügung als endgül-

---

263 Vgl § 945 ZPO.
264 LG München I InstGE 1, 121, 126.
265 Vgl Art. 50 TRIPS und Art. 3 Abs. 2, 9 Abs. 1 Buchst. a DurchsetzungsRL.
266 OLG Düsseldorf GRUR-RR 2012, 200, 203 – Tablet PC.
267 §§ 936, 920 Abs. 2, 294 ZPO.
268 § 937 Abs. 2 ZPO.
269 Das sind zB die Gerichte in den Bezirken der Oberlandesgerichte München, Nürnberg, Karlsruhe, Hamm, Jena, Saarbrücken (vgl die Nachw. bei Schmuckle, in: Ahrens Kap. 45 Rn 41).
270 Vgl die Nachw. bei Teplitzky, Kap. 45 Rn 25.
271 OLG Frankfurt/M. GRUR-RR 2011, 66; WRP 2013, 1068, 1069.
272 OLG Düsseldorf GRUR-RR 2012, 146, 147.

tige Regelung anerkennt.[273] Die Abschlusserklärung kann vom Antragsgegner aus eigener Initiative abgegeben werden. Wenn das nicht innerhalb einer angemessenen Frist geschieht, kann er vom Antragsteller zur Abgabe der Erklärung und zur **Erstattung der Gebühren**[274] des anwaltlichen Vertreters aufgefordert werden.

Nach Zustellung eines vollständigen **Urteils**, durch das eine einstweilige Verfügung erlassen oder bestätigt wird, gilt als angemessen eine Wartefrist von mindestens zwei Wochen; hinzu kommen muss eine Erklärungsfrist von ebenfalls mindestens zwei Wochen.[275] Wenn eine einstweilige Verfügung durch **Beschluss** ergeht, dürfte eine Wartefrist von drei Wochen ab Zustellung des Beschlusses angemessen sein.[276]

> **Hinweis:** Für den Antragsgegner kann es zweckmäßig sein, bereits bei Kenntnis einer einstweiligen Verfügung vorsorglich eine Frist für die unaufgeforderte Abgabe einer Abschlusserklärung zu notieren und zu überwachen.

K. Gerichtszuständigkeit

I. Spezialgerichte

Die Landesregierungen sind berechtigt, **Spezialgerichte** u.a. für Designstreitsachen,[277] Kennzeichenstreitsachen[278] und Urheberrechtsstreitsachen[279] einzurichten. Von dieser Ermächtigung zur sog. Konzentration ist vielfach Gebrauch gemacht worden. Wenn eine Gerichtskonzentration eingerichtet worden ist, sind andere Gerichte unzuständig. In Gemeinschaftsgeschmacksmusterstreitsachen[280] und Gemeinschaftsmarkenstreitsachen[281] sind die Landesregierungen ebenfalls zur Einrichtung von Spezialgerichten ermächtigt.

II. Sachliche, örtliche und funktionelle Zuständigkeit

In Designstreitsachen und Kennzeichenstreitsachen ist die **sachliche Zuständigkeit** ohne Rücksicht auf den Streitwert ausschließlich den Landgerichten zugewiesen.[282] Dasselbe gilt für Streitsachen über Gemeinschaftsgeschmacksmuster[283] und Gemeinschaftsmarken.[284] In Urheberrechtsstreitsachen richtet sich die sachliche Zuständigkeit nach dem Streitwert. Für die **örtliche Zuständigkeit** in ist erster Linie der Firmensitz[285] bzw. Wohnsitz[286] des Beklagten maßgeblich. Häufig kann jedoch

---

273 BGH GRUR-RR 2008, 368 Tz 9 – Gebühren für Abschlussschreiben; GRUR 2009, 1096 Tz 26 – Mescher weis. Zusätzlich ist es erforderlich, dass auf die Rechte aus den §§ 924, 926 und 927 verzichtet wird (BGH GRUR 2010, 1038 Tz 27 – Kosten für Abschlussschreiben I). Hinzukommen kann die Anerkennung der Verpflichtung zum Schadensersatz sowie die Bereitschaft, vorbereitend Rechnung zu legen und Auskunft zu erteilen, wenn der Verletzte das gefordert hat.
274 Als Gebühr ist idR eine 1,3-fache Geschäftsgebühr nach Nr. 2300 VV RVG zu erstatten, BGH GRUR 2015, 822 Tz 34 – Kosten für Abschlussschreiben II.
275 BGH GRUR 2015, 822 Tz 21, 23 – Kosten für Abschlussschreiben II.
276 Vgl BGH GRUR-RR 2008, 368 Tz 12 – Gebühren für Abschlussschreiben; GRUR 2015, 822 Tz 22 – Kosten für Abschlussschreiben II.
277 § 52 Abs. 2 und 3 DesignG.
278 § 140 Abs. 1 MarkenG.
279 § 105 Abs. 1 UrhG.
280 Art. 80 Abs. 1und 2 GGV und § 63 Abs. 2 und 3 DesignG. Obwohl eine möglichst geringe Anzahl nationaler Gerichte bestimmt werden soll, sind bisher 28 Landgerichte für das erstinstanzliche Verfahren und 17 Oberlandesgerichte für das zweitinstanzliche Verfahren benannt worden.
281 Art. 95 Abs. 1 GMV; § 125 e Abs. 3 MarkenG.
282 §§ 52 Abs. 1 DesignG; 140 Abs. 1 MarkenG.
283 § 63 DesignG.
284 § 125 e MarkenG.
285 § 17 ZPO.
286 § 13 ZPO.

der „fliegende Gerichtsstand" der unerlaubten Handlung[287] in Anspruch genommen werden.[288] Die funktionelle Zuständigkeit für **Handelssachen**, das sind u.a. Rechtsverhältnisse, die sich auf den Schutz von eingetragenen Designs und von Marken[289] beziehen, wird ausschließlich von den Prozessparteien bestimmt. Eine Verhandlung vor der Kammer für Handelssachen findet statt, wenn der Kläger das in der Klageschrift beantragt hat.[290] Hat der Kläger hierzu keinen Antrag gestellt, kann der Beklagte die Verweisung an die Kammer für Handelssachen beantragen.[291]

III. Internationale Zuständigkeit

64 Wenn der Verletzer seinen Firmensitz bzw Wohnsitz im Ausland hat, sind deutsche Gerichte nur unter besonderen Voraussetzungen entscheidungsbefugt. Bei **deutschen Designschutzrechten** genügt es, dass ein Tatbestand verwirklicht ist, der die örtliche Zuständigkeit begründet.[292] Das kann auch der Gerichtsstand der unerlaubten Handlung sein.[293]

> **Hinweis:** Bei Gemeinschaftsgeschmacksmustern und bei Gemeinschaftsmarken richtet sich die internationale Zuständigkeit nicht nach den Regeln des deutschen Zivilprozessrechts, sondern nach spezifischen Verfahrensbestimmungen des Gemeinschaftsrechts.

Für **Gemeinschaftsgeschmacksmusterstreitsachen** und für **Gemeinschaftsmarkenstreitsachen** sind in **Klageverfahren** in erster Linie[294] die Gerichte des Mitgliedstaats zuständig, in dem der Beklagte seinen Firmen- bzw Wohnsitz hat.[295] Für juristische Personen und für Gesellschaften ist der satzungsgemäße Sitz bzw die Hauptverwaltung bzw die Hauptniederlassung maßgeblich.[296] In Ermangelung eines Firmensitzes genügt eine Niederlassung.[297] Eine erste Ersatzzuständigkeit ergibt sich für das Gericht, in dem der Kläger seinen Firmen- bzw Wohnsitz hat.[298] In zweiter Ersatzzuständigkeit sind die Gerichte des Mitgliedstaats zuständig, in dem das HABM seinen Sitz hat.[299] Bei diesen Zuständigkeiten erstreckt sich die Entscheidungskompetenz auf **Verletzungshandlungen**, die in **jedem Mitgliedstaat** begangen worden sind.[300] In **Eilverfahren** ist für Gemeinschaftsgeschmacksmusterstreitsachen und für Gemeinschaftsmarkenstreitsachen sämtlichen Gerichten eines Mitglied-

---

287 Vgl § 32 ZPO; § 104a Abs. 1 S. 2 UrhG; § 14 Abs. 1 S. 1 UWG.
288 In Urheberrechtsstreitsachen ist das gegenüber natürlichen Personen durch § 104a Abs. 1 S. 1 UrhG weitgehend ausgeschlossen.
289 § 95 Abs. Nr. 5 GVG.
290 § 96 GVG.
291 § 98 Abs.S. 1 GVG. Wenn die Kammer für Handelssachen nicht angerufen wird, ist die Zivilkammer (§ 60 GVG) zuständig.
292 BGH GRUR 1980, 227, 230 – Monumenta Germania Historia.
293 BGH GRUR 1994, 530, 531 – Beta; GRUR 1995, 424, 425 – Abnehmerverwarnung. Schutzrechtsverletzungen sind unerlaubte Handlungen, zB BGH GRUR 1962, 310, 313 – Gründerbildnis; GRUR 1980, 227, 230 – Monumenta Germania Historia.
294 Die internationale Zuständigkeit von Gemeinschaftsgeschmacksmustergerichten und von Gemeinschaftsmarkengerichten kann sich auch aus Parteivereinbarung oder rügeloser Einlassung des Beklagten auf das vor einem nicht zuständigen Gemeinschaftsgeschmacksmustergericht bzw Gemeinschaftsmarkengericht anhängig gemachte Verfahren ergeben (Art. 82 Abs. 4 GGV; Art. 97 Abs. 4 GMV).
295 Art. 82 Abs. 1 GGV; Art. 97 Abs. 1 GMV.
296 Art. 63 Abs. 1 EuGVO (= VO (EU) Nr. 1215/2012 v. 12.12.2012 über die gerichtliche Zuständigkeit und die Anerkennung und Vollstreckung von Entscheidungen in Zivil- und Handelssachen idF der VO (EU) Nr. 542/2014 v. 15.5.2014).
297 Dabei kann es sich um eine rechtlich selbständige Tochtergesellschaft handeln, EuGH NJW 1988, 625 Rn 10 – Schotte, also auch um eine von der Muttergesellschaft beherrschte Vertriebsgesellschaft, OLG Düsseldorf GRUR-RR 2012, 200, 202 – Tablet PC I.
298 Art. 82 Abs. 2 GGV; Art. 97 Abs. 2 GMV. Für juristische Personen und für Gesellschaften findet auch insoweit Art. 63 Abs. 1 EuGVO Anwendung.
299 Art. 82 Abs. 3 GGV; Art. 97 Abs. 3 GMV. In erster Instanz sind daher die Zivilgerichte in Alicante zuständig.
300 Art. 83 Abs. 1 GGV; Art. 97 Abs. 1 GMV. Davon ausgenommen ist die aus dem Begehungsort (vgl Art. 82 Abs. 5 GGV; Art. 97 Abs. 5 GMV) abgeleitete Zuständigkeit.

staats eine **allumfassende Zuständigkeit** zugewiesen;³⁰¹ es muss also nicht ein Gemeinschaftsgeschmacksmustergericht bzw Gemeinschaftsmarkengericht angerufen werden.³⁰²

Der Gerichtsstand der **unerlaubten Handlung** kann auch im Gemeinschaftsrecht genutzt werden. Zuständig ist das Gericht des Mitgliedstaats, in dem eine **Verletzungshandlung begangen** worden ist (oder droht),³⁰³ also wo sich der Vorfall ereignet hat, der der behaupteten Verletzung zugrunde liegt.³⁰⁴ Die Annahme einer Verletzungshandlung setzt ein **aktives Verhalten** des Verletzers voraus; nicht zuständig sind daher die Gerichte der Mitgliedstaaten, in denen die behauptete Verletzung lediglich ihre Wirkung entfaltet.³⁰⁵ Für den Verkauf einer rechtsverletzenden Ware an einen deutschen Unternehmer in einem anderen Mitgliedstaat sind daher deutsche Gerichte auch dann nicht zuständig, wenn dieser die Ware in Deutschland weiterverkauft hat.³⁰⁶ Bei einem Gerichtsstand der unerlaubten Handlung ist die Zuständigkeit auf **Verletzungshandlungen** beschränkt, die in dem **betreffenden Mitgliedstaat** begangen worden sind (oder drohen).³⁰⁷

65

Im sog. **Mehrparteiengerichtsstand**³⁰⁸ können mehrere Personen zusammen verklagt werden, wenn **zur Vermeidung von widersprechenden Entscheidungen** eine gemeinsame Verhandlung und Entscheidung geboten erscheint. Wenn die Beklagten ihren Firmen- bzw Wohnsitz in verschieden Mitgliedstaaten haben, kann die gemeinsame Klage an jedem Gericht erhoben werden, das für einen der Beklagten zuständig ist. Kommt es zu mehreren derartigen Verfahren, muss das **später angerufene Gericht** das Verfahren **aussetzen**, bis die Zuständigkeit des zuerst angerufenen Gerichts feststeht.³⁰⁹ Auf das Gewicht der jeweiligen Tatbeiträge kommt es nicht an; die Klage kann daher auch gegen Teilnehmer gerichtet sein.³¹⁰

66

Bei der Verletzung von Schutzrechten setzt der Mehrparteiengerichtsstand nicht nur **gleiche Verletzungshandlungen**, sondern auch **dieselbe Rechtslage** voraus.³¹¹ Bei nationalen Schutzrechten konnte die Übereinstimmung der Rechtsvorschriften in ihren Grundzügen ausreichen; das konnte im Urheberrecht der Fall sein.³¹² Weil die Markengesetze und die Gesetze für eingetragene Designs aus Harmonisierungsrichtlinien hervorgegangen sind, könnte ebenfalls eine ausreichende Übereinstimmung der Rechtsvorschriften bestehen. Bei Europäischen Patenten wurde der Mehrparteiengerichtsstand für sog. **Torpedo-Klagen** genutzt, indem der Beklagte eine negative Feststellungsklage³¹³ in einem Land mit langer Verfahrensdauer erhoben hat.³¹⁴ Bei der Verletzung von **Gemeinschaftsrechten** kann ohne weiteres von derselben Rechtslage ausgegangen werden;³¹⁵ für Gemeinschaftsmarken und Gemeinschaftsgeschmacksmuster kommt daher der Mehrparteiengerichtsstand in Betracht.³¹⁶ Eine „Torpedo"-Strategie würde jedoch daran scheitern, dass bei unerlaubten

67

---

301 Art. 90 Abs. 1 GGV; Art. 103 Abs. 1 GMV.
302 Art. 90 Art. 3 GGV; Art. 103 Abs. 2 GMV. Wenn ein Gemeinschaftsgeschmacksmustergericht bzw Gemeinschaftsmarkengericht entscheidet, kann es daher Maßnahmen für jeden Mitgliedstaat anordnen.
303 Art. 82 Abs. 5 GGV; Art. 97 Abs. 5 GMV.
304 EuGH GRUR Int. 2014, 873 Rn 34 – Coty. Ausführlich und kritisch hierzu Kur, GRUR Int. 2014, 749, 751 ff.
305 BGH GRUR 2015, 689 Tz 23 – Parfumflakon III.
306 EuGH GRUR Int. 2014, 873 Rn 38 – Coty.
307 Art. 83 Abs. 2 GGV; Art. 97 Abs. 5 GMV.
308 Art. 8 Nr. 1 EuGVO.
309 Art. 29 Abs. 1 EuGVO.
310 Ausführlich Kur, GRUR Int. 2014, 749, 756 f.
311 EuGH GRUR 2007, 47 Rn 27, 31 – Roche Nederland; GRUR 2012, 1169 Rn 25 – Solvay.
312 EuGH GRUR Int. 2012 Rn 82 – Painer/Standard.
313 Der Mehrparteiengerichtsstand kann auch für negative Feststellungsklagen in Anspruch genommen werden, EuGH GRUR Int. 2013, 173 Rn 52 – Folien Fischer.
314 Von einer übereistimmenden Rechtslage wurde bei einem Europäischen Patent nicht ausgegangen, wenn es um Verletzungshandlungen in verschiedenen Mitgliedstaaten gegangen ist (vgl EuGH GRUR 2007, 47 Rn 27, 31 – Roche Nederland). Ein ausreichender Zusammenhang konnte jedoch bei denselben Verletzungshandlungen in denselben Mitgliedstaaten in Bezug auf dieselben Erzeugnisse bestanden haben (vgl EuGH GRUR 2012, 1169 Rn 30 – Solvay).
315 EuGH GRUR Int. 2011, 514 Rn 50 – DHL/Chronopost.
316 Kropphoer/von Hein, Art. 6 Rn 11 iVm Art. 22 Rn 58 EuGVO; Hopf, MarkenR 2006, 229, 236 mwN.

§ 11 Durchsetzung von Designschutzrechten

Handlungen die Zuständigkeit auf Verletzungshandlungen in dem Mitgliedstaat des Gerichtsorts beschränkt ist.[317]

L. Antragsformulierung

68 Anträgen auf Unterlassung liegt zwar zugrunde, dass ein Designschutzrecht beachtet werden soll. Das findet jedoch darin seinen Ausdruck, dass dem Beklagten **verboten** werden soll, die Verletzung des Designschutzrechts fortzusetzen. Ein Verbot dieses Inhalts kann in einer einstweiligen Verfügung ausgesprochen werden. Das Klageverfahren wird mit einem Urteil abgeschlossen; hier wird daher der Beklagte verurteilt, die **weitere Benutzung** des Designschutzrechts zu **unterlassen**. Im Interesse der Rechtsklarheit wird die Verpflichtung des Anspruchsgegners jedoch nicht so allgemein formuliert. Vielmehr wird der Gegenstand der Unterlassungsverpflichtung konkret festgelegt; anschaulich wird dabei von der sog. **konkreten Verletzungsform** gesprochen.

69 Wenn ein **Unterlassungsurteil** beantragt wird, erfolgt nach der Benennung der jeweiligen Gattungsbezeichnung die Konkretisierung durch eine Produktabbildung, zB bei **eingetragenen Designs und Gemeinschaftsgeschmacksmustern**

- Leuchtengläser der nachstehend wiedergegebenen Gestaltung,[318]
- Kraftfahrzeuge mit der im Folgenden wiedergegebenen Erscheinungsform,[319]

im **Markenrecht**

- Sckokoladenhasen gemäß der nachstehend wiedergegebenen Abbildung,[320]
- Haselnuss-Pralinen wie nachstehend wiedergegeben,[321]

beim **wettbewerbsrechtlichen Nachahmungsschutz**

- Regalsysteme für den Ladenbau gemäß nachfolgenden Abbildungen,[322]
- Jeans und/oder Hosen, die die aus der nachstehend wiedergegebenen Modellzeichnung ersichtlichen Gestaltungsmerkmale aufweisen[323]

und bei **Werken der angewandten Kunst**

- die nachfolgend abgebildete Figur.[324]

70 Wenn als Abbildung eine Schwarz-Weiß-Fotografie eingefügt wird, ergibt die Auslegung idR, dass damit alle rechtsverletzenden Erzeugnisse unabhängig davon erfasst werden, in welcher **Farbgebung** sie in den Verkehr gebracht werden. Das setzt voraus, dass dem Gericht die Verwendung von unterschiedlichen Farbgebungen bekannt ist. Wenn bei dieser Konstellation die Formulierung

---

317 Vgl Art. 83 Abs. 2 GGV; Art. 97 Abs. 5 GMV. In Erwägungsgrund 30 zur GGV wird darauf hingewiesen, dass die Streitbeilegungsregelungen so weit wie möglich ein „forum shopping" verhindern sollten. Wenn ein Verfahren in Italien eingeleitet worden ist, kann es in einem später in Deutschland eingeleiteten Verfahren zu keiner widersprechenden Entscheidung kommen, weil die Entscheidung des italienischen Gerichts nur für das Territorium Italiens Wirkung entfalten kann. Das später angerufene Gericht hat allerdings im Rahmen einer Ermessensentscheidung die Möglichkeit, das Verfahren zur Vermeidung von widersprechenden Entscheidungen aussetzen (Art. 30 Abs. 3 EuGVO). Für Gemeinschaftsmarken sind außerdem negative Feststellungsklagen vom Gerichtsstand der unerlaubten Handlung ausgenommen.
318 Vgl BGH GRUR 1981, 273 – Leuchtenglas.
319 Vgl BGH GRUR 2010, 718 – Verlängerte Limousinen.
320 Vgl BGH GRUR 2007, 235 – Goldhase I.
321 Vgl BGH GRUR 2919, 1103 – Pralinenform II.
322 Vgl BGH GRUR 2013, 951 – Regalsystem. Es muss jedoch zumindest unter Heranziehung des Klagevortrags unzweideutig erkennbar sein, in welchen Merkmalen der Anknüpfungspunkt für den Wettbewerbsverstoß liegt, BGH GRUR 2002, 86, 88 – Laubhefter.
323 Vgl BGH GRUR 2006, 79 – Jeans I.
324 Vgl BGH GRUR 2004, 855 – Hundefigur. Zu einem Werk der angewandten Kunst wurde in BGH GRUR 2007, 871 Tz 19 – Wagenfeldleuchte – ausgeführt, dass eine wörtliche Beschreibung dem Bestimmtheitserfordernis genügen und eine Produktabbildung die Beschreibung ergänzen kann. Bei Werken der angewandten Kunst spricht jedoch nichts dagegen, dem Bestimmtheitserfordernis in gleicher Weise wie im Markenrecht, bei eingetragenen Designs und bei Gemeinschaftsgeschmacksmustern Rechnung zu tragen.

„unabhängig von der Farbgebung" in den Antrag aufgenommen wird,[325] mag das zwar wie eine Erweiterung des Schutzbereichs wirken,[326] der Sache nach handelt es sich jedoch lediglich um eine – in der Regel entbehrliche – Klarstellung. Wirkt sich dagegen die farbliche Ausgestaltung eines Erzeugnisses entscheidungserheblich auf den Gesamteindruck des Verletzungsgegenstands aus, muss dieser mithilfe einer farbigen Abbildung konkretisiert werden. Wenn das beanstandete Erzeugnis zB in zwei verschiedenen Farbvarianten in den Verkehr gebracht wird, erfolgt die Konkretisierung durch Abbildungen für diese beiden Varianten, die zweckmäßigerweise in einem Antrag mit „und/oder" gesplittet sind.[327]

Die Verwendung einer **Merkmalsgliederung** ist im Designrecht für die Bestimmtheit eines Unterlassungsantrags nicht erforderlich.[328] Eine Merkmalsgliederung kann jedoch zweckmäßig sein, um die Argumentation in der Anspruchsbegründung zu akzentuieren und in einem etwaigen Ordnungsmittelverfahren vorzubereiten. Hierfür genügt es, die prägenden Erscheinungsmerkmale des Verletzungsgegenstands herauszuarbeiten.[329] Notwendig kann die zusätzliche Aufnahme von verbalen Merkmalen sein, wenn eine bloße Produktabbildung zur Konkretisierung nicht ausreicht, zB[330]

> einen rechteckigen, salzigen Cracker mit den ungefähren Kantenmaßen 6,3 cm x 4,7 cm, wobei die Ecken abgerundet sind, wie nachstehend wiedergegeben.

Geht es um einen **Teilschutz** im Rahmen eines Gesamterzeugnisses, muss dem bei der Antragsfassung Rechnung getragen werden. Grundlage hierfür ist, dass bei der Feststellung des Gesamteindrucks des Verletzungsgegenstands nur der Teil maßgeblich ist, der dem geschützten Teil entspricht, also zB

- *Schuhe mit einer Schuhsohle gemäß folgender Abbildung,*[331]
- *Schreibgeräte, deren oberer, dem Clip zugewandter Gehäuseteil.*[332]

Anträge auf Feststellung der Schadensersatzpflicht, Rechnungslegung und Auskunftserteilung weisen keine Besonderheiten gegenüber Anträgen in anderen Bereichen des gewerblichen Rechtschutzes auf.[333]

M. Vermutung der Rechtsgültigkeit

I. Allgemeines

Alle Designschutzrechte sind zwar Immaterialgüterrechte,[334] aber es ist eine Besonderheit dieser Rechte, dass es für die Beurteilung der Schutzfähigkeit im Verletzungsverfahren **keine einheitlichen**

---

325 Vgl zB BGH GRUR 1980, 235 – Play family.
326 Vgl LG Düsseldorf GRUR-RR 2011, 361, 364 – Tablet PC II.
327 Vgl LG Düsseldorf GRUR-RR 2011, 361, 363 – Tablet PC II – sowie die Wiedergabe des Antrags in BeckRS 2011, 22389.
328 Vgl LG Düsseldorf GRUR-RR 2011, 361, 364 – Tablet PC II.
329 Zwar kann auch eine detaillierte Merkmalsgliederung eingefügt werden, zB BGH GRUR 1974, 406 – Elektroschalter; GRUR 1975, 81 – Dreifach-Kombinationsschalter; GRUR 1978, 168 – Haushaltsschneidemaschine I; GRUR 1988, 369 – Messergriff; GRUR 2000, 1023 – 3-Speichen-Felgenrad; GRUR 2007, 871 – Wagenfeldleuchte, wie sie für eine Merkmalsgegenüberstellung zweckmäßig ist. Damit verbunden ist allerdings das Risiko, dass die Beanstandung einer geänderten Ausführungsform erschwert wird, wenn Detailabweichungen ihren Niederschlag in einer Änderung der Merkmalsgliederung finden müssen.
330 Vgl BGH GRUR 2008, 505 – TUC-Salzcracker.
331 Vgl hierzu OLG Frankfurt/M. GRUR-RR 2011, 165 – Milla. Diesem Verfahren hat allerdings ein Designschutz sowohl für eine Schuhsohle als auch für einen Schuh zugrundegelegen.
332 Vgl BGH GRUR 2011, 1112 – Schreibgeräte.
333 Die Anträge können zB lauten:
„Es wird festgestellt, dass der Beklagte verpflichtet ist, dem Kläger allen Schaden zu ersetzen, der diesem aus Handlungen gemäß Ziffer I entstanden ist und noch entstehen wird.
Der Beklagte wird verurteilt, dem Kläger darüber Rechnung zu legen und Auskunft zu erteilen, in welchem Umfang er Handlungen gemäß Ziffer I begangen hat, und zwar unter Vorlage eines Verzeichnisses, aus dem die Daten, Mengen und Preise der Lieferungen, die Gestehungskosten, die Vertriebskosten und der Gemeinkostenanteil für die gelieferten Erzeugnisse sowie die Namen und Anschriften der Abnehmer hervorgehen."
334 Vgl hierzu § 1 Rn 3.

Regeln gibt. Im Urheberrecht findet die Prüfung der Schutzfähigkeit erst im Verletzungsstreit statt. Patente und eingetragene Marken[335] müssen die Gerichte im Verletzungsverfahren so zugrundelegen, wie sie eingetragen worden sind.[336] Bei einer Gemeinschaftsmarke haben die Gerichte von der Rechtsgültigkeit auszugehen, sofern diese nicht durch den Beklagten mit einer Widerklage angefochten wird.[337] Bei geschützten Designs umfasst die Rechtsgültigkeit alle Kriterien, die Gegenstand eines Nichtigkeitsverfahrens sein könnten. Wenn die **Vermutung der Rechtsgültigkeit** eingreift, kann das Gericht daher von der Rechtsgültigkeit des Klageschutzrechts bzw Verfügungsschutzrechts ausgehen,[338] also davon, dass die Schutzvoraussetzungen der Neuheit und der Eigenart erfüllt sind und dass keine Schutzausschließungsgründe bestehen.

Hinweis: Obwohl geschützte Designs materiellrechtlich ungeprüfte Schutzrechte sind, wird deren Rechtsgültigkeit gesetzlich vermutet. In Einzelheiten bestehen jedoch Unterschiede sowohl zwischen eingetragenen Designs, eingetragenen Gemeinschaftsgeschmacksmustern und nicht eingetragenen Gemeinschaftsgeschmacksmustern als auch zwischen Klageverfahren und Eilverfahren.

II. Eingetragene Designs

1. Klageverfahren

a) Grundsatz

75 Der Beklagte kann sich nach dem in § 52a DesignG geregelten Grundsatz auf die fehlende Rechtsgültigkeit eines eingetragenen Designs nur durch die Stellung eines Nichtigkeitsantrags oder durch die Erhebung einer Nichtigkeitswiderklage berufen.[339] Für die Rechtsgültigkeit des Klagedesigns spricht daher eine **Vermutung**,[340] die nur durch den Erfolg einer Nichtigkeitswiderklage oder eines Nichtigkeitsantrags widerlegt werden kann.

b) Nichtigkeitswiderklage

76 Die Nichtigkeitswiderklage ist neben dem Nichtigkeitsantrag aufgrund der Regelung in § 52a DesignG die einzige Möglichkeit, um den Rechtsbestand des Klagedesigns in Abrede stellen zu können. Wenn von diesen Möglichkeiten kein Gebrauch gemacht wird, kann das die weichenstellende Grundlage für eine Verurteilung bilden. Durch die enge Verknüpfung mit den Erfolgsaussichten der Klage trägt es dem allgemeinen Beschleunigungsgrundsatz Rechnung, die Nichtigkeitswiderklage als **Verteidigungsmittel** iSd § 282 Abs. 1, 2, § 296 Abs. 1, 2 ZPO zu behandeln.[341] Der allgemeine Grundsatz, dass die **Widerklage** ein bis zum Schluss der mündlichen Verhandlung möglicher Gegenangriff ist,[342] sollte hier daher keine Anwendung finden. Über eine **Eventualwiderklage** muss nur entschieden werden, wenn der Klage ansonsten stattzugeben wäre;[343] bei einer Abweisung der Klage besteht daher kein Grund für eine Entscheidung über die Widerklage. Wenn die **Widerklage unbedingt** erhoben worden ist, muss das Gericht auch bei einer Abweisung der Klage

---

335 Vgl BGH GRUR 2000, 888, 889 – MAG-LITE; GRUR 2005, 427, 428 – Lila Schokolade; GRUR 2008, 798 Tz 14 – POST I; GRUR 2010, 1103 Tz 19 – Pralinenform II; GRUR 2014, 1101 Tz 20 – Gelbe Wörterbücher.
336 Das ergibt sich als Selbstverständlichkeit daraus, dass die Schutzfähigkeit im Eintragungsverfahren amtlich geprüft worden ist. In Art. 107 GMV ist ausdrücklich geregelt, dass das Gericht u.a. bei Verletzungsklagen von der Rechtsgültigkeit einer Gemeinschaftsmarke auszugehen hat.
337 Art. 99 Abs. 1 GMV.
338 BGH GRUR 2011, 142 Tz 9 – Untersetzer; GRUR 2012, 512 Tz 20 – Kinderwagen I.
339 In § 52a S. 2 DesignG wird klargestellt, dass diese Regelung nicht für das einstweilige Verfügungsverfahren gilt.
340 Ausdrücklich geregelt in § 39 DesignG.
341 Vgl Eichmann, in: Eichmann/von Falckenstein/Kühne, § 52a Rn 5.
342 Vgl zB BGH NJW 1981, 1217.
343 Vgl Eichmann, in: Eichmann/von Falckenstein/Kühne, § 52a Rn 5.

über die Widerklage entscheiden. Für eine Nichtigkeitswiderklage sind die Designgerichte nur zuständig, wenn die Widerklage gegen das Klagedesign gerichtet ist.[344]

Das Verfahren über die Widerklage kann auf Antrag des Inhabers des eingetragenen Designs (gemeint ist der Kläger) **ausgesetzt** werden.[345] Der Widerkläger wird dabei vom Gericht aufgefordert, beim DPMA einen Antrag auf Feststellung bzw Erklärung der Nichtigkeit des Klagedesigns zu stellen.[346] Für das **Nichtigkeitsverfahren** kann sprechen, dass bei DPMA und BPatG besondere Sachkunde besteht und dass die Amtsgebühr idR niedriger ist als der Gerichtsgebührenanteil für die Widerklage. Wird dem Antrag des Rechtsinhabers stattgegeben, soll ein Nichtigkeitsantrag an die Stelle der Widerklage treten; ein Aussetzungsantrag des Klägers ist daher nur zulässig, solange über die Widerklage nicht entschieden ist. 77

c) Nichtigkeitsantrag

Wenn ein gegen das Klagedesign gerichteter Nichtigkeitsantrag anhängig ist, kann das Gericht nach § 34 b S. 1 DesignG die **Aussetzung** des Rechtsstreits anordnen, bis über diesen Antrag entschieden ist. Nach der Grundnorm des § 148 ZPO erfolgt eine Aussetzung nur bei **Vorgreiflichkeit**. Eine Aussetzung kommt daher nur in Betracht, wenn ansonsten der Klage ganz oder teilweise stattzugeben wäre. Keine Vorgreiflichkeit besteht, wenn die Klage in vollem Umfang unabhängig vom Rechtsbestand des Klagedesigns abweisungsreif ist. Das ist der Fall, wenn ein Eingriff in den Schutzumfang verneint wird oder wenn Einwendungen oder Einreden Erfolg haben.[347] Grundlage der Ermessensentscheidung ist eine **Interessenabwägung**. Zu berücksichtigen sind die mit der Aussetzung verbundene Prozessverzögerung, das Interesse, nicht aufgrund eines vernichtbaren Immaterialgüterrechts verurteilt zu werden und das Interesse, widersprüchliche Entscheidungen zu vermeiden.[348] Eine **Aussetzung** kommt daher nur in Betracht, wenn eine gewisse Wahrscheinlichkeit für eine Vernichtung des Klageschutzrechts besteht.[349] Die Aussetzung erfolgt durch prozessleitenden Beschluss; die Parteien können hierzu Anregungen geben. Ob bis zur Entscheidung des DPMA oder bis zu einer endgültigen Entscheidung ausgesetzt wird, liegt ebenfalls im Ermessen des Gerichts.[350] 78

2. Eilverfahren

a) Grundsatz

Im Eilverfahren spricht nach § 39 DesignG eine **widerlegliche Vermutung** dafür, dass die an die Rechtsgültigkeit eines eingetragenen Designs zu stellenden Anforderungen erfüllt sind. Diese Vermutung kann durch geeignete Tatsachen widerlegt werden.[351] Voraussetzung der Vermutung ist die Eintragung des eingetragenen Designs zugunsten des Rechtsinhabers. Hierfür ergibt sich eine Vermutung aus § 1 Nr. 5 DesignG. Das Gericht muss seiner Entscheidung zusätzlich zu Grunde legen 79

---

344 § 52 b Abs. 1 DesignG. Bei fehlendem Zusammenhang steht nur die Einreichung eines Nichtigkeitsantrags zur Verfügung. Gegenüber einer negativen Feststellungsklage ist eine Nichtigkeitswiderklage unzulässig (LG Düsseldorf BeckRS 2014, 06205).
345 § 52 b Abs. 3 S. 1 DesignG.
346 Weil die Widerklage in jeder Hinsicht wie eine eigenständige Klage behandelt wird, kann lückenfüllend § 273 Abs. 2 Nr. 1 ZPO entsprechende Anwendung finden. Wenn auf dieser Grundlage eine Frist zur Erwiderung auf die Widerklage gesetzt worden ist, kann ein nach Fristablauf eingebrachter Antrag des Rechtsinhabers nach § 296 Abs. 1 ZPO verspätet sein. Ohne Fristsetzung kann § 282 Abs. 1 ZPO zu rechtzeitiger Antragstellung verpflichten.
347 Bei Verjährung und Verwirkung kann zu differenzieren sein.
348 BGH GRUR 1987, 284 – Transportfahrzeug; GRUR 2003, 1040 – Kinder I; GRUR 2012, 512 Tz 22 – Kinderwagen I.
349 BGH GRUR 2014, 1101 Tz 17 – Gelbe Wörterbücher.
350 Einzelheiten bei Eichmann, in: Eichmann/von Falckenstein/Kühne, § 34 b Rn 7.
351 Wenn dem Anspruchsgegner Gelegenheit gegeben werden soll, zum Schutzumfang Stellung zu nehmen, kann die Vorlage der Antwort des Anspruchsgegners ausreichen, vgl OLG Frankfurt/M. GRUR-RR 2011, 66 – Stiefelette; BeckRS 2012, 10682 – Paintball-Shirt.

können, dass **keine Löschung** erfolgt ist. Im zweiseitigen Verfahren genügt idR der unter Beweis gestellte Vortrag, dass das Verfügungsdesign unverändert eingetragen ist.[352]

Hinweis: Wenn ohne mündliche Verhandlung entschieden werden soll, ist Glaubhaftmachung für die **Eintragung** des Verfügungsdesigns und für deren **Fortbestand** erforderlich.[353]

b) Glaubhaftmachung

80 Die Tatsachen, die vom Antragsgegner der Rechtsgültigkeit des Verfügungsdesigns entgegengehalten werden, müssen im Eilverfahren nach § 294 ZPO glaubhaft gemacht werden. Versucht der Antragsgegner im **zweiseitigen Verfahren** die Vermutung der Rechtsgültigkeit zu widerlegen, macht das substantiierte Glaubhaftmachung des Antragstellers zur **Eigenart** erforderlich. Erst recht trifft im **einseitigen Verfahren** den Antragsteller die Glaubhaftmachungslast insbesondere dafür, dass das Verfügungsdesign das Erfordernis der **Eigenart** erfüllt. Der Antragsteller sollte daher glaubhaft machen, dass und warum mit einer Widerlegung der Vermutung für die Rechtsgültigkeit nicht zu rechnen ist. Das macht idR Darlegungen zum vorbekannten Formenschatz erforderlich.[354]

Hinweis: Wenn das Gericht ohne mündliche Verhandlung entscheiden soll, empfiehlt sich zusätzliche Glaubhaftmachung zur Dringlichkeit und zur örtlichen Zuständigkeit.

III. Eingetragene Gemeinschaftsgeschmacksmuster

1. Klageverfahren

81 Bei einer Klage aus einem eingetragenen Gemeinschaftsgeschmacksmuster haben nach Art. 85 Abs. 1 S. 1 GGV die Gerichte von der Rechtsgültigkeit des Klageschutzrechts auszugehen. Nur durch eine erfolgreiche **Widerklage**[355] kann die Rechtsgültigkeit des Klageschutzrechts in Abrede gestellt werden.[356] Wenn eine Widerklage rechtskräftig abgewiesen wurde, ist von der Rechtsgültigkeit des Klageschutzrechts auszugehen.[357] Der Beklagte kann jedoch Beweis dafür antreten, dass aufgrund von Drittgestaltungen das Klageschutzrecht nur einen engen Schutzumfang hat.[358]

2. Eilverfahren

82 Nach Art. 90 Abs. 2 S. 1 GGV ist in Verfahren betreffend einstweilige Maßnahmen der nicht im Wege der Widerklage erhobene **Einwand der Nichtigkeit** des Gemeinschaftsgeschmacksmusters zulässig. Das Gericht hat daher ebenso wie im Hauptsacheverfahren von der Rechtsgültigkeit des Verfügungsschutzrechts auszugehen; die hieraus resultierende Vermutung der Rechtsgültigkeit kann jedoch durch den **Einwand der Nichtigkeit** widerlegt werden. Die Rechtsgültigkeit des Verfügungsschutzrechts kann daher durch Glaubhaftmachung dafür in Abrede gestellt werden, dass es als nichtig zu behandeln ist. Für die durch Art. 90 Abs. 2 S. GGV angeordnete entsprechende Anwendbarkeit des Art. 85 Abs. 2 GGV bedarf es einer **korrigierenden Auslegung**: Die Regelungen in

---

352 Beispiel bei Eichmann, in: Mes, Form. F. 9.
353 Beispiel bei Eichmann, in: Mes, Form. F. 6.
354 Der Schutz für ein eingetragenes Design kann auch dann verneint werden, wenn sich der Anspruchsgegner nicht auf dessen Nichtigkeit beruft. Den Einwand der Nichtigkeit kann das Gericht auch ohne Rüge des Anspruchsgegners berücksichtigen. Eine Widerlegung der Vermutung kann sich auch aus offenkundigen Tatsachen (vgl § 291 ZPO) und aus dem eigenen Vortrag des Anspruchsstellers ergeben. Das kann auch bei einem älteren Designschutzrecht des Anspruchsstellers der Fall sein (OLG Frankfurt/M. GRUR-RR 2013, 251, 252 – Henkellose Tasse).
355 Vgl Art. 85 Abs. 1 S. 2 GGV. Einzige Ausnahme von diesem Grundsatz ist, dass sich der Beklagte auf ein ihm zustehendes älteres nationales Schutzrecht beruft, aus dem sich die Nichtigkeit des prioritätsjüngeren Klage-Gemeinschaftsgeschmacksmusters ergibt (Art. 85 Abs. 1 S. 3 GGV).
356 Widerklage kann auch erhoben werden (vgl Art. 84 Abs. 3 GGV), wenn der Inhaber des Klageschutzrechts noch nicht Partei ist, insbesondere bei einer Klage eines Lizenznehmers (diese Handhabung ist entgegen Beyerlein, WRP 2004, 302, 304 eine Drittwiderklage).
357 BGH GRUR 2012, 1139 Tz 10 – Weinkaraffe.
358 Vgl Eichmann, in: Eichmann/von Falckenstein/Kühne, § 52 a Rn 7.

Art. 85 Abs. 2 S. 1 GGV für die Vermutung der Rechtsgültigkeit kommen nur für nicht eingetragene Gemeinschaftsgeschmacksmuster in Betracht. Aus Art. 85 Abs. 2 S. 2 GGV kann nicht gefolgert werden, dass eine Nichtigkeitswiderklage statthaft ist.[359]

IV. Nicht eingetragene Gemeinschaftsgeschmacksmuster

1. Klageverfahren

a) Grundsatz

Das Gericht hat nach Art. 85 Abs. 2 S. 1 GGV von der Rechtsgültigkeit des nicht eingetragenen Gemeinschaftsgeschmacksmusters auszugehen, wenn der Rechtsinhaber Beweis für das Vorliegen der Voraussetzungen von Art. 11 GGV erbringt und angibt, inwiefern das Klageschutzrecht Eigenart aufweist. Art. 85 Abs. 2 S. 2 GGV bestimmt, dass der Beklagte **Widerklage** auf Erklärung der Nichtigkeit des nicht eingetragenen Gemeinschaftsgeschmacksmusters erheben kann. Die deutsche Fassung dieser Bestimmung erweckt den Eindruck, dass es nur die Möglichkeit der Widerklage gibt. Nach anderen Sprachfassungen steht jedoch als Alternative die Erhebung einer **Einrede** zur Verfügung.[360] Der deutschen Fassung liegt daher ein **Übersetzungsfehler** zugrunde.[361] Als Alternative zur Widerklage steht der Einwand der Nichtigkeit zur Verfügung.[362] Nichtigkeit hat die Beseitigung des Gemeinschaftsgeschmacksmusters zur Folge; es handelt sich daher materiellrechtlich um einen Einwand.[363]

83

b) Darlegungs- und Beweislast

Für das Klageverfahren sind die Anforderungen an die Darlegungs- und Beweislast in Art. 85 Abs. 2 S. 1 GGV differenzierend geregelt.[364] Zunächst muss der Kläger den Nachweis dafür erbringen, dass das nicht eingetragene Gemeinschaftsgeschmacksmuster die Voraussetzungen des Art. 11 GGV erfüllt, also wie und wann es innerhalb der Gemeinschaft den Fachkreisen des betreffenden Wirtschaftszweigs im normalen Geschäftsverkehr **zugänglich gemacht** worden ist. Ein Beweisangebot kann ausreichend sein; ob zu den Darlegungen des Klägers Beweis erhoben werden muss, richtet sich nach § 138 ZPO, also danach, ob und in welchem Umfang der Vortrag des Klägers bestritten worden ist. Die **Neuheit** des nicht eingetragenen Gemeinschaftsgeschmacksmusters wird ohne weiteres vermutet. Zur **Eigenart** ist es erforderlich, aber auch ausreichend, dass der Kläger „angibt, inwiefern" das Klageschutzrecht „Eigenart aufweist". Andere Sprachfassungen[365] lassen erkennen, dass **Vortrag** dazu gemeint ist, woraus sich die Eigenart ergibt. Eine Verpflichtung, die Eigenart eines Musters zu beweisen, besteht daher nicht.[366] Es genügt, dass die Erscheinungsmerkmale des Gemeinschaftsgeschmacksmusters, für die Eigenart in Anspruch genommen wird, **konkret benannt** werden.[367]

84

---

359 Ausführlicher Eichmann, in: Eichmann/von Falckenstein/Kühne, GGM Rn 15.
360 Zum Bespiel *by way of plea or with a counterclaim* in der englischen Fassung, *par voi d'exception ou par une demande reconventionelle en nullite`* in der französischen Fassung, *bij wege van exceptie of door een reconventionele rechtsvordering tot nietigverklaring* in der niederländischen Fassung.
361 LG Düsseldorf 12 O 381/10 v. 26.6.2013 – Webdesign; Hartwig DesignE 3, 360 – Stoffdesign; Hartwig DesignE 3, 366 – Trachtenhemden; Hartwig DesignE 4, 215 – Herrenhemd.
362 LG Düsseldorf 12 O 381/10 v. 26.6.2013 – Webdesign; Hartwig DesignE 4, 215 – Herrenhemd; Schönbohm, GRUR 2004, 41; E. Gottschalk/S. Gottschalk, GRUR Int. 2006, 461, 464/465; Ruhl, Art. 85 Rn 25.
363 Dieser Einwand ist jedoch verfahrensrechtlich als Einrede ausgebildet, die dem Beklagten zugewiesen ist und dessen prozessuale Erklärung des Bestreitens erforderlich macht. Für die Rechtsgültigkeit des Klage-Gemeinschaftsgeschmacksmusters spricht daher ebenso eine Vermutung, wie sie in § 39 DesignG geregelt ist.
364 Dass in dieser Bestimmung auf den Rechtsinhaber abgestellt wird, dient der sprachlichen Vereinfachung. Weil es um Gerichtsverfahren geht, kommt es auf den Kläger an; dieser kann zwar Rechtsinhaber sein, aber auch aus abgeleitetem Recht (zB Lizenz) das Verfahren betreiben.
365 Zum Beispiel *indicates* (englisch), *indique* (französisch), *indica* (italienisch, spanisch).
366 EuGH GRUR 2014, 774 Rn 45 – KMF/Dunnes.
367 EuGH GRUR 2014, 774 Rn 46 – KMF/Dunnes; LG Düsseldorf 12 O 381/10 v. 26.6.2013 – Webdesign. Dass substantiierte Angaben zum vorbekannten Formenschatz gemacht werden müssen, um eine Überprüfung der

2. Eilverfahren
a) Grundsatz

85 Auch im Eilverfahren richtet sich die Rechtsgültigkeit des Verfügungsgemeinschaftsgeschmacksmusters zunächst nach dem Regelwerk des Art. 85 Abs. 1 S. 1 GGV für das Klageverfahren. Zusätzlich bestimmt Art. 90 Abs. 2 S. 1 GGV, dass der nicht im Wege der Widerklage erhobene **Einwand der Nichtigkeit** zulässig ist. In Art. 90 Abs. 2 S. 2 GGV ist zwar davon die Rede, dass Art. 85 Abs. 2 GGV „entsprechend" gilt. Demnach könnte auch im Eilverfahren die Rechtsgültigkeit mit einer Widerklage auf Erklärung der Nichtigkeit bestritten werden. Nach der englischen und französischen Fassung des Art. 90 Abs. 2 S. 2 GGV findet jedoch Art. 85 Abs. 2 GGV *mutatis mutandis* Anwendung,[368] also „mit den nötigen Änderungen". Diese Änderungen bei der Anwendung des Art. 85 Abs. 2 S. 2 GGV auf das Eilverfahren ergeben, dass die Nichtigkeit **nur im Wege der Einrede** geltend gemacht werden kann. Die Rechtsgültigkeit des Verfügungsgemeinschaftsgeschmacksmusters kann daher durch Glaubhaftmachungsmittel dafür widerlegt werden, dass das Verfügungsgemeinschaftsgeschmacksmuster nichtig ist.[369]

b) Glaubhaftmachung

86 Im **zweiseitigen Verfahren** folgt die Glaubhaftmachungslast den Grundsätzen für die Darlegungs- und Beweislast im Klageverfahren. Bei einem **einseitigen Verfahren** muss es dagegen für das Gericht wahrscheinlich sein, dass ein Widerspruch gegen eine Beschlussverfügung nicht aussichtsreich wäre. Weil im einseitigen Verfahren zur Eigenart kein Gegenvortrag erfolgt, obliegt dem Antragsteller die Glaubhaftmachung auch dafür, dass entgegenstehender Formenschatz nicht wahrscheinlich ist.[370] Es ist daher idR ausreichend, dass der Antragsteller die für die Eigenart maßgeblichen Erscheinungsmerkmale benennt und glaubhaft macht, dass ihm vorbekannte Erscheinungsformen mit diesen Merkmalen nicht bekannt sind.[371]

> **Hinweis:** Zusätzliche Glaubhaftmachung zur Dringlichkeit und zur örtlichen Zuständigkeit empfiehlt sich, wenn das Gericht ohne mündliche Verhandlung entscheiden soll.

N. Kosten

87 Die Verfahrenskosten vor dem Zivilgericht hängen von der Höhe des Streitwerts ab. Es ist eine Besonderheit des deutschen Prozessrechts, dass die unterliegende Prozesspartei die gesamten Kosten des Rechtsstreits zu tragen hat.[372] Es müssen daher sowohl die Gerichtsgebühren und die eigenen Kosten getragen als auch die Kosten der Gegenseite erstattet werden. Zu den erstattungsfähigen Kosten der Gegenseite gehören u.a. in Markenstreitsachen[373] und in Designstreitsachen[374] nicht nur die Kosten des Prozessanwalts, sondern (bis zur Höhe einer vollen Gebühr nach § 13

Eigenart zu ermöglichen, ist entgegen OLG Hamburg BeckRS 2009, 08346 = OLGR 2009, 567 = Mitt. 2010, 35 (LS) – Damenmäntel (Außennähte) – nicht erforderlich; ausführlich Eichmann, in: Eichmann/von Falckenstein/Kühne, GGM Rn 14. Es kann daher ausreichen, dass der Kläger den nach seinem Kenntnisstand nächstkommenden vorbekannten Formenschatz darlegt und vorträgt, in welchen für den Gesamteindruck maßgeblichen Merkmalen Unterschiede gegenüber diesem Formenschatz bestehen (vgl OLG Frankfurt/M. BeckRS 2012, 10682 – Paintball-Shirt).

368 Diese und auch weitere Sprachfassungen belegen, dass der deutschen Fassung auch insoweit ein Übersetzungsfehler zugrunde liegt. Dieser Übersetzungsfehler verfälscht den Aussagegehalt und ist deswegen unmaßgeblich, vgl hierzu BVerfG NJW 2010, 2534, 2535.
369 Der Antragsgegner kann sich also auch mit der Einrede der Nichtigkeit verteidigen, unzutreffend insoweit OLG Hamburg GRUR-RR 2013, 138, 140 – Totenkopfflasche.
370 Vortrag des Antragsgegners kann sich auch aus der Antwort auf eine Verwarnung ergeben, OLG Frankfurt/M. GRUR-RR 2011, 66 – Stiefelette; BeckRS 2012, 10682 – Paintball-Shirt.
371 Vgl Eichmann, in: Eichmann/von Falckenstein/Kühne, GGM Rn 16.
372 Vgl § 91 ZPO. Wenn eine Prozesspartei teilweise unterliegt, findet eine sog. Quotelung der Kosten des Rechtsstreits statt (vgl § 92 S. 2 ZPO), dh eine Aufteilung nach Bruchteilen oder Prozentsätzen.
373 Vgl § 140 Abs. 5 MarkenG sowie § 125 e MarkenG für Verfahren vor Gemeinschaftsmarkengerichten.
374 Vgl § 52 Abs. 4 DesignG sowie § 63 Abs. 4 DesignG für Streitsachen über Gemeinschaftsgeschmacksmuster.

RVG) auch die Kosten eines mitwirkenden Patentanwalts.[375] Die außergerichtliche Durchsetzung eines Anspruchs kann ebenfalls die Verpflichtung zur Erstattung der Kosten zur Folge haben,[376] die der Gegenseite entstanden sind.

O. Maßnahmen der Zollbehörde

Wenn rechtsverletzende Erzeugnisse eingeführt oder ausgeführt werden, können sie von der zuständigen **Zollbehörde**[377] angehalten werden.[378] Der hierfür erforderliche Antrag kann präventiv oder auch dann gestellt werden, wenn die Zollbehörde aufgrund eines Verdachts Waren angehalten hat. Für nationale Designschutzrechte kann das Tätigwerden der Zollbehörden nur für die BRD und nur durch einen **nationalen Antrag**[379] beantragt werden. Für Rechte mit unionsweiter Wirkung können **Unionsanträge**[380] gestellt werden. Weil für die Anträge keine Kosten anfallen, wird häufig sowohl ein Unionsantrag als auch ein nationaler Antrag eingereicht. Die Anträge haben eine Laufzeit von einem Jahr; Verlängerungen sind möglich.[381]

88

P. Strafverfahren

Es kommt immer wieder vor, dass sich Rechtsverletzer von zivilrechtlichen Sanktionen nicht abschrecken lassen, weil sie zivilrechtlich nicht oder nicht effektiv belangt werden können oder weil sie die Kosten von zivilrechtlichen Maßnahmen in ihre Gesamtkalkulation einbeziehen. Die Verletzung von sämtlichen Designschutzrechten ist daher mit gutem Grund auch ein **Straftatbestand**. Hierdurch kann der **schnelle Zugriff** durch die Strafverfolgungsbehörden die Auswirkungen von Rechtsverletzungen unterbinden. Personenbezogene Strafen können als **Abschreckungsmittel** für potenzielle Wiederholungstäter Wirkung entfalten.[382]

89

---

375 Entsprechende Regelungen enthalten § 143 Abs. 4 PatG und § 19 Abs. 4 GebrMG. Im Urheberrecht und in UWG-Verfahren ist die Mitwirkung eines Patentanwalts nicht vorgesehen.
376 BGH GRUR 1995, 338, 342 – Kleiderbügel; GRUR 2009, 888 Tz 24 – Themoroll. Die Kosten eines mitwirkenden Patentanwalts sind im Rahmen einer zweckentsprechenden Rechtsverfolgung (vgl § 91 Abs. 1 ZPO) erstattungsfähig, Nachw. bei Eichmann, in: Eichmann/von Falckenstein/Kühne, § 52 Rn 21.
377 Das Verfahren wird zwar häufig als *Grenzbeschlagnahme* bezeichnet; das ist allerdings unscharf, weil für Zugriffe auch Binnenzollämter, Freihäfen und mobile Kontrollgruppen in Betracht kommen.
378 Ausführlich zum Tätigwerden der Zollbehörden Wagner, in: Hasselblatt, § 8; Cordes GRUR 2007, 483; Worm/Gärtner Mitt. 2007, 497.
379 Vgl §§ 55–57 DesignG; §§ 146–149 MarkenG; § 142 a PatG; § 111 b UrhG.
380 Vgl VO (EU) Nr. 608/13 v. 12.6.2013 zur Durchsetzung der Rechte geistigen Eigentums durch die Zollbehörden, ABl EU Nr. L 181/15 v. 29.6.2013 sowie die Ausführungsbestimmungen in §§ 57 a DesignG; 150 MarkenG; 142 b PatG; 111 c UrhG.
381 Zuständig für die nur Online einreichbaren Anträge ist die Bundesfinanzdirektion Südost in München. Hinweise zum Antragsinhalt bei Eichmann, in: Mes, Form. F. 14.
382 Wenn für ein im schutzrechtsfreien Ausland hergestelltes Erzeugnis die Übergabe im Inland erfolgt, kann ein systematisch einbezogener Speditionsunternehmer an einem rechtswidrigen Inverkehrbringen in Deutschland teilgenommen, EuGH GRUR 2012, 817 Rn 30 – Donner, und eine Freiheitsstrafe von zwei Jahren verwirkt haben, BGH GRUR 2013, 62 – Italienische Bauhausmöbel. Einzelheiten zu Strafverfahren sind in § 12 dargestellt.

§ 12 Strafbestimmungen

A. Einführung 1
   I. Verletzung nationaler Schutzrechte 1
   II. Verletzung europäischer Schutzrechte 3
   III. Strafbestimmungen im UWG 4
   IV. Übersicht über Strafbestimmungen 6
B. Strafbare Tathandlungen 7
   I. Schutz des eingetragenen Designs 8
   II. Markenrecht 9
   III. Urheberrecht 10
   IV. Subjektiver Tatbestand und Irrtümer 11
C. Ziele eines strafrechtlichen Vorgehens 13
D. Einleitung und Durchführung des Strafverfahrens 17
   I. Strafanzeige und Strafantrag 17
   II. Ermittlungsmaßnahmen 21
   III. Durchsuchung und Sicherstellung von Beweismitteln 22
   IV. Unterstützung der Ermittlungsbehörden 24
   V. Schadensberechnung und Akteneinsicht 25
   VI. Anklageerhebung und Privatklage 26
   VII. Nebenklage 27
   VIII. Beschlagnahme von Vermögenswerten und Rückgewinnungshilfe 28
   IX. Adhäsionsverfahren 34
   X. Vor- und Nachteile im Vergleich zur zivilrechtlichen Verfolgung 42

Literatur:

Achenbach/Ransiek/Rönnau (Hrsg.), Handbuch Wirtschaftsstrafrecht, 4. Auflage 2015; *Berg*, Beweiserleichterungen bei der Gewinnabschöpfung, (Diss.) 2001; *Günther/Beyerlein*, Kommentar zum Geschmacksmustergesetz, 2. Auflage 2012; *Cremer*, Die Bekämpfung der Produktpiraterie in der Praxis, Mitt. 1992, 153; *Dreier/Schulze*, Urheberrechtsgesetz, Kommentar, 4. Auflage 2013; *Eichmann/von Falckenstein*, Geschmacksmustergesetz, Kommentar, 4. Auflage 2010; *Fezer*, Markenrecht, Kommentar, 4. Auflage 2009; *Fischer*, Strafgesetzbuch, Kommentar, 62. Auflage 2015; *Frohn*, Die Beschlagnahme von Forderungen zugunsten des Verletzten im Strafverfahren und der Vollstreckungszugriff, Rpfleger 2001, 10; *Hansen*, Der Staatsanwalt, Dein Freund und Helfer: Durchsetzung von Schadensersatzansprüchen wegen Marken- und Produktpiraterie, GRUR-Prax 2014, 295; *Hansen/Eifinger*, Durchsetzung von Ansprüchen aus Schutzrechtsverletzungen mit Hilfe des Strafrechts – Rückgewinnungshilfe, Nebenklage, Adhäsionsverfahren, IP-Rechtsberater 2013, 12–15; *Hansen/Wolff-Rojczyk*, Effiziente Schadenswiedergutmachung für geschädigte Unternehmen der Marken- und Produktpiraterie nach dem neuen Gesetz zur Stärkung der Rückgewinnungshilfe, GRUR 2007, 468; *Hansen/Wolff-Rojczyk*, Schadenswiedergutmachung für geschädigte Unternehmen der Marken- und Produktpiraterie – das Adhäsionsverfahren, GRUR 2009, 644; *Hees*, Die Zurückgewinnungshilfe – Der Zugriff des Verletzten auf gemäß §§ 111 b ff StPO sichergestellte Vermögenswerte des Straftäters, (Diss.) 2003; *Hees*, Stichwort „Flow Tex": Heiße Luft gekauft, FLF 2000, 145; *Hees*, Zurückgewinnungshilfe zu Gunsten der Opfer von Marken- und Produktpiraterie, GRUR 2002, 1037; *Hees/Albeck*, Der Zulassungsbeschluss nach § 111 g Abs. 2 StPO, ZIP 2000, 871; *Heghmanns*, Praktische Probleme der Zurückgewinnungshilfe im Strafverfahren – Ursachen und Auswege, ZRP 1998, 475; *Hildebrand*, Die Strafvorschriften des Urheberrechts (Diss.), 2001; *Kiethe/Hohmann*, Das Spannungsverhältnis von Verfall und Rechten Verletzter (§ 73 I 2 StGB), NStZ 2003, 505; *Loos*, Probleme des neuen Adhäsionsverfahrens, GA 2006, 195; *Lührs*, Urheberrechtsschutz und Produktpiraterie – Teil II: Rechtsgrundlagen und Gewinnabschöpfungsmöglichkeiten, BuW 1999, 504; *Lührs*, Verfolgungsmöglichkeiten im Falle der „Produktpiraterie unter besonderer Betrachtung der Einziehungs- und Gewinnabschöpfungsmöglichkeiten (bei Ton-, Bild- und Computerprogrammträgern), GRUR 1994, 264; *Malitz*, Die Berücksichtigung privater Interessen bei vorläufigen strafprozessualen Maßnahmen gemäß §§ 111 b ff StPO, NStZ 2002, 337; *Meier/Dürre*, Das Adhäsionsverfahren, JZ 2006, 18; *Meyer-Goßner*, Strafprozessordnung, Kommentar, 57. Auflage 2014; *Münchener Kommentar* zum Strafgesetzbuch, hrsg. von Joecks/Miebach, Bd. 1–8, 2. Auflage, 2011–2014 (zitiert: MüKo-StGB/Bearbeiter); *Nirk/Kurtze*, Geschmacksmustergesetz, Kommentar, 2. Auflage 1997; *Pasewaldt*, Möglichkeiten und Grenzen strafrechtlicher Vermögensabschöpfung im Bereich der Markenpiraterie (Diss.) 2012; *Podolsky/Brenner*, Vermögensabschöpfung im Straf- und Ordnungswidrigkeitenverfahren, 3. Auflage 2007; *Rieß*, Einige Bemerkungen über das sogenannte Adhäsionsverfahren, in: Widmaier u.a. (Hrsg.), Festschrift für Hans Dahs, 2005, S. 425; *Rönnau*, Vermögensabschöpfung in der Praxis, 2003; *Ruhl*, Gemeinschaftsgeschmacksmuster, Kommentar, 2. Auflage 2010; *Schmidt*, Gewinnabschöpfung im Straf- und Bußgeldverfahren, 2006; *Schmidt/Winter*, Vermögensabschöpfung in Wirtschaftsstrafverfahren – Rechtsfragen und praktische Erfahrungen, NStZ 2002, 8; *Schricker*, Urheberrecht, Kommentar, 4. Auflage 2010; *Wandtke/Bullinger*, Praxiskommentar zum Urheberrecht, 4. Auflage 2014.

A. Einführung

I. Verletzung nationaler Schutzrechte

Die Übernahme eines geschützten Designs ist nicht nur zivilrechtlich unzulässig. Für den Fall, dass die Übernahme vorsätzlich erfolgt, kann der Nachahmer vielmehr auch strafrechtlich verfolgt werden. So enthalten das Designgesetz, das Markengesetz und das Urheberrechtsgesetz ähnlich lautende **Strafbestimmungen**, denen zufolge vorsätzliche Verletzungshandlungen mit Freiheitsstrafen 1 bis zu drei Jahren oder Geldstrafen bestraft werden (§ 51 DesignG,[1] §§ 143 ff MarkenG, §§ 106 ff UrhG). Handelt der Täter gewerbsmäßig, droht ihm sogar Freiheitsstrafe von bis zu fünf Jahren (Qualifizierungstatbestände in § 51 Abs. 2 DesignG, § 143 Abs. 2 MarkenG, § 108 a UrhG). Das MarkenG sieht bei gewerbsmäßiger Begehung mittlerweile eine Mindeststrafe von drei Monaten vor. Ergänzt werden diese Spezialvorschriften durch § 263 StGB, der den **Betrug** regelt und für besonders schwere Fälle, wie den gewerbsmäßigen Betrug, ein Strafmaß von mindestens sechs Monaten bis zu zehn Jahren Haft vorsieht, § 263 Abs. 3 StGB.

2   Strafbar ist in der Regel bereits der Versuch der Verletzungshandlung. Solange der Täter nicht gewerbsmäßig handelt oder kein „besonderes öffentliches Interesse" vorliegt, wird die Tat nur auf Antrag verfolgt. Verletzungsgegenstände und Tatmittel können eingezogen und damit weitere Straftaten verhindert werden. Die Verjährungsfrist beträgt regelmäßig fünf Jahre. Kommt es zu einer Verurteilung des Täters, kann der Rechteinhaber beantragen, dass die Verurteilung öffentlich bekannt gemacht wird. Der Geschädigte kann im Strafverfahren sogar die Befriedigung seiner (an sich zivilrechtlichen) Schadenersatzansprüche erlangen. So kann er im Wege des sog. **Adhäsionsverfahrens** (vgl Rn 34) beantragen, dass der Täter im Strafprozess unter anderem zur Zahlung von Schadenersatz verurteilt wird. Unabhängig hiervon kann er auch auf Vermögensgegenstände des Täters zugreifen, die die Strafverfolgungsbehörden im Laufe des Ermittlungsverfahrens beim Täter sichergestellt haben (sog. **Rückgewinnungshilfe**, vgl Rn 28).

II. Verletzung europäischer Schutzrechte

3   Das MarkenG stellt nicht nur die vorsätzliche Verletzung einer nationalen Marke unter Strafe. Nach § 143 a MarkenG ist darüber hinaus auch eine vorsätzliche Verletzung einer **Gemeinschaftsmarke** strafbar. Auch das DesignG enthält Strafbestimmungen, die sowohl für das national geschützte Design als auch für das **eingetragene Gemeinschaftsgeschmacksmuster** gelten (§§ 65, 51 DesignG).

Umstritten ist, ob über § 65 DesignG auch die vorsätzliche Verletzung eines **nicht eingetragenen Gemeinschaftsgeschmacksmusters** strafbar ist. Die wohl herrschende Lehre[2] bejaht dies, zum Teil mit Hinweis auf die in der Tat unklare Gesetzesbegründung. *Ruhl*[3] weist jedoch zutreffend darauf hin, dass § 65 DesignG seinem Wortlaut nach eine Strafandrohung nur für den Fall vorsieht, dass ein Geschmacksmuster entgegen Artikel 19 Abs. 1 der Verordnung (EG) Nr. 6/2002 genutzt wird. Art. 19 Abs. 1 regelt das eingetragene Gemeinschaftsgeschmacksmuster. Das nicht eingetragene Gemeinschaftsgeschmacksmuster ist Gegenstand von Artikel 19 Abs. 2 der Verordnung (EG) Nr. 6/2002, der in der Verweisungsnorm des § 65 DesignG nicht erwähnt wird. Deshalb dürfte eine Erstreckung der Strafbarkeit auf nicht eingetragene Gemeinschaftsgeschmacksmuster im Hinblick auf den Wortlaut der Vorschrift und das im Strafrecht geltende **Analogieverbot** (Art. 100 GG, § 1 StGB) unzulässig sein.

III. Strafbestimmungen im UWG

4   Das Gesetz gegen den unlauteren Wettbewerb (UWG) enthält keine speziell auf den Schutz von Designs zugeschnittenen Strafbestimmungen. In den §§ 16 und 18 UWG wird jedoch die Werbung mit unwahren, irreführenden Angaben sowie die Verwertung von Vorlagen, insbesondere von Zeichnungen, Modellen und Schablonen zu Zwecken des Wettbewerbs mit Strafe bedroht. Sofern bei dem Verkauf eines nachgeahmten Produkts zugleich die **falsche Werbeaussage** gemacht wird, dass es sich um ein Original des Rechteinhabers oder zumindest um ein in Lizenz gefertigtes Produkt handelt, kommt wegen dieser unwahren Tatsachenbehauptung eine Strafbarkeit nach § 16

---

[1] Das ehemalige Geschmacksmustergesetz (GeschmMG) wurde mit Wirkung vom 1.1.2014 in „Designgesetz" (DesignG) umbenannt.
[2] Günther, in: Günther/Beyerlein, § 65 Rn 2, und Eichmann, in: Eichmann/von Falckenstein, § 65, unter Hinweis auf die in der Tat unklare Gesetzesbegründung.
[3] Ruhl, Art. 88 Rn 34.

UWG in Betracht. Entsprechendes gilt, wenn der Nachahmer bei der Produktion Vorlagen, insbesondere Zeichnungen und Modelle des Originals, verwertet.

Eine Strafbarkeit nach den §§ 17 und 19 UWG wird indes nur selten in Betracht kommen, da diese Vorschriften den **Verrat von Geschäfts- und Betriebsgeheimnissen** bzw die Verleitung zum Verrat voraussetzen. Da das Design eines Produkts ohne Weiteres von außen wahrnehmbar ist, wird durch die bloße Übernahme der Gestaltung keine Strafbarkeit nach diesen Normen begründet. Es kommt aber nicht selten vor, dass für die Produktion des Produkts bestimmte Erkenntnisse erforderlich sind, die im Einzelfall als Betriebs- bzw Geschäftsgeheimnisse eingestuft werden können.

IV. Übersicht über Strafbestimmungen

Die nachfolgende Tabelle gibt einen Überblick über die wichtigsten Normen in den Spezialgesetzen:

	Marken	Gemeinschafts-marke	Urheberrecht	DesignG	eingetragene GGeschmM	nicht eingetragene GGeschmM	UWG	
Strafvorschrift	§ 143 MarkenG	§ 143a MarkenG	§§ 106, 108a UrhG	§ 51 Design	§§ 65, 51 DesignG	§§ 65, 51, DesignG (str.)	§ 18 UWG	§ 16 UWG
Strafmaß	Freiheitsstrafe bis zu drei Jahren (bei Gewerbsmäßigkeit bis zu fünf Jahren) oder Geldstrafe						zwei Jahre Freiheitsstrafe oder Geldstrafe	
Versuch strafbar nach	§ 143 Abs. 3 MarkenG	§§ 413a Abs. 2, 143 Abs. 3 MarkenG	§§ 106 Abs. 2, 108a Abs. 2 UrhG	§ 51 Abs. 3 DesignG	§§ 65, 51 Abs. 3 DesignG	§§ 65, 51 Abs. 3 DesignG (str.)	§ 18 Abs. 2 UWG	nein
Strafantrag erforderlich?		Grds. ja. Ausnahmen bei „besonderem öffentlichem Interesse" oder bei Gewerbsmäßigkeit					grds. ja. Ausn. bei „bes. öffentl. Interesse"	nein
	143 Abs. 4 MarkenG	§§ 143a Abs. 2, 143 Abs. 4 MarkenG	§ 109 UrhG	§ 51 Abs. 4 DesignG	§§ 65, 51 Abs. 4 DesignG	§§ 65, 51 Abs. 4 DesignG (str.)	§ 18 Abs. 3 UWG	
Strafantragsfrist	Drei Monate (§ 77b Abs. 1 StGB)							nein
Verjährung	Fünf Jahre (§ 78 Abs. 3 Nr. 4 StGB) ab Beendigung (§ 78a S. 1 StGB)							
Einziehung	143 Abs. 5 MarkenG	§ 143a Abs. 2, 143 Abs. 5 MarkenG	§ 110 UrhG	§ 51 Abs. 5 DesignG	§§ 65, 51 Abs. 5 DesignG	§§ 65, 51 Abs. 5 DesignG (str.)	nein	§ 74 StGB
Urteilsveröffentlichung	143 Abs. 6 MarkenG	§ 143a Abs. 2, 143 Abs. 6 MarkenG	§ 111 UrhG	§ 51 Abs. 6 DesignG	§§ 65, 51 Abs. 6 DesignG	§§ 65, 51 Abs. 6 DesignG (str.)	nein	nein

B. Strafbare Tathandlungen

Die Strafbestimmungen betreffen zwar unterschiedliche Schutzrechte. Gleichwohl werden zum Teil die gleichen Tathandlungen unter Strafe gestellt, solange sie vorsätzlich begangen werden. Hierzu gehören insbesondere das **Anbieten**, das **Inverkehrbringen**, die **Einfuhr** sowie die **Ausfuhr** von Nachahmungen. Da die Strafbestimmungen hinsichtlich der Tathandlungen stets auf die zivilrechtlichen Verbote Bezug nehmen, werden im Folgenden die Kriterien der materiellrechtlichen Unzulässigkeit nur kurz dargestellt.

I. Schutz des eingetragenen Designs

Nach § 51 DesignG macht sich strafbar, wer ein eingetragenes Design entgegen § 38 Abs. 1 DesignG nutzt, obwohl der Rechteinhaber nicht zugestimmt hat. Strafbar ist hiernach insbesondere die Herstellung, das Anbieten, das Inverkehrbringen, die Einfuhr, die Ausfuhr und der Gebrauch eines Erzeugnisses, in das das eingetragene Design aufgenommen oder bei dem es verwendet wird, schließlich der Besitz eines solchen Erzeugnisses zu einem dieser Zwecke.

Wolff-Rojczyk

II. Markenrecht

9 Soweit ein Design markenrechtlich geschützt ist, kommt auch eine Strafbarkeit nach dem Markengesetz in Betracht. Dabei wird in den Straftatbeständen der §§ 143, 143a MarkenG auf die §§ 14 und 15 MarkenG Bezug genommen, die die zivilrechtlichen Verbote beschreiben. Strafbar macht sich hiernach, wer entgegen § 14 Abs. 2 Nr. 1 oder 2 MarkenG ein Zeichen benutzt oder wer entgegen § 14 Abs. 2 Nr. 3 MarkenG ein Zeichen in der Absicht benutzt, die Unterscheidungskraft oder die Wertschätzung einer bekannten Marke auszunutzen oder zu beeinträchtigen. Über § 14 Abs. 3 MarkenG ist strafbar insbesondere das widerrechtliche Kennzeichnen, das Anbieten, das Inverkehrbringen, die Ein- und Ausfuhr sowie der Besitz zu einem dieser Zwecke. Zusätzlich sind nach § 143 Abs. 1 Nr. 3 MarkenG auch die in § 14 Abs. 4 MarkenG genannten markenwidrigen Vorbereitungshandlungen strafbar.[4]

III. Urheberrecht

10 Auch im Urheberrecht bilden die Tatbestände der Strafbestimmungen der §§ 106 ff UrhG ab, was zivilrechtlich unzulässig ist. Strafbar macht sich hiernach, wer ein Werk oder eine Bearbeitung oder Umgestaltung eines Werks in anderen als den gesetzlich zugelassenen Fällen ohne Einwilligung des Berechtigten vervielfältigt, verbreitet oder öffentlich wiedergibt.

IV. Subjektiver Tatbestand und Irrtümer

11 Strafbar ist stets nur die vorsätzliche Verwirklichung des Tatbestands, wobei der bedingte **Vorsatz** ausreicht.[5] Im Bereich der Produktpiraterie wird diese Frage dann relevant, wenn eine Nachahmung dem Original zum Verwechseln ähnlich sieht und es mitunter sachverständiger Zeugen bedarf, um mit der nötigen Sicherheit die Aussage treffen zu können, dass es sich bei dem vom Beschuldigten angebotenen oder verbreiteten Produkt um eine illegale Nachahmung handelt. In solchen Fällen kann von dem erforderlichen Tatvorsatz nur dann ausgegangen werden, wenn der Beschuldigte aus den Begleitumständen den Schluss ziehen musste, dass es sich um Fälschungen handelt. Als solche **Begleitumstände** kommen u.a. in Betracht: Der Beschuldigte ist selbst Hersteller oder Auftraggeber desselben und hat keine Erlaubnis eingeholt; der Lieferant verlangt einen auffällig niedrigen Preis; die Umverpackungen fehlen, sind beschädigt oder weisen untypische Beschriftungen auf; die Ware wird nicht von einem offiziellen Distributor angeboten; die Kaufbelege weisen andere als die angebotenen Produkte aus; der Verkäufer weigert sich, eine Rechnung zu stellen oder besteht auf Barzahlung.

12 Vom Beschuldigten behauptete **Irrtümer** sind entsprechend der allgemeinen Regeln in den §§ 16, 17 StGB nur dann relevant, wenn sie sich auf tatsächliche Umstände beziehen (sog. Tatbestandsirrtum). Ist er sich über die tatsächlichen Umstände der Tat im Klaren, glaubt er aber fälschlicherweise, dass sein Handeln erlaubt ist, unterliegt er einem sog. Verbotsirrtum, der nach § 17 StGB grds. unbeachtlich ist. Die Abgrenzung kann im Einzelfall erhebliche Schwierigkeiten bereiten. Ein den Vorsatz ausschließender Irrtum soll insbesondere vorliegen, wenn der Beschuldigte irrigerweise davon ausgeht, dass eine bestimmte Gestaltung frei ist und keinen (urheberrechtlichen oder markenrechtlichen) Schutz genießt.[6] Entsprechendes muss dann gelten, wenn der Beschuldigte nicht wusste, dass eine Gestaltung als Design eingetragen ist.

> **Hinweis:** Deswegen empfiehlt es sich, sämtliche Gestaltungen mit Hinweisen auf bestehende Rechte zu versehen, etwa mittels der üblichen „Copyright"- oder „TM"-Hinweise. Außerdem

---

[4] Hierzu Fezer, § 143 MarkenG Rn 17; grundlegend zur Bekämpfung der Produktpiraterie unter dem WZG: Cremer, Mitt. 1992, 153.

[5] Für das Urheberrecht; Vassilaki, in: Schricker, § 106 UrhG Rn 30; Dreier, in: Dreier/Schulze, § 106 UrhG Rn 7; für das Markenrecht: Fezer, § 143 MarkenG Rn 20; für das Geschmacksmusterrecht: Eichmann, in: Eichmann/von Falckenstein, § 65.

[6] Für das Urheberrecht: Vassilaki, in: Schricker, § 106 UrhG Rn 30; für das Markenrecht: Fezer, § 143 MarkenG Rn 29.

sollte jeder Gestalter für sich genau dokumentieren, wann er welche Gestaltung geschaffen und angeboten bzw ausgestellt hat. Ausstellerverzeichnisse sollten ebenso gesammelt werden wie eigene und fremde Werbematerialien.

C. Ziele eines strafrechtlichen Vorgehens

Die Strafbestimmungen ermöglichen einem Rechteinhaber eine strafrechtliche Verfolgung der für die Nachahmungen Verantwortlichen. Ob die **Einleitung eines Strafverfahrens** statt eines zivilrechtlichen Vorgehens oder parallel hierzu sinnvoll ist, hängt von dem jeweiligen Einzelfall ab. Geht es nur um einige wenige Verletzungshandlungen oder ist der angerichtete Gesamtschaden unerheblich, werden Strafverfahren wegen Schutzrechtsverletzungen zumeist eingestellt. Geht es jedoch um eine Vielzahl von Verletzungsgegenständen, wurde ein großer Schaden verursacht, möglicherweise auch noch Abnehmer betrogen, sind die Chancen, dass es auch zu einer Anklage oder gar Verurteilung kommt, weitaus größer. Insbesondere bei **Wiederholungstätern**, die planmäßig Nachahmungen anbieten und sich von Abmahnungen und einstweiligen Verfügungen nicht beeindrucken lassen oder über deren Vermögen das Insolvenzverfahren eröffnet ist, kann ein konsequent durchgeführtes Strafverfahren das einzige probate Mittel sein.

13

> **Beispiel:** Der 25-jährige Verletzer V wurde mehrfach wegen des Vertriebs einiger Plagiate abgemahnt. Einstweilige Verfügungen, mit denen weitere Verletzungshandlungen untersagt und die Sicherstellung von Verletzungsgegenständen durch einen Gerichtsvollzieher angeordnet wurden, zeigten keine Wirkung, da sich in den Geschäftsräumen jeweils nur eine Handvoll Verletzungsgegenstände befanden und V angab, nur einfacher Angestellter im Betrieb seiner Frau zu sein, der von den Vorgängen gar nichts wüsste. Die ersten Strafanzeigen führten zu Einstellungen, zum Teil gegen Zahlung geringer Geldbeträge. Als V dann erneut auffällig wird, führt die zuständige Staatsanwaltschaft umfangreiche Ermittlungen durch und erhebt sukzessive mehrere Anklagen wegen des Vertriebs von Pirateriewaren. Im ersten Prozess wird V nach zehn Verhandlungstagen zu drei Jahren Haft ohne Bewährung verurteilt. Der BGH bestätigt das Strafmaß.[7] Während der Haft werden V noch zwei weitere Anklagen wegen früherer Taten zugestellt, und er wird anschließend zu einer weiteren Haftstrafe verurteilt.

14

Ziel der strafrechtlichen Verfolgung ist nicht nur die Sanktionierung wegen der bereits bekannten Verletzungshandlungen. Vielmehr sollten die Ermittlungen dazu führen, dass **Informationen** und **Beweismittel** über alle Beteiligten und Verletzungshandlungen im unverjährten Zeitraum erlangt werden. Die nachfolgende Liste gibt die wichtigsten **Ermittlungsziele** und Möglichkeiten der strafrechtlichen Ermittlungen wieder:

15

- Sicherstellung weiterer Verletzungsgegenstände und Tatwerkzeuge,
- Sicherstellung aller Belege über Produktion sowie Ein- und Verkauf,
- Sicherstellung des elektronischen Warenwirtschaftssystems,
- Ermittlung aller Mittäter, Gehilfen und Zeugen,
- Ermittlung aller Lieferanten und (ggf betrogener) Abnehmer,
- Ermittlung der Geldströme (Finanzermittlungen),
- Ermittlung und Pfändung von Vermögenswerten der Täter,
- Verurteilung der Verantwortlichen,
- Ausgleich des Schadens über Adhäsionsverfahren und Rückgewinnungshilfe.

Der Aufwand, der zur Erreichung der vorstehenden Ziele betrieben werden muss, lohnt sich nur in Fällen, bei denen es entweder schon feststeht, dass in erheblichem Umfang Verletzungshandlungen begangen worden sind, oder dies zumindest naheliegt. Auch wenn es sich bei den vorbezeichneten Maßnahmen überwiegend um Ermittlungsarbeit der Polizei handelt, sollte jeder Rechteinhaber wissen, was in dem von ihm initiierten Strafverfahren passiert und was er unternehmen muss, damit der ihm entstandene Schaden weitestgehend kompensiert wird.

16

---

7 BGH, Beschl. v. 7.3.2006 – 2 StR 534/05.

D. Einleitung und Durchführung des Strafverfahrens
I. Strafanzeige und Strafantrag

17 Sofern die Polizei nicht von sich aus auf die Verletzungshandlung aufmerksam wird, wird das Strafverfahren durch eine **Strafanzeige** bei den Ermittlungsbehörden (Staatsanwaltschaft oder Polizei) eingeleitet. Eine Strafanzeige kann von jedermann erstattet werden. Da die Strafanzeige als Grundlage für alle weiteren Ermittlungen dient, sollten in ihr alle bekannten Tatsachen enthalten sein. Dies umfasst sowohl Informationen über den Bestand und den Umfang des verletzten Schutzrechts als auch alle Informationen über die Täter und deren Verletzungshandlungen. Soweit die Angaben durch Dokumente wie Registerauszüge, Prospekte, schriftliche Aussagen und Fotos belegt werden können, sind diese beizufügen. Insbesondere wenn der oder die Täter gewerbsmäßig handeln, wenn zu befürchten ist, dass eine größere Anzahl von Verletzungsgegenstände gelagert und erhebliche Umsätze mit den Verletzungshandlungen getätigt werden, empfiehlt es sich, in der Strafanzeige konkrete Ermittlungsmaßnahmen anzuregen (**Finanzermittlungen**, Überprüfung von Online-Shops und Benutzerkonten bei Auktionshäusern). Soweit Verletzungsgegenstände über große Internethandelsplattformen verkauft werden, können Informationen über die Anzahl der verkauften Gegenstände, den erzielten Umsatz etc. über im Internet verfügbare Tools[8] ermittelt werden. Solche Informationen sind geeignet, den mutmaßlichen Umfang der Verletzungshandlungen genauer zu bestimmen und gegenüber den Ermittlungsbehörden zu verdeutlichen. Ein Muster einer Strafanzeige findet sich unter Rn 44.

18 Bei der Abfassung der Strafanzeige ist stets zu berücksichtigen, dass Ermittlungsbeamte idR über keine vertieften Kenntnisse zu Design-, Marken- und Urheberrechten verfügen. Es muss deshalb kurz und verständlich geschildert werden, welches Schutzrecht verletzt wurde und wie es entstanden ist (Schöpfung, Eintragung). Es ist auch zu prüfen, an wen genau die Strafanzeige gerichtet werden soll. Grundsätzlich kann eine Strafanzeige bei jeder Polizeidienststelle und jeder Staatsanwaltschaft erstattet werden. Vielerorts sind jedoch **Sonderdezernate für Wirtschaftskriminalität** eingerichtet worden. Klärt man die Zuständigkeit vorab telefonisch und informiert dabei zugleich die Ermittlungsbehörden über die Verletzungshandlungen, können Ermittlungsmaßnahmen gezielter und schneller eingeleitet werden.

19 **Beispiel:** Der Rechteinhaber R stellt fest, dass über ein Internetauktionshaus eine Vielzahl identischer Verletzungsgegenstände angeboten wird. Die Anbieter verwenden verschiedene Fantasienamen, die Artikelbeschreibungen sind ihrem Wortlaut nach aber identisch. Aufgrund mehrerer Testkäufe erfährt R, dass einige der Anbieter dieselbe Kontoverbindung verwenden. Das auf Wirtschaftsstrafsachen spezialisierte Kommissariat in K wird vorab telefonisch informiert und es wird Strafanzeige erstattet. In Rücksprache mit der Polizei wird ein weiterer Testkauf bei dem mutmaßlichen Hauptverdächtigen organisiert. Dabei wird mit dem Verkäufer eine persönliche Übergabe vereinbart. Drei Tage nach der ersten telefonischen Kontaktaufnahme mit der Polizei kommt es bei der vereinbarten Übergabe zum Zugriff. Zeitgleich werden an sieben anderen Orten im Bundesgebiet Durchsuchungen durchgeführt, Beweismittel sichergestellt und Mittäter verhaftet. Die Ermittlungsbehörden besorgen sich bei dem Internetauktionshaus Daten über gleichlautende Angebote der Verdächtigen und klären mit den jeweiligen Käufern ab, ob auch diesen Fälschungen geliefert wurden.

20 Mit der Strafanzeige sollte vorsorglich der sog. **Strafantrag** verbunden werden. Dieser ist nach den §§ 143 Abs. 4, 143a Abs. 2 MarkenG, § 109 UrhG und § 51 Abs. 4, 65 Abs. 2 DesignG zwar nur dann erforderlich, wenn der Täter nicht gewerbsmäßig handelt oder kein besonderes öffentliches Interesse vorliegt. Da es sich beim Strafantrag nur um die kurze, förmliche Erklärung handelt, dass wegen der in der Strafanzeige beschriebenen Taten Strafantrag gestellt wird, empfiehlt es sich, diesen zugleich mit der Strafanzeige zu stellen. Ausführungen zur Gewerbsmäßigkeit oder dem Vorliegen eines besonderen öffentlichen Interesses sollten gleichwohl gemacht werden, wenn entsprechende Erkenntnisse vorliegen.[9] Ebenso sollten Informationen über einschlägige Vorstrafen des

---

[8] Solche Auswertungstools sind zB *Terapeak* (www.terapeak.de) und <www.marktplatz-tools.de>.
[9] Etwa aufgrund einer Abfrage der Verkaufsdaten über <www.terapeak.de>, siehe vorherige Fn.

Täters oder ein drohender oder bereits eingetretener erheblicher Schaden mitgeteilt werden.[10] Antragsberechtigt ist der Verletzte (§ 77 Abs. 1 StGB). Dies sind der Rechteinhaber und seine Rechtsnachfolger, bei juristischen Personen die gesetzlichen Vertreter, bei offenen Handelsgesellschaften die Gesellschafter,[11] ferner ausschließliche Lizenznehmer.[12] Im Bereich des Designschutzes ist der Inlandsvertreter kraft Gesetzes antragsberechtigt (§ 58 DesignG). Rechtsanwälte und Patentanwälte können den Strafantrag aufgrund der ihnen erteilten Vertretungsvollmacht stellen. Die Strafantragsfrist beträgt drei Monate (§ 77b Abs. 1 StGB). Die Frist beginnt mit Ablauf des Tages, an dem der Berechtigte Kenntnis von der Tat und der Person des Täters erlangt hat (§ 77b Abs. 2 StGB).

II. Ermittlungsmaßnahmen

Unabhängig von der üblichen Überprüfung der Personalien des oder der Beschuldigten ist von den Ermittlungsbehörden zu ermitteln, wer an den Taten noch in irgendeiner Weise beteiligt war und wer gegebenenfalls als Zeuge nähere Angaben machen kann. Über das Grundbuchamt sowie das lokale Energieversorgungsunternehmen kann ermittelt werden, für welche Anwesen der Verletzer als Eigentümer eigetragen ist und für welche Liegenschaften er Kosten für Strom und Wärme bezahlt. Von der Zulassungsstelle können Informationen über die von den Verletzern genutzten Fahrzeuge eingeholt werden. Denn gerade planmäßig handelnde Verletzer lagern Verletzungsgegenstände nur selten in den eigenen Räumlichkeiten, sondern in Außenlagern oder in abgestellten Fahrzeugen. Über das Arbeitsgericht können Informationen über anhängige oder abgeschlossene Kündigungsschutzprozesse ermittelt werden, die Hinweise auf weitere Zeugen liefern können. Informationen über den mutmaßlichen Verletzungsumfang können über die einschlägigen Internetplattformen und/oder Auswertungstools[13] ermittelt werden. Die Internetplattformen können zudem Auskunft über im Zahlungsverkehr verwendete Bankkonten erteilen. Zudem sollten die von den Verletzern verwendeten IP Adressen ermittelt werden.

III. Durchsuchung und Sicherstellung von Beweismitteln

Sind die vorbereitenden Ermittlungsmaßnahmen abgeschlossen, werden zumeist die von dem Beschuldigten und etwaigen Dritten genutzten Räume nach den §§ 102, 103 StPO durchsucht, um den Verdächtigen zu ergreifen, Beweismittel aufzufinden und sicherzustellen (§ 94 StPO). Hierunter fällt auch die Postbeschlagnahme gem. § 99 StPO, die es den Ermittlungsbehörden ermöglicht, sowohl an den Beschuldigten gerichtete Postsendungen als auch von dem Beschuldigten verschickte Postsendungen sicherzustellen. Zu den zu beschlagnahmenden Beweismitteln gehören nicht nur weitere Verletzungsgegenstände, sondern auch Dokumente wie Produktionsaufträge, Bestellschreiben, Auftragsbestätigungen, Rechnungen und Lieferscheine. Besonders wichtig ist die Sicherstellung eines etwaig vorhandenen elektronischen Warenwirtschaftssystems, aus dem sich genau ergibt, wann welche Waren von wem angeliefert und an wen wieder ausgeliefert wurden. Die entsprechenden Datenbanken können von der Polizei kopiert und später ausgewertet werden.[14] Empfehlenswert ist auch die Sicherstellung von Bankbelegen und Kontoinformationen, da sie Aufschluss über den Geldfluss und damit den Verbleib der mit dem Vertrieb der Nachahmungen erzielten Einkünfte liefern. Zusätzlich sollten auch Forderungsaufstellungen sichergestellt werden. Aufgrund all dieser Informationen können die Ermittlungsbehörden Vermögenswerte des Verletzers ermitteln und sicherstellen, so dass sie dem Geschädigten zur Wiedergutmachung des Schadens zur Verfügung stehen (Rückgewinnungshilfe, Rn 28).

---

10 Zum Geschmacksmusterrecht: Günther, in: Günther/Beyerlein, § 51 GeschmMG Rn 7; zum Markenrecht: Fezer, § 143 MarkenG Rn 36 ff.
11 Zum Geschmacksmusterrecht: RGSt 41, 104.
12 RGSt 11, 266.
13 Siehe oben Fn 8.
14 Nach § 110 Abs. 3 StPO können sogar räumlich getrennte Speichermedien, etwa auf einem Server im Internet, überprüft werden.

23 **Beispiel:** Am Ende eines langwierigen zivilrechtlichen Verfahrens erteilte ein Verletzer (V) Auskunft, dass er nicht einmal ein Dutzend Verletzungsgenstände vertrieben hätte. Im daraufhin eingeleiteten Strafverfahren verhört die Polizei zwei ehemalige Mitarbeiter des Verletzers. Diese sagen aus, dass V mindestens 30.000 Verletzungsgenstände verkauft habe. Diese seien in dem Warenwirtschaftssystem des V unter einer bestimmten Artikelnummer und unter einer bestimmten Artikelbezeichnung aufgeführt. Vom lokalen Energieversorgungsunternehmen erfährt die Polizei, dass V seit Jahren die Stromrechnung für eine Lagerhalle unweit seines Büros bezahlt. Die Polizei durchsucht gleichzeitig die Geschäftsräume, die Lagerhalle und die Privatwohnung des Beschuldigten. In der Lagerhalle stellt sie eine Vielzahl von Verletzungsgegenständen und in den Geschäftsräumen das elektronische Warenwirtschaftssystem sicher. Die Auswertung und Überprüfung zahlreicher Kunden ergibt, dass über 40.000 Verletzungsgegenstände verkauft worden sind. Daraufhin werden alle Vermögensgegenstände des Verletzers, seine Bankkonten und sämtliche Forderungen sichergestellt und seine Immobilien mit Zwangssicherungshypotheken belastet.

IV. Unterstützung der Ermittlungsbehörden

24 Um sicherzustellen, dass bei der Durchsuchung keine Fragen darüber auftauchen, ob bei dem Beschuldigten aufgefundene Gegenstände tatsächlich Imitate sind, empfiehlt es sich, den Ermittlungsbehörden anzubieten, einen **sachverständigen Zeugen** zur Verfügung zu stellen, der mit den geschützten Originalen vertraut ist und Fälschungen als solche erkennen kann. Kenntnisse des sachverständigen Zeugen über Marktgegebenheiten können den Ermittlungsbehörden überdies die Entscheidung erleichtern, ob bei Unternehmen, deren Namen während der Durchsuchung in Lieferbelegen auftauchen, sofortige **Anschlussdurchsuchungen** zu veranlassen sind. Solche Anschlussdurchsuchungen sind immer dann erforderlich, wenn zu befürchten ist, dass der Beschuldigte seine Lieferanten oder Abnehmer warnt, sobald die Polizei die Durchsuchung beendet hat. Schließlich kann die Zusammenarbeit zwischen Geschädigten auch den Zugriff selbst erleichtern.

V. Schadensberechnung und Akteneinsicht

25 Durch den Vertrieb von Nachahmungen erleiden die Rechteinhaber zumeist erhebliche Schäden. Zum Ausgleich hierfür stehen ihnen zwar Schadenersatz und Bereicherungsansprüche zu, deren Höhe sie aufgrund der von dem Verletzer zu erteilenden Auskünfte berechnen können. Viele Verletzer erteilen aber keine oder falsche Auskünfte, um den wahren Umfang der Verletzungshandlungen zu verschleiern. Zum Teil werden diese Angaben auch erst nach langwierigen zivilrechtlichen Prozessen gemacht. Konnte der Umfang der Verletzungshandlungen hingegen im Strafverfahren ermittelt werden, etwa im Wege der Auswertung der Buchhaltungsunterlagen, des elektronischen Warenwirtschaftssystems, der Unterlagen von Internethandelsplattformern bzw -auktionshäusern und/oder Recherchen über Auswertungstools[15], kann der Verletzte seine Ansprüche schneller und präziser berechnen, ohne dabei auf die Kooperationsbereitschaft des Verletzers angewiesen zu sein. Die für die Berechnung erforderlichen Beweismittel kann der Verletzte über seinen Rechtsanwalt im Wege der **Akteneinsicht** nach § 406e StPO einsehen.

VI. Anklageerhebung und Privatklage

26 Bieten die Ermittlungen genügend Anlass zur Erhebung der öffentlichen Klage, erhebt die Staatsanwaltschaft Anklage (§ 170 Abs. 1 StPO). Dabei ist zu berücksichtigen, dass eine öffentliche Klage wegen der Verletzung der im DesignG, MarkenG und UrhG enthaltenen Grundtatbestände nach § 376 StPO nur dann erhoben werden kann, wenn dies „im öffentlichen Interesse liegt", da es sich bei den Grundtatbeständen um sog. **Privatklagedelikte** iSv § 374 StPO handelt. Die Staatsanwaltschaft kann den Verletzten also auch auf den Privatklageweg verweisen. Solange jedoch ein gewerbsmäßiges Handeln in Rede steht, liegen die eingangs (Rn 1) genannten Qualifizierungstatbestände vor, so dass sich die Frage der Erhebung einer Privatklage nicht stellt.

---

15 Siehe oben Fn 8.

VII. Nebenklage

Einer erhobenen öffentlichen Klage kann sich der verletzte Inhaber eines eingetragenen Designs, eines Markenrechts oder eines Urheberrechts im Wege der sog. Nebenklage anschließen (§§ 395 Abs. 1 Nr. 6 StPO). Die entsprechende Anschlusserklärung ist beim Gericht schriftlich einzureichen (§ 396 StPO). Der Anschluss als Nebenkläger ermöglicht es nicht nur, die Staatsanwaltschaft während der Hauptverhandlung zu unterstützen. Dem zugelassenen Nebenkläger stehen in der Hauptverhandlung nach § 397 StPO auch zahlreiche Rechte zu, die es ihm ermöglichen, zu einer effizienten Strafverfolgung beizutragen. So kann er Zeugen befragen, Beweisanträge stellen und Erklärungen abgeben. Außerdem darf der Nebenkläger auch dann an der gesamten Hauptverhandlung teilnehmen, wenn er selbst als Zeuge benannt ist, § 397 StPO. Die Wahrnehmung dieser Rechte wird der Nebenkläger in aller Regel seinem Rechtsanwalt überlassen. In der Praxis der Bekämpfung von Produktpiraterie spielt die Nebenklage eine weitaus erheblichere Rolle als das ebenfalls der Wahrnehmung der Rechte des Verletzten dienende Adhäsionsverfahren (Rn 34). 27

VIII. Beschlagnahme von Vermögenswerten und Rückgewinnungshilfe

Alle Informationen über die Schadenshöhe helfen dem Verletzten nicht weiter, wenn er seine Ansprüche nicht realisieren kann, etwa weil der Verletzer vorgibt, kein Vermögen zu haben oder er dieses beiseite geschafft hat. Diese Entwicklung kann im Strafverfahren durch die sog. **Rückgewinnungshilfe** verhindert werden. Diese besteht vereinfacht gesagt darin, dass die Ermittlungsbehörden im Laufe des Ermittlungsverfahrens Vermögensgegenstände des Beschuldigten nach den §§ 111 b ff StPO iVm §§ 73, 73 a StGB sicherstellen, damit der Verletzte diese zu einem späteren Zeitpunkt zu einer bevorzugten Befriedigung seiner Ersatzansprüche verwenden kann (§§ 111 g, 111 h StPO).[16] Diese Maßnahmen können bereits bei Vorliegen eines einfachen Tatverdachts angeordnet werden.[17] Die Befriedigung der Ersatzansprüche der Geschädigten ist dabei nicht das einzige gesetzgeberische Ziel. Vielmehr soll dem Täter durch die Wegnahme der illegalen Einnahmen auch der Tatanreiz genommen werden.[18] Deswegen werden dem Täter die illegalen Einnahmen im Wege der Vermögensabschöpfung durch die gerichtliche Anordnung des Verfalls (von Wertersatz) gem. §§ 73, 73 a StGB auch dann entzogen, wenn Ersatzansprüche von Geschädigten nicht bestehen.[19] 28

Die Sicherstellung erfolgt durch die Beschlagnahme der Vermögenswerte nach § 111 c StPO und die Anordnung des dinglichen Arrests nach § 111 d StPO. Beschlagnahmt werden können nicht nur die Vermögenswerte, die der Täter unmittelbar aus der Tat erlangt hat, sondern auch solche, die er mit den illegalen Einnahmen erworben hat (**Surrogate**), etwa Autos, Wertpapiere, Schmuck oder Immobilien. Kann das Erlangte wegen seiner Beschaffenheit oder aus einem anderen Grund nicht beschlagnahmt werden, etwa weil das Geld für eine Dienstleistung ausgegeben oder damit gekaufte Gegenstände verbraucht, veräußert, zerstört, beiseite geschafft oder untergegangen sind[20] oder Aufwendungen erspart wurden, kann das Gericht anordnen, dass Vermögenswerte in einer Höhe arrestiert werden, die dem Wert des Erlangten entsprechen (sog. **Verfall von Wertersatz**, § 111 d StPO iVm § 73 a StGB). Entsprechend kann das Gericht auch dann verfahren, wenn unklar ist, ob bestimmte Vermögenswerte mit den aus der Tat erlangten Gewinnen angeschafft wurden (§ 111 b StPO iVm § 73 a S. 1 StGB). Auf diese Weise erhält der Geschädigte Zugriff auf das gesamte, also auch das rechtmäßig erworbene Vermögen des Täters.[21] 29

Darüber hinaus kann unter den Voraussetzungen des § 73 Abs. 3 StGB angeordnet werden, dass auch auf Vermögenswerte von Dritten zugegriffen werden kann, die an der Tat gar nicht beteiligt 30

---

16 Hansen/Wolff-Rojczyk, GRUR 2007, 468; Hees, GRUR 2002, 1037; Pasewaldt, Möglichkeiten und Grenzen strafrechtlicher Vermögensabschöpfung im Bereich der Markenpiraterie.
17 Spätestens nach zwölf Monaten ist ein dringender Tatverdacht erforderlich (§ 111 b Abs. 3 S. 3 StPO).
18 MüKo-StGB/Joecks, Vor §§ 73 ff Rn 32; Rönnau, Rn 4; Kiethe/Hohmann, NStZ 2003, 505, 506.
19 BGH NStZ 1984, 409; 2006, 621; BGH NStZ-RR 2006, 138; Meyer-Goßner, § 111 b StPO Rn 5.
20 BGHSt 33, 37, 39; Fischer, § 73 StGB Rn 3.
21 Rönnau, Rn 15.

waren. Erforderlich ist nur, dass der Täter oder Teilnehmer für den Dritten gehandelt oder der Dritte aufgrund der strafbaren Handlung etwas erlangt hat (sog. **Drittempfängerverfall**).[22] Dies gilt auch für den undolos bzw unverschuldet Begünstigten.[23] Bei der Berechnung des erlangten „Etwas" gilt das sog. **Bruttogewinnprinzip**.[24] Etwaige unmittelbar im Zusammenhang mit der Tatausführung entstandene Gegenleistungen und Unkosten des Täters wie seine Herstellungskosten oder der von ihm an seinen Lieferanten gezahlte Einkaufspreis bleiben damit gänzlich unberücksichtigt. Einen Anspruch der Verletzten auf Rückgewinnungshilfe gibt es jedoch nicht, denn § 111 b StPO spricht von „können" sichergestellt bzw „kann" angeordnet werden. Ihre Gewährung steht im pflichtgemäßen Ermessen der Ermittlungsbehörden.[25]

31 Im Anschluss an die staatlichen Sicherungsmaßnahmen muss der Geschädigte aktiv die Durchsetzung seiner Ansprüche betreiben. Hierzu ist ein zumindest vorläufig vollstreckbarer Titel (Urteil, dinglicher Arrest, Vollstreckungsbescheid, nicht aber ein Kostenfestsetzungsbeschluss)[26] gegen den Verletzer zu erwirken und dem zuständigen[27] Strafgericht mit dem Antrag vorzulegen, dass die **Zwangsvollstreckung** bzw Arrestvollziehung des Verletzten in das sichergestellte Vermögen gemäß §§ 111 g Abs. 2, 111 h Abs. 2 StPO durch einen Gerichtsbeschluss zugelassen wird. Das **Zulassungsverfahren** dient dazu, festzustellen, ob ein Vollstreckungsgläubiger, der einen Titel erwirkt hat, zu dem privilegierten Kreis der durch die Straftat Geschädigten gehört.[28] Mit Vorliegen des Zulassungsbeschlusses kann der Verletzte sich aus den sichergestellten Vermögenswerten befriedigen, und zwar wegen § 111 g Abs. 1 StPO ungehindert durch die Ermittlungsbehörden.[29]

32 Da eine Reihenfolge von Zwangsvollstreckung und Zulassung nach § 111 g StPO nicht vorgeschrieben ist, können wirksame Vollstreckungsmaßnahmen sogar schon vor ihrer Zulassung erfolgen.[30] Vor der Zulassung sind diese allerdings dem Staat gegenüber relativ unwirksam.[31] Durch den Zulassungsbeschluss wird außerdem eine Bevorzugung des zugelassenen Gläubigers gegenüber anderen, nicht zugelassenen Gläubigern bewirkt (§ 111 g Abs. 3 S. 1 StPO).[32] Der Verletzte kann sich also wegen § 111 g Abs. 1 StPO nicht nur vorrangig gegenüber dem Justizfiskus, sondern wegen § 111 g Abs. 3 S. 1 StPO auch vorrangig gegenüber anderen Gläubigern aus den sichergestellten Vermögenswerten befriedigen, selbst wenn diese vor dem privilegierten Geschädigten Pfändungspfandrechte erworben haben.[33] Dies gilt nur dann nicht, wenn die anderen Gläubiger ihre Zwangsvollstreckungsmaßnahmen zeitlich noch vor der staatlichen Sicherstellung durchgeführt haben, da sie in diesem Fall nicht den Auswirkungen des Veräußerungsverbots zugunsten des Staates bzw des Verletzten unterliegen.[34]

33 Haben **mehrere Geschädigte** sowohl einen Titel gegen den Betroffenen als auch einen Zulassungsbeschluss erwirkt, werden diese nicht gleichrangig befriedigt.[35] Vielmehr gilt das auch sonst im Zwangsvollstreckungsrecht geltende Prioritätsprinzip, denn der Gesetzgeber wollte mit seinen Maßnahmen zur Verbesserung des Verletztenschutzes nicht so weit in das Zwangsvollstreckungs-

---

22 Rönnau, Rn 266; Fischer, § 73 StGB Rn 23.
23 Fischer, § 73 StGB Rn 21; MüKo-StGB/Joecks, § 73 Rn 50; Kiethe/Hohmann, NStZ 2003, 505, 508.
24 Meyer-Goßner, § 111 b StPO Rn 2.
25 Meyer-Goßner, § 111 b StPO Rn 6 und § 111 d StPO Rn 4; Rönnau, Rn 400 ff; Malitz, NStZ 2002, 337, 339.
26 AA OLG Düsseldorf wistra 1992, 319.
27 Zuständig für den Erlass des Zulassungsbeschlusses ist gemäß § 111 g Abs. 2 StPO das Gericht, das nach § 111 e StPO für die Beschlagnahme zuständig ist, niemals die Staatsanwaltschaft.
28 BGH NJW 2000, 2027, 2028; OLG Hamburg, Beschl. v. 5.7.2001 – 3 Ws 134/01; Schmid/Winter, NStZ 2002, 8, 10.
29 BGH NJW 2000, 2027.
30 BGH NJW 2000, 2027, 2028; OLG Hamm wistra 2002, 398, 399; Rönnau, Rn 441; Schmidt, Rn 1169; aA AG Düsseldorf WM 1992, 38.
31 BGH NJW 2000, 2027, 2028; Schmid/Winter, NStZ 2002, 8, 10.
32 Hansen/Wolff-Rojczyk, GRUR 2007, 468 ff; Hees, GRUR 2002, 1037.
33 BGH NJW 2000, 2027, 2028; OLG Hamm wistra 2002, 398, 399; Hansen/Wolff-Rojczyk, GRUR 2007, 468, 471; Rönnau, Rn 436.
34 Rönnau, Rn 436.
35 So aber Frohn, Rpfleger 2001, 10, 12; zustimmend *de lege ferenda* ebenfalls Heghmanns, ZRP 1998, 475, 480.

recht eingreifen.³⁶ Für die Reihenfolge des Zugriffs ist nach inzwischen allgemeiner Ansicht nicht auf den Zeitpunkt des Zulassungsbeschlusses,³⁷ sondern auf den Zeitpunkt des Vollstreckungszugriffs abzustellen.³⁸

Hinweise: Nach einer Entscheidung des OLG Hamm³⁹ haftet ein Rechtsanwalt, der es versäumt hat, einen Zulassungsbeschluss nach §§ 111 g Abs. 2, 111 h Abs. 2 StPO für seinen Mandanten zu erwirken, für Schäden, die diesem aus der vorrangigen Befriedigung eines anderen geschädigten oder nicht verletzten Gläubigers entstanden ist. Nach einer Entscheidung des OLG Karlsruhe vom 23.11.2013 ist der Insolvenzverwalter des verurteilten Täters nicht Verletzter im Sinne des § 111 g Abs. 1 StPO.⁴⁰

IX. Adhäsionsverfahren

Während die Rückgewinnungshilfe die Zwangsvollstreckung des Geschädigten in zuvor sichergestellte Vermögenswerte des Täters regelt, erlaubt es das in den §§ 403 ff StPO geregelte Adhäsionsverfahren,⁴¹ dem durch eine Straftat Geschädigten, seine zivilrechtlichen Schadenersatzansprüche gegen den Täter im Strafverfahren geltend zu machen und dort titulieren zu lassen. Es handelt sich nicht um ein eigenständiges gerichtliches Verfahren, sondern um einen besonderen Teil des Strafverfahrens. 34

Das Adhäsionsverfahren wird nur auf **Antrag** des Verletzten eingeleitet (§ 404 Abs. 1 StPO). Dabei sind – wie im Zivilprozess (§ 253 Abs. 2 Nr. 2 ZPO) – der Gegenstand und der Grund des Anspruchs zu bezeichnen. Schadenersatzforderungen sind zu beziffern. Sollte dies etwa mangels Kenntnis des genauen Umfangs der Verletzungshandlungen noch nicht möglich sein, kann dies im Laufe des Verfahrens nachgeholt oder aber der Antrag gestellt werden, dass die Schadenersatzpflicht dem Grunde nach festgestellt werden soll. Die Beweismittel „sollen" im Antrag angegeben werden, sie müssen es aber nicht. Der Antrag kann bis zum Beginn der Schlussvorträge gestellt und bis zur Verkündung des Urteils auch wieder zurückgenommen werden (§ 404 Abs. 4 StPO). Der Adhäsionskläger kann jederzeit an der Hauptverhandlung teilnehmen (§ 404 Abs. 3 S. 2 StPO).⁴² Er kann Beweisanträge einbringen⁴³ und kann – anders als im Zivilprozess⁴⁴ – auch selbst als Zeuge vernommen werden. 35

Die Entscheidung über den Adhäsionsantrag steht einem im Zivilprozess ergangenen Urteil gleich (§ 405 Abs. 3 S 1 StPO). Gegen die stattgebende Entscheidung kann der Angeklagte mit den sonst zulässigen **Rechtsmitteln** der StPO⁴⁵ vorgehen (§ 406 a Abs. 2 StPO). Eine Besonderheit besteht jedoch darin, dass der Antragsteller seinen Anspruch erneut vor einem Zivilgericht geltend machen kann, wenn er im Adhäsionsverfahren keine ihm positive Sachentscheidung erhält (§ 406 Abs. 3 S. 3 StPO). 36

---

36 BGH NJW 2000, 2027, 2028, OLG Stuttgart ZIP 2001, 484, 485; OLG Hamm NJW-RR 2000, 1008, 1013; Rönnau, Rn 445; Schmidt, Rn 1185; Hees, Zurückgewinnungshilfe, S. 117 ff, 126; Malitz, NStZ 2002, 337, 440; Schmid/Winter, NStZ 2002, 8, 10.
37 So aber noch Hees/Albeck, ZIP 2000, 871, 874; Hees, FLF 2000, 145, 146; abweichend und diese Ansicht ausdrücklich aufgebend: Hees, Zurückgewinnungshilfe, S. 117 ff, 126.
38 OLG Stuttgart ZIP 2001, 484, 485; OLG Hamm NJW-RR 2000, 1008, 1013; Hansen/Wolff-Rojczyk, GRUR 2007, 468, 472; Rönnau, Rn 445; offengelassen vom BGH NJW 2000, 2027, 2028, der diese Ansicht aber als „nahe liegend" bezeichnet.
39 NJW-RR 2000, 1008.
40 NZI 2014, 230.
41 Hierzu ausführlich Loos, GA 2006, 195; Rieß, FS Dahs, 2005, S. 425; Meier/Dürre, JZ 2006, 18; Hansen/Wolff-Rojczyk, GRUR 2009, 644.
42 BGHSt 37, 260; Meyer-Goßner, § 58 StPO, Rn 3.
43 BGH NJW 1956, 1767; Meyer-Goßner, § 404 StPO Rn 9 und § 244 StPO Rn 9.
44 Dort ist nur eine Parteivernehmung unter den Voraussetzungen der §§ 445 ff ZPO zulässig.
45 Meyer-Goßner, § 406 a StPO Rn 3.

37 Das Adhäsionsverfahren bietet zahlreiche **Vorteile** im Vergleich zur Geltendmachung der Ansprüche im Zivilprozess:[46]
- Es sind durch den Antragsteller kein Prozesskostenvorschuss und keine Gerichtsgebühren zu leisten.
- Es besteht unabhängig vom Streitwert kein Anwaltszwang.
- Rechtshängigkeit und Verjährungshemmung treten bereits mit dem Eingang des Antrags bei Gericht und nicht erst mit der Zusendung an den Angeklagten ein.
- Der Amtsermittlungsgrundsatz des § 244 Abs. 2 StPO ersetzt den im Zivilrecht geltenden Beibringungsgrundsatz.
- Es besteht für den Antragsteller eine Zeugenstellung in eigener Sache.
- Scheitert der Verletzte im Adhäsionsverfahren mit seinem Antrag, verliert er seinen Anspruch nicht und kann diesen erneut vor einem Zivilgericht anhängig machen.
- Eine Widerklage ist nicht möglich.
- Sich widersprechende Entscheidungen des Zivil- und Strafrichters werden vermieden.
- In der Summe führt das Adhäsionsverfahren zur Entlastung der Gerichte, da der gesonderte Gang zum Zivilgericht überflüssig wird.

38 Trotz dieser offenkundigen Vorteile spielt das Adhäsionsverfahren in der Praxis (noch) keine bedeutende Rolle.[47] Über die genauen Gründe liegen keine empirischen Untersuchungen vor. Häufig machen die Strafgerichte in den wenigen Fällen, in denen überhaupt Adhäsionsanträge gestellt werden, von § 406 Abs. 1 S. 3 StPO Gebrauch und sehen von einer Entscheidung mit der Begründung ab, dass eine weitere Prüfung des Anspruchs zu einer Verzögerung des Verfahrens führen würde. Zwar kann das Gericht aufgrund der genannten Vorschrift von einer Entscheidung nicht nur dann absehen, wenn der Antrag unzulässig oder unbegründet ist, sondern auch dann, wenn er sich „unter Berücksichtigung der berechtigten Belange des Antragstellers" zur Erledigung im Strafverfahren nicht eignet. Dies ist nach § 406 Abs. 1 S. 5 StPO dann der Fall, wenn die weitere Prüfung des Anspruchs das Verfahren „erheblich" verzögern würde. Die beiden apostrophierten Kriterien wurden jedoch erst durch das OpferRRG[48] eingeführt, ebenso das bislang nicht existente Rechtsmittel (§ 406a Abs. 1 S. 1 StPO) gegen die **Absehensentscheidung**.[49] Der Gesetzgeber hat hiermit eine Umkehrung des Regel-Ausnahme-Verhältnisses bezweckt.

39 Wann nach der neuen Rechtslage eine Verfahrensverzögerung „erheblich" ist, wird sich zwar kaum allgemein definieren lassen, da es stets auf die Umstände des Einzelfalls ankommt. Aber jedenfalls in Fällen, in denen Inhaber von Design-, Urheber- und Markenrechten Ansprüche gegen Nachahmer geltend machen, ist in aller Regel von einer Eignung auszugehen. Denn die für das Adhäsionsverfahren zu erhebenden Beweise über den Bestand der Rechte und die Details der Verletzungshandlungen müssen ohnehin für das Strafverfahren erhoben werden.

40 Als Alternative zum Adhäsionsurteil bzw einer Absehensentscheidung gewinnt der sog. **Adhäsionsvergleich** gemäß § 405 StPO zunehmend an Bedeutung. Dabei wird in der Regel zunächst ein Adhäsionsantrag gestellt. Sodann werden die geltend gemachten Forderungen im Strafverfahren verglichen, bevor es zu einem Adhäsionsurteil kommt. Dies kann anlässlich einer „Verständigung" nach § 257c StPO erfolgen, bei der das Gericht, die Staatsanwaltschaft und der Angeklagte in einem Rechtsgespräch u.a. die Höhe der Strafe festlegen, wenn der Angeklagte geständig sein

---

46 Hansen/Wolff-Rojczyk, GRUR 2009, 644.
47 Bundesweit sind in den Jahren 1995 bis 2003 in der ersten Instanz insgesamt 31.735 Adhäsionsurteile ergangen, im Jahresdurchschnitt sind das 3.626 Adhäsionsurteile. Bezogen auf die Gesamtzahl aller erstinstanzlichen Verurteilungen macht dies lediglich 0,84 % aus. Ausführlich dazu Rieß, FS Dahs, 2005, S. 428 und 438; Loos, GA 2006, 195.
48 Gesetz zur Verbesserung der Rechte von Verletzten im Strafverfahren vom 24.6.2004 (BGBl. I S. 1354), in Kraft getreten zum 1.9.2004, sog. Opferrechtsreformgesetz.
49 Die nunmehr mögliche sofortige Beschwerde gegen die Absehensentscheidung steht dem Geschädigten gem. § 406a Abs. 1 S. 1 StPO aber nur dann zu, wenn der Antrag vor Beginn der Hauptverhandlung gestellt worden und solange keine den Rechtszug abschließende Entscheidung ergangen ist. Lehnt der Strafrichter den Adhäsionsantrag – wie üblich – erst im Strafurteil ab, steht dem Geschädigten auch weiterhin kein Rechtsmittel zu.

sollte. Das Gericht kann nach freier Würdigung aller Umstände des Falles sowie der allgemeinen Strafzumessungsgrundsätze die in Frage kommenden Ober- und Untergrenzen der Strafe angeben. Den allgemeinen Strafzumessungsregeln folgend, kann das Gericht auch eine Kompensation des verletzten Adhäsionsklägers im Wege des Adhäsionsvergleichs strafmildernd berücksichtigen. Die Zustimmung des Adhäsionsklägers zu dem „Deal" ist nicht erforderlich.

Daneben können der Adhäsionskläger und die Verteidigung unabhängig von einer Verständigung gemäß § 257c StPO mit der Verteidigung einen Adhäsionsvergleich schließen. Dieser wird in das Protokoll aufgenommen ist sodann gemäß § 406 b StPO iVm 794 Abs. 1 Nr. 1 ZPO vollstreckbar. Eine Beschränkung der Vollstreckung auf Vermögenswerte, die im Rahmen vermögensabschöpfender Maßnahmen und der Rückgewinnungshilfe sichergestellt wurden, dürfte die Motivation des Angeklagten erhöhen, einen Vergleich zu schließen. Diese Art der Schadenswiedergutmachung wird in aller Regel ebenfalls strafmildernd berücksichtigt. Weil ein solcher Vergleich dem Gericht jede Pflicht zur Prüfung zivilrechtlicher Rechtsfragen abnimmt, steigt damit die Chance, dass das Gericht keine Absehensentscheidung gemäß § 406 Abs. 1 S. 3 StPO trifft. Eine Zustimmung der Staatsanwaltschaft ist nicht erforderlich. 41

X. Vor- und Nachteile im Vergleich zur zivilrechtlichen Verfolgung

Die strafrechtliche Verfolgung von Nachahmern bietet im Vergleich zur zivilrechtlichen Durchsetzung entsprechender Ansprüche auf der einen Seite mehrere Vorteile. Diese bestehen vor allen Dingen in den geschilderten umfassenden Ermittlungsbefugnissen der Strafverfolgungsbehörden sowie in der Möglichkeit, zugunsten des Geschädigten Vermögenswerte sicherzustellen, auf die der Geschädigte im Wege der Rückgewinnungshilfe (bevorzugt) zugreifen kann. Auf der anderen Seite hat der Rechteinhaber bei einer zivilrechtlichen Vorgehensweise, etwa im Wege einer Sicherstellungsverfügung oder einer Verfügung auf Besichtigung von Beweismitteln nach § 809 BGB, den großen Vorteil, dass er das Verfahren selbst in der Hand hat und die Beweismittelsicherung wegen der in § 929 ZPO geregelten Vollziehungsfrist in nur wenigen Wochen erfolgt. Im Strafverfahren können zwischen der Erstattung der Anzeige und der Durchsuchung Tage, manchmal aber auch Jahre vergehen. Als besonders effizient hat sich deshalb die **Kombination von straf- und zivilrechtlichem Vorgehen** erwiesen. Gelingt es dem Rechteinhaber, eine Sicherstellungsverfügung bzw eine Verfügung auf Beweismittelbesichtigung nach § 809 BGB zu erwirken, und legt er diese unmittelbar auch den Ermittlungsbehörden vor, kann man häufig eine zeitnah stattfindende gemeinsame Durchsuchung bewirken. 42

Ein weiterer – allerdings nur vermeintlicher – Vorteil der strafrechtlichen Verfolgung besteht darin, dass die Ermittlungen der Polizei (selbstverständlich) vom Staat bezahlt werden. So kommt es immer wieder vor, dass im Falle von Schutzrechtsverletzungen „file and forget"-Strafanzeigen gestellt werden, bei denen der Geschädigte im Rahmen seiner Strafanzeige nur die ihm bekannten Tatsachen zusammenfasst und sich danach nicht weiter um das Strafverfahren kümmert. Dies mag sinnvoll sein, wenn die Verletzungshandlungen zum Zeitpunkt der Strafantragstellung schon ausermittelt waren oder ein von vielen Verletzungshandlungen geplagter Rechteinhaber zur Abschreckung den Grundsatzbeschluss gefasst hat, in jedem Einzelfall einen Strafantrag zu stellen. Handelt es sich aber um einen eher unbedeutenden oder aber um einen bedeutenden Fall, bei dem noch viele Fragen zu klären sind, darf ein Rechteinhaber, der sich nicht um das Strafverfahren kümmert, nicht überrascht sein, wenn dieses irgendwann einmal ohne eine für den Beschuldigten gravierende Sanktionierung eingestellt wird. Handelt es sich um einen bedeutenden Fall, in dem noch viele Details zu ermitteln sind und die Mitwirkung des Geschädigten, ggf auch durch Anschließung als Nebenkläger, geboten ist, gibt es keinen Kostenvorteil. 43

44 ▶ Muster: Strafanzeige

An die Staatsanwaltschaft ...,
hiermit zeigen wir die anwaltliche Vertretung der Fa. R an. Eine auf uns lautende Vollmacht ist in Anlage 1 beigefügt. Namens und in Vollmacht unserer Mandantin erstatten wir hiermit **Strafanzeige** und stellen zugleich
Strafantrag
gegen
den Beschuldigten V,
wohnhaft ...,
bislang bekannte Nutzernamen bei dem Internetauktionshaus Y: ...,
bislang bekannte Bankverbindungen: ...,
wegen des gewerbsmäßigen Vertriebs designrechtlich geschützter ... [Warenbezeichnung] und gewerbsmäßigen Betrugs zum Nachteil der Abnehmer,
strafbar nach § 51 DesignG, § 263 StGB.
Wir regen folgende Ermittlungsmaßnahmen an:
- Überprüfung der Personalien des Beschuldigten und Ermittlung weiterer Räumlichkeiten, die von dem Beschuldigten verwendet werden;
- Ermittlung sämtlicher Bankverbindungen (Finanzermittlungen);
- Anfrage beim Auktionshaus Y über alle von dem Beschuldigten bislang veranstalteten Auktionen und Abnehmer sowie alle dort bekannten Bankverbindungen;
- Überprüfung bereits abgeschlossener Auktionen durch Kontaktaufnahme mit den Kunden des Beschuldigten;
- Anfrage beim Postamt Z über die Bankverbindungen, auf die die per Nachnahme gezahlten Kaufpreise weiter überwiesen wurden;
- Sicherstellung möglicher weiterer Verletzungsgegenstände beim Postamt Z;
- Durchsuchung der von dem Beschuldigten verwendeten Räumlichkeiten.

Dieser Strafanzeige liegt folgender Sachverhalt zugrunde:
Unsere Mandantin ist Inhaberin des eingetragenen Designs .... Eine Kopie der Eintragungsurkunde ist in Anlage 2 beigefügt. Unsere Mandantin hat nach § 38 DesignG das ausschließliche Recht, das eingetragene Design zu benutzen und Dritten die Nutzung zu erlauben.
Im vorliegenden Fall hat der Beschuldigte V bereits mehrfach von dem Design unserer Mandantin Gebrauch gemacht, obwohl diese der Nutzung nicht zugestimmt hat. Damit hat sich der Beschuldigte nach § 51 DesignG strafbar gemacht.
Im Einzelnen: ... [präzise Schilderung aller relevanten Erkenntnisse über die Verletzungshandlungen] ◀

§ 13 Designschutz im Ausland und im internationalen Recht

A. Überblick 1
B. Länderberichte 5
   I. Europäische Union 5
     1. Geschmacksmusterrecht 5
       a) Allgemeines 5
       b) Eintragungsverfahren 7
       c) Materielles Recht..................... 12
         aa) Rechtsinhaber 12
         bb) Vorbenutzungsrecht 13
         cc) Ersatzteilschutz und Reparaturklausel 14
       d) Unregistered design (UK) 16
     2. Andere Rechtsgrundlagen 19
       a) Markenrecht 19
       b) UWG 20
       c) Urheberrecht 21
   II. Schweiz...................................... 25
   III. USA 35
     1. Überblick................................. 35
     2. Regelung im Patentgesetz 36
     3. Sui-generis-Schutz...................... 37
     4. Urheberrecht 39
     5. Markenrecht 41
       a) Überblick............................. 41
       b) Distinctiveness 42
       c) Funktionalität 43
       d) Eingetragene und nicht eingetragene Zeichen............................... 45
   IV. Japan 46
     1. Designrecht 46
     2. Markenrecht 51
     3. Weitere Rechtsgrundlagen 53
       a) Urheberrecht 53
       b) Unlauterer Wettbewerb 54
C. Materieller Designschutz im internationalen Recht (unter Einschluss des Formmarkenschutzes)... 55
   I. System und Grundzüge der internationalen Konventionen 55
   II. Revidierte Berner Übereinkunft (RBÜ) 59
   III. Pariser Verbandsübereinkunft (PVÜ) 63
     1. Designschutz ieS 63
     2. Markenschutz 67
   IV. TRIPS 75
     1. Designschutz ieS 75
     2. Markenschutz 81
   V. Design Law Treaty 84

Literatur:

Auteri, Die Zukunft des Designschutzes in Europa aus der Sicht des italienischen Rechts, GRUR Int. 1998, 360; *Bayona*, Die spanische Antwort auf die gemeinschaftsrechtliche Herausforderung zur Modernisierung seines Geschmacksmustergesetzes, GRUR Int. 2003, 24; *Beier, F.-K.*, Ausschließlichkeit, gesetzliche Lizenzen und Zwangslizenzen im Patent- und Musterrecht, GRUR 1998, 185; *Bodenhausen*, Die Pariser Verbandsübereinkunft zum Schutz des gewerblichen Eigentums, 1971; *Burstein*, Moving Beyond the Standard Criticisms of Design Patents, 17 Stan. Tech. L. Rev. 305 (2013); *Caldarola*, Markenrechtlicher Farbenschutz in den USA – Welche Richtungsänderung bringt die Qualitex-Entscheidung?, GRUR Int. 2002, 212; *Cornish*, Die Zukunft des Designschutzes in Europa aus der Sicht des britischen Rechts, GRUR Int. 1998, 368; *Cornish/Llewllyn/Aplin*, Intellectual Property: Patents, Copyright, Trade Marks, and Allied Rights, 8. Auflage 2013; *Drexl/Hilty/Kur*, Designschutz für Ersatzteile – Der Kommissionsvorschlag zur Einführung einer Reparaturklausel, GRUR Int. 2005, 449; *Fabbio*, Die Umsetzung der Richtlinie 71/89/EG über den rechtlichen Schutz von Mustern und Modellen in Italien, GRUR Int. 2002, 914; *Fishman Afori*, Reconceptualizing Property in Design, 25 Cardozo Arts & Entertainment L.J. 1105 (2008); *Guizzardi*, Reparaturklauseln und Eintragungsfähigkeit von Ersatzteilen in Italien – Probleme und Perspektiven, GRUR Int. 2005, 299; *Hartwig* (Hrsg.) Designschutz in Europa – Entscheidungen deutscher und nationaler Gerichte, 2007 (Bd. 1); 2008 (Bd. 2); 2009 (Bd. 3) 2012 (Bd. 4); *Hinkelmann*, Gewerblicher Rechtsschutz in Japan, 2. Auflage 2008; *Kur*, Die Auswirkungen des neuen Geschmacksmusterrechts auf die Praxis, GRUR Int. 2002, 661; *Kur*, Die Zukunft des Designschutzes in Europa – Musterrecht, Urheberrecht, Wettbewerbsrecht GRUR Int. 1998, 353; *Kur*, TRIPS and Industrial Designs, in: Beier/Schricker (Hrsg.), From GATT to TRIPS, 1996; *Kur*, TRIPS und der Designschutz, GRUR Int. 1995, 185; *Levin*, Die Zukunft des Designschutzes in Europa aus der Sicht des Rechts der nordischen Staaten, GRUR Int. 1998, 371; *Kur*, Typisch englische Skurrilität oder doch mehr? Die Diskussion über den Schutz von Werken der angewandten Kunst im Vereinigten Königreich, in: Büscher/Erdmann/Haedicke/Köhler/Loschelder (Hrsg.), Festschrift für Joachim Bornkamm zum 65. Geburtstag, 2014, S. 849; *Meineke*, Nachahmungsschutz für Industriedesign im deutschen und amerikanischen Recht, 1991; *Müller, J.*, Zum Schutzbereich des Designs, sic! 2001, 13; *Pataky, T.S.*, TRIPS und Designschutz – Bemerkungen zum Beitrag von Annette Kur, GRUR Int. 1995, 635; *Pentheroudakis*, Die Umsetzung der Richtlinie 98/71/EG über den rechtlichen Schutz von Mustern und Modellen in den EU-Mitgliedstaaten, GRUR Int. 2002, 668; *Perlmutter*, Conceptual Separability and Copyright in the Designs of Useful Articles, 37 J. Copyright Soc'y U.S.A. 339 (1990); *Ruijsenaars*, Die Zukunft des Designschutzes in Europa aus der Sicht des französischen und des Benelux-Rechts, GRUR Int. 1998, 378; *Seibt*, Die dreidimensionale Marke unter besonderer Berücksichtigung der Abgrenzung zu den Produktschutzrechten, 2001; *Selekos*, Die Zukunft des Designschutzes in Europa aus der Sicht des griechischen Rechts, GRUR Int. 1999, 705; *Straus*, Ende des Geschmacksmusterschutzes für Ersatzteile in Europa? Vorgeschlagene Änderungen der EU Richtlinie: Das Mandat der Kommission und seine zweifelhafte Ausführung, GRUR Int. 2005, 965; *Stutz/Beutler/Künzi*, Designgesetz, 2006; *Tischner*, Focus on the Polish Regulation of Copyright and Design Overlap After the Judgment of the Court of Justice in Case 168/09 (Flos v. Semeraro), IIC 2012, 202; *Wang*, Die schutzfähige Formgebung, 1998; *Zech*, Der Schutz von Werken der angewandten Kunst im Urheberrecht Deutschlands und Frankreichs, 1999.

§ 13 Designschutz im Ausland und im internationalen Recht

A. Überblick

1 Nach der Harmonisierung des Designschutzes in Europa bestehen zwischen den materiellen Regelungen der Geschmacksmustergesetze in den EU-Mitgliedsländern nur noch **geringe Unterschiede**. Tendenziell verringert hat sich auch die Unterschiedlichkeit der Eintragungsverfahren; insbesondere ist die Anzahl der Länder, die eine materielle Vorprüfung durchführen, stark zurückgegangen (unten Rn 7). Die verbleibenden Unterschiede zwischen den Mitgliedsländern der EU werden überblicksartig dargestellt. Eingegangen wird ferner auf das Designgesetz der Schweiz, das unter dem Einfluss der europäischen Gesetzgebung entstanden ist und daher ebenfalls erhebliche Ähnlichkeiten mit der (u.a.) in Deutschland geltenden Rechtslage aufweist.

2 Mit der europäischen Gesetzgebung verwandte Züge prägen ferner den materiellen Designschutz in **Japan**; allerdings führt der Zugang über eine eingehende und zeitaufwendige Vorprüfung. Seit längerer Zeit bestehen Überlegungen zur Einführung eines formlosen bzw ohne Vorprüfung gewährten Schutzes, der jedoch derzeit nur unter dem Aspekt des Wettbewerbsrechts gewährt wird. Auch in den **USA** ist der Weg zum Designschutz beschwerlicher als in Europa: Nach wie vor ist der Registerschutz in den Rahmen der Patentgesetzgebung eingebunden. Eine erleichterte Schutzmöglichkeit auf sondergesetzlicher Grundlage wird derzeit nur gegen den Abguss der Form von Bootskörpern (*vessel hulls*) gewährt. Es gibt immer wieder Pläne, diese Form des Schutzes auf modische Erzeugnisse zu erweitern; bis heute sind diese Bemühungen jedoch ergebnislos geblieben.

3 Ebenso wie in Deutschland spielen auch im europäischen und außereuropäischen Ausland die **ergänzenden Schutzmöglichkeiten** des Kennzeichen-, Urheber- und Wettbewerbsrechts eine große Rolle, wobei die praktische Bedeutung der jeweiligen Materien je nach nationaler Rechtslage starken Schwankungen unterliegt.

4 Den Hintergrund für die Ausgestaltung der nationalen Regelungen des Designschutzes bilden die in den internationalen Konventionen festgelegten Grundsätze. Diese werden im Anschluss an die folgenden Kurzberichte zum Designschutz in der EU sowie einigen ausgewählten Ländern (Schweiz, USA und Japan) dargestellt. Neben dem internationalen Designschutz ieS werden dabei auch die Grundzüge des internationalen Markenrechts angesprochen, soweit sie für die behandelte Thematik von Interesse sind.

B. Länderberichte

I. Europäische Union

1. Geschmacksmusterrecht

a) Allgemeines

5 In den Mitgliedstaaten der EU ist der materielle Designschutz durch die Richtlinie 98/71/EG (GRL) weitgehend vereinheitlicht worden (s. § 2 Rn 4). Aufgrund der Verpflichtung zur Übernahme des Aquis Communautaire gilt dasselbe auch für die Mitgliedsstaaten des EWR. Im Hinblick auf Voraussetzungen und Umfang des Designschutzes kann daher von einer **einheitlichen Rechtslage** ausgegangen werden. Dies schließt natürlich nicht aus, dass in der nationalen Rechtspraxis nach wie vor Unterschiede bestehen, insbesondere soweit die Richtlinienvorschriften unklar und auslegungsbedürftig sind. Soweit solche Unklarheiten Gegenstand einer von nationalen Gerichten ausgehenden Vorlage an den EuGH geworden sind, werden sie in § 2 behandelt.

6 Soweit die GRL – wie insbesondere im Hinblick auf verfahrensrechtliche Aspekte, s.u. – keine Regelung trifft oder lediglich fakultative Vorschriften enthält, haben die Mitgliedsstaaten häufig die Regelungen der GGV zu Vorbild genommen.[1] Dies ist jedoch nicht durchgängig der Fall; nach wie vor können daher praktisch bedeutsame Unterschiede bestehen, die im „Ernstfall" eine genaue Prü-

---

[1] In diesem Sinne für das deutsche Geschmacksmusterrecht Kur, GRUR 2002, 661.

fung der nationalen Rechtsgrundlagen erforderlich machen. Die folgenden Ausführungen können insoweit nur einige Hinweise bieten, ohne Anspruch auf Vollständigkeit zu erheben.[2]

b) Eintragungsverfahren

Keine Vorgaben macht die GRL für das Eintragungsverfahren. Den Mitgliedsländern bleibt es somit freigestellt, Art und Umfang der Prüfung sowie weitere Einzelheiten zu regeln. Dabei dürften der Einfluss der Gemeinschaftsgesetzgebung und die dadurch geschaffene Möglichkeit, einen schnellen und kostengünstigen Schutz für die Gemeinschaft zu erlangen, ursächlich dafür sein, dass nur noch wenige Ämter eine **Amtsprüfung der Schutzvoraussetzungen** von Designs durchführen (Finnland, Bulgarien, Litauen, Rumänien, die Slowakei, die Tschechische Republik und Ungarn). In den anderen Mitgliedsstaaten findet lediglich eine Prüfung der Formalien sowie der prinzipiellen Schutzfähigkeit von Designs statt.

Auch bei den **Anmeldeerfordernissen** sind die Vorschriften der GGV für die meisten Mitgliedsländer wegweisend gewesen (s. § 7 Rn 2 ff [deutsches Recht]; Rn 44 ff [Gemeinschaftsrecht]). Erforderlich ist stets die Einreichung einer zur Reproduktion geeigneten Darstellung des Designs, der eine Beschreibung beigefügt werden kann; in seltenen Fälle ist eine solche Beschreibung auch obligatorisch (so zB in der Tschechischen Republik sowie in Polen). Obligatorisch sind ferner regelmäßig die Angabe des Schutzgegenstands, die die Einordnung in das – soweit ersichtlich – von allen Ämtern verwendete Klassifikationsschema des Übereinkommens von Locarno ermöglicht, sowie Angaben zur Identifizierung des Anmelders sowie (falls einschlägig) die Angabe des Designers. In einigen Ländern besteht die Möglichkeit, neben oder sogar anstelle einer grafischen bzw fotografischen Darstellung des Designs Musterexemplare einzureichen. Dass die Einreichung von Musterexemplaren an die Stelle der Darstellung treten kann, ist dabei nur für zweidimensionale Muster vorgesehen (so in Portugal sowie in Lettland); in anderen Ländern kann hingegen auch in diesem Fall die Hinterlegung des Musters nur zusätzlich zur Einreichung einer grafischen oder fotografischen Darstellung erfolgen (zB in Rumänien). Teilweise ist die Möglichkeit, ein Musterexemplar einzureichen, auf die Zeit vor der Veröffentlichung beschränkt (so in Dänemark, Finnland, Norwegen und Schweden).

In fast allen Mitgliedsstaaten besteht die Möglichkeit, die **Aufschiebung der Bekanntmachung** zu beantragen. Dabei beträgt die maximale Aufschiebungsfrist häufig ebenso wie in der GGV 30 Monate;[3] jedoch sind zT auch kürzere Fristen vorgesehen. Dies gilt für Österreich (18 Monate), die Benelux-Staaten, Italien und Kroatien (12 Monate) sowie für Dänemark, Finnland, Norwegen und Schweden (6 Monate). Im Vereinigten Königreich ist die Aufschiebung der Bekanntmachung auf Antrag des Musterinhabers nicht vorgesehen; stattdessen kann dort die Geheimhaltung des Musters angeordnet werden, falls nationale Sicherheitsinteressen berührt sind.

Vorgesehen ist regelmäßig auch die Einreichung von **Sammelanmeldungen**. Dabei gelten zumeist keine zahlenmäßigen Beschränkungen;[4] allerdings müssen die Designs regelmäßig derselben Klasse nach dem Locarnoer Übereinkommen angehören[5] (wobei ornamentale Muster von dieser Regelung zT ausdrücklich ausgenommen werden).[6] Teilweise ist die Anzahl der in einer Anmeldung zusammenzufassenden Muster auch auf maximal 50 (Finnland, Österreich, Spanien) oder 100 (Deutschland, Italien, Litauen, Portugal) beschränkt. Mit 10 Exemplaren ist die Anzahl der von einer Anmeldung maximal umfassten Muster in Polen besonders gering.

Ebenso wie das Eintragungsverfahren liegt auch die Regelung des Nichtigkeitsverfahrens in der Regelungskompetenz der Mitgliedsstaaten. Wie in der GGV sind insoweit in der Regel die Ertei-

---

2 Die Informationen sind zT einem von H. Eichmann erstellten Skript zum europäischen Designrecht entnommen.
3 So – wie in Deutschland – zB auch in Lettland, Portugal, Rumänien, Ungarn, der Slowakei und in Spanien.
4 Dies ist der Fall in den Benelux-Staaten, Bulgarien, Dänemark, Finnland, Italien, Kroatien, Lettland, Norwegen, Schweden, der Slowakei, der Tschechischen Republik und in Ungarn.
5 In Rumänien wird stattdessen verlangt, dass die Muster dem Gebot der Einheit (im Hinblick auf Design, Produktion oder Benutzung) entsprechen oder aufeinander bezogen sind.
6 So zB in Bulgarien, Litauen, der Tschechischen Republik.

lungsbehörden zuständig; darüber hinaus besteht die Möglichkeit der Nichtigkeitswiderklage im Verletzungsverfahren vor den ordentlichen Gerichten. Dass – wie in Deutschland vor der Reform des Designgesetzes – die Nichtigkeit eines Designs ausschließlich im gerichtlichen Verfahren geltend gemacht werden kann, ist, soweit ersichtlich, nur in wenigen Mitgliedsstaaten der Fall (zB in Italien). In einigen – wenigen – Mitgliedsstaaten wird auch ein Widerspruchsverfahren vor den Ämtern durchgeführt (zB in Spanien).

c) Materielles Recht
aa) Rechtsinhaber

12 Die GRL enthält keine Regelungen zur Rechtsinhaberschaft. Ebenso wie die GGV sehen die Gesetze der Mitgliedsstaaten zumeist vor, dass das Recht auf das Design dem Entwerfer zusteht, der im Fall einer unerlaubten Entnahme mit der Vindikationsklage gegen den unrechtmäßig Eingetragenen vorgehen kann. Soweit das Design im Rahmen eines **Arbeitsverhältnisses** geschaffen wurde, steht es regelmäßig dem Arbeitgeber zu. Dies gilt ganz überwiegend für die nationalen Designgesetze wie auch für Gemeinschaftsgeschmacksmuster (Art. 14 Abs. 3 GGV), wobei allerdings anderweitige Regelungen kraft vertraglicher Absprachen vorbehalten bleiben (in der GGV bezieht sich der Vorbehalt auch auf abweichende Regelungen im nationalen Recht). Für Muster, die aufgrund eines Auftragsverhältnisses entstanden sind, trifft die GGV keine Regelung; insoweit ist daher dem EuGH zufolge von dem Grundsatz auszugehen, dass das Recht dem Entwerfer zusteht.[7] In einigen Mitgliedsstaaten ist hingegen ausdrücklich vorgesehen, dass die für Arbeitnehmerdesigns geltenden Regelungen auch für Auftragsverhältnisse oder ähnliche vertragliche Beziehungen gelten.[8]

bb) Vorbenutzungsrecht

13 Dem Ausgleich von Unbilligkeiten, die sich aus der Sperrwirkung eingetragener Designs für Vorbenutzer ergeben können, dient das in Art. 22 GGV vorgesehene **Vorbenutzungsrecht**. Da die GRL keine entsprechende Regelung enthält, sind die Mitgliedsstaaten insoweit in ihrer Entscheidung frei geblieben. Zahlreiche Mitgliedsstaaten sehen jedoch eine entsprechende Regelung vor.[9] Zu den Ausnahmen[10] gehört u.a. das Vereinigte Königreich: Dort wird lediglich bestimmt, dass Benutzungshandlungen, die vor der Erteilung des Rechtstitels vorgenommen wurden, nicht als Verletzung gelten. Ferner sieht das englische Gesetz zum Schutz eingetragener Muster vor, dass Benutzungshandlungen, die nach Ablauf der Schutzfrist gutgläubig aufgenommen wurden, auch dann im gleichen Umfang fortgesetzt werden dürfen, wenn der Antrag des Musterinhabers auf Wiedereinsetzung erfolgreich ist.

cc) Ersatzteilschutz und Reparaturklausel

14 Die Frage, inwieweit Teile komplexer Erzeugnisse (Ersatzteile) gegen Herstellung und Vertrieb zu Reparaturzwecken geschützt werden sollen, wurde bisher von der Harmonisierung ausgeklammert. Als Übergangsregelung sieht die GRL vor, dass Änderungen der zur Zeit des Inkrafttretens der Richtlinie geltenden Rechtslage nur möglich sind, wenn dies zu einer Liberalisierung des Handels mit Ersatzteilen führt. In zehn Mitgliedsländern – Vereinigtes Königreich, Irland, Belgien, Nieder-

---

[7] EuGH, Rs. C-32/08, GRUR 2009, 867 – FEIA/Cul de Sac. In jenem Fall bestand die Besonderheit, dass es um ein nicht eingetragenes Design ging. Die nur für nationale (eingetragene) Designs geltende Regelung des spanischen Rechts, dass auch in Auftragsverhältnissen das Design dem Auftraggeber zusteht, konnte daher keine Anwendung finden.
[8] So zB in den Benelux-Staaten, Bulgarien, Estland, Kroatien, Litauen (falls das Design auf Instruktionen des Auftraggebers beruht); Österreich, Slowakei, Spanien und im Vereinigten Königreich.
[9] So zB (außer in Deutschland) in den Benelux-Staaten, Österreich, Bulgarien, der Tschechischen Republik, Estland, Finnland, Ungarn, Lettland, Litauen, der Slowakei, Slowenien und Spanien.
[10] In Dänemark, Frankreich, Irland, Italien, Norwegen und Schweden ist ebenfalls kein Vorbenutzungsrecht vorgesehen.

lande, Luxemburg, Spanien, Italien,[11] Ungarn, Polen und Lettland – gilt eine **Reparaturklausel**, die die Herstellung und den Vertrieb designgeschützter Ersatzteile zu Reparaturzwecken unter gewissen Bedingungen für zulässig erklärt. Eine Sonderstellung im europäischen Vergleich nimmt das griechische Geschmacksmusterrecht ein, dem zufolge ein Nachbau erst nach fünf Jahren und nur gegen Zahlung einer angemessenen Vergütung möglich ist.[12]

Von der Kommission war 2004 der Vorschlag vorgelegt worden, die GRL um eine für alle Mitgliedsstaaten verbindliche Reparaturklausel zu ergänzen. Der Vorschlag fand – mit gewissen Änderungen – die Billigung des Europäischen Parlaments, im Rat hatte er jedoch keine Chance, angenommen zu werden. Im Sommer 2014 wurde der Vorschlag von der Kommission zurückgezogen.

d) Unregistered design (UK)[13]

Das Vereinigte Königreich ist das einzige Land, in dem das nationale Recht einen eigenständigen Schutz für **nicht eingetragene Muster** vorsieht. Der Schutz weicht in Voraussetzungen und Dauer von demjenigen für nicht eingetragene Gemeinschaftsgeschmacksmuster ab. Anders als das nicht eingetragene Gemeinschaftsgeschmacksmuster wurde es nicht als inhaltlich mit dem regulären Designschutz weitgehend deckungsgleiches Recht konzipiert, sondern geschaffen, um die Schutzlücken abzudecken, die sich aus der (früheren) inhaltlichen Beschränkung des Urheberrechts (siehe Rn 22) einerseits und der Ausrichtung des Schutzes für eingetragene Designs auf ästhetisch geprägte Formgebungen andererseits ergeben. Dem Schutz zugänglich sind sämtliche Formen und Gestaltungen, unabhängig davon, ob sie die äußerlich wahrnehmbare Erscheinung eines Produkts betreffen, und unabhängig davon, ob sie funktional oder sonst durch den Verwendungszweck determiniert sind. Als schutzfähig wurden daher beispielsweise weibliche Brustprothesen angesehen.[14] Reine Oberflächengestaltungen (*surface decoration*) gelten hingegen nicht als schutzfähig (Sec. 213 Abs. 3 (c) CDPA 1988). Vom Schutz ausgeschlossen sind ferner sog. *must-fit-* und *must-match*-Elemente, dh Produktmerkmale, die das Zusammenfügen eines Teils mit einer Produktgesamtheit in technischer und ästhetischer Hinsicht ermöglichen (Sec. 213 Abs. 2 (b) CDPA 1988).

Schutzvoraussetzung ist Originalität. Diese wird bejaht, wenn die Gestaltung nicht alltäglich (*commonplace*) ist (Sec. 213 Abs. 4 CDPA1988). Der Schutz richtet sich nur gegen die Nachahmung, das heißt, der Verletzer muss das Design gekannt haben. Bisherige Gerichtsentscheidungen haben lediglich einen relativ **engen Schutzumfang** gewährt: Selbst wenn die Merkmale, die die Originalität des Designs ausmachen, nachgeahmt wurden, kann eine Verletzung verneint werden, wenn das Produkt im Übrigen unterschiedlich gestaltet ist, so dass sich ein abweichender Gesamteindruck ergibt.[15]

Die Laufzeit des Schutzes beträgt 15 Jahre, berechnet ab dem Zeitpunkt, in dem das Design erstmalig dokumentiert oder hergestellt wurde, oder – falls mit der Vermarktung während der ersten fünf Jahre nach der ersten Dokumentierung oder Herstellung begonnen wurde – zehn Jahre ab dem Zeitpunkt der Vermarktung. Ferner können während der letzten fünf Jahre der Laufzeit – in den meisten Fällen daher ab fünf Jahren nach Beginn der Vermarktung – **gesetzliche Lizenzen** erteilt werden. Wegen Designverletzungen in dieser Phase kann keine Unterlassung verlangt werden; Schadensersatzansprüche sind auf das Doppelte der üblicherweise zu entrichtenden Lizenzgebühr begrenzt.[16]

---

11 Fabbio, GRUR Int. 2002, 914, 918; Guizzardi, GRUR Int. 2005, 299 ff.
12 Selekos, GRUR Int. 1999, 705, 709.
13 Siehe dazu Cornish/Llewellyn/Aplin, Intellectual Property, Rn 15–37 bis 15–51.
14 *Amoena v. Trulife*, [1995] S.R.I.S. C/72/95.
15 *C & H Engineering v. Klucznik* [1992] F.S.R. 23, CA (Aldous J.).
16 *Dyrlund Smith v. Turberville Smith* [1998] F.S.R. 115.

2. Andere Rechtsgrundlagen
a) Markenrecht

19 Für den Schutz von Formgebungen als **Marke** gelten ebenfalls gemeinschaftsweit vereinheitlichte Grundsätze (s. dazu im Einzelnen § 3). Auch hier kann jedoch die nationale Praxis im Einzelnen divergieren. Dies gilt insbesondere nach den jüngsten Entscheidungen des EuGH,[17] deren Inhalt und Grenzen derzeit noch unausgelotet sind. Zumindest für einen gewissen Zeitraum dürfte die Fähigkeit der nationalen und gemeinschaftsrechtlichen Praxis zur Entwicklung konsistenter, transparenter Maßstäbe im Hinblick auf die Eintragbarkeit von Formmarken auf eine harte Probe gestellt werden.[18]

b) UWG

20 Keine Vereinheitlichung der für den Schutz von Designs relevanten Rechtsgrundlagen hat bisher im Recht des **unlauteren Wettbewerbs** (UWG) stattgefunden. Zu beachten ist allerdings die Richtlinie über unlautere Geschäftspraktiken (2005/29/EG). Diese betrifft zwar unmittelbar nur das Verhältnis zwischen Gewerbetreibenden und Verbrauchern; sie lässt daher die Tatbestände prinzipiell unberührt, die im Verhältnis zwischen Gewerbetreibenden eine Rolle spielen, wie dies für die „sklavische Nachahmung" und entsprechende Konstellationen regelmäßig zutrifft. Zumindest soweit durch die Nachahmung eines immaterialrechtlich ungeschützten Erzeugnisses zugleich die Gefahr einer **Irreführung** der beteiligten Verkehrskreise erzeugt wird – wie dies bei der vermeidbaren Herkunftstäuschung der Fall sein kann – hat die nationale Praxis jedoch (auch) die Maßstäbe des europäischen Rechts zu berücksichtigen.

c) Urheberrecht

21 Im Urheberrecht waren die Unterschiede zwischen den einzelnen Rechtsordnungen traditionell am deutlichsten spürbar. So setzt das **französische Recht** die urheberrechtliche Schutzschwelle sehr niedrig an und schließt nur solche Formgebungen aus, die dem Patentschutz zugänglich wären. In der Praxis folgt daraus eine nahezu vollständige Überlagerung der Anwendungsbereiche von Urheber- und Geschmacksmusterrecht (*cumul total*).[19] Im **deutschen Recht** galt hingegen die von *Eugen Ulmer* begründete Stufentheorie, der zufolge für Werke der angewandten Kunst eine besondere Gestaltungshöhe zu fordern sei.[20]

22 Besondere Regelungen für den Schutz von Erzeugnissen der angewandten Kunst (*works of artistic craftsmanship*) gelten ferner auch im **englischen Recht**. So wird kein Schutz gegen die dreidimensionale Reproduktion von Zeichnungen gewährt, die einen als solchen nicht vom Urheberrecht erfassten Gegenstand – zB einen Gebrauchsartikel ohne eigenen künstlerischen Wert – darstellen (Sec. 51 CDPA 1988). Eine weitere Beschränkung des Urheberrechtsschutzes ist für den Fall vorgesehen, dass der Urheber selbst eine industrielle Vervielfältigung seines Werks vornimmt. In diesem Fall kann nach Ablauf von 25 Jahren nicht mehr gegen die Herstellung desselben Artikels durch Dritte

---

[17] Insbesondere EuGH, Rs. C-205/13 – Hauck/Stokke; s. dazu § 3 Rn 47 ff, 65 ff.

[18] Eingehende rechtsvergleichende Darstellungen sind rar. Die Auswirkungen der jüngeren EuGH-Rechtsprechung (§ 3 Rn 47 ff, Rn 65 ff) auf der nationalen Ebene sind zudem schwer einschätzbar. Nach wie vor interessant, aber aus den genannten Gründen nicht notwendigerweise repräsentativ für die aktuelle Situation daher Seibt, Die dreidimensionale Marke, S. 177 ff (Benelux); 204 ff (Großbritannien). Länderberichte zum Markenrecht in den meisten Mitgliedsländern der EU sowie in China, Indien, Norwegen, Russland, der Schweiz, Serbien, der Türkei und den USA sind ferner im Heidelberger Kommentar von Ekey/Klippel (3. Auflage 2014) enthalten; sie betreffen jedoch das Markenrecht insgesamt und gehen daher in der Regel nicht gesondert auf die Fragen des Formmarkenschutzes ein und konnten zudem die neuesten Entwicklungen nicht berücksichtigen.

[19] Zech, Schutz von Werken der angewandten Kunst, S. 25 ff, 29 ff; zu den Maßstäben des Rechts der Beneluxstaaten, die gleichfalls den Grundsatz der „unité de l'art" anwenden, ohne dass dies zu einem „cumul total" führt, s. Ruijsenaars, GRUR Int. 1998, 378, 380.

[20] Siehe dazu und zu der an dieser Rechtsprechung geübten Kritik § 4 Rn 15 ff.

vorgegangen werden (Sec. 52 CDPA 1988). Als „industriell" in diesem Sinne gilt die Herstellung in einer Stückzahl von mehr als 50 Exemplaren oder durch andere als handwerkliche Fertigung.[21]

In den letzten Jahren sind die hier beispielhaft aufgeführten Unterschiede im Urheberrechtsschutz teilweise **nivelliert** worden. Einflussreich war u.a. die EuGH-Entscheidung „Flos/Semeraro",[22] der zufolge sich aus Art. 17 GRL eine Verpflichtung zu uneingeschränktem Urheberrechtsschutz ergibt, wenn die Gestaltung nach allgemeinen Grundsätzen Werkscharakter besitzt.[23] Nach dem in zahlreichen Entscheidungen dokumentierten Verständnis des EuGH[24] ist damit gemeint, dass es sich bei dem Werk um eine persönlich geistige Schöpfung handeln muss, ohne dass weitere Anforderungen gestellt werden können.[25] Der britische Gesetzgeber hat unter dem Eindruck dieser Entscheidung die in Sec. 52 CDPA verankerte Beschränkung der Schutzdauer auf 25 Jahre gestrichen. Dabei wurde jedoch eine relativ lange Übergangsfrist gewährt (bis 2020), die die Europarechtskonformität der Regelung als zweifelhaft erscheinen lässt.[26] Im deutschen Recht wurde die Stufentheorie vom BGH explizit aufgegeben.[27] Allerdings will der BGH dies nicht als Konsequenz der EuGH-Rechtsprechung verstanden wissen, sondern leitet die Änderung daraus ab, dass die Schutzzwecke von Urheber- und Designgesetzgebung nach der Umsetzung der GRL nicht mehr kongruent seien. Außerdem hält er nach wie vor am Erfordernis des „künstlerischen Charakters" fest, was sich mit dem Werkbegriff des EuGH zumindest terminologisch, aber wohl auch konzeptionell schwer vereinbaren lässt.[28]

Das **polnische Urheberrecht** hielt zunächst an der Regelung fest, dass ein Design nach Ablauf des Schutzes durch Eintragung keinen Urheberrechtsschutz in Anspruch nehmen kann (Art. 116 pol. Ges. zum Schutz Geistigen Eigentums). Da diese Vorschrift nach der *Flos/Semeraro*-Entscheidung eindeutig gegen europäisches Recht verstößt,[29] wurde ihre Aufhebung beschlossen (Parlamentsbeschluss vom 12. Juni 2015). Die Änderung tritt vor Ende 2015 in Kraft. Übergangsvorschriften sind nicht vorgesehen.

II. Schweiz

Designs werden in der Schweiz durch das Designgesetz (DesG) vom 5.10.2001 geschützt. Daneben können dreidimensionale Gestaltungen ebenso wie Grafikdesign Schutz als Marke beantragen oder urheberrechtlich geschützt werden; ferner bestehen Schutzmöglichkeiten nach dem UWG.[30] Die

---

21 Cornish/Llewllyn, Intellectual Property, Rn 15-37.
22 EuGH, Rs. C-168/09, GRUR 2011,216 – Flos/Semeraro.
23 Entscheidend ist dabei nicht Art. 17 GRL als solcher – dieser besagt vielmehr, dass die Mitgliedsstaaten bei der Festlegung der Schutzschwelle frei sind – sondern die eher beiläufige Bemerkung des EuGH, dass sich zwar Art. 17 GRL nur auf eingetragene Geschmacksmuster bezieht, jedoch nicht auszuschließen ist, dass sich aus der Infosoc-Richtlinie (2001/29/EC) auch für Produktgestaltungen, die niemals als Geschmacksmuster eingetragen waren, eine Verpflichtung zur Gewährung von Urheberrechtsschutz ergeben kann; Flos/Semeraro, GRUR 2011, 216, Rn 34.
24 Beginnend mit EuGH, Rs C-5/08, GRUR 2009, 241 – Infopaq, Rn 32 ff 37; sowie ferner C-403/08, MMR 2011, 817 – Premier League (m.Anm. Stieper), Rn 97-99; C-393/09, GRUR 2011, 220 – Bezpečnostní softwarová asociace (BSA), Rn 45; C-145/10, GRUR 2012, 166 – Painer, Rn 87; C-604/10, GRUR 2012, 386 – Football Dataco, Rn 38.
25 So jedenfalls für Computerprogramme: Art. 1 Abs. 3 der Richtlinie 2009/24/EG über den Rechtsschutz von Computerprogrammen; für urheberrechtlich geschützte Datenbanken: Art. 3 Abs. 1 der Richtlinie 1996/9/EG über den rechtlichen Schutz von Datenbanken; für Werke der Fotografie: Art. 6 der Richtlinie 2006/116/EG über die Schutzdauer des Urheberrechts und bestimmter verwandter Schutzrechte.
26 Zu den Hintergründen für die Streichung der Vorschrift siehe eingehend Kur, FS Bornkamm, 2014, S. 849 ff. Wegen der Zweifel an der Europarechtskonformität der Übergangsfrist wurde die Gesetzesänderung zwischenzeitlich zurückgenommen; der bisherige Rechtszustand gilt somit derzeit bis auf Weiteres fort.
27 BGH, GRUR 2014, 175 – Geburtstagszug; s. auch die Folgeentscheidung des OLG Schleswig, GRUR-Prax. 2014, 483 m.Anm. von Thum.
28 Siehe eingehend § 4 Rn 17 ff.
29 Siehe dazu Tischner, IIC 2010, 202.
30 Zu den verschiedenen Schutzmöglichkeiten für Formgebungen in der Schweiz siehe Wang, Die schutzfähige Formgebung, 1998; zum Verhältnis von Designschutz und UWG: BG v. 10.6.2004 – 4C 30/2004/lma – Armbanduhren.

26 Das **DesG** ist an die Stelle des zuvor geltenden Muster- und Modellgesetzes getreten. Dabei fand in erheblichem Umfang eine Orientierung an den Regelungen der europäischen Designgesetzgebung statt; so etwa im Hinblick auf die Gewährung einer Neuheitsschonfrist von zwölf Monaten sowie die Verlängerung der maximalen Schutzdauer von bisher 15 auf 25 Jahre.

27 **Schutzgegenstand** ist nach Art. 1 DesG die Gestaltung von Erzeugnissen oder Teilen von Erzeugnissen, die insbesondere durch die „Anordnung von Linien, Flächen, Konturen oder Farben oder durch das verwendete Material" charakterisiert ist. Voraussetzung des Schutzes sind **Neuheit und Eigenart** im Verhältnis zu vorveröffentlichten Gestaltungen, soweit diese den beteiligten Verkehrskreisen in der Schweiz bekannt sein konnten (Art. 2 DesG). Bei dem im Rahmen der Prüfung anzustellenden Vergleich mit dem vorbekannten Formenschatz sind jedenfalls dann keine hohen Anforderungen an die Unterschiedlichkeit zu stellen, wenn aufgrund der Funktionalität des Produkts sowie der Marktverhältnisse im betreffenden Sektor nur ein geringer Spielraum für abweichende Gestaltungsmöglichkeiten besteht.[31] Für die Dauer von zwölf Monaten vor dem Anmelde- oder Prioritätszeitpunkt sind Offenbarungen unschädlich, wenn sie vom Berechtigten selbst oder aufgrund unberechtigter Entnahme vorgenommen wurden (Art. 3 DesG). Ausschließlich funktionsbedingte sowie sittenwidrige Gestaltungen sind vom Schutz ausgeschlossen (Art. 3 Buchst c, e DesG).

28 Das **Verfahren des Schutzerwerbs** entspricht weitgehend der GGV. Die Hinterlegung erfolgt beim Eidgenössischen Institut für Geistiges Eigentum (IGE) in Bern. Zusammen mit dem Antrag ist eine reproduktionsfähige Abbildung des Designs einzureichen. Eine materielle Vorprüfung durch das Amt findet nicht statt. Sammelhinterlegungen sind in unbegrenzter Anzahl möglich, soweit die Muster derselben Klasse nach dem Locarno-Abkommen angehören (Art. 20 DesG). Nach Art. 10 Abs. 2 der Ausführungsverordnung (DesV) darf die Hinterlegung allerdings insgesamt nicht schwerer sein als 5 kg und darf eine Länge von 30 cm in jeder Richtung nicht überschreiten. Die Veröffentlichung des Designs kann auf Antrag bis zu einer Dauer von 30 Monaten aufgeschoben werden (Art. 26 DesG). Im Fall der aufgeschobenen Veröffentlichung flächenhafter Designs kann statt der sonst geforderten reproduktionsfähigen Darstellung eine Probe des Musters eingereicht werden (Art. 19 Abs. 3 DesG).

29 Das Recht entsteht in der Person des (ersten) Hinterlegenden (Art. 6 DesG). In materieller Hinsicht berechtigt ist derjenige, der das Design entworfen hat; mehrere Entwerfer sind gemeinsam berechtigt (Art. 7 Abs. 1 und 2 DesG). Designs, die von Arbeitnehmern in Erfüllung ihrer Verpflichtungen aus dem Arbeitsverhältnis entworfen wurden, stehen grundsätzlich dem Arbeitgeber zu; dies ergibt sich allerdings nicht aus dem Designgesetz, sondern folgt aus dem allgemeinen Vertragsrecht („Obligationenrecht"; Art. 332 Abs. 1 OR).

30 Nach der Eintragung genießt das Design für fünf Jahre ab dem Zeitpunkt der Hinterlegung Schutz. Die Schutzdauer kann um jeweils fünf Jahre bis zu einer Gesamtdauer von 25 Jahren verlängert werden (Art. 5 DesG). Der Schutz entfaltet Sperrwirkung; der Nachweis des Kennens oder Kennenmüssens ist daher nicht erforderlich. Von einer **Verletzung** ist auszugehen, wenn ein anderes Design den gleichen Gesamteindruck erweckt wie das geschützte Muster. Dabei wird davon ausgegangen, dass der Verletzungstatbestand mit den Schutzvoraussetzungen korreliert: Designs, die gegenüber einer früheren Gestaltung nicht neu und eigenartig sind, liegen zugleich im Schutzbereich des älteren Rechts. Ferner gilt der Grundsatz der Proportionalität: Je größer der Abstand einer geschützten Form zum vorbenannten Formenschatz ist – und je mehr Gestaltungsspielraum bei Formgebungen der fraglichen Art besteht –, desto größer ist der Schutzumfang.[32]

---

31 So das HG Zürich v. 8.11.2002 – HG020045/Z04 – Lichtschalter; ebenso Art. 5 Abs. 2 Geschmacksmusterrichtlinie und Art. 6 Abs. 2 GMV.
32 HG Zürich v. 8.11.2002 – HG020045/Z04 – Lichtschalter; OG Luzern v. 5.2.2003 – 12 01 5 – Knoblauchpresse I.

Es entspricht allgemeiner Auffassung, dass mit der Einführung des DesG eine **Verstärkung des Designschutzes** im Vergleich zur früheren Rechtslage herbeigeführt werden sollte.[33] Nach Aussagen des Schweizer Bundesgerichts ist im Sinne einer solchen Verstärkung nicht mehr wie nach früherem Recht auf einen **synoptischen Vergleich** der beiden Formgebungen abzustellen.[34] Allerdings soll auch nicht das kennzeichenrechtlich relevante Erinnerungsbild maßgeblich sein, sondern die Frage, ob aus der Sicht eines Kaufinteressenten die prägenden Hauptelemente übereinstimmen.[35]

Personen, die ein Design vor dem Hinterlegungs- bzw Prioritätsdatum in der Schweiz **gutgläubig benutzt** haben, können dieses auch nach der Eintragung im bisherigen Umfang weiter benutzen. Dasselbe gilt, wenn die Benutzung während der Aufschiebung der Veröffentlichung gutgläubig aufgenommen wird (Art. 12 Abs. 1 DesG). Eine Übertragung des Rechts zur Weiterbenutzung ist nur zusammen mit dem Geschäftsbetrieb möglich (Art. 12 Abs. 2 DesG). Art. 13 DesG sieht ferner ein Mitbenutzungsrecht vor: Es gelangt zur Anwendung, wenn die gutgläubige Benutzung zwischen dem letzten Tag der Frist zur Zahlung der Verlängerungsgebühr und dem Eingang des Antrags auf Weiterbehandlung (= Wiedereinsetzung) erfolgt. Bei Erfolg des Weiterbehandlungsantrags ist eine angemessene Entschädigung für die Nutzung zu zahlen.[36]

Abweichend von der GRL sowie der GGV enthält das DesG keine Schrankenbestimmungen. Allerdings gilt der Verletzungstatbestand nur für Handlungen zu **gewerblichen Zwecken**, so dass Handlungen im privaten Bereich sowie innerhalb der – keinen Erwerbszwecken dienenden – Lehrtätigkeit von vornherein nicht in den Verbotsbereich des Gesetzes fallen.

Bei **Verletzung** des Designrechts kann auf Feststellung, Unterlassung, Beseitigung, Auskunft und Schadenersatz geklagt werden; außerdem kann die Rechtsverletzung strafrechtlich verfolgt werden. Zivilrechtliche Urteile können auf Antrag einer Partei veröffentlicht werden. Die einzige sachlich zuständige Instanz ist nach Art. 37 DesG das vom jeweiligen Kanton bestimmte Kantonsgericht; die örtliche Zuständigkeit richtet sich nach allgemeinen Gesetzen: Bei Sachverhalten mit Auslandsberührung sind das Bundesgesetz über internationales Privatrecht (IPRG) sowie das Luganer Gerichtsstands- und Vollstreckungsübereinkommen einschlägig.

III. USA

1. Überblick

In den USA werden Designs durch Eintragung beim Patentamt (US Patent and Trademark Office, USPTO) geschützt, wenn sie die im Abschnitt des Patentgesetzes über „design patents" geregelten Voraussetzungen erfüllen (siehe Rn 36). Für einen speziellen Produktsektor – Bootskörper – gilt ein *sui generis*-Schutz (Rn 37). Ferner kommt Schutz auf der Grundlage des Urheberrechts (Rn 39 f) sowie des Markenrechts (Rn 41 ff) in Betracht.[37]

2. Regelung im Patentgesetz

Design patents unterscheiden sich von Erfindungspatenten (*utility patents*) dadurch, dass sie sich nicht auf den technisch-innovativen Charakter einer Erfindung, sondern auf das visuelle Erscheinungsbild („ornamental characteristics") handwerklicher oder industrieller Erzeugnisse („articles

---

33 Siehe dazu J. Müller, sic! 2001, 13–18.
34 BG v. 14.7.2003 – 4C.121/2003 – Knoblauchpresse II; entgegen OG Luzern v. 5.2.2003 – 12 01 5 – Knoblauchpresse I –, das die Erweiterung des Schutzbereichs bei synoptischem Vergleich durch eine Steigerung der Anforderungen an die Unterschiedlichkeit erreichen wollte.
35 BG aaO; siehe auch BG v. 10.6.2004 – 4C.30/2004/lma – Armbanduhren.
36 Für das Gemeinschaftsgeschmacksmusterrecht siehe Art. 67 Abs. 6 GGV, der allerdings keine Entschädigungsregel vorsieht. Heinrich, Art. 13 DesG Rn 13.07 spricht sich für eine analoge Anwendung von Art. 13 auf andere, ähnlich gelagerte Fälle aus.
37 Einen aktuellen Gesamtüberblick zur Situation des Designschutzes in den USA bietet Fishman Afori, 25 Cardozo Art & Entertainment L.J., 1105 (2008); siehe auch Meineke, Nachahmungsschutz für Industriedesign, S. 92 ff. Gegen die u.a. von Fishman Afori geübte Kritik am amerikanischen Schutzsystem für *design patents* wendet sich Burstein, 17 Stan. Tech. L. Rev. 305 (2013).

of manufacture") beziehen (35 U.S.C. § 171). Im Übrigen verweist das Gesetz auf die für **Patente** geltenden Schutzvoraussetzungen: Verlangt werden somit Neuheit sowie „non-obviousness" (35 U.S.C. § 101 – § 103), wobei Letzteres im Patentrecht grundsätzlich dem erfinderischen Schritt entspricht. Neuheit wird in einem absoluten, weltweiten Sinn verstanden, dh jede Vorveröffentlichung wirkt grundsätzlich neuheitsschädlich, unabhängig von den Kenntnissen des Designers oder der inländischen Fachkreise. Den Maßstab dafür, ob das Merkmal der „non-obviousness" erfüllt ist, bilden das Wissen und die Fähigkeiten eines Durchschnittsdesigners („ordinary designer"). Die Schutzvoraussetzungen werden ebenso wie bei Erfindungspatenten vom USPTO geprüft. Dabei wird zunächst ein konkretes Vergleichsobjekt identifiziert, das der angemeldeten Gestaltung am nächsten kommt („primary reference"). Sodann ist weiter zu prüfen, ob die bestehenden Abweichungen Merkmale aufgreifen, die aus anderen Gestaltungen vorbekannt sind. Grundsätzlich anders als im europäischen Recht[38] kann auf dieser zweiten Prüfungsstufe somit eine mosaikartige Betrachtung stattfinden[39]. Kosten und Dauer der Amtsprüfung haben dazu geführt, dass der Patentschutz für Designs in den USA eher zögerlich beantragt wurde. In jüngerer Zeit ist jedoch eine deutliche Zunahme des Interesses zu verzeichnen, was auf Initiativen des Amtes zur Beschleunigung der Verfahren sowie auf die im Vergleich zu früher gestiegenen Erfolgschancen einer Anmeldung zurückzuführen sein dürfte. Reformvorschläge, die auf eine Ausgliederung des Designschutzes aus der Patentgesetzgebung und die Schaffung einer eigenständigen Rechtsgrundlage abzielen, dürften damit an Dringlichkeit verlieren; sie haben auch in der Vergangenheit nicht zum Erfolg geführt.

3. Sui-generis-Schutz

37 Im Zusammenhang mit der Implementierung der WIPO-Verträge von 1996 zum Schutz von Urhebern und ausübenden Künstlern im Digital Millenium Copyright Act (DMCA) wurde ein Sonderschutz für das **Design von Bootskörpern** eingeführt (Vessel Hull Design Protection Act, VHDPA; 17 U.S.C. § 502, ch. 13). Das Gesetz stellt eine Reaktion auf die Entscheidung *Bonito Boats v. Thunder Craft Boats, Inc.*[40] dar. In dieser Entscheidung hatte der Supreme Court ein auf einzelstaatlicher Ebene erlassenes Gesetz zum Schutz gegen den Abguss von Bootskörpern für verfassungswidrig erklärt, da es einen Eingriff in den Bereich darstellte, der der Gesetzgebung auf Bundesebene vorbehalten ist. Zugleich hatte der Gerichtshof die insgesamt unbefriedigende Lage im Hinblick auf den Designschutz kritisiert, was den Gesetzgeber zum Tätigwerden veranlasste. Der VHDPA gewährt für eine Laufzeit von zehn Jahren Schutz gegen den Nachbau kreativer Designs von Bootskörpern. Die Designs können beim Copyright Office zur Eintragung angemeldet werden. Das Amt nimmt lediglich eine formelle Prüfung vor und veranlasst die Veröffentlichung der Eintragung.[41] Der Schutz beginnt mit der Veröffentlichung der Eintragung oder mit der Veröffentlichung (öffentlichen Benutzung oder Ausstellung) des Designs, je nachdem, welcher Zeitpunkt früher liegt.

38 Wegen seines engen, sektorspezifischen Anwendungsbereichs kommt dem VHDPA nur geringe Bedeutung zu. Ihm wird jedoch grundsätzlich die Eignung zugeschrieben, als Vorreiter und **Modell für eine spezifische Designgesetzgebung** auf breiterer Ebene zu dienen. So wurden wiederholt Gesetzentwürfe eingebracht, die einen entsprechenden Schutz für Modeerzeugnisse vorsehen.[42] Bisher sind diese Initiativen jedoch erfolglos geblieben.

---

38 Siehe EuGH, Rs. C-345/13, GRUR Int. 2014, 861 – Karen Millen/Dunnes Stores, Rn 25. Siehe auch § 2 Rn 68 ff.
39 Die Schutzvoraussetzungen wurden u.a. in den grundlegenden Entscheidungen *Graham v. Deere*, 383 U.S. 1, 17 (1966), und *Durling v. Spectrum Furniture Co.*, 101 F.3d 100, 103 (Fed. Cir. 1996) festgelegt. Zum Verletzungsverfahren (Verwerfung des sog. „point of novelty"-Tests) s. *Egyptian Goddess v. Swisa*, 543 F.3d 665 (Fed. Cir. 2008).
40 489 U.S. 141 (1989).
41 Zur Praxis unter dem VHDPA siehe den Bericht von USPTO und Copyright Office vom November 2003 (www.copyright.gov/reports/vhdpa-report.pdf).
42 „Innovative Design Protection and Piracy Prevention Act", H.R. 2511, 112th Cong. § 2(d)(a)(2) (2011). Soweit ersichtlich, hat es insoweit keine weiteren Entwicklungen gegeben.

4. Urheberrecht

Auch im amerikanischen Urheberrecht findet der Designschutz keine befriedigende Grundlage. Ausschlaggebend dafür ist der hergebrachte Grundsatz, dass künstlerische und Gebrauchsaspekte von Produkten voneinander zu trennen sind, wobei der Urheberrechtsschutz nur Ersteren zuteil werden soll. Zwar wird seit der Grundsatzentscheidung zur Urheberrechtsfähigkeit eines Zirkusplakats[43] der Urheberrechtsschutz für Gebrauchsgrafik – und ebenso für Gebrauchsartikel – nicht mehr generell verneint. Dennoch ist die **Trennung von Kunst und Gebrauchszweck** ein Leitmotiv der amerikanischen Praxis geblieben. Maßgeblich beeinflusst wurde diese Einstellung von der Entscheidung *Mazer v. Stein*.[44] Vom Supreme Court bestätigt wurde darin die Entscheidung der Vorinstanz, den Urheberrechtsschutz für Statuetten balinesischer Tänzerinnen nicht daran scheitern zu lassen, dass sie vom Kläger als Lampenfuß verwendet wurden. Tragendes Argument der Entscheidung war, dass sich der Urheberrechtsschutz auf die Statuetten und nicht auf die Lampe als solche bezog. Von dieser Entscheidung ausgehend entwickelte sich der Aspekt der Trennbarkeit („separability") zum entscheidenden Kriterium für die Frage der Urheberrechtsfähigkeit von Designs. Nach der maßgeblichen Definition im Urheberrechtsgesetz von 1976 (17 U.S.C. § 101) wird das Design von Gebrauchsartikeln nur insoweit geschützt, als „such design incorporates pictorial, graphic or sculptural features, that can be identified separately from, and are capable of existing independently of, the utilitarian aspects of the article". Ferner wird in der Definition klargestellt, dass sich der Schutz allein auf die Form eines solchen Werks und nicht auf mechanische oder funktionelle Aspekte (*mechanical or functional aspects*) bezieht.

In der praktischen Anwendung dieser Grundsätze wird zwischen der **Trennbarkeit im physischen und begrifflichen Sinn** unterschieden (*physical and conceptual separability*). Die begriffliche Trennbarkeit reicht grundsätzlich aus,[45] bereitet jedoch in der Praxis erhebliche Schwierigkeiten.[46] Im Ergebnis führt diese Rechtslage nämlich dazu, dass zwar ornamentalem Design sowie reinen Ziergegenständen ohne Rücksicht auf deren künstlerischen Wert[47] Urheberrechtsschutz zugesprochen werden kann, nicht jedoch künstlerisch anspruchsvollen Gestaltungen von Gebrauchsartikeln wie Möbeln, Haushaltsgeräten etc.[48]

5. Markenrecht

a) Überblick

Dreidimensionale Gestaltungen einschließlich Warenformen und Verpackungen können als Marke geschützt und eingetragen werden. Auch ohne Eintragung können solche Zeichen Schutz gegen Verwechslungsgefahr in Anspruch nehmen, soweit sie die allgemeinen Schutzvoraussetzungen erfüllen. Um geschützt zu werden, müssen Zeichen **Unterscheidungskraft** (*distinctiveness*) besitzen. Vom Schutz ausgeschlossen sind ferner Zeichen, die im Wesentlichen funktional sind. Fehlende Unterscheidungskraft kann durch den Erwerb von „**secondary meaning**" überwunden werden, was in etwa der Verkehrsdurchsetzung entspricht. Funktionale Zeichen bleiben jedoch auf Dauer vom Markenschutz ausgeschlossen.

b) Distinctiveness

Entsprechend zur „Unterscheidungskraft" des europäischen Rechts besagt das Erfordernis der *distinctiveness*, dass das Zeichen von den beteiligten Verkehrskreisen als Hinweis auf die Herkunft der betreffenden Ware (oder Dienstleistung) aufgefasst werden muss. Anders als im europäischen Recht

---

43 *Bleistein v. Donaldson Litographing Co.*, 188 U.S. 239 (1903).
44 347 U.S. 201 (1954); s. auch *Carol Barnhart Inc. v. Economy Cover Corp.*, 773 F.2 d 411 (2 d Cir. 1985); *Bandir Int'l, Inc. v. Cascade Pacific Lumber Co.*; 834 F. 2 d 1142 (2 d Cir. 1987).
45 *Kieselstein-Cord v. Accessories by Pearl*, 623 F2 d 989.
46 Siehe dazu etwa Perlmutter, 37 J. Copyright Soc'y U.S.A. 339 (1990).
47 Insoweit nach wie vor maßgeblich: *Bleistein v. Donaldson Litographing Co.*, 188 U.S. 239 (1903).
48 Zur Kritik an dieser Situation siehe die Hinweise bei Meineke, Nachahmungsschutz für Industriedesign, 115 ff.

gelten insoweit für Warenformmarken – ebenso wie für abstrakte Farbmarken[49] – **spezielle Grundsätze:** Während bei Wort- und Bildmarken die Grenze zwischen Bejahung und Versagung des markenrechtlichen Schutzes zwischen „deskriptiven" und „suggestiven" Marken verläuft,[50] muss bei Warenformen auch dann, wenn sie nach allgemeinen Grundsätzen als „distinctive" – da nicht alltäglich oder allgemein üblich – anzusehen wären, stets der Nachweis von *secondary meaning* erfolgen, um den Schutz als Marke oder Ausstattungsmerkmal („trade dress") zu begründen.[51] Zur Begründung wird auf den im Vordergrund stehenden Gebrauchszweck solcher Formen sowie auf das Verbraucherinteresse an einer Verhinderung der Monopolisierung von Warenformen hingewiesen. Verpackungen werden von diesem Grundsatz allerdings ausgenommen, da sie bei prinzipiell unterscheidungskräftiger Gestaltung vom Verkehr eher als Herkunftshinweis aufgefasst werden. Dieser zweiten Fallgruppe wird auch die Ausstattung von Restaurants – Fassadengestaltung, Innendekoration etc. – zugerechnet.[52] Der Grund liegt darin, dass es sich dabei – ebenso wie bei Verpackungen – nicht um die Ware (bzw Dienstleistung) selbst, sondern nur um die Art und Weise handelt, in der diese Leistungen am Markt präsentiert werden.

c) Funktionalität

43 Nach Sec. 2 (e) (5) Lanham Act (15 U.S.C. § 1052 (e) (5)) dürfen Marken nicht eingetragen werden, wenn sie Elemente enthalten, die insgesamt als **funktional** anzusehen sind („... any matter that, as a whole, is functional"). Ihrem Grundgedanken nach ist die *functionality*-Doktrin des amerikanischen Rechts mit den Zielen verwandt, die im europäischen Markenrecht zum Ausschluss waren- und technikbedingter sowie wertbestimmender Formgebungen geführt haben (Art. 3 Abs. 1 Buchst. e MRRL; Art. 7 Abs. 1 Buchst. e GMV). Anders als im europäischen Recht handelt es sich jedoch um einen allgemeinen Grundsatz, dessen Anwendung nicht in kasuistischer Form festgelegt ist und der sich daher nicht allein auf Formgebungen und deren Abbildung bezieht. Entscheidend ist der Gedanke, dass der Schutz einer Marke dem Inhaber nur dasjenige an wettbewerbsrelevanten Vorteilen verschaffen sollte, was dem von dem Zeichen am Markt erworbenen „Goodwill" entspricht.

44 Als „funktional" in diesem Sinne gelten Produktmerkmale, die erhebliche **Vorteile für die Brauchbarkeit der Ware oder spürbare Kostenvorteile** mit sich bringen.[53] Wenn eine Formgebung als Ausführungsform eines Patents geschützt war, gilt Funktionalität als indiziert.[54] Die Anwendung der Doktrin ist grundsätzlich nicht auf technisch-funktionale Elemente beschränkt, sondern kann sich auch auf Produktmerkmale beziehen, die durch ihre ästhetisch begründete Attraktionskraft dem Inhaber erhebliche Wettbewerbsvorteile verschaffen.[55] Die ästhetische Variante der Funktionalität

---

49 *Qualitex Co. v. Jacobson Products Co., Inc.*, 514 U.S. 159 (1995); in deutscher Übersetzung auszugsweise abgedruckt in GRUR Int. 1996, 961; siehe dazu Caldarola, GRUR Int. 2002, 212 ff.
50 Dieser in den USA allgemein gebräuchliche Test geht auf die Entscheidung *Abercrombie & Fitch v. Hantuning World, Inc.*, 537 F.2 d 4, 10-11 (C.A.2 1976) zurück, wo folgende Kategorien von (Wort)marken unterschieden wurden: *generic, descriptive, suggestive, arbitrary* und *fanciful*.
51 *Wal-Mart Stores Inc. v. Samara Bros. Inc.*, 529 U.S. 205 (2000), in deutscher Übersetzung auszugsweise abgedruckt in GRUR Int. 2000, 812 m.Anm. von M. Lehmann.
52 *Two Pesos, Inc. v. Taco Cabana, Inc.*, 505 U.S. 763. Die Entscheidung – es ging um die Fassaden- und Innenraumgestaltung und Ausstattung von Restaurants im texanisch-mexikanischen Stil – war bereits vor *Wal-Mart v. Samara* ergangen, wurde dort jedoch ausdrücklich mit dem Argument aufrechterhalten, dass es sich um einen Fall gehandelt habe, der den für Verpackungen geltenden Grundsätzen entsprechend gelagert sei.
53 Siehe etwa *Inwood Laboratories v. Ives Laboratories*, 456 U.S. 844 (1982); *Qualitex Co. v. Jacobson Products Co., Inc.*, 514 U.S. 159 (1995); *In re Morton-Norwich Products, Inc.*, 671 F.2 d 1332 (C.C.P.A. 1982); *In re Weber-Stevens Products Co.*, 3 U.S.P.Q.2 d 1659 (T.T.A.B. 1987).
54 Siehe *Traffix Devices, Inc. v. Marketing Displays, Inc.*, 532 U.S. (2001), in deutscher Übersetzung auszugsweise abgedruckt in GRUR Int. 2002, 1056: Die frühere Patentierung einer Vorrichtung für das windsichere Aufstellen von Verkehrszeichen sei „strong evidence" für die Funktionalität der Formgebung. Aus der neueren Rechtsprechung s. etwa *Groneveld Transport Efficiency v. Lubecore Int'l* 730 F.3 d 494 (6th Cir. 2013) (Design von Schmierölpumpen zur Verwendung in LkW).
55 Grundlegend: *Pagliero v. Wallace China Co.*, 198 F.2 d 339 (9th Cir. 1952).

(*aesthetic functionality*) wird jedoch allgemein mit größerer Skepsis betrachtet als der Ausschluss technisch motivierter Formen; sie findet auch seltener Beachtung in gerichtlichen Entscheidungen.[56]

d) Eingetragene und nicht eingetragene Zeichen

Soweit Marken nicht lediglich innerhalb eines einzelnen Bundesstaates verwendet werden, unterliegen sie den Vorschriften des Federal Trademark Act („Lanham Act") und können in das Register des USPTO eingetragen werden. Wenn keine Eintragung vorliegt, kommt Sec. 43 a Lanham Act zur Anwendung, der für **nicht eingetragene Kennzeichen** jeglicher Art Schutz gegen Verwechslungsgefahr gewährt. Die Voraussetzungen für die Eintragung wie auch für die Anwendung von Sec. 43 a Lanham Act sind grundsätzlich dieselben: Das Zeichen muss im geschäftlichen Verkehr benutzt werden,[57] und es muss den allgemeinen Schutzvoraussetzungen genügen. Der Nachweis von *secondary meaning* ist für Sec. 43 a Lanham Act grundsätzlich nicht erforderlich; für Formmarken sowie für abstrakte Farbmarken folgt dieses Erfordernis – ebenso wie im Fall der Eintragung – jedoch aus der Rechtsprechung des Supreme Court.[58] Bei Funktionalität bleiben Zeichen ungeachtet von *secondary meaning* vom Schutz ausgeschlossen; auch dies gilt für eingetragene wie für nicht eingetragene Zeichen gleichermaßen.

IV. Japan[59]

1. Designrecht

Das japanische Designgesetz (Nr. 125 von 1959, *Ishō hō*)[60] gewährt Schutz für eingetragene Designs. Der Inhaber erhält ein ausschließliches Recht zur Benutzung identischer sowie ähnlicher Muster (§ 23 jap. Designgesetz) für die Dauer von 20 Jahren[61] ab Eintragung beim japanischen Patentamt (JPO; § 21 Abs. 1 jap. Designgesetz).

In § 2 Abs. 1 jap. Designgesetz werden schutzfähige Designs als Form, Oberflächenmuster oder Farben, oder Kombinationen davon definiert. Um geschützt zu werden, müssen Designs **mit einem Gegenstand verbunden** sein und beim Betrachter einen ästhetischen Eindruck auf den Sehsinn hervorrufen. Weitere Schutzvoraussetzungen sind gewerbliche Anwendbarkeit (§ 3 Abs. 1 jap. Designgesetz), absolute Neuheit (§ 3 (i) (ii) (iii) jap. Designgesetz) sowie schöpferischer Charakter („creativity"). Die Schutzvoraussetzungen werden nach der Anmeldung beim Patentamt geprüft. Skulpturen ohne gewerbliche Anwendbarkeit können nicht geschützt werden; das Gleiche gilt für grafische Symbole wie Logos und Icons sowie für typografische Schriftzeichen und -bilder, die nicht in Verbindung mit einem körperlichen Gegenstand stehen. Durch eine Änderung des Gesetzes im Jahre 2006 wurde jedoch die Eintragung von grafischen Elementen der Benutzeroberfläche von Computern zugelassen, soweit diese aus dem Betriebssystem resultieren und Funktionen des Geräts steuern; in ihrer Schutzwirkung sind solche Designs auf die Ausführung der Funktionen durch dasselbe oder ein anderes Gerät beschränkt, das in die Funktionen des ersteren integriert ist (§ 2 Abs. 2 jap. Designgesetz). Ausgeschlossen sind ferner sittenwidrige Designs (§ 5 (i) jap. Designgesetz), Designs, die Täuschungen im Hinblick auf von einem Dritten stammenden Gegenstand hervorrufen (§ 5 (ii) jap. Designgesetz) sowie rein funktionale Gestaltungen (§ 5 (iii) jap. Designgesetz). Gegen die

---

[56] Seibt, Die dreidimensionale Marke, S. 161 ff. Aus der neueren Praxis s. etwa *Christian Louboutin S.A. v. Yves Saint Laurent Am., Inc*, 696 F.3 d 206 (2 d Cir. 2012).

[57] Seit der Reform des Lanham Act von 1989 kann die Eintragung bereits aufgrund einer Erklärung der Benutzungsabsicht erfolgen; der Schutz kann jedoch erst nach erfolgter Benutzungsaufnahme in Anspruch genommen werden.

[58] *Wal-Mart Stores Inc. v. Samara Bros. Inc.*, 529 U.S. 205 (2000); *Qualitex Co. v. Jacobson Products Co., Inc.*, 514 U.S. 159 (1995).

[59] Zum japanischen Recht s. Hinkelmann, Gewerblicher Rechtsschutz in Japan. Weitere Informationen von Frau *Mineko Mohri*, 2008 Stipendiatin am MPI.

[60] Zuletzt geändert durch Gesetz Nr. 55 von 2006. Englsche Übersetzung auf der Webseite des japanischen Patentamtes, <www.japaneselawtranslation.go.jp>.

[61] Diese Laufzeit gilt für Muster, die nach dem 1. April 2007 angemeldet und eingetragen worden sind (Änderung des Designgesetzes von 2006). Nach früherem Recht wurden Designs für eine Dauer von 15 Jahren geschützt.

Zurückweisung der Anmeldung durch den Prüfer kann amtsinterne Beschwerde eingelegt werden; weitere Rechtsmittel sind beim Intellectual Property High Court sowie in letzter Instanz beim Obersten Gerichtshof einzureichen.

48 Das japanische Designgesetz kennt **besondere Formen der Anmeldung** und Eintragung für einzelne Teile oder Gestaltungselemente eines Produkts sowie für Sets. So kann in der Anmeldung zum Ausdruck gebracht werden, dass sich der Schutz nur auf diejenigen Teilelemente eines Gegenstands beziehen soll, die als besonders kreativ eingeschätzt werden (§ 2 Abs. 1, *Bubun ishō*). Werden mehrere Gegenstände gemeinsam (als „Set") benutzt, können sie in einer Eintragung zusammengefasst werden, um den einheitlichen Charakter des Designs zu schützen (§ 8, *Kumimono no ishō*).

49 Der Anmelder eines Designs hat ferner die Möglichkeit, bis zum Zeitpunkt der Veröffentlichung im Amtsblatt des Patentamts weitere, **ähnliche Muster** einzureichen, denen der gleiche Anmeldetag wie dem zuerst eingereichten Design (*principal design*) zugewiesen wird (§ 10, *Kanren ishō*). Die Regelung soll dem Schutz von Produktserien und der erleichterten Rechtsdurchsetzung dienen. Schließlich gestattet das japanische Designgesetz die **Aufschiebung der Bildbekanntmachung** von Designs bis zu drei Jahren nach der Eintragung (§ 14, *Himitsu ishō*).

50 Bei **Verletzung** von Designrechten kann der Inhaber auf Unterlassung (§ 37 jap. Designgesetz), Schadenersatz (§ 709 jap. Zivilgesetzbuch) und Genugtuung klagen (§ 41 jap. Designgesetz iVm § 106 jap. Patentgesetz). Strafverfolgung ist ebenfalls möglich (§ 69 jap. Designgesetz; Freiheitsstrafe bis zu zehn Jahren; Geldstrafe bis zu 10.000.000 Yen). Für die Frage, ob eine Verletzung vorliegt, gilt § 24 Abs. 2 jap. Designgesetz; das Gericht prüft zunächst die Ähnlichkeit der beiden Gestaltungen und stellt sodann fest, ob bei den Verbrauchern derselbe oder ein im Wesentlichen übereinstimmender Eindruck hervorgerufen wird.

2. Markenrecht

51 Designs können ferner auf der Grundlage des Markenrechts (Act No.127 of April 13, 1959, *Shōhyō hō* = jap. MarkenG) geschützt werden. Voraussetzung ist, dass ein zwei- oder dreidimensionales Zeichen in Verbindung mit den Produkten desjenigen verwendet wird, der diese herstellt oder sonst geschäftlich verwertet (§ 2 Abs. 1 Nr. 1 jap. MarkenG). Das Zeichen muss Unterscheidungskraft besitzen (§ 3 Abs. 1 und 2 jap. MarkenG). Funktionale Designs sind vom Schutz ausgeschlossen.

52 Die Eintragbarkeit dreidimensionaler Marken unter Einschluss von Formmarken ist erst seit 1997 rechtlich anerkannt; sie kann sich somit in Japan nicht auf eine längere Tradition stützen. Bei Ämtern und Gerichten herrscht noch immer erhebliche Skepsis; an die Unterscheidungskraft solcher Zeichen werden hohe Anforderungen gestellt, an denen die Anmeldungen in der Praxis häufig scheitern.[62] So wurde auch die Anmeldung der *Coca Cola*-Flasche vom JPO wegen fehlender Unterscheidungskraft zurückgewiesen. Die Entscheidung wurde jedoch vom Intellectual High Court aufgehoben:[63] Der Flaschenform sei wegen der langjährigen Benutzung Unterscheidungskraft zuzuerkennen (§ 3 Abs. 2 jap. MarkenG). Ob sich diese Entscheidung als Signal für eine generelle Liberalisierung der Eintragungspraxis erweisen wird – zumindest in der Form, dass von der Eintragung aufgrund von Verkehrsdurchsetzung häufiger Gebrauch gemacht werden kann[64] –, bleibt abzuwarten.

---

62 Hinkelmann, Gewerblicher Rechtsschutz in Japan, S. 441 ff mit zahlreichen Nachweisen zur Rechtspraxis.
63 The Intellectual Property High Court, 29.5.2008.
64 Auch insoweit gelten traditionell sehr strenge Maßstäbe; siehe Hinkelmann, Gewerblicher Rechtsschutz in Japan, S. 443. S. jedoch außer der zuvor genannten Entscheidung des Intellectual Property High Court zur Eintragung der Coco-Cola Flasche auch dass., 27.6.2007, zum Nachweis von Verkehrsdurchsetzung für eine füllerförmige Taschenlampe von Mag Instrument).

3. Weitere Rechtsgrundlagen

a) Urheberrecht

Das japanische Urheberrechtsgesetz (No. 48 von 1970, *Chosakuken hō*) schützt Werke der Literatur und Kunst für eine Laufzeit von 50 Jahren nach dem Tod des Urhebers. Dem Schutz zugänglich sind grundsätzlich auch Werke der angewandten Kunst. Als solche gelten jedoch nur handwerkliche Erzeugnisse von künstlerischem Wert (§ 2 Abs. 2, *Bijutsukōgeihin*). Designs bleiben aufgrund dieser Regelung grundsätzlich vom Urheberrechtsschutz ausgeschlossen und werden ausschließlich der spezialgesetzlichen Regelung des jap. Designgesetzes zugewiesen. Eine Ausnahme von dieser bisher nahezu durchgängig geltenden Regel stellt jedoch die Entscheidung des Intellectual Property High Court vom 14. April 2015 dar, mit der dem Design des Tripp-Trapp-Stuhls Urheberrechtsschutz zuerkannt wurde (Stokke v Katoji, IP High Court, Hei 26 (ne) No. 10063; wobei die Verletzungsklage im Ergebnis abgewiesen wurde). Ob sich mit dieser Entscheidung eine grundsätzliche Richtungsänderung anbahnt, lässt sich allerdings derzeit nicht beurteilen.

b) Unlauterer Wettbewerb

Schutz für nicht eingetragene Formgebungen kann auf der Grundlage des Gesetzes gegen unlauteren Wettbewerb (No. 47 von 1993, *Husei kyōsō bōshi hō*) geltend gemacht werden. Bevor im Jahre 1997 die Eintragung dreidimensionaler Marken unter Einschluss von Formmarken möglich wurde (Rn 51) konnten Aufmachungen nur nach § 2 Abs. 1 (i) jap. UWG geschützt werden, der in generalklauselartiger Form dem Schutz weithin bekannter geschäftlicher Bezeichnungen dient und dabei auch dreidimensionale Gestaltungen einschließt. Hinzu kommt nach § 2 Abs. 1 (iii) jap. UWG ein spezieller Schutz gegen die sklavische Nachahmung der äußeren Gestaltung von Erzeugnissen („design of configuration"). Die Laufzeit des Schutzes ist auf drei Jahre, gerechnet ab dem ersten Verkauf der betreffenden Produkte in Japan, begrenzt.[65]

C. Materieller Designschutz im internationalen Recht (unter Einschluss des Formmarkenschutzes)[66]

I. System und Grundzüge der internationalen Konventionen

Die materiellen **Grundlagen** des internationalen Schutzes von Immaterialgüterrechten sind in den beiden großen internationalen Konventionen zum Schutz des „gewerblichen Eigentums" und des Urheberrechts geregelt: der **Pariser Verbandsübereinkunft (PVÜ)** und der **Revidierten Berner Übereinkunft (RBÜ)**. Regelungsgegenstände der PVÜ sind das Patent-, Marken- und Musterrecht sowie der Schutz geographischer Herkunftsangaben und des lauteren Wettbewerbs; die RBÜ gilt dem Schutz der Urheber von Werken der Literatur und Kunst. Beide Konventionen beruhen auf dem Prinzip der **Inländerbehandlung**, das heißt, Angehörige von Verbandsländern und die ihnen gleichgestellten Personen dürfen keine Schlechterstellung gegenüber Angehörigen des Schutzlandes erfahren. Ausnahmen von diesem Grundsatz müssen in den Konventionen selbst festgelegt sein (zur Relevanz im internationalen Urheberrecht s. Rn 60 f). Beide Konventionen enthalten ferner **Mindestrechte**, die Mitgliedstaaten gegenüber verbandsangehörigen Ausländern beachten müssen.

Nach Art. 19 PVÜ (ebenso: Art. 20 RBÜ) ist es den Verbandsländern gestattet, **Sonderabkommen** zu treffen, soweit diese mit den Bestimmungen der PVÜ vereinbar sind. Diese Öffnungsklausel bildet die Grundlage der Abkommen über die internationale Registrierung bzw Hinterlegung von Schutzrechten (Madrider Markenabkommen samt Protokoll; Haager Musterabkommen) sowie für die Klassifizierungsabkommen von Nizza bzw Locarno. Die zentrale Administration sowie die Weiterentwicklung von PVÜ und RBÜ sowie sämtlicher auf deren Grundlage gebildeter Sonderabkommen obliegt der **Weltorganisation für Geistiges Eigentum (WIPO)** in Genf.

---

65 Zum UWG-Schutz s. Hinkelmann, Gewerblicher Rechtsschutz in Japan, S. 528 ff.
66 Zum Verfahren der internationalen Hinterlegung nach dem Haager Musterabkommen siehe § 7 Rn 86 ff.

57 Eine Erweiterung und Verstärkung der Grundsätze des internationalen Schutzes ist durch das **Abkommen über handelsbezogene Aspekte des geistigen Eigentums** (Agreement on Trade Related Aspects of Intellectual Property Rights, **TRIPS**-Abkommen) erfolgt. Das Abkommen resultiert aus der Einbeziehung der Thematik in die Uruguay-Verhandlungsrunde des GATT, die 1994 mit der Gründung der WTO und dem Abschluss des WTO-Vertrags beendet wurde. TRIPS ist als Annex zum WTO-Abkommen Bestandteil des Vertragswerks und muss daher von allen WTO-Mitgliedern eingehalten werden. Ebenso wie PVÜ und RBÜ baut TRIPS auf dem Grundsatz der Inländerbehandlung auf (Art. 3 TRIPS); hinzu tritt das im Kontext handelspolitischer Abkommen gebräuchliche Prinzip der Meistbegünstigung (Art. 4 TRIPS). TRIPS-Mitglieder sind verpflichtet, die materiellen Vorschriften von PVÜ und RBÜ[67] sowie die weiteren, in Teil II des Abkommens verankerten Regelungen einzuhalten. Bei Verstoß gegen diese Verpflichtungen kann ein Streitbeilegungsverfahren vor der WTO eingeleitet werden. Wird eine Verletzung festgestellt, kann dies die Verhängung von Handelssanktionen zur Folge haben.

58 Die folgenden Ausführungen bieten einen Überblick zu den materiellen Regelungen der internationalen Konventionen im Bereich des Designschutzes, unter Einschluss des Formmarkenschutzes und des Schutzes von Werken der angewandten Kunst. Nicht behandelt werden die Regelungen der internationalen Registrierungs- bzw Hinterlegungssysteme (zu diesen s. § 7 Rn 86 ff (Designs), Rn 182 ff (Marken)) sowie der Klassifikationsabkommen.

II. Revidierte Berner Übereinkunft (RBÜ)

59 Die Regelungen der RBÜ sind für Designs nur insoweit einschlägig, als sie zugleich in ihrer Eigenschaft als **Werke der angewandten Kunst** geschützt sind. In Art. 2 Abs. 1 RBÜ werden diese dem Katalog von Werken der Literatur und Kunst zugerechnet, die in allen Mitgliedsländern der RBÜ Schutz genießen. Allerdings ergibt sich aus der RBÜ keine international verbindliche Schutzschwelle; die nationalen Gesetzgeber bleiben somit frei, die Voraussetzungen der Schutzgewährung autonom festzulegen.

60 Auch soweit Designs als Werke der angewandten Kunst geschützt werden, gestattet die RBÜ **Ausnahmen vom urheberrechtlichen Regelschutz**. So beträgt die Mindestschutzdauer nur 25 Jahre ab dem Zeitpunkt der Herstellung (Art. 7 Abs. 4 RBÜ) und ist damit beträchtlich kürzer als bei sonstigen Werken,[68] die für mindestens 50 Jahre nach dem Tod des Urhebers Schutz genießen (Art. 7 Abs. 1 RBÜ). Zu beachten ist in diesem Zusammenhang auch Art. 7 Abs. 8 RBÜ, der sog. **Schutzfristenvergleich**: Zwar bestimmt sich die Dauer des Schutzes prinzipiell nach dem im Schutzland geltenden Recht; sie überschreitet jedoch nicht die Dauer des Schutzes, der im Ursprungsland des Werkes gilt. Dies bedeutet, dass ein Design, das in seinem Ursprungsland nur für die Mindestschutzdauer von 25 Jahren seit Herstellung Schutz genießt, die weitaus längere urheberrechtliche Schutzfrist nicht beanspruchen kann, selbst wenn diese in dem Verbandsland, für das der Schutz geltend gemacht wird, allen Werkarten unter Einschluss von Werken der angewandten Kunst zuteil wird.

61 Eine weitere Ausnahme vom Grundsatz der Inländerbehandlung sieht Art. 2 Abs. 7 RBÜ vor. Danach können Designs, die in ihrem Ursprungsland **lediglich designrechtlich geschützt** werden können, sich in anderen Ländern nicht auf das Urheberrecht berufen, selbst wenn sie nach dem dort geltenden Recht als Werke der angewandten Kunst anzusehen wären. Auch diese Regelung verhindert somit, dass Designschöpfungen, die ihren Ursprung in einem Land mit niedrigem Schutzniveau haben, von großzügigeren Regelungen in anderen Verbandsländern profitieren können.

---

67 Art. 6bis RBÜ, der die ideellen Rechte des Urhebers regelt, bleibt jedoch nach Art. 9 Abs. 1 S. 2 TRIPS ausgenommen.
68 Mit Ausnahme von Werken der Fotografie, deren Schutz ebenfalls auf 25 Jahre seit Herstellung begrenzt werden kann (Art. 7 Abs. 4 RBÜ).

C. Materieller Designschutz im int. Recht (unter Einschluss des Formmarkenschutzes)

Beispiel: Die Designerin von Handtaschen, die in den USA wegen fehlender Trennbarkeit von künstlerischen und Gebrauchsaspekten allenfalls designrechtlich schutzfähig wären, kann sich in Frankreich nicht auf das Prinzip der „unité de'art" und den daraus für einheimische Kreationen regelmäßig folgenden Urheberrechtschutz berufen.

Soweit es um Sachverhalte innerhalb der EU geht, sind die Ausnahmeregelungen der RBÜ allerdings nicht anwendbar; sie würden gegen das **Diskriminierungsverbot** des EG-Vertrags verstoßen (Art. 12 EG).[69] Zwar knüpft die Ungleichbehandlung in den Fällen des Art. 7 Abs. 8 ebenso wie bei Art. 2 Abs. 7 RBÜ nicht an die Staatsangehörigkeit desjenigen an, der Rechte geltend macht, sondern an das Ursprungsland des Werks; ausschlaggebend ist somit das Land der ersten Veröffentlichung (Art. 5 Abs. 4 RBÜ). Dies ändert jedoch nichts daran, dass es sich um eine unerlaubte Diskriminierung iSv Art. 12 EG handeln würde. Denn wie der EuGH in der Entscheidung „Tod's/Heyraud" festgestellt hat, haben die erstmals in einem Mitgliedstaat veröffentlichten Werke in den meisten Fällen einen Angehörigen dieses Staates als Urheber, so dass sich durch die Anknüpfung an das Ursprungsland zumindest eine mittelbare Diskriminierung nach der Staatsangehörigkeit ergeben würde.[70]

III. Pariser Verbandsübereinkunft (PVÜ)

1. Designschutz ieS

Nach Art. 1 Abs. 2 PVÜ zählt der Schutz von „gewerblichen Mustern und Modellen" zum Regelungsbereich der Konvention. Dieser Begriff – eine wörtliche Übersetzung des französischen „dessins et modèles industriels" – entspricht inhaltlich demjenigen des „Geschmacksmusters" bzw. „Designs"; er ist bis heute im Bereich des internationalen Rechts gebräuchlich. In ihren speziellen Regelungen schenkt die PVÜ dem **Designrecht** allerdings nur **geringe Beachtung**. In Art. 5^{quinquies} PVÜ findet sich der programmatische Satz: „Die gewerblichen Muster und Modelle werden in allen Verbandsländern geschützt"; es bleibt jedoch den Mitgliedsländern überlassen, in welcher Weise sie diesen Schutz verwirklichen. Insbesondere begründet die PVÜ keine Verpflichtung, spezielle Gesetze zum Schutz von Designs zu erlassen; es reicht aus, wenn ein solcher Schutz durch das Urheberrecht gewährt wird (wobei allerdings bei dieser Sachlage keine hohen Anforderungen an die Gestaltungshöhe gestellt werden dürfen).

Für den Designschutz praktisch relevante Regelungen finden sich jedoch in anderen Vorschriften der PVÜ. Dies gilt insbesondere für die **Verbandspriorität** (Art. 4 PVÜ). Die Frist beträgt nach Art. 4 C Abs. 1 PVÜ – ebenso wie bei Marken – sechs Monate seit der ersten Hinterlegung in einem Verbandsland, während sie für Patente und Gebrauchsmuster zwölf Monate beträgt. Beruft sich der Anmelder bei der Inanspruchnahme der Priorität auf eine frühere Gebrauchsmusteranmeldung, so verlängert dies die Prioritätsfrist nicht; es findet lediglich die für gewerbliche Muster und Modelle maßgebliche Frist Anwendung (Art. 4 E PVÜ). Soweit die Priorität wirksam in Anspruch genommen wird, sind zwischenzeitlich erfolgte Veröffentlichungen oder Anmeldungen vonseiten Dritter rechtlich unbeachtlich; sie führen weder zur Ungültigkeit des Schutzrechts, noch können sie dem Drittanmelder ein Nutzungs- oder Besitzrecht verleihen (Art. 4 B PVÜ).

Einen wichtigen Unterschied zwischen dem Designrecht und den anderen gewerblichen Schutzrechten legt Art. 5 PVÜ fest. Während Marken einem **Benutzungszwang** unterworfen werden dürfen und auch bei Patenten und Gebrauchsmustern in bestimmten Ausnahmefällen der Verfall des Rechts als Sanktion für die Nichtausübung (oder sonstige Missbräuche) verhängt werden darf, ist dies bei Designs grundsätzlich ausgeschlossen. Einen prinzipiellen Ausschluss von Zwangslizenzen im Missbrauchsfall – zu dem auch die unterlassene Ausübung zählen kann[71] – sieht die PVÜ hinge-

---

[69] Zur Vorrangigkeit der EG-rechtlichen Diskriminierungsverbots gegenüber internationalen Konventionen siehe EuGH, Rs. C-92/92 und C-326/92, GRUR 1994, 280 – Phil Collins u.a.
[70] EuGH, Rs. 28/04, GRUR 2005, 755– Tod's/Heyraud, Rn 26, 27.
[71] Zu dem geringen praktischen Bedürfnis für musterrechtliche Zwangslizenzen wegen unterlassener Ausübung s. F.-K. Beier, GRUR 1998, 185, 194.

gen nicht vor.⁷² Im internationalen Vergleich sind Zwangslizenzen im Bereich des Designrechts allerdings sehr selten; sie finden sich jedoch beispielsweise (in der Form gesetzlicher Lizenzen während der letzten fünf Jahre der regulären Laufzeit von Mustern) im britischen Recht.

66 Weiterhin gelten folgende Regelungen: Die Anerkennung des Rechts darf nicht davon abhängig gemacht werden, dass auf dem Erzeugnis ein Vermerk über die Hinterlegung des Designs angebracht wird (Art. 5 D PVÜ). Ebenso wie bei allen anderen gewerblichen Schutzrechten ist ferner eine Nachfrist von mindestens sechs Monaten zu gewähren, wenn die Frist zur Zahlung der für die Verlängerung des Rechts fälligen Gebühren versäumt wird (Art. 5bis PVÜ).

2. Markenschutz

67 Im Vergleich zu Designschöpfungen sind die Regelungen zum Markenschutz in der PVÜ deutlich umfangreicher. Neben dem Prioritätsgrundsatz (Art. 4 PVÜ; 6 Monate) betrifft dies folgende Regelungen:

68
- Art. 5 C: Bestimmungen zum Benutzungszwang und zur Mitinhaberschaft an Marken;
- Art. 6: Territoriale Eigenständigkeit der Markenrechte;
- Art. 6bis: Schutz nicht eingetragener, notorisch bekannter Marken;
- Art. 6ter: Schutz von Hoheitszeichen sowie von Prüf- und Gewährzeichen;
- Art. 6^{quater}: Übertragung von Marken in Ländern, die die Mitübertragung des Geschäftsbetriebs verlangen;
- Art. 6^{quinquies}: Eintragung von Marken in der gleichen Form, in der sie im Ursprungsland eingetragen sind;
- Art. 6^{sexies}: Verpflichtung zum Schutz von Dienstleistungsmarken;⁷³
- Art. 6^{septies}: Schutz gegen die Aneignung der Marke durch Vertreter oder Agenten;
- Art. 7: Kein Einfluss der Beschaffenheit von Erzeugnissen auf die Eintragung der Marke.

In Art. 8 PVÜ wird der Schutz von Handelsnamen geregelt, der grundsätzlich ohne Eintragung gewährt werden muss. Art. 9 und 10 PVÜ befassen sich mit der Beschlagnahme verletzender Erzeugnisse im Fall der Einfuhr in ein Verbandsland. Art. 10bis PVÜ schließlich regelt den Schutz gegen unlauteren Wettbewerb, wobei kennzeichenrechtliche Tatbestände insoweit mit erfasst sind, als der Schutz insbesondere die Hervorrufung von Verwechslungsgefahr betrifft. Für dreidimensionale Marken, insbesondere für Formmarken, ist vor allem Art. 6^{quinquies} PVÜ von Interesse; hierauf wird im Folgenden eingegangen.

69 Art. 6^{quinquies} PVÜ bestimmt, dass eine Marke, die in ihrem Ursprungsland⁷⁴ rechtsgültig eingetragen ist, grundsätzlich **in derselben Form** („so, wie sie ist"; französisch: „telle quelle") in jedem anderen Mitgliedsland eingetragen werden muss. Eine Zurückweisung ist den Mitgliedsländern nur aus den in Teil B der Vorschrift genannten Gründen gestattet, dh bei Bestehen älter Rechte (Nr. 1), bei nicht unterscheidungskräftigen, beschreibenden oder verkehrsüblichen Angaben (Nr. 2) sowie bei Verstoß gegen die guten Sitten oder die öffentliche Ordnung (Nr. 3). Bei der Entscheidung über die Eintragung sind nach Art. 6^{quinquies} C PVÜ sämtliche Umstände des Einzelfalls, insbesondere die Dauer des Gebrauchs der Marke, zu berücksichtigen.

70 Obwohl der historische Anlass für die Einfügung der Vorschrift ein anderer war,⁷⁵ hat sie in der Vergangenheit nicht zuletzt im Zusammenhang mit der Eintragung dreidimensionaler Marken praktische Bedeutung erlangt. Warenformen wurden in manchen Ländern (zB in Frankreich) bereits zu Beginn des 20. Jahrhunderts zur Markeneintragung zugelassen, während sie in anderen

---

72 Bodenhausen, Die Pariser Verbandsübereinkunft, Art. 5 Abschn. B (b), S. 62; F.-K. Beier, GRUR 1998, 185, 193.
73 Die Regelungen der PVÜ gelten grundsätzlich nur für Warenmarken.
74 Als Ursprungsland ist nach Art. 6^{quinquies} A Abs. 2 PVÜ das Mitgliedsland der PVÜ anzusehen, in dem der Inhaber der Marke eine tatsächliche, nicht nur zum Schein bestehende geschäftliche Niederlassung besitzt, oder, soweit er eine solche Niederlassung nicht besitzt, in dem er seinen Wohnsitz hat oder dessen Staatsangehöriger er ist.
75 Die Unterzeichner der PVÜ hatten seinerzeit vor allem verhindern wollen, dass sie von einer Regelung des russischen Markenrechts betroffen wurden, der zufolge Wortmarken nur in kyrillischer Sprache eingetragen werden durften.

einem generellen Ausschluss vom Markenschutz unterlagen.[76] In der deutschen Rechtspraxis galt Art. 6^{quinquies} PVÜ in solchen Fällen zwar als unmittelbar anwendbar, Anmeldungen dreidimensionaler Marken, die sich auf den „telle quelle"-Grundsatz stützten, wurden jedoch regelmäßig mit der Begründung zurückgewiesen, dass die Eintragung solcher Marken gegen die öffentliche Ordnung verstoße.[77]

Bedeutung erlangte Art. 6^{quinquies} PVÜ in der früheren deutschen Rechtspraxis im Zusammenhang mit der Beurteilung der **Unterscheidungskraft** ausländischer Marken. Der BGH entschied, dass eine pauschale Verneinung der Unterscheidungskraft, wie sie vom WZG für Buchstaben- und Zahlenmarken angeordnet wurde, nicht mit der PVÜ vereinbar war.[78] Nach Inkrafttreten des MarkenG wurde in Verfahren wegen Zurückweisung ausländischer Formmarken teilweise ähnlich argumentiert: Anzuwenden seien nicht die (unterstellt: strengeren) Anforderungen des nationalen Rechts, sondern ausschließlich die aus der internationalen Rechtsnorm folgenden, großzügigen Maßstäbe. Der BGH hat dieses Argument jedoch regelmäßig unberücksichtigt gelassen: Bei der Schaffung des europäischen Markenrechts sei den Anforderungen des internationalen Rechts Rechnung getragen worden; auch das auf der MRRL basierende MarkenG sei daher grundsätzlich PVÜ-konform. Insbesondere stimmten die nach Art. 6^{quinquies} B PVÜ zulässigen Zurückweisungsgründe mit denjenigen des deutschen Markenrechts überein.[79] Der EuGH hat eine Stellungnahme zu dieser Frage mangels **Zuständigkeit** abgelehnt.[80] Es ist jedoch davon auszugehen, dass die Auffassung des BGH zutrifft, soweit es um die Anwendung von § 8 Abs. 2 Nr. 1–3 MarkenG geht, zumal der Wortlaut dieser Vorschriften exakt der gleiche ist wie Art. 6^{quinquies} B Nr. 2 PVÜ (s. § 3 Rn 77). 71

Problematischer ist die Verweigerung der Berücksichtigung internationaler Normen jedoch im Hinblick auf den **Schutzausschluss nach § 3 Abs. 2 MarkenG**: Dieser Zurückweisungsgrund wird weder in Art. 6^{quinquies} B Nr. 2 PVÜ noch in den beiden anderen Zurückweisungstatbeständen – Bestehen älterer Rechte oder Sittenverstoß – ausdrücklich genannt. Er lässt sich auch schwerlich in Art. 6^{quinquies} B Nr. 2 PVÜ hineininterpretieren: Wenn das der Fall wäre, hätte der europäische Gesetzgeber auf die Aufnahme eines zusätzlichen Ausschlussgrundes verzichten können. Dass er dessen Einfügung für notwendig hielt, stellt ein Indiz dafür dar, dass die mit Art. 6^{quinquies} B Nr. 2 PVÜ übereinstimmenden Zurückweisungsgründe des § 8 Abs. 2 Nr. 1–3 MarkenG den Ausschlussgrund der waren- oder technikbedingten bzw. wertverleihenden Form gerade *nicht* enthalten. Zu bedenken ist in diesem Zusammenhang ferner, dass nach Art. 6^{quinquies} C PVÜ grundsätzlich die Umstände des Einzelfalls, einschließlich der **Dauer des Gebrauchs**, für die Entscheidung über die Zurückweisung zu berücksichtigen sind, während für die gem. § 3 Abs. 2 MarkenG vom Schutz ausgeschlossenen Formen keine Heilung durch Benutzung möglich ist. Entgegen der insoweit vom BGH[81] vertretenen Auffassung lässt sich daher die Gefahr eines Konflikts zwischen § 3 Abs. 2 MarkenG und internationalem Recht nicht von der Hand weisen. 72

Dieser Konflikt lässt sich jedoch dadurch lösen, dass der Schutzausschluss als Fall des **ordre public** aufgefasst behandelt wird. Zwar wird in der einschlägigen Vorschrift (Art. 6^{quinquies} B Nr. 3 PVÜ) 73

---

[76] Dabei war bereits umstritten, ob Art. 6^{quinquies} PVÜ auf diese Frage überhaupt Anwendung finden konnte; ablehnend: Bodenhausen, Pariser Verbandsübereinkunft zum Schutz des gewerblichen Eigentums, Art. 6^{quinquies} A (e), S. 93.
[77] Der BGH äußerte sich zu dieser Praxis erst, als bereits feststand, dass aufgrund der Umsetzung der MRRL dreidimensionale Marken künftig geschützt werden können; er befand daher, dass jedenfalls zu diesem Zeitpunkt die Zurückweisung aus Gründen des *ordre public* nicht mehr rechtens war; BGH GRUR 1998, 146 – Plastische Marke.
[78] BGH GRUR 1991, 838 – IR-Marke FE.
[79] Siehe etwa BGH GRUR 2004, 329 – Käse in Blütenform I; BGH GRUR 2008, 1000 – Käse in Blütenform II.
[80] Rs. C-368/06 P, Slg 2007, I-9375 – Develey: Zur Begründung wurde darauf hingewiesen, dass die EU nicht Mitglied der PVÜ sei, und dass TRIPS zwar die PVÜ mit umfasse, aber sich grundsätzlich nicht für die unmittelbare Anwendung eigne.
[81] Anders der BGH GRUR 2006, 698, Rn 15 – Rasierer mit drei Scherköpfen: Der Schutzversagungsgrund des § 3 Abs. 2 MarkenG sei auf ein besonders ausgeprägtes Allgemeininteresse an der freien Verfügbarkeit der betreffenden Warenformen zurückzuführen und entspreche damit einem Schutzversagungsgrund, wie er sich auch in Art. 6^{quinquies} Abschnitt B 1 Nr. 2 PVÜ findet.

betont, dass eine Marke nicht bereits deswegen als gegen die öffentliche Ordnung verstoßend angesehen werden kann, weil sie den Vorschriften des jeweiligen Markengesetzes nicht entspricht; es müssen also gewichtige Gründe für den Ausschluss angeführt werden können. Insbesondere im Fall des Ausschlusses technikbedingter Formgebungen sind diese durchaus vorhanden, denn es lässt sich ohne Weiteres argumentieren, dass die aus der allgemeinen Systematik des Immaterialgüterrechts folgende Wertung, der zufolge technisch vorteilhafte Lösungen spätestens nach Ablauf des Patentschutzes der Öffentlichkeit zur Verfügung stehen sollen, nicht durch die Gewährung zeitlich unbegrenzten Markenschutzes unterlaufen werden darf.[82] Problematischer ist die Argumentation hingegen im Fall der wertverleihenden Formgebungen, vor allem wenn die Gestaltung im Verkehr tatsächlich in erheblichem Ausmaß Unterscheidungskraft erlangt hat und von den relevanten Verkehrskreisen eindeutig als Marke wahrgenommen wird. In solchen Fällen lässt sich der Ausschluss nur rechtfertigen, wenn auf der anderen Seite tatsächlich eine gravierende, im konkreten Fall zu belegende Gefährdung der Interessen des Wettbewerbs steht.

74 Unter dem Gesichtspunkt des *ordre public* ist ferner auch das **Gebot der Bestimmtheit** von Markenanmeldungen gerechtfertigt (s. dazu § 3 Rn 28 f). So entspricht es grundlegenden Erfordernissen der Präzision und Transparenz sowie dem übergeordneten Grundsatz der Vermeidung ungerechtfertigter Wettbewerbsvorteile wenn Marken von der Eintragung ausgeschlossen werden, die sich nicht auf eine konkrete Gestaltung, sondern – wie im Fall „Dyson"[83] – auf ein dieser Gestaltung zugrundeliegendes Konzept beziehen. Allerdings dürfen an das Bestimmtheitserfordernis keine allzu hohen Anforderungen gestellt werden.[84]

IV. TRIPS

1. Designschutz ieS

75 In Art. 25, 26 TRIPS ist der Designschutz erstmalig in zusammenhängender, umfassender Form international geregelt worden. Nach Art. 25 Abs. 1 S. 1 TRIPS werden „unabhängig geschaffene" Muster und Modelle geschützt, wenn sie **neu sind oder Eigenart haben**. Die alternative Form der Formulierung wurde bewusst gewählt, um zu verhindern, dass durch die Kumulierung von Schutzvoraussetzungen der Zugang zum Designschutz erschwert wird.[85] In der gesetzgeberischen Praxis hat sich dies jedoch nicht ausgewirkt; zahlreiche Länder – so auch die EU und ihre Mitglieder – verlangen Neuheit *und* Eigenart (bzw Originalität, *non-obviousness* etc.). Die Annahme, dass TRIPS eine niedrige Schutzschwelle für international verbindlich erklärt, wird ferner dadurch konterkariert, dass nach Art. 25 Abs. 1 S. 2 TRIPS ein *wesentlicher* Abstand vom vorbekannten Formenschatz verlangt werden kann. Die Mitgliedsländer sind somit in der konkreten Festlegung der Schutzvoraussetzungen nach wie vor relativ frei.[86]

76 Vom Schutz ausgeschlossen werden können ferner Formgebungen, die „im wesentlichen aufgrund technischer und funktionaler Überlegungen vorgegeben sind" (Art. 25 Abs. 1 S. 3 TRIPS). Diese Formulierung ist weiter als im europäischen Recht und rechtfertigt daher einen weitergehenden Schutzausschluss funktional determinierter Gestaltungen. Weitere Schutzausschlussgründe – insbesondere für Muster, die gegen die guten Sitten verstoßen – sind nicht ausdrücklich vorgesehen, was jedoch nicht den Schluss zulässt, dass sie nach internationalem Recht unzulässig wären.[87]

77 Eine Sonderstellung wird in Art. 25 Abs. 2 TRIPS **Textilmustern** eingeräumt. Da solche Muster einem oft sehr kurzfristigen Umsatzzyklus unterliegen und zudem in großer Variationsbreite produziert werden, soll die Erlangung des Schutzes nicht durch hohe Kosten, langwierige Prüfungen und

---

82 Kur, GRUR 2004, 755, 758; ebenso: Ströbele, FS Mühlendahl, 2005, S. 255, 238.
83 EuGH, Rs. C-321/03, GRUR 2007, 231. Die Entscheidung betraf das Merkmal der Durchsichtigkeit des Auffangbeutels von Staubsaugern.
84 BGH GRUR 2013, 929 Rn 13 – Schokoladestäbchen II. Siehe dazu § 3 Rn 28.
85 Zu Hintergrund und Vorgeschichte der Formulierung siehe Pataky, GRUR Int. 1995, 635 ff.
86 Kur, in: Beier/Schricker (Hrsg.): From GATT to TRIPS, 1996, S. 141, 150.
87 Kur, GRUR Int. 1995, 185, 189.

Bekanntmachungserfordernisse unangemessen erschwert werden. Typische Beispiele für Regelungen, die der erleichterten Schutzerlangung dienen können, sind die Zulassung kostengünstiger Sammelanmeldungen oder die Aufschiebung der Bekanntmachung, ggf im Zusammenspiel mit der Möglichkeit, Musterproben statt reproduktionsfähiger Darstellungen einzureichen (zu den entsprechenden Regelungen in Mitgliedsstaaten der EU sowie in der Schweiz s.o. Rn 8 ff, Rn 28). Als eine besonders auf die Bedürfnisse der Textil- bzw Modeindustrie zugeschnittene Regelung kommt ferner die Einführung formloser Schutzrechte, wie des nicht eingetragenen Gemeinschaftsgeschmacksmusters, in Betracht (siehe insoweit auch den Nachahmungsschutz im japanischen UWG, oben Rn 54). Auch durch die Gewährung urheberrechtlichen Schutzes kann den Bedürfnissen der Textilindustrie Rechnung getragen werden.

Die aus der Schutzgewährung folgenden Rechte sind in Art. 26 Abs. 1 TRIPS umrissen. Der Schutz richtet sich gegen Herstellung und Vertrieb von Erzeugnissen, die „eine Nachahmung oder im wesentlichen eine Nachahmung" des geschützten Musters oder Modells darstellen. Diese Formulierung bringt zum einen zum Ausdruck, dass die **Ähnlichkeit** zwischen Schutzobjekt und Verletzungsform entscheidend ist. Zum anderen weist sie darauf hin, dass es den Verbandsländern unbenommen bleibt, nur solche Handlungen zu verbieten, die in Kenntnis der geschützten Form vorgenommen wurden. 78

Nach Art. 26 Abs. 2 TRIPS können Einschränkungen des Musterrechts vorgenommen werden, soweit sie dem sog. **Dreistufentest** entsprechen: Es muss sich 79

1. um begrenzte Ausnahmen handeln, die
2. nicht unangemessen im Widerspruch zur normalen Verwertung des Designs stehen und die
3. die berechtigten Interessen des Musterinhabers nicht unangemessen beeinträchtigen, wobei auch die berechtigten Interessen Dritter zu berücksichtigen sind.

In gleicher Form findet sich dieser Test auch im Patentrecht (Art. 30 TRIPS) sowie – mit leicht abweichendem Wortlaut – im Urheberrecht (Art. 13 TRIPS); ein weitgehend entsprechender, jedoch lediglich zweistufiger Test findet sich auch im Markenrecht (Art. 17 TRIPS). Während die Auslegung der patent-, urheber- und markenrechtlichen Vorschriften bereits Gegenstand von WTO-Panel-Verfahren gewesen ist, sind Streitigkeiten über die Reichweite von Art. 26 Abs. 2 TRIPS bisher noch nicht vor die WTO getragen worden.[88]

Die Mindestschutzdauer für Designs wird in Art. 26 Abs. 3 TRIPS auf zehn Jahre festgesetzt. Ob dieses Erfordernis erfüllt ist, ergibt sich aus einer Gesamtschau der gesetzlichen Regelungen; es schließt somit nicht aus, dass für Schutzformen, die zusätzlich zu dem allgemein zugänglichen Registerschutz Designschutz gewähren – wie etwa das nicht eingetragene Gemeinschaftsgeschmacksmuster –, eine kürzere Schutzdauer vorgesehen wird. Neben Art. 26 Abs. 3 TRIPS bleibt für Mitglieder der Genfer Fassung des Haager Musterabkommens zu beachten, dass in Art. 17 Abs. 3 (a) die Mindestschutzdauer von Designs auf 15 Jahre festgesetzt wird. 80

2. Markenschutz

Folgende Vorschriften zum internationalen Markenschutz finden sich im **TRIPS-Abkommen**: 81

- Art. 15: Definition der Zeichen, die dem Markenschutz zugänglich sein müssen;
- Art. 16: Schutzumfang von Marken;
- Art. 17: Schranken des Markenrechts;

---

88 Eine Rolle hat der musterrechtliche Dreistufentest in der Diskussion um den Kommissionsvorschlag zur Ergänzung der GRL um eine Reparaturklausel gespielt (s.o. Rn 15): In der Literatur wurde die Auffassung vertreten, dass eine solche Klausel gegen den Dreistufentest insgesamt sowie gegen jede einzelne der drei Stufen verstoßen würde (Straus, GRUR Int. 2005, 965, 970). Richtigerweise ist jedoch davon auszugehen, dass eine solche Regelung eindeutig TRIPS-konform wäre: Sie bezieht sich auf einen begrenzten Sonderfall innerhalb des Designspektrums und beeinträchtigt weder die normale Auswertung noch die berechtigten Interessen der Rechtsinhaber in unangemessener Weise.EU-Kommission, Extended Impact Assessment of the Proposal for a Directive of the European Parliament and of the Council amending Directive 98/71/EC on the Legal Protection of Designs, COM (2004) 582/SEC (2004) 1097 unter 1.2, S. 47; Drexl/Hilty/Kur, GRUR Int. 2005, 449, 455.

- Art. 18: Schutzdauer (mindestens sieben Jahre mit unbegrenzter Verlängerungsmöglichkeit);
- Art. 19: Benutzungszwang (bis zu drei Jahren darf sich die Nichtbenutzung nicht negativ auswirken);
- Art. 20: Verbot von Regelungen, die die Benutzung von Marken unnötig erschweren;
- Art. 21: Übertragung; Ausschluss von Zwangslizenzen.

82 Von praktischer Bedeutung für den Formmarkenschutz ist insoweit vor allem Art. 15 TRIPS, mit dem erstmalig eine international gültige **Definition** markenrechtlich schutzfähiger Zeichenformen eingeführt wurde. Nach Abs. 1 der Vorschrift müssen alle Zeichen und Zeichenkombinationen dem Markenschutz zugänglich sein, die geeignet sind, Waren oder Dienstleistungen eines Unternehmens von denjenigen anderer zu unterscheiden. Bei Fehlen von ursprünglicher Unterscheidungskraft kann die Eintragung von deren Erwerb durch Benutzung abhängig gemacht werden. Zeichen, die nicht visuell wahrnehmbar sind, können von der Eintragung vollständig ausgeschlossen werden.

83 Art. 15 Abs. 1 TRIPS enthält eine **Aufzählung schutzfähiger Zeichenformen**: Als prinzipiell schutzfähig werden Wörter einschließlich Personennamen, Buchstaben, Zahlen, Abbildungen und Farbkombinationen sowie Kombinationen solcher Zeichen genannt. Die Form einer Ware oder ihrer Verpackung wird in dieser Aufzählung nicht erwähnt. Daraus ist allerdings nicht zu schließen, dass solche Zeichen aus der Definition gem. Art. 15 Abs. 1 TRIPS herausfallen: Es handelt sich lediglich um eine beispielhafte, nicht abschließende Auflistung. Ausschlaggebend bleibt die Eignung des Zeichens, einen Hinweis auf die betriebliche Herkunft von Produkten zu geben, und diese Eignung kann Waren- und Verpackungsformen nicht abgesprochen werden. Es ist daher von einer international verbindlichen Regel auszugehen, nach der Markenschutz für dreidimensionale Marken einschließlich Warenform- und Verpackungsmarken möglich sein muss. Allerdings kann bei Bedenken gegen die anfängliche Unterscheidungskraft von Zeichen die Verkehrsdurchsetzung zur Voraussetzung der Eintragung gemacht werden (Art. 15 Abs. 1 S. 2 TRIPS). Außerdem bleibt eine Zurückweisung im Einzelfall unter den in der PVÜ genannten Voraussetzungen statthaft (Art. 15 Abs. 2 TRIPS). Dies bedeutet insbesondere, dass TRIPS-Mitglieder für die Entscheidung über die Zurückweisung von Marken Art. 6^{quinquies} PVÜ beachten müssen (s. dazu oben, Rn 69 ff).

V. Design Law Treaty

84 Seit einigen Jahren bemüht sich die WIPO um das Zustandekommen eines weiteren internationalen Vertrags zum Designrecht (Design Law Treaty, DLT). Ähnlich wie im Marken- und Patentrecht soll es dabei vorwiegend um die Harmonisierung sowie die Begrenzung **formaler Erfordernisse** im Zusammenhang mit der Eintragung von Designs gehen.[89] Dies betrifft beispielsweise die Formalitäten der Anmeldung und der Verlängerung, Korrektur von fehlerhaften Eintragungen, Widereinsetzung bei Fristversäumnis, Teilung von Anmeldungen etc. Die Verhandlungen werden seit 2009 im sog. Standing Committee on the Law of Trademarks, Geographical Indications and Industrial Designs (SCT) geführt und sind in der Sache bereits relativ weit gediehen. Die Durchführung einer ursprünglich für 2014 vorgesehenen Diplomatischen Konferenz wurde jedoch aus vorwiegend politischen Gründen vertagt, u.a. weil unterschiedliche Auffassungen über Art und Ausmaß der von der WIPO zu leistenden technischen Unterstützung bestanden.[90]

---

89 Zum Markenrecht s. den Markenrechtsvertrag (Trademark Law Treaty [TLT] 1994) sowie den Vertrag von Singapur (2006); im Patentrecht s. den Patentrechtsvertrag (Patent Law Treaty [PLT] 2000).
90 Für weitere Einzelheiten und den Stand der Verhandlungen s. die Webseite der WIPO (www.wipo.int).

Abbildungsnachweise und Danksagungen

§ 2 Eingetragene Designs und Gemeinschaftsgeschmacksmuster

Abb. 48:	Ferrari F2001	www.supercars.net
Abb. 50:	Massagekugel	Jochen Schädler für Dr. Helmut Eichmann
Abb. 62–70:	Vorbekannter Formenschatz	BGH v. 28.9.2011 – I ZR 23/10 = GRUR 2012, 512 – Kinderwagen I
Abb. 74:	„Febreze" (Produktbeispiel)	Jochen Schädler für Dr. Helmut Eichmann
Abb. 75:	„Airwick" (Produktbeispiel)	Supreme Court London v. 10.10.2007 – [2007] EWCA Civ 936
Abb. 76:	Gegenüberstellung (Seitenansicht) „Febreze" und „Airwick"	Supreme Court London v. 10.10.2007 – [2007] EWCA Civ 936
Abb. 78:	Chinesisches Haarshampoo	Aerosol Europe, Vol. 9, No. 4-2001
Abb. 83:	Klagegeschmacksmuster	BGH v. 24.3.2011 – I ZR 211/08 = GRUR 2011, 1112 – Schreibgerät
Abb. 84:	Verletzungsform	BGH v. 24.3.2011 – I ZR 211/08 = GRUR 2011, 1112 – Schreibgerät

§ 3 Markenrecht

Abb. 1:	Apple Store	EuGH v. 10.7.2014 – Rs. C-421/13 = GRUR 2014, 866 – Apple
Abb. 2:	Schokoladestäbchen	BPatG v. 21.7.2011 – 25 W (pat) 8/09 = GRUR 2012, 283 – Schokoladestäbchen
Abb. 3:	Variable Marke	BGH v. 6.2.2013 – I ZB 85/11 = GRUR 2013, 1046 – Variable Bildmarke
Abb. 4:	Tripp-Trapp-Stuhl	EuGH v. 18.9.2014 – Rs. C-205/13 = GRUR 2014, 1097 – Hauck/Stokke
Abb. 12:	Linde-Gabelstapler	BGH v. 20.11.2003 – I ZB 15/98 = GRUR 2004, 502 – Gabelstapler II
Abb. 13:	Winward-Taschenlampe	BGH v. 20.11.2003 – I ZB 18/98 = GRUR 2004, 506 – Stabtaschenlampen II
Abb. 16:	Dimple-Flasche	BPatG v. 10.12.1997 – 26 W (pat) 77/97 = GRUR 1998, 580 – Dimple-Flasche
Abb. 22:	Roter Streifen im Schuhabsatz	BPatG v. 14.10.1997 – 27 W (pat) 140/96 = GRUR 1998, 390 – Roter Streifen im Schuhabsatz
Abb. 23:	Umsäumter Winkel	EuGH v. 26.4.2012 – Rs. C-307/11 P = GRUR 2013, 519 – Deichmann/HABM (Winkel)
Abb. 24	Socken mit kontrastfarbiger Einfärbung (orange) im Zehenbereich	EuG v. 15.6.2010 – Rs. T-547/08 = GRUR-Prax 2010, 412 – X Technology/HABM
Abb. 25:	Steiff-Knopf im Ohr	EuG v. 16.1.2014 – Rs. T-434/12 = GRUR 2014, 285 – Margarete Steiff/HABM

Abb. 27:	Porsche mit Aluminiumrädern	BGH v. 15.7.2004 – I ZR 37/01 = GRUR 2005, 163 – Aluminiumräder
Abb. 29:	Riegelein-Schokohase	BGH v. 26.10.2006 – I ZR 37/04 = GRUR 2007, 235 – Goldhase
Abb. 31:	Salzcracker der Beklagten	BGH v. 25.10.2007 – I ZR 18/05 = GRUR 2008, 505 – TUC-Salzcracker

§ 5 Technische Schutzrechte

Abb. 1:	Thonet – Stuhl aus Bugholz	Michael Gerlach für THONET GmbH
Abb. 2:	Patentzeichnung französisches Patent	Archiv THONET GmbH
Abb. 3:	Thonet – Schaukelstuhl aus Bugholz	Werkfoto THONET GmbH
Abb. 4:	Patentzeichnung österreichisches Patent	Archiv THONET GmbH
Abb. 5:	Breuer – Stahlrohrhocker-Set B 9	Michael Gerlach für THONET GmbH
Abb. 6:	Breuer – Stahlrohrstuhl B 5	Michael Gerlach für THONET GmbH
Abb. 7:	Breuer – Stahlrohrsessel „Wassily"	Werkfoto Knoll International
Abb. 8:	Breuer – Klappversion Stahlrohrsessel B 4	Werkfoto Tecta Axel und Werner Bruchhäuser oHG
Abb. 9:	Stam – Eisenrohrstuhl Rekonstruktion	TECTA-Archiv
Abb. 10:	Stam – Eisenrohrstuhl 1926	TECTA-Archiv
Abb. 11:	Mies van der Rohe – Stahlrohrsessel MR 10	Werkfoto Tecta Axel und Werner Bruchhäuser oHG
Abb. 12:	Mies van der Rohe – Stahlrohrsessel MR 20	Werkfoto Tecta Axel und Werner Bruchhäuser oHG
Abb. 13:	Patentzeichnung	US-Patent Nr. 1 491 918
Abb. 14 a u. 14 b:	Patentschrift	Deutsches Patent Nr. 467 242
Abb. 15:	Breuer – Stahlrohrstuhl B 33	Michael Gerlach für THONET GmbH
Abb. 16:	Breuer – Stahlrohrstuhl B 32	Michael Gerlach für THONET GmbH
Abb. 17:	Breuer – Stahlrohrstuhl B 64	Michael Gerlach für THONET GmbH

§ 6 Der wettbewerbsrechtliche Nachahmungsschutz

Abb. 1:	Aufbau des Auges	Fa. Decode, Hamburg
Abb. 2:	Warenregal	Fa. Decode, Hamburg
Abb. 3:	Kamel	Fotografie Dr. Andreas Lubberger
Abb. 4:	Tische	Fa. Decode, Hamburg
Abb. 5:	Giraffe	Shchipkova Elena/Fotolia.com
Abb. 6:	Zebra	Bokica/Fotolia.com
Abb. 7:	Birken	Elena Kovaleva/Fotolia.com

Abbildungsnachweise und Danksagungen

Abb. 8:	Wollgras	beesandmore/Fotolia.com
Abb. 9:	Kessler Zwillinge	en.wikipedia.org
Abb. 10:	Jackson Five	de.wikipedia.org
Abb. 11:	Audi A 4	Pressefoto Audi AG
Abb. 12:	Audi A 6	Pressefoto Audi AG
Abb. 13:	Messerkennzeichnung	BGH v. 15.6.2000 – I ZR 90/98 = GRUR 2001, 251 – Messerkennzeichnung
Abb. 14:	ICON-Tisch	BGH v. 26.6.2008 – I ZR 170/05 – ICON
Abb. 15:	ICON-Parallelschöpfung	BGH v. 26.6.2008 – I ZR 170/05 – ICON
Abb. 16:	Nivea-Dose	Pressefoto Beiersdorf AG
Abb. 17:	Zack-Handtuchklemme	Zack GmbH, Oststeinbeck
Abb. 18:	Viennetta-Verpackung	BGH v. 19.10.2000 – I ZR 225/98 = GRUR 2001, 443 – Vienetta
Abb. 19:	Schöller-Verpackung	BGH v. 19.10.2000 – I ZR 225/98 = GRUR 2001, 443 – Vienetta
Abb. 20:	Birkin-Bag	Hermès International, Paris
Abb. 21:	Marlboro/Goldfield	Fotografie Dr. Andreas Lubberger
Abb. 22:	Beschlagprogramm	BGH v. 6.2.1986 – I ZR 243/83 = GRUR 1986, 83 – Beschlagprogramm
Abb. 23:	Regalelemente USM Haller	USM U. Schärer Söhne AG, Münsingen (CH)
Abb. 24:	Fischer-Dübel	fischerwerke GmbH & Co. KG
Abb. 25:	Lego-Steine	Pressefoto Lego
Abb. 26:	Resektoskop	Olympus Winter & Ibe GmbH, Hamburg
Abb. 27:	Viennetta-Eistorte	Fotografie Dr. Andreas Lubberger
Abb. 28:	Reneé Fleming	Coty Prestige Lancaster Group GmbH, Mainz

Alle weiteren Abbildungen stammen aus öffentlich zugänglichen Registern der jeweils zuständigen Erteilungsbehörden. Sämtliche Abbildungen dienen ausschließlich der beispielhaften Veranschaulichung. Geschützte Marken sind nicht gekennzeichnet.

Die abgebildeten Möbel sind – soweit nichts anderes angegeben – autorisierte und originalgetreue Reeditionen der Originalmodelle.

Die Herausgeber danken folgenden Firmen für die Unterstützung bei der Beschaffung von Bildmaterial:

- Tecta Axel und Werner Bruchhäuser oHG, 37697 Lauenförde
- THONET GmbH, 35066 Frankenberg

Ein weiterer Dank der Herausgeber gilt Herrn Dr. jur. Miroslav Gwozdz, der das Werk initiiert und nach der 1. Auflage auch die 2. Auflage in allen Belangen betreut und mit unermüdlichem Einsatz vorangetrieben hat.

Stichwortverzeichnis

Die Angaben verweisen auf die Paragrafen des Buches (**fette Zahlen**) sowie die Randnummern innerhalb der einzelnen Paragrafen (magere Zahlen).
Beispiel: § 9 Rn 10 = **9** 10

Abbildungen
– als beschreibende Zeichen **3** 90
Abmahnung
– Rechtsnatur **11** 47
Abnehmerwarnung **11** 49
Abschlusserklärung
– Erklärungsfrist **11** 61
– Gebührenerstattung **11** 61
– nach einstweiliger Verfügung **11** 61
– Wartefrist **11** 61
Abstand, gestalterischer **6** 41, 46, 53, 112, 113
Abstrakte Farbmarken
– Freihaltebedürfnis **3** 78
Abtretung
– dinglicher Vertrag **10** 12
– Formerfordernisse **10** 14
– Formfreiheit **10** 14
– Rechtsfolgen **10** 12
– Vertragsabschluss **10** 12
Abwehrrecht **1** 5
– aus älterem Recht **11** 18
Abwendungsbefugnis **11** 20
Adhäsionsverfahren **12** 34 ff
– Absehensentscheidung **12** 38
– Antrag **12** 35
– Rechtsmittel **12** 36
– Rechtsmittel gegen Absehensentscheidung **12** 38
– Verzögerung des Verfahrens **12** 38
– Vorteile **12** 37
Ähnlichkeit, Unähnlichkeit **6** 6, 17 ff, 22, 25, 34, 41, 43, 52, 81 f, 102, 119
Akteneinsicht im Strafverfahren **12** 25
Aktivlegitimation **6** 70
– Lizenznehmer **11** 22
– Rechtsinhaber **11** 22
– Rechtsnachfolger **11** 22
Aldi **6** 119
Ältere Rechte Dritter **1** 6
Älteres Recht **11** 17
Alternative Gestaltungen
– Karosserieteile (BGH, BPatG) **3** 60

Alu-Chair (HABM) **3** 67
Aluminiumräder (BGH) **3** 173
Amtsprüfung der Schutzvoraussetzungen
– in Mitgliedsstaaten der EU **13** 7
Anbauteile
– Designfähigkeit **2** 19, 29
Anbieten **6** 36, 49, **11** 25
– Bereitschaft zum Inverkehrbringen **11** 26
– durch Werbemaßnahmen **11** 26
– von Nachahmungen **12** 7
Änderungsverbot **9** 17 ff
– bei Designerbenennung **9** 20
– bei geschützten Designs **9** 20
– bei Lizenzverhältnis **9** 20
Anerkenntnis, sofortiges **11** 47
Anerkennungsrecht
– bei Bearbeitung **9** 10
– des Arbeitnehmers **9** 10
– im Designrecht **9** 10
– Zuordnung fremder Werke **9** 9
Angemessene Beteiligung **4** 77
– bei auffälligem Missverhältnis **4** 80
Angewandte Kunst **4** 3, 4 ff, 15 ff
– Abgrenzung zur reinen Kunst **4** 39
– geänderte BGH-Rechtsprechung **4** 18
Anklageerhebung, Privatklage **12** 26
Ankündigungsrecht **11** 34
Anlehnung, subtile **6** 52
Anleitungen
– Designfähigkeit **2** 19, 36, 42
Anmeldeerfordernisse
– in Mitgliedsstaaten der EU **13** 8
Anmelder **1** 13
Anmeldestrategien **2** 47 ff
– Absicherung des Benutzungsrechts **2** 47
– Absicherung des Prioritätsrechts **2** 47
– Aufteilung in mehrere Schutzrechte **2** 52
– Darstellung in Farbe **2** 49
– Darstellung in Schwarz-Weiß **2** 49 f
– Defensiveintragungen **2** 51
– für Grenzbeschlagnahme **2** 52
– für Verbietungsrecht **2** 47
– gegen Produktpiraterie **2** 52

- in Betracht kommende Schutzrechtsarten 2 54
- Mehrfacheintragungen 2 52
- naturalistische Darstellung 2 48
- Prioritätsbegründung 2 53 f
- Sammelanmeldung 2 52
- Sammelanmeldung für Defensiveintragungen 2 52
- Sammelanmeldung für Vorratseintragungen 2 52
- schematische Darstellung 2 48
- Schutzterritorium 2 53
- Teilschutz 2 50
- verallgemeinernde Darstellung 2 48
- Vorratseintragungen 2 51

Anordnung 4 27

Anordnung von Erzeugnissen 2 29
- Designfähigkeit 2 19, 26, 29, 37

Anorganische Naturprodukte 2 20

Anschlussdurchsuchung 12 24

Ansprüche *siehe auch* Gemeinschaftsrechte
- Auskunft 11 7
- bei Gemeinschaftsrechten 11 12
- Besichtigung 11 11
- Drittauskunft 11 9
- Rechnungslegung 11 7
- Rückruf 11 8
- Schadensersatzanspruch 11 3
- Sicherung von Schadensersatzansprüchen 11 11
- Unterlassungsanspruch 11 2
- Urteilsbekanntmachung 11 10
- Vernichtung 11 8
- Vorlage 11 11

Anspruchsbeteiligte 11 22 f

Anspruchsdurchsetzung 11 1

Anspruchsgrundlage 11 39

Anstifter 11 23

Antragsformulierung
- Auskunftserteilung 11 73
- bei einstweiliger Verfügung 11 68
- bei farbiger Produktgestaltung 11 70
- bei geschützten Designs 11 69
- bei Teilschutz 11 72
- bei Werken der angewandten Kunst 11 69
- bei zwei Farbvarianten 11 70
- beim wettbewerbsrechtlichen Nachahmungsschutz 11 69
- Bestimmtheitserfordernis 11 68, 71

- Feststellung der Schadensersatzpflicht 11 73
- im Klageverfahren 11 68
- im Markenrecht 11 69
- konkrete Verletzungsform 11 68
- Merkmalsgliederung 11 71
- mit Abbildung 11 70
- mit Farbfotografie 11 70
- mit Gattungsbezeichnung 11 69
- mit Schwarz-Weiß-Fotografie 11 70
- mit verbalen Merkmalen 11 71
- Produktabbildung 11 69, 71
- Rechnungslegung 11 73
- Unterlassungsantrag 11 68

Anwartschaft
- Rechtsnachfolge 10 11
- Rechtsnatur 10 11

Anwartschaftsrecht 2 97

Apple-Store (EuGH) 3 27

Äquivalenz 5 15

Arbeitnehmer
- Anerkennungsrecht 9 10

Arbeitnehmerdesign 1 13
- freie Entwicklung 10 5
- gebundene Entwicklung 10 5
- gesetzliche Regelungen 10 5
- Inanspruchnahme 10 5
- Recht auf Designschutzrecht 10 5
- Vergütungsanspruch 10 5
- Verwertung durch Arbeitnehmer 10 5

Arbeitsverfahren
- Designfähigkeit 2 42

Architekturfotografien 4 89

Arrangements von Früchten
- Designfähigkeit 2 35

Ästhetische Formschöpfungen
- Ausschluss vom Gebrauchsmusterschutz 5 9
- Ausschluss vom Patentschutz 5 9
- Schutzausschluss für – 2 186

Ästhetische Wirkung
- Schutz für – 2 186

Ästhetischer Gehalt 4 10

Aufbrauchsfrist 11 21

Aufmachungen
- Designfähigkeit 2 20

Aufmerksamkeit 6 4, 71
- gebotene – 6 24
- gesteigerte – 6 72, 81

- situationsadäquate - 6 15
- Unaufmerksamkeit 6 72

Aufmerksamkeitsausbeutung 6 68

Aufschiebung der Bekanntmachung
- Aufschiebungsfrist 2 110
- in Mitgliedsstaaten der EU 13 9
- Schutzdauer 2 110

Auftragnehmerdesign 1 13
- Recht auf Designschutzrecht 10 4 f

Auftragsentwurf 10 3

Aufwand 4 28

Ausfuhr 1 15, 11 29, 12 7

Ausführungsformen 6 95

Auskunftsanspruch 11 7

Auskunftserteilung 11 73

Ausland
- Designschutz im - 1 16 f, 13 1 ff

Ausländerschutz 6 68, 73

Ausländische Staatsangehörige 1 17

Auslandsanmeldung
- Priorität der - 2 76

Auslandsmärkte 6 47

Auslandspriorität 1 17, 2 53, 76
- Voraussetzungen 2 76
- Wirkungen 2 76

Auslegung
- Bedeutung von Sprachfassungen 2 4
- Gemeinschaftsvorschriften 2 4
- Gesetzesbestimmungen 2 4
- richtlinienkonforme - 2 4

Außergerichtliche Streitbeilegung 11 47

Äußerlichkeiten 6 52, 59

Aussetzung des Rechtsstreits
- bei internationaler Zuständigkeit 11 66
- bei Nichtigkeitsantrag 11 77
- Beschluss 11 78
- Ermessensentscheidung 11 78
- Interessenabwägung 11 78
- Vorgreiflichkeit 11 78

Ausstattung 2 9

Ausstattungsmerkmale 6 38

Ausstattungsschutz, § 25 WZG 3 10

Ausstellen 11 27

Ausstellungskatalog 4 74

Ausstellungspriorität
- geschützte Ausstellungen 2 76
- Voraussetzungen 2 76

- Wirkungen 2 76

Ausstellungsrecht 4 64, 9 7

Austauschteile für Automobilkarosserien
- Vorabentscheidungsersuchen 2 2

Auswahl 4 27

Automobile 2 21

Bang & Olufsen (HABM; EuG) 3 67

Bang & Olufsen-Lautsprecher (HABM; EuGH) 3 105

Bauelemente 2 9

Bauelemente von komplexen Erzeugnissen
- Auslegungsprobleme 2 92
- Bauelemente, 2 93
- bestimmungsgemäße Verwendung 2 93
- Endbenutzer 2 93
- Instandhaltung 2 93
- komplexes Erzeugnis 2 93
- Reparatur 2 93
- Wartung 2 93
- Zusammenbau 2 93

Bearbeitung
- Abgrenzung zur freien Benutzung 4 57
- Änderung der Größenverhältnisse 4 44
- Dimensionswechsel 4 44
- eigenes Veröffentlichungsrecht 9 7
- handwerkliche - 2 20
- industrielle - 2 20
- Materialwechsel 4 44
- Urheberrechtsschutz 4 42
- Weiterentwicklung einer Serie 4 43 f

Bearbeitungsrecht 4 57

Beeinträchtigung des Werkes 9 17 ff
- anderer Sachzugang 9 18
- der geistigen Substanz 9 18
- Interessenabwägung 9 19
- Prüfungsfolge 9 18 f
- Substanzeingriff 9 18

Begehungsgefahr
- bei Unterlassungsanspruch 11 2
- für Anbieten 11 37
- für bevorstehende Handlungen 11 36 f
- für Gebiet der EU 11 36
- für Inverkehrbringen 11 37
- für weitere Handlungen 11 36

Behinderung 6 38, 74, 89
- Behinderungsverbot 6 26

Bekannte Marke
- Bekanntheit als Schutzvoraussetzung 3 159

– erweiteter Schutz gegen Rufausbeutung und Rufbeeinträchtigung 3 157 ff
– Maßstab bei Beurteilung der Markenähnlichkeit 3 158
– Opel/Autec (BGH) 3 162
– Rechtfertigungsgründe 3 162
– Verletzungstatbestände 3 160

Bekanntheit 6 24, 53, 73, 75, 83
– Bekanntheitsschutz 6 26, 68, 75, 121
– Darlegung 6 76

Bekanntheit im Verkehr 6 45, 58, 117
– Steigerung der wettbewerblichen Eigenart 6 60

Benennungsrecht
– bei geschützten Designs 9 13
– des Arbeitnehmers 9 13
– für Entwerferteam 9 13
– Rechtsfolgen bei Nichtbeachtung 9 13
– vertragliche Grundlage 9 13
– von Mitentwerfern 9 13

Benutzung als Marke
– als Voraussetzung der Markenverletzung in der Rechtsprechung des BGH 3 136 f
– als Voraussetzung der Markenverletzung in der Rspr. des BGH 3 156

Benutzung für Waren oder Dienstleistungen
– als Voraussetzung der Markenverletzung 3 136 ff
– Aluminiumräder (BGH) 3 138
– bei bekannten Marken 3 139

Benutzung im geschäftlichen Verkehr
– als Voraussetzung der Markenverletzung 3 133 ff

Benutzungshandlungen
– Anbieten 11 25
– Ausfuhr 11 29
– Ausstellen 11 27
– Besitz 11 28
– Durchfuhr 11 29
– Einfuhr 11 29
– Feilhalten 11 25
– Gebrauch 11 30
– Herstellen 11 31
– Inverkehrbringen 11 25, 32
– Lagerung 11 28
– Leasing 11 30
– Leihe 11 30
– Reparatur 11 31
– Systematik 11 25
– Verbreiten 11 25

– Verleihen 11 33
– Vermieten 11 33
– Werbeankündigung 11 34
– Wiedergabe 11 35

Benutzungsmarken 3 22
– im Gemeinschaftsmarkenrecht 3 23

Benutzungsrecht 1 5, 11 17

Benutzungszwang 3 176 ff
– abweichende Form 3 179
– bei Lizenzvertrag 10 54
– Benutzung als Marke als Voraussetzung der rechtserhaltenden Benutzung 3 178
– Benutzung zu Exportzwecken 3 176
– ernsthafte Benutzung 3 177 f
– kein – für geschützte Designs 2 5, 16
– Konsequenzen mangelnder Benutzung für Designs, PVÜ 13 65

Berechtigungsanfrage
– Antwort auf – 11 50
– Kostenerstattung 11 50
– Meinungsaustausch 11 50

Beschreibende Angabe
– als Schranke des Markenrechts 3 165 ff
– Formmarken als – 3 167 f

Beschreibende Zeichen
– Allgemeininteressen 3 77
– Formgebungen als –: Rechtspraxis von BGH und BPatG 3 99
– Formmarken als – 3 84, 89 ff

Beschreibender Charakter von Formgebungen
– Auswirkung der Eigenständigkeit der Schutzvoraussetzungen 3 79

Beschreibung
– als Disclaimer 2 124
– Bedeutung für Schutzgegenstand 2 124
– nach Aufschiebung der Bekanntmachung 2 124
– von Oberflächenstrukturen 2 124
– von taktilen Erscheinungsmerkmale 2 13
– von Werkstoffen 2 124
– zur Erläuterung der Wiedergabe 2 124
– zur Schutzbeschränkung 2 124

Besichtigungsanspruch 11 11

Besitz 11 28

Besitzüberlassung 4 53 ff

Besonderheiten des Produkts 6 93

Besteck
– Sätze von Gegenständen 2 37

Besteller 10 3

Bestimmtheitserfordernis 3 28 ff
– Auswirkung auf den Schutz des Apple-Store 3 29
Bestimmungshinweis
– als Schranke des Markenrechts 3 172
Betragslizenz 10 61
Betriebsgeheimnis 6 69
Betriebsgeheimnis-Verrat 12 5
Betrug 12 1
Beurteilungskategorien, Hierarchie der 6 86
Bewegungsdarstellungen
– Designfähigkeit 2 22, 44
Bewegungsmarken 3 32
Beweislast
– für urheberrechtliche Schutzfähigkeit 4 31
– Zumutbarkeit 6 81
Beweismittel
– Strafverfahren 12 15
Bewertung 10 83
Bildende Kunst 4 6
Bildmarke 3 2
– Gemeinschaftsmarke 7 162
– IR-Marke 7 193
– Schutzfähigkeit von –n 3 108 ff
– Verhältnis zu geschützten Designs 2 182
Bildschirmdarstellungen
– Designfähigkeit 2 22, 36
Bildschirmschoner
– Designfähigkeit 2 25
Binnenmarkt
– Bedeutung für Lizenzverträge 10 51
Blomqvist (EuGH) 3 135
Blumenrabatte
– Designfähigkeit 2 26
Blumensträuße
– Designfähigkeit 2 35
Bösgläubige Anmeldung 3 118 ff
– Ersichtlichkeit des Schutzhindernisses 3 122
Branchenübung 10 6
Breuer, Marcel 5 13, 16
Brücken
– Designfähigkeit 2 22
Bruttogewinnprinzip 12 30
Buchstaben
– Designfähigkeit 2 23

Buchstabenfolgen
– Designfähigkeit 2 23, 45
Bugholz 5 12, 16
Chiemsee (EuGH) 3 123
Computeranimation 4 34, 92
Computerbilder 4 91
Computerprogramm 2 9
– Designfähigkeit 2 22
Copyright Approach 4 16
Corporate Identity 6 23
Cremes
– Designfähigkeit 2 24
Darstellung
– in Farbe 2 49
– in Schwarz-Weiß 2 49
– naturalistische – 2 48
– schematische – 2 48
– verallgemeinernde – 2 48
– von mehreren Erzeugnissen 2 14
– wissenschaftlicher oder technischer Art 4 41
Darstellungstechniken 2 24 f
Defensiveintragung 2 51 f
– Anmeldestrategien 2 51
Defensivmuster 2 5
Dekor
– Designfähigkeit 2 43
Design
– Begriff 2 6, 18
– Inlandsvertreter 8 9
– Löschung 8 6
– Nichtigkeit 8 2
– Nichtigkeit und Löschung 8 1
– Nichtigkeitsgründe, absolute 8 5
– Nichtigkeitsurteil 8 8
– Schutzdauer 8 8
– Strafbestimmungen 12 8
– Verzicht 8 8
– Verzichtserklärung 8 8
– Widerklage 8 2
design approach 2 10, 122, 4 16
Design Law Treaty 13 84
Design patents (USA) 13 36
Designanmeldung, international
– Anmelder 7 89
– Aufschiebung der Bekanntmachung 7 97
– elektronische Anmeldung 7 93

- Formerfordernisse 7 91
- Gebühren 7 98
- Laufzeit 7 101
- Sammelanmeldung 7 95
- Sprache 7 96
- Verfahren 7 86
- WIPO 7 88

Designanmeldung, national 7 2
- Anmeldeberechtigter 7 8
- Arbeitgeber 7 6
- Arbeitnehmer 7 6
- Aufschiebung der Bekanntmachung 7 25 f
- Ausstellungspriorität 7 30
- Beschreibung 7 18
- Eintragung 7 34
- elektronische Anmeldung 7 11
- Entwerfernennung 7 9
- Formerfordernisse 7 10
- Gebühren 7 32
- Identifizierbarkeit des Anmelders 7 12
- Inlandsvertreter 7 4
- Laufzeit 7 41
- Prüfung 7 34
- Rechtsmittel 7 40
- Sammelanmeldung 7 22
- Schutzausschluss 7 24
- Unionspriorität 7 28
- Warenliste 7 21
- Wiedergabe 7 13, 27

Designerpersönlichkeitsrecht 1 5, 9 1 ff
- Beginn 9 3
- Einschränkungen 9 2
- Ende 9 3
- Entstehung 9 3
- ideelle Grundlagen 9 1
- materielle Auswirkungen 9 2
- postmortales – 9 3
- Rechtsfolgen 9 2
- Rechtsgrundlagen 9 1, 6
- Schutzgegenstand 9 2
- Übergang 9 2
- Unübertragbarkeit 9 3
- vertragliche Regelung 9 1, 6
- Wesen 9 1

Designerprodukte 6 52, 105

Designfähigkeit
- Anbauteile 2 19, 29
- animierte Zeichen 2 22
- Anleitungen 2 19, 36, 42
- Anordnungen von Erzeugnissen 2 19, 26, 29, 38

- Arbeitsverfahren 2 42
- Arrangements von Früchten 2 35
- Aufmachung 2 20
- Ausstattung 2 20
- Bauelemente 2 21, 30, 42
- Bauwerke 2 22, 26
- Bearbeitung 2 40
- Bearbeitung, handwerkliche 2 40
- Bearbeitung, industrielle 2 40
- Bearbeitung von Pflanzen 2 26
- Bearbeitung von Teilen toter Tiere 2 40
- Benutzeroberflächen 2 22
- Beschreibung 2 42
- Besteck 2 37
- Bewegungsdarstellungen 2 22, 44
- Biegsamkeit 2 44
- bildliche Zeichen 2 28
- Bildschirmdarstellungen 2 22, 36
- Bildschirmschoner 2 25
- Blumenrabatte 2 26
- Blumensträuße 2 35
- Brücken 2 22
- Buchstaben 2 23
- Buchstabenfolgen 2 23, 45
- Computerprogramme 2 22
- Cremes 2 24
- Darstellungstechniken 2 28
- Dekore 2 43
- Detailansichten 2 39
- dreidimensionale Strukturmerkmale 2 44
- Drucksachen 2 40
- Embleme 2 28
- Etiketten 2 44
- Farben 2 24
- Farbgebung 2 23, 24, 27, 43
- Farbkombinationen 2 24
- Feuerwerk 2 31
- Filme 2 25
- Flüssigkeiten 2 25, 28
- Formgebung 2 27
- Fotografie 2 24 f
- Frisuren 2 32
- Gartengestaltungen 2 26, 36
- gedanklicher Inhalt 2 45
- Gehör 2 40
- Gemenge von Feststoffen 2 27
- Geräusche 2 32, 40
- Gerüche 2 27
- Geschmacksmerkmale 2 27
- Gestalt 2 32
- Getränke 2 28

Stichwortverzeichnis

- Geweihe 2 40
- gewerbliche Tätigkeit 2 38
- Gewicht 2 44
- Glanzeffekte 2 44
- Glanzwirkungen 2 24
- Golfplätze 2 26
- Grafikdesign 2 28
- grafische Symbole 2 28, 45
- Granulate 2 27
- haptische Wirkung 2 38, 44
- Haushaltsartikel 2 43
- Herstellungsverfahren 2 42
- Homepages 2 22
- Icons 2 22
- Illuminationen 2 31
- Innenausstattungen 2 29
- Inneneinrichtungen 2 29, 36
- klangliche Eigenschaft 2 45
- Kochrezepte 2 36
- Kombination von Erzeugnissen 2 29
- Kombinationswirkung 2 37
- komplexes Erzeugnis 2 21, 30, 42
- Kompositionen 2 40
- Konturen 2 32
- Korallen 2 40
- künstliche Flammen 2 31
- Kunstwerke 2 31
- Landschaftsgestaltungen 2 31
- Laserstrahlen 2 31
- Laufbilder 2 25
- Lebensmittel 2 38
- Leder 2 40
- Lichteffekte 2 31
- Linien 2 32
- Logo 2 28, 32
- Marken 2 32
- Masken 2 32
- Mauern 2 22
- menschliche Körper 2 32
- Menüs 2 22
- Monogramme 2 38
- Muschelperlen 2 40
- Musik 2 32, 40
- Naturprodukt 2 35
- Naturprodukte, anorganische 2 20
- Oberflächendekorationen 2 43
- Oberflächenstrukturen 2 34
- Perücken 2 32
- Pflanzen 2 26, 35
- Pflanzenkränze 2 35
- physikalische Eigenschaften 2 44
- Piktogramme 2 35, 38
- Pläne 2 36
- Projektionen 2 31, 36
- Reparatur 2 42
- Rezepte 2 36
- Rezepturen 2 36
- Riechmuster 2 27
- Sammelanmeldung 2 43
- Sätze von Erzeugnissen 2 29
- Sätze von Gegenständen 2 37
- Schallwellen 2 40
- Schmeckmerkmale 2 27
- Schnittdarstellungen 2 36
- Sets 2 38
- Speiseeis 2 38
- Spielwaren 2 32
- Tastmuster 2 38
- Tätowierungen 2 32
- technische Schutzrechte 2 42, 44
- technische Wirkungen 2 44
- Teile von Erzeugnissen 2 39
- Texte 2 41, 43
- Tiere 2 40
- Tierkreiszeichen 2 28
- Töne 2 32, 40
- Tonfolgen 2 40
- Tunnels 2 22
- typografische Schriftzeichen 2 23, 41, 46
- Unterführungen 2 22
- Urproduktion 2 35, 40
- Verfahrensschutz 2 42
- Verpackung 2 42
- Verpackungen 2 20
- Verwendungszweck 2 42
- Verzierung 2 43
- Verzierungen 2 23
- Wappen 2 28
- Warenklassen 2 43
- Websites 2 22
- Werbeanzeigen 2 44
- Werbemittel 2 20, 44
- Werbeschilder 2 44
- Werke der angewandten Kunst 2 31
- Werke der reinen Kunst 2 31, 43
- Werkstoff 2 43, 44
- Wörter 2 45
- Wortzeichen 2 45
- Zahlen 2 46
- Zahlenmarke 2 46
- Zeichen 2 45
- Ziffern 2 46

Stichwortverzeichnis

– Zwischenfabrikat 2 46
Designgesetz
– Auslegung 2 4
Designgesetz (Schweiz) 13 25 ff
– Eintragungsverfahren 13 28
– gerichtliche Zuständigkeit 13 34
– Inhaber des Rechts 13 29
– Mitbenutzungsrecht 13 32
– Rechtsfolgen der Verletzung 13 34
– Schutzdauer 13 30
– Schutzgegenstand 13 27
– Schutzinhalt 13 30
– Schutzschranken 13 33
– Schutzumfang 13 31
– Schutzvoraussetzungen 13 27
– Vorbenutzungsrecht 13 32
– Weiterbenutzungsrecht 13 32
Designkauf 10 6
Designobjekte
– Integrität 9 1, 20
Designqualität
– Unerheblichkeit der für die markenrechtliche Prüfung 3 104 f
– Windkonverter-Gondel (EuG) 3 104
Designschutz 6 1, 29, 33, 39
– Abgrenzung zum Markenrecht 3 62
– im Ausland, Überblick 13 1 ff
– Rechtsgrundlagen 1 1 ff
– Verhältnis zum Urheberrechtsschutz 4 18
Designschutzrecht
– Recht auf – 10 3
Designschutzrechte 1 4
Designtendenzen
– Bedeutung für Gestaltungsfreiheit 2 136
dessin ou modèle 2 6
Dienstleistungen 6 1, 40, 84
Dimensionswechsel 4 44
Dimple-Flasche (BPatG) 3 100
Disclaimer
– in Beschreibung 2 124
Diskriminierungsverbot im EG-Vertrag
– Tod's/Heyraud (EuGH) 13 62
Doppelidentität 3 140 ff
Doppelschöpfung 4 11, 65
down payment 10 62
DPMA
– Designanmeldung 7 2

– Gemeinschaftsgeschmacksmusteranmeldung 7 48
– Markenanmeldung 7 113
Dreidimensionale Erzeugnisse 1 2
Dreidimensionale Marke
– Gemeinschaftsmarke 7 164
– IR-Marke 7 193
– nationale Marke 7 121
– Verhältnis zu geschützten Designs 2 183
Dringlichkeit 11 60
Drittauskunft
– Aufdeckung der Quellen 11 9
– Aufdeckung der Vertriebswege 11 9
– Auskunftsinhalt 11 9
– Auskunftspflicht 11 9
– bei Gemeinschaftsrechten 11 12
– einstweilige Verfügung 11 9
Drittempfängerverfall 12 30
Drittkennzeichen
– Fremdkennzeichen 6 69, 80 f
Drucksachen
– Designfähigkeit 2 40
Durchfuhr 11 29
Durchschnittsfachmann 5 8
Durchsetzungsrichtlinie 11 1, 13
Durchsuchung 12 22
– Sicherstellung von Beweismitteln 12 22
Dyson (EuGH) 3 28
Eames-Chair (HABM) 3 67
Eigenart
– Ähnlichkeiten in essentiellen Merkmalen 2 72
– Allgemeines 2 62
– Anforderungen 2 68
– Begriff 2 67
– Beurteilungsgrundsätze 2 62
– des wettbewerbsrechtlichen Nachahmungsschutzes 6 32
– Einzelvergleich 2 68 f
– Gegenüberstellung mit nächstkommendem Design 2 69
– Gegenüberstellung mit vorbekanntem Formenschatz 2 67, 69
– Glaubhaftmachung 11 80, 86
– Grad der Gestaltungsfreiheit 2 64
– Grad der Unterschiedlichkeit 2 70
– Kombinationsmuster 2 68
– Kombinationswirkung 2 68
– Maßgeblichkeit der Wiedergabe 2 71

- Praxisrelevanz 2 68
- Prüfungsmethode 2 68 f
- Unterschiedlichkeit 2 68 f
- Vergleich mit realen Erzeugnissen 2 71
- Vergleichsmaßstab 2 69 ff
- Verhältnis zur Eigentümlichkeit 2 67
- Verhältnis zur Neuheit 2 62
- Verhältnis zur Verletzungsprüfung 2 67
- Vermutung der Rechtsgültigkeit 2 69
- Verpackungen 2 70
- Vorstellungsbilder 6 23

Eigenständigkeit der Schutzvoraussetzungen 3 77 ff

Eigentum
- Verfassungsschutz 2 165

Eigentümlichkeit
- Gesamtvergleich 2 63
- schöpferische – 4 12, 14
- überdurchschnittliche Gestaltungshöhe 2 67

Eigentumsgarantie 4 61

Eigentumsvorbehalt 11 30

Eilverfahren *siehe* Einstweilige Verfügung

Einfuhr 1 15, 11 29, 12 7

Eingetragene Designs *siehe auch* Geschützte Designs
- Bekanntmachung der Eintragung 2 1
- Eintragung, Zentralisierung 2 1
- geschichtliche Entwicklung 2 1
- Verhältnis zu anderen Schutzmöglichkeiten 2 181
- Verhältnis zum Urheberrechtsschutz 2 184

Einheitlichkeit 2 29, 37 f
- bei mehreren Erzeugnissen 2 14 f
- Erfordernis der – 2 14
- funktionaler Zusammenhang 2 15
- Schutzvoraussetzung 2 14 f

Einreden 11 14 ff

Einschieben in fremde Serie 6 98, 100

Einspruchsverfahren 1 8

Einstweilige Verfügung *siehe auch* Eilverfahren; Glaubhaftmachung; Vermutung der Rechtsgültigkeit
- Anspruch auf Drittauskunft 11 58
- Antragsformulierung 11 68
- beschleunigtes Verfahren 11 58
- Dringlichkeit 11 60
- Dringlichkeitsfrist 11 60

- Drittauskunft 11 9
- Eilbedürftigkeit 11 58
- Entscheidung ohne mündliche Verhandlung 11 59, 80
- Gebot des wirksamen Rechtsschutzes 11 58
- Glaubhaftmachung für Rechtsbestand 11 79 f
- Glaubhaftmachung für Rechtsinhaberschaft 11 79 f
- Maßnahmen der Zollbehörden 11 58
- Schadensersatzrisiko 11 58
- Sicherung des Vernichtungsanspruchs 11 8, 58
- Sicherungsansprüche 11 58
- Unterlassungsanspruch 11 58
- Verweisung auf Hauptsacheverfahren 11 58

Eintragungsverfahren
- in Mitgliedsstaaten der EU 13 7 ff

Einwendungen 11 14 ff

Einzelteile 2 9 f

Emblem
- Designfähigkeit 2 28

Endverbraucher 6 55

Entstehungstatbestände im Markenrecht 3 20

Entstellungsverbot 9 17 ff
- bei geschützten Designs 9 20

Entwerfer 1 13, 2 174

Entwicklungskosten 6 113

Entwurf 10 3
- Ausführung 4 44
- Urheberrechtsschutz 4 41
- Vergütungsregelung 10 3

EPÜ 5 3

Erbschaft 10 11

Erfinderischer Schritt 5 8

Erfindung
- ästhetische Wirkung 5 10, 14 f
- Lehre zum technischen Handeln 5 6, 9, 11
- technische Wirkung 5 9
- technisches Ergebnis 5 9
- technisches Mittel 5 10, 14
- Wesen 5 6

Erfindungshöhe 5 8

Erfolgsunrecht 6 32

Ergänzungsteile 2 166

Erinnerungsbilder 6 23, 77
Erinnerungsmuster 6 16
Ermittlungsbehörden
- Unterstützung der – durch sachverständigen Zeugen 12 24
Ermittlungsmaßnahmen 12 21
Ermittlungsziele 12 15
Ersatz des entgangenen Gewinns 11 6
Ersatzteile 2 166
- Teile komplexer Erzeugnisse 13 14
Erscheinungsbild 6 23 f, 33 f, 61, 91, 96
Erscheinungsform 2 52, 122
- Begriff 2 10
- bei Gestaltungsübertragung 2 66
- Einheitlichkeit 2 14
- Gesamteindruck 2 14
- haptische Wirkung 2 11
- optische Wahrnehmbarkeit 2 11
- schutzbegründende Funktion 2 10
- Schutzgegenstand 2 10
- Verkörperung Gestaltvorstellung 2 10
- Verwendungszweck 2 11
Erscheinungsmerkmal 2 11
- Begriff 2 11
- taktiles – 2 13
Erschöpfung 3 174 ff, 4 62 f, 11 34
- Bearbeitung 11 16
- Gebrauchtwaren 3 175
- Grundsatz 11 16
- im Rahmen der Werbung 4 63
- nur beim Verbreitungsrecht 4 63
- Reparatur 11 16
Erschöpfungseinwand
- bei Lizenz 10 40
Erstbegehungsgefahr 11 36
Erstreckungsgebühr 2 110
Erzeugnis 2 8
- Anordnung 2 14
- Einheitlichkeit 2 14 f
- Farben 2 8
- Formgebung 2 8
- gewerbliche Herstellbarkeit 2 8
- handwerkliche Herstellung 2 8 f
- haptische Wirkung 2 13
- industrielle Herstellung 2 8 f
- Konturen 2 8
- Linien 2 8
- Sichtbarkeit 2 8
- taktile Wahrnehmung 2 13

- Tastsinn 2 13
- Verkehrsfähigkeit 2 8
- Werkstoff 2 8, 13
Erzeugnisangabe
- Bedeutung für Schutzgegenstand 2 11, 125
- Konkretisierung des Schutzgegenstands 2 125
- Relativierung durch Erscheinungsform 2 125
Etiketten
- Designfähigkeit 2 44
EuGH, Zuständigkeit 3 19
EuroLocarno 7 56
Europäische Patentanmeldung 10 14
Europäische Union
- Begehungsgefahr 11 36
- Schutzterritorium 1 16
Europäisches Patentübereinkommen 5 3
Eventualklagehäufung 11 39
Eventualwiderklage
- bei Nichtigkeitswiderklage 11 76
- Streitwert 11 44

Fachkreise 1 9; *siehe auch* Nicht eingetragenes Gemeinschaftsgeschmacksmuster
- maßgeblicher Personenkreis 2 80
- Tätigkeit in der Gemeinschaft 2 80
Fachmann 6 45, 55, 77, 79, 106
Fallrecht 6 48, 67, 84
Farbmarke 3 42
- Gemeinschaftsmarke 7 164
- IR-Marke 7 193
- nationale Marke 7 124
Fast Moving Consumer Goods 6 2, 119
Feilhalten 11 25
Feststellung der Schadensersatzpflicht
- Antragsformulierung 11 73
Feststellungsklage 11 54
Feuerwerk
- Designfähigkeit 2 31
field of use 10 55
Figuren
- urheberrechtliche Schutzfähigkeit 4 33
file and forget-Strafanzeigen 12 43
Filme
- Designfähigkeit 2 25

Stichwortverzeichnis

Flammen, künstliche
– Designfähigkeit 2 31
Flaschen
– Rechtspraxis von BGH und BPatG 3 100
– Rechtspraxis von HABM, EuG und EuGH 3 107
Fliegender Gerichtsstand 11 62
Flos/Semeraro (EuGH) 13 23
Flüssigkeiten
– Designfähigkeit 2 25, 28
Folgerecht 4 59
– bei Lichtbildwerken 4 96
form follows function 5 1
Formenschatz, Abstand vom
– bei Gemeinschaftsmarken 3 102
Formgebung 2 27
– Ausstattungsfähigkeit von –, § 25 WZG 3 13
– technikbedingte –, BPatG-Rechtsprechung 3 51
– Unterscheidungskraft, Bang & Olufsen-Lautsprecher (HABM; EuG) 3 105
– Unterscheidungskraft, Kühlergrill (EuG) 3 103
– unübliche Verwendung von –, Louis Vuitton Zierschloss (EuG) 3 106
– wertverleihende –, ästhetischer Gehalt der – (BGH-Rspr.) 3 64
Formmarken, Unterscheidungskraft von
– Abstand vom Formenschatz als Prüfungskriterium im Markenrecht 3 95
Formmarken, Unterscheidungskraft von –
– Anwendung auf Verpackungen 3 86
– Bedeutung des Produktsektors 3 96 f
– Beurteilungsmaßstab 3 82 ff
– Durchschnittsverbraucher 3 94
– Gewöhnung des Verkehrs an Herkunftshinweis 3 87, 97
– Mag Instruments (EuGH) 3 85
Fotodesign 4 86 ff
Fotografie 4 3
– Designfähigkeit 2 24 f
Fotokomposing 4 92
Freie Benutzung 4 57, 65 ff
– Abgrenzung zur Bearbeitung 4 57
– bei Lichtbildern 4 94
– bei Lichtbildwerken 4 94
– strenge Anforderungen 4 66
Freie Formen 2 77

Freier Warenverkehr 11 16
– bei unterschiedlichem Schutzniveau 4 56
Freihaltebedürfnis 6 68, 74, 83, 107; *siehe auch* Beschreibende Zeichen
– abstrakte Farbmarken 3 78
– für technisch nützliche Lösungen 6 107, 111 f
Freischwinger 2 87, 89, 5 14 f
– Patentschutz für – 2 186, 5 14
Freixenet-Flasche (EuGH) 3 115
Frisuren
– Designfähigkeit 2 32
Funktion *siehe auch* Herkunftsfunktion
– ästhetische – 1 1
– Gebrauchs– 1 1
– geschmackliche 2 88
– technische – 1 1, 2 88
Funktionelle Bedingtheit 2 91
– Freischwinger 2 89
– Gattungsmerkmale 2 89
– Informierter Benutzer 2 89
– Rechtsfolgen 2 89
– Standardisierung 2 89
Funktionelle Gestaltungselemente
– Philips/Remington (EuGH) 3 55
Funktionsästhetik 4 25, 38

Gabel
– Sätze von Gegenständen 2 37
Gartengestaltungen
– Designfähigkeit 2 26, 36
Gebäude
– Designfähigkeit 2 22, 26, 36
Gebietslizenz 10 50 f
Gebrauch 11 30
Gebrauchsfoto 4 88
Gebrauchsgegenstände 4 19
Gebrauchsmuster 5 9
– erfinderischer Schritt 5 8
– Neuheit 5 7
– Schutzausschluss für ästhetische Formschöpfungen 5 9
– Schutzdauer 5 3
– Unterschiede zum Patent 5 3
– Verhältnis zu geschützten Designs 2 186
Gebrauchsmusterrecht 6 53, 62, 107
– Entstehungsgeschichte 5 2
Gebrauchsmusterschutz
– für Erzeugnisse 5 5

- Verhältnis zu geschützten Designs 5 1 ff
- Verhältnis zu technischen Schutzrechten 5 1

Gebrauchstauglichkeit 6 1

Gebrauchszweck 4 25

Gebühren 1 2

Geburtstagszug (BGH) 2 184, 4 17 ff, 13 23

Gegenabmahnung 11 55

Gegenstand 2 9
- Ausstattung 2 9
- Bauelemente 2 9
- Computerprogramm 2 9
- Einzelteile 2 9 f
- typografische Schriftzeichen 2 9
- Verpackung 2 9

Geheimhaltungsklausel 10 71

Gehilfe 11 23

Geistiger Diebstahl 1 3 ff

Geistiges Eigentum 1 3, 2 3, 157
- vermögensrechtliche Komponente 10 11 f

Gemeinfreiheit technischer Lösungen 6 69, 108, 111

Gemeinhaltungsschutz
- über das Veröffentlichungsrecht 9 7

Gemeinschaftsgeschmacksmuster *siehe auch* Geschützte Designs
- eingetragenes – *siehe* Gemeinschaftsgeschmacksmuster, eingetragenes
- nicht eingetragenes – *siehe* Nicht eingetragenes Gemeinschaftsgeschmacksmuster
- Priorität 2 175
- Strafbestimmung 12 3
- Verhältnis zu anderen Schutzmöglichkeiten 2 181
- weitere Übertragung 10 22

Gemeinschaftsgeschmacksmuster, eingetragenes
- Amtsverfahren 8 10
- Gemeinschaftsgeschmacksmustergericht 8 10
- Laufzeit 7 85
- Nichtigerklärung 8 10 ff
- Widerklage 8 10

Gemeinschaftsgeschmacksmuster, eingetragenes – Nichtigerklärung 8 10 ff
- älteres Geschmacksmusterrecht 8 17
- älteres Kennzeichen 8 17
- Amtssprache 8 13
- Antragsbefugnis 8 19
- Antragsgebühr 8 11
- Antragsteller 8 13
- Aufrechterhaltung 8 20
- Beschwerde 8 21
- Dispositionsmaxime 8 15
- Eigenart 8 16
- Gerichtsentscheidung 8 17
- Kosten 8 21
- missbräuchliche Verwendung 8 18
- mündliche Verhandlung 8 21
- Neuheit 8 16
- Nichtigkeitsgrund 8 14
- Popularantrag 8 19
- Übersetzung 8 12
- Urheberrecht 8 17
- Verfahrenssprache 8 12
- Verzicht 8 21

Gemeinschaftsgeschmacksmusteranmeldung 7 43
- Anmelder 7 44
- Anmeldesprache 7 62
- Arbeitgeber 7 45
- Arbeitnehmer 7 45
- Aufschiebung der Bekanntmachung 7 65
- Ausstellungspriorität 7 72
- Beschreibung 7 54
- Beschwerde (HABM) 7 83
- Beschwerdekammer (HABM) 7 84
- DPMA 7 48
- Eintragung 7 78
- elektronische Anmeldung 7 57
- Entwerfernennung 7 46
- EuroLocarno 7 56
- Formerfordernisse 7 47
- Gebühren 7 73
- Locarno-Klassifikation 7 56
- Online-Anmeldung 7 51
- Prüfung 7 78
- Rechtsmittel 7 83
- Sammelanmeldung 7 60
- Sprache 7 62
- Telefax 7 51
- Typographie 7 59
- Unionspriorität 7 68
- Verfahrenssprache 7 63
- Vollmacht 7 44

GemeinschaftsgeschmacksmusterVO
- Auslegung 2 4
- Entstehung 2 2
- Formelle Regelungen in – als Vorbild für nationales Recht 13 6

- Vorentwurf 2 2
Gemeinschaftsmarke
- Benutzung 8 72 f
- bösgläubige Anmeldung 8 76
- Löschungs- und Nichtigkeitsverfahren 8 69
- Namensrecht 8 77
- Nichtigkeit wegen absoluter Nichtigkeitsgründe 8 74
- Nichtigkeit wegen relativer Nichtigkeitsgründe 8 77
- Nichtigkeitsverfahren wegen Verfalls 8 72
- Recht an der eigenen Abbildung 8 77
- Strafbestimmung 12 3
- Übertragung 10 14
- Unterscheidungskraft 8 75
- Urheberrecht 8 77
- weitere Übertragung 10 22
- Widerklage 8 69
- Widerspruchsfrist 8 56
- Widerspruchsgebühr 8 57
- Widerspruchsgrund Doppelidentität 8 64
- Widerspruchsgrund Verwechslungsgefahr 8 65
- Widerspruchsgründe 8 63 ff
- Widerspruchsinhalt 8 59
- Widerspruchsinhalt, Amtssprachen 8 60
- Widerspruchsinhalt, Begründungspflicht 8 60
- Widerspruchsverfahren 8 55 ff

Gemeinschaftsmarke, Widerspruchsverfahren 8 55 ff
- Aussetzung 8 62
- Beschwerde 8 68
- cooling-off-Phase 8 61
- Einrede der Nichtbenutzung 8 66
- Fristen 8 61
- kontradiktorisch 8 58
- Vertreter 8 58

Gemeinschaftsmarkenanmeldung 7 149
- Anmelder 7 152
- Benelux-Markenamt 7 153
- Bildmarke 7 162
- dreidimensionale Marke 7 164
- Eintragung 7 176
- elektronische Anmeldung 7 153
- Farbmarke 7 164
- Formerfordernisse 7 157
- Gebühren 7 174
- Geräuschmarke 7 163
- Geruchsmarke 7 164

- HABM 7 153
- Hologramm 7 162
- Hörmarke 7 163
- Kollektivmarke 7 159
- Nizzaer Klassifikation 7 166
- Priorität 7 169
- Priorität, innere 7 170
- Schutzdauerverlängerung 7 178
- Seniorität 7 171
- Sprache 7 168
- Teilung 7 179
- Umwandlung in nationale Marke 7 180
- Verfahrenssprache 7 168
- Verlängerungsgebühr 7 178
- Veröffentlichung 7 176
- Waren- und Dienstleistungsverzeichnis 7 166
- Wortmarke 7 161
- zuständige Behörde 7 153

Gemeinschaftsrechte
- Ansprüche 11 12
- Drittauskunft 11 12
- Mosaikansatz bei Ansprüchen 11 13
- Schadensersatzanspruch 11 13
- Unterlassungsanspruch 11 12
- Urteilsbekanntmachung 11 12
- Verletzung von –n 1 16
- Vernichtungsanspruch 11 12

Gemeinschaftsvorschriften
- Auslegung 2 4

Gemeinwohl 2 157

Gemenge von Feststoffen
- Designfähigkeit 2 27

Generalklausel des UWG 6 26, 41

Geräusche
- Designfähigkeit 2 32, 40

Geräuschmarke
- Gemeinschaftsmarke 7 163

Gerichtsstand der unerlaubten Handlung 11 62, 64 f

Gerichtszuständigkeit 11 62 ff; *siehe* Zuständigkeit

Gerüche
- Designfähigkeit 2 27

Geruchsmarke
- Gemeinschaftsmarke 7 164

Gesamteindruck 4 9, 29 f, 44
- bei Kombinationszeichen, Goldhase (BGH; OLG Frankfurt aM) 3 152 f

- bei Verletzungsprüfung 2 50
- Beurteilung der Eigenart 2 55
- Beurteilung des Schutzumfangs 2 55
- Beurteilung durch den informierten Benutzer 2 60
- Beurteilung nach dem – 6 43, 118

Geschäftsgeheimnis-Verrat 12 5

Geschäftsverlauf, normaler 2 82

Geschmacksmerkmale
- Designfähigkeit 2 27

Geschmacksmuster
- Bekanntmachung der Eintragung 2 1
- Dreifachbedeutung in der GGV 2 7
- Eintragung bei Amtsgerichten 2 1
- Eintragung, Zentralisierung 2 1
- gemeinschaftliche Gesetzgebung 2 2
- geschichtliche Entwicklung 2 1
- in der GGV 2 7
- internationales – 8 22, 23
- internationales –, Europäische Gemeinschaft 8 23
- internationales –, Haager System 8 23

Geschmacksmusteranmeldung siehe Designanmeldung; Gemeinschaftsgeschmacksmusteranmeldung

Geschmacksmustergesetz 2 6

Geschmacksmusterrichtlinie 13 5
- Auslegung 2 4
- Entstehung 2 2
- Umsetzung 2 2
- Vorentwurf 2 2

Geschützte Designs siehe auch Eingetragene Designs; Gemeinschaftsgeschmacksmuster
- Anmeldestrategien 2 47
- Antragsformulierung 11 69
- Erfordernis der Wiederholbarkeit 2 16
- Innovationsschutz 2 3
- Investitionsschutz 2 3
- Klassenzuordnung 2 17
- Prüfungsmethode 2 63
- Recherchen 2 17
- Schutzvoraussetzungen 2 62
- Schutzzweck 2 3
- Verhältnis zu anderen Schutzrechtsarten 2 18
- Vertrauensschutz 2 2
- Warenklassen 2 17

Gesellschafter
- Haftung für – 11 23

Gesetzliche Vergütungsansprüche 4 60
- Unverzichtbarkeit 4 69, 82

Gestaltungsfreiheit 4 84
- Bedeutung von Designtendenzen 2 136
- Bedeutung von Rechtsvorschriften 2 137
- bei Designvielfalt 2 133
- bei funktioneller Bedingtheit 2 135
- bei geringer Designdichte 2 132
- bei technischer Bedingtheit 2 134
- Beurteilungszeitpunkt 2 138
- geringer Grad an – 2 133
- hohe Designdichte 2 133
- hoher Grad an – 2 132
- Veranschaulichung 2 131
- Wechselwirkung mit Schutzumfang 2 131

Gestaltungshöhe 4 13 f
- bei Eigentümlichkeit 2 67

Gestaltungsklage 11 56

Gestaltungsspielraum 4 11, 26, 6 83; siehe auch Gestaltungsfreiheit
- geringer – 2 72 f
- großer – 2 72

Getränke
- Designfähigkeit 2 28, 40

Glanzwirkungen
- Designfähigkeit 2 24, 44

Glasoberflächen 3 115

Glaubhaftmachung
- durch Versicherung an Eides Statt 11 59
- für Dringlichkeit 11 60, 80, 86
- für Eigenart 11 80, 86
- für Entscheidungsvoraussetzungen 11 59
- für Nichtigkeitsgrund 11 80
- für Rechtsbestand 11 79 f
- für Rechtsinhaberschaft 11 79 f
- im einseitigen Verfahren 11 80, 86
- im zweiseitigen Verfahren 11 80, 86
- Möglichkeiten für – 11 59
- örtliche Zuständigkeit 11 80, 86

Glaverbel (EuGH, EuG) 3 115

Goldbär (OLG Köln) 3 158

Goldhase (BGH; OLG Frankfurt aM) 3 152 f

Goldhase II (EuGH) 3 129

Golfplätze
- Designfähigkeit 2 26

Grad der Gestaltungsfreiheit
- bei Beurteilung des Schutzumfangs 2 131

– Wechselwirkung mit Gesamteindruck 2 72
Grafik
– Computergrafik 4 34
– urheberrechtliche Schutzfähigkeit 4 34
Grafikdesign 2 28, 3 2
Grafische Darstellbarkeit 3 30 ff
– Abschaffung im Zuge der Markenrechtsreform 3 33
– als Eintragungsvoraussetzung nach bisherigem Recht 3 75 ff
Grafische Symbole 2 9
– Designfähigkeit 2 28, 45
Granulate
– Designfähigkeit 2 27
Grenzbeschlagnahme 2 51, 52, 4 56
Grünbuch
– Vorentwurf für Harmonisierungsrichtlinie 2 2
– Vorentwurf für Verordnung über das Gemeinschaftsgeschmacksmuster 2 2
Grundformen 3 45 f
Grundrechtsschutz 1 3
– Eigentum 2 165
– Medienfreiheit 2 165
G-Star/Benetton (EuGH) 3 66
Gütevorstellungen des Verkehrs, Wertschätzung 6 101 f, 112 f

Haager Musterabkommen 7 86
Haftung
– für Rechtsverletzung 11 23
Handeln
– im geschäftlichen Verkehr 2 159
– innerhalb erlaubter Schranken 11 24
– privater Bereich 2 158
– zu nicht gewerblichen Zwecken 2 158
– zu Versuchszwecken 2 160
Handwerkliche Herstellung 2 46
Handwerkliches Durchschnittskönnen 4 25
Harmonisierungsrichtlinie
– Grünbuch 2 2
– über den rechtlichen Schutz von Mustern und Modellen 2 2
Hauck/Stokke (EuGH) 2 183, 3 47, 65
– Auswirkungen 3 48 f, 69 ff
Haushaltsartikel
– Designfähigkeit 2 43

Herabsetzung 6 38
Herausgabe des Verletzergewinns 11 5
Herkunftshinweis 6 80, 119
– Eignung 6 56
Herkunftstäuschung 6 26, 45, 69, 85 f, 93, 124
– Begriff 6 84
– Fallrecht, Fallgruppe 6 26, 58, 73, 75, 94, 114
– Gefahr, Risiko der – 6 34, 73, 80 f, 99
– mittelbare – 6 97, 119
– und Zweitmarkenirrtum 6 119
– vermeidbare – 6 73, 85, 110, 115, 117
Herstellen 11 31
Hologramm
– Gemeinschaftsmarke 7 162
– nationale Marke 7 126
Homepages
– Designfähigkeit 2 22
Hörmarke
– Gemeinschaftsmarke 7 163
– IR-Marke 7 193
– nationale Marke 7 123

Icons
– Designfähigkeit 2 22
Idee 4 22
– Werbeidee 4 22
Ideenschutz 6 69, 87
Illuminationen
– Designfähigkeit 2 31
Imitate, Verbreitung von 4 52 ff
Imitationswerbung 6 72, 125
Immaterialgüterrecht 1 3, 5, 7, 10 83
– Bewertung 10 1
– internationale Verträge 1 17
– Rechtsnachfolge 10 11 f
– Übergang 10 11 f
– Übertragbarkeit 10 11 f
– Übertragung 10 11 f
– Verkehrswert 10 83
– vermögensrechtliche Komponente 10 11 f
Immaterielle Form 2 10
Importeur 6 70
individual character 2 62
Individualität
– im Urheberrecht 4 12 ff
Industriedesign 2 186, 4 4, 5 1
– Urheberrecht 4 35

493

Industrielle Herstellung 2 46
Informierter Benutzer
– Aktualitätsbezug 2 61
– Begriff 2 57
– bei rappers 2 57
– Beurteilung der Eigenart 2 55
– Beurteilung des Schutzumfangs 2 55
– Beurteilung von technischer Bedingtheit 2 58
– Beurteilung von Unterschieden 2 56
– Designbewusstsein 2 56
– Fähigkeiten 2 56
– Feststellung von Unterschieden 2 60
– fiktive Person 2 56
– Grad der Aufmerksamkeit 2 60
– Informiertheit 2 57
– Kenntnisstand 2 57, 59
– Profil 2 56
– Typologie 2 56
– Zwischenbegriff 2 56
Inhaber *siehe* Rechtsinhaber
Inhaltskontrolle 10 9
Inländerbehandlung 1 17, 13 55
– Mindestrechte 13 57
– PVÜ 13 57
– RBÜ 13 57
Innenausstattungen
– Designfähigkeit 2 29
Inneneinrichtung
– Designfähigkeit 2 29, 36
Innovation 1 2, 6 29
Innovationslehre 1 3
Insolvenz
– des Lizenzgebers 10 33
– des Lizenznehmers 10 34
– Fortbestand des Lizenzvertrages 10 33
– Kündigung des Lizenzvertrags 10 33 f
– Lizenzen als Insolvenzmasse 10 34
– Lösungsklauseln 10 34
– Schutzrechte als Insolvenzmasse 10 33
Instanzgerichte 6 29
Intellectual Property 1 3
Interessen-Trias
– Allgemeininteressen 3 80
– Tripolarität der Interessen 3 7
Internationale Eintragung 1 16
Internationale Konventionen
– Inländerbehandlung 13 55
– Mindestrechte 13 55

Internationale Registrierung 1 16
Internationale Verträge 1 16 f
Internationale Zuständigkeit
– Aussetzung des Verfahrens 11 66
– bei deutschen Designschutzrechten 11 64
– bei Verletzung von Gemeinschaftsrechten 11 67
– Entscheidungskompetenz 11 64
– Ersatzzuständigkeit 11 64
– Gerichtsstand der unerlaubten Handlung 11 64 f
– in Eilverfahren 11 64
– in Gemeinschaftsgeschmacksmustersachen 11 64
– in Gemeinschaftsmarkensachen 11 64
– Mehrparteiengerichtsstand 11 66 f
– Torpedo-Klagen 11 67
– Verfahrensbestimmungen des Gemeinschaftsrechts 11 64
Internationaler Patentschutz 1 16
Internet 6 40
Internetplattformen 2 159
Intranet 4 72
Inverkehrbringen 4 55, 11 25, 32
– von Nachahmungen 12 7
IR-Marke
– Laufzeit 7 210
– nachträgliche Erstreckung 7 206
– Übertragung 7 209
IR-Markenanmeldung 7 182
– Anmelder 7 187
– Basisgesuch 7 184
– Bildmarke 7 193
– dreidimensionale Marke 7 193
– Farbmarke 7 193
– Formerfordernisse 7 192
– Gebühren 7 197
– HABM 7 203
– Heimateintragung 7 183
– Hörmarke 7 193
– internationales Gesuch 7 184
– PMMA 7 189
– Priorität 7 196
– Schutzverweigerung 7 204
– Sprache 7 195
– Ursprungsbehörde 7 187, 201
– Verfahrenssprache 7 195
– Wiedergabe 7 194
– Wortmarke 7 193

Stichwortverzeichnis

Irreführung 6 123
- Kennzeichenverwechselung 6 38
- Lookalikes 6 91
- Schutz der Verbraucher 6 122

Irreführungsschutz, wettbewerbsrechtlicher
  6 28, 68, 115, 122

Irreführungsverbot 6 27, 124

Irrtümer
- Tatbestandsirrtum, Verbotsirrtum 12 12

Japan
- Designrecht 13 46 ff
- Markenrecht 13 51 f
- Urheberrecht 13 53
- UWG 13 54

Joghurtbecher mit Bördelkappe (BPatG)
  3 100

Kammer für Handelssachen
- Zuständigkeit 11 62

Karosserieteile (BGH, BPatG) 3 60

Käse in Blütenform (BGH) 3 97, 99

Katalogbildfreiheit 4 74
- Ausstellungskataloge 4 74
- Bestandskataloge 4 74
- Buchhandelsausgabe 4 74
- digitale Verzeichnisse 4 74
- Werbemittel 4 74

Kaufvertrag 10 6

Kennfadenmarke, nationale Marke 7 121

Kennzeichen 6 37 f, 120 f

Kennzeichen(-Nachahmung) 6 69, 121
- Abgrenzung zu Leistungen 6 37

Kennzeichenschutz
- wettbewerbsrechtlicher - 6 38

Kennzeichenverwechselung 6 26, 117

Kinderhochstuhl (BGH) 2 183, 3 65 ff

Kinderwagen (BGH) 2 143

Klageänderung 11 38

Klageantrag *siehe* Antragsformulierung

Klagearten 11 53 ff

Klagegrund 11 38

Klagehäufung
- alternative - 11 39
- eventuelle - 11 39

Klauselverbote 10 9

Kleine Münze 4 11, 15, 32, 89

Kochrezept
- Designfähigkeit 2 36

Kollektivmarke 7 111
- Gemeinschaftsmarke 7 159
- nationale Marke 7 118

Kombinationserzeugnis 2 15

Kombinationsmuster
- Darstellung 2 15

Kombinationszeichen
- TUC Salzcracker (BGH) 3 154
- Verwechslungsgefahr bei - 3 150 ff
- vom Schutz ausgeschlossene Bestandteile von - 3 155 f

Kommunikationsmittel 6 37, 54

Komplexes Erzeugnis 2 21, 30, 93

Komposition
- Designfähigkeit 2 40

Konkrete Verletzungsform 11 68

Konsumentenforschung 6 16

Konsumgüter 6 71, 79, 81, 88 f, 91, 114

Konturen 2 8
- Designfähigkeit 2 32

Korallen
- Designfähigkeit 2 40

Kosten des Rechtsstreits
- Abhängigkeit von Streitwert 11 87
- Aufteilung der Kosten 11 87
- Gerichtsgebühren 11 87
- Kosten des mitwirkenden Patentanwalts 11 87
- Kosten des Prozessanwalts 11 87
- Kostentragungspflicht 11 87

Kragstuhl 5 16

Kühlergrill (EuG) 3 103

Kultstatus 6 69, 90

Kulturgüter, Markenschutz 3 121

Kunst 4 6

Kunsthandwerk 4 19

Lagerung 11 28

Lampen 4 36

Landschaftsgestaltungen
- Designfähigkeit 2 31

Laserstrahlen
- Designfähigkeit 2 31

Laufbilder
- Designfähigkeit 2 25

Lauterkeitsrecht 6 25, 28, 54, 84, 122 f

Leasing 11 30
Lebensmittel
– Designfähigkeit 2 38
Leder
– Designfähigkeit 2 40
Lego-Baustein (EuGH) 2 86, 3 55
Leihe 11 30
Leistungen
– designte – 6 3
– fremde – 6 34
– gewerbliche/unternehmerische – 6 3, 30, 34, 36 f, 40, 48, 87
– nachgeahmte – 6 60
– schützenswerte – 6 36
Leistungsanklage 11 53
Leistungsschutz 6 34, 41, 54, 122
– ergänzender – 6 31, 36, 87
– originärer – 6 36
– und Lauterkeitsrecht 6 54
– unternehmerischer – 6 39
Lichtbildähnliche Erzeugnisse 4 91
– Computerbilder 4 91
Lichtbilder 4 90
– Schutzfähigkeit 4 90
– Schutzumfang 4 93 ff
Lichtbildwerke 4 88 f
– geringe Anforderungen 4 89
– Schutzfähigkeit 4 89
– Schutzumfang 4 93 ff
– Werbefotografie 4 88
Lichteffekte
– Designfähigkeit 2 31
Likörflasche (BGH) 3 100
Linde, Winward, RADO (BGH, BPatG) 3 95
Linde, Winward, RADO (EuGH) 3 82 ff
Linien 2 8
– Designfähigkeit 2 32
Lizenz 10 36
– Alleinbenutzungsrecht 10 27
– Alleinlizenz 10 27
– Allgemeines 10 1
– Anpassung an veränderte Umstände 10 31, 32
– Anwendung Gesellschaftsrecht 10 30
– Anwendung Kaufrecht 10 30
– Anwendung Pachtrecht 10 30
– Arten der – 10 49
– ausschließliche – 10 27, 29
– Auswirkungen der Insolvenz 10 30, 33 ff

– Auswirkungen des Erlöschens der Hauptlizenz auf Unterlizenz 10 35
– Begriff 10 26
– Beitrittsrecht des Lizenznehmers 10 37
– Dauerschuldverhältnis 10 30
– einfache – 10 28 f
– Erschöpfungseinwand 10 40
– Fortbestand bei Übertragung des Vertragsschutzrechts 10 35
– Fortbestand bei weiterem Lizenzvertrag 10 35
– Fortbestand der Unterlizenz bei Erlöschen der Hauptlizenz 10 35
– für Herstellung 10 40
– Gebietslizenz 10 50 f
– Gegenstand der – 10 48
– gesetzliche Ansprüche des Lizenzgebers 10 40, 50, 52, 54 f, 73
– gesetzliche Regelungen 10 26
– Haftung für Bestand 10 31
– Haftung für Freiheit von Rechten 10 32
– im Urheberrecht 10 26
– Kündigung aus wichtigem Grund 10 31 f
– Löschung des Vertragsschutzrechts 10 31
– Mängelhaftung 10 30
– nicht ausschließliche – 10 28
– Nichtigkeit des Vertragsschutzrechts 10 31, 39
– Rechtsnatur 10 30
– Registereintragung 10 35
– Schadensersatz für Lizenznehmer 10 37
– Störung der Geschäftsgrundlage 10 31
– Sukzessionsschutz 10 35
– Übertragung des Benutzungsrechts 10 30
– Unterlizenz 10 29
– Verjährungsvorschriften 10 30
– vertragliche Beschränkungen des Lizenznehmers 10 40
– Vertragsgebiet 10 50
– Vertragsverstöße des Lizenznehmers 10 40
– Wegfall des Vertragsschutzrechts 10 39
– weitere Lizenzerteilung 10 21
– Wesen 10 30
– Wettbewerbsbeschränkungen 10 37
Lizenzanalogie
– Bemessungsgrundlage 11 4
– Verletzeraufschlag 11 4
– Zinsanspruch 11 4
– zur Wertbestimmung 10 84

Lizenzentgelt
- Abrechnung 10 64
- Abrechnungskontrolle 10 62, 64 f
- Abrechnungszeitraum 10 64
- Abstaffelung 10 60, 85
- Änderungsbefugnis 10 61
- Betragslizenz 10 61
- Bucheinsicht 10 65
- down payment 10 62
- Einmalzahlung 10 62
- Einstandszahlung 10 62
- für abgewandelte Ausführungsformen 10 60
- Gewinnbeteiligung 10 60
- lump sum 10 62
- Mindestlizenz 10 63
- Pauschallizenz 10 62
- Prozentlizenz 10 60
- Prüfungskosten 10 65
- Rechnungslegung 10 64 f
- Rechnungsvorlage 10 64
- Stücklizenz 10 60
- Umsatzlizenz 10 60 ff, 85
- Vertragsanpassung 10 62
- Wertsicherungsklauseln 10 61

Lizenzparteien, Aktivlegitimation
- bei ausschließlicher Lizenz 10 36
- bei einfacher Lizenz 10 36
- des Lizenzgebers 10 36 f
- des Lizenznehmers 10 36 f, 69
- gewillkürte Prozessstandschaft 10 36, 69
- vertragliche Zuweisung 10 69

Lizenzsatz
- Angemessenheit 11 4
- Verletzeraufschlag 11 4

Lizenzvergabe 1 5

Lizenzvertrag
- Abschluss durch Vertreter 10 43
- Abverkauf 10 76
- Allgemeine Geschäftsbedingungen 10 9
- Angaben zur Schutzrechtslage 10 48, 66
- Ankaufsrecht 10 76
- anwendbares Recht 10 77
- Art der Waren 10 52 f
- Aufrechterhaltung des Vertragsschutzrechts 10 68
- Aufspaltung von Benutzungsrechten 10 48
- Aufspaltung von Waren 10 52
- Ausgestaltung der Lizenzerzeugnisse 10 54
- Auslandsbezüge 10 72, 77, 81
- Auslaufregelungen 10 76
- außerordentliche Kündigung 10 75
- Ausübungspflicht 10 57
- Auswahl der Erzeugnisse 10 52 f
- Benutzungshandlungen des Lizenznehmers 10 56
- Benutzungsrechte 10 48
- Best-Efforts-Klauseln 10 58
- Bezeichnung des Immaterialgüterrechts 10 48
- Dauer der Geltung 10 44
- Dauerschuldverhältnis 10 7, 74
- Definitionen 10 47
- Endtermin 10 73
- Erhaltungsklausel 10 80
- Festlegung der Warengattung 10 52 f
- Festlegung des Vertragsgebiets 10 50
- Festlegung für Mindestqualität 10 55
- Förderungsmaßnahmen 10 59
- Form der Nutzung 10 54
- Formbedürftigkeit 10 41
- Formfreiheit 10 41
- fortwirkende Treuepflichten 10 76
- für Teil des Schutzgebiets 10 50
- Gebietsaufteilung 10 50 f
- Gebietsschutz 10 51
- Gebühren 10 60
- Geheimhaltungsklausel 10 70 f
- Gerichtsstandsklausel 10 82
- Gerichtszuständigkeit 10 81 f
- Gewährleistung 10 66
- Gliederung 10 44 f
- Grant-Back-Klauseln 10 59
- Gratislizenz 10 70
- Haftungsausschluss 10 66
- Hauptleistungen 10 44
- Herstellungslizenz 10 56
- Inkrafttreten 10 44
- Kontrollbefugnisse 10 58 f
- Kündigung mit Vorlaufzeit 10 73 f
- Kündigungsfrist 10 73
- Kündigungsgründe 10 75
- Lizenzerzeugnisse 10 48
- Lizenzsatz 10 85
- Lizenzschutzrecht 10 48
- Mängelhaftung 10 66
- Markenrechte nach Vertragsende 10 76
- Mediationsklausel 10 81
- Mindestlaufzeit 10 73 f
- Mindestlizenz 10 57

- Mindestumsatz 10 57, 75
- Nebenleistungen 10 44
- Nebenpflichten 10 44, 58, 69
- Nichtangriffsklausel 10 70
- ordentliche Kündigung 10 74
- Präambel 10 46
- Produkthaftung 10 67
- Qualität der Erzeugnisse 10 55
- Qualitätskontrolle 10 67
- quantitative Mindestwerte 10 57
- Quellensteuer 10 72
- Rechtsbestand des Vertragsschutzrechts 10 66
- Rechtsverfolgung 10 69
- Rechtsverteidigung 10 67
- Referenzmuster 10 53, 55
- salvatorische Klausel 10 80
- Schiedsgerichtsklausel 10 81
- Schriftform 10 41
- Schriftformklausel 10 78
- Steuerzahlungen 10 72
- Streitentscheidung 10 81
- Treuepflichten 10 76
- Umsatzlizenz 10 60 ff
- Umsatzsteuer 10 72
- Umstellungsfrist 10 73 f
- Unzumutbarkeit der Vertragsfortsetzung 10 75
- Veräußerung des Vertragsschutzrechts 10 68
- Verteidigung des Vertragsschutzrechts 10 69
- Vertragsdauer 10 73
- Vertragsende 10 76
- Vertragsparteien 10 42
- Vertragsschutzrecht 10 48
- Vertragsstrafe 10 71
- Vertretungsberechtigung 10 43
- Vertriebslizenz 10 56
- Vollständigkeitsklausel 10 79
- Vorbemerkung 10 46
- Weiterentwicklungen 10 59
- Werbemaßnahmen 10 58 f

Locarno-Klassifikation 7 56

Löffel
- Sätze von Gegenständen 2 37

Logo
- Designfähigkeit 2 28, 32
- Markenrecht 3 2

Loius Vuitton Zierschloss (EuG) 3 106

Lookalikes 6 91, 94

Löschung
- Auswirkungen auf Lizenzvertrag 10 31, 66
- Auswirkungen auf Übertragungsvertrag 10 18 f
- bei Ablauf der Schutzdauer 2 120
- bei Einwilligung 2 120
- bei Verzicht 2 120
- Gründe für – 2 120
- nach Nichtigkeitsverfahren 2 120

Löschungsklage
- vor Umschreibung 10 24

lump sum 10 62

Luxusgüter
- Luxusbedürfnisse 6 1, 4, 85

Madrider Markenabkommen 7 182

Madrider Markenverband 7 182

Mag Instruments (EuGH) 3 85

Maglite (BGH) 3 155

Marke
- antrhopomorphe Wahrnehmung 6 23
- Benutzungsschonfrist 8 42
- Eintragung 7 107
- internationale Registrierung 8 78
- Löschung wegen Verfalls 8 42
- Löschungsantrag 8 42
- Löschungsklage 8 42, 53
- Löschungsklage, Einrede der Nichtbenutzung 8 54
- Löschungsklage wegen Verfalls 8 46
- Nichtigkeitsklage 8 53
- Nichtigkeitsverfahren 8 49
- Nichtigkeitsverfahren, Beschwerde 8 52
- Nichtigkeitsverfahren, Widerspruch 8 51
- Prüfung absoluter Schutzhindernisse durch Dritte 8 24
- Verkehrsgeltung 7 107
- Widerspruchsbegründung 8 31
- Widerspruchsfrist 8 26
- Widerspruchsgebühr 8 27
- Widerspruchsgrund Doppelidentität 8 35
- Widerspruchsgrund Verwechslungsgefahr 8 36
- Widerspruchsgründe 8 34
- Widerspruchsverfahren 8 25, 28
- WIPO 8 78

Marke, Löschung wegen Verfalls
- ernsthafte Benutzung 8 47
- Gebühr 8 42

- Popularantrag 8 42
- Widerspruch 8 44

Marke, Widerspruchsverfahren
- Aktivlegitimation 8 28
- Aussetzung 8 33
- Beschwerde 8 39
- DPMA-Formular 8 29
- Einrede der Nichtbenutzung 8 37
- Erinnerung 8 39
- Fristverlängerung 8 32
- Glaubhaftmachungsmittel 8 38
- Inlandsvertreter 8 29
- Rechtsbehelfe 8 39
- Rechtsbeschwerde 8 41
- Umschreibung 8 29
- Widerspruchsinhalt 8 30

Markenähnlichkeit 3 145

Markenanmeldung 7 104
- Gemeinschaftsmarke *siehe* Gemeinschaftsmarkenanmeldung
- IR-Marke *siehe* IR-Markenanmeldung
- national *siehe* Markenanmeldung, national

Markenanmeldung, national 7 108
- Abänderung 7 119
- Anmelder 7 109
- Anmeldungstag 7 112
- Bildmarke 7 120
- DPMA 7 113
- dreidimensionale Marke 7 121
- Farbmarke 7 124
- Formerfordernisse 7 112
- Gebühren 7 137
- grafische Strichzeichnung 7 122
- Hologramm 7 126
- Hörmarke 7 123
- Inlandsvertreter 7 110
- Kennfadenmarke 7 121
- Kollektivmarke 7 111, 118
- Nizzaer Klassifikation 7 127
- Priorität 7 134
- Schutzdauerverlängerung 7 148
- Schutzhindernisse 7 142
- Tastmarke 7 125
- Teilanmeldung 7 135
- Teilpriorität 7 135
- Teilung 7 145
- Waren- und Dienstleistungsverzeichnis 7 134
- Wortmarke 7 120

Markenfähigkeit
- Abbildungen von Formmarken 3 37
- abstrakte Unterscheidungseignung 3 24 ff
- Dyson (EuGH) 3 28
- Gestaltungskonzepte 3 28
- von Formmarken 3 25

Markenfunktionen, EuGH-Rechtsprechung 3 131, 141

Markengesetz, Strafbestimmung 12 9

Markenrecht 3 1 ff, 6 30, 33, 37, 102, 122
- Abgrenzung zum wettbewerbsrechtl. Nachahmungsschutz 6 31, 69, 120 f
- absolute Schutzhindernisse 3 72 ff
- Antragsformulierung 11 69
- Bekanntheitsschutz 6 121
- dreidimensionale Gestaltungen 6 33
- Freihaltebedürfnis 6 83
- markenmäßige Benutzung 6 33
- Monopoleinwand 6 64
- Parallelität der Bewertungen im wettbewerbsrechtl. Nachahmungsschutz 6 60
- Reform 3 16 f
- Schranken 3 138, 163 ff
- Schutzdauer 3 4
- Schutzlücken 6 121
- Sittenwidrigkeit als Schutzhindernis 3 117
- Strafbestimmung 12 9
- Unterscheidungskraft 6 57
- Verwechselungsgefahr 6 66
- Warenformmarke 6 33

Markenrechtsreform 3 16 f

Markenschutz
- Art der Ware 2 183
- Unterscheidungskraft 2 182
- Verhältnis zu geschützten Designs 2 182 f
- wesentlicher Wert einer Form 2 183

Marketingfunktion 4 16

Markterfolg 6 54, 97, 117

Masse des Alltäglichen 6 51, 64

Massenware 6 56, 72

Maßnahmen der Zollbehörden
- nationaler Antrag 11 88
- präventive Antragstellung 11 88
- Unionsantrag 11 88
- zuständige Zollbehörde 11 88

Materialwechsel 4 44

Mauern
- Designfähigkeit 2 22

Max-Planck-Institut
- Gesetzesentwurf 2 2
Meistbegünstigungsklausel 10 28
Menschliche Wahrnehmung 6 18 f
Menschlicher Körper
- Designfähigkeit 2 32
Menüs
- Designfähigkeit 2 22
Merkmalsgliederung
- bei Antragsformulierung 11 71
Merkmalsvergleich 6 44
Messer
- Sätze von Gegenständen 2 37
Messestand 4 38
Methode 4 24
Mies van der Rohe 5 13, 15
Mimikry 6 61
Mindestlizenz 10 57
- Anpassung 10 63
- Anrechnung von Umsatzlizenz 10 63
- betragsmäßige Staffelung 10 63
- Risikotragung 10 63
- zeitliche Staffelung 10 63
Mindestrechte 13 55
Mittäter 11 23
Miturheber 4 47
Möbel
- Schutzmöglichkeit im Markenrecht 3 71
- urheberrechtliche Schutzfähigkeit 4 38
Mode 4 24
- urheberrechtliche Schutzfähigkeit 4 37
Modedesign 4 4
- Positionsmarken 3 70
- Schutzmöglichkeit im Markenrecht 3 70
Modell
- Begriff 2 6
- dreidimensionales Erzeugnis 2 6
- Folgemodell 4 44
- Urheberrechtsschutz 4 41
Modeneuheit 6 93
Modulare Systeme 2 91
Monogramme
- Designfähigkeit 2 28
Monopol 6 100
Monopoleinwand 6 64
Monopolrecht 1 2, 2 157, 6 63

Mosaikansatz
- bei Ansprüchen aus Gemeinschaftsrechten 11 13
Motiv 4 23
Muschelperlen
- Designfähigkeit 2 40
Musik
- Designfähigkeit 2 32, 40
Muster
- Begriff 2 6
- in der GGV 2 7 f
- zweidimensionales Erzeugnis 2 6 f
Musterfähigkeit *siehe* Designfähigkeit
Mustervertrag für Designauftrag 10 2
Must-Fit-Klausel 2 91
Must-Match-Klausel 2 94
Nachahmung 6 4, 17 f, 25, 36, 43, 47 f
- Anbieten 6 49, 12 7
- Ausfuhr 12 7
- äußerliche – 6 61
- Begriff 6 41, 74
- Beurteilungsmaßstab 6 42
- Beweislast 2 178 ff
- Beweisregeln 2 178 ff
- billige – 6 91, 119
- Darlegungslast 2 178 ff, 6 76
- Einfuhr 12 7
- Formen der – 6 42
- Fülle von –n 6 55, 103
- Gefährlichkeit der – 6 6
- Herstellung 6 49
- im Prozess 6 44 f, 52 f
- im Wahrnehmungswettbewerb 6 4, 10, 14
- Indizien 2 179
- Inverkehrbringen 12 7
- marktbekannte Produkte 6 78
- Nähe zum Original 6 72, 74
- Produktsysteme 6 99 f
- Rufausbeutung, 6 101 f
- selbständige Entwurfstätigkeit 2 180 f
- sklavische – 6 42, 69, 104
- systematische – 6 69, 74, 97
- Verbreitung 6 88, 108
- Vermeidbarkeit 6 77
- Vermutungsregelung 2 178 ff
- Vertrauensbruch 6 117
- Wahrnehmungsmaßstab 6 118
- Wettbewerbs-(vorteil/störung) 6 14, 24
Nachahmungsabsicht 1 12, 6 46

Nachahmungsbegriff
- Parallelschöpfung 6 41
- Subjektivität 6 41

Nachahmungsfreiheit, Grundsatz der 6 48

Nachahmungssachverhalt 6 43 f, 46, 65 f, 109

Nachahmungsschutz
- Abgrenzung Sonderrechtsschutz 6 31 ff
- Geltungsanspruch 6 34
- wettbewerbsrechtlicher – 6 27, 31, 36

Nachahmungsstreit 6 80, 114

Nachbildung
- von Erzeugnissen 2 33
- von Naturprodukten 2 35

Namensrecherchen 1 7

Naturprodukte
- Designfähigkeit 2 35

Naturprodukte, anorganische
- Designfähigkeit 2 20

Nebenklage 12 27

Negative Feststellungsklage 11 55
- nach Verwarnung 11 47

Neuheit 6 33, 39
- Allgemeines 2 62
- Bedeutung der Branche 2 65
- bei Gestaltungsübertragung 2 65
- bei Kombinationsmuster 2 64
- Beurteilungsgrundsätze 2 62
- Einzelvergleich 2 64
- Gegenüberstellung mit vorbekanntem Formenschatz 2 64
- im Urheberrecht 4 11
- Kombinationswirkung 2 64
- Massagebälle 2 66
- Prüfungsmethode 2 64
- Regelungstechnik 2 64
- Spielzeugauto 2 65
- Verhältnis zur Eigenart 2 62
- vorbekannter Formenschatz 2 64
- Wäschekugeln 2 66

Neuheitsschonfrist 2 74, 175

Nicht eingetragenes Gemeinschaftsgeschmacksmuster
- allgemeine Schutzvoraussetzungen 2 168
- Anerkennung der Inhaberschaft 2 174 f
- angefochtene Benutzung 2 179
- Arbeitnehmermuster 2 174
- betreffender Wirtschaftszweig 2 169, 172
- durch Bekanntmachung 2 170
- Entstehung 10 3
- Fachkreise 2 169 ff, 172 f, 173 ff
- Historie 2 167
- Möglichkeit der Kenntnisnahme 2 173
- Möglichkeit des Bekanntseins 2 173
- Nachahmung, Darlegungs- und Beweislast 2 178 ff
- Nachahmung, Erfordernis der – 2 177 ff
- Nachahmung, Kenntnis des Entwerfers 2 178
- Nachbildungswille 2 175
- Offenbarung durch Nichtberechtigte 2 174 f
- Offenbarung im Auftrag 2 174
- Offenbarung im Einverständnis 2 174
- Offenbarungsgebiet 2 171 f
- Offenbarungshandlungen 2 170
- öffentliches Zugänglichmachen 2 169, 173, 175
- Öffentlichkeit 2 169
- Rechtsinhaber 2 174
- Rechtsinhaberschaft bei Arbeitnehmermuster 2 174
- Rechtsinhaberschaft bei Auftragnehmermuster 2 174
- Regelungstechnik 2 168
- Schutzbeginn 2 175
- Schutzbegründung 2 169
- Schutzdauer 2 176
- Schutzende 2 176
- Schutzentstehung 1 9
- Schutzwirkungen 2 177
- selbständiger Entwurf 2 180
- Verhältnis zum wettbewerbsrechtlichen Nachahmungsschutz 2 185
- Zugänglichmachen 2 169, 170

Nicht unterscheidungskräftige Zeichen (als Schranke des Markenrechts) 3 168 ff

Nichtangriffsklausel 10 70

Nichtigerklärung
- Auswirkungen auf Lizenzvertrag 10 31, 66
- Auswirkungen auf Übertragungsvertrag 10 18 f

Nichtigkeit
- Beibehaltung der Eintragung in geänderter Form 2 119
- eingetragene Designs 2 111
- Erklärung 2 118
- Feststellung 2 118
- Folgen der Rückwirkung 2 118

501

- Geltendmachung 2 116
- Gemeinschaftsgeschmacksmuster 2 111
- Rückwirkung 2 118
- Systematik 2 111
- teilweise Aufrechterhaltung 2 119

Nichtigkeitsantrag
- Antragsbefugnis bei absolutem Nichtigkeitsgrund 2 117
- Antragsbefugnis bei relativem Nichtigkeitsgrund 2 117
- Ermächtigung 2 117
- nach Erlöschen der Eintragung 2 118

Nichtigkeitsgründe
- absolute 2 111 f
- ältere eingetragene Designs 2 114
- älteres Gemeinschaftsgeschmacksmuster 2 114
- älteres Zeichen mit Unterscheidungskraft 2 115
- relative 2 111, 113 f
- Urheberrechtsschutz 2 113

Nichtigkeitsklage
- Rechtsnatur 11 56
- vor Umschreibung 10 24

Nichtigkeitsverfahren 1 8
- Amtsgebühr 11 77
- Aussetzung des Rechtsstreits 11 78
- in Mitgliedsstaaten der EU 13 11
- vor dem DPMA 2 116
- vor dem HABM 2 116
- vor ordentlichem Gericht 2 116

Nichtigkeitswiderklage 2 116
- Aufforderung zu Nichtigkeitsantrag 11 77
- Beschleunigungsgrundsatz 11 76
- Streitwert 11 44
- unbedingte Erhebung 11 76
- Verteidigungsmittel 11 76
- zur Widerlegung der Vermutung der Rechtsgültigkeit 11 75 f
- Zuständigkeit der Designgerichte 11 76

Nizzaer Klassifikation 7 127, 166

Nutella-Glas (BPatG) 3 100

Nutzungsart 4 51

Nutzungsberechtigung 1 14

Nutzungsrecht 1 5, 4 49, 51
- allgemeines 10 1, 30
- ausschließliches – 10 27
- Branchenübung 10 4
- Einräumung 10 26, 30
- Einräumung weiterer –e 10 29

- konkludente Übertragung 10 3, 4
- vertragliche Einräumung 10 3, 4

Oberflächendekorationen
- Designfähigkeit 2 43

Oberflächenstruktur 2 8
- Designfähigkeit 2 34

Offenbarung
- gesetzliche Definition 2 59

Opel/Autec (BGH) 3 162

Opel/Autec (EuGH) 3 143

Optische Informationen 6 16

Optische Reize 6 7, 12, 23

Optische Sinneswahrnehmung 6 71

Optische Täuschung 6 13

Originalität 2 62

Pago/Tirolmilch (EuGH) 3 159

Passivlegitimation 11 23

Patent
- erfinderische Tätigkeit 5 8
- Europäisches – 5 3
- Neuheit 5 7
- Schutzausschluss für ästhetische Formschöpfungen 5 9, 11
- Schutzdauer 5 3
- Verhältnis zu geschützten Designs 2 186

Patentinformationszentrum 7 2

Patentkategorien 5 4

Patentrecht
- Abgrenzung zum Markenrecht 3 53
- Entstehungsgeschichte 5 2
- Verhältnis zum wettbewerbsrechtl. Nachahmungsschutz 6 28, 49

Patentschutz
- für Arbeitsverfahren 5 4
- für Bugholz 5 12
- für Erzeugnisse und Verfahren 5 5
- für Freischwinger 5 14 f
- für Herstellungsverfahren 5 4, 10, 12
- für Sachen 5 4
- für Verwendungserfindungen 5 4
- für Vorrichtungen 5 4
- für Wirkung der Formgebung 5 6
- Internationaler – 1 16
- trotz ästhetischer Wirkung 5 10
- Verhältnis zu geschützten Designs 5 1 ff

Pauschallizenz 10 62

PCT 5 3

Persönliche geistige Schöpfung 4 7 ff
Perücke
- Designfähigkeit 2 32
Pflanzen
- Designfähigkeit 2 26, 35
Pflanzenkränze
- Designfähigkeit 2 35
Philips/Remington (EuGH) 3 55 ff
Pi Design/Yoshida (EuGH) 3 37
Piktogramme
- Designfähigkeit 2 28, 35
Pirateriewaren, Doppelidentität 3 140
Plan
- Designfähigkeit 2 36
- Urheberrecht 4 41
PMMA 7 189
Point of Sale 6 89
Popularklage 8 3
Porsche Boxster (BGH) 3 60, 99
Porsche Boxster (BPatG, BGH) 3 96
Positionsmarke 3 111 ff
- Beurteilung bei Gemeinschaftsmarken 3 113 f
Positionsmarken
- Rechtspraxis des BPatG 3 112
Positives Benutzungsrecht 2 5, 11 17
Priorität
- Auslands- 2 76
- Ausstellungs- 2 76
- Wirkungen der - 2 76
Prioritätsintervall 2 76
Prioritätstag 2 76
Privatklage 12 26
Proben 2 13, 18
Produktästhetik 6 71
Produktaufmachung 6 89
Produktdesign 4 4
Produktgestaltung 6 5, 121
- Gestaltungsspielraum 6 84
- irreführende - 6 25
- Originalität 6 32
- technisches Gesicht 6 106
- Übernahme 6 74
Produktgestaltungen
- konkurrierende - 6 118
Produktmerkmale
- technische 6 105, 112

Produktpiraterie 2 52, 12 11
Produktprogramm 6 74, 95
Produktqualität 6 1, 16
Produktschutz
- kein - bei geschützten Designs 2 10
Produktumfeld 6 46
Produktverwechselung 6 84
Produktwahrnehmung
- Produktunterscheidung 6 89, 116
Projektion
- Designfähigkeit 2 31, 36
Prozentlizenz 10 60
Prüfung
- amtliche 1 6
PVÜ
- Art. 6quinquies 13 69 ff
- Bedeutung für die Schutzausschlussgründe des § 3 Abs. 2 MarkenG 13 72 f
- Designschutz in der PVÜ 13 63 ff
- Markenrecht in der PVÜ 13 67 ff
- Sonderabkommen im Rahmen der PVÜ 13 56

Qualität(serwartungen)
- Original(e) 6 18, 25, 34, 45, 74, 102, 110
Qualitätsmerkmale 6 61
Quellenangabe 9 15
- für Entwerfer 9 15
- für Verwerter 9 15
- im Rahmen der Schranken 4 70, 9 12, 14
- im Urheberrecht 9 14

Rado-Uhr III (BGH) 3 99
RBÜ
- Anwendungsbereich 13 59
- Ausnahme vom Inländerbehandlungsgrundsatz bei Werken der angewandten Kunst 13 61 ff
- Schutzfristenvergleich 13 60
Recherchierbarkeit 1 7
Rechnungslegung 11 7
- Antragsformulierung 11 73
- Beitrittsrecht des Lizenznehmers 10 37
Recht auf Werkintegrität im Urheberrecht 9 4, 17 ff
Rechtseinräumung im Urheberrecht 4 79 f
Rechtserwerb 1 13
Rechtsgültigkeit *siehe* Vermutung der Rechtsgültigkeit

Rechtsinhaber
- bei nicht eingetragenem Gemeinschaftsgeschmacksmuster 1 13, 2 174, 11 22
- bei Werken der angewandten Kunst 11 22
- Registereintragung 1 13
- Urheberrecht 1 13
- Vermutung 11 22
- wettbewerblicher Nachahmungsschutz 1 13

Rechtsinhaberschaft
- Darlegungs- und Beweislast 2 174
- in Mitgliedsstaaten der EU 13 12

Rechtsnachfolge
- gesetzliche – 10 11
- Nachweis 10 15 f
- Registerberichtigung 10 11
- Registereintragung 10 11
- Umschreibungsbewilligung 10 15 f
- vertragliche – 10 11

Rechtsschutz, vorbeugender 6 49

Rechtsunsicherheit 6 83

Rechtsverletzungen 11 24 ff

Referierende Benutzung 3 142, 172

Reform des Markenrechts 3 16 f

Registereintragung 1 6
- Bedeutung für Geltendmachung von Rechten 10 22
- Bedeutung für Gemeinschaftsgeschmacksmuster 10 22
- Bedeutung für Gemeinschaftsmarken 10 22
- Bedeutung für Gutgläubensschutz 10 21 f
- bei Rechtsnachfolge 10 11
- Berichtigung 10 11, 23
- Geltendmachung von Rechten 10 24
- Zweck 10 23

Registerschutz 2 18

Reparatur 2 42, 11 16, 31

Reparaturklausel 2 94
- Bauelemente, Reparatur 2 94
- in Mitgliedsstaaten der EU 13 14
- Kommissionsvorschlag 13 15
- Must-Match-Klausel 2 94

Rezept(ur)
- Designfähigkeit 2 36

Richtlinie über unlautere Geschäftspraktiken 13 20

Riechmuster
- Designfähigkeit 2 27

Roter Streifen im Schuhabsatz (BPatG) 3 110

Rückgewinnungshilfe
- Befriedigung von Ersatzansprüchen 12 28
- Bevorzugung gegenüber anderen Gläubigern 12 32
- Sicherstellung von Vermögenswerten 12 28 ff
- Zulassungsverfahren 12 31
- Zwangsvollstreckung 12 31 f

Rückrufsanspruch 11 8

Rückrufsrecht
- bei geschützten Designs 9 21
- bei Werken der angewandten Kunst 9 21
- wegen gewandelter Überzeugung 9 5
- wegen Nichtausübung 9 5, 21

Rufausbeutung 6 26, 68 f, 72, 74, 93, 101, 125

Rufbeeinträchtigung 6 26, 102

Sachrecherchen 1 7

Sachverständige 4 29, 6 45

Sachverständige Zeugen 12 24

Salvatorische Klausel 10 80

Sammelanmeldung 2 52
- in Mitgliedsstaaten der EU 13 10

Sätze von Erzeugnissen
- Designfähigkeit 2 29

Sätze von Gegenständen
- Designfähigkeit 2 37

Schadensberechnung im Strafverfahren 12 25

Schadensersatz
- bei Lizenzvertrag 10 37
- Beitrittsrecht des Lizenznehmers 10 37
- Sachverständigengutachten zur Schadenshöhe 10 86
- Wahrscheinlichkeit des Schadenseintritts 10 37

Schadensersatzanspruch
- Angemessener Lizenzsatz 11 5
- bei Gemeinschaftsrechten 11 13
- Ersatz des entgangenen Gewinns 11 6
- Fahrlässigkeit 11 3
- Herausgabe des Verletzergewinns 11 5
- Lizenzanalogie 11 4
- Obliegenheit zur Prüfung der Schutzrechtslage 11 3
- Schadensschätzung 11 3

Stichwortverzeichnis

Schadensschätzung 11 3
Schallwellen
- Designfähigkeit 2 40
Schmuck 4 22, 39
Schmuckdesign
- Schutzmöglichkeit im Markenrecht 3 70
Schnittdarstellung
- Designfähigkeit 2 36
Schokoladestäbchen (BPatG; BGH) 3 28
Schonfrist
- Allgemeines 2 74, 175
- außerhalb der EU 2 75
- im Ausland 2 75
- missbräuchliche Handlung 2 74
- Offenbarungen des Entwerfers 2 74
- Offenbarungen von Dritten 2 74
- Offenbarungen von Rechtsnachfolgern 2 74
- Risiken der – 2 75
- Veröffentlichungen Dritter während der – 2 75
- Vorveröffentlichungen des Rechtsinhabers vor Beginn der – 2 74
- widerrechtliche Entnahme 2 74
- Wirkungen 2 74 f
Schöpfer 1 13, 14
Schöpferprinzip 4 46 f
Schöpfung 4 11
Schranken im Urheberrecht 4 69 ff
- Berichterstattung 4 72
- Bibliotheken, elektronische Leseplätze 4 72
- enge Auslegung 4 69
- Intranet 4 72
- Katalogbildfreiheit 4 74
- Quellenangabe 4 70
- Schulbücher 4 72
- unwesentliches Beiwerk 4 73
- Werke an öffentlichen Plätzen 4 73
- Zitate 4 72
Schreibgerät 2 50, 155
Schriftformklausel 10 78
Schriftzeichen 4 34
Schutzausschließungsgründe 2 84; *siehe auch* Bauelemente von komplexen Erzeugnissen; Funktionelle Bedingtheit; Technische Bedingtheit; Verbindungsmerkmale
- Bauelemente von komplexen Erzeugnissen 2 92

- funktionelle Bedingtheit 2 89
- Reparaturklausel 2 94
- Verstoß gegen gute Sitten 2 95 f
- Verstoß gegen öffentliche Ordnung 2 95
- Zeichen von öffentlichem Interesse 2 96
Schutzausschluss
- technisch bedingte Erscheinungsmerkmale 2 160
Schutzausschluss bei Formmarken 3 34 ff
- Analoge Anwendbarkeit auf andere Zeichenformen 3 42
- Erweiterung im Zuge der Markenrechtsreform 3 43
Schutzbegründung 1 6
Schutzbereich
- Bedeutung für Wettbewerbsbeschränkungen 10 39
- im Urheberrecht 4 67
Schutzbeschränkungen *siehe* Schutzschranken
Schutzdauer 1 2
- bei Aufschiebung der Bekanntmachung 2 110
- eingetragene Designs 2 109
- eingetragene Gemeinschaftsgeschmacksmuster 2 109
- im Designrecht 8 8
- im Markenrecht 3 4
- im Urheberrecht 4 76
- Verlängerung 2 109
- Verlängerungsbefugnis 10 24
- von Lichtbildwerken und Lichtbildern 4 97
- wettbewerbliche Eigenart 6 55
Schutzentstehung
- durch Benutzung 1 9
- durch Registrierung 1 6
- formloser Markenschutz 1 11
- Urheberrechtsschutz 1 10
Schutzfähigkeit 2 6 ff, 6 51; *siehe auch* Designfähigkeit
- Anordnungen von Erzeugnissen 2 14
Schutzfähigkeit im Urheberrecht
- Anforderungen 4 14 f
- Art der Darstellung 4 23
- Beweislast 4 31
- Feststellung im Urheberrecht 4 20 ff
- Gebrauchszweck 4 25
- Gesamteindruck 4 29
- Indizien 4 30

505

- Prüfung von Amts wegen 4 31
- von Lichtbildern 4 90
- von Lichtbildwerken 4 89

Schutzgegenstand
- Auslegung des Schutzbegehrens 2 123
- Bedeutung der Beschreibung 2 124
- Bedeutung der Erzeugnisangabe 2 125
- Bedeutung der Wiedergabe 2 63
- Beurteilungshorizont 2 123
- Ermittlung 2 121
- immaterielle Form 2 122
- in der Anmeldung sichtbare Erscheinungsmerkmale 2 121
- Maßgeblichkeit der Erscheinungsform 2 121
- Maßgeblichkeit der Wiedergabe 2 121
- Offenbarungsgehalt 2 121

Schutzinhalt 1 5

Schutzmöglichkeiten 1 1

Schutzrechte 1 2

Schutzrechtsarten 2 53

Schutzschranken
- Ausnahmeregelung für Luftfahrzeuge 2 164
- Ausnahmeregelung für Schiffe 2 164
- Berichterstattung 2 165
- Bestimmungshinweise 2 165
- Handeln im geschäftlichen Verkehr 2 159
- Handeln zu nicht gewerblichen Zwecken 2 158
- Hinweis auf Ergänzung 2 165
- Hinweis auf Ersatz 2 165
- Hinweis auf Zubehör 2 166
- Information der Öffentlichkeit 2 165
- Informationsvermittlung 2 165
- internationales Transportwesen 2 164
- Quellenangabe 2 163
- redlicher Geschäftsverkehr 2 163
- Systematik 2 157
- urheberrechtliche Schrankenregelungen 2 165
- Versuchszweck 2 160
- Wiedergaben für Unterrichtszwecke 2 161
- Wiedergaben zum Zweck der Lehre 2 162
- Wiedergaben zur Veranschaulichung 2 161
- Wiedergaben zur Zitierung 2 161

Schutzschrift
- Kosten 11 47, 52
- Zweck 11 47, 52

Schutzterritorium 1 15, 2 53

Schutzumfang *siehe auch* Teilschutz
- Allgemeines 2 177
- enger – 2 145
- im Urheberrecht 4 61
- Verbietungsrecht 2 177
- weiter – 2 144

Schutzumfang, Bestimmung
- bei Farbeintragung 2 152
- bei Schwarz-Weiß-Eintragung 2 151
- Merkmalsbetrachtung 2 139
- Merkmalsgewichtung 2 140
- Merkmalsgliederung 2 141
- Vergleichsmethode 2 130, 142

Schutzumfang, Eingriff
- Abstand zum Formenschatz 2 131
- allumfassendes Verbietungsrecht 2 127
- Ausnutzung des Gestaltungsspielraums 2 131
- bei Kollision mit Bildmarke 2 130
- Beurteilung der Verletzungsform 2 128
- Beurteilung des Schutzgegenstands 2 128
- Beurteilung durch den informierten Benutzer 2 129
- Beurteilungszeitpunkt 2 138
- Sperrwirkung 2 126
- Übereinstimmung im Gesamteindruck 2 127 f
- Unabhängigkeit von subjektiven Umständen 2 126
- Vergleichsmethode 2 130

Schutzumfang, Reichweite
- Abstand zum Formenschatz 2 143, 146
- Ausnutzung des Gestaltungsspielraums 2 146
- Bedeutung der Designdichte 2 144, 146
- bei geringer Designdichte 2 144
- bei hoher Designdichte 2 145
- Gegenüberstellung mit Formenschatz 2 143
- Lufterfrischer 2 147
- Maßgeblichkeit des Gesamteindrucks 2 143
- Merkmalsgegenüberstellung 2 142
- Neutralisierung der Verletzungsform 2 150
- Prognostizierbarkeit 2 147

Schutzvoraussetzungen
- Beurteilungsgrundsätze 2 62
- von geschützten Designs 2 62

Schutzwirkung
- absolute 1 7
- Gemeinschaftsgeschmacksmuster 1 16
- Gemeinschaftsmarke 1 16
- territoriale – 1 15 f

Schweiz
- Grundlagen des Designschutzes 13 25 f

Sektor *siehe* Vorbekannter Formenschatz

Serie
- Weiterentwicklung 4 44

Sets
- Designfähigkeit 2 38

Sicherstellung
- Beschlagnahme 12 29
- dinglicher Arrest 12 29
- Surrogate 12 29
- von Beweismitteln 12 22
- Wertersatz 12 29

Sicherung von Schadensersatzansprüchen 11 11

Sichtbarkeit
- als Schutzvoraussetzung 2 12
- bei tatsächlichem Gebrauch 2 12
- Erfordernis der – 2 12 f
- in der Anmeldung 2 12
- in der Wiedergabe 2 12

Simba Toys (Rubik's Cube) 3 58
- als beschreibendes Zeichen 3 89

single use 10 27

Sittenwidrigkeit als Schutzhindernis im Markenrecht 3 117

Skizze 4 41

Sofortiges Anerkenntnis 11 47

sole license 10 27

Sonderabkommen im Rahmen der PVÜ 13 56

Sonderdezernate für Wirtschaftskriminalität 12 18

Sonderschutzrecht(e) 6 32, 36 f, 54, 62
- Anwendungsbereich 6 47
- Verhältnis zum UWG-Nachahmungsschutz 6 120

Sozialbindung 2 157

Speiseeis
- Designfähigkeit 2 38

Spezialgerichte 11 62

Spielwaren
- Designfähigkeit 2 33

Spielzeugmodelle
- Anbringung von Marken auf –, Opel/Autec (EuGH) 3 143
- Zulässigkeit der Anbringung einer bekannten Marke auf – 3 162

Stahlrohrstuhl 5 15
- Urheberrechtsschutz 4 38

Stam, Mart 5 13, 16

Stand der Technik 5 7

Steiff-Knopf im Ohr (EuG) 3 114

Stil 4 24

Stokke v Katoji (jap. IP High Court) 13 53

Störer
- Haftung für – 11 23

Strafantrag 12 20

Strafanzeige 12 17
- Finanzermittlungen 12 17
- Internethandelsplattformen 12 17
- Muster 12 44
- Sonderdezernate für Wirtschaftskriminalität 12 18

Strafbare Tathandlungen 12 7

Strafbestimmungen 12 1 ff
- Übersicht 12 6

Strafbewehrte Unterlassungserklärung 11 36

Straftatbestand
- Verletzung von Designschutzrechten 11 89

Straftaten 12 1

Strafverfahren
- Abschreckungsmittel 11 89
- Akteneinsicht 12 25
- Einleitung 12 13 ff
- gegen Speditionsunternehmen 11 89
- Kombination von straf- und zivilrechtlichem Vorgehen 12 42
- Schadensberechnung 12 25
- schneller Zugriff 11 89

Streitgegenstand
- bei mehreren Schutzrechten 11 39
- Besonderheit im Designrecht 11 39
- Bestimmung 11 38
- neuer – im Eilverfahren 11 38
- neuer – im Klageverfahren 11 38

Streitwert
- Angabe 11 40
- Drittauskunft 11 42
- einstweilige Verfügung 11 42

- Eventualklagehäufung 11 43
- Festsetzung 11 40
- Feststellung der Schadensersatzpflicht 11 42
- Folgeansprüche 11 42
- Gesamt– 11 45
- Grundlage für Kostenfestsetzung 11 87
- Hilfsanspruch 11 43
- Nichtigkeitswiderklage 11 44
- Rechnungslegung 11 42
- Teil– 11 45
- Unterlassungsanspruch 11 41
- Vernichtungsanspruch 11 42
- Vorschlag 11 40

Streitwertbegünstigung 11 46
Stücklizenz 10 60
Sukzessionsschutz 10 21
- gesetzliche Regelungen 10 35
- Investitionsschutz 10 35

Tarifvertrag 10 2
Tastmarke 3 32
- nationale Marke 7 125

Tastmuster
- Designfähigkeit 2 38

Tastsinn 2 13, 38
- Beschreibung von taktilen Erscheinungsmerkmale 2 13

Tatbestandsirrtum 12 12
Täter 11 23
Tätowierung
- Designfähigkeit 2 32

Täuschende Marken 3 116
Täuschung von Abnehmern 3 5
Täuschungsrisiko 6 69, 76, 79, 81, 85 f, 114, 124

Technikbedingte Formgebungen 3 53 ff
- alternative Formgebungen 3 54 f
- Markenschutz nach Ablauf des Patentschutzes 3 53
- Philips/Remington (EuGH) 3 55

Technische Ästhetik 6 105
Technische Bedingtheit
- Bedeutung von Variationsmöglichkeiten 2 84
- Begrenzung der Schutzdauer 2 86
- Formalternativen 2 86
- Freischwinger 2 87
- Gestaltungsalternativen 2 86

- Interesse der Allgemeinheit 2 84
- Lego-Bausteine 2 86
- Regelungszweck 2 84
- Schutzrechtssystematik 2 86
- Schutzzweck 2 84, 86
- technisch bedingte Erscheinungsmerkmale 2 85
- technische Funktion 2 84
- Technizität 2 88
- technologische Innovation 2 84

Technische Produkte 6 105
Technische Produktmerkmale 6 112
Technische Schutzrechte 5 1 ff
- Verhältnis zu geschützten Designs 2 186

Technische Wirkung
- Schutz für – 2 186, 5 1
- von Formgebungen 3 57 f

Technizität 5 6
Teileelemente 6 95
Teilnehmer
- Haftung für – 11 23

Teilschutz 2 50
- abgeleiteter – 2 156
- Anmeldestrategien 2 50
- Eintragung für Erzeugnisteil 2 153
- für Teile von Gesamterzeugnissen 2 154
- im Ausland 2 155
- Methodik der Verletzungsprüfung 2 155
- Möglichkeiten für – 2 154
- originärer – 2 153
- Schutzvoraussetzungen 2 153
- Zwischenstück eines Schreibgeräts 2 155

Territorialitätsgrundsatz 1 15, 11 29
Texte
- Designfähigkeit 2 41, 43

Thonet, Michael 5 12
Tiere
- Designfähigkeit 2 40

Tierkreiszeichen
- Designfähigkeit 2 28

Tod's/Heyraud (EuGH) 13 62
Töne
- Designfähigkeit 2 32, 40

Tonfolgen
- Designfähigkeit 2 40

Torpedo-Klagen 11 67
Transformatorengehäuse (BGH) 3 60

Transformatorengehäuse (BPatG, BGH) 3 96
Trend 4 24
TRIPS 2 89
- Art. 25 13 75 ff
- Art. 25, Textilmuster 13 77
- Art. 26 Abs. 1 13 77
- Art. 26 Abs. 2, Dreistufentest 13 79
- Art. 26 Abs. 3, Schutzdauer (international) 13 80
- Definition schutzfähiger Zeichen 13 82 f
- Markenrecht in TRIPS 13 81 ff
- Uruguay-Runde 13 57
TUC Salzcracker (BGH) 3 154
Tunnels
- Designfähigkeit 2 22
Typografische Schriftzeichen 2 9
- Designfähigkeit 2 23, 41, 46

Überlassungsanspruch 2 26
Übertragung
- Allgemeines 10 1
- auf weiteren Erwerber 10 21
- Auswirkungen auf Lizenz 10 21
- Auswirkungen von Löschung 10 18
- Auswirkungen von Nichtigerklärung 10 18
- bei Gesamtveräußerung 10 15, 17
- bei Zwangsversteigerung 10 16
- eingetragene Designschutzrechte 1 14
- Einzelvertrag 10 13
- europäische Patentanmeldung 10 14
- Gegenleistung 10 13
- gegenseitiger Vertrag 10 13
- Gemeinschaftsmarke 10 14
- Gesamtvertrag 10 15 f
- Grundgeschäft 10 13
- Gutglaubenschutz 10 21
- Haftung für Bestand von Schutzrechten 10 18
- Haftung für Freiheit von Rechten Dritter 10 20
- nicht eingetragenes Gemeinschaftsgeschmacksmuster 1 14
- Rechtsmängelhaftung 10 19
- Registereintragung 1 14
- Schutzrechte bei Unternehmensübertragung 10 15 f
- Störung der Geschäftsgrundlage 10 18, 20
- urheberrechtliches Nutzungsrecht 10 17

- Vermutung bei Unternehmensübertragung 10 16
- Vertragsangebot 10 13
- Vertragsannahme 10 13
- Vertragsinhalt 10 13
- von Immaterialgüterrechten 10 12
- von Rechten im Urheberrecht 4 77, 9 5
- von Unternehmen 10 15 f
- wettbewerblicher Nachahmungsschutz 1 14
Übertragungsanspruch 10 3
Übertragungsvertrag 10 6
- Auslegung 10 17
- Rückabwicklung bei Nichtigkeit 10 25
- Umwandlung in Nutzungsvertrag 10 25
- Vertragsergänzung 10 17
Umsäumter Winkel (EuGH) 3 110
Umschreibung
- Antrag 10 23 f
- deklaratorische Bedeutung 10 21
- konstitutive Bedeutung 10 21 f
- Nachweis für Rechtsübergang 10 23 f
- Prüfungsbefugnis der Behörde 10 23 f
- Rechtsübergang 10 23 f
Umschreibungsbewilligung 10 15 f
Unbekannte Nutzungsarten 4 79
- gesonderte angemessene Vergütung 4 81
- Widerrufsrecht 4 79
- Widerspruchsrecht 4 79
Unlautere Geschäftspraktiken, Richtlinie 6 27
Unmittelbare Leistungsübernahme 6 42, 69
Unregistered design (UK) 13 16 ff
- gesetzliche Lizenzen 13 18
- Laufzeit 13 18
- Schutzumfang 13 17
- Schutzvoraussetzungen 13 17
Unterführungen
- Designfähigkeit 2 22
Unterlassungsanspruch 11 36
- Begehungsgefahr 11 2
- bei Gemeinschaftsrechten 11 12
- vertragliche Anerkennung 11 51
- Wiederholungsgefahr 11 2
Unterlassungsantrag *siehe* Antragsformulierung
Unterlassungserklärung 11 36, 51
Unterlizenz
- Abrechnung von Einnahmen aus –n 10 29

- Befugnis zur Erteilung von –n   10 29
- Einnahmen aus –n   10 29
- Fortbestand nach Erlöschen der Hauptlizenz   10 35
- Registereintragung   10 29
- Sukzessionsschutz   10 35

Unternehmensübertragung
- Vertragsauslegung   10 17

Unternehmerische Leistung   6 30, 34, 37, 40, 48, 87 f

Unterscheidungskraft
- Allgemeininteressen   3 77

Unterwerfungserklärung   11 47, 51

Unwesentliches Beiwerk   4 73

Urheber   4 46
- Arbeitgeber   4 46
- Auftraggeber   4 46
- Miturheber   4 47

Urhebernennungsrecht
- Anspruch auf Nichtnennung   9 12

Urheberpersönlichkeitsrecht   4 48, 50, 9 4 f
- Anerkennungsrecht   9 9
- im engeren Sinne   9 5
- im weiteren Sinne   9 5
- Urhebernennungsrecht   9 11 f
- Veröffentlichungsrecht   9 7
- Werkintegrität   9 17 ff
- Zugangsrecht   9 16

Urheberrecht
- Abgrenzung zum Markenrecht   3 62
- Änderung der BGH-Rechtsprechung zur Gestaltungshöhe bei Werken der angewandten Kunst   13 23
- Änderungen im Recht der Mitgliedsstaaten   13 23 f
- Einräumung von Nutzungsrechten   10 3
- EuGH-Rechtsprechung zum Werkbegriff   13 23
- gesetzliche Vergütungsansprüche   4 60
- Gestaltungshöhe   2 184
- im Vereinigten Königreich   13 22
- in den Benelux-Staaten   13 21
- in den EU-Mitgliedsländern   13 21
- in Frankreich   13 21
- Interessenkonflikt   4 61
- künstlerische Leistung   2 184
- Nutzungsrecht   4 49, 51
- Prüfung der Schutzfähigkeit   11 74
- Übertragung durch letztwillige Verfügung   10 25
- Übertragung im Erbfall   10 25
- Unübertragbarkeit   10 11, 25
- Urheberpersönlichkeitsrechte   4 48, 50
- Verhältnis zu eingetragenen Designs   2 184
- Verwertungsrechte   4 48, 51 ff
- Werke der angewandten Kunst   2 184
- Zweckübertragungstheorie   10 3

Urheberrecht (Polen)
- Aufhebung von Art. 116 poln. Ges. zum Schutz Geistigen Eigentums   13 24

Urheberrecht (UK)
- Änderung von Sec 52 CDPA (1988)   13 23

Urheberrechtsgesetz, Strafbestimmung   12 10

Urheberrechtsschutz
- Bedeutung von Materialunterschieden   5 16
- Beispiele aus der Rechtsprechung   4 32
- Entstehung   4 45
- für Kragstuhl   5 16
- Internationaler –   1 16
- keine Formerfordernisse   4 45
- Nachweis   1 10
- Prüfungsabfolge   4 29 ff
- Schutzentstehung   1 10
- Unübertragbarkeit   1 14
- Verhältnis zum Designschutz   4 18
- von Werkteilen   4 40

Urhebervermutung   9 12

Urhebervertragsrecht   4 77 ff
- angemessene Beteiligung   4 77, 80 f
- Rechtseinräumung   4 78 f
- unbekannte Nutzungsarten   4 79
- Unübertragbarkeit   4 77
- Zweckübertragungslehre   4 79
- Zweistufenvertrag   4 83 ff

Urproduktion
- Designfähigkeit   2 35, 40

Urteilsbekanntmachung   11 10
- bei Gemeinschaftsrechten   11 12

USA
- Copyright, Separability-Doktrin   13 39 f
- Designschutz, Überblick   13 35
- Markenrecht   13 41 ff
- Markenrecht, distinctiveness   13 42
- Markenrecht, Funktionalität   13 43 f
- Markenrecht, nicht eingetragene Kennzeichen   13 45
- Sui generis-Schutz, Bootskörper   13 37 f

Variable Marke (BPatG; BGH)   3 28

Verbandspriorität 13 64
Verbindungsmerkmale
– Interoperabilität 2 91
– Klemmbausteine 2 91
– Lego-Bausteine 2 91
– modulare Systeme 2 91
– Must-Fit-Klausel 2 91
– Verbindungsmerkmale 2 91
– Zusammenbau 2 91
Verbotsirrtum 12 12
Verbotsrecht 4 49
Verbraucherschutz 6 27, 84
Verbraucherschutzinteressen 6 124
Verbreitung 4 51, 11 25
– Angebot 4 52
– Eigentumsübertragung 4 55
– von Imitaten 4 52 ff
– vorübergehende Gebrauchsüberlassung 4 53
Verbreitungsrecht 4 51
– Erschöpfungsgrundsatz 4 62 f
Verfall 12 30
Vergleichende Werbung 6 27 f, 72, 91, 123, 125
– als Fall der Markenverletzung 3 142
– Benutzung für Waren und Dienstleistungen 3 138
– rufausbeuterische – 6 38
Vergriffene Werke 4 75
Vergütung
– angemessene – im Urheberrecht 4 80 f
Vergütungsanspruch
– gesetzliche Vergütungsansprüche 4 69
– Wahrnehmung durch Verwertungsgesellschaft 4 60
Vergütungstarifvertrag
– VTV Design 4 85
Verhaltensunrecht 6 54, 68
Verjährung 11 14
– für Lizenzentgelt 10 30
Verkehrsauffassung 6 114
– zur Zweitmarkenpolitik bei Markenartiklern 6 68, 119
Verkehrsdurchsetzung
– Benutzung als Marke als Voraussetzung 3 126
– Bewertungsfaktoren 3 125
– Chiemsee (EuGH) 3 123

– Freihaltebedürfnis 3 123
– territoriale Ausdehnung der – bei Gemeinschaftsmarken 3 128 f
– Zeitpunkt der – 3 127
Verkehrsgeltung 1 11
– Begriff 3 21
– einer Marke 7 107
– § 25 WZG 3 11 f
Verkehrskreise 6 3, 43, 51, 55 f, 58 ff, 72, 74, 77, 81, 90, 94, 113 f
– breites Käuferpublikum 6 105
– Fachkreise 6 106
– spezielle – 6 89
Verkehrsübliche Zeichen 3 77
Verkörperung
– gestalterische Vorstellung 2 10
Verleihen 4 54, 11 33
Verletzer 11 23
Verletzung von Gemeinschaftsrechten 1 16
Vermietung 4 53, 11 33
Vermögenserwerb 10 11
Vermutung
– für Rechtsinhaberschaft 11 22
– Rechtsinhaberschaft 11 79
Vermutung der Rechtsgültigkeit
– bei Gemeinschaftsmarke 11 74
– Tragweite 11 74
Vermutung der Rechtsgültigkeit bei eingetragenen Designs
– Glaubhaftmachung für Nichtigkeitsgrund 11 80
– Glaubhaftmachung für Rechtsbestand 11 80
– Glaubhaftmachungslast im einseitigen Verfahren 11 80
– Glaubhaftmachungslast im zweiseitigen Verfahren 11 80
– im Eilverfahren 11 79
– Im Klageverfahren 11 75
– Widerlegung durch Nichtigkeitsantrag 11 75
– Widerlegung durch Nichtigkeitswiderklage 11 75
– Widerlegung im Eilverfahren 11 79
Vermutung der Rechtsgültigkeit bei eingetragenen Gemeinschaftsgeschmacksmustern
– im Eilverfahren 11 82
– im Klageverfahren 11 81

- Widerlegung durch Einwand der Nichtigkeit 11 82
- Widerlegung durch Widerklage 11 81

Vermutung der Rechtsgültigkeit bei nicht eingetragenen Gemeinschaftsgeschmacksmustern
- Darlegungs- und Beweislast 11 84
- Glaubhaftmachungslast im einseitigen Verfahren 11 85
- Glaubhaftmachungslast im zweiseitigen Verfahren 11 86
- im Eilverfahren 11 85
- im Klageverfahren 11 83
- Vortrag zum öffentlichen Zugänglichmachen 11 84
- Vortrag zur Eigenart 11 84
- Widerlegung durch Einrede der Nichtigkeit 11 83, 85
- Widerlegung durch Einwand der Nichtigkeit 11 83, 85
- Widerlegung durch Widerklage 11 83

Vernichtungsanspruch 11 8
- bei Gebäuden 2 26
- bei Gemeinschaftsrechten 11 12

Veröffentlichungsrecht
- des Arbeitgebers 9 8
- im Designrecht 9 8
- im Urheberrecht 9 7
- Inhaltsmitteilung 9 7
- Übergang 9 8
- Verbrauch 4 64, 9 7

Verordnung über das Gemeinschaftsgeschmacksmuster 2 2

Verpackung
- Designfähigkeit 2 20, 42
- Eigenart 2 70
- Flaschen, Markenrecht 3 100
- Rechtspraxis von BPatG und BGH 3 98 f
- Rechtspraxis von HABM, EuG und EuGH 3 107
- Schutz für – 2 9
- Verpackungsgestaltungen, Verpackungsdesign 6 88 f, 113, 116

Verrat von Geschäfts- und Betriebsgeheimnissen 12 5

Versicherung an Eides Statt 11 59

Versuchsprivileg 2 160

Vertragsentwurf
- AGB-Inhaltskontrolle 10 9
- Ausgewogenheit 10 7
- Auslegungszweifel 10 10
- bei Rechtsübertragung trotz Urheberrechtsschutz 10 25
- einheitliche Klauseln 10 8
- gesetzliche Schriftform 10 10
- Grad der Ausführlichkeit 10 6
- Muster 10 8
- Nebenabrede 10 10
- Standardisierung 10 8
- Unausgewogenheit 10 7
- Unklarheiten 10 10
- Unvollständigkeit 10 10
- vereinbarte Schriftform 10 10
- Vermutung für Richtigkeit 10 10
- Vermutung für Vollständigkeit 10 10

Vertragsstrafe
- Absicherung der Unterlassungserklärung 11 51
- Angemessenheit 11 51
- Hamburger Brauch 11 51
- Zusage 11 51

Vertrauensbruch 6 68, 73, 117

Vertretungsorgane
- Haftung für – 11 23

Vervielfältigungsrecht 4 51

Verwaiste Werke 4 75

Verwarnung
- Eingriff in Gewerbebetrieb 11 47
- Entbehrlichkeit 11 8
- Kostenerstattung 11 47
- negative Feststellungsklage 11 47
- Rechtsnatur 11 47
- Schadensersatzpflicht 11 47
- unberechtigte – 11 47

Verwechslungsgefahr 1 4, 3 144 ff
- allgemeine Grundsätze der – bei Formmarken 3 148
- bei älterem Zeichen mit Unterscheidungskraft 2 115

Verwendungszweck 2 11, 46, 66
- Bedeutung für Erscheinungsform 2 11
- Bedeutung für Schutzgegenstand 2 11

Verwertungsgesellschaft
- Wahrnehmung von Vergütungsansprüchen 4 60

Verwertungsgesellschaft Bild-Kunst 4 60, 82
- Wahrnehmung des Folgerechts 4 59, 96

Verwertungsrecht
- körperliche Verwertungsrechte 4 51

– unkörperliche Verwertungsrechte   4 51
Verwirkung   11 15
Verzierung   2 8
– Designfähigkeit   2 23, 43
Vitra-Chair (HABM)   3 67
Vollständigkeitsklausel   10 79
Vorbekannter Formenschatz   2 63
– Aktualitätsbezug   2 61
– Allgemeines   2 44, 77, 175
– Ausstellung im Ausland   2 82
– Bedingung der Vertraulichkeit   2 77
– Bekanntmachung in Publikationsorgan   2 78
– berücksichtigungsfähige Erscheinungsformen   2 77
– Besitz   2 77
– betreffender Sektor   2 81
– betreffender Wirtschaftszweig   2 81 f
– Branchenbezug   2 81
– Darlegungs- und Beweislast   2 80
– durch Abbildungen   2 77
– durch Ausstellung   2 77, 82
– durch Bekanntmachung   2 78
– durch Lieferung   2 80; *siehe auch* Fachkreise
– Ermittlung   2 59
– Fachkreise   2 80 ff
– freie Formen   2 77
– Gebrauch   2 77
– gesetzliche Regelung   2 77
– Gestaltungselemente   2 77
– Hausmesse   2 82
– Kenntnis des informierten Benutzers   2 59
– Kenntnisstand der Fachkreise   2 59
– Marktbeobachtung   2 82
– Möglichkeit der Kenntnisnahme   2 80, 83
– Naturerzeugnisse   2 77
– normaler Geschäftsverlauf   2 82
– Offenbarungsgebiet   2 79
– Offenbarungsgehalt   2 77
– Offenbarungshandlungen   2 77
– Offenbarungsmedium   2 77
– Offenbarungszeitpunkt   2 77
– öffentliches Zugänglichmachen   2 77
– Recherche   2 78
– Regelungskonzept   2 77
– Veröffentlichung von Schutzrechten   2 78
– Verwendung im Verkehr   2 77
– Verwendungszweck   2 81

Vorbenutzungsrecht   11 19
– in Mitgliedsstaaten der EU   13 12
Vorentwurf für Verordnung über das Gemeinschaftsgeschmacksmuster
– Grünbuch   2 2
Vorlageanspruch   11 11
Vorrangthese   6 31, 120 f
Vorratseintragung   2 51 f
– Anmeldestrategien   2 51
Vorratsmuster   2 5
Vorsatz wegen Begleitumständen   12 11
Wahrnehmung   6 3, 7, 11, 18
– äußere Merkmale   6 19, 23
– change blindness   6 14
– der guten Form   6 11
– diagnostische Merkmale   6 12, 17
– Einschränkung der –   6 6
– evolutionäre Entwicklung   6 19
– evolutionäre Grunderfahrung   6 22
– Hierarchie der –   6 9
– kategoriale Unterscheidung   6 14
– Konkurrenz der –   6 3
– optische –   6 6
– pattern recognition   6 12
– Prägnanzgesetz   6 11
– Prozess der –   6 7
– Selektivität der –   6 14
– sichere –   6 4
– und Entscheidungssachverhalte   6 6
– und Umschalten auf Sprachinformationen   6 88
– unterschiedliche Verkehrskreise   6 105
– von Ähnlichkeit   6 6, 17 f
– von Farben   6 8 f
– von Flora und Fauna   6 22
– von Formen   6 9
– von Texten   6 9
– von Übereinstimmungen   6 14
– von Unterschieden   6 14
Wahrnehmungsbild   6 16
Wahrnehmungsdefizite   6 13, 88
Wahrnehmungserfahrung   6 20
Wahrnehmungsfähigkeit   6 7 f
Wahrnehmungsgesetze
– der Warenwelt   6 22
Wahrnehmungsmaßstab   6 118
Wahrnehmungspsychologie   6 5, 11 f, 16, 88
Wahrnehmungssystem   6 13

Stichwortverzeichnis

Wahrnehmungsverarbeitung 6 18
Wahrnehmungswettbewerb 6 5, 10, 14
- lauterkeitsrechtliches Unwerturteil 6 25
- optische Schlüsselreize 6 12, 17, 30

Wappen
- Designfähigkeit 2 28

Warenähnlichkeit 3 146

Warenformmarke
- zweistufiger Prüfungsansatz 3 97

Warenformmarken
- Rechtspraxis von HABM, EuG und EuGH 3 102 ff

Wäschekugeln
- Neuheit 2 66

Waschmitteltabletten (EuGH, HABM) 3 102

Waschmitteltabletten (EuGH) 3 85

Webdesign 4 4
- urheberrechtliche Schutzfähigkeit 4 34

Websites
- Designfähigkeit 2 22

Wechselbeziehung von Marken- und Warenähnlichkeit 3 147

Wechselwirkungslehre 6 65 ff, 104, 109

Weinkaraffe (BGH) 2 15

Werbeanzeige
- Designfähigkeit 2 44

Werbeaussage, falsche (Strafbestimmung im UWG) 12 4

Werbefotografie 4 88

Werbeidee 4 22

Werbemittel
- Designfähigkeit 2 20, 44

Werbeschild
- Designfähigkeit 2 44

Werbeslogans 6 37

Werke an öffentlichen Plätzen 4 73

Werke der angewandten Kunst
- Antragsformulierung 11 69
- Designfähigkeit 2 31
- Verhältnis zu eingetragenen Designs 2 184

Werke der reinen Kunst
- Designfähigkeit 2 31, 43

Werkstoffe 5 13
- Bedeutung für Urheberrechtsschutz 5 16

Werkvertrag 4 84 f
- angemessene Vergütung 10 2
- Entwurfsphase 10 4
- Entwurfsvergütung 10 2
- für Entwurfsvorlage 10 3
- jederzeitige Kündigung 4 85
- Kündigung 4 85
- Mangel 4 84
- Nutzungsberechtigung 10 3
- Teil des Zweistufenvertrags 4 83 ff
- übliche Vergütung 10 2
- Vereinbarung über Nutzungsrechte 10 4
- Vergütung nach Mustervertrag 10 2
- Vergütung nach Tarifvertrag 10 2
- Verwertungsphase 10 4
- zweistufiges Vertragsverhältnis 10 4

Werkverzeichnis
- Zugangsrecht 9 16

Wertbestimmung
- für Lizenzen 10 85
- Lizenzanalogie 10 84, 86
- Sachverständigengutachten 10 86
- von Immaterialgüterrechten 10 83

Werturteil 4 13, 30

Wertverleihende Formgebung 3 62 ff
- Bang & Olufsen-Lautsprecher (HABM; EuGH) 3 105

Wesensbedingte Formgebungen 3 44 ff

Wettbewerberinteressen siehe Beschreibende Zeichen

Wettbewerbliche Eigenart 1 4, 6 32 ff, 43, 46, 48, 50 ff, 68, 71, 93
- Äußerlichkeiten 6 77 ff
- Bekanntheit im Verkehr 6 58, 60, 75
- Darlegungslast 6 76
- Diagnostische Merkmale 6 77 f
- Digitale Leistungen 6 41
- Kombinationsschutz 6 92
- Kultstatus 6 90
- Modeneuheit 6 93
- Produktprogramme 6 95
- Produktserien 6 95, 97
- Produktsysteme 6 98
- Qualitätsmerkmale 6 61
- Schutzdauer 6 55 ff, 62 ff
- Schwächung der – 6 103
- sekundäre – 6 78
- sonderschutzrechtliche Kriterien 6 57, 62
- Steigerung durch Bekanntheit 6 60, 83
- technische Merkmale 6 68 f, 115
- technische Produkte 6 105 ff
- übliche Formel 6 51
- Verbrauchselemente 6 100

- Verpackung 6 61
- von Haus aus 6 52, 60, 71, 76

Wettbewerbsbeschränkung
- Anwendbarkeit TT-GVO 10 39
- Bedeutung des Schutzbereichs 10 39
- durch Ausübung von Schutzrechten 10 38
- durch Erwerb von Schutzrechten 10 38
- durch Gebietsaufteilung 10 51
- durch Gebietsschutz 10 51
- durch Lizenzgebührenpflicht 10 39
- durch Verhinderung von Paralleleinfuhren 10 51
- durch Verwertung von Schutzrechten 10 38
- Freistellung 10 39
- in Lizenzvertrag 10 38 f
- marktbeherrschende Stellung 10 38
- missbräuchliche Verhaltensweise 10 38

Wettbewerbsfreiheit
- Beschränkung der – 3 3, 6

Wettbewerbsposition 6 47

Wettbewerbsrechtlicher Nachahmungsschutz 1 4, 6 1 ff, 26 ff
- allgemeine Voraussetzungen 6 47
- Angebotserfordernis 6 49
- Antragsformulierung 11 69
- Anwendungsbereich 6 35, 37, 49, 72, 87
- Befristung, zeitl. Beschränkung 6 63, 93
- Behinderung 6 74
- bei technischen Merkmalen 2 185
- Eigenart 6 32
- Entstehung 1 11
- Erfolgswahrscheinlichkeit 6 29
- Funktionsweise, Funktionsmechanismus 6 36, 48
- Geltungsanspruch 6 30, 68
- internationale Entwicklung 6 27
- Internet 6 40
- Marktbezug, Marktorientierung 6 43, 49
- Neuorientierung des – 6 86
- Reichweite des – 6 50, 115
- Schutzobjekte 6 37 ff
- Schutzzweck 2 185
- Schutzzwecke 6 85 f, 122 f
- Stärkung des – 6 27
- technische Produkte 6 113
- Verhältnis zu geschützten Designs 2 185
- Verhältnis zum Designrecht 6 122
- Verhältnis zum Markenrecht 6 121
- Verhältnis zum Sonderrechtsschutz 6 31 ff, 62, 120 ff
- Verhältnis zur Irreführung 6 68, 123 f
- Verhältnis zur vergleichenden Werbung 6 125
- Verkehrsbekanntheit 2 185
- vermeidbare Herkunftstäuschung 2 185
- vorbeugender – 6 49
- Wechselwirkungslehre 6 64
- Wertungswidersprüche 6 125
- wettbewerbliche Eigenart 2 185
- Zentren des – 6 69

Wettbewerbsverhältnis 6 47, 73

Widerklage *siehe auch* Nichtigkeitswiderklage
- Eventual– 11 44, 76
- Gegenanspruch 11 57
- keine – im Eilverfahren 11 57
- Streitwert 11 44
- unbedingte Erhebung 11 76

Widerspruch 3 130

Widerspruchsmarke 8 34

Widerspruchsverfahren 1 8

Wiedergabe 11 35
- Bedeutung für Schutzgegenstand 2 63
- bei Teilschutz 2 39
- Darstellung bei Kombinationsdesigns 2 14
- Einzeldarstellung 2 14
- Grundlage für Prüfung der Eigenart 2 62
- Grundlage für Prüfung der Neuheit 2 62
- Grundlage für Schutzgegenstand 2 10
- Kombinationserzeugnis 2 15
- Schutzgegenstand bei mehreren Darstellungen 2 15
- von Oberflächenstrukturen 2 34
- von typografischen Schriftzeichen 2 41

Wiederholbarkeit
- Erfordernis der – 2 16

Wiederholungsgefahr
- bei Unterlassungsanspruch 11 2, 36

Wiederholungstäter 12 13

Wilfer (EuG) 3 87

Windkonverter-Gondel (EuG) 3 104

WIPO 8 22, 23
- Designanmeldung, international 7 88
- IR-Markenanmeldung 7 182

Wirtschaftszweig *siehe* Vorbekannter Formenschatz

Worte
- Designfähigkeit 2 45

Stichwortverzeichnis

Wortmarke
- Gemeinschaftsmarke 7 161
- IR-Marke 7 193

Wortzeichen
- Designfähigkeit 2 45

X-Technology (Socken mit eingefärbtem Zehenbereich) (EuG) 3 115

Zahlen
- Designfähigkeit 2 46

Zahlenmarke
- Designfähigkeit 2 46

Zeichen
- Designfähigkeit 2 45

Ziffern
- Designfähigkeit 2 46

Zitatrecht 4 72

Zivilkammer
- Zuständigkeit 11 62

Zivilrechtliche Ansprüche 11 1; *siehe auch* Ansprüche

Zubehör 2 166

Zubehör- und Ersatzteilgeschäft 3 172 f

Zugangsrecht 4 58, 9 16

Zuständigkeit *siehe auch* internationale Zuständigkeit
- fliegender Gerichtsstand 11 62
- funktionelle – 11 62
- für Nichtigkeitswiderklage 11 76
- Gerichtsstand der unerlaubten Handlung 11 62
- Kammer für Handelssachen 11 62
- Landgerichte 11 62
- örtliche – 11 62
- sachliche – 11 62
- Spezialgerichte 11 62
- Zivilkammer 11 62

Zustimmung des Berechtigten 11 24

Zweckübertragungslehre 4 79
- Ausstrahlung auf benachbarte Rechtsgebiete 10 3

Zweitmarke(nirrtum) 6 68 f, 81, 91, 118

Zwischenfabrikat
- Designfähigkeit 2 46